U0039374

中華文化復興運動總會
國立編譯館中華叢書編審委員會 主編

抱朴子外篇今註今譯

陳飛龍註譯

臺灣商務印書館 發行

編纂古籍今註今譯序

古籍今註今譯，由余歷經嘗試，認為有其必要，特於中華文化復興運動推行委員會成立伊始，研議工作計劃時，余鄭重建議，幸承採納，經於工作計劃中加入此一項目，並交由學術研究出版促進委員會主辦。玆當會中主編之古籍第一種出版有日，特舉述其要旨。

由於語言文字習俗之演變，古代文字原為通俗者，在今日頗多不可解。以故，讀古書者，尤以在具有數千年文化之我國中，往往苦其文義之難通。余為協助現代青年對古書之閱讀，在距今四十餘年前，曾為商務印書館創編學生國學叢書數十種，其凡例如左：

一、中學以上國文功課，重在課外閱讀，自力攻求；教師則為之指導焉耳。惟重篇巨帙，釋解紛繁，得失互見，將使學生披沙而得金，貫散以成統，殊非時力所許；是有需乎經過整理之書篇矣。該館鑒此，遂有學生國學叢書之輯。

一、本叢書所收，均重要著作，略舉大凡：經部如詩、禮、春秋；史部如史、漢、五代；子部如莊、孟、荀、韓，並皆列入；文辭則上溯漢、魏，下迄五代；詩歌則陶、謝、李、杜，均有單本；詞則多采五代、兩宋；曲則擷取元、明大家；傳奇、小說，亦選其英。

一、諸書選輯各篇，以足以表見其書、其作家之思想精神，文學技術者為準；其無關宏旨者，概從刪削。所選之篇類不省節，以免割裂之病。

一、諸書均為分段落，作句讀，以便省覽。

一、諸書均有註釋；古籍異釋紛如，即采其較長者。

一、諸書較為罕見之字，均注音切，並附注音字母，以便諷誦。

一、諸書卷首，均有新序，述作者生平，本書概要。凡所以示學生研究門徑者，不厭其詳。

然而此一叢書，僅各選輯全書之若干片段，猶之嘗其一臠，而未窺全豹。及民國五十三年，余謝政後重主該館，適國立編譯館有今註資治通鑑之編纂，甫出版三冊，以經費及流通兩方面，均有借助於出版家之必要。商之於余，以其係就全書詳註，足以彌補余四十年前編纂學生國學叢書之闕，遂予接受；甫歲餘，而全書十有五冊，千餘萬言，已全部問世矣。

余又以今註資治通鑑，雖較學生國學叢書已進一步；然因若干古籍，文義晦澀，今註以外，能有今譯，則相互為用：今註可明個別意義，今譯更有助於通達大體，寧非更進一步歟？

幾經考慮，乃於五十六年秋決定為商務印書館編纂經部今註今譯第一集十種，其凡例如左：

一、經部今註今譯第一集，暫定十種，如左：㈠詩經、㈡尚書、㈢周易、㈣周禮、㈤禮記、㈥春秋左氏傳、㈦大學、㈧中庸、㈨論語、㈩孟子。

二、今註仿資治通鑑今註體例，除對單字詞語詳加註釋外，地名必註今名，年份兼註公元；衣冠文物莫不詳釋，必要時並附古今比較地圖與衣冠文物圖案。

三、全書白文約五十萬言，今註假定占白文百分之七十，今譯等於白文百分之一百三十，合計白文連註譯約為一百五十餘萬言。

四、各書按其分量及難易，分別定期於半年內繳清全稿。

五、各書除付稿費外，倘銷數超過二千部者，所有超出之部數，均加送版稅百分之十。

以上經部要籍雖經一一約定專家執筆，惟蹉跎數年，已交稿者僅五種，已出版者僅四種，而每種字數均超過原計劃，有至數倍者，足見所聘專家無不敬恭將事，求備求全，以致遲遲殺青。嗣又加入老子莊子二書，其範圍超出經籍以外，遂易稱古籍今註今譯，老子一種亦經出版。

至於文復會之學術研究出版促進委員會根據工作計劃，更選定第一期應行今註今譯之古籍約三十種，經史子無不在內，除商務印書館已先後擔任經部十種及子部二種外，餘則徵求各出版家分別擔任。深盼群起共鳴，一集告成，二集繼之，則於復興中華文化，定有相當貢獻。

惟是洽商結果，共鳴者鮮。文復會谷秘書長岐山先生對此工作極為重視，特就會中所籌少數經費，撥出數十萬元，並得國立編譯館劉館長泛弛先生贊助，允任稿費之一部分，統由該委員會分約專家，就此三十種古籍中，除商務印書館已任十二種外，一一得人擔任，計由文復會與國譯館共同負擔者十有七種，由國譯館獨任者一種。於是第一期之三十種古籍，莫不有人負責矣。嗣又經文復會決定，委由商務印書館統一印行。唯盼執筆諸先生於講學研究之餘，儘先撰述，俾一二年內，全部三十種得以陸續出版，則造福於讀書界者誠不淺矣。

中華民國六十一年四月二十日　文復會副會長兼學術研究出版促進委員會主任委員　**王雲五**　謹識

「古籍今註今譯」序

中華民國五十五年十一月十二日，　國父百年誕辰，中山樓落成。　蔣總統發表紀念文，倡導復興中華文化，全國景從。孫科、王雲五、孔德成、于斌諸先生等一千五百人建議，發起我中華文化復興運動，冀使中華文化復興並發揚光大。於是，海內外一致響應。復由政府及各界人士的共同策動，中華文化復興運動推行委員會於民國五十六年七月二十八日，正式成立，恭推　蔣總統任會長，並請孫科、王雲五、陳立夫三先生任副會長，本人擔任祕書長。

文化的內涵極為廣泛，中華文化復興的工作，絕不是中華文化復興運動推行委員會一個機構的努力可以達成的，而是要各機關社團暨海內外每一個國民盡其全力來推動。但中華文化復興運動推行委員會，在整個中華文化復興工作中，負有策畫、協調、鼓勵與倡導的任務。八年多來，中華文化復興運動推行委員會，本著此項原則，在默默中做了許多工作，然而卻很少對外宣傳，因為我們所期望的，不是個人的事功，而是中華文化的光輝日益燦爛，普遍地照耀於全世界。

學術是文化中重要的一環，我國古代的學術名著很多，這些學術名著，蘊藏著中國人智慧與理想的精華，象徵著中華文化的精深與博大，也給予今日的中國人以榮譽和自信心。要復興中華文化，就應該讓今日的中國人能讀到而且讀懂這些學術名著，因此，中華文化復興運動推行委員會，在其推行計畫中，即列有「發動出版家編印今註今譯之古籍」一項，並曾請各出版機構對歷代學術名著，作有計畫的整理註譯。但由於此項工作浩大艱巨，一般出版界因限於人力、財力，難肩此重任，王雲五先生為中華文化復興運動推行委員會副會長，並兼任學術研究出版促進委員會主任委員，乃以臺灣商務印書館率先倡導，將尚書、詩經、周易等十二種古籍加以今註今譯。（稿費及印刷費用全由商務印書館自行負擔）。然而，歷代學術名著值得令人閱讀者實多，中華文化復興運動推行委員會，遂再與國立編譯館洽商，共同約請學者專家從事更多種古籍的今註今譯，所需經費由中華文化復興運動推行委員會與國立編譯館中華叢書編審委員會共同負責籌措，承蒙國立編譯館慨允合作，經決定將大戴禮記、公羊、穀梁等二十七種古籍，請學者專家進行註譯，國立編譯館並另負責註譯「說文解字」及「世說新語」兩種。於是前後計畫著手今譯今註的古籍，得達到四十一種之多，並已分別約定註譯者。其書目為：

古籍名稱	註譯者	主編者
尚書	屈萬里	王雲五先生（臺灣商務印書館）
詩經	馬持盈	王雲五先生（臺灣商務印書館）
周易	南懷瑾 徐芹庭	王雲五先生（臺灣商務印書館）

書名	註譯者	主編
周禮	林尹	王雲五先生（臺灣商務印書館）
禮記	王夢鷗	王雲五先生（臺灣商務印書館）
春秋左氏傳	李宗侗	王雲五先生（臺灣商務印書館）
大學	楊亮功	王雲五先生（臺灣商務印書館）
中庸	楊亮功	王雲五先生（臺灣商務印書館）
論語	毛子水	王雲五先生（臺灣商務印書館）
孟子	史次耘	王雲五先生（臺灣商務印書館）
老子	陳鼓應	王雲五先生（臺灣商務印書館）
莊子	陳鼓應	王雲五先生（臺灣商務印書館）
大戴禮記	高明	中華文化復興運動推行委員會 國立編譯館中華叢書編審委員會
公羊傳	李宗侗	中華文化復興運動推行委員會 國立編譯館中華叢書編審委員會

穀梁傳	周何	中華文化復興運動推行委員會 國立編譯館中華叢書編審委員會
韓詩外傳	賴炎元	中華文化復興運動推行委員會 國立編譯館中華叢書編審委員會
孝經	黃得時	中華文化復興運動推行委員會 國立編譯館中華叢書編審委員會
國語	張以仁	中華文化復興運動推行委員會 國立編譯館中華叢書編審委員會
戰國策	程發軔	中華文化復興運動推行委員會 國立編譯館中華叢書編審委員會
列女傳	張敬	中華文化復興運動推行委員會 國立編譯館中華叢書編審委員會
新序	盧元駿	中華文化復興運動推行委員會 國立編譯館中華叢書編審委員會
説苑	盧元駿	中華文化復興運動推行委員會 國立編譯館中華叢書編審委員會
墨子	李漁叔	中華文化復興運動推行委員會 國立編譯館中華叢書編審委員會
荀子	熊公哲	中華文化復興運動推行委員會 國立編譯館中華叢書編審委員會
韓非子	邵增樺	中華文化復興運動推行委員會 國立編譯館中華叢書編審委員會

管子	李勉	中華文化復興運動推行委員會 國立編譯館中華叢書編審委員會
淮南子	于大成	中華文化復興運動推行委員會 國立編譯館中華叢書編審委員會
孫子	魏汝霖	中華文化復興運動推行委員會 國立編譯館中華叢書編審委員會
論衡	阮廷焯	中華文化復興運動推行委員會 國立編譯館中華叢書編審委員會
史記	馬持盈	中華文化復興運動推行委員會 國立編譯館中華叢書編審委員會
楚辭	楊向時	中華文化復興運動推行委員會 國立編譯館中華叢書編審委員會
商君書	賀凌虛 張英琴	中華文化復興運動推行委員會 國立編譯館中華叢書編審委員會
太公六韜	徐培根	中華文化復興運動推行委員會 國立編譯館中華叢書編審委員會
黃石公三略	魏汝霖	中華文化復興運動推行委員會 國立編譯館中華叢書編審委員會
司馬法	劉仲平	中華文化復興運動推行委員會 國立編譯館中華叢書編審委員會
尉繚子	劉仲平	中華文化復興運動推行委員會 國立編譯館中華叢書編審委員會

書名	註譯者	主編單位
吳子	傅紹傑	中華文化復興運動推行委員會 國立編譯館中華叢書編審委員會
唐太宗李衛公問對	曾振	中華文化復興運動推行委員會 國立編譯館中華叢書編審委員會
文心雕龍	余培林	中華文化復興運動推行委員會 國立編譯館中華叢書編審委員會
說文解字	趙友培	國立編譯館中華叢書編審委員會
世說新語	楊向時	國立編譯館中華叢書編審委員會

以上四十一種今註今譯古籍均由臺灣商務印書館肩負出版發行責任。當然，中國歷代學術名著，有待今註今譯者仍多。只是限於財力，一時難以立即進行，希望在這四十一種完成後，再繼續選擇其他古籍名著加以註譯。

古籍今註今譯的目的，在使國人對艱深難解的古籍能夠易讀易懂，因此，註譯均用淺近的語體文，希望國人能藉今註今譯的古籍，而對中國古代學術思想與文化，有正確與深刻的了解。

或許有人認為選擇古籍予以註譯，不過是保存固有文化，對其實用價值存有懷疑。但我們認為中華文化復興並非復古復舊，而在創新。任何「新」的思想（尤其是人文與社會科學方面）無不緣於「舊」的思想蛻變演進而來。所謂「温故而知新」，不僅僅歷史學者要讀歷史文獻，化學家豈能不讀化學史與前人化學文獻？生物學家豈能不讀生物學史與前人生物學文獻？文學家豈能不讀文學史與古典文獻？讀史與讀前人的著作，正是吸取前人文化所遺留的經驗、智慧與思想，如能藉今註今譯的古籍，讓國人對固有文化有充分而正確的了解，增加對固有文化的信心，進而對固有文化注入新的精神，使中華文化成為世界上最受人仰慕的一種文化，那麼，中華文化的復興便可拭目以待，而倡導文化復興運動的目的也就達成了。所以，我們認為選擇古籍予以今註今譯的工作，對復興中華文化而言是正確而有深遠意義的。

今註今譯是一件不容易做的工作，我們所約請的註譯者都是學識豐富而且對其所註譯之書有深入研究的學者，他們從事註譯工作的態度也都相當嚴謹，有時為一字一句之考證、勘誤，參閱與該註譯之古籍有關書典達數十種之多者。其對中華文化負責之精神如此。我們真無限地感謝擔任註譯工作的先生們，為復興文化所作的貢獻。同時我們也感謝王雲五先生的鼎力支持，使這項艱巨的工作得以順利進行。中華文化復興運動推行委員會所屬學術研究出版促進委員會，對於這項工作的策畫、協調、聯繫所竭盡之心力，在整個中華文化復興運動的過程中，也必將留下不可磨滅的紀錄。

谷鳳翔 序於臺北市

中華民國六十四年八月十九日

「古籍今註今譯」續序

中國文化淵深博大，語其深，則源泉如淵；語其廣，則浩瀚無涯；語其久，則悠久無疆。上探宇宙之奧祕，下窮人事之百端。應乎天理，順乎人情。以天人為一體，以四海為一家。氣象豪邁，體大思精。一切研究發展，以人為中心，以實事求是為精神。不尚虛玄，力求實效。遂自然演成人文文化，為中國文化之可貴特徵。

文化的創造為生活，文化的應用在生活。離開生活就沒有文化。文化是個抽象的名詞，內而存於心，外而發於言，見於行。不知不覺自然流露，自然表現，所以稱之曰「化」。一言一默，一動一靜，無形中都受文化的影響。發於聲則為詩、為歌；見於行則為事；著於文則為典籍書册，皆出於自然。聲可聞，事可見，但轉瞬消逝不復存。惟有著為典籍書册者，既可行之遠，又能傳之久。後之人欲於耳目之外，上知古之人、古之事，則惟有求之於典籍，則典籍之於文化傳播，為惟一之憑藉。

中華民族明於理，重於情。人與人之間有相同的好惡，相同的感覺，相同的是非。因此，心與心相通，事與事相關，禍與福相共，甚至願望相求，知識、經驗、閱歷……等等，無一不想彼此相貫通、相交換、或相傳授。這是中國人特別著重的心理要求。大家一樣，這些心理要求，靠聲音、靠行動，都不能行之遠，傳之久。必欲達此目的，只有利用文字，著於典籍書册了。書册著成，心理要求達成了，自己的知識，經驗閱歷，乃至於情感、願望，一切藉文字傳出了。生命不朽，精神長存。可貴的中國文化，一代一代的寶貴經驗閱歷，皆可藉此傳播至無限遠，無窮久。因此，我認為中國古書即中國文化之結晶。

在讀者一面講，藉著典籍書冊，可與古人相交通，彼此心心相印，情感交流。最重要者應該說是文化的流傳，教訓的接納，成敗得失的鑒戒，都可由此得到收穫。我們要知道，文化是要積累進步的，不接受前人的經驗和寶貴的知識學問，後人即無法得到積累的進步。一代一代積累下去，文化才有無窮的創造和進步。因此，讀書，讀古人書，讀千錘百鍊而不磨滅的書，遂成青年人不可忽視的要務。

古今文字有演變，文學風格，文字訓詁也有許多改變。讀起來不免事倍功半。近年朝野致力於文化復興、文化建設，讀古書即成最先急務。為了便利閱讀，把一部一部古書用今日的語言，今人的解釋，整理編印起來，稱為今註今譯。

本會故前副會長王雲五先生在其所主持的臺灣商務印書館，首先選定古籍十二種，予以今註今譯。本會學術研究出版促進委員會與教育部國立編譯館中華叢書編審委員會繼續共同辦理古籍今註今譯的工作，註釋的古籍仍委請臺灣商務印書館印行。截至六十四年八月，連同王故前副會長主編註譯的古籍，已進行註譯者四十一種。近八年以來增加古籍今註今譯之書目如下：

古籍名稱	註譯者	主編者
春秋繁露	賴炎元	中華文化復興運動推行委員會 國立編譯館中華叢書編審委員會
潛夫論	劉兆祐	中華文化復興運動推行委員會 國立編譯館中華叢書編審委員會
新書	張蓓蓓	中華文化復興運動推行委員會 國立編譯館中華叢書編審委員會
晏子春秋	王更生	中華文化復興運動推行委員會 國立編譯館中華叢書編審委員會
公孫龍子	陳癸淼	中華文化復興運動推行委員會 國立編譯館中華叢書編審委員會
儀禮	章景明	中華文化復興運動推行委員會 國立編譯館中華叢書編審委員會
逸周書	黃沛榮	中華文化復興運動推行委員會 國立編譯館中華叢書編審委員會
陶庵夢憶	周咸清	中華文化復興運動推行委員會 國立編譯館中華叢書編審委員會
呂氏春秋	林品石	中華文化復興運動推行委員會 國立編譯館中華叢書編審委員會
顏氏家訓	黃得時	中華文化復興運動推行委員會 國立編譯館中華叢書編審委員會

爾雅	高明	中華文化復興運動推行委員會國立編譯館中華叢書編審委員會
抱朴子	尤信雄	中華文化復興運動推行委員會國立編譯館中華叢書編審委員會
校讎通義	喬衍琯	中華文化復興運動推行委員會國立編譯館中華叢書編審委員會
文選	葉程義	中華文化復興運動推行委員會國立編譯館中華叢書編審委員會
文史通義	黃俊郎	中華文化復興運動推行委員會國立編譯館中華叢書編審委員會

增編以上十五種，共計已達五十六種。其中出版者二十九種（合計三十五册），在註譯審查或排印中者二十七種，正分別洽催，希早日出書。此外，並進行約請學者註譯其他古籍，惟古籍整理的工作，極為繁重。因本會人力及財力均屬有限，故在工作的進行與業務開展上，仍乞海內外學者專家及文化界人士，熱心參與，多多支持，並賜予指教。本會亦當排除萬難，竭誠勉力，以赴事功。

中華文化復興運動推行委員會秘書長　**陳奇祿**　謹序

民國七十三年元月十七日

抱朴子外篇今註今譯　目錄

嘉遯篇第一

【篇旨】本篇透過懷冰先生及赴勢公子的對話，表現葛洪對於政治的隱逸思想。他藉著懷冰先生的話，引出道德修養達到最高境界的至人，應當以無為為本，將精神寄託於空虛冷漠的地方，意志不被利祿所役使，就不會遭到傷害與屈辱；同時至人不在險途上徘徊，就不會有傾墜的禍患。並力澄入朝做官的就是對，而樂隱居的賤民就是錯誤的思想，提出「出處之事，人各有懷」的觀點。由此亦可見魏、晉時期隱逸的觀念及隱士的心態。

抱朴子曰：「有懷冰先生者，薄周流㊀之棲遑㊁，悲吐握㊂之良苦。讓膏壤於陸海，爰躬耕乎斥鹵㊃。秘六奇㊄以括囊，含琳琅㊅而不吐。謐清音則莫之或聞，掩輝藻則世不得覩。背朝華於朱門，保恬寂乎蓬戶㊆。絕軌躅㊇於金、張㊈之閭，養浩然於幽人之仵㊉。」

【今註】㊀周流：周遊。㊁棲遑：忙碌奔波的樣子。㊂吐握：吐哺握髮，形容延攬人才而操心忙碌。《史記》卷三十三〈魯周公世家〉：「周公戒伯禽曰：『我文王之子，武王之弟，成王之叔父，我於天下亦不賤矣。然我一沐三捉髮，一飯三吐哺，起以待士，猶恐失天下之賢人。』」㊃斥鹵：指鹽鹹之地，不宜耕種。㊄六奇：指出奇制勝的謀略。《史記》卷一百三十〈太史公自序〉：「六奇既用，諸侯賓從於漢；呂氏之事，平為本謀，終安宗廟，定社稷。作《陳丞相世家第二十六》。」㊅琳琅：精美的玉石。此喻珍異的言論。㊆蓬户：指簡陋的屋舍。㊇軌躅：車轍軌跡。㊈金、張：喻權貴之家。漢宣帝時，金日磾、張安世並為顯宦，後世言貴族者，輒並舉金、張。㊉養浩然於幽人之仵：陳澧、楊明照皆以為「仵」當作「伍」。

【今譯】　抱朴子說：「有一位懷冰先生，他鄙薄孔子的周遊列國，忙碌奔波；對周公為延攬人才而操心良苦，也感到可悲。他寧願讓出肥沃的田地，而在鹽地上親自耕種。他將六奇謀略全部藏起來，口含珍異的言論而不吐露。清音安靜，好像什麼也沒有一樣，或者掩耳不聽華麗的辭藻，這樣世人也就看不到他了。他背棄豪門的奢侈生活，而在陋舍裡過著恬靜的日子；絕不徘徊於權貴之家，而跟隱逸之士為伍，涵養他的浩然之氣。」

「謂榮顯為不幸，以玉帛為草土。抗靈規於雲表，獨違今而遂古。庇峻岫㈠之巍峨，藉翠蘭之芳茵。漱流霞之澄液，茹八石㈡之精英。思眇眇焉若居乎虹霓之端，意飄飄焉若在乎倒景之鄰。萬物不能攪其和，四海不足汨其神。」

【今註】　㈠岫：山洞。㈡八石：指朱砂、雄黃、雌黃、雲母、空青、硫黃、戎鹽、硝石等八種藥石。

【今譯】　「他把榮華顯貴視為不幸，把玉帛視同草木與泥土。在雲天之外和神靈規則相抗衡，獨自違逆當今而順從遠古。他棲居在巍峨的山洞裡，墊著翠蘭的芳草，用流霞清淨的水來漱口，吃的是蘂石的菁華。他神思深遠，好像是在虹霓之間，意念飄飄，彷佛是與倒影為鄰。萬事萬物不能攪亂他那安靜平和的境界，天下四海不足以擾亂他的神思。」

於是有赴勢公子聞之，慨然而歎曰：「『空谷有項領㈠之駿者，孫陽㈡之恥也；太平遺冠世之才者，賞真之責也。安可令俊民全其獨善之分，而使聖朝乏乎元凱㈢之用哉？』」

【今註】 ㈠項領：大也。《詩經・小雅・節南山》：「駕彼四牡，四牡項領。」毛《傳》：「項，大也。」鄭玄《箋》：「四牡者，人君所乘駕。今但養大其領，不肯為用。喻大臣自恣，王不能使也。」 ㈡孫陽：即孫陽伯樂，春秋時善相馬者。 ㈢元凱：元，善也；凱，和也。《左傳》文公十八年：「昔高陽氏有才子八人，蒼舒、隤敳、檮戭、大臨、尨降、庭堅、仲容、叔達……謂之八愷。高辛氏有才子八人，伯奮、仲堪、叔獻、季仲、伯虎、仲熊、叔豹、季貍……謂之八元。」

【今譯】 有個名叫赴勢公子的人，聽聞上述情況後，慨歎地說：「『深山空谷裡有高大的駿馬，不為世人所用，這是孫陽伯樂的恥辱。太平盛世時竟將冠世英才遺忘了，這是選拔人才的官府失責。怎能讓俊民異才達成獨善其身之志，而使聖朝缺少元凱之類的英才呢？』」

「乃造而說曰：『徒聞振翅竦身，不能淩厲九霄，騰跚玄極㈠，攸敘彝倫㈡者，非英偉也。今先生操立斷之鋒，掩炳蔚㊂之文，玩圖籍於絕跡之藪，括藻麗乎鳥獸之群。陳龍章㊃於晦夜，沈琳琅於重淵。蟄伏於盛夏，藏華於當春。』」

【今註】㊀騰跚玄極：謂周旋於玄妙的境界。騰，上；躍。跚，蹣跚；緩步。玄，天色。玄極，高空；道家玄妙的境界。㊁彝倫：指倫常。《尚書．洪範篇》：「我不知其彝倫攸敘。」㊂炳蔚：指「光輝」。㊃龍章：龍紋繡飾的衣服。《禮記．明堂位篇》：「有虞氏服韍，夏后氏山，殷火，周龍章。」

【今譯】「赴勢公子就到懷冰先生那裡去勸說道：『我只聽說振翅聳身，不能飛凌九天雲霄，只是周旋於玄妙的境界，遠離人世，而又談論天地間的倫常，這種人算不上是英偉之才。如今，先生操著鋒利的言辭，掩藏光輝奪目的文采，在絕跡之地方玩味書籍，在鳥獸之間搜括藻麗；把龍紋衣服展現於黑夜之中，把琳琅美玉沉没於深淵之內；像動物般蟄伏在盛夏之時，將花兒隱藏在春天裡。』」

『雖復下帷覃思，殫毫騁藻，幽贊太極㊀，闡釋元本㊁。言歡則木梗怡顏如巧笑，語戚則偶象嚬顣㊂而滂沱。抑輕則鴻羽沈於弱水，抗重則玉石漂於飛波。離同則肝膽為胡、越㊃，合異則萬殊而一和。切論則秋霜春肅，温辭則冰條吐葩。摧高則峻極頹淪㊄，竦卑則淵池嵯峨㊅。疵清則倚暗夜光㊆，救濁則立澄黃河。然不能沾大惠於庶物，著弘勳於皇家。名與朝露皆晞㊇，體與蜉蝣并化。忽崇高於聖人之寶，忘川逝於大耋㊈之嗟，竊為先生不取焉！』

【今註】 ㈠太極：《易經・繫辭・上》：「是故易有太極，是生兩儀。」 ㈡元本：太極是萬物之根本。 ㈢嚬顣：哭泣的樣子。 ㈣胡、越：指北方的胡、南方的越，比喻二者相隔遥遠。 ㈤頽淪：倒塌陷落。 ㈥嵯峨：山高的樣子。 ㈦夜光：寶石的一種。 ㈧晞：乾。 ㈨耋：年老曰「耋」。

【今譯】『雖然先生閉門深思，耗盡筆墨，辭藻縱横，讚頌太極，闡釋萬物根本。說到歡樂時，木頭都會怡顏巧笑，語及悲愁時，連偶像都會淚如雨下。抑制輕的東西，就能使鳥毛沉溺於水中；抗制重的東西，就能使玉石漂浮於波上。分離同一東西，那麼近如肝膽也會變得遠同北胡和南越；合併歧異的東西，那麼也能使萬殊合為一體。深切談論能使秋霜春肅，温和的言辭能使冰條吐葩。摧高能使山嶺頂峰塌落，聳低能使淵池如山屹；遮清能使夜光寶玉失去光輝，救濁就使黄河立即澄清。儘管如此玄妙，但是不能使百姓庶眾分得大恩惠，為皇家聖朝樹立宏大功勳。名望與朝露一樣快乾，生命與蜉蝣一樣短促；忽略聖人之寶的崇高，遺忘年老將會有川逝的感歎，我想這些都是先生所不會效法的。』

『蓋聞：「大者天地，其次君臣。」先聖憂時，思行其道㈠。「三月無君，皇皇㈡如也。」恥今聖主不與堯、舜一致，愍此黎民㈢不可比屋而封㈣，故或負鼎㈤而龍躍，或扣角以鳳歌㈥。不須蒲輪㈦而後動，不待文王㈧而後興。』

【今註】 ㈠道：指「治國之道」。 ㈡皇皇：即「惶惶」，恐懼不安的樣子。 ㈢黎民：百姓。 ㈣比屋而封：因相比鄰而受封。《新語・無為篇》：「故曰：堯、舜之民，可比屋而封；桀、紂之民，可比屋而誅者，教化使然也。」 ㊄負鼎：指伊尹勸湯的故事。語出《史記》卷三〈殷本紀〉：「伊尹名阿衡。阿衡欲干湯而無由，乃為有莘氏媵臣，負鼎俎，以滋味說湯，致于王道。」 ㊅扣角以鳳歌：指甯戚被賞識的故事。《呂氏春秋・離俗覽・舉難篇》：「甯戚飯牛居車下，望桓公而悲，擊牛角疾歌。桓公聞之，撫其僕之手曰：異哉，之歌者非常人也，命後車載之。」 ㊆蒲輪：賢士徵聘之車。《漢書》卷六〈武帝紀〉：「遣使者安車蒲輪，束帛加璧，徵魯申公。」 ㊇文王：周文王。

【今譯】『聽說：「最大的是天地，其次是君臣。」先聖憂煩的時候，在於考慮如何行其治國之道。「如果三個月裡都沒有君王，天下就會恐懼不安了。」恨當今君主不能像堯、舜一樣，哀憐黎民百姓沒有比屋而封，所以有的人負鼎而龍躍，有的人扣角以鳳歌，紛紛出任。不須要蒲車到來才動身，不必等待周文王來才興盛。』

『潛初㊀飛五㊁，與時消息㊂。進有攸往之利㊃，退無濡尾㊄之累。明哲以保身，宣化以濟俗。使夫承蘭風以傾柯，濯清波以遺穢者，若沈景㊅之應朗鑒㊆，方圓之赴規矩。故勳格上下，惠沾八表㊇。』

【今註】 ㊀潛初：指《易經・乾卦》：「初九，潛龍勿用。」意謂情況不利時，應當隱忍潛藏，以等待時機。 ㊁飛五：指《易經・乾卦》：「九五，飛龍在天，利見大人。」意謂條件成熟時，如飛龍升騰上天，可以施展抱負。 ㊂與時消息：《易經・豐卦・象傳》：「天地盈虛，與時消息。」消息，消長；出處。㊃攸往之利：《易經・坤卦》：「君子有攸往，先迷後得，主利。」意謂君子有所前進，終究能得到利益、好處。㊄濡尾：指没有利處，語出《易經・未濟卦》：「未濟，亨，小狐汔濟，濡其尾，無攸利。」意謂狐狸涉水時，舉尾不使溼，極為困頓時才弄溼尾巴，這裡比喻處境困難，不能成功。㊅沈景：水中皓月的影子。㊆朗鑒：明亮的鏡子。這裡代指圓月。㊇八表：指極遠的地方。

【今譯】『形勢不利就潛藏，時機一到就如龍騰發，依據時勢決定出處進退；那麼前進會有益處，後退也没有濡尾力不勝任的牽累。洞察哲理以保全自身，宣教化育，救濟時俗。使得承受如在君子蘭風教化吹拂之下樹枝傾斜，用清水來洗濯除去污穢的東西，這就如同水中月影回應天上明月，方圓之物接受規矩的節制一般。所以功勳達到上下天地，恩惠普及四方八表。』

『夫有唐㊀所以巍巍㊁，重華㊂所以恭己㊃，西伯㊄所以三分㊅，姬發㊆所以革命㊇，桓、文㊈所以一匡，漢高㊉所以應天，未有不致⑪群賢為六翮⑫，託豪傑為舟楫者也。若令各守洗耳⑬之高，人執耦耕⑭之分，則稽古之化不建，英明之盛不彰，明良之歌⑮不作，括天之網不張矣。』

【今註】㊀有唐：指唐堯。㊁巍巍：語出《論語・泰伯篇》：「子曰：大哉！堯之為君也！巍巍乎！唯天為大，唯堯則之。」㊂重華：指虞舜。㊃恭己：端正己身。語出《論語・衛靈公篇》：「子曰：無為而治者，其舜也與？夫何為哉？恭己、正南面而已矣。」㊄西伯：指周文王。

曾為西方諸侯之長。㈥三分：三分天下有其二。語出《論語・泰伯篇》：「三分天下有其二，以服事殷。周之德，其可謂至德也已矣。」㈦姬發：指周武王，姬姓，名發。㈧革命：指誅滅商紂王，建立新朝。㈨桓、文：指春秋五霸之齊桓公、晉文公。㈩漢高：指漢高祖劉邦。⑾致：楊明照《抱朴子外篇校箋・上》校改為「鼓」字。⑿六翮：鴻鵠的六根健羽。⒀洗耳：比喻隱逸的人。傳說堯召許由為九州長，許由認為是對自己的侮辱，於是洗耳於潁水之濱。⒁耦耕：兩人合力耕田，謂之「耦耕」。⒂明良之歌：《尚書・益稷》載歌讚美君王及大臣曰：「元首明哉，股肱良哉，庶事康哉。」從首二句各取一字，即明良之歌。

【今譯】「唐堯的功業巍巍崇高，舜恭己招賢，西伯三分天下有其二，周武王所以革命，齊桓公和晉文公匡正天下、前後成為中原霸主，漢高祖應天建立漢朝，無不是靠著群賢豪傑來輔佐自己，以為展翅騰飛的健羽、橫渡江河的舟楫的。如果大家都像許由那樣隱居不仕，人人都安於農耕的本分，那麼遠古的文明就不可能建立，英明的盛世就不可能彰顯，明良的歌曲就不可能製作，括天的網就不可能擴張。」

『故藏器者珍於變通隨時，英逸者貴於吐奇撥亂。若乃耀靈翳景於雲表，則麗天之明不著。哮虎韜牙而握爪，則搏噬之捷不揚。太阿㈠潛鋒而不擊，則立斷之勁不顯。驥騄㈡踠趾而不馳，則追風之迅不形。并默則子貢㈢與喑者同口，咸瞑則離朱㈣與矇瞽不殊矣。先生潔身而忽大倫之亂，得意而忘安上之義。存有關機之累，沒無金石之聲㈤。庸人且猶憤色，何有大雅而無心哉？』

【今註】㊀太阿：古代利劍名。㊁驥騄：良馬名。㊂子貢：孔子弟子，善於利口巧辭。《論語・先進篇》：「言語：宰我、子貢。」㊃離朱：明目的人，為黃帝時臣。《淮南子・原道篇》：「離朱之明，察箴末於百步之外。」㊄金石之聲：比喻文章傳世。

【今譯】『所以，有才能的人珍惜隨時變通，英逸的人注重於出謀策略與撥亂返正。至於光耀的神靈躲藏在雲端裡，附著的天光就不顯著；咆哮的猛虎藏牙而握爪，它的搏噬的敏捷就表現不出來；太阿寶劍放著不用，它立斷的鋒芒就顯露不出來；驥騄良馬曲腿伏地而不奔馳，它的追風的速度就不會形成；大家都沉默不語，善於辭令的子貢就跟啞子一樣，人人都看不見，明察毫末的離朱就跟瞎子沒什麼差別。先生潔身自好，而疏忽君臣倫常的混亂，先生怡然自得，而忘記鞏固皇上的道義。活著有重大的牽連，死了卻沒有響亮的名聲。對此，平庸之人尚且懷著憤怒，何況大雅之才，難道就不動心了嗎？』

『夫繩㊀舒則木直，正進則邪凋，有虞㊁舉則四凶㊂戮，宣尼任則少卯梟㊃。猶震雷駭則鼛㊄鼓堙，朝日出則螢燭㊅幽也。不拯招魂之病㊆，則無以效越人㊇之絕伎。不獎多難之世，則無以知非常之遠量。高拱㊈以觀溺，非勿踐之仁㊉也。懷道以迷國⑪，非作者⑫之務也。若侯中唐⑬殖占日之草⑭，朝陽繁鳴鳳之音⑮，郊踦獨角之獸⑯，野攢⑰連理之林⑱。長旌卷而不懸⑲，干戈戢而莫尋。少伯⑳方將告退於成功，孰能相擢㉑乎陸沈㉒哉？深願先生不遠迷復㉓哉？』」

【今註】㊀繩：指墨繩。㊁有虞：指虞舜。古帝舜，曾封於虞，故稱。㊂四凶：指堯時共工、驩兜、三苗、鯀等四凶族。《尚書・舜典》：「流共工于幽州，放驩兜于崇山，竄三苗于三危，殛鯀于羽山。」 ㊃宣尼任則少卯梟：宣尼指孔子，漢平帝於元始元年（公元元年），曾追謚孔子為「褒成宣尼公」。少卯，少正卯，春秋魯大夫。《荀子・宥坐篇》載：「孔子為魯攝相，朝七日，而誅少正卯。」理由是：孔子認為少正卯「心達而險、行辟而堅、言偽而辯、記醜而博、順非而澤」之五惡亂政罪名將他誅殺。《淮南子・氾論篇》：「孔子誅少正卯，而魯國之邪塞。」高誘《注》：「少正，官，卯其名也。魯之諂人。」 ㊄鼛：古代有役事時擊以召人的大鼓。《周禮・地官・鼓人》：「以鼛鼓鼓役事。」鄭玄《注》：「鼛鼓，長丈二尺。」 ㊅螢燭：螢光。 ㊆招魂之病：指瀕死的疾病。 ㊇越人：指扁鵲，勃海郡鄭人，姓秦，名越人。為古代名醫。曾以鍼石使已死的虢太子復蘇。見《史記》卷一百五〈扁鵲倉公列傳〉。 ㊈高拱：高拱雙手，比喻無所作為。 ㊉勿踐之仁：仁慈之心，不忍踐踏生物。 ⑪懷道以迷國：有道君子不出仕，眼看國家陷於混亂之中。《論語・陽貨篇》：「懷其寶而迷其邦，可謂仁乎？」 ⑫作者：指聖人孔子。《禮記・樂記篇》：「故知禮樂之情者能作，識禮樂之文者能述。作者之謂聖，述者之為明。」 ⑬中唐：指廟堂中庭。《詩經・陳風・防有鵲巢》：「中唐有甓。」毛《傳》：「中，中庭也；唐，唐塗也。」 ⑭占日之草：瑞草。如紫芝、朱草之類。 ⑮鳴鳳之音：鳳凰迎日和鳴，為太平吉祥的景象。 ⑯獨角之獸：即麒麟，傳說牠麇身、牛尾、一角。舊說天下太平，麒麟就會出現在郊外。 ⑰攢：音ㄗㄨㄢ，聚集。 ⑱連理之林：謂不同根的樹木，其枝幹連生在一起。 ⑲長旍卷而不懸：招賢的旍旗捲了起來。傳說古代有懸旍旗招賢的禮儀，故云。 ⑳少伯：范蠡，字少伯，春秋越之大夫，輔佐越王句踐滅亡了吳國，然後功成身退，泛舟五湖而去。詳見《史記》卷四十一〈越王句踐世家〉。 ㉑擢：提拔；任用。 ㉒陸沉：

指沉淪於民間的隱逸之士。《莊子・則陽篇》：「仲尼曰：是聖人僕也。是自埋於民，自藏於畔，其聲銷，其志無窮，其口雖言，其心未嘗言，方且與世違而心不屑與之俱。是陸沈者也。」 ㊂迷復：迷失道路，不能歸回原處。

【今譯】『墨繩舒展，所量裁的木材就會筆直；進用正人君子，奸邪小人就會凋零。堯舉用賢才，四凶族就被殺戮，孔子任魯司寇，少正卯就被處死，這就像雷霆震駭，鼕隆的鼓聲就被埋沒了；早上太陽出來，螢燭就顯得幽暗。不會拯救垂死的病人，就表現不出名醫扁鵲的絕技；不會輔助君王渡過多難之世，就無法知道臣僚異常的遠大壯志。高拱雙手，坐視落水者淹死，這不符合不忍踐踏生物的仁者之心。有道的君子眼看著國家陷入迷亂而不匡救，這也不是聖人孔子所贊成的作法。如果等到廟堂大路上種植占日之草，太陽剛出時鳴鳳之音不已，郊外跱立著獨角之獸，田野上叢生著連理並枝的樹木。天下太平，招賢的旌旗捲起來了；戰事平息，武器都收藏起來了。那正是像范蠡這般有為之士功成身退的時候，又會有誰前來提拔任用隱逸之士呢？我殷切地盼望先生能夠迷途知返。』」

於是懷冰先生蕭然㊀遐眺，遊氣天衢㊁，情神遼緬，旁若無物。俯而答曰：「『嗚呼！有是言乎？蓋至人㊂無為，棲神沖漠。不役志於祿利，故害辱㊃不能加也；不躡峙㊄於險途，故傾墜不能為患也。藜藿㊅不供，而意佚於方丈㊆；齊編庸民㊇，而心歡於有土㊈。寢宜僚㊉之舍，閉干木⑪之閭，攜莊、萊⑫之友，治陋巷之居。確岳峙⑬而不拔，豈有懷於卷舒⑭乎？』」

【今註】㊀蕭然：平靜、淡漠、悠閑貌。㊁天衢：指天路。㊂至人：修養至最高境界的人。《莊子．知北遊篇》：「聖人者，原天地之美，而達萬物之理，是故至人無為，大聖不作，觀於天地之謂也。」㊃害辱：孫星衍依《藏》本校改為「害而」。㊄躇峙：音ㄔㄨˊ ㄔˊ，踟躕，徘徊不前。㊅藜藿：指賤菜粗食。㊆方丈：指菜餚豐盛，擺了一丈見方。《孟子．盡心篇．下》：「食前方丈，侍妾數百人，我得志弗為也。」趙岐《注》：「極五味之饌食，列於前方一丈。」㊇齊編庸民：編入戶籍的平民。庸民，平民。㊈有土：領有封邑的人物。指王侯之類。㊉宜僚：熊宜僚，春秋末年楚國之勇士，居於市南，因號市南子。事見《左傳》哀公十六年、《莊子．徐无鬼篇》、《太平御覽》卷五百九引嵇康《聖賢高士傳》。⑪干木：段干木，戰國著名的賢者。隱居魏國，不受官祿。魏文侯曾請他出任魏相，他加以拒絕。見《呂氏春秋．開春論．期賢篇》。⑫莊、萊：指莊子、老子。⑬岳峙：像山岳聳峙。⑭卷舒：施展才能。

【今譯】懷冰先生聽了赴勢公子的話之後，神色冷淡悠閑的樣子，遠遠地眺望天空，精氣沿著天路飛行，情思到達了極遠的地方，旁若無人。俯身向下回答道：「『啊！竟然有這樣的話？道德修養達到最高境界的至人，以無為為本，將精神寄託於空虛冷漠的地方。意志不為利祿所役使，所以就不會遭到傷害與屈辱；同時至人不在險途上徘徊，所以就不會有傾墜的禍患。有些人雖然連野菜也吃不飽，但他的精神安逸勝過了享受豐厚宴席的人；雖然身為編戶為普通百姓，但心情的歡愉勝過了王侯。住在如同市南子宜僚的百姓房舍裡，關上像段干木那樣的屋門，攜手與莊子、老萊子那樣的人做朋友，再修治陋巷的居宅。這種志向就像山岳聳峙不動那樣堅定不移，難道還懷有施展抱負、求取功名的念頭嗎？』

『以慾廣則濁和，故委世務而不紆眄㊀；以位極者憂深，故背勢利而無餘疑。其貴不以爵也，富不以財也。侶雲鵬㊁以高逝，故不縈翮㊂於腐鼠。以蕃、武㊃為厚誡，故不改樂於簞瓢㊄。』

【今註】　㊀紆眄：音ㄩ ㄇㄢˇ，顧視；關注。　㊁雲鵬：指大鵬鳥。見《莊子・逍遙遊篇》。　㊂縈翮：音ㄧㄥˊ ㄏㄜˊ，捲起翅膀，有所注意。　㊃蕃、武：陳蕃與竇武，均為東漢大臣。東漢靈帝時，陳蕃為太傅，與竇武合謀誅除宦官，事敗陳蕃被殺，竇武被迫自殺。　㊄不改樂於簞瓢：安於貧賤的生活，而自得其樂。《論語・雍也篇》說顏回「一簞食，一瓢飲，在陋巷，人不堪其憂，回也不改其樂。」簞，音ㄉㄢ，盛飯的圓形竹器；瓢，舀水的器具。

【今譯】　『慾望廣了，就會貪濁不清，所以要委棄世務，不被世事所糾纏。覬覦高官極位，是很危險的，所以要背棄勢利，不留餘地。不以爵為貴，不以財為富。與大鵬鳥結伴，遠翔天空，就不會圍繞著腐鼠而盤旋。以陳蕃和竇武事例為嚴重教訓，就不會改變那樂於貧寒生活的境況。』

『且夫玄黃㊀遐邈，而人生倏忽，以過隙㊁之促，託罔極㊂之間，迅乎猶奔星㊃之蹔㊄見，飄乎似飛矢之電經㊅。聊且優游以自得，安能苦形於外物哉？夫鸞不絓網㊆，驎不墮穽㊇，相㊈彼鳥獸，猶知為患；風塵之徒㊉，曾是未吝也？』

【今註】　㊀玄黃：天地。　㊁過隙：形容時光飛逝。《莊子・知北遊篇》：「人生天地之間，若白駒之過郤（隙），忽然而已。」　㊂罔極：無極；無窮盡。　㊃奔星：指流星。　㊄蹔：同「暫」。

《列子・楊朱篇》：「其法可蹔行於一國，未合於人心。」㈥飛矢之電經：空中的閃電一過，如同飛箭的迅速。經，過。《小爾雅・廣詁》：「經，過也。」㈦鸞不絓網：鸞鳳不會去觸犯網羅。鸞，今本作「鳶」，孫星衍從《意林》校改為「鸞」字。絓，絆住。㈧驎不墮穽：麒麟太平之世才會出現，因此不會落入陷阱。驎，麒麟。穽，同「阱」字，陷阱之意。㈨相：視，看。《詩經・小雅・伐木》：「相彼鳥矣，猶求友聲。」鄭《箋》：「相，視也。」㈩風塵之徒：指奔競仕途的人。

【今譯】　『天地久違，而人生短暫，以短促的生命，寄託於無限的空間，猶如流星的閃現，好像飛矢的飄過。聊且優游自得，怎麼能使身體經受外物的勞苦呢？鸞鳳不會被網絆住，麒麟不會掉落陷阱，只要看那鳥獸，就可知道是如何造成禍患的；但是熱衷仕途的風塵之徒，則不會吝惜自己的生命呢？』

『若夫要離㈠滅家以效功，紀信㈡赴燔以誑楚，陳賈㈢刎頸以證弟，仲由㈣投命而葅醢，嬴門㈤伏劍以表心，聶政㈥感惠而屠葅，荆卿㈦絶臏以報燕，樊公㈧含悲而授首，皆下愚之狂惑，豈上智之攸取哉？』

【今註】　㈠要離：為春秋時刺客，吳人。為謀刺公子慶忌，他請吳王斷其右臂，殺其妻子，假裝得罪出走，至衛，又假獻破吳之計。後與慶忌同舟渡江時，刺死慶忌，而後自殺。故云其「滅家以效功」。事見《呂氏春秋・忠廉篇》、《吳越春秋・闔閭內傳》、《淮南子・齊俗篇》。㈡紀信：秦末為劉邦將，項羽圍滎陽，紀信詐降而乘黃車，漢王則從西門出。項羽見紀信，知受騙，燒殺之。見

《史記》卷七〈項羽本紀〉。㊂陳賈：不知何許人。㊃仲由：指子路，為孔子弟子，任衛大夫孔悝宰輔，後被殺醢之。《禮記．檀弓篇．上》：「孔子哭子路於中庭，有人弔者，而夫子拜之。既哭，進使者而問故，使者曰：『醢之矣。』」投命，甘心赴死。葅醢，被剁成肉醬。㊄嬴門：1.侯嬴，戰國時人，隱居於魏，為大梁夷門守門吏。信陵君對他非常尊敬，以隆重的禮節待他。他後來為信陵君出謀劃策，並自刎以報知遇之恩。見《史記》卷七十七〈魏公子列傳〉。2.疑指雍門子狄，為戰國時齊國烈士，因越甲事，刎頸而死，見《說苑．立節篇》。㊅聶政：戰國時韓國人。因嚴遂與韓相俠累爭權，受雇報仇，故入相府，刺死俠累，然後以刀自割其面，又自破肚出腸而死。見《史記》卷八十六〈刺客列傳〉。㊆荆卿：指荆軻，戰國之魏人，遊歷燕國，被稱為荆卿。燕太子丹尊為上卿。刺殺秦王不中，被殺。絕臏，折斷脛骨，這裡指被砍斷腿。㊇樊公：指樊於期。因荆軻刺秦王事，而甘願自剄獻出首級。見《史記》卷八十六〈刺客列傳〉。

【今譯】『至於要離用斷手殺妻的方法、來報效吳王，紀信因欺騙楚王項羽而被燒死，陳賈用自殺來證明弟弟的無罪，子路為效命衛大夫孔悝而自投死地被剁成肉泥，侯嬴伏劍自殺以報知遇之恩，聶政為感激他人的恩惠而自殘形體，荆軻行刺秦王而被砍斷了腿、以報答燕太子，樊於期含著悲痛獻上頭顱，這些都是愚蠢人的瘋狂迷亂的行為，難道是上智之人應該採取的行為嗎？』

『蓋祿厚者責重，爵尊者神勞。故漆園㊀垂綸，而不顧卿相之貴；柏成㊁操耜，而不屑諸侯之高。羊說㊂安乎屠肆，楊朱㊃吝其一毛。僥求㊄之徒，昧乎可欲，集㊅不擇木，仕不料世㊆，貪進不慮負乘之禍㊇，受任不計不堪之敗。論榮貴則引伊、周㊈以救溺，言亢悔⑩則諱覆餗⑪而不記。伺河龍之睡而撥明珠⑫，居量表之寵⑬而冀無患。耽漏刻⑭之安，蔽必至之危。無朝菌之榮⑮，望大椿之壽⑯。似蹈薄冰以待夏日，登朽枝而須⑰勁風；淵魚之引芳餌，澤雉之咽毒粒；咀漏脯⑱以充飢，酣鴆酒⑲以止渴也。』

【今註】 ㊀漆園：地名，莊子嘗為漆園吏，故此指「莊子」。莊子釣於濮水，楚王派使者來迎，許以為相。莊子持竿不顧。見《莊子．秋水篇》。 ㊁柏成：指伯成子高，為堯時諸侯，至禹辭諸侯而耕，不願出仕。見《莊子．天地篇》。 ㊂羊說：指屠羊說，楚昭王臣。昭王失國，嘗從昭王徙，歸國後獎賞他，不就，願返回屠羊之肆。見《莊子．讓王篇》。 ㊃楊朱：戰國時的思想家，提出「為我」的觀點，主張全性保真，不以物累身。《孟子．盡心篇．上》：「楊子取為我，拔一毛而利天下，不為也。」 ㊄僥求：孜孜不已地追求私利。 ㊅集：擇息。 ㊆料世：審度、考察世情。 ㊇負乘之禍：負載為小人之事，車是貴人乘坐之物。小人乘坐君子之車，喻小人居君子之位，則必有禍患。見《易經．解卦》。 ㊈伊、周：指伊尹與周公。 ⑩亢悔：陽極則亢，亢則有悔。意謂處高位，盛極則衰。 ⑪覆餗：鼎中的食物翻倒在地。比喻力道不勝，遭致重大挫敗。《易經．鼎卦》：「鼎折足，覆公餗。」 ⑫伺河龍之睡而撥明珠：見《莊子．列禦寇篇》：「河上有家貧恃緯蕭而食者，其子沒於淵，得千金之珠。其父謂其子曰：『取石來鍛之！夫千金之珠，必在九重之淵而驪龍頷下，子能得珠者，必遭其睡也。使驪龍而寤，子尚奚微之有哉！』」意謂：河上之子從深淵中得到千金之珠。其父曰：千金之珠必在九重之淵、在驪龍頷下。你能得到明珠，必定是乘龍睡覺之時。假如驪龍醒了，你能不被牠吃掉嗎？ ⑬量表之寵：指表面的寵愛。 ⑭漏刻：指時間，猶言「頃刻」。 ⑮

無朝菌之榮：言生命之短促，不及朝生暮死的朝菌。《莊子・逍遙遊篇》：「朝菌不知晦朔。」㉖大椿之壽：《莊子・逍遙遊篇》說：上古有大椿者，以八千歲為春，八千歲為秋。㉗須：等待。㉘漏脯：腐敗的乾肉，變質的乾肉。隔宿而為屋漏水所浸的肉有毒。《抱朴子・內篇・微旨篇》曰：「譬若以漏脯救飢，鴆酒解渴，非不暫飽，而死亦及之矣。」㉙鴆酒：毒酒。傳說鴆鳥之羽，有巨毒，以之浸酒，飲之立死。

【今譯】『俸祿多的人責任重大，爵位高的人費神勞苦；所以莊子寧願在漆園垂釣隱居，而不顧卿相之貴，伯成子高親自耕種而不屑諸侯的高位；羊說安於肆屠的生活，楊朱吝惜自己身上的一根毛。而那些僥求祿利爵位的人，受到慾望的蒙蔽，他們既不選擇主君，也不考慮世道是否應該出仕，他們只是一味追求進取，而不想到處在非分之位置將會招來禍害，擔負難以承擔之責任將會導致失敗。論及榮華富貴，就引述伊尹與周公救溺的事跡，言語甚悔恨，就回避失敗而不記載。等待河龍睡著的時侯，就去撥動明珠；仗恃表淺寵愛的時侯，就希望永遠沒有禍患。滿足於暫時的安逸，就看不到必然發生的危險。沒有朝菌那樣短暫的生命，就想要有大椿似的的長壽。就好像踏在薄冰上等待炎熱的夏天，攀登枯朽樹枝遭遇勁風；這就好像淵魚被芳餌所引，澤雉咽吞毒粒；吃有毒的乾肉來充飢，喝有毒的鴆酒來止渴一樣。』

『昔箕子覩象箸而流泣㊀；尼父聞偶葬而永歎㊁；蓋尋微以知著，原始以見終。然而闇夫蹈機不覺㊂，何前識之至難，而利欲之疢篤㊃邪？周成賢而信流言㊄，公旦聖而走南楚㊅，託〈鴟鴞〉以告悲㊆，賴金縢以僅免㊇。況能寤之主，不世而一有；不悅之謗，無時而蹔乏。德不以激烈風而起斃禾㊈，事不以載珪璧而稱多才㊉，嗟泣靡及，宜其然也。」

【今註】㊀箕子覩象箸而流泣：箕子見紂用象牙筷子，認為是淫佚腐化的開端，於是向紂王進諫。《史記》卷三十八〈宋微子世家〉：「紂始為象箸，箕子歎曰：『彼為象箸，必為玉桮；為桮，則必思遠方珍怪之物而御之矣。輿車馬宮室之漸自此始，不可振也。』」象箸，象牙所製的筷子。㊁尼父聞偶葬而永歎：孔子聽說有人用木偶人陪葬，因而長歎。《孟子・梁惠王篇・上》：「仲尼曰：『始作俑者其無後乎？為其象人而用之也。』」㊂闇夫蹈機不覺：愚昧的人踏著禍機卻無所知覺。機，變化之樞紐。㊃疢篤：疾病嚴重。㊄周成賢而信流言：周成王年少時，周公代為攝政。管叔等散布流言說：「周公將不利於成王。」㊅公旦聖而走南楚：《史記》卷三十三〈魯周公世家〉載：「成王用事，人或譖周公，周公奔楚。」㊆託〈鴟鴞〉以告悲：〈鴟鴞〉是《詩經・豳風》中的一篇。〈毛詩序〉說：「成王未知周公之志，公乃為詩以遺王。」㊇賴金縢以僅免：金縢，指以金緘之的櫃子，不欲人開啟。依《尚書・金縢》記載：「周公居東二年，則罪人斯得，于後公乃為詩以貽王，名之曰：〈鴟鴞〉……王與大夫盡弁，以啟金縢之書，乃得周公所自以為功代武王之說。」故知周公因寫〈鴟鴞〉一詩表露自己的悲哀，才避免了周成王的誤會。㊈激烈風而起斃禾：據說周成王時的一個秋天，狂風大作，雷電交加，稻穀偃倒，樹木拔起，國人大恐。周成王於是啟金縢之書，乃明白周公之忠誠，於是禮迎周公。此時「天乃雨，反風，禾則盡起」。古人認為，烈風使稻禾復起是周公德化感應所至。㊉載珪璧而稱多才：《尚書・金縢》說：周公曾以珪璧禮祠神靈，說自己「多材多藝，能事鬼神」，要求以身代替周武王死。

【今譯】『從前，箕子看到紂王使用象牙筷子，不禁哭泣流涕；孔子聽說用偶人殉葬，發出深沉的歎息；大概他們能夠看到細微而知道全部，追溯根源就可以預見事物的結果。但是那些愚闇的人，踏上危險的機關而不發覺，為什麼預先認識是如此的困難，利欲薰心是病得如此的嚴重呢？周成王是賢明的君主，但他仍聽信了流言；周公旦是聖人，但他不得不南奔楚國；周公託〈鴟鴞〉這首詩表達內心的悲痛之情，又靠著金縢秘冊才得以僅免於禍患。況且能夠覺悟的君主是難得一個的，而令人不悅的誹謗卻無時不有。如果德行不像周公那樣足以感動天地、使得大風把吹倒的稻禾重新扶起，事情不像周公置璧持珪、自稱多才、要求以身代替武王去死那樣明白，那麼也難怪最後連嗟歎泣涕都來不及，這是很自然的。』

『夫漸漬㈠之久，則膠漆解堅；浸潤之至，則骨肉乖析㈡；塵羽之積，則沈舟折軸㈢；三至之言，則市虎以成㈣。故江充㈤疏賤，非親於元儲㈥；後母假繼，非密於伯奇㈦；而掘梗之誣㈧，滅父子之恩；袖蜂之誑㈨，破天性之愛。又況其他，安可自必㈩。嗟乎！伍員⑪所以懷忠而漂尸；悲夫！白起⑫所以秉義而刎頸也。蓋徹鑒所為寒心，匠⑬人之所眩惑矣。』

【今註】㈠漸漬：浸泡；浸潤。㈡乖析：背離；分裂；分離。㈢塵羽之積，則沈舟折軸：謂積少成多，累輕為重，足以沉舟或折斷車軸。㈣三至之言，則市虎以成：即「三人市虎」的意思，比喻以訛傳訛。《戰國策・魏策》載：一人說街市有虎，則不信；兩人說街市有虎，則開始懷疑；三人說街市有虎，就相信了。比喻眾口一詞，訛傳也會被當真。㊄江充：漢武帝時人，與太子據矛盾，乘武帝患病之際，誣太子使巫蠱，最後被太子舉兵所斬。見《漢書》卷四十五〈蒯伍江息夫傳〉。㊅元儲：皇太子。指戾太子據。太子據是漢武帝之長子，衛皇后所生。㊆伯奇：為周宣王名臣尹吉甫之子，以至孝聞名。母早亡，後母譖之吉甫，吉甫欲殺他，遂亡走山林。《論衡・累害篇》：「後母毀孝子，伯奇放流。」㊇掘梗之誣：指漢武帝時江充誣太子使巫蠱事件。漢時，巫覡常為蠱以害人，常在屋內埋木人以為呪詛。漢武帝病，江充說疾病是由於巫蠱而起，武帝於是任命江充為使者，以治其事。江充誣言在太子宮中掘得木人，欲加害太子。㊈袖蜂之誑：伯奇為尹吉甫前妻所生。其後母欲立其子，乃誣言伯奇侮辱她。尹吉甫不信，後母於是偷偷捉了十幾隻蜂放在單衣中，趁伯奇從身邊走過時說：「蜂子螫我！」伯奇從後母衣袖中捉出蜂子，弄死了牠們。尹吉甫從臺上望見，認為伯奇侮辱其後母，便將伯奇趕出了家。㊉必：肯定；一定。⑪伍員：即伍子胥，春秋時吳王闔閭的大夫，整軍經武，國勢益盛。及吳王夫差時，勸其拒絕越國求和，而被疏遠，後賜劍自殺，浮屍於江中。見《史記》卷六十六〈伍子胥列傳〉。⑫白起：秦昭王之名將，因功封武安君。後為范睢所妒，被迫刎頸自殺。見《史記》卷七十三〈白起王翦列傳〉。⑬匠：楊明照校改為「近」。

【今譯】　『在水中浸泡過久，膠漆再堅固也會離散；讒言逐漸地發生作用，親生骨肉也會背離；灰塵羽毛雖輕，累積起來可以將舟船壓沉、使車軸折斷。以訛傳訛的事經過多次重複，說街市上有老虎人們也會相信。所以江充出身卑賤，比不上太子與皇帝的親密。後母乃是繼室，也不及伯奇與親生父親的關係。然而江充藉口挖出了木人以誣陷太子，滅除了漢武帝與太子之間父子恩情；後母利用袖蜂的騙局，破壞了尹吉甫與伯奇之間的父子相愛的人類本性。這些尚且如此，又何況其他的事呢？怎可自認為一定能達到目的呢！可悲的是，伍子胥忠心為國、盡忠於吳王，結果被賜死，屍浮江中；白起秉持節義、有軍功於秦王，結果被迫引劍自刎。這些鮮明的教訓令人寒心，叫近世之人深感迷惑。」

『又欲推短才以釐雷同㈠，仗獨是以彈㈡眾非。然不覩金雖克木，而錐鑽不可以伐鄧林㈢；水雖勝火，而升合不足以救焚山。寸膠不能治黃河之濁㈣，尺水不能卻蕭丘㈤之熱。是以身名並全者甚稀，而先笑後號者多有也。畏亢悔而貪榮之欲不滅，忌毀辱而爭肆之情不遣㈥，亦猶惡溼而泳深淵，憎影而不就陰，穿舟而息漏，猛爨而止沸者也。』

【今註】 ㈠釐雷同：糾正世俗雷同之見。《詩經・周頌・臣工》：「王釐爾成。」鄭《箋》：「釐，理。」《禮記・曲禮・上》：「毋雷同。」鄭《注》：「雷之發聲，物無不同時應者。人之言當各由己，不當然也。」後代世俗人云亦云，隨聲附和，謂之雷同。 ㈡彈：彈劾。 ㈢鄧林：傳說夸父與日競走，棄其杖，化為鄧林。《淮南子・地形篇》：「夸父棄其策，是為鄧林。」 ㈣寸膠不能治黃河之濁：謂黃河之水甚濁，非一寸之膠所能澄清也。孔融《同歲論》：「阿膠徑寸，不能止黃河之濁。」（《太平御覽》卷七六六所引） ㈤蕭丘：北齊劉晝《劉子》卷三〈從化篇〉：「火性宜熱，而有蕭丘寒炎，猶曰火熱，熱者多也。」 ㈥遣：除去。

【今譯】 『又往往試圖推舉才能淺短的人以求去匡正世俗意見的雷同，只認為某一個人是對的，來彈劾眾人的不對。卻不懂得金雖能剋木，但是一錐一鑽卻不能砍伐一片樹林；水雖能勝火，然而一升一合少量的水，是不夠拯救森林裡的山火。一寸阿膠不可能使黃河的濁水澄清，少量的水也不能冷卻蕭丘的寒炎。因此，仕途中身名兩全的人是稀少的，而先得意歡笑、後悲傷號泣的人卻有很多。如果害怕盛極而衰而貪求榮利的欲望不滅，禁忌被毀受辱而爭權奪利的情念不除，那麼就如同厭惡潮濕但仍在深淵中游泳，憎恨影子而不到陰暗的地方去，這就好像鑿穿船體去止住漏洞、在灶下燒起烈火卻想止住鍋中開水的沸騰一樣。」

『夫七尺之骸，稟之以所生㊀，不可受全而歸殘也。方寸之心㊁，制之在我，不可放之於流遁㊂也。躬耕㊃以食之，穿井㊄以飲之，短褐㊅以蔽之，蓬廬㊆以覆之，彈詠㊇以娛之，呼吸以延之，逍遥竹素㊈，寄情玄毫㊉，守常待終，斯亦足矣。且夫道存則尊，德勝㊁則貴，隋珠彈雀㊂，知者不為。何必須權而顯，俟祿而飽哉？』

【今註】㊀所生：指父母。㊁方寸之心：胸中一片方寸的空間。㊂流遁：隨波逐流，恣意取樂。㊃躬耕：親自耕種。㊄穿井：鑿井。㊅短褐：短的上衣。㊆蓬廬：形容屋舍的簡陋。㊇彈詠：彈琴歌詠。㊈竹素：竹簡、絹素。引申為書籍典册之類。㊉玄毫：指筆墨。代指撰述著作之事。㊁德勝：楊明照改為「盛德」。㊂隋珠彈雀：隋侯之珠是古代著名的寶珠。《莊子・讓王篇》曰：「以隋侯之珠，彈千仞之雀，世必笑之。是何也？則其所用者重而所要者輕也。」

【今譯】『人的七尺身體，稟受父母而生，不可讓生而健全的身體到頭來因誅殺而殘缺。人心方寸之間，應由我自己控制的，不可讓它放縱、恣意取樂。親自耕種以供給自己的食物，親自掘井以供給自己的飲水。穿著短褐粗衣以遮蔽自己，搭蓋草廬茅舍以覆蓋自己，隨性彈琴歌詠以娛樂自己，一呼一吸以延續生命。逍遙於書籍之中，寄情於筆墨之間，堅守人生的本分，以待生命的終結，這樣也就滿足了。況且有道者自然尊，有德者自然貴；用隋侯之珠去彈打鳥雀，那是得不償失，明智的人是不會做的。為什麼一定要靠權勢而顯貴，靠利祿而飽足呢？』

『且夫安貧者以無財為富，甘卑者以不仕為榮。故幼安浮海而澄神㈠，胡子甘心於退耕㈡。逢、比有令德之罪㈢，信、布陷功大之刑㈣。一枝足以戢鸞羽㈤，何煩乎豐林？潢洿㈥足以泛龍鱗，豈事乎滄海？』

【今註】 ㈠幼安浮海而澄神：幼安，即「管寧」，字幼安，三國時魏人，篤志於學，不樂仕宦，朝廷屢徵不就。當時天下大亂，管寧乃乘桴越海，羈旅遼東三十年，因山為廬，講詩書、明禮讓，百姓多來依從他。見《三國志》卷十一〈魏書・管寧傳〉。澄神，即精神清靜。　㈡胡子甘心於退耕：胡子，指胡昭，字孔明，三國時代穎川人。曾經拒絕袁紹的徵召。曹操徵辟，亦不起。躬耕樂道，以經籍自娛，德化感染於一方。見《三國志》卷十一〈魏書・胡昭傳〉。　㈢逢、比有令德之罪：逢，指關龍逢，為夏桀的諫士，因進諫夏桀而被殺。見《新序・節士篇》。比，指比干，為紂王諫臣，因進諫商紂而死。見《史記》卷三〈殷本紀〉。令德，美好的德行。　㈣信、布陷功大之刑：信，指韓信，淮陰人，為漢初名將，屢建戰功，曾封齊王、楚王，後降封為淮陰侯，為呂后所殺。見《史記》卷九十二〈淮陰侯列傳〉。布，指英布，為漢初名將，封淮南王，後舉兵叛亂，被殺。見《史記》卷九十一〈黥布列傳〉。㊄戢鸞羽：供鳳凰斂起翅膀，以為棲息之所。㊅潢洿：池塘，或指水低窪之處。

【今譯】『安於貧窮的人以無財產為富貴，甘願卑微的人以不做官為榮耀。所以管寧渡海來到遼東，而心神澄靜歡悅，胡昭甘心情願於躬耕田畝。關龍逢、比干因為擁有美好的德行獲罪，韓信、英布因有巨大的戰功而被殺戮。一條樹枝已經足夠鸞鳳斂翅棲息了，何必還要麻煩那些豐茂的森林呢？淺水低窪的地方已經足夠龍鱗浮游了，難道一定還要到大海裡嗎？』

『藜藿㊀嘉於八珍㊁，寒泉旨於醽醁㊂；攝縷㊃美於赤舄㊄，縕袍㊅麗於袞服㊆；把橦㊇安於杖鉞㊈，鳴條㊉樂乎絲竹；茅茨⑪豔於丹楹⑫，采椽⑬珍於刻桷⑭。登嵩峰為臺榭，疪⑮巖霤⑯為華屋；積篇章為敖庾⑰，寶玄談為金玉；棄細人之近戀，捐庸隸之所欲；遊九皐⑱以含歡，遺智慧以絕俗。同屈尺蠖⑲，藏光守樸；表拙示訥，知止常足。然後咀嚼芝芳，風飛雲浮；晞景九陽⑳，附翼高遊；仰棲梧桐，俯集玄洲㉑。孰與銜轡㉒而伏櫪㉓，同被繡於犧牛㉔哉？』

【今註】㊀藜藿：音ㄌㄧˊ ㄏㄨㄛˋ，兩種野生植物，嫩葉可食。㊁八珍：八種美味食物，當指珍貴食物。一說為龍肝、鳳髓、兔胎、鯉尾、鴞炙、猩唇、熊掌、酥酪。㊂醽醁：音ㄌㄧㄥˊ ㄌㄨˋ，即酃淥，美酒名。㊃攝縷：即「躡履」，指穿鞋，或指普通的鞋子。㊄赤舄：君王所穿的紅色鞋子。㊅縕袍：音ㄩㄣˋ ㄆㄠˊ，粗麻袍子，敝惡之衣，粗賤的衣裳。㊆袞服：指古代帝王及公侯所穿的禮服，衣上繡有日月、山川、龍紋之類的圖紋。㊇把橦：供扶手的木杖，把竿。㊈杖鉞：手持大斧。鉞，圓形大斧。斧是權力的標誌。⑽鳴條：風吹樹木發出的聲音。⑾茅茨：本指茅草所蓋的屋頂，借為茅舍，茅草屋。⑿丹楹：紅色的梁柱。⒀采椽：以櫟木作屋椽，不加砍削，形容簡陋的屋舍。⒁刻桷：雕刻的椽子。桷是方形的屋椽。⒂疪：楊明照校改為「庇」。⒃巖霤：以山崖石窟為屋檐。指山間洞穴。⒄敖庾：指敖倉，係秦代在敖山上所設置的穀倉，位在河南滎陽東北之敖山上。在此泛指糧倉。⒅九皐：幽靜的水澤地。⒆同屈尺蠖：同尺蠖一樣能屈能伸。⒇晞景九陽：到遥遠的天邊去沐浴光影。㉑玄洲：傳説中的海中仙境。㉒銜轡：馬套著轡頭。比喻凡馬。㉓櫪：馬房。㉔被繡於犧牛：用於宗廟祭祀的牛，被殺之前，要披以錦繡。見《史記》卷六十三〈老子韓非列傳〉。

【今譯】『野菜食物比八珍美食嘉美，寒泉清水比醽醁名酒甘甜；穿著普通的鞋子勝過了君王的赤舄，穿著粗賤衣裳勝過了王公貴人的禮服。手持木杖把竿比斧鉞更安全，風吹樹枝比絲竹更好聽。簡陋的茅草房比雕梁畫棟艷麗，普通的民舍比起宮殿珍貴。登上高峰，那是我的臺榭；託庇洞穴，那是我的華屋；積累篇章，那是我的糧倉寶庫；清談名理，那是我的金玉。拋棄小人淺近的追求，捐捨庸隸的欲望；優游於湖澤而心情歡暢，摒棄智慧以斷絕世俗。像尺蠖蟲那樣能屈能伸，藏起光彩，守住真樸。外在表露出樸拙少言，內心保守著知止自足。然後咀嚼服食仙芝仙草，乘風駕雲騰飛高天之上；到遥遠的九陽沐浴光影，隨意展翅遨遊。或者高仰則棲息於梧桐，低俯則聚集於海中仙境的玄洲。誰要做銜轡的老驥，伏在馬棚裡，或者做披掛文繡的犧牛，被牽進廟堂裡呢？』」

赴勢公子曰：「『夫入而不出者，謂之耽寵忘退；往而不反㈠者，謂之不仕無義㈡。

故達者以身非我有㊂，任乎所值㊃。隱顯默語，無所必固。時止則止，時行則行。束帛之集㊄，庭燎之舉㊅，則君子道長㊆，在天利見㊇。若運涉陽九㊈讒勝之時，則不出户庭，括囊㊉勿用。龍起鳳戢，隨時之宜。古人所以或避危亂而不肯入，或色斯而不終日㊁者，慮巫山之失火㊂，恐芝艾之并焚耳。』

【今註】㊀往而不反：隱逸山野之間，不返回人世。《韓詩外傳・卷五》：「朝廷之士為祿，故入而不出；山林之士為名，故往而不返。」　㊁不仕無義：意謂不仕朝廷，是不義的行為。《論語・微子篇》：「不仕無義。……君臣之義，如之何其廢之？欲潔其身，而亂大倫。」　㊂達者以身非我有：通達者認為生命不屬於自我，而是「天地之委形」。《莊子・知北遊篇》：「舜問乎丞曰：『道可得而有乎？』曰：『汝身非汝有也，汝何得有夫道？』舜曰：『吾身非吾有也，孰有之哉？』曰：『是天地之委形也。生非汝有，是天地之委和也；性命非汝有，是天地之委順也；孫子非汝有，是天地之委蛻也。故行不知所往，處不知所持，食不知所味。天地之強陽氣也，又胡可得而有邪？』」（又見《列子・天瑞篇》）　㊃值：遇。　㊄束帛之集：朝廷派遣使者攜帶禮物徵召隱士出仕作官。束帛，古代徵聘的禮物。束帛，帛五匹為一束。　㊅庭燎之舉：在殿堂前點起大燭，是古代招攬賢者的禮儀。庭燎，庭中用以照明的火炬。　㊆君子道長：君子之道得以發展。《易經・泰卦》：「彖曰：『泰，小往大來，吉亨，則是天地交而萬物通也。上下交而其志同也，內陽而外陰，內健而外順，內君子而外小人，君子道長，小人道消也。』」　㊇在天利見：天時地利都適合，如飛龍趁勢上天，佔據著有利的地位。《易經・乾卦》：「九五：飛龍在天，利見大人。」大人，指聖明德備之人；利見，利於見大人。㈨陽九：用以指災難之年或厄運，為古代術數之算法。見《漢書》卷二十一上〈律曆志・上〉：「初入元，百六，陽九；次三百七十四，陰九；次四百八十，陽九。」顏《注》引孟康曰：「《易傳》也。所謂陽九之厄，百六之會者也。初入元百六歲有厄者，則前元之餘氣也，若餘分為閏也。《易》爻有九六七八，百六與三百七十四，六乘八之數也，六八四十八，合為四百八十歲也。」……如淳曰：「六八四十八，為四百八十歲，有九年旱。」《漢書》卷二十四上〈食貨志・上〉：「（王）莽恥為政所致，乃下詔曰：『予遭陽九之厄，百六之會。』」顏《注》：「此曆法應有災歲之期也。」曹植〈漢二祖優劣論〉：「值陽九無妄之世，遭炎光厄會之運。」（《藝文類聚》卷一二、《太平御覽》卷四四七引）㈩括囊：謂隱藏。⑪色斯而不終日：察見容色等細微的跡象，便立即行動，行動迅速。《論語・鄉黨篇》：「色斯舉矣（王引之《經傳釋詞》卷八：「色斯者，狀鳥舉之疾也。」），翔而後集。」⑫巫山之失火：《淮南子・俶真篇》曰：「巫山之上，順風縱火，膏夏紫芝與蕭艾俱死。」

【今譯】赴勢公子說：「『進入朝廷當官而不想隱退的人，稱作沉醉寵榮而忘卻退縮；志在隱逸山野、往而不返回的人，稱作不仕朝庭、違背仁義。所以，明達通理的人認為身軀、生命並非自己個人所有，而聽任其遇到的具體情況來作決定。無論是隱逸還是顯耀，或者沉默不語，或者發言用世，並非固定不變。時勢當止則止，時勢可行則行。每當朝廷派出使者攜帶束帛的賞賜前來徵辟，或是殿堂點起大燭招聘賢者之時，這正是君子之道得以發展，飛龍在天，有利於面見帝王、施展抱負之時。如果命運碰到災難之年，或者奸人得勢之時，那麼就不要走出門庭，將才智隱藏起來，不用於世。有時像龍一樣飛騰上天，有時像鳳凰捲起翅膀，都應該隨著時勢的變化而選擇適宜的行動。古人所以或者避開危亂而不肯入朝做官，或者察見細微的跡象便迅速離開的原因，是他們考慮到如果發生像巫山大火那樣的災難，會將芝艾仙藥一起燒毀（意謂：不論賢愚，玉石皆焚）。』

『方今聖皇御運㊀，世夷道泰㊁，仁及蒼生，惠風遐邁㊂，威肅鬼方㊃，澤沾九裔㊄，儀坤德以厚載㊅，擬乾穹以高蓋㊆，神化則雲行雨施，玄澤則烟熅汪濊㊇，四門穆穆㊈以博延，主思英逸以俾乂㊉。此乃千載所希值，剖判⑪之一會。而先生慕嘉遁⑫之偏枯⑬，不覺狷、華⑭之患害也；務乎單豹之養內⑮，未睹暴虎之犯外也。是聞涉水之或溺，則謂乘舟者皆敗；以商臣⑯之凶逆，則謂繼體⑰無類⑱也。』」

【今註】㊀御運：治理人世。　㊁世夷道泰：天下太平，國泰民安。夷，平。　㊂惠風遐邁：祥和之風吹及廣遠之地區。惠風，仁風；和風。《爾雅・釋詁》：「遐，遠也。」又：〈釋言〉：「邁，行也。」　㊃鬼方：商、周時期西北之少數民族。此代指邊遠之民。《詩經・大雅・蕩》：「覃及鬼方。」毛《傳》：「鬼方，遠方也。」　㊄澤沾九裔：恩澤廣施及四方之地。《方言》卷十二：「裔，夷狄之總名。」郭《注》：「邊地為裔，亦四夷通以為號也。」是九裔即九夷，泛指少數民族。　㊅儀坤德以厚載：效法大地之深厚，普載萬物。《易經・說卦》：「坤，地也。」　㊆擬乾穹以高蓋：像天一樣籠蓋萬物。乾為天，形如穹廬，故云。《易經・說卦》：「乾，天也。」《文選》卷三十謝惠連〈七月七日夜詠牛女詩〉「瞬目曬曾穹」李《注》：「穹，天也。」《詩經・小雅・正月》：「謂天蓋高。」　㊇玄澤則烟熅汪濊：天子之恩澤如同雲煙，籠罩天地間。烟熅，指天地蘊含的精氣。《文選》卷十一王延壽〈魯靈光殿賦〉：「含元氣之烟熅。」張載《注》：「烟熅，天地之蒸氣也。」汪濊，深廣之貌。《文選》卷四十四司馬相如〈難蜀父老〉：「湛恩汪濊。」李《注》引張揖曰：「汪濊，深貌也。」㈨四門穆穆：宮門雍和美好的樣子，語出《尚書・舜典》：「賓于四門，四門穆穆。」孔《傳》：「穆穆，美也。四門，四方之門。舜流四凶族，四方諸侯來朝者，舜賓迎之，皆有美德，無凶人。」㈩俾乂：輔佐、治理。《尚書・堯典》：「帝曰：『咨，四岳，……下民其咨，有能俾乂？』」孔《傳》：「俾，使。乂，治也。」⑪剖判：開闢。⑫嘉遁：稱頌遁隱的言辭。⑬偏枯：本指身體一半癱瘓，這裡指片面、考慮不周。⑭狷、華：《韓非子・外儲說右上》：「太公望東封於齊，齊東海上有居士曰狂矞、華士，昆弟二人者，立議曰：『吾不臣天子，不友諸侯，耕作而食之，掘井而飲之，吾無求於人也。無上之名，無君之祿，不事仕而事力。』太公望至於營丘，使吏執殺之，以為首誅。」（《論衡・非韓篇》略同）楊明照先生云：「『狷』，〈逸民篇〉作『狂狷』，是此乃簡稱。然《淮南子・人間篇》、《論衡・非韓篇》並作『狂譎』，與《韓非子》之『狂矞』（「矞」為「譎」之省，見《集韻》十六〈屑〉「矞」字下）同。則此『狷』字可疑。顧廣圻校舊寫本（即孫星衍、繼昌所稱者），於『狷』字右側畫一△號，蓋已覺其有誤矣。」⑮單豹之養內：魯國有單豹者，隱居山巖，不與民爭利，修養內功，不幸被餓虎所撲食。《莊子・達生篇》：「魯有單豹者，巖居而水飲，不與民共利。行年七十，而猶有嬰兒之色。不幸遇餓虎，餓虎殺而食之。……豹養其內，而虎食其外。」（又見《呂氏春秋・必己篇》、《淮南子・人間篇》）⑯商臣：為楚成王的兒子，起初成王立商臣為太子，後又欲立公子職，商臣於是以宮中衛兵圍困成王，成王自殺，商臣代立，是為楚穆王。《左傳》文公元年：「初，楚子（成王）將以商臣為大子，訪諸令尹子上。子上曰：

『君之齒未也，而又多愛，黜乃亂也。楚國之舉，恆在少者。且是人也，蠭目而豺聲，忍人也，不可立也。』弗聽。既又欲立王子職，而黜大子商臣。……（商臣）以宮甲圍成王，王請食熊蹯而死。弗聽。丁未，王縊。」（又見《史記》卷四十〈楚世家〉。）㊆繼體：繼承王位者；太子。《公羊傳》文公九年：「繼文王之體。」《史記》卷四十九〈外戚世家・序〉：「自古受命帝王及繼體守文之君。」《索隱》：「按：繼體，謂非創業之主，而是嫡子繼先帝之正體而立者也。」㊇無類：無禮；違反禮法。

【今譯】『當今聖明的君皇治理人世，天下太平，國泰民安。仁愛普及百姓，恩惠遍及各地；朝廷的聲威達到偏僻之區，帝王的德澤普降於廣遠之地。皇恩如同大地之深厚，普載萬物；如同高天的廣大，籠蓋九洲。神明運化如同雲行雨施，天子恩澤如同精氣彌漫天地。朝廷宮門雍和美好用以博攬延請四方的人才，帝王希望得到英逸之士前來輔助治理好國家。這正是千載難逢的際遇，開天闢地以來的唯一機會。但是，先生卻傾慕隱逸的偏頗之福，沒有發覺像狂狷、華士這些孤潔名聲的人士被殺的禍害。只專心追求像魯人單豹那樣修養內功，卻沒有看到凶惡的老虎可以傷害他外在的軀體。這相當於聽說渡河有人淹死了，就說乘船的人都會遇險覆沒；因為楚國商臣凶惡殘暴、大逆不道，就說所有的王位繼承者都行為不端、違背禮法一樣。』」

懷冰先生曰：「『聖化之盛，誠如高論。出處㊀之事，人各有懷。故堯、舜在上，而箕、潁㊁有巢棲之客㊂；夏后御世，而窮藪有握耒之賢㊃。豈有慮於此險哉？蓋各附於所安也。是以高尚其志，不仕王侯，存夫爻象㊄，匹夫所執，延州守節㊅，聖人㊆許焉。』

【今註】㊀出處：出仕或者歸隱。㊁箕、潁：箕，指箕山；潁，指潁水。㊂巢棲之客：指巢父及許由，隱居於箕山之下、潁水之陽，躬耕自食。《漢書》卷七十二〈王貢兩龔鮑傳〉：「堯、舜在上，下有巢、由。」㊃窮藪有握耒之賢：指伯成子高。伯成子高在堯、舜時為諸侯，至夏禹執政乃去諸侯之位而躬耕田野間。耒，農具。㊄存夫爻象：爻，爻辭；象，象辭。《易經．蠱卦》：「上九：不事王侯，高尚其事。象曰：『不事王侯，志可則也。』」㊅延州守節：春秋時吳公子季札，封於延陵、州來，將立為吳王，季札堅決推辭，棄室而耕。延州，謂吳季札。《左傳》襄公十四年：「吳子諸樊既除喪，將立季札。季札辭曰：『曹宣公之卒也，諸侯與曹人不義曹君，將立子臧。子臧去之，遂弗為也，以成曹君。君子曰：「能守節。」君，義嗣也。誰敢奸君！有國，非吾節也。札雖不才，願附於子臧，以無失節。』固立之。棄其室而耕，乃舍之。」（《史記》卷三十一〈吳太伯世家〉同）又昭公二十七年「（吳）使延州來季子聘于上國」杜《注》：「季子本封延陵，後復封州來，故曰延州來。」是延州為延州來省稱。㊆聖人：指孔子。

【今譯】懷冰先生說：「『當今聖上教化的盛世，確實如你所說的那樣。但是出仕還是隱居，人人都各懷想法。所以堯、舜在位的時候，就有巢父、許由隱居於箕山之下、潁水之濱；夏禹王統御天下的時候，偏僻荒野的地方就有伯成子高那樣親身種地的賢能之士。難道他們料想到出仕會有這些危險嗎？他們大概只想各自依附自己覺得安適的方式去生活而已。因此，他們的志向高尚，不願去王侯那裡做官；這些記載在《易經》的象辭中，說的就是百姓所堅持的事，春秋吳公子季札能堅守節義、決心不受君位，受到聖人孔子的讚許。』

『僕所以逍遙於丘園㈠，斂跡㈡乎草澤者，誠以才非政事，器乏治民㈢。而多士雲起，髦彥鱗萃㈣，文武盈朝，庶事既康。故不欲復舉熠燿㈤，以廁日月之間，拊甂瓴於洪鍾之側㈥，貢輕扇於堅冰之節，衒裘鑪乎隆暑之月㈦。必見捐㈧於無用，速非時之巨嗤㈨。』

【今註】　㈠丘園：田園。　㈡斂跡：隱藏足跡。　㈢才非政事二句：沒有從事政治之才，缺乏治理百姓的能力。　㈣多士雲起二句：眾多優秀的人材薈萃於朝廷。多士，指百官。髦彥，卓越、優異之士。《爾雅・釋言》：「髦，俊也。」又〈釋訓〉：「美士為彥。」《史記》卷一百一十七〈司馬相如列傳〉：「（〈子虛賦〉）珍怪鳥獸，萬端鱗萃。」《小爾雅・廣言》：「萃，集也。」　㈤熠燿：螢火。《詩經・豳風・東山》：「熠燿宵行。」毛《傳》：「熠燿，燐也；燐，螢火也。」　㈥拊甂瓴於洪鍾之側：在洪鐘之旁敲打瓦器。《廣雅・釋詁・三》：「拊，擊也。」甂、瓴，並瓦器，擊之有聲。《淮南子・精神篇》：「今夫窮鄙之社也，叩盆拊瓴，相和而歌，自以為樂矣。」高《注》：「盆、瓴、瓦器，叩之有音聲，故曰自以為樂也。」㈦衒裘鑪乎隆暑之月：在盛夏酷暑，推銷皮襖、火爐。衒，叫賣、推銷。　㈧捐：棄。　㈨嗤：譏笑。

【今譯】　『我之所以逍遙山丘田園，隱藏足跡草野水澤的原因，實在是因為自己才能不善於從事政事，缺乏治理百姓的能力。而眾多士人像雲湧興起，傑出人才像魚鱗薈萃聚集；文武百官充滿朝廷，各項事務都能辦理妥帖。因此，我不想再舉起小小螢火放在太陽月亮之間，在洪鐘巨響的旁邊敲打瓦盆；在凝結堅冰、天寒地凍的季節，我不想再進獻上一把輕扇；在盛夏酷暑的月份，我不想再推銷皮裘和火爐。否則必定會當作無用之物被拋棄，並且迅速地遭到不合時宜的巨大譏笑。』

『若擁經著述，可以全真㈠成名，有補末化㈡。若強所不堪，則將顛沛㈢惟咎，同悔小狐㈣。故居其所長，以全其所短耳。雖無立朝之勳㈤，即戎之勞㈥，然切磋後生，弘道養正，殊塗一致，非損之民也。劣者全其一介㈦，何及於許由，聖世恕而容之，同曠於有唐㈧，不亦可乎？』」

【今註】 ㈠全真：完全保存自然的性情。㈡末化：教化之末，細微的德化。化，指教化。㈢顛沛：顛仆流離。《論語·里仁篇》：「顛沛必於是。」《集解》引馬融曰：「顛沛，偃仆。」㈣同悔小狐：意謂因力量不夠，將招致後悔。狐愛其尾，每渡水則舉其尾。小狐因為力量不足，打濕了尾巴。比喻不能成功。《易經·未濟》：「小狐汔濟，濡其尾，无攸利。」㈤立朝之勳：在朝廷作官，建立功勳。㈥即戎之勞：領軍作戰之勞績。《論語·子路篇》：「子曰：『善人教民七年，亦可以即戎矣。』」《集解》引包咸曰：「即，就也。戎，兵也。言以攻戰。」㈦一介：一人。㈧同曠於有唐：老子《道德經·第十五章》：「曠兮其若谷。」河上公《章句》：「曠者，寬大。」此句謂如同堯之寬大許由、巢父然。有唐，指堯，封於唐，故云。

【今譯】『如果我依據經典從事著述，就可以完全保存自然的性情，成就名聲，而且對社會的教化將有些微的補益。如果強迫我去做不能勝任的事，那麼就會陷入顛沛流離、盡是過錯，將和小狐一樣後悔不已。所以想秉持、發揮自己所擅長的，用來保全、掩蓋自己的短處罷了。我雖然沒有可站在朝廷上的功勳和領軍攻戰的功勢；然而我與後輩切磋學問，弘揚大道，培養正氣，與他們可算是殊途同歸，並沒有給社會、民眾造成損害。才能至差的人只能保全自身一個人，那能趕得上許由？對此，當今聖上是會寬恕並容忍我的行為，如同唐堯的寬大容忍許由、巢父隱居一樣，不也是可以的嗎？』」

赴勢公子勃然自失㈠，肅爾改容，曰：「『先生立言助教，文討姦違㈡，摽㈢退靜以抑躁競㈣之俗，興儒教以救微言㈤之絕，非有出者，誰敘彝倫㈥？非有隱者，誰誨童蒙？普天率土，莫匪臣民。亦何必垂纓執笏者㈦為是，而樂飢衡門㈧者可非乎？夫群迷乎雲夢㈨者，必須指南以知道㈩；並乎滄海者⑪，必仰辰極⑫以得反。今聞喜訓⑬，乃覺其蔽⑭。請負衣冠，策駑希驥⑮，汎愛與進⑯，不嫌擇焉。』」

【今註】　㈠勃然自失：突然感到若有所失。　㈡姦違：姦邪違逆的人。　㈢摽：通「標」。標舉；倡導。　㈣躁競：謂熱中權勢或仕宦。《文選》卷五十三嵇康〈養生論〉：「今以躁競之心，涉希靜之塗。」《文心雕龍・程器篇》：「仲宣輕脆以躁競。」《顏氏家訓・省事篇》：「世見躁競得官者，便為弗索何獲？」　㈤微言：精微奧妙的言辭。　㈥彝倫：指倫常道德。　㈦垂纓執笏者：指做官的人。頭戴官帽，秉執手板。纓，是官帽上的垂帶。笏是臣下所執的竹、木或玉石手板，是朝官的標誌。　㈧樂飢衡門：謂隱居者安貧樂道，忘記飢寒。衡門，橫木為門，指簡陋的屋舍，形容貧士的居處。《詩經・陳風・衡門》：「衡門之下，可以棲遲；泌之洋洋，可以樂飢。」毛《傳》：「衡門，橫木為門，言淺陋也。棲遲，遊息也。泌，泉水也。洋洋，廣大也。樂飢，可以樂道忘飢。」㈨雲夢：指雲夢大澤。㈩必須指南以知道：必須有待於指南車，然後得知道路。《文選》卷三張衡〈東京賦〉：「幸見指南於吾子。」又卷五左思〈吳都賦〉：「指南司方。」劉淵林《注》：「指南，指南車也。」㈪並乎滄海者：徐濟忠曰：「『並』下疑脫。」又曰：「應是『失』字。」謂並迷失方向於滄海。㈫辰極：即北辰，一名北極星。㈬嘉訓：美好的言論。㈭蔽：缺點。㈮策駑希驥：趕著我的駑馬，希望跟上你的駿足。駑，劣馬。驥，良駒。㈯汎愛與進：以博愛之心，鼓勵進步。《論語．學而篇》：「汎愛眾。」皇《疏》：「汎，廣也。君子尊賢容眾，故廣愛一切也。」

【今譯】 赴勢公子突然若有所失，肅然改變了容貌說：「『先生所說的話有助於教化，寫文章來討伐姦邪違逆的人，標榜退隱恬靜來抑制熱中權勢、競逐仕宦的世俗風氣，振興儒家教誨用來挽救將要斷絕的微言大義。除非出仕為官的人，誰能論述、貫徹倫常道德？除非隱居之士，誰能教誨無知的孩童？普天之下所有的地方，沒有人不是君王的臣民。為什麼一定要穿戴官服執笏版、入朝做官的就是對，而受飢餓住陋室的隱居者就是錯誤的呢？當眾人在雲夢大澤迷路時，必須有待指南車才得知道路；當眾人在大海中不辨方位迷失時，一定仰仗北極星的指引才得以回返。今天聽了先生美好的言辭，才感覺到我自己見識淺陋。請允許我替先生揹負衣冠、當個僕人，鞭策我這匹駑馬，希望變成一匹良駒，用來追隨先生的身後。請先生以廣泛的愛心，鼓勵我進步，不要嫌棄地選擇了我。』」

逸民篇第二

【篇旨】 本篇通過逸民與仕人的對話，反映了葛洪的隱逸思想。他竭力論證：「在朝者陳力以秉庶事，山林者修德以厲貪濁。殊塗同歸，俱人臣也。王者無外，天下為家，日月所照，雨露所及，皆其境也。」他還強調：「今隱者潔行蓬蓽之內，以詠先王之道，使民知退讓，儒墨不替，此亦堯舜之所許也。」可見，葛洪是在調和道教與儒家的關係，從不同的角度上維護封建王朝。

抱朴子曰：「余昔遊乎雲臺之山㈠而造逸民，遇仕人在焉。仕人之言曰：『明明㈡在上，總御八紘㈢，華夷同歸，要荒服事；而先生遊柏成之遐武㈣，混群伍於鳥獸。然時移俗異，世務不拘，故木食山棲，外物遺累者㈤，古之清高，今之逋逃㈥也。君子思危於未形，絕禍於方來，無乃去張毅之內熱，就單豹之外害㈦；畏盈抗慮，忘亂群之近憂；避牛跡之淺嶮，而墮百仞之不測，違濡足之泥溼㈧，投鑪冶而不覺乎！』

【今註】 ㈠雲臺之山：雲臺山在蜀，在今四川省蒼溪縣東南。見《抱朴子．內篇．金丹篇》及《抱朴子．內篇．登涉篇》。 ㈡明明：明智聰察，這裏指帝王。《詩經．小雅．小明》：「明明上天，照臨下土。」《詩經・大雅・大明》：「明明在下，赫赫在上。」。㊂八紘：天的八維，指天下。《淮南子・原道篇》：「知八紘九野之形埒。」高誘《注》：「八紘，天之八維也。」紘，維系。㊃柏成之遐武：指柏成子高，堯時諸侯。武，足跡。㊄外物遺累者：孫人和《校補》曰：「按『遺』當作『遣』。遣累，猶言去累。」〈道意篇〉云：「遣審真之累」，是其證。楊明照《抱朴子外篇校箋・上》：「按《校補》說是。」㊅逋逃：指逃亡的罪人。㊆無乃去張毅之內熱，就單豹之外害：張毅，魯人。《莊子・達生篇》云：「魯有單豹者，巖居而水飲，不與民共利，行年七十而猶有嬰兒之色；不幸遇餓虎，餓虎殺而食之。有張毅者，高門縣薄，無不走也，行年四十而有內熱之病以死。豹養其內而虎食其外，毅養其外而病攻其內，此二子者，皆不鞭其後者也。」並見《呂氏春秋・必己篇》。㊇違濡足之泥溼：楊明照認為「溼」字有誤。當據《藏》本、吉藩本改為「溼」。

【今譯】抱朴子說：「從前，我遊歷雲臺山的時候，曾拜訪逸民先生，巧遇仕人也在那裏。仕人發表意見說：『聖明的帝王在上，統治著天下八方，華夏四夷同心歸向，中原要地與荒遠邊疆莫不臣服。而逸民先生你卻沿著遠古的柏成子高的足跡，優游山林，混同於鳥獸，彼此為伍。然而，時代改變了，風俗也不同了，世務不能不變通，所以，那些棲隱山林、以草木為食，去掉外物牽累的人，在古代算是清高的名士，而在今天可謂是逃亡的罪人。君子要思考尚未形成的危險，杜絕未來的禍患。只怕去掉了張毅那樣的內熱之病，卻又遭逢單豹那樣外在被虎所害；只怕畏盈抗慮，而卻忘記了亂群的近憂；只怕躲避牛跡的淺嶮，卻掉進了百仞不測的深淵；只怕避免腳被泥沾濕，而投入鑪火而不覺察！』

逸民答曰：『夫銳志於雛鼠㊀者，不識騶虞㊁之用心；盛務於庭粒者，安知鴛鸞之遠指？猶焦螟之笑雲鵬㊂，朝菌之怪大椿㊃，坎蛙之疑海鼉㊄，井蛇㊅之嗤應龍也。子誠喜懼於勸沮，焉識玄曠之高韻哉！吾幸生於堯、舜之世，何憂不得此人㊆之志乎？』

【今註】㊀雛鼠：幼鼠。此處隱喻世俗的價值觀。㊁騶虞：獸名，白虎黑文，不食生物，有至信的德性。參見《毛傳·騶虞》。㊂焦螟之笑雲鵬：參見《莊子·逍遥遊篇》：「有鳥焉，其名為鵬，背若太山，翼若垂天之雲，摶扶搖羊角而直上者九萬里。……斥鴳笑之曰：『彼且奚適也？我騰躍而上，示過數仞而下，翱翔蓬蒿之間，此亦飛之至也。而彼且奚適也？』此小大之辯也。」㊃朝菌之怪大椿：參見《莊子·逍遥遊篇》：「朝菌不知晦朔。……上古有大椿者，以八千歲為春，八千歲為秋。」㊄坎蛙之疑海鼉：坎蛙，指井底之蛙；海鼉，指東海巨鼉。參見《莊子·秋水篇》。㊅井蛇：孫星衍《外篇校勘記》：「《藏》本作魚蛇。」㊆此人：指柏成子高。

【今譯】逸民先生回答說：『專心致志於幼鼠的人，自不會懂得良獸騶虞的用心。只注意吃門庭穀粒的鳥雀，哪裏能知道鵷鸞的宏大遠旨呢？這就好像是焦螟昆蟲在譏笑高翔的雲鵬，短命的朝菌在責怪長年繁盛的大椿，田坎青蛙在懷疑東海中的巨鱉，魚蛇在譏笑應天的神龍。先生如果真的懼怕勸阻，哪能知道玄虛空曠的深意呢？我有幸生在像堯、舜那樣的時代，為什麼怕不能獲得和柏成子高一樣的志向呢？』

仕人曰：『昔狂狷、華士，義不事上，隱於海隅，而太公誅之㊀。吾子沈遁，不亦危乎？』

【今註】 ㊀「狂狷、華士，義不事上，隱於海隅，而太公誅之」：語出《韓非子・外儲說右上》：「齊東海上有居士，曰：『狂矞』。華士、昆弟二人者立議曰：『吾不臣天子，不友諸侯，耕作而食之，掘井而飲之，吾無求於人也。』」無上之名，無君之祿，不事仕而事力，太公望至於營丘，使吏執殺之，以為首誅。狂狷，《論語・子路篇》：「狂者進取，狷者有所不為也。」包咸《注》：「狷者守節無為。」太公，指姜太公呂尚。

【今譯】 仕人說：『從前有狂狷、華士，信仰不奉事聖上的原則，隱居於天涯海角，但是姜太公卻把他們殺了。先生沉遁山林，不也感到危險嗎？』

逸民曰：『呂尚長於用兵，短於為國，不能儀玄黃㊀以覆載，擬海嶽㊁以博納，褒賢貴德，樂育人才，而甘於刑殺，不修仁義，故其劫殺之禍，萌於始封，周公聞之，知其無國㊂也。夫攻守異容，道貴知變，而呂尚無烹鮮之術㊃，出致遠之御，推戰陳之法㊄，害高尚之士，可謂賴甲冑以完刃，又兼之浮泳，以射走之儀，又望求之於準的㊅者也。』

【今註】 ㊀玄黃：天玄地黃，指天地。 ㊁海嶽：指海洋與山嶽。 ㊂周公聞之，知其無國：語出《呂氏春秋・仲冬紀・長見篇》：「周公旦封於魯，二君者甚相善也。相謂曰：『何以治國？』太公望曰：『尊賢上功。』周公旦曰：『親親上恩。』太公望曰：『魯自此削矣。』周公旦曰：『魯雖削，有齊者亦必非呂氏也。』其後齊日以大，至於霸，二十四世而田成子有齊國。」 ㊃烹鮮：統治大國的方法。語出老子《道德經．第六十章》：「治大國者，若烹小鮮。」㈤戰陳：治軍的方法。㈥準的：標準，指箭靶。

【今譯】逸民先生說：『姜太公呂尚擅長於用兵，卻不擅治理國事，不能像天地那樣高覆厚載，不能像大海山嶽那樣廣博容納，不能褒獎賢才重視道德，不能樂於培育人才，卻呂尚甘於刑戮，不修仁義之道。所以他劫殺的罪禍，早在受封齊國時就萌生了，周公聽到了他的情況，就知道他無法永遠保住齊國。攻戰與守國是不同的情況，其中的道理貴在懂得變通，但呂尚卻沒有善於治國的方法，用出師作戰、治理軍隊的方法來對待並殺害高尚之士，這可以說是藉由甲冑來成全利刃，在河上浮泳時又兼練習射箭，期待能射中箭靶一樣。』

『夫傾庶鳥之巢，則靈鳳不集；漉㈠魚鼈之池，則神虯遐逝；刳凡獸之胎，則麒麟不峙其郊㈡；害一介之士，則英傑不踐其境。呂尚創業垂統，以示後人，而張苛酷之端，開殘賊之軌，適足以驅俊民以資他國，逐賢能以遺讎敵也。去彼市馬骨以致駿足㈢，軾陋巷以退秦兵者㈣，不亦遠乎！子謂呂尚何如周公乎？』仕人曰：『不能審㈤也。』

【今註】㈠漉：使乾涸。㈡語出《呂氏春秋．應同篇》：「夫覆巢毀卵，則鳳凰不至；刳獸食胎，則麒麟不來；乾澤涸魚，則龜龍不往。」神糾，當為「神虯」，神龍之意。㈢市馬骨以致駿足：指燕昭王重金買馬骨，而招千里馬的故事。參見《戰國策．燕策》：「昭王曰：『寡人將誰朝而可？』郭隗先生曰：『臣聞古之君人，有以千金求千里之馬者，三年不能得。涓人言於君曰：請求之。君遣之三月，得千里馬，馬已死，買其首五百金，反以報君。君大怒曰：所求者生馬，安事死馬。而捐五百金？涓人對曰：死馬且買之五百金，況生馬乎？天下必以王為能市馬，馬今至矣。於是不能期年，千里之馬至者三。』」　㈣軾陋巷以退秦兵：指魏文公以軾禮待段干木，使得秦君不敢攻打魏國的故事。參見《呂氏春秋・期賢篇》：「魏文公過過段干木之閭而軾之……，秦興兵欲攻魏，司馬唐諫秦君曰：『段干木賢者也，而魏禮之，天下莫不聞，無乃不可君兵乎。秦君以為然，乃按兵輟不敢攻之。』」　㈤審：悉察比較。

【今譯】『搗毀眾鳥的窠巢，鳳凰就不會飛來了；使魚鱉之池乾涸，神龍就會離去；刳取野獸的胎胚，麒麟就不會峙立在野郊；枉殺了一位士人，英雄豪傑就不會再到這裏來了。呂尚創業垂統，照理應該樹立榜樣給後世之人，但是他卻張揚苛酷的端緒，開啟殘賊的道路，這恰恰足以驅逐英俊之人去幫助其他國家，驅逐賢能的人才送給仇敵。這與燕昭王用馬骨交換駿足、魏文公軾陋巷以退秦兵相較，不也是相距太遠了嗎？先生認為呂尚和周公比較，怎麼樣呢？』仕人說：『我不能悉察這種比較。』

逸民曰：『夫周公大聖，以貴下賤㈠，吐哺握髮㈡，懼於失人，從白屋之士七十人㈢，布衣之徒親執贄㈣所師見者十人，所友者十有二人㈤，皆不逼以在朝也。設令呂尚居周公之地，則此等皆成市朝之暴尸，而溝澗之腐胔㈥矣。』

【今註】㈠以貴下賤：以尊貴的身分對待貧賤的人，比喻深得民心。《易經・屯卦・初九・象傳》：「以貴下賤，大得民也。」㈡吐哺握髮：形容為延攬人才而操忙。參見《史記》卷三十三〈魯周公世家〉：「周公戒伯禽曰：『我文王之子，武王之弟，成王之叔父，我於天下亦不賤矣。然我一沐三捉髮，一飯三吐哺，起以待士，猶恐失天下之賢人。』」以及〈嘉遯篇〉注。㈢從白屋之士七十人：《說苑．尊賢篇》：「周公旦，白屋之士，所下者七十人，而天下之士，皆至。」㈣贄：送給老師的禮物。㈤親執贄所師見者十人，所友者十有二人：各本說法不一。《說苑．尊賢篇》載：「周公攝天子之位，布衣之士，執贄所師見者十二人，窮巷白屋，所先見者四十九人。」《韓詩外傳》卷八：「（周公）踐天子之尊位，七年，所執贄而師見者十人，所還質而友見者十三人。」《尚書大傳》卷四：「吾，於天下，豈卑賤也，豈乏士也，所執質而見者十二，委質而相見者三十。」㈥胔：肉還沒有完全腐爛完的骨頭。

【今譯】　逸民先生說：『周公真是一位大聖人，能夠以尊貴的身分對待貧賤的人，一飯三吐哺，一沐三握髮，為延攬人才而操心，恐懼失去天下的賢才。當時，從白屋之士有七十人，布衣之徒，親自送禮拜師的有十人，友好的有十二人，周公都不逼迫他們在朝做官。假如呂尚居於周公的地位，這些人士都會成為市朝上暴曬的屍體，或者成為溝澗裏的腐屍。』

『唐堯非不能致許由、巢父㈠也，虞舜非不能脅善卷、石户㈡也，夏禹非不能逼柏成子高㈢也，成湯非不能錄卞隨、務光㈣也，魏文非不能屈干木㈤也，晉平非不能吏亥唐㈥也。然服而師之㈦，貴而重之，豈六君㈧之小弱也？誠以百行殊尚，默默㈨難齊，慕尊賢之美稱，恥賊善之醜跡，取之不足以增威，放之未憂於官曠，從其志則可以闡弘風化，熙隆退讓，厲苟進之貪夫，感輕薄之冒昧；雖器不益於旦夕之用，才不周於立朝之俊，不亦愈於脅肩低眉，諂媚權右，提贄懷貨，宵征同塵，爭津競濟，市買名品，棄德行學問之本，赴雷同比周之末也？彼六君尚不肯苦言以侵隱士，寧肯加之鋒刃乎？聖賢誠可師者，呂尚居然謬矣。』

【今註】㈠許由、巢父：相傳為堯時的隱士，堯欲讓位給二人，皆不受。參見《漢書》卷二十〈古今人表〉，見〈嘉遯篇〉注。㈡善卷、石戶：皆大才，舜以天下欲讓之，皆不受。見《內篇・釋滯篇》。《莊子・讓王篇》：「舜以天下讓北人無擇、石戶之農、善卷、子州支伯，皆不受。」㈢柏成子高：前已注。㈣卞隨、務光：務光，一作瞀光，夏時人。《莊子・讓王篇》：「湯將伐桀，因卞隨而謀，卞隨曰：『非吾事也。』……湯又因務光而謀，務光曰：『非吾事也。』……湯遂與伊尹謀伐桀。尅之，以讓卞隨，卞隨辭曰：……『吾生乎亂世，而無道之人，再來漫我，以其辱行，吾不忍數聞也。』乃自投稠水而死。湯又讓務光，務光辭曰：『……吾聞之曰：非其義者，不受其祿，無道之士，不踐其土，況我尊乎？吾不忍久見也。』乃負石而自沉於廬水。」㈤干木：指段干木，遊西河，魏文侯欲以為相，不肯就。參見晉皇甫謐《高士傳》。㈥亥唐：《孟子・萬章篇・下》趙岐《注》：「亥唐，晉賢人也。隱居陋巷者，平公嘗往造之，亥唐言入，平公乃入，言坐乃坐，言食乃食也。」㈦然服而師之：孫星衍校：《藏》本作「復而肆之」，今從舊寫本。㈧六君：指堯、舜、禹、湯、魏文、晉平六位君主。㈨默默：「默默」當作「默語」。參見楊明照《抱朴子外篇校箋・上》。孫星衍校改為「默黠」。

【今譯】『唐堯並非無法起用許由和巢父，虞舜並非無法脅迫善卷和石户任職，夏禹並非無法逼迫柏成子高任職，成湯並非無法錄用卞隨和務光，魏文侯並非無法使段干木屈從，晉平公並不是無法讓亥唐做官。然而師法敬服的人，重用尊貴的人，難道是因為上述六位君王能力弱小的緣故嗎？當然不是，實在是因為人的行為與習俗是各種各樣的，每個人的語默都難以一致，他們羨慕尊賢的美稱，以殺害善士的劣跡為恥辱，錄用名士不足以增加君主自己的威望，放走名士也不愁官職的空缺。順從名士的意願，就可以闡發與弘揚風氣教化，興隆退讓的精神，厲禁苟進的貪夫，感染輕薄冒昧的人。隱逸名士的才器雖然不能立即使用，才能不比在朝俊士完善，但他們不亦是超過那些脅肩低眉，諂媚權貴，送禮物寶貨，宵征同塵，爭津競濟，購買名品，拋棄德行學問的根本，專門營私結黨的人嗎？那六位君王尚且不肯苦言逼迫隱士，難道會把隱士殺害嗎？聖賢明君的確是可以師法的，而呂尚居然是謬誤的。』

『漢高帝雖細行多闕，不涉典蓺㈠，然其弘曠恢廓，善恕多容，不繫近累，蓋豁如也。雖飢渴四皓㈡，而不逼也。及太子卑辭致之，以為羽翼，便敬德矯情，惜其大者。發〈黃鵠〉之悲歌㈢，杜婉妾之覬覦，其珍賢貴隱，如此之至也。宜其以布衣而君四海，其度量蓋有過人者矣。』

【今註】㈠典蓺：指文學與藝術。㈡四皓：指東園公、綺里季、夏黃公、甪里先生四人，皆秦時人，義不為漢臣，逃匿商山中。四人皆八十有餘，鬚眉皓白，故人稱為四皓。後據張良之議，由太子卑辭請，以輔漢室。見《史記》卷五十五〈留侯世家〉。㈢發〈黃鵠〉之悲歌：似指漢高祖劉邦自唱〈大風歌〉：「大風起兮雲飛揚，威加海內兮歸故鄉，安得猛士兮守四方！」見《史記》卷八〈高祖本紀〉。

【今譯】『漢高祖劉邦雖然行為缺點甚多，不懂文學藝術，但他氣魄恢弘寬闊，善於寬恕容納，不計較近旁的牽累，大概是度量豁達的緣故吧！他雖然如飢渴一般想用東園公、綺里季、夏黃公、甪里先生等四皓，卻不逼迫他們，後來太子卑辭致信邀請，四皓才出來輔翼漢室，高祖便敬德矯情，珍惜他們的大才。他還親自吟唱〈黃鵠〉之悲歌，杜絕婉妾對王位的覬覦，那珍賢貴隱的努力，達到了如此高的境界。他從一介布衣到君臨天下，是理所當然的，他的度量大概有過人之處。』

『且夫呂尚之殺狷、華者，在於恐其沮眾也。然俗之所患者，病乎躁於進趨，不務行業耳。不苦於安貧樂賤者之太多也。假令隱士往往屬目，至於情掛勢利，志無止足者，終莫能割此常慾，而慕彼退靜者也。開闢已降，非少人也，而忘富遺貴之士，猶不能居萬分之一。仲尼親受業於老子㊀，而不能修其無為；子貢與原憲同門，而不能模其清苦㊁。四凶㊂與巢、由同時，王莽與二龔㊃共世，而不能效也。凡民雖復笞督之，危辱之，使追狷、華，猶必不肯，乃反憂其壞俗邪？呂尚思不及此，以軍法治平世，枉害賢人，酷誤已甚矣。賴其功大，不便以至顛沛耳。』

【今註】㊀仲尼親受業於老子：參見《史記》卷四十七〈孔子世家〉：「魯南宮敬叔言魯君曰：『請與孔子適周。』魯君與之一乘車，兩馬，一豎子俱，適周問禮，蓋見老子云。辭去，老子送之，孔子自周返魯，弟子稍益進焉。」㊁子貢與原憲同門，而不能模其清苦：子貢，孔子的弟子，好廢舉，與時轉貨貲，家累千金。原憲，字子思，孔子的弟子。參見《史記》卷六十七〈仲尼弟子列傳〉：「子貢相衛，而結駟連騎，排藜藿入窮閻，過謝原憲。憲攝敝衣冠見子貢。子貢恥之，曰：『夫子豈病乎？』原憲曰：『吾聞之，無財者謂之貧，學道而不能行之者曰之病。若憲，貧也，非病也。』子貢慚，不懌而去。」㊂四凶：堯時四凶族，指共工、驩兜、三苗、鯀四大凶族。《尚書・舜典》：「流共工于幽州、放驩兜于崇山、竄三苗于三危、殛鯀于羽山，四罪而天下咸服。」㊃王莽與二龔：王莽，西漢末年外戚，篡奪漢室，另立國號「新」。二龔，即龔勝、龔舍，皆楚人，好學明經。勝字君賓，王莽秉政，勝歸老於鄉里。莽既篡國，遣使拜勝為講學祭酒，勝稱疾不應徵。舍字君倩，初以龔勝薦，後稱疾終不肯起。「二人相友，並著名節，故世謂之楚二龔」。見《漢書》卷七十二〈王貢兩龔鮑傳〉。

【今譯】『至於呂尚殺害狂狷名士，原因在於害怕名士影響大眾。然而，社會風俗的弊病，在於急躁地進趨做官，不務實事而已，並不是苦於安貧樂賤的人太多。假使隱士往往是令人矚目的，而那些情掛勢利，志無止足的人，最終還是不能割斷常慾，羨慕退靜的隱士。自開天闢地以來，人才並不少，但能遺忘富貴的士人，還不到萬分之一。孔子曾親自向老子學習，而不能學得無為的宗旨。子貢與原憲都是孔子的同門弟子，但子貢自炫富貴，不能模仿原憲的清苦生活。四大凶族（渾敦、窮奇、檮杌、饕餮）與巢父、許由同時生活在堯的時代，王莽與龔勝、龔舍同時生活在西漢末年，但是前者不能效法後者。凡庸之民即使笞督他，危辱他，要他追隨狂狷名士，尚且不肯，怎麼反而憂心隱士會破壞習俗呢？呂尚沒有考慮到這一點，竟以軍法來治理平世，枉害賢良之士，他是何等的殘酷且謬誤啊！幸虧呂尚依賴自己重大的軍功，才沒有發展到顛沛滅亡的地步。』

『且呂尚之未遇文王也，亦曾隱於窮賤㊀，凡人易之，老婦逐之，賣傭不售，屠釣無獲㊁，曾無一人慕之。其避世也，何獨慮狷、華之沮眾邪？設令殷紂㊂以尚逃遁，收而斂之㊃，尚臨死，豈能自謂罪所應邪？魏武帝㊄亦刑法嚴峻，果於殺戮，乃心欲用乎孔明㊅，孔明自陳不樂出身。武帝謝遣之曰：「義不使高世之士，辱於汙㊆君之朝也。」其鞭撻九有㊇，草創皇基，亦不妄矣。』

【今註】 ㊀隱於窮賤：《史記》卷三十二〈齊太公世家〉：「呂尚蓋嘗窮困，年老矣，以魚釣奸周西伯（文王）。」《索隱》引譙周曰：「呂望嘗屠牛於朝歌，賣飲於孟津。」《戰國策・秦策・五》：「姚賈曰：『太公望，齊之逐夫，朝歌之廢屠，子良之逐臣，棘津之讎不庸。』」《韓詩外傳》卷十：「呂望行年五十，賣食棘津，年七十，屠於朝歌。」《說苑・尊賢篇》：「太公望，故老婦出夫也，朝歌之屠佐也，棘津迎客之舍人也。年七十而相周。」 ㊁賣傭不售，屠釣無獲：《說苑》及《列仙傳》載有凡人易之、老婦逐之、賣庸不售、屠釣無獲等等傳說。 ㊂殷紂：殷紂王。 ㊃斂之：孫星衍校：疑作「殺之」。 ㊄魏武帝：即曹操。 ㊅孔明：孫星衍校：「潁川胡昭字孔明，見《魏志・管寧傳》注。」按：《三國志》卷十一〈魏書・胡昭傳〉：「太祖為司空丞相，頻加禮辟。昭往應命，既至，自陳一介野生，無軍國之用，歸誠求去。太祖曰：『人各有志，出處異趣，勉卒雅尚，義不相屈。』」昭乃轉居陸渾山中，躬耕樂道，以經籍自娛，閭里敬而愛之。」 ㊆汙：同「污」。 ㊇九有：《詩經・商頌・玄鳥》：「奄有九有」。毛《傳》：「九有，九州也。」

【今譯】 『而且呂尚在被周文王起用之前，本人也曾隱居於窮陋之巷，凡人易之，老婦逐之，賣傭不售，屠牛、垂釣都無收穫，沒有一個人羨慕他。他當年曾避世隱居，為什麼偏偏害怕狂狷名士會影響民眾呢？假使當時殷紂王以呂尚逃遁之罪，收而殺之，呂尚臨死時，難道能說自己罪有應得嗎？魏武帝曹操也崇尚刑法嚴苛，果斷地殺戮，而心裏竟想啟用胡昭（字孔明）。胡昭自作陳述，不願意出仕作官，曹操答謝說：按照道義，不能使高世之士，受到污君之朝的屈辱。可見，曹操統御九州，草創皇朝基業，也不是狂妄的。』

『紛擾日久，求競成俗，或推貨賄以龍躍，或階黨援以鳳起，風成化習，大道漸蕪，後生昧然，儒訓遂堙。將為立身，非財莫可。苟有卓然不群之士，不出户庭，潛志味道，誠宜優訪，以興謙退也。夫使孫、吳㊀荷戈，一人之力耳。用其計術，則賢於萬夫。今令大儒為吏，不必切事。肆之山林，則能陶冶童蒙㊁，闡弘禮敬㊂。何必服巨象使捕鼠，鞲鸞……也㊃。』仕人曰㊄：『……則鐘鼎鐫其聲。若乃零淪藪澤，空生徒死，亦安足貴乎？』

【今註】 ㊀孫、武：孫，指孫武；吳，指吳起，春秋戰國時代著名的軍事家。見《史記》卷六十五〈孫子吳起列傳〉。 ㊁童蒙：蒙昧不明的人。 ㊂禮敬：當作「禮教」。見楊明照《抱朴子外篇校箋・上》。 ㊃鞲鸞也：鞲鸞，孫星衍校：下有脱文。 ㊄仕人曰：三字原脱。孫星衍校：下脱仕人曰數語。

【今譯】 『天下混亂日久，求官競仕成為風俗，或者進行賄賂以求高昇，或者通過黨援以達官位，如此風氣形成，大道於是逐漸荒蕪了，後來的人昧然無知，儒家的訓誨也就堙滅了，要立身行事，除了錢財之外，沒有其他的辦法。如果有卓然不群的人，隱居戶庭，潛志修道，實在應該特別地加以拜訪，以便興隆謙虛退讓的風氣。讓孫子、吳起荷戈打仗，不過是靠個人的力量罷了，如果用他們的軍事計謀戰術，那就勝過萬人。如今叫大儒做官，未必會辦好事情，而到山林裏，則能教化陶養孩童的智慧，闡述弘揚禮教，何必服事大象，去捕捉老鼠和射鷙鳥呢？』仕人說：『……那麼鐘鼎鐫刻著它的聲音。至於淪落於藪澤，白白地生存，徒然地死亡，又哪兒值得尊貴呢？』

逸民答曰：『子可謂守培塿㈠，玩狐丘，未登閬風㈡而臨雲霓㈢；翫瀅汀㈣，游潢洿㈤，未浮南溟㈥而涉天漢㈦。凡所謂志人者，不必在乎祿位，不必須乎勳伐也。太上無己，其次無名，能振翼以絕群，騁跡以絕軌，為常人所不能為，割近才所不能割，少多不為凡俗所量，恬粹不為名位所染，淳風足以濯百代之穢，高操足以激將來之濁。何必紆朱曳紫㈧，服冕㈨乘軺㈩，被犧牛(十一)之文繡(十二)，吞詹何(十三)之香餌，朝為張天之炎熱，夕成冰冷之委灰！』

【今註】㈠培塿：小土丘。㈡閬風：山名，在崑崙山。見《離騷》王逸《注》。㈢霓：虹的一種。㈣瀅汀：清澈的河流。㈤潢洿：低窪積水處。㈥南溟：亦作「南冥」，指南海。《莊子．逍遙遊篇》：「是鳥也，海運則將徙於南冥。南冥者，天池也。」㈦天漢：即銀河。㈧朱紫：朱衣紫綬，指官服。㈨冕：禮帽。㈩軺：古代的一種輕便的車。(十一)犧牛：供祭祀用的純白色的牛。(十二)文繡：繡畫的錦帛。(十三)詹何：《淮南子．原道篇》：「加之以詹何、娟嬛之數。」漢高誘《注》：「詹何、娟嬛，古善釣人名。」

【今譯】　逸民先生回答：『你可以說是只守著小土丘，玩玩狐狸出沒的丘陵，而未能攀登閬風山，親臨雲端；只玩清澈的河流，游蕩在積水窪中，未曾浮游南海而涉足於天空銀河之間。凡是所謂有志向的人，不必在乎要利祿官位，不必須要戰功勳爵。最上聖之人是無己無私的，其次是無名的，但他能振翅高飛而絕離人群，馳騁上下而絕離軌跡，做出平常人所不能做的事，割棄近人所不能割的東西，分量多寡不是凡俗之人所能計量，恬靜純粹不為名望地位所沾染，淳樸的風氣足以洗濯百代以來的污穢，高尚的節操足以激蕩將來的污濁。何必一定要穿著朱紫官服，戴禮帽，坐輕車，被犧牛身上用的文繡，吞服詹何的香餌，早上還是暑天一般的炎熱，晚上卻成了冰冷的棄灰呢？』

『夫斥鷃㈠不以蓬榛㈡易雲霄之表，王鮪㈢不以幽岫貿滄海之曠，虎、豹入廣廈而懷悲，鴻、鶤㈣登嵩㈤巒而含慼。物各有心，安其所長。莫不泰於得意，而慘於失所也。經世之士，悠悠皆是，一日無君，惶惶如也。譬猶藍田㈥之積玉，鄧林㈦之多材，良工大匠，肆意所用。亦何必棲魚而沈鳥哉？嘉遁高蹈，先聖所許；或出或處，各從攸好。』

【今註】　㈠斥鷃：一種小鳥。　㈡蓬榛：蓬，蓬草。榛，灌木。　㈢王鮪：指鮪之大者。《詩經・衛風・碩人》：「鱣鮪髮髮。」孔穎達《疏》：「大者為王鮪，小者為鮇鮪。」　㈣鴻、鶤：即鴻雁、鶤雞。　㈤嵩：嵩山。　㈥藍田：在今陝西，以出產玉石著名。　㈦鄧林：神話傳說中的樹林。《山海經・海外北經》：「夸父與日逐走，入日，渴欲得飲，飲於河渭，河渭不足，北飲大澤，未至，道渴而死，棄其杖，化為鄧林。」

【今譯】『斥鷃寧願棲居於蓬草灌木，不想改換到雲霄之表；王鮪寧願生活在幽暗的洞穴，而埋怨滄海的空曠。虎豹到了夏天反而懷著悲哀的情緒，鴻雁與鶤雞登上嵩山峰巒反而含著憂愁的神態。生物各有自己的心志，各成就其所長，莫不感到得意，泰然平安，一旦失去自己習慣的居所，無不感到淒慘悲傷。經世的人士，到處都是，但是一天沒有君王，就會顯得惶恐不安。譬如藍田的玉石，鄧林的木材，良工大匠可以恣意地使用，何必要到魚沉鳥棲的地方去呢？隱遁或高升，都是先前聖人所讚許的，或者出世隱居，或者處朝為官，各有所好。』

『蓋士之所貴，立德立言。若夫孝友仁義，操業清高，可謂立德矣；窮覽《墳》、《索》㈠，著述粲然，可謂立言矣。夫善卷無治民之功，未可謂之滅於俗吏；仲尼無攻伐之勳，不可以為不及於韓、白㈡矣。身名並全，謂之為上。隱居求志，先民嘉矣。夷、齊㈢一介，不合變通，古人嗟歎，謂不降辱。夫言不降者，明隱逸之為高也；不辱者，知羈縶之為洿也。聖人之清者，孟軻㈣所美，亦云天爵㈤貴於印綬。志脩遺榮，孫卿㈥所尚，道義既備，可輕王公。而世人所畏唯勢，所重唯利。盛德身滯，便謂庸人；器小任大，便謂高士。或有乘危冒嶮，投死忘生，棄遺體於萬仞之下，邀榮華乎一朝之閒，比夫輕四海，愛脛毛之士㈦，何其緬然邪！』

【今註】㈠《墳》、《索》：指書籍。《墳》，《三墳》，傳說是伏犧、神農、黃帝之書。見

《偽孔安國尚書・序》。《索》，《八索》，《左傳》昭公十二年：「是能讀《三墳》、《五典》、《八索》、《九丘》。」《偽孔安國尚書・序》云：「八卦之說，謂之八索；索，求其義也。㈡韓、白：韓，韓信，漢初名將，見《史記》卷九十二〈淮陰侯列傳〉。白，白起，戰國時名將，見《史記》卷七十三〈白起王翦列傳〉。㈢夷，齊：夷，伯夷；齊，叔齊；殷孤竹君之二子。周武王滅殷，伯夷、叔齊恥食周粟，逃隱於首陽山，後餓死。事見《史記》卷六十一〈伯夷列傳〉。㈣孟軻：孟子。㈤天爵：天然的爵位，指不居官位的人因德高而受人尊敬。《孟子・告子篇・上》：「有天爵者，有人爵者。仁義忠信，樂善不倦，此天爵也；公卿大夫，此人爵也。古之人修其天爵，而人爵從之。今之人修其天爵，以要人爵；既得人爵，而棄其天爵，則惑之甚者也，終亦必亡而已矣。」印綬，印與繫印的絲組，指公卿大夫。㈥孫卿：即荀子，名況，戰國後期趙國人，著名的思想家。《荀子・修身篇》：「志意修則驕富貴，道義重則輕王公，內省而外物輕矣。」㈦脛毛：小腿上毛。古代常以「脛無毛」，比喻奔走之辛勤。愛脛毛之士，指不願奔走而保養自身的人。

【今譯】『士人所貴重的是立德立言。孝友仁義，操行學業清高，可稱之為立德。窮研典籍，著述粲然大觀，可稱之為立言。善卷沒有治理民眾的功績，但不可說他比俗吏差。孔子沒有作戰的勳勞，但不可以認為他比不上韓信與白起。身體與名聲並全，稱之為上等的，然而隱居求志，也是先民所讚美的。伯夷、叔齊以一介之軀，恥食周粟，不符合於變通的道理，但古人感歎不已，說他們不肯降辱。所謂不降，是表明隱逸的清高；所謂不辱，可知依附顯貴的汚穢。聖人的清高，孟子曾經有所讚美，說是天爵貴於印綬。志意美好而遺棄榮貴，荀子曾經加以推崇，說道義既然具備，就可以輕視王公。而世俗之人所畏唯勢，所重唯利。德盛而身滯，便稱之為庸人；器小而任大，便稱之為高士。或者有乘危冒險，投死忘生，不惜將身體拋棄於萬仞之下，而去企求一朝之間的榮華富貴。這種人與那輕視天下而愛惜自身的人相比，相距是何等的遥遠啊！」

仕人曰：『潛退之士，得意山澤，不荷世貴，蕩然縱肆，不為時用，嗅祿利㊀誠為天下無益之物，何如？』

【今註】 ㊀嗅祿利：孫星衍校：句有脱字。

【今譯】 仕人說：『潛藏隱退之人士，得意於山林生活，不承受世俗的尊貴，蕩然縱肆，不為當時所用，不追逐祿利，他們確實是天下無益之物，怎麼樣？』

逸民答曰：『夫麟不吠守，鳳不司晨㊀，騰黃㊁不引犁，尸祝㊂不治庖㊃也。且夫揚大明乎無外，宣嫗煦之和風者，日也㊄；耀華燈於闇㊅夜，冶金石以致用者，火也。天下不可以經時無日，不可以一旦無火，然其大小，不可同也。江海之外㊆，彌綸二儀㊇，升為雲雨，降成百川；而朝夕之用，不及累仞之井，灌田溉園，未若溝渠之沃。校其巨細，孰為曠哉？』

【今註】 ㊀司晨：雄雞報曉。 ㊁騰黃：神馬。《文選》卷三張衡〈東京賦〉：「擾澤馬與騰黃。」薛綜《注》引《瑞應圖》曰：「騰黃，神馬，一名吉光。」《初學記》卷二十九引《符瑞圖》：「騰黃，其色黃，一名乘黃，亦曰飛黃，或作吉黃。」 ㊂尸祝：從事祭祀活動的人。 ㊃庖：廚房。㈤日也：楊明照《抱朴子外篇校箋・上》：「日」，當作「氣」字為長。《禮記・樂記篇》：「天地訢合，陰陽相得，煦嫗覆育萬物。」鄭玄《注》：「氣曰煦。」㈥閑：孫星衍校：《藏》本作「閑」，從舊寫本改。㈦以上兩句，徐濟忠曰：「外」字疑是「水」字。楊明照贊同徐說，認為此下數句皆言水之巨大功能。㈧二儀：指天地。《易經・繫辭・上》：「易有太極，是生兩儀。」

【今譯】　逸民先生回答說：『麒麟不會像狗似的吠叫與看守，鳳凰不會像雄雞那樣報曉，良馬騰黃不會像牛似的拉犁耕田，屍祝不會治理廚房之事。能夠把光明無限地擴大，並將嫵媚的和風盡力宣揚的，那是氣。能夠使華燈在黑夜中點亮的，並用於冶鍊金石的，那是火。天下不可以暫時沒有氣，也不可以一旦沒有火。然而它們作用的大小，是不相同的。氣涵蓋江海之外，還統攝天與地，氣上升變成雲雨，下降形成百川。但就日常生活來說，不如累仞的深井，就灌溉田園來說，不如溝渠的沃水。比較它們作用的大小，哪一個巨大呢？』

『桀、紂，帝王也。仲尼，陪臣也。今見比於桀、紂，則莫不怒焉；見擬於仲尼，則莫不悅焉。爾則貴賤果不在位也。故孟子云：禹、稷、顏淵㈠，易地皆然矣。宰予㈡亦謂：孔子賢於堯、舜遠矣。夫匹庶而鈞稱於王者，儒生高極乎唐、虞㈢者，德而已矣，何必官哉！』

【今註】　㈠稷、顏淵：稷，即后稷，別姓為姬，周族的始祖。顏淵，即顏回，孔子的弟子，以德行著名。㈡宰予：字子我，孔子的弟子，利口辯辭。㈢唐、虞：唐堯與虞舜。

【今譯】『桀、紂是帝王，而孔子則是陪臣。而現在誰被比作夏桀和殷紂王，就沒有不憤怒的；誰被比作孔子，沒有不喜悅的。那麼看來，尊貴與卑賤，果然不在於地位的高低。所以，孟子說：禹、后稷、顏淵，變換一下地位，都是一樣的。宰予也說過，孔子比堯、舜賢能得多。如果匹夫庶民都稱王，儒生遠遠地高於堯、舜，德行如此而已，何必說官職呢？』

『且夫交靈升於造化，運天地於懷抱，恢恢然世故不棲於心術，茫茫然寵辱不汩其純白，流俗之所欲，不能染其神，近人之所惑，不能移其志。榮華，猶贅疣也；萬物，猶蜩翼也。若然者，豈肯詰屈其支體，俯仰其容儀，挹酌於其所不喜，脩索於其所棄遺，怡顏以取進，曲躬以避退，恐俗人之不悅，慼我身之凌遲㊀，屈龍淵為錐鑽之用，抑靈鼖為鼗鼙㊁之音，推黃鉞㊂以適鈔鎌㊃之持，撓㊄華旗以入林杞㊅之下乎！』

【今註】㊀凌遲：剮刑。㊁鼗鼙：鼗，長柄的搖鼓。鼙，軍中所擊的小鼓。㊂黃鉞：黃色的圓口大斧，象徵具有最高軍事統帥的權力。㊃鈔鎌：大鐮刀。㊄撓：使彎曲。㊅林杞，指落葉灌木。

【今譯】『而且神靈升於造化，將天與地懷抱其中，恢恢浩蕩，世故人情不會棲留於心術，茫茫混沌，榮寵恥辱不會淹沒它的純白。流俗的慾望，不能污染神靈，近人的迷惑，不能改變它的意志。榮華富貴好像贅疣，萬事萬物輕如蜩翼。如果這樣一來，難道肯卑躬屈膝，俯仰容儀，拿取自己所不喜歡的東西，修索自己所遺棄的東西，怡顏以進取，曲躬以退避，害怕別人的不悅，為自己被處死而悲戚，讓龍淵寶劍委屈地當作錐鑽來使用，壓抑大鼓的聲音，使他變為小鼓的聲音，把黃鉞大斧當作大鐮刀來使用，將華旗彎曲，放在灌木林之下嗎？』

『古公㈠杖策而捐之，越翳㈡入穴以逃之，季札㈢退耕以委之，老萊㈣灌園以遠之，從其所好，莫與易也。故醇而不雜，斯則富矣；身不受役，斯則貴矣。若夫剖符有土，所謂祿利耳，非富貴也。且夫官高者其責重，功大者人忌之，獨有貧賤，莫與我爭，可得長寶，而無憂焉。』

【今註】㈠古公：古公亶父，即周太王。因狄戎的威逼，乃與私屬棄豳（今陝西彬縣東北），遷至岐下（今陝西岐山北。）　㈡越翳：越王翳（句踐大世孫），初不願為王，逃入山穴，越人用火把他薰出來，無奈而就越王之位。　㈢季札：春秋時吳王諸樊之弟，多次推讓君位。　㈣老萊：老萊子，楚人。《史記》卷六十三〈老子韓非列傳〉張守節《正義》引《列仙傳》云：「老萊子當時世亂，逃世，耕於蒙山之陽。楚王至門迎之，遂去。」

【今譯】『古公亶父放棄了原來居住地豳，來到了岐山之下，越翳逃離原處，進入了洞穴，季札推讓王位，隱退耕田，老萊子避世亂，隱於蒙山之陽，以上四人各從其所好，沒有改變自己的意向。所以，醇而不雜，這就是富有的表現。身體不受役使，這就是尊貴的表現。至於剖符分封，裂土為王侯，這只是祿利而已，並不是富貴。而且官高的，責任重大；功大的，會招來別人的妒忌。唯獨貧賤，是沒有人來爭奪的，可以長期地保住，而不用擔心。』

『濯裘布被，拔葵去織，豘㊀不掩豆，菜肴糲湌，又獲逼下邀偽之譏；樹塞反坫㊁，三歸㊂玉食，穰侯㊃之富，安昌㊄之泰，則有僭上洿濁之累。未若遊神典文，吐故納新，求飽乎耒耜之端，索蘊乎杼軸㊅之間，腹仰河而已滿，身集一枝而餘安，萬物芸芸，化為埃塵矣。饘粥餬口㊆，布褐縕袍㊇，淡泊肆志，不憂不喜，斯為尊樂，喻之無物也。』

【今註】㊀豘：小豬。㊁坫：設在堂中的土臺。㊂三歸：釋義甚多，此處當依《說苑・善說》，謂臺名。《論語・八佾篇》：『管氏有三歸。』朱熹《集注》曰：「三歸，臺名，事見《說苑》。」㊃穰侯：即魏丹，秦昭王母宣太后之弟。司馬遷說他「貴極富溢」。事見《史記》卷七十二〈穰侯列傳〉。㊄安昌：即張禹，西漢大臣、經學家。宣帝末舉為郡文學試為博士。元帝時奉詔為太子（成帝）授《論語》。成帝即位後代王商為丞相，封安昌侯。他治經善援引經義以議論時政，著有《張侯論》，為當時儒者所推崇。見《漢書》卷八十一〈匡張孔馬傳〉。㊅杼軸：杼，織機上的杼子。杼軸，指手工紡織。㊆饘粥餬口：饘，稠粥。餬口，吃粥，指勉強維持生活。《左傳》昭公七年：「饘於是，鬻於是，以餬餘口。」㊇布褐縕袍：指粗賤之衣服。

【今譯】『洗滌毛裘，穿布褐之衣，拔葵去織，肉不掩豆，菜餚粗食，這樣會遭到逼下邀偽的譏刺。塞樹為臺，三歸美食，穰侯之富，安昌之泰，又會有僭上污濁的牽累。既然如此，還不如留神研讀典籍，內養行氣，吐故納新，以農耕求飽食，以紡織求温暖，過著自我滿足的隱居生活。世上萬事萬物都化為塵埃了。稠粥餬口，穿粗賤之衣，疾志於淡泊生活，不憂不喜，這就是尊貴與安樂，可以說是世上沒有其他東西了。』

『夫仕也者，欲以為名邪？則脩毫可以洩憤懣，篇章可以寄姓字，何假乎良史，何煩乎鑱㊀鼎哉！孟子不以矢石㊁為功，揚雲㊂不以治民益世，求仁而得，不亦可乎？』

仕人又曰：『隱遁之士，則為不臣，亦豈宜居君之地，食君之穀乎？』

【今註】㊀鑱：王國維校：「鍾」。楊明照先生按「鑱」當作「讒」。讒鼎，見《左傳》昭公三年杜預注：「讒，鼎名也。」王校未可從。㊁矢石：箭與礌石，指戰爭。㊂揚雲：即揚雄，西漢文學家、哲學家、語言學家。見《漢書》卷八十七〈揚雄傳〉。

【今譯】『至於仕人，既然要獲取名聲，那就可通過筆墨渲泄憤怒，可以通過文章保留姓字，為什麼要假借於良史並麻煩於鑱鼎呢？孟子不以戰爭為功，揚雲不以治民益世，他們追求的只是仁而已，不也是可以嗎？』

仕人又說：『隱遁之士既然不算是臣民，亦難道應該居住在國君管轄的土地上，食國君所擁有的穀物嗎？』

逸民曰：『何謂其然乎！昔顏回死，魯定公㊀將躬弔焉。使人訪仲尼。仲尼曰：「凡在邦內，皆臣也。」定公乃升自東階，行君禮焉。由此論之，「率土之濱，莫匪王臣」可知也。在朝者陳力以秉庶事，山林者，脩德以厲貪濁，殊塗同歸，俱人臣也。王者無外，天下為家，日月所照，雨露所及，皆其境也。安得懸虛空，湌咀流霞，而使之不居乎地，不食乎穀哉？』

【今註】㊀魯定公：疑為「魯哀公」之譌。顏回死於魯哀公時期。

【今譯】逸民先生說：『為什麼說是這樣的呢？從前顏回死的時候，魯哀公將要親自弔唁，派人向孔子詢問。孔子說：凡是在邦國之內的人，都算是臣民。於是，魯哀公就登上東階，以國君的禮儀表示悼念。由此可見，率土之濱，無人不是國王的臣民。在朝做官的人，盡力地做好政事；深居山林的人，修養德行，以厲禁貪濁行為。彼此異途而同歸，都是國君的臣民。王者無所不包，天下為家，日月所照，雨露所及，統統是國君管轄的地方，哪兒得懸居天空，餐咀飛霞，不住在地上，不食穀物的嗎？』

『夫山之金玉，水之珠貝，雖不在府庫之中，不給朝夕之用，然皆君之財也。退士不居肉食之列，亦猶山水之物也，豈非國有乎？許由不竄於四海之外，四皓不走於八荒㊀之表也。故曰：「萬邦黎獻㊁，共惟帝臣㊂。」干木㊃不荷戈戍境，築壘疆埸，而有蕃㊄魏之功。今隱者潔行蓬蓽㊅之內，以詠先王之道，使民知退讓，儒墨不替，此亦堯、舜之所許也。昔夷、齊不食周粟，鮑焦㊆死於橋上，彼之硜硜㊇，何足師表哉！』

【今註】㊀八荒：指八方極遠之地。㊁萬邦黎獻：謂萬國眾賢。獻，賢也。㊂共惟帝臣：謂共為帝臣。以上兩句，見《尚書．益稷篇》。㊃干木：即段干木，戰國魏文侯時隱士。㊄蕃：同「藩」，保障。㊅蓬蓽：蓬户蓽門，指簡陋的屋舍。㊆鮑焦：春秋時的隱士。《莊子．盜跖篇》：「鮑焦飾行非也，抱木而死。」㊇硜硜：淺見固陋貌。

【今譯】『山中的金玉，水裏的珠貝，雖然不存在府庫之內，不供給朝夕之用，但都是屬於國君的財富。隱逸之士雖然不居於肉食之列，但還要由山水之物來供養，這些東西難道不是邦國所有的嗎？許由沒有流竄於四海之外，漢初四皓也沒有隱居於八荒之表。所以《尚書》上說：萬國眾賢，共為帝臣。段干木雖沒有荷戈守邊，築壘戰場，但他有保障魏國的功勞。當今隱逸之士，行為高潔，居住在簡陋的屋舍裏，詠歎先王之道，使百姓懂得退讓的道理，這種作用是儒家與墨家所不能代替的，也是堯舜所讚美的。從前，伯夷叔齊不食周粟而餓死，隱士鮑焦死在橋上，他們的淺見固執的樣子，哪兒值得學習的呢？』

『昔安帝以玄纁玉帛聘周彥祖㈠。桓帝以玄纁玉帛聘韋休明㈡。順帝以玄纁玉帛聘楊仲宣㈢，就拜侍中，不到。魏文帝徵管幼安不至㈣，又就拜光祿勳，竟不到；乃詔所在常以八月致羊一口，酒二斛。桓帝玄纁玉帛聘徐孺子㈤，就拜太原太守及東海相，不到。順帝以玄纁玉帛聘樊季高㈥，不到；乃詔所在常以八月致羊一口，酒二斛，又賜几杖，待以師傅之禮。獻帝㈦時，鄭康成㈧州辟舉賢良方正、茂才，公府十四辟，皆不就；公車徵左中郎、博士、趙相、侍中、大司農，皆不起。昭帝公車徵韓福㈨，到，賜帛五十匹及羊酒。法高卿㈩再舉孝廉，本州五辟，公府八辟，九舉賢良、博士，三徵，皆不就。桓帝以玄纁玉帛、安車軺輪聘韓伯休㈡，不到。以玄纁玉帛、安車軺輪聘姜伯雅㈢，就拜太中大夫、犍為太守，不起。然皆見優重，不加威辟也。若此諸帝褒隱逸之士不謬者，則呂尚之誅華士為凶酷過惡，斷可知矣。』

【今註】 ㈠昔安帝以玄纁玉帛聘周彥祖：安帝，東漢皇帝劉祜。玄纁，玄，指黑色。纁，指淺紅色。玄纁，本為染料名，引申為用作儀物的玉帛的代辭。周彥祖，東漢周燮，字彥祖。自幼知廉讓，通《易經》、《詩經》、《論語》等，親自勞作，自食其力。朝廷舉孝廉、賢良方正、特徵，皆以疾辭。事見《後漢書》卷五十三〈周黃徐姜申屠列傳〉。 ㈡桓帝以玄纁玉帛聘韋休明：桓帝，東漢皇帝劉志。韋休明，韋著，字休明。少以經行知名，不應州郡之命。延熹二年，桓帝公車備禮徵，至霸陵，稱病歸。乃入雲陽山，採藥不歸。事見《後漢書》卷二十六〈韋彪傳〉。 ㈢順帝以玄纁玉帛聘楊仲宣：順帝，東漢皇帝劉保。楊仲宣，當作楊仲桓，即楊厚。《後漢書》卷三十上〈楊厚傳〉云：「永建二年，順帝特徵。及至，拜議郎，三遷為侍中，特蒙引見，訪以政事。後稱病求退，歸家。建和三年，梁太后後詔徵之，不至。」 ㈣魏文帝徵管幼安不至：魏文帝，即曹丕。管幼安，管寧，字幼安，北海朱虛人。天下大亂，曾渡海至遼東。魏文帝聽華歆之荐，詔以為太中大夫，固辭不受。事見《三國志》卷十一〈魏書・管寧傳〉。 ㈤徐孺子：徐穉，字孺子，豫章南昌人。家貧，常自耕稼，屢辟公府，不起。延熹二年，桓帝以備禮徵之，不至。事見《後漢書》卷五十三〈周黃徐姜申屠列傳〉。 ㈥樊季高：《後漢書》卷八十二上〈方術列傳・上〉作「樊季齊」，即樊英，南陽魯陽人。永建二年，順帝策書備禮，玄纁徵之，後固辭疾篤。乃詔切責郡縣，駕載上道。英不得已到京，仍不肯起。使出太醫養疾，月致羊酒。至四年，賜几杖，待以師傅之禮，延問得失。 ㈦獻帝：東漢末代皇帝劉協。 ㈧鄭康成：即鄭玄，東漢著名經學家。《後漢書》卷三十五〈張曹鄭列傳〉載：「獻帝建安年間，董卓遷都長安，公卿舉玄為趙相（趙王劉乾之相），道斷不至。後袁紹乃舉玄茂才，表為左中郎將，皆不就。公車徵為大司農，給安車一乘，所過長吏送迎，玄乃以病乞還家。」㈨韓福：西漢涿人，操行高潔。漢昭帝時霍光秉政，表彰德義傑出者，召致京城。因病賜帛五十匹，遣歸，終身不仕。㈩法高卿：即法真，扶風郿人。博通內外圖典，為關西大儒。辟公府，舉賢良，皆不就。會順帝西巡，前後四徵，終不降屈。參見《後漢書》卷八十三〈逸民列傳〉。㈡韓伯休：即韓康，一名恬休，京兆霸陵人。常至名山採藥，於長安販賣，堅持不二價，童叟無欺。後入山隱居。桓帝徵召之，先許諾而中途遁逃。事見《後漢書》卷八十三〈逸民列傳〉。㈢姜伯雅：楊明照引陳漢章、孫人和、孫志祖，以為「雅」當為「淮」字形近之誤，此說甚是。姜肱，字伯淮，彭城廣戚人。博通五經，以孝行聞名於世。公府辟召，皆不應命。朝廷欲召為太守，乃隱於海濱，歷年乃還。事見《後漢書》卷五十三〈周黃徐姜申屠列傳〉。

【今譯】『從前，東漢安帝以儀物玉帛徵聘周彥祖，桓帝以儀物玉帛徵聘韋休明，順帝以儀物玉帛徵聘楊仲宣，就拜侍中，但是他們都不願到京城做官。魏文帝徵聘管幼安，他卻不來，後來又封他為光祿勳，竟也不到。於是下詔令所在郡縣，常以八月送給他羊一頭，酒二斛。桓帝以儀物玉帛徵聘徐孺子時，封他為太原太守及東海王相，但他卻不來做官。順帝時以禮物玉帛徵聘樊季高，不到，就詔令所在郡縣，常以八月送他羊一口，酒二斛。東漢末獻帝時，鄭康成被地方官府推舉為賢良方正茂才，公府徵辟十四次之多，但他都不願就職。後來公車徵拜為左中郎博士、趙王相侍中大司農，他仍然不肯就職。西漢昭帝用公車徵聘韓福，到了之後，賜給他五十匹帛及羊、酒。東漢順帝時，逸民法高卿被舉為孝廉，本州徵辟五次，公府徵辟八次，被舉為賢良博士九次，皇帝徵聘達三次，但他都不就職。桓帝以儀物玉帛及安車軺輪徵聘韓伯休，而他卻不來做官，又用儀物玉帛及安車軺輪徵聘姜伯雅，封為太中大夫、犍為太守，他卻不肯就職。由上可見，皇帝與官府的徵聘是很優待並且隆重的，不以威勢逼迫。如果說，上述諸帝表彰徵聘隱逸之士是對的，那麼，呂尚誅殺名士就是凶惡殘酷的行為，這是斷然可知的事啊！』

仕人乃悵然自失，慨爾永歎曰：『始悟超俗之理，非庸瑣所見矣。』」

【今譯】　仕人聽了之後，悵然自失，頗有感慨，深深地歎道：『我今天才開始悟到了超脫世俗的道理，確實不是凡庸瑣碎的見解。』」

勖學篇第三

【篇旨】葛洪鑒於自漢末以迄魏晉以來，「世道多難，儒教淪喪」，社會風俗的敗壞，禮教的衰頹，已到了令人扼腕的地步，因作《勖學》《崇教》二篇，申明學習與教化的重要性，企圖以此挽救世俗的流弊。在本篇中，作者強調：學習「進可以為國，退可以保己」；「不學而求知，猶願魚而無網」。人的才性雖有優劣，但通過學習，都可以得到知識。學貴慎始，但晚學亦可勝於終生之不學。「日燭之喻，斯言當矣！」

抱朴子曰：「夫學者所以清澄性理㈠，簸揚㈡埃穢，雕鍛鑛璞㈢，礱鍊屯鈍，啟導聰明，飾染質素，察往知來，博涉勸戒㈣。仰觀俯察，於是乎在，人事㈤王道㈥，於是乎備。進可以為國，退可以保己。是以聖賢罔莫㈦孜孜而勤之，夙夜㈧以勉之。」

【今註】㈠性理：情緒和理智。㈡簸揚：謂播動揚去穀類中的糠粃。㈢雕：通「彫」，雕琢。鑛璞，謂金石相和而未理者。璞，指未曾琢磨的璞石。㈣戒：孫星衍校正：「《藏》本作『成』，從舊寫本改。」㈤人事：人世上的各種事情。《史記》卷一百三十〈太史公自序〉：「夫

《春秋》，上明三王之道，下辨人事之紀。」 ㊅王道：謂先王所行之正道。《尚書・洪範》：「無偏無黨，王道蕩蕩；無黨無偏，王道平平；無反無側，王道正直。」儒家以「王道」與「霸道」相對。 ㊆罔莫：孫星衍校，盧本作『罔不』。 ㊇夙夜：謂早晚。夙，早。《詩經・召南・行露》：「豈不夙夜，謂行多露。」

【今譯】 抱朴子說：「學習的目的，在於澄清性理，清除污垢，鍛鍊鐮璞，磨厲遲鈍，啟導聰明，提高素質，察往知來，擴大知識，勸誡自己。只要認真學習，仰觀俯察，都在裡面了；人事王道，也都全部俱備了。進可以為國效勞，退可以明哲保身。因此，歷代聖賢，莫不孜孜地勤奮學習，早晚自勉之。」

「命㊀盡日中㊁而不釋，飢寒危困而不廢。豈以有求於當世哉，誠樂之自然也。夫斲㊂削刻畫之薄伎，射御㊃騎乘之易事，猶須慣習，然後能善，況乎人理之曠，道德之遠，陰陽之變，鬼神之情，緬邈㊄玄奧，誠難生知㊅。雖云色白，匪染弗麗；雖云味甘，匪和弗美。故瑤華㊆不琢，則耀夜之景不發；丹青不治㊇，則純鉤㊈之勁不就，火則不鑽不生，不扇不熾；水則不決不流，不積不深。故質雖在我，而成之由彼也。」

【今註】 ㊀命：楊明照校：「命」，盧本、《諸子彙函》本（後簡稱《彙函》本）、柏筠堂本、文溯本、《叢書》本、《崇文》本作「漏」。按《論衡・別通篇》：「孔子病，商瞿卜期日中。孔子曰：『取書來！』比至日中何事乎？聖人之好學也，且死不休。念在經書，不以臨死之故，棄忘道藝，其為百世之聖，師法祖脩，蓋不虛矣。」（《劉子・崇學篇》：「故宣尼臨沒，手不釋卷」）。㊁日中：日正午。㊂斲：本義為大鋤，引申為砍、斬。㊃射御：射箭與駕御車馬，古六藝中，射與御為一類，都是尚武的技藝。㊄緬邈：遥遠貌。㊅生知：不待學而知。《論語・季氏篇》：「生而知之者，上也；學而知之者，次也。」㊆瑶華：傳說中的仙花。㊇丹青不治：孫星衍校，盧本作「丹鍔不淬」。丹青，指紅銅及青錫，兩種可製寶劍的鑛物。㊈純鈎：越王聘歐冶製成之名劍。《絕越書》卷十一〈越絕外傳記寶劍〉：「歐冶乃因天之精神，悉其技巧，造為大型三，小型二：一曰湛盧，二曰純鈎，三曰勝邪，四曰魚腸，五曰巨闕。」楊明照校：「鈎」，《御覽》六〇七引作「鈞」。按「鈞」字是（孫氏《校補》辨之甚詳）。《藏》本、魯藩本、吉藩本、慎本、盧本、《彙函》本、柏筠堂本、《叢書》本、《崇文》本並作「鈞」，未誤。當據改。

【今譯】「即使中午將要死了，上午仍然手不釋卷；那怕飢寒交迫，從不廢棄學業。並不是有求於當世，而是樂在其中罷了。那種砍斬雕刻之類的小技藝，射御騎乘之類的易事，還須要堅持鍛鍊，然後才能做得好；何況人理之廣，道德之遠，陰陽之變，鬼神之情，深遠奧秘，實在是很難做到不學而知的。雖然說是白色，不染就不美麗；雖然說是味甜，不加點香料就不好吃。所以，仙花不雕琢，就發不出耀夜的景觀；紅銅青錫不經過加工，寶劍就不鋒利。火不鑽不生，不扇不旺；水不決不流，不積不深。秉賦雖在我，但成才要靠他。」

「登閬風㊀，捫晨極㊁，然後知井谷㊂之闇隘也；披七經㊃，玩百氏㊄，然後覺面牆㊅之至困也。夫不學而求知，猶願魚而無網焉，心雖勤而無獲矣。廣博以窮理㊆，猶順風朗，而不可謂之君子者，不識大倫之臧否㈥也。」

才者洞達，鹵鈍㈢者醒悟。文梓干雲而不可名臺榭者㈣，未加班輸㈤之結構也；天然爽

而託㈧焉，體不勞而致遠矣。粉黛㈨至則西施㈩以加麗，而宿瘤㈡以藏醜。經術㈢深則高

【今註】 ㈠閬風：山名。相傳為仙人所居，在崑崙之巔。《楚辭・離騷》：「朝吾將濟於白水兮，登閬風而緤馬。」 ㈡晨極：晨，據楊明照校，「晨」當作「辰」，乃音之誤也。〈嘉遯篇〉「必仰辰極以得反」，《抱朴子・內篇・暢玄篇》「淩辰極而上游」，又〈釋滯篇〉「辰極不動」，並其證。《御覽》六〇七引正作「辰」。當據改。辰極，指北極星。 ㈢井谷：即井底。 ㈣七經：指漢代以來歷代封建王朝所推崇的七本儒家經籍。名目不一。東漢《一字石經》以《易》、《詩》、《書》、《儀禮》、《春秋》、《公羊》、《論語》為七經。 ㈤百氏：猶言諸子百家。 ㈥面牆：喻不學，如面向牆壁而一無所見。 ㈦窮理：尋根究源，追求至理。 ㈧託：楊明照校，徐曰「『託』字下當脫一字。」《校補》曰：「按『脫』下當脫一字。此與上『猶願魚而無網焉』對文，或即脫一『舟』字。」按《校補》說是。〈交際篇〉「金玉經於不測者，託於輕舟也」，〈吳失篇〉「猶託萬鈞於尺舟之上」，〈安貧篇〉「奚不汎輕舟以託凡」，並其證。 ㈨粉黛：婦女化妝品。粉以敷面，黛以畫眉。 ㈩西施：亦稱西子，春秋末吳王夫差的寵妃。語出《韓非子・顯學篇》：「故善毛嗇西施之美，無益吾面，用脂澤粉黛，則倍其初。」 ㈡宿瘤：相傳為齊國採桑女。頭上有大瘤，因號宿瘤。 ㈢經術：經學。 ㈢鹵鈍：遲鈍，不敏銳。楊明照校，「鹵」上，《御覽》卷六〇七引有「而」字。按有「而」字，始能與上「而宿瘤以藏醜」句一律。 ㈣文梓干雲而不可名臺榭者：文

梓：有斑文的梓木。干雲，即干雲蔽日，形容樹木參天，高及雲際，蔭可蔽日。臺樹，積土高起者為臺，臺上所建之屋為榭。楊明照校，《御覽》引「名」下有「之為」二字，「謂之」下有「為」字。按《御覽》所引是也。當據補。㊄班輸：古代巧匠，即魯公輸班；一說，班，魯班，與公輸班為二人，皆有巧藝。見《漢書》卷一百上〈敘傳・答賓戲〉。㊅大倫：倫常大道。古多指統治階級規定的人與人的根本準則。臧否：善惡，得失。

【今譯】「登上閬風山之巔，可以撫摸到北極星，那時才知道井底下是多麼昏暗；熟讀七經，了解諸子百家，然後才感到不學無術是多麼愚昧。不刻苦學習而想獲得知識，猶如捕魚而沒有魚網，心裡雖然勤快卻難以有收穫。以廣博的學問去尋求至理，就像順風而駕輕舟，不必用力就可以駛向遠方。用了粉黛之類的化妝品，西施就更加美麗，宿瘤尤顯得難以藏醜。儒學學得深，高才者就更加通達明理，遲鈍的人尤感到要醒悟。有斑文的梓木，高可蔽日的大樹，都不能叫做「臺樹」，因為它們尚未經過班輸的結構加工。天然爽朗的不可稱之為君子，因為他們還不認識倫常大道的善惡得失。」

「欲超千里於終朝㊀，必假追影之足；欲淩洪波而遐濟，必因艘楫㊁之器；欲見無外㊂而不下堂，必由之乎載籍㊃；欲測淵微㊄而不役神，必得之乎明師。故朱綠㊅所以改素絲㊆，訓誨所以移蒙蔽。披玄雲㊇而揚大明，則萬物無所隱其狀矣；舒竹帛㊈而考古今，則天地無所藏其情矣。況於鬼神乎？而況於人事乎？」

【今註】㊀終朝：早晨。《詩經・小雅・采綠》：「終朝采綠，不盈一匊。」㊁艘楫：船的泛稱。㊂無外：指極大的範圍。《管子・版法解》：「凡人君者，覆載萬民而兼有之，……天覆而無外也，其德無所不在。」㊃載籍：典籍。《史記》卷六十一〈伯夷列傳〉：「夫學者載籍極博，猶考信於六藝。」㊄淵微：擬作「淵淵」，水深貌。語出《莊子・天道篇》：「廣廣乎其無不容也，淵淵乎其不可測也。」《荀子・勸學篇》：「（學習）譬之猶以指測河也。」㊅朱綠：紅色與翠綠色。㊆素絲：白絲。㊇玄雲：黑雲。㊈竹帛：指書册、史乘。竹指竹簡，帛指白絹。古代初無紙張，以此用以書寫文字。

【今譯】「想要在一個早上就走完千里路程，那就得有追趕日影的雙腳。想要越過洪濤波浪而走向彼岸，那就必須借助於船隻。想要足不出户而知道天下事，那就必須依靠書籍。想要測量深淵而不費神，那就必須得到明師的指點。這就是朱綠所以能夠改變白絲，訓誨所以能夠動搖蒙蔽的道理。驅散烏雲而大放光明，天下萬物就無法隱藏它的本來面貌了。舒展典籍而考證古今，天地也就無法隱瞞它的實情了。何況鬼神呢？何況人事呢？」

「泥涅可令齊堅乎金玉，曲木可攻之以應繩墨。百獸可教之以戰陳，畜牲可習之以進退，沈鱗可動之以聲音，機石可感之以精誠。又況乎含五常㊀而稟最靈者哉！低仰之駟㊁，教之功也；鷙㊂擊之禽，習之馴也。與彼凡馬野鷹，本實一類，此以飾貴，彼以質賤。運行潦㊃而勿輟，必混流㊄乎滄海矣。崇一簣㊅而弗休，必鈞㊆高乎峻極㊇矣。大川滔瀁㊈，則蚓螭㊉群游。日就月將，則德立道備。乃可以正㊁夢乎丘、旦，何徒解桎乎困蒙㊂哉！」

【今註】㊀五常：封建禮教稱君臣、父子、兄弟、夫妻、朋友之間的五種關係，亦稱五倫。㊁駟：馬四匹為駟，因以稱四馬之車，或車之四馬。㊂鷙：一種凶猛的鳥類。《淮南子・覽冥篇》：「鷙鳥不妄搏。」㊃行潦：指溝中積水。「行」為「衍」之省借。㊄混流：諸水合流而下，水勢豐盈的樣子。《漢書》卷五十七上〈司馬相如傳・上・上林賦〉：「汩乎混流，順阿而下。」混，并也，意即諸水合流而下。㊅一簣：一筐。簣，指盛土的竹器。㊆鈞：古代重量單位名，三十斤為鈞，四鈞為石。㊇峻極：極高貌。㊈滔瀁：水流激蕩。㊉虯螭：皆為龍的名稱。虯有角，螭無角。⑪正：孫星衍校：正，《藏》本作「止」，從舊寫本改。⑫困蒙：困於蒙昧。

【今譯】「泥土可以捏得和金玉一樣堅固，曲木可以加工始之符合繩墨的標準。百獸可以教以戰陣，牲畜可以練習進退，沉鱗可以動之以聲音，機石可以感之以精誠。又何況是立有五常，而秉賦最靈的人類呢！低首拉車的四匹馬，是教導的功勞；會搏擊的猛禽，是練習而馴服的。和那些凡馬野鷹相比，原本同屬一類，現在這些已變成貴物，而那些仍然質賤。不斷地運送溝中的積水，必會合流而入滄海。不停地積聚一筐一筐的土，必定可以堆積成很重的極高的土堆。大川激蕩，那麼虯螭之類的龍才會群游。日就月將，那麼道德才會備立。於是就可以正夢於丘旦，為何只從蒙昧的桎梏中解脫出來呢？」

「昔仲由㊀冠雞帶㹠㊁，䨼珥鳴蟬，杖劍而見，拔刃而舞，盛稱南山之勁竹，欲任掘強之自然。尼父㊂善誘，染以德教㊃，遂成升堂之生，而登四科㊄之哲。子張㊅鄙人㊆，而灼聚凶猾，漸漬㊇道訓㊈，成化名儒，乃抗禮於王公，豈直免於庸陋？」

【今註】㊀仲由：即子路。春秋末卞人。孔子弟子，尚勇，長於政事。㊁冠雞帶豘：即冠雄雞，佩猳豚，以示其勇猛。《史記》卷六十七〈仲尼弟子列傳〉：「子路性鄙，好勇力，志伉直，冠雄雞，佩猳豚。」㊂尼父：孔子的尊稱。因其字以為之諡。父，同「甫」，丈夫之美稱。㊃德教：德澤教化。《孟子・離婁篇・上》：「沛然德教溢乎四海。」㊄四科：指孔門四科，德行、言語、政事、文學四項。見《論語・先進篇》。《後漢書》卷三十五〈鄭玄傳〉：「仲尼之門，考以四科。」㊅子張：春秋陳國陽城（今河南登封）人，姓顓孫，名師，以字行。曾從孔子周遊列國，困於陳蔡之間。楊明照校：「子張」，慎本、盧本、《彙函》本、柏筠堂本、文溯本、《叢書》本、《崇文》本作「子房」。按《尸子・勸學篇》：「顏涿聚（灼聚同）盜也，顓孫師（即子張）駔也。孔子教之，皆為顯士。」（《群書治要》三六引）《呂氏春秋・尊師篇》：「子張魯之鄙家也，顏涿聚梁父之大盜也，學於孔子，……由此為天下名人顯士。」並足證作「子房」之非。㊆鄙人：郊野邊鄙之人。㊇漸積：浸潤。㊈道訓：道德之順教。

【今譯】「從前，子路為了顯示自己的勇力，往往頭掛雄雞，身佩小豬，霎珥鳴蟬，杖劍而見，拔刀而舞，盛稱南山勁竹可以任意地掘取。後來，經由孔子的循循善誘，用德教感化，後來成為升堂的門生，而且登上四科哲人之列。子張是郊野邊鄙之人，顏灼聚是凶滑的大盜，經由孔子的逐漸教導，變成了名儒，竟與顯貴王公分庭抗禮，難道只是擺脫了庸陋習氣嗎？」

「以是賢人悲寓世之倏忽㊀，疾泯沒之無稱㊁；感朝聞之弘訓，悟通微之無類；懼將落之明戒，覺罔念之作狂；不飽食以終日，不棄功於寸陰；鑒逝川之勉志，悼過隙㊂之電速；割遊情之不急，損人間之末務；洗憂貧之心，遣廣願之穢。息畋獵㊃博弈之遊戲，矯晝寢坐睡之懈怠；知徒思之無益，遂振策於聖途。學以聚之，問以辯之，進德修業㊄，温故知新㊅。」

【今註】　㊀倏忽：疾速，指極短的時間。㊁無稱：無足稱道。《戰國策・齊策・六》：「功廢名滅，後世無稱，非智也。」㊂過隟：過隙。㊃畋獵：打獵。老子《道德經・第十二章》：「馳騁畋獵，令人心發狂。」㊄進德修業：語出《周易・乾卦》：「君子進德修業。」進德，增進品德；修業，推廣擴大事業。㊅温故知新：温習舊業，增加新知。語出《論語・先進篇》：「温故而知新，可以為師矣。」

【今譯】　「由此賢人悲憂寓世的暫短，痛恨死後的無足稱道；有感於朝聞的宏訓，意識到通微的無類；害怕即將喪失的明戒，覺悟到無念的作狂。既不終日飽食，也不徒勞無功浪費光陰，鑒於『逝者如斯夫』的感歎，哀悼過隙的震雷。割斷不急的遊情，廢棄人間的末務。洗濯憂貧的心情，遣散廣願的污穢。停止畋獵博弈之類的遊戲，改正晝寢坐睡的懈怠現象。知道空想的無益，就應當奔往聖人那裡去學習。大家聚集一起學習，互相問難辯答，進行道德與學業的修養，温習舊業，增加新知。」

「夫周公㊀上聖，而日讀百篇；仲尼天縱㊁，而韋編三絕㊂。墨翟㊃大賢，載文盈車；仲舒㊄命世，不窺園門。倪寬㊅帶經以芸鉏，路生㊆截蒲以寫書。黃霸㊇抱桎梏以受業，甯子㊈勤夙夜以倍功。」

【今註】 ㈠周公：姬姓，名旦，周文王第四子。采邑在周（今陝西岐山北），稱周公。儒家推崇的聖人。上聖：德才最高的人。楊明照校：按《墨子・貴義篇》：「子墨子曰『昔者，周公旦朝讀書百篇』。」《金樓子・說蕃篇》：「周公，旦則讀書一百篇，夕則見士七十人也。」是此文「日」字當作「旦」字。 ㈡天縱：謂天所縱任，不限量其所至。《論語・子罕篇》：「太宰問於子貢曰：『夫子聖者與？何其多能也？』子貢曰：『固天縱之將聖，又多能也。』」朱熹《集注》：「縱，猶肆也。言不為限量也。」 ㈢韋編三絕：比喻讀書至勤。古時無紙，以竹簡寫書，用皮繩編綴，故曰韋編。後作為古代典籍的泛稱。語出《史記》卷四十七〈孔子世家〉：「讀《易》，韋編三絕，曰：『假我數年，若是我於《易》則彬彬矣。』」 ㈣墨翟：即墨子。 ㈤仲舒：指董仲舒。為漢孝景帝時博士。《漢書》卷五十六〈董仲舒傳〉載：「少治《春秋》，孝景時為博士。下幃講誦，弟子傳以久次相授，或莫見其面。蓋三年不窺園，其精如此。」 ㈥倪寬：西漢名臣，治《尚書》，為孔安國弟子。家貧無資，為人作傭，帶經而鋤，休息則讀誦。見《漢書》卷五十八〈倪寬傳〉。 ㈦路生：指路溫舒。溫舒牧羊，嘗取中蒲為牒，編用寫書。 ㈧黃霸：字次公，淮陽陽夏人，西漢宣帝時，繫獄當死。在獄中從夏侯勝受《尚書》，再踰冬，積三歲乃出。《漢書》卷八十九〈循吏傳〉：「宣帝即位，在民間時，知百姓苦吏急也。聞霸持法平，召以為廷尉正，數決疑獄，庭中稱平，守丞相長史，坐公卿大議廷中，知長信少府。夏侯勝非議詔書，大不敬，霸阿從不舉劾，皆下廷尉，繫獄當死，霸因從勝受《尚書》，獄中再踰冬，積三歲迺出。」 ㈨甯子：指甯越，戰國時趙人。原為中牟農夫，因努力求學，十五年後為周威王的老師。

【今譯】 「周公是上等聖人，每天早上讀書一百篇，孔子是天縱之聖人，而他反覆學《易》，以致書簡的皮繩斷裂三次。墨子是大賢人，而他的車上滿載著書籍，以供學習。董仲舒是命世之才，而他下帷講誦，弟子不見面，專心致學三年不窺園門，其專心致學到了如此的地步。西漢倪寬家貧無資，為人作傭，帶經而鋤，休息則誦讀。路生家貧好學，只得截蒲以寫書。西漢黃霸因故入獄，而在獄中從夏侯勝受《尚書》，戰國時趙人甯越夙夜勤學，事半功倍，年輕時就成了周威王的老師。」

「故能究覽道奧㈠，窮測微言㈡。觀萬古如同日，知八荒㈢若户庭，考七耀㈣之盈虛，步㈤三、五㈥之變化，審盛衰之方來，驗善否於既往。料玄黃㈦於掌握，甄未兆以如成。故能盛德大業，冠於當世，清芳令問，播于罔極㈧也。」

【今註】 ㈠道奥：猶言道要，道之奥秘。陳其榮校：「《御覽》六百十二作『玄奥』」。㈡微言：精微之言。㈢八荒：八方荒遠的地方。㈣七耀：同「七曜」，指日、月和金、木、水、火、土五星。㈤步：推步。㈥三五：指三辰五星（金、木、水、火、土五星）。㈦玄黃：指天地。㈧罔極：無窮盡。

【今譯】 「所以能夠究覽道的奥秘，窮測聖人的微言大義。觀看千年萬古，如同一天，詳知八方荒遠之地，好像近在户庭。考察日月以及金木火水土五星的盈虧，推算三辰五星的變化。審視未來的興盛與衰落，驗證既往的善惡好壞。預料並掌握天地的萬事萬物，甄別尚未發生的跡象，以成全大德大業，冠於當世，使清芳的好名聲，傳播於無窮盡的地方。」

「且夫聞商羊㊀而戒浩瀁㊁，訪鳥砮而洽陳㊂肅。諮萍實㊃而言色味，訊土狗而識墳羊㊄。披《靈寶》而知山隱㊅，因折俎㊆而說專車㊇。瞻離畢㊈而分陰陽之候，由冬螽而覺閏餘之錯㊉。何神之有？學而已矣。夫童謠猶助聖人之耳目，豈況《墳》、《索》⑪之弘博⑫哉。」

【今註】㊀商羊：傳說中的鳥名。大雨前，此鳥常屈一足起舞。參見《孔子家語・辨政篇》：「齊有一足之鳥，飛集於宮朝，下止于殿前，舒翅而跳。齊侯大怪之，使使聘魯門孔子。子曰：『此鳥名曰商羊，水祥也。昔童兒有屈一腳振訊兩眉而跳，且謠曰：天將大雨，商羊鼓舞，今齊有之，甚應至矣。』」㊁浩瀁：一作浩洋、浩漾。水廣大貌。㊂陳：楊明照校「東」。王國維校「陳」。按王校是。《國語・魯語》下：「仲尼在陳，有隼集於陳侯之庭而死，楛矢貫之，石砮其長有咫。陳惠公使人以隼如仲尼之館問之。仲尼曰：『隼之來也遠矣，此肅慎氏之矢也。』」（又見《史記》卷四十七〈孔子世家〉、《漢書》卷二十七下之上〈五行志下之上〉、《說苑・辨物篇》、《家語・辨物篇》）即其事。㊃萍實：指萍蓬草之實。㊄土狗、墳羊：為傳說中的土怪。《國語・魯語下》：「季桓子，穿井如獲土缶，其中有羊焉。使問之仲尼，曰：『吾穿井而獲狗，何也？』對曰：『以丘之所聞，羊也。丘聞之，土之怪曰墳羊。』」㊅山隱：山之陰影。㊆折俎：帝王士大夫宴禮時，將牲體解節析盛於俎，稱折俎。俎，盛犧牲的禮器。㊇專車：載滿一車。㊈離畢：遭遇畢星則多雨。見《尚書・洪範》：「月經於箕則多風，離於畢則多雨。」㊉冬螽而覺閏餘之錯：閏餘，指農曆每年與四季相比所差之時日。見《孔子家語・辨物篇》：「季康子問於孔子曰：『今周十二月，夏之十月，而猶有螽何也？』孔子對曰：『丘聞之，火伏而後蟄者畢，今火猶西流，司曆過也。』季康子曰：『所失者幾月也？』孔子曰：『於夏十月火既沒矣，今火見，再失閏也。』」㊁《墳》、《索》：指《三墳》、《八索》，古之典籍。㊂弘博：寬廣大道。

【今譯】「聽到商羊鳥的鳴叫，而告誡浩漾的大雨水就要來了，探訪死鳥身上的石砮（鏃），而弄清楚了陳國與肅慎族（匈奴）的關係。知道萍蓬草的果實，就能講出它的色與味，了解土狗而能知道墳羊。披著靈寶而能知道山中的陰影，通過折俎禮器，而能說出滿載一車的牲畜。看見月亮離於畢星，而能預測到由晴到多雨的變化，從冬蟲蟄伏的情況，而能發覺閏餘的差錯。為什麼會這些神靈的事呢？原因是長久學習的結果罷了！童謠尚且有助於聖人的耳目，何況《三墳》、《八索》之類弘博的典籍呢？」

「才性有優劣，思理有脩短。或有夙知而早成，或有提耳而後喻。夫速悟時習者，驥騄㊀之腳也；遲解晚覺者，鶉鵲㊁之翼也。彼雖尋飛絕景，止而不行，則步武㊂不過焉；此雖咫尺以進，往而不輟，則山澤可越焉。明暗之學，其猶茲乎？蓋少則志一而難忘，長則神放而易失。故修學務早，及其精專，習與性成，不異自然也。若乃絕倫㊃之器，盛年有故，雖失之於暘谷㊄，而收之於虞淵㊅，方知良田之晚播，愈於卒歲之荒蕪也。日燭之喻㊆，斯言當矣！」

【今註】㊀驥騄：赤驥、騄馬，皆良馬。㊁鶉鵲：鶉，「鵪鶉」的簡稱；鵲，「喜鵲」的簡稱。㊂步武：古以六尺為步，半步為武，指相距甚近。㊃絕倫：無與倫比。㊄暘谷：日所出處。《傳》：「日出於谷而天下明，故稱暘谷。」㊅虞淵：日入之處。《淮南子・天文篇》：「日入於虞淵之汜，曙於蒙谷之浦。」㊆日燭之喻：語出漢劉向《說苑・建本篇》：「少而好學，如日出之陽；壯而好學，如日中之光；老而好學，如炳燭之明。」

【今譯】「人的才性有優劣之分，思理有長短之別。有的人早知而早成才，有的人要提耳告訴而後才明白。快速領悟時時學習的人，好像是良馬的腿腳，跑得快；遲解晚覺的人，好像是鴽鵲的羽翼，動得慢。那裏即使是尋飛絕影，但只要止而不行，就連短短的距離也不能跨過。這裏即使是咫尺以進，但只要往而不停，就能越過山澤。學習的聰明與暗愚，就是如此的。大概年少時專心一致，學得的東西難以忘記，年紀大了，神思放逸，就容易記不住。所以修習學業要趁早，等到精通專深了，成為一種習性，就會像天生自然一樣。至於絕倫無比的才器，盛年有故，未能早學，但只要晚年學習，還是好的。雖然失之日出之處，而仍能收之於日入之地，由此方知良田的晚播種，總比終年荒蕪的情況好些。日燭之喻這樣說的：『少年好學，有如早晨的太陽；壯年好學，有如中午的陽光；老年而能好學，猶如炳燭的明亮。』這番話是恰當的。」

「世道多難，儒教淪喪。文、武之軌，將遂凋墜。或沈溺於聲色之中，或驅馳於競逐之路。孤貧而精六蓺㊀者，以游、夏㊁之資，而抑頓乎九泉㊂之下；因風而附鳳翼者，以駑庸之質，猶迴遑乎霞霄之表。舍本逐末者，謂之勤修庶幾㊃；擁經㊄求己者，謂之陸沈㊅迂闊。於是莫不蒙塵觸雨，戴霜履冰，懷黃握白，提清挈肥，以赴邪徑之近易，規朝種而暮穫矣。若乃下帷高枕，遊神九典㈦，精義賾隱，味道居靜，確乎建不拔之操，揚青於歲寒之後，不揆世以投跡，不隨眾以萍漂者，蓋亦鮮矣。汲汲於進趨，悒悶於否滯者，豈能舍至易速達之通塗，而守甚難必窮之塞路乎？此川上㈧所以無人，〈子衿〉㈨之所為作，愍俗者所以痛心而長慨，憂道者所以含悲而積思也。」

【今註】 ㈠六蓺：即六經，見前註。㈡游、夏：指孔子學生言子游、卜子夏二人，皆善於文學。㈢九泉：楊明照校改為「九淵」。按〈清鑒〉、〈博喻〉、〈廣譬〉、〈正郭〉四篇，均有「九淵」之文。則此處「泉」字亦當作「淵」。〈名實篇〉「翠虯淪乎九泉」，與此相同，蓋皆避唐高祖諱改而未校復者。㈣庶幾：差不多。㈤擁經：抱經，古代弟子抱持經書往見其師，以為禮節。㈥陸沈：通作「陸沉」，無水而沉。喻愚昧、迂執。王充《論衡・謝短篇》：「夫知古不知今，謂之陸沈，然則儒生所謂陸沈者也。」㈦九典：古代九種施政之法。《逸周書・文政解》：「九典：一、祇道以明之；二、稱賢以賞之；三、典師以教之；四、因戚以勞之；五、位長以遵之；六、群長以老之；七、群醜以移之；八、什長以行之；九、戒卒以將之。」㈧川上：語出《論語・子罕篇》：「子在川上曰：『逝者如斯夫，不舍晝夜。』」㈨〈子衿〉：《詩經・鄭風》篇名。諷刺廢除學校。《詩經・鄭風・子衿・序》云：「〈子衿〉，刺廢學校也。亂世則學校不脩焉。」

【今譯】 「當今世道多難，儒教淪喪。文武的軌道，也將凋墜。有的沉溺於聲色宴樂之中，有的奔馳於爭權奪利之路。孤寒貧窮而精通六藝的人，即使像子游、子夏那樣資質的人，也被壓抑在九淵之下。隨風而攀附鳳翼的人，即使是駑庸的資質，仍然迴遑在霞霄之表。舍本逐末的人，被稱之為勤肯修業的；擁經求己的人，被説成是愚昧迂闊。於是人們無不蒙塵冒雨，戴霜履冰，揣懷金銀財寶，提挈清肥美食，走上容易成功的邪道，希望早上播種而晚上就能收成。至於下帷講誦，高枕幽居，留神於九種施政之法，精通意義，探微索隱，體會道理，靜居修養，牢固地樹立堅貞不拔的操行，發揚歲寒松柏後凋的精神，不揣測世俗而投機，不追隨眾流而漂浮，這樣的人大概是很少的了。那些汲汲於進趨，為滯留而憂悶的人，難道能捨棄至易速達的通途，堅持走甚難必窮的道路嗎？這就是孔子臨川發出了無人的感歎，〈子衿〉一詩諷刺了亂世學校不修的現象，哀憐世俗的人發出了痛心的長慨，憂道的人竭盡了悲愁的思念。」

「夫寒暑代謝，否終則泰。文武迭貴，常然之數也。冀群寇畢滌，中興在今，七耀遵度，舊邦惟新(一)。振天惠(二)以廣埽，鼓九陽之洪爐，運大鈞乎皇極，開玄模以軌物(三)。陶冶庶類(四)，匠成(五)翹秀(六)；蕩汰積埃，革邪反正。戢干戈，櫜弓矢(七)，興辟雍之(八)庠序(九)。集國子，修文德(一〇)，發金聲(一一)，振玉音(一二)。降風雲於潛初，旅束帛(一三)乎丘園。令抱翼之鳳，奮翮於清虛；項領(一四)之駿，騁跡於千里。使夫含章(一五)抑鬱，窮覽(一六)洽聞(一七)者，中公(一八)、伏生(一九)之徒，發玄纁(二〇)，登蒲輪(二一)，吐結氣，陳立(二二)素，顯其身，行其道。俾聖世迪唐、虞之高軌(二三)，馳升平之廣塗(二四)。玄流沾於九垓(二五)，惠風(二六)被乎無外，五刑厝而頌聲作，和氣洽而嘉穟(二七)生，不亦休哉？昔秦之二世，不重儒術，舍先聖之道，習刑獄之法，民不見德，唯戮是聞。故惑而不知反迷之路，敗而不知自救之方，遂墮墜於雲霄之上，而韲粉乎不測之下，惟尊及卑，可無鑒乎？」

【今註】㊀舊邦惟新：《詩經・大雅・文王》：「文王在上，於昭于天。周雖舊邦，其命惟新。」㊁惠：孫星衍改作：「彗」。指彗星。㊂軌物：法度與準則。㊃庶類：眾多的物類。㊄匠成：培養與造就。㊅翹秀：謂才能特別出眾者。㊆橐：楊明照校：孫曰「（橐）疑作『櫜』。」按孫氏蓋據《詩經・周頌・時邁》：「明昭有周，式序在位。載戢干戈，載櫜弓矢。我求懿德，肆于時夏，允王保之。」後〈詰鮑篇〉「載戢干戈，載櫜弓矢」，亦用《詩》文，正作「櫜」。則此不應作「橐」，審矣。㊇之：楊明照校：按上下文俱以三字成句，而此獨否，頗為不倫。疑「之」字有誤。以其形推之，其「立」之誤乎（《獨斷・上》「天子之宗社曰泰社」，《文選》卷五十八王儉〈褚淵碑文〉李《注》引「之」作「立」，是二字易誤之證）？徐濟忠亦謂「『之』字擬『立』字。」可謂先得我心。㊈庠序：地方設立的學校。後人亦通謂學校曰庠序。㊉文德：謂以禮樂教化進行統治。常對「武功」而言。⑪金聲：指金屬樂器之聲。⑫玉音：對人言辭的敬稱，謂其貴重。⑬束帛：古代聘問的禮物。也用作婚喪、朋友相饋贈的禮名。帛五匹為束。⑭項領：肥大之頸。⑮含章：含美於內。⑯窮覽：謂窮盡觀察也。《文選》卷九揚雄〈長揚賦〉：「此天下之窮覽極觀也。」⑰洽聞：知識豐富、見聞廣博。⑱申公：指申培公。西漢經學家，今文《詩》學「魯詩學」開創者。⑲伏生：即伏勝，西漢經學家，《今文尚書》最早傳授者。⑳玄纁：玄為黑色，纁為赤黃色。此引申為幣帛的代稱，指黑色的幣帛。㉑蒲輪：古時徵聘賢才士時，用蒲草裹輪，使車不震動，以示禮敬。㉒立：楊明照校：徐曰：「『立』字疑是『玄』字」。按

〈嘉遯篇〉：「逍遥竹素，寄情玄毫。」是「立」當作「玄」之切證。徐說是也。㉓高軌：高尚之軌範。㉔廣塗：塗，通「途」。廣塗，即廣途。㉕九垓：指九天一般遥遠的地方。《淮南子・道應篇》：「吾與汗漫期於九垓之上。」㉖惠風：和風、南風，「温和所以養物」。㉗嘉穟：飽滿茁壯的禾穗。

【今譯】「寒暑代謝，否極泰來。治世重文，亂世崇武，互相迭貴，這也是自然的現象。希望群寇全部剷除，那麼王朝中興就在今天了。日月五星運行一定的軌道，舊的邦國走上惟新的道路。用廣彗來振天惠，鼓冶九陽之洪爐，移用大自然作為帝王統治的準則，按照玄模來設置法度。陶冶眾多的民眾，培育優秀的人才，淘汰污濁的積習，使人們改邪歸正。載戢干戈，載櫜弓矢，興建天子大學以及地方學校。聚集學子，修習文德，發金聲，振玉音，進行禮樂的教化。降風雲於潛初，旅束帛乎丘園。使抱翼的鳳凰奮飛至清虛的空中，項領的駿馬奔馳於千里。使含章抑鬱、窮覽博聞的人，如申公、伏生之徒，能得到儀物賞賜，登上蒲輪公車，揚眉吐氣，逍遥典籍，寄情筆墨，顯其身手，行其教化。使聖世引導到唐堯、虞舜一般高尚的道路，奔馳在太平盛世的通道上。玄道周流於九天，惠風吹遍極遠的地方，五刑置而不用，天下頌聲大作，和氣融洽，嘉禾遍生，這樣的太平盛世不也是歡樂的嗎？但是，從前秦二世之時，不重用儒術，廢棄先聖之道，講習刑獄之法，民不被德，唯戮是聞。所以受到迷惑而不知返回改正的道路，遭到失敗而不知自我挽救的方法。於是從雲霄之上墮落下來，粉碎於無法測量的深淵。上述尊與卑的對照，可以不引為借鏡嗎？」

崇教篇第四

【篇旨】　本篇比〈勖學篇〉尤強烈地反映了葛洪對魏晉世俗行為的不滿和指摘。他指出「王孫公子，優游貴樂」，沉溺於聲色狗馬之中。批評漢末清議和魏晉玄風給社會帶來了嚴重的危害，「機事廢而不修，賞罰棄而不治。」認為「飾治之術，莫良乎學」。強調加強教育，崇尚禮教，改變玄學家的放誕之習。要求「宗室公族，及貴門富年，必當競尚儒術，撙節藝文，釋老莊之不急，精六經之正道。」本篇充分體現了葛洪前期振興與儒教的基本思想。

抱朴子曰：「澄視於秋毫㊀者，不見天文之煥炳㊁；肆心於細務者，不覺儒道㊂之弘遠。翫鮑者忘茝蕙㊃，迷大者不能反。夫受繩墨㊄者無枉刳之木，染道訓㊅者，無邪僻之人。飾治之術㊆，莫良乎學。學之廣在於不倦；不倦在於固志。志苟不固，則貧賤者汲汲㊇於營生，富貴者沈淪㊈於逸樂。是以遐覽淵博者，曠代㊉而時有；面牆⑪之徒，比肩而接武⑫也。若使素士⑬，則晝躬耕以糊⑭口，夜薪火以修業⑮；在位則以酣宴⑯之餘暇，時遊觀⑰以勸誡，則世無視內⑱，游、夏⑲不乏矣。亦有飢寒切己，藜藿⑳不給，膚困風霜，口乏糟糠，出無從師之資，家有暮旦之急，釋耒㉑則農事廢，執卷則供養虧者，雖闕學業，可恕者也。所謂千里之足，困於鹽車㉒之下；赤刀㉓之鑛，不經歐冶㉔之門者也。若夫王孫公子，優游貴樂，婆娑㉕綺紈㉖之間，不知稼穡之艱難。目倦於玄黃㉗，耳疲乎鄭、衛㉘，鼻饜乎蘭麝㉙，口爽於膏粱㉚；冬沓貂狐之縕麗㉛，夏縝紗縠㉜之翩飄㉝。出驅慶封㉞之輕軒㉟，入宴華房之粲蔚；飾朱翠㊱於楹梲㊲，積無已㊳於篋匱；陳妖冶㊴以娛心，湎醽醁㊵以沈醉。行為會飲㊶之魁，坐為博奕㊷之帥。省文章既不曉，覩㊸學士如草芥㊹，口筆乏乎典據，牽引錯於事類㊺。劇談㊻則方戰而已屈，臨疑則未老而憔悴。雖叔麥㊼之能辯，亦奚別乎瞽瞶㊽哉！」

【今註】 ㈠秋毫：鳥獸之毛，至秋更生，細而無銳，謂之秋毫。《孟子．梁惠王篇．上》：「明足以察秋毫之末，而不見輿薪，則王許之乎？」引申為細小的事情。 ㈡煥炳：明亮的意思。語本王充《論衡．超奇篇》：「天晏，列宿煥炳。陰雨，日月蔽匿。」 ㈢儒道：指儒家的人生觀、世界觀、政治主張及其思想體系。《論語．衛靈公篇》：「道不同，不相為謀。」《論語．學而篇》：「先王之道斯為美。」 ㈣翫鮑者忘茝蕙：翫，同「玩」，喜好，玩習。鮑，鮑魚。《孔子家語．六本》：「如入鮑魚之肆，久而不聞其臭。」茝蕙，香草名。 ㈤繩墨：木匠用細繩沾濡墨汁來打直線的工具。《孟子．盡心篇．下》：「大匠不為拙工改廢墨，羿不為拙射變其彀率。」 ㈥道訓：謂道德之訓教。《後漢書》卷七十九下〈儒林列傳．下．謝該傳〉：「博通群蓺，周覽古今物有來有應，事致不惑，清白異行，敦悅道訓。」此處指儒道的教誨訓導。⑦飾治之術：指治理國事的方法。⑧汲汲：急切貌。後引申為追求。⑨沈淪：汩沒，埋沒。楊明照校：陳其榮曰：「榮案『倫』當作『淪』。」按陳說是。《藏》本、魯藩本、吉藩本、慎本、盧本、舊寫本、《彙函》本、柏筠堂本、文溯本、《叢書》本、《崇文》本並作「淪」，不誤。當據改（此平津本寫刻之誤）。⑩曠代：猶絕代，當代無人能比。或指隔世，歷時長久。⑪面牆：喻不學，如面向牆壁而一無所見。《後漢書》卷十上〈皇后紀・和熹鄧皇后紀〉：「詔：『今末世貴戚食祿之家，溫衣美食，乘堅驅良，而面牆術學，不識臧否，斯故禍敗所從來也。』」⑫接武：細步徐行。武，指足跡。行路時足跡前後相接，即所謂細步。《禮記・曲禮・上》：「堂上接武，堂下步武。」後泛指人或事前後相接。⑬素士：寒素的士人。⑭糊：楊明照校：按「糊」字誤。當依《藏》本、魯藩本、吉藩本、舊寫本、文溯本、《崇文》本改作「餬」（此平津本寓刻之誤）。已據改。⑮修業：古稱書版為業，因此把寫作叫修業。《管子・宙合篇》：「修業不息版。」⑯酣宴：盛宴。⑰遊觀：遨遊觀覽。⑱視內：疑為「視肉」之誤。視肉，借指禽獸。《史記》卷八十七〈李斯列傳〉：「處卑賤之位而計不為者，此禽鹿視肉，人面而能彊行者耳。」《索引》：「言禽獸但知視肉而食之。莊子及蘇子曰：『人而不學，譬之視肉而食』」。孫星衍校曰：「盧本作『顓愚』。」陳其榮曰：「榮案承訓本同盧本作『顓愚』，語意較醒。」顓愚：即愚昧之意。⑲游、夏：指孔子學生言子游、卜子夏。《論語・先進篇》：「文學子游、子夏。」因而並稱游夏。⑳藜藿：藜與藿，貧者所食野菜。《韓非子・五蠹篇》：「糲粢之食，藜藿之羹。」㉑釋耒：謂放下農具。《史記》卷九十七〈酈生陸賈列傳〉：「兩雄不俱立，楚漢相持不決，百姓騷動，海內搖蕩，農夫釋耒，工女下機。」㉒鹽車：運鹽的車。比喻賢才屈居賤役。《戰國策・楚策・四》:「君亦驥乎?夫驥之齒至矣,服鹽車而上大行,……中阪遷延,負轅不能上。」 ㉓赤刀:寶刀,赤金刀。《尚書・顧命篇》:「陳寶赤刀、大訓、弘璧、琬琰,在西序。」 ㉔歐冶:又作區冶,為春秋時越國的鍛匠。《越絕書》卷十一〈越絕外傳記寶劍〉:「吳有干將,越有歐冶。」 ㉕婆娑:盤旋,停留。 ㉖綺紈:為顯富豪門所服,因以指富貴人家子弟。 ㉗玄黃:指彩色的絲帛。 ㉘鄭、衛:指春秋戰國時,鄭國、衛國兩地的俗樂,即鄭衛之音。原為音調與雅樂不同的地方之樂。儒家以《論語・衛靈公篇》有「鄭聲淫」之語,附會鄭聲為《詩經・鄭風》,而《鄭風・衛風》等篇皆為刺淫之作,後來因以鄭衛之音通指淫蕩的樂歌。 ㉙蘭麝:蘭和麝香。皆香料。 ㉚膏粱:肥肉與美穀。謂甘美之食物。 ㉛組麗:楊明照校:按「組」疑當作「温」。謂貂狐重裘,既温且麗也。 ㉜紗縠:紡絲而織之,輕者為紗,縐者為縠。《漢書》卷四十五〈蒯伍江息夫傳〉:「衣紗縠襌衣。」 ㉝翩飄:身輕貌。 ㉞慶封:為春秋時齊國大夫。 ㉟輕軒:輕車。《文選》卷三張衡〈東京賦〉:「御小戎,撫輕軒。」 ㊱朱翠:紅色與翠色。 ㊲楹棁:楹,廳堂的前柱;棁,梁上的短柱。 ㊳無已:不止,無止境。《戰國策・韓策・一》:「且夫大王之地有盡,而秦之求無已。」 ㊴妖冶:謂妝扮妖艷佚蕩,又指其容態。 ㊵醽醁:美酒名,味甘美。 ㊶會飲:猶言聚飲。 ㊷博奕:楊明照校:按「奕」字誤。博弈之弈從廾,大奕之奕從大,二字形誼俱別。當以作「弈」為是(〈勖學篇〉「息畋獵博弈之遊戲」,〈交際篇〉「彈棊博弈皆所惡見」,並作從廾之「弈」,則此原作「弈」無疑)。博,六博;弈,圍棋。奕但行棋,博以擲采而後行棋。 ㊸覩:同「睹」。《周易・乾卦》:「聖人作而萬物覩。」 ㊹草芥:比喻極為輕視。 ㊺事類:按事分類。 ㊻劇談:流暢的談吐。後來作為暢談的意思。《漢書》卷八十七上〈揚雄傳・

上〉：「口吃不能劇談，默而好深湛之思。」㊼叔麥：大豆、小麥。楊明照校：「叔」，《藏》本、魯藩本、吉藩本、慎本、盧本、柏筠堂本、文溯本、《彙函》本、《叢書》本、《崇文》本作「菽」。按作「菽」是也。（不能辨菽麥事，出《左傳》成公十八年）。已據改。㊽瞽瞶：謂目盲，引申為沒有辨別的能力。《莊子・逍遙遊篇》：「瞽者無以與乎文章之觀。」

【今譯】抱朴子說：「注視於細微末節的人，看不見日月星辰的光亮；用心於細微事務的人，感覺不到儒道的宏廣遠大。喜好鹹魚的人，聞不到香草的味道；迷信大的人，就不能反求小的。先打好直線，就沒有曲刳的木頭；受過儒道的教誨，就沒有邪僻之人。整治國事的辦法，莫過於提倡學習。學習的深廣，在於努力不懈；努力不懈的方法，在於意志堅強。意志如果不堅強，貧賤的人就汲汲營營於謀生之道，富貴的人則沉溺於逸樂之中。因此，讀書多而知識淵博的大學者，往往要歷時很久才能出現；而不學無術的人，卻非常多。假使寒素的士人，白日能靠耕種以解決溫飽，晚上則秉燭努力寫作；在位的人能利用盛宴的空暇時間，遨遊觀覽，勸勉告戒，勤於攻讀，那麼，世間就沒有像禽獸那樣愚昧的人了，而到處都可以看到子游、子夏這樣的文學之士。當然，也有那種飢寒交迫，衣食缺乏，繳不起學費，家裡生活很困難，放不下農具，拿不起書本，沒有機會讀書的人，這是可以諒解的。這就是所謂有才能的人，往往為了生活而困於賤役；有些可以製造寶刀的材料，卻進不了鍛工歐冶的大門。而那些王孫公子，卻是另一種情況。他們優游貴樂，盤旋於富家子弟之間，根本不知耕種收穫的艱難。他們看倦了采帛，聽慣了靡靡之音，鼻子聞的是香味，嘴裏吃的是美食。冬著貂狐重裘，溫暖華麗，夏穿薄絲輕紗，身心飄逸。出門有和慶封一樣的輕車代步，回家可以在華房吃喝。廳堂的梁柱上綴飾得紅紅綠綠，篋匱裏裝著不可計數的財寶。妝扮妖艷佚蕩以自娛，整日沉醉於美酒之中。行為聚飲之冠，坐為博奕之帥。對文章之道則是一竅不通，視文人學士一錢不值。嘴裏説的、筆下寫的都毫無根據，引用事物類別也常常弄錯。暢談辯論才開戰就屈服了，遇到疑問還沒老就顯得憔悴了，雖然尚能分清楚大豆和小麥，但這和目盲的瞎子已經相差無幾了。」

抱朴子曰：「蓋聞帝之元儲㈠，必入太學㈡，承師問道，齒㈢於國子㈣者，以知為臣，然後可以為君；知為子，然後可以為父也。故學立而仕，不以政學；操刀傷割，鄭喬所嘆㈤。觸情㈥縱欲，謂之非人。而貴游㈦子弟，生乎深宮之中，長乎婦人之手，憂懼之勞，未常㈧經心。或未免於襁褓之中，而加青紫之官；纔勝衣冠，而居清顯㈨之位。操殺生之威，提黜陟㈩之柄。榮辱決於與奪，利病感於脣吻⑪；愛惡無時暫乏，毀譽括⑫厲於耳。嫌疑象類⑬，似是而非。因機會以生無端，藉素信⑭以設巧言。交構⑮之變，千端萬緒，巧筭所不能詳，毫墨⑯所不能究也。無術學，則安能見邪正之真偽，具古今之行事？自悟之理，無所感假，能無傾巢覆車之禍乎！」

【今註】 ㈠元儲：太子。 ㈡太學：古學校名，即國學。相傳虞設庠，夏設序，殷設瞽宗，周設辟廱，即古太學。漢武帝元朔五年，始置太學，立五經博士。《尚書大傳．周傳》云：「古之帝王者，必立大學、小學。使王太子、王子、群后之子、以至公卿大夫元士之子，十有三年，始入小學，踐小節焉，踐小義焉。年二十，入大學，踐大節焉，踐大義焉。」 ㈢齒：次列，並列。 ㈣國子：公卿大夫的子弟。《漢書》卷二十二〈禮樂志〉：「國子者，卿大夫之子弟也。」 ㈤操刀傷割，鄭喬所嘆：操刀傷割，亦作操刀傷錦。鄭僑，指鄭子產。春秋鄭尹何年少，子皮欲使任邑大夫，而學為政，子產以為不可，謂人未能操刀而使割，其傷實多；有美錦，尚不肯使人學習剪裁，況官邑更重於美錦乎？參見《左傳》襄公三十一年。 ㈥觸情：遇外物而興感也。《漢書》卷四十四〈淮南衡山濟北王傳〉：「觸情妄行。」 ㈦貴游：無官職的王公貴族。《周禮・地官・師氏》：「掌國中失之事以教國子弟，凡國之貴游子弟學焉。」《注》：「王公之子弟游無官司者。」 ㈧常：楊明照校：陳其榮曰：「案『常』當作『嘗』。」按陳說是。《藏》本、魯藩本、吉藩本、舊寫本、《彙函》本、《崇文》本並作「嘗」；《初學記》一八引亦作「嘗」。又按「憂懼之勞，未嘗徑心」二句費解，「之」字疑誤。《荀子・哀公篇》：「魯哀公問於孔子曰：『寡人生於深宮之中，長於婦人之手；寡人未嘗知哀也，未嘗知憂也，未嘗知勞也，未嘗知懼也，未嘗知危也。』」（《新序・雜事・四》、《家語・五儀篇》同）即此文所本。是「之」當作「哀」。 ㈨清顯：謂清高顯達之官。 ㈩黜陟：降官曰黜，升官曰陟，指進退人才。《尚書・舜典》：「三載考績，三考黜陟幽明。」 ⑪脣吻：謂口尖。《墨子・尚同篇・中》：「使人脣吻助己言談。」 ⑫括：楊明照校：按「括」當為「聒」之誤。《韓非子・顯學篇》：「千秋萬歲之聲聒耳。」《潛夫論・勸將篇》：「孫吳之言聒乎將耳。」《嵇中散集・與山巨源絕交書》：「鳴聲聒耳。」字並作「聒」。本書〈刺驕篇〉：「為春蜩夏蠅之聒耳」，〈廣譬篇〉：「春鼃長譁，而醜音見患於聒耳」，尤為切證。〈蒼頡篇〉：「聒，擾亂耳孔也。」（《一切經音義》二〇引《說文・耳部》：「聒，讙語也。」詁此正合。） ⑬象類：象形也。《潛夫論》：「人身體形貌皆有象類，骨法角肉，各有分部。」 ⑭素信：平素之信用。《漢書》卷三十一〈陳勝項籍傳〉：「居具素信，為長者。」師古《注》曰：「素立恩信，號為長者。」 ⑮交構：交合，結合。《後漢書》卷六十一〈左周黃列傳〉：「二儀交構，乃生萬物。」 [一六]毫墨：筆墨。

【今譯】抱朴子說：「聽說帝王的太子，也必須進太學讀書，拜師父學道理，並列於公卿大夫子弟之中，因為只有知道怎樣做臣子，然後才可以做君主，知道怎樣做兒子，然後才可以做父親。所以，只有學成才能為政，不學就不能為政。倘若尚未學會操刀，便拿起刀來剪裁美錦，這是鄭子產所反對的。遇萬物而興感，任意縱欲，這不是人之常理。但是，那些沒有官職的貴族子弟，出生在深宮裡，成長於婦人之手，什麼憂懼哀勢，從未曾放在心上。有的甚至還在襁褓之中，就加以青紫之官；有的剛開始穿衣戴帽，就位居清高顯達之職，手操生殺之刀，掌握升降官員進退人才的大權。榮辱決取於給與掠奪，利病感於口尖。喜怒無常，暫乏毀譽；擾亂耳孔。嫌疑象形，似是而非。因時機和巧遇而變化莫明，借平時的信用而計設巧言。交合的變化，千端萬緒，巧算不能詳盡，筆墨不能形容。沒有學問，怎麼能夠看清邪正的真偽，陳述古今的行事？不經過刻苦學習，光靠自己感到已無所疑惑，怎麼能夠避免傾巢覆車的危禍呢？」

「先哲居高，不敢忘危，愛子欲教之義方，雕琢切磋㊀，弗納於邪偽。選明師以象成㊁之，擇良友以漸染之，督之以博覽，示之以成敗，使之察往以悟來，觀彼以知此，驅之於直道㊂之上，斂㊃之乎檢括㊄之中。懍乎㊅若跟掛㊆於萬仞㊇，慄然㊈有如乘奔以履冰㊉，故能多遠悔吝[一一]，保其貞吉也。」

【今註】 ㊀雕琢切磋：雕琢，同「彫琢」。治玉成器。此處泛指修飾、矯正。《淮南子·精神篇》：「直雕琢其性，矯拂其情，以與世交。」切磋，古時把骨器加工稱切，象牙加工稱蹉，玉的加工稱琢，石的加工稱磨。後用以比喻相互間的研討。《詩經・衡風・淇奧》：「如切如磋，如琢如磨。」㊁象成：取象與成功者也。語本《禮記・樂記篇》：「天樂者，象成也。」指形成和良師一樣的形象。㊂直道：正直之道。語出《論語・衛靈公篇》：「斯民也，三代之所以直道而行也。」㊃斂：約束。㊄檢括：遵守法度。《文選》卷二十五晉劉越石（琨）〈答盧諶詩〉：「昔在少壯，未嘗檢括。」㊅懔乎：危懼貌。㊆跟掛：古代雜耍技藝之一。㊇仞：古代長度單位。據陶方琦《說文仞字八尺考》謂周制為八尺，漢制為七尺，東漢末為五尺六寸。㊈慄然：恐懼貌。楊明照校：「懔乎若跟掛於萬仞，懔然有如乘奔以履冰」，按此二句參差不齊，非「有」字為衍文，即「若」上脫一字。㊉履冰：行於冰上，備喻隨時警惕，謹慎小心。語出《詩經・小雅・小旻》：「戰戰兢兢，如臨深淵，如履薄冰。」㊂悔吝：猶言悔恨。吝，恨惜。語出《周易・繫辭・上》：「悔吝者，憂虞之象也。」

【今譯】「先賢尚且居高不敢忘危，愛子必教以為人之道，努力相互研討，不斷矯正，學會明辨是非，區別正邪。擇選良師而成功形象，擇擇良友而漸受影響，用博覽的方法來督導他們，用成敗的例子來教導他們，使他們能夠觀察以往的事物，就能知道未來的趨勢，觀彼而知己，促使他們走上正直之道，把自己的行為約束在國家的法度之中，要時刻感到人生的道路，就像要雜技一樣懸在萬丈高空之中，或者戒慎恐懼地快步奔走在薄冰之上，隨時保持警惕，方能避免後悔，永保貞吉平安。」

「昔諸竇蒙遺教㊀之福，霍禹㊁受率意之禍㊂，中山、東平㊃以好古而安，燕剌㊄由面牆而危。前事不忘，今之良鑒也。湯、武染㈥乎伊、呂㈦，其興勃然；辛、癸㈧染乎推、崇㈨，其亡忽焉。朋友師傅，尤宜精簡。必取寒素德行之士，以清苦自立，以不群見憚者，其經術如仲舒㈩、桓榮⑪者，強直⑫若龔遂⑬、王吉⑭者。能朝夕講論忠孝之至道，正色證存亡之軌跡⑮，以洗濯垢涅，閑邪矯枉⑯，宜必抑情⑰遵憲法，入德訓者矣！」

【今註】 ㈠遺教：楊照明校：「繼昌曰：（『遺教』），《藏》本作『道教』，今從舊寫本。（亦即孫校所稱者）。」按魯藩本、吉藩本、慎本、盧本、《彙函》本、柏筠堂本、《叢書》本、《崇文》本亦並作「道教」，繼改未必當也。《史記》卷二十三〈禮書〉：「孝文帝道家之言。」又《史記》卷四十九〈外戚世家〉：「竇太后好《皇帝》、《老子》之言，帝及太子諸竇不得不讀《皇帝》、《老子》，尊其術（又見《漢書》卷九十七上〈外戚傳．上〉）《神仙傳．老子傳》：「漢竇太后信《老子》之言，孝文帝及外戚諸竇皆不得不讀，讀之皆大得其益。故文景之世，天下謐然；而竇氏三世保其榮寵。」並足證繼改之非（〈詰鮑篇〉「道教遂隆」，亦以「道教為言」）。㈡霍禹：西漢霍光之子。宣帝時拜右將軍，光卒，嗣侯遷大司馬，後坐謀反誅戮。見《漢書》卷六十八〈霍光金日磾傳〉。㈢率意：即悉意，竭盡心意。㈣中山東平：中山，楊明照校：「中山、東平以好古而安」，按此文事類不倫，疑有誤字。以班、範兩書考之，封中山者。西漢中山靖王勝好內奢淫（見《漢書》卷五十三〈景十三王傳．中山靖王傳〉）、中山哀王竟無子國絕（見《漢書》卷八十〈宣元六王傳．中山哀王傳〉）、中山孝王興不材見棄（見《漢書》卷八十〈宣元六王．中山孝王傳〉）、東漢中山簡王焉殺人坐削（見《後漢書》卷四十二〈光武十王列傳・中山簡王傳〉），皆不好古，也皆不安。是「中山」二字有誤無疑。東平，指東平憲王蒼。按《後漢書》卷四十二〈光武十王列傳・東平憲王傳〉：「蒼少好經書……蒼以天下化平，宜修禮樂，……肅宗即位，尊恩重禮，踰於前世，諸王莫與為比。……立四十五年，子懷王忠嗣。」稚川所稱好古而安之東平，蓋即東平憲王蒼。以此相例，則「中山」應作「河間」。《漢書》卷五十三〈景十三王傳・河間獻王傳〉：「河間獻王德，修學好古，……修禮樂，被服儒術，……立二十六薨，……子共王不害嗣。」（《史記》卷五十九〈五宗世家〉較略，故未引）其行誼正與東平符合。㊄燕刺：指西漢燕刺王旦。見《漢書》卷六十三〈武五子傳〉。楊明照校：按以上句「中山、東平以好古而安」例之，「燕刺」上或下脫去二字。上句之「中山」既非其倫，疑原在此句也。㊅染：沾上，感受。語本《呂氏春秋・當染篇》：「舜染於許由伯陽，禹染於皋陶伯益。」㊆伊、呂：指商伊尹和周呂尚。伊尹佐湯，呂尚（名望，字子牙，通稱姜太公）佐文王、武王，二人行事相類。㊇辛、癸：辛，指殷紂王；癸，指夏桀王。㊈推、崇：推指推哆，夏桀之臣；崇指崇侯虎，殷紂之臣。㊉仲舒：即董仲舒，為西漢大儒者，嘗上書漢武帝，建議「罷黜百家，獨尊儒術」，開創儒學為正統，雜以陰陽五行之說，把神權、君權、父權、夫權貫融為一體，建成封建神學體系。[十一]桓榮：為東漢儒者，專精歐陽尚書，授徒數百人，漢光武帝時拜議郎，授太子經，累遷太子少傅，後遷太常。[十二]強直：強硬正直。[十三]龔遂：西漢人，為人忠厚，仕昌邑王劉賀，直諫忘己。賀多行不正，遂累引經義，陳禍福，諫爭忘己。見《漢書》卷八十九〈循吏傳〉：「王賀動作多不正，遂為人忠厚，剛毅有大節，內諫諍於王，外責相傳，引經義，陳禍福，至於涕泣，蹇蹇亡已。」[十四]王吉：西漢人，為昌邑王中尉，後王以荒淫廢，吉以常諫王得減死。宣帝召為博士，諫大夫。吉上疏言得失，帝以為迂闊，謝病歸。與貢禹為友。世稱王陽在位，貢公彈冠。見《漢書》卷七十二〈王貢兩龔鮑傳〉。⑮軌跡：車的轍跡，此言故轍，往跡。可以引以為鑑者。語本《漢書》卷三十六〈楚元王傳〉：「夫遵衰周之軌跡，循詩人之所刺。」⑯矯枉：正曲也。《孟子・滕文公篇・下》：「枉己者未能直人者也。」《注》：「人當以直矯枉耳！己自枉曲，何能正人？」⑰抑情：謂抑制情欲。

【今譯】「從前，竇氏三世蒙受道教之福，霍禹竭盡心力反遭誅戮之禍，河間東平因為好古而安，燕刺則因不學無術而危。前事不忘記，而可為後事最佳借鏡。商湯、周武王受感染於伊尹、呂尚，勃然興起；桀、紂受感染於推哆、崇侯虎，結果很快就滅亡了。朋友師傅，尤宜精簡。必須選取那些門第卑微、沒有官爵而又有德行的人，以清苦自立，不平凡而又不辭勞苦的的人，其學問像董仲舒、桓榮那樣的人，為人強硬正直如龔遂、王吉那樣的人。同他們早晚講論忠孝之至道，論證存亡之故轍，以洗濯污垢，堵塞邪惡。矯枉正曲，必須抑制情欲，這樣就能遵憲法而教之以德了。」

「漢之末世，吳之晚年，則不然焉。望冠蓋㊀以選用，任朋黨㊁之華譽㊂。有師友之名，無拾遺㊃之實。匪唯無益，乃反為損。故其所講說，非道德也；其所貢進，非忠益也。唯在於新聲豔色，輕體妙手，評歌謳㊄之清濁，理管絃之長短，相狗馬之勦駑！議遨遊之處所，比錯塗㊅之好惡，方雕琢之精麤㊆，校彈棊樗蒲㊇之巧拙，計漁獵相掊之勝負，品藻㊈妓妾之妍蚩㊉，指摘衣服之鄙野，爭騎乘之善否，論弓劍之疏密。招奇合異⑪，至於無限。盈溢⑫之過，日增月甚。其談宮殿，則遠擬瑤臺、瓊室⑬，近效阿房、林光⑭，以千門萬户為局促⑮，以昆明、太液⑯為淺陋，笑茅茨⑰為不肖，以土階為朴騃⑱。」

【今註】㈠冠蓋：官吏的服飾和車乘，借指官吏。冠，禮服；蓋，車蓋。《文選》卷一漢班孟堅（固）〈西都賦〉：「冠蓋如雲，七相五公。」㈡朋黨：為私利目的而勾結同類為黨。《韓非子・有度篇》：「交眾與多，外內朋黨，雖有大過，其蔽多矣。」㈢華譽：浮華不實的聲名。㈣拾遺：補錄缺漏。《史記》卷一百三十〈太史公自序〉：「序略，以拾遺補蓺，成一家之言。」㈤歌謳：同「謳歌」，歌唱，吟誦的意思。㈥錯塗：用金塗飾，粉飾。㈦精麤：精細麤密。麤，同「粗」字。《論衡・逢遇篇》：「道有精麤，志有清濁。」㈧樗蒲：古代的博戲。㈨品藻：鑒定等級。㈩妍蚩：美和醜。⑪合異：合其相異者。《莊子・則陽篇》：「合異以為同，散同以為異。」⑫盈溢：謂過滿，布滿。⑬瑤臺、瓊室：瑤臺，為夏桀的宮室。瓊室，為殷紂的宮室。參見《文選》卷三張衡〈東京賦〉：「夏癸之瑤臺，殷辛之瓊室。」⑭阿房、杯光：阿房，即阿房宮，秦始皇築。在今陝西省長安縣西北。秦亡後，項羽放火焚之，其火三月不絕。林光，秦離宮名。⑮局促：狹窄，緊迫。⑯昆明、太液：昆明，即昆明池，漢武帝建於長安近郊。太液，指漢太液池，在今陝西省長安縣西北。⑰茅茨：茅草屋頂。⑱朴騃：樸實魯直。

【今譯】「漢之末世，吳之晚年，情況就不是如此了。朝廷只在官吏中選用人材，聽信朋黨華而不實的聲名，朋友間只有師友的名分，沒有補遺缺漏之實，這樣不僅無益，反而有害。彼此所講論的，不是道德之事；其所貢進的，也不是忠益的言辭。而是集中在新聲艷色，輕體妙手，評論歌唱的清濁，調理絲竹樂器的長短，相看狗馬的駕御，議論遨遊的場所，比較粉飾的好壞，比擬雕琢的精細粗密，校量彈棋樗蒲的巧拙，計算漁獵相掊的勝負，鑒定妓妾美醜的等級，指摘衣服的鄙野，競爭騎乘本領的優劣，評議弓劍功夫的疏密。招奇合異，以至於無限，盈滿之過，乃日增月甚。談論起宮殿來，就遠的就比擬瑤臺、瓊室，近的仿效阿房宮、林光宮，以千家萬户為狹窄，以昆明池、太液池為淺陋，譏笑茅草房屋不好，認為土製臺階太土。」

「民力竭於功役(一)，儲蓄靡於不急。起土山以準嵩、霍(二)，決渠水以象九河(三)；登淩霄之華觀(四)，闢雲際之綺窻。淫音譟而惑耳，羅袂(五)揮而亂目。濮上(六)北里(七)，迭奏迭起，或號或呼，俾晝作夜(八)。流連於羽觴(九)之閒，沈湎(一〇)乎絃節之側。或建翠翳(一一)之青葱，或射勇禽於郊坰(一二)，馳輕足於嶮峻之上，暴僚隸於盛日之下。舉火而往，乘星而返，機事廢而不修，賞罰棄而不治。或浮文艘(一三)於滉瀁(一四)，布密網於綠川，垂香餌於漣潭，縱擢歌(一五)於清淵，飛高繳(一六)以下輕鴻，引沈綸以拔潛鱗(一七)；或結罝罘(一八)於林麓之中，合重圍於山澤之表，列丹飆(一九)於豐草，騁逸騎於平原，縱盧、猎(二〇)以噬狡獸，飛輕鷂(二一)以鷙(二二)翔禽，勁弩殪(二三)狂兕(二四)，長戟(二五)斃熊虎。如此，既彌年而不猒，歷載而無已矣。而又加之以四時請會，祖送(二六)慶賀，要思(二七)數之密客，接執贄(二八)之嘉賓，人閒之務，密勿罔極。是以雅正稍遠，遨逸漸篤。其去儒學，緬乎邈矣(二九)。能獨見崇替(三〇)之理，自拔淪溺(三一)之中，舍敗德之嶮塗，履長世之大道者，良甚鮮矣。嗟乎！此所以保國安家者至稀，而傾撓泣血㉜者無筭㉝也。今聖明在上，稽古㉞濟物㉟，堅隄防以杜泱溢，門褒貶以彰勸沮㊱。想宗室公族，及貴門富年，必富競尚儒術㊲，撙節㊳藝文，釋《老》《莊》之意㊴不急，精六經㊵之正道也。」

【今註】 ①功役：土木之力役。 ②嵩、霍：指嵩山與霍山。 ③九河：指黃河。古代黃河自孟津而北，分為九道，故名。《尚書．禹貢篇》：「九河既道」。 ④華觀：華美的形式，亦指華美的觀闕。漢王符《潛夫論．務本篇》：「孝悌者，以致養為本以華觀為末。」 ⑤羅袂：絲絹之衣袖。 ⑥濮上：原指濮水之濱，濮水一帶地方。春秋時濮上以侈靡之樂聞名於世，故後遂以濮上作為淫靡風俗流行之地的代稱。 ⑦北里：謂殷紂王所作的淫靡之舞樂。見《史記》卷三〈殷本紀〉：「於是使涓作新淫聲，北里之舞，靡靡之樂。」 ⑧或號或呼，俾晝作夜：謂晨昏顛倒，以白晝作黑夜。語出《詩經．大雅．蕩》：「式號式呼，俾晝作夜。」 ⑨羽觴：酒器。作雀鳥狀，左右形如兩翼；一說插鳥羽於觴，促人速飲。 ⑩沈淪：汩沒，埋沒。 ⑪翳：用羽毛做的華蓋。 ⑫郊坰：為坰林之外的地方，猶言郊外。《詩經．魯頌．魯駉．在坰之野傳》：「邑外曰郊，郊外曰野，野外曰林，林外曰坰。」 ⑬文艘：有彩飾之舟。 ⑭滉瀁：深廣貌。此指遊蕩深廣的大湖之中。 ⑮擢歌：楊明照校：按「擢」字誤。當依《藏》本、魯藩本、吉藩本、舊寫本、《彙函》本、《崇文》本改作「櫂」。《文選》卷二張衡〈西京賦〉：「縱櫂歌」。櫂歌，船歌，鼓櫂而歌。 ⑯高繳：射鳥之矰繳高也。 ⑰潛鱗：深潛水中之魚。 ⑱罝罘：捕獸的網。《莊子．胠篋篇》：「削格羅落罝罘之知多，則獸亂於澤矣。」 ⑲列丹飆：指放烈火燒。楊明照校：按「列」疑「烈」之誤。〈疾謬篇〉

「其猶烈猛火於雲夢」，句法與此同，可證。⑳盧猎：指獵犬。㉑鶡：猛禽，似鷹而較小。㉒鷙：原猛禽名，此處借喻凶猛。㉓殪：矢一發而死為殪。㉔兕：獸名。或說即雌犀。㉕戟：古兵器名，合戈矛為一體，可以直刺和橫擊。㉖祖送：餞行。《文選》卷二十八〈荊軻歌序〉：「燕太子丹使荊軻刺秦王，丹祖送於易水上。」㉗思：此處作語助。㉘執贄：執物以為相見之禮。㉙緬乎邈矣：即緬邈，遥遠貌。《文選》卷三十晉陸士衡（機）〈擬古詩・擬行行重行行〉：「音徽日夜離，緬邈若飛沉。」㉚崇替：意即滅亡。崇，終也；替，廢也。㉛淪溺：猶沉溺，沉淪陷溺。㉜泣血：極其悲痛而無聲的哭泣。㉝無筭：相當多。㉞稽古：研習古事。㉟濟物：猶言濟人，助人。㊱勸沮：勸勉和阻止。㊲儒術：即儒學。為先秦諸子學術之一，與其餘各家學術相互辯難，爭相用世。《荀子・富國篇》：「儒術誠行，則天下大而富。」㊳撙節：約束，克制。《禮記・曲禮》：「是以君子恭敬撙節，退讓以明禮。」㊴意：孫星衍校：「意」字衍。㊵六經：六部儒家典籍。亦稱六學、六藝、六籍，即《詩》、《書》、《禮》、《樂》、《易》、《春秋》。

【今譯】「民力都用於大興土木，把積累財物當作不急之務。起土山要以嵩山、霍山為標準，決渠水要達到黃河的氣勢。猶如登上淩霄的華美觀闕，開闢雲際的麗窗。發出淫靡音樂使人感到誤耳，揮舞著絲絹衣袖令人眼花撩亂。濮上的淫靡舞樂，迭奏迭起，或號或呼，晨昏顛倒，作樂不停。或流連於美酒之間，沉溺於絃節之旁。或建造青翠的羽毛華蓋，在郊外狩獵猛禽，駕馳輕足在峻嶺之上，暴曬僚隸在盛日之下。舉火而往，乘星而返。機要的事務全部廢而不修，賞罰也都廢棄而不用。或駕著彩船遊蕩大湖，布密網在綠川之中，唾香餌在漣潭之上，縱船歌於清淵之旁，飛高繳以下輕鴻，放沉線來釣潛鱗。或放置捕獸網在林麓之中，聚合重圍在山澤之表，縱火燒山，快馬奔馳，放獵犬以咬狡獸，飛輕鷂以捉住飛鳥，勁弩一箭射死狂兕，長戟擊斃熊虎。如此長年都不感到厭倦，歷經數年而無休止地幹下去。同時，又加上四時聚會，餞行慶賀，約上幾個密友，迎接備有禮物的嘉賓，花天酒地，早把人間的事務拋在腦後了。長此以往，離開正道愈來愈遠，在這種情況之下，獨意識到滅亡的危機，自拔於沉溺之中，拋棄敗德的險途，重新走上長世大道的人，實在是很少。唉！這就是所以保國安家者甚少，深感極其悲痛而無聲哭泣的人相當多的原因。現今聖明君主在上，大家要認真地研習古事，積極助人，建築堅固的隄防以杜決溢口，彰明褒貶來以勉勵和勸阻。想必宗室公族以及貴門青年，一定競相尊崇儒術，約束藝文，放下老莊不急之務，專精儒家六經的正道！」

君道篇第五

【篇旨】 全篇論述為君之道，讚揚明君，反對昏君。作者認為，「君人者，必修諸己，以先四海，去偏黨以平王道，遺私情以標至公，擬宇宙以籠萬殊，真偽既明於物外矣。」明君要善於任賢，做到「才無失授之用」。作者還指出，「昏惑之君則不然焉。其為政也，或仁而不斷，朱紫混漫，正者不賞，邪者不罰。或苛猛慘酷，或純威無恩。……或營私以亂朝廷矣，或懦弱以敗庶事矣。」上述的對比，反映了葛洪的「佐時治國」思想。

抱朴子曰：「清玄㊀剖而上浮，濁黃㊁判而下沈㊂，尊卑等威，於是乎著。往聖㊃取諸兩儀㊄，而君臣之道立，設官分職，而雍熙㊅之化隆㊆。」

【今註】 ㊀玄：指天。㊁黃：指地。㊂沈：同「沉」。㊃往聖：孫星衍校：《御覽》六百二十作「曩聖」，意指「從前的聖人」。㊄兩儀：指天地。《易經・繫辭・上》：「易有太極，是生兩儀。」㊅雍熙：指雍和熙樂的教化。㊆化隆：逐漸興盛。

【今譯】 抱朴子說：「開天闢地的時侯，清氣上升變成了天，濁氣下沉變成了地，於是尊卑高下與威儀等級，就明顯地表現出來了。往昔聖人取之於天地兩儀，而確立了君臣之道，設官分職、治理天下，和諧喜樂的教化就興盛起來。」

「君人者，必修諸己㊀以先四海，去偏黨以平王道，遺私情以標至公，擬宇宙以籠㊁萬殊。真偽既明於物外㊂矣，而兼之以自見㊃；聽受既聰於接來矣，而加之以自聞㊄。儀決水以進善，鈞絕紘以黜惡㊅，」

【今註】㊀修諸己：指「修養自我」。㊁籠：籠照。㊂物外：事物表象以外。㊃自見：親自觀察。㊄自聞：親自聽聞。㊅黜惡：罷黜罪惡。

【今譯】「為人君王，必須自我修明，身先於天下，除卻私黨私利，使王道平允。排棄私情私欲，使至大之公理，得以發揚。模仿宇宙，以籠納萬事萬物，事物表象之外的真偽，便已明白地顯露在外了。而又兼之以親自觀察，來處理即將接觸的事物，就益顯聰敏了。更加之以親自聽聞，像決水一般地進用善才，和絕紘一樣地罷黜邪惡，」

「昭德㊀塞違㊁，庸親昵賢。使規㊂盡其圓，矩㊃竭其方，繩㊄肆其直，斤㊅效其斲㊆。器無量表之任，才無失授之用。考名責實㊇，屢省勤恤㊈，樹訓典㊉以示民極，審褒貶以彰勸沮，明檢齊以杜㊂僭濫，詳直枉以違晦㊂吝。其與之也，無叛理之幸；其奪之也，有百氏之拚㊂。」

【今註】㊀昭德：表彰德性。㊁塞德：杜塞違惡。㊂規：畫圓的工具。㊃矩：畫方的工具。㊄繩：定曲直的工具。㊅斤：斧頭。㊆斲：砍。㊇考名責實：考察名實是否相合。㊈勤恤：勤於撫恤人民。㊉樹訓典：樹立典範。⑪杜：杜絕。⑫晦：楊明照《抱朴子外篇校箋・上》：按「晦」字誤，當改作「悔」。⑬有百氏之揜：楊明照校：按「百」當作「伯」，指齊大夫。《論語・憲問篇》：「問管仲，曰：人也。奪伯氏駢邑三百，飯疏食，沒齒無怨言。」《集解》引孔曰：「伯氏，齊大夫。」蓋此文之所指也。揜：同「掩」，掩藏之意。

【今譯】「昭彰德行，杜塞邪惡，任用並親近賢能，使規能盡其圓，矩能竭其方，繩能肆其直，斤斧能效其斲斷。器物不當作量表來使用，人才也沒有錯過授用的機會，考其名稱是否屬實，常常自我反省，勤於憮恤人民，並樹立典範以作為百姓遵循的依據。用審察褒貶來表彰和勸阻，明確檢查以杜絕僭越過度，詳察曲枉正直以避免悔吝。如此一來，則給與別人東西，可以稱幸無背叛事理；掠奪別人東西，也有如齊大夫伯氏一般掩藏，使人終身無怨言。」

「匠之以六蓺㊀，軌㊁之以忠信，莅㊂之以慈和，齊之以禮刑。揚仄陋㊃以伸沈抑，激清流以澄臧否㊄。使物無詭道，事無非分。立朝牧民㊅者，不得侵官越局㊆；推轂㊇即戎㊈者，莫敢憚㊉危顧命。悅近以懷遠，修文以昭攜。阜⑪百姓之財粟，闡進德之廣塗，杜機偽之繁務，則明罰勑法，哀敬折獄⑫；」

【今註】㊀六蓺：指禮、樂、射、御、書、數六項藝能。㊁軌：軌範。㊂莅：臨。㊃仄陋：狹隘簡陋。㊄臧否：好壞。㊅牧民：官民治民。㊆侵官越局：侵犯官職，超越權限。㊇轂：推車前進。㊈即戎：作戰打仗。㊉憚：怕。⑪阜：指豐富。⑫折獄：斷獄。

【今譯】「以六藝作為百姓的生活準繩，以忠信作為人們的道德規範，用慈和的方式蒞臨治民，用禮刑的方法來整齊民眾的行為。揚棄隘陋以伸明沉抑，激動清流以澄清善惡。沒有詭道之物，沒有非分之事。使當官治民的人，不得侵犯官職、超越權責；推車打仗的人，不怕危險，不顧性命。近處和悅，可以安撫遙遠的地方；修習文教，可以招集賢才。使百姓的財富興盛起來，闡明進德修業的寬廣道路，杜絕機巧詭詐的繁瑣事務。（脫一句）就能嚴明刑罰、依法勸告，哀憐敬重地斷獄；」

「淳化㊀治，則匿瑕藏疾，五教㊁在寬㊂。外總多士㊃於文武，內建維㊄城之穆屬㊅，使親疎相持，尾為身幹。枝雖茂而無傷本之憂，流雖盛而無背源之勢。石磐岳峙，式㊆遏覬覦。見三苗㊇之傾殄，則知川源之未可恃也；覩翳幽之不守，則覺嚴嶮之不足賴也。」

【今註】㊀淳化：淳治教化。㊁五教：五常之教。《尚書．舜典》：「汝作司徒，敬傅五教，在寬。」《左傳》文公十八年：「舉八元，使布五教于四方，父義、母慈、兄友、弟共（恭）、子孝。」㊂寬：寬容、寬恕。㊃多士：指百官。㊄維：指維繫。㊅穆屬：古代宗廟的次序，左（父）為昭，右（子）為穆，引申為等級制度。㊆式：通「軾」，指車上的扶手板。㊇三苗：古代的族名，傳說地在江、淮、荆州一帶，舜時被遷至三危（今甘肅敦煌一帶）。見《史記》卷一〈五帝本紀〉。

【今譯】「教化淳洽，則能將缺點與疾病匿藏而不現；五常之教在寬厚的環境中得以實行。外則總理文武百官，內則建立維繫統治的等級制度。使親疏互相維持，尾巴也成為身幹的一部分。如此一來，則枝枒雖然繁茂，但沒有傷害本質的憂慮；河流雖然盛大，而沒有違背源頭的趨勢。磐石如山岳一樣地峙立，車軾能遏止他人的覬覦。看見三苗的傾敗滅亡，就可知川源是不可憑恃的；目覩翳幽之地無法防守，就能發覺嚴嶮的地勢是不足以依賴的。」

「夫江、漢猶存，而強楚虜辱。劒閣㊀自如，而子陽赤族㊁。四岳㊂、三塗㊃，實不一姓；金城㊄湯池㊅，未若人和。守在海外，匪山河也。是以賢君抱㊆懼不足，而改過恐有餘。謀當計得，猶思危而弗休焉；戰勝地廣，猶戒盈而夕惕焉。」

【今註】㊀劒閣：地名，在今四川北部，嘉陵江流域。㊁赤族：誅滅全族。㊂四岳：指東岳泰山、西岳華山、南岳衡山、北岳桓山。㊃三塗：山名，在今河南省嵩縣西南，伊河北岸。㊄金城：如金所鑄般堅固的城牆。㊅湯池：比喻防守嚴密的城池。《漢書》卷四十五〈蒯伍江息夫傳〉：「皆如金城湯池，不可攻也。」金以喻堅，湯喻沸熱不可近。㊆賢君抱：孫星衍校：有脱字。

【今譯】「長江、漢水依舊存在，而強大的楚國已經遭到滅亡的恥辱。劍閣依然自如，而子陽卻已被誅滅全族。四岳、三塗，實在不為一姓所專有；金城湯池，都不如人和重要。守在遥遠的海外，那裡卻不是我們的山河。因此，賢明的君王光是抱著畏懼的心情是不夠的，即使改正過錯也要慮怕仍有餘留，若是計謀得當也還要思慮到危險，而不能就此罷休。贏得戰爭勝利，擁有廣寬地域，也還要戎驕戒盈而朝夕警惕。」

「象渾穹㊀以遐燾㊁，式坤㊂厚以廣載。運重光以表微，致遠思乎未兆。資春景以嫗煦㊃，範秋霜以肅物㊄。詶諮以校同異，平衡以銓群言，虛己㊅以盡下情㊆，推功以勸㊇將來。御之以術，則終始可竭㊈也；整之以度㊉，則參差㊀可齊也。」

【今註】㊀渾穹：迷茫的蒼天。㊁燾：同「幬」，指車帷。㊂坤：指地。㊃嫗煦：愛撫、養育。㊄肅物：肅殺萬物。㊅虛己：謙虛自己。㊆盡下情：接納部下之情。㊇勸：勸勵。㊈竭：盡。㊉度：度量。㊀參差：不齊。

【今譯】「像迷茫的蒼天那樣，作為遥遠的車帷。效法大地廣厚的德行，能夠廣載萬物。運用日月重光，以顯現微細的事物；深思遠慮，以預見未出現的跡象。依靠春景以滋養萬物，防範秋霜以肅煞萬物。各種意見互相讎對，比較異同；各種言論互相平衡，衡量輕重。自我謙虛，以盡納下情；推功與人，勸勵將來。以術統治，則自始至終可以竭盡氣力；以度量整頓，則參差不一的可以得到整齊。」

「嶷若閬風㊀之淩霄，而諸下不得以輕重料焉；窈若玄淵㊁之萬仞，而敎近㊂不能以少多量焉。然則君之流源不窮，而百僚㊃之力畢陳矣；我之涯畔無外㊄，而彼之斤兩可限矣。」

【今註】㊀閬風：山名。《楚辭・離騷》：「朝吾將齊於白水兮，登閬風而治謝緤馬。」王逸《注》云：「閬風，山名，在崑崙之上。」㊁玄淵：孫星衍校：舊寫本作「洲」。㊂而褻近：孫星衍校：此三字《藏》本但作「則近」。楊明照《抱朴子外篇校箋・上》：「孫據盧本改為『而褻近』，未必是也。吉藩本作『則近侍』，極是。諸本僅脫一『侍』字耳。」㊃百僚：指百官。㊄涯畔無外：涯畔沒有邊際。

【今譯】「高大像閬風之山，直上雲霄，而諸下之山，不得以輕重來估計。窈幽如玄淵之水，深達萬仞，而近侍之人不能以多少來衡量。既然如此，那麼君王的流源不窮，百官的才力，也全部表現出來了。我自己的涯畔無邊無際，而他人的斤兩卻是有限的。」

「發號吐令，則輷㊀若震霆之激響，而不為邪辯改其正。晝法創制，則炳㊁若七曜㊂之麗天，而不以愛惡曲其情㊃。宏略遠罩，則藹㊄若密雲之高結。居貞成務，則確若嵩、岱㊅之根地。料倚伏於未萌之前，審毀譽於巧言之口。不使敦朴散於雕偽，不使一體㊆澆於二端。雖能獨斷，必博納乎芻蕘㊇；雖務言弘，必清耳於浸潤。」

【今註】㊀輷：轟隆大聲。㊁炳：光明的樣子。㊂七曜：日月及金木水火土五星合稱為「七曜」。㊃曲其情：曲順私情。㊄藹：濃密的樣子。㊅嵩、岱：嵩，嵩山；岱，泰山。㊆一體：同一個整體。㊇芻蕘：草野鄙陋之人。《詩經・大雅・板》：「先民有言，詢於芻蕘。」

【今譯】「君王發號施令，轟然大聲，好像震雷的激響，不因為邪惡之人的巧辯而改變其內容。創畫法制，炳然光明，好像日月五星附著於天空，不因為個人好惡而曲順私情。宏大的謀略遠播，好像濃密雲層懸結於天空；居貞成就天下之務，好像嵩山與泰山巍然地植根於大地。在禍福未形成之前加以預料，從巧言之口中審察毀譽。不使純樸的本質變成雕偽欺詐，不使同一的整體變成兩個部分。雖然能夠獨斷決定，而還必須廣博地聽納草野鄙陋之人的意見。雖然業已包含弘遠，而還必須清醒地聽取細微的意見。」

「民之飢寒，則哀彼責此；百姓有罪，則謂之在予。嘉祥㊀之臻㊁，則念得神之祐㊂；或逢天之怒，則思桑林㊃之引咎。不吝改絃於宜易之調，不恥反迷於朝過之塗㊄。虎眄㊅以警密㊆，麟跱以接疏。路無擊壤㊇之叟，則羞聞和音之作；民有不粒之匱㊈，則媿㊉臨方丈之膳⑪。」

【今註】㊀嘉祥：美好的祥瑞。㊁臻：齊集。㊂祐：庇護。㊃桑林：神名。《淮南子・說林篇》：「上駢生耳目，桑林生臂手。」高誘《注》：「上駢、桑林皆神名。」以上四句，楊明照《抱朴子外篇校箋・上》：按此文參差不齊，定有誤字。吉藩本「或」作「感」，極是（感字屬上句）。當據改。㊄塗：同「途」。㊅眄：斜看。㊆警密：警惕。㊇擊壤：古時的一種投擲遊戲。晉皇甫謐《帝王世紀》：「（帝堯之世）天下大和，百姓無事，有八十老人擊壤於道。」㊈匱：缺乏。㊉媿：愧。⑪方丈之膳：比喻菜餚羅列之多。方丈，一丈見方。《孟子・盡心篇・

下》：「食前方丈。」

【今譯】「看見民眾飢寒，就哀彼責此；發現民眾犯罪，就說過錯在於自己。美好的祥瑞齊集而來，就思念這是獲得神的祐感；碰到天怒天災，就思念這是神的引咎。不吝惜改弦更張，實行適宜簡易的辦法，也不恥於反覆走早上走過的路途。老虎斜視以警惕周圍的一切，麒麟聳立以接待陌生的人們。如果路上沒有做擊壤遊戲的老翁，那就恥聞天下人和的音樂。如果民眾缺乏糧食供應，那就恥臨擺滿菜肴的宴席。」

「處飛閣㊀之概天㊁，則懼役夫之勞瘁；茹柔嘉之旨脃㊂，則憂敬授㊃之失時。聆管絃之宴羨㊄，則戚逸樂之有過；瞻藻麗㊅之采粲，則慮賦斂之慘烈。遵放勳㊆之麤㊇裘，準衛文㊈之大帛；追有夏㊉之卑宮，誡露臺⑪之不果，鑒章華⑫之召災，悟阿房⑬之速禍。」

【今註】㊀飛閣：重樓高閣。㊁概天：「齊天」之意。㊂茹柔嘉之旨脃：吃柔軟香脆的美食。脃，脆。㊃敬授：敬天授時。㊄宴羨：宴請。㊅藻麗：華麗的布帛。㊆放勳：指堯。㊇麤：同「粗」。㊈衛文：指衛文公，春秋時衛國君。㊉有夏：指有夏氏，為夏朝的國君。⑪露臺：涼臺，此指夏臺。《史記》卷二〈夏本紀〉：「湯滅桀，桀謂人曰：『吾悔不遂殺湯於夏臺，使至此。』」⑫章華：疑為章臺，秦渭南離宮的臺名。⑬阿房：指阿房宮。詳見《史記》卷六〈秦始皇本紀〉。

【今譯】「身處齊天的重樓高閣，就害怕役夫的勞瘁。吃柔軟香脆的美食，就擔心農事的失利。聆聽宴會上的音樂，就為逸樂罪過而憂愁。目覩華麗燦爛的錦帛，就考慮到賦斂的慘酷。遵照堯粗裘的儉樸風習，以衛文公只用大帛為準則。追慕夏朝先祖的卑宮，意識到露臺挽救不了夏桀的滅亡。鑒於秦朝章臺召來了災害，領悟到阿房宮加速了秦王朝的滅亡。」

「詰誓㈠，則念依時之失信。耽玩，則覺褒、妲㈡之惑我。征伐，則量力度時，不令百里㈢有號泣之憤。誅戮㈣，則遺㈤情任理，不使鴟夷㈥有抱枉之魂。鑒操彤㈦之杜伯㈧，惟人立之呼豕㈨。」

【今註】㈠詰、誓：文告的體例。㈡褒、妲：褒，指褒姒，為周幽王的寵妃。妲，指妲己，為殷紂王的寵妃。㈢百里：指百里奚，號曰五羖大夫。秦繆公伐晉，發兵之日，百里奚哭之。繆公兵敗，後悔不用百里奚之言。㈣誅戮：指殺戮。㈤遺：楊明照《抱朴子外篇校箋・上》：按「遺」疑當作「遣」。㈥鴟夷：革囊；皮口袋。此指伍員諫吳王不聽，反被賜死，盛之革囊浮於江之事。見《史記》卷六十六〈伍子胥列傳〉。㈦彤：指彤弓，朱紅色的弓。㈧杜伯：見《抱朴子・內篇・論仙篇》注。《史記》卷五〈秦本紀〉唐張守節《正義》引《括地志》云：「下杜故城在雍州長安縣東南九里，古杜伯國。」《墨子・明鬼篇・下》：「周之宣王殺其臣杜伯而不辜。杜伯曰：『吾君殺我而不辜，若以死者為無知，則止矣。若死而有知，不出三年，必使吾君知之。』其後三年，周宣王合諸侯，而田於圃田，……日中，杜伯乘白馬，素車，朱衣冠，執朱弓，挾朱矢，追周宣王，射之車上。」　㊈人立之呼豕：語出《左傳》莊公八年：「冬十二月，齊侯遊于姑棼，遂田于貝丘，見豕大者，從者曰：『公子彭生也。』公怒曰：『彭生敢見，射之。』豕人立而啼，公懼墜于車，傷足喪屨。」

【今譯】「發布誥誓，就思念是否合適與失信；耽於玩樂，就發覺自己被褒姒與妲己一類寵妃所迷惑。征伐打仗時量力度時，就不會使百里奚有為失敗而號泣的憤慨；誅滅戮殺時遣情任理，就不會使范蠡有抱枉之魂。杜伯無辜被殺，魂操弓矢，報恨於周宣王（見《墨子・明鬼篇》）。彭生託形於大豕，齊襄公射之，豕人立而啼，公懼而傷足（見《左傳》莊公八年）。」

「廢嫡㊀，則戒晉獻㊁之巨惑。立庶，則念劉表㊂之殄祀。蒐畋㊃，則樂失獸而得士，識弛㊄綱而悅遠。偏愛，則慮袖蜂之謗巧，飛燕㊅之專寵。獨任，則悟鹿馬㊆之作威，恭、顯㊇之惡直㊈。納策，則思漢祖㊉之吐哺⑪，孝景⑫之誅錯⑬。」

【今註】㊀廢嫡：指廢嫡長子，改立庶出之子。　㊁晉獻：指晉獻公，為春秋時晉國之君。獻公立幼子為嗣，子夷吾出奔梁，後由齊秦幫助回國即位，是為晉惠公。另一子重耳，出奔十九年，後由秦助回國即位，即晉文公。詳見《史記》卷三十九〈晉世家〉。　㊂劉表：字景升，東漢皇族之遠支。東漢末年，軍閥混戰，劉表為荊州牧，後病死，子琮降於曹操。　㊃蒐畋：打獵。　㊄弛：疏弛。　㊅飛燕：指趙飛燕，為西漢成帝皇后。善歌舞，以體輕，故稱「飛燕」。平帝即位，她被廢為庶人，自殺。　㊆鹿馬：指鹿為馬。秦二世時，趙高欲為亂，恐群臣不聽，乃先設驗，持鹿獻於二世，曰：「馬也。」二世笑曰：「丞相誤耶？謂鹿為馬。」問左右，左右或默，或言馬以阿順趙高。或言鹿，高因陰中諸言鹿者以法。後群臣皆畏高。見《史記》卷六〈秦始皇本紀〉。㈧恭顯：指西漢元帝之大臣弘恭與石顯，二者曾權傾一時。㈨惡直：厭惡正直之士。⑩漢祖：漢高祖劉邦。⑪吐哺：形容為延攬人才而操心忙碌。⑫孝景：指西漢景帝。⑬錯：指晁錯，建議削奪諸侯王國的封地，得到景帝采納。不久，吳楚七國以誅錯為名，起兵叛亂，由於袁盎等的譖言，卒為景帝所殺。

【今譯】「廢嫡長子，就要以晉獻公的巨惑為戒；擁立庶子，就要以劉表的殄祀為鑑。打獵時就要樂於打不到野獸而能獲得賢士，認識到綱疏而能安撫遠方；偏愛妃子時就要考慮到女人的謗巧，尤其是趙飛燕之類的專寵；獨任大臣時就要明白趙高指鹿為馬的淫威，弘恭、石顯的厭惡正直之士；納取對策時就要思念漢高祖劉邦的延攬士人，以及漢景帝誅殺晁錯的事件。」

「旨甘之進㈠，則疏㈡儀狄㈢。容悅姑息，則沈㈣欒激㈤。除蒸子之諂㈥，親放麑之仁㈦。鑒白龍以輟輕脫㈧，覩羸㈨以節無饜。防人彘之變⑩於六宮之中，止汗血⑪之求於絕域之外。除惡犬，以遏酒酗之患。市馬骨，以招追風⑫之駿。」

【今註】㈠進：進獻。㈡疏：疏遠。㈢儀狄：傳說為夏禹時的造酒人。《戰國策・魏策・二》：「昔者，帝女令儀狄作酒而美，進之禹，禹飲而甘之，遂疏儀狄，絕旨酒，曰：『後世必有以酒亡其國者。』」㈣沈：同「沉」。㈤欒激：人名。事見《說苑・君道篇》：「趙簡子與欒激遊，將沉於河，曰：『吾嘗好聲色矣，而欒激致之；……今吾好士六年矣，而欒激未嘗進一人，是進吾過而黜吾善也。』」　㈥蒸子之諂：齊桓公好美食，相傳易牙曾烹子為羹以獻齊桓公。《韓非子・二柄篇》：「（齊）桓公好味，易牙蒸其子首而進之。」易牙，一作狄牙，春秋時齊桓公寵信的近臣。長於調味，善逢迎，相傳曾烹其子為羹，以獻齊桓公。　㈦親放麑之仁：指孟孫獵得麑，秦西巴放生的故事。楊明照《校證》：「麋」當作「麑」。《韓非子・說林篇上》：「（魯）孟孫獵得麑，秦西巴持之歸，其母隨之而啼，秦西巴弗忍而與之，孟孫歸，至而求麑，答曰：『余弗忍而與之母。』孟孫大怒，逐之。居三月，復召以為其子傅，其御曰：『曩將之罪，今召以為子傅，何也？』孟孫曰：『夫不忍麑，又且忍吾子乎？』」　㈧輕脫：輕率、放蕩。　㈨羸：孫星衍、楊明照皆以為「羸」下脫一字。據《左傳》昭公元年、《孟子・滕文公篇》趙岐注及《風俗通・怪神篇》等，是「羸」字下當補「露」或「路」字（路與露通）。焦循《孟子正義》（〈滕文公・上〉）：「羸路，謂瘦脊暴露也。」　㈩人彘之變：指呂后害戚夫人事。呂太后遂斷戚夫人手足去眼，煇耳，飲瘖藥，使居廁中，命曰「人彘」。居數日，迺召孝惠帝觀人彘。孝惠見，問，迺知其戚夫人，大哭，因病，歲餘不能起。見《史記》卷九〈呂太后本紀〉。　⑪汗血：即天馬，駿馬名。《史記》卷一百二十三〈大宛列傳〉：「漢武帝得烏孫馬好，名曰『天馬』。及得大宛汗血馬，益壯，更名烏孫馬曰『西極』，名大宛馬曰『天馬』。」　⑫追風：形容馬跑得很快。《文選》卷三十四曹植〈七啟〉：「駕超野之駟，乘追風之輿。」

【今譯】「對於甜美食物的進獻，則像禹疏遠儀狄那樣。對於容悅姑息的行為，則像趙簡子將欒激沉河那樣。廢除易牙蒸子逢迎討好的做法，提倡放麑之事所體現的親愛仁義。鑒於白龍之現而停止放蕩的行為，看見瘦瘠暴露而節制無饜的貪欲。防止內宮中出現呂后逼害戚夫人之類事件，杜絕到西域求索天馬的做法。除惡犬以遏止酗酒之患，市馬骨以招取疾如追風的駿馬。」

「軾怒鼃㊀以勸勇，避螳螂以厲武。聆公廬之讜言㊁，容保申㊂之正直；剔腹背無益之毛，攬六翮㊃凌虛㊄之用。烹如簧以謐司原之箴㊅，折菀渃㊆以迪梁伯㊇之美。放丹姬㊈以弭婉孌⑩之迷，退子瑕⑪以杜餘桃之惑。」

【今註】㊀鼃：蛙。《韓非子・內儲說上・七術》云：「越王慮伐吳，欲人之輕死也，出見怒鼃乃為之式，從者曰：『奚敬於此？』王曰：『為其有氣放也。』明年之請以頭獻王者歲十餘人。由此觀之，譽之足以殺人也。」㊁聆公廬之讜言：孫星衍校：《藏》本作「聆虐會」。楊明照《抱朴子外篇校箋・上》：孫校改非，當作「虎會」。《新序・雜事一》：「趙簡子上腸山之板，群臣皆偏袒推車，而虎會獨擔戟行歌，不推車。……虎會對曰：『為人君而侮其臣者，智者不為謀。』……簡子曰：『善！以虎會為上客。』蓋即稚川此文所指也。㊂保申：當作「葆申」，諫荊文王之淫丹姬。見《呂氏春秋・直諫篇》。㊃翮：翅膀。㊄凌虛：指天空。㊅司原之箴：即《虞人之箴》。虞人之職，掌原野畋獵之事。周武王時，有朝臣以后羿荒於田獵，終至殺身亡國一事警誡君主，故作此箴。事見《左傳》襄公四年。箴，箴言。㊆菀渃：盛蕩的溪河。㊇梁伯：楊明照曰：「疑即梁鴦。」並引《列子・黃帝篇》：「周宣王之牧正有役人梁鴦者，能養野禽獸。委食於園庭之內，雖虎狼鵰鶚之類，無不柔順者。」㊈放丹姬：《呂氏春秋・直諫篇》：（荊文王）得丹之姬，淫，期年不聽朝。葆申諫，王乃變更，放丹之姬。⑩婉孌：年輕美好的女子。⑪子瑕：即彌子瑕，衛靈公之臣，事見《說苑》。

【今譯】「車途上向怒蛙致敬，以勸導勇氣；避讓螳螂，以獎勵英武。聆聽虎會對趙簡子說的正直之言，容納葆申對荆文王的直諫規勸。剔除腹背無益之毛，攬集翅膀以供飛天之用。烹如簧以安靜司原的箴言，折菀渃以啟迪梁伯的美談。放回丹姬，以止息美貌女子的迷惑；退斥彌子瑕，以杜絕餘桃的引誘。」

「藏淵中之魚，操利器之柄。勿憚㊀徙薪㊁之煩，以省焦爛之費。鼓廉恥之陶冶，明考試之準的㊂。怒不越法以加虐，喜不踰㊃憲㊄以厚遺㊅。割情於所愛，而有犯者無赦；採善於所憎，而有勞者不遺。傾下㊆以納忠㊇，聞㊈逆耳㊉而不諱。廣乞言於誹謗，雖委抑而不距⑪。」

【今註】 ㊀憚：怕。㊁徙薪：搬動柴薪。㊂準的：標準。㊃踰：超越。㊄憲：法律規章。㊅遺：贈送。㊆傾下：孫星衍校：脱一字。楊明照《抱朴子外篇校箋・上》：「有『問』字，始能與下句『聞逆耳而不諱』相儷。」故此處應為「傾下問」，傾聽下問的意思。㊇納忠：採納忠言。㊈聞：聽。㊉逆耳：不好聽的話，指忠言。⑪距：同「拒」，拒聽的意思。

【今譯】 「藏匿淵中之魚，手操利器之柄。不要害怕搬動柴薪的麻煩，以免燒焦爛的費用。鼓勵廉恥的陶冶，明確考試的標準。惱怒時不超越法規以虐害他人，高興時也不違反憲章而厚賜他人。割斷所愛之情，而對犯法者不加赦免；採納所憎之善，而對有功勞的人加以任用。傾聽下問納忠諫，聞逆耳之言而不避諱。廣泛地徵求意見，即使是誹謗，雖委抑而不拒聽。」

「掩細瑕㊀而錄大用，忘近惡而念遠功，使夫曹劌㊁、孟明㊂有修來之效，魏尚㊃、張敞㊄立雪恥之績；射鉤之賊臣㊅，著匡合㊆之弘勳，釋縛之左車㊇，吐止戈㊈之高策。則鵂梟㊉化為鴛鸞，邪偽變成忠貞；」

【今註】　㊀細瑕：細小的缺點。　㊁曹劌：即曹沫，春秋魯國武士。相傳齊君與魯君在柯（今山東陽谷東）相會，他持劍相從，挾持齊君訂立盟約，收復魯國失地。見《史記》卷八十六〈刺客列傳〉。　㊂孟明：百里奚之子，秦穆公時將領。見《史記》卷五〈秦本紀〉。　㊃魏尚：西漢官吏，右伏風槐里（今陝西興平東南）人。漢文帝時為雲中郡守。善治軍，曾擊敗匈奴入侵，所殺甚眾，匈奴畏而不敢近雲中。後因上報戰果斬敵首級數時虛報六級，被文帝免職。馮唐力諫，乃赦其罪，復用為雲中郡守。見《漢書》卷五十〈張馮汲鄭傳〉。　㊄張敞：字子高，西漢名臣，河東郡平陽人，傳見《漢書》卷七十六〈趙尹韓張兩王傳〉。　㊅射鉤之賊臣：指春秋時管仲射齊桓公的故事。《國語・齊語》：「桓公曰：『夫管仲，射寡人中鉤，是以濱以死。』」《左傳》僖公二十四年：「齊桓公置射鉤而使管仲相。」杜預《注》：「乾時之役，管仲射桓公，中帶鉤。」　㊆匡合：糾集。指齊桓公任管仲為相，糾合諸侯、一匡天下。《史記》卷六十二〈管晏列傳〉：「管仲既用，任政於齊，齊桓公以霸，九合諸侯，一匡天下，管仲之謀也。」《論語・憲問篇》：「子曰：『管仲相桓公，霸諸侯，一匡天下。』」　㊇釋縛之左車：左車，指李左車。初仕趙，封廣武君。為趙王謀劃，不被採用。韓信引兵擊破趙，募生得李左車者給予千金。李左車被押解主帳下，韓信親解其縛，以禮相待。李左車獻破齊、燕之策，韓信用之，燕國從風而靡。見《史記》卷九十二〈淮陰侯列傳〉。　㊈止戈：平定戰事。㊉鵂梟：鵂，鳥名，面目羽毛不美；梟，貓頭鷹一類鳥的通稱。

【今譯】「不計較細小的缺點，而錄用大的才能，忘記近惡，而思念將來樹立大的功勳，使曹劌、孟明有修來的效用，魏尚、張敞有雪恥的業績；就齊桓公來說，管仲曾是射鉤的賊臣，但他為桓公建立了九合諸侯、一匡天下的宏大功勳，如同被釋放的李左車，能夠說出不動干戈而取勝的高明策略。可見，貓頭鷹化為鴛鸞，邪偽之人變成忠貞之臣；」

「芳穎㊀秀於斥鹵㊁，夜光㊂起乎泥濘。剡㊃銳載胥㊄，九功㊅允諧，西面逡巡，以延師友之才；尊事老叟，以敦孝悌之行。是以淵蟠者仰赴，山棲者俯集。炳蔚內弼㊆，虓闞㊇外御。政得於上，而物傾於下；惠發乎邇㊈而澤邁乎遠。明哲宣力於攸莅，黔庶㊉讓畔於藪澤。」

【今註】㊀芳穎：芳花。㊁斥鹵：鹽礆地。㊂夜光：寶石名稱。㊃剡：銳利。㊄胥：有才智之稱。《詩經．大雅．桑柔》：「其何能淑，載胥及溺。」㊅九功：九職之人。《說苑．君道篇》：「司徒、司馬、司空、田疇、樂正、工師、袟宗、大理、歐禽。」㊆弼：輔佐。㊇虓闞：勇猛強悍。語本《詩經．大雅．常武》：「闞如虓虎。」《漢書》卷一百上〈敘傳．上〉：「於是七雄虓闞，分裂諸夏。」楊明照《抱朴子外篇校箋．上》：按「御」疑當作「禦」，文意始合。㊈邇：近。㊉黔庶：指百姓平民。

【今譯】「芳花盛開於鹽地，夜光寶玉起源於泥濘土壤。銳利及與，九職之人皆為和諧，西面逡巡退避，以延攬師友之才；尊事老叟，以敦促孝悌之行。因此，盤居深淵的人仰而奔赴，棲止山林的人俯而齊集。內廷輔佐之臣炳然蔚盛，周邊禦敵之將勇猛強悍。政化出於上而民物傾於下，惠愛發於近廷而恩澤遠播四方。明哲君王努力於臨朝執政，百姓庶民互讓地界於藪澤。」

「爾乃蠲滋章之法令，振大和之清風。蒲輪㈠玉帛，以抽丘園之俊民；元凱㈡畢集，以究論道之損益。滅牧羊之多人，反不酤之至醇。張仁讓之闈㈢，杜華競之津㈣，旌㈤義正之操，弘道素之格。使附德者，若潛萌之悅甘雨；見歸者，猶行潦㈥之赴大川。黎民㈦安之，若綠葉之綴修柯；左衽㈧仰之，若眾星之繫北辰㈨。」

【今註】㈠蒲輪：迎接賢士的車子。㈡元凱：八元、八凱，指賢能高才之士。㈢闈：宮闈。㈣津：渡口。㈤旌：表彰。㈥行潦：指窪地上的積水。《左傳》隱公三年：「潢污行潦之水。」孔穎達《疏》引服虔注：「行潦，道路之水是也。」㈦黎民：百姓。㈧左衽：衣襟向左教領。古代北方民族被髮左衽，中原華夏族束髮右衽。㈨北辰：指北極星。

【今譯】「那樣，也就避免了法令滋生的情況，振興了天下太平的風習。用蒲車玉帛等，吸引隱居丘園的俊士。八元八凱之類有高才的人全部都聚集而來，研探治道的損益。滅牧羊之多人，反不酤之至醇。張揚宮闈的仁讓，杜絕渡口的競爭，表彰操行的正義，恢弘格式的素道。使附德者像萌芽之喜悅甘雨，見歸者如行潦之奔赴大河。黎民百姓安居樂業，好像綠葉點綴著修長的柯條；周邊異族仰歸中原，好像群星維繫著北極星。」

「是以七政㊀不亂象於玄極，寒溫不謬節而錯集。四靈㊁備覿㊂，芝華灼粲㊃。甘露淋漉以霄墜，嘉穗婀娜而盈箱。丹魃㊄逐於神潢㊅，玄厲拘於廣朔㊆。百川無沸騰㊇之異，南箕㊈謐偃禾之暴，物無詭時之凋㊉，人無嗟慨之響[十一]。囹圄[十二]虛陳，五刑[十三]寢厝[十四]。正朔[十五]所不加，冕紳所不暨。氈裘皮服，山棲海竄，莫不含歡革面，感和重譯[十六]，靈禽貢於彤庭[十七]，瑤環獻自西極[十八]。員首[十九]遠善，猶氤氳[二十]之順勁風；要荒承旨，若響亮之和絕音。誠升隆[二十一]之盛致，三、五[二十二]之軌躅也。故能固廟祧[二十三]於罔極，繁本枝乎百世矣。」

【今註】㊀七政：指日月及金木水火土五星之政。《後漢書》卷八十二〈方術傳〉：「其流又有風角、遁甲、七政、元氣、……。」唐李賢《注》：「七政，日月五星之政也。」㊁四靈：指龍、鳳、龜、麟。㊂覿：顯示。㊃灼粲：光彩燦爛。㊄魃：神話中的旱神。㊅潢：積水池。

㊆玄厲拘於廣朔：楊明照《抱朴子外篇校箋．上》：「『廣』當作『度』」。《風俗通．祀典篇》：謹按《皇帝書》：「上古之時，有神荼與鬱壘昆弟二人，性能執鬼。度朔山上有桃樹，二人於樹下簡閱百鬼，無道理妄為人禍害，神荼與鬱壘縛以葦索，執以食虎。」厲，惡鬼。㊇沸騰：指泛濫。㊈南箕：《詩經．小雅．大東》：「維難有箕，不可以簸揚。維北有斗，不可以挹酒漿。」箕、斗兩宿相連而箕宿稍南。㊉凋：凋蔽。[十一]響：聲音。[十二]囹圄：牢獄。[十三]五刑：指劉刑、劓刑、刵刑、宮刑、大辟五種酷刑。[十四]厝：放置那兒而不用。[十五]正朔：一年第一天開始的時候。[十六]重譯：輾轉翻譯。[十七]彤庭：指華麗的宮廷。[十八]西極：指西方極遠的地方。[十九]員首：泛指人。[二十]氤氳：煙霧濃盛的樣子。[二十一]升隆：興隆。[二十二]三、五：指三皇、五帝。[二十三]祧：祖廟、祠堂。

【今譯】「因此，日月五星七政不亂象於玄極，寒溫四時不謬節而錯集。龍、鳳、龜、麟全部都顯示出來，仙芝芳花光彩燦爛。甘露淋漉以霄墜，嘉穗婀娜而盈箱。旱神被趕到積水池中，玄鬼被拘在度朔山上。百川大河沒有泛濫的災異，天上箕宿沒有偃禾的暴曬。萬物無詭時的凋蔽，民眾沒有感慨的歎息。牢獄虛設，五刑置而不用。正朔所不加，冕紳所不及。氈裘皮服之地，山棲海竄之人，莫不含歡革面，為天下太平所感染，紛紛而來，輾轉翻譯，歸向中原。靈禽進貢於朝廷，美玉瑤環呈獻自西域。人人遷善，猶如濃盛的霧氣順著勁風；無論是中原要地還是八方荒遠，都像聲響依附著絕音。這確實是興隆的太平盛世，是三皇五帝來回走過的道路。所以能夠使宗廟永遠的鞏固，本枝繁榮，百世不衰。」

「夫根深則末盛矣，下㈠樂則上㈡安矣。馬不調，造父㈢不能超千里之迹；民不附，唐、虞㈣不能致同天之美。馬極㈤則變態生，而傾僨㈥惟憂矣；民困則多離叛，其禍必振矣㈦。可不戰戰以待旦乎！可不慄慄而慮危乎？」

【今註】㈠下：指百姓。㈡上：指君王。㈢造父：傳說是周繆王的御者。《史記》卷四十三〈趙世家〉：「造父幸於周繆王。造父取驥之乘匹，與桃林盜驪、驊騮、綠耳獻於繆王。繆王使造父御，西巡狩，見西王母，樂之忘歸。而徐偃王反，繆王日馳千里馬，攻徐偃王，大破之。乃賜造父以趙城，由此為趙氏。」㈣唐、虞：指唐堯、虞舜。㈤極：疲倦。㈥僨：僕倒。㈦其禍必振矣：楊明照《抱朴子外篇校箋．上》：「按『必振』與上下文意不屬，『必』疑『不』之誤。」《廣韻》：「『禍敗危及而不振。』」

【今譯】「樹根深，枝葉就茂盛了，百姓康樂，君王統治就安穩了。馬不調養，即使造父也不能驅趕千里以上的路途；百姓不依附，即使唐堯與虞舜也不能做到普天同樂的美景。馬極疲勞則變態萌生，擔憂的只是倒斃了。民眾困難則多會叛離，禍患必定會產生。可不戰戰地等待天亮，慄慄地考慮危險嗎？」

「人主不澄㈠思於治亂，不深鑒㈡於亡徵，雖目分百尋㈢之秋毫㈣，耳精八音㈤之清濁，文則琳琅墮於筆端，武則鉤鉻㈥摧於指掌，心苞萬篇之誦，口播濤波之辯，猶無補於土崩，不救乎瓦解也。何者？不居其大，而務其細，滯㈦乎下人之業，而闇㈧元本之端也。」

【今註】㈠澄：清。㈡鑒：借鏡。㈢尋：長度單位，古代八尺為一尋。㈣秋毫：比喻極為細小的事物。㈤八音：古代對樂器的統稱，具體指金、石、土、革、絲、木、匏、竹八類。㈥鉤鉻：古兵器名。㈦滯：停。㈧闇：不懂。

【今譯】「君主不弄清楚治亂之道，不以滅亡的徵兆為深鑒，雖然能明察百尋以外的秋毫，精審八音的清濁。文則筆端墮琳瑯，武則指掌摧鉤鉻，心苞萬篇之誦，口播濤波之辯，還是無法挽救自己統治的土崩瓦解。為什麼呢？這原因是不抓大政而專務細事，滯於百姓之業，而不懂得根本的大事。」

「誠㈠能事過乎儉㈡，臨深履冰㈢，居安不忘乘奔之戒，處存不廢慮亡之懼，操㈣綱領以整毛目㊄，握道數以御㊅眾才，韓、白㊆畢力以折衝㊇，蕭、曹㊈竭能以經國，介一人之心⑩致其果毅，謀夫協思進其長算⑪，則人主雖從容玉房之內，逍遙雲閣之端，羽爵⑫腐於甘醪⑬，樂人疲於抃儛⑭，猶可以垂拱⑮而任賢，高枕以責成。何必居茅茨⑯之狹陋，食薄味之大羹，躬⑰監門之勞役，懷損命之辛勤，然後可以惠流蒼生⑱，道洽⑲海外哉？」

【今註】㊀誠：確實。㊁儉：勤儉。㊂臨深履冰：臨深淵、履薄冰，比喻戰戰兢兢的樣子。㊃操：掌握。㊄毛目：眉目。㊅御：統御、領導。㊆韓、白：韓，韓信，為西漢初名將。白，白起，為戰國末秦之名將。㊇折衝：折還敵軍戰車，意謂抵禦敵人。《詩經・大雅・綿》：「予曰有御侮。」毛《傳》：「折衝曰御侮。」㊈蕭，指蕭何；曹，指曹參，皆為漢初名臣。⑩介一人之心：孫星衍校：疑當作「介人一心」。⑪長算：指高明的計謀。⑫羽爵：雕飾成鳥雀形的酒器。⑬甘醪：甜酒。⑭抃儛：抃，翻飛。儛，舞。⑮垂拱：垂衣拱手，形容太平無事，可無為而治。《尚書・武成》：「垂拱而天下治。」⑯茅茨：指簡陋的房舍。⑰躬：親自。⑱蒼生：本指生草木之處，借指百姓。⑲洽：和睦。

【今譯】「如果確實能勤儉辦事，懷著臨深淵履薄冰的戰戰慄慄的心情，居安不忘逃亡出奔的教訓，處存不忘滅亡的懼怕，掌握綱領以整頓眉目，操縱道數以統御眾才，韓信、白起等名將全力作戰御侮，蕭何、曹參等名相竭力經營治國，人人齊心，果毅一致，共謀協思，各自進獻高明的計策，那麼，君主雖然縱情於玉房內宮，逍遙於雲閣之端，羽爵腐於甘醪，樂人疲於飛舞，但還是可以垂衣拱手，任賢而治，高枕以責成，天下無為而治。為什麼一定要住在茅茨陋屋，吃薄味的大羹，親身做監門的勞役，付出損命的辛勤，然後才可以恩惠流及百姓，治道和睦海外呢？」

「昏惑之君，則不然焉。其為政也：或仁而不斷，朱紫㊀混漫，正者不賞，邪者不罰。或苛猛慘酷，或純威㊁無恩㊂，刑過乎重，不恕不逮㊃。根露基積㊄，危猶巢幕，」

【今註】 ㊀朱紫：官服。朱紫，借指官吏。 ㊁純威：專制的淫威。 ㊂恩：恩典。 ㊃逮：及。 ㊄積：傾頹，倒塌。

【今譯】 「但是，昏庸君主就不是這樣的了。昏君治理政事，或者仁慈而不決斷，官制混亂，正直的人不受到賞賜，邪惡的人不遭到處罰。或者為政猛苛慘酷，或者專制淫威而無恩典。嚴刑過重，不恕不逮。這樣，根基暴露以致倒塌，危亡的情景猶巢幕，」

「而自比於天日，擬固於泰山，謂克明俊德者不難及㊀，小心翼翼者未足筭㊁也。於是無罪無辜，淫刑以逞，民不見德，唯戮是聞。官人則以順志㊂者為賢，擢才㊃則以近習㊄者為前。上宰鼎列，委㊅之母后之族；專斷顧問，決之阿諂㊆之徒。」

【今註】 ㊀不難及：不難達到。楊明照《抱朴子外篇校箋・上》：按此二句上下文意不屬，「遠」下疑脫一字（或是「及」字）。 ㊁未足筭：不值得算計。 ㊂順志：順從自己的心志。 ㊃擢才：拔擢賢才。 ㊄近習：與自己習性相近。 ㊅委：委政。 ㊆阿諂：逢迎拍馬的人。

【今譯】「而庸主卻自比於天地，擬固於泰山之安，說克俊德者不難做到，小心翼翼者不值得計謀。於是，對於無罪無辜的人，濫施淫刑，民不被德，唯戮是聞。封官則以順從自己旨意的人為賢能，選才則以與自己氣習相投的人為先用。宰臣鼎列而不用，卻委政於母后之族；專斷政事與顧問諮詢，取決於阿諂逢承之徒。」

「所揚引則遠九族㈠外親，而不簡㈡其器幹；所信仗則在於瑣才曲媚㈢，而憎乎方直；所抑退則從雷同，而不察之以情；所寵進則任美談㈣，而不考其績用。掌要治民之官，御戎專征之將，或貪汙以壞所在矣，或營私以亂朝廷矣，或懦弱以敗庶事矣，或恇怯以失軍利矣。終於不覺，不忍黜斥㈤，猶加親委㈥，冀㈦其晚效。器小任大㈧，遂及於禍。良才遠量無援之士，或披褐而朝隱，或沈淪於窮否，懷道括囊，展力莫由，陵替之災，所以多有也。」

【今註】㈠九族：當以父族四、母族三、妻族二為九族。《尚書・堯典》：「以親九族。」㈡簡：察也。㈢曲媚：阿從的小人。㈣美談：空言的人。㈤黜斥：罷黜斥退。㈥親委：親自委任。㈦冀：希望。㈧器小任大：才能小而擔大任。

【今譯】「昏君所引用的則是遠及皇家九族外親，而不檢查他們的器具才幹；所信賴的則是小才曲媚之徒，而憎恨方正直諫之士；所抑退的則是情況雷同的人，而不詳察其情；所寵進則是善於美談空言的人，而不考究他們實績。至於掌握要職的治民之官，以及御戎專征的將領，有的貪污不法而敗壞了所在的部門，有的結黨營私而搞亂了朝廷，有的無能懦弱而敗壞了庶事，有的怕死膽怯而喪失了軍事上有利的形勢。昏君對於這些始終於沒有覺察，不忍罷黜斥退，仍然親自加以委任，希望他們以後有所報效。才能小而擔任大的職責，於是就帶來了禍害。至於良才遠量無援之士，有的身披褐衣，隱居山林，有的沉淪於窮苦之中，身懷全部的道術，卻無法展現並實施自己的才能，所以大多遭到陵替的災禍。」

「又經典規戒，弗聞弗覽，玩弄褻宴，是耽㈠是務。高樓觀而下道德，廣苑囿而狹昭納，深池沼而淺㈡恩信，悅狗馬而惡蹇諤㈢，貴珠玉而賤智略，豐綺紈而約惠澤，緩賑濟而急聚斂，勤畋弋㈣而忽稼穡㈤，重兼并而輕民命，進優倡㈥而退儒雅，厚嬖倖㈦而薄戰士，流聲色而忘庶事，先酣遊而後聽斷，數苦役而踈犒賜。工造費好不急之器，圈聚食肉靡穀之物。然則危亡不可以怨天，微弱不可以尤人也。」

【今註】 ㈠耽：沉溺。 ㈡淺：輕視。 ㈢蹇諤：同「謇諤」，正直敢言貌。 ㈣畋弋：打獵射鳥。 ㈤稼穡：農耕。 ㈥優倡：以樂舞戲謔為業的藝人。 ㈦嬖倖：指親近狎玩的臣子。

【今譯】 「此外，昏庸君主對於經典規戒，不聞不覽，而耽樂於玩弄褻宴。重視高觀樓閣而漠視道德，廣築苑囿而少招賢才，深挖池沼而輕視恩信，喜觀狗馬之樂而厭惡正直敢言之士，貴重玉帛財寶而鄙視智才謀略，堆積綺紈玉帛而簡約惠賜恩澤，延緩救濟窮困而急於暴徵聚斂，勤於打獵射鳥而忽略農業耕作，注重兼併而輕視民命，進用優倡而退黜儒雅，厚賜嬖倖近臣而苛待沙場戰士，沉溺聲色而忘記庶事，先酣遊玩宴樂而後聽斷政務，數苦役而疏犒賜。工匠製造費好不急之器，圈囿聚集食肉糜穀之物。既然如此，那麼危亡不可以怨天了，衰弱也不可以尤人了。」

「夫吉凶由己，湯、武㊀豈一哉？昔周文㊁掩未埋之骨，而天下稱其仁。殷紂㊂剖比干㊃之心，而四海疾㊄其虐。望㊅在具瞻，毀譽尤速。得失之舉，不在多也。凡譽重則蠻、貊㊆歸懷，而不可以虛索也。毀積即華夏離心㊇，而不可以言救也。是以小善雖無大益，而不可不為；細惡雖無近禍，而不可不去也。」

【今註】　㊀湯、武：湯，成湯，商王朝的創立者；武，周武王。　㊁周文：即周文王。　㊂殷紂：即殷紂王。　㊃比干：紂王的叔父，官少師。相傳因屢次勸諫紂王，被剖心而死。　㊄疾：痛恨。　㊅望：威望。　㊆蠻、貊：指周邊少數種族。　㊇華夏離心：指中原民心都會背離。

【今譯】　「吉利與凶禍都取決於己，成湯與周武王難道是一樣的嗎？從前，周文武掩未埋的屍骨，而天下稱讚他是仁愛的。殷紂王剖比干之心，而四海痛恨他的暴虐行為。威望是人人都看到的，毀譽尤其迅速，得或失的舉動，是不在乎多的。凡是聲譽重大的，周邊異族都心向所歸，而不著虛索的。積毀多的，則連中原百姓都離心背叛，那是不可以言救治的。因此，小善雖無大益，但不可不去做；細惡雖無近禍，但不可不去改掉。」

「若乃肆情縱欲，而不與天下共其樂，故有憂莫之恤也。削基憎峻，而不覺㊀下墮則上崩，故傾積㊁莫之扶也。於是轡策㊂去於我手，神物假㊃而不還，力勤財匱㊄，民不堪命，眾怨於下，天怒於上，」

【今註】 ㈠削基憎峻：楊明照《抱朴子外篇校箋・上》：「按「憎峻」與下文文意不屬，當依《藏》本、魯藩本、吉藩本、愼本、舊寫本作「增峻」，即增加高度的意思。孫（星衍）氏據盧本改「增」為「憎」，非是。《淮南子・泰族篇》：「不廣其基，而增其高者，覆。」注此合通。 ㈡頹：倒塌。 ㈢轡策：轡，駕馭牲口用的嚼子和韁繩；策，鞭子。 ㈣假：借。 ㈤匱：缺乏。

【今譯】 「至於任情縱欲，不與天下百姓共同享樂，所以便有憂患，而且無法救治。基礎削減，增加高度對此並不覺察，結果下墮上崩，所以就倒塌了，而且無法扶持。於是轡策離開了自己的手，神物借而不還，役力多而財富缺，民不堪命，眾怨於下，天怒於上，」

「田成㈠盜全齊於帷幄，姬昌㈡取有二於西鄰。陳、吳㈢之徒，奮劍而大呼，劉、項㈣之倫，揮戈而飆駭。雲梯㈤乘於百雉㈥之上，皓刃㈦交於象魏㈧之下，飛鋒內荐，禁兵外潰，而乃憂悲以思遯㈨世之大賢，擁篲㈩以延巖棲之智士，慕伊、呂⑪於嵩岫⑫，昭孫、吳⑬於草萊。拜昌言而無所，思嘉筭而莫問。猶大廈既燔⑭，而運水於蒼海；洪潦凌室⑮，而造船於長洲⑯矣。」

【今註】 ㈠田成：即田成子，或作陳成子，春秋時齊國大夫。齊簡公四年（公元前八四一年），殺死簡公，擁立齊平公，而自任相國，盡殺公族中的強者，擴大封邑，從此齊國由田氏專權。

㊁姬昌：即周文王，姓姬名昌。殷末，稱西伯，擁天下三分之二。㊂陳、吳：陳，指陳勝；吳，指吳廣，二人於秦末揭竿起義。㊃劉、項：劉，劉邦；項，項羽，秦末起兵反秦。㊄雲梯：攻城時攀登城牆的長梯。㊅雉：城牆高一丈、長三丈稱為一雉。㊆皓刃：晃亮的利刃。㊇象魏：或稱「觀」、「闕」。為古代天子、諸侯宮門外的一對高建築。㊈邈：遥遠。㊉篲：同「彗」，掃帚。《史記》卷七十四〈孟子荀卿列傳〉：「昭王擁彗先驅。」⑪伊、呂：伊，指伊尹，成湯的輔佐之臣；呂，指呂尚，姜太公。⑫嵩岫：指山穴。⑬孫、吳：孫，指孫子武，著名的軍事家，生卒年不詳，活動時期約在公元前六世紀末至五世紀初；吳，指吳起，戰國時期著名的軍事家。⑭燔：燒。⑮凌室：孫星衍校：《意林》作「空」。⑯長洲：又名青邱，地名。《十洲記》：「長洲，一名青邱，在南海辰巳之地，地方各五千里，去岸二十五萬里。上饒山川，及多大樹，樹乃有二千圍者。一洲之上，專是林木，故一名青邱。」

【今譯】「田成子策畫於帷幄，盜取了齊國政權，西伯姬昌立腳殷朝的西邊，擁有天下的三分之二。陳勝、吳廣等奮劍而大呼，劉邦、項羽等揮戈而飆駭。乘雲梯攻上百雉之城牆，晃亮的利刃交鋒於城闕之下，飛鋒內荐，禁兵外潰。而這時，才憂悲地思念遠世的大賢，急切地延攬隱居的智士，傾慕山穴中的伊尹與呂尚，招集草萊中的孫武與吳起。但是，尋訪昌言而已無處所，思念良策而已無人對答。好像大廈已經焚燒，而去蒼海運水救火；洪水已經淹屋，而去長洲造船救渡。」

「夫巍巍之稱㊀，不可驕吝搆；而東嶽㊁之封㊂，未易以恣欲修也。上聖兼策載馳，猶懼不逮前；而庸主緩步按轡，而自以為過之。或於安而思危，或在嶮而自逸。或功成治定，而匪怠匪荒；或綴旒㈣累卵，而不覺不寤。不有辛、癸㈤之没溺，曷用貴欽明之高濟哉？念茲在茲，庶㈥乎庶乎！」

【今註】 ㈠稱：稱譽。㈡東嶽：指泰山。㈢封：封禪，天子功成，祭告天下的禮儀。㈣綴旒：同「贅旒」。比喻君主為大臣挾制，實權旁落。《後漢書》卷五十九〈張衡列傳〉：「君昔綴旒，人無所麗。」㈤辛、癸：辛，帝辛，指殷紂王；癸，帝履癸，指夏桀。㈥庶：幸也，希冀之辭，含有「希望」的意思。

【今譯】 「巍巍的稱譽，不可以驕吝搆，而泰山的封禪，不是以縱情恣欲所能做到的。上聖執鞭，載馳猶怕不及前面，而昏庸君主緩步按轡，卻自以為超過了。有的居安而思危，有的卻處險而自逸。有的成治定而不怠不荒，有的大權旁落並處於累卵的險境，卻不覺察不醒悟。如果不是有夏桀、殷紂王的滅亡教訓，怎麼施用貴欽明的高濟呢？思念及此，寄以希望！」

臣節篇第六

【篇旨】本篇闡述為臣之道。認為君主與臣子之間的關係好比元首和股肱之間相互依賴的矛盾關係。為臣不應唯命是從，更不能阿諛媚上，巧言曲從。作為國家的棟梁，他們應大膽直言進諫，即使在斧鑕鼎鑊的刑具前也要暢所欲言。他們應克勤克儉，推賢薦才，危難之時，奮不顧身。淡泊名利而不居功自傲。應衡量自己的才能接受官職，虔誠肅敬，如赴湯火，如履薄冰；這樣才能自我保護，避免放逐和禍及眾親的命運。

抱朴子曰：「昔在唐、虞㊀，稽古㊁欽明㊂，猶俟群后之翼亮㊃，用臻巍巍之成功。故能熙帝之載㊄，庶績㊅其凝㊆，四門穆穆㊇，百揆㊈時序，蠻夷㊉無猾夏之變(十一)，阿閣(十二)有鳴鳳之巢也。喻之元首(十三)，方之股肱(十四)，雖有尊卑之殊，邈實若一體之相賴也。君必度能而授者，備乎覆餗之敗(十五)；臣必量才而受者，故無流放之禍。」

【今註】㊀唐、虞：唐，指陶唐氏，傳說中遠古部落。居於平陽（今山西臨汾西南），堯乃其領袖；虞，即有虞氏。傳說中遠古部落。居於蒲阪（今山西永濟西蒲州鎮），舜乃其領袖。㊁稽古：猶言考古。《尚書・堯典》：「曰若稽古帝堯」。㊂欽明：謹慎清明。㊃翼亮：指臣子輔佐皇帝。翼亮同義迭用。《三國志》卷二十五〈魏志・高堂隆傳〉：「鎮撫皇畿，翼亮帝室」。㊄載：行。《尚書・舜典》：「舜曰：『咨四岳，有能奮庸熙帝之載，使宅百揆。』」鄭《注》：「載，行也。」㊅庶績：各種事功。《尚書・堯典》：「庶績咸熙」。㊆凝：定、成。《尚書・皋陶謨》：「俊乂在官，百僚師師，百工惟時，撫于五辰，庶績其凝。」馬融《注》：「凝，定也。」鄭《注》：「凝，成也。」㊇穆穆：儀表美好，容止端在恭敬的樣子。《詩經・大雅・文王》：「穆穆文王」。毛《傳》：「穆穆，美也。」《禮記・曲禮篇・下》：「天子穆穆」。孔穎達《疏》：「雲雲天子穆穆者，威儀多貌也。」《尚書・堯典》：「賓于四門，四門穆穆。」㊈百揆：古官名，猶冢宰。《尚書・舜典》：「納於百揆，百揆時敘」。孔穎達《疏》：「揆，度也，度百事，揔（總）百官，納舞於此官。」⑩蠻夷：舊時稱四方的少數民族。《尚書・舜典》：「蠻夷率服。」《管子・八觀篇》：「憲令著明，則蠻夷之人不敢犯。」⑪猾夏之變：猾，亂也。夏，華夏。無猾夏之變，言無亂華夏之變故。⑫阿閣：指四面有棟、有檐霤的樓閣。《文選》卷二十九〈古詩十九首〉：「交疏結綺窗，阿閣三重階。」李善《注》：「閣有四阿，謂之阿閣。」焦循《群經宮室圖・屋圖一》謂阿為動之定名，則曰四阿者，四棟也。四阿之屋必有四霤。⑬元首：比喻君王。⑭股肱：比喻君王左右輔佐得力的臣子。《尚書・益稷》：「元首明哉，股肱良哉，庶事康哉。」孔穎達《疏》：「君為元首，臣為股肱耳目，大體如一身也。」⑮覆餗之敗：指高位的人，不勝其力而敗事。《易經・鼎卦・九四・爻辭》：「鼎折足，覆公餗。」餗，食物。王弼《注》：「不量其力，果致凶災，信之如何。」

【今譯】抱朴子說：「遠在陶唐氏和有虞氏的時代，是非常崇尚傳統，謹慎清明的。猶如眾諸侯輔翼天子，以建宏大的功績，所以能使君主的光輝載入史冊。各種事功能夠成就，四門威儀，諸事均安排得井井有條。蠻夷未嘗來擾亂華夏的文明，然而有棟有梁之樓閣也有鳴鳳巢築其中。君主可比喻為是元首，臣子則比擬為股肱，雖然表面上看來有尊卑懸殊，實際上卻如一身的互相依賴啊！君主必定要根據臣子的能力大小授予臣權力，以防臣子能力不勝任而導致失敗。臣子則一定衡量自己的才智來接受官職，才能避免遭致被流放的處罰。」

「夫如影如響，俯伏惟命者，偷容之尸素㊀也。違令犯顏，蹇蹇㊁匪躬者，安上之民翰也。先意承指者，佞諂之徒也。匡過弼違㊂者，社稷之骾㊃也。必將伏斧鑕㊄而正諫，據鼎鑊㊅而盡言。忠而見疑，諍而不得者，待放可也；必死無補，」

【今註】㊀尸素：尸位素餐之略語。謂居位食祿而不盡責的人。㊁蹇蹇：蹇而又蹇，多難的模樣。《易經・蹇卦・六二・爻辭》：「王臣蹇蹇，匪躬之故。」㊂弼違：輔正君主的過失。《尚書・益稷》：「于違，汝弼。」孔穎達《疏》：「我違道，汝當以義正輔我。」㊃骾：如骾之體，指耿直。《後漢書》卷六十一〈左周黃列傳〉：「在朝有骾直節」。此引申為脊梁。㊄斧鑕：古代殺人之刑具。《韓非子・初見秦篇》：「白刃在前，斧頭在後，而卻走不能死也。」㊅鼎鑊：古代一種酷刑，用烹飪器鼎鑊烹人。《漢書》卷四十三〈酈陸朱劉叔孫傳・贊〉：「酈生字匿監門，待主然後出，猶不免鼎鑊。」

【今譯】「如影隨形，如響應聲（順著道理做則能得到吉慶，逆著道理做則得到實禍），而唯命是從，都是不顧臉面而不盡職的居位食祿者；那些不以個人利益為念，敢於違反命令冒犯容顏進忠盡言者，才是有利於君主的庶人輔翼。只會秉承君主旨意者，屬於善以巧言諂媚君主的小人。只有能對君主的過失直言不違者，才算國家的棟梁，他們一定能伏在斧鑕刑具下仍大膽直言進諫，面對烹人鼎鑊的酷刑仍能暢所欲言。如果忠誠而受到懷疑，直言規勸而毫無結果，就可以放棄努力，否則即使為此而死也無所補益，」

「將增主過者，去之可也。其動也，匪訓典弗據焉；其靜也，匪憲章弗循焉。請託無所容，申繩㊀不顧私。明刑而不濫乎所恨，審賞而不加乎附己。不專命以招權，不含洿而談潔。進思盡言以攻謬，退念推賢而不蔽。夙興夜寐㊁，慼庶事之不康也；」

【今註】㊀繩：指法律準繩。㊁夙興夜寐：早起遲睡。《詩經・小雅・小宛》：「夙興夜寐，無忝爾所生。」

【今譯】「會增添君主過錯的人，應盡快使他離開。臣子在行動時，不是訓典不能作為憑藉；在靜處時，不是憲章不能遵循。不給私人請求留有餘地，申明法律絕不庇護私誼。嚴明的刑律不濫施於所憎恨的人，賞賜分明而不加予自己人。不無所承命、獨斷獨行來承攬大權，不心懷惡念而高談純潔。升遷時要多加考慮如何暢所欲言以糾正錯誤，謫降時應多思量如何推舉賢能而絕不掩蔽人才。早起遲眠，多思慮諸事辦得是否妥當；」

「儉躬約志，若策奔於薄冰也。納謀貢士㈠，不宣之於口；非義之利，不棲之乎心。立朝則以砥矢㈡為操，居己則以羔羊㈢為節。當危值難，則忘家而不顧命。擥衡執銓㈣，則平懷而無彼此。」

【今註】　㈠貢士：古代向最高統治者薦舉人員。《禮記・射義篇》：「諸侯歲獻，貢士於天子。」　㈡砥矢：《詩經・小雅・大東》：「周道如砥，其直如矢。」孔穎達《疏》：「周之貢賦之道，其均如砥石然；周之賞罰之制，其直如箭矢然」。喻為平直之意。　㈢羔羊：言大夫退朝時從容自得的神態。《詩經・召南・羔羊・小序》：「召南之國，化文王之政，在位皆節儉正直，德如羔羊也。」　㈣衡、銓：係古代衡量輕重的器具，引申為評量人才執掌銓選職位，主選舉事的官職。

【今譯】　「自身克勤克儉，約束志節，每每如同在薄冰上策馬奔馳。貢獻策略和推舉賢才，不僅僅表述在口頭上表達。不義的私利，即使心中也不留有地位。在朝廷要有平直的操守，退朝時更要有如羔羊一般從容自得的德行。當危難的時侯，要忘卻家庭奮不顧身。執掌選舉人才的官職，應當公平而一視同仁。」

「儀蕭、曹㈠之指揮，羨張、陳㈡之奇畫，追周勃㈢之盡忠，準二鮑㈣之直視，蹈嬰、弘㈤之節儉，執恬、毅㈥之守終，甘此離、紀㈦，炙身之分，戒彼韓、英㈧，失忠之禍。出不辭勞，入不數功。歸勳引過，讓以先下，專誠祗慄，恒若天威㈨之在顏也；宵夙虔竦，有如湯鑊㈩之在側也。」

【今註】 ㈠蕭、曹：蕭，指蕭何，漢沛縣人（今屬江蘇）秦末從劉邦起義，屢立戰功。入關時諸將皆爭金帛，他獨收秦相府律令圖書，漢以是知天下阨塞户口，又進韓信為不將。楚漢相爭，他居守關中，轉給餽餉，軍中無乏天下定。參見《史記》卷五十三〈蕭相國世家〉。曹，指曹參。漢沛縣人。秦末從劉邦起義，屢立戰功。漢朝建立封平陽侯。後繼蕭何為相，舉事無所變更，一遵蕭何約束，有「蕭規曹隨」之說。參見《史記》卷五十四〈曹相國世家〉。㈡張、陳：張，指張良，字子房，漢初大臣。傳說為城父（今安徽亳縣東南）人。秦末聚眾歸劉邦，常為計策多為採納，劉邦讚為「運籌帷幄之中，決勝千里之外。」參見《史記》卷五十五〈留侯世家〉。陳，指陳平，漢陽武（今河南原陽東南）人。曾為劉邦用反間計除去項羽之謀士范增，並以爵位籠絡大將韓信，為劉邦所採納。歷位惠帝、呂后、文帝時相。參見《史記》卷五十六〈陳丞相世家〉。㈢周勃：漢沛縣人。秦末從劉邦起義，以軍功封絳侯。為人木彊敦厚，劉邦以為可屬大事。惠帝時為太尉，呂后死，他與陳平合謀誅殺企圖奪權的諸呂之禍，漢室得以鞏固。參見《史記》卷五十七〈絳侯周勃世家〉。㈣二鮑：指後漢鮑永與鮑恢二人。鮑永，漢渤海高城（今河北藍山東南）人。字君長，少有志操。光武帝時拜諫議大夫，累以功封關內侯。為司隸校尉，以事劾趙王良，朝廷肅然。鮑恢，後漢扶風（今興平東南）人。鮑永為司隸校尉時位都官從事，亦抗直不避彊禦。帝常說：「貴戚且宜斂手，以避二鮑。」《後漢書》卷二十九〈申屠剛鮑永郅惲列傳〉記載二鮑之事：「建武十一年，徵為司隸校尉，帝叔父趙王良，尊戚貴重，永以事劾良大不敬。由是，朝廷肅然，莫不戒慎。迺辟扶風鮑恢，為都官從事，恢亦抗直，不避彊禦。帝常曰：『貴戚且宜斂手以避二鮑』，其見憚如此。」 ㈤嬰、弘：指西漢灌嬰和公孫弘。灌嬰，睢陽（今河南商立南）人。卒為販賣絲綢商，秦末從劉邦轉戰各地，屢建戰功。《禮記．禮器篇》：「晏平仲祀其先人，豚肩不揜豆，瀚衣濯冠以朝，君子以為隘矣。」。公孫弘，漢薛（今山東滕縣東南）人，家貧，牧豕海上。武帝初以賢良為博士。常稱人臣病不儉節，為布被，食不重肉。《漢書》卷五十八〈公孫弘卜氏兒寬傳〉：「常稱以為，人主病不廣大，人臣病不節儉。」　㊅括、毅：指蒙恬與蒙毅兄弟。蒙氏兄弟為齊人。自祖父蒙驁起世代為秦之名將，曾屢立戰功。秦統一六國後，率兵三十萬人出退匈奴進攻，收河南（今內蒙古河套一帶），並修築長城。秦始皇死後，雖擁兵三十萬仍未叛秦，先後被二世所殺。見《史記》卷八十八〈蒙恬列傳〉。　㊆離、紀：離，指要離，為春秋時吳國的刺客，嘗刺王子紀信，後歸吳，伏劍而死。見《呂氏春秋．仲冬季．忠廉篇》，詳見〈嘉遯篇〉。紀，指紀信，秦末從劉邦為將，項羽圍滎陽急，他自請乘漢王車黄屋車以誑楚，遂使劉邦從城西門出。項羽怒，燒死紀信。見《史記》卷七〈項羽本紀〉。　㊇韓、英：韓，指韓信，淮陰（今屬江蘇）人。初屬項羽，後因蕭何薦為大將，屢建戰功。後迫劉邦封其為齊王。漢立，改封楚王。叛亂降為淮陰侯，後為呂后所殺。見《史記》卷九十二〈淮陰侯列傳〉。英，指英布。今六縣（今安徽六安）人。曾生法黥面，故又稱黥布。秦末率驪山刑徒起義，楚漢戰爭中歸漢，封淮南王。漢初舉兵發動暴亂，戰敗被殺。見《史記》卷九十一〈黥布列傳〉。　㊈天威：指帝王。　㊉湯鑊：湯，滾水；鑊，無足大鼎。古代一種酷刑，把人投入滾湯中煮死。《史記》卷八十一〈廉頗藺相如列傳〉：「臣知欺大王之罪當誅，臣請就湯鑊。」

【今譯】　「效法蕭何、曹參的宰相指揮之道，羨慕張良、陳平的出奇制勝，追念周勃的盡忠竭力，效尤鮑永、鮑恢二位的直言勸諫。取法晏嬰、公孫弘的節儉清廉，仿效蒙恬、蒙毅的守節至死。寧可像要離、紀信遭受炙身之災，也決不要像韓信、英布那樣，因叛亂而遇殺身之禍。出征應不辭勞苦，班師回朝不居功自傲。淡於功名，重於過失，謙讓先下，誠惶誠恐，戰戰慄慄，常常想著似在威嚴帝王的面前。日日夜夜要虔誠肅敬，猶如總是站在滾水大鼎的酷刑之旁。」

「負荷寄託，則以伊、周㊀為師表；宣力四方，則以吉、召㊁為軌儀；送往視居，則竭忠貞而不迴；搏噬干紀，則若鷹鸇之鷙㊂鳥雀；蕃扞壃埸，則慕魏絳㊃、李牧㊄之高蹤；莅眾撫民，則希文翁㊅、信臣㊆之德化。夫忠至者無以為國，況懷智以迷上乎？義督者滅祀而無憚，況黜辱之敢辭乎？故能保勞貴以顯親，託良哉於輿歌㊇。昆吾㊈彝器㊉，能者鐫勳，皋陶、后稷㊁，亦何人哉？」

【今註】㊀伊、周：伊，指伊尹，商初大臣，名伊，尹是官名。一說名摯。傳說奴隸出身，為有莘氏女的陪嫁之臣，幫助湯攻伐夏桀。湯去世後，歷佐卜丙、仲壬二王。仲王死後，即位者太甲破壞商湯法制，被他放逐，三年後太甲悔過，又接回復位。周，周公。姬姓，周武王之弟，名旦。曾助武王滅商。武王死後，成王年幼，由他攝政。出敗武庚、三監和東方夷族的反抗。㊁吉、召：吉，即尹吉甫。周宣王時之大臣，曾率師北伐玁狁至太原。見《詩經・小雅・六月》。召，召公，姬姓，名奭，武王滅紂，封召公於北燕。成王時為三公。召王主自陝以西，甚得兆民和。常巡行鄉邑，決獄治政事其下，自侯伯至庶人，各得其所。㊂鷹鸇之鷙：鸇，一名晨風，似鷂，燕頷鉤喙，色青黃。鷙，如鷹，性凶猛。《淮南子・覽冥篇》：「鷙鳥不忘搏。」《左傳》襄公二十五年：「子產始知然明，問為政焉，對曰：『視民如子，見不仁者誅之，如鷹鸇逐鳥雀也。』」㊃魏絳：春秋晉國人，仕為卿。

悼公弟亂行，絳殺其僕，悼公怒欲殺絳，讀其書而自悔。使佐新軍，絳說和戎五利，晉侯聽之而與戎盟，晉由是國勢大盛，復興霸業。參見《左傳》襄公十一年。㊄李牧：戰國趙國名將，長期防守趙之北疆，打敗東胡、林胡、匈奴，因功封為武安君。參見《史記》卷八十一〈廉頗藺相如列傳〉。㊅文翁：西漢廬江舒縣（今安徽廬江西）人，景帝末為蜀郡守，曾派小吏至長安，就學於博士，又在成都設學校，招屬縣子弟入學，入學得免除繇役，以學優者為郡縣令，從此文風大盛。見《漢書》卷八十九〈循吏傳〉。㊆信臣：即召信臣，西漢九江壽春（今安徽壽縣）人，歷任零陵、南陽、河南太守，治行常為第一，為官視民如子，為民興利，被吏民尊稱為「召父」。見《漢書》卷八十九〈循吏傳〉。㊇輿歌：眾人的頌揚。《國語・晉語三》韋昭注：「輿，眾也。不歌曰誦。」㊈昆吾：夏的同盟部落，已姓，在今河南許昌東，善於製造陶器和鑄造銅器，夏君曾命人在昆吾鑄鼎。㊉彝器：古代宗廟常用禮器的總名。如鐘、鼎、樽、罍之類。《左傳》襄公十九年：「取其所得以為彝器」。㊀皋陶、后稷：皋陶，一作咎繇。傳說中東夷族的首領。偃姓，相傳曾被舜任為掌管刑法的官，後被禹選為繼承人。后稷，古代周族的始祖。神話傳說有邰氏之女姜嫄踏巨人足跡，懷孕而生。善於種植各種糧食作物，曾在堯舜時代做官，教民耕種。

【今譯】　「肩負先王的重託，就應當以伊尹、周公為師表。四方征伐，就應以尹吉甫、召伯虎為楷模。送往視居，則應竭盡全力而決不迴避。搏殺戰鬪，則應如同凶猛的鷹鸇。馳騁疆場，則嚮往魏絳、李牧崇高的行為。安撫百姓，就應仿照文翁、信臣實行道德教化。所以忠誠之至者尚且無（脫一字）以為國，更何況有智的小人迷惑君主呢？變禮義驅使者敢於滅祀而無所顧忌，更何況貶斥恥辱的仗義直言呢？所以能保功勞顯貴來光耀眾親的，都把良善的慮願寄予眾人的頌揚。昆吾所鑄禮器，能鐫刻在上的能者，除了皋陶、后稷外，還有什麼人呢？」

抱朴子曰：「人臣勳㈠不弘，則恥俸祿之虛厚也；績㈡不茂，則羞爵命之妄高也。履信思順㈢，天人攸贊；畏盈居謙，乃終有慶。舉足則蹈道度㈣，抗手則奉繩墨㈤，褒崇雖淹留㈥而悔辱亦必遠矣。」

【今註】㈠勳：指功勳。㈡績：指政績。㈢履信思服：履行忠信之道，思考順服之理。參見《易經・繫辭・上》：「易曰：自天祐之，吉無不利。子曰：祐者助也，天之所助者，順也。人之所助者，信也。履信思乎順，又以尚賢也。是以自天祐之，吉無不利也。」㈣道度：指道德標準。㈤繩墨：本為木匠用細線沾墨汁來畫直線的工具，引申為規矩法度。《莊子・逍遙遊篇》：「吾有大樹，人謂之樗，其大本臃腫而不中繩墨。」㈥淹留：指極少。

【今譯】抱朴子說：「為人臣子，如果功勳不大，則對俸祿的豐厚會感到恥辱；政績不多，會對爵位的崇高感到慚愧。履行忠信之道，思慮順服之理，這樣一來天人都會頌讚。不求多得，居位謙和，終究會有吉慶的。待人接物則按一定的道德標準，處事奉行一定的規矩法度。褒揚崇仰雖然很少而令人懊悔，但是侮辱也必定遠離自身了。」

「若夫損上以附下，廢公以營私，阿媚曲從，以水濟水㈠，君舉雖謬㈡，而諂笑贊善。數進玩好㈢，陷主於惡。巧言㈣毀政，令色㈤取悅，上蔽人主之明，下杜進賢之路；

外結出境之交，內樹背公之黨。雖才足飾非㈥，言足文過㈦，專威若趙高㈧，擅朝如董卓㈨，未有不身膏剡鋒㈩，家糜湯火㈡者也。然而愚瞽㈢舍正即邪，違真侶偽，親覽傾僨，不改其軌，殃禍之集，匪降自天也。」

【今註】㈠以水濟水：比喻過錯大增。《莊子・人間世篇》：「是以火救火，以水救水，名之曰益多。」㈡謬：誤謬。㈢玩好：供玩弄而喜好之物。鄭玄《注》：「謂先給九式及吊用，足府庫而有餘財，乃可以共玩好，明玩好非治國之用。」㈣巧言：表面上好聽而實際上虛偽的話。《詩經・小雅・巧言》：「巧言如簧，顏之厚矣。」㈤令色：和悅的臉色。《詩經・大雅・蒸民》：「令儀令色，小心翼翼。」鄭玄《箋》：「令，善也，善威儀，善顏色。」巧言令色，花言巧語，假裝和善的樣子。《論語・學而篇》：「巧言令色，鮮矣仁。」㈥飾非：文飾過錯。《荀子・成相篇》：「拒諫飾非，愚而上同國必禍。」㈦文過：掩飾過錯。《漢書》卷六十六〈公孫劉田楊蔡陳鄭傳〉：「言鄙陋之愚心，若逆指而文過，默而息乎，恐違孔氏各言爾志之義。」㈧趙高：趙國貴族，秦時宦者，任中車府令，兼行符璽令事。利事秦始皇少子胡亥。始王崩於沙丘，趙高與丞相李斯矯詔，逼使長子扶蘇自殺，立胡亥為二世皇帝。後殺李斯，自為丞相，獨攬大權。後又殺二世，立子嬰為秦王。子嬰立，乃誅高。參見《史記》卷六〈秦始皇本紀〉。㈨董卓：東漢隴西臨洮（今甘肅岷縣）人，本為涼州豪強，字仲穎。桓帝末，以破羌胡拜郎中。靈帝時為前將軍。少帝時，大將軍何進謀誅宦官，密召卓，卓乃引兵入朝，宦官既誅，卓遂擅權，廢少帝，立獻帝，自為相國，專斷朝政。曹操與袁紹等起兵反對，他挾獻帝西遷長安，自為太師。殘暴專橫，縱火焚洛陽周圍數百里，使生產受到嚴重破壞。後為王允、呂布所殺。《後漢書》、《三國志》皆有傳。㊀剡鋒：指鋭利的刀劍。㊁湯火：沸湯和烈火。喻指危及生命的境地。《列子．楊朱篇》：「踐鋒刃，入湯火。」㊂愚瞽：謂昧於事理。《後漢書》卷二十七〈宣張二王杜郭吳承鄭趙列傳〉：「私慕公叔同升之義，慎於藏文竊位之罪，敢秉愚瞽，犯冒嚴禁。」

【今譯】「如果損抑下屬，阿諛上司，廢棄公理而謀求私利，阿諛媚上曲從罪惡，過錯越來越大，君主的行為雖有錯誤，仍然諂笑附和讚賞稱善，多次進奉喜愛之物以投其所好，使君王陷於罪惡深淵，用花言巧語詆毀明政，假裝和善以取悅君主。上蒙蔽了君主的聖明，下杜絕了進賢舉才的道路，對朝外搞一些出格的政治交易，在朝內結成一些有背棄公理的朋黨。雖然才智足以文飾過錯，言論足以掩飾罪惡。即使專權淫威如趙高，擅權朝中如董卓，卻沒有不是身死鋭利劍鋒之下，其家族也沒有不受沸湯烈火株連的啊！然而盲目愚昧地捨棄正義附和邪惡，違背真理而與虛偽為伍，到處遊樂胡作非為，並不願改邪歸正者，有朝一日實難禍害群聚而至，那就恐怕不是因為老天爺要亡他的了！」

抱朴子曰：「臣喻股肱，則手足也。履冰執熱，不得辭焉。是以古人方之於地，掘之則出水泉，樹之則秀百穀；生者立焉，死者入焉。功多而不望賞，勞瘁而不敢怨。審識斯術，保己之要也。」

【今譯】抱朴子說：「人臣好比股肱，也就是如同手足一樣，站在寒冷的冰上，拿著滾燙的熱水，這是不容推辭的。所以古人在方圓之地，可以掘出水泉，可以種出秀美的植物，各種穀物生長其上，枯死入其中。為人臣子，功勞雖多而不應奢望賞賜，鞠躬盡瘁而不能有所抱怨。明悉和認識這些道理，是臣子自我保護的要則。」

抱朴子曰：「臣職分則治，統廣則多滯。非賁、獲㊀之壯，不可以舉兼人㊁之重；非萬夫之特㊂，不可以總異言之局。韓侯所以罪侵冒之典㊃，子元㊄所以懼不勝之禍也。若乃才力絕倫㊅，文武兼允，入有腹心㊆之高筭，出有折衝㊇之遠略，雖事殷而益舉，兩循而俱濟，」

【今註】　㊀賁、獲：賁，孟賁；獲，烏獲，二者皆是戰國時秦國的大勇士。　㊁兼人：勝過人，一人抵得兩人。語出《論語・先進篇》：「求（冉求）也退，故進之；由（仲由）也兼人，故退之。」　㊂特：傑出的，特出的。《詩經・鄘風・柏舟》：「百夫之特。」　㊃韓侯所以罪侵冒之典：指韓昭公因為典冠侵權而兼罪的故事。《韓非子・二柄篇》：「昔者韓昭公醉而寢，典冠者見君之寒也，故加衣於君之上。覺寢而說，問左右曰：誰加衣者？左右對曰：典冠。君因兼罪典衣與典冠，其罪典衣，以為失其事也；其罪典冠，以為越其職也。非不寒也，以為侵官之害，甚於寒。」。　㊄子元：指朱博。漢杜陵（今陝西西安東南）人。漢成帝時歷櫟陽等四縣令，累遷至冀、并二州刺史。哀帝時相，後因不任而自殺。參見《漢書》卷八十三〈薛宣朱博傳〉。　㊅絕倫：特異；《三國志》卷三十六〈蜀書・關羽傳〉：「孟起（馬超）兼資文武，雄烈過人，……當與益德並驅爭先，猶未及髯之絕倫逸群也。」　㊆腹心：猶心腹，比喻君主左右謀仕親信。　㊇折衝：折還敵方戰車，意謂抵禦敵人。《詩經・大雅・綿》：「予曰有御侮。」毛《傳》：「折衝曰御侮。」

【今譯】抱朴子說：「為人臣子職責分明才能管理統一，職責過多就必定有所疏漏。沒有孟賁、烏獲那樣大的能耐，不可肩負超荷的重擔；不是萬人之中的佼佼者，不可駕馭紛繁離亂的局面。韓昭公因為侵凌冒犯法則而兼罪典衣，子元也由於懼怕不勝任而遭禍。如果才力特異，文武兼得，內有輔佐君主的高超策略，外有戰無不勝的深謀遠慮。雖事務繁雜仍能一一安排妥當，多方局面都能得到兼顧。」

「舍之則彝倫㊀斁㊁，委之而無其人者，兼之可也；非此器也，宜自忖引。輮若載重，尠不及矣。常人貪榮，不慮後患。身既傾溺，而禍逮君親㊂，不亦哀哉！人皆辭斧斤㊃所未開，而莫讓攝官所不堪。嗟乎！陳、李㊄所以作戒於力以㊅，而子房㊆所以高蹈㊇於挹盈也。」

【今註】㊀彝倫：猶言倫常。《尚書・洪範》：「我不知其彝倫攸敘。」蔡沈《集傳》：「彝，常；倫，理也。」㊁斁：厭棄。《詩經・周南・葛覃》：「為絺為綌，服之無斁。」㊂君親：親指父母。《公羊傳》閔公三十二年：「君親無將」。何休《注》：「親謂父母」。㊃斧斤：砍木的工具。《荀子・勸學篇》：「林木茂而斧斤至焉」。㊄陳、李：陳，指陳蕃。參見〈嘉遯篇〉「以蕃、武為厚戒」注。李，指李膺。東漢官吏。字元禮，穎川襄城（今河南襄城）人。桓帝時任司隸校尉，宦官張讓弟朔為官貪殘無道，膺捕而殺之，宦官行事因此大為收斂。當時朝政日壞，綱紀頹弛，膺獨持風裁，以聲名自高。後與陳蕃、竇武共謀誅宦官失敗，死於獄中。見《後漢書》卷六十七〈黨錮列傳〉。㈥以楊明照曰「以」字當依《藏》本、魯藩本、吉藩本、慎本、盧本、舊寫本……等改作「少」。㈦子房：指張良，字子房。㈧高蹈：此指遠行。《左傳》哀公二十一年：「使我高蹈。」杜預《注》：「高蹈，猶遠行也。」漢建立後，張良曰：「今以三寸舌為帝者師，封萬户，位列侯，此布衣之極，於良足以，願棄人間事，欲從赤松子游耳。」見《史記》卷五十五〈留侯世家〉。

【今譯】「當捨棄職位會使得倫常厭棄，而又無人能擔當此任的情況下，接受兼職是應當的。但如果不是適合的人選，就應當自我評估。如果能加以輕重衡量，很少有力不勝任的。一般人貪圖榮華富貴，很少考慮將來的危險。身體尚未完全傾没，而禍害也殃及了父母雙親，不是很令人可悲的嗎？人們都是推辭砍木的斧斤唯恐不及，而從未説因兼職過多而不堪勝任的。多麼可歎啊！陳藩、李膺自我戒律是因為他們的才能有限，而張良的遠行卻是要隱匿那出眾的才華。」

良規篇第七

【篇旨】 所謂良規，其實就是維繫王朝統治的倫理綱常。葛洪認為廢立君王是「小順大逆」之事，並不足取。又將君主比擬如天，如父，是絕不可更改的，故云：「夫君，天也，父也。君而可廢，則天亦可改，父亦可易也。」表達了君父的思想。此外，葛洪亦評論周公、伊尹、夏桀之事，提出不同於以往的政治觀點，認為這些人臣不但沒有好下場，且種下了後世王莽仿效的禍因。又以為夏桀、殷紂、周厲王等君主，如果能改置忠良之士，不就可以改變了，為什麼一定要奪篡王位？此種反對僭上，鞏固君權的看法，充分反映出政治倫理喪失的魏晉時期，對於君臣之道重新建立的新觀點。

抱朴子曰：「翔集㈠而不擇木㈡者，必有離罻㈢之禽矣。出身㈣而不料時㈤者，必有危辱之士矣。時之得者，則飄乎猶應龍㈥之覽景雲㈦；時之失也，則蕩然猶巨魚之枯崇陸㈧。是以智者藏其器㈨以有待也，隱其身而有為也。若乃高巖將霣㈩，非細縷所綴㈪；龍門㈫沸騰，非掬壤㈬所遏。則不苟且於乾沒㈭，不投險於僥倖矣。」

【今註】 ㈠翔集：出自《論語‧鄉黨篇》：「色斯舉矣，翔而後集，曰：『山梁雌雉，時哉，時哉，子路共之，三嗅而作。』何晏《集解》云：「馬曰：『見顏色不善，則去之。』周曰：『迴翔審觀而後下止』」。㈡擇木：語出《左傳》哀公十一年：「退命駕而行，曰鳥則擇木，木豈能擇鳥。」㈢離罻：離，通「罹」字，遭受。罻，古代捕鳥的網。《禮記・王制篇》云：「鳩化為鷹，然後設罻羅。」㈣出身：挺身而出。㈤不料時：不考慮時機。㈥應龍：語出《漢書》卷一百上〈敘傳・上〉：「應龍潛於潢汙，魚黿媟之，不覩其能奮靈德，合風雲，超忽荒，而躆顥蒼也。」㈦景雲：語出《淮南子・天文篇》：「龍舉而景雲屬。」㈧崇陸：指高地。㈨器：器具，此指才華、能力。㈩霣：殞落。⑪綴：縫合。⑫龍門：係指黃河流經山西省河津縣及陝西省韓城縣間的一小段，此處因河流洶湧湍急而著稱。⑬掬壤：捧一塊泥土。⑭乾沒：僥倖取利之意。

【今譯】抱朴子說：「不選擇樹木而會集的飛禽，必然有遭遇到被網羅的危險；不考慮時候挺身而出的人，必定會有受到危難羞辱的。時機好的人，就飄飄然像龍似的俯覽彩雲；時機丟失了，就空空蕩蕩像大魚躺在高地上枯死。因此，聰明的人總是藏好自己的才幹，等待有所需要的時侯；隱逸自己的身名，等待著有所作為的時候。至於高聳的巖石將要殞落，不是細小的繩子可以繫得住的；龍門河水洶湧奔流，也不是捧些泥土，就可以阻止得了的。不可苟且地等待著乾死，也不要輕易冒險，以求僥倖成功。」

抱朴子曰：「周公之攝王位㈠，伊尹之黜太甲㈡，霍光之廢昌邑㈢，孫綝之退少帝㈣，謂之舍道用權，以安社稷。然周公之放逐狼跋㈤，流言載路；伊尹終於受戮，大霧三日；霍光幾於及身，家亦尋滅。孫綝桑蔭未移，首足異所。皆笑音未絕，而號咷已及矣。夫危而不持，安用彼相？爭臣七人，無道可救㈥。致令王莽㈦之徒，生其姦變，外引舊事以飾非，內包豺狼之禍心，由於伊、霍基斯亂也。將來君子，宜深鑒茲矣。」

【今註】 ㈠周公之攝王位：周公，名旦，周武王之弟，西周政治家。武王死，以成王年幼，受命攝政。《尚書‧洛誥》：「在十有二月，惟周公誕保文武受命，惟七年。」參見《史記》卷四〈周本紀〉。 ㈡伊尹之黜太甲：伊尹，名摯，是湯妻陪嫁之奴隸，後佐湯滅夏桀，綜理國事，連保湯、外丙、中壬三朝，被尊為阿衡。太甲，商國王，湯嫡長孫，太丁子。中壬死，傳位太甲，伊尹專權自恣，將太甲放逐至桐（今河南虞城東北），七年後，太甲逃回王都，殺死伊尹。參見杜預《春秋左傳集解》後序：「紀年又稱，殷仲壬即居亳，其卿士伊尹，仲壬崩，伊尹乃放太甲於桐，乃自立也。伊尹即位，放太甲七年，太甲潛出自桐，殺伊尹。」對於此事，《史記》卷三〈殷本紀〉也有記載。 ㈢霍光之廢昌邑：霍光，西漢政治家，字子平，河東平陽（今山西省臨汾縣西南）人，為驃騎將軍。乃霍去病異母弟。武帝時，任奉車都尉，與桑弘羊同受遺詔，立昭帝為嗣，以大司馬大將軍輔政，封博陸侯。昭帝死，迎立昌邑王劉賀，因其淫亂，不久廢，改迎立宣帝。霍光秉政二十餘年，族黨滿朝，權傾內外，死後諡號宣成。宣帝親政，收霍光兵權，以謀反罪名，誅其家族。可參見《漢書》卷六十八〈霍光金日磾傳〉。 ㈣孫綝之退少帝：孫綝，三國吳國大將軍，權傾人主。少帝，指孫權少子孫亮。孫綝退少帝，擁立孫休為帝，後來孫休又誅孫綝。事見《三國志》卷四十八〈吳書‧三嗣主傳〉。 ㈤狼跋：原為《詩經‧豳風》的一篇，史載，及周成王用事，人或譖周公，周公奔楚，後成王知道周公的忠誠，召回。鄭玄注詩云，〈狼跋〉一詩讚美周公攝政，「聞流言不惑，王不知不怨，終立其志，成周之王功，致太平。」 ㈥爭臣七人，無道可救：語出《孝經・諫章篇》：「昔者，天子有爭臣七人，雖無道，不失其天下。」是說天子有爭臣七人的話，雖然天子無道，也不失天下。 ㈦王莽：字巨君，漢元帝皇后之姪。父曼早死，叔伯皆封侯。莽獨孤貧，折節讀書，敬事諸父，交結名士，聲譽甚盛。平帝立，年九歲，以莽為大司馬，元后以太皇太后臨朝稱制，委政於莽。平帝死，立孺子嬰為帝，自稱攝皇帝，以外戚專權，封新都侯，初始元年稱帝，改國號新，取漢代之。參見《漢書》卷九十九〈王莽傳〉。

【今譯】 抱朴子說：「周公攝理王事，伊尹黜逐太甲，霍光廢掉昌邑王，孫綝使少帝退位，說他們是放棄道德，運用權術以維護國家安寧。然而周公在〈狼跋篇〉裏遭到貶斥，傳頌他的事情很多。伊尹終於被殺，被殺時，大霧三天不散。霍光幾乎危及自身，家族也很快被誅滅。孫綝才得勢不久，就被砍頭。這些人物，都是歡笑聲還没有停息，號哭悲慘的命運就開始了。危機時不出來主持政務，那設宰相有什麼用呢？朝廷上有爭臣七人，無法可救，使得王莽這種出來搞姦邪陰謀，表面上借古制粉飾邪惡，內心裏包藏著豺狼一樣的禍心。這種局面的出現，是由於伊尹、霍光時已經種下了禍根亂源。將來的正人君子，應該從中深深地吸取教訓！」

「夫廢立之事，小順大逆，不可長也。召王之譎㈠，已見貶抑，況乃退主，惡其可乎？此等皆計行事成，徐乃受殃者耳。若夫陰謀始權，而貪人賣之，赤族殄祀，而他家封者，亦不少矣。若有姦佞翼成驕亂，若桀之干辛、推哆㈡，紂之崇侯、惡來㈢，厲㈣之黨也，改置忠良，不亦易乎？」

【今註】 ㈠召王之譎：見《左傳》僖公二十八年：「晉侯召王，以諸侯見，且使王狩。仲尼曰：以臣召君，不可以訓。」故召王之譎，是批評晉侯僭上的行為。 ㈡若桀之干辛、推哆：桀，夏朝末代君主，暴君。干辛，疑為「末喜」之譌。末喜，即妹喜，桀之寵妃；推哆，為夏桀的勇士，參見《墨子．明鬼篇》。 ㈢紂之崇侯、惡來：紂，即帝辛，商朝的末代君主，暴君。崇侯，即崇侯虎，曾向紂王告密，因禁周文王於羑里，事見《史紀》卷三〈殷本紀〉；惡來，為飛廉之子，亦善進讒言，且有力，參見《史記》卷三〈殷本紀〉、《史記》卷五〈秦本紀〉。 ㈣厲：指周厲王。

【今譯】 「帝王廢立事情，小順逆大，是不可以滋長的。召王僭上的狡詐行為，已經遭到貶抑，何況那逼迫君主退位的罪惡可以容忍嗎？這些人計行事成，後來慢慢地成了受害者。至於陰謀剛剛確立，貪利之人出賣了它，誅殺家族，而別的受封賞家族也不稱少。如果有姦佞之臣，助其驕亂，如夏桀時的干辛、推哆，殷紂時的崇侯、惡來，周厲王時的凶黨，如果改換忠良，不也很容易嗎？」

「除君側之眾惡，流凶族於四裔，擁兵持壃，直道守法，嚴操柯斧㈠，正色拱繩㈡，明賞必罰，有犯無赦，官賢任能，唯忠是與，事無專擅，請而後行；君有違謬，據理正諫。戰戰兢兢，不忘恭敬，使社稷㈢永安於上，已身無患於下。功成不處，乞骸告退，高選忠能，進以自代，不亦綽有餘裕乎？何必奪至尊之璽紱，危所奉之見主哉？」

【今註】 ㈠柯斧：指刑具。 ㈡繩：準繩、標準。 ㈢社稷：，指國家。

【今譯】「清除君主身旁的所有邪惡之人，將凶狠的宗族流放到四陲邊境，擁領軍隊，保衛疆土，堅持道義，遵守法紀，嚴操刑具，把持標準，賞罰分明，犯罪不赦，選賢舉能，唯有忠誠的人才給予官職。不專橫弄權，凡事先請示君主以後再做，君主有不對的地方則要據理力爭，戰戰兢兢，不忘記恭敬的態度，使得君主永遠保住國家，自己也避免了災患。大功告成之後，不再守住原來的位置，請求告退，選拔忠誠能幹的人，推薦他代替自己，不也是顯得綽綽有餘裕嗎？為什麼一定要篡奪王位，使自己侍奉的君主受到危害呢？」

「夫君，天也；父也。君而可廢，則天亦可改，父亦可易也。功蓋世者不賞，威震主者身危，此徒戰勝攻取，勳勞無二者，且猶鳥盡而弓棄，兔訖而犬烹。況乎廢退其君，而欲後主之愛己，是奚異夫為人子而舉其所生捐之山谷，而取他人養之，而云我能為伯瑜㈠、曾參㈡之孝，但吾親不中㈢奉事，故棄去之。雖日享三牲㈣，昏定晨省㈤，豈能見憐信邪？」

【今註】㈠伯瑜：指韓伯瑜，漢時人，孝子的典型。劉向《說苑・建本篇》：「伯瑜有過，其母笞之。泣。其母曰：『他日笞子，未嘗見泣，今泣何也？』對曰：『他日瑜得罪，笞嘗痛，今母之力，不能使痛，是以泣。』」參見《宋書》卷二十二〈樂志・四〉曹植〈鼙舞歌・靈芝篇〉。㈡曾參：字子輿，春秋時儒者，又稱曾子。魯國武城（今山東費縣）人。孔丘弟子，以孝稱著，他一日三省其身，為一貫之旨。參見《史記》卷六十七〈仲尼弟子列傳〉。㈢中：適合。㈣三牲：指牛羊豕三種犧牲。㊄昏定晨省：晚上安父母的床衽，清晨問安道好，是為人子的禮節。《禮記・曲禮篇・上》：「凡為人子之禮，冬溫而夏凊，昏定而晨省。」鄭《注》：「定，安其床衽也；省，問其安否何如。」

【今譯】「君主就是天，就是父親。如果君主可以廢除，那麼天也可以改變，父親也可以更換了。功勞蓋世的人，不可以賞賜，威望震動君主的人，自身會危險得很，這只是靠著打勝仗陷城池的功勞，就像打完了鳥就把弓丟棄，兔子沒了可以把狗烹煮吃掉一般。何況廢掉自己的君主，轉而期望後立的君主愛護自己，這與以下人有什麼區別呢？他們把自己親生父母拋棄山谷，而去求取別人撫養，嘴裡還說自己能像伯瑜、曾參一樣孝順，只是自己的父母不適合侍奉，所以拋棄他們。如此一來，即使是每天祭享牛羊豬三牲，早晚省定自身，又怎能被人相信、教人憐愛呢？」

「霍光之徒，雖當時增班進爵，賞賜無量，皆以計見崇，豈斯人之誠心哉？夫納棄妻而論前壻之惡，買僕虜而毀故主之暴，凡人庸夫，猶不平之，何者？重傷其類，自然情也。故樂羊以安忍見疎㊀，而秦西以過厚見親㊁。而世人誠謂湯、武㊂為是，而伊、霍為賢，此乃相勸為逆者也。」

【今註】㊀樂羊以安忍見疎：樂羊，一作樂陽，戰國時人，被魏文侯任為將軍。攻打中山時，他的兒子為中山人所獲，烹煮成羹，樂羊飲，最後滅中山，卻使魏文侯有了疑心。樂毅是他的後代。《韓非子・說林篇上》：「文公謂堵師贊曰：『樂羊以我故，而食其子之肉。』答曰：『其子而食之，誰子不食？樂羊罷中山，文公賞其功而有疑心。』」㊁秦西以過厚見親：秦西，疑指秦西巴，為魯國孟孫氏的家臣。因放麑而得罪孟孫氏，卻反受孟孫氏的信賴。《韓非子．說林篇上》：「孟孫獵得麑，使秦西巴載之持歸，其母隨之而啼，秦西巴弗忍而與之。孟孫歸至而求麑，答曰：『余弗忍而與其母。』孟孫大怒逐之，居三月，復召以為子傅。何也？孟孫曰：『夫不忍麑，又且忍吾子乎？』」㊂湯、武：湯，即成湯；武，即周武王。

【今譯】「霍光那些人，即使當時增官進爵，賞賜無量，都是由於玩弄計謀而被推崇，難道是他們的心誠嗎？娶納別人拋棄的女人並議論她前夫的壞處，買來僕人並詛咒他原來主人的殘暴，對這種行為，庸人凡夫尚且不滿，為什麼呢？因為重傷同類，是人們的自然感情。所以樂羊因安穩容忍而被疏遠，秦西巴由於錯待厚道的人而受到親近。世人都說成湯和周武王是對的，伊尹霍光是賢能的，這真是相互勸勉去做大逆不道的事情啊！」

「又見廢之君，未必悉非也。或輔翼少主，作威作福，罪大惡積，慮於為後患；及尚持勢，因而易之，以延近局之禍。規定策之功，計在自利，未必為國也。取威既重，殺生決口。見廢之主，神器去矣，下流之罪，莫不歸焉。雖知其然，孰敢形言？無東牟、朱虛以致其計，無南史、董狐㊀以證其罪，將來今日，誰又理之？」

【今註】㊀南史、董狐：南史，春秋時齊國著名史官。《左傳》襄公二十五年：「大史書曰：『崔杼弒其君，崔子殺之。其弟嗣書，而死者二人。其弟又書，乃舍之。南史氏聞大史盡死，執簡以往，聞既書矣，乃還。』」董狐，亦稱史狐，春秋時晉國著名史官。《左傳》宣公二年：「孔子曰：

『董狐，古之良史也，書法不隱。』」後世將南史、董狐並稱，作為編寫歷史的直書典型。

【今譯】「被廢的君主，未必都是不好的。有些輔佐幼君的人，作威作福，擔心會發生禍患，就依仗自己的權勢來改變他，用以延遲禍患的到來，雖然擁有決定政策的功勳，但他們的目的是為了自身的利益，未必是為了國家。他們取得的威望極高，操有生殺大權，見到君主被廢後，失去了神聖的皇位，各種罪名隨之都歸到他頭上去。即使了解其中的情況，誰又敢說出來呢？沒有東牟、朱虛他們的計謀，也沒有南史、董狐來證明他們的罪行。無論是今天還是將來，誰還會理這些事情呢？」

「獨見者乃能追覺桀、紂之惡不若是其惡，湯、武之事不若是其美也。方策所載，莫不尊君卑臣，強榦弱枝。《春秋》之義，天不可讎，大聖著經，資父事君，民生在三㊀，奉之如一。而許廢立之事，開不道之端，下陵上替，難以訓矣。俗儒沈淪鮑肆㊁，困於詭辯，方論湯、武為食馬肝㊂，以彈斯事者，為不知權之為變，貴於起善而不犯順，不謂反理而叛義正也。」

【今註】㊀三：指君、父、母三者。㊁鮑肆：鮑魚之肆。肆，店舖。㊂馬肝：相傳馬肝有毒，吃了會死人。《漢書》卷八十八〈儒林傳．轅固傳〉：「食肉毋食馬肝，未為不知味也；言學者毋言湯、武受命，不為儒。」言學者不必須談湯、武。

【今譯】獨具慧眼的人，才會發覺夏桀、商紂的惡，其實並不像這樣醜惡，商湯、周武王也並非那般美好。書籍上所記載的，沒有不是尊君卑臣、強幹弱枝的。《春秋》大義的說法，天是不能讎恨的，聖人撰著經典，教導養父事君。民生在君、父、母三者，都能奉養如一。如果允許廢立大事，開啟不道德的的端緒，在下者可以僭越，可以替代，就難以訓導了。庸俗的儒生沉淪於鮑魚之肆，困惑於詭辯之中，正議論著成湯、周武王的革命事跡，這就像是一面在食馬肝，一面卻在談論，真是不懂得權變。可貴的是起初為善而不犯順，不說反理而背叛道義，這才是端正的行為。」

「而前代立言者，不折之以大道，使有此情者加夫立剡鋒之端，登方崩之山，非所以延年長世，遠危之術。雖策命暫隆，弘賞暴集，無異乎犧牛㈠之被紋繡，淵魚之愛莽麥㈡，渴者之資口於雲日㈢之酒，飢者之取飽於鬱肉漏脯㈣也。而屬筆者皆共褒之，以為美談。以不容誅之罪為知變，使人於悒而永慨者也。」

【今註】 ㈠犧牛：用於祭祀的純白色牛。 ㈡莽麥：莽草和麥，毒魚之用。《太平御覽》卷九百九十三引「莽草浮魚」，注云：「取莽草葉，並陳粟水，合擣之，以內水，魚皆死。」 ㈢雲日：酒名。 ㈣鬱肉漏脯：鬱肉，腐臭的肉。漏脯，受屋漏滴水污染的肉，有毒。

【今譯】 「而前面那些代王立言的人，不折之以大道，沒有善意的心情，他們站立在尖峰的頂端，攀登將要崩坍的山頭，這樣做並非是延長世命、避免危險的方法，即使賜封暫時很隆重，巨賞相連，也無異是被掛花紋和綢繡的犧牛，將被屠宰當作祭品，也無異於貪食粗麥的淵魚，將被捕捉當作食品。口渴了去飲雲日之酒，反而更渴；肚餓了去飽食腐臭的肉與有毒的肉脯，反而死人。對於上述情況，寫書的人反而都來吹捧，以為美談，把不容誅之罪當作知變，令人愁悶而感歎不已！」

「或諫余以此言為傷聖人，必見譏貶。余答曰：『舜、禹歷試內外，然後受終文祖㈠，雖有好傷，聖人者豈能傷哉？昔嚴延年㈡廷奏霍光為不道，于時上下肅然，無以折也。況吾為世之誡，無所指斥，何慮乎常言哉？』」

【今註】㈠文祖：《史記》卷一〈五帝本紀〉云：「舜受終於文祖。文祖者，堯大祖也。」鄭玄曰：「文祖者，五府之大名，猶周之明堂。」　㈡嚴延年：東海下邳（今江蘇省邳縣）人。宣帝時，任涿郡太守，曾誅殺東高氏、西高氏，繼遷河南太守。《漢書》卷九十〈酷吏傳・嚴延年傳〉：「宣帝初即位，延年劾奏光擅廢立，亡人臣禮，不道。奏雖寢然，朝廷肅焉敬憚延年。」

【今譯】「有人說我這番話傷了聖人，必將受到譏諷貶斥，我回答說：舜、虞經歷了內外各種事變的考驗，終於成為文祖。即使有人喜愛傷害聖人，難道能夠傷害得了嗎？從前，嚴延年在朝廷上面奏霍光行為不道，當時上下大臣為之肅然，沒什麼可以折服它的，何況我是為人作勸戒，無所指斥，何必擔心一般的言語呢？」

時難篇第八

【篇旨】本篇是感歎世上的人才不少，可是能遇上明主，發揮所長的卻不多。人才要嶄露頭角，除了遇逢明君外，還要明君恰有所需，否則仍是徒勞無功。倘若不幸，未逢明君卻遇嫉才的小人，不但志向難遂，反倒遭受無端的禍害，甚至冤死而難言！所以，要在一生之中，遇上可以發揮長才的機運，實在是件難事啊！

抱朴子曰：「盡節無隱㊀者，可為也。若夫使言必納而身必安者，須時㊁。時之否也㊂，夫姦凶之徒，妬所不逮，擁上抑下，惡直醜正㊃，憂畏公方㊄之彈擊邪枉，是以務除勝己以紓其誅。」

【今註】㊀盡節無隱：做好大臣的節操，不可對君主有所隱瞞。《禮記・檀公篇・上》：「事君有犯而無隱。」《論語・憲問篇》：「子路問事君。子曰：『勿欺也，而犯之。』」　㊁須時：等待時機。須，待也。《易經・歸妹》：「歸妹以須。」《釋文》：「須，待也。」　㊂時之否也：時運不濟也。否，蔽固不通之意。《易經・否卦》：「象曰：『天地不交，否。』」　㊃惡直醜正：以直為惡，以正為醜。《左傳》昭公二十八年：「惡直醜正，實蕃有徒。」　㈤公方：公正方直之人。《漢書》卷六十〈杜周傳〉：「近諂諛之人，而遠公方。」唐顏師古《注》：「方，正也。」

【今譯】抱朴子說：「做大臣的要盡到為臣的本分，對國君毫無隱瞞，這是辦得到的。如果想讓國君一定接納自己的諫言，而且直諫之後能平安的處於朝中，就要看自己所處的局勢了。在時運不濟的時候，姦邪凶狠的小人，嫉妒比自己才高的同僚，通常會迎逢上司，壓抑下屬，厭惡嫉視正直的人；憂懼那些剛直守法、彈劾抨擊邪曲不正的大臣，所以極力排擠強過自己的人，以減輕自己受責罰的困擾。」

「明主不世而出㈠，庸君迷於皂白㈡，既不能受用忠益，或乃宣泄至言。於是弘恭、石顯㈢之徒，飾巧辭以搆象似㈣，假至公以售私姦。令獻長生之術者，反獲立死之罪；進安上之計者，施受危身之禍。故曰：『非言之難也，談之時難也㈤。』」

【今註】㈠明主不世而出：英明的君主非世間所常有。《史記》卷九十二〈淮陰侯列傳〉：「此所謂功無二於天下，而略不世出者也。」《淮南子．泰族篇》：「夫欲治之主，不世出。」㈡迷於皂白：是非黑白不分也。皂，皁之俗字，黑色也。皂白即黑白，引申為事之是非也。《詩經．大雅．桑柔》：「匪言不能。」鄭《箋》：「賢者見此事之是非，非不能分別皁白，言之於王也。」㈢弘恭、石顯：班固《漢書》卷九十三〈佞幸傳〉：「石顯，字君房，濟南人；弘恭，沛人也。皆少坐法腐刑，為中黃門，以選為中尚書。宣帝時任中書官。恭明習法令故事，善為請奏，能稱其職。恭為令，顯為僕射。元帝即位數年，恭死，顯代為中書令。是時，元帝被疾，不親政事，方隆好於音樂，以顯久典事，中人無外黨，精專可信任，遂委以政。事無大小，因顯白決，貴幸傾朝，百僚皆敬事顯。顯為人巧慧習事，能探得人主微指，內深賊，持詭辯以中傷人，忤恨睚眥，輒被以危法。」 ㈣搆象似：設計相似的情況。搆，結也。象似，相似也。《歷代名畫記》：「眾皆謹于象似，我則脫落其風俗。」 ㈤非言之難也，談之時難也：向國君進言並不難，難的是遇到進言的時機。

【今譯】「英明的君主不會世代都出現，而庸碌的君主又不分是非黑白，既不能接納忠臣任用良策，大臣若仍毫不避諱的進盡直諫，就會讓弘恭、石顯那班嬖倖小人有機可趁，巧立名目，羅織罪狀；或假借公事，以遂私利。所以，貢獻長生不死妙術的人，反遭速死的罪罰；進奏安國計策的人，隨即受到危身之禍。所以說：向國君進言並不難，難的是能否看清進言的最佳時機。」

「夫以賢說聖，猶未必即受，故伊尹干湯，至於七十也㈠。以智告愚，則必不入，故文王諫紂，終於不納也㈡。言不見信，猶之可也，若乃李斯之誅韓非㈢，龐涓之刖孫臏㈣，上官之毀屈平㈤，袁盎之中晁錯㈥，不可勝載也。為臣不易㈦，豈一塗㈧也哉！」

【今註】 ㈠伊尹干湯，至於七十也：《韓非子・難言篇》：「上古有湯，至聖也；伊尹，至智也。夫至智說至聖，然且七十說而不受，身執鼎俎，為庖宰，昵近習親，而湯乃僅知其賢而用之。故曰：以至智說至聖，未必至而見受。伊尹說湯是也。」 ㈡文王諫紂終於不納也：《韓非子・難言篇》：「以智說愚必不聽，文王說紂是也。故文王說紂，而紂囚之。……何也？則愚者難說也。故君子難言也。」　㊂李斯之誅韓非：韓非，戰國末年韓之公子，與李斯共師事荀卿，著〈孤憤〉、〈五蠹〉諸篇。斯為秦始皇相，進其書，始皇悅，召見之，李斯乃毀非曰：「韓非，韓之諸公子也，今王欲并諸侯，非終為韓不為秦，此人之情也。今王不用，久留而歸之，此自遺患也。不如以過法誅之。」秦王以為然，下吏治非。李斯使人遺非藥，使自殺。韓非欲自陳，不得見。秦王後悔之，使人赦之，非已死矣。見《史記》卷六十三〈老子韓非列傳〉。　㊃龐涓之刖孫臏：《史記》卷六十五〈孫子吳起列傳〉：「孫臏嘗與龐涓俱學兵法。龐涓既事魏，得為惠王將軍，而自以為能不及孫臏，乃陰使召孫臏。臏至，龐涓恐其賢於己，疾之，則以法刑斷其兩足而黥之，欲隱勿見。」　㊄上官之毀屈平：《史記》卷八十四〈屈原賈生列傳〉：「上官大夫與之同列，爭寵而心害其能。懷王使屈原造為憲令，屈平屬草稾，未定。上官大夫見而欲奪之，屈平不與，因讒之曰：『王使屈平為令，眾莫不知，每一令出，平伐其功曰：以為非我莫能為也。』王怒而疏屈平。屈平疾王聽之不聰也，讒諂之蔽明也，邪曲之害公也，方正之不容也，故憂愁幽思而作〈離騷〉。」　㊅袁盎之中鼂錯：《漢書》卷四十九〈爰盎鼂錯傳〉：「盎素不好鼂錯。錯所居坐，盎輒避；盎所居坐，錯亦避：兩人未嘗同堂語。即孝景即位，鼂錯為御史大夫，使吏案盎受吳王財物，抵辠，詔赦以為庶人。吳、楚反聞，錯謂丞史曰：『爰盎多受吳王金錢，專為蔽匿，言不反。今果反，欲請治盎，宜知其計謀。』丞史曰：『事未發，治之有絕。今兵西向，治之何益？且盎不宜有謀。』錯猶豫未決。人有告盎，盎恐，夜見竇嬰，為言吳所以反，願至前，口對狀。嬰入言，上迺召盎。盎入見，竟言吳所以反，獨急斬錯以謝吳，吳可罷。」　㊆為臣不易：《論語．子路篇》：「人之言曰：『為君難，為臣不易。』如知為君之難也，不幾乎一言而興邦乎？」

㊇一塗：同樣的道理。塗，途徑也。

【今譯】「一般說來，讓賢能的人去遊說聖人，都還不一定能馬上被接納，所以伊尹這麼賢能的人，去遊說商湯這樣的聖主，前後交談了七十次，纔終於成功。因此，讓聰明的人來忠告愚昧的人，就必定無法收效，所以文王進諫商紂王，始終都未被接納。如果進諫的言辭不被接納，那也就算了，若是反而遭到禍害，像韓非被李斯害死，孫臏被龐涓斬斷雙足，屈原遭上官大夫毀謗，晁錯受袁盎中傷，這種事例，實在數不清啊！做大臣真不容易，不都是一樣的道理嗎？」

「蓋往而不反者㊀，所以功在身後；而藏器俟時㊁者，所以百無一遇。高勳之臣，曠代㊂而一有，陷冰之徒㊃，委積㊄乎史策。悲夫！時之難遇也，如此其甚哉！」

【今註】㊀往而不反者：《韓詩外傳・卷五》：「朝廷之士為祿，故入而不出；山林之士為名，故往而不返。」　㊁藏器俟時：《易經・繫辭・下》：「君子藏器於身，待時而動。」葛洪引用此句，卻有懷才待時，終將失時的意思。與《論語・陽貨篇》所言之意相類。陽貨謂孔子曰：「懷其寶而迷其邦，可謂仁乎？」曰：「不可。好從事而亟失時，可謂知乎？」　㊂曠代：猶言曠絕一代，無可比擬也，亦謂「曠世」。《文選》卷十九曹植〈洛神賦〉：「奇服曠世，骨像應圖。」曠，久也，遠也。　㊃陷冰之徒：陷入困境之人。陷，墜落也。冰，喻境遇之險，《詩經・小雅・小旻》：「戰戰兢兢，如臨深淵，如履薄冰。」　㊄委積：積聚。《周禮・地官・遺人》：「掌邦之委積，以待施惠。」鄭《注》：「少曰委，多曰積。」

【今譯】「賢者隱居不仕，所以能在死後留名；而懷才待仕者，卻往往難遇明主。功勳高崇的大臣，一世代或許才產生一位；而求好心切反倒陷入困境的臣子，在史籍中卻比比皆是。悲哀呀！時運很難遇上，竟難到了這種地步！」

「由茲以言，吾知渭濱呂尚之儔㊀，巖閒傅說之屬㊁，懷其王佐之器，抱其邈世㊂之材，秉竿擁築，老死於庸兒之伍，而遂不遭文王、高宗者，必不訾㊃矣。」

【今註】 ㊀渭濱呂尚之儔：儔，眾也，等類也。《史記》卷三十二〈齊太公世家〉：「太公望呂尚者，東海上人。……嘗窮困，年老矣，以漁釣奸（干）周西伯。西伯將出獵，卜之，曰：『所獲非龍非彲，非虎非羆；所獲霸王之輔。』於是周西伯獵，果遇太公於渭之陽，與語大說，曰：『自吾先君太公曰：「當有聖人適周，周以興。」子真是邪？吾太公望子久矣。』故號之曰『太公望』，載與俱歸，立為師。」　㊁巖閒傅說之屬：閒，間也。《史記》卷三〈殷本紀〉：「武丁夜夢得聖人，名曰說（音ㄩㄝˋ）。以夢所見視群臣百吏，皆非也。於是迺使百工營求之野，得說於傅險中。是時說為胥靡，築於傅險。見於武丁，武丁曰是也。得而與之語，果聖人，舉以為相，殷國大治。故遂以傅險姓之，號曰傅說。」司馬貞《索隱》：「舊本作險，亦作巖也。」張守節《正義》：「《括地志》云：『傅險即傅說版築之處。所隱之處，窟名聖人窟，在今陝州河北縣北七里，即虞國、虢國之界。』」《墨子・尚賢篇・下》：「昔者，傅說居北海之洲。圜土之上，衣褐帶索，庸築於傅巖之城，武丁得而舉之，立為三公，使之接天下之政，而治天下之民。」　㊂邈世：遠世。邈，遠絕之意。　㊃不訾：不思也。《禮記・少儀篇》：「不訾重器。」鄭《注》：「訾，思也。」

【今譯】「由這些事實來看，我相信像姜太公那麼有才幹而垂釣於渭水之濱，或像傅說那麼賢能卻貧居版築之間的人才，雖具備了宰相的器度，懷抱絕世的奇才，卻持著釣竿、拿著版築，老死在凡夫俗子的行列中，一直都沒有遇上周文王、殷高宗這樣的明君的人，一定還是太多太多了！」

官理篇第九

【篇旨】　本篇說明君臣才智要互相配合的重要性。若是強幹弱枝，或是明珠投闇，結果都是悲慘的；只有君賢臣智，相輔相成，國家才能臻於太平盛世。這也是為官的道理所在，所以篇名稱作「官理」。

抱朴子曰：「騄駬㈠之騁逸迹，由造父㈡之御也；禹、稷之序百揆㈢，遭唐、虞之主也。故能不勞而千里至，揖讓而頌聲㈣作。若乃臧獲之乘驌驦㈤，殷辛之臨三仁㈥，欲長驅輕騖，則轡急轅逼，欲盡規竭忠，則禍如發機㈦。所以車傾於險塗，國覆而不振也。故良駿敗於拙御，智士躓㈧於闇世。仲尼不能止魯侯之出㈨，晏嬰不能遏崔杼之亂㈩。其才則是，主則非也。」

【今註】　㈠騄駬：良馬名。周穆王八駿之一，因毛色為名，又名「綠耳」。《竹書紀年・卷下》周穆王八年：「春，北唐來賓，獻一驪馬，是生騄耳。」《列子・周穆王篇》：「（王）肆意遠遊，命駕八駿之乘，右服驊騮而左綠耳，右驂赤驥而左白㰖（古犧字）。」　㈡造父：古之善御者。

《史記》卷四十三〈趙世家〉：「造父幸於周繆（穆）王。造父取驥之乘匹，與桃林盜驪、驊騮、綠耳，獻之繆王。繆王使造父御，西巡狩，見西王母，樂之忘歸。而徐偃王反，繆王日馳千里馬，攻徐偃王，大破之。乃賜造父以趙城，由此為趙氏」。　㊂禹、稷之序百揆：大禹、后稷擔任各種官職，各種職務都辦得有條不紊。百揆，百官之職。序，有條不紊。《尚書・舜典》載：帝舜使禹作司空，平水土；使棄司稷（掌管農業），播時百穀。　㊃頌聲：太平歌頌之聲。《公羊傳》宣公十五年：「什一行而頌聲作矣。」何休《解詁》：「頌聲者，太平歌頌之聲。」　㊄臧獲之乘驌騻：臧獲，古之不善御者。驌騻，駿馬，又作「肅爽」「驌驦」。《淮南子．主術篇》：「雖有騏驥、騄駬之良，臧獲御之，則馬反自恣，而人弗能制矣。」高誘《注》：「臧獲，古之不能御者，魯人也。」《左傳》定公三年：「唐成公如楚，有兩肅爽馬。」杜預《注》：「肅爽，駿馬名。」　㊅殷辛之臨三仁：《論語．微子篇．第一章》：「微子去之，箕子為之奴，比干諫而死。孔子曰：『殷有三仁焉。』」是說商紂王殘暴荒淫，微子啟抱祭器離開朝廷；箕子進諫不聽，便披髮佯狂，降為奴隸；比干力諫不屈，被剖心而死。孔子認為這三人都不惜犧牲小我，挽救社稷，故以「仁」許之。　㊆禍如發機：喻災禍來臨之疾速。《淮南子．原道篇》：「其縱之也若委衣，其用之也若發機。」高誘《注》：「機，弩機關，言其疾也。」　㊇躓：跌倒，同「跲」。《左傳》宣公十五年：「（魏）顆見老人結草以亢杜回，杜回躓而顛，故獲之。」　㊈仲尼不能止魯侯之出：《史記》卷四十七〈孔子世家〉：「（魯用孔丘，以大司寇行攝相事。齊懼，）於是選齊國中女子好者八十人，皆衣文衣而舞〈康樂〉，文馬三十駟，遺魯君。陳女樂文馬於魯城南高門外。季桓子微服往觀再三，將受，乃語魯君為周道游，往觀終日，怠於政事。」　㊉晏嬰不能遏崔杼之亂：《左傳》襄公二十五年載：齊莊公私通其臣崔杼之妻，崔杼稱病不視事，公問其病，遂從崔妻。崔杼之徒持兵而起，遂弒公。晏嬰時為齊相，立崔杼門外，曰：「君為社稷死則死之，為社稷亡則亡之。若為己死而為己亡，非其私暱，誰敢任之！」門啟而入，枕屍而哭，三踊而出。是則晏嬰以莊公行事荒淫而死，非為社稷，故不以從殉也。

【今譯】　抱朴子說：「千里馬騄駬之所以能夠奔逸絕塵，是因為擅長駕馭的造父在控御的緣故。大禹、后稷之所以能夠恪盡其職，是因為他們遭逢了唐堯、虞舜這樣英明君主的緣故。所以造父能夠毫不費力地奔馳千里，堯、舜也能拱手謙讓就得到歌頌昇平的讚美。如果配合得不好，讓不會駕馭的臧獲乘坐千里馬，讓暴虐無道的商紂王君臨三位仁者，就會發覺轡繩緊繃，車轅失控，如果要三位仁者進諫忠言，就會發覺災禍來得異常快速。所以到後來都會招致馬車傾覆於險要的道路上，國家敗亡而無法振作的結果。因此，千里馬常因笨拙的駕駛而無法發揮長才，智者也會受困於昏昧的世局之中。孔子不能阻止魯昭公出城觀賞女樂，晏嬰不能預防崔杼弒齊莊公，這些都說明了：做大臣的雖然能幹，國君卻昏庸無能，上下不能配合的後果呀！」

「夫君猶器也，臣猶物也，器小物大，不能相受矣。髫孺背千金而逐蛺蜨㈠，越人棄八珍而甘鼃黽㈡，即患不賞好，又病不識惡矣。」

【今註】　㈠髫孺背千金而逐蛺蜨：孩童捨棄千金鉅資，仍不免追逐無價值的蝴蝶。髫，小兒垂髮也，以謂幼童。蛺蜨，亦作蛺蝶，乃蝶類總稱。　㈡越人棄八珍而甘鼃黽：《周禮・天官・膳夫》：「羞用百二十品，珍用八物。」鄭《注》：「珍謂淳熬、淳母、炮豚、炮牂、擣珍、漬、熬、肝膋（音聊，腸裏之脂肪）也。」《淮南子・精神篇》：「越人得以髯蛇以為上肴，中國得而棄之無用。」此處作鼃黽，即青蛙也。

【今譯】「國君好比是個容器，大臣好比是物品，容器小而物品大，都不能兩相容受了。好比幼童捨棄千金鉅資，仍不免追逐無價值的蝴蝶；越國人不吃君主才能享用的八種珍味，卻偏好蛙蛇之類的爬蟲。這就是不能欣賞美好的東西，又不能認清惡劣口味的毛病了。」

「夫不用，則雖珍而不貴矣；莫與，則傷之者必至。昔衛靈聽聖言而數驚㊀，秦孝聞高談而睡寐㊁，而欲緝隆平之化㊂，收良能之勳，猶卻行㊃以逐馳，適楚而首燕㊄也。」

【今註】㊀衛靈聽聖言而數驚：此言未見所據，查先秦典籍，僅《論語・憲問篇・第十九章》，載有「子言衛靈公之無道也」一事，言衛靈公善用賢臣，故雖昏瞶好逸樂，而衛得以不亡。㊁秦孝聞高談而睡寐：《史記》卷六十八〈商君列傳〉：「公孫鞅聞秦孝公下令國中求賢者，……因孝公寵臣景監以求見孝公。孝公既見衛鞅，語事良久，孝公時時睡，弗聽。罷而孝公怒景監曰：『子之客佞人耳，安足用邪！』」㊂緝隆平之化：得到太平的教化。緝，會聚也。隆，盛也；隆平，太平也。㊃卻行：後退而行。《戰國策・燕策・三》：「太子跪而逢迎，卻行為道，跪而拂席。」㊄適楚而首燕：《戰國策・魏策・四》：「王之動愈數，而離王愈遠耳。猶至楚而北行也。」戰國時代，楚地居南而燕國在北，欲至楚國而面向燕國行去，怎能到達目標呢？

【今譯】「如果不去用它，即使是再珍奇的都不足為貴了；如果不信任他，則傷害他的外力就會降臨了。以前衛靈公聽到聖人的言語驚嚇了好幾次，秦孝公聽到商鞅的高談闊論卻無聊的打起瞌睡來。這樣行事卻想得到昇平的教化，讓賢才立業建功，就好比後退而行去追逐奔馳的馬匹，要去楚國卻向北面走向燕國一樣，是不可能達成願望的。」

務正篇第十

【篇旨】無論什麼事物，都有正反兩面。善於利用的人，永遠都能發掘事物的正面，發揮其優點，所以在任何狀況下，他都能得到最好的成效。抱朴子認為看清事物的正面，利用它們的長處，是為人處世、治國用才的最佳方法。「務正」，正是專力於正道而行的原則。

抱朴子曰：「南溟㈠引朝宗㈡以成不測之深，玄圃㈢崇木石以致極天之峻。大夏㈣凌霄，賴群橑之積㈤；輪曲輮直㈥，無可闕之物。故元凱㈦之佐登，而格天㈧之化洽；折衝㈨之才周，則逐鹿㈩之姦寢。」

【今註】㈠南溟：南方之大海也，一作「南冥」。《莊子．逍遙遊篇》：「是鳥也，海運則將徙於南冥。南冥者，天池也。」㈡朝宗：喻水之歸海也。《詩經．小雅．沔水》：「沔彼流水，朝宗于海。」㈢玄圃：山名，仙人之居所，亦作懸圃、縣圃。《淮南子．墬（地）形篇》：「崑崙之丘，……或上倍之，是謂懸圃，登之乃靈，能使風雨。」㈣大夏：大屋也。《楚辭．九章．哀郢》：「曾不知夏之為丘兮。」王逸《注》：「夏，大殿也。」《淮南子．本經篇》：「乃至夏屋宮駕。」高誘《注》：「夏屋，大屋也。」㊄賴群橑之積：依靠所有屋椽累積而致。橑，音ㄌㄠˊ，即椽也，屋上承瓦之直木。《廣韻》上聲三十二〈晧〉韻：「橑，屋橑，簷前木。」㊅輪曲輈直：圓曲的車輪與橫直的車輈。㊆元凱：即八元八愷，謂才子賢人也。《左傳》文公十八年：「昔高陽氏有才子八人：蒼舒、隤敳、檮戭、大臨、尨降、庭堅、仲容、叔達，齊聖廣淵，明允篤誠，天下之民謂之『八愷』。高辛氏有才子八人：伯奮、仲堪、叔獻、季仲、伯虎、仲熊、叔豹、季貍，忠肅共懿，宣慈惠和，天下之民謂之『八元』。此十六族也，世濟其美，不隕其名。……舜臣堯，舉八愷使主后土，以揆百事，莫不時序，地平天成。舉八元，使布五教于四方，父義、母慈、兄友、弟共（恭）、子孝，內平、外成。」杜預《注》：「愷，和也。元，善也。」㊇格天：謂致天下太平之功，聞於上天。格，感通也。《尚書·君奭》：「時則有若伊尹，格于皇天。」孔《傳》：「功至大天，謂致太平。」《尚書·堯典》：「允恭克讓，光被四海，格于上下。」㊈折衝：折止敵人之衝車，即擊退敵兵之意。衝，衝車也，兩旁有觸，用以衝城者。《晏子春秋·內篇·雜上》：「仲尼聞夫不出於尊俎之間，而知千里之外，其晏子之謂也，可謂折衝矣。」㊉逐鹿：爭奪帝位。《史記》卷九十二〈淮陰侯列傳〉：「秦失其鹿，天下共逐之。」裴駰《集解》引張晏曰：「以鹿喻帝位也。」

【今譯】　抱朴子說：「南方的大海，聚集了所有向它流來的河水，因而形成難以測量的深度；西方崑崙山上的懸圃，增加了樹木岩石，因而達到頂天的高峻。高聳入雲的大殿，有賴無數椽木由下而上的逐漸堆疊；圓曲的車輪與長直的車輈，也是車輛不可或缺的部分。所以和善誠篤的賢才致用於朝廷，感天動地的善政就得以施行；禦國退敵的將才周備，僭奪帝位的奸謀就不會發生。」

「舜、禹所以有天下而不與㊀，衛靈所以雖驕恣而不危也㊁。眾力并，則萬鈞不足舉㊂也；群智用，則庶績不足康㊃也。故繁足者死而不弊㊄，多士者亂而不亡。然劍戟不長於縫緝，錐鑽不可以擊斷，牛馬不能吠守，雞犬不任駕乘。役其所長，則事無廢功㊅；避其所短，則世無棄材㊆矣。」

【今註】 ㊀舜、禹所以有天下而不與：舜和禹貴為天子，治理天下時，一本至公，以任賢為主，自己不作干預。與，參與也。《論語・泰伯篇》：「巍巍乎！舜、禹之有天下也而不與焉！」 ㊁衛靈所以雖驕恣而不危也：《論語・憲問篇》：「子言衛靈公之無道也，康子曰：『夫如是，奚而不喪？』孔子曰：『仲叔圉治賓客，祝鮀治宗廟，王孫賈治軍旅。夫如是，奚其喪？』」 ㊂眾力并，則萬鈞不足舉：《淮南子・主術篇》：「故積力之所舉，則無不勝也；眾智之所為，則無不成也。」 ㊃群智用，則庶績不足康：《尚書・益稷》：「元首明哉！股肱良哉！庶事康哉！」康，安也。 ㊄繁足者死而不弊：繁足，謂百足之蟲，即馬陸也。《文選》卷五十二魏曹冏〈六代論〉：「故語曰：『百足之蟲，至死不僵，扶之者眾也。』」晉張華《博物志》卷四〈物性〉：「百足，一名馬蚿，中斷成兩段，各行而去。」 ㊅役其所長，則事無廢功：《管子・形勢解篇》：「明主之官物也，任其所長，不任其所短，故事無不成，而功無不立。」《莊子・秋水篇》：「梁麗可以衝城，而不可以窒穴，言殊器也；騏驥驊騮，一日而馳千里，捕鼠不如狸狌，言殊技也。」《淮南子・主術篇》：「故千人之群，無絕梁；萬人之聚，無廢功。」 ㊆避其所短，則世無棄材：《淮南子・主術篇》：「聖人兼而用之，故无棄才。」《莊子・秋水篇》：「以功觀之，因其所有而有之，則萬物莫不有；因其所无而无之，則萬物莫不无。」

【今譯】「虞舜和夏禹所以會保有天下，卻不必自己費心干預政事；衛靈公所以能夠驕奢恣意的享受，卻不致亡國。這就好比能夠結合眾人之力，那麼萬鈞之重也不怕舉不起來；能運用眾人之智，則再多的功績與它比較，也會相形失色。所以說：百足之蟲，死而不僵；國家多士，朝政再混亂也不致滅亡。然而寶劍槍戟可用來殺敵，卻不能縫紉，鐵錐鑽子也不能當作擊打斬斷的兵器；牛馬不能替人守家驅盜，雞犬也不能讓人駕馭乘騎。只要是使用他的長處，任何事都不致荒廢浪費；不去計較他的短處，則世界上就沒有無用的物品了！」

貴賢篇第十一

【篇旨】 賢才是君王安國定邦，化成天下，不可或缺的輔佐。善用人才，是明主的要務；立功立業，是賢才的心願。如果君王不看重賢才，賢才將會遯世隱居，一個無臣的國君，是很難以獨力平治天下的。而創業惟艱，守成更是不易。一個從小長在深宮中的太子，全無興廢存亡的治國經驗，一旦憑空承襲了父親傳下來的王位，除了玩樂之外，根本不知賢才的重要，到頭來一定會落得傾危覆滅的悲劇！所以賢才怎能不器重呢？

抱朴子曰：「舍輕艘而涉無涯者，不見其必濟也；無良輔而羨隆平者，未聞其有成也。鴻鸞之凌虛者，六翮㈠之力也；淵虯㈡之天飛者，雲霧之偕㈢也。故招賢用才者，人主之要務也；立功立事者，髦俊㈣之所思也。若乃樂治定而忽智士者，何異欲致遠塗而棄騏騄㈤哉！」

【今註】 ㈠六翮：謂鳥兒最初長出的六根健羽。翮，音ㄏㄜˊ，羽莖，即鳥羽根也。《韓詩外傳・卷六》：「夫鴻鵠一舉千里，所恃者六翮爾。」 ㈡淵虯：深淵裏的虯龍。《廣雅・釋魚》：「有鱗曰蛟龍，有翼曰應龍，有角曰虯龍，無角曰螭龍。」㊂雲霧之偕：《易經・乾卦・文言》：「九五曰飛龍在天，雲從龍，風從虎，聖人作而萬物覩。」㊃髦俊：才智出眾者，猶俊髦、英髦。髦，毛中之長毫，以喻俊選之士。《漢書》卷一百下〈敘傳・下〉：「疇咨熙載，髦俊並作。」㊄騏騄：皆駿馬之稱。騏，騏驥也，《荀子・勸學篇》：「騏驥一躍，不能十步。」騄，騄駬也，周穆王八駿之一，又作「綠耳」。《竹書紀年・卷下》周穆王八年：「春，北唐來賓，獻一驪馬，是生騄耳。」

【今譯】抱朴子說：「捨棄輕舟卻想要渡過無邊際的河水，不見得一定能辦到；沒有賢良的大臣為輔助，卻想國家昇平興隆，也沒聽過成功的例子。鴻鴈鸞鳥能夠凌空飛翔，是靠著它們強健羽翅的力量；深淵中的虯龍能夠飛騰天上，也須雲霧的憑托。由此說來，招致賢能、任用才俊，是國君最重要的事務；建立大功、創辦大事，也是俊傑們日夜思量的心願。如果只希望國家安定，卻忽略任用賢智的人才，那與想要到達遠方，卻捨棄千里馬，有什麼兩樣呢？」

「夫拔丘園㊀之否滯，舉遺漏之幽人，職盡其才，祿稱其功者，君所以待賢者也；勤夙夜之在公㊁，竭心力於百揆㊂，進善退惡，知無不為者，臣所以報知己也。世有隱逸之民，而無獨立之主者，士可以嘉遁㊃而無憂，君不可以無臣而致治。是以傅說㊄、呂尚㊅不汲汲於聞達者，道德備則輕王公也。而殷高、周文乃夢想乎得賢者，建洪勳必須良佐也。」

【今註】㊀丘園：喻隱居之地。《易經・賁卦》：「六五，賁于丘園，束帛戔戔。」孔《疏》：

「丘園，是質素之處，六五處得尊位，為飾之主，若能施飾，在於質素之處，不華侈費用，則所束之帛，戔戔眾名也。」《文選》卷三東漢張衡〈東京賦〉：「聘丘園之耿絜，旅束帛之戔戔。」㈡夙夜之在公：《詩經·召南·采蘩》：「被之僮僮，夙夜在公；被之祁祁，薄言還歸。」鄭《箋》：「公，事也；早夜在事，謂視濯溉饎爨之事。」㈢百揆：百官之職。《尚書·舜典》：「納于百揆，百揆時敘。」㈣嘉遁：合乎正道的退隱。亦作嘉遯，嘉，善也；遯，避也。《易經·遯卦》：「九五，嘉遯，貞吉。」〈象傳〉：「嘉遯貞吉，以正志也。」㈤傅說：《史記》卷三〈殷本紀〉載：帝武丁即位，思復興殷，而未得其佐。其後武丁夜夢得聖人，名曰說（音ㄩㄝˋ）。迺使百工營求之野，得說於傅巖中。是時說為胥靡，築於傅巖。武丁舉以為相，殷國大治。㈥呂尚：《史記》卷三十二〈齊太公世家〉載：太公望呂尚者，東海人也。其先祖嘗為四嶽，虞、夏之際封於呂，尚從其封姓，故曰呂尚。本姓姜，字牙。嘗窮困，年老矣，垂釣渭水之濱，周文王得之，云：「吾先君太公望子久矣！」故號太公望。武王師之，號為師尚父。」

【今譯】「提拔隱居離世的失意人才，推舉被遺漏的避世隱者，讓各類職位都有適當的人才擔任，每個人的俸祿都能配得上自己的事功，這就是君王對待賢者的應有原則。從早到晚都用心於公務，竭智盡忠在各種職位上，推薦善良，摒斥奸邪，只要自己知道就絕不藏私，這就是大臣報答君王知遇之恩的方法。世界上有隱居避世的高人逸士，卻沒有獨自理國的君主。有才智的人可以正大光明的隱居而不感到憂慮，國君卻不能沒有大臣而治好天下。所以商朝的傅說、周朝的呂尚，都不會急切地拜謁達官顯貴，就是道德完備了，自然會看輕君王公卿。而殷高宗、周文王卻日思夜想的得到賢才，就是因為要建立偉大的事業，一定需要優秀的輔佐呀！」

「患於生乎深宮之中，長乎婦人之手㈠，不識稼穡之艱難㈡，不知憂懼之何理，承家繼體㈢，蔽于崇替㈣。所急在乎侈靡，至務在乎游宴，般于畋獵㈤，湎于酣樂，聞淫聲則驚聽，見豔色則改視。役聰用明，止此二事。鑒澄人物，不以經神，唯識玩弄可以悅心志，不知奇士可以安社稷。」

【今註】 ㈠生乎深宮之中，長乎婦人之手：《荀子・哀公篇》：「寡人生於深宮之中，長於婦人之手。」《史記》卷七十九〈范雎蔡澤列傳〉：「足下上畏太后之嚴，下惑於姦臣之態，居深宮之中，不離阿保之手，終身迷惑，無與昭姦。」 ㈡不識稼穡之艱難：《尚書・無逸》：「自時厥後，立王生則逸；生則逸，不知稼穡之艱難，不聞小人之勞。」 ㈢承家繼體：承襲其家，嗣位為君。承家，《易經・師卦》：「上六，大君有命，開國承家，小人勿用。」孔《疏》：「若其功小，使之承家為卿大夫。」繼體，《史記》卷四十九〈外戚世家〉：「自古受命帝王及繼體守文之君，非獨內德茂也，蓋亦有外戚之助焉。」司馬貞《索隱》：「繼體謂非創業之主，而是嫡子繼先帝之正體而立者也。」 ㈣崇替：猶言興廢也。《國語・楚語・下》：「君子唯獨居，思念前世之崇替。」韋昭《注》：「崇，終也；替，廢也。」 ㈤般于畋獵：般，通槃，遊樂也。《孟子・公孫丑篇・上》：「今國家閒暇，及是時，般樂怠敖，是自求禍也。」趙《注》：「般，大也。……且以大作樂，怠惰敖遊。」畋，狩獵之泛稱。畋獵，田獵也。老子《道德經・第十二章》：「馳騁畋獵，令人心發狂。」

【今譯】 「做國君的，最怕的就是從小生長在深宮之中，由婦人乳母養大，根本不知道農耕的困苦，不知道憂懼的來源，只是承繼父王留下來的帝位，根本不知國家興廢的道理。繼位之後，他急切想做的，是如何過奢侈浮靡的生活；他最看重的事務，是如何享受冶遊宴飲的樂趣。沉迷在田獵酒色之中，聽到淫蕩的音樂就聳然入神，看到妖艷的美女就目瞪口呆。他所有的聽覺、視覺，只用在這聲色兩件事上。如何明察大臣的良窳，全都不費精神，只知道玩賞戲弄能夠滿足自己的心意，卻不知道安定國家是需要賢良的大臣。」

「犀象珠玉，無足而至自萬里之外㈠；定傾之器㈡，能行而淪乎四境之內。二豎之疾㈢既據而募良醫，棟橈之禍㈣已集而思謀夫，何異乎火起乃穿井㈤，覺飢而占田㈥哉！夫庸隸㈦猶不可以不拊循㈧而卒盡其力，安可以無素而暴得其用哉！」

【今註】㈠犀象珠玉，無足而至自萬里之外：《文選》卷四十一孔融〈論盛孝章書〉：「珠玉無脛而自至者，以人好之也；況賢者之有足乎！」《韓詩外傳．卷六》：「主君亦不好士耳。夫珠出於江海，玉出於崑山，無足而至者，猶主君之好也。士有足而不至者，蓋主君無好士之意耳。」㈡定傾之器：安定國勢的良才。《管子．牧民篇》：「國有四維，一維絕則傾，二維絕則危，三維絕則覆，四維絕則滅。傾可正也，危可安也，覆可起也，滅不可復錯也。」㈢二豎之疾：《左傳》成公十年：「公疾病，求醫于秦。秦伯使醫緩為之。未至，公夢疾為二豎子，曰：『彼良醫也，懼傷我，焉逃之？』其一曰：『居肓之上、膏之下，若我何！』醫至，曰：『疾不可為也。在肓之上、膏之下，攻之不可，達之不及，藥不至焉，不可為也。』」㈣棟橈之禍：亦作「棟撓之禍」，撓，弱也。以屋棟本末俱弱，喻衰亂之世始終皆弱也。《易經．大過卦．彖辭》：「大過，大者過也。棟橈，本末弱也。」九三爻象曰：「棟橈之凶，不可以有輔也。」孔《疏》：「棟橈者，謂屋棟也，本之與末俱橈弱，以言衰亂之世，始終皆弱也。」 ㈤火起乃穿井：《淮南子・人間篇》：「譬猶失火而鑿池。」 ㈥占田：以田分配於百姓，使占有之也。乃晉初實行的限田制度。《晉書》卷二十六〈食貨志〉：「男子一人占田七十畝，女子三十畝。」 ㈦庸隸：被雇傭之奴僕。庸通傭，受雇也。 ㈧拊循：撫慰也。《荀子・富國篇》：「拊循之，唲嘔之。」楊倞《注》：「拊與撫同。撫循，慰悅之也。」

【今譯】「犀角、象牙、珍珠、寶玉，雖然沒有腿卻能從萬里之外來到眼前；安國定邦的人才，有腿行走，卻淪落在國內而無人理睬。病魔已深入膏肓才去尋求良醫，國家積弱敗亡的災禍已經臨頭才想徵召謀士，這與發生水災後，才挖井取水來救；肚子已覺飢餓，才分田給百姓種稻，又有什麼不同呢！一般受人雇用的奴僕，都還要多加安撫，他們才會盡力做事；人才怎麼可能平常不去理睬，卻想乍然間得到他們的效命呢！」

任能篇第十二

【篇旨】 發揮潛能，一直都是國家任用官吏最大的期望。人才並不少見，但是要怎麼使他心悅誠服的貢獻自己真正的才能，這就要看國君的統御工夫了。主庸臣賢，偶爾或許產生欺主的事，但是綜觀古今，賢臣效命於庸君，臻國家於富強昇平的史例，實為不少。所以任用賢能之際，如何在君臣之間取得相輔相成的平衡，是國君都應徹底了解的。

或曰：「尾大於身者，不可掉㊀；臣賢於君者，不可任。故口不容而強吞之者，必哽㊁；才非匹而安仗之者，見輕。」

【今註】 ㊀尾大於身者，不可掉：獸尾過大，則難以搖動，以喻下強上弱，難以控制也。《左傳》昭公十一年：「末大必折，尾大不掉。君所知也。」《淮南子．泰族篇》：「末大於本則折。尾大於要（腰）則不掉矣。」掉，搖、動也。 ㊁哽：通「鯁」，食物塞在喉部無法下嚥。

【今譯】 有人說：「尾巴如果比身軀大，就不能夠搖擺；大臣如果比君王賢能，就不可以任用。所以不能一口吃下卻要勉強吞嚥的話，就一定會哽在喉中；才能並不相稱卻要安全倚賴良相治國的話，庸君一定會被看輕。」

抱朴子曰：「詭哉言乎！昔者荊子總角而攝相事㈠，實賴二十五老，臻乎惠康。子賤起家而治大邦㈡，實由勝己者多，而招其弘益。」

【今註】 ㈠荊子總角而攝相事：《孔子家語》卷四〈六本篇〉：「荊公子行年十五而攝荊相事。孔子聞之，使人往觀其為政焉。使者反，曰：『視其朝，清淨而少事，其堂上有五老焉，其廊下有二十壯士焉。』孔子曰：『合二十五人之智，以治天下，其固免矣！況荊乎！』」《說苑・尊賢篇》：「介之推行年十五而相荊。仲尼聞之，使人往視。還曰：『廊下有二十五俊士，堂下有二十五老人。』仲尼曰：『合二十五人之智，智於湯、武；并二十五人之力，力於彭祖。以治天下，其固免矣乎！』」㈡子賤起家而治大邦：宓不齊，字子賤，魯人，為孔子七十二弟子之一。最著名之事跡為治單父邑。《韓詩外傳・卷二》稱「（宓）子賤治單父，彈鳴琴，身不下堂，而單父治。」《說苑・政理篇》言及子賤治單父之法，曰：「不齊父其父，子其子，恤諸孤而哀喪紀」，「不齊也所父事者三人，所兄事者五人，所友事者十一人」，「此地民有賢於不齊者五人，不齊事之，皆教不齊所以治之術」。故葛洪讚其「實由勝己者多，而招其弘益」，因使大邦易治。

【今譯】 抱朴子聽了，不以為然的說：「這種話真是騙人的狡辯！古代楚國公子才十五歲就作令尹治理國事，完全仰賴二十五位長老的協助，也讓楚國步上安康富庶的境界。宓子賤一出仕就治理大都邑，也是靠著才幹超過自己的賢者全力襄助。」

「齊桓殺兄而立，鳥獸其行㈠，被髮彝酒，婦閫三百㈡，委政仲父，遂為霸宗；夷吾既終，禍亂亟起㈢。魯用季子二十餘年㈣，內無粃政㈤，外無侵削；人之亡沒，殄瘁㈥響集。豈非才所不逮，其功如彼；自任其事，其禍如此乎？」

【今註】㈠齊桓殺兄而立，鳥獸其行：《荀子・仲尼篇》：「齊桓，五伯之盛者也，前事則殺兄而爭國，內行則姑姊妹之不嫁者七人，閨門之內，般樂奢汰，以齊之分，奉之而不足。」㈡被髮彝酒，婦閫三百：《韓非子・難二篇》：「昔者桓公宮中二市，婦閭二百，被髮而御婦人。」㈢委政仲父，遂為霸宗；夷吾既終，禍亂亟起：管夷吾，字仲，春秋齊潁上人，初事公子糾，後相齊桓公，九合諸侯，一匡天下，使桓公成為春秋五霸之首。《韓非子・難二篇》：「齊桓公之時，晉客至，有司請禮。桓公曰：『告仲父』者三。而優笑曰：『易哉為君！一曰仲父，二曰仲父。』桓公曰：『吾聞君人者，勞於索人，佚於使人。吾得仲父已難矣，得仲父之後，何為不易乎哉！』」同篇又載：「得管仲，為五伯長；失管仲、得豎刁，而身死，蟲流出尸不葬。以為非臣之力也，且不以管仲為霸；以為君之力也，且不以豎刁為亂。」㈣魯用季子二十餘年：《說苑・尊賢篇》：「國家惛亂而良臣見。魯國大亂，季友之賢見，僖公即位，而任季子，魯國安寧，外內無憂，行政二十一年。季子之卒後，邾擊其南，齊伐其北，魯不勝其患，將乞師於楚以取全耳。……僖公之性，非前二十一年常賢，而後乃漸變為不肖也，此季氏存之所益，亡之所損也。」㈤粃政：不良之弊政。粃，中空或不飽之穀，同秕。㈥殄瘁：完全困窮。《詩經・大雅・瞻卬》：「人之云亡，邦國殄瘁。」毛《傳》：「殄，盡；瘁，病。」

【今譯】「齊桓公殺害了胞兄子糾，自立為齊君，家居生活也放蕩不檢點，在宮廷裏披髮飲酒，與妃嬪作樂，後宮美女多達三百，可是他將政事完全交給管仲處理，竟也成了春秋的霸主。管仲過世後，無人替他治國，禍亂立刻發生。魯僖公用季氏為執政，二十多年之間，國內沒有不良的弊政，鄰國沒有侵擾的戰爭。季氏過世後，國家隨即陷入窮困之中。這豈非才能不佳，卻有豐功偉業；自身掌政，亡國之禍立顯的明證嗎？」

「漢高決策於玄幃㈠，定勝乎千里，則不如良、平㈡；治兵多而益善㈢，所向無敵，則不如信、布㈣。兼而用之，帝業克成。故疾步累趨，未若託乘乎逸足；尋飛逐走，未若假伎乎鷹、犬。」

【今註】 ㈠漢高決策於玄幃：《漢書》卷一下〈高帝紀・下〉五年十二月：「（高祖曰：）夫運籌帷幄之中，決勝千里之外，吾不如子房。」玄幃，即帷幄，軍中的帳幕。㈡良、平：張良、陳平也。張良，字子房，其先五世相韓。韓破，悉以家財求客刺秦王，為韓報仇。後受《太公兵法》於圯上老人，佐高祖，平天下。陳平，陽武人，少時家貧，好讀書，治黃、老之術，事高祖，漢王七年（西元前二百年），嘗以奇計解高祖平城（今山西省大同縣）白登山受匈奴七日之圍。事見《漢書》卷四十〈張陳王周傳〉。㈢治兵多而益善：《史記》卷九十二〈淮陰侯列傳〉：「上常從容與信言諸將能不，各有差。上問曰：『如我能將幾何？』信曰：『陛下不過能將十萬。』上曰：『於君何如？』曰：『臣多多而益善耳。』」《漢書》卷一下〈高帝紀・下〉：「五年十二月：『（高祖曰：）連百萬之眾，戰必勝，攻必取，吾不如韓信。』」㈣信、布：韓信、英布也。韓信，秦末淮陰人。蕭何薦之漢王，拜為大將。與張良、蕭何同稱「漢興三傑」。英布，漢六縣人，曾犯法被黥面，故又稱黥布。楚、漢相爭，隨何說之歸漢，封淮南王，從高祖滅項羽於垓下。事見《漢書》卷三十四〈韓彭英盧吳傳〉。

【今譯】「漢高祖要在軍營帳幕中推演兵法，而決定千里之外的戰爭勝算，這一點比不上張良、陳平；統率大軍愈多愈順手，每戰必勝的話，也比不上韓信、英布。可是漢高祖能容納他們並且任用其才，終於奠定了帝王大業。所以要快步長跑，不如乘騎千里馬的快速；要獵殺鳥獸，最好藉助猛鷹、獵犬的長才。」

「夫勁弩難彀㈠，而可以摧堅逮遠；大舟難乘，而可以致重濟深；猛將難御，而可以折衝㈡拓境；高賢難臨，而可以攸敘彝倫㈢。」

【今註】㈠彀：張滿弓弩。㈡折衝：禦敵也。折，挫敗也；衝，攻城門之衝車。㈢攸敘彝倫：所制定的常規。攸，所。敘，定。彝，宗廟常用之酒器，引申為常法。倫，道、理也。《尚書・洪範》：「我不知其彝倫攸敘。」蔡《傳》：「彝，常；倫，理也。所謂秉彝人倫也。」

【今譯】「強勁的弓弩雖然很難拉滿，拉滿後卻可以摧毀堅固的目標，射到極遠之處；大船不易划動，划動後卻可以載負重物，渡過深邃的大河。勇猛的將領很難統御，統御後卻可以抵抗侵擾，拓展疆土；高明的賢者不易安撫，安撫後卻可以為國家制定合理的法條。」

「昔魯哀庸主也㈠，而仲尼上聖，不敢不盡其節；齊景下才也㈡，而晏嬰大賢，不敢不竭其誠。豈有人臣當與其君校智力之多少，計局量之優劣，必須堯、舜乃為之役㊂哉！何事非君？何使非民㊃？恥令其君不及唐、虞㊄，此亦達者之用心也。」

【今註】 ㊀魯哀庸主也：《韓非子・五蠹篇》：「仲尼，天下聖人也，修行明道以遊海內。海內說其仁，美其義，而為服役者七十人。……魯哀公，下主也，南面君國，境內之民，莫敢不臣。民者固服於勢，勢誠易以服人。故仲尼反為臣，而哀公顧為君。仲尼非懷其義，服其勢也。故以義則仲尼不服於哀公，乘勢則哀公臣仲尼。」 ㊁齊景下才也：《論語・季氏篇・第十二章》：「齊景公有馬千駟，死之日，民無德而稱焉。」《淮南子・主術篇》：「景、桓公臣管、晏，位尊也。怯服勇，而愚制智，其所託勢者勝也。」 ㊂必須堯、舜乃為之役：《孟子・萬章篇・上・第七章》：「湯三使往聘之（伊尹），既而幡然改曰：『與我處畎畝之中，由是以樂堯、舜之道，吾豈若使是君為堯、舜之君哉！吾豈若使是民為堯、舜之民哉！吾豈若於吾身親見之哉！』」 ㊃何事非君何使非民：《孟子・公孫丑篇・上・第二章》：「何事非君，何使非民；治亦進，亂亦進，伊尹也。」 ㊄恥令其君不及唐、虞：《孟子・萬章篇・下・第一章》：「（伊尹）思天下之民，匹夫匹婦有不被堯、舜之澤者，如己推而內之溝中。」

【今譯】 「古代的魯哀公是庸弱的君主，而像孔子這麼睿智的聖人，也不敢不盡到做臣子的禮節；齊景公是才能低劣的君主，而晏嬰這麼聰明的賢才，也不敢不竭力奉獻他的忠心。由此看來，那有身為大臣的，還敢和國君計較才智的高低，器度的優劣，一定要國君像唐堯、虞舜一樣的聖明，才為他服務呢？任何君主都可以事奉，任何百姓都可以使喚，自己的國君表現得不及堯、舜那般聖明而引以為恥，這才是通達事理的大臣，真正該有的用心。」

欽士篇第十三

【篇旨】「欽士」就是「敬重士人」之意。士之未得時者，貧無立錐之地，似無以關涉國家安危興亡之局；而縱觀古今史例，不乏得士而國得以昌，無士而國因以亡者。士之可欽，非以其一己之力干城，全視諸其德義之流布，充於天下，博人仰慕法式，因以舉國風俗歸諸淳厚，敵國視之莫敢狎侮，尤以國君因而能開聵目，徠賢臣，施善政，強國勢，以稱霸天下，可謂用功少而獲益大者也。

抱朴子曰：「由余在戎，而秦穆惟憂㈠。楚殺得臣，而晉文乃喜㈡。樂毅出而燕壤㈢，種、蠡入而越霸㈣。破國亡家，失士者也。豈徒有之者重，無之者輕而已哉！」

【今註】㈠由余在戎，而秦穆惟憂：由余，春秋晉人。亡入戎，奉使入秦，秦穆公異之，退而告內史廖曰：「孤聞鄰國有聖人，敵國之憂也。今由余賢，寡人之害，將奈之何？」遂以女樂贈戎王，以怠其政。由余數諫不聽，遂奔秦。穆公用由余謀伐戎，闢地千里，稱霸西戎。事見《史記》卷五〈秦本紀〉。㈡楚殺得臣，而晉文乃喜：成得臣，楚將，字子玉，官至令尹，與晉兵戰於城濮，兵敗自殺。《左傳》僖公二十八年五月：「既敗，王使謂之曰：『大夫若入，其若申、息（地名）之老何？』

子西、孫伯曰：『得臣將死。』二臣止之曰：『君其將以為戮。』及連穀而死。晉侯聞之，而後喜可知也，曰：『莫余毒也已。』」又，宣公十二年秋，「士貞子諫曰：『不可！城濮之役，晉師三日穀，文公猶有憂色，左右曰：「有喜而憂，如有憂而喜乎？」公曰：「得臣猶在。憂未歇也。困獸猶鬥，況國相乎？」及楚殺子玉，公喜而後可知也，曰：「莫余毒也已。」是晉再克，而楚再敗也。』」 ㊂樂毅出而燕壞：樂毅，魏文侯將樂羊之後，賢而好兵，聞燕昭王築黃金台以招賢，遂委質為臣。久之，為上將軍以伐齊，下齊七十餘城。會昭王死，惠王立，受齊反間而召樂毅回朝。樂毅知惠王不善己，畏誅，遂西降趙。齊田單趁隙設詐，遂破燕軍，七十餘城皆復歸齊。事見《史記》卷八十〈樂毅列傳〉。㊃種、蠡入而越霸：文種，字少禽，楚國郢人，與范蠡同事越王句踐，為大夫，出計滅吳。功成，范蠡勸其引退，不聽，後為句踐賜劍自殺。范蠡，楚宛人，字少伯，入越輔句踐滅吳。以句踐為人可與共患難，不可與共享樂，乃去越入齊，易名鴟夷子皮。後至陶，稱朱公，經商致富。事見《史記》卷四十一〈越王句踐世家〉。

【今譯】 抱朴子說：「智士由余仕於山戎，秦穆公為此憂心。楚國殺了賢相得臣，晉文公喜形於色。燕將樂毅亡奔趙國，燕國因此衰微；文種、范蠡投靠句踐，越國因而稱霸。由此觀之，國破家亡，全因失去了智士的輔佐之故！豈祇是有了賢才，國君就顯得尊貴；沒有賢才，國君就被人鄙視，如此單純呢！」

「柳惠之墓，猶挫元寇之銳㊀，況於坐之於朝廷乎？干木之隱，猶退踐境之攻㊁，況於置之於端右乎？郅都之象，使勁虜振慴㊂。孔明之尸，猶令大國寢鋒㊃。以此禦侮，則地必不侵矣；以此率師，則主必不辱矣。」

【今註】 ㊀柳惠之墓，猶挫元寇之鋭：展禽，字季，魯僖公時人，為魯大夫，因食邑柳下，諡惠，故稱柳下惠。《戰國策・齊策・四》：「（顏）斶曰：『昔者秦攻齊，令：有敢去柳下季壟五十步而樵採者，死不赦。』」 ㊁干木之隱，猶退踐境之攻：段干木，戰國魏人，隱居魏國，不受官祿。魏文侯以禮事之，過其門，必伏軾為禮。《呂氏春秋・開春論・期賢篇》：「秦興兵欲攻魏，司馬唐諫秦君曰：『段干木賢者也，而魏禮之，天下莫不聞，無乃不可加兵乎！』秦君以為然，乃按兵輟，不敢攻之。」 ㊂郅都之象，使勁虜振慴：郅都，漢楊縣人，景帝時為中郎將，敢直諫，面折大臣於朝。遷中尉，執法嚴酷，不避貴戚，列侯宗室見之側目而視，號曰「蒼鷹」。《史記》卷一百二十二〈酷吏列傳〉：「孝景帝乃使使持節拜都為鴈門太守，而便道之官，得以便宜從事。匈奴素聞郅都節，居邊，為引兵去，竟郅都死，不近鴈門。匈奴至為偶人象郅都，令騎馳射，莫能中。見憚如此。」 ㊃孔明之尸，猶令大國寢鋒：諸葛亮，字孔明，漢琅邪人。早孤，躬耕於南陽，好為〈梁父吟〉，自比於管仲、樂毅。劉備三顧草廬，因效命焉。備曰：「孤之有孔明，猶魚之有水也。」備卒，亮佐後主劉禪於蜀。嘗據五丈原，與司馬懿對抗於渭南，未幾，卒於軍。《三國志》卷三十五〈蜀書・諸葛亮傳〉，裴松之引《漢晉春秋》曰：「（亮死，）楊儀等整軍而出，百姓奔告宣王（司馬懿），宣王追焉。姜維令儀反旗鳴鼓，若將向宣王者，宣王乃退，不敢偪。於是儀結陳而去，入谷然後發喪。宣王之退也，百姓為之諺曰：『死諸葛走生仲達（懿字）。』或以告宣王，宣王曰：『吾能料生，不便料死也。』」

【今譯】 「賢臣柳下惠的墳墓，竟也能摧折凶寇的鋭氣，何況是敦請這樣的賢臣效命於朝廷呢？

隱者段干木的名聲，都還能阻止敵軍踰境攻伐，何況是敦請這樣的隱者顧問於左右呢？酷吏郅都的偶像，連強悍的匈奴人都害怕發抖。丞相孔明的屍體，使強國的大元帥竟嚇得收兵。所以，用賢臣來抵禦外侮，領土必不致喪失；用賢者來統帥軍隊，君主必不會受辱！」

「是以明主旅束帛於窮巷㈠，揚滯羽於瘁林㈡，飛翹車於河梁㈢，闢四門㈣而不倦，不吝金璧，不遠千里，不憚屈己，不恥卑辭，而以致賢為首務，得士為重寶。舉之者受上賞㈤，蔽之者為竊位。」

【今註】 ㈠旅束帛於窮巷：準備聘禮請出隱居陋巷的賢者。旅，陳、列也。旅字，《抱朴子・外篇・審舉篇》作「施玉帛於丘園」。束帛，古代聘問的禮物，帛五匹為束。《易經・賁卦・六五・爻辭》：「賁于丘園，束帛戔戔。」《文選》卷三張衡〈東京賦〉：「聘丘園之耿絜，旅束帛之戔戔。」㈡揚滯羽於瘁林：讓受困的鳥禽從枯萎的樹林中重新飛起，以喻禮聘淪落草澤的志士俊傑。滯羽，受滯難行的鳥禽。瘁林，枯萎的樹林。瘁通悴，惟悴、枯萎也。㈢飛翹車於河梁：飛馳聘賢的禮車到隱者的居所。翹車，見《左傳》莊公二十二年：「《詩》云：『翹翹車乘，招我以弓。』」杜預《注》：「古者聘士以弓。」後因以禮聘賢者之車為翹車。河梁，《抱朴子・外篇・審舉篇》作「馳翹車於巖藪」，皆指賢者隱居之處也。㈣闢四門：打開四方城門。《尚書・舜典》：「舜格于文祖，詢于四岳，闢四門，明四目，達四聰。」《漢書》卷六十七〈楊胡朱梅云傳・梅福傳〉：「博覽兼聽，謀及疏賤，令深者不隱，遠者不塞，所謂『辟四門，明四目也。』」㈤舉之者受上賞：《漢書》卷六〈武帝紀〉：「元朔元年：『進賢受上賞，蔽賢蒙顯戮，古之道也。』」

【今譯】「因此，聖明的君主，一定知道準備聘禮，請出隱居於陋巷的賢者；讓淪落鄉野市井的俊傑，重新施展抱負；飛馳聘賢的禮車，到各處賢者的居所；敞開國都四方的城門，聽納賢者的進諫而不厭倦。這樣的國君，他敦聘賢才的時候，不會吝惜黃金美玉，不會嫌憎路途遥遠，不會害怕委屈自己，不會羞愧自己的言辭卑下，完全以招致賢才為首要任務，視獲得智士為貴重的珍寶。能夠推舉賢士的，都能得到最高的獎賞；埋沒賢才的，與竊國之罪相等。」

「故公旦執贄於白屋㊀，秦邵拜昌於張生㊁。鄒子涉境，而燕君擁篲㊂；莊周未食，而趙惠竦立㊃。晉文接亥唐，腳痺而坐不敢正㊄；齊佞之造稷丘，雖頻繁而不辭其勞㊅。楚王受笞於保申㊆，□簡去甲於公盧㊇。彼雖降高抑滿，以貴下賤㊈，終亦并目以遠其明，假耳以廣其聰，龍騰虎踞，宜其然也。」

【今註】㊀公旦執贄於白屋：周公旦，周武王弟也。武王崩，成王年幼，周公攝政，平三叔之亂，建成周雒邑，制定周代禮樂制度。《說苑・尊賢篇》：「周公旦，白屋之士所下者七十人，而天下之士皆至。」「周公攝天子位七年，布衣之士執贄所師見者十二人，窮巷白屋所先見者四十九人。」執贄，執物以為相見禮也。白屋，白茅覆蓋之屋，貧賤者之所居也。《論衡・語增篇》：「周公執贄，下白屋之士。」㊁秦邵拜昌於張生：秦邵，孫星衍謂舊寫本作「秦昭」，當改。張生，謂張祿也，實乃范雎之化名。范雎字叔，魏人也，游說諸侯，欲事魏王。以忤魏相魏齊，被笞擊，幾死，遂亡，伏匿，更名姓曰張祿。秦昭王使者王稽見之於昭王，王大說，屏左右，宮中虛無人，跽而請益。語畢，范雎拜，秦王亦拜。終以雎為相。事見《史記》卷七十九〈范雎蔡澤列傳〉。拜昌，拜昌言也，《抱朴子・外篇・君道篇》：「拜昌言而無所」，可證。昌言，正當之善言也。《尚書・大禹謨》：「禹拜昌言。」孔《傳》：「昌，當也；以益言為當，故拜受而然之。」蔡沈《傳》：「昌言，盛德之言；拜者，所以敬其言也。」 ㊂鄒子涉境，而燕君擁篲：鄒衍，齊臨淄人。深觀陰陽消息，作怪迂之變，倡言時世之興亡，皆隨金木水火土五德轉移。《史記》卷七十四〈孟子荀卿列傳〉：「騶子（衍）重於齊。適梁，惠王郊迎，執賓主之禮。適趙，平原君側行撇席。如燕，昭王擁彗先驅，請列弟子之座而受業，築碣石宮，身親往師之。」司馬貞《索隱》：「彗，帚也。謂為之埽地，以衣袂擁帚而卻行，恐塵埃之及長者，所以為敬也。」 ㊃莊周未食，而趙惠竦立：莊周，戰國楚蒙人。嘗為漆園吏。楚威王聞其賢，遣使厚幣迎之，辭不就。與老子同為道家始祖。時趙惠文王喜劍，劍士夾門而客三千餘人，日夜相擊於前，歲死傷者百餘人。太子悝患之，乃使人以千金奉莊子，莊子辭金而說趙王以三劍：天子劍、諸侯劍、庶人劍。說畢，甚中王意，王乃牽而上殿。宰人上食，王三環之，於是不出宮三月，劍士皆服斃其處也。事見《莊子・說劍篇》。 ㊄晉文接亥唐，腳痺而坐不敢正：晉文，孫星衍謂舊寫本作「晉平」，當改。亥唐，晉國之賢者，隱居不仕，與晉平公交往甚厚。《孟子・萬章篇・下・第三章》：「晉平公之於亥唐也，入云則入，坐云則坐，食云則食。」《太平御覽》卷五百九引稽康《高士傳》：「亥唐，晉人也，高恪寡素，晉國憚之，雖蔬食菜羹，平公每為之欣飽。公與亥唐坐，有間，亥唐出，叔向入，平公伸一足，曰：『吾向時與亥子坐，腓痛足痺，不敢伸。』」叔向浡然作色不悅，公曰：『子欲貴乎？吾爵子。子欲富乎？吾祿子。夫亥先生乃無欲也，吾非正坐無以養之，子何不悅哉？』」㊅齊侫之造稷丘，雖頻繁而不辭其勞：齊侫，孫星衍謂舊寫本作「齊任」，惟詳覈史實，當作「齊侯」為是。《韓非子・難一篇》：「齊桓公時，有處士曰小臣稷，桓公三往而弗得見。桓公曰：『吾聞：布衣之士，不輕爵祿，無以易萬乘之主；萬乘之主，不好仁義，亦無以下布衣之士。』於是五往乃得見之。」由引文觀之，「稷丘」當為「稷臣」之訛。㊆楚王受笞於保申：保申，楚文王時人。《説苑・正諫篇》：「保申諫曰：『先王卜以臣為保吉，今王得如黃之狗、箘簬之矰，畋於雲夢，三月不反；及得舟之姬，淫，期年不聽朝。王之罪當笞。匍伏，將笞王。』……王曰：『敬諾！』乃席王，王伏，保申束細箭五十，跪而加之王背，如此者再，謂王起矣。」《呂氏春秋・貴直論・直諫篇》亦有類似記載。㊇□簡去甲於公廬：□簡，依《説苑》所載，當作「趙簡」。《説苑・正諫篇》：「趙簡子舉兵而攻齊，令軍中有敢諫者，罪至死。被甲之士名曰公廬，望見簡子大笑。簡子曰：『子何笑？』對曰：『臣有宿笑。』簡子曰：『有以解之則可，無以解之則死。』對曰：『當桑之時，臣鄰家夫與妻俱之田，見桑中女，因往追之，不能得，還。及其妻怒而去之。臣笑其曠也。』簡子曰：『今吾伐國失國，是吾曠也。』於是罷師而歸。」㊈以貴下賤：《易經・屯卦・初九・象傳》：「以貴下賤，大得民也。」《孔子家語・賢君篇》：「以貴下賤，無不得也。昔者周公居冢宰之尊，制天下之政，而猶下白屋之士，日見百七十人。」

【今譯】「因為賢才如此重要，所以周公攝政後，持著聘禮到陋巷尋求賢士；秦昭王聽范雎的任賢治國大道理，竟感激得下拜為禮。燕昭王因鄒衍的駕臨，竟親自開道迎接；趙惠王聽了莊周用劍王天下的道理，恍然大悟的站在莊周身旁備食奉之。晉平公禮遇亥唐，與唐共坐一室，兩腿坐得發痲了也不敢動彈；齊桓公拜訪臣稷，撲空的次數雖多也不敢以為辛苦。楚文王因貪逸怠政，受到賢臣保申的鞭笞之罰；趙簡子因屬下公盧的諷諭，因而收兵回國。這些君主的作法，雖似降低了自己的地位，壓抑驕滿的心態，以尊貴的君王禮遇卑下的臣民，可是卻獲得了更多的耳目，得以開闊自己的視野，靈敏自己的聽聞。他們能夠龍騰虎踞的睥睨一世，實在是有其道理的。」

用刑篇第十四

【篇旨】本篇反映了葛洪的「佐時治國」思想，他主張實行申韓之法，提倡嚴刑峻法。他認為，「德教」只能施於「平世」，刑罰才能治「狡暴」。特別是在亂世，只有「以殺止殺」，「以其所畏，禁其所翫，峻而不犯」，才是「全民之術也。」正是從上述觀點出發，對道家的政治學說進行了一定的批判。

抱朴子曰：「莫不貴仁，而無能純仁以致治也；莫不賤刑，而無能廢刑以整民㈠也。咸云：『明后㈡御世，風向草偃，道洽化醇，安所用刑？』余乃論之曰：『夫德教者，黼黻㈢之祭服也，刑罰者，捍刃之甲冑也。若德教治狡暴，猶以黼黻御剡鋒也；以刑罰施平世，是以甲冑升廟堂也。故仁者養物之器，刑者懲非之具，我欲利之，而彼欲害之，加仁無悛，非刑不止。刑為仁佐，於是可知也。』

【今註】㈠整民：治民。㈡明后：明君，英明的君主。㈢黼黻：古代禮服上所刺的花紋。

【今譯】抱朴子說：「沒有人不以仁義為可貴，但也沒有人能單純靠仁義而治好天下。無人不把刑罰看作是卑賤的，然而也無人廢除刑罰卻可以整治百姓。有人說：『英明君主治理人世，就好像風吹到哪裡，哪裡的草就仆倒在地，道德洽合，世風純樸，哪裡還要使用刑罰呢？』我於是議論道：『德政教化，好比有花紋的祭服，刑罰好比抵擋鋒刃的盔甲。如果用德政教化處理狡猾殘暴之徒，就彷佛用有花紋的祭服去抵擋鋒尖，而將刑罰用在和平時期，那就是拿盔甲放在廟堂上。所以，仁是用以養育事物的器具，刑是用以懲治邪惡的工具。我想為此謀利，它卻想加害於此，通過仁義不能使其悔改，非用刑罰不能制止。由此可知，刑罰是用來輔仁義的。』

『譬存玄㊀胎息㊁，呼吸吐納，含景內視㊂，熊經鳥伸者，長生之術也。然艱而且遲，為者尟成，能得之者，萬而一焉。病篤痛甚，身困命危，則不得不攻之以鍼石，治之以毒烈。若廢和、鵲㊃之方，而慕松、喬㊄之道，則死者眾矣。仁之為政，非為不美也。然黎庶巧偽，趨利志義。若不齊之以威，糾之以刑，遠羨羲、農㊅之風，則亂不可振，其禍深大。以殺止殺，豈樂之哉？』

【今註】 ㊀存玄：道家修煉養性的功夫。《外真人備急用千金方・養性・道林養性》謂：「存想思念，令見五臟如懸磬」，「不得浮思外念」，否則練功失效。㊁胎息：道家的一種修養方法。《抱朴子・內篇・釋滯篇》謂：「得胎息者，能不以鼻口噓吸，如在胞胎之中」故名。《道藏》中有《胎息經》、《胎息氣經》等書。㊂內視：道家的一種修煉方法。《莊子・列御寇篇》：「賊莫大乎德有心而心有睫，及其有睫也而內視，內視而敗矣。」郭慶藩《集釋》引俞樾曰：「內視者，非謂收視返听也，謂不以目視而以心視也。」 ㈣和、鵲：即醫和、扁鵲，均為春秋時名醫。 ㈤松、喬：即赤松子、王子喬，都是有名的得道者。 ㈥羲、農：即伏羲、神農。

【今譯】『譬如保存去一之道，胎息呼吸，吐納行氣，含景內視，熊經鳥伸，這些都是長生之術，可是艱難地持之以恆的人很少，成功者一萬個當中方有一個。病痛深重，身命困危，就不得不用鍼石烈毒來攻治。如困廢棄醫和、扁鵲的醫方，而羨慕赤松子、王子喬的道法，那麼，死的人就會很多。施行仁政，不是不好，然而黎民百姓中很多人狡猾虛偽，逐利忘義，如果不用威嚴的刑罰來整治他們，只是羨慕伏羲、神農時代的淳樸世風，那麼動亂就會不能平息，而且災禍深重。以殺止殺，難道樂意這樣嗎？』

『八卦之作，窮理盡性明罰用獄，著於〈噬嗑〉㈠，繫以徽纆㈡，存乎〈習坎〉㈢。然用刑其然尚矣。逮於軒轅㈣，聖德尤高，而躬親征伐，至於百戰，殭尸涿鹿，流血阪泉㈤，猶不能使時無叛逆，載戢干戈。亦安能使百姓皆良，民不犯罪而不治者，未之有也。唐、虞㈥之盛，象天用刑㈦，竄、殛、放、流，天下乃服。漢文玄默㈧，比隆成、康㈨，猶斷四百，鞭死者多。夫匠石不舍繩墨，故無不直之木，明主不廢戮罰，故無陵遲之政也。』

【今註】㈠〈噬嗑〉：《易經》卦名，六十四卦之一。 ㈡徽纆：捆綁俘虜或罪犯的繩索。 ㈢〈習坎〉：《易經》卦名，八卦之一，象徵水。 ㈣軒轅：即黃帝，姓公孫，名軒轅。 ㈤阪泉：古地名，其今地有數說。一說在今河北涿鹿東南，晉太康《地理志》：「涿鹿城（今縣東南）東一里有阪泉，上有黃帝祠」，《夢溪筆談》謂在今山西運城城池附近。《史記》卷一〈五帝本紀〉：「軒轅之時，神農氏世衰，諸侯相侵，暴虐百姓，而神農氏弗能征，於是軒轅乃習用干戈，自征不享……以與炎帝戰於阪泉之野，三戰然後得其志。……與蚩尤戰於涿鹿之野，遂擒蚩尤。」㈥唐、虞：即堯、舜二帝。㈦象天用刑：以天為法式用刑。㈧漢文玄默：漢文，指漢文帝。玄默，指崇尚黃老無為之術。㈨成、康：周成王與周康王。周武王死後，相繼為西周國王。史稱：「成康之治，天下安平，刑措不用者四十餘年。」

【今譯】『八卦的製作，窮盡理性，用牢獄來彰明刑罰，烏在〈噬嗑卦〉中。用繩索捆綁俘虜，保存在〈習坎卦〉。而使用刑罰的情況是久遠的事了。早在黃帝時代，他的聖德很高尚，卻也親自出征討伐，戰事繁多，橫屍涿鹿，流血阪泉，尚且不能使得當時沒有叛逆，收藏干戈而不用又怎麼能夠使百姓都成為良民呢？百姓不犯罪，國家卻不能治理好的事情是沒有過的。唐虞盛世，以天為法式用刑，流放眾多，天下才臣服。漢文帝崇尚黃老無為之術，還到了周成王與周康王時那樣的興隆，斷獄四百仲，鞭死的人很多。工匠不丟棄繩墨，所以沒有不直的木樹，英明的君主不廢掉刑罰，所以沒有殘暴處死人的政治。』

『蓋天地之道，不能純仁，故青陽㈠闡陶育之和，素秋厲肅殺之威，融風扇則枯瘁攄藻，白露凝則繁英彫零。是以品物阜焉，歲功成焉。溫而無寒，則蝡動不蟄，根植冬榮。寬而無嚴，則姦宄並作。利器長守。故明賞以存正，必罰以閑邪。勸沮之器，莫此之要。觀民設教，濟其寬猛，使懦不可狎，剛不傷恩。五刑㊁之罪，至于三千，是繩不可曲也；司寇㊂行刑，君為不舉，是法不可廢也。繩曲，則姦回萌矣；法廢，則禍亂滋矣。』

【今註】㊀青陽：指春天。㊁五刑：商周時五種刑罰，包括墨刑、劓刑、剕刑、宮刑、大辟等。㊂司寇：官名，西周始置，春秋戰國時沿用，掌管刑獄糾察等事。

【今譯】『大概天地間的道理是，不能單純地依靠仁義。所以，春天有繁衍融樂之和，秋天則肅殺逼人，和風吹拂，枯死的花也舒展開來，露珠凝結則繁花凋零。因此，各類物品豐盛，每年都有豐收。如果只是溫暖不寒，動物就不會蜇藏不現，植物就是在冬天也很茂盛。如果只有寬鬆而不變刑，違法作亂的就將到處都是，鋒利的武器可以長守不敗，但要明賞重罰，揚善懲惡。勸沮之器，沒有比這更重要的了。觀察百姓，設立教育，寬嚴兼用，做到溫文卻不可太親近，剛強卻不至有傷恩。五刑的罪律多至三千條，這是作為準則而不可枉曲的，司寇執法行刑，君主也不能干預，這法律是不能廢棄的。標準不公正，奸邪就會萌生，法律被廢棄了，禍亂就會滋長。』

『亡國非無令也，患於令煩而不行；敗軍非無禁也，患於禁設而不止。故眾慝彌蔓，而下黷其上。夫賞貴當功而不必重，罰貴得罪而不必酷也。鞭樸廢於家，則僮僕怠惰；征伐息於國，則群下不虔。愛待敬而不敗，故制禮以崇之；德須威而久立，故作刑以肅之。班、倕㊀不委規矩，故方圓不戾於物；明君不釋法度，故機詐不肆其巧。』

【今註】 ㊀班、倕：班，魯班，春秋時魯國名匠。倕，堯時名匠。

【今譯】 『國家的滅亡不是因為沒有政令，而是因為政令太煩瑣以致不能施行，軍隊散敗也不在於沒有禁令，而是由於禁令不能貫徹執行。各種奸邪彌漫滋生，下面的欺騙上面的人。賞賜貴重應當根據功勞，但不必太隆重，懲罰也應當根據罪行而不必太嚴酷。在家裡棄除鞭笞，僮僕就會懈怠懶惰起來，國家不進行征戰討伐，臣民就不會虔誠地發生敬愛。只有受到敬重才不會失敗，所以要製作禮儀使他們崇敬你。威嚴需要長久才能樹立，所以要制定刑罰以齊肅人們。魯班、倕等名匠不拋棄規矩，所以方圓不會與物料不合。英明的君主不廢棄法度，所以狡詐之徒不敢放肆取巧。』

『唐、虞其仁如天，而不原四罪㊀。姬公㊁友于兄弟，而不赦二叔㊂。仲尼之誅少正卯㊃，漢武之殺外甥，垂淚惜法，蓋不獲已也。故誅一以振萬，損少以成多。方之櫛髮，則所利者眾，比於割疽，則所全者大。是以灸刺慘痛，而不可止者，以痊病也。刑法凶醜，而不可罷者，以救弊也。六軍如林，未必皆勇。排鋒陷火，人情所憚。然恬顏以勸之，則投命者尠，斷斬以威之，則莫不奮擊。故役歡笑者，不及叱咤之速；用誘悅者，未若刑戮之齊。』

【今註】 ㊀四罪：古代傳說中舜所流放的四人或四族首領。《尚書．堯典》：「流共工於幽州，放驩兜於崇山，竄三苗於三危，殛鯀於羽山，四罪而天下咸服」。 ㊁姬公：即周公旦，武王弟、姬姓，因封地在周，史稱周公。武王死後，他代攝政事，輔佐成王，平管、蔡之亂，東征夷土，有功於

「成康之治」。㊂二叔：即管叔、蔡叔，周公的兩個弟弟。武王死後，他們反對周公攝政，聯合殷人發動叛亂，被鎮壓下去。㊃少正卯：春秋時魯國人，少正氏，名卯，傳說他聚徒講學，使得孔子之門「三盈三虛」（語見《論衡・講瑞篇》）。《史記》卷四十七〈孔子世家〉：「孔子任魯國司寇時，三月而誅少正卯。」

【今譯】『唐虞的仁義道德好比天大，卻不能原諒四個犯罪的人。周公友愛弟兄，卻不肯赦免管蔡二叔。孔子誅殺少正卯，漢武帝殺死外甥，都是淌著眼淚也要顧惜國法，大概不是維護自己，而是要殺一震萬，損害少數人以保護多數人。把這件事比做梳頭髮，就是得利的頭髮要多，比洗去的頭髮要多，比作割癰疽，就是所保全的骨肉為大。因此，針刺得疼痛而不肯終止，是為了使病痊癒，刑法凶惡而不可去除，是為了拯救稱嫳。軍隊眾多，不一定個個都勇敢。衝鋒陷陣、赴湯蹈火，照情理上說人是害怕的。可是以羞躁去勸他們效命的人很少，用斬頭來威嚇他們，則無不奮勇出去。所以通過談笑的方法就不如叱咤來得快，用誘其高興的方法就不如用刑殺來得齊整。』

『是以安于感深谷而嚴其法㊀，衛子疾弃灰而峻其辟㊁。夫以其所畏禁其所翫，峻而不犯，全民之術也。明治病之術者，杜未生之疾；達治亂之要者，遏將來之患。若乃以輕刑禁重罪，以薄法衛厚利，陳之滋章，而犯者彌多，有似穿穽以當路，非仁人之用懷也。』

【今註】㊀安于感深谷而嚴其法：安于，即董安于，任趙上地守，走到石皋上中，見深澗峭如墻，深百仞，問之年人，知人畜都不曾上得山去，於是他感慨道：「吾能治矣，使吾法之無赦，猶入澗之必死，何為不治耶？」 ㈡衛子疾弃灰而峻其辟：衛子，即商鞅。疾弃灰，對當街弃灰者表示憎恨並處以死刑。參見《史記》卷六十八〈商君列傳〉。

【今譯】 『因此，董安于怠慨深谷，嚴其法令。商鞅憎恨在街上撒灰的人，將他們處以死刑。用人們害怕的手段去禁止他們習慣了的惡行，嚴懲不怠才是保全百姓的好路。治病的良方就是防患於未然，治理禍亂的關鍵在於扼止將來的災難。如果以輕刑處理嚴重的犯罪，以鬆散的法律保立豐厚的利益，說來是篇幅增長了，犯罪的人卻更加多了，好似挖穽當路，不合仁者的用心。』

『善為政者，必先端此以率彼，治親以整疏，不曲法以行意，必有罪而無赦。若石碏之割愛以滅親㈠，晉文之忍情以斬頡，故仁者為政之脂粉，刑者御世之轡策；脂粉非體中之至急，而轡策須臾不可無也。肅恭少怠，則慢惰已至；威嚴暫弛，則群邪生心。當怒不怒，姦臣為虎，當殺不殺，大賊乃發。水久壞河，山起咫尺。尋木千丈，始于毫末。鑽燧之火，勺水可滅；鵠卵未孚，指掌可縻。及其乘衝飆而燎巨野，奮六羽以淩朝霞，則雖智勇，不能制也。』

【今註】 ㈠石碏之割愛以滅親：石碏，春秋時衛國大夫。衛桓公十六年，公子州吁殺恒公、其子石厚參予其謀，碏便設計誘吁州、石厚至陳國，將他們一網打盡，時人稱其大義滅親。事見《史記》卷三十七〈衛康叔世家〉。

【今譯】『善於理政的人，必定先樹正一個榜樣作為其他人的表率，治好親近然後治好疏遠，不歪曲法律，按意志行事，犯有罪行的人必不赦免，就象石碏大義滅親，晉文公忍痛殺顛。所以，仁是治理政事的脂粉，刑是治理世務的馬鞭。脂粉並非身體上最需要的，馬鞭卻是片刻不可無的。威嚴恭順稍有鬆懈，怠慢懶惰就會後生，威嚴只要有短暫的寬鬆，眾人的邪念就會冒出。當怒不怒，奸巨似虎，當殺不殺，巨盜就發。水流久了就會破壞河道，高山起於寸土。高木千丈，起於毫末。鑽石裡出的火星，一勺水就可撲滅，沒有孵出的鵠蛋，一隻手掌可以全部蓋住。可是，等那火苗藉風勢而熊熊燃遍廣闊的原野，當它振翅飛翔，高入雲端的時候，即使智勇雙全的人，也不能控制得了它們。』

『故明君治難於其易，去惡於其微，不伐善以長亂，不操柯而猶豫焉。然則刑之為物，國之神器，君所自執，不可假人，猶長劍不可倒捉，巨魚不可脫淵也。乃崇替之所由，安危之源本也。田常之奪齊㊀，六卿之分晉，趙高之弒秦㊁，王莽之篡漢㊂，履霜逮冰，由來漸矣。或永歎於海濱，或拊心乎望夷，禍延宗祧，作戒將來者，由乎慕虛名於往古，忘實禍於當己也。』」

【今註】㊀田常之奪齊：田常，即田成子、陳成子，春秋時齊國大夫，陳釐子之子，名恒，一作常。齊簡公四年，殺死簡公，擁立齊平王，任相國，盡殺公族中的強者，擴大封地，從此齊國由陳氏專權。事見《史記》卷四十六〈田敬仲完世家〉。㊁趙高之弒秦：趙高，秦宦官，原係趙國貴族。「進入秦宮，管事二十餘年。」私事始皇少子胡亥，與李斯合謀，偽造遺詔，逼始皇長子扶蘇自殺，立胡亥為二世皇帝，後又殺二世，立子嬰為秦王，旋為子嬰所殺。事見《史記》卷六〈秦始皇本紀〉。㊂王莽之篡漢：王莽，字巨君，漢元帝皇后姪。初始元年稱帝，改國號新。事見《漢書》卷九十九〈王莽傳〉。

【今譯】『所以英明的君主將困難的問題尚在容易時加以解決，將邪惡的東西還在它微小的時候就加以除掉。不攻擊仁善助長動亂，不操持斧柄而猶豫不決。既然如此，那麼刑是國家的神器，君主親自執掌而不能轉給他人，好比長劍不能倒著拿，大魚不能逃脫深水一樣。這就是興廢的由來，安危的本源。田常奪取齊國政權，六卿瓜分晉國，趙高弒奪秦朝，王莽篡奪漢朝，履霜逮冰，由來已久了。有的永歎於海濱，有的拊心乎望夷。災禍延及宗廟，以致成為將來的教訓，那是由於傾慕往古的虛名，忘記當前的實禍的緣故。』

或人曰：「刑辟㊀之興蓋存叔世㊁。立人之道，唯仁與義。我清靜而民自正，我無欲而民自樸。烹鮮㊂之戒，不欲其煩。寬以愛人則得眾，悅以使人則下附。故孟子以體仁為安，揚子雲謂申、韓為屠宰㊃。夫繁策急轡㊄，非造父㊅之御；嚴刑峻罰，非三、五㊆之道。故有虞手不指揮，口不煩言，恭己南面㊇，而治化雍熙矣。宓生㊈政以率俗。彈琴詠詩，身不下堂，而漁者宵肅矣。」

【今註】㊀辟：法。《說文・辟部》：「辟，法也。」㊁叔世：末世。㊂烹鮮：老子《道德經・第六十章》：「治大國若烹小鮮。」鮮，魚。㊃揚子雲：謂申、韓為屠宰：揚子雲，即揚雄。申，申不害；韓，韓非，皆先秦法家代表人物。㊄繁策急轡：策，馬鞭。轡，控制馬的韁繩。㊅造父：古代的善御馬者。見〈君道篇〉注。㊆三、五：三皇五帝。㊇南面：帝王之位南向，故稱居帝位為「南面」。《易經・說卦》：「聖人南面而聽天下，向明而治。」㊈宓生：指宓子賤治單父事。見《呂氏春秋》、《說苑》、《淮南子》、《孔子家語》等書。

【今譯】有人說：「刑法的興盛，大概是在王朝的末世。治人之道，只有仁愛與道義。君主自己清靜，百姓自然會端正，君主自己無所欲求，民眾自然會樸實。治國猶如烹鮮食的教戒，不要嫌其麻煩，用寬厚的能度去愛人，就會得到民眾的擁護；以和悅的態度去役使人，就會使民眾依附於自己。所以孟子認為體現了仁愛就是安定，揚雄則說申不害和韓非等是屠夫。騎馬時頻繁地揮鞭，急劇地勒轡，這並不是善御者造父使用的方法。實行嚴刑峻罰，並不是三皇五帝的治民之道。所以，虞舜手不指揮，口不煩言，恭己地南面而坐，而天下治化卻是和諧康樂。宓子賤治單父事政以率俗，自己彈琴詠詩，不走下殿堂，而漁獵的百姓卻是肅靜安穩。」

「必能厚惠薄斂，救乏擢滯，舉賢任才，勸穡省用，招攜以禮，懷遠以德，陶之成均，治之以庠序㊀。化上而興善者，必若靡草之逐驚風；洗心而革面者，必若清波之滌輕塵。朝有德讓之群后，野無犯禮之軌躅㊁，圜土㊂可以虛蕪，楚革㊃可以永格，何必賞罰可以為國乎？」

【今註】㊀治之以庠序：楊明照《抱朴子外篇校箋・上》：按「治」疑當作「治」。庠序：學校。㊁軌躅：車的轍跡，比喻古人或前代的遺規。《漢書》卷一百上〈敘傳・上〉：「伏周孔之軌躅。」㊂圜土：牢獄。《釋名・釋宮室》：「獄又謂之圜土，築其表牆，其形圓也。」㊃楚革：楚，古代的刑杖。革，皮製的刑具。

【今譯】「這樣，必能厚惠薄斂，救濟窮困，舉賢任才，勸勵農耕，儉樸省用，以禮帛招攬人才，以德義安撫遠方，用統一的規範治百姓，興辦學校，實施教化。上面興善而治理得好，下面必定如靡草之隨逐驚風。上面洗心革面，煥然一新，下面必定如清波之滌蕩輕塵。朝廷上有德讓的君主，民間草野就没有違反禮制遺規的事，牢獄可以虛設而不用，刑具也可以永遠廢棄了。為什麼治國一定要用賞罰呢？」

抱朴子答曰：「《易》稱明罰敕法，《書》有「哀矜折獄」㊀。爵人於朝，刑人於市，有自來矣，豈從叔世？多仁則法不立，威寡則下侵上。夫法不立，則庶事汩㊁矣；下侵上，則逆節明矣㊂。至醇既澆於三代㊃，大樸又散於秦、漢。道衰於疇昔㊄，俗薄乎當今，而欲結繩以整姦欺，不言以化狡猾，委轡策而乘奔馬於險塗，舍柁櫓而汎虛舟以淩波㊅，盤旋以逐走盜，揖讓以救災火，斬晁錯㊆以卻七國，舞干戈以平赤眉㊇，未見其可也。」

【今註】㊀哀矜折獄：楊明照《抱朴子外篇校箋・上》：按《呂刑》「矜」作「敬」，（《尚書大傳》、《孔叢子刑論篇》並引作「矜」）。前〈君道篇〉亦作「敬」，此固不應獨作「矜」也。折獄，決斷獄訟。㊁汩：亂。㊂則逆節萌矣：平津館本作「則逆節明矣」。楊明照《校證》：

「明」，《藏》本、魯藩本、吉藩本、慎本、盧本、舊寫本、柏筠堂本、文溯本、《叢書》本、《崇文》本作「萌」。按「萌」字是。《管子・勢篇》：「逆節萌生。」《漢書》卷六十四上〈嚴朱吾丘主父徐嚴終王賈傳・上〉：「今以法割削，則逆節萌起。」又見《新序・善謀下》顏《注》：「萌謂事之始生，如草之萌芽也。」語意與此相近，可證。㊃三代：指夏、商、周。㊄疇昔：過去，從前。㊅舍柁櫓而汎虛舟以淩波：柁，舵。以淩波，孫星衍校：《意林》作「於大海」。㊆晁錯：漢景帝時政治家，主張削弱諸侯王封國的勢力。後吳楚等七國反，打出「清君側」的旗號。由於袁盎的挑撥，景帝誅殺晁錯。㊇舞干戈以平赤眉：楊明照《抱朴子外篇校箋・上》：按此句疑有誤字。《韓非子・五蠹篇》：「當舜之時，有苗不服，禹將伐之，舜曰：『不可。上德不厚而行武，非道也。』乃修教三年，執干戚舞，有苗乃服。」《淮南子・氾論篇》：「舜執干戚而服有苗。」稚川蓋借用舜事，則「戈」當作「戚」字。干，盾牌；戚，斧，均為古代兵器。用干戚作舞來舞蹈，表示不用武力。赤眉，西漢末年的農民起義軍。義軍皆朱其眉以相識別，由是號曰「赤眉」。

【今譯】抱朴子回答說：「《易經》上稱明罰敕法，《尚書》上也說要哀敬地決斷獄訟。朝廷上給人封官進爵，又在市集刑人示眾，這種情況是從來就有的。難道只是發生在末世的嗎？過多地強調仁愛，法制就樹立不起來，威嚴過少，下面就會侵犯上面。法制不立，庶眾之事就會混亂了。下面侵犯上面，叛逆的現象就會萌生了。至淳的教化於夏商周三代已經澆薄了，而到了秦漢，大樸的風尚又離散了。道德衰落於從前，當今更是淡薄了。但要結繩而治，以肅整姦欺之人；不加勸導，而化育狡猾之徒，丟棄轡策，而能乘奔馬於險途；舍棄舵櫓，而能泛輕舟於淩波；盤旋以逐走盜，揖讓以救災火；斬晁錯以卻七國之亂，舞干戚以平赤眉起義，如此等等，已經是不可能看到的了。

「蓋三皇步而五常驟㈠，霸、王以來，載馳㈡載鶩。當其弊也，吏欺民巧，寇盜公行，髡鉗㈢不足以懲無恥，族誅不能以禁覬覦。重目以廣視，累耳以遠聽，抗燭以理滯事，焦心以息姦源，而猶市朝有呼嗟之音，邊鄙有不聞之枉。」

【今註】 ㈠三皇步而五帝驟：平津館本作「五常」。楊明照《抱朴子外篇校箋‧上》：「常」，當作「帝」字。《孝經‧鉤命訣》：「三皇步，五帝驟」（《白虎通‧號篇》、《後漢書》卷三十五〈張曹鄭列傳〉李《注》引）。即此文所出。㈡載馳：《詩經‧鄘風》篇名，反映國君爭立事件。㈢髡鉗：髡，古代一種剃去頭髮的刑罰。鉗，一種刑罰，用鐵圈束頸。

【今譯】 「大概三皇的辦法，五帝還能照著去做，而三王五霸時代以來，已經是國君爭奪的局面了。正當弊害流行時，官吏欺詐，民眾巧偽，盜賊公然地橫行，髡鉗等刑罰也不足以懲其無恥的行為，誅殺滅族也不能禁止篡奪王位陰謀。即使重目廣視，累耳遠聽，夜晚秉燭以治理政事，竭盡心思以杜絕姦惡之源，但是市朝上仍有歎息的聲音，邊鄙仍有不了解的冤枉事件。」

「作威作福者，或發乎瞻視之下，凶家害國者，或搆乎蕭牆之內㈠。而欲以太昊㈡之道，治偷薄之俗，以畫一之歌，救鼎湧之亂，非識因革之隨時，明損益之變通也。所謂刻舟以摸遺劍㈢，參天而射五步，攢犀兕㈣之甲，以涉不測之淵；袗㈤卻寒之裘，以禦鬱隆之暑，踵之解結，頤㈥之搔背，其為憒憒㈦，莫此之劇矣。」

【今註】㊀蕭牆之內：《論語・季氏篇》：「吾恐季孫之憂，不在顓臾，而在蕭牆之內也。」蕭牆，門屏。後世因稱內亂為蕭牆之禍。㊁太昊：即伏羲氏。《世本・帝系篇》：「太昊伏羲氏。」《抱朴子・內篇・對俗篇》：「太昊師蜘蛛而結網。」㊂刻舟以摸遺劍：《呂氏春秋・察今篇》：「楚人有涉江者，其劍自舟中墜於水，遽契（刻）其舟曰：是吾劍之所從墜。舟止，從其所契者入水求之。舟已行矣，而劍不行，求劍若此，不亦怠乎？」㊃擐犀兕：擐，擲，扔。兕，雌性犀牛。㊄袗：穿單衣。㊅頤：面頰。㊆憒憒：昏亂，糊塗。孫星衍校：《藏》本作「憒憒」，從舊寫本改。

【今譯】「作威作福的人，或者就近在眼前；凶家害國的人，或者就在蕭牆之內互相爭鬥。在這種情況下，要想實行伏羲氏時代的治道，治理偷薄的風俗，以晝一之歌，遵從舊規，無為而治，以挽救鼎湧似的禍亂，這實在是不懂得隨時沿革的道理，不明白損益變通的道理。所謂刻舟求劍，參天而射五步，擲雌性犀牛之甲以涉不測之淵，穿寒冬裘衣以抵擋炎熱的暑氣，用腳去解繩結，用面頰去搔背，如此庸昏無知的事，也沒有那更厲害的了。」

「但當先令而後誅，得情而勿喜，使伯氏㊀無怨於失邑，虞、芮㊁知恥而無訟耳。若強暴掩容，操繩而不憚，誘於含垢，草蔓而不除，恃藏疾之大言，忘膏肓之近急。何異焦喉之渴切身，而遙指滄海於萬里之外，滔天之水已及，而方造舟於長洲㊂之林。安得免夸父㊃之禍，脫淪水之害哉？」

【今註】㊀伯氏：春秋齊國大夫。㊁虞、芮：周文王時的兩個小國，為爭奪土地，去找周文王公斷。傳説他們入周以後，見耕者讓畔，行者讓路，朝中士大夫相讓，大為感動，便停止了訴訟，以所爭土地為閒田而退。參見《詩經・大雅・綿》及毛《傳》。㊂長洲：《十洲記》：「長洲，一名青邱，在南海辰巳之地，地方各五千里，去岸二十五萬里，上饒山川，及多大樹。」㊃夸父：《山海經・大荒北經》：「夸父不量力，欲追日景，逮之於禺谷。將飲河而不足也。將走大澤，未至，死於此。」

【今譯】「但應當先令而後誅，得情而勿喜，使伯氏無怨於失邑，虞芮知恥而無訟爭罷了。如果強盜乘人不備而進行襲擊，竟操繩而不怕，誘於含垢，草蔓而不除；自恃藏疾之大言，忘記深入膏肓的急病。這也就無異於喉嚨極其焦渴，而指望萬里之外的海水；無異於滔天洪水已湧來，而才到長洲伐木造舟。哪兒能避免夸父逐日的殃禍，擺脱沉淪於洪水的災害呢？」

「世人薄申、韓之實事，嘉老、莊之誕談。然而為政莫能錯刑㊀，殺人者原其死，傷人者赦其罪。所謂土柈瓦胾㊁，無救朝飢者也。道家之言，高則高矣，用之則弊，遼落迂闊。譬猶干將不可以縫線㊂，巨象不可使捕鼠，金舟不能淩陽侯㊃之波，玉馬不任騁千里之跡也。」

【今註】㊀錯刑：放置刑罰而不用。㊁土柈瓦胾：柈，盤。胾，切成的肉。㊂干將不可以縫線：楊明照《抱朴子外篇校箋・上》：按〈務正篇〉「然劍戟不長於縫緝」，〈備闕篇〉「縫緝則長劍不及數寸之針」例之，則此「縫線」當作「縫緝」。㊃陽侯：波濤之神。或云伏羲臣。《楚辭・九章・哀郢》：「淩陽侯之氾濫兮，忽翱翔之焉薄。」洪興祖《補注》引應劭説云：「陽侯，古之諸侯，有罪，自投江，其神為大波。」又，清馬驌《繹史》卷三引《論語・摘輔象》云：「伏羲六佐，陽侯為江海。」

【今譯】「世俗之人都鄙薄申不害和韓非的實實在在的辦法，讚美老子與莊子的怪誕空談。然而，為政者沒有能放置刑罰而不用，沒有赦免殺人者的死罪，沒有赦免傷人者的罪責。所謂土盤瓦肉，是無法挽救朝飢者的。道家的言論，可算是清高的了，但付諸應用，就會有弊病，顯得遼落迂闊。譬如干將之類寶劍不可以用來縫製衣服，巨象不可以去捕捉老鼠，金舟不能凌陽侯之波，玉馬不能跑千里之路。」

「若行其言，則當燔桎梏，墮囹圄，罷有司，滅刑書，鑄干戈，平城池，散府庫，毀符節，撤關梁㈠，掊衡量㈡，膠離朱之目㈢，塞子野㈣之耳，汎然不繫，反乎天牧㈤；不訓不營，相忘江湖。朝廷闃㈥爾若無人，民則至死不往來。可得而論，難得而行也。」

【今註】㈠關梁：水陸交通要道上的關卡。㈡掊衡量：掊，剖。衡，衡器。量，量器。㈢膠離朱之目：膠，黏住。離朱，《淮南子・原道篇》：「離朱之明，察箴末於百步之外。」高誘《注》：「離朱者，黃帝臣，明目人也。」㈣子野：師曠的字，晉國樂師，聰耳，能辨音。見《左傳》襄公十八年。㈤天牧：孫星衍校：舊寫本作「放」。案似作「天放」。《莊子・馬蹄篇》：「一而不黨，命曰天放。」即一任自然的意思。㈥闃：靜寂。

【今譯】「如果實行道家的清高之言，就要燒掉桎梏，毀掉牢獄，罷黜官史，消滅刑書，銷融兵器，平填城池，拆散府庫，毀壞符節，撤銷關梁，剖碎衡器量器，黏住離朱的眼睛，閉塞子野的耳朵。汎然如不繫之舟，任其自流漂浮。不訓導不營造，彼此相忘於江湖。朝廷靜寂，好像無人，民人則至死不相往來。道家之可得而論，而卻難得而行。」

「俗儒徒聞周以仁興，秦以嚴亡，而未覺周所以得之不純仁，而秦所以失之不獨嚴也。昔周用肉刑，刖足劓鼻㊀，盟津㊁之令，後至者斬，畢力賞罰，誓有孥戮㊂。考其所為，未盡仁也。及其叔世，罔法翫文㊃，人主苛虐，號令不出宇宙，禮樂征伐，不復由已。群下力競，還為長蛇，伐本塞源，毀冠裂冕。或沈之於漢，或流之於彘㊄，失柄之敗，由於不嚴也。」

【今註】 ㊀刖足劓鼻：刖，古代的一種刑罰，把腳砍掉。劓，古代的一種刑罰，把鼻子割掉。㊁盟津：即孟津，古黃河津渡名，在今河南孟津縣東北、孟縣西南。相傳周武王伐紂，在此盟會諸侯共渡河。武王曰：「畢立賞罰，以定其功。」師尚父號曰：「總爾眾庶，與爾舟楫，後至者斬。」見《史記》卷四〈周本紀〉。㊂孥戮：謂髡鉗為奴而賣之也。㊃翫：玩。㊄彘：在今山西霍縣。周厲王出奔於彘，不久死。

【今譯】 「至於俗儒只聽說周朝以仁而興起，秦朝以嚴刑苛法而滅亡，他們沒有覺察到周的興盛不純粹是仁的緣故，秦的滅亡也不全是嚴刑的結果。從前，周朝也是施用肉刑的，如刖足劓鼻等，周武王在孟津會盟諸侯時，發布告令，強調渡河晚了的要處斬。畢力賞罰，犯者處以髡鉗刑罰，被賣為奴。

考察上述行動，可知周初並未盡是仁愛的。及至周朝末世，罔法玩文，君主苛虐。號令不出宇宙，禮樂征伐不再由天子。天下群雄競鬥，還為長蛇，伐本塞源，毀裂冠冕。有的沉沒於漢水，有的出逃至彘。周朝權柄的喪敗，是由於刑法不嚴的緣故。」

「秦之初興，官人得才：衛鞅、由余之徒㊀，式法於內，白起、王翦之倫㊁，攻取於外。兼弱攻昧，取威定霸，吞噬四鄰，咀嚼群雄，拓地攘戎㊂，龍變虎視，實賴明賞必罰，以基帝業。降及杪季㊃，驕於得意，窮奢極泰。加之以威虐，築城萬里，離宮千餘，鍾鼓女樂，不徙而具。驪山之役㊄，太半之賦，閭左㊅之戍，坑儒之酷㊆，北擊獫狁㊇，南征百越，暴兵百萬，動數十年。天下有生離之哀，家戶懷怨曠之歎。白骨成山，虛祭㊈布野。徐福㊉出而重號咷之讎，趙高⑪入而屯豺狼之黨。天下欲反，十室九空⑫。其所以亡，豈由嚴刑？此為秦以嚴得之，非以嚴失之也。」

【今註】　㊀衛鞅、由余之徒：衛鞅，即商鞅，原衛國人，至秦，實施變法。詳見《史記》卷六十八〈商君列傳〉。由余，其先晉人。亡入戎，能晉言。戎王使由余觀秦。後降秦，秦穆公以客禮之，問伐戎之形。秦用由余謀伐戎王，益十二國，開地千里，遂霸西戎。見《史記》卷五〈秦本紀〉。　㊁白起、王翦：皆秦將領，著名的軍事家。詳見《史記》卷七十三〈白起王翦列傳〉。　㊂戎：指西戎。　㊃杪季：末世。　㊄驪山之役：指秦始皇營造驪山墳墓。驪山，在今陝西臨潼。《漢書》卷二十四上〈食貨志．上〉：「至於始皇，逐并天下；內興功作，外攘夷狄；收泰半之賦，發閭左之戍。」

㈥閭左：住在閭里左邊的居民。閭，里門。秦代編制户口，富人住閭右，貧民住閭左。徵發徭役，先徵有罪官史、贅婿、商人、商人子孫，再次徵發閭左貧民。或説閭左即七科讁之的「逋亡人」。㈦坑儒之酷：秦始皇三十五年，將儒生犯禁者四百六十餘人皆坑之咸陽。見《史記》卷六〈秦皇本紀〉。㈧獫狁：匈奴。㈨虛祭：遥祭。㈩徐福：一作徐市，字君房，琅邪（今山東膠南南）人，秦方士。率童男童女數千人，乘樓船入海，以求仙藥。⑪趙高：秦二世，擅權朝政。⑫十室九空：楊明照《抱朴子外篇校箋・上》：《文選》卷三十六任昉〈天監三年策秀才文〉李《注》引，「九空」作「而九」。按崇賢所引是也。《抱朴子・内篇・論仙篇》：「秦皇使十室之中，思亂者九。」即其切證。《史記》卷一百一十八〈淮南衡山列傳〉：「昔秦絶先王之道，欲為亂者，十家而七。」《漢書》卷〈蒯伍江息夫傳〉：「往者，秦為無道，殘賊天下，……欲為亂者，十室而八。」亦可證。

【今譯】「秦的初期興起，封官任賢，獲得一批人才。商鞅、由余等人在朝內實行變法，白起、王翦等人在外攻戰略地。這樣，兼併弱小，攻打愚昧，取威定霸，吞噬四鄰，咀嚼群雄，開拓土地，攘抑西戎，如龍似虎，一切實在是依賴於明賞必罰，以奠定了帝業。但是，到了秦朝末世，皇帝驕傲得意，窮奢極樂，加以殘暴淫威，修築萬里長城及千餘座離宮，鍾鼓女樂，不徙而具。造驪山墳墓，徵收太半之賦，調發閭左之戍，焚書坑儒，北擊匈奴，南征百越，暴兵百萬，連續了數十年。天下有生離死別的哀愁，家家户户懷著怨曠的感歎。白骨成山，虛祭遍野。徐福率童男童女出海，而加重了號咷的仇恨，趙高擅權内廷，屯聚了豺狼之黨。天下欲友，十户當中就有九家。秦朝所以滅亡，難道是由於嚴刑嗎？這就是説，秦朝以嚴刑得天下，而並非以嚴刑失天下。」

「且刑由刃也，巧人以自成，拙者以自傷。為治國有道，而助之以刑者，能令慝㈠偽不作，凶邪改志。若綱絕網紊，得罪于天，用刑失理，其危必速。亦猶水火者所以活人，亦所以殺人。存乎能用之與不能用。夫癥瘕㈡不除，而不修越人㈢之術者，難圖老、彭㈣之壽也。姦黨實繁，而不嚴彈違之制者，未見其長世之福也。但當簡于、張㈤之徒，任以法理世㈥，選趙、陳㈦之屬，委以案劾。明主留神於上，忠良盡誠於下，見不善則若鷹鸇㈧之搏鳥雀，覩亂萌則若薙田之芟蕪薉㈨。慶賞不謬加，而誅戮不失罪，則太平之軌不足迪。今而不犯，可庶幾廢刑致治，未敢謂然也。」

【今註】　㈠慝：壞人。㈡癥瘕：中醫學病名，指腹內結塊。以堅硬不易推動，痛有定處的為「癥」。聚散無常，痛無定處的為「瘕」。㈢越人：即扁鵲，春秋時名醫。見《史記》卷一百五〈扁鵲倉公列傳〉。㈣老彭：按老彭一指殷大夫名老彭。另說：老指老子，彭指彭祖。㈤于、張：于，于公，東海郯人。《漢書》卷七十一〈雋疏于薛平彭傳〉載：「于公為縣獄吏，郡決曹，決獄平，羅文法者于公所決皆不恨。郡中為之立生祠，號曰于公祠。」張，張湯，杜人。《史記》卷一百二十二〈酷吏列傳〉：「武安侯為丞相，徵湯為史，時薦言之天子，補御史，使案事。與趙禹共定諸律令，務在深文，拘守職之吏。」㈥任以法理世：楊明照《抱朴子外篇校箋・上》：孫（星衍）曰：「（世）疑衍。」按孫說是。吉藩本正無「世」字。當據刪。㈦趙、陳：趙，趙禹，西漢斄（今陝西武功西南）人。周亞夫為丞相，禹為丞相史，府中皆稱其廉平。至太中大夫，「與張湯論定諸律令，作見知，吏傳得相監司。用法益刻，蓋自此始」。見《史記》卷一百二十二〈酷吏列傳〉。陳，即陳咸，西漢沛郡相（今安徽濉縣西北）人。有異材，抗直，數言事，刺譏近臣。元帝時擢為御史中丞，總領三十郡奏事，外考第諸刺史，內執法殿中，公卿以下皆敬憚。見《漢書》卷六十六〈公孫劉田王楊蔡陳鄭傳〉。㈧鸇：古書上說的一種鷹隼類猛禽，能捕燕雀等小鳥。㈨薙田之芟蕪薉：薙，除草。芟，割。蕪薉，荒廢，雜草叢生。

【今譯】「而且刑罰是要用刃器的，聰明的人以它自成事業，笨拙的人以它自成傷害。治國有道，而輔助之以刑罰，能使壞人壞事不會發生，凶邪的人改正過來。如果法網斷絕或者紊亂，得罪於天，用刑失理，其危亡一定是很快的。猶如水與火，可以活人，也可以殺人，關鍵在於會用與不會用。身上長了瘢痕，如果不學名醫扁鵲的方術去消除腫塊，就難以活到老子、彭祖那樣的長壽。姦黨實繁，如果不嚴厲處置違反法制的人，就不可避免亂世的災禍。但是，應當選擇于公、張湯之徒，任以法理，挑選趙禹等等，委以辦案。英明的君主留神於上，忠良的大臣盡誠於下。看見不好的地方，就像鷹鸇捕食鳥雀一樣，發現禍亂的萌芽，就像除割田裏荒蕪雜草一樣。慶賞不謬加，誅戮不失罪，則太平之軌不值得開導了，今而不犯就有希望做到了。所謂廢刑致治的說法，我不敢認為是對的。」

或曰：「然則刑罰果所以助教興善，式遏軌忒㈠也。若夫古之肉刑，亦可復興？」

抱朴子曰：「曷為而不可哉？昔周用肉刑，積祀七百。漢氏廢之，年代不如。至於改以鞭笞，大多死者。外有輕刑之名，內有殺人之實也。及於犯罪上不足以至死，則其下唯有徒謫鞭杖，或遇赦令，則身無損；且髡其更生之髮，撾㈡其方愈之創，殊不足以懲次死之罪。今除肉刑，則死罰之下無復中刑在其閒。而次死罪不得不止於徒謫鞭杖，是輕重不得不適㊂也。又犯罪者希而時有耳，至於殺之則恨重，而鞭之則恨輕，犯此者為多。今不用肉刑，是次死之罪，常不見治也。」

【今註】㊀忒：差錯。㊁撾：敲打。㊂不適：「不」字，孫星衍校：疑衍。

【今譯】有人說：「既然如此，那麼刑罰果真是可用來助教化興善行，式遏路途上的差錯了。至於古代的肉刑，也可以復興了？」

抱朴子回答說：「為什麼不可以恢復肉刑呢？從前，周代使用肉刑，國祚延續了七百，漢代廢除了肉刑，國祚年代反而不如周代長。至於改用鞭笞代替肉刑，大多數犯人也是死了的，外有輕刑之名，內有殺人之實。有的人犯罪，量刑時上不夠死罪，就只有徒刑、謫貶和鞭杖。或遇皇帝頒布赦令，犯人就身無損傷。且髡刑只是剃去重生的頭髮，敲打剛剛癒合的創傷，很不足以懲罰次死之罪。如今廢除肉刑，則死罪以下，其間就沒有中等的刑罰了。而犯次死罪的，不得不只用徒刑、謫貶與鞭杖，這是輕重不適當的。又犯這種罪的雖然不多，但也時時有發生的。至於殺之則怕重判，而鞭之則怕輕了，犯罪這種程度的為數不少。現在不用肉刑，這就使次死之罪，常常不被治理好。」

「今若自非謀反大逆，惡于君親，及用軍臨敵犯軍法者，及手殺人者，以肉刑代其死，則亦足以懲示凶人。而刑者猶任坐役，能有所為，又不絕其生類之道，而終身殘毀，百姓見之，莫不寒心，亦足使未犯者肅慄，以彰示將來，乃過於殺人。殺人，非不重也，然辜之三日，行埋弃之，不知者衆，不見者多也。」

【今譯】「除了謀反大逆、惡於君親、用軍臨敵犯軍法的以及手殺人者等等之外，以肉刑代替死罪，則亦足以懲示凶人。處以肉刑者尚任坐役能有所為，又不絕其生路，而且終身殘毀，百姓看見了，莫不寒心，亦足以使未犯者害怕，以彰示將來，就超過了死刑的效果。死刑並非不重，但辜之三日，就埋葬了，很多人不知道，很多人没有看見。」

「若夫肉刑者之為摽戒也多。昔魏世㊀數議此事，諸碩儒達學，洽通殷理者，咸謂宜復肉刑，而意異者駁之，皆不合也。魏武帝㊁亦以為然。直以二陲㊂未賓，遠人不能統至理者，卒聞中國刖人肢體，割人耳鼻，便當望風謂為酷虐，故且權停，以須四方之并耳。通人揚子雲亦以為肉刑宜復也。但廢之來久矣，坐而論道者，未以為急耳。」

【今註】㊀魏世：指三國時期曹魏。㊁魏武帝：曹操。㊂二陲：指蜀漢與孫吳。

【今譯】「至於肉刑對於將來的教戒作用，也就多的了。從前，曹魏時多次議論此事，許多碩儒達學與洽通殷理的人，都認為應該恢復肉刑，但持異議的人進行駁斥，都是不合理的。魏武帝曹操也以為對，只是當時蜀與吳尚未賓服，遠方之人不能懂得至理，突然聽到中原恢復肉刑，砍人肢體，割人耳鼻，便當望風，認為殘酷凶虐，所以暫且不恢復肉刑，以平息四方的議論。通人揚雄也以為肉刑應當恢復，但是廢除已久了，坐而論道者未以此為急務而已。」

審舉篇第十五

【篇旨】本篇論述慎重選舉的重要性，作者認為明君應以選拔人才作為首要任務。漢朝之所以滅亡，就因為貢舉制度弊端百出，朝廷賣官鬻爵，視門第財富任命官職，結果是駑庸小人飛黃騰達，貪婪暴虐，高幹良材隱遁山林，不得敘用。針對時弊，作者提出一套嚴格的選舉辦法，「使海內畏妄舉之失，凡人息僥倖之求」，「背競逐之末，歸學問之本」，「奇才可得而役」，同時主張對政府官吏進行法律考覈。

抱朴子曰：「華、霍(一)所以能崇極天之峻者，由乎其下之厚也；唐、虞所以能臻(二)巍巍之功者，實賴股肱(三)之良也。雖有孫陽(四)之手，而無騏驥之足，則不得致千里矣。雖有稽古(五)之才，而無宣力(六)之佐，則莫緣凝庶績(七)矣。人君雖明並日月，神鑒未兆(八)，然萬機不可以獨統，曲碎不可以親總(九)，必假目以遐(一〇)覽，借耳以廣聽，誠須有司，是康是贊(一一)。故聖君莫不根心(一二)招賢，以舉才為首務，施玉帛於丘園，馳翹車於巖藪(一三)，勞於求人，逸(一四)於用能，上自槐棘(一五)，降逮皁隸(一六)，論道經(一七)國，莫不任職。恭己(一八)無為，而治平刑措，而化洽無外(一九)，萬邦咸寧。設官分職，其猶構(二〇)室，一物不堪(二一)，則崩橈之由(二二)也。然未貢舉(二三)之士，格以四科(二四)，三事九列(二五)，是之自出，必簡標穎拔萃(二六)之俊。而漢之末葉，桓、靈之世，柄(二七)去帝室，政在姦臣，網漏防潰，風積教沮(二八)，抑清德而揚諂媚，退履道(二九)而進多財。力競(三〇)成俗，苟得無恥，或輸自售之寶，或賣要人之書，或父兄貴顯，望門而辟命(三一)；或低頭屈膝，積習(三二)而見收。」

【今註】 ㈠華、霍：華，華山。霍，霍山。 ㈡臻：至。 ㈢股肱：指左右助手。 ㈣孫陽：即伯樂，春秋中期秦穆公之臣，善相馬。 ㈤稽古：通古。 ㈥宣力：大力。 ㈦莫緣凝庶績：莫緣，無緣。凝，形成。庶績，眾多功績。 ㈧神鑒未兆：神鑒，神妙體察。未兆，未來徵兆。 ㈨總：統管、統括。 ㈩遐：遠。 (一一)是康是贊：康，安。贊，佐。 (一二)根心：本心，發自內心。 (一三)翹車：使者之車。巖，山巖。藪，澤藪。巖藪猶言草野，在野士人所居處。 (一四)逸：安。 (一五)槐棘：周代在外朝種植槐棘，槐樹三棵，三公位在其下棘左右各九，作為朝臣列班的位次。後以「槐棘」指公卿之位。 (一六)皁隸：皁、皂。古代賤役。 (一七)經：經理。 (一八)恭己：使自己恭誠。 (一九)化洽無外：楊明照《抱朴子外篇校箋．上》：按「化」上「而」字，似當乙在「萬」字上。無外，無，語助。 (二〇)構：構建。 (二一)堪：承受。 (二二)崩橈之由：崩橈，崩毀傾斜。由，因。 (二三)貢舉：漢魏官吏向君主薦舉人員，泛稱「貢舉」。 (二四)格以四科：四科，漢代舉士之四種科目，即質樸，敦厚，遜讓，有行。 (二五)三事九列：三事，指司徒，司馬，司空。九列，九品，古代官吏的等級，始於魏晉。 (二六)簡標穎拔萃：簡，選擇。標穎、拔萃，均指才能秀出。 (二七)柄：權柄。 (二八)風積教沮：風，風尚。教，教化。㉙履道：履行仁道。㉚力競：盡力爭逐。㉛望門而辟命：望門，門第高貴的世家大族。辟命，徵召任命。㉜積習：積久成習。

【今譯】抱朴子說：「華山霍山所以能崇峻雲天，由於它們根基雄厚；唐堯虞舜所以能至臻至巍巍功業，實依賴輔弼的良助。雖然有孫陽（御車）的手而沒有麒麟的足，則不能夠行走千里；雖然有通古博學的才幹而無有力的輔佐，則無由成就眾多功績。君主雖英明如同日月，神妙地體察未來徵兆，然而萬機不可以獨自統領，瑣碎不可以親身理董，必定要借（他人）眼睛以開闊視野，借（他人）耳朵以擴大聽聞，實在須要官員加以安定贊助。因此英明的君主無不盡心招納賢能，以推薦人才作為首要任務。（於是）施獻玉帛於丘林園圃，馳騁翹車於山巖藪澤，辛勤地徵求人才，放心地使用賢能。上自公卿，下至賤役，（祇要能）論道治國，無不授予職位。恭誠自己，無所作為，則統治平安。刑罰不用，感化融洽域外，則萬邦皆寧。設建官位分立職務，就好像構築房屋一般，一物不能承受，則由此而崩毀傾斜。對尚未貢舉的士人，以四種科目作為（授官）準格，三公九品自此選出，一定要選拔才能秀出的俊傑。然而漢代末葉、桓帝靈帝之世，王室失去權柄，朝政把持在姦臣手中，朝綱破漏設防崩潰，風尚衰頹教化沮喪。抑制清德顯揚諂媚，貶退履行道義的人，提拔財富多的人。竭力爭逐成為習俗，苟且的人得以無恥。有的人輸送自售的寶物，有的人出賣要人的書籍。有的人因父兄顯赫，門第高貴而被徵辟任命，有的人低頭屈膝，積久成習而受到接納。」

「夫銓衡㊀不平，則輕重錯謬；斗斛㊁不正，則多少混亂；繩墨不陳㊂，則曲直不分；準格傾側，則滓雜㊃實繁。以之治人，則虐暴而豺貪，受取聚斂，以補買官之費；

立之朝廷，則亂劇於棼絲(五)。引用駑(六)庸，以為黨援(七)，而望風向草偃(八)，庶事之康(九)，何異懸瓦礫而責夜光(一〇)，絃不調而索清音(一一)哉！何可不澄濁飛沈(一二)，沙汰臧否(一三)，嚴試對之法，峻貪夫之防哉？殄瘁攸階(一四)，可勿畏乎？古者諸侯貢士，適(一五)者謂之有功。有功者增班(一六)進爵；貢士不適者謂之有過，有過者黜位削地。猶復不能令詩人謐大車、素餐(一七)之刺，山林無伐檀、罝兔(一八)之賢。況舉之無非才(一九)之罪，受之無負乘(二〇)之患。衡量一失其格(二一)，多少安可復損(二二)乎？夫孤立之翹秀(二三)，藏器以待賈(二四)；瑣碌(二五)之輕薄，人事以邀速(二六)。夫唯待價，故頓淪於窮瘁(二七)矣；夫唯邀速，故佻竊(二八)而騰躍矣。蓋鳥鴟屯飛(二九)，則鴛鳳幽集；豺狼當路，則麒麟遐遁。舉善而教，則不仁者遠矣；姦偽榮顯，則英傑潛(三〇)逝。高概恥與闒茸為伍(三一)，清節羞入饕餮(三二)之貫。舉任(三三)並謬，則群賢括囊(三四)；群賢括囊，則凶邪相引；凶邪相引，則小人道長；小人道長，則檮杌比肩(三五)。頌聲所以不作(三六)，怨嗟所以嗷嗷(三七)也。」

【今註】(一)銓衡：即權衡，衡量輕重的工具。(二)斗斛：即量。(三)繩墨不陳：繩墨，木工畫直線的工具。陳，陳設。(四)滓雜：滓，渣滓。雜，雜質。(五)亂劇於棼絲：劇，甚。棼絲，使絲線混亂。(六)駑：遲鈍。(七)黨援：朋黨之援。(八)望風向草偃：像草一樣看望風向倒伏。(九)庶事之康：庶事，眾多事務。康，通「糠」，荒廢。(一〇)夜光：夜光之珠。(一一)絃不調而索清音：絃，琴絃。清音，清純音色。(一二)澄濁飛沈：澄清混濁飛揚沉淪，與下文「沙汰臧否」均指斥退小人，起用埋沒的人才。㊂沙汰臧否：沙汰，淘汰。《晉書》卷五十六〈孫綽傳〉：「沙之汰之，瓦石在後」。臧，英良之才。否，指無能之輩。㊃殄瘁攸階：殄瘁，困病，指國家和人民困苦。攸，所。階，因由。㊄適：合格，合適。㊅班：頒，頒賞。㊆大車、素餐：大車，指《詩經・小雅・天將大車》一詩。鄭《箋》：「周大夫悔將小人。幽王之時，小人眾多，賢者與之從事，反見譖，自悔與小人立。」素餐，《詩經・魏風・伐檀》：「彼君子兮，不素餐兮。」素餐即白食，無功而食祿者。㊇伐檀、罝兔：伐檀，砍伐檀木。罝兔，網兔。「伐檀」，「罝兔」亦《詩經》篇名，傷賢者隱退不仕，靠伐木捕兔謀生。㊈非才：不適當人才。㊉負乘：負載為小人之事，車是貴人乘坐之物。小人乘坐君子之車，喻小人居君子之位，則必有禍患。見《易經・解卦》。㊁其格：其，之。格，標準。㊂「器」喻才能。㊂損：削損，降低。㊂翹秀：才能出眾者。㊃藏器以待賈：將器物收藏起來等待買主。「器」喻才能。懷藏才學以待施展。㊄瑣碌：猥瑣庸碌。㊅人事以邀速：人事，指行禮送賄。邀速，希求速達。㊆頓淪於窮瘁：頓，困頓。淪，沉淪。窮瘁，貪困。㊇佻竊：輕佻盜竊。㊈鳥鴟屯飛：楊明照校證：鳥，《藏》本等作「梟」字是。屯飛，聚飛。㊉潛：潛伏。㊀高概恥與闒茸為伍：高概，氣度軒昂，品質崇高。闒茸，品格卑鄙低下的小人。㊁饕餮：傳說中的貪食之獸，喻貪婪凶殘之人。㊂舉任：舉，薦舉。任，任用。㊃括囊：束緊袋口，喻不輕易說話。㊄檮杌比肩：檮杌，古代傳說中的怪獸，喻惡人。比肩，並肩。㊅作：起。㊆嗷嗷：哀鳴聲。

【今譯】「權衡不均平，則輕重出現差錯。斗斛不準確，則數量產生混亂。繩墨不設，則曲直無法分別。準則傾倒，則渣滓雜物繁多。以這種人來治理百姓，則暴虐貪婪，受賄索取聚斂，以彌補買官的費用。任職於朝廷，則為亂遠過於絲線被攪混。引用遲鈍平庸的人作為黨援，（他們）像草一樣望著風向倒伏，眾多事務都荒廢掉。（這樣做）無異於懸掛瓦礫而非難明珠，不調琴絃而索求清音。為什麼不能澄清混濁飛揚沉淪，除去無能擇取俊才，嚴格考試對策之法，峻厲貪官污吏之防呢？導致國民困苦的因由，不就可以不畏懼嗎！古代諸侯貢舉士人，合格的謂之有功，有功的人增加頒賞提升爵位。貢士不合適，謂之有過，有過的人廢黜爵位削除封地。（這樣的話）還不能使詩人停息「大車」「素餐」的譏刺。山林中沒有伐木網兔的賢人，何況薦者沒有推舉不適當人才的罪過，受舉者沒有虧負公車的憂患。衡量過失的標準，能比這降低嗎？獨立不群的俊傑，懷藏才器等待買主，猥瑣庸碌的小人，行禮獻賄希求速達。祇因等待出價，所以頓挫淪落於貧困。祇因希求速達，所以輕薄盜竊之輩飛黃騰達。蓋凡梟鴟聚飛，則鴛鴦鳳凰暗自群棲。豺狼當道，則麒麟遠遠遁逃。薦舉良善而施教，則不仁者遠離。姦偽榮耀顯赫，則英傑潛伏消逝。氣度軒昂的志士恥與品格卑鄙的小人為伍，節操純潔的人羞入饕餮之徒的行例。推舉任命都錯謬，則群賢不輕易說話。群賢不輕易說話，則凶暴邪惡之徒相互接引。凶邪相互接引，則小人之道成長。小人之道成長，則惡人並肩，因而頌聲不起，怨恨咨三十嗟嗷嗷哀鳴。」

「高幹長材(一)，恃能勝己(二)，屈伸默語(三)，聽天任命，窮通得失(四)，委(五)之自然，亦焉得不墮多黨者之後，而居有力者之下乎？逸倫(六)之士，非禮不動，山峙淵渟(七)，知之者希。馳逐(八)之徒，蔽(九)而毀之，故思賢之君，終不知奇才之所在。懷道(一〇)之人，願效力而莫從。雖抱稷、禼之器(一一)，資邈世之量(一二)，遂沈滯詣死(一三)，不得登敘(一四)也。而有黨有力者，紛然鱗萃(一五)，人乏官曠(一六)，致者(一七)又美，亦安得不拾掇而用之乎？靈、獻之世，閹官用事，群姦秉權，危害忠良。臺閣⑱失選用於上，州郡輕貢舉於下。夫選用失於上，則牧守⑲非其人矣；貢舉輕於下，則秀、孝⑳不得賢矣。故時人語曰：『舉秀才，不知書；察孝廉，父別居㉑。寒素㉒清白濁如泥，高第良將怯如雞㉓。』又云：『古人欲達㉔勤誦經，今世圖官免治生㉕。』蓋疾㉖之甚也。于時懸爵而賣之，猶列肆㉗也；爭津㉘者買之，猶市人㉙也。有直者無分而徑進㉚，空拳者望途而收跡。其貨多者其官貴㉛，其財少者其職卑。故東園積賣官之錢㉜，崔烈有銅臭之嗤㉝。上為下傚，君行臣甚㉞。故阿佞幸㉟，獨談親容㊱；桑梓議主㊲，中正㊳吏部，並為魁儈㊴，各責其估㊵。清貧之士，何理有望哉？是既然矣。」

【今註】 ㊀高幹長材：才幹突出的人。㊁恃能勝己：恃能，自恃有才能，自負。勝己，克制自己。㊂屈伸默語：屈伸，屈曲與伸直。引伸指進退，得意和失意。默語，無語。㊃窮通：窮究。㊄委：附。㊅逸倫：超過同輩的人。㊆山峙淵渟：山峙，山嶽般聳立。渟，水積聚而不流通。比喻氣度沉穆，獨立不群。㊇馳逐：指追逐名利。㊈蔽：摭蔽。㊉懷道：懷抱道義。⑪稷、禼之器：稷，后稷，周人始祖，善農稼。禼即契，后契，商人始祖。器，才幹。⑫資邈世之量：資，具。邈世，邈通藐，藐世猶傲世。量，胸襟。⑬沈滯詣死：沈，沉淪。滯，廢滯，困頓。詣死，至死。⑭登敘：登官敘用。⑮有黨有力者，紛然鱗萃：「有黨者」即上文「多黨者」，有眾多黨援的人。有力者，「力」指財力。鱗萃，像魚鱗一般匯萃。⑯人乏官曠：人乏，人手缺乏。

官曠，官位空曠。⑰致者：引薦者。⑱臺閣：朝廷，中央。⑲牧守：州牧太守。⑳秀、孝：秀才與孝廉。㉑別居：另外居住。㉒寒素：家世清貧之人。㉓高第良將怯如雞：高第，指出身高貴門第的士人。雞，楊明照《抱朴子外篇校箋・上》：雞，《意林》四引作「黽」，《御覽》四九六引作「蠅」。案「黽」字是。㉔達：發達。㉕圖官免治生：圖官，圖謀官職。免，楊明照《抱朴子外篇校箋・上》：陳澧曰「免」當作「勉」，王校同。案陳、王校是，《御覽》四九六引正作「勉」，當據改。勉治生，勉力治理生計，指竭力聚斂財物。㉖疾：厭惡，憎恨。㉗列肆：列設商鋪。㉘爭津：爭相問津。㉙市人：集市之人。㉚有直者無分而徑進：有直者，「直」通「值」，持。「有持」指手中持貨，與下文「空拳」相反。無分，不分，不加區分。徑進，徑直進入。此句喻衹有錢財，不管其品德優劣都可以向朝廷買官。㉛貨多者其官貴：貨，財貨。貴，高貴。㉜東園積賣官之錢：東園，楊明照《抱朴子外篇校箋・上》：「東」當作「西」，字之誤也。《後漢書》卷八〈孝靈帝紀〉：「光和六年，初开西邸賣官。」《通鑑》胡《注》「開邸舍於西園，因謂之西邸。」靈帝之開邸賣官，立庫貯錢，乃西園而非東園明矣。㉝崔烈有銅臭之嗤：崔烈，東漢人，歷任郡守、九卿。靈帝時開鴻都門榜賣官爵，烈入錢五百萬，得為司徒，於是聲名衰減。問其子鈞曰：「吾居三公，於議者何如？」鈞答曰：「論者嫌其銅臭。」事見《後漢書》卷五十二〈崔駰列傳〉。嗤，嗤笑。㉞甚：超過。㉟阿佞幸：阿，阿諛。佞，姦。幸，寵幸。㊱獨談親容：獨談，只論。親容，親近之容。㊲桑梓議主：桑梓，家鄉。議主，當指評議薦主。孫星衍校：「故阿」以下數句有脫字。㊳中正：官名。魏建康元年（公元二二〇年）曹丕採吏部尚書陳群建議，推選各郡有聲望之人出任「中正」，評定當地士人品級。後來「中正」一職均由世族豪門擔任。㊴魁儈：魁，首。儈，買賣介紹人。㊇各責其估：責，索求。估，估價。

【今譯】「才幹突出的人，自負克制，委屈與得意都默然不語，聽天由命，窮究得失，聽任自然，怎麼不落在有眾多黨援者的後頭，屈居財力雄厚者之下呢？卓越之士，符合禮儀才有所行動，（沉穆的氣度如同）山峰峙立，深淵水積，相知者很少。追逐（名利）之徒，掩蔽並讒毀他們，因此思念賢士的君主，始終不知道奇才的所在。懷抱道義的人，願意效力而無所追隨，雖然身懷后稷后契般的才幹，具有傲世的胸襟，卻沉淪困頓至死，不能登官敘用，而有朋黨有財力的人，像魚鱗一般紛然匯萃。人手缺乏官位空曠，引見者又加以譽美，怎麼不撿起來任用呢？靈帝獻帝之世，宦官執政，群姦秉權，危害忠良。在中央是臺閣選官用人失當，在地方是州郡輕視貢舉。中央選官用人失當，則（任命的）州牧太守不是適當人選。地方輕視貢舉，則（推薦的）秀才孝廉不會賢良。所以當時的人說：「舉秀才，不知書。察孝廉，父別居。寒素清白濁如泥，高第門將怯如雞。」又說：「古者欲達勤誦經，今人圖官勉治生。」大概是過度的憎惡吧。當時懸掛爵位出賣，就好像成排的店鋪。爭相問津的人購之，又如同趨集的人。手中有貨幣的人不加區分都徑直進入，赤手空拳的人（祇能望途而止步。錢貨多的人官位高，財物少的人職位卑）。因此西園堆積賣官之錢，崔烈受到「銅臭」的嗤笑。上行下傚，臣下所作為超過了君主。故此阿諛姦佞之人得到寵幸，只論親近之人……桑梓評議薦主（？）……中正和吏部一同成為首倫，各自索價。清貧的士人，什麼理由有望呢？這是必然的啊。」

「又邪正不同，譬猶冰炭；惡直㊀之人，憎於非黨㊁。刀尺顛倒者，則恐人之議己也；達不由道㊂者，則患言論之不美也。乃共搆合虛誣，中傷清德，瑕累橫生㊃，莫敢救拔⑤。於是曾、閔獲商臣之謗⑥，孔、墨蒙盜跖之垢⑦。懷正居貞⑧者，填笮⑨乎泥濘之中；而狡猾巧偽⑩者，軒翥⑪乎虹霓之際矣。而凡夫淺識，不辯邪正，謂守道者為陸沈⑫，以履徑⑬者為知變。俗之隨風而動，逐波而流者，安能復身⑭於德行，苦思於學問哉！是莫不棄檢括之勢⑮，而赴用賂之速矣。斯誠有漢之所以傾⑯，來代之所宜深鑒也。」

【今註】 ①惡直：痛惡正直。 ②憎於非黨：憎恨不是同黨之人。 ③達不由道：發達不經由正道。 ④瑕累橫生：瑕，瑕疵，過失。累，麻煩。橫生，突然發生。 ⑤救拔：救援。 ⑥曾、閔獲商臣之謗：曾、閔，曾參與閔子騫，孔子兩位門徒，為儒家孝子典範。商臣，篡奪王位，為楚穆王。 ⑦孔、墨蒙盜跖之垢：孔、墨，孔子、墨子。盜跖，即跖，春秋戰國之際盜首。 ⑧居貞：處於忠貞。 ⑨填笮：填，通殄，窮困。笮，逼迫。 ⑩巧偽：姦巧虛偽。 ⑪軒翥：高飛。 ⑫守道者為陸沈：守道，遵守道義。陸沈，泥古不合時宜。 ⑬履徑：行走小道，指行走歪門邪道以求速達的人。 ⑭復身：返身。 ⑮是莫不棄檢括之勢：楊明照《抱朴子外篇校箋・上》：「是」下疑脫「以」字。檢括：檢，法度。括，約束。 ⑯斯誠有漢之所以傾：楊明照《抱朴子外篇校箋・上》：「傾」下疑脫一字，當補「僨」或「墮」字。

【今譯】 「邪惡正直之不相同，猶如寒冰與火炭（不相容）。厭惡正直的小人，憎恨異黨之士。刀尺顛倒的人，畏懼別人議論自己，不是通過正道發達的人，擔心不被言論讚美。於是構合虛妄的誣諂，中傷品德清白的人。過失麻煩突然降臨，沒有人敢於救援。於是曾參、閔子騫受到商臣的誹謗，孔丘、墨翟蒙受盜跖的污垢。胸懷正直操守忠貞的人，窮困窘迫泥濘之中，狡猾姦巧的人，高飛於彩虹之際。普通人見識短淺，對邪正不能分辯，說遵守正道的人是泥古不化，認為行走小路的人是知曉變通。世俗中隨風而動、逐末而流的人，怎麼能返身回到德行，苦思冥想學問呢？因此無不放棄遵循法度的辛勞，而行賄賂的速效。這確實是漢朝之所以傾亡的原因，後代應當深以為鑒。」

或曰：「吾子論漢末貢舉之事，誠得其病㊀也。今必欲戒既往之失，避傾車之路，改有代之絃調㊁，防法翫㊂之或變，令濮上《巴人》㊃，反安樂之正音㊄，腠理㊅之疾，無退走之滯患者㊆，豈有方㊇乎？士有風姿豐偉㊈，雅望㊉有餘，而懷空抱虛[十一]，幹植[十二]不足，以貌取之，則不必得賢。徐徐先試，則不可倉卒。將如之何？」

【今註】 ㊀病：弊病。 ㊁絃調：音調，指評品輿論。 ㊂法翫：翫法，忽視法律。 ㊃濮上《巴人》：指淫靡、庸俗之樂。濮上，春秋時，濮水之上流行侈靡音樂。《巴人》，即《下里巴人》。巴人，古代居住四川東部的少數民族，善歌舞。下里即鄉里。《下里巴人》即指其地庸俗音樂。 ㊄正音：正統的音樂。 ㊅腠理：中醫名詞，指人的皮膚，肌肉，臟腑的紋理，是氣血流通灌注之處。 ㊆無退走之滯患者：退走，消失。滯，指氣血滯留不通。意為，氣血沒有暢通的病人。 ㊇方：藥方。 ㊈風姿豐偉：風姿，風度姿容。豐偉，容貌豐滿美好。 ㊉雅望：高雅的名望。 [十一]懷空抱虛：指虛浮不實，沒有真才實學。 [十二]幹植：樹幹柱子，喻人的才能。

【今譯】 有人說：「你評論漢末貢舉的事情，確實擊中其弊病。今天一定要戒除以往的過失，避免翻車的道路，改變前代的輿論，防範翫法的變亂，令濮上或《下里巴人》淫靡、庸俗的音樂，回歸並習慣於音樂的正音。患肌膚內臟疾病，氣血沒有暢通的病人，豈有藥方（可救）嗎？士人有豐偉的風姿，聲望非常高雅，然而抱負空虛，才幹不足，根據容貌取用，必定不能得到賢才。從容不迫地預先試用，不可以倉卒行事。怎麼做才好呢？」

抱朴子答曰：「知人則哲，上聖所難。今使牧守皆能審良才於未用，保性履(一)之始終，誠未易也。但共遣其私情，竭其聰明，不為利慾動，不為屬(二)託屈。所欲舉者，必澄思(三)以察之，博訪以詳之，修其名而考其行(四)，校同異以備虛飾(五)。今親族稱其孝友(六)，邦閭歸其信義。嘗小仕者(七)，有忠清之效(八)，治事之幹，則寸錦足以知巧，刺鼠足以觀勇也。又秀孝皆宜如舊試經答策，防其罪(九)對之姦，當令必絕，其不中(一〇)者勿署，吏加罰禁錮(一一)。其所舉書不中者(一二)，刺史太守免官，不中左遷(一三)。中者多不中者少，後轉不得過故(一四)。若受賕(一五)而舉所不當，發覺有驗者(一六)除名(一七)，禁錮終身，不以赦令原，所舉與舉者同罪。今試用此法，治一二歲之間，秀、孝必多不行者(一八)，亦足以知天下貢舉不精之久矣。過此，則必多修德而勤學者矣。又諸居職(一九)，其犯公坐(二〇)者，以法律從事(二一)；其以貪濁贓汙(二二)為罪，不足至死者，刑竟及遇赦(二三)，皆宜禁錮終身，輕者二十年。如此，不廉之吏，必將化為夷、齊(二四)矣。若乃臨官(二五)受取(二六)，金錢山積，發覺則自恤(二七)得了，免退則旬日(二八)復用者，曾、史(二九)亦將變為盜跖矣。如此，則雖貢士皆中，不辭(三〇)於官長之不良。」

【今註】㈠性履：品行。㈡屬：囑。㈢澄思：指深思熟慮，慎重思量。㈣修其名而考其行：楊明照《抱朴子外篇校箋・上》：「修」當作「循」，形之誤也。《鄧析子・無厚篇》「循名責實」，《韓非子・定法篇》「循名而責實」，可證。循其名，循通巡，巡視其聲名。㈤校同異以備虛飾：校同異，參校同與異。備虛飾，防備掩飾。㈥孝友：《詩經・小雅・六月》毛《傳》：「善父母為孝，善兄弟為友。」㈦小仕：擔任過小吏的人。㈧忠清之效：忠貞清廉的功勞。㈨罪：孫星衍校：「罪」疑作「置」，舊寫本「罪」字空白。㈩中：合格。⑪禁錮：禁止做官。⑫其所舉書不中者：楊明照《抱朴子外篇校箋・上》：書，王校「盡」，案王校是。⑬不中左遷：「不中」指受薦舉而不合格的官吏。左遷，降職。⑭後轉不得過故：後，以後。轉，遷調官職。過，超過，高於。故，故職，原先官職。⑮賕：賄賂。⑯有驗：有證據。⑰除名：除去名籍。⑱不行：無品行。⑲居職：在職。⑳公坐：坐法。㉑從事：行事、論處。㉒贓汙：贓，貪贓。汙，污。㉓竟及遇赦：刑滿遇赦。㉔夷、齊：伯夷、叔齊。商末周初孤竹貴族，兄弟二人相互讓位，共奔周武王。武王伐商，夷齊叩馬而諫。及商亡，恥食周粟，隱居首陽山，採薇而食，遂餓死。㉕臨官：為官。㉖受取：受賄索取。㉗自恤：指用金錢贖身。古代貴族官僚犯法，可以「金作贖刑」，交納一定罰金免除刑罰。㉘旬日：十日為旬。「旬日」喻為時短暫。㉙曾、史：曾參與史鰌，孔子學生。有「曾參行仁，史鰌行義」之譽。㉚辭：免。

【今譯】抱朴子回答說：「了解人則為明哲，這是上聖也感到困難的。今日讓州牧郡守都能明察尚未任用的良才，保持品行始終如一，實在很不容易。但是遣去私人感情，竭盡聰明才智，不被名利欲望所動搖，不被囑咐請託所屈服。對所要薦舉的人，一定要慎思以便觀察，博訪以便詳覈，巡察其聲名，考驗其品行，參校異同以防備其虛偽的掩飾。使親族都稱讚其孝友，邦閭都歸服其信義。曾經擔任過小官的人，有忠貞清廉的功勞，治理事務的才幹，則寸錦就足以知道其精巧，刺鼠足以看到其勇武。另外，秀才孝廉都應當依從過去試經答策的辦法，防備其答對之姦詐，應當使它滅絕。不合格的人不要授予官職，還要加以禁止做官的懲罰。凡所薦舉的人都不合格，刺史太守免去官職，不合格的人降低官位。合格的人多不合格的人少，（薦主）後來遷調的官職不能超過原先的職位。如果受賄而且推舉失當，發現有證據的人，除去名籍，終身禁止做官，不予赦免，令原先被薦舉的人與舉人一同論罪。今日試用這種辦法，治理一二年之間，秀才孝廉中必定有許多無品行的人，這就足以知道天下貢舉不純由來已久。經過這樣後，修德勤學的人一定增多。另外，對眾在職坐法的人法以法律論處，因貪污受賄犯罪，罪不至死的施以刑罰。刑滿遇赦，都應當禁錮終身，輕的也要二十年。這樣做的話，不廉潔的官吏，必將變成伯夷叔齊。如果任官受賄索取，（聚斂的）金錢像山積一般，發現後則自贖了結，罷職不久又重新任用，曾參史鰌也會變成盜跖。這樣的話，雖然上貢的士人都合格，其擔任官長卻不能免於不良。」

或曰：「能言不必能行㊀，今試經對策雖過，豈必有政事之才㊁乎？」抱朴子答曰：「古者猶以射擇人㊂，況經術乎？如其舍旃㊃，則未見餘法之賢乎此也㊄。夫豐草不秀瘠土㊅，巨魚不生小水，格言㊆不吐庸人之口，高文不墮頑夫之筆㊇。故披〈洪範〉而知箕子有經世之器㊈，覽九術而見范生懷治國之略㊉，省夷吾⑪之書，而明其有撥亂之幹，視不害⑫之文，而見其精霸王之道也。今孝廉必試經無脫謬⑬，而秀才必對策無失指⑭，則亦不得闇蔽也⑮。良將高第，取其膽武⑯，猶復試之以策，況文士乎？假令不能必⑰盡得賢能，要必愈於了不試也㉖。今且令天下諸當在貢舉之流者，莫敢不勤學。但此一條，其為長益風教㉙，亦不細㉚矣。若使海內畏妄舉之失㉛，凡人息僥倖之求，背競逐之末㉜，歸學問之本，儒道將大興，而私貨㉝必漸絕，奇才可得而役㉞，庶官可以不曠矣。」

【今註】㊀行：行事，做。㊁政事之才：處理政務的才幹。㊂以射擇人：射，射箭。西周春秋時代統治者常通過「射禮」舉行射箭比賽，從中選拔人才。㊃旃：猶「之」。㊄餘法之賢乎此：餘法，其他辦法。賢乎此，比這更好。㊅秀埆土：秀，茂秀。埆土，貧埆土地。㊆格言：可為準格法式的言語。㊇高文不墮頑夫之筆：高文，高妙文章。頑夫，愚笨無知的人。㊈披〈洪範〉而知箕子有經世之器：披，翻覽。〈洪範〉，《尚書‧周書》中一篇，記載箕子對武王的講話，乃後人所託。箕子，商末貴族，紂王叔父，官太師，封於箕（今山西太谷東北）。因勸諫而為紂王所囚。武王滅商後被釋放。經世之器，治國的才具。㊉范生懷治國之略：范生，當即范雎，《抱朴子‧外篇‧任命篇》：「范生來辱於溺簀」可證。范雎，戰國時魏人。入秦游說秦昭王，任秦相，遠交近攻。因舉人不當，謝病辭職，不久病死。略，才略。⑪夷吾：管仲之名（仲為字），任齊桓公之卿，進行改革，國力大振，齊遂稱霸。《漢書》卷三十〈藝文志〉道家著錄有《管子》八十六篇。⑫不害：申不害，戰國法家，鄭國京（今河南滎陽東南）人。其理論「本於黃老而主刑名」，主張中央集權。曾任韓昭侯之相。⑬脫謬：脫文錯謬。⑭指：意指。⑮闇蔽：闇同蔭。蔭庇。⑯取其膽武：以其膽氣英武為勇敢。⑰必：疑因下句「要必」而衍。當刪。⑱要必愈於了不試也：愈，逾，勝過。了，完全。⑲風教：風俗教化。⑳細：詳密。㉑失：過失。㉒背競遂之末：背，背離。末，末業。㉝私貨：指請託賄賂之事。㉞役：役使。

【今譯】 有人說：「能說不必能做，今日試經對策雖然通過，難道就一定有政務的才幹？」抱朴子回答說：「古代尚通過射箭選擇人才，何況經國之術！如果捨棄（試對）的話，不見得有其他辦法比它更好的。豐草不茂盛於貧瘠土壤，大魚不生長於小水之中，格言不吐自庸人之口，妙文不落自笨夫之筆。因此覽〈洪範〉而知箕子有經世的才具，閱《九術》而見范雎懷治國的大略。觀夷吾著作而明瞭其撥亂反正的才幹，視申不害文章而看見其精通霸王之道。如今孝廉一定要試經沒有脫漏謬誤，秀才一定要對策不失意恉，這樣他們就不能得到包庇蔭護。良將高門，以膽氣英武為勇，尚且還試之對策，何況文士呢。假如（試對）不能盡得賢能，總必定勝過完全不試。今天當今天下在貢舉之列的人，不敢不勉力學習。但是僅此一條，用來長久地益助風教，也還不夠詳密。假如使海內都畏懼妄自推舉的過失，大家停止僥倖的追求，背棄競逐的末業，回歸學問的根本，儒道即將大興，私貨必定逐漸斷絕，奇才能夠得到並使用，眾多官職可以不空缺了。」

或曰：「先生欲急㈠貢舉之法，但禁錮之罪，苛而且重，懼者甚眾。夫急轡繁策，伯樂所不為㈡；密防㈢峻法，德政之所恥。」

抱朴子曰：「夫骨填肉補之藥㈣，長㈤於養體益壽，而不可以救暍溺㈥之急也。務寬含垢之政，可以蒞敦御朴㈦，而不可以拯衰弊㈧之變也。虎狼見逼，不揮戈奮劍，而彈琴詠詩，吾未見其身可保也㈨。燎火及室，不奔走灌注，而揖讓盤旋㈩，吾未見其焚之自息也。今與知欲賣策者論此，是與跖議捕盜也。」

【今註】㊀急：速行。㊁急轡繁策，伯樂所不為：轡，御馬之繩。策，馬鞭。義同「快馬加鞭」。伯樂所不為，《戰國策・楚策》：「驥……服鹽車而上太行，蹄申膝折，尾湛胕潰，漉汁灑地，白汗交流，中阪遷延，負轅不能上。伯樂遭之，下車攀而哭之，解紵衣以冪之。驥於是俛而噴，仰而鳴，聲達於天，若出金石聲音。」㊂密防：嚴密防範。㊃骨填肉補之藥：骨填，填骨，強骨。肉補，補肉，增肌。㊄長：長處。㊅暍溺：暍，中暑。溺，溺水。㊆蒞敦御朴：臨視敦厚駕御樸實。㊇衰弊：衰落敗亡。㊈吾未見其身可保也：楊明照《抱朴子外篇校箋・上》：「身」下《御覽》三五一引有「之」字。㊉揖讓盤旋：揖讓，古代賓主相見的禮節。揖，拱手為禮，有「土揖」、「時揖」、「天揖」。讓，謙讓，有所謂「三讓」。詳《周禮・正義》卷七十二《秋官・司儀》。盤旋，古代行禮時盤旋進退的動作姿態。

【今譯】有人說：「先生想速行貢舉的辦法，但禁錮之罪，苛刻而且嚴重，害怕的人很多。快馬加鞭，是伯樂所不做的。密防峻法，是德政所羞恥的。」

抱朴子說：「強骨增肌的藥，長處在於養身益壽，而不能用來解救中暑與溺水之急。務必鬆緩污穢之政，雖然可以陵駕敦厚樸實，卻不可以拯救衰敗之亂。見到虎狼迫近，不揮戈奮劍，而是彈琴詠詩，我沒見到（這樣做）可以保住性命的。大火燃燒到房屋，不奔跑潑水，而是作揖恭讓左右盤旋，我沒見到大火會自己熄滅的。現在和想賣策的人議論這件事，（無異）和盜跖議論捕盜。」

抱朴子曰：「今普天一統，九垓㈠同風。王制政令，誠宜齊一。夫衡量小器，猶不可使往往㈡而有異，況人士之格，而可參差而無檢㈢乎？江表雖遠㈣，密邇海隅㈤，然染道化，率禮教㈥，亦既千餘載矣。往雖暫隔，不盈㈦百年。而儒學之事，亦不偏廢也。惟以其土宇褊於中州㈧，故人士之數，不得鈞㈨其多少耳。及其德行才學之高者，子游、仲任之徒㈩，亦未謝上國⑪也。昔吳土初附⑫，其貢士見偃以不試⑬。今太平已近四十年矣，猶復不試，所以使東南儒業衰於在昔⑭也。此乃見同於左衽之類⑮，非所以別⑯之也。且夫君子猶愛人以禮，況為其愷悌⑰之父母邪！法有招患⑱，令有損化⑲，其此之謂⑳也。今貢士無復試者，則必皆修飾㉑馳逐，以競虛名，誰肎復開卷㉒受書哉？所謂饒㉓之適足以敗之者也。自有天性好古，必悅蓺㉔文，學不為祿，味道㉕忘貧，若法高卿、周生烈㉖者。學精而不仕，徇乎榮利者㉗，萬之一耳。至於甯越、倪寬、黃霸之徒㉘，所以強自篤勵㉙於典籍者，非天性也，皆由患苦困瘁，欲以經術自拔耳。向使㉚非漢武之世，則朱買臣、嚴助之屬㉛，亦未必讀書也。今若取富貴之道，幸有易於學者，而復素無自然之好㉜，豈肎復空自勤苦，執灑埽㉝為諸生，遠行尋師問道者乎？兵興之世，武貴文寢㉞，俗人視儒士如僕虜㉟，見經誥如芥壤者㊱，何哉？由於聲名背乎此也。夫不用譬猶售章甫於夷越㊲，徇髯蛇㊳於華夏矣。今若遐邇一例㊴，明考課試，則必多負笈千里，以尋師友，轉其禮賂之費，以買記籍㊵者，不俟㊶終日矣。」

【今註】㊀九垓：中央及八極之地，義同「九州」。㊁往往：時常。㊂檢：查。㊃江表：長江以南之地。㊄密邇海隅：非常靠近海邊。㊅染道化，率禮教：染，感染。率，遵循。㊆盈：滿。㊇土宇徧於中州：土宇，土地和屋宇，指疆地領土。徧，偏離。中州，中原。㊈鈞：同均，計算。《周禮．司稼》：「掌均萬民之食」，《注》：「謂度其多少。」㊉子游、仲任之徒：子游，言偃字，春秋戰國之際吳人，孔子弟子。習於文學。仕魯任武城宰，以禮樂教民。孔子曾戲曰：「殺雞焉用牛刀」，治小而用大道。仲任，王充字，東漢會稽上虞人。出身平民。少時入京師受業太學，「好博覽而不守章句」，通百家眾流。曾為小吏多年，仕進無途。晚年罷職家居，從事撰述。代表作《論衡》。⑪謝上國：謝，拜謝。上國，皇室。指受到中央朝廷重用。⑫附：歸附。⑬見偃以不試：見偃，「見」當讀為「蹇」，雙聲疊韻。蹇偃即蹇連，又作偃蹇，艱難。「其貢士見偃以不試」，謂吳地初附，貢士困難，故以免試。⑭在昔：往昔。⑮見同於左衽之類：見同，同化，聚同。左衽，古代某些少數民族服裝前襟向左掩，異於中原華夏族之右衽。吳本越人舊居地，當地土著「文身斷髮」，故文中以「左衽」稱呼吳地之民。⑯別：區別。⑰愷悌：和易寬仁。⑱招患：招引禍患。⑲損化：減損變化。⑳其此之謂：說的就是這種情況。㉑修飾：指矯飾。㉒開卷：翻開書卷。㉓饒：富裕。㉔埶：通藝。㉕味道：體味義理。㉖法高卿、周生烈：法高卿，即法真，扶風郿（今陝西郿縣東）人。博通內外圖典，為關西大儒。辟公府，舉賢良，皆不就。會順帝西巡，前後四徵，終不降屈。見《後漢書》卷八十三〈逸民傳〉。周生烈，三國時魏文士。姓周生，名烈。敦煌（今甘肅敦煌）人。魏初被徵注書，著有《義例》等。見《三國志》卷十三〈魏志．王肅傳〉。㉗徇乎榮利者：徇，環繞，猶言熱中。榮利，榮耀名利。㉘甯越、倪寬、黃霸之徒：甯越，戰國時趙人。原為中牟農夫，因努力求學，十五歲而成周威公之師。倪寬，西漢千乘人。治《尚書》，為孔安國弟子。家貧無資，為人作傭，帶經而鋤，休息則讀誦。任官有政績。黃霸，西漢淮陽陽夏人，歷任楊州、潁川太守，御史大夫，丞相，為政外寬內明。㉙強自篤勵：強，勉強。篤勵，專心努力。㉚向使：倘若。㉛朱買臣、嚴助之屬：朱買臣，西漢吳縣人。家貧好讀書，擔束薪，行且誦書。武帝時任會稽太守，平定東越之亂。嚴助，西漢會稽人。家貧，曾為親戚富人所辱。武帝時任中大夫，會稽太守。與朱買臣交善。㉜自然之好：天生的喜好。㉝灑埽：灑，噴水於地上。埽，掃。㉞寢：衰。㉟僕虜：奴僕俘虜。㊱見經誥如芥壤者：經誥，經書典誥。芥，小草。壤，泥土。㊲售章甫於夷越：章甫，商人宋人所戴帽子之名。語本《莊子・逍遥遊篇》「宋人資章甫而適諸越，越人斷髮文身，無所用之。」㊳徇髯蛇：徇，示。髯，蚺。髯蛇即蟒蛇。㊴遐邇一例：遠近同等對待。一例，同例，不加區分。㊵記籍：書籍。㊶俟：等待。

【今譯】抱朴子說：「當今普天一統，九州同風。朝廷制度政令，實在應該整齊劃一。衡量不過是小器，尚且不可以使它們時常相異，何況人們的品格，可以參差不齊而不加檢查嗎？江南雖然遥遠，非常靠近海隅，然而感染道化遵循禮教，也已經千餘年了。往昔雖然暫時阻隔，不滿百年，而儒學之事也沒有偏廢，只是因為它的疆土偏離中原，所以士人的數量，不能夠計算出它有多少。至於德行才學高超的人，如子游仲任之徒，也没得到中央的重用。昔日吳地剛剛歸附，因貢士困難而不予考試。現在太平已近四十年了，仍舊不考試，因此使東南地區的儒業比往昔衰落。（免試）這是為了同化吳地人民，並非用它來區別對待。君子尚能以禮愛人，何況是和易寬仁的父母呢。法律能招致禍患，政令有減損變化，說的就是這種情況。現在貢士不再考試，必定都矯飾競逐以爭奪虛名，什麼人肯再翻開書卷，接受典籍呢？所謂使其富裕，正足以使其失敗。自然有人生性好古，心喜藝文，學習不圖利祿，體味義理而忘記貧困，像效法高卿周生功烈的那種人，學問精純而不做官。熱中榮耀功利者，萬分之一罷了。至於寧越、倪寬、黃霸之徒，之所以強自專心勤奮攻讀經典，並不是（出自）天性所好，都由於貧困受苦，想以經術自拔。假如不是漢武帝之世，朱買臣、嚴助之輩也未必讀書。現在如果獲取富貴的辦法，僥倖比讀書容易，並且又一向沒有天生的喜好，怎麼肯再白費力氣，灑水掃地充當學生遠行尋師請教道義呢？戰爭年代，武貴文衰，俗人將儒生看作奴僕俘虜一般，視經書典誥如同小草泥土。為什麼這樣呢？由於聲名背離他們的緣故。不加使用，就好像在東夷南越出售章甫，在華夏中原出示蟒蛇一樣。現在倘若遠近地區都同等看待，嚴明考試，必定有許多人背負書箱，行走千里以尋找師友，將他們行禮送賄的費用轉用於購買書籍。這不必等多久了。」

抱朴子曰：「才學之士堪(一)秀、孝者，已不可多得矣。就令其人若如桓、靈之世，舉吏不先以財貨，便安臺閣主(二)者，則雖諸經兼本解(三)，於問無不對，猶見誣枉，使不得過矣。常追恨于時執事(四)，不重為之防(五)。余意謂新年(六)當試貢舉者，今年便可使儒官才士，豫(七)作諸策，計足周用(八)。集上(九)禁其留草(一〇)殿中，封閉之；臨試之時，亟賦之(一一)。人事因緣(一二)於是絕。當答策者，皆可會著(一三)一處，高選臺省(一四)之官親監察之，又嚴禁其交關(一五)出入，畢事(一六)乃遣。違犯有罪無赦。如此，屬託之冀窒矣(一七)。夫明君恃(一八)己之不可欺，不恃人之不欺己也。亦何恥於峻為斯制(一九)乎？若試經法立，則天下可以不立學官(二〇)，而人自勤樂㉑矣。案四科亦有明解法令之狀㉒，今在職之人，官無大小，悉不知法令。或有微言㉓難曉，而小吏多頑㉔，而使之決獄㉕，無以死生委之㉖，以輕百姓之命，付無知之人也，作官長不知法，為下吏所欺而不知，而決其口筆㉗者，憒憒不能知食法㉘，與不食不問，不以付主㉙者。或以意斷事㉚，蹉跌㉛不慎法令，亦可令廉良之吏，皆取明律令者試之如試經，高者隨才品敘用。如此，天下必少弄法之吏，失理之獄矣。」

【今註】 ㈠堪：勝任。 ㈡便安臺閣主：便安，安頓，指賄賂。臺閣主，尚書臺官長。因尚書臺在宮廷建築之內，故稱「臺閣」。 ㈢雖諸經兼本解：楊明照《抱朴子外篇校箋・上》：「兼本」疑「本」字為衍文，或應乙在「兼」字上。諸經兼本，謂諸經書也。此句意為，雖然眾經書都能解釋。

㈣執事：執政者。 ㈤不重為之防：重，嚴厲。防，設防。 ㈥新年：明年，新的一年。 ㈦豫：預先。 ㈧計足周用：計，估計。周用，完備可用。 ㈨集上：集中起來上交。 ㈩草：草稿。 ⑪亟賦之：亟，立即，迅速。賦，授。 ⑫人事因緣：人事，囑託行賄。因緣，機緣 ⑬會著：集中。 ⑭臺省：尚書臺與中書省。 ⑮交關：來往。 ⑯畢事：事畢。 ⑰冀窒：冀，希望。窒，息。 ⑱恃：依恃，依賴。 ⑲峻為斯制：嚴峻這種制度。 ⑳學官：主管學務的官員和官學教師。漢代有五經博士，博士祭酒。西晉有國子祭酒，博士，助教等。 ㉑勤樂：勤勞安樂。 ㉒狀：情況。 ㉓微言：含義深遠精微的言辭。 ㉔頑：昏憒愚笨。 ㉕決獄：斷獄。 ㉖無以死生委之：楊明照《抱朴子外篇校箋・上》：「無」下疑脫一字（或是「異」字）。委，付。 ㉗口筆：口舌與筆。謂靠口舌毛筆決獄，非依法律。 ㉘憒憒不能知食法：楊明照《抱朴子外篇校箋・上》：憒憒，王校「憒憒」，按王校是。〈用刑篇〉「其為憒憒」，《藏》本等亦誤為「憒憒」也。憒憒，昏憒無知。食法，消化法令。㉙不以付主：主，上級。謂不將案卷付送上級。㉚以意斷事：憑主觀決斷事務。㉛蹉跌：失足跌倒，比喻失誤。

【今譯】抱朴子說：「有才幹學識的人，勝任秀才孝廉的已經不多了。即令這種人，如果在桓靈之世，推舉官吏時不先進獻財貨以安撫臺閣官長的，則雖然眾經整部都能解釋，對所問無不對答，還會受到誣謅冤枉，使他們不能通過。我常常追恨當時執政者，不能夠為此嚴加設防。我以為明年應試貢舉的，今年便可以讓文官才士預先作好眾策，估計足夠完備可用，便匯集上文，禁止將草稿留在殿中。將它們封閉起來，到考試時間，立刻付與考生。請託、送禮和機緣由此而絕。應當回答策問的人，都可以聚集在一處受到高選，臺省官員親自監察他們，並嚴禁其來往出入，事情完畢後才遣發。違犯者有罪不赦。這樣的話，囑託的希望就被窒息了。明君依靠自己不被人欺瞞，不指望別人不欺騙自己，又何必為嚴厲這種制度而抱愧呢？如果試經之法建立，天下就可以不設學官，而且人人勤勞安樂。今案，四科也存在明確解釋法令的情況。現在在職的人，無論官職大小，都不懂法令，或者難以明白含義精微的文辭，而且小吏多昏憒愚蠢，讓他們決斷獄訟，無異將生死大權委付給他們，把老百姓的性命付與無知者經管。做長官的不懂法律，被下級小吏欺騙而懵然不知。靠口舌毛筆斷獄的人，昏昏然不懂得學習消化法令，和那些不食法、不請教，不（將案卷）付送上級的人，憑主觀決斷事務，草率失誤。法令方面，也可以讓廉潔優良的官吏，都由明瞭律令的人對他們加以考試，如同試經一樣，成績高的人根據其才能品級登敘任用。這樣的話，天下翫法的官吏，無理的刑獄就必定可以減少了。」

交際篇第十六

【篇旨】本篇論述交際之道。作者鄙視那種為了功名富貴不惜降低人格，卑辭悅色奔走豪門，結交權貴的輕薄小人，對「德薄位高」的當權者只收容小人，不接納奇士表示極大的憤慨。葛洪認為歷史上的管仲、朱博之所以能建功立業，全賴「交之力也」。因此君子應當慎重交際，「所企及則必簡乎勝己，所降結則必料乎同志」。朋友相處須「狎而不慢，和而不同」，見過則諫，有過則改，如此才符合交際之道。

抱朴子曰：「余以朋友之交，不宜浮雜(一)。面而不心(二)，揚雄(三)攸譏。故雖位顯名美，門齊年敵(四)，而趨舍異規(五)，業尚乖互(六)者，未嘗結焉。或有矜其先達(七)，步高視遠，或遺忽陵遲(八)之舊好，或簡弃後門(九)之類味(十)，或取人以官而不論德，其不遭知己，零淪丘園者，雖才深智遠，操清節高者，不可(十一)也。其進趨偶合，位顯官通者，雖面牆庸瑣(十二)，必及也。如此之徒，雖能令壤蟲(十三)雲飛，斥鷃戾天(十四)，手捉刀尺(十五)，口為禍福，得之則排冰吐華(十六)，失之則當春彫悴，余代其踧踖(十七)，恥與共世。」

【今註】 ㈠浮雜：孫星衍校：《藏》本作「雜浮」，從《意林》乙轉。 ㈡面而不心：指貌合神離。語出《法言．學行篇》：「朋而不心，面朋也。友而不心，面友也」。「心」謂真心相交。 ㈢揚雄：孫星衍校：《藏》本作「揚雲」，從《意林》改。楊明照《抱朴子外篇校箋．上》：按孫改非。魯藩本、吉藩本……亦並做「揚雲」。〈逸民篇〉「揚雲不以治民益世」，〈酒誡篇〉「揚雲酒不離口」，又「揚雲通人」，是本書固有作「揚雲」者矣。〈博喻篇〉「干木，胡明」稱胡孔明為胡明，正猶稱揚子雲為揚雲然也。 ㈣門齊年敵：指門第相當，年紀相仿。 ㈤趨舍異規：指進退標準不同。趨，趨向，進取。舍，捨棄，退止。規，規則標準。 ㈥業尚乖互：指志業崇尚相互違逆。業尚，志業崇尚。乖互，違逆相背。 ㈦先達：有聲望地位的先輩。 ㈧遺忽陵遲：遺忽，遺忘忽視。陵遲，衰頹。「陵遲之好」猶言患難之交。 ㈨簡弃後門：簡弃，怠慢抛棄。後門，原指超過門禁時限，不及入城無宿處。此處當指不及高門，無所依止。 ㈩類味：類，同。猶言同行。 ⑪不可：不被認可。 ⑫面牆庸瑣：面牆，《尚書．周官》「不學面牆」，《偽孔傳》：「人而不學，其猶正牆面而立。」謂不學的人如面對牆壁，一無所見。後以「面牆」比喻不學。庸瑣，庸碌無為。 ⑬壤蟲：土壤中的昆蟲。 ⑭斥鷃戾天：斥，驅。鷃，即鵪，不善飛翔。戾，達。 ⑮刀尺：裁衣用的剪刀尺子，喻主宰人們命運的手段。 ⑯華：花。 ⑰踧踖：侷促不安。

【今譯】 抱朴子說：「我以為朋友的交往，不應該虛浮亂雜，貌合而不真心，這是揚雄所譏諷的。因此儘管地位顯赫、聲名美好，門當户對、年紀相仿，但進取退止有不同的準則，志業崇尚相互背離的人，是不曾結交的。有的人矜持自己是有聲望地位的先輩，趾高氣揚，眼界高遠；有的人遺忘忽略患難之舊交，有的人怠慢摒棄無所依靠的同行，有的選人看其官位而不論德業。那些不逢知己，零落沉淪於山丘園圃的人，雖然才智深遠，節操清高，卻不被認同。至於那些進退相投，地位顯赫，官運亨通的人，雖然不學無術，庸碌無為，卻必定通達。如此之徒，雖然能令土壤裏的昆蟲雲集而飛，驅使斥鷃飛達天際，手握刀尺，口為禍福，得意時則排冰吐花，失意時則當春凋零憔悴。我替這種人感到侷促不安，羞與他們共世。」

「窮之與達，不能求也。然而輕薄之人，無分㊀之子，曾無疾非㊁俄然之節㊂，星言宵征㊃，守其門廷，翕然㊄諂笑，卑辭悦色，提壺執贄㊅，時行索媚，勤苦積久，猶見嫌拒，乃行因託長者以搆合之。其見受也，則踊悦過於幽縶之遇赦；其不合也，則懊悴㊆劇於喪病㊇之逮己也。通塞㊈有命，道貴正直，否泰㊉付之自然，津塗⑪何足多咨⑫。嗟乎細人⑬，豈不鄙哉！人情不同，一何遠邪？每為慨然，助彼羞之。」

【今註】 ㊀無分：没有情分。分，情分。 ㊁疾非：疾，憎恨，厭惡。非，非議。憎恨非議。 ㊂俄然之節：俄，傾側。節，節操。 ㊃星言宵征：星言，星夜游說。宵征，夜行。 ㊄翕然：皆然。 ㊅提壺執贄：壺，酒壺。贄，求見所送禮物。 ㊆懊悴：懊喪憂懼。 ㊇喪病：死亡之病，絕症。 ㊈通塞：暢通堵塞。 ㊉否泰：否，敗、衰。泰，安。指世道勝衰，人事通塞。 ⑪津塗：津，渡口。塗，道路。喻人生坎坷奔波。 ⑫咨：感歎。 ⑬細人：見識短淺的小人。

【今譯】「窮困與發達是不能強求的。然而輕薄之人、無情之士，不曾憎恨非議歪邪的節操，星夜游說奔走，守在門庭，皆然諂笑，卑辭悦色，提壺獻禮，常行諂媚求榮之事。如此長期辛勤勞苦，猶自受到嫌棄拒絕，於是求託長輩加以搆合。見到被接受，就歡欣跳躍勝過囚犯遇到赦免；如不契合，則懊惱憂懼甚於絕症降臨到自己身上。（仕途）暢通堵塞自有天命，道以正直為貴，否泰盛衰付之自然，津渡路途何足以多咨嗟？可歎啊，見識短淺的小人，難道不可鄙夷嗎！人們情懷之不相同，相距是多麼遥遠，我每每為之感慨，替小人感到羞愧。」

「昔莊周見惠子㊀從車之多，而弃其餘魚，余感俗士不汲汲㊁於攀及至也。瞻彼云云㊂，馳騁風塵者，不懋建德業，務本求己，而偏徇㊃高交以結朋黨，謂人理莫此之要，當世莫此之急也。以嶽峙獨立者，為澀吝疏拙㊄；以奴顏婢睞者，為曉解當世。風成俗習，莫不逐末，流遁遂往㊅，可慨者也。」

【今註】㊀惠子：即惠施，曾任魏相。㊁汲汲：心情急迫的樣子。㊂云云：紜紜，紛紜眾多。㊃徇：曲從，環繞。㊄澀吝疏拙：澀，枯澀。吝，吝嗇。疏，空疏。拙，笨拙。㊅流遁遂往：遂，可以涉行的水道。遁遂往，遁水道而往，喻不行正道。

【今譯】「昔日莊子見到惠施隨車之多而丟棄所剩的魚，使我有感於俗鄙之士，無不急切地攀附追隨權貴。看他們眾多紛紜，馳騁風塵，不去大建德業，致力根本，求助自已，而是屈從高貴之交以結成朋黨，還說為人之道沒有比這更加重要的，當今之世沒有比這更加迫切的。將山嶽般峙立，獨立不群的人，視為枯澀吝嗇、空疏笨拙，將奴顏婢睞的人當作通曉當今世情。風氣成為習俗，無不逐末而流，遁遂而往，實在令人感慨。」

「或有德薄位高，器盈志溢，聞財利則驚掉㊀，見奇士則坐睡。繿縷㊁杖策，被褐負笈㊂者，雖文艷相、雄㊃，學優融、玄㊄，同之埃芥㊅，不加接引。若夫程鄭、王孫、羅裒之徒㊆，乘肥衣輕㊇，懷金挾玉者，雖筆不集札㊈，菽麥不辨，為之倒屣⑩，吐食握髮⑪。」

【今註】 ㊀掉：動搖。㊁繿縷：衣服破舊。㊂笈：書箱。㊃相、雄：司馬相如與揚雄，均為漢代著名文學家。㊄融、玄：指馬融與鄭玄，二人皆為東漢經學大師。㊅埃芥：塵埃芥末。㊆程鄭、王孫、羅裒之徒：程鄭，漢初大工商主。其祖先於秦始皇時從山東被遷至蜀郡臨邛。從事冶鑄業，成為天下巨賈。王孫，指王孫卿，西漢末大工商主，賣豆豉致富，以財養士，與雄傑交，王莽時任京司市師。羅裒，西漢成哀年間大工商主，成都人，往來巴蜀經商，數年致千餘萬，又事賒貸，鹽井之利。㊇乘肥衣輕：肥，指肥馬。輕，指裘衣。《論語・雍也篇》：「子曰：『赤（公西赤）之適齊也，乘肥馬，衣輕裘。』」㊈筆不集札：札，木札，書寫所用的木片。古人書畢，用繩子將札捆束起來。比喻無學問，不能成文。⑩倒屣：倒屣相迎。屣，鞋。倒屣，謂急於迎客，倒穿鞋子。⑪吐食握髮：「食」又作「哺」，「握」亦作「捉」。《史記》卷三十三〈魯周公世家〉：「周公戒伯禽曰：『……我一沐三捉髮，一飯三吐哺，起以待士，猶恐失天下之賢人。』」後以「吐哺捉髮」喻急於求賢。

【今譯】 「或者有品德薄、官位高，躊躇滿志的人，聞聽財利就驚喜動心，見到奇士則坐著入睡。那些衣服破舊，手持策杖，身披短褐，背負書箱的人，雖然文采比司馬相如、揚雄艷麗，學問比馬持寶玉，雖然落筆不能成文，大豆麥子不會分辨，卻為他們倒屣相迎、吐食握髮，待如賢才。」

融、鄭玄優良，卻與塵埃芥末等同看等。反而像程鄭、王孫卿、羅裒之徒，乘肥馬穿裘衣，懷抱黃金挾

「余徒恨不在其位，有斧無柯㊀，無以為國家流穢濁於四裔㊁，投畀於有北㊂。彼雖赫奕，刀尺決乎㊃勢力足以移山拔海，吹呼能令泥象㊄登雲，造㊅其門庭，我則未暇也。而多有下意怡顏，匍匐膝進，求交於若人，以圖其益。悲夫！生民㊆用心之不鈞㊇，何其遼邈之不肖也哉！余所以同生聖世而抱困賤本㊈，後顧而不見者，今皆追瞻㊉而不及，豈不有以乎！然性苟不堪㊂，各從所好，以此存亡，予不能易也。」

【今註】 ㊀有斧無柯：柯，釜柄。「斧柯」喻權柄。 ㊁四裔：四方邊遠之地。《左傳》文公十八年「投諸四裔，以御魑魅。」 ㊂投畀於有北：指投付於北方寒冷不毛之地。語出《詩經．小雅．巷伯》。畀，付。有北，北方寒冷不毛之地。孫星衍校：《藏》本作「投負人於北波」，今從盧本。㊃刀尺決乎：孫星衍校：有脫文。 ㊄泥象：泥做的象。 ㊅造：到。 ㊆生民：百姓。 ㊇鈞：同均。 ㊈抱困賤本：抱困，指抱著困乏奔走於權貴門庭。賤本，輕視根本。 ㊉追瞻：追隨瞻仰。㊂堪：承受。

【今譯】 「我徒然自恨不在他們的官位上，沒有權柄，無法為國家將這些污濊混濁的人，流放到四方邊遠之地，投付於寒冷不毛的北方。他們雖然顯赫，刀尺決斷……勢力卻足以移山拔海，吹呼能令泥象高登入雲，如果要造訪他們的門庭，我是沒有空暇的。然而多有人曲意奴顏，匍匐爬行，乞求結交

這種人以圖謀利益。可悲啊！百姓用心之不同，是多麼遙遠不相似。我因此以為同生於聖世，那些拘困奔走，輕視根本，顧後而不能瞻前的人，今天都追隨仰慕（權貴），猶恐不及，豈不是有緣由的嗎？然而如果心性不能承受，各自隨從自己所好，由此生存或滅亡，那麼我是無法改變的。」

或又難曰：「時移世變，古今別務，行立乎己，名成乎人。金玉經於不測㊀者，託㊁於輕舟也；靈鳥萃於玄霄㊂者，扶搖㊃之力也；芳蘭之芬烈者，清風之功也；屈士㊄起於丘園者，知己之助也。今先生所交必清澄其行業，所厚必沙汰㊅其心性。孑然隻跱㊆，失弃名輩，結讎一世，招怨流俗，豈合和光以籠物㊇，同塵之高義乎？若比智而交，則白屋㊈不降公旦㊉之貴；若鈞才而遊，則尼父⑪必無入室之客矣。」

【今註】 ㊀經於不測：經，經過。不測，指深不可測的河流。㊁託：依託。㊂靈鳥萃於玄霄：靈鳥，指大鵬。玄霄，冥渺的雲霄。㊃扶搖：急劇盤旋而上的暴風。㊄屈士：埋沒的人才。㊅沙汰：陶冶。㊆孑然隻跱：孑然，孤獨一人。隻跱，跱，同峙。孤立。㊇和光以籠物：和，溫和。和光，使光芒溫和不顯露。籠物，籠罩事物。㊈白屋：以白茅覆蓋的房屋，指沒有做官的士人住屋。㊉公旦：周公旦，武王弟，曾攝政七年，後歸政成王。⑪尼父：孔子之字。

【今譯】 有人又問難說：「時間遷移世代改變，古今有不同的追求。樹立品行在乎自己，成就名聲取決於人。黃金玉石經過深不可測的河流，是依託於輕舟；靈鳥匯集於冥渺的雲霄，要靠暴風的扶送。芳蘭所以能香氣濃郁，是清風的功勞；埋沒的人才能崛起於丘林園圃，有賴知心朋友的協助。現在先生所交往的，必定是事業行為都清白無暇的人；先生所厚重的，必定是要陶冶心性的人。（這樣的話）孤單一人，失交見棄於名流，一輩子結仇，招惹流俗怨恨，豈符合以溫和的光芒籠罩事物，混同塵俗的高義？如果相同才智才交往，則茅屋就不會有周公旦之類的貴人降臨；如果相同才智才交遊，則孔子必定沒有入室的客人。」

抱朴子曰：「吾聞詳㊀交者不失人，而泛結者多後悔。故曩哲㊁先擇而後交，不先交而後擇也。子之所論，出人㊂之計也。吾之所守，退士㊃之志也。子云玉浮鳥高，皆有所因㊄，誠復別理一家之說也。吾以為寧作不載之寶，不飛之鵬，不颺㊅之蘭，無黨之士，亦損於夜光之質㊆，垂天㊇之大，含芳之卉，不朽之蘭乎？且夫名多其實，位過其才，處之者猶尠㊈免於禍辱，交之者何足以為榮福哉！由茲論之，則交彼而遇㊉者，雖得達不足貴，芘㊂之而誤者，譬如蔭朽樹之被笮㊂也。彼尚不能自止其顛蹶，亦安能救我之碎首哉！」

【今註】㊀詳：審慎。㊁曩哲：先哲。㊂出人：追求出人頭地者。㊃退士：無意榮華富貴的山林隱士。㊄因：羈絆。㊅不颺：無風吹拂。㊆亦何損於夜光之質：亦，孫星衍校：疑當「有何」字。夜光，指美玉。㊇垂天：天穹。㊈尠：同鮮，少。㊉遇：遇合，受到賞識優待。㊂芘：通庇，指蔭蔽。㊂笮：讀作「柞」，砍除。

【今譯】抱朴子說：「我聽說慎交者不失交於人，濫交者多有後悔。因此往昔哲人先擇友而後結交，不先結交而後再選擇。你所談論的，是追求出人頭地者的打算。我所操守的，是隱居山林的志向。你說玉石浮水、禽鳥高飛，都有所羈絆，誠然是另種道理，一家之言。我卻以為寧願做不被運載的寶物，不能飛翔的鵬鳥，無風吹拂的蘭蕙，沒有朋黨的志士，這何嘗有損於夜光的美質，天穹的廣大，含芳的花卉，不朽的蕙蘭！況且聲名多於實際，官位超過才能，處在這種地位的人尚且難以避免禍害屈辱，（和他們）交往的人何足以感到榮耀幸福呢！由此論之，結交那種人受到賞識，雖得以騰達不足為貴；托庇那種人而受害，就好像蔭附於朽樹而被砍除一樣。那種人尚且不能制止自身的顛撲，怎麼能挽救我破碎的腦袋呢！」

「吾聞大丈夫之自得而外物㈠者，其於庸人也，蓋逼迫不獲已㈡而與之形接㈢，雖以千計，猶蚤蝨之積㈣乎衣，而贅疣之攢㈤乎體也。失之雖以萬數，猶飛塵之去嵩、岱，鄧林㈥之墮朽條耳。豈以有之為益，無之覺損乎？」

【今註】 ㈠自得而外物：自得，怡然自得，自覺快意。外物，置身物外。《莊子・外物篇》：「外物不可必。」謂對身外事物不可固執，順其自然。㈡不獲已：不得已。㈢形接：表面應酬，與「神交」相反。㈣蚤蝨之積：蝨，虱之異體。積，聚集。㈤攢：聚。㈥鄧林：神話傳說中的樹林。《山海經・海外北經》記載夸父與日逐走，道渴而死，棄其杖，化為鄧林。

【今譯】 「我聽說大丈夫怡然自得，置身物外，對於庸俗之人，大蓋是迫不得已才和他們表面應酬。（這種人）雖然數以千計，猶如跳蚤虱子黏積在衣服中，贅疣聚集在身體上。失去它們雖以萬數，猶如塵埃飛離嵩山泰山，鄧林墮腐朽枝條一樣，豈能認為有它為益，無它為損嗎？」

「且夫朋友也者，必取乎直諒㈠多聞，拾遺㈡斥謬，生無請言㈢，死無託辭，終始一契㈣，寒暑不渝者。然而此人良未易得，而或默語殊塗，或憎愛異心，或盛合衰離，或見利忘信。其處今也，譬猶禽魚之結侶，冰炭之同器，欲其久合，安可得哉！」

【今註】㈠直諒：直，正直。諒，信實。㈡拾遺：遺，遺失。謂檢取過失。㈢請言：請託之言。㈣契：契約。

【今譯】「況且朋友必定挑選那種正直信實，博學多聞，能夠檢討過失，斥責謬誤，生無請託之言，死無推託之辭，始終遵守信約，寒暑不渝友情的人。然而這種人實在很難得到。而有的人內心默語、異路殊途，有的愛恨不同心，有的興盛時附合、衰亡時離棄，有的見到利益就忘掉信義。他們相處在今世，就好像飛禽和游魚結成伴侶，寒冰與火炭相聚一器，想要他們長久相諧，怎麼可能辦到呢？」

「夫父子天性㈠，好惡宜鈞。而子政、子駿㈡，平論異隔㈢；南山、伯奇，辯訟有無。面別㈣心殊，其來尚㈤矣。總而混之，不亦難哉！世俗之人，交不論志，逐名趨勢，熱來冷去，見過不改，視迷不救；有利則獨專而不相分，有害則苟免而不相恤；或事便則先取而不讓，值機會則賣彼以安此。凡如是，則有不如無也。天下不為盡不中交㈥也，率於為益者寡而生累者眾。」

【今註】 ㊀父子天性：父子天然本性。 ㊁子政、子駿：指劉向、劉歆父子。為西漢末著名古文派經學大師。詳〈擢才篇〉注。子駿，劉歆之字，劉向子，西漢末著名古文經學大師，曾任王莽國師，後謀誅王莽，事泄自殺。 ㊂平論異隔：平論，評論。異隔，差異隔閡。 ㊃面別：面容不同。 ㊄尚：常。 ㊅中交：忠於交情。

【今譯】「父親與兒子是天然性情，愛好與厭惡應當相同，然而子政、子駿所發評論卻隔閡相異，南山、伯奇爭辯有和無。面別心殊，向來平常。（將志向不同的人）匯統混同，不是很困難嗎？世俗的人，結交不論志向，追逐聲名，趨附權勢，熱來冷去，看到（朋友）過錯不加指正，見人迷路不予拯救，有利益則獨占而不讓，有害則苟且求免不相周濟。凡這種人，有不如沒有。天底下不是都不忠於交情的。（只不過）通常為益的人少而生累的人多。」

「知㊀人之明，上聖所難。而欲力厲近才㊁，短於鑒㊂物者，務廣其交，又欲使悉得，可與經夷險而不易情㊃，歷危苦而相負荷者，吾未見其可多得也。雖搜琬琰㊄於培塿㊅之上，索鸞鳳乎鷦鷯㊆之巢，未為難也。吾亦豈敢謂藍田㊇之陽，丹穴㊈之中，為無此物哉？亦直言其稀已矣。夫操尚㊉不同，猶金沈羽浮也。志好之乖次，猶火升而水降也。苟不可同，雖造化⑪之靈，大塊之匠⑫，不可使同也，何可強乎！」

【今註】 ㊀知：了解。 ㊁力厲近才：力厲，盡力，極力。近才，接近人才。 ㊂短於鑒：短，缺乏。鑒，審察。 ㊃經夷險而不易情：經，經歷。夷險，安危。易，改變。 ㊄琬琰：皆美玉名。㊅培塿：小土丘。㊆鷦鷯：鳥名，其窠精巧。㊇藍田：古之藍田山，在今陝西省藍田縣東，以出產美玉而聞名於世。㊈丹穴：朱砂礦。㊉操尚：節操崇尚。⑪造化：天地。⑫大塊之匠：大自然。

【今譯】「知人之明，上聖也感到困難。想要盡力接近人才，卻缺乏審鑒事物能力的人，務必廣為交際，並希望使（結交的人）都能親附自己。經安危而不改變友情，歷危苦而相互承擔重荷的人，我沒見到可以多得的。雖然搜求琬琰於小丘之上，索取鸞鳳於鷦鷯之巢，不算困難，我又怎麼敢說藍田之陽、丹穴之中，沒有這一類東西呢？不過坦率地說這是很稀少的吧。操守崇尚之不相同，好比金沉而羽浮。志向喜好之相背離，猶如火升而水降。如果不能相同，即使造化之靈，自然之匠，仍不可以使它們相同，怎麼能夠勉強呢？」

「余所稟訥騃㊀，加之以天挺篤嬾㊁，諸戲弄㊂之事，彈棊博弈㊃，皆所惡見；及飛輕走迅㊄，遊獵傲覽，咸所不為，殊不喜嘲褻㊅。凡此數者，皆時世所好，莫不耽㊆之，而余悉闕焉，故親交所以尤遼㊇也。加以挾直，好吐忠蓋㊈，藥石所集，甘心者尠。又欲勉之以學問，諫之以馳競㊉，止其摴蒱⑪，節其沈湎⑫，此又常人所不能悅也。毀方瓦合⑬，違情偶俗⑭，人之愛力，甚所不堪，而欲好日新⑮，安可得哉！知其如此而不辯⑯改之，可不謂之闇於當世，拙於用大乎？」

【今註】㊀稟訥騃：稟，稟賦。訥，木訥。騃，呆。㊁天挺篤嬾：天挺，生性鯁直。篤，忠厚。嬾，疏懶。㊂戲弄：玩弄。㊃彈棊博弈：彈，彈琴。棊，棋。博，局戲，用六箸十二棋。弈，圍棋。㊄飛輕走迅：輕，指獵鷹。迅，指駿馬。㊅嘲褻：嘲謔狎褻。㊆耽：沉湎。㊇遼：疏遠。㊈忠藎：忠誠。㊉馳競：馳馬競賽。⑪摴蒱：古代博戲。⑫沈湎：指沉溺於酒。⑬毀方瓦合：語出《禮記．儒行篇》「毀方而瓦合」。《注》：「去己之大圭角，下與眾人小合也。必瓦合者，示君子為道不遠人。」按，謂磨去棱角，與眾人相合。《疏》：「方」謂物之方正有圭角鋒鋩也。「瓦合」謂瓦器破而相合。⑭違情偶俗：違情，違背性情。偶俗，合於時俗。⑮日新：語出《易經．大畜》「日新其德」。天天更新。⑯辯：孫星衍校：辯，盧本作「便」。

【今譯】「我的稟賦木訥呆板，加之天性鯁直，篤厚疏懶，諸嬉遊玩弄之事，彈琴下棋博弈皆厭惡見到。至於放飛鷹、跑駿馬，出遊打獵，傲然觀覽，全都不做，實在是不喜歡嘲謔狎褻。凡此數種，都是當今世人所嗜好的，無不沉湎其中，而我卻全然廢缺，所以親近之交因此而大大疏遠。加之直率喜歡吐露忠誠之言，如藥物砭石匯集，甘心（接受）的人很少。又想勉勵以學問，規勸其馳馬競逐，制止其博戲，節制其沉湎，這又是一般人所不高興的。磨去棱角迎合眾人，違背性情以合時俗。人們吝惜氣力，很（使人）無法忍受，而又想日日更新，怎麼可能辦到呢！知道這樣還不改正，不能不說是愚昧於當世，笨拙於用人？」

「夫交而不卒㊀，合而又離，則兩受不弘㊁之名，俱失克終㊂之美。夫厚則親愛生焉，薄則嫌隙結焉，自然之理也，可不詳擇乎！為可臨觴拊背㊃，執手須臾㊄，欲多其數而必其全，吾所懼也。」

【今註】㊀卒：終。㊁弘：長、大。㊂克終：能夠善終。㊃臨觴拊背：比喻尚未舉杯就親熱到摟肩拍背的程度。觴，酒杯。拊背，拍背。㊄須臾：片刻，喻初相識。

【今譯】「結交而無終，聚合又分離，則雙方都蒙受了不光大的名聲，都喪失了能夠善終的美譽。寬厚則生親愛，薄情則結嫌隙，這是自然的道理，可以不慎重選擇嗎！怎可（剛）對著酒杯就摟肩拍背（親熱），握手片刻，就想增多（朋友）數量並一定要他們周全完美，這是我所畏懼的。」

或曰：「然則都可以無交乎？」抱朴子答曰：「何其然哉㊀！夫畏水者何必廢舟楫，忌傷者何必棄斧斤？交之為道，其來尚矣。天地不交則不泰，上下不交即乖志。夫不泰則二氣隔并㊁矣，志乖則天下無國矣。」

【今註】㊀何其然哉：楊明照《抱朴子外篇校箋・上》：「何其然哉」「何」下當再有一字（「謂」或「為」）。㊁隔并：隔絕。

【今譯】有人說：「然而都可以沒有交際嗎？」抱朴子說：「並不是這樣。畏水的人，何必廢除舟楫。忌傷的人，何必丟棄斧頭。交際作為道，其來悠久。天地不相交接則不能安泰，君臣不相交往則離心背德。不安泰則天地之氣隔絕，志向相背則天下沒有國家。」

「然始之甚易，終之竟難㊀。患乎所結非其人，敗於爭小以忘大也。《易》美金蘭㊁，《詩》詠百朋㊂。雖有兄弟，不如友生㊃。切思三益㊄，大聖㊅所嘉，門人所以增親，惡言所以不至㊆；管仲㊇所以免誅戮而立霸功，子元㊈所以去亭長而驅朱軒㊉者，交之力也。單絃不能發《韶》、《夏》⑪之和音，孑色不能成袞龍之瑋燁⑫，一味不能合伊鼎之甘⑬，獨木不能致鄧林之茂。」

【今註】 ㊀終之竟難：疑作「竟之絲（是）難」。孫星衍校：《藏》本作「寬難」，盧本如此，疑作「實難」。或，絲，治絲，喻區分良莠。㊁《易》美金蘭：《易經・繫辭上》：「二人同心，其利斷金。同心之言，其臭如蘭。」後以「金蘭」比喻友情深厚投契。㊂《詩》詠百朋：見《詩經・小雅・菁菁者莪》：「既見君子，賜我百朋。」《詩》，《詩經》，此指《小雅・常棣》，詳下注。㊃友生：友人。語出《詩經・小雅・常棣》。㊄切思三益：楊明照《抱朴子外篇校箋・上》：尋繹文勢，「切思」與「三益」並列，「思」疑當作「偲」。切偲，《論語・子路篇》：「朋友切切偲偲，兄弟怡怡」，指相互切磋督促。三益：《論語・季氏篇》云：「益者三友，……友直，友諒，友多聞，益矣。」指三種有益的朋友。㊅大聖：指孔子。㊆門人所以增親，惡言所以不至：語出《尚書・大傳》：「孔子曰：文王得四臣，丘亦得四友焉。自吾得回也，門人加親，是非胥附焉。……自吾得由也，惡言不入於門，是非御侮焉。」㊇管仲：春秋初期政治家，和鮑叔牙相善。齊亂，隨公子糾出奔魯，叔牙則隨公子小白（齊桓公）奔莒。後糾與小白爭奪君位，管仲率軍截道，射中小白帶鉤。小白詐死，搶先回國即位。管仲被囚，叔牙力薦他為相，終輔佐桓公成就霸業。㊈子元：朱博之字，西漢人。少時曾任杜陵亭長，好客廣交。曾以計營救其友御史中丞陳咸，由是顯名。哀帝時曾為丞相，後因附傅晏下廷尉，自殺。㊉朱軒：古代王公顯貴所乘朱漆車子。⑪《韶》、

《夏》：《韶》，虞舜樂名。《夏》，亦古樂歌名。㊁孑色不能成袞龍之瑋燁：孑色，單色。袞龍，古代王公衣服上所繡的龍。瑋，珍奇、貴重。燁，耀煌。㊂伊鼎之甘：伊，伊尹。傳說伊尹曾負鼎俎說滋味，以求商湯的任用。

【今譯】「然而（交友）開始十分容易，竟終卻很困難。為患於所交之人不當，失敗於爭小而忘大。《易經》頌揚友情，《詩經》歌詠百朋，「雖有兄弟，不如友人」。相互切磋督促，結交直、諒、多聞三種益友，這是聖人孔子所嘉許的。門生之所以能增益親情，惡言之所以能不至，管仲所以能幸免受戮而建立霸王之功，子元之所以能拋棄亭長而驅趕朱車，（全賴）交際的力量。單根絲絃不可能發出《韶》《夏》的和聲，孤單的顏色不能成就袞龍衣裳的華美，一種滋味不能調出鼎食的甘美，獨株樹木不能致使鄧林茂盛。」

「玄圃㊀極天，蓋由眾石之積。南溟浩瀁㊁，實須群流之赴。明鏡舉則傾冠見矣，羲和㊂照則曲影覺矣，檃括修則枉刺之疾消矣㊃，良友結則輔仁㊄之道弘矣。達㊅者知其然也，所企及則必簡㊆乎勝己，所降結則必料乎同志㊇。其處㊈也則講道進德，其出也則齊心比翼。否㊉則鈞魚釣之業，泰則協經世⑪之務。安則有以精義⑫，危則有以相恤。恥令譚、青專面地之篤⑬，不使王、貢擅彈冠之美⑭。夫然，故交道可貴也。」

【今註】 ㊀玄圃：神話中的山名。《文選》卷三張衡〈東京賦〉注：「懸（玄）圃在昆侖閶闔之中」。玄與懸古字通。㊁南溟浩瀁：南溟，南方大海。浩瀁，浩渺。㊂羲和：古代神話中主日月之神。㈣檃括修則枉刺之疾消矣：檃括，矯揉彎曲竹木使平直或成形的器具。枉刺，枉，彎曲。刺，楊明照《抱朴子外篇校箋·上》：《藏》本、魯藩本、吉藩本等作「刺」，未誤，當據改。刺，違戾。《鹽鐵論·申韓篇》「若檃括輔檠之正弓弧（㼌）刺也。」㈤輔仁：謂以仁道相輔助。㈥達：通達，明曉。㈦簡：挑選，選擇。㈧所降結則必料乎同志：降結，下交。屈己結交地位比自己低的人。料，意料。㈨處：居，指未仕閑居。下句「出」則指出門、出仕。㈩否：指仕途不順。⑪經世：治理國家。⑫以精義：以，為，行事。精義，精誠信義。⑬恥令譚、青專面地之篤：恥，使人感到羞恥，義近斥責。譚、青，即薛譚及秦青，古代傳說中秦國的兩位善歌之人。《列子·湯問篇》：「薛譚學謳于秦青，未窮青之技，自謂盡之，遂辭歸。秦青弗止，餞于郊衢，撫節悲歌，聲振林木，響遏行雲。薛譚乃謝求反，終身不敢言歸。」專，獨自。面地，低頭面對地。「篤」上疑脫一字，「篤」屬下讀，指友情深厚。⑭不使王、貢彈冠之美：王，王吉。貢，貢禹。《漢書》卷七十二〈王貢兩龔鮑傳〉：「吉與貢禹為友，世稱王陽（陽，吉之字）在位，貢公彈冠。言其取舍同也。」意謂王吉做官，貢禹亦準備出仕，兩人同進同退。

【今譯】「玄圃高聳入雲，係由眾石積疊而成。南海浩渺無涯，實須眾多河流匯注。舉起明鏡就看見冠帽不正，日月照臨就察覺影子傾斜。檃括修治則彎曲的禍患消除，結交良友則相助的仁道發揚光大。通達的人知曉這種道理，所追趕的必定選擇（那些）勝過自己的人，所屈己下交的也必定是預料中的同仁志士。居家則（一起）講道修德，出任則齊心比翼。失意則一同從事釣魚之業，安泰則協同治理國家事務。平安時能夠真誠信義，危殆時能夠互相周濟。斥責能令薛譚、秦青獨自低頭抱愧，（友情）厚篤不讓王吉、貢禹專擅彈冠美譽。這樣的話，交際之道就可貴了。」

「然㊀實未易知，勢利生去就㊁，積毀壞刎頸之契，漸漬釋㊂膠漆之堅。於是有忘素情之絪㊃歎。或睚眥而不思㊄，遂令元伯、巨卿㊅之好，獨著於昔；張耳、陳餘之變㊆，屢搆於今。推往尋來，良可歎也。夫梧禽㊇不與鴟梟㊈同枝，麟虞㊉不與豺狼連群，清源不與濁潦⑪混流，仁明不與凶闇同處。何者？漸染積而移直道⑫，暴迫⑬則生害也。」

【今註】 ㊀然：「然」字以下，孫星衍校：有脫文。盧本補「虛」字，未知是否。楊明照《抱朴子外篇校箋・上》：「然」下似脫「人」字。　㊁勢利生去就：以勢利興衰來取決依附或離開。　㊂漬釋：漬，浸泡。釋，蝕。　㊃素情之絪：素情，舊情。絪，孫星衍校：盧本作「惆」。　㊄睚眥而不思：睚眥（眦），怒目而視，引申為小怨小忿。不思，不省思反省。　㊅元伯、巨卿：分別為張劭、范式之字。均東漢人，二人結生死之交，事跡見《後漢書》卷八十一〈獨行列傳〉。　㊆張耳、陳餘之變：張耳，漢初諸侯王，與陳餘為刎頸之交，同從武臣北定趙地。後張耳為章邯困於邯鄲，數召陳餘解圍，餘懼兵少不敢前，二人遂絕交，兵戎相見。數年後張耳與韓信擊破趙軍，斬陳餘於泜水上。變，翻臉，絕交。　㊇梧禽：棲居梧桐之禽，指鳳凰之類珍禽。　㊈鴟梟：鴟，鷂鷹。梟，貓頭鷹。均被視為惡鳥。　㊉麟：麒麟。虞，騶虞。《說文》謂「白虎黑文，尾長於身，仁獸，食自死之肉。」　⑪潦：積水。　⑫漸染積而移直道：染積，感染增積。直道，正道。　⑬暴迫：即迫暴，迫近凶暴。

【今譯】 「然而人們確實不容易了解，權勢和利益興衰往往被用來取決依附或離開朋友，毀謗多了也會破壞刎頸之交，浸泡久了也會逐漸腐蝕膠漆的堅固，於是（人們）有忘記舊情的感歎。有的人怒目而視而不省思，於是令元伯、巨卿的友好，獨自著稱於昔日；張耳、陳餘之絕交，常常發生在今天。追究過去尋求未來，真是令人歎息。（棲居）梧桐的禽鳥不能和鴟梟同立一枝，麒麟騶虞不與豺狼連群，清澈水源不和污濁的積水混流，仁厚明哲（之人）不與凶殘昏憒同處。為什麼這樣？因為逐漸感染累積而改正道，親近凶暴則生害（的緣故）。」

或人曰：「敢問全交㊀之道，可得聞乎？」抱朴子答曰：「君子交絕猶無惡言，豈肎向所異辭乎㊁？殺身猶以許友，豈名位之足競乎？善交狎而不慢㊂，和而不同㊃，見彼有失，則正色而諫之；告我以過，則速改而不憚。不以忤彼心而不言，不以逆我耳而不納。不以巧辯飾其非，不以華辭文其失。不形同而神乖，不匿情而口合。不面從而背憎，不疾㊄人之勝己。護其短而引㊅其長，隱其失而宣其得，外無計數之諍㊆，內遺㊇心競㊈之累。夫然後㊉〈鹿鳴〉⑪之好全，而〈伐木〉⑫之刺息。

【今註】 ㊀全交：周全的交際。　㊁豈肎向所異辭乎：肎向，楊明照《抱朴子外篇校箋・上》：「『肎向』當作『背向』。『肎』或書作『肯』，與『背』相近，始能與上文『君子交絕猶無惡言』句文意相屬。異辭，非議之辭。此句意為，怎麼會有背後有所非議呢？　㊂狎而不慢：狎，狎近。慢，不莊重。　㊃和而不同：語出《論語・子路篇》。和，和諧，温和，不顯露鋒芒。同，混同，附和。意思說君子温和恭謙而不盲目附和。　㊄疾：通「嫉」。　㊅引：引導。　㊆計數之諍：計數，猶計較。諍，《孝經》〈注〉：「諍，鬪也。」《一切經音義》引〈倉頡〉：「諍，訟也」。

㈧遺：棄。㈨心競：內心中存在的競爭念頭。㈩後：楊明照《抱朴子外篇校箋・上》：「後」，《藏》本、魯藩本、吉藩本、舊寫本作「故」，「故」字是。㈡〈鹿鳴〉：《詩經・小雅》之始，天子燕饗群臣嘉賓之詩，頌君臣上下和諧。㈢〈伐木〉：《詩經・小雅》之詩。詩中借鳥鳴之聲比喻朋友之道。蔡邕〈正交論〉：「古之交者，其義敦以正，其誓信以固。逮夫周德始衰，頌聲既寢，〈伐木〉有「鳥鳴」之刺，〈谷風〉有「棄子」之怨，其所由來，政之失也。」

【今譯】 有人說：「敢問周全交際的方法，能夠知道嗎？」抱朴子回答說：「君子斷交尚無惡言，怎會在背後對所結交的朋友說出非議的話呢？（君子）猶能犧牲生命以應許友人，聲名地位豈足以（和友情）來競逐呢？正確的交際方式（應該）親密而不怠慢，溫和而不附和。見到對方有過失，就正色諫勸他，別人告訴我有過錯，則應迅速改正沒有憚懼。不因為忤逆對方人之心而不敢言語，不因為不順我耳而不加採納。不用巧辯掩飾過錯，不以華麗言辭文飾過失，不貌合神離，不隱瞞真情而口頭附合，不表面相從而背後憎恨，不嫉妒別人勝過自己。掩護其短處而引導其所長，隱瞞其過失而宣揚其優點。在外沒有計較的話，在內在丟棄競爭念頭的牽累。這樣一來，就可以成就〈鹿鳴〉之好，平息〈伐木〉之譏。」

「若乃輕合而不重離㈠，易厚而不難薄㈡，始如形影，終為參辰㈢，至歡變為篤恨，接援化成讎敵㈣。不詳㈤之悔，亦無以㈥……。往者漢季陵遲㈦，皇轡㈧不振，在公之義替㈨，紛競之俗成。以違時㈩為清高，以救世為辱身。尊卑禮壞，大倫遂亂。在位之人，不務盡節⑪，委⑫本趨末，背實尋聲⑬。王事廢者其譽美，姦過積者其功多。莫不飛輪兼策⑭，星言假寐⑮，冒寒觸暑，以走權門，市⑯虛華之名於秉勢⑰之口，買非分之位於賣官之家。或爭所欲，還相屠滅。於是公叔、偉長⑱疾其若彼，力不能正，不忍見之，爾乃發憤著論，杜門絕交，斯誠感激有為而然。」

【今註】 ㊀輕合而不重離：輕合，輕視聚合。不重離，不看重別離。謂無情誼。㊁易厚而不難薄：易厚，怠慢忠厚。難薄，責難輕薄。㊂參辰：同參、商。參、商二星此出則彼沒，兩不相見。比喻彼此乖離不睦。㊃接援化成讎敵：接援，接引救援。讎，仇。㊄詳：善。㊅「無以」以下：孫星衍校：下有脫文。㊆漢季陵遲：季，末。陵遲，衰頹。㊇皇轡：轡，駕車之韁繩。義同王權。㊈替：陵替。㊉違時：違背時尚。⑪不務盡節：務，勉力。盡節，竭盡節操。⑫委：委棄。⑬背實尋聲：實，實在。聲，指虛名。⑭策：馬鞭。⑮星言假寐：星言，星夜游說。假寐，和衣而睡，打盹。⑯市：買。⑰秉勢：掌權。⑱公叔、偉長：公叔，朱穆字。東漢人，幼以孝稱。舉孝廉，授侍御史。有感世人澆薄，作〈崇厚論〉、又作〈絕交論〉。見《後漢書》卷四十三〈朱樂何列傳〉。偉長，徐幹字，三國魏人。《三國志》卷二十一〈魏書．徐幹傳〉裴《注》引〈先賢行狀〉：「幹清玄禮道，輕官忽祿，不耽世榮。」曾兩次拒絕出仕。

【今譯】 「如果輕視聚合，不重別離。怠慢忠厚，不責難輕薄。開始如形影不離，最後終像參、商二星一般兩不相見。至歡變為深根，接援化成仇敵。不善的翻悔……漢末衰頹，王權不振。為公之義陵替，紛爭之風俗成形。以違背時務為清高，將救世視為侮辱自身。尊卑之禮崩壞，大倫於是混亂。在位之人，不勉力竭盡節操，委棄根本追逐末業，避實在而就虛名。荒廢王事的人聲譽美，姦過增累的人功勞多。大家無不快馬加鞭，星夜游說，不稍歇息，昌寒觸暑走動權門。購買虛浮聲名於掌權者之口，買非分官位取於售官之家。有的人（為了）爭奪想要的（權益）還相互殘殺。於是，公叔、偉長痛恨那種樣子，（感到）力量不能矯正，不忍心目覩，於是發憤撰寫論著，閉門絕交，實在是有所感觸激憤才這樣做的。」

「蓋矯枉而過正，非經常之永訓㈠也。徒㈡當遠非類之黨，慎諂黷㈢之源。何必裸袒以詭㈣彼己，斷粒㈤以刺玉食㈥哉？夫交㈦之為非，重諫而不止，遂至大亂。故禮義之所弃，可以絕矣。」

【今註】㈠經常之永訓：經常，長久。永訓，典式，永久法則。㈡徒：但。㈢黷：污黑。㈣裸袒以詭：裸袒，赤身。詭，責備。㈤粒：米粒。㈥玉食：美食。㈦交：孫星衍校：《藏》本作「反」，從舊寫本改。

【今譯】「大蓋矯正過了頭，並不是長久的法則。但應當疏遠不是同類的朋黨，謹防諂媚污垢的源頭。何必裸身來責備你我，斷糧來譏刺美食呢？所交往的友人有了過錯，竭力勸諫而不改正，遂將導致大亂。這種人是禮義所摒棄的，可以絕交。」

備闕篇第十七

【篇旨】 招徠人才，以備其闕，是「備闕」一文的主旨。從正面看，「天生我材必有用」，每個人都有自己獨特的長才；從反面看，「因其所無而無之，則萬物莫不無」，每個人才都有落魄失勢的時候。如因能夠善用別人或萬物的長處，就必能建立恢弘遠大的勳業；如果只是計較短處，棄人長才，必然落得一事無成的後果。

抱朴子曰：「騕褭㊀能奮蘭筋㊁以絶景，而不能履冰以乘深㊂；猛虎能似雷霆以博噬㊃，而不能踊雲霧以凌虛㊄；鴻、鶤㊅不能振翅於籠罩之中，輕鷂㊆不能電擊於几筵之下。物既然矣，人亦如之。故能調和陰陽㊇者，未必能兼百行㊈，修簡書㊉也；能敷五邁九㊂者，不必能全小潔㊂，經㊂曲碎也。」

【今註】 ㊀騕褭：古良馬名。《淮南子・齊俗篇》：「夫待騕褭、飛兔而駕之，則世莫乘車。」 ㊁蘭筋：馬筋之名稱，在馬目之部位。《文選》卷四十一陳琳〈為曹洪與魏文帝書〉：「及整蘭筋」句下，李善《注》引《相馬經》云：「筋從玄中出，謂之蘭筋。玄中者，目上陷如井字。蘭筋豎者千里。」㊂履冰乘深：《詩經．小雅．小旻》：「戰戰兢兢，如臨深淵，如履薄冰。」㊃猛虎能似雷霆以博噬：此段三句，《百子》本作：「猛虎能吼雷霆以博噬，而不能振翅於籠罩之中。」㊄踊雲霧以凌虛：《韓非子．難勢篇》：「飛龍乘雲，騰蛇遊霧。」踊，跳躍貌。㊅鴻、鶤：鴻，大雁。《詩經．小雅．鴻鴈》：「鴻鴈于飛，肅肅其羽。」毛《傳》：「大曰鴻，小曰鴈。」鶤，音ㄎㄨㄣ，雞之大者。《爾雅．釋畜》：「雞三尺為鶤。」㊆輕鷂：鷂，猛禽，似鷹而較小。㊇調和陰陽：謂陰陽寒暑之配置調適也。《漢書》卷五十六〈董仲舒傳〉：「是以陰陽調而風雨時，群生和而萬民殖。」㊈百行：謂各種行為。《詩經．衛風．氓》：「士之耽兮，猶可說也。」鄭《箋》：「士有百行，可以功過相除。」㊉簡書：竹簡書信也。《詩經．小雅．出車》：「豈不懷歸，畏此簡書。」毛《傳》：「簡書，戒命也，鄰國有急，以簡書相告，則奔命救之。」⑪敷五邁九：猶言「敷邁九五」，謂進極至帝王之尊位也。敷，開舒、溥大也。九五，天子之位也。《易經．履卦．彖辭》：「剛中正，履帝位而不疚。」孔《疏》：「以剛處中，得其正位，居九五之尊，是剛中正，履帝位也。」⑫潔：比喻操守純潔不汙。⑬經：治理。

【今譯】抱朴子說：「千里馬騕褭，能夠奮力奔馳倏忽千里，卻不能小心翼翼的在深淵薄冰之上行走；猛虎能夠以雷霆萬鈞的聲勢，博殺吞噬獵物，卻不能騰雲駕霧的遨遊天空。鴻鴈、大雞不能夠在小小的鳥籠網罩裏拍擊翅膀，輕逸迅捷的鷂鷹，也不能在茶几桌筵之下閃電般的博擊獵物。萬物既是如此，人當然也不例外。所以能夠調和陰陽寒暑的人，未必能擅長各種技藝，寫出好文章；位極帝王之尊的，也未必能保全小德行，做好零星瑣碎的雜事。」

「惠子㈠上相之標也，而不能役舟楫以淩陽侯㈡；漢高神武之傑也㈢，而不能治產業㈣，端檢括㈤；淮陰㈥良將之元㈦也，而不能修農商，免飢寒㈧；周勃㈨社稷之骾也，而不能答錢穀，責獄辭㈩。若以所短棄所長，則逸儕拔萃之才㈢不用矣；責具體而論細禮，則匠世濟民之勳不著矣。」

【今註】㈠惠子：惠施，戰國時宋人，為梁惠王之相，與莊子交遊頗深。《說苑・雜言篇》：「梁相死，惠子欲之梁，度（渡）河而遽墮水中，船人救之。船人曰：『子欲何之而遽也？』曰：『梁無相，吾欲往相之。』船人曰：『子居船檝之間而困，無我則子死矣，子何能相梁乎？』惠子曰：『子居艘楫之間，則吾不如子。至於安國家、全社稷，子之比我，蒙蒙如未視之狗耳。』」㈡淩陽侯：乘波濤也。淩，音ㄌㄥˊ，乘也。《楚辭・九章・哀郢》：「淩陽侯之氾濫兮。」王逸《注》：「淩，乘也。」陽侯，水神名。古陽陵國君溺死於水，其神能為大波。《戰國策・韓策》：「塞漏舟而輕陽侯之波，則舟覆矣。」鮑彪《注》：「說陽侯多矣，今按：四八目，伏羲六佐，一曰陽侯為江海。蓋因此為波神歟！」㈢漢高神武之傑也：《易經・繫辭・上》：「古之聰明叡知，神武而不殺者夫。」《漢書》卷二十三〈刑法志〉：「漢興，高祖躬神武之材，行寬仁之厚，總擥英雄，以誅秦、項。」㈣不能治產業：《漢書》卷一下〈高帝紀・下〉九年：「（高祖）曰：『始大人常以臣亡賴，不能治產業，不如仲力。今某之業所就孰與仲多？』殿上群臣皆稱萬歲，大笑為樂。」㈤端檢括：端正行為法度。檢，品行節操也。括，法度也。《廣雅・釋詁・一上》：「括，灋（法）也。」㈥淮陰：韓信，淮陰人，與張良、蕭何並稱漢興三傑。封為淮陰侯。㈦元：首也。《爾雅・釋詁・下》：

「元，首也。」《尚書・益稷》：「元首明哉！」　㈧不能修農商，免飢寒：《史記》卷九十二〈淮陰侯列傳〉：「始為布衣時，貧無行，不得推擇為吏，又不能治生商賈，當從人寄食飲。」　㈨周勃：漢沛人，木彊敦厚，嘗為人吹簫給喪事。佐高祖定天下，文帝拜為右丞相。　㈩不能答錢穀，責獄辭：周勃答錢穀事，未見所出。責獄辭事，見《史記》卷五十七〈絳侯周勃世家〉所載：文帝以勃為丞相，勃受印未久，請辭。其後人有告勃欲反，下廷尉，勃恐，不知置辭，以千金與獄吏，獄吏乃以書牘背示之，勃納其言而上疏，文帝見其獄辭，乃謝曰：「吏方驗而出之。」於是赦歸，復爵邑。勃既出，曰：「吾嘗將百萬軍，然安知獄吏之貴乎？」　⑪逸儕拔萃之才：超越同輩，出類拔萃的人才。逸，節行超逸也。儕，同輩之人。拔萃，才學出眾也，《孟子・公孫丑篇・上》：「有若曰：『聖人之於民，亦類也。出於其類，拔乎其萃，自生民以來，未有盛於孔子也。』」

【今譯】「惠施有做宰相的才能，卻不會自己划船渡過大河。漢高祖是聖明英武的帝王，卻不會治理產業，檢束行為法度。韓信是優秀將才中最傑出的，卻不懂得在早年從事農商，免除飢寒的威脅。周勃是國家棟梁之臣，卻不懂得處理錢穀雜事，寫好獄訟的供辭。如果只計較一個人的缺點而忽視他的長處，那麼，即使是超逸絕倫的優秀人才也顯得無用；要求具備整體並且做好瑣細的禮節，那麼，治世濟民的功勳就不能完成了。」

「天不能平其西北，地不能隆其東南㈠，日月不能擿光㈡於曲穴㈢，衝風㈣不能揚波於井底。擿齒，則松櫝不及一寸之筳㈤；挑耳，則棟梁不如鷦鷯㈥之羽。彈鳥，則千金不及丸泥之用；縫緝，則長劍不及數分之針。」

【今註】 ㊀天不能平其西北，地不能隆其東南：《淮南子・天文篇》：「昔者共工與顓頊爭為帝，怒而觸不周之山，天柱折、地維絕，天傾西北，故日月星辰移焉；地不滿東南，故水潦塵埃歸焉。」又〈原道篇〉亦載：「昔共工之力觸不周之山，使地東南傾。」 ㊁摛光：發舒光亮。摛，舒、發也。 ㊂曲穴：奧深曲折之洞穴。《淮南子・脩務篇》：「螘知為垤，獾貉為曲穴。」 ㊃衝風：暴風，颶風也。《楚辭・九歌・少司命》：「衝風至兮水揚波。」宋洪興祖《注》：「五臣曰：衝風，暴風也。」 ㊄擿齒，則松櫝不及一寸之筳：剔牙的話，松樹、櫝樹就比不上一寸長的牙籤。擿，挑取也。櫝，楸也，梓屬。宋羅願《爾雅翼・卷九》：「椅、梓、楸、櫝，一物而四名。」明李時珍《本草綱目・卷三十五》：「楸，葉大而早脫，故謂之楸。」筳，音ㄊㄥˊ，小木枝也。 ㊅鷦鷯：似雀而小，長約三寸，以茅葦等營巢於林間或樹穴，性易馴。

【今譯】 「天蓋不能將它傾頹的西北方拉平，地塊也不能將低陷的東南方填高，日月的光亮不能照進曲折的深穴中，颶風也不能在深井裏揚起波濤。要剔牙齒，則松樹、櫝樹比不上一寸長的牙籤；要掏耳朵，則橫梁大柱比不上小鳥的羽毛。要射小鳥，則金塊比不上小石頭有用；要縫衣服，則長劍比不上幾寸長的縫衣針。」

「何必伏巨象而捕鼠㊀，制大鵬以司晨乎？故姜牙㊁賣煦無所售㊂，而見師於文、武。蔣生㊃憒慢於百里，而獨步三槐㊄。」

【今註】 ㊀伏巨象而捕鼠：《抱朴子・外篇・逸民篇》：「何必服巨象使捕鼠。」 ㊁姜牙：

《史記》卷三十二〈齊太公世家〉載：太公望呂尚者，東海人，姓姜氏，字牙。嘗窮困，年老矣，以漁釣干周文王，後助武王伐紂，建立周室。㊂賣煦無所售：「煦」，《繼蓮龕本》作「漿」，孫星衍亦疑當作「漿」。《史記》卷三十二〈齊太公世家〉：「呂尚蓋嘗窮困。」司馬貞《索隱》：「譙周曰：『呂望嘗屠牛於朝歌，賣飲於孟津。』」煦，烝、熱也。㊃蔣生：即蔣琬，字公琰。三國蜀湘鄉人。從劉備入蜀，諸葛亮稱其有社稷之才。㊄憒慢於百里，而獨步三槐：為百里侯則行事糊塗，為丞相則才堪勝任。憒慢，即憒憒，猶言糊塗。《三國志》卷四十四〈蜀書・蔣琬傳〉：「督農楊敏曾毀琬曰：『作事憒憒，誠非及前人。』」百里，猶言百里侯，舊謂一縣之長。三槐，謂三公一類的高級官位。周代外朝植三槐木，三公坐向之，因轉謂三公也。《三國志》卷四十四〈蜀書・蔣琬傳〉載：劉備以琬為廣都令，琬眾事不理，時又沉醉，將加罪戮。諸葛亮請曰：「蔣琬，社稷之器，非百里之才也。其為政以安民為本，不以脩飾為先。」亮卒，乃封琬為尚書令。

【今譯】　「因為萬物各有所長，所以何必要馴服大象去捕捉老鼠，訓練大鵬來鳴啼報曉呢？古史也有明證：姜子牙賣漿水點心沒有生意，卻被周文王、武王尊為國師；蔣公琰做廣都縣令辦事糊塗，偏偏能勝任愉快丞相的重責。」

擢才篇第十八

【篇旨】本篇論述選拔人才的困難和阻力。英逸之才介潔獨立，不但不為短視者所賞識，反而備受誹謗者猜忌和陷害。統治者「以賢為愚」，亦必「以愚為賢」。是非不分，正邪不辨，將導致政權的傾覆滅亡。作者葛洪期待出現一個「玄鑒表徵」的明君，「披泥抽淪玉，澄川掇沈珠」，起用埋沒的人才，對懷才不遇，始終保持人格尊嚴的士大夫給予了讚美與稱揚。

抱朴子曰：「華章藻蔚㈠，非矇瞍㈡所玩；英逸之才，非淺短所識。夫瞻視不能接物，則袞龍㈢與素褐㈣同價矣；聰鑒㈤不足相涉，則俊民㈥與庸夫一槩㈦矣。眼不見，則美不入神焉；莫之與，則傷之者至焉。」

【今註】㈠華章藻蔚：均指華美的色彩。㈡矇瞍：瞎子。㈢袞龍：繡畫有卷龍形狀的禮服。為古代天子、上公所穿的禮服。㈣素褐：白色粗布短衣，貧民所穿。㈤聰鑒：聰，聽力敏銳；鑒，審察照鑒。「聰鑒」猶言視聽靈敏。㈥俊民：有才能之士。㈦槩，同「概」字。

【今譯】抱朴子說：「華美鮮麗的色彩，不是瞎子所能賞玩的；英俊超逸的人才，不是淺薄短視的人所能認識的。視力不能辨別物品，則繡龍的禮服和粗布短褐同等價值；視聽不相通，則英才與庸人是一視同仁的。眼睛看不見，則美不能進入眼神，不與英逸之人相親，那麼傷害就要到臨了。」

「且夫愛憎好惡，古今不均，時移俗易，物同價異。譬之夏后㈠之璜㈡，曩㈢直㈣連城，鬻之於今，賤於銅鐵。故昔以隱居求志為高士，今以山林之儒為不肖㈤。故聖世人㈥之良幹，乃闇俗㈦之罪人也；往者之介潔㈧，乃末葉之羸劣㈨也。弘偉之士，履道之生，其崇信㈩匪徒重仞(十一)之牆，其淵澤(十二)不唯呂梁之深也，故短近不能賞，而淺促不能測焉。因以異乎己而薄之矣，以不求我而疾(十三)之矣，不貴不用，何足言乎？乃有播埃塵於白珪，生瘡痏(十四)於玉肌(十五)，訕疵(十六)雷同(十七)，攻伐獨立。曾參蒙劫剽之垢(十八)，巢、許獲穿踰之謗(十九)。自匪明並懸象(二十)，玄鑒(二一)表微者，焉能披泥抽淪玉，澄川掇沈珠哉！」

【今註】

㈠夏后：夏朝國君。㈡璜：玉器名，形狀如璧之半。㈢曩：昔。㈣直：值。㈤不肖：不賢。㈥人：孫星衍校為衍字。㈦闇俗：闇，暗。「闇俗」猶世俗，庸俗。㈧介潔：孤介高潔。㈨羸劣：羸弱無能。㈩崇信：崇高正直。信古通申，《廣雅・釋詁》：「申，直也。」(十一)重仞：二仞。仞，古長度單位，周制八尺，漢制七尺為仞。(十二)淵澤：指心胸、抱負。(十三)疾：痛恨、誹謗。(十四)痏：瘡。(十五)玉肌：如玉一般的肌體。(十六)訕疵：訕，譏毀。疵，誹謗。(十七)雷同：共同，相同。(十八)曾參蒙劫剽之垢：曾參，孔子弟子。《戰國策・秦策・二》：「費人有與曾子同名族者而殺人。人告曾子母曰：曾參殺人。」如此三告，曾母投杼踰牆而走。(十九)巢、許獲穿踰之謗：巢、許，巢父與許由。巢父，堯時高士。山居不出，年老以樹為巢，故號「巢父」。相傳堯曾欲讓位給巢父許由，皆不受。穿踰，當指「踰墻鉆隙」，男女偷情。⑳懸象：《周禮・天官・大宰》：「正月之吉，……乃懸治象之法於象魏。」象魏，古天子、諸侯官門外懸示教令的臺闕。「明並懸象」謂英明如同象魏臺上懸掛的法令。楊明照《抱朴子外篇校箋・上》：按《意林》四引此文，「自匪」上尚有「識珍者必拾濁水之明珠，賞氣者必將（《初學記》卷二七〈御覽〉卷八〇三引作「採」）穢藪之芳蕙」二句，甚是。當據增。按「明木」，楊明照《抱朴子外篇校箋・上》作「明本」。㉑玄鑒：猶玄覽，深刻觀察。「微」當作「徵」。表徵，事物顯露在外的徵象。

【今譯】「愛憎好惡，古今不同。時世遷移，風俗變易，同樣的事物價值卻不盡相同。譬如夏朝國君的玉璜，從前價值連城，拿來今日出售，比銅鐵還要賤價，所以從前隱居求志的人被視為高士，今日山林的儒生卻被視為無能。所以聖世時代的良才，乃（出身）下層的罪人。往昔清高孤潔的人士，乃末世的羸弱無能之輩。弘偉的士人，行道的儒生，他們的崇高正直不是兩重牆壁可以比擬，他們的心胸抱負也不只如呂梁藪澤之深。因此目光短近的人不能賞識，氣度淺狹的人不能測量，這是因為他們和自己不同而加以輕視，因為他們不求我門而加以誹謗。不顯貴不舉用，這還有什麼話可說？還有播散塵埃在白珪之上，生疥瘡在白玉的肌體上，共同參議毀謗異同，攻擊討伐獨立不群的人。曾參曾經蒙受搶劫的污垢，巢父、許由受到穿越的誹謗。若非賢明如象魏臺上懸掛的法令，深刻地體察事物顯露在外的徵兆，怎麼能劈開泥土取出埋沒的美玉，澄清川流拾掇沉落的寶珠呢？」

「夫珪璋㊀居肆㊁而不售，矧㊂乃翳㊃於槃㊄璞㊅乎？奇士扣角㊆而見遏㊇，況乃潛於罣藪㊈乎？孫臏思騁其秘略，而司馬刖之㊉；韓非願建治績，而李斯殺之㊁；賈誼㊂慷慨，懷經國之術，而武夫排之；子政忠良，有匡危之具，而恭、顯陷之㊂。和氏所以抱璜而泣血㊃，禽息所以發憤而碎首㊄也。」

【今註】㊀珪璋：珪，古玉器名，長條形，上端作三角形；璋，玉器名，頂端斜銳角形。珪璋，均為古代貴族行禮時常用禮器。㊁肆：店鋪。㊂矧：何況。㊃翳：遮蔽。㊄槃：同「盤」字。㊅璞：蘊玉之石，亦指未雕琢之玉。㊆扣角：指敲牛角。扣，通「叩」。㊇遏：遏制。㊈罣藪：罣，當作罿，通「澤」字。澤，指聚水窪地。藪，水少的澤地。「澤藪」猶言草野。㊉孫臏思騁其秘略，而司馬刖之：孫臏，戰國時軍事家。魏將龐涓忌其才能，誆他入魏，處以臏刑。後為齊威王軍師，先後兩次大敗魏軍。㊁韓非願建治績，而李斯殺之：韓非，戰國時法家，為韓國貴族。其著作受秦王政重視，曾出使秦國，後為李斯陷害，自殺於獄中。楊明照《抱朴子外篇校箋・上》：「韓非願建治績」，「建」下《徐校》沾「其」字，盧本「建其」二字並排刻。按有「其」字，始能與上「孫臏思騁其秘略」句相儷。㊂賈誼慷慨，懷經國之術，而武夫排之：賈誼，西漢前期政治家。文帝時為博士，不久遷太中大夫，為大臣周勃、灌嬰等排擠，貶為長沙王太傅。武夫，指周勃、灌嬰等武將。㊂子政忠良，有匡危之具，而恭、顯陷之：子政，劉向之字，西漢晚期大臣，著名學者。元帝時曾上書反對權臣弘恭、石顯，受到排擠。㊃和氏所以抱璜而泣血：和氏，即卞和，春秋時楚人。在山中得璞玉，獻給厲王，王使玉工辨識，斷為石頭，以欺君罪斷和左足。後武王即位，卞和又獻玉，仍以欺君罪再斷其右足。及文王即位，卞和抱玉，哭於荊山下。謂文王使者曰：「吾非悲刖也，悲夫寶玉而題之以石，貞士而名之以誑。」文王使人剖璞，果得寶玉，命名為「和氏之璧」。

㊄禽息所以發憤而碎首：禽息，春秋時秦大夫。曾推薦百里奚於繆公，不納。及公出，禽息當車以頭擊闑，腦精出，曰：「臣生無補於國，不如死也。」繆公感悟，遂用奚，秦以霸。

【今譯】「珪璋陳列在商肆內尚不能售出，何況遮藏在木盤中的璞玉呢。奇士敲打牛角猶受阻遏，況乎隱居於草野（的士人）。孫臏想施展其神奇兵略，而司馬對他施以刖刑。韓非願建立治國功績，而李斯將他殺害。賈誼胸襟開闊，懷治國之術，而武夫將他排斥。子政忠誠英良，有匡扶危機的才幹，而弘恭、石顯加以諂害。和氏因此抱璜而泣血，禽息因此發泄憤懣而撞碎首級。」

「夫玉石易別於賢愚，愛寶情篤於好士，以易別之寶，合篤好之物，猶獲罪截趾，歷世受誣。況乎難知之賢，非意所急，讒人畫蛇足於無形，姦臣畏忠貞之害己，體曲者忌繩墨之容㈠，夜裸者憎明燭之來。是以高譽美行，抑而不揚，虛構之謗，先形生影。又無楚人號哭之薦㈡，萬無一遇，固其宜矣。」

【今註】㈠繩墨之容：繩墨，木匠畫直線的工具，比喻規矩或法度。繩墨之容，謂容貌端正。

㈡楚人號哭之薦：指楚昭王十年（公元前五〇六年）吳用伍子胥計攻破楚國，楚大夫申包胥赴秦國求救，在宮廷痛哭七日夜，終使秦發兵救楚。

【今譯】「寶玉石頭比賢明愚蠢要容易辨別，愛寶物比愛好士人來得情深。以容易鑒別的寶玉加上厚愛之物，尚且會獲罪截斷足趾，歷代受到誣蔑，何況難被認識的賢人，不是意願中所急迫要得到的。進讒言的人畫蛇添足於無形，邪姦佞臣畏懼忠貞會傷害自己。駝背的人，嫉妒端正的面容；夜間裸體的人，憎恨明燭的到來。因此崇高聲譽美好品行，受到抑制而不宣揚。虛構的誹謗，影子卻先生於形體。又没有楚人痛哭喊號叫以自薦，萬無一遇，固得其誼。」

「夫以玉為石者，亦將以石為玉矣；以賢為愚者，亦將以愚為賢者矣。以玉為石，未有傷也；以愚為賢者，亡之診㊀也。蓋診亡者，雖存而必亡；猶脈死者，雖生而必死也，可勿慎乎！於戲，悲夫，莫之思者也。」

【今註】　㊀診：診斷。

【今譯】　「將美玉當作石頭的人，也會把石頭當作美玉。將賢才當作愚夫的人，也會把愚夫當作賢才。將美玉當作石頭，是没有傷害的，但是將愚夫當作賢才，卻是死亡的診斷。診斷為死亡的人，雖然存活而必定會死亡，猶如脈搏已死的人，雖活著而必定死去一樣，這可以不謹慎嗎？不能想到這一點的人，實在是可悲啊！」

「昔仲尼上聖也，東受累於齊人，南見塞於子西㊀。文種㊁大賢也，初不齒於荆俗，末雍㊂游於鈞如㊃。競年立功，不亦難乎？夫結綠、玄黎㊄，非陶㊅、猗㊆不能市也；千鈞之重，非賁㊇、獲㊈不能抱也。白雪㊉之絃，非靈素不能徽㊀也；邁倫㊁之才，非明主不能用也。然耀靈、光夜之珍，不為莫求而虧其質，以苟且於賤賈；洪鍾、周鼎，不為委淪⑬而輕其體，取見舉於侏儒，嶧陽⑭、雲和⑮，不為不御⑯而息唱，以競顯於淫哇⑰；冠群之德，不以沈抑而履徑⑱，而軔節⑲於流俗。是以和璧變為滯貨，柔木⑳廢於勿用，赤刀之鏞㉑，不得經歐冶㉒之鑪；元凱㉓之疇，終不值四門㉔之闢也。」

【今註】 ㊀子西：楚令尹。孔子入楚，楚昭王欲以書社七百里封之，受子西反對而止。㊁文種：春秋末越大夫，字少禽，助越王句踐復國滅吳，後句踐聽信讒言，賜劍命其自殺。㊂雍：安。㊃鈞如：如，語助詞。「鈞」指權要。或疑「如」當讀作「樞」、「如」「樞」古音相近。㊄結綠、玄黎：皆美玉名稱。《史記》卷七十九〈范雎蔡澤列傳〉：「宋有結綠，梁有縣黎，楚有和璞。」㊅陶：指陶朱公范蠡。助句踐滅吳，後游陶（今山東定陶縣西北），改名陶朱公，以經商成為巨富。㊆猗：猗頓，戰國時大商人，以經營珠寶、鹽池致富，善於鑒別寶玉。㊇賁：孟賁，戰國時勇士，衛人。相傳他能「生拔牛角」。㊈獲：烏獲，戰國時秦力士，能舉千鈞之重。㊉白雪：與「陽春」均為雅樂之名。⑪徽：彈奏。⑫邁倫：超邁群倫，指超越同輩。⑬委淪：委頓沉淪。⑭嶧陽：嶧山之陽，在山東鄒縣東南。《尚書・禹貢》「嶧陽孤桐」。梧桐為製琴良材，此處以產桐之山名為琴瑟代稱。⑮雲和：地名，未詳所在，亦為出琴材之地。《周禮・春官・大司樂》「雲和之琴瑟」。⑯御：用，彈奏。⑰淫哇：靡曼之音。⑱履徑：小路，指奔走於旁門左道。權貴之家，與「履道」相背而馳。⑲軔節：折節。⑳柔木：指質地柔嫩的梧桐。㉑鏞：同「礦」字。㉒歐冶：即歐冶子，春秋末的著名工匠，曾為越王楚王鑄造名劍。㉓元凱：八元、八凱之省稱。八元，指春秋時高陽氏之八位才子。八凱，高辛氏之才子。「元凱」後泛指賢臣才士。㉔四門：即四學，學校名。魏明帝太和十年曾「立四門博士，於四門（國都四門）置學」。

【今譯】「從前仲尼是上聖之人，東邊受齊人所累，西邊受子西阻撓。文種是大賢之人，最初不齒楚地風俗，最後卻安然行走於權要中樞。逐年立功，不也是很困難嗎！像結綠、玄黎這些美玉，非陶朱公、猗頓不會購買。千鈞的重物，非孟賁、烏獲不能舉抱。高雅的音樂，非靈素不能彈奏。超邁群倫的人才，非明主不能任用。然而在黑暗中閃爍靈光的珍寶，不因為無人需求而減損它的美質，以便苟且於低賤的商賈。大鍾周鼎，也不因為委頓沉倫而輕賤它的器體，以求得侏儒的薦舉。嶧陽雲和所產的琴瑟，不因為不彈奏而息唱，以爭顯於靡曼之音。德性冠群的人，不因為埋沒壓抑而行旁門走道，對流俗折節曲膝。所以和氏玉璧變成滯銷的貨品，柔軟琴材因不用而腐朽，冶煉赤刀的礦石，終不能經歷歐冶子的熔爐，賢良人士，最終不逢四門的開闢。」

任命篇第十九

【篇旨】 本篇通過對居泠先生的介紹，闡述了用人思想。所謂「居泠」，顧名思義，是虛構的人物。「恬愉靜素，形神想忘」；「道靡遠而不究，言無微而不研」。這也正是葛洪的自我畫像。但是，他不主張消極地「出世」，認為「君子藏器以有待也，稸德以有為也」；反映了當時官方道教的「入世」的政治特色。

抱朴子曰：「余之友人，有居泠先生者，恬愉靜素，形神相忘。外不飾以驚愚之容，內不寄有為之心，遊精《墳》《誥》㈠，樂以忘憂。晝競羲和㈡之末景，夕照望舒㈢之餘耀。道靡遠而不究，言無微而不研。然車跡不軔權右之國㈣，尺牘不經貴勢之庭。是以名不出蓬户，身不離畎畝。於是翼亮大夫候而難之，曰：『余聞淵蟠起則玄雲赴，道化霑則逸才奮。故康衢有角歌之音㈤，鼎俎發淩風之跡。沽之則收不貲之賈，踊之則超在天之舉，耀逸景於暘谷㈥，播大明乎九垓㈦，勳蔭當世㈧，聲揚罔極。故尋仞㈨之塗甚近而弗往者，雖追風㈩之腳不能到也；楹棁㈡之下至卑而不動者，雖鴻、鶤㈢之翅未之及也。況乎寢足於大荒⑬之表，斂羽於幽梧之枝⑭，安得效迅以尋景，振輕乎蒼霄哉？年期奄冉⑮而不久，託世飄迅而不再，智者履霜則知堅冰之必至，處始則悟生物之有終。六龍促軌於大渾⑯，華顛倏忽而告暮。古人所以映順流而顧歎，眄過隙而興悲矣。先生資命世之逸量，含英偉以邈俗，鋭翰汪濊⑰以波涌，六奇抑鬱而淵稸⑱；然不能凌扶摇⑲以高竦，揚清耀於九玄⑳，器不陳於瑚、簋㉑之末，體不免於負薪之勞，猶奏和音於聾俗㉒之地，鬻章甫於被髮之域㉓。徒忘寤於翰林㉔，鋭意以窮神，崇琬琰㉕於懷抱之內，吐琳瑯於毛墨之端㉖，躬困屢空㉗之儉，神勞堅高之間，譬若埋尺璧於重壤之下，封文錦於沓匱之中，終無交易之富，孰賞堙翳之珍哉？夫龍驥維縶，則無以別乎蹇驢；赤刀韜鋒，則曷用異於鉛刃？鱣鮪㉘不居牛跡，大鵬不滯蒿林。願先生委龍蛇㉙之穴，升利見㉚之塗，釋户庭之獨潔，覽二鼠㉛而遠寤，越窮谷㉜以登高，襲丹藻以改素，競驚飆於清晨，不盤旋以錯度㉝，收名器㉞於崇高，嚮鍾鼎之慶祚。柏成㉟一介之夫，採薇㊱何足多慕乎？』」

【今註】　㊀《墳》《誥》：《墳》，《三墳》，傳説中三皇時代的著作。見偽孔安國《尚書序》。《誥》，古代一種訓誡的文告，如《尚書》中有〈康誥〉、〈酒誥〉。　㊁羲和：神話人物，指駕日車的神。　㊂望舒：神話人物，指為月神駕車的神，後用為月的代稱。　㊃不軔權右之國：軔，如震切。支住車輪不使轉動的木頭。國，疑作「閾」。　㊄康衢有角歌之音：康衢，大路。《爾雅・釋宮》：「四達謂之衢，五達謂之康。」角，軍中的一種樂器。㊅暘谷：亦作「湯谷」。古代傳説中的日出處。㊆九垓：謂兼該八極的九州地面。㊇世：《藏》本作「己」，從舊寫本改。㊈尋仞：尋，古長度單位，八尺為尋。仞，古長度單位。據陶方琦《説文仞字八尺考》謂周制為八尺，漢制為七尺，東漢則為五尺六寸。㊉追風：駿馬名。秦始皇有馬名追風。⑪楹棁：楹，柱子。棁，梁上的短柱。⑫鶤：亦作「鵾」，鵾雞，一種像鶴的鳥。⑬大荒：《山海經・大荒西經》：「大荒之中，有山名曰大荒之山，日月所入，……是謂大荒之野。」後來泛指遼闊的原野或邊遠的地方。⑭此下舊寫本空白七字。⑮奄冉：猶荏苒，形容時光逐漸推移。⑯六龍促軌於大渾：六龍，傳説日神乘車，駕以六龍。大渾，物大集而不散之貌。《淮南子・精神篇》：「契大渾之樸，而玄至清之中。」渾，不散之貌也。⑰汪濊：水深廣的樣子。⑱六奇抑鬱而淵稸：六奇，出奇制勝的謀略。漢陳平六出奇計，協助劉邦統一天下。《史記》卷一百三十〈太史公自序〉稱之為六奇。稸，同「蓄」，積聚。⑲扶搖：急劇盤旋而上的暴風。⑳九玄：九天。㉑瑚、簋：瑚，古代盛黍稷的祭器和食器。簋，古代食器。圓口，圈足，青銅或陶製，盛行商周時期。㉒聾俗：舊謂不辨美惡的世風。㉓鬻章甫於被髮之域：章甫，古代的一種帽子。見《莊子・逍遥遊篇》。被髮之域，古代吳越一帶風俗，散髮不作髻。㉔翰林：指文才薈萃之地。㉕琬琰：琬圭和琰圭。比喻品德或文辭之美。㉖吐琳瑯於毛墨之端：琳瑯，精美的玉石。比喻珍異的物品、文章或人材。毛，舊寫本作「毫」。㉗屢空：常常貧困，也指安貧樂道。㉘鱣鮪：鱣，魚名，即鰉。鮪，鱘鰉的古稱。㉙龍蛇：《易經・繫辭・下》：「龍蛇之蟄，以存身也。」後因以喻隱退。㉚利見：《易經・乾卦》：「飛龍在天，利見大人。」後來詩文中稱得見君主為利見。㉛二鼠：佛教以白、黑二鼠比喻晝夜，又比喻日月。《賓頭盧突羅闍為優陀廷王說法經》：「白黑鼠者，喻晝夜。」㉜窮谷：幽谷。㉝錯度：《藏》本作「詣夜」，從舊寫本改。㉞名器：古代稱表示等級的稱號和車服儀制等為名器。㉟柏成：孫星衍校：舊寫本作「伯夷」涉下句，望文改耳。此乃柏成子高，與「採薇」非一事。柏成子高，堯時諸侯。見《風俗通》。㊱採薇：相傳商孤竹君的兩個兒子伯夷、叔齊，互讓王位，逃到周。周武王伐紂時，兩人曾叩馬諫阻。武王滅商後，他們恥食周粟，逃到首陽山，採薇而食，餓死山中。見《孟子·萬章篇·下》、《史記》卷六十一〈伯夷列傳〉。

【今譯】抱朴子說：「我的朋友中，有叫居泠先生的。他性情安恬愉悅，平靜素雅，追求精神，忽略形體。外表上不故意作驚駭愚笨的樣子，內裡也不寄存著有所為的心思，精究遠古典籍，快樂得忘記了憂愁。他白天與太陽爭逐暮晚的光景，夜裡又利用月亮的餘輝，沒有什麼邈遠的學說不曾研究，沒有什麼深奧的言論不曾探討。但是他的車轍不曾到過權臣的第宅，書信不曾遞向貴族的門庭。因此名聲不能傳出茅舍，身體不能離開田地。於是輔佐帝王的大夫等候機會非難他說：『我聽說深淵里的蟠龍飛起時，烏雲就聚集而來；治道教化遍及天下，隱逸的人就會奮發起來。所以大路上的行人有奏起軍樂的，廚房裡的伙夫也有得志凌風的。人的才能可以挨到無法估量的價值，一旦發揮作用就能超越天空，可以在太陽昇起的地方放射超逸的光輝，在九州大地播撒輝煌的光明，功勳庇蔭當代，聲名遠揚無邊。所以數尺遠的道路，是很近的，但如果不抬腳的話，即仗有快馬的四蹄，也不能到達；梁柱底下，是最低矮的地方，但如果不飛動的話，即使有巨鳥的雙翅，也不能抵達。何況在荒遠的地方之外止步不前，在隱秘的梧桐枝上斂翅不飛，又怎麼能效仿迅鳥來探尋日光，在青天上展翅翱翔呢？時間推移不久留，一生飛逝不再來。聰明的人踏上白霜，就知道堅冰一定會到來，在生命開始時就明白它有終結。六龍駕日車在遼闊的天空飛速前進，倏忽之間頭髮已白，暮年已到。這就是古人為什麼映照流水而發出悲歎，看到時光飛逝而感到悲哀呀。先生有聞名於世的超群氣量，心裡懷著卓越的才識，邈視世俗，銳利的文筆像深水上掀起大波，出奇制勝的謀略蓄積成深潭，但是不能高聳地駕風扶搖直上，在九天之上顯示清輝。美器卻不被陳設在瑚簋的末尾，身體也免不了背負柴草的勞累。這就好比在世俗聾子的地方奏響和諧的音樂，在風俗披髮不束的地方出售帽子，白白地沉迷在文章裡，專心一意地深究事物的精微道理，胸懷裡充滿美好的品德，筆端下流露出珍異的文才，身體卻因常常窮困而被束縛，精神因為固執和高傲而困勞。就像把直徑一尺的美玉埋在深土之下，把花紋美麗的錦緞封藏在緊閉的櫃櫥中，到底不得交換帶來的富裕。誰會賞識堙埋的珍寶呢？駿馬被縶住，就跟跛驢沒什麼區別，好刀藏起鋒刃，又和鉛鑄的鈍刀有什麼不同？鱣、鮪這樣的大魚不住在牛蹄印形成的小水窪裡，大鵬鳥不停留在矮樹叢中。希望先生放棄隱居的所在，登上晉見君主的道路，不再獨自保持門庭的潔淨，看到晝夜交替而深深醒悟。跨越深谷，登上高峰，換掉樸素的白衣，穿上華麗的官服。要像在清晨興強勁的暴風爭競一樣上升，不要考慮名節的虛飾而盤桓流連，去獲取高貴的身分，享受鍾鳴鼎食的福分。柏成子高只是卑小的一人，伯夷採薇的高節又怎麼足以傾慕呢？』」

「居泠先生應曰：『蓋聞靈機冥緬㈠，混芒眇昧㈡。禍福交錯乎倚伏之間，興亡纏綿乎盈虛之會；迅遊者不能脫逐身之景，樂成者不能免理致之敗；匡流末者，未若挺治乎無兆之中；整已然者，不逮反本㈢乎玄朴之外。是以覺尺蠖㈣者，甘屈以保伸；識通塞者，不慘(五)悅於否泰。且夫洪陶範物(六)，大象流形(七)，躁靜異尚，翔沈舛情。金寶其重，羽矜其輕。篤隘者，執束於滓涅；達妙者，逍遥於玄清。潢洿納行潦(八)而潘溢，渤澥呑百川而不盈(九)。鮋鰕(一〇)踊悅於泥濘，赤螭淩厲(一一)乎高冥。嚼香餌者，快嗜欲而赴死，味虛淡者，含天和而趨生；識機神者，瞻無兆而弗惑；闇休咎(一二)者，觸強弩而不驚。各附攸好，安肯改營？吾聞五玉(一三)不能自剖於嵩岫，騰蛇(一四)不能無霧而電征，龍淵(一五)不能勿操而斷犀兕，景鍾(一六)不能莫扣而揚洪聲。金芝須商風而激耀(一七)，倉庚俟煙煴而修鳴(一八)，騏騄(一九)不苟馳以赴險，君子不詭遇(二〇)以毀名。運屯(二一)，則沈淪於勿用；時行，則高竦乎天庭。士以自衒為不高，女以自媒為不貞。何必委洗耳(二二)之峻標，效負俎(二三)之干榮哉？夫其窮也，則有虞婆娑(二四)而陶釣，尚父(二五)見逐於愚嫗，范生來辱於溺簀(二六)，弘、式匿奇於耕牧(二七)；及其達也，則淮陰(二八)投竿而稱孤，文種解屩而紆青(二九)，傅說釋築而論道(三〇)，管子脫桎為上卿。蓋君子藏器以有待也，稸德以有為也。非其時不見也，非其君不事也，窮達任所值，出處無所繫。其靜也，則為逸民(三一)之宗；其動也，則為元凱之表。或運思於立言，或銘勳乎國器(三二)。殊塗同歸，其致一焉。士能為可貴之行，而不能使俗必貴之也；能為可用之才，而不能使世必用之也。被褐、茹草(三三)，垂綸、罝(三四)兔，則心歡意得，如將終身。服冕乘軺，兼朱重紫(三五)，則若固有之！常如布衣，此至人之用懷也。若席上之珍不積，環堵(三六)之操不粹者，予之罪(三七)也。知之者希，名位不臻，以玉為石，謂鳳曰鷃(三八)者，非余罪也。夫汲汲於見知，悒悒於否滯者，裳㊴民之情也；浩然而養氣，淡爾而靡欲者，無悶之志也。時至道行，器大者不悅；天地之閒，知命者不憂。若乃徇萬金之貨，以索百十㊵之售，多失斝㊶毛，我則未暇矣。』」

【今註】㊀靈機冥緬：神機深遠莫測。㊁混芒眇昧：渾混迷茫，渺茫不明。㊂不逮反本：孫星衍校：「反」舊寫本作「原」。㊃尺蠖：尺蠖蛾的幼蟲。《易經・繫辭・下》：「尺蠖之屈，以求信（伸）也。」清郝懿行《爾雅義疏・釋蟲》：「其行先屈後申，如人布手知尺之狀，故名尺蠖。」後常用以比喻人的先屈後伸。㊄不慘：孫星衍校：慘，舊寫本作「羞」。㊅洪陶範物：洪陶，巨匠。指天。以天之生物，如匠人的範造器物，故稱。㊆大象流形：大象，老子《道德經・第四十一章》：「大象無形。」又老子《道德經・第三十五章》：「執大象，天下往。」晉王弼《注》：「大象，天象之母也。」指世界一切事物的本原。流形，《易經・乾卦》：「雲行雨施，品物流行。」《疏》：「言乾能用天地之德，使雲氣流行，雨澤施布，故品類之物，流布成形。」因以指萬物形體。㊇潢洿納行潦：潢洿，即潢汙，低窪積水處。行潦，路上的積水。㊈渤澥：即渤海。㊉鮋鰕：鮋，小魚。鰕，通「蝦」。⑪淩厲：勇往直前，氣勢猛烈。⑫休咎：善惡，吉凶。⑬五玉：指五種色彩的美玉。《抱朴子・內篇・雜應篇》云：「五玉者，隨四時之色，春色青，夏赤，四季月黃，秋白，冬黑。」⑭騰蛇：傳說中一種能飛的蛇。⑮龍淵：寶劍名。相傳春秋時楚王使風胡子因吳王請歐冶子、干將二人作鐵劍三枚。一曰龍淵，二曰泰阿，三曰工布。謂龍淵觀其狀如登高山，臨深淵，故名。參見《越絕書》卷十一〈越絕外傳記寶劍〉。⑯景鍾，傳說為黃帝時五鍾之一。《管子．五行篇》：「昔黃帝以其緩急作五聲，以政五鍾。令其五鍾：一曰青鍾大音，二曰赤鍾重心，三曰黃鍾洒光，四曰景鍾昧其明，五曰黑鍾隱其常。⑰金芝須商風而激耀：金芝，仙草。商風，秋風，西風。⑱倉庚俟煙熅而修鳴：倉庚，黃鶯別名。也叫商庚、鶬黃。煙熅，陰陽二氣和合貌。⑲騏騄：良馬。⑳詭遇：指打獵時不按禮法規定而橫射禽獸。後喻用不正當的手段獵取名利地位。㉑屯：艱難。㉒洗耳：比喻不願聽，不願問世事。《孟子．盡心篇．上》漢趙岐《注》：「樂道守志，若許由洗耳，可謂忘人之勢矣。」晉皇甫謐《高士傳》：「堯讓天下於許由，……由於是遁耕於中岳穎水之陽，箕山之下，終身無經天下色。堯又召為九州長，由不欲問之，洗耳於穎水濱。」㉓負俎：《史記》卷三〈殷本紀〉：「（伊尹）負鼎俎，以滋味說湯，致於王道。」俎，俗謂刀砧板，庖人所至必隨身攜帶，故稱負俎。後以喻干時以求進。㉔有虞婆娑：有虞，即虞舜。婆娑，闌珊、舒展。㉕尚父：即呂尚，姓姜，字牙（一說子牙），名尚。因先祖曾封呂，子孫以封地為氏，故稱呂尚。㉖范生來辱於溺簀：范生，指范睢。戰國魏人，字叔，為秦昭王相，封於應，號應侯。范睢發跡前，家貧，曾被人用便器污辱。參見《史記》卷七十九〈范睢蔡澤列傳〉。簀，苦怪切，籠也。㉗弘、式匿奇於耕牧：弘，公孫弘。少時家貧，牧豕海上。後被徵為博士，官至丞相。式，卜式，入山牧，十餘年，羊至千餘頭，買田宅。後官至御史大夫。傳並見《漢書》卷五十八〈公孫弘卜式兒寬傳〉。㉘淮陰：即韓信。韓信原封楚王，有人告其謀反，漢高祖用陳平計，偽游雲夢，執信，降封為淮陰侯。傳見《史記》卷九十二〈淮陰侯列傳〉。㉙文種解屬而紆青：文種，春秋越大夫，字少禽，也作子禽，楚國郢人，與范蠡共事越王句踐，出計滅吳，功成，范蠡勸其引退，不聽，後為句踐賜劍自殺。參閱《吳越春秋》卷十〈句踐伐吳外傳〉。紆青，繫佩印綬。比喻地位顯貴。《文選》卷四十五漢揚雄〈解嘲〉：「紆青拖紫，朱丹其轂。」《注》：「《東觀漢記》曰：印綬，漢制，公侯紫綬，九卿青綬」 ㉚傳說釋築而論道：傳說，殷相。相傳說曾版築於傅巖之野，武丁訪得，舉以為相，出現殷中興的局面。因得說於傅巖，故命為傅姓，號傅說，參閱《尚書・說命》，《楚辭・離騷》，《呂氏春秋・求人篇》，《史記》卷三〈殷本紀〉。 ㉛逸民：指避世隱居的人。 ㉜國器：國家的寶器，指鐘鼎之屬。 ㉝被褐、茹草：褐，粗布或粗布衣服。草，草具，粗劣的食物。 ㉞罝：捕獸用的網。 ㉟朱紫：古代高級官員的服色，朱衣紫綬。 ㊱環堵：四圍土牆。 ㊲罪：孫星衍校：罪，《藏》本作「過」，從舊寫本改。下云「非余罪」，明此作「罪」。 ㊳鶡：鳥名。 ㊴裳：即「常」字。 ㊵百十：孫星衍校：舊寫本、盧本作「百千」。 ㊶骭：脛骨，也指小腿。

【今譯】 「居泠先生回答說：『我聽說神機深遠，渾混迷芒，高遠幽昧。禍和福互相交替，互為依靠，興和亡相互縈繞，彼此盈虛不一。走得快的人不能擺脫追逐在身後的影子，樂於成功的人也免不了會有失敗。等事情已發展到末了才加以糾正，不如在徵兆未出現前就直接把它治理。整治雖已如此完成了，但還比不上回歸到原來玄妙質樸的境界。因此從尺蠖蛾的幼蟲身上省悟到屈伸的道理，甘願受屈以保住舒伸的機會；知道通達和阻塞的關係，不因為運氣的好壞而高興或悲傷。再說天之生物，有如人範造器物，從一個本原產生出萬物形體，有的好靜，有的好動，有的凌空飛翔，有的沉潛水中，情況各自不同。黃金珍視它的貴重，羽毛誇耀它的輕飄。執著狹隘的人被束縛在污濁的地方，通達玄妙的人逍遙自得在玄清的天空。低窪積水的地方，接納道路上的積水就會溢出，渤海容納百川卻不會盈滿。小魚小蝦在泥沼裏歡欣跳躍，大龍在高遠的天空勇往直前。嚼食香餌的，為滿足貪欲而遭到了死亡；嚐味素淡的，含著天然的和氣而日趨長生。懂得事物變化根據和規律的，沒有看到事物發展的徵兆也不迷惑，深諳吉凶的，碰上強弩的傷害也不會驚慌。（他們）各自趨向所好，哪兒肯改變自己的追求。五玉不能自己從高山中分剖出來，騰蛇沒有霧氣伴隨就不能隆隆出行。名叫龍淵的寶劍，不運用就不能斬斷東西；像犀兕形狀的景鍾，不敲擊，就不能發出洪亮的聲音。芝草要等秋風吹來才煥發出光彩，黃鶯要到陰陽二氣和合的時候才長鳴。好馬不隨便奔馳，以赴險難；君子不採取不正當的手段，以毀壞自己的名譽。運氣不佳時，埋沒而不被重用；時運到了，就高高聳立在朝廷上。讀書人以自我誇耀為不高尚，女子以自薦婚姻為不貞節。為什麼一定要放棄許由洗耳那樣的清高格調，仿效伊尹負俎來求取榮華呢？不得志的時候，虞舜逍遙自如地垂釣，呂尚被愚蠢的婦人驅趕，范雎被人用便器污辱，公孫弘和卜式把自己的奇才隱藏在耕田放牧中。等到得志的時候，韓信扔下釣竿而稱王，文種脱下草鞋而繫佩印綬，傅説放下版築的活而談論治國的大道，管仲脱去桎梏而成為上卿。大概君子隱藏才能來等待機會，蓄積美德以便有所作為。不是施展才能的時機，就不出現，不是賢明的君主，就不輔佐。得志還是不得志，聽憑所遇到的機會，出仕還是隱留，沒有什麼可束縛。閒居的時候，就為隱士所尊崇，出仕的時候則是有才德的大臣們的表率，有的人務於思考，創立學説；有的人建立功業，被鑄在國家的寶器上，道路不同，結果一樣，他們所得到的是相同的啊。士能夠做出可貴的行動，卻不能使世俗之人一定崇尚它，能成為有用的人才，卻不能使世間必定啟用他。穿著粗布衣，喫著粗陋的食物，釣魚網兔，卻高興自得。如果要一輩子戴高冠，乘軒車，穿著朱紫官服，卻感到就像本來如此，跟穿著布衣一樣平常。這是道德修養達到最高境界的人的胸懷啊。如果筵席上珍肴不豐足，甘居陋室的操行不純，是我的過錯；了解我的人少，名聲和地位不高，把美玉當作石頭，稱鳳凰為鷃鳥，這不是我的過錯。急切地要被人了解，官運不通就愁悶不安，是常人的情況。正大剛直，涵養元氣，淡於名利，沒有嗜欲，是沒有煩惱苦悶的標誌。

時運到了，學説被實行，氣量大的人不因此而高興。天地之間，認識天命的人從不憂慮。至於拿著價值萬金的貨物，求取百十金的價錢，把小腿毛磨掉許多，這種事我就没有空閒了。』」

名實篇第二十

【篇旨】本篇通過對漢末靈獻之時品評人物，名不副實情況之原因的分析，指出「佞人相汲引而柴正路，俊哲處下位而不見知」是「與開闢並生」，「匪唯一世」的問題，表達了「寧潔身以守滯，恥脅肩以苟合」的清高思想。但他並未對封建統治者完全失望，而是抱著「德音可邀乎將來」的希望，以「樂天知命」，「安時處順」的人生態度，等待明君「招賢」、「擢奇」，以實現「康庶績於百揆」的政治理想。

門人問曰：「聞漢末之世，靈、獻之時，品藻㊀乖濫，英逸窮滯，饕餮得志，名不準實，賈不本物，以其通者為賢，塞者為愚。其故何哉？」

【今註】㊀品藻：鑒定等級。

【今譯】門人弟子問道：「聽説漢朝末年，靈帝和獻帝的時候，品定人物等級，不待實情，卓越的人才不得志，貪殘的人得其所欲。名不副實，價格與實物不相稱。把得志的人當作賢人，把不得志的人看作愚人。這是因為什麼原因呢？」

抱朴子答曰：「夫雷霆輷磕㈠，而或不聞焉；七曜㈡經天，而或不見焉。豈唯形器有聾瞽哉？心神所蔽，亦又㈢如之。是以聞格言而不識者，非無耳也；見英異而不知者，非無目也，由乎聰不經妙，而明不逮奇也。」

【今註】㈠輷磕：輷，象聲，同「轟」。磕，大聲。㈡七曜：古人以日、月與金、木、水、火、土五大行星為七曜。㈢亦又：舊寫本作「亦有」，二字古通用。

【今譯】抱朴子回答說：「雷霆隆隆，而有人聽不見，日月和五星經行天空，而有人看不見。這難道只是形體上有聾子和瞎子的緣故嗎？心神被蒙蔽了，也會有這樣的情況發生。因此，聽到至理之言而不懂的，並非因為沒有耳朵，有傑出的人才而不了解的，不是因為沒有眼睛，而是由於聽力不及微小的聲音，眼力不達罕見的事物啊。」

「夫智大量遠者，盤桓㈠以山峙；器小志近者，蓬飛而萍浮。夫唯山峙，故莫之能動焉；夫唯萍浮，故流而不滯焉。方之貨也，則緘連以待賈者，雖至珍而難售；鳴鼓以徇之者，雖凡蔽而易盡。比之材也，則結根於嵩、岱者，雖竦蓋千仞，垂蔭萬畝，而莫之知也；插株於塗要者，雖鉤曲戾細而速朽，而猶見用也。」

【今註】㈠盤桓：廣大貌。

【今譯】「智慧高，抱負遠的人，像高大聳立的群山；智能低，志向小的人，像飄飛的蓬草，逐浪的浮萍。只因為像山一樣聳立，所以沒有人能振動；只因為像浮萍一樣飄浮，所以流動而不滯塞。把他們比作貨物，那麼用繩子捆紮好等人來買的，雖然是最好的珍寶，也難以售出；敲起鼓來大聲張揚的，即使是平常的劣物，也容易賣完。把他們比作木材，那麼紮根在嵩山與泰山的，雖然樹冠高聳千仞，樹蔭廣垂萬畝，卻沒有人知道它；插枝在要道上的，即使又彎又細，容易腐朽，也還是被採用。」

「故廟堂有枯楊之瑚、簠，窮谷多不伐之梓、豫也㊀。是以竊華名者，螻蜥㊁騰於雲霄；失實價者，翠虯㊂淪乎九泉。於是斥鷃㊃凌風以高奮，靈鳳卷翮以幽戢，鉛鋒充太阿之寶，犬羊佻㊄虎狼之資矣。」

【今註】㊀梓、豫：梓，美木名。豫，《藏》本作「橡」，從舊寫本改。豫，豫章，木名。㊁螻蜥：螻，螻蛄；蜥，蜥蜴。㊂虯：傳說中的無角龍。㊃斥鷃：即鵪鶉。斥，本作「尺」，古字通。㊄佻：緜高切，竊取貌。

【今譯】「所以廟堂之上有枯楊木做的祭器，深谷之中有許多未被砍伐的梓豫之材。因此竊取了顯耀名聲的，像螻蜥飛騰到雲霄；失去了寶物價格的，像翠龍沉淪在九泉下。於是斥鷃駕風高飛，神鳳卷翅深藏，鉛鑄的鋒刃，冒充太阿寶劍，犬羊竊取了虎狼的資望。」

「夫佞者鼓珍賂為勁羽，則無高而不到矣；乘朋黨為舟楫，則無遠而不濟矣。持之以夙興側立，加之以先意承指，其利口諛辭也似辨，其道聽塗說也似學，其心險貌柔也似仁，其行污言潔也似廉，其好説人短也似忠，其不知忌諱也似直，故多通焉。且亦奉望我者，欲我益之，不求我者，我不能愛，自然之理也。」

【今譯】「小人把珍寶財物作有力的翅膀，就沒有什麼高度不能到達；把朋黨當舟船，就沒有什麼遼遠的水面不能渡過。保持早晚傍立的謙遜態度，再加上預先領會接受上司的旨意；他們的鋒利口舌，阿諛之辭好像很動聽；他們無根據的道聽塗説好像是很有學問；他們的心思陰險，卻外表柔順，似乎親善仁愛；他們的行為污穢，卻言論高潔，好像很廉潔；他們喜歡議論人短處，似乎很忠誠；他們不懂忌諱，卻好像很率直，所以他們多地位顯達。再説尊奉我，盼望我的，想要我給他好處，無求於我的，我不能喜愛。這是自然而然的道理。」

「夫賢常少而愚常多，多則比周而匿瑕，少則孤弱而無援，佞人相汲引而柴正路，俊哲處下位而不見知，拔茅㊀之義圮，而負乘㊁之群興，亢龍高墜，泣血漣如㊂。故子西逐大聖之仲尼㊃，臧倉毀命世之孟軻㊄。二生不免斯患，降玆亦何足言！斯禍蓋與開闢並生，苦之匪唯一世也。歷覽振古，多同此疾。」

【今註】㊀拔茅：指推薦引進。《易經・泰卦》：「拔茅茹，以其彙。」茅之為物，拔其根而牽引者也。後因以喻同道者相互引進。㊁負乘：喻小人居於君子之位。《易》曰：「負且乘」。負也者，小人之事也。乘也者，君子之器也。㊂泣血漣如：泣血，極其悲痛而無聲的器泣。漣如，垂淚貌。㈣子西逐大聖之仲尼：子西，即鬭宜申。春秋楚國大夫，字子西。楚昭王將以書社地七百里封孔子，子西止之。參見《史記》卷四十七〈孔子世家〉。㈤臧倉毀命世之孟軻：臧倉，戰國魯人。平公之嬖人。平公欲見孔子，臧倉阻之。見《孟子．梁惠王篇．下》。

【今譯】「情況常常是賢人少而愚人多。愚人多了就可以相互勾結，隱藏過失，賢人少了就孤獨無力，沒有後援。小人互相引進而阻斷正路，才智出眾的人處在低位不被了解，仁人相互引薦的行為不見了，竊居高位的小人越來越多。飛龍從高天上墜落，悲痛地無聲器泣。所以子西趕走大聖人孔子，臧倉詆毀名高於世的孟軻。這二人也免不了遭受這種災禍，惡運降臨到我們頭上又有什麼可說呢？這種災禍大概是跟天地開闢同時出現的，受這種痛苦的不只是一代人啊。歷觀往昔，大多同有這種情況。」

「至於駑蹇矯首於琱㈠輦，駃騠委牧乎林坰。彼已尸祿，邦國殄瘁，下淩上替，實此之由。或蟲流而莫斂，或逆竄於申亥㈡，或擢筋於廟梁，或絕命於望夷。蓋所拔之非真，而忠能之不用也。」

【今註】㈠琱：多么切。刻、畫。㈡申亥：舊寫本作「曲亥」。楚靈王因行殺人、取財等事，令人對其懷恨在心。後靈王率召伐徐之際，這些人聯合公子比、公子棄疾作亂，靈王的軍隊聞之潰散。芋地之尹申亥引靈王至其家，靈王日不食，於申亥家自縊而亡。事見《左傳》昭公十三年。

【今譯】「至於劣馬昂首牽引雕飾文采的帝王車輛，駿馬被委棄放牧在遙遠的郊野；小人空吃俸祿，國家困病；下品高昇，上品衰微，的確是因為這個原因。有的人身為蟲豸之流而不知收斂，有的人逃竄至中亥之地自盡，有的人被抽筋懸掛在廟梁之上，有的人亡命外夷，原因就在於所選拔的不是有真才實學的人，而忠誠能幹之士又不被重用。」

「故明君勤於招賢，而汲汲於擢奇，導達凝滯，而嚴防壅蔽。才誠足委，不拘於屠釣；言審可施，抽之於戎戍。或舉於牛口之下，而加之於群僚之上；或拔於桎梏之中，而任以社稷之重。故能勳業隆濟，拓境服遠，取威定功，垂統長世也。」

【今譯】「所以英明的君主努力招納賢才，急切地選拔奇才；引導、疏通凝滯的渠道，嚴格防止人才的堵塞、蒙蔽。才能確實足以託付重任的，不因他是屠父、漁夫而有所限制，言論周密可以施行的，就把他從戍卒中抽拔出來。或者把他從牛口之下舉拔出來，放在眾官之上；或者把他從桎梏中解放出來，委以國家重任。所以他們能夠功高業成，開疆拓土，降服遠夷，獲得威望，定下功業，使皇統流傳，世代綿長。」

「夫直繩者，枉木之所憎也；清公者，姦慝之所讎也。人主不能運玄鑒以索隱，而必須當塗之所舉。然每觀前代專權之徒，率其所舉皆在乎附己者也，所薦者先乎利己者也。」

【今譯】「筆直的墨線，是彎木所憎恨的；清廉的官吏，是姦邪的人所讎視的。君主不能運用明鏡之察來求取隱士，而必定需要當權者的推薦。然而常常看到前代的專權之人舉薦的標準，都在於是否阿附自己；他所首先舉薦的，是有利於自己的人。詆毀自己所害怕的，引進自己所喜愛的。」

「毀所畏而進所愛，所畏則至公者也，所愛則同私者也。至公用則姦黨破，衆私立則主威奪矣；姦黨破則昇泰之所由也，主威奪則危亡之端漸矣。毀所畏則恐辭之不痛，雖刖劓㈠之，猶未⿰忄弇㈡意焉，故必除之而後快也；彼進所愛，則苦談之不美，雖位超之，猶未逞心焉，故必危彼以安此也。是故抱枉而死，無愆而黜者，有自來矣。」

【今註】 ㈠刖劓：刖，古代一種把腳砍掉的酷刑。劓，割掉鼻子，古代的一種酷刑。　㈡⿰忄弇：或作「⿰忄奄」，甘心也。

【今譯】 「他們所害怕的是極公正的人，所喜愛的是跟他一樣偏私的人。公正的人被任用，惡人的朋黨就會破敗；衆多的私人登上高位，君主的威權就被剝奪了。姦黨破敗，是昇平安泰的必經之路；主上的威權被剝奪，則國家滅亡的危險就開始了。詆毀所害怕的，則唯恐言辭不痛切，即使是用刖刑、劓刑處置這些人，也不甘心，一定要除掉他們才高興。引進所愛的，就苦於誇讚得不夠好，即使位置超過他自己也不稱心。所以他們一定要危害那些公正的人來使自己的私黨安全。因此懷著冤屈而死的，沒有過失而被貶黜的，從來就有啊。」

「所以體道合真，嶷然特立，才遠量逸，懷霜履冰，思綿天地，器兼元凱，執經衡門㈠，淵渟㈡嶽立。寧潔身以守滯，恥脅肩以苟合。樂飢陋巷，以勵高尚之節；藏器全真，以待天年之盡。非時不出，非禮不動，結褐嚼蔬，而不悒悒也；黃髮終否，而不悢悢㊂也。」

【今註】㊀衡門：以橫木為門，指簡陋的房屋。㊁渟：水靜止不流。㊂悢悢：惆悵。悢，力尚切。

【今譯】「所以賢人依照天道，順合本性，高高地獨立於世，才能遠大而氣量超群，胸懷像霜雪一樣高潔，行動像踏在冰上一樣謹慎，思想像天地一樣久遠，兼有「八元」和「八凱」的才能，卻在簡陋的房屋裡捧讀經書，像深淵裏的水，靜止不流，像高大的山嶽，巍然聳立。寧可滯留不進，也要保持自身的高潔，恥於脅肩逢迎，無原則地附和。樂於在狹陋的小巷裡挨餓，以磨練高尚的節操，隱藏才能，保全本性，來等待生命的盡頭。不是合適的時機不出現，不合乎禮的事不做。編織粗布衣，嚼食蔬食，卻不愁悶不安，到老來仍然運氣不佳也不惆悵。」

「安肯蹙太山之峻，以適鑿枘㊀之中，斂垂天之羽，為戒旦㊁之役？編於仕類，而抑鬱庸兒之下。捨鸞鳳之林，適枳棘之藪㊂，競腐鼠於踞鴟㊃，而枉尺以直尋㊄哉！且大賢之狀也至拙，其為味也甚淡，蕭然自足，泊爾無知，知之者稀而不慼，時不能用而不悶。」

【今註】㊀鑿枘：鑿，榫眼。枘，榫子，榫頭。㊁戒旦：告戒天將明。㊂藪：水少而草木茂盛的湖泊。㊃鴟：鴟鴞，貓頭鷹一類的鳥。㊄枉尺以直尋：《孟子・滕文公篇・下》：「且《志》曰：『枉尺而直尋』，宜若可為。」八尺為一尋，屈一尺而得伸直八尺，指小有所屈而大有所獲。

【今譯】「哪肯緊縮泰山一樣的高度，以塞進鑿眼之中，收斂起連天的翅膀，去做更夫的差使；排列在官吏中，被壓抑在庸才下；捨棄棲息鸞鳳的樹林，到那荆棘叢生的湖泊中；去跟驕傲的鴟鳥爭奪死老鼠呢？他們是在小的方面受些委屈，以便在大的方面有所收穫啊。況且大賢的外表極為笨拙，品味非常虛淡，冷靜而自我滿足，恬靜而沒有欲望。了解他的人少，卻不憂愁；時運不到，不被任用也不煩悶。」

「雖并日無藜藿之糝㊀，不以易不義之太牢㊁也；雖縕袍無卒歲之服，不肎樂無道之狐白㊂也。獨可散髮高枕，守其所有已，絶不曲躬低眉，求其所未須也。德薄位厚，弗交也；名與實違，弗親也；榮華馳逐，弗務也；豪俠姦權，弗接也；俗説細辨，不答也；脅肩所赴，弗隨也。貌愚而志遠，面垢而行潔。確乎若嵩、岱，銓衡㊃所不能測也；浩乎若滄海，斗斛所不能校也。」

【今註】㊀藜藿之糝：藜，疾藜，一種長刺的野生植物。藿，豆葉。糝，以米和羹。㊁太牢：指牛、羊、豕三牲。㊂狐白：狐腋下的白毛。指精美的狐裘。㊃銓衡：銓，秤。衡，秤杆，秤。

【今譯】「即使連日没有野菜稀飯，也不去做不應當的行為，以換取太牢盛饌；即使穿著舊棉袍，没有能度過年的衣服，也不做無德的事，以享受穿狐裘的快樂。只可披散了頭髮，隱居不出，守住他本來就有的東西，絕不彎腰低頭，求取那不必需的。品德低劣，官位高的人，不去結交；名聲和實才相違背的人不去親近；追逐榮華的事不做；強横的俠士，邪惡的勢力不接觸；庸俗的言論，見識短淺的辯論不予回答；脅肩諂媚以逐利的行為不去跟從。外表愚笨而志向高遠，面孔骯髒而行為高潔，像高山一樣剛強，不是秤戥所能稱量的，像滄海一樣廣闊，不是斗斛所能量校的。」

「峻其重仞之高，隱其百官之富。觀彼佻竊，若草莽㊀也。邈世之操，眇焉冠秋雲之表；遺俗之神，緬焉棲九玄之端。雖窮賤，而不可脅以威，雖危苦，而不可動以利。其所業耳可聞而不可盡也；其所執守可見而不可論也。」

【今註】㊀草莽：叢生的雜草。

【今譯】「嚴守他重仞之高的節操，隱藏他多過眾官的才能，來看那輕浮的小人，像雜草一樣。他們遠超於世人的品行，高遠地超越秋雲之上；忘卻世俗的精神，遥遠地停留在九天的那一端。雖然貧窮卑賤，卻不能用威權來脅迫他；雖然處於危急困苦之中，卻不能用利益來引誘他。他所從事的，能聽說，但不能完全了解；他所堅持施行的，可以看到，但不可以妄力評論。」

「故疾之者，齊聲而側目；愛之者，寡弱而無益。亦猶撮壤不能填決河，升水不能殄原火。於是鼖鼓㊀戢雷霆之音，鞉鞞洽喋謷㊁之響。芳蕙芟夷，臭鮑佩御。玄鬯㊂傾棄而不羞，醨酪專灌於圓丘。汗血㊃驅放而垂耳，跛蹇馳騁於鑾軒。此古人之所以懷沙負石，赴流魚葬，而不堪與之同世也。已矣！悲夫！」

【今註】㊀鼖鼓：軍用大鼓也。《周禮・地官・鼓》：「以鼖鼓鼓軍事」。《疏》：「案，大司馬云：『春執鼓鐸，王執路鼓，諸侯執鼖鼓，將軍執晉鼓。』」《周禮・考工記・韗人》：「鼓長八尺，鼓四尺，中圍加三之一，謂之鼖鼓。」㊁鞉鞞洽喋謷：鞉，徒刀切。有柄的小鼓，以手搖之作聲。鞞，奴移切。即「鼙」，一種軍用小鼓。謷，音高，大鼓。㊂玄鬯：玄，黑色。鬯，古代祭祀用的香酒。㊃汗血：古代一種駿馬。

【今譯】「所以憎惡他的人，齊聲攻擊，怒目而視；愛護他的人，勢孤力單，沒有作用。就像一小撮泥土不能填塞絕堤的河水，一小升水不能撲滅燎原的大火。於是大鼓收斂起雷霆般的聲音，小鼓放肆地喋喋不休；芳草被割除，臭魚被佩掛；黑色的香酒被倒掉也不感到羞愧，醨酪專被澆到小山丘上，好馬被趕走，垂下耳朵，劣馬卻駕著帝輦奔跑。這就是古人為什麼寧可懷抱沙石，投身河流，葬身魚腹，也不能忍受跟他們同處在一個世界上。算了吧！真可悲啊！」

「然捐玄黎於洿濘㊀，非夜光之不真也，由莫識焉；投彤盧㊁而不彎，非繁弱㊂之不勁也，坐莫賞焉。故瓊瑤俟荊和而顯連城之價㊃，烏號須逢門㊄而著陷堅之功，飛菟㊅待子豫而飆騰，俊民值知己而宣力。」

【今註】㊀玄黎於洿濘：玄黎，美玉名。與「懸黎」同。洿濘，低窪地。㊁彤盧：紅黑色的弓矢。《書傳》，彤，赤。盧，黑。參閱《公羊傳》定公四年：「挾弓而去楚」。㊂繁弱：古代良弓名。㊃瓊瑤俟荆和而顯連城之價：荆和，即春秋時楚人卞和。相傳他在山中得一璞玉，兩次獻給楚王，都被認為虛假，先後砍去雙腳。楚文王即位，他抱璞玉哭於荆山下，王使人雕琢其璞，果得寶玉，稱為「和氏之璧」。㊄逢門：古代善射者。即逢蒙。㊅飛菟：駿馬名。

【今譯】「然而把美玉扔在泥沼裏，不是因為晚上光線暗，看不真切，而是因為沒人認得；拋棄紅黑色的弓矢不拉張，不是因為繁弱良弓不夠強勁，而是因為無人賞識。所以美玉要等楚國的卞和到來，才能顯現連城的價值；烏號良弓要碰上逢門，才會顯露穿透堅革的功用；飛菟等待子豫駕馭，才能夠像暴風一樣奔馳；才智出眾的人，遇上知己才可以發揮力量。」

「若夫美玉不出重岫，良弓不鑿百札㊀，驥騄㊁不服朱軒，命世不履爵勢，則孰知其能攄符彩之耀曄㊂，頓雲禽於千仞，騁逸跡以追風㊃，康庶績於百揆㊄乎？夫其不遇，亦得不雜糅於瓦石，鈞㊅賤於朽木，列鑣於下乘㊆，等望於凡瑣哉！」

【今註】㊀札：古時鎧甲上的金屬葉片。㊁驥騄：驥，千里馬。騄，即騄耳，馬名，周穆王八駿之一。㊂攄符彩之耀曄：攄，散布，抒發。符彩，玉的紋理光彩。㊃追風：馬名，以疾馳而稱。㊄康庶績於百揆：康，舉。庶績，各種事功。百揆，古代總領國政的長官。㊅鈞：通「均」，平均，同等。㊆列鑣於下乘：鑣，馬嚼子。下乘，下等的馬車。

【今譯】「假如美玉不出重重深山，良弓不穿透層層鎧甲，駿馬不拉朱紅色的高車，名高一世的人不獲得爵位、勢力，那麼誰又知道他們能散放出玉石的光彩，射落千仞高空的雲中飛鳥，騎上駿馬飛奔，當上總領國政的長官，建立各種功業呢？不遇明君，也應得不錯雜在瓦片石塊之中，跟朽木同樣低賤；不列位於下等的馬群中，名望等同於平凡的小人啊！」

「嗟乎！彉㈠棘矢而望高手於渠、廣，策疲駑而求繼軌於周穆㈡，放斧斤而欲雙巧於班、墨，忽良才而欲彝倫㈢之攸敘，不亦難乎？名實雖漏於一世，德音可邀乎將來。樂天知命，何慮何憂？安時處順，何怨何尤哉？」

【今註】㈠彉：張弩，把弓拉滿。㈡繼軌於周穆：繼軌，猶踵跡，謂接續前人之業。周穆，指周穆王，西周國王，姬姓，名滿，昭王之子。曾西出犬戎，俘虜五王，並將部分犬戎遷到太原（今甘肅鎮原一帶）。還東攻徐戎，在涂山（今安徽懷遠東南）會合諸侯。後世傳說他曾周遊天下。《穆天子傳》即寫他西遊的故事。㈢彝倫：天、地、人之常道。

【今譯】「唉！拉張劣弓而期望成為高手；鞭打疲憊的劣馬，而想要接繼周穆王的事跡；不動斧頭，而幻想兼有魯班、墨翟的機巧；忽視優良的人才，而想保持天、地、人之常道的秩序，這不是很困難嗎？雖然在當代名實不能相符，好消息可希望在將來得到。樂從天命的安排，知守性命的分限，有什麼可憂慮的？安於時運，順應時勢，有什麼可埋怨的呢？」

清鑒篇第二十一

【篇旨】 本篇論述鑒定人才的問題。作者認為，知人是很不容易的，尤其不能從表面現象看人。「夫貌望豐偉者不必賢，而形器尪瘁者不必愚，咆哮者不必勇，淳淡者不必怯。」因此，作者強調：「願加清澄，以漸進用，不可頓任，輕假利器，收還之既甚難，所損者亦已多矣。」值得注意的是，作者反對憑個人的愛恨好惡來鑒別人才，指出：「同乎己者，未必可用；異於我者，未必可忽也。」

抱朴子曰：「咸㈠謂：『勇力絕倫者，則上將之器㈡，洽聞治亂者，則三、九㈢之才也。』然張飛、關羽萬人之敵，而皆喪元㈣辱主，授首㈤非所。孔融、邊讓文學邈俗，而並不達治務，所在敗績。鄧禹、馬援田間諸生，而善於用兵。蕭何、曹參，不涉經誥㈥，而優於宰輔㈦。爾則知人果未易也。欲試可乃已，則恐成折足覆餗㈧；欲聽言察貌，則或似是而非，真偽混錯。」

【今註】 ㈠咸：楊明照《抱朴子外篇校箋・上》云：「『咸』，吉藩本作『或』。按作『或』始與下段文意吻合。〈用刑篇〉『或云明后御世』，《藏》本、魯藩本、慎本等亦誤『或』為『咸』也。

㈡上將之器：上將，指高級將領。器，才能，人才。㈢三、九：指三公九卿之類高級官吏。㈣元：人頭。㈤授首：被殺。㈥經誥：指經典書籍。誥，如《尚書》有〈康誥〉、〈酒誥〉。蕭何出身於沛主吏掾（掌一縣吏事），曹參係獄掾（即典獄長），均不熟習經籍。㈦宰輔：指相國，即宰相。㈧則恐成折足覆餗：孫星衍校曰：舊寫本「成」字空白，疑衍。楊明照《抱朴子外篇校箋．上》：按以下文「欲聽言察貌，則或似是而非，真偽混錯。」例之，此處不僅無衍文，且脫去三字。楊氏所言合理，然所脫三字，無從增補。折足覆餗，意謂鼎足折斷，食品傾倒了出來。語出《易經．鼎卦》：「鼎折足，覆公餗。」餗，指鼎中食品。

【今譯】抱朴子說：「有人以為勇力絕倫的，就是當上將的人選；博通治亂的，就是三公九卿的人才。然而，張飛與關羽，威武勇猛，被稱為萬人之敵，而他倆卻都喪身死亡，使先主劉備受辱，他倆被殺身亡，非得其所。孔融與邊讓，文學才能遠遠超過世俗之人，但是他們並不通達政治事務，所在敗績，結果被曹操殺死。鄧禹和馬援，原是民間諸生，但善於用兵打戰，以功封侯。蕭何和曹參，原先並不熟習經典書籍，但治理政務卻優於一般的宰相。那樣看來，知人果真是不容易的。要想輕易地試用人才，恐怕就會造成折足覆餗的結局；要想從表面上看人，聽言察貌，就會出現似是而非、真假混雜的情況。」

「然而世人甚以為易，經耳過目，謂可精盡。余甚猜焉，未敢許也。區別臧否㈠，瞻形得神，存乎其人，不可力為。自非明並日月，聽聞無音者。願加清澄，以漸進用，不可頓任㈡。輕假利器，收還之既甚難，所損者亦已多矣。無以一事闇保其餘，同乎己者，未必可用；異於己者，未必可忽也。」

【今註】 ㈠臧否：評論好壞。 ㈡頓任：立即任用。

【今譯】 「然而，世俗之人以為知人甚為容易，經過一番耳目觀察，就說可以精確詳盡地知人了。對此，我很猜疑，不敢讚許。區別與評論人才的好壞，觀察形體，深得精神，存乎其人，不可力為，除非聰明如同日月，連無聲音的也能聽到。我希望在鑒別人才時，加以澄清，以求漸漸地進用，不可以急促地任用，輕易地授人利器權柄，否則，要收回利器權柄是很困難的，而所造成的損失也已經夠多的了。無法以一件事暗保其餘方面，跟自己意見相同的人，未必都可以任用；跟自己意見不同的人，未必都可以忽略。」

或難曰：「夫在天者垂象，在地者有形，故望山度水，則高深可推；風起雲飛，則吉凶可步㈠。智者覩木不瘁㈡，則悟美玉之在山；覿㈢岸不枯，則覺明珠之沈㈣淵。彗星出，則知鱣魚之方死，日月蝕，則識騏麟之共鬥。華、霍㈤不須稱，而無限之重可知矣；江、河不待量，而不測之數已定矣。鴻鵠㈥之翼，騄騏㈦之足，雖未飛走，輕迅可必也。」

【今註】 ㈠步：推步，根據天象推算人的吉凶。 ㈡瘁：凋萎。 ㈢覿：見。 ㈣沈：同「沉」。 ㈤華、霍：華，華山，在今陝西華陰南。霍，霍山，山以華為名者非一。《抱朴子・內篇・金丹篇》

云：「江東名山之可得住者，有霍山，在晉安。」即今福建南安之霍山。㈥鴻鵠：天鵝。㈦騄騏：良馬。《商君書・畫策》：「騏驎騄駬，每一日走千里。」

【今譯】有人質難說：「在天空垂掛著種種的天象，在地上的有各種的形狀。所以觀望山勢，審度河水，就能測算到山高與水深；風吹起，雲飛揚，就能據此推測到人的吉凶。聰明的人看到山上樹木不凋萎，就能知道美玉藏在此山中；看到河岸邊水不枯竭，就能察覺明珠潛沉在深淵中。看到彗星出現，就知道鯨魚剛剛死掉；看到日蝕或月蝕，就知道麒麟正在相搏鬥。華山與霍山不必去稱它們的重量，而那無限之重是可以知道的。大江、大河的水不必去估量，而那不測之數是已經確定了的。天鵝的羽翼，良馬的腿腳，雖然未曾疾飛奔馳，而它們的速度之快是可以肯定的。」

「豪曹㈠之劍，徐氏㈡匕首，雖未奮擊，其立斷無疑也。駮子㈢有呑牛之容，鶚㈣鷇㈤有淩鷙㈥之貌。卉茂者土必沃，魚大者水必廣。虎尾不附狸身，象牙不出鼠口。叔魚無猒之心，見於初生之狀。食我滅宗之徵，著乎開胞之始。中童覺竊妻之巫臣，張負知將貴之陳平。范子所以絕跡於五湖者，以句踐蜂目而鳥喙也。趙人所以息意於爭鋒者，以白起首銳而視直也。文王之接呂尚，桑陰未移㈦，而知其足師矣。玄德㈧之見孔明，晷景㈨未改，而腹心已委矣。」

【今註】㈠豪曹：豪客之輩，勇士。㈡徐氏：按《戰國策・燕策・三》：「於是太子（丹）預求天下之利匕首，得趙人徐夫人之匕首。」《史記》卷八十六〈刺客列傳〉司馬貞《索隱》：「徐，姓；夫人，名。謂男子也。」㊂駁子：駁，野獸。《爾雅・釋畜》：「駁如馬，倨牙，食虎豹。」駁子，指幼小的駁。㊃鶚：凶猛的魚鷹。㊄鷇：待哺食的雛鳥。㊅鷙：鷹之類的凶鳥。㊆桑陰未移：桑樹陰影未曾移動，比喻時間暫忽。㊇玄德：即劉備。㊈晷景：日影。

【今譯】「勇士的寶劍，徐夫人的匕首，雖然未曾奮擊，而它們的鋒利是沒有疑問的。幼小的駁（猛獸）已有吞食牛的容貌，待哺的小鶚已有凌迫老鷹的威勢。花草茂盛的地方，土壤必定是肥沃的，生長著大魚的河水，必定是深廣的。老虎的尾巴不會附在狐狸的身上，象牙不會生在老鼠的嘴上。叔魚的貪得無厭之心，已在初生之時就現出情況。滅亡我宗族的徵兆，已在開胞之始就已經顯著了。申童事先發覺巫臣的竊妻行為，張負預知陳平會富貴的，所以將女孫嫁給他。范蠡功成後所以絕跡於五湖，是因為看到越王句踐長得蜂目鳥嘴的樣子。趙國人所以息意於爭鋒，因為看到秦將白起尖頭而目光直視的樣子。周文王拜訪呂尚，在極短的時間之內，就知道呂尚足以為太師。劉備拜見孔明，在極短的時間之內，就把孔明當作腹心。」

『郭泰㊀中才，猶能知人，故入潁川則友李元禮㊁，到陳留則結符偉明㊂，入外黃則親韓子助㊃，至蒲亭則師仇季知㊄，止學舍則收魏德公㊅，觀耕者則拔茅季偉㊆，奇孟敏㊇於擔負，戒元艾㊈之必敗。終如其言，一無差錯。必能簡精鈍於符表，詳舒急乎聲氣，料明闇於舉厝㊉，察清濁於財色，觀取與於宜適，謂虛實於言行，考操業於閨閫㊁，校始終於信效，善否之驗，不其易乎？』

【今註】㊀郭泰：字林宗，太原介休（今屬山西）人，東漢末太學生首領。傳見《後漢書》卷六十八〈郭符許列傳〉。㊁李元禮：即李膺，潁川襄城（今屬河南）人。㊂符偉明：即符融，陳留浚儀（今屬河南）人。嘗師事李膺。㊃韓子助：即韓卓，以字稱。㊄仇季知：當作仇季智，即仇覽，以字稱。陳留考城人。㊅魏德公：陳之名士。㊆茅季偉：指茅容，陳留人。㊇孟敏：字叔達，鉅鹿楊氏人。㊈元艾：疑即黃允，字子艾，濟陰人。㊉舉厝：舉止。⑪閨閫：內室。

【今譯】「東漢名士郭泰雖是中等人才，尚能知人，所以入潁川就和李元禮為師友，到陳留就跟符融結交，入外黃就與韓子助親近，至蒲亭就與仇季智為師友，遊太學就收魏德公為生徒，從野耕者中獎掖了茅季偉，為孟敏擔負之事而奇異，告誡子艾將會敗事，最終確如郭泰所說，沒有一點兒差錯。可見，必定能夠從表象中簡擇出精明的與愚鈍的，從聲氣中詳別出舒坦的與急促的，從舉止中預料到人的精明與闇弱，從對財色的態度覺察到人的清廉貪濁，根據情況適宜的程度決斷取與的行動，檢核言行的虛實，考察在內室的操業，從誠信與效果校驗為人的始終，如此，鑒驗人才的好壞，不是容易的嗎？」

抱朴子答曰：「余非謂人物了不可知，知人挺無形理也。徒以斯術存乎大明，非夫當㊀人自許。然而世士各謂能之，是以有云，以警付任耳。夫貌望豐偉者不必賢，而形器尫瘁者㊁不必愚，咆哮者不必勇，淳淡者不必怯。或外候同而用意異，或氣性殊而所務合。非若天地有常候，山川有定止也。物亦故有遠而易知，近而難料，譬猶眼能察天衢㊂，而不能周項領㊃之間。耳能聞雷霆，而不能識螘㊄蝨之音也。唐、呂、樊、許㊅善於相人狀，唯知壽夭貧富，官秩尊卑，而不能審情性之寬剋，志行之洿隆㈦。惟帝難之，況庸人乎？」

【今註】㈠當：孫星衍校曰：疑作「常」。㈡形器尫瘁者：形器，疑作「形氣」。尫，瘦弱。瘁，憔悴。楊明照《抱朴子外篇校箋‧上》：「器」，《意林》四引作「氣」。按馬氏所引極是。上云「貌望」，此云「形氣」，皆指外候言。《抱朴子‧內篇‧道意篇》「煎熬形氣」，亦以「形氣」連文。㈢天衢：猶言天途、天路。㈣項領：頸部。㈤螘：蟻。㈥唐、呂、樊、許：皆古代善相人者。唐，即唐舉，戰國時人。《荀子‧非相篇》：「今之世，梁有唐舉，相人之形狀顏色，而知其吉凶妖祥。世俗稱之，古之人無有也，學者不道也。」呂，即呂公。漢呂后之父，其見劉邦儀態非常，便以其女（呂后）妻之。見《史記》卷八〈高祖本紀〉。樊，其名未詳。《藝文類聚》、《太平御覽》等類書引其《樊氏相法》。楊明照據《隋書‧經籍志》推測其乃秦末漢初之人。許，即許負，秦末漢初人。曾相薄姬之子當為天子，後果立為帝，即漢文帝。當周亞夫為河內侯時，言其「三歲而侯，侯八歲而為將相，持國秉，貴重矣，於人臣無兩，其後九年而君餓死。」後果如其所言。見《史記》卷四十九〈外戚世家〉、卷五十七〈絳侯周勃世家〉。㈦洿隆：洿，低下。隆，崇高。

【今譯】抱朴子答道：「我並不是說人物一點也不可以了解，知人全無形貌道理可言。我只是以為知人之術，存乎大明大智之中，並非一般人自誇所能掌握。然而，世俗之士都說自己能夠掌握，因此我有上述的說法，以便在任用人物時能有所警惕。外貌看來豐偉的人未必都是賢能的人，形氣瘦弱憔悴的人也未必都是愚笨的人，說話咆哮的人未必是勇猛的，言語淳淡的人未必是怯懦的。有些人外表相同而心意各異，有些人氣質性情殊異而所追求的相同。不像天地間有固定的氣候變化，山脈河流有固定的地方。事物也本有遠的容易了解，近的反而難以預料的情況。比如眼睛能觀察天空的天象，而不能完全看到頸部。耳朵能夠聽到雷霆轟鳴，而不能聽到蟻與蝨的聲音。唐舉、呂公、樊氏、許負等人，善於相人形貌狀態，只知道人壽長短、貧賤富貴、官秩尊卑，而不能審察人類情性的寬容與強制，人的志行的低下與崇高。帝王也難以掌握知人之術，何況平庸之人呢？」

「而吾子㊀舉論形之例，詰精神之談，未修其本，殆失指矣。夫亡射之箭，皆破秋毫，然準的恆不得為工㊁。叔向㊂之母，申氏㊃之子，非不一得，然不能常也。陶唐㊄稽古而失任，姬公㊅欽明而謬授。尼父㊆遠得崇替於未兆，近失澹臺㊇於形骸。延州㊈審清濁於千載之外，而蔽奇士於咫尺之內。知人之難，如此其甚。」

【今註】 ㊀吾子：指前段質難的人。　㊁亡射之箭三句：疑有脫誤。楊明照《抱朴子外篇校箋・上》：按此文有脫誤。《韓非子・外儲說左上》：「夫心砥礪殺矢，彀弩而射，雖冥而妄發，其端未嘗不中秋毫也；然而莫能復其處，不可謂善射，無常儀的也。」又《韓非子・辯問篇》：「夫砥礪殺矢，而以妄發，其端未嘗不中秋毫也；然而不可謂善射者，無常儀的也。」稚川遣辭出此。則「亡」當作「妄」，「恆」上合有「無」字。「準的無恆」，即「無常儀的」也。　㊂叔向：春秋時晉國大夫，羊舌氏，名肸。　㊃申氏：姜姓。　㊄陶唐：即堯。　㊅姬公：即周公。　㊆尼父：即孔子。　㊇澹臺：即澹臺滅明，字子羽。其狀貌甚惡，孔子以為材薄，後來學業修成，名施乎諸侯。孔子聞之，曰：

「以貌取人，失之子羽。」事見《史記》卷六十七〈仲尼弟子列傳〉。㈨延州：即春秋時吳國季札，精通音樂。聘於晉，請觀於周樂，使工為之歌〈周南〉、〈召南〉等，吳公子季札逐一評其歌樂。見《左傳》襄公二十九年。所謂「千載之外」，指〈周南〉、〈召南〉等樂歌。

【今譯】 「而你舉出以形貌知人的例子，反駁精神的論調，並沒有掌握知人之術的根本，完全喪失了旨意。胡亂地射箭，也都能射中秋毫，然而沒有固定的目標，就不能算是精於射術。叔向之母，申氏之子，並非沒有一得，然而不能經常如此。唐堯博通遠古，而也有任人不當的地方，周公恭敬聰明，而也有授人謬誤的地方。孔子可以根據徵兆推斷遥遠的興亡之事，而對近在身邊的澹臺滅明並不了解，失之以貌取人。吳公子季札能夠審辨千年以上的歌樂，而不了解近在咫尺的奇士。可見，知人是如此之艱難！」

「『郭泰所論，皆為此人過上聖乎？但其所得者，顯而易識；其所失者，人不能紀。且夫所貴，貴乎見俊才於無名之中，料逸足乎吳坂㈠之閒，掇懷珠之蚌於九淵之底，指含光之珍於積石之中。若伯喈㈡識絶音之器於煙燼之餘，平子㈢剔逸響之竹於未用之前。六軍之聚，市人之會，暫觀一覩，無所眩惑，探其潛生之心計，定其始終之事行，乃為獨見不傳之妙耳。若如未論㈣，必俟考其操蹈之全毀，觀其云為之好醜，此為絲線既經於銓衡㈤，布帛已歷於丈尺，徐乃說其斤兩之輕重，端匹之修短㈥，人皆能之，何煩於明哲哉？』」

【今註】㈠料逸足乎吳坂：逸足，指駿馬。言欲料擇揀選善走之良馬於吳坂之間。㈡伯喈：即蔡邕，陳留圉人，妙操音律。史載，吳人有燒桐以爨者，邕聞火烈之聲，知其良木，因請而裁為琴，果有美音，而其尾猶焦，故時人名曰「焦尾琴」焉。傳見《後漢書》卷六十下〈蔡邕列傳〉。㈢平子：即張衡，南陽西鄂（今河南南陽）人。楊明照《抱朴子外篇校箋・上》云：「剔」，《意林》四引作「別」。按「別」字是。當據改。㈣若如未論：孫星衍校曰：句有脱誤。盧本作「末論」，亦未確。㈤銓衡：即權衡，衡量輕重的器具。㈥端匹之修短：端，古布帛長度名。晉杜預《注》云：「二丈為一端，二端為二兩，所謂匹也。」修，長。

【今譯】「郭泰所做的，能夠超過上等聖人嗎？只是他所獲得的例子，淺顯而且容易識別；他所失誤的例子，人們沒有加以記載。知人之貴，貴在於從無名之輩中選拔出俊異之才，從吳地山坡之間辨認出善走良馬，從九淵之底拾到懷珠之蚌，從積石堆中指出含光之珍寶。好像蔡邕從煙燼之餘識別出絶音之器，張衡從未用過的竹中挑選出逸響的材料。六軍聚合，市人會集，那場面暫忽地看一看，不會覺得眩惑。但是探則其暗中萌生的心計，確定行事的始終，才是獨見不傳之妙術。如果要做到這一點，必須考察六軍操練的勝與敗，觀察市人行為的好與醜。如果像絲線已經權衡，布帛已經丈量過，才慢慢地說出斤兩的輕重，端匹的長短，這是人人都能做到的，何必麻煩明哲的聖人呢？」

行品篇第二十二

【篇旨】 題為「行品」，就是評論各類人物行為的優劣，並定其品級。作者首先把「善人之行」分為「聖人」、「賢人」、「道人」、「孝人」、「仁人」、「忠人」等三十九類。又根據「惡者之事」分為「悖人」、「逆人」、「凶人」、「惡人」、「虐人」、「讒人」等四十三類。最後，作者對真偽難分的十種情況作了剖析，並加以闡述剖析，強調指出：「夫物有似而實非，若然而不然，料之無惑，望形得神聖者。其將病諸，況乎常人？故用才取士，推昵結友，不可以不精擇，不可以不詳試也。」

抱朴子曰：「擬玄黃㊀之覆載，揚明並以表微；文彪昺㊁而備體，獨澄見以入神者，聖人也。稟高亮之純粹，抗峻標以邈俗，虛靈機以如愚，不貳過而諂黷㊂者，賢人也。居寂寞之無為，蹈修直而執平者，道人也。盡烝嘗㊃於存亡，保髮膚以揚名者㊄，孝人也。垂惻隱於有生，恆恕己以接物者，仁人也。端身命以徇國㊅，經險難而一節者，忠人也。覿微理於難覺，料倚伏㊆於將來者，明人也。量理亂以卷舒㊇，審去就以保身者，智人也。順通塞而一情，任性命而不滯者，達人也。不枉尺以直尋㊈，不降辱以苟合㊉者，雅人也。據體度以動靜㈡，每清詳而無悔者，重人也。體冰霜之粹素，不染潔於勢利者，清人也。篤始終於寒暑，雖危亡而不猜者，義人也。守一言於久要，歷歲衰而不渝者，信人也。摛銳藻㈢以立言，辯炳蔚而清允者，文人也。奮果毅之壯烈，騁干戈以靜難者，武人也。甄《墳》《索》之淵奧㈢，該㈣前言以窮理者，儒人也。銳乃心於精義，吝寸陰以進德者，益人也。識多藏之厚亡，臨祿利而如遺者，廉人也。不改操於得失，不傾志於可欲者，貞人也。卹急難而忘勞，以憂人為己任者，篤人也。潔皎分以守終，不遜避而苟免者，節人也。飛清機之英麗，言約暢而判滯者，辯人也。每居卑而推功，雖處泰而滋恭者，謙人也。崇敦睦於九族㈤，必居正以赴理者，順人也。臨凝結而能斷，操繩墨㈥而無私者，幹人也。拔朱紫於中構㈦，剖猶豫以允當者，理人也。步七曜㈧之盈縮，推興亡之道度者，術人也。赴白刃而忘生，格兕㈨虎於林谷者，勇人也。整威容以肅眾，仗法度而無二者，嚴人也。創機巧以濟用，總音數而並精者，藝人也。淩強禦而無憚，雖險逼而不沮者，黠人也。執匪懈於夙夜，忘勞瘁於深峻者，勤人也。蒙謗讟㈩而晏如，不慴㈢懼於可畏者，勁人也。聞榮譽而不歡，遭憂難而不變者，審人也。知事可而必行，不猶豫於群疑者，果人也。循繩墨以進止，不乾沒於僥倖者，謹人也。奉禮度以戰兢，及親疏而無尤㈢者，良人也。履道素㈢而無欲，時雖移而不變者，朴人也。凡此諸行，了無一然，而不躋善人之跡者，下人也。」

【今註】㈠玄黃：指天地。《易經・坤卦・文言》：「夫玄黃者，天地之雜也，天玄而地黃。」 ㈡昺：明亮、光明。 ㈢貳過而諂黷：貳過，重犯同一過失。《孔子家語・弟子行》：「失能夙興夜寐，諷誦崇禮，行不貳過，稱言不苟，是顏回之行也。」諂，奉承，討好。黷，污辱、輕慢。 ㈣烝嘗：烝，古代冬祭名。《周禮・春官・大宗伯》：「以烝，冬享先王。」嘗，古代秋祭名。《詩經・小雅・天保》：「禴祠烝嘗。」孔穎達《疏》曰：「嘗，嘗新穀。」 ㈤保髮膚以揚名者：《孝經》云：「身體髮膚，受之父母，不敢毀傷，孝之始也。立身行道，揚名於後世，以顯父母，孝之終也。」 ㈥端身命以徇國：楊明照《抱朴子外篇校箋・上》：「端」，《御覽》四一八引作「竭」。按「竭」字較長。〈貴賢篇〉「竭心力於百揆」，其用「竭」字宜與此同（《文選》卷五十二韋昭〈博弈論〉有「其在朝也竭命以納忠」語）。 ㈦倚伏：指福禍的變化。老子《道德經・第五十八章》云：「禍兮福所倚，福兮禍所伏。」倚，依憑。伏，潛藏。 ㈧量理亂以卷舒：楊明照《抱朴子外篇校箋・上》：按「理」疑當作「治」（〈君道〉、〈用刑〉、〈應嘲〉三篇，並有「治亂」之文）。此蓋唐避高宗諱改而未校復者。 ㈨枉尺以直尋：《孟子・滕文公篇・下》：「且夫枉尺而直尋者，以利言也。如以利，則枉尋直尺而利，亦可為與？」枉，曲。直，伸直。尋，漢代以前的長度單位，八尺為一尋。 ㈩苟合：無原則地附和。 ⑪據體度以動靜：楊明照《抱朴子外篇校箋・上》：按「體」疑「禮」之形誤。本篇下文「奉禮度以戰兢」，〈弭訟篇〉「心忘禮度」，〈詰鮑篇〉「閑之以禮度」，並其證（《申鑒・雜言上篇》「禮度之與」，亦以「禮度」連文）。 ⑫摛銳藻：摛，鋪張。《文選》卷四十五班固〈答賓戲〉：「馳辯如濤波，摛藻如春華。」藻，詞藻。 ⑬甄《墳》《索》：甄，鑒別。《墳》，傳說三皇之書，謂之《三墳》。《索》，《八索》，傳說是遠古之書。

《左傳》昭公十二年：「是能讀《三墳》、《五典》、《八索》、《九丘》。」孔穎達《疏》引偽孔安國《尚書序》：「八卦之說，謂之八索。索，求其義也。」(一四)該：同「賅」，完備。(一五)九族：一說父、祖、曾祖、高祖及自身、子、孫、曾孫、玄孫。一說以父族四、母族三、妻族二，計九族。(一六)繩墨：木匠畫直線用的工具。這裏比喻規矩、準則或法度。(一七)拔朱紫於中構：朱紫，比喻人品高下。中構，指內室。(一八)步七曜：步，推步。七曜，金木火水土五星及日月。(一九)格兕：格，格鬥。兕，雌性犀牛。(二〇)讟：誹謗、怨言。(二一)慴：害怕。(二二)尤：過失。(二三)道素：即道義。

【今譯】 抱朴子說：「比如天覆地載，發揚光明，照耀細微，文彩彪炳而全體備全，獨具真見，達到出神入化的程度，這樣的人就是聖人。稟受高亮的純粹之氣，堅持崇高的標準，遠遠超過世俗之人，心靈虛祖，好像是蠢愚的樣子，不重犯同一過失，不奉承也不輕慢別人，這樣的人就是賢人。甘於寂寞，無為而居，行為正直，做事平穩，這樣的人就是道人。始終盡力於各種祭祀，保護得之父母的身體，不敢毀傷，立身行道，揚名於後世，以光宗耀祖，這樣的人就是孝人。對於有生之物懷著惻隱之心，接人待物秉持恕己的原則，這樣的人就是仁人。為了國家而竭盡身命，經歷險難而氣節如一，這樣的人就是忠人。從難以發覺的事物中觀察出細微的道理，並能夠預料未來的禍福，這樣的人就是明人。估量治亂的形勢，保持卷舒的狀態，審察去就的方向，保障自身的安全，這樣的人就是智人。用情意理順通塞的狀況，任其性命而行，不遭到阻滯，這樣的人就是達人。不枉尺直尋，追求私利，不使自己屈辱，無原則地附和，這樣的人就是雅人。根據禮度而行動，做事總是清楚而周密，從來沒有悔恨，這樣的人就是重人。自身像冰雪一般素淨，不受到勢利的污染，這樣的人就是清人。不管是寒冬或苛暑，始終篤守如一，雖然碰到危亡的情況，但也不猜疑，這樣的人就是義人。信守久要的諾言，經歷歲衰而始終不渝，這樣的人就是信人。鋪陳敏銳的詞藻以立言，文辭炳蔚而清允，這樣的人就是文人。奮挽時果毅壯烈，騁馳戰場，以平息亂難，這樣的人就是武人。探討古代典籍深奧的意義，使前人之言完備，窮究道理，這樣的人就是儒人。使你的心銳意於精義，吝惜每寸光陰，以增進德行，這樣的人就是益人。知曉財富多了要厚亡的道理，碰到祿利就如遺失了似的，這樣的人就是廉人。不因為利害得失而改變節操，不將自己的志向傾注於可以得到的利慾，這樣的人就是貞人。撫卹急難而忘記了自己的辛勞，以憂人作為自己的責任，這樣的人就是篤人。潔身自好，始終遵守節操，不逃遁避讓，不苟免於世俗，這樣的人就是節人。言談清楚英麗，說話簡約流暢，而且能判別疑難問題，這樣的人就是辯人。每每甘居卑位而推功給別人，雖然地處康泰，而卻越發恭敬他人，這樣的人就是謙人。對於九族總是崇尚敦厚和睦的風氣，必定站在公正的立場上，以理服人，這樣的人就是順人。遇到疑難問題時能夠明斷，持守原則而無私心，這樣的人就是幹人。從內室中區分行品高下的，判別猶豫，做到允當，這樣的人就是理人。觀察日月與五星的盈缺變化，推測人事道度的興亡，這樣的人就是術人。爭赴戰場而忘記自身的生存，敢攀林谷中跟兕虎之類猛獸格鬥，這樣的人就是勇人。整頓威容，肅靜民眾，執行法度，毫不走樣，這樣的人就是嚴人。創製機巧之具，以供使用，總攬並精音樂聲律，這樣的人就是藝人。碰到強暴之徒而不害怕，雖遇險難而不沮喪，這樣的人就是黠人。做事從早到晚不懈怠，於深山峻嶺之中忘記了勞瘁，這樣的人就是刀人。蒙受誹謗而安然處之，不害怕強暴的勢力，這樣的人就是勁人。聽到榮譽而不心歡，遭遇憂難而不變色，這樣的人就是審人。知道事情可行就一定去做，面臨各種疑難而不猶豫，這樣的人就是果人。一舉一動總是遵循原則，不圖謀僥倖的情況，這樣的人就是謹人。戰戰兢兢地遵奉禮度，對待親疏關係而無過失，這樣的人就是良人。實行原則（道）而無私欲，時勢雖移而終究不變，這樣的人就是樸人。凡是不屬於上述各種行為，一點也沒有具備，不能躋身於善人之列，那就算是下等之人。」

門人請曰：「善人之行，既聞其目矣；惡者之事，可以戒俗者，願文垂誥焉。」

【今譯】門人請教說：「關於善人的行為，已經聽說過了。而惡人的事情，可以用來勸戒世俗之人的，我希望先生以文垂誥。」

抱朴子曰：「不致養於所生，損道而危身者，悖人也。懷邪偽以偷榮，豫利己而忘生者，逆人也。背仁義之正途，苟危人以自安者，凶人也。好爭奪而無猒，專醜正而害直者，惡人也。出繩墨以傷刻，心好殺而安忍者，虐人也。飾邪說以浸潤，構謗累於忠貞者，讒人也。雖言巧而行違，實履濁而假清者，佞人也。不原本於枉直，苟好勝而肆怒者，暴人也。措細善以取信，陰挾毒而無親者，姦人也。承風指以苟容，揆㊀主意而扶非者，諂人也。言不計於反覆，好輕諾而無實者，虛人也。覩利地而忘義，棄廉恥以苟得者，貪人也。覬豔逸而心蕩，飾誇綺而思邪者㊁，淫人也。見成事而疑惑，動失計而多悔者，闇人也。背訓典而自任，恥請問於勝己者，損人也。知善事而不逮，雖多為而無成者，劣人也。委德行而不修，奉權勢以取媚者，弊人也。履蹊徑以僥速，推貨賄以爭津者，邪人也。既傲很以無禮，好凌辱乎勝己者，悍人也。被抑枉而自誣，事無苦而振懾者，怯人也。治細辯於稠眾，非其人而盡言者，淺人也。闇事宜之可否，雖企慕而不及者，頑人也。知事非而不改，聞良規而增劇者，惑人也。無濟恤之仁心，輕告絕於親舊者，薄人也。既疾其所不逮，喜他人之有災者，妒人也。專財穀而輕義，觀困匱而不振者㊂，吝人也。冒至危以僥倖，值禍敗而不悔者，愚人也。情局碎而偏黨，志唯務於盈利者，小人也。騁鷹犬於原獸，好博戲而無已者，迷人也。忘等威之異數，快飾玩之誇麗者，奢人也。耽聲色於飲讌㊃，廢慶弔於人理者，荒人也。既無心於修尚，又怠惰於家業者，嬾㊄人也。無抑斷之威儀，每脫易㊅而不思者，輕人也。觀道義而如醉，聞貨殖而波擾㊆者，穢人也。杖淺短而多謬㊇，闇趨舍㊈之臧否者，笨人也。憎賢者而不貴，聞高言而如聾者，嚚㊉人也。覩朱紫⑪而不分，雖提耳⑫而不悟者，蔽人也。違道義以趦趄⑬，冒禮刑耀罔顧者，亂人也。每動作而受嗤，言發口而違理者，拙人也。事酋豪如僕虜，值衰微而背惠者，慝⑭人也。捐貧賤之故舊，輕人士而踞傲者，驕人也。棄衰色而廣欲，非宦學而遠游者，蕩人也。無忠信之純固，背恩養而趨利者，叛人也。當交顏而面從，至析離而背毀者，偽人也。習強梁⑮而專己，距忠告而不納耀，刺人也。」

【今註】 ㊀揆：揣測。 ㊁飾誇綺而思邪者：楊明照《抱朴子外篇校箋・上》：按「誇」疑當作「袴」（〈疾謬篇〉「舉足不離繻紈袴之側，可謂旁證」）。 ㊂觀困匱而不振者：楊明照《抱朴子外篇校箋・上》：按「振」本與「賑」通，然〈君道篇〉「緩賑濟而急聚斂」，〈吳失篇〉「而不以賑戰士之凍餒」，〈守堉篇〉「收寓箱以賑乏乎」，〈辭義篇〉「賑貧者之乏」，〈應嘲篇〉「不能賑匀憲之貧」，皆是「賑」字，則此不應獨作「振」也。㊃讌：宴。㊄嬾：懶。㊅脱易：輕率，不講究禮貌。《韓非子・八經篇》：「脱易不自神曰彈威。」㊆聞貨殖而波擾：貨殖，經商。波擾，波動不安。㊇杖淺短而多謬：楊明照《抱朴子外篇校箋・上》：按「杖」疑當作「仗」。〈嘉遯篇〉「仗獨是以彈眾非」，〈疾謬篇〉「而仗氣力以求畏」，〈廣譬篇〉「仗法度者」，《抱朴子・內篇・論仙篇》「仗其短淺之耳目」，又《抱朴子・內篇・微旨篇》「仗其短見」，並其證。㊈趨舍：同「趣舍」，取舍。㊉嚚：愚蠢。⑪朱紫：真偽混淆。⑫提耳：提起耳朵而聽。⑬趦趄：猶豫不進。⑭慝：惡，邪。⑮強梁：強橫，凶暴。

【今譯】抱朴子回答說：「不致力於養生之術，損玄道而危害了自身，這樣的人就是悖人。心懷邪偽，竊取榮貴，圖謀私利，忘記養生，這樣的人就是逆人。背棄仁義的正途，只圖危害別人，以保障自身的安全，這樣的人就是凶人。熱中爭奪，貪得無厭，專門醜化並危害正直之人，這樣的人就是惡人。超越法度而傷害別人，心性好殺而殘忍，這樣的人就是虐人。掩飾邪惡之說，以侵蝕影響別人，對於忠貞的人構築誹謗，這樣的人就是讒人。言談靈巧，而行為與之違背，實際上做事濁穢，而表面上似乎清白，這樣的人就是佞人。不推究本來的是非曲直，只圖好勝，肆意發怒，這樣的人就是暴人。做些細微的善行，以取信於人，暗中挾藏毒計，而不顧親近，這樣的人就是姦人。秉承風旨，只圖容悅，揣測主子的心意，扶助壞事，這樣的人就是諂人。言論經常反來覆去，喜歡輕易地允諾，而實際不去兑現，這樣的人就是虛人。看到有利的地方，就忘記了道義，拋棄廉恥，只圖謀取，這樣的人就是貪人。

看到艷麗的女人，就心蕩起來，裝飾華麗，思念邪惡，這樣的人就是淫人。看到事情成功了，反而疑惑起來，做事失策，經常後悔，這樣的人就是闇人。違背訓典而自以為是，恥於向比自己強的人請教，這樣的人就是損人。了解好事而做不到，雖然多做而不能成功，這樣的人就是劣人。委棄德行而不修，事奉權勢以取媚，這樣的人就是弊人。走小路，幻想速達，推銷貨賄，爭渡津口，這樣的人就是邪人。既傲狠無禮貌，又好凌辱勝過自己的人，這樣的人就是悍人。被壓抑受委曲，而說自己過錯，事情並不辛苦，而自己卻害怕了，這樣的人就是怯人。在大眾面前搬弄細辯巧說，對不合適的人卻盡力而言，這樣的人就是淺人。不懂事情是否可做，雖然企慕而做不到，這樣的人就是頑人。知道事情做錯了而仍不改正，聽到良好的規勸反而增加不滿的情緒，這樣的人就是惑人。沒有救濟撫恤別人的仁愛之心，輕易地拒絕親朋舊友的請求，這樣的人就是薄人。妒嫉別人的優點（自己所做不到的地方），為別人有災難而欣喜，這樣的人就是妒人。專重財穀而輕視仁義，看到困匱的人而不加以賑濟，這樣的人就是吝人。冒著最大的危險，幻想避免不幸，碰到禍難與失敗而仍不悔悟，這樣的人就是愚人。性情器量細碎而偏於私黨，志向只在於營求盈利，這樣的人就是小人。帶著鷹犬在原野上奔馳打獵，愛好賭博，不肯罷休，這樣的人就是迷人。忘記了上下等級威儀的差異，以奢麗的服飾珍玩為快樂，這樣的人就是奢人。沉溺於酒宴聲色，廢棄了合於人情常理的歡慶與弔喪活動，這樣的人就是荒人。既對長遠的事業無所用心，又懶於治理家業，這樣的人就是懶人。沒有抑斷的威儀，每每不思考如何講究禮儀，這樣的人就是輕人。仗憑淺短的知識，經常發生謬誤，不懂得好壞的取捨，這樣的人就是笨人。看到道義，全然無知，如同醉人一樣，聽到經商謀利，就奔走追逐，這樣的人就是穢人。憎恨賢者而不尊貴，聽到高尚的言辭，好像聾子一樣，這樣的人就是嚚人。看到真偽混淆的情況，而不會分別，雖然提耳面告，而仍不覺悟，這樣的人就是蔽人。違背道義，行動上猶豫不進，冒犯禮度刑法，而全然不顧，這樣的人就是亂人。一舉一動，就會引起嗤笑，每每開口發言，就違背道理，這樣的人就是拙人。服事首領權貴如同僕人與奴虜，遭到權勢衰微就背棄從前的恩惠，這樣的人就是邪惡的人。捨棄貧賤的故舊，傲慢地輕視士人，這樣的人就是驕人。抛棄衰色的內人，到處追求新歡，遠遊並非為了求學，這樣的人就是蕩人。沒有純固的忠信可言，背叛恩養之人，而熱中於私利，這樣的人就是叛人。當相遇時表示同意，到了分離時又背毀先前的約定，這樣的人就是偽人。學習凶暴，自己專横獨斷，拒絕別人的忠告，不加採納，這樣的人就是刺人。」

抱朴子曰：「人技未易知，真偽或相似。士有顏貌修麗，風表閑雅，望之溢目，接之適意，威儀如龍虎，盤旋㊀成規矩。然心蔽神否，才無所堪，心中所有，盡附皮膚。口不能吐片奇，筆不能屬㊁半句；入不能宰民，出不能用兵；治事則事廢，銜命則命辱。動靜無宜，出處莫可。蓋難分之一也。士有貌望樸悴，容觀矬㊂陋，聲氣雌弱，進止質澀㊃。然而含英懷寶，經明行高，幹過元凱㊄，文蔚春林。官則庶績康用，武則克全獨勝。蓋難分之二也。士有謀猷㊅淵邃，術略入神，智周成敗，思洞幽玄，才兼能事，神器無宜；而口不傳心，筆不盡意，造次㊆之接，不異凡庸。蓋難分之三也。士有機變清銳㊇，巧言綺粲，擥㊈引譬喻，淵湧風厲；然而口之所談，身不能行；長於識古，短於理今，為政政亂，牧民㊉民怨。蓋難分之四也。士有外形足恭，容虔言恪，而神疏心慢，中懷散放，受任不憂，居局不治。蓋難分之五也。士有控弦命中，空拳入白，倒乘立騎，五兵[11]畢習；而體輕慮淺，手勦[12]心怯，虛試無對，而實用無驗。望塵奔北[13]，聞敵失魄。蓋難分之六也。士有梗槩[14]簡緩，言希貌樸，細行闕漏，不為小勇，跼蹐拘檢[15]，犯而不校，握爪垂翅，名為弱愿[16]。然而膽勁心方，不畏強禦，義正所在，視死猶歸，支解寸斷，不易所守。蓋難分之七也。士有孝友溫淑，恂恂[17]平雅，履信思順，非禮不蹈，安困潔志，操清冰霜；而疏遲迂闊，不達事要，見機不作，所為無成，居己梁倡[18]，受任不舉。蓋難分之八也。士有行己高簡，風格峻峭，嘯傲偃蹇[19]，淩儕[20]慢俗，不肅檢括[21]，不護小失，適情率意，旁若無人，朋黨排譖，談者同敗，上友不附，品藻所遺。而立朝正色，知無不為，忠於奉上，明以攝下。蓋難分之九也。士有含弘曠濟，虛己受物，藏疾匿瑕，溫恭廉潔，勞謙沖退，救危全信，寄命不疑，託孤[22]可保；而純良暗權，仁而不斷，善不能賞，惡不忍罰，忠貞有餘，而榦用不足，操柯猶豫，廢法效非，枉直混錯，終於負敗。蓋難分之十也。夫物有似而實非，若然而不然。料之無惑，望形得神，聖者其將病諸，況乎常人？故用才取士，推昵結友，不可以不精擇，不可以不詳試也。若乃性行之惑變，始正而終邪，若王莽初則美於伊、霍[23]，晚則劇於趙高[24]，又非中才所能逆盡也。若令士之易別，如鷃鶉[25]之與鴻鵠，狐兔之與龍麟者，則四凶[26]不得官於堯朝，管、蔡不得幾危宗周[27]，仲尼無澹臺之失[28]，延陵無捐金之恨[29]，伊尹無七十之勞㉚，項羽無嫌范㉛之悔矣。所患於其如碔砆之亂瑾瑜㉜，鷦螟㉝之似鳳皇，凝冰之類水精㉞，煙熏之疑雲氣，故令不謬者尠㉟也。惟帝難之，矧㊱乎近人哉！夫惟大明，玄鑒幽微，靈銓揣物，思灼沈昧，瞻山識璞，臨川知珠。士於難分之中，而無取舍之恨者，使臧否區分，抑揚咸允。武丁、姬文㊲不獨治，而傳說㊳、呂尚不永棄，高、莽、宰嚭㊴不得成其惡，弘恭、石顯㊵無所容其偽矣。斯蓋取士之較略，選擇之大都耳。精微以求，存乎其人，固非毫翰㊶之所備縷也。」

【今註】㊀盤旋：周旋進退。㊁屬：撰著。㊂矬：矮小。㊃澀：遲鈍。㊄元凱：八元八凱。元，善也；凱通「愷」，和也。昔陽氏有才子八人：蒼舒、隤敳、檮戭、大臨、尨降、庭堅、仲容、叔達，謂之八愷。高辛氏有才子八人：伯奮、仲堪、叔獻、季仲、伯虎、仲熊、叔豹、季貍，謂之八元。見《左傳》文公十八年。㊅猷：計謀。㊆造次：魯莽、輕率。㊇士有機變清銳：楊明照《抱朴子外篇校箋・上》：「變」，《藏》本、魯藩本、吉藩本作「辯」；舊寫本作「辨」。按上文：「飛清機之英麗，言約暢而判滯者，辯人也。」此節專就喜說者言，則作「辯」是也。（「辨」與「辯」通）。〈正郭篇〉「此人有機辯風姿」，亦作「機辯」連文。㊈擥：同「攬」，摘。㊉牧民：治理民眾。⑪五兵：五種兵器，即戈、殳、戟、酋矛、夷矛。⑫勦：剿。⑬奔北：戰敗。⑭梗槩：大略。⑮跼蹐拘檢：跼蹐，畏縮不安的樣子。拘檢，拘謹。⑯弱愿：弱，軟弱。愿，謹慎老實。⑰恂恂：謙恭謹慎的樣子。⑱梁倡：謂處境狼狽，進退失所。⑲偃蹇：驕傲，傲慢。⑳儕：同輩的人。㉑檢括：檃栝，矯正邪曲的器具，引申為規則、法度。㉒託孤：以遺孤相託。㉓伊、霍：伊，伊尹，商初輔佐大臣。霍，霍光。王莽為安漢公時，曾比擬為伊尹、霍光。事見《漢書》卷九十九〈王莽傳〉。㉔趙高：秦宦官。始皇死，與李斯偽造遺詔，逼使始皇長子扶蘇自殺，立少子胡亥為二世皇帝。㉕鵂鶹：又叫「巧婦鳥」，形小。㉖四凶：堯時四凶族，即渾敦、窮奇、檮杌、饕餮，見《左傳》文公十八年。㉗管、蔡不得幾危宗周：管，管叔。蔡，蔡叔。宗周，西周都城鎬京的別稱，在今陝西西安市豐鎬村西北。㉘澮臺之失：詳見〈清鑒篇〉注。㉙延陵無捐金之恨：楊明照《抱朴子外篇校箋．上》：「捐」，吉藩本作「損」。按「捐」、「損」於此均不愜，疑字有誤。《韓詩外傳》卷十：「吳延陵季子遊於齊，呼牧者取之（《論衡．書虛篇》作「季子呼薪者曰：『取彼地金來。』」《吳越春秋》佚文作「謂薪者曰：『子來取此金。』」（《類聚》卷八〇又卷八三、《御覽》卷四九一又卷六九四引。）皇甫謐《高士傳》作「顧披裘公曰：『取彼金。』」」魏隸《高士傳》作「顧而視之，謂公曰：『取彼金。』」（《類聚》卷三六引。）」牧者曰：『子何居之高，視之下，貌之君子，而言之野也！』……延陵季子知其賢者，請問姓字。牧者曰：『子乃皮相之士也，何足語姓字哉！』遂去。延陵季子立而望之。不見乃止。據此，則「捐」當作「指」矣。㉚伊尹無七十之勞：七十，七十年。或疑作「十七」，湯即位十七年而踐天子位。（三十一）范：范增，項羽的主要謀士。他多次勸項羽殺劉邦，項羽不聽。後項羽中劉邦反間計，削其權力，他忍而離去，途中病死。事見《史記》卷七〈項羽本紀〉。㉜碔砆之亂瑾瑜：碔砆，亦作「武夫」，似玉的美石。《文選》卷七司馬相如〈子虛賦〉：「瑌石碔砆。」《山海經．南山經》郭璞注：「砆，武夫，石似玉。」瑾，美玉。瑜，美玉。㉝鷦螟：孫星衍校曰：即焦明（鳥）。㉞水精：石英。㉟尠：鮮，少。㊱矧：況且。㊲武丁、姬文：武丁，商朝國王，後被稱為高宗。即位後，重用傅說等為大臣，政績顯著。姬文，即周文王。㊳傅說：原是傅岩地方從事版築的奴隸，後被武丁任為大臣，治理國政。㊴高、莽、宰嚭：高，趙高。莽，王莽。宰嚭，春秋時吳國大夫，原叫伯嚭，官為太宰，故又稱太宰嚭。吳王夫差伐越，句踐棲於會稽，使大夫種因吳太宰嚭而行成，請委國為臣妾。吳王聽太宰嚭，卒許越平，與盟而罷兵去。後越王句踐滅吳，誅太宰嚭，以為不忠。㊵弘恭、石顯：弘恭，西漢沛人。石顯，字君房，西漢濟南人。皆少坐法腐刑，為中黃門，以選為中尚書。宣帝時，恭為中書令，善為奏請，能稱其職。顯為僕射。元帝即位數年，恭死，顯代為中書令。事無大小，因顯白決，貴幸傾朝。傳見《漢書》卷九十三〈佞幸傳〉。㊶毫翰：毛筆，引申為文詞。

【今譯】抱朴子說：「人的才能並不容易了解，真的與假的有時是相似的。有的士人面貌修麗，風度儀表閒雅，望之滿目，與之接觸感到適意，威嚴的儀態如龍似虎，周旋進退儼然成為規矩。然而，心蔽神壞，才能無所堪任，心中所有的東西，完全表現在外貌，言談時說不出一點驚人之語，執筆寫不出半句文辭，對內不能治理民眾，對外不能用兵作仗，做事就壞事，奉命就使命令受到屈辱，動靜無宜，出處莫可。這大概就是真偽難分的第一種情況。有的士人外貌看來樸素憔悴，容貌矮小醜陋，聲音氣質像弱女子，周旋進止顯得遲鈍。然而含英懷寶，熟悉經書，品行高尚，才幹超過了八元八凱之類才人，文辭寫得漂亮，宛如春天的林木，做官就能取得顯著的政績，打仗就能克全獨勝。這大概是真偽難分的第二種情況。有的士人計謀深遠，精通術略，善於考慮到成敗各種情形，洞察幽微玄妙的問題，才氣與辦事能力兼備，精神與形器無不適宜。然而，口不會表達心裏所想的，筆不能完全寫出自己的意思，待人輕率魯莽，與凡庸之人沒有差異。這大概是真偽難分的第三種情況。有的士人善於辯說，言談清楚銳利，巧妙綺粲，摘引比喻，好像淵水洶湧，大風凌厲。然而嘴上說的，自己不能身體力行，善於識古，卻不善於治理今天的事務，做官理政就使政治敗亂，治理民眾就使民眾產生怨恨。這大概是真偽難分的第四種情況。有的士人外表甚為恭敬，容貌虔誠，言談謹慎。然而，內心神態疏慢，懷著散慢放任的心態，接受任命時不用心思，平居局促，不理事務。這大概是真偽難分的第五種情況。有的士人精於射騎，控弦命中，空拳入白，倒乘立騎，各種兵器都練習。然而，身體輕盈，思慮淺短，剿敵時心裏懦怯，虛試無對，而實際上打仗時毫無效驗，望塵敗北，聞敵失魄。這大概是真偽難分的第六種情況。有的士人大略簡樸緩慢，言談稀小，容貌樸素，行為細小，不為小勇，畏縮拘謹，不計較別人的侵犯，握爪垂翅的樣子，名義上頗為軟弱老實。然而膽壯心大，不畏強暴，做正義的事，視死如歸，即使被支解寸斷，也不改變自己信守的道義。這大概是真偽難分的第七種情況。有的士人孝友温淑，謙恭平雅，做事講信用，思慕順和，不符合禮度的事不做，安於貧困，潔志自好，操行猶如清淨的冰霜。然而，疏忽迂闊，做不了重要的事，不會見機而作，事情没有成功的，處境狼狽不堪，受任不舉。這大概是真偽難分的第八種情況。有的士人行為高尚簡樸，風格嚴峻，言談傲慢，威迫同輩，看不起世俗，不講究規矩，不掩護小的過錯，適情率意，旁若無人，朋黨爭鬪，談者同敗，不結交上友，為品評人物時所遺忘。然而，立朝做官，一本正色，知無不為，忠於奉上，明以攝下。這大概是真偽難分的第九種情況。有的士人心胸廣大，虛己受物，藏疾匿瑕，温恭廉潔，勞謙沖退，救危全信，寄命不疑，託孤可保。然而，心地純良而不懂權術，仁愛而不能決斷，對善者不能給予賞獎，對惡者又不忍加以懲罰，忠貞有餘而才幹不足，操權柄而猶豫，廢棄法度而模仿壞的，結果是非曲直混淆，終於失敗。這大概是真偽難分的第十種情況。總之，物有相似而實際上不同，好像如此而又不是如此，看上去没有疑惑，觀望形貌而獲得精神，聖者尚有真偽難分的弊病，何況平常的人呢！因此，用才取士，推呢結友，不可以不精細地選擇，不可以不詳盡地試用。至於有些人性行往往惑變，開始時端正而最終走向邪惡，例如王莽，最初被讚美為伊尹、霍光，後來則比趙高還壞，這又非中等才能的人所能做絶的。假使士人很容易識別，如同區別鷦鷯與鴻鵠，區別狐兔與龍麟，那麼，四凶就不得在堯朝時做官，管叔、蔡叔就不得發動幾乎危及西周王朝的叛亂，孔子就没有「以貌取人，失之澹臺」的感歎，伊尹就没有七十年的辛勞，項羽就没有嫌棄范增的後恨。病患在於以碔砆之假亂美玉之真，鷦螟好像鳳凰，冰塊類似水精，熏煙猶如雲氣，所以能夠正確辨別的人鮮少。歷來帝王都難以知人，何況近今的常人呢！只有大明大智的人，才能玄妙地鑒別幽微的情況，以心靈衡量並揣測人物，以思想之火花照耀矇昧狀態，看到山就知道藏有美玉，到了河邊就知道藏有珍珠。這樣，儘管士人處於真偽難分之中，但無取捨失當之恨，能夠區分好壞，抑揚都允當。這樣，不只是武丁、周文王能治天下，而且傅説、呂尚永遠不會被遺棄，趙高、王莽、太宰嚭不得成其奸惡，弘恭、石顯的詐偽也没有存在的餘地了。以上説的就是取用士人的概略，選舉士人的大要。精微地取用人才，還在於善於知人的人，這本來不是筆墨所能一一詳述的。」

弭訟篇第二十三

【篇旨】「弭訟」的意思是「平息爭訟」，本篇就民間的婚嫁爭訟發表意見。作者說：「夫婚媾之結，義無逼迫，彼則簡擇而求，此則可意乃許。輕諾後悔，罪在女氏。食言棄信，與奪任情，嚴防峻制，未之能弭。」作者還對豪右權臣與輕薄小人進行了抨擊，但終究維護封建倫理關係。

姑子劉君士由之論曰：「人綱㊀始於夫婦，判合㊁擬乎二儀㊂。是故大婚之禮，古人所重，將合二姓之好，以承祖宗之基。主人拜迎於門，聽命於廟㊃。玄纁贄幣㊄，親御授綏㊅。壻㊆有三年之喪，致命女氏，女氏許諾而不敢改。大喪既沒㊇，請命於壻，壻有辭焉，然後乃嫁。所以崇敬讓也，豈有先訟後壻之謂乎㊈？」

【今註】㊀綱：指綱常，三綱五常。㊁判合：夫婦相配合。《周禮・地官・媒氏》：「掌萬民之判。」鄭玄《注》：「判，半也，得耦為合，主合其半，成夫婦也。」《喪服》傳曰：『夫婦判合。』鄭司農云：『主萬民之判合。』」㊂二儀：兩儀，指天地。《易經・繫辭・上》：「是故易有太極，是生兩儀。」㊃廟：宗廟。㊄玄纁贄幣：玄，帶赤的黑色。纁，淺紅色。玄與纁兩種染料，古代用以染祭服。引申為用作儀物的幣帛的代辭。贄，初次求見人時所送的禮物，這裡指娉禮。㈥親御授綏：御，駕車。綏，車上的繩子，為拉手所用。㈦壻：同「婿」字，指夫家。㈧沒：盡，終。㈨豈有先訟後壻之謂乎：楊明照《抱朴子外篇校箋・上》：陳（澧）曰：「榮案承訓本（即）魯藩本作『後婚』。」按《藏》本、舊寫本亦作「後婚」，較勝。

【今譯】姑媽的兒子劉君士由此而議論，說：「人倫綱常開始於夫婦關係，夫婦相配合比擬為天地兩儀。因此，大婚的典禮為古代人們所重視，這將是把兩個姓氏的人結合和好，以繼承祖宗的基業。婚禮時，主人在門口拜迎，聽命於宗廟，各種禮品錢幣要親自接送。如果夫婿家遇有三年之喪，致辭於女家，女方答應而不敢改嫁。等到大喪完畢，請求於夫婿家，男方有所致辭。然後才嫁，這樣做是為了崇尚敬讓的風氣，難道有什麼先訟爭而後結婚的說法嗎？」

「而末世輕慢，傷化敗俗，舉不修義，訐而弗與㈠，訟鬩㈡穢辱，煩塞官曹㈢。今可使諸爭婚者，未及同牢㈣，皆聽義絕，而倍還酒禮，歸其幣帛。其嘗已再離者，一倍裨㈤娉；其三絕者，再倍裨娉。如此，離者不生訟心，貪吝者無利重受，乃王治之要術，不易之永法也。」

【今註】㈠訐而弗與：楊明照校云：「『許』字誤。按「訐」字誤。當依《藏》本、魯藩本、慎本、舊寫本、柏筠堂本、文溯本、《叢書》本、《崇文》本改作「許」（此平津本寫刻之誤）。㈡鬩：爭吵。㈢官曹：官署。㈣同牢：古代結婚儀式中，新郎新娘同吃一分牲牢，表示共同生活的開始。《禮記・昏義》：「婦至，婿揖婦以入，共牢而食。」 ㊄禫：大喪以外的禮服。

【今譯】「但是，如今末世輕浮疏慢，傷教化，敗風俗，舉動不遵循道義，許嫁而不嫁，發生了爭吵與辱罵，都要麻煩官府來處理。現在可以規定，那些為婚嫁而爭訟的人，如果尚未同牢完婚的，都聽任其離異，加倍退還酒禮，歸還錢帛財禮。那些已經再次離異的人，一倍禫娉；那些已三次離異的，再倍禫娉。如此辦理，離異的人不會產生訴訟的念頭，貪吝的人也不會得到重大的利益，這就是王者治理天下的重要術略，是永遠不變的法則。」

抱朴子答曰：「劉君愍德讓之淩替㊀，疾民爭之損化，雖速我訟，室家不足；用和之貴，將遂淪胥㊁。創讜言以拾世遺㊂，建嘉謀以拯流遁，紛譁之俗，將以此而易；無恥之風，將由茲而移。彌綸㊃情偽，固難閒矣。誠經國之永法，至益之篤論也。洪㊄以不敏，不識至理，造次㊅承問，竊有疑焉。」

【今註】 ㊀愍德讓之淩替：愍，哀憐，憂愁。淩替，頹廢，廢弛。 ㊁淪胥：相率淪喪或陷溺。 ㊂創讜言以拾世遺：讜言，正直的言論。世遺，世俗遺忘的事物。 ㊃彌綸：包括，統攝。 ㊄洪：葛洪自稱。 ㊅造次：匆忙。

【今譯】 抱朴子回答說：「劉君為德義謙讓風尚的廢弛而憂愁，痛恨那種民間爭訟損害教化的情況，有感於訟爭日益激烈，室家不足負擔，貴和之道就將相率淪喪，所以提出正直的意見以倡導被世俗遺忘了的風俗，提出良好的建議以拯救已消失的習俗。如此，爭訟紛譁的風俗將會改變，無恥的風氣將會轉移，到處真偽不分的情形也就難以存在了。這確實是治理國家的永久法則，是最有裨益的篤誠之論。我葛洪不聰明，不懂得最深的道理，承蒙你匆忙地發問，私下有所疑慮。」

「夫婚媾㈠之結，義無逼迫，彼㈡則簡擇而求，此㈢則可意乃許，輕諾後悔㈣，罪在女氏，食言棄信，與奪任情，嚴防峻制，未之能弭㈤，今猥恣之，唯責裨娉倍㈥貧者所憚㈦也，豐於財者，則適其願矣。後所許者，或能富殖，助其裨娉，必所甘心。然則先家拱默㈧，不得有言，原情論之，能無怨歎乎？」

【今註】　㈠婚媾：指婚姻。㈡彼：指男方。㈢此：指女方。㈣輕諾後悔：輕諾，輕易答應。後悔，後來反悔。㈤弭：弭平、平息。㈥唯責裨娉倍：楊明照《抱朴子外篇校箋・上》：按「倍」疑應在「責」字下。㈦憚：怕。㈧拱默：拱手緘默。

【今譯】　「男女婚姻結合，從道義上說不該有逼迫，男方則選擇而求，女方則中意才許諾。如果輕易地答應而後來又反悔，那罪錯在於女方。自食諾言，拋棄信義，任情與奪，即使加以嚴防制止，也未能平息爭訟。如今任意放肆，只處以加倍的娉禮財物，這卻是貧窮人家擔憂的。對於財富豐足的人來說，則恰好滿足了願望。如果後來許嫁的人，家財富足，幫助女方退還原先的娉禮錢物，女方必定甘心許嫁給後者。既然如此，那麼，原先的男方拱手緘默，不得說什麼了，究其情況而論，他能夠沒有怨歎嗎？」

「夫不伏之人，視死猶歸，血刃之禍，於是將起。今苟惜其辭訟之小醜，而構其難忍之大恨，所謂愛其僦㊀覽之煩，忘其凋殞㊁之酷也。夫買物於市者，或加價而奪之，則尠忍而不忿然矣。況乎見奪待告之妻哉！」

【今註】㊀僦：運送。㊁凋殞：傷亡。

【今譯】「內心不服氣的人，視死如歸，血刃之禍於是發生了。現在只哀惜訟爭這類小的醜行，而卻造成了歎忍的血海深仇。真是所謂愛惜其運送的小麻煩，忘記了傷死的殘酷。從市集上購買物品，有時加價而奪取，則很少有忍而不怒的情況，何況被奪的是待告之妻呢！」

「此法遂用者，將使結婚者雖納敬、親迎㊀，猶抱有見奪㊁之慮。何者？劉君之論，以同牢為斷，固也。爾則女氏雖受幣積年，恒挾在意之威㊂，恃可數奪，必惰於擇壻；壻小不得意，便得改悔。結讎㊃速禍，莫此之甚矣。曩㊄人畫法，慮關終始，杜漸防萌㊅，思之良精。而不關恣奪之路㊆，斷以報板之制者，殆有意乎？」

【今註】㊀將使結婚者雖納敬、親迎：楊明照校云：按「敬」當作「徵」。《儀禮・士婚禮》：「納徵，玄纁，束帛，儷皮。」鄭注：「徵，成也。使使者納幣以成昏禮。」㊁見奪：指被奪妻。㊂恒挾在意之威：楊明照校云：按「在」當作「任」。㊃讎：仇。㊄曩：從前。㊅杜漸防萌：防範未然。㊆而不關恣奪之路：楊明照校云：按「關」字蓋涉上而誤，當作「開」。

【今譯】「劉君提出的辦法若實施，將使結婚的人雖已納徵親迎，還是抱有被奪妻的疑慮。為什麼呢？劉君的意見，以為同牢完婚就使夫婦關係穩固了。那麼樣，女方雖接受錢財多年，卻經常帶著任意之威，自恃可以數奪，必定惰於選擇女婿。女婿年小不得意，便得改悔。結成怨仇，速成血禍，沒有比這更激烈的了。前人制訂法度，考慮到從頭到尾的全部過程，防範未然，想法精良，而不開啟任意掠奪的道路，以制訂判處訟爭法律的人，恐怕有意於此吧？」

「儻令女有國色㊀，傾城絕倫㊁，而值豪右㊂權臣之徒，目玩冶容㊃，心忘禮度，資累千金，情無所吝，十倍還娉，猶所不憚，況但一乎？華氏不難於殺孔父而取其妻㊄，楚人為子迎婦以其美而自納之。以此論之，豈惜傾竭居產，以助女氏還前家之直㊅哉！小人輕薄，睚眦㊆成怨，又喜委衰逐盛，蹋冷趨熱。此法之行，則必多奪貧賤而與富貴者矣。不審吾君㊇何方以防弊乎？」

【今註】　㊀儻令女有國色：儻，同「倘」，假使。國色，稱容貌美麗而冠絕一國的女子。《公羊傳》昭公三十一年：「顏夫人者，嫗盈女也，國色也。」　㊁傾城絕倫：傾城，形容女子貌美。《漢書》卷九十七上〈外戚傳．上〉：「北方有佳人，絕世而獨立，一顧傾人城，再顧傾人國。」後因用「傾城傾國」形容絕色女子。絕倫，超越群倫。　㊂豪右：豪門大族。古代以右為上，因稱豪門大族為「豪右」。　㊃冶容：豔麗的容貌。　㊄華氏不難於殺孔父而取其妻：華氏，即春秋時太宰華督。孔父，春秋時宋國貴族，字孔父，名嘉，孔子六世祖。孔父嘉官為大司馬，受宋穆公囑，立殤公，殤公立十一年，民不堪命，華督謀奪孔父之妻，並將他殺死。　㊅直：價值。　㊆睚眦：發怒瞪眼。　㈧吾君：劉君。

【今譯】「假使有容貌美麗冠絕一國的女子，傾城絕倫，而卻碰到了豪右權臣之徒，他們目覩艷麗的女子，心裏忘記了禮度，家財累千金，情無所吝惜，花費十倍於歸還的娉禮錢財，尚所不怕，何況只有一倍的娉禮錢物呢？華氏不難於殺死孔父，並奪其妻子，楚國有人為兒子娶新婦，因看到新婦美貌而納為自己的妻妾。由此看來，難道會有愛惜全部家產而不肯幫助女方退還前夫家娉禮財物的嗎？小人行為輕薄，發怒瞪眼，結成怨仇，又喜新厭舊，棄冷趨熱。劉君的辦法如果實行，則必定經常發生掠奪貧賤者的利益而給與富貴者的情形。不知道劉君用什麼方法來防止弊病？」

或曰：「可使女氏受娉禮無豐約㈠，皆以即日報板㈡，後皆使時人署姓名於別板㈢，必十人已上，以備遠行及死亡。又令女之父兄若伯叔，答壻家書，必手書一紙。若有變悔而證據明者，女氏父母兄弟皆加刑罪。如此，庶於無訟者乎！」

【今註】㈠約：事先說定。　㈡報板：將內容刻寫在木板上，作為以後訟爭的憑證。　㈢別板：其他的木板。

【今譯】有人建議說：「可以使女方接受娉禮時沒有過多的要求，並事先加以約定，當即把內容刻寫在木板上。接著，要使當時人署姓名於另外的木板上，必須多達十個人以上，以備退還及死亡時發生訟爭的憑據。又叫女方父兄或者伯父叔父給女婿家致答書信，必須親手書寫。如果今後發生變悔的事情，可以有明確證據，女方父親、母親、哥哥、弟弟都要加以判罪。這樣，或許沒有訟爭的吧！」

酒誡篇第二十四

【篇旨】 本篇勸誡人們不要酗酒，並對如何有效地禁酒發表了意見。作者生動地描述了酒醉後各種各樣的醜態，分析了酗酒造成的眾多危害。強調指出：「夫酒醴之近味，生病之毒物，無毫分之細益，有丘山之巨損。君子以之敗德，小人以之速罪。耽之惑之，尠不及禍。世之士人亦知其然，既莫能絶，又不肯節。縱心口之近欲，輕召災之根源。」

抱朴子曰：「目之所好，不可從也；耳之所樂，不可順也；鼻之所喜，不可任也；口之所嗜，不可隨也；心之所欲，不可恣也。故惑目者，必逸容鮮藻㊀也；惑耳者，必妍音㊁淫聲也；惑鼻㊂者，必茝蕙芬馥㊃也；惑口者，必珍羞嘉旨㊄也；惑心者，必勢利功名也。五者㊅畢惑，則或承之禍為身患者，不亦信哉！」

【今註】 ㊀逸容鮮藻：逸容，超逸的容貌。鮮藻，指色彩鮮艷的服飾。 ㊁妍音：美好的音樂。 ㊂鼻：指「鼻頭」。 ㊃茝蕙芬馥：茝蕙，繼昌、陳其榮《校勘記》：榮案《群書治要》作「芷蕙」。茝，一種香草。《爾雅・釋草》：「蘄茝，蘪蕪。」郭璞注：「香草，葉小如萎狀。」《淮南子》云：「似蛇床。」蕙，一種香草，俗名佩蘭。馥，香氣。㊄珍羞嘉旨：珍羞，亦作「珍饈」，貴重珍奇的食品。嘉，美。旨，美味。㊅五者：指目、耳、鼻、口、心。

【今譯】抱朴子說：「眼睛所看到的好東西，不可以跟從它。耳朵所聽到的歡樂，不可以依順它。鼻頭聞到的好東西，不可任意地喜歡。嘴裡嗜好的東西，不可以隨便地進食。心中的慾望，不可以沒有拘束。所以，使眼睛迷惑的，必定是超群的容貌與鮮艷的服飾。使耳朵迷惑的，必定是動聽而淫邪的音樂。使鼻子迷惑的，必定是春草的芬芳香氣。使嘴巴迷惑的，必定是珍貴美味的食物。使人心迷惑的，必定是功名勢利。以上五個方面都受到迷惑，則或招來災禍，造成自身的患難，不也是確實的嗎！」

「是以智者嚴㯳括㊀於性理，不肆神以逐物，檢之以恬愉，增之以長算㊁。其抑情也，劇乎隄防之備決；其御性也，過乎腐轡㊂之乘奔。故能內保永年，外免釁㊃累也。蓋飢寒難堪者也，而清節者不納不義之穀帛焉；困賤難居者也，而高尚者不處危亂之榮貴焉。蓋計得則能忍之心全矣，道勝則害性之事棄矣。」

【今註】㊀㯳括：矯揉彎曲竹木等使之平直或成形的器具。《韓非子・顯學篇》：「雖有不恃㯳括而自直之箭，自圓之木，良工弗貴也。」《淮南子・修務篇》：「木直中繩，揉以為輪，其曲中規，㯳括之力。」㊁算：指「策劃謀略」。㊂轡：駕馭牲口用的嚼子和韁繩。㊃釁：過失，罪過。

【今譯】「因此，明智的人嚴於約束性理，不放肆追逐喜好的東西，以達到心身恬靜愉快的要求檢點自己，增長自己的謀略。明智的人控制情慾，超過了對堤壩決口的防備；控制性慾，超過了對腐轡駕車的防備。所以能內保長壽，外則免除世上的禍患。大概飢寒往往使人難以忍受，但清廉節儉的人不取不義的穀帛；困賤往往使人難以居住，但高尚之士不趁危亂之機而得到榮耀與富貴。大概有了辦法就能使難忍之心得以保全，道義勝了就能將害性之事拋棄了。」

「夫酒醴㈠之近味，生病之毒物，無毫分㈡之細益，有丘山之巨損，君子以之敗德，小人以之速罪，耽㈢之惑之，尠㈣不及禍。世之士人，亦知其然，既莫能絕㈤，又不肎節㈥，縱㈦心口之近欲，輕㈧召災之根源，似熱渴之恣冷，雖適己而身危也。小大亂喪，亦罔非酒。」

【今註】㈠醴：甜酒。㈡毫分：一絲一毫，比喻「細微」。㈢耽：沉溺。㈣尠：鮮，少。㈤絕：禁絕、戒除。㈥節：節制。㈦縱：放縱、縱容。㈧輕：輕視。

【今譯】「酒醴的滋味相近，但都是導致疾病的毒物，沒有一分一毫的細微利益，卻有丘山般的巨大損失。君子因它而敗壞德行，小人因它而迅速構成罪錯。耽溺或迷惑於酒醴的人，很少有不發生災禍的。世上的士人也知道這樣的後果，然而既不能戒除，又不肯節制，放縱自己的喜好欲望，忽略了招來災禍的根源。好像乾渴時恣意喝冷飲，雖然自己感到舒適，但身體危險了。社會上大大小小的喪亂，也沒有不是酒所造成的。」

「然而俗人是酣是湎。其初筵也，抑抑濟濟，言希容整，詠〈湛露〉之「厭厭」㈠，歌「在鎬」之「愷樂」㈡，舉「萬壽」之觴㈢，誦「溫克」㈣之義。日未移晷㈤，體輕耳熱。夫琉璃㈥海螺之器並用，滿酌罰餘之令㈦遂急。醉而不止㈧，拔轄㈨投井。於是口涌鼻溢，濡首及亂。屢僛躚躚㈩，舍其坐遷(十一)，載(十二)號載呶，如沸如羹。或爭辭尚勝，或啞啞獨笑，或無對而談，或嘔吐几筵，或傎蹷良倡(十三)，或冠脫帶解。」

【今註】㈠詠〈湛露〉之「厭厭」：〈湛露〉，《詩經・小雅》篇名。〈詩序〉謂為天子宴諸侯之詩。厭厭：美好貌。《詩經・周頌・載芟》：「有厭其杰」。毛《傳》：「言杰苗厭然特美也」。㈡歌「在鎬」之「愷樂」：鎬，鎬京，西周都城。在今陝西西安市豐鎬村西北。愷，快樂。㈢觴：指盛滿酒的杯子。㈣溫克：謂喝醉了還能自加克制，保持溫和恭敬的態度。《詩經・小雅・小宛》：「飲酒溫克」。㈤移晷：晷，日影。移晷，指時間過得很快。㈥琉璃：一種礦石質的有色半透明的材料。《漢書》卷九十六上〈西域傳・上〉：「（罽賓國）出……珠璣、珊瑚、虎魄、璧流離。」㈦令：酒令。㈧醉而不止：陳其榮案《治要》作「不出」，此用《詩經・小雅・賓之初筵篇》語，當據改。㈨轄：車上的零件，插在軸端的孔內。㈩屢僛躚躚：僛，同「舞」，《莊子・在宥篇》：「鼓歌以僛之」。躚躚，迴旋舞動的樣子。(十一)坐：同「座」。(十二)載：又，且。(十三)傎蹷良倡：傎，顛倒，錯亂。蹷，倒。孫星衍校云：《藏》本作「值」。《群書治要》載此篇作「顛蹷梁倡」，知舊作「傎」。良倡，梁倡，比喻「進退失所」。

【今譯】「但是世俗之人，酣飲酒，沉湎於酒。酒宴之初，濟濟一堂，言談不多，儀容整潔，朗誦〈湛露〉之類美好的詩篇，歌唱西周的歡樂音樂，舉起滿酌的酒杯，敬祝萬壽無疆，喝醉了還能自我克制，保持溫和恭敬的態度。過了一會兒，身體覺得飄飄然，兩耳發熱。就用琉璃海螺做成的酒杯，統統倒滿酒，叫著酒令，互相罰酒，竟然急醉而不止，拔轄投井，於是口湧鼻溢，滿頭沾濕，秩序哄亂，每每迴旋舞動，離棄坐位，又是號叫，又是呶呶不休，如同沸羹。有的爭吵好勝，有的啞啞獨笑，有的獨自無對地說話，有的嘔吐弄髒了桌筵，有的神魂顛倒，進退失所，有的脫掉帽子，解開衣帶。」

「貞良者流華督之顧眄㊀，怯懦者效慶忌㊁之蕃捷，遲重者蓬轉而波擾㊂，整肅者鹿踊而魚躍。口訥㊃於寒暑者，皆搖掌而譜聲㊄，謙卑而不競者，悉裨瞻以高交㊅。廉恥之儀毀，而荒錯之疾發，闒茸㊆之性露，而傲佷之態出㊇。」

【今註】 ㊀華督之顧眄：華督，春秋時任宋國太宰，謀奪孔父嘉之妻，並將他殺死。顧，看。眄，斜看。 ㊁慶忌：春秋時代吳王僚之子，勇無人敵。後為要離刺殺。見《吳越春秋・闔閭內傳》。 ㊂遲重者蓬轉而波擾：遲重，遲鈍。《漢書》卷六十〈杜周傳〉：「周少言重遲。」蓬轉，蓬草隨風流轉。擾，《意林》作「偃」。 ㊃訥：出言遲鈍，不善於講話。 ㊄譜聲：譜曲。孫星衍校云：《藏》本作「垂掌而譜」，從《意林》改。陳其榮案《治要》作「俯掌」。 ㊅悉裨瞻以高交：孫星衍校云：《意林》作「皆裨瞻而高發」。 ㊆闒茸：指卑劣微賤的人。章太炎《新方言・釋言》：「闒為小戶，茸為小草，故並舉以狀微賤也。」 ㊇而傲佷之態出：楊明照《抱朴子外篇校箋・上》：按〈行品篇〉「既傲佷以無禮」，〈疾謬篇〉「所謂傲很明德」，則此「佷」字亦當作

「很」，始能一律（「傲很」連文見《左傳》文公十八年）。佷，通「狠」字，凶惡。

【今譯】 「原本貞良的人像華督那樣眉來眼去，怯懦的人卻效仿著慶忌的蕃捷，遲鈍的人如同蓬草隨風飛轉，如同波浪翻滾，嚴肅的人似鹿奔跑，似魚跳躍。原來終年不善於說話的人，都擊拍歌唱；原來謙卑而不競爭的人，都壯起膽來，高聲地發表意見。這樣，廉恥的儀態毀滅了，而荒誕錯誤的毛病發生了；卑賤的性情顯露了，而傲狠凶惡的態度表現出來了。」

「精濁神亂，臧否顛倒。或奔車走馬，赴阬㈠谷而不憚，以九折之阪為螘封㈡；或登危蹋積㈢，雖墮墜而不覺，以呂梁之淵㈣為牛跡也。或肆忿於器物，或酗醟㈤於妻子；加枉酷於臣僕，用剡鋒乎六畜㈥；熾火烈於室廬㈦，掊㈧寶玩於淵流；遷威怒於路人㈨，加暴害於士友。褻嚴主以夷戮㈩者，有矣；犯凶人而受困者，有矣。言雖尚辭，煩而叛理；拜伏徒多，勞而非敬。」

【今註】 ㈠阬：同「坑」。 ㈡以九折之阪為螘封：楊明照校云：「封」下，《治要》五〇引有「也」字。按有「也」字，與下「以呂梁之淵為牛跡也」句儷。阪，山坡。螘，蟻。 ㈢積：頹，倒塌。 ㈣呂梁之淵：一說在西河，一說在彭城。《莊子・達生篇》云：孔丘觀於呂梁，縣水三千仞，流沫四十里，黿鼉魚鱉之所不能游也。 ㈤醟：酗酒。 ㈥用剡鋒乎六畜：剡，銳利，尖。孫星衍校云：本脫「六畜」二字，從《群書治要》補。 ㈦熾火烈於室廬：楊明照校云：按「火烈」二字當互乙，上下各句可證。 ㈧掊：擊破。 ㈨路人：孫星衍校云：本作「踞人」，從《群書治要》

改。⑩夷戮：殺戮。

【今譯】「精神錯亂，好壞顛倒。有的奔車走馬向著坑谷，而不怕把曲折的山坡當作蜀蟻洞的封口。有的攀登危峰頽岩，雖然掉下來了，而仍把呂梁之淵當作生途。有的對器物肆意發怒，有的對著妻子酗酒。有的向臣僕施加殘酷的行為，有的用尖刀刺向六畜。有的放大火燒掉房屋，有的擊破珍寶並拋進河流。有的遷威怒於路人，有的加暴害於朋友。有的因褻瀆嚴厲的主人而被殺戮，有的因觸犯凶惡之人而遭到了圍困。有的酒後胡言亂語，煩瑣而違背道理。有的酒醉做出拜人的樣子，拜得多且辛勞，但並非敬仰別人。」

「臣子失禮於君親之前，幼賤悖慢於耆宿㊀之坐。謂清談為詆詈㊁，以忠告為侵己。於是白刃抽而忘思難之慮，棒杖奮而罔顧乎前後。搆滮血之讎㊂，招大辟㊃之禍。以少凌㊄長，則鄉黨㊅加重責矣；辱人父兄，則子弟將推刃矣；發人所諱㊆，則壯士不能堪㊇矣；計數深尅，則醒者不能恕矣。起眾患於須臾㊈，結百痾於膏肓⑩。奔駟㊁不能追既往之悔，思改而無自反之蹊㊂。」

【今註】㊀耆宿：年高而有道德學問的人。㊁詆詈：詆，謗毀。詈，罵。㊂搆滮血之讎：滮，孫星衍校云：《群書治要》作「灑」。滮血，攄去血。讎，同「仇」字。㊃大辟：古代五刑之一，商、周、春秋、戰國等時期死刑的通稱。㊄凌：欺凌。㊅鄉黨：鄉，孫星衍校云：《群書治要》作「邦」。鄉黨，周制以五百家為黨，一萬二千五百家為鄉，後因以「鄉黨」泛指鄉里。㊆

諱：諱言，不願説的。⑧堪：忍受。⑨須臾：一會兒，比喻極短的時間之內。⑩結百痾於膏肓：痾，病。膏肓，人體內心下膈上的部位。後稱病勢嚴重為病入膏肓。⑪駟：古代稱套四匹馬的車，也泛指馬。⑫自反之蹊：反，同「返」。蹊，小路。

【今譯】「臣子在君親面前喪失禮節，幼賤之輩在耆宿的座前表現得怠慢。把清談當作罵人，把別人的忠告當作對自己的侵害。於是拔刀劍相鬥，而忘記了思難之慮，棒杖奮擊，而不顧前顧後，造成了殺傷之仇，而自己也終於被處以死刑。以少欺凌長者，則鄉里加以重責。污辱別人的父兄，則子弟將動刀毆鬥。觸發別人所諱言的事，則壯士不能忍受。計數深刻，則清醒者不能寬恕。一會兒發生了眾多的災難，百病集結於膏肓。奔馳的馬車不能追已往之悔，思考改正而已無自返之路。」

「蓋智者所深防，而愚人所不免也①。其為禍敗，不可勝載。然而歡集，莫之或釋，舉白②盈耳，不論於能否。計瀝霤於小餘③，以稽遲④為輕己。傾匡注於所敬，殷勤變⑤而成薄。勸之不持，督之不盡，怨⑥色醜音所由而發也。」

【今註】①而愚人所不免也：楊明照《抱朴子外篇校箋・上》：孫（星衍）曰：「（『愚』）《藏》本作『煦』」按魯藩本、吉藩本、慎本、舊寫本亦並作「煦」，固誤；孫據盧本改為「愚」，亦非。《治要》五〇引作「庸」，極是。當據改。②舉白：謂舉杯告盡。或謂罰酒。《漢書》卷一百上〈敘傳・上〉唐顏師古《注》：「白者，罰爵之名也。飲有不盡者，則以此爵罰之。」③計瀝霤於小餘：楊明照《抱朴子外篇校箋・上》：陳（澧）曰：「『計』字《治要》作『料』。承訓本同。」

按魯藩本、吉藩本、慎本、舊寫本亦並作「料」。本書屢用「料」字，則此當以作「料」為是。㊃稽遲：遷延，滯留。　㊄變：孫星衍校云：《藏》本作「勸」，盧本作「勸」，從《群書治要》改。㊅怨：孫星衍校云：《群書治要》作「惡」。

【今譯】　「大概明智的人所深防的事，對於愚蠢的人來說，卻是不可避免的。酗酒所造成的禍敗現象，實在不可勝記。然而酒宴歡飲卻沒有停止，舉杯罰酒之聲充斥耳朵，不管人們能否繼續喝酒，料想瀝過的清酒又是小餘，以為別人酒喝慢些就是對自己的輕視，傾匡注於所敬的人，殷勤變成了輕薄。勸之不持，督之不盡。暴怒的臉色和醜惡的罵聲，因此而發生了。」

「夫風節府藏㊀，使人惚怳㊁，及其劇者，自傷自虞㊂。或遇斯疾，莫不憂懼，吞苦忍痛，欲其速愈㊃。至於醉之病性，何異於茲？而獨居密以逃風，不能割情以節酒。若畏酒如畏風，憎醉如憎病㊄，則荒沈之咎塞，而流連㊅之失止矣。夫風之為疾㊆，猶展攻治，酒之為變，在乎呼噏㊇。及其悶亂㊈，若存若亡，視泰山如彈丸，見滄海如盤盂，仰嚾㊉天墮，俯呼地陷，卧待虎狼，投井赴火，而不謂惡也。夫用身之如此，亦安能惜敬恭之禮，護喜怒之失哉？」

【今註】　㊀風節府藏：風，風疾，臨床表現多見頭痛、寒熱汗出，遍身遊走疼痛等症。府藏，腑臟，中醫對人體胸、腹内部器官的總稱。心、肝、脾、肺、腎叫「臟」，胃、膽、三焦、大腸、小腸、膀胱叫「腑」，通稱五臟六腑。　㊁惚怳：怳，恍。惚恍，精神不集中，迷迷糊糊。　㊂虞：憂慮。㊃愈：痊癒。㊄若畏酒如畏風，憎醉如憎病：孫星衍校云：今本但作「若畏風憎病」，從《群書治要》補。又《意林》作「君若畏酒如畏疾，憎醉如憎大病」。㊅流連：貪戀遊樂而不想離去。㊆疾：孫星衍校云：《群書治要》作「病」。㊇噏：同「吸」。㊈悶亂：孫星衍校云：本作「間亂」，從《群書治要》改。㊉嚾：呼喚。

【今譯】「風疾生於人的腑臟，使人精神恍惚不定。等到風疾的病情加劇了，自己就悲傷憂慮起來。患了這種疾病，沒有不憂愁懼怕的，忍受痛苦，希望病情迅速痊癒。至於酒醉時給人的性理所造成的病患，跟風疾有什麼差異呢？但是人們只居住清靜以躲避風疾，卻不能割斷對酒的貪戀。如果害怕酒跟害怕風疾一樣，憎恨酒醉跟憎恨病患一樣，那麼耽溺於酒的罪過就會停止，而且喪失了戀酒的地方。風疾所帶來的病患，尚能展開攻治，而飲酒所出現的變化，在於呼吸之間。到了酒醉感到悶亂，眼前的情景似存似亡，看到泰山猶如一顆彈丸，見到滄海好像一只盤盂，向上喚一聲，天就掉下來，向下呼一聲，地就陷下去，臥身等待虎狼，投井赴火，而卻不知道會有凶惡。酒醉到了如此的地步，哪裏能夠愛惜敬恭的禮節，防止喜怒無常的過失呢？」

「昔儀狄㊀既疏，大禹以㊁興。糟丘酒池，辛、癸㊂以亡。豐侯㊃得罪，以戴尊㊄銜盃。景升荒壞，以三雅之爵㊅。劉松爛腸，以逃暑之飲㊆。郭珍發狂，以無日不醉㊇。信陵之凶短㊈，襄子之亂政㊉，趙武之失眾⑪，子反之誅戮⑫，漢惠之伐命⑬，灌夫之滅族⑭，陳遵之遇害⑮，季布之疏斥⑯，子建之免退⑰，徐邈之禁言⑱，皆是物⑲也。世人好之樂之者甚多，而戒之畏之者至少。彼眾我寡，良箴㊂安施？且願君子節之而已。」

【今註】㊀儀狄：禹臣。《戰國策・魏策・一》：「昔者，帝女令儀狄作酒而美。進之禹，禹飲而甘之，遂疏儀狄，絕旨酒，曰『後世必有以酒亡其國者。』」袁珂按《文選》卷三十四曹植〈七啟〉及卷三十五張協〈七命〉注引《戰國策》均作「黃帝女儀狄作酒而美，進之於禹。」則作酒之儀狄即「帝女」，非「帝女令儀狄作酒」。或均脫一「令」字。㊁以：因。㊂辛、癸：辛：即殷紂王。《史記》卷三〈殷本紀〉：「大最樂戲於沙丘，以酒為池，縣肉為林，……為長夜之飲。」《正義》引《太公六韜》云「紂為酒池，迴船糟丘而牛飲者三千餘人為輩。」癸，指夏桀，夏朝的末代君王。㊃豐侯：周成王時之諸侯，因喝酒亡國。後世酒器，作豐侯之形，以為告誡。見《竹書紀年・下・成王十九年》、《說文解字・卷五上・豐字》、《太平御覽》卷七六二引東漢崔駰〈酒箴〉、李尤〈豐侯銘〉。㊄尊：酒器。㊅景升荒壞，以三雅之爵：景升，即漢末劉表。表，字景升，初平元年任荊州刺史，後為荊州牧。其子弟驕貴，以酒器名三爵。上者伯雅受七升，中者仲雅受六升，下者季雅受五升。爵，酒器。㊆劉松爛腸，以逃暑之飲：劉松，三國時人，曾官光祿大夫。曾以盛夏三伏之際，與袁紹子弟晝夜酣飲，至於極醉。見《初學記》卷三引《典論》。㊇郭珍發狂，以無日不醉：郭珍，曾官洛陽令，家財巨億。每暑夏召客飲，使侍婢數十盛妝飾、被羅縠，使之進酒。見《太平御覽》卷四七二引《典論》。㊈信陵之凶短：信陵，即信陵君魏無忌，戰國時期四公子之一，有食客三千。凶短，凶短折，早死。信陵君被奪軍權後，「公子自知再以毀廢，乃謝病不朝，與賓客為長夜飲，飲醇酒，多近婦女。日夜為樂飲者四歲，竟病酒而卒。」事見《史記》卷七十七〈魏公子列傳〉。

⑩襄子之亂政：襄子，趙襄子，春秋時期晉國大夫。傳說其曾連續飲酒五日五夜，國內朝政混亂。見《新序·刺奢篇》。⑪趙武之失眾：趙武，即趙文子，亦稱趙孟，春秋時期晉國大夫。曾沈醉於酒，周景王使臣劉定公因有「神怒民叛，何以能久」之譏，見《左傳》昭公元年。⑫子反之誅戮：子反，春秋時楚國將軍。楚共王十六年，晉伐鄭。鄭告急，共王救鄭。與晉兵戰鄢陵，晉敗楚，射中共王目。共王召將軍子反。「子反嗜酒，從者豎陽穀進酒醉。」王怒，射殺子反，遂罷兵歸。事見《史記》卷四十〈楚世家〉。⑬漢惠之伐命：漢惠，即漢惠帝劉盈。伐命，斃命。⑭灌夫之滅族：灌夫，西漢潁陰（今河南許昌）人，字仲孺。喜任俠，家財錢數十萬，嗜酒，性剛。後因在酒宴上侮丞相田蚡，被劾為不敬，族誅。傳見《漢書》卷五十二〈竇田灌韓傳〉。⑮陳遵之遇害：陳遵，西漢杜陵（今陝西西安東南）人。字孟公。王莽當政時，為校尉。後為河南太守、九江及河內都尉。更始時，任大司馬護軍，奉命前往匈奴，在朔方酒醉後為人所殺。⑯季布之疏斥：季布，漢初楚人。著名的遊俠。布為河東守。孝文帝時，召欲以為御史大夫。「人又言其勇，使酒（酗酒）難近。至，留邸一月，見罷。」事見《漢書》卷三十七〈季布欒布田叔傳〉。⑰子建之免退：子建，即曹植，史稱「植任性而行，不自彫勵，飲酒不節。」魏文帝黃初二年，監國謁者希旨，奏「植醉酒悖慢，劫脅使者」。有司請治罪，文帝以太后故，貶爵安鄉侯。傳見《三國志》卷十九〈魏書·陳思王植傳〉。⑱徐邈之禁言：徐邈，字景山，薊人。曹操時，禁酒，而邈私飲至於沉醉，自稱「中聖人」。曹操得知此事，甚怒。鮮于輔進曰：「平日醉客謂酒清者為聖人，濁者為賢人。邈性修慎，偶醉言耳。」竟坐得免刑。事見《三國志》卷二十七〈魏書·徐邈傳〉。⑲是物：指貪酒。⑳箴：勸告。

【今譯】「從前，製作美酒的儀狄被疏遠，大禹因此興盛。建造糟丘酒池，殷紂王和夏桀因此滅亡。豐侯得罪，因為戴尊銜盃，沉溺於酒。劉景升荒淫敗壞，因為貪戀三雅之爵。劉松肚腸潰爛，因為逃暑之飲。郭珍發狂，因為無日不醉酒。信陵君的早死，趙襄子的亂政，趙武的失眾，子反的被誅，漢惠帝的夭命，灌夫的滅族，陳遵的遇害，季布的被斥，子建的免退，徐邈的禁言，如此等等，都是由貪酒的緣故。世俗之人愛好酒的甚多，而戒酒和害怕飲酒的極少。前者眾多而後者稀少，善良的勸告又哪兒能夠被聽取呢？我將希望君子們能節制飲酒而已。」

「曩㈠者既年荒穀貴，人有醉者相殺，牧伯㈡因此輒有酒禁，嚴令重申，官司搜索，收執榜徇者相辱㈢，制鞭而死者太半。防之彌峻，犯者至多，至乃穴地而釀，油囊懷酒。民之好此，可謂篤矣。余以匹夫之賤，託此空言之書，末如之何矣。」

【今註】　㈠曩：從前。　㈡牧伯：古時州牧與方伯的合稱，這裏指地方長官。　㈢辱：孫星衍校云：當作「屬」。

【今譯】　「從前曾經發生荒年，穀物昂貴，有的人喝酒醉了就互相廝殺，地方長官因此往往有禁酒的措施。嚴厲的命令一再申明，官吏到處搜索，被抓起來拷打的人接連不絕，制鞭而死的人占了大半。禁酒的措施越嚴，而犯禁者極多，以至挖地穴而釀酒，用油囊盛酒。人民如此好酒，真是誠篤的了。我以微賤的平民身分，託此空言之書，勸人們禁酒，其結果會是如何的呢？」

「又臨民者㈠雖設其法，而不能自斷斯物，緩己急人，雖令不從，弗躬弗親，庶民弗信。以此而教，教安得行；以此而禁，禁安得止哉？沽㈡賣之家，廢業則困，遂修飾賂遺，依憑權右，所屬吏不敢問。無力者獨止，而有勢者擅市。張壚專利，乃更倍售，從其酤買，公行靡憚，法輕利重，安能免乎㈢哉？」

【今註】 ㈠臨民者：指當官的人。 ㈡沽：買也。 ㈢安能免乎：孫星衍校云：《意林》作「安能令絶乎」。

【今譯】「又當官的人，雖然設法禁酒，而自己卻不能做到斷絶飲酒。對己寬緩而對人嚴急，雖然重申禁酒的命令，人們還是不會聽從的。不親自做到，百姓就不會相信。如此教化人民，教化哪兒會得以實行？如此禁酒，哪兒能禁得了酒呢？買賣酒的人家，停業就面臨困窮，於是修飾賄賂，依憑權臣豪右的勢力經營酒業，地方官吏也就不敢過問了。只有無勢力的人家停止買賣酒，而有勢力的人獨霸了市場，開張壚灶，專利經營，就加倍地出售，任其買賣，公行不怕，法輕利重，哪裡能夠做到禁酒呢？」

或人難曰：「夫夏桀、殷紂之亡，信陵、漢惠之殘，聲色之過，豈唯酒乎？以其生患於古，而斷之於今，所謂以褒姒㈠喪周，而欲人君廢六官㈡，以阿房㈢之危秦，而使王者結草菴㈣也。」

【今註】 ㈠褒姒：周幽王的寵妃。褒國（今陜西勉縣東南）人，姓姒。周幽王寵立她為后，及幽王被殺時，西周滅亡，她也被俘。事見《史記》卷四〈周本紀〉。㈡六官：當作「六宮」，指后妃及其住處。㈢阿房：即阿房宮，遺址在今西安市西阿房村。全部工程至秦亡時猶未完成，故未正式命名，時人因其前殿所在的地名為阿房，即稱之阿房宮。㈣菴：庵，小草屋。

【今譯】　有人質難說：「夏桀與殷紂王的滅亡，信陵君與漢惠帝的短命早死，是由於溺於聲色的結果，難道只是酒的緣故嗎？用古代禍患的例子而斷言今日酗酒所造成的結果，正好像用褒姒喪周的例子，而要後世君王廢棄六宮后妃，好像用阿房宮危害秦朝的例子，而要君王居住在小茅屋裡一樣。」

「蓋聞昊天表酒旗之宿㈠，坤靈挺空桑㈡之化，燎祡員丘㈢，瘞薶圻澤㈣，祼鬯儀彝㈤，實降神祇㈥，酒為禮也㈦。千鍾、百觚㈧，堯、舜之飲也。唯酒無量，仲尼㈨之能也。姬旦㈩酒肴不徹，故能制禮作樂。漢高婆娑巨醉，故能斬蛇鞠旅⑪。于公引滿一斛，而斷獄益明⑫。管輅傾仰三斗，而清辯綺粲⑬。揚雲酒不離口，而《太玄》乃就⑭。子圉醉無所識，而霸功以舉⑮。一瓶之醪⑯傾，而三軍之眾悅。解毒之觴行，而盜馬之屬感。消憂成禮，策勳飲至⑰，降神合人，非此莫以也。內速⑱諸父，外將嘉賓，如淮如澠⑲，《春秋》所貴。由斯言之，安可識⑳乎？」

【今註】　㈠昊天表酒旗之宿：昊天，指天。宿，住宿地。㈡坤靈挺空桑：坤靈，指地。空桑，地名，在魯也，相傳孔子生於空桑之地。㈢燎祡員丘：燎祡，放火燃燒的祭祀。員，通「圓」。㈣瘞薶圻澤：瘞，埋葬。薶，同「埋」。圻，地的邊界。㈤祼鬯儀彝：祼，祼禮，以爵酌郁鬯酒以敬客。鬯，香酒。彝，酒具或者祭器。㊅祇：地神。㊆酒為禮也：酒為各種禮儀之用。㊇千鍾、百觚：鍾，古代量器名，又是容量單位。觚，古代的一種酒器。㊈仲尼：孔子。㊉姬旦：即周公。⑪漢高婆娑巨醉，故能斬蛇鞠旅：漢高，即漢高祖劉邦。婆娑，形容迴旋跳舞的樣子。斬蛇，事見《史記》卷八〈高祖本紀〉：「劉邦好酒及色，常醉臥。曾以亭長為縣送徒酈山，到豐西澤中，止飲，夜乃解縱所送徒，徒中壯士願從者十餘人。劉邦被酒，夜至澤中，拔劍擊斬蛇。行數里，醉，因臥。後有人傳説是赤帝子斬白帝子，蛇即白帝子。劉邦乃心獨喜，自負。諸從者日益畏之。」鞠，告誡。《詩經・小雅・采芑》：「陳師鞠旅。」⑫于公引滿一斛，而斷獄益明：于公，即于定國之父親，西漢東海郯（今山東郯城西南）人。史稱：于公為縣獄吏，郡決曹。決獄平，羅文法者于公所決皆不恨。其食酒至數石不亂，冬月請治讞，飲酒益精明。事見《漢書》卷七十一〈雋疏于薛平彭傳〉。⑬管輅傾仰三斗，而清辯綺粲：管輅，三國魏術士。字公明，平原（今山東平原西南）人。其人容貌粗醜，無威儀而嗜酒。《三國志》卷二十九〈魏書・管輅傳〉裴《注》引〈輅別傳〉云：「時年十五，有辯才。大會賓客百餘人，座上有能言之士。輅先飲『三升清酒』與人辯難，言皆有餘，號之『神童』。」案本篇作「三斗」，未知何據，抑或為「三升」之誤。⑭楊雲酒不離口，而《太玄》乃就：揚雲，即楊雄，《漢書》作揚雄，經清段玉裁考證，「揚」應作「楊」。字子雲，蜀郡成都（今屬四川）人。西漢文學家、哲學家、語言學家。《太玄》，楊雄仿《易》撰著的書。揚雄家素貧，耆酒，人希至其家。時有好事者載酒肴從游學。事見《漢書》卷八十七下〈楊雄傳・下〉。⑮子圉醉無所識，而霸功以舉：楊明照《抱朴子外篇校箋・上》：孫（星衍）曰：「（子圉）疑有誤。」按「子圉」二字有誤，誠如孫氏説，惟未言其所當作。考周代稱子圉者，有晉懷公（懷公本名圉，然《春秋》內外傳及《史記》時稱為子圉）及見商太宰者（見《韓非子・說林篇・上》）。然一則被殺於高粱，一則為宋臣，與霸均無涉也。又群籍所稱古代霸者，有昆吾、大彭、豕韋、齊桓、晉文、秦穆、宋襄、楚莊、吳闔閭、吳夫差、越句踐十一人（楊明照曾撰〈五霸考〉，載一九四〇年《文學年報》第六期）。其中與醉酒有關者，厥惟晉文。《左傳》僖公二十三年：「（晉公子重耳）及齊，齊桓公妻之，……公子安之。從者以為不可，將行，……公子不可。姜與子犯謀，醉而遣之。」（又見《國語・晉語四》、《史記・晉世家》、《列女傳・賢明・晉文齊姜傳》）即其事已。然則「子圉」當作「晉文」乎（〈用刑〉、〈廣譬〉二篇並用晉文事）？晉文醉無所識而霸功以舉者，蓋言其得為盟主，實濫觴於醉遣（《抱朴子》此段假或人難語，極贊酒之功能故云然）。否則懷安於齊，焉有四方之志，而為五霸之豪英哉？子圉係重耳之侄，稚川蓋誤記致偽耳。 ㉖醪：汁滓混合的酒。 ㉗飲至：古代的一種典禮。《左傳》桓公二年：「凡公行告於宗廟，反行飲至舍爵策勳焉，禮也。」 ㉘速：召，請。《詩經・小雅・伐木》：「既有肥羜，以速諸父。」 ㉙淮：水名，即淮河。澠，水名，即澠水。《左傳》昭公十二年：「有酒如澠，有肉如陵。」 ㉚識：孫星衍校曰：當作「誠」。

【今譯】「聽說上天表彰掛著酒旗的居宿地，地神宣揚空桑的教化，在圓丘上燎柴祭祀，在圻澤舉行葬禮，用祼禮香酒儀彝等祭器，降迎天神地神，上述活動都是以酒作為禮儀的。堯、舜能夠飲酒達千鍾百觚，孔子也能飲酒無量。周公不撤走酒肴，所以能制禮作樂。漢高祖歌舞婆娑，喝得大醉，所以斬除擋路的蛇，以告誡部眾。于公飲酒滿一斛，而斷獄更加清明。管輅仰酒三斗之酒，而辯說清楚綺粲。楊雄酒不離口，而《太玄》一書就撰成了。子圉（疑當為晉文公重耳）在齊國酒醉無知，被送出齊國，重新踏上征途，最終霸業一舉成功。用了一瓶的醇酒，就使三軍士卒喜悅；秦穆公賜了解毒的酒，就使盜食善馬之徒感恩報德。消除憂患，化為禮儀，策封功勳，舉行「飲至」典禮，降神合人，沒有不使用酒的。內請諸父輩，外請嘉賓，視酒如淮如澠，這是《春秋》一書所貴重的。由此說來，哪兒可以勸誡不飲酒的呢？」

抱朴子答曰：「酒旗之宿㈠，則有之矣。譬猶懸象著明，莫大乎日月；水火之原，於是在焉。然節而宣之，則以養生立功；用之失適，則焚溺而死。豈可恃懸象之在天，而謂水火不殺人哉？宜生之具，莫先於食；食之過多，實結癥瘕㈡。況於酒醴之毒物乎㈢！」

【今註】 ㈠宿：住宿的店家。 ㈡癥瘕：癥，癥結，肚子裏結硬塊的病。瘕，腹中結塊的病。

㈢酒醴之毒物乎：孫星衍校云：《藏》本作「毒之物乎」，從盧本乙轉。

【今譯】 抱朴子回答說：「懸掛酒旗的店舍，原本是有的。譬如天空上懸象顯著明亮的，沒有大過於日月，水與火也因此而存在。然而，對於水火節制的使用，就能養生立功。用了不當，失去控制，就會被燒死或溺死。難道可以因為懸象之在天，而說水火不會死人嗎？適宜養生的東西，沒有比食品更重要的了。而吃得過多，實在會使腹中出現結塊的毛病，何況是飲用酒醴之類的毒物呢？」

「夫使彼夏桀、殷紂、信陵、漢惠荒流於亡國之淫聲，沉溺於傾城之亂色，皆由乎酒熏其性，醉成其勢，所以致極情之失，忘修飾之術者也。我論其本，子識其末，謂非酒禍，禍其安出？是獨知猛雨之霑衣，而不知雲氣之所作；唯患飛埃之糝目㈠，而不覺飆㈡風之所為也。千鍾、百觚，不經之言，不然之事，明者不信矣。」

【今註】㈠瞇目：碎粒進入眼中。㈡飆：暴風。

【今譯】「那夏桀、殷紂王、信陵君、漢惠帝，荒流於亡國的淫聲，沉溺於絕色的美人，都是由於酒熏染了他們的性情，醉酒造成了那種局勢，所以導致極情之失，忘記了修飾之術。我議論的是根本性的問題，而你卻只懂得枝節，如果說不是酒引出禍害，那禍害是從哪裡產生呢？這正像只知道暴雨會淋濕衣服，而不懂得雨是由雲氣所產生的；正像只擔心飛埃碎粒會進入眼睛，而不覺察到塵埃碎粒是暴風颳出來的。堯、舜飲酒千鍾百觚，這是不經之言，沒有那樣的事，明智的人是不會相信的。」

「夫聖人之異自才智，至於形骸非能兼人㈠，有七尺㈡三丈之長，萬倍之大也。一日之飲，安能至是？仲尼則畏性之變，不敢及亂。周公則終日百拜，肴乾酒澄。上聖戰戰，猶且若斯，況乎庸人，能無悔乎？」

【今註】㈠兼人：一人抵得兩人。㈡七尺：孫星衍校云：當有誤。

【今譯】「聖人與俗人的差異，在於才智的不同，至於形體並非一人能抵得兩人，有什麼七尺三丈之長，萬倍之大。一天的飲酒，哪裡能有這麼多呢？孔子則害怕性情的變化，不敢說及亂難。周公則終日百拜，肴乾酒清。上聖戰戰兢兢，尚且如此，何況平庸之人能不悔悟嗎？」

「漢高應天㈠，承運革命，向㈡雖不醉，猶當斬蛇。于公聰達，明於聽斷，小大以情，不失枉直㊂。是以刑不濫加，世無怨民。但其健飲，不即廢事。若論大醉，亦俱無知。決疑之才，何賴於酒？」

【今註】㊀應天：應乎天理。㊁向：假使。㊂枉直：曲枉或正直。

【今譯】「漢高祖承應天運，革秦之命，假使不酒醉，還是要斬除擋道的蛇。于公聰明達理，善於聽斷，大小以情，不失是非曲直的標準。因此刑不濫加，世無怨民。如果只是大量飲酒，不就荒廢政事？若論其大醉，也就什麼都不知道了，判決疑案的才能為什麼要依賴酒呢？」

「未聞皋繇、甫侯、子產㊀、釋之，醉乃折獄㊁也。管輅年少，希當劇談，故假酒勢以助膽氣。若過其量，亦必迷錯。及其刺毫釐於爻卦㊂，索鬼神之變化，占氣色以決盛衰，聆鳴鳥以知方來㊃，候風雲而尅吉凶，觀碑柏而識禍福㊄，豈復須酒，然後審之？」

【今註】㊀子產：春秋時著名的政治家。鄭國貴族子國之子，名僑，字子產。㊁折獄：判決訴訟案件，使曲直分明。㊂刺毫釐於爻卦：刺，探，察。爻，組成八卦的長短橫畫，「一」是陽爻，「--」是陰爻，每六爻合成一卦。㊃聆鳴鳥以知方來：《三國志》卷二十九〈魏書·管輅傳〉載：「管輅又至郭恩家，有飛鳩來在梁頭，鳴甚悲。輅曰：『當有老公從東方來，攜豚一頭，酒一壺。主人雖喜，當有小故。』明日果有客，如所占。」㊄觀碑柏而識禍福：《三國志》卷二十九〈魏書·管輅傳〉載：「管輅隨軍西行，過毌丘儉墓下，倚樹哀吟，精神不樂。人問其故，輅曰：『林木雖茂，無形可久；碑誄雖美，無後可守。玄武藏頭，蒼龍無足，白虎銜尸，朱雀悲哭，四危以備，法當滅族。不過二載，其應至矣。』卒如其言。」

【今譯】「未曾聽説過子產釋放皐繇、甫侯時，是酒醉才判決訴訟案件的。管輅年紀輕，希望能激烈論辯，所以才借酒勢以壯膽氣。如果他喝酒過量了，也必定會迷糊錯誤。至於他探測八卦爻象的毫釐的消息，摸索鬼神的變化，占候氣色以判斷盛衰，聆聽鳥鳴以預知未來的事情，觀察風雲的變化以控制人事的吉凶，看到墓碑與樹木而知道未來的禍福，這些難道必須酒醉而後才能知道嗎？」

「揚雲㊀通人，才高思遠；英贍之富，稟之自天；豈藉外物，以助著述？及其數㊁飲，由於偶㊂好；亦或有疾，以宣藥勢耳。子圉肆㊃志，蓋已素定。雖復不醉，亦於終果。瓶醪㊄悦眾，寓言之喻。誠能賞罰允當，威恩得所，長算縱橫，應機無方，則士思果毅，人樂奮命。其不然也，雖流酒淵，何補勝負？繆公飲盜㊅，造次之權㊆，舍法長惡，何足多稱哉！豈如慎之邪？」

【今註】㊀揚雲：指揚雄。　㊁數：多次。　㊂偶：偶爾。　㊃肆：致力。　㊄瓶醪：指一瓶醇酒。　㊅繆公飲盜：繆公，即秦繆公，春秋時秦國君主。初，繆公亡善馬，岐下野人（盜）共得而食之者三百餘人，吏逐得，欲法之。繆公曰：「君子不以畜產害人。吾聞食善馬肉不飲酒，傷人。」乃皆賜酒而赦之。後三百人在秦擊晉的戰爭中，皆推鋒爭死，以報食馬之德。事見《史記》卷五〈秦本紀〉。　㊆造次之權：匆促之間的權宜之計。

【今譯】「揚雄是位學識淵博貫通古今的人，才思高遠；英武贍豐的富裕，稟受於天；難道要靠外物，才能助於著述嗎？至於他多次喝酒，是由於偶爾的愛好，或者他患有疾病，要用酒來渲泄藥勢吧。子圉（疑當作晉文公重耳）盡極的志向，大概本來已經確定的，雖然不醉於酒，最終也會取得結果。所謂用一瓶醇酒使三軍士眾喜悅，是寓言式的譬喻。如果確實能做到賞罰允當，施加威嚴與恩惠也各得其所，長算縱橫，應變無窮，則士卒都會果敢堅毅，人人樂於拼命作戰。若不是那樣的話，雖然賜酒多如深淵之水，對於勝敗有什麼作用呢？秦繆公給盜馬的人們飲酒，只是匆促之間的權宜之計。捨棄法度，增長了罪惡，有什麼值得多稱讚呢？難道比得上謹慎地對待飲酒嗎？」

疾謬篇第二十五

【篇旨】疾，憎恨；謬，指謬誤的行為。以此為題，反映了作者對社會上各種歪風邪氣的憤恨。文中指出，自漢末以來，世俗敗壞，蓬髮亂鬢，橫挾不帶；或褻衣以接人，或裸袒而箕踞；朋友之集，類味之遊，莫切切進德。因此，作者強調：「余願世人改其無檢之行，除其驕吝之失，遣其誇矜尚人之疾，絕息嘲弄不典之言。」當然，葛洪維護的是封建禮教，宣揚男女有別，「無行媒不相見、不雜坐、不通問、不同衣物，不得親授」，甚至認為這些就是「聖人重別杜漸之明制」。這就反映了他的局限性。

抱朴子曰：「世故㊀繼有，禮教漸積㊁，敬讓莫崇，傲慢成俗，儔㊂類飲會，或蹲或踞㊃，暑夏之月，露首袒體。盛務唯在摴蒱㊄彈棋㊅，所論極於聲色之閒，舉足不離㊆綺繻紈袴㊇之側，游步不去勢利酒客之門。不聞清談講㊈道之言，專以醜辭嘲弄為先。以如此者為高遠，以不爾者為騃㊉野。」

【今註】㊀世故：指變亂。《文選》卷四十三嵇康〈與山巨源絕交書〉：「機務纏其心，世故繁其慮。」㊁積：頹。㊂儔：同伴。㊃或蹲或踞：蹲，屈兩膝如坐，臀部不著地。踞，兩腳底和臀部著地，兩膝上聳。㊄摴蒲：與「樗蒱」同，為古代的一種博戲。博具有子，有馬，有五木等。人執六馬，用五木擲采。采有十種，分貴采、雜采二大類。貴采得連擲，打馬，過關，雜采則否。㊅彈棋：彈，發射彈丸。棋，圍棋。㊆舉足不離：孫星衍校云：本作「舉口不踰」，從《群書治要》改。㊇綺繻紈袴：指富貴人家的子弟。他們穿著各種絲絹褲。《漢書》卷一百上〈敘傳・上〉：「出與王、許（外戚）子弟為群，在於綺繻紈袴之間，非其好也。」㊈講：孫星衍校云：本作「論」，從《群書治要》改。㊉騃：癡呆。

【今譯】抱朴子說：「變亂繼續不斷地發生，禮教漸漸地頹廢，所以禮讓之風得不到尊崇，而傲慢卻成了習俗。同伙們飲酒聚會，有的蹲著，有的踞坐；在暑夏之月裡，露著頭光著身體。熱中於摴蒲、彈丸、圍棋等，談論的盡是些聲色之類事。舉足出入的離不開穿著絲絹的富貴人家子弟，交遊往來的離不開勢利酒客之門。聽不進清談講道之言，專門以惡辭嘲弄為先。認為這樣做就算是高遠的，不那樣的就是癡呆粗野。」

「於是馳逐之庸民，偶俗之近人，慕之者猶宵蟲之赴明燭，學之者猶輕毛之應飆風㊀。嘲戲之談，或上及祖考㊁，或下逮婦女。往者務其必㊂深焉，報者恐其不重焉。倡之者不慮見答之後患，和之者恥於言輕之不塞。周禾之芟㊃，溫麥之刈㊄，實由報恨，不能已也。利口㊅者扶強而黨勢，辯給㊆者借鋘以刺瞂㊇。以不應者為拙劣，以先止者為負敗。

如此，交惡之辭，焉能默哉！」

【今註】㊀飆風：暴風。㊁祖考：祖，父母以上的尊長。考，指已死的父親。㊂必：孫星衍校云：《藏》本作「不」。㊃芟：割。㊄温麥之刈：温，古國名，故城在今河南温縣西南。刈，割。㊅利口：能言善辯。㊆辯給：口才敏捷。《韓非子・難言篇》：「捷敏辯給，繁於文采，則見以為史。」㊇借鍒以刺瞂：鍒，矛。瞂，盾。《方言》九：「盾，自關而東或謂之瞂。」

【今譯】「於是，馳逐之庸民，偶俗之近人，傾慕者好像夜蟲飛向明亮的燭光，效仿者好像輕的羽毛隨暴風飛舞。嘲弄戲笑的言談，有的説及祖輩父輩等尊長，有的説及婦女。説出去的一方總想説得深刻尖鋭，對答的一方則唯恐答的不重。倡之者不考慮被答之後患，和之者則以不講輕薄言辭為恥辱。周禾的被割，温麥的被刈，實在是由於怨恨而產生的報復情緒不能平息的結果。善言能辯的人扶植強大的勢力而結成私黨，口才敏捷的借用鍒以刺盾，認為對方不應答的就是拙劣，認為先停止的就是失敗。這樣，交惡之辭哪兒能沉默呢？」

「其有才思者之為之也㊀，猶善於依因機會，準擬體例，引古喻今，言微理舉，雅而可笑，中而不傷，不棖㊁人之所諱，不犯人之所惜。若夫拙者之為之也，則枉曲直湊，使人愕愕然㊂。妍之與媸㊃，其於宜絕，豈唯無益而已哉？」

【今註】㊀其有才思者之為之也：孫星衍校云：本作「者為人也」，從《群書治要》補改。㊁棖：觸動。㊂使人愕愕然：楊明照《抱朴子外篇校箋・上》：陳（澧）曰：「桀案承訓本『愕』字不重。」按《治要》五十引，亦不重「愕」字。〈省煩篇〉有「必將愕然創見」語，則此當以删一「愕」字為是。㈣妍之與媸：妍，美麗。媸，貌醜。

【今譯】「那些有才思的人的做法，尚善於依因機會，準擬體例，引古喻今，言雖微而道理說透，雅而可笑，中而不傷，不觸動別人所諱忌的地方，不觸犯別人所愛惜的東西。至於拙劣者的做法，則是彎曲之路直奔，使人愕然，美的與醜的都斷絕了，難道只有無益的東西而已嗎？」

「乃有使酒㈠之客，及於難侵之性，不能堪之，拂衣拔棘，而手足相及。醜言加於所尊，歡心變而成讎，絕交壞身，搆隙致禍。以杯螺㈡相擲者，有矣；以陰私相訐㈢者，有矣。昔陳靈之被矢㈣，灌氏之泯族㈤，匪降自天，口實為之。樞機之發，榮辱之主，三緘之戒，豈欺我哉？」

【今註】㈠使酒：因酒使性。《史記》卷一百七〈魏其武安侯列傳〉：「灌夫為人，剛直使酒。」㈡螺：指海螺做的酒器。〈酒誡篇〉：「夫琉璃海螺之器，並用滿酌。」㈢相訐：相互攻擊指斥。㈣陳靈之被矢：陳靈，當即陳遵。被矢遇害之事，詳見〈酒誡篇〉注。㈤灌氏之泯族：灌氏，孫星衍校云：本作「管氏」，從《群書治要》改。灌夫滅族之事，詳見〈酒誡篇〉注。

【今譯】「於是就有因酒使性的客人，難侵之性被觸及，不能承受，拂衣拔棘，手足相撞，對尊長加以醜言汚辱，原本開開心心的而變成了仇敵，斷絕關係，毀壞身體，搆隙致禍，以致出現酒器互相擲拋，用陰私進行互相攻擊。從前，陳靈中矢被害，灌夫滅族，禍並不是自天而降，實在是酒後失言的結果。樞機之發，榮辱之主，兩者閉口不言的告誡，難道是欺騙我們的嗎？」

「激雷不能追既往之失辭㊀，班輸㊁不能磨斯言之既玷。雖不能三思而吐清談，猶可息謔調以防㊂禍萌也。尊其辭令，敬其威儀，使言無口過，體無倨㊃容，可法可觀，可畏可愛，蓋遠辱之良術，全交之要道也。」

【今註】㊀激雷不能追既往之失辭：楊明照《抱朴子外篇校箋．上》：陳曰：「（激雷）榮案《治要》作『激電』，當從之。」按陳説是。〈自敘篇〉「激電之乍照」，正以「激電」連文。《文選》卷九潘岳〈射雉賦〉：「去如激電」，又《文選》卷五十六陸倕〈新刻漏銘〉：「逝如激電」，並其旁證。㊁班輸：即公輸班，戰國初魯人，著名的巧匠，見《墨子．公輸篇》。《漢書》卷一百〈敘傳．上〉：「班輸榷巧於斧斤。」顏師古注：班輸，即魯公輸班也。㊂防：孫星衍校云：《群書治要》作「杜」。㊃倨：傲慢自大。

【今譯】「激電不能追及已往的失言，公輸班不能磨掉已經玷污的言辭。雖然不能做到再三思考而後吐清談，但還是可以停息戲謔嘲弄，以防止災禍的萌生。尊重酬應的言辭，敬仰威嚴的儀表，使説話無過錯，體貌無傲慢的樣子，令人可以效法或仰觀，可畏可愛，這大概就是遠避恥辱的良術，保全交遊的要道。」

「且夫慢人者，不愛其親者也；輕鬭者，不重遺體者也。皆陷不孝，可不詳乎？然而迷謬者無自見之明，觸情者諱逆耳之規。疾美而無直亮之鍼艾㈠，群惑而無指南以自反㈡。諂媚小人，歡笑以贊善，面從之徒，拊節㈢以稱功。益使惑者不覺其非，自謂有端、晏㈣之捷，過人之辯，而不悟斯乃招患之旌㈤，召害之符，傳非之驛㈥，傾身之車也；豈徒減其方策之令聞㈦，虧其沒世之德音而已哉？」

【今註】 ㈠疾美而無直亮之鍼艾：楊明照校云：陳曰：「（疾美）榮案《治要》作『疢美』。」按「疢」字是。《左傳》襄公二十三年：「臧孫曰：季之愛我，疾疢也；孟孫之惡我，藥石也。美疢不如惡石。」「疢美」與「美疢」誼同（《內篇．勤求篇》「但惜美疢而距惡石者」，《藏》本、魯藩本又誤「疢」為「病」）。疢，熱病。鍼，針法，用針刺經絡穴位以治療疾病。艾，艾絨，用艾絨薰灼經絡穴位以治療疾病 ㈡反：同「返」。 ㈢拊節：拊，擊，拍。節，一種古樂器，用竹編成。 ㈣端、晏：端，端木賜，即子貢，孔子的弟子，善於辭令。晏，晏嬰，字平仲，夷維（今山東高密）人，春秋時齊國大夫，善辯過人。 ㈤旌：用羽毛裝飾的旗子。 ㈥驛：傳送公文或官員來往中途換馬、休憩、住宿的地方。 ㈦方策之令聞：方策，典籍，程大昌《演繁露》卷七：「方冊云者，書之於版，亦或書之竹簡也；通版為方，聯簡為冊。」令聞，美好的名聲。《尚書．微子之命》：「舊有令聞。」

【今譯】「對別人傲慢的人，不會疼愛自己的親人；輕易地毆鬥的人，不會尊重自己的遺體；這些都是不孝的行為，可不詳盡地了解嗎？然而，被謬誤迷惑了的人卻沒有自見之明，為情緒觸怒了的人卻不願意聽逆耳的規勸。美化疾病，而就沒有直針刺與艾絨燃的治療方法；群人全被迷惑，而就沒有指南針用來尋找返回的道路。諂媚的小人，常常用歡笑來讚美善行；面從之徒，往往拍節以稱頌功勞。這樣就愈使迷惑的人覺察不到自己的不對，自稱有端木賜、晏嬰的敏捷，有過人的辯才，而竟不覺悟。這就是招致禍患的旗幟，召喚災害的靈符，傳送謬誤的驛站，傾覆斃命的車子。難道僅僅是減弱其在典籍上的美好名聲，虧損其一輩子的德音而已嗎？」

「蓋雖有偕老之慎，不能救一朝之過；雖有陶朱㈠之富，不能贖片言之謬。故毫釐之失，有千里之差。傷人之語，有劍戟㈡之痛。積微致著，累淺成深，鴻羽所以沈龍舟，群輕所以折勁軸，寸飆所以燔百尋㈢之室，蠹㈣蝎所以仆連抱之木也。」

【今註】㈠陶朱：陶朱公范蠡，經商致巨富。《史記》卷一百二十九〈貨殖列傳〉：「范蠡既雪會稽之恥，……乃乘扁舟浮於江湖，變名易姓，適齊為鴟夷子皮，之陶（今山東定陶）為朱公。……故言富者皆稱陶朱公。」㈡戟：兵器，長杆頭上裝有金屬槍尖，旁邊附有月牙狀的利刃。㈢尋：漢以前的長度單位，八尺為一尋。㈣蠹：蛀蟲。

【今譯】「雖然有終身的謹慎，卻不能挽救一個早晨的過錯；雖然有陶朱公那樣的巨富，卻不能贖回片言的謬誤。所以失之毫釐，就有千里之差；一言傷人，就有被劍戟刺痛的感覺。積集微小的就會形成顯著的，積累淺的就會成為深的。鴻毛所以沉掉龍舟，群多輕的東西所以折斷勁軸，一點暴風所以燒掉百尋之屋，蛀蟲蠍子所以仆倒連抱之木，其原因就在於此。」

「古賢何獨跼蹐恂恂之如彼，今人何其憒㊀慢傲放之如此乎？是以高世之士，望塵而旋跡，輕薄之徒，響赴而影集。謀事無智者之助，居危無切磋之益，良史懸筆，無可書之善。談者含音，無足傳之美。令聞不著，醜聲宣流。沒有餘敗，貽譏將來。始無可法，終無可紀。斯亦志士之恥也。安忍為之？」

【今註】㊀憒：昏亂，糊塗。

【今譯】「古代的賢人為什麼獨獨那樣畏縮不安並恐懼惶急，而今天的人為什麼如此傲慢放任呢？因此，高世之士目覩世俗的塵埃就立即把自己行跡隱藏起來，而輕薄之徒卻響赴而影集。如果謀事而沒有智者的幫助，居於危困而沒有別人一道切磋的得益，對此良史只得停筆，沒有什麼好的東西可以記載。談者含音不言，就沒有足以傳誦的美德。美好的名聲不顯著，醜惡的名聲就會宣布流傳開來，即使沒有餘敗，將來也會被人譏笑。開始時沒有榜樣可以仿法，最終也將沒有可以記載的好事。這是志士仁人的恥辱，哪兒忍心這樣做呢？」

「過而不改，斯誠委夷路㊀而陷叢棘，舍嘉旨㊁而咽鉤吻者也。豈所謂以小善為無益而不為，以小惡為無損而不止，以至惡積而不可掩，罪大而不可解者邪？余願世人改其無檢之行，除其驕吝之失，遣其誇矜尚人之疾，絕息嘲弄不典之言，則趙勝之門無去客㊂，黃祖之棓無所用㊃矣。」

個殽既嘉。」

【今註】㈠夷路：平坦的路。㈡嘉旨：美味的酒菜。《詩經・小雅・正月》：「個酒既旨，個殽既嘉。」㈢趙勝之門無去客：趙勝，即平原君，戰國時四公子之一。趙惠文王之弟，封於東武城（今山東武城西北），號平原君。任趙相，有食客數千人。趙勝的美人登樓，嘲笑跛足之士，跛足之士雖提出抗議，趙勝不予理會，其門客紛紛離去。後趙勝斬此美人，離去的門客才慢慢回來。見《史記》卷七十六〈平原君虞卿列傳〉。㈣黃祖之棓無所用：黃祖，東漢人，任江夏太守。禰衡少有才辯，性剛強傲慢。孔融愛其才，荐於曹操，因狂而忤操。操因其有才名，不欲殺之，乃遣送於劉表。衡又忤表，表送衡於黃祖。後衡於賓客會上忤祖，黃祖欲杖之，而衡辱罵不止，遂令人絞殺之。棓，杖；棍棒。

【今譯】「有了過錯而不改正，這誠如捨棄平坦的路而不走，陷進了叢林荊棘之中，誠如丟開美味食品而不吃，咽進了鉤嘴。難道認為小善無益而不去做，認為小惡無損而不停止，以致惡習積多了而無法停止，罪行大了而無法解除嗎？我希望世俗之人改正那無檢點的行為，除掉那驕傲吝惜的過失，排除那誇矜尚人的毛病，斷絕那樣嘲弄不經之言，則平原君趙勝家裡就沒有離去的食客士人，黃祖的棍棒也就沒有用處了。」

抱朴子曰：「或有不治清德以取敬，而仗氣力以求畏。其入眾也，則亭立不坐，爭處端上，作色諧聲，逐人自安。其不得意，恚懟㈠不退。其行出也㈡，則逼狹之地，恥於分塗㈢，振策㈣長驅，推人於險，有不即避，更加攄頓㈤。嗚呼，悲哉！此云古之卑而不可踰㈥，推薩讓路，勞謙下士，無競於物，立若不勝衣，行若不容身者，何其緬然之不肖哉？」

【今註】 ㈠恚懟：恚，恨，怨。懟，怨恨。 ㈡其行出也：楊明照《抱朴子外篇校箋・上》：按「行出」二字當互乙，始能與上「其入眾也」相儷。 ㈢塗：同「途」，道路。 ㈣策：趕馬的一種鞭子。 ㈤攄頓：攄，跳躍。頓，碰。 ㈥此云古之卑而不可踰：楊明照《抱朴子外篇校箋・上》：「云」，吉藩本作「於」。按「云」、「於」二字於此均不可解，疑當作「與」。「卑而不可踰」，語出《易經・謙卦》彖辭。

【今譯】 抱朴子說：「有的人不修習清白的德行以取得別人的尊敬，而憑靠氣力以求得別人的畏怕。這種人來到大眾之中，則亭立而不坐，爭著居於上頭，作色譖聲，驅逐別人，只圖自安，不得意之時，發泄怨恨，不肯退開。這種人外出行走時，遇到狹窄的地方，恥於分道而行，而揮鞭長驅，把別人推到危險之處，若別人不能立即躲避，就更加跳躍而前，碰撞別人，唉，真可悲啊！這與古書上說的卑而不可踰，推蔭讓路，勞謙下士，於物無競，立若不勝衣，行若不容身的人相比較，顯得多麼的遙遠而不肖啊？」

「夫德盛操清，則雖深自挹降㈠，而人猶貴之。若履蹈不高，則雖行淩暴，而人猶不敬。假令外服人體，內失人心，所謂見憎惡，非為見尊重也。昔莊生未食，趙王側立㈡。騶衍入壃，燕君擁篲㈢。康成之里，逆虜望拜㈣，林宗之庭，莫不卑肅㈤。非力之所服也。夫以抄盜致財，雖巨富不足嘉；凶德脅人，雖見憚不足榮也。」

【今註】 ㈠挹降：貶抑、降低。 ㈡莊生未食，趙王側立：據載莊子往見趙文王，說以寶劍之事。語畢，宰人上食，趙文王侍立於一旁。見《莊子・說劍篇》。㊂騶衍入壃，燕君擁篲：騶衍，戰國末陰陽家的代表人物。燕君，指燕昭王。篲，掃帚。古人迎接尊貴，常拿著篲，以示敬意。《史記》卷七十四〈孟子荀卿列傳〉載：騶衍「適趙，平原君側行撇席。如燕，昭王擁彗先行，請列弟子之座而受業。」司馬貞《索隱》：按彗，帚也。謂為之埽地。以衣袂擁帚而卻行，恐塵埃之及長者，所以為敬也。」㊃康成之里，逆虜望拜：康成，鄭康成，即鄭玄，東漢末著名的經學家。字康成，北海高密（今屬山東）人。舊史載：「會黃巾寇青部，乃避地徐州，徐州牧陶謙接以師友之禮。建安元年，自徐州還高密，道遇黃巾賊數萬人，見玄皆拜，相約不敢入縣境。」詳見《後漢書》卷三十五〈張曹鄭列傳〉。㊄林宗之庭，莫不卑肅：林宗，即郭泰，東漢末太學生首領。字林宗，太原介休（今屬山西）人。初遊學於洛陽，「始見河南尹李膺，膺大奇之，遂相友善，於是名震京師。」後歸鄉里，教授，弟子以千數。見《後漢書》卷六十八〈郭符許列傳〉。另〈郭太別傳〉載：「鄉人見太，皆於床下拜。」（《太平御覽》卷五四二引）。

【今譯】「一個人若德行高尚情操清廉，雖然深自降低自己的身分，而別人還是貴重他。如果行為不高尚，雖然做出凌迫粗暴的姿態，而別人還是不尊敬他。假使外服人體，內失人心，正是所謂被人憎惡，並非被人尊重。從前莊子來到趙國，尚未進食，而趙文王就站在旁邊恭候；騶衍來到燕國境內，燕昭王擁帚先行，以示敬意；鄭康成在鄉里，逆虜（指黃巾軍）遙望而拜，不入縣境；在郭林宗的門庭，弟子們莫不肅靜敬仰；這些例子並非是用氣力使人信服的。如果抄盜致財，雖然擁有巨大的財富，但不足以讚美。用凶惡的手段威脅別人，雖然令人害怕，但不足以榮耀自誇。」

「然而庸民為之不惡，故聞其言者，猶鴟梟之來鳴也；覩其面者，若鬼魅之見形也。其所至詣，則如妖怪之集也；其在道塗，則甚逢虎之群也。愚夫行之，自矜為豪；小人徵之，以為橫階。亂靡有定，寔此之由也。」

【今譯】「然而庸俗的人為之不惡，所以聽到他們的言談，好像鴟梟的鳴叫聲，看到他們的面孔，好像鬼魅顯出原形。他們走在一起，則如妖怪的聚集。他們在道路上，則比遇到的虎群還凶。愚昧的人這樣做，自誇是豪放，小人明白，以為是橫著的階梯。禍亂没有定數，實在是由此而引起的。」

「然敢為此者，非必篤頑也，率多冠蓋㊀之後，勢援之門，素頗力行善事，以竊虛名，名既粗立，本情便放；或假財色以交權豪，或因時運以佻㊁榮位，或以婚姻而連貴戚，或弄毀譽以合威柄。器盈志溢，態發病出，黨成交廣，道通步高。清論所不能復制，繩墨所不能復彈，遂成鷹頭之蠅，廟垣之鼠。所未及者，則低眉埽地㊂以奉望之；居其下者㊃，作威作福，以控御之。」

【今註】㊀冠蓋：仕宦的冠服與車蓋，也用作仕宦的代稱。㊁佻：竊取。《國語・周語・中》：「郤至佻天之功以為己力。」韋昭注：「佻，偷也。」㊂埽地：掃地。㊃居其下者，作威作福，以控御之：楊明照《抱朴子外篇校箋・上》：按「作」上似當有「則」字。上文「所未及者，則低眉埽地以奉望之」可證。

【今譯】「然而敢於如此做的人，並非必定是篤頑之徒，大抵多是富貴子弟，出於權勢之門，向來頗力行善事，以竊取虛名，名聲既已粗步建立，原本的性情便放縱了，有的借財色以結交權臣豪右，有的因時運以竊取榮耀地位，有的用婚姻手段而跟貴戚連親，有的要弄毀譽以形成自己的權威。器盈志溢，態發病出，結成私黨，廣泛交遊，沿著通道一步步地升高。清論不能控制他們，法規也不為他們所害怕，於是他們變成了鷹頭上的蒼蠅，廟垣中的老鼠。所未及者，則低頭掃地，以奉望他們。對於居其下者，則作威作福，加以控御。」

「故勝己者則不得聞，聞亦陽不知也；滅己者則不敢言，言亦不能禁也。夫災蟲害穀，至降霜則殄㊀矣。佞雄亂群，值嚴時則敗矣。獨善其身者，唯可以不冐事之，不行傚之而已耳。有斧無柯㊁，其如之何哉？」

【今註】㊀殄：滅絶，盡。㊁柯：斧頭的柄。

【今譯】「所以勝己者則不得聞，聽了亦公開表示不知道；不如他們的人則不敢說話，說了也不能禁止。災蟲毀壞稻穀，而到了降霜季節則統統死了；佞雄之徒在大眾中製造亂事，而碰到嚴厲制止的時候則失敗了。獨善其身者，可以不去服事他們，自己不行不做就是了。有了斧頭而無把柄，那斧頭還有什麼用呢？」

抱朴子曰：「《詩》美睢鳩㊀，貴其有別。在《禮》：男女無行媒㊁不相見，不雜坐，不通問，不同衣物，不得親授。姊妹出適而反㊂，兄弟不共席而坐㊃。外言不入，內言不出。婦人送迎不出門，行必擁蔽㊄其面。道路男由左，女由右㊅。此聖人重別杜漸之明制也。且夫婦之閒可謂昵矣，而猶男子非疾病不晝居於內，將終不死婦人之手，況於他乎？」

【今註】 ㊀雎鳩：猛鳥名，或稱魚鷹。《詩經・關雎》：「關關雎鳩，在河之洲，窈窕淑女，君子好逑。」　㊁行媒：往來作媒的人。《禮記・曲禮上》：「男女非有行媒，不相知名。」　㊂適而反：適，女子出嫁。反，同「返」。　㊃席：坐席，鋪地上供人坐的用具。　㊄擁蔽：蒙蓋，隔絕。　㊅道路男由左，女由右：楊明照《抱朴子外篇校箋・上》：按《禮記・王制》：「道路：男子由右，婦人由左。」又《內則》：「道路：男子由右，女子由左。」《呂氏春秋・樂成篇》：「孔子始用於魯，……用三年，男子行乎塗右，女子行乎塗左。」據此，「左」「右」二字當互乙。

【今譯】 抱朴子說：「《詩經》讚美關關鳴叫的雌雄雎鳩，其意貴在宣揚男女有別。根據《禮》的記述，男女在沒有媒人介紹時不能見面，不可以交雜地坐在一起，不可以互相問話，不可以用同樣的衣服物品，不得彼此親授。姊妹出嫁後而回娘家，與兄弟們不可以共席而坐。外面的情況在家裡不說，家裡說的話不傳到外面。婦女送迎客人時不出家門，到外面行走時必須遮蓋頭部面臉。在道路上男子由右邊走，女子由左邊走。上述規定就是聖人重視男女有別、杜漸防微的明確制度。至於夫婦之間，可說是親昵的了，但還是規定男子除非患病不得白天居於內室，最終不能死於婦人之手，何況其他呢？」

「昔魯女不幽居深處，以致扈犖之變㊀。孔妻不密潛户庭，以起華督之禍㊁。史激無防，有汗種之悔㊂。王孫不嚴，有杜門之辱㊃。而今俗婦女，休其蠶織之業，廢其玄紞㊄之務。不績其麻，市也婆娑㊅。舍中饋㊆之事，修周旋㊇之好。更相從詣之適親戚，承星舉火，不已于行。多將侍從，暐曄盈路㊈，婢使吏卒，錯雜如市，尋道褻謔，可憎可惡。」

【今註】㊀魯女不幽居深處，以致扈犖之變：扈犖，名叫犖的養馬人。魯莊公於梁氏習祭天之禮，其女觀之，牧馬人犖自牆外與之戲，女之兄子般怒，遣人鞭打犖。莊公死後，子般即位，莊公母弟慶父遣犖殺害子般，見《左傳》莊公三十二年。㊁孔妻不密潛户庭，以起華督之禍：孔，指孔父嘉，春秋時宋國貴族。華督，春秋時宋國太宰。華督在路上看見孔父嘉之妻頗具姿色，便殺死孔父嘉，將其妻據為己有，事見《左傳》桓公二年。㊂史激無防，有汗種之悔：楊明照《抱朴子外篇校箋・上》：按「汗」當作「汙」，字之誤也。《戰國策・齊策・六》：「齊閔王之遇殺，其子法章變姓名為莒太史家庸夫。太史敫女奇法章之狀貌，以為非常人，憐而常竊衣食之，與私焉。莒中及齊亡臣相聚求閔王子，欲立之。法章乃自言於莒。共立法章為襄王。襄王立，以太史氏女為王后，生子建。太史敫曰：『女無媒而嫁者，非吾種也，汙吾世矣！』終身不睹君王后。」（又見《史記・田完世家》）即其事已。魯藩本、慎本作「汙」，不誤。當據改。又按「激」當依《齊策・史記》作「敫」。《集解》引徐廣曰：「音躍，一音皎。」原非「激」字明矣。㊃王孫不嚴者，有杜門之辱：王孫，指漢臨邛富商卓王孫。其女文君寡居在家，好音，司馬相如飲於文君，以琴心挑之，文君遂與相如私奔。卓王孫大怒，不與一錢，相如、文君便以酤酒為生。卓王孫聞而恥之，因此閉門不出。事見《史記》卷一一七

〈司馬相如列傳〉。㊄玄紞：玄，帶赤的黑色。紞，古代冠冕上用以繫瑱的帶子。《詩經・周南・葛覃》毛《傳》：「古者王后織玄紞。」㊅婆娑：舞姿迴旋貌。㊆中饋：婦女在家主持飲食之事。《易經・家人卦》：「無攸遂，在中饋。」㊇周旋：古代行禮時進退揖讓的動作，引申為接應、交際。㊈暐曄盈路：暐曄，服飾文彩鮮明。盈，滿。

【今譯】「從前，魯女不幽居內室，導致了扈犖之變。孔父嘉的妻子沒有密潛戶庭，造成了華督謀奪其妻，並將孔父殺死的禍變。齊國太史敫沒有防止女兒與法章的私通，無媒而嫁，最終留下污穢的悔恨。卓王孫對女兒管教不嚴，結果有斷絕家門的恥辱。然而，當今世俗婦女，停止了蠶織之業，廢棄了織玄紞的事務，不去紡織麻布。婦女在集市往來盤旋，丟掉家務炊事，愛好應酬交際，更是相聚在一起，到親戚家裡拜訪。有時在星夜裡舉著火把，不只是自己，還帶著眾多的侍從，一路上都是服飾豔麗的人，婢女從吏使卒等錯雜如市，尋道褻謔，真是可憎可惡。」

「或宿于他門，或冒夜而反㊀。遊戲佛寺，觀視漁畋㊁，登高臨水，出境慶弔。開車褰幃㊂，周章㊃城邑，盃觴路酌，絃歌行奏。轉相高尚，習非成俗。生致因緣，無所不肎，誨淫之源，不急之甚。刑于寡妻，家邦乃正。願諸君子，少可禁絕。婦無外事，所以防微矣。」

【今註】㊀反：同「返」。㊁畋：打獵。㊂褰幃：褰，揭起，摳。帷，幕。㊃周章：周遊流覽。

【今譯】「或者投宿於他人家裡，或者冒夜返回。有時到佛寺遊玩，觀看漁獵活動。有時登高山涉水流，遠出縣境參加慶祝或者弔喪活動。開車時揭起帘幕，在城邑各處周遊流覽，一路上酗酒歡飲，行奏歌樂。這樣轉相稱高，學壞的樣子竟成了風俗。生致因緣，無所不肯。對於這樣的誨淫之源，完全不著急。直到寡妻犯法被處以刑罰，家庭與邦國才得以端正。我希望各位君子稍加禁絕，婦人無外事，就是為了防止禍亂萌生的方法。」

抱朴子曰：「輕薄之人，跡廁㊀高深，交成財贍，名位粗會，便背禮判㊁教，託云率任，才不逸倫，強為放達，以傲兀無檢者為大度，以惜護節操者為澀少㊂。於是臘鼓垂無賴之子，白醉耳熱之後㊃，結黨合群，遊不擇類。」

【今註】 ㊀廁：加入，置身於。 ㊁判：脫離。 ㊂澀少：謂氣度生硬狹小。 ㊃於是臘鼓垂無賴之子，白醉耳熱之後：楊明照《抱朴子外篇校箋・上》：繼（昌）曰：「『臘鼓垂』有脫誤。舊寫本作『臘鼓』，是『垂』亦有誤。」按「臘鼓垂」三字實有脫誤。以意測之，疑「臘」上脫「伏」字，「垂」為「缶」之形誤（魯藩本「垂」，與「缶」尤近）。《史記》卷五十五〈留侯世家〉：「每上冢伏臘祠石。」（《漢書》卷四十〈張陳王周傳〉同）《漢書》卷九十八〈元后傳〉：「（王莽）又改漢正朔伏臘日，太后令其官屬黑貂，至漢家正臘，獨與其左右相對飲酒食。」《後漢書》卷二〈顯宗孝明帝紀〉：「（永平十二年詔）伏臘無糟糠。」《獨斷》佚文：「臘者，歲終大祭，縱吏民宴飲。」（《書鈔》一五五、類聚五、《初學記》四、《御覽》三三引）《世說新語・德行篇》：「王朗每以識度推華歆，歆蜡日嘗集子姪燕飲，王亦學之。」《文選》卷十六潘岳〈閑居賦〉：「牧羊酤酪，以俟伏臘之費。」嵇含〈娛蜡賦〉：「冬季大蜡之莫，延嘯同契遠近舊故。」（《書鈔》一五五引）《劉子・適才篇》：「伏臘合歡，必歌〈采菱〉。」據此，古人於伏臘佳節，未有不歡娛燕飲者矣。《周禮・春官・籥章》：「國祭蜡則歙〈豳〉、〈頌〉擊土鼓。」《詩經・陳風・宛丘》：「坎其擊缶。」《晏子春秋外篇・上》：「景公飲酒數日而樂，釋衣冠自鼓缶。」（又見《新序・刺奢篇》）《史記》卷八十一〈廉頗藺相如傳〉：「藺相如前曰：趙王竊聞秦王善為秦聲，請奉盆缻（《詩經・陳風・宛丘正義》引作缶）秦王，以相娛樂。」《索隱》：「缻，音缶。」又《史記》卷八十七〈李斯列傳〉：「夫擊甕叩缻（《文選》作缶），彈箏搏髀，而歌嗚快耳者，真秦之聲也。」《鹽鐵論・散不足篇》：「往者民間酒會，各以黨俗彈箏鼓缶而已。」據此，古人於飲酒歡歌之時，往往鼓缶以助興矣。《漢書》卷六十七〈楊胡朱梅云傳〉：「田家作苦，歲時伐臘，亨羊炮羔，斗酒自勞，家本秦也，能為秦聲，婦趙女也，雅善鼓瑟，奴婢歌者數人；酒後耳熱，仰天拊缶，而呼嗚嗚，……是日也，拂衣而喜，奮褎低卬，頓足起舞，誠荒淫無度，不知其不可也。」子幼所言與稚川此語略同，故謂當作「伏臘鼓缶」也。

【今譯】 抱朴子說：「輕薄之人，混跡於名望高深者的行列，交遊成功，家財豐贍，名聲與地位粗步形成，便背離了禮教，藉口任性放縱，雖然才能沒有超過同輩，卻強為豪放曠遠的樣子，以傲慢無檢點為大度，以愛護節操為局小。於是，每當伏臘節曰，無賴之子飲酒鼓缶，酒醉耳熱之後，結黨合群，交遊不選擇合適的朋友。」

「奇士碩儒，或隔籬而不接，妄行所在，雖遠而必至。攜手連袂㊀，以遨以集，入他堂室，觀人婦女，指玷修短，評論美醜。不解此等何為者哉？或有不通主人，便共突前，嚴飾未辦，不復窺聽，犯門折關，踰垝㊁穿隙，有似抄劫之至也。其或妾媵㊂藏避不及，至搜索隱僻，就而引曳㊃，亦怪事也。」

【今註】㊀袂：衣袖。㊁垝：倒坍。㊂媵：古時陪嫁的女子，也指妾。㊃曳：拉。

【今譯】「奇士碩儒雖然隔籬近鄰，但不去學習；妄行之人所在的地方，雖然路途遥遠，而還是必定要去。他們攜手連袂，聚集遨遊。進入別人的堂室，目覩別人的妻女，指玷長短，評論美醜。我真不懂此等無賴之徒，為什麼要這樣做？他們有時不通報主人，便一起突然闖入，嚴飾未辦，不復窺聽，犯門折關，踰垝穿隙，好像來了一伙抄劫的強盜。有時人家妻亡躲避不及，他們搜索到隱僻之處，就對別人妻妾動手動腳，這也算是怪事了。」

「夫君子之居室，猶不掩家人之不備。故入門則揚聲，升堂則下視㊀。而唐突他家，將何理乎？然落拓之子，無骨骾而好隨俗者，以通此者為親密，距此者為不恭，誠為當世不可以不爾。於是要呼憒雜，入室視妻，促膝之狹坐，交杯觴於咫尺。絃歌淫冶之音曲，以誂文君之動心㊁。載號載呶，謔戲醜褻，窮鄙極黷。爾乃笑亂男女之大節㊂，蹈〈相鼠〉之無儀㊃。夫桀傾紂覆㊄，周滅陳亡㊅，咸由無禮，況匹庶乎！」

【今註】㊀入門則揚聲，升堂則下視：楊明照《抱朴子外篇校箋・上》：接此文疑有誤。《禮記・曲禮上》：「將上堂，聲必揚，……將入戶，視必下。」（《韓詩外傳》九同）《列女傳・母儀・鄒孟軻母傳》：「將上堂，聲必揚，所以戒人也；將入戶，視必下，恐見人過也。」是「入門」與「升堂」當互乙。㈡以誂文君之動心：誂，逗引，誘惑。文君，卓文居，西漢臨邛（今四川邛崍）人。卓王孫女，善鼓琴。喪夫後家居，與司馬相如相戀，遂私奔成都。㈢爾乃笑亂男女之大節：楊明照校云：「『笑』上，古藩本有『喧』字。按有『喧』字較勝。㈣〈相鼠〉之無儀：〈相鼠〉，《詩經・鄘風》篇名。《詩序》：「〈相鼠〉，刺無禮也。衛文公能正其群臣，而刺在位承先君之化無禮儀也。」㈤桀傾紂覆：桀，夏代君主。紂，殷紂王。㈥周滅陳亡：周，指西周。陳，古國名，嬀姓。在今河南東部與安徽一部分，建都宛丘（今河南淮陽），公元前四七九年為楚所滅。

【今譯】「君子的居室，尚且不掩家人之不備，所以入門時要向下看，升堂時要揚聲。而他們突然地闖進別人家裡，將有什麼道理呢？然而，那些落拓之子以及無骨骾而愛好隨大流的人，卻以通此道者為親密，拒絕這樣做的為不恭敬，確實以為當今不可以不那麼然做。於是親熱招呼，昏亂混雜，入室視妻，促膝狹坐，貼近地敬酒。用淫蕩的歌舞音樂，引誘卓文君之流女子的動心。又是號叫，又是呶呶不休，謔戲醜褻，窮極其卑鄙輕佻的方式。那麼樣，就笑亂了男女有別之大節，陷入了〈相鼠〉一詩所刺諷的無禮儀的狀態。夏桀與殷紂王的傾覆，西周與陳國的滅亡，都是由於破壞禮教的結果，何況匹夫庶人呢！」

「蓋信不由中，則屢盟無益。意得神至，則形器可忘。君子之交也，以道義合，以志契㈠親，故淡而成焉；小人之接也，以勢利結，以狎慢密，故甘而敗焉。何必房集內讌㊁，爾乃款誠，著妻妾飲會，然後分好昵哉！」

【今註】㊀契：投合。㊁讌：宴。

【今譯】「大概信不由中，則屢次盟誓而毫無益處；到了意得神至之時，則忘記了自己的形器。君子的應酬交際，以道義合，以志契親，所以淡泊而能成功。小人的應接交際，以勢利結合一起，以狎慢而親密，所以甘甜而最終失敗。為什麼一定要內室聚宴，那樣就算是款誠，帶妻妾飲會，然後體現出好昵呢？」

「古人鑒淫敗之曲防㊀，杜傾邪之端漸，可謂至矣。修之者為君子，背之者為罪人。然禁疏則上宮有穿窬之男，網漏則桑中有奔隨之女㊁。縱而肆之，其猶烈猛火於雲夢㊂，開積水乎萬仞㊃，其可撲以箒篲，遏以撮壤哉？」

【今註】㊀曲：曲折隱秘之處。㊁然禁疏則上宮有穿窬之男，網漏則桑中有奔隨之女：上宮，桑中，地名，皆出《詩經・鄘風・桑中》：「爰采唐矣，沬之鄉矣。云誰之思？美孟姜矣。期我乎桑中，要我乎上宮，送我乎淇之上矣。」。穿窬，穿過或越過牆壁進行偷竊。奔，私奔。㊂雲夢：即古代雲夢澤。㊃仞：古時長度單位，八尺為一仞（一說七尺）。

【今譯】「古人鑒於淫敗的曲折隱秘之處而加以預防，傾邦之端倪出現就加以杜絕，可說是做到頂了。照此做的就是君子，背棄了的就是罪人。然而，禁令疏荒了，上等樓房也會出現穿窬之盜，法網疏漏了，桑林中也會有跟人私奔的女子。對此放縱不管，就像猛火在雲夢澤中燃燒，打開萬仞高的積水，那種局面可以用掃帚撲滅，用一小撮土壤遏止嗎？」

「然而俗習行慣，皆曰此乃京城上國㈠公子王孫貴人所共為也。」余每折之曰：「夫中州㈡，禮之所自出也，禮豈然乎？蓋衰亂之所興，非治世之舊風也。夫老聃㈢清虛之至者也，猶不敢見乎所欲，以防心亂。若使柳下惠潔高行，屢接褻讌㈣，將不能不使情生於中，而色形于表。況乎情淡者萬未一，而抑情者難多得。如斯之事，何足長乎！」

【今註】㈠上國：春秋時中原諸侯國稱為「上國」。㈡中州：指中原。㈢老聃：即老子。㈣若使柳下惠潔高行，屢接褻讌：楊明照《抱朴子外篇校箋．上》：孫（星衍）曰：「（潔）下疑脫一字。」按孫說非。〈交際篇〉：「操清潔高者。」〈安貧篇〉：「而言高行方。」是此文「行」下脫一「方」字，非「潔」下有脫也。柳下惠，即展禽。春秋時魯國大夫，以善於講究貴族禮節著稱。

【今譯】「然而俗行成了習慣，大家都說這是京城上國公子王孫貴人所共同的行為。」我每次加以打斷，說：「中原上國是禮教產生的地方，禮難道是如此的嗎？大概衰亂的發生，並不是治世的舊風俗。老子是最講究清虛的人，尚不敢見乎所欲，以防止心思的迷亂。如果使柳下惠這樣潔高行方的人，多次接觸荒淫的酒宴，將不能不在內心產生情慾，並表現於外表，何況情淡者萬人中沒有一個，而抑制情慾的人很難多見。如此之事，何是長乎？」

「窮士雖知此風俗不足引進，而名勢並乏，何以整之？每以為慨。故常獲憎於斯黨，而見謂為野朴之人，不能隨時之宜。余期㈠於信己而已，亦安以我之不可，從人之可乎！可歎非一，率如此也。已矣夫，吾末如之何也。彼之染入邪俗，淪胥㈡以敗者，曷肎納逆耳之讜言，而反其東走之遠跡哉？」

【今註】㈠期：希望。　㈡淪胥：相率淪喪或陷溺。

【今譯】「貧窮之士雖然知道此等風俗不足以引進，但是名望低，權勢無，拿什麼辦法來整頓呢？每次為此感慨，所以常常為此黨徒所憎恨，而被說成是野樸之人，不能隨合時宜。我希望相信自己罷了，哪兒以自己之不可，從人之可乎？可歎的不止一點，大抵如此而已。已矣夫，我也無可奈何！那些人染上邪俗，相繼淪溺，以至失敗，怎麼肯聽取逆耳之忠言，而返其東走之遠跡呢？」

抱朴子曰：「俗間有戲婦之法，於稠眾之中，親屬之前，問以醜言，責以慢對，其為鄙黷，不可忍論。或蹙以楚撻㈠，或繫腳倒懸。酒客酗醟㈡，不知限齊，至使有傷於流血，踒折支體者。可歎者也。」

【今註】㈠蹙以楚撻：蹙，急迫。楚，古時的刑杖或撲責人的小杖。　㈡醟：酗酒。

【今譯】抱朴子說：「民間有一種戲婦之法，在大眾之中，親屬之前，向新婦提些醜惡的問題，回答慢了就加以呵責。那種鄙陋褻黷的玩笑，不可忍論。或者用小杖急急地鞭打，或者繫住雙腳而倒懸。酒客們喝醉了，不知道加以約束，以致出現了受傷流血和折斷肢體的情況。」

「古人感離別而不滅燭，悲代親㊀而不舉樂。禮論：娶者羞而不賀。今既不能動蹈舊典，至於德為鄉閭之所敬，言為人士之所信，誠宜正色矯而呵之，何謂同其波流，長此弊俗哉！然民間行之日久，莫覺其非，或清談所不能禁，非峻刑不能止也。」

【今註】㊀代親：親人死亡。

【今譯】「古人離別時感到難捨難分，就不熄滅燭光；為親人亡故而悲哀，就不舉行樂禮活動；為娶妻而有點難為情，就不進行慶賀；但今天民間已經不再按照舊典辦事了。至於那些德行為鄉里所崇敬，言談為士人所聽信的人，誠宜正色，矯而呵之。為什麼要一道隨波逐流，增長弊俗呢？然而民間弊俗流行日久，沒有覺察到不對，或者清談所無法禁止，不用嚴刑峻法是不能制止的。」

「遂訕周㊀而疵孔㊁，謂傲放為邈世矣。或因變故，佻竊榮貴；或賴高援，翻飛拔萃。於是便驕矜誇驁，氣淩雲物，步高視遠，眇然自足。顧瞻否滯失群之士，雖實英異，忽焉若草。或傾枕而延賓，或稱疾以距客。欲令人士立門以成林，車騎填噎於閭巷，呼謂尊貴，不可不爾。夫以勢位言之，則周公勤於吐握㊂；以聞望校之，則仲尼恂恂善誘。咸以勞謙為務，不以驕慢為高。」

【今註】㊀周：指周公。㊁孔：指孔子。㊂吐握：吐哺握髮，形容為延攬人才而操心忙碌。《史記》卷三十三〈魯周公世家〉：周公戒伯禽曰：「我於天下亦不賤矣，然我一沐三握髮，一飯三吐哺，起以待士，猶恐失天下之賢人。」

【今譯】「於是貶詘周公，疵議孔子，把傲放當作逸世。有的因變亂事故，輕易地竊取了榮貴的地位。有的依賴高門勢力，翻飛拔萃。於是便驕矜誇驁，氣凌山川雲物，步步升高，遠視一切，眇然得意，顧瞻不滯。離開大眾的孤傲之士，雖實莫異，忽然之間就像草一樣。有的躲著而迎賓客，有稱病而拒絕別人。要讓人士立在門外，眾多成林，車騎塞滿了里巷。呼謂尊貴，不可不那麼樣。就權勢與名位而言，則周公勤於吐喔，延攬人才；從聲望來比較，則孔子恂恂善誘，誨人不倦；周公與孔子都以勤勞謙虛為務，不以驕慢為高。」

「漢之末世，則異於玆，蓬髮亂鬙，橫挾不帶，或褻衣以接人，或裸袒而箕踞㊀，朋友之集，類味之遊，莫切切進德，誾誾㊁修業，攻過弼違㊂，講道精義。其相見也，不復敘離闊，問安否。賓則入門而呼奴，主則望客而喚狗。其或不爾，不成親至，而棄之不與為黨。及好會，則狐蹲牛飲，爭食競割，掣、撥、淼、摺㊃，無復廉恥。以同此者為泰，以不爾者為劣。終日無及義之言，徹夜無箴規之益。誣引老、莊，貴於率任，大行㊄不顧細禮，至人不拘檢括㊅，嘯傲縱逸，謂之體道。嗚呼惜乎！豈不哀哉？」

【今註】㊀箕踞：坐時兩腳伸直岔開，形似簸箕。一說屈膝張足而坐。表示輕慢的態度。㊁誾誾：發表自己的意見時態度好而能說清道理。㊂弼違：糾正過失。㊃掣、撥、淼、摺：掣，抽，拉。淼，遠。摺，折。㊄大行：指行大事。《史記》卷七〈項羽本紀〉：「大行不顧細謹，大禮不辭小讓。」㊅至人不拘檢括：至人，修養達到最高境界的人。檢括，規矩，法度。

【今譯】「而到漢朝末世，風氣就與此不同了。蓬頭散髮，橫挾不帶，或者穿著內衣以接待客人，或者裸袒而箕踞。朋友聚集，同伴外遊，不是熱心於增長德行，不是努力地修好學業，不是善於改正錯誤過失，不是講道精義。他們相見時，不復敘談離別的情況，不互相問候，賓客入門就呼叫奴僕，主人看見客人就喚呼狗犬。如果不是那麼樣的，就不算是至親而加以拒絕，就不算是同黨。到了聚會時，則像狐似的蹲著，如牛一樣的飲酒，爭食競割，拉撥遠折，没有一點廉恥。他們以同此者為安好，以不那樣的為拙劣。整天談論的是毫無意義的話，整夜說的是没有勸戒的益處。誣引老子與莊子的話，以任性為貴。做大事不顧細小禮節，至人不拘於規矩，把嘯傲縱逸說成是得道。啊，這樣難道不是令人悲哀與惋惜的嗎？」

「於是嘲族以敘歡交，極黷以結情款，以傾倚申腳㈠者為妖妍標秀，以風格端嚴者為田舍朴騃㈡，以蚩鎮抗指㈢者為勦令鮮倚，以出言有章者為摺答猝突。凡彼輕薄之徒，雖便辟偶俗，廣結伴流，更相推揚，取達速易；然率皆皮膚狡澤，而懷空抱虛，有似蜀人瓠㈣壺之喻，胸中無一紙之誦，所識不過酒炙之事。所謂傲很明德，即聾從昧，冒于貨財㈤，貪于飲食，左生㈥所載不才之子也。若問以《墳》、《索》㈦之微言，鬼神之情狀，萬物之變化，殊方之奇怪，朝廷宗廟之大禮，郊祀禘祫㈧之儀品，三正四始㈨之原本，陰陽律歷㈩之道度，軍國社稷之典式，古今因革之異同，則怳悸自失，暗嗚俛㈩仰，蒙蒙焉，莫莫焉。」

【今註】 ㊀申腳：孫星衍校云：《群書治要》作「屈申」。 ㊁騃：呆。 ㊂指：旨。 ㊃瓠：葫蘆。 ㊄冒于貨財：楊明照《抱朴子外篇校箋・上》：「財」，《御覽》四四七引作「賄」。按作「賄」與《左傳》文公十八年合。〈百里篇〉「冒于貨賄」，《內篇・論仙篇》「冒于貨賄」，亦並作「賄」（〈逸民篇〉〈安貧篇〉二篇亦以「貨賄」連文。） ㊅左生：指左慈，字元放，盧江（今屬安徽）人，東漢末方術之士。 ㊆《墳》、《索》：《墳》，《三墳》，傳說中的三皇（伏犧、神農、黃帝）之書。《索》，《八索》，相傳為古書名。《左傳》昭公十二年：「是能讀《三墳》、《五典》、《八索》、《九丘》。」孔穎達《疏》引《偽孔安國尚書序》：「八卦之說，謂之八索。」 ㊇郊祀禘祫：郊祀，古代祭禮，在郊外祭天地。禘，古代的一種祭祀，天子諸侯宗廟的五年一次祭祀。祫，天子諸侯宗廟祭禮之一。 ㊈三正四始：三正，古代的曆法有以建子、建丑、建寅三個月的朔日為歲首的，依次叫做周正、殷正、夏正，合稱為三正。四始，謂陰曆元旦是歲、時（季）、月、日之始。 ㊉律歷：樂律與曆法。 ⑪俛：俯。

【今譯】 「於是嘲弄族人以敘歡樂交遊，極盡褻黷以結情款。把傾倚申腳的人當作妖美秀麗，把風格端正的人當作田間粗野呆人，以邊鎮抗旨者為剿令鮮倚，以出言成章者為摺答猝突。凡是那種輕薄之徒，雖便辟偶俗，而廣結伴流，更是互相推崇宣揚，取達速易。然而他們大抵都是外表狡澤，而內裡空虛，好像蜀人的瓠壺之喻，胸中沒有一點學問，知道的不過酒肉之事。正是所謂傲狠明德，即聾從昧；冒于貨賄，貪於飲食。左慈所記載的，都是不才之子。如果問以《三墳》、《八索》的微言，鬼神的情況，萬物的變化，遠方的珍奇，朝廷宗廟的大禮，郊祀禘祫的儀品，三正四始的原委，陰陽律曆的道度，軍國社稷的典式，古今沿革的異同，他們就恍悸自失，俯仰暗叫，蒙蒙然無所知。」

「雖心覺面牆㈠之困，而外護其短乏之病，不肎謐㈡已，強張大談曰：『雜碎故事，蓋是窮巷諸生，章句之士㈢，吟詠而向枯簡㈣，匍匐以守黃卷者所宜識，不足以問吾徒也。』誠知不學之弊，碩儒之貴，所祖習之非，所輕易之謬；然終於迷而不返者，由乎放誕者無損於進趨故也。若高人以格言彈而呵之，有不畏大人而長惡不悛者，下其名品，則宜必懼然，冰泮㈤而革面，旋而東走之跡矣㈥。」

【今註】 ㈠面牆：謂不學的人如面對著牆，一無所見。《尚書・周官》：「不學牆面。」 ㈡謐：安靜。 ㈢章句之士：只以分章析句來解釋經書意義的士人。 ㈣簡：書簡，書籍。 ㈤泮：融解。 ㈥旋而東走之跡矣：楊明照《抱朴子外篇校箋・上》：按「旋而」二字當互乙，上文「望塵而旋跡」，又「而反其東走之遠跡哉」，可證。

【今譯】 「雖然心裡覺得不學無知的困惑，而外表上卻掩護自己的缺點，不肯安靜下來，硬要張口大談，說些亂七八糟的故事。大概是窮巷諸生和章句之士，只會對著枯朽的書簡吟詠，匍匐在故紙堆上，所宜知道的不足以回答我的問題。如果了解不學的弊病，了解碩儒的可貴，了解所祖習的錯誤以及所輕忽的荒謬，而最終還是執迷不悟，那是由於放誕的結果，無損於進趨。如果高人以格言彈而呵之，而仍有不怕大人而長惡不悛的人，下其名品，則應是必定懼怕的。然而用融解了的冰水洗面，清醒了一會兒，而不久又重新踏上東走之跡。」

譏惑篇第二十六

【篇旨】本篇從禮的起源說起，認為人與禽獸的區別在於有沒有禮，「夫唯無禮，不廁貴性」。「蓋人之有禮，猶魚之有水矣。……人之棄禮，雖猶靦然，而禍敗之階也。」而自喪亂以來，禮制改易，風教頹沮，令人迷惑。對此，葛洪作了譏評，強調「君子行禮，不求變俗，謂違本邦之他國，不改其桑梓之法也。」這也反映了作者維護禮教的心情。

抱朴子曰：「澄濁㈠剖判，庶物化生。羽族㈡或能應對焉，毛宗㈢或有知言焉。干玃㈣識往，歸終㈤知來。玄禽解陰陽，蚫蟺㈥遠泉流。蓍㈦龜無以過焉，甘、石㈧不能勝焉。」

【今註】㈠澄濁：澄，清氣；濁，濁氣。㈡羽族：鳥類。㈢毛宗：獸類。㈣干玃：大母猴。㈤歸終：神獸名。《藝文類聚》卷九五引《淮南萬畢術》云：「歸終知來，猩猩知往。」注云：「歸終，神獸。」《抱朴子・內篇・對俗篇》：「歸終知往，乾鵲知來。」㈥蚫蟺：蚫，蛇。蟺，蟻。㈦蓍：蓍草，供占卜用。㈧甘、石：甘，甘德，戰國中期天文學家，齊國人，一說楚國人。石，石申，戰國中期天文學家，魏國人。

【今譯】抱朴子說：「渾沌之時，清氣上升，濁氣下降，天地始分，萬物化育而生。鳥類或能應對，獸類或有知言。大母猴知道往昔，神獸歸終預知未來。玄禽了解陰陽變化，蛇蟻知道遠處泉流。著龜卜占無法超過它們，甘德、石申也不能勝過它們。」

「夫唯無禮，不廁㊀貴性。厥初邃古㊁，民無階級，上帝悼混然之甚陋㊂，愍巢穴之可鄙，故構棟宇以去鳥獸之群，制禮數以異等威之品；教以盤旋㊃，訓以揖㊄讓，立則磬折㊅，拱㊆則抱鼓，趨步升降之節，瞻視接對之容，至於三千。」

【今註】㊀廁：列入。㊁邃古：遠古。㊂甚陋：十分鄙陋。㊃盤旋：周旋進退的姿態。㊄揖：拱手禮。㊅磬折：磬，古代的一種打擊樂器，形狀像曲尺，用玉製成。磬折，彎腰如磬，表示恭敬。《禮記・曲禮・下》：「立則磬折垂佩。」㊆拱：拱手禮。

【今譯】「但是禽獸不懂得禮，不加入人的行列。遠古始初，人民是不分等級的。上帝悲悼混然一體的鄙陋，惋惜巢穴而居的可憐，所以構造房屋使人與鳥獸分開，制定禮儀使人區別為不同的等級。還教人們周旋進退的姿態，訓練如何作揖禮讓。要人們站立時彎腰如磬，十分恭敬，作揖時雙手呈抱鼓的姿勢。趨步升降的禮節，瞻視接對的容貌，計有三千多條。」

「蓋檢溢之隄防，人理之所急也。故儼若冠於〈曲禮〉㊀，望貌首於五事㊁，出門有見賓之肅，閑居有敬獨㊂之戒。顏生整儀於宵浴㊃，仲由臨命而結纓㊄。恭容暫廢，惰慢已及。安上治民，非此莫以。」

【今註】 ㊀〈曲禮〉：《禮記》篇名，記述春秋前後貴族飲食、起居、喪葬等各種禮制的細節。「曲」，委曲周到的意思。〈曲禮〉開頭說：「毋不敬，儼若思。」 ㊁五事：指貌、言、視、聽、思五件事情。《尚書・洪範》：「敬用五事。」 ㊂敬獨：慎獨，謂獨處無人注意時，自己的行為也要謹慎不苟。《禮記・中庸》：「莫見乎隱，莫顯乎微，故君子慎其獨也。」 ㊃顏生整儀於宵浴：顏生，顏回，字子淵，孔子的弟子。《劉子・慎獨篇》載：「顏回不以夜浴改容。」 ㊄仲由臨命而結纓：仲由，字子路，孔子的弟子。在一次內亂中，有人擊斷子路之纓，子路曰：「君子死而冠不免。」遂結纓而死。事見《史記》卷六十七〈仲尼弟子列傳〉。纓，繫在頷下的冠帶。

【今譯】 「大概檢查隄防的滿溢，是人們理所當然急迫的事。所以把『儼若思』放在〈曲禮〉的最前面，把貌望作為『五事』之首。出門時要有見賓之肅，閑居時則有慎獨之戒。顏生夜浴時還要整儀容，仲由臨死前還要繫好冠帶。如果恭敬的禮容暫時廢棄，那惰慢的情況已經發生了。安上治民，除了禮之外就沒有什麼的了。」

「蓋人之有禮，猶魚之有水矣。魚之失水，雖暫假息，然枯糜可必待也。人之棄禮，雖猶靦然，而禍敗之階也。魯秉周禮，暴兵不加。魏式干木㊀，銳寇旋旆㊁。大楚帶甲百萬，而有振槁之脆㊂。強秦殽、函㊃襲嶮，而無折柳之固。豈非棄三本㊄而喪根柢之攸召哉？矧㊅乎安逸觸情，喪亂日久，風積教沮，抑斷之儀廢，簡脫之俗成。近人值政化之蚩役，庸民遭道綱之絕紊，猶網魚之去水罟㊆，圍獸之出陸羅㊇也。」

【今註】 ㊀魏式干木：干木，段干木，戰國初魏國人。姓段干，名木。魏文侯給以爵祿官職，都不受。文侯乘坐經過其門口，必伏軾致敬。 ㊁旆：大旗。 ㊂振槁之脃：振槁，搖動枯葉，比喻易於奏效。脃，脆。 ㊃殽、函：殽山與函谷關的合稱。相當今陝西潼關以東至河南新安地帶，高峰絕谷，峻阪迂迴，形式險要。 ㊄三本：指禮之三本。《荀子・禮論篇》：「禮有三本：天地者，生之本也；先祖者，類之本也；君師者，治之本也。」 ㊅矧：況且。 ㊆罟：魚網。 ㊇羅：捕鳥獸的網。

【今譯】「禮對人來說，好像魚與水的關係。魚沒有了水，雖然暫短地休息，而其枯死是不可避免的。人若廢棄了禮，雖然還能靦然存在，但已踏上禍敗的臺階了。魯國秉承周禮，暴兵就不敢入侵。魏文侯以禮對待段干木，勁敵就捲旗而退。楚國擁兵百萬，而卻有振槁的脆弱。強秦據有殽函之險，卻無折柳之固。楚與秦的滅亡，難道不是拋棄三禮而喪失根本所召來的嗎？況且安逸觸情，喪亂日久，風教頹沮，抑揚頓挫的禮儀廢棄了，簡脫的風俗形成了。近人恰好碰到政化之蚩役，庸民遭受道德的極度混亂。好像網中之魚重新離開水網，被圍的野獸又逃出地上羅網一樣。」

「喪亂以來，事物屢變。冠履衣服，袖袂財制，日月改易，無復一定。乍長乍短，一廣一狹，忽高忽卑，或粗或細。所飾無常㊀，以同為快㊁。其好事者，朝夕放效㊂，所謂京輦㈣貴大眉㈤，遠方皆半額也。」

【今註】㈠無常：沒有一定的準則。㈡以同為快：以相同為快樂。㈢放：同「倣」，模仿之意。㈣京輦：皇帝坐的車子叫輦，所以京城也稱京輦。㈤大眉：寬大的眉毛。

【今譯】「自喪亂以來，各種事物經歷了許多的變化，衣服鞋帽，衣袖以及財政制度，日新月異，不復有一定的制度。拿服飾來說，一會兒長，一會兒短，一會兒寬廣，一會兒狹窄，忽而高大，忽而卑小。有的粗，有的細。服飾反覆無常，以大家相同為快樂。熱中於此事的人，更是朝夕倣效。所謂京城洛陽以畫粗大眉毛為貴美，結果遠方各地都把眉毛畫了半額長。」

「余寔凡夫㈠，拙㈡於隨俗，其服物變不勝，故不變。無所損者，余未曾易㈢也。雖見指笑，余亦不理也。豈苟欲違眾哉？誠以為不急耳。上國㈣眾事，所以勝江表㈤者多，然亦有可否者。君子行禮，不求變俗，謂違本邦之他國，不改其桑梓㈥之法也。況其在於父母之鄉，亦何為當事棄舊而強更學乎？」

【今註】㈠凡夫：平凡的人。㈡拙：不善。㈢易：改變。㈣上國：指中原，對江表而言。春秋時中原諸侯國稱為上國。《左傳》成公七年：「通吳於上國。」《國語・吳語》：「越滅吳，上征上國。」㈤江表：指江南以南地區。從中原人看來，地在長江之外，故稱江表。㈥桑梓：故鄉的代稱。桑與梓是古代家宅旁常栽的樹木，見到桑梓，容易引起對父母的懷念。《詩經・小雅・小弁》：「維桑與梓，必恭敬止。」

【今譯】「我實在是一個平凡的人，不善於跟隨世俗，那服飾變不勝變，所以我也就不變了。沒有變化的東西，我也未曾改變。雖然被世俗之人指笑，我也不予理睬。這樣做，難道只是想違反眾人愛好的潮流嗎？確實是以為服飾的變化是不急之事。中原有許多東西，勝過於江南地區，然而倣效時也有可否之分。君子行禮，不求變俗，說到了與本土不同的他國，不改變原來故鄉的方法。何況人仍在父母之鄉，為什麼一定要拋棄舊有的習俗而硬要學習別地的呢？」

「吳之善書，則有皇象、劉纂、岑伯然、朱季平㈠，皆一代之絕手。如中州有鍾元常㈡、胡孔明㈢、張芝㈣、索靖㈤，各一邦之妙。並㈥用古體，俱足周㈦事。余謂廢已習之法，更勤苦以學中國㈧之書，尚可不須也。況於乃有轉易其聲音，以效北語，既不能便良，似可恥可笑。」

【今註】㈠皇象、劉纂、岑伯然、朱季平：皇象，三國吳書法家。字休明，廣陵江都（今屬江蘇）人。官至侍中。八分雄逸，篆體精能，最工草章，有「實而不樸，文而不華」之評。當時以皇象的草書，嚴武的棋，曹不興的畫等並稱「八絕」。參見《三國志》卷六十三〈吳書・趙達傳〉注。劉纂，三國吳臣，見《三國志》卷五十〈吳書・嬪妃步夫人傳〉。岑伯然，或即岑昬。朱季平，或即朱育。亦皆吳臣。㈡鍾元常：即鍾繇，三國魏大臣、書法家。字元常，潁川長社（今河南長葛）東人。東漢末為黃門侍郎。曹操執政時，官為侍中司隸校尉。曹丕代漢後，任為廷尉。曹明帝即位，遷太傅。精於書法，博采眾長，兼善各體，尤精於隸、楷。點畫之間，多有異趣，結體樸茂，出乎自然，形成了由隸入楷的新貌。與晉王羲之並稱「鍾、王」。㊂胡孔明：即胡昭，穎川（今屬河南）人。史稱：「初，昭善史書，與鍾繇、邯鄲淳、衛覬、韋誕並有名，尺牘之跡，動見楷模焉。」傳見《三國志》卷十一〈魏書・胡昭傳〉。《抱朴子・內篇・辨問篇》：「善史書之絕時者，則謂之書聖，故皇象、胡昭於今有書聖之名焉。」㊃張芝：東漢書法家，字伯英，敦煌酒泉（今屬甘肅）人。善草書，後脫去舊習，省減章草點劃波磔，創為「今草」，三國魏韋誕稱他為「草聖」之稱。晉王羲之對漢魏書跡，惟推鍾（繇）、張（芝）兩家，並深受其影響。㊄索靖：西晉書法家。字幼安，敦煌（今屬甘肅）人。張芝姊之孫，官至征南司馬。工書法，尤擅草章，傳張芝草法而變其形跡。骨勢峻邁，富有筆力。㊅並：并。㊆周：至，最。㊇中國：指中原地區。

【今譯】「吳國善於書法的，則皇象、劉纂、岑伯然、朱季平等，都是一代的好手。又如中原有鍾繇、胡孔明、張芝、索靖等，都是各地的妙手。他們都用古體字書寫，都足以達到最高的水準。我若說廢棄自己的原有吳地書法，更勤苦地學習中原的書法，尚可不必的。況且還有一些改易自己口音的人，要倣效北方語音，結果不能學得良好，似可恥可笑。」

「所謂不得邯鄲之步㊀，而有匍匐之嗤者，此猶其小者耳。乃有遭喪者，而學中國哭者，令忽然無復念之情。昔鍾儀、莊舄㊁不忘本聲，古人韙㊂之。孔子云：『喪親者，若嬰兒之失母』，其號豈常聲之有！寧令哀有餘而禮不足。哭以洩哀，妍拙何在？而乃治飾其音，非痛切之謂也。」

【今註】 ㈠邯鄲之步：典出《莊子・秋水篇》：「且子獨不聞夫壽陵餘子之學行於邯鄲與？未得國能，又失其故行矣，直匍匐而歸耳。」按《漢書》卷一百上〈敘傳・上〉引《莊子》，「學行」作「學步」。壽陵，燕之邑。邯鄲（今屬河北），趙之都。弱齡未壯，謂之餘子。趙都之地，其俗能行，故燕國少年遠來學步然摹倣不成，反而喪失其固有的能力，只好匍匐而歸。 ㈡鍾儀、莊舃：鍾儀，春秋時楚人。嘗為鄭所獲，獻之於晉，晉景公令為樂，鼓琴操南音，不忘舊也。見《左傳》成公九年。莊舃：亦稱越舃。戰國時越人。仕楚，爵執珪。楚王欲知他是否思越，當他患病時，中謝官說：凡人思念故鄉，病時必吟故鄉之聲。楚王派人往聽，他果然在吟越聲。 ㈢韙：稱善，贊美。

【今譯】 「正是所謂燕人到邯鄲學步，學不成，又忘記了原來的東西，只好匍匐而歸，遭到了人們的嗤笑。這還是小事罷了。還有遭受喪事的人，而要學中原的哭法，令人覺得忽然之間就沒有哀念的感情了。從前，鍾儀、莊舃不忘記故鄉的語音，古人對此加以肯定。孔子說：『喪失了親人，好像嬰兒失去了母親』。那號哭難道是平常的聲音，寧願悲哀有餘而禮儀不夠。號哭用來表達悲哀，哭聲的好與劣又何在呢？而竟有裝飾號哭之聲，那並不是內心痛切的表露。」

「又聞貴人在大哀，或有疾病，服石散㈠以數食，宣㈡藥勢以飲酒，為性命。疾患危篤，不堪風冷，幃帳茵㈢褥，任其所安。於是凡瑣小人之有財力者，了不復居於喪位，常在別房，高床重褥，美食大飲，或與密客，引滿投空，至於沈醉，曰：『此京洛㈣之法也。』不亦惜哉？」

【今註】㊀石散：石，藥石。散，研成細末的藥。㊁宣：宣泄。㊂茵：褥墊。㊃京洛：指西晉都城洛陽。又因東周、東漢均都於此，故稱洛陽為京洛。

【今譯】「又聽說富貴人家在大哀之時，或有患病，多次服食石散藥，而要飲酒來宣泄藥勢，那是為了性命。疾患危篤，不堪風冷，躲在禕帳重褥之中，讓其安適。於是那些有財力的庸民小人，一點也不居於喪位，常常在別的房舍中，高床重褥，大飲美食。或者與褻狎之客，互相敬酒，以至沉醉，還說這樣做是京城洛陽的風俗。不也令人惋惜的嗎？」

「余之鄉里先德君子，其居重難，或并在衰老，於禮唯應縗㊀麻在身。不成喪致毀者，皆過哀啜粥，口不經甘。時人雖不肖者，莫不企及自勉。而今人乃自取如此，何其相去之遼緬乎！」

【今註】㊀縗：喪服。

【今譯】「我的鄉里，先前有德行的君子，居於重難之時，有的自己已經衰老，按照禮俗只穿麻製的喪服。不因哀喪而毀壞身體的人，都是過哀吃粥，口不嚐甘美之食。時人雖不肖於此，而無不企及自勉。但是如今的俗人如此美食大飲，比較起來，相距是何等的遼遠啊！」

「又凡人不解，呼謂中國之人，居喪者多皆奢溢，殊不然也。吾聞晉之宣、景、文、武四帝㊀，居親喪皆毀瘠㊁踰制，又不用王氏㊂二十五月之禮，皆行七月服。于時天下之在重哀者，咸以四帝為法。世人何獨不聞此，而虛誣高人，不亦惑乎！」

【今註】 ㈠宣、景、文、武四帝：宣，晉宣帝，司馬懿。晉國初建，追尊曰宣王。武帝受禪，上尊號曰宣皇帝。景，晉景帝，司馬師，懿之長子。晉國既建，追尊曰景王，武帝受禪，上尊號曰景皇帝。文，晉文帝，司馬昭，師之弟，謚曰文王，武帝受禪，追尊號曰文皇帝。武，晉武帝，司馬炎。 ㈡毀瘠：因哀喪而毀壞身體。瘠，瘦。 ㈢王氏：指王肅。三國時魏經學家，司馬昭的妻父。所注《三禮》等，在晉代立有博士。

【今譯】 「又及，凡庸之人並不了解，說中原之人居喪都是奢溢的，其實並非如此。我聽說晉朝起初四位皇帝，即宣帝、景帝、文帝、武帝，他們遇到親喪時都因哀喪而毀壞身體，又不用王肅二十五個月喪期的禮儀，都七個月服喪期。當時天下敬重哀喪的人，都以四位皇帝的方法為準。如今世俗之人為什麼偏偏不聽如此情況，而憑空誣蔑高人，不也是困惑嗎？」

刺驕篇第二十七

【篇旨】 本篇指責世俗驕慢倨傲的習氣。作者指出：「生乎世貴之門，居乎熱烈之勢，率多不與驕期而驕自來矣。」把驕氣跟貴門與全是相聯繫，是有一定道理的。作者還分析了漢末以來的情況：自相品藻次第，群驕慢傲，不入道檢者，為都魁雄伯；四通八達，皆背叛禮教，而從肆邪僻，訕毀真正，中傷非黨，口習醜言，身行弊事。對此，作者表示不能容忍，強調了謙虛還是驕傲直接關係到存亡的大問題：「蓋勞謙虛己，則附之者眾；驕慢倨傲，則去之者多。附之者眾，則安之徵也；去之者多，則危之診也。存亡之機，於是乎在。」

抱朴子曰：「生乎世貴之門，居乎熱烈之勢，率多不與驕期而驕自來矣。非夫超群之器，不辯於免盈溢之過也。蓋勞謙虛己，則附之者眾；驕慢倨傲，則去之者多。附之者眾，則安之徵也㊀；去之者多，則危之診也。存亡之機，於是乎在。輕而為之，不亦蔽哉？」

【今註】 ㊀則安之徵也：孫星衍校云：本脱「之徵也」三字，從《群書治要》補。徵，徵兆。

【今譯】 抱朴子說：「那些生於世代顯貴之家，居於權勢逼人地位的人，大抵多是不想驕傲，而驕傲自然會產生的。除了才能超群的人，都難免有盈溢自滿的過錯。大蓋勢謙虛己，則依附的人多；驕慢倨傲，則散失的人多。依附者眾多，則是平安的徵兆；散離者眾多，則是危亡的診斷。存亡的關鍵就在於此。輕忽驕傲所造成的後果，不也是令人迷惑嗎？」

「亦有出自卑碎，由微而著。徒以翕㊀肩斂跡，偓伊側立㊁，低眉屈膝，奉附權豪㊂。因緣運會，超越不次。毛成翼長，蟬蛻泉壤，便自軒昂㊃，目不步足，器滿意得，視人猶芥㊄。或曲晏密集㊅，管絃嘈雜㊆，後賓填門，不復接引。或於同造㊇之中，偏有所見，復未必全得也。直以求之，差勤以數接其情，苞苴㊈繼到，壺榼㊉不曠者耳。」

【今註】 ㊀翕：斂縮。㊁偓伊側立：伊，疑當作「促」。偓促，偈促庸陋貌。《楚辭・九歎・憂苦》：「偓促談於廊廟兮。」王逸《注》：「偓促，拘愚之貌。」㊂奉附權豪：孫星衍校云：《意林》作「趨事豪貴」。㊃蟬蛻泉壤，便自軒昂：蟬蛻，蟬脫殼稱之「蟬蛻」。軒昂，氣概昂揚。㊄芥：草芥，小草。㊅或曲晏密集：楊明照《抱朴子外篇校箋・下》：按「晏」當作「宴」。《文選》卷十八嵇康〈琴賦〉：「若乃華堂曲宴，密友近賓。」又《文選》卷二十四曹植〈贈丁翼詩〉：「吾與二三子，曲宴此城隅。」並其證。文溯本、《崇文》本作「宴」，未誤。㊆管絃嘈雜：楊明照《抱朴子外篇校箋・下》：陳（澧）曰：「承訓本作『嘈囐』。榮按張衡〈東京賦〉：『奏嚴鼓之嘈囐。』囐，《玉篇》本作『𠯈』，五葛、才葛二切。」嘈嘈𠯈喯，或作囋啐啐啐，並同。見《集韻》。

按《藏》本、吉藩本、慎本、盧本、舊寫本並作「嘈囋」，是也。〈知止篇〉「金口嘈囋」，《抱朴子・內篇・論仙篇》「砰磕嘈囋」，亦作「嘈囋」，此固不應獨作「嘈雜」也。㈧造：通「曹」，訴訟的雙方。㈨苞苴：指饋贈的禮物，引申指賄賂。㈩榼：古代盛酒或貯水的器具。

【今譯】「也有的人出於自卑，由微小而顯著。開始只是收斂自己的行為，拘愚地立在一旁，低眉屈膝，奉附權貴豪右。隨著機會的到來，跳躍到前面去了，毛翼豐滿，如蟬蛻殼，便自氣概昂揚，眼睛不看下面，志得意滿，視人如草芥。有的酒宴密集，沉溺於歌樂，即使門庭若市，也不再出來迎接。或者在彼此爭訟的雙方中，偏袒一方，不能全面地處理問題。直接地要人賄賂，差卒忙著接待，賄賂不斷地送到，家壺榼等滿是酒了。」

「孟軻所謂『愛而不敬，家畜之也』。而多有行諸，云是自尊重之道。自尊重之道，乃在乎以貴下賤，卑以自牧。非此之謂也。乃衰薄之弊俗，膏肓之癈疾㈠，安共為之，可悲者也。若夫偉人巨器，量逸韻遠，高蹈獨往，蕭然自得。身寄波流之閒，神躋九玄之表㈡，道足於內，遺物於外㈢，冠摧履決㈣，藍縷帶索㈤，何肯與俗人競幹佐之便僻，修佞幸之媚容，效上林喋喋之嗇夫㈥，為春蜩夏蠅之聒耳㈦？」

【今註】㈠膏肓之癈疾：膏肓，人體心下膈上的部位。癈疾，因精神或身體有缺陷而喪失勞動力。㈡神躋九玄之表：躋，登，上升。九玄，指天空。㈢道足於內，遺物於外：楊明照《抱朴子外篇校箋・下》：按「遺物」二字當互乙，始能與「道足」相儷。㈣冠摧履決：冠，帽。履，鞋。

決，破裂。㊄藍縷帶索：藍縷，同「襤褸」，指衣服破爛。帶索，以繩索為帶。㊅效上林喋喋之嗇夫：上林，即「上林苑」，為古代之宮苑。嗇夫，指上林苑的小吏。㊆為春蜩夏蠅之聒耳：楊明照《抱朴子外篇校箋・下》：按春季無蜩，疑字有誤。〈廣譬篇〉：「春鼃長譁，而醜音見患於聒耳。」楊泉《物理論》：「虛無之談，無異春鼃秋蟬，聒耳而已。」（《御覽》六一七引）據此，「蜩」其「鼃」之誤歟？蜩，蟬。鼃，蛙。聒，聲音噪雜。

【今譯】「孟子說過，『愛而不敬，是豕畜之類』。而多有上述行為的人，卻說是自尊自重之道。其實，自尊自重之道，就在於以尊貴的身分善待下賤之人，對別人態度卑恭，自己約束自己。不是這樣的，就是衰薄的弊俗，深入膏肓的癈疾，甘願於如此的，實在可悲。至於偉人大器，氣量雅逸，風韻邈遠，行為高尚，獨自往來，蕭然自得，寄身於山川波流之間，精神遨遊於九天之表，道足於內，物遺於外，即使是帽子摧損鞋子磨破，衣衫襤褸，以繩子為帶，為什麼要和庸俗之人比才能，學習佞幸的媚容，像上林苑內喋喋不休的吏卒，像春蛙夏蠅那般聒噪呢？」

「求之以貌，責之以妍。俗人徒覩其外形之粗簡，不能察其精神之淵邈。務在皮膚，不料心志。雖懷英抱異，絕倫邁世，事動可以悟舉世之術，言發足以解古今之惑。含章括囊，非法不談。而茅蓬不能動萬鈞㊀之鏗鏘，侏儒不能看重仞㊁之弘麗。因而蚩之㊂，謂為凡憒㊃。」

【今註】㊀鈞：重量單位，合三十斤。㊁仞：長度單位，八尺為一仞。㊂因而蚩之：楊明照《抱朴子外篇校箋・下》：按「蚩」疑當作「嗤」。〈嘉遯篇〉：「速非時之巨嗤」，〈逸民篇〉：「井蛇之嗤應龍也」，〈行品篇〉「每動作而受嗤」，〈辭義篇〉「故不免嗤也」，〈正郭篇〉「無乃見嗤於將來乎」，並其證。㊃憒：昏亂、糊塗。

【今譯】「求之以貌，貴之以美。世俗之人往往只看到外表的粗陋簡樸，卻不能見到內在精神的深遠。務求皮膚，不料心志。偉人大器雖然懷英抱異，絕倫超世，但做事可以悟到舉世之術，說話足夠可以解釋古往今來的一切疑惑。全部的篇章可以括囊，非法的事不足談論。而茅蓬不能移動鏗鏘的萬鈞，侏儒不能看重弘麗的重仞。誰因此譏笑他們，誰就是凡庸昏亂的人。」

「夫非漢濱之人，不能料明珠於泥淪之蜯㈠；非泣血之民，不能識夜光㈡於重崖之裏。蟭螟㈢屯蚊眉之中，而笑彌天之大鵬；寸鮒㈣游牛跡之水，不貴橫海之巨鱗。故道業不足以相涉，聰明不足以相逮，理自不合，無所多怪。所以疾之而不能默者，願夫在位君子，無以貌取人，勉勗謙損，以永天秩耳。」

【今註】㈠夫非漢濱之人，不能料明珠於泥淪之蜯：楊明照《抱朴子外篇校箋・下》：「濱」，《藏》本、魯藩本、吉藩本、舊寫本作「東」；慎本作「陳」（徐校「東」）。按「東」字是，「陳」乃「東」之誤。若原作「濱」，無緣誤為「陳」矣。《淮南子・覽冥篇》「譬如隋侯之珠」，高《注》：「隋侯，漢東之國，姬姓諸侯也。隋侯見大蛇傷斷，以藥傅之，後蛇於江中銜大珠以報之，因曰隋侯之珠。蓋明月珠也。」又〈說林篇〉「隋侯之珠在前，高注：隋國在漢東，……後銜大珠報之。

蓋明月之珠。」並足以證作「濱」之非（《左傳》桓公六年有「漢東之國，隨〔隋之本字〕為大語」）。㊁夜光：寶玉名。《戰國策・楚策》：「楚王獻夜光之璧於秦王。」又《抱朴子・內篇・暢玄篇》：「藏夜光於嵩岫。」 ㊂蟭螟：古代傳説中一種極小的蟲。 ㊃鮒：即「鯽」。

【今譯】「不是漢東一地的人，就不能發現泥淪之蚌內有明月珍珠；不是泣血之人，就不能識別深藏重崖之中的夜光寶玉。蟭螟寄生於蚊眉之中，而譏笑飛翔天空的大鵬；一寸長的鯽魚游於牛腳印深的淺水中，也就不以大海中的巨魚為貴。所以道業不足以相涉，聰明不足以相及。理自不合，無所多怪，所以疾之而不能沉默。我希望在位君子，不要以貌取人，要勉勵勞謙損己之人，以永遠保障天然的秩序。」

抱朴子曰：「世人聞戴叔鸞㊀、阮嗣宗㊁傲俗自放，見謂大度，而不量其材力非傲生之匹，而慕學之。或亂項科頭㊂，或裸袒蹲夷㊃，或濯腳於稠眾，或溲便㊄於人前，或停客而獨食，或行酒㊅而止所親。此蓋左衽㊆之所為，非諸夏㊇之快事也。」

【今註】㊀戴叔鸞：即戴良，字叔鸞，汝南慎陽人。史稱「良才既高達，而論議尚奇，多駭流俗。」事見《後漢書》卷八十三〈逸民傳〉。 ㊁阮嗣宗：即阮籍，三國魏之文學家、思想家，為「竹林七賢」之一。字嗣宗，陳留尉氏（今屬河南）人。曾蔑視禮教，以「白眼」看待禮俗之士。 ㊂亂項科頭：項，頸的後部。科頭，謂不戴帽子。《史記》卷七十〈張儀列傳〉：「虎賁之士，跿跔科頭。」 ㊃夷：平地。 ㊄溲便：大小便。特指小便。 ㊅行酒：依次酌酒。 ㊆左衽：衣襟向左交領。衽，即衣襟。古代北方民族被髮左衽，中原華夏族束髮右衽。㈧諸夏：指中原華夏族。泛指中原地區。

【今譯】抱朴子說：「今世之人聽到戴良、阮籍傲慢放任的情況，把他倆稱為大度，而不思量他倆的才力，並非一般傲慢之輩所能學得的。或者頸項不整，不戴帽子，或者赤身露體，蹲在平地上。或者在大眾面前洗腳，或者當著人們面前大小便。或者在酒宴中停止客人進食，而自己獨自地吃，或者行酒時不向親者酌酒。這些大概都是左衽夷族之人的行為，並不是中原地區人們的痛快之事。」

「夫以戴、阮之才學，猶以跣踔㈠自病，得失財不相補。向使二生敬蹈檢括，恂恂以接物，競競以御用㈡，其至到何適但爾哉！況不及之遠者，而遵修其業，其速禍危身，將不移陰，何徒不以清德見待而已乎？」

【今註】㈠跣踔：踸。跣踔，形容跛者以一足跳著走路。㈡競競以御用：楊明照《抱朴子外篇校箋・下》：「競競」，《藏》本、魯藩本、吉藩本、舊寫本、文溯本、《崇文》本作「兢兢」。按以上句「恂恂以接物」證之，「兢」字是。〈良規篇〉：「戰戰兢兢，不忘恭敬。」亦其旁證。

【今譯】「像戴良、阮籍的才學，尚且以跛腳自病，得失財不相輔。假使他倆的行為恭敬地遵守規矩，謙虛謹慎地待人接物，戰戰兢兢地做事，他們最終的處境怎麼只會是那樣的呢？況且那些才學遠不及他們的人，而遵照他們的行為去做，其結果速禍危身，時間短促，為什麼不以清德相待就好呢？」

「昔者西施㊀心痛而臥於道側，姿顏妖麗，蘭麝芬馥，見者咸美其容而念其疾，莫不躊躇焉。於是鄰女慕之，因偽疾伏於路間，形狀既醜，加之酷臭，行人皆憎其貌而惡其氣，莫不晲面掩鼻㊁，疾趨而過焉。今世人無戴、阮之自然，而効其倨慢，亦是醜女闇於自量之類也。」

【今註】 ㊀西施：春秋末越國蘭羅人（今浙江諸暨南）人，由越王句踐獻給吳王夫差，成為夫差的寵妃。傳說吳亡後，與范蠡偕入五湖。事見《吳越春秋》、《絕越書》等。 ㊁莫不晲面掩鼻：楊明照《抱朴子外篇校箋・下》：按「面」疑為「而」之誤。《新書・勸學篇》：「夫以西施之美而蒙不潔，則過之者莫不晲而掩鼻。」《淮南子・修務篇》：「今夫毛嬙、西施，天下之美人，……則布衣韋帶之人過之者，莫不左右睥晲而掩鼻。」並其證。

【今譯】 「從前，美人西施患心痛病，臥在道路旁邊，姿色妖麗，香氣芬芳，看見的人都讚美她的容貌，惦念她的疾病，沒有不躊躇的。於是，鄰居的一個女子，也故意裝病臥伏在路中，但她容貌醜陋，加上酷臭。行人都討厭她的貌醜，厭惡她身上的臭氣，無不睥晲而掩鼻，快步走了過去。如今世俗之人沒有戴良、阮籍的自然姿質，而卻仿效他們的倨傲高慢的行為，這也是類似醜女暗於自量的例子。」

「帝者猶執子弟之禮於三老五更㊀者，率人以敬也。人而無禮，其刺深矣。夫慢人必不敬其親也。蓋欲人之敬之，必見自敬焉。不修善事，則為惡人。無事於大，則為小人。」

【今註】㊀三老五更：《禮記・文王世子》：「遂設三老五更，群老之席位焉。」鄭玄《注》：「三老五更各一人也，皆年老更事致仕者也，天子以父兄養之，示天下之孝悌也。」又《禮記・樂記》：「食三老五更於大學。」鄭玄《注》：「三老五更互言之耳，皆老人更知三德五事者也。」孔穎達《疏》：「三德謂正直、剛、柔，五事謂貌、言、視、聽、思也。」這種制度漢代還保存者。《漢書》卷二十二〈禮樂志〉：「養三老五更於辟雍。」《後漢書》卷二〈顯宗孝明帝紀〉：「尊事三老，兄事五更。」

【今譯】「古者帝王對三老五更尚且執子弟之禮，率領群眾崇敬有德行的老人。人如果不懂得禮度，那他所受到的質疑必是很深的。對別人傲慢的人，必定不會敬重親人。大概要別人尊敬你，必須自己先尊敬別人。不修習好事，就會成為惡人；無事而自高自大，就會成為小人。」

「紂為無道，見稱獨夫㊀。仲尼陪臣㊁，謂為素王㊂。則君子不在乎富貴矣。今為犯禮之行，而不喜聞遄死㊃之譏，是負豕而憎人說其臭，投泥而諱人言其污也。」

【今註】㊀獨夫：謂殘暴無道，眾叛親離的君主。《尚書・泰誓・下》：「獨夫受（殷紂王），洪惟作威，乃汝世仇。」㊁陪臣：《禮記・曲禮・下》：「列國之大夫入天子之國曰某士，自稱曰陪臣某。」鄭玄《注》：「陪，重也。」孔穎達《疏》：「其君已為王臣，己今又為己君之臣，故自稱對王曰重臣。」㊂素王：特指孔子。漢代一些研究《春秋》的儒者，以為孔子修《春秋》是代王者立法，有王者之道，而無王者之位，故稱素王。《漢書》卷五十六〈董仲舒傳〉：「孔子作《春秋》，先正王而繫萬事，見素王之攀焉。」《論衡・超奇篇》：「孔子与《春秋》，素王之業也。」㊃遄死：速死。《詩經・鄘風・相鼠》：「人而無禮，何不遄死。」

【今譯】「殷紂王殘暴無道，被稱為獨夫；而孔子雖處於陪臣的地位，卻被認為是素王；這就說明君子不在乎富貴利祿。如今有些人行為違犯禮度，而又不喜歡聽那無禮速死的譏諷，這正如背豬的人而怕別人說他臭，跳入污泥的人避諱別人說他污穢一樣。」

「昔辛有見被髮而祭者，知戎之將熾㊀。余觀懷、愍之世，俗尚驕褻，夷虜自遇。其後羌胡猾夏㊁，侵掠上京㊂。及悟斯事，乃先著之妖怪也。今天下向平，中興有徵，何可不共改既往之失，脩濟濟㊃之美乎？」

【今註】㊀昔辛有見被髮而祭者，知戎之將熾：辛有，春秋周大夫。據載：平王東遷時，辛有前往伊川，見被髮而祭於野者，而發「不及百年，此其戎乎！其禮先亡矣」之嘆，見《左傳》僖公二十二年。㊁羌胡猾夏：羌，為西北少數民族之一，以游牧為主。猾，亂。夏，指中原地區。㊂上京：古代對京都的通稱，這裏指西晉都城洛陽。㊃脩濟濟：脩，修。濟濟，美好貌。

【今譯】「從前周大夫辛有看見披頭散髮祭祀的人，知道戎夷的勢力將要興威起來。我目覩西晉懷帝（司馬熾）和愍帝（司馬鄴）時代，風俗崇尚驕褻，自同於夷狄，後來羌胡入侵中原，攻掠上京洛陽。這才悟及上述非禮之事，乃是災禍降臨前的怪異徵兆啊。如今天下走向太平，國家的中興有了徵兆，為什麼不一起改正以往的過失，修習眾多美好的事物呢？」

「夫入虎狼之群，後知賁、育㊀之壯勇；處禮廢之俗，乃知雅人之不渝。道化淩遲㊁，流遁遂往，賢士儒者，所宜共惜。法當扣心同慨，矯而正之。若力之不能，未如之何。」

【今註】㊀賁、育：賁，孟賁，衛人，一說齊人，大勇士。育，夏育，周時衛人，大勇士。參見《史記》卷七十九〈范睢蔡澤列傳〉及裴駰《集解》。　㊁淩遲：亦作「陵遲」，俗稱剮刑，最殘酷的一種死刑。

【今譯】「來到狼虎之群中，然後才知道孟賁、夏育等大力士的壯勇。人處於廢棄禮度的風俗裡，才知道雅正之人的堅貞不渝。道德感化死罪之人，隱遁者便會嚮往而來，賢士儒者，應當共同珍惜這種局面。辦法應當是同心同德，來矯正不良的風氣，如果力量不能做到，就不知道未來會如何？」

「且當竹柏其行，使歲寒而無改也。何有便當崩騰競逐其闒茸㊀之徒，以取容於若曹㊁邪？去道彌遠，可謂為痛歎者也㊂。其或峨然守正，確爾不移，不蓬轉以隨眾，不改雅以入鄭者㊃，人莫能憎而知其善。而斯以不同於己者，便共仇讎㊄而不數之。嗟乎，衰弊乃可爾邪！」

【今註】㊀闒茸：指卑劣、沒有用的人。章太炎《新方言・釋言》：「闒為小户，茸為小草，故並舉以狀微賤也。」　㊁曹：輩。　㊂可謂為痛歎者也：楊明照《抱朴子外篇校箋・下》：按「謂為」二字誼複，疑衍其一（蓋原止有「謂」字，寫者旁注「為」字於其側，後遂誤入正文耳）。　㊃

雅以入鄭：雅，指雅樂，祭祀祖先、天地及朝賀、宴享等大典所用的樂舞。鄭，鄭聲，原指鄭國的民間音樂，因與孔子等儒家提倡的雅樂大相徑庭，故被斥為「俗」的鄭聲。　㊄讎：仇。

【今譯】　「而且像有竹柏一樣德行的人，即使遇到寒冬也不會改變自己的德行。為什麼要崩騰競逐地學卑劣之徒，以取容於這類小人呢？離開道德教化甚遠，真是令人痛惜與感歎。有些人巍然守正，堅定不移，不蓬轉以隨大流，不放棄雅樂而學鄭聲，人們不能恨之，而知其善。但是，行為與他不同的人，便共同仇恨他而且不可勝數。可歎啊！衰弊的風氣竟到了這麼樣的地步！」

「君子能使以亢㊀亮方楞，無黨於俗，揚清波以激濁流，執勁矢以厲群枉，不過當不見容與不得富貴耳。天爵㊁苟存於吾體者，以此獨立不達，亦何苦何恨乎？而便當伐本瓦合，餔糟握泥㊂，剸㊃足適履，毀方入圓，不亦劇乎？」

【今註】　㊀亢：高。　㊁天爵：天然的爵位，古稱不居官位，因德高而受人尊敬者。《孟子．告子篇．上》：「仁義忠信，樂善不倦，此天爵也；公卿大夫，此人爵也。」　㊂餔糟握泥：楊明照《抱朴子外篇校箋．下》：按「握」當作「淈」，字之誤也。（慎本、盧本、《彙函》本、柏筠堂本、文溯本、《叢書》本、《崇文》本作「掘」，屈旁尚不誤。）《楚辭．漁父》：「世人皆濁，何不淈其泥而揚其波；眾人皆醉，何不餔其糟而歠其釃。」即此文所本。餔，食。淈，攪濁。　㊃剸：削。

【今譯】　「君子能使自己高亮方正，不與庸俗的人同黨，揚清波以激濁流，執勁矢以厲群枉，不過君子應當不放任驕傲，當不得富貴利祿。天然的爵位苟存於我自身之中，因此獨立不達，又有什麼苦與恨呢？而如果一定要伐本瓦合，食糟攪泥，與世人同醉同濁，削足適履，毀方入圓，不亦是過分了嗎？」

「夫節士不能使人敬之，而志不可奪也；不能使人不憎之，而道不可屈也；不能令人不辱之，而榮猶在我也；不能令人不擯之，而操不可改也。故分定計決，勸沮不能干；樂天知命，憂懼不能入。困瘁而益堅，窮否而不悔，誠能用心如此者，亦安肯草靡萍浮，以索鑿枘㊀，傚乎禮之所棄者之所為哉？」

【今註】㊀鑿枘：鑿，榫卯。枘，榫頭。鑿枘，比喻互相投合。

【今譯】「節士不能令人敬之，但他的心志不可被剝奪；不能使人恨之，但他的道德人格不可被屈辱；不能令人不辱之，但他仍懼怕不能進入正道。因勞瘁而愈益堅定，即使窮困而不悔改其志，如果確實能用心如此的，哪兒肯像草靡萍浮，以求互相投合，仿效棄禮之人的所做所為呢？」

抱朴子曰：「聞之漢末，諸無行㊀自相品藻㊁次第，群驕慢傲，不入道檢者，為都魁雄伯，四通八達。皆背叛禮教，而從肆邪僻，訕毀真正，中傷非黨，口習醜言，身行弊事。凡所云為，使人不忍論也。」

【今註】㊀無行：孫星衍校云：《藏》本作「無徒」，盧本作「無行」。據下文云「無行之子」，盧本為長。㊁品藻：猶評論，品題。《漢書》卷八十七下〈揚雄傳．下〉：「爰及名將尊卑之條，稱述品藻。」顏師古《注》云：「品藻者，定其差品及文質。」

【今譯】抱朴子說：「聽說東漢末年以來許多無行之徒，自相評論，定其品第，那些驕傲放任、不入道檢的人，被稱為都魁雄伯。他們所作所為，四通八達，但都是些背叛禮教的活動，從肆邪僻，誹謗真正的君子，中傷不是同黨的人，口出惡言，身行壞事。所有這些行為，使人不忍加以論述。」

「夫古人所謂通達者，謂通於道德，達於仁義耳。豈謂通乎褻黷，而達於淫邪哉？有似盜跖㊀自謂有聖人之道五者也。此俗之傷破人倫，劇於寇賊之來，不能經久，豈所損壞一服而已？」

【今註】㊀盜跖：名跖，一作蹠。《荀子．不苟篇》：「盜跖吟口，名聲若日月，與舜、禹俱傳而不息；然而君子不貴者，非禮義之中也。」

【今譯】「古人所謂通達的人，是指通於道德，達於仁義罷了！難道是說通於褻黷，而達於淫邪嗎？有如盜跖，卻自稱有聖人之道五條。這種風俗破壞了人倫關係，比寇盜的到來還厲害，不能經久，難道所損壞的只是一方面而已？」

「若夫貴門子孫及在位之士，不惜典刑，而皆科頭袒體，踞見賓客。既辱天官㊀，又移染庸民。後生晚出，見彼或已經清資㊁，或佻竊虛名，而躬自為之；則凡夫便謂立身當世，莫此之為美也。」

【今註】㊀既辱天官：天官，指耳、目、口、鼻、形體等感覺器官。見《荀子・正名篇》。既，孫星衍校云：《群書治要》作「毀」。㊁清資：清貴職位。

【今譯】「至於貴門子弟及在位之士，不惜違反典刑，而且都不戴帽子，赤身裸體，蹲踞著接見賓客，既使自己身體受到屈辱，又影響了凡庸俗民。晚出的後生之輩，看見他們或已經擔任清貴職位，或已竊取虛名，便親自學習，凡夫庸子們就說立身於當世，沒有比這樣更美好了。」

「夫守禮防者苦且難，而其人多窮賤焉。恣驕放者樂且易，而為者皆速達焉。於是俗人莫不委此而就彼矣。世間或有少無清白之操業，長以買官而富貴；或亦其所知足以自飾也，其黨與足以相引也。而無行之子，便指以為證曰：『彼縱情恣欲而不妨其赫奕㊀矣；此敕㊁身履道而不免於貧賤矣。』而不知榮顯者有幸，而頓淪㊂者不遇，皆不由其行也。」

【今註】㊀赫奕：顯耀盛大貌。《文選》卷十一何晏〈景福殿賦〉：「赫奕章灼，若日月之麗天也。」㊁敕：孫星衍校云：《群書治要》作「整」。㊂頓淪：淪喪。

【今譯】「遵守禮度的人，既苦又難，而其人大多貧窮微賤。而驕傲放任的人，既快樂又容易，而且他們都能迅速地發達走紅。於是，世俗之人無不委棄禮度，而學習驕傲放任的行為。世間或有稍無清白操行的人，他們善於買官而富貴起來，或者他們足以自我標榜，黨羽們也足以相引。於是，一些無行之子，便舉出上述例子作為證明，說那些縱情恣慾行為不妨礙顯貴榮耀，而自身嚴格遵行禮度的人卻不免於貧窮微賤。其實，無行之子不懂得，榮貴顯耀的地位是僥倖獲得的，淪喪的人只是沒有遇到機會而已，這些都不是由他們行為來決定的。」

「然所謂四通八達者，愛助附己，為之履不及納，帶不暇結，攜手升堂，連袂入室，出則接膝。請會則直致，所惠則得多；屬託則常聽，所欲則必副；言論則見饒，有患則見救；所論薦則蹇㊀驢蒙龍駿之價，所中傷則孝己受商臣之談㊁。」

【今註】 ㊀蹇：跛足。 ㊁孝己受商臣之談：孝己，殷高宗之子。商臣，楚成王太子，弑父自立。成王既立商臣，後又欲立公子職。商臣以宮衛兵圍成王，成王自絞殺。商臣代立，是為穆王。事見《史記》卷四十〈楚世家〉。

【今譯】 「然而所謂四通八達的地位，是靠那些愛助附己者所造成的。他們履不及納，帶不暇結，攜手升堂，連袂入室，出則接膝而行，請客聚會則直奔而去，實惠的就多拿，別人囑託就常常聽取，所要求的就必定實現，言論則見饒，有患則見救，評論推薦別人時，就把跛驢說成跟龍駿一樣的價錢，中傷別人時，就把孝己這樣的人說成跟商臣一樣的壞。」

「故小人之赴也，若決積水於萬仞之高隄，而放烈火乎雲夢㊀之枯草焉。欲望肅雍㊁濟濟，後生有式，是猶炙冰使燥，積灰令熾矣。」

【今註】 ㊀雲夢：指古代雲夢澤。 ㊁肅雍：敬重和順。

【今譯】「所以，小人仿效他們，好似萬仞高堤決口而積水奔流，好似點燃雲夢澤的枯草而烈火燎原。這樣，要希望出現敬重和順的美好風氣，希望後生有禮式可循，就像燒冰塊使之乾燥，堆積塵土令之火熾，實在是不可能的事。」

百里篇第二十八

【篇旨】本篇仍是闡述知人善任思想。作者認為，用人好壞所造成的後果，相距何止百里。「用之不得其人，其故無他也，在乎至公之情不行，而任私之意不違也。或父兄貴重，而子弟以聞望見選；或高人囑託，而凡品以無能見敘。或是所宿念，或親戚匪他，知其不可而能用此等。亦時有快者，不為盡無所中也，要於不精者率多矣。」因此，作者重申了知人善任的必要性。

抱朴子曰：「三台九列㊀，坐而論道；州牧郡守㊁，操綱舉領。其官益大，其事愈優。煩劇所鍾，其唯百里。眾役於是乎出，誅求之所叢赴㊂。牧守雖賢，而令長不堪，則國事不舉，萬機有闕。其損敗豈徒止乎一境而已哉？」

【今註】㊀三台九列：指三公九卿，指中央最高官僚。㊁州牧郡守：指地方行政最高長官。㊂誅求之所叢赴：楊明照《抱朴子外篇校箋．下》：「誅」，《藏》本、魯藩本、吉藩本、慎本、舊寫本作「調」。按〈省煩篇〉：「費薄則調求者無苛矣。」則此以作「調」為是。

【今譯】抱朴子說：「三公九卿，坐而議論天下的治國之道；州牧郡守，則掌握地方政治的綱常。他們的官位愈大，所做的事也就愈優越。而那些煩劇之徒所鍾愛的事，相差卻有百里之遙，各種勞役由此產生，徵調求取的名目繁多。地方牧守長官雖然賢明，而下屬令長不堪任用，那麼國事必定不彰，君王政務有所潰決，所造成的損失喪敗難道只限於一地而已嗎？」

「令長尤宜得才，乃急於臺省㊀之官也。用之不得其人，其故無他也，在乎至公之情不行，而任私之意不違也。或父兄貴重，而子弟以聞望見選；或高人屬㊁託，而凡品以無能見敘㊂。或是所宿念，或親戚匪他。知其不可而能用。此㊃等亦時有快者，不為盡無所中也，要於不精者率多矣。其能自效立㊄，勉修清約，夙夜在公，以求眾譽，懼風績之不美，恥知己之謬舉，尠㊅矣。」

【今註】㊀臺省：漢代尚書臺在宮禁之中，其時稱禁中為省中，故稱「臺省」。㊁屬：囑。㊂敘：敘用，任用。㊃此：孫星衍校云：《藏》本作「也」，從盧本改。㊄其能自效立：楊明照《抱朴子外篇校箋・下》：「效」，《藏》本作「獨」。按〈擢才篇〉「攻伐獨立」，〈刺驕篇〉「以此獨立不達」，〈窮達篇〉「又況於胸中率有憎獨立」，則此當據《藏》本改作「獨」。㊅尠：鮮，少。

【今譯】「選擇令長尤其應當得才，這比尚書臺官員的選擇更重要，更令人焦急。任用了不適當的人，原因無他，而在於至公之情不行，任私之意卻沒有加以壓抑。或者父兄的地位顯貴重要，而其子弟因父兄的聲望而被選拔；或者由於高門人士的囑託，而將品等庸凡又無才能的人加以任用；或者憑藉著宿念；或者根據親戚關係選人。明明知道他們不能勝任，卻又任用了這些人。亦時有快者，不完全都選中那些人，大概不精者實在太多了。有些人能自己獨立，努力地修習清廉簡約的作風，夙夜勤於政務，以博取大眾的讚譽，擔心的是風教政績不完美，以胡亂推舉知己者為恥辱，這樣的人實在太少了。」

「庸猥之徒，器小志近，冒于貨賄，唯富是圖，肆情恣慾，無止無足㊀。在所司官，知其有足賴主人，舉劾彈糾㊁，終於當解㊂。慮其結怨，反見中傷，不敢犯觸，而恣其貪殘矣。如此，黎庶㊃亦安得不困毒而離判㊄？離判者眾，則不得不屯聚而為群盜矣。」

【今註】 ㊀無止無足：孫星衍校云：《藏》本作「元止无足」，從舊寫本改。 ㊁舉劾彈糾：舉劾，揭發罪狀。彈，彈劾。 ㊂解：押解。 ㊃黎庶：平民百姓。 ㊄離判：離去、背叛。

【今譯】 「而有些庸猥之徒，器量短小，志向狹隘，冒于貨賄，唯富是圖，肆情縱慾，毫無止足。所在地方官吏，掌握了一些情況，依賴主人的彈劾糾正揭發，終於要押解他們，但又慮怕結怨，反而被中傷，也就不敢觸犯他們，放縱他們貪殘的行為。如此，平民百姓哪裏不會遭受困毒而背叛離去呢？離散的人家眾多，就不得不屯聚而成為群盜了。」

「夫百尋之室，焚於分寸之飆㊀；千丈之陂，潰於一蟻之穴。何可不深防乎？何可不改張乎？而秉斤兩者，或舍銓衡㊁而任情；掌柯斧者，或曲繩墨於附己。選之者既不為官擇人，而求之者又不自謂不任。於是蒞政而政荒，牧民而民散。」

【今註】㊀飆：暴風。　㊁銓衡：衡量輕重的器具。

【今譯】「百尋高的樓房，被一點兒的暴風就焚毀了；千丈高的坡隄，由於一個蟻穴就潰決了。為什麼不加以防範呢？為什麼不改張更新呢？拿著斤兩（稱東西）的人，或者丟掉銓衡而任情。掌握斧頭的人，或者歪曲繩墨，照著自己的心意去做。主持選舉的人，既不按照官職的要求而選用合適的對象；而要求官職的人又不說自己不宜任職。於是就職當官，弄得政治荒敗；治理民眾，弄得民眾離散。」

「或有穢濁驕奢而困百姓者矣，或有苛虐酷烈而多怨判者矣，或有闇塞退憒而庶事亂者矣，或有潦倒疏緩而致弛壞者矣，或有好興不急而疲人力者矣，或有藏養逋逃㊀而行淩暴者矣，或有不曉法令而受欺弄者矣，或有以音聲酒色而致荒湎者矣，或有圍棊樗蒱㊁而廢政務者矣，或有田獵遊飲而忘庶事者矣，或有不省辭訟而刑獄亂者矣㊂。百姓不堪，起為寇賊。釁咎發聞，寘㊃于叢棘。虧君上之明，益刑書之煩。而民之荼毒㊄，亦已深矣。」

【今註】㊀逋逃：逃亡的罪人。《尚書・牧誓》：「乃惟四方之多罪逋逃，是崇是長，是信是使，是以為大夫卿士。」　㊁樗蒱：亦作「摴蒱」、「樗蒲」，盛行於漢魏的一種博戲。博具有子，有馬，有五木等。人執六馬，用五木擲彩，彩有十種，以盧、雉、犢、白為貴彩，餘為雜彩。貴彩得連擲，打馬、過關，雜彩則否。㊂而刑獄亂者矣：楊明照《抱朴子外篇校箋．下》：按以上文各句相列，「亂」字當在「刑」字之上。㊃寘：置。㊄荼毒：猶言毒害、殘害。《尚書．湯誥》：「罹其凶害，弗忍荼毒。」

【今譯】「有的官員行為穢濁、驕奢揮霍，而使百姓遭受困苦。有的官員為人酷烈，苛殘虐迫，使眾多人家怨恨而分離。有的官員糊塗闇塞，憒於退職，結果把各種事情都弄得亂七八糟。有的官員潦倒疏緩，而導致了政紀鬆弛敗壞。有的官員好興土木，辦理不急之務，結果使民力疲乏。有的官員藏養逃亡的罪犯，使暴徒的欺凌行為繼續發生。有的官員不懂法令，結果使人們受到欺侮與玩弄。有的官員熱中於音聲酒色，使得事務荒湎。有的官員熱愛圍棋與博戲，把政務都荒廢了。有的官員喜好打獵與遊玩飲酒，而忘記眾民之事。有的官員不懂得辭訟，結果把刑獄搞亂了。這樣一來，百姓不堪忍受，紛紛起為盜賊，各種事端發生了，藏到叢棘之地。虧損了君王的威望，刑書日益繁多，而百姓遭受的殘害，也已經夠深重的了。」

「夫用非其人，譬猶被木馬以繁纓㊀，何由騁跡於追風㊁？以壤龍㊂當雲雨，安能耀景於天衢㊃哉？若秉國之鈞，出納王命者，審良、樂之顧眄㊄，不令跛蹇廁騏騄㊅；冒昧苟得，闇於自量者，慮中道之顛躓㊆，不以駑薾服鸞衡㊇。則何患庶績之不康？何憂四凶㊈之不退？三皇豈足四，五帝豈難六哉㊉？」

【今註】㈠繁纓：古時天子諸侯輅馬的帶飾。「繁」通「鞶」字，馬腹帶。纓，馬頸革。㈡追風：駿馬名。㈢壤龍：地龍，即蚯蚓。㈣天衢：猶言天途、天路，這裏指高遠廣大的天空。㈤顧眄：回頭看。㈥騏騄：駿馬名。㈦顛躓：跌倒，跌跌撞撞的樣子。㈧駑蘜服鸞衡：駑，劣馬。蘜，花盛貌。鸞，傳說中的鳳凰一類的鳥。《禮記・玉藻篇》：「故君子在車則聞鸞和聲。」鄭玄《注》：「鸞在衡，和在式（軾）」。鸞衡，即鸞車。君子所乘之車。㈨四凶：傳說堯時四凶族首領。《左傳》文公十八年：「流四凶族，渾敦、窮奇、檮杌、饕餮，投諸四裔，以御魑魅。」㈩三皇豈足四，五帝豈難六哉：楊明照《抱朴子外篇校箋・下》：按「豈足」二字與下句文意不屬，疑字有誤。《戰國策・秦策・四》：「則三皇不足四，五伯不足六也。」（《史記》卷七十八〈春申君列傳〉、《新序・善謀上篇》同）又《秦策五》：「則三王不足四，五伯不足六。」語意並與此同，可見「豈足」二字定有一誤。《燕丹子下》：「高欲令四三王，下欲令六五霸。」《三國志》卷二十五〈魏書・高堂隆傳〉：「三王可四，五帝可六。」《文選》卷十一何晏〈景福殿賦〉：「方欲四三皇而六五帝。」亦可證。

【今譯】「任用了不適任的人，比如給木馬披上繁纓，如何能像追風駿馬那樣騁馳於道路上呢？把蚯蚓當作興雲雨的龍，怎能在高遠廣大的天空中出現光耀的景色呢？如果掌握國家大權，出納王命的大臣，反覆地審察優秀的伯樂，不讓跛腳劣馬混入騏騄駿馬之中，不冒昧苟得，並且闇於自量，考慮到中途跌倒的可能情況，不讓駑馬服鸞衡，何必怕政績不好，何必擔心四凶不被退黜呢？三皇難道沒有第四個，五帝難道沒有第六個嗎？（換句話說，會出現新的三皇五帝的政績。）」

接疏篇第二十九

【篇旨】短短幾行文字，說的是如何接納疏賤而有才能的人。「若以沈抑而可忽乎，則姜公不用於周矣。若以疏賤而可距乎，則毛生不貴乎趙矣。」這些歷史經驗確實是值得深思的。

抱朴子曰：「以英逸㈠而遭大明㈡，則桑蔭未移㈢，而金蘭㈣之協已固矣。以長才而遇深識，則不待歷試㈤，而相知之情已審矣。」

【今註】㈠英逸：指傑出的人材。㈡大明：指明如日月的人，引申為明君。㈢則桑蔭未移：「蔭」當作「陰」。楊明照《抱朴子外篇校箋・下》：按《戰國策・趙策・四》：「堯見舜於草茅之中，席隴畝而蔭庇，桑陰（未）移而授天下。」《說苑・尊賢篇》：「堯舜相見，不違桑陰。」《劉子・知人篇》：「堯之知舜，不違桑陰。」是此文「蔭」字當作「陰」。〈清鑒篇〉「文王之接呂尚，桑陰未移。」尤為切證。陰，影也。（《玉篇・阜部》）「桑陰未移」，極言時間短暫（〈刺驕篇〉有「其速禍危身，將不移陰」語）。㈣金蘭：謂情誼深契，深交。語出《易經・繫辭傳・上》：「子曰：『君子之道，或出或處，或默或語。二人同心，其利斷金。同心之言，其臭（氣味）如蘭。』」

㊄歷試：經過考試。

【今譯】抱朴子說：「英逸之士遇到了明如日月的人，則在極短暫的時間之內，彼此情誼契合，成為深交的了。才能傑出之士遇到了很有見識的人，則不必經歷考試，而彼此相知之情已經清楚了。」

「飄乎猶起鴻之乘勁風，翩乎若勝鱗之躡驚雲也㊀。若以沈抑而可忽乎，則姜公不用於周矣㊁。若以疏賤而可距乎，則毛生不貴乎趙矣㊂。」

【今註】㊀翩乎若勝鱗之躡驚雲也：楊明照《抱朴子外篇校箋・下》：按「勝」字誤。當依《藏》本、魯藩本、吉藩本、慎本、盧本、舊寫本、柏筠堂本、文溯本、《叢書》本、《崇文》本改作「騰」（此平津本寫刻之誤）。翩，很快地飛。鱗，《禮記・月令》：「（孟春之月）其蟲鱗。」鄭玄《注》：「鱗，龍蛇之屬。」躡，踏，踩。㊁若以沈抑而可忽乎，則姜公不用於周矣：姜公，姜太公，即呂尚。史稱呂尚嘗窮困，且年老，以漁釣為生。有一次，周西伯（文王）打獵，遇太公於渭之陽，與語大悅，故號之曰「太公望」，載與俱歸，立為師。事見《史記》卷三十二〈齊太公世家〉。㊂若以疏賤而可距乎，則毛生不貴乎趙矣：毛生，即毛遂，戰國時趙國人，平原君門下食客。秦圍趙國邯鄲（今屬河北）。平原君到楚求救，隨從要二十名，僅選得十九人，「餘無可取者，無以滿二十人。」毛遂自薦，雖准予同往，但遭十九人譏笑。至楚，談判不利，毛遂直言，說得楚王同意趙楚合縱。平原君回趙，以毛遂為上客。事見《史記》卷七十六〈平原君虞卿列傳〉。

【今譯】「飄飄然，如同天鵝乘勁風飛翔；翩翩然，好像騰龍踩著天空上的驚雲，如果以為沈抑而不顯露的人可以忽略，那麼姜太公就不會被周文王起用了。如果以為疏遠微賤的人可以拒之不用，那麼毛遂就不會在趙國得到重用了。」

「若積素行乃託政，則甯戚不顯於齊矣㊀。若貴宿名而委任，則陳、韓不錄於漢矣㊁。明者舉大略細，不忮㊂不求，故能取威定功，成天平地。豈肯稱薪而爨，數粒乃炊，并瑕棄璧，披毛索黶㊃哉？」

【今註】㊀若積素行乃託政，則甯戚不顯於齊矣：甯戚，春秋時代衛國人，因為家貧為人挽車，至齊國，扣牛角而歌，齊桓公用為上卿。見《呂氏春秋‧舉難篇》。㊁若貴宿名而委任，則陳、韓不錄於漢矣：陳，陳平，漢初名相。早年家貧，縣人都恥笑他的行為。後投依劉邦，在楚漢相爭中，用計謀離間項羽集團，漢朝建立後，官為丞相。韓，韓信。漢初名將。年少時家貧，曾向漂母乞食，又受人侮辱，出人胯下。後任漢將，軍功最高。㊂忮：害，嫉妒。㊃黶：黑痣，皮膚上生的黑色小點。

【今譯】「如果以為要積累素行才能委託執政，那麼甯戚就不能在齊國獲得顯貴的地位。如果只貴重有名氣的人而委任要職，那麼陳平、韓信就不可能在漢初得到錄用了。英明的人注重大節，而不計較別人的細碎行為，不嫉妒別人，不苛求別人，所以能夠取得威望，並得到成功，成就一番驚天動地的大事業。難道肯稱了柴薪才燒火，數過一粒粒米粒才煮飯，摒除瑕點而拋棄了璧玉，披毛而挖黑痣嗎？」

鈞世篇第三十

【篇旨】　本篇篇目的「鈞」字，與「平均」的「均」字同義；「世」則為「古今之世」之意。所以「鈞世」的意旨，即是希望改正時人「貴遠賤近」的看法。

葛洪見時人貴遠賤近，盲目崇拜古人、古書，認為「古之著書者，才大思深，故其文隱而難曉；今人意淺力近，故露而易見」，因而撰作此篇，極力破除時人的迷惑。

他首先以「文學進化論」與「歷史變遷」的觀點，說明了古書難於讀閱的原因，應該是「世異語變」、「方言不同」、「簡篇朽絕」等因素，並且強調：古書雖多，未必盡美；後人的作品，事實上往往勝過古人。難解的古書，不一定就是好的作品，何況文學的發展結果，是當今勝往昔，而非今不如古，如「《毛詩》者，華彩之辭也，然不及〈上林〉、〈羽獵〉、〈二京〉、〈三都〉之汪濊博富」，而且「古者事事醇素，今則莫不彫飾，時移世改，理自然也」，這種觀念是很普遍的，就像一般人以「舟車之代步涉，文墨之改結繩」，都是屬於「後作而善於前事」的例子，文學上何獨不如此呢？

或曰㈠：「古之著書者，才㈡大思㈢深，故其文隱而難曉；今人㈣意㈤淺力近，故㈥露而易見㈦。以此㈧易見，比彼㈨難曉，猶溝澮之方江、河，蛭垤之並嵩、岱矣㈩。故水不發⑪崑山⑫，則不能揚洪流⑬以東漸⑭；書不出英俊⑮，則不能備致遠⑯之弘韻⑰焉。」

【今註】 ㈠或曰：作「有人這麼說」解。《禮記・檀弓篇・下》：「或曰：齊衰（ㄗ ㄘㄨㄟ，五服中次於「斬衰」的喪服）不以弔（不必向人問弔）。」 ㈡才：指天賦的「才能」、或「資質」。《集韻》上平十六〈咍〉韻：「才，一曰能也，質也。」 ㈢思：指作文時從事「思慮」、或「構思」。《荀子・解蔽篇》：「仁者之思也恭。」楊倞《注》：「思，慮也。」 ㈣今人：和前句「古之著書者」數字相應，當作「今之著書者」、或「現今文士」解。 ㈤意：當「志」講，「心思」的意思。《說文解字》：「意，志也。從心音，察言（考察言語）而知意（知道心思）也。」 ㈥故：和前句相比，「故」字下省「其文」二字。 ㈦「或曰」以下五句：說的是：古今著作，才思深淺各不相同，文辭的隱、露大有分別。這和王充《論衡・自紀篇》：「或曰：『口辯者其言深，筆敏者其文沈。案經藝（指「研究經學」）之文，賢聖之言，鴻重（大而重）優雅（優美雅致），難卒（猶「卒難」）曉（知曉）睹（觀看）；……蓋賢聖之材（才）鴻（洪大），故其文語（文章中所用的語言）與俗不通。玉隱石間，珠匿魚腹，非玉工珠師，莫能采得。寶物以隱閉不見，實語（真實的語意）亦宜深沉難測。譏俗（譏評世俗）之書，欲悟俗人，故形露（顯露於形）其指（同「旨」，謂「所要表達的意思」），為分別（謂「和別人——指賢聖不同」）之文』」云云，在思想的承接上，或有淵源。 ㈧此：指「今之著作」。 ㈨彼：指「古之著作」。 ㈩「溝澮」「螘垤」二句：溝澮方之江、河，喻遠不能及；螘垤之並嵩、岱，喻高不可攀。《法言・問神篇》：「或問人曰：難知也，曰焉難。曰：太山之與螘垤，江、河之與行潦（因天雨而聚積在道路旁的水），非難也，大聖之與大佞（偽善），難也。」《韓非子．姦劫弒臣篇》：「夫世愚學之人（愚昧的學者）比有術之士也，猶螘垤之比大陵也，其相去遠矣。」溝澮（音ㄎㄨㄞ），謂「田間的水溝」。方，作「比」解。螘，蟻的本字。垤，音ㄉㄧㄝˊ，螞蟻窩穴外的小土堆。並，和上句中的「方」字相應，作「比」、「匹」解。㈡發：作「出現」、「起源」解。㈢崑山：崑崙山的簡稱。《呂氏春秋．重己篇》：「人不愛崑山之玉，江、漢之珠，而愛己之一蒼璧（青色的璧玉）、小璣（不圓的珍珠）。」《論衡．異虛篇》：「河源出於崑崙，其流播於九河（黃河的九條支流）。」㈢洪流：謂「洪大的水流」。洪，謂「大水」。㈣漸：音ㄐㄧㄢ，「流入」的意思。《尚書．禹貢》：「東漸于海。」孔安國《傳》：「漸，入也。」㈤英俊：指「才能出眾的文士」。㈥致遠：謂「傳送久遠」。㈦弘韻：謂「偉大的篇章」。韻，謂「詩賦、辭曲」。《文選》卷十七陸機〈文賦〉：「或託言（假藉……作言語解釋）於短韻。」李善《注》：「短韻，小文也。」弘韻，當作「偉大篇章」講。

【今譯】　有人這麼說：「古代的作家，才能博大，思慮精深，所以他們所寫出來的文字隱晦而又難於了解；現今的文士，心思淺陋，能力短少，所以他們的作品真正的含義說得淺露，讓人容易瞭解。拿這些易解的作品來和那些難明的文字相比，就彷彿用小水溝和長江、黃河相比，螞蟻窩外的小土堆和嵩嶽或泰山相較一樣，其間的差距，讓人覺得遠不可及，高不可攀。所以說水流不起源於高高的崑崙山，就揚不起萬丈波濤來滾滾往東流。同樣的道理：書籍如果不出於才俊的手筆，就不具備流傳久遠、成為偉大篇章的條件。」

抱朴子答曰：「夫論㈠管穴㈡者，不可問以九陔㈢之無外㈣；習㈤拘閡㈥者，不可督

㊆以拔萃㊇之獨見㊈。蓋往古之士，匪㊉鬼匪神，其形器雖冶鑠(十一)於疇曩(十二)，然其精神布在乎方策(十三)，情見乎辭(十四)，指歸(十五)可得。且古書之多隱，未必昔人故欲難曉。或世異語變(十六)，或方言不同；經荒歷亂(十七)，埋藏積久，簡編(十八)朽絕(十九)，亡失者多；或雜續(二十)殘缺(二一)，或脫去章句，是以難知，似若至深耳。」

【今註】 ㊀論：謂「評論」、「論量」。《論語・憲問篇》：「世叔討論之。」皇《疏》：「論者，評也。」《呂氏春秋・論人篇》：「此賢主之所以論人也。」高誘《注》：「論，猶論量也。」

㊁管穴：喻「所見短小」、「見識有限」。《後漢書》卷四十六〈陳忠傳〉：「如其管穴，妄有譏刺，難苦口逆耳，不得事實。」李賢《注》：「管穴，言小也。《史記》：扁鵲曰：『若以管窺天，以隙視文（從孔隙中觀看文理）。』隙，即穴也。」 ㊂九陔：和「九垓」、「九閡」都相同，謂「九天之外」。天的稱「九」，是說既高且遠。《淮南子・道應篇》：「吾與（與其、如果）汗漫（作「不可知之」解）期（作「希冀」解）于九垓之外。」高誘《注》：「九垓，九天之外。」 ㊃無外：有「極大」的意思。《呂氏春秋・下賢篇》：「其大無外，其小無內。」 ㊄習：「習慣」、「習染」的意思。 ㊅拘閡：和「拘礙」義相同，有「限止」的意思，在這裏指「思慮拘滯」、「食古不化」。《後漢書》卷五十八〈虞詡傳〉：「兵（作戰）不厭權（變通常法），願寬假（寬容不迫）轡策（馬轡和馬鞭），勿令有所拘閡而已。」李賢《注》：「閡與礙同。」閡，音ㄏㄜˊ，有「阻礙」的意思。 ㊆督：「責」的意思，這裏作「要求」解。 ㊇拔萃：「超群出眾」的意思。《孟子・公孫丑篇・上》：「出於其類，拔乎其萃。」 ㊈獨見：謂「獨特的見解」。 ㊉匪：和「非」字相通。《廣雅・釋詁・

四》：「匪，非也。」 ⑪形器雖冶鑠：指「形骸雖然消滅」。形器，指「有定形的器物」，在這裡謂「形骸」或「軀體」。冶鑠，謂「銷鎔金屬」，在這裡喻「消滅」。 ⑫疇曩：作「昔日」解。 ⑬方策：亦作「方册」，謂「簡牘」，這裏指「書籍」。《禮記・中庸篇》：「文、武之政，布在方策。」鄭《注》：「方，板也；策，簡也。」 ⑭情見乎辭：謂「真情表現在辭句之間。」《易經・繫辭・下》：「聖人之情見乎辭。」情，謂「情感」、或「心志」。 ⑮指歸：謂「意（心意）的歸嚮」，猶言「主要宗旨」、或「中心思想」。郭璞《爾雅》〈序〉：「夫《爾雅》者，所以通詁訓（訓詁）之指歸。」 ⑯世異語變：就是「世變語異」的意思。 ⑰經荒歷亂：就是「經歷荒年和亂世」的意思。 ⑱簡編：謂「典籍」。簡，指「簡册（策）」而言。編，指書籍的「編列」和「排比」。韓愈〈符讀書城南詩〉：「燈火稍可親，簡編可卷舒。」 ⑲朽絶：謂「殘缺不全」和「佚失絶版」的典籍。朽，作「腐朽」解。絶，作「斷」、「滅」解。 ⑳雜續：謂將「斷簡殘篇」「胡亂地連在一起」。 ㉑殘缺：指「簡編」和「朽絶」的殘缺部分。

【今譯】 抱朴子答道：「一般說來，以短小之見作論斷依據的人，是不能問他們九天怎麼『至大無外』的？同樣的道理，思慮習於拘滯、食古而不化的人，不能要求他們有出類拔萃的獨特見解。古代的人，並不如鬼神那麼不可測度，他們的軀體雖然在很久以前就已經消滅，但他們的精神仍然散布在著作之中，他們的心志仍然顯現在辭句之間，因此他們的主要宗旨卻是不難瞭解的。而且古書中往往多有詞意隱晦的地方，倒未必是古人存心讓人難於知曉。它們所以難於理解，可能因為時代轉移語言變異；可能因為各地方言彼此不同；經過了許多荒年亂世，書籍埋藏的日子久了，典籍殘編的遺失，就更加日漸增多。可能是後人把斷簡殘篇胡亂地接在一起；可能書中脫落了若干詞語，才讓人更加難於理解，因為這個緣故，看上去好像非常深奧似地。」

「且夫㊀《尚書》㊁者，政事之集也，然未若近代之優文㊂、詔策㊃、軍書㊄、奏議㊅之清富㊆贍麗㊇也；《毛詩》㊈者，華彩㊉之辭也，然不及〈上林〉⑪、〈羽獵〉⑫、〈二京〉⑬、〈三都〉⑭之汪濊⑮博富⑯也。然則古之子書⑰，能勝今之作者，何也？然守株之徒⑱，嘍嘍⑲所翫⑳，有耳無目，何肯謂爾！其於古人所作為神㉑，今世所著為淺。貴遠賤近㉒，有自來矣。故新劍以詐刻㉓加價，弊方㉔以偽題㉕見寶也。是以古書雖質樸㉖，而俗儒謂之墮於天也；今文雖金玉㉗，而常人同之於瓦礫㉘也。」

【今註】 ㊀且夫：和「今夫」用法相同，是指示的詞，相當於說話中的「這個」、或「那個」。一說：「且」和「夫」字用法相同，連成一起可以作「說到」、或「至於」講。 ㊁《尚書》：記載上古事跡的書，從堯帝時代開始，一直到周代。經過孔子刪定，是一部收集古代典、謨、訓、誥、誓、命等文獻的總集。所收文字約計百篇，因為和古代的政治事務有關，所以作者葛洪說它是「政事之集」。 ㊂優文：指「優美閒雅的詞章」。優，是「劣」字的反面，一作「勝」解。 ㊃詔策：謂「詔書」，亦可解作「詔令」和「策論」。《漢書》卷八十〈宣元六王傳〉：「王幸受詔策，通經術。」策，是古代考試士人的一種文體。 ㊄軍書：謂「軍中文書」。《文選》卷四十吳質〈答魏太子牋〉：「軍書輻至，羽檄（軍中傳遞的緊急文書）交馳。」〈木蘭詩〉：「軍書十二卷，卷卷有爺名。」 ㊅奏議：文體的一種。上奏的文書中常常有所議論，因而通常稱為「奏議」。 ㊆清富：謂文章的「純淨明晰」而又「富有內容」。㈧贍麗：謂文辭的「富麗華美」。《南史》卷十八〈蕭洽傳〉：「辭甚贍麗。」㈨《毛詩》：謂毛亨、毛萇所傳的《詩經》。㈩華彩：謂「華麗的紋彩」。白居易〈文柏床詩〉：「華彩誠可愛，生理（生存之理、生意）苦已傷。」⑪〈上林〉：詞賦篇名，漢司馬相如作。敘述天子狩獵上林苑中事情，載《文選》卷八。《文心雕龍・詮賦篇》：「相如〈上林〉，繁類（指所引用的同類辭藻非常繁富）以成豔（「豔麗」的描述）。」⑫〈羽獵〉：詞賦篇名。漢揚雄作。漢成帝命令士卒背負著弓箭去打獵，揚雄就當場作了這篇賦來記述經過的盛況。⑬〈二京〉：詞賦篇名。後漢張衡看見當時天下承平已久，從王侯以下，没一個不過分奢華，於是就模擬班固的〈兩都賦〉，作了〈二京（東京洛陽、西京長安）賦〉，用來作為諷諫。⑭〈三都〉：詞賦篇名。晉左思作。追述三國時代蜀、吳、魏三國都城的繁華景況。⑮汪濊：謂「寬廣深邃」。《漢書》卷五十七下〈司馬相如傳・下〉：「湛恩（深恩）汪濊。」唐顏師古《注》：「汪濊，深廣。」濊，音ㄏㄨㄟˋ。⑯博富：謂「博大深厚」。⑰子書：著書立說，能夠獨立成為「一家言論」、或「獨立系統」的就是。⑱守株之徒：喻「守成不變」、「食古不化」的人，用《韓非子・五蠹篇》「守株待兔」故事。⑲嘍嘍：「拘謹」的樣子。《集韻》卷四平聲十九〈侯〉韻：「謱，《說文》『謰謱也』。或從口（作「嘍」）。一曰：謹也。」依疊字複詞例，「嘍嘍」應有「嘍貌」、「嘍然」的意思。⑳翫：音ㄨㄢˋ，謂「相習而不經意（熟習其事而不復注意）」。㉑神：與下句「淺」字相應，本謂「材智技能超群者」，這裏作「神奇」、「神妙」解。㉒貴遠賤近：曹丕《典論・論文》：「常人貴遠賤近，向（追述）聲（名聲）背（遠離）實（事實）。」㉓詐刻：指「偽刻名識」，「假託於古人」的贗品。㉔弊方：謂「破弊的書本」。方，謂「方策」，參見前

「方策」注。㉟偽題：指「偽加題跋」。㊱質樸：亦作「質朴」，謂「樸實無文」。《後漢書》卷二十三〈竇融傳〉：「河西民俗質樸。」㊲金玉：此作「貴如金玉」解，喻「價值甚高」。《詩經・小雅・白駒》：「其人如玉，毋金玉（皆貴重的物品，此作「吝惜」講）爾音（音問，通消息），而有遐心（遠離我的心意）。」㊳瓦礫：謂「瓦片和碎石」，這裏作「賤如瓦碎」解，比喻「價值甚少」。《北史》卷三十三〈李安世傳〉：「聖朝不貴金玉，所以同於瓦礫。」《歷代名畫記》：「好之則貴於金玉，不好賤於瓦礫。」

【今譯】「要曉得：《尚書》本是古代政事的結集，但不管怎麼說，它總不如近代優美閒雅的詞章、詔令和策問、軍中文書、以及奏議等文字那樣富麗華美；至於《毛詩》，稱得上是部文采華麗的文學作品，可是說來說去，它實在趕不上〈上林〉、〈羽獵〉、〈二京〉、〈三都〉這些賦作那般寬廣深邃、博大深厚。那麼古代的子書，卻能勝過後世的作品，那又是為了什麼呢？但是那些守成不變、食古不化的人，日子久了，養成了牢固的習慣，遇事不再去細心分辨，只知隨聲附和，從來不肯親眼觀察、親耳聆聽，像這樣的人，他們怎肯承認『今勝於古』的說法呢？他們對於古人的作品總認為十分神妙，現代的作品總認為非常膚淺。年代久遠的就得到尊重，年代晚近的就受到輕視，說起這種時尚風氣，實在由來已久。因而一柄新劍作偽刻上古人的款識，就可以提高價值；一本破舊的書做假題上古人的敘跋，就可以受人珍重。因為這個緣故，古書雖然文辭質樸，一般俗儒卻說它是天上降下來的，尊貴的不得了；現代作品雖然和金玉一般珍貴，可是平常人卻把它當作瓦礫一般看待，以為一文不值。」

「然古書者雖多，未必盡美，要當以為學者之山淵，使屬筆者得采伐漁獵其中。然而譬如東甌㈠之木，長洲㈡之林，梓㈢豫㈣雖多，而未可謂之為大廈之壯觀，華屋之弘麗也；雲夢㈤之澤，孟諸㈥之藪㈦，魚肉之雖饒，而未可謂之為煎熬之盛膳，渝、狄㈧之嘉味也。」

【今註】 ㈠東甌：地名，故城在今浙江永嘉縣西南。從原句文義看，當地以產木聞名。 ㈡長洲：舊縣名，唐置，那裏因為有吳王闔閭遊獵的處所長洲苑，因而稱作「長洲」。明、清時代，和吳縣同是江蘇蘇州的府治，民國時代併入吳縣。從原句的文義看，當地也以產木聞名。 ㈢梓：木名，亦稱「木王」。《山海經・南山經》：「其上多梓枏（「枏」的俗寫，音ㄋㄢˊ，楠木）。」《注》：「梓，山楸也。」《正字通》：「梓，百木之長，一名木王。」 ㈣豫：謂「枕木」，或謂「大木」。《史記》卷一百一十七〈司馬相如傳〉：「其北則有陰林（山北的森林）巨樹，楩（音ㄆㄢˊ，和楠木相似的喬木）枏（楠木）豫章。」《正義》：「案温活人云：『豫，今之枕木也。章，今之樟木也。二木生至七年，枕、樟乃可分別。』」《漢書》卷五十七上〈司馬相如傳・上〉「楩枏豫章」顏師古《注》引服虔曰：「豫、章，大木也，生七年乃可知。」 ㈤雲夢：古代的大澤名。本為二澤，分跨今湖北省境長江兩岸。江南稱做夢，江北稱做雲，面積廣大，共有八、九百方里。今湖北京山以南，枝江以東，蘄春以西，及湖南北境華容以北，都在它的範圍之內。後世由於泥沙淤積變成了陸地，於是併稱為雲夢，一般也稱為「大夢」。現今的曹、洪、梁子、斧頭等數十個湖泊，都是他們的遺跡。 ㈥孟諸：古代的大澤名。《尚書・禹貢》作「孟豬」，《周禮・夏官・職方氏》作「望諸」，《漢書・地理志》作「盟諸」。故址在今河南商丘東北，一直連接虞城的邊界。從宋朝以來，屢次遭受黃河的水患，它的涯岸已經很難認識出來。㊆藪：音ㄙㄡˇ，大澤（大片低窪而又長期有水的地方）。㊇渝、狄：「渝」，或指「俞兒」；「狄」，謂「狄（易）牙」；兩人都是古代有名的廚師。相傳前者是黃帝時代的人；後者是齊桓公時代的人。《莊子・駢拇篇》：「屬（動詞，謂「係屬」，就是「以此『係』彼」的意思）其性於五味（全句作「把一個人的本性強行歸屬於五味」），雖通（「通達」、對五味「精通」）如俞兒，非吾所謂臧（完善）也。」《釋文》：「司馬云：『（俞兒，）古之善識味人也。』崔云：『《尸子》曰：「膳（膳夫、廚師）俞兒，和之以薑桂，為人主上食（供應飲食）。」』《淮南（〈汜論篇〉）》云：『俞兒、狄牙，嘗淄、澠之水而別之。』一云：俞兒，黃帝時人。狄牙即易牙，齊桓公時識味人也。一云：俞兒亦齊人。」

【今譯】「但是古書雖然很多，未必全都美善，主要應該把它們當作做學問的金山銀海，讓後代從事寫作的人可以從那兒盡情地加以採伐、隨時地加以漁獵。（不過從金山銀海中採伐漁獵得來的物品，只不過是一種素材，）好比東甌、長洲所出的林木，梓、豫一類的良好木材，雖然很多，卻不可以把它說成那就是壯觀的大廈、宏麗的華屋；同樣的道理，前人的著作好比雲夢、孟諸兩個大水澤，那裏的魚產雖然豐富，卻不可以直接說成：那就是烹煮出來的盛饌；俞兒和狄牙兩大名廚所調製出來的佳肴。」

「今詩與古詩俱有義理㊀，而盈㊁於差㊂美。方之於士，並有德行，而一人偏長藝文，不可謂一例也；比之於女，俱體㊃國色㊄，而一人獨閑㊅百伎㊆，不可混為無異也。若夫㊇俱論宮室，而奚斯㊈『路寢』㊉之頌，何如王生(十一)之賦〈靈光〉乎？同說遊獵，而

〈叔畋〉⑫、〈盧鈴〉⑬之詩，何如相如之言〈上林〉乎？並美祭祀，而〈清廟〉⑭、〈雲漢〉⑮之辭，何如郭氏〈南郊〉⑯之豔乎？等稱⑰征伐，而〈出車〉⑱、〈六月〉⑲之作，何如陳琳⑳〈武軍〉㉑之壯乎？則舉條㉒可以覺焉。近者夏侯湛㉓、潘安仁㉔並作補亡詩，〈白華〉、〈由庚〉、〈南陔〉、〈華黍〉之屬㉕，諸碩儒高才之賞文者，咸以古《詩》三百，未有足以偶㉖二賢之所作也。」

【今註】㊀義理：謂「正確的意旨」、「豐富的含義」、或「充實的理致」。「義」，也可以解釋成「理」。㊁盈：作「充滿」解。有「滿溢」的意思，引申作「洪大」講。㊂差：音ㄘ，作「次」解，有「不齊」的意思。㊃體：謂「從形（形貌）和質（品質）上去『體認』」。體，指「形」「質」兩方面。《易經．繫辭．上》：「易无體。」孔穎達《疏》：「體是形質之稱。」又因為「俱體國色」和上句的「並有德行」、以及下句的「俱論宮室」在辭類組合的方式上都很相似，所以「體」字是「動詞」，應作「體認」講。㊄國色：謂「全國選出來形貌頂頂美好的女子」。《公羊傳》僖公十年：「驪姬者，國色也。」何休《注》：「其顏色一國之選。」㊅閑：「熟練」、「習熟」的意思。㊆伎：和「技」字相通。當「才藝」、或「智巧」講。㊇若夫：轉語詞，有「至於」、「譬如」的意思。㊈奚斯：春秋人名。《詩經．魯頌．閟宮》：「新廟奕奕（宏大的樣子），奚斯所作。」毛《傳》：「新廟，閔公（宜作僖公）廟也；有大夫公子奚斯者，作是廟也。」孔《疏》：「（公子）名魚而字奚斯。」㊉『路寢』：謂天子正寢（正屋、宮殿建築的主體）。這裏指魯僖公所作的宮室。⑪王生：指王延壽。王氏字文考，後漢時代南郡宜城人。有雋才，到魯去遊歷，作了一篇〈魯靈光殿賦〉。原先蔡邕也準備寫一篇描述這座宮殿的賦作，等到見到王延壽的作品，就打消了這個計畫。〈魯靈光殿賦〉載於《文選》卷十一。⑫〈叔畋〉：《詩經・鄭風》中有「〈叔于田〉」、「〈大叔于田〉」兩篇，都是記述莊公的弟弟共叔段出獵的事。「畋」，通「田」。⑬〈盧鈴〉：《詩經・齊風》中的篇名。詩中諷刺襄公喜好田獵、不關心政事。⑭〈清廟〉：《詩經・周頌》的篇名，是周公建成洛邑之後，率領諸侯祭祀文王的一首樂歌。⑮〈雲漢〉：《詩經・大雅》的篇名，詩中稱美周宣王因旱災而祭天。⑯郭氏〈南郊〉：指晉代郭璞所作的〈南郊賦〉。詩文現已殘缺，清人嚴可均所輯補的，比較完備。見《全晉文》卷一百二十。⑰等稱：作「同樣稱美」解。和上述各句的「俱論」、「同說」、「並美」等詞語相應。⑱〈出車〉：原作「〈出軍〉」，據孫星衍校改，《詩經・小雅》的篇名，是慰勞和凱旋將士的詩作。⑲〈六月〉：《詩經・小雅》中的篇名，是一首敘述周宣王命令尹吉甫討伐玁狁，有功而凱旋的詩作。⑳陳琳：陳氏字孔璋，東漢末年廣陵人。由於文學方面的造詣，和王粲等齊名，是建安七子中的一個。㉑〈武軍〉：指東漢末年陳琳所作的〈武軍賦〉。這篇賦的文字也已殘缺，清代的嚴可均所輯的，比較完整。見《全後漢文》卷九十二。㉒舉條：「條舉」的意思。㉓夏侯湛：夏侯氏字孝若，當代（晉朝）譙國人。少年時代具有大才，所寫作的文章，篇幅宏大，又內容豐富，長於製造新詞語。容貌儀態極為優美，曾經和潘岳同車出行，京城的人稱他們是一雙相連的璧玉。歷任郎中、散騎常侍。元康初年卒。見《晉書》卷五十五本傳。㉔潘安仁：潘岳，字安仁，當代（晉朝）中牟人。小時候就被人稱作奇童，歷任河陽令、給事黃門侍郎。有人誣陷說他謀反，被殺。所作文章的詞藻非常華麗，尤其長於哀誄一類的作品，著有〈悼亡詩〉三首，為世人所傳誦。見《晉書》卷五十五本傳。㉕〈白華〉：……

〈華黍〉之屬：《世說新語．文學篇》記載夏侯湛補作《詩經．小雅．白華之什》所亡佚的六篇詩，一般稱這六篇作品叫「《周詩》」。詳見《世說新語．文學篇》本文和劉孝標的《注》。㊅偶：有「並列」、「匹配」的意思。

【今譯】「現代的詩和古代的詩，如果都是合格的作品，全都具有『正確的意旨』、『豐富的含義』或『充實的理致』，但華美的程度，兩者之間卻常常相差很大。拿男士做比喻，兩人全有良善的品行，但其中一人另外還擅長藝術和文學，我們不可以說他們兩人的等級完全一樣；拿婦女做比方，兩人全具有天香國色，但其中一人卻又單獨熟習各種技藝，我們難於說他們全無高下的分別。譬如同樣是讚美宮室壯麗的作品，奚斯所作稱揚魯僖公正寢的〈魯頌〉，怎抵得上王延壽所作讚美靈光殿的〈魯靈光殿賦〉那般精采？〈叔畋〉、〈盧鈴〉兩個詩篇，同樣是記述遊獵盛況的作品，它們怎比得上司馬相如的〈上林賦〉那般華麗？同樣是頌讚祭祀大典的作品，但〈清廟〉、〈雲漢〉兩首詩中的辭語，怎麼比得上郭璞的〈南郊賦〉那般艷麗？同樣是稱美征伐壯烈的作品，〈出車〉、〈六月〉的寫作，怎比得上陳琳的〈武軍賦〉那般雄壯？把這些事實一條條列舉出來，就能讓人看得清楚，發覺實際是怎麼一回事。近世的夏侯湛和潘安仁都曾作過補亡詩，尤其像夏侯氏所補作〈白華〉、〈白庚〉、〈南陔〉、〈華黍〉等詩篇，許多大學問家、以及高才的文藝欣賞家，都認為《詩經》三百篇中，還沒有那一篇能夠和這兩位賢人的補亡作品相匹敵呢！」

「且夫古者事事醇素㊀，今則莫不彫飾㊁，時移世改，理自然也。至於罽錦㊂麗而且堅，未可謂之滅於蓑衣；輜軿㊃妍㊄而又牢，未可謂之不及椎車㊅也。書猶言也，若入談語，故為知有㊆；胡、越之接，終不相解，以此教戒㊇，人豈知之哉？若言以易曉為辨，則書何故以難知為好哉？若舟車之代步涉㊈，文墨㊉之改結繩⑪，諸後作而善於前事，其功業相次千萬者，不可復縷舉也。世人皆知之快於曩矣，何以獨文章不及古邪？」

【今註】 ㊀醇素：謂「醇厚樸素」。 ㊁彫飾：謂「雕琢文飾」。《晉書》卷二十三〈樂志·下〉：「昔日貴雕飾，今尚儉與素。」 ㊂罽錦：謂「罽（音ㄐㄧˋ，毛織品，質地堅固）」和「錦（有五彩花紋的絲織品，很華麗）」，或指「有文彩的毛織品」。《宋史》卷四百八十七〈高麗國傳〉：「元僖三年，……元信等入見，貢罽錦衣褥。」 ㊃輜軿：音ㄗ ㄆㄧㄥˊ，指「婦人所乘坐、加上帷幔的車輛」。《漢書》卷七十六〈張敞傳〉：「禮，君母（國君之母）出門則乘輜軿，下堂則從傅母（保母）。」 ㊄妍：音ㄧㄢˊ，美好的意思。 ㊅椎車：謂「質樸的椎輪車」，或指一種原始的車輛，主要的是用圓形的大木段推著滾動的。因為是木段，所以沒有車輻；因為形狀像大椎（圓柱形的擊物工具）這個滾動的東西，也稱做「椎輪」。《鹽鐵論·遵道篇》：「是文質不變，而椎車尚在也。」椎，音ㄓㄨㄟ或ㄔㄨㄟˊ，擊物的工具。 ㊆知有：「知有」的「有」字，孫星衍認為應該改為「音」字。但依前文「舉條」可以解作「條舉」之例，則「知有」也可解作「有知」。「知」，是「知音」、「知心」的意思。「有知」，可解作「獲有知心」、「得有知音」，似乎也說得過去。如此，似乎以不改為是。 ㊇教戒：和「教禁」意思相近。教，指「積極的『教導』」；戒，指「消極的『禁戒』」。人與人相處，主要的談話內容，不出「教」「戒」的範圍，所以用它來概括人世間的交往。 ㊈舟車之代步涉：這裏指「車輛」的代替「步行」；「船隻」可使人免於「涉水」。《後漢書》卷四十九〈仲長統傳〉：「舟車足以代步涉之艱，使令足以息四體之役。」 ⑩文墨：泛指「文辭」。《三國志》卷三十五〈蜀書・諸葛亮傳〉：「公誠之心，形（表露）于文墨。」 ⑪結繩：上古沒有文字，用結繩的方法來幫助記事。事情大的，打個大結；事情小的，打個小結。《易經・繫辭・下》：「上古結繩而治，後世聖人易之以書契（文字）。」

【今譯】「說到古代做什麼事都崇尚醇厚樸素，現代可沒那一件事物不講求雕琢文飾這一點，要知道那是由於時代改異，環境變遷，是自然的道理啊！至於像有文彩的毛織品那樣既美麗又耐穿，用它所做成的服飾不能說比不上粗陋的蓑衣；有帷幔的車輛既美好又堅固，不能說它比不上原始粗笨的椎輪車。著書和說話的道理完全一樣，如果使用的辭語，偶然羼雜上一些通行的口語、俗話，不但不是嚴重的缺點，而且還可以讓人發現許多知音，對它表示欣賞。北胡、南越的人各以自己習用的語言來互相晤對，終究不能彼此了解；如果各自使用方言土語（胡言亂語）談論問題，互相教戒，別人怎能聽得懂？如果語言要以易曉作為分辨好壞的標準，為什麼著作還要以難懂才算是佳作？正好像用船隻車輛來代替徒步跋涉，用文字傳遞來代替結繩記事，這許多後世進步的事物，不管怎麼說總比古代處理事務的方法來得高明。前後比較之下，功用相差何止千倍萬倍？這類的例證，隨處都找得到，實在難於一一加以列舉！一般世人都知道：後出的作品總比前代的讓人滿意，但是為什麼偏偏要說：近世的文章比不上古代那般美妙呢？」

省煩篇第三十一

【篇旨】　本篇認為「安上治民，莫善於禮」，但對於煩碎的禮儀應加以「減省」，「務令約儉」。作者欣賞墨子「譏葬厚、刺禮煩」的觀點，讚頌曹操的「送終之制，務在儉薄」。強調指出：「約則易從，儉則用少。易從則不煩，用少則費薄。不煩則涖事者無過矣，費薄則調求者無苛矣。」從此文可以看到，葛洪是持歷史進化的觀點，認為「三王不相沿樂，五帝不相襲禮」，或革或因，事物總是向前發展的，總是今勝於昔。

抱朴子曰：「安上治民，莫善於禮。彌綸㈠人理，誠為曲備。然冠、婚、飲、射㈡，何煩碎之甚邪！人倫㈢雖以有禮為貴，但當令足以敘等威而表情敬，何在乎升降揖讓㈣之繁重，拜起俯伏㈤之無已邪？」

【今註】　㈠彌綸：包含，統攝。《易經・繫辭・上》：「易與天地准，故能彌綸天地之道。」

㈡冠、婚、飲、射：指〈士冠禮〉、〈士婚禮〉、〈鄉飲酒禮〉、〈鄉射禮〉等，詳見《儀禮》。

㈢人倫：指人與人之間的關係。　㈣升降揖讓：指各種禮儀的動作。　㈤拜起俯伏：指禮儀的動作。

【今譯】抱朴子說：「安定君王的統治，治理好民眾，沒有比禮制更好的東西了。禮包含著人際關係的道理，確實是很全面的。然而，士冠禮、士婚禮、飲酒禮、鄉射禮等，為什麼極其繁瑣呢？在人與人的關係中雖然以禮為貴重，但應當足以使禮維護上下等級的威嚴並表達感情上的尊敬，為何在升降揖讓等禮節方面如此繁重，在拜起俯伏等禮節方面如此繁多呢？」

「往者天下乂安㈠，四方無事，好古官長，時或修之，至乃講試累月，督以楚㈡撻，晝夜修習，廢寢與食。經時學之，一日試之，執卷從事，案文舉動，黜謫之罰，又在其間。猶有過誤，不得其意。而欲以為以此為生民之常事，至難行也。此墨子㈢所謂『累世不能盡其學，當年不能究其事』者也。」

【今註】㈠乂安：安定。　㈡楚：荆條，用以鞭打人。　㈢墨子：春秋戰國之際思想家，墨家學派創始人。姓墨名翟，魯國人。墨家代表作《墨子》一書，多出自墨子弟子的記錄。

【今譯】「從前天下安定，四方無事，喜好古代禮儀的官長，不時地修習禮制，甚至累月講試，用鞭打的方法來督促，晝夜修習，廢寢忘食。經常學習，每天試驗，執書卷做事情，案文舉動，黜謫處罰，都要遵照禮制來辦理。即使這樣，尚有過失與錯誤，不得其旨意。而要把這種繁瑣的禮節作為百姓生活中的常事，是很難行得通的。這也是墨子所說的『累世不能盡其學，當年不能究其事。』」

「古人詢于芻蕘㈠，博採童謠，狂夫之言，猶在擇焉。至於墨子之論，不能非也。

但其張刑網，開塗徑，浹㈡人事，備王道，不能曲述耳。至於譏葬厚刺禮煩，未可棄也。自建安㈢之後，魏之武、文㈣，送終之制，務在儉薄。此則墨子之道，有可行矣。」

【今註】 ㈠芻蕘：割草打柴的人，《詩經・大雅・板》：「先民有言，詢於芻蕘。」後多用以指草野鄙陋之人。 ㈡浹：全，周遍，通徹的意思。 ㈢建安：漢獻帝年號，其時由曹操執掌朝政。 ㈣武、文：武，魏武帝曹操。文，魏文帝曹丕。

【今譯】 「當然，古人要向草野小人請教，廣泛地採集童謠，即使是狂夫說的話，還是加以採擇。至於墨子的意見，是不能加以非難的。但是，墨子提倡加強刑網，開闢途徑，通徹人事，以備王道，是不能曲述的。至於墨子譏評厚葬，諷刺繁瑣的禮儀，是不可以棄置的。自建安以來，魏武帝曹操和魏文帝曹丕，倡導送終喪制，務必儉省簡樸。這就是墨子的辦法，證明是可以行得通的。」

「余以為喪亂㈠既平，朝野無為，王者所制，自君作古㈡，可命精學洽聞之士，才任損益，免於拘愚者，使刪定《三禮》㈢，割棄不要，次其源流，總合其事，類集以相從。其煩重遊說，辭異而義同者存之，不可常行除之，無所傷損，卒可斷約而舉之，勿令沈隱，復有凝滯。」

【今註】 ㈠喪亂：指西晉末年動亂。 ㈡自君作古：陳其榮案盧本作「自今」。 ㈢《三禮》：指《周禮》、《儀禮》、《禮記》。

【今譯】「我認為，西晉末年喪亂既然已經平定，如今朝野上下，無為而治，君王制訂的儀節，自應以古代的作為榜樣。可以任命精學博聞的人士，以及才能可以損益禮制並而不至於拘泥愚陋的人，去做刪定《三禮》的工作，割棄不重要的內容，次其源流，綜合其事，按類歸納相從。把那些煩重遊說，辭異而義同的內容保存下來，把那些不可常行的內容刪除掉，無所損傷，最終可以把簡約的條文例舉出來，不使它沉隱埋沒，不使它再有凝滯不用的東西。」

「其吉凶器用之物，俎豆觚觶之屬㈠，衣冠車服之制，旗章采色之美，宮室尊卑之品，朝饗㈡賓主之儀，祭奠殯葬之變，郊祀禘祫之法㈢，社稷山川之禮，皆可減省，務令約儉。」

【今註】㈠俎豆觚觶之屬：俎，祭祀時盛放祭品的器具。豆，祭祀時放食物的器具。觚，酒器。觶，飲酒用的器皿。㈡朝饗：以禮祭祀於宗廟。饗，通「享」。㈢郊祀禘祫之法：郊祀，古代祭禮，在郊外祭天地。禘，天子諸侯宗廟五年一次的祭祀。祫，天子諸侯宗廟祭禮之一。

【今譯】「至於那些吉凶器用的物具，如俎豆觚觶之類的祭器，衣冠車服的制度，旗章采色的華美，宮室尊卑的品等，朝饗賓主的儀節，祭奠殯葬的細節，郊祀禘祫的方法，祭祀社稷山川的禮儀，如此等等，都可以減省，務必做到簡約節儉。」

「夫約則易從，儉則用少。易從則不煩，用少則費薄。不煩則涖事者無過矣，費薄則調求者無苛矣。拜伏揖讓之節㊀，升降盤旋之容，使足敘事，無令小碎；條牒各別，令易案用。」

【今註】㊀拜伏揖讓之節：拜，行敬禮。伏原本作「休」，罷。揖讓，賓主相見拱手互讓的禮節。

【今譯】「禮制簡約就容易遵照實行，節儉就減少費用。容易遵行就不會繁瑣，用少就可使經費節省。只要禮儀不繁瑣，當事者就不會有過失了；費用減省，調徵賦稅的就不會苛刻了。至於拜休揖讓的禮儀，升降盤旋的儀節，便足敘事，不要過於細碎，分別條牒，使之容易使用。」

「今五禮㊀混撓，雜飾紛錯，枝分葉散，重出互見，更相貫涉。舊儒尋案，猶多所滯，駁難漸廣，異同無已，殊理兼說，歲增月長。自非至精，莫不惑悶。躊躇歧路之衢，愁勞群疑之藪。」

【今註】㊀五禮：指吉禮、凶禮、軍禮、賓禮、嘉禮等五種禮制。《周禮・地官・大司徒》：「以五禮防萬民之偽而教之中。」

【今譯】「當今五禮（吉禮、凶禮、軍禮、賓禮、嘉禮）混亂，雜飾紛錯，枝分葉散，重出互見，互相貫涉。從前的儒生們尋研考察，尚多有疑難之處，互相反駁的情況逐漸增多，以致異同的說法沒完沒了。各種不同的道理與說法，隨著歲月的推移而增多，自然不是極其精至的道理，無不使人感到疑惑與納悶，在歧路上躊躇不前，在疑問的淵藪中愁思不展。」

「煎神瀝㈠思，考校判例，嘗有窮年竟不豁了。治之勤苦，決㈡嫌無地，呻吟尋析，憔悴決角㈢。修之華首不立。妨費日月，廢棄他業。愁困後生，真未央㈣矣。長致章句㈤，多於本書。」

【今註】㈠瀝：猶「漉」。㈡決：衝決。㈢角：額骨。㈣未央：未盡。《詩經・小雅・庭燎》：「夜如何其？夜未央。」㈤章句：指對古籍的分析之注釋。

【今譯】「雖然煎神瀝思，考校以往判例，經年累月，仍不能弄明白。勤苦地研究，沒有地方可以解決嫌疑，呻吟尋析，憔悴衝決額骨。這樣修習，即使頭髮花白還不能有所建樹，耗費時光，廢棄其他的事業，使後生們感到憂愁與困惑，真是沒有盡頭。結果使解釋禮制的文章繁多冗長，超過了有關禮制的原典。」

「今若破合雜俗，次比種稷㈠，刪削不急，抗其綱，較其令㈡，炳若日月之著明，灼若五色㈢之有定，息學者萬倍之役，弭諸儒爭訟之煩。」

【今註】㈠次比種稷：次比，並列。稷，粟。㈡令：美，善。㈢五色：《禮記・禮運篇》：「五色，六章，十二衣，還相為質也。」孔穎達《疏》：「五色謂青、赤、黃、白、黑，據五方也。」

【今譯】「今天如果破除並綜合舊的禮儀雜俗，像種粟似的排比並列，刪削不重要的內容，抓住綱領，比較出好的禮制，那就會如日月一樣大放光明，如五色有一定的光彩，學者們無數的無用之功也就停止了，諸儒爭訟之煩擾也就平息了。」

「將來達者觀之，當美於今之視周矣。此亦改燒石、去血食㊀之比，無所憚難，而恨恨㊁於惜懷推車，遲於去巢居也。然守常之徒，而卒㊂聞此義，必將愕然創見，謂之狂生矣。」

【今註】㊀血食：祭祀用牲，因為帶有毛血，所以叫做血食。㊁恨恨：疑當作「悢悢」。眷念、惆悵也。㊂卒：同「猝」，突然。

【今譯】「將來通情達理的人看到這種情況，應當比現在看到周代還要美好。這也就像是改燒石頭為炊而去除帶血生食的對比，不應有什麼害怕與困難，而眷念於過去的珍惜懷想，認為推車延誤了脫離穴居。但是，恪守常俗的人，突然聽到這種說法，必將愕然，以為是創見，而把我說成是狂生的了。」

「夫三王㊀不相沿樂，五帝㊁不相襲禮，而其移風易俗，安上治民，一也。或革或因，損益懷善㊂，何必當乘船以登山㊃，策馬以涉川，被甲以升廟堂，重裘以當隆暑乎？若謂古事終不可變，則棺椁㊄不當代薪㊅埋，衣裳不宜改裸袒矣。」

【今註】㊀三王：三皇，傳說中的三位遠古帝王。㊁五帝：傳說中的五位遠古帝王。三皇五帝的具體說法甚多，恕不一一陳述。㊂損益懷善：楊明照《抱朴子外篇校箋・下》按「懷」字誤。當依盧本、柏筠堂本、文溯本、《叢書》本、《崇文》本改作「壞」。㊃何必當乘船以登山：楊明照《抱朴子外篇校箋．下》：按「當」字似不必有，蓋涉次行「重裘以當隆暑乎」句誤衍。㊄棺槨：即棺槨。槨，棺外的套棺。《論語．先進篇》：「鯉也死，有棺而無槨。」㊅薪：指柴草。

【今譯】「三皇不相沿習一種音樂，五帝也不相承襲一種禮制。但他們移風易俗和安上治民的宗旨，是一樣的。或者變革，或者因襲，損益壞善，為什麼要求乘著船去登山峰，騎著馬去渡河，披著兵甲去廟堂祭祀，穿著厚毛裘去抵擋隆暑烈炎呢？如果說古事終究是不可以改變的，則棺槨不應當代替柴草埋葬死人，衣裳不宜改變遠古赤身露體的生活情況了。」

尚博篇第三十二

【篇旨】 此篇強調：儒家的經典固然是積儲道義的淵海，但是諸子百家之書也是擴張思想領域的川流，與聖賢經典同樣重要。漢、魏以來，對於文儒、經師的看法，逐漸有了明晰的劃分，但是一般人還是有著文章為學問的枝節末葉之觀念，忽略了深美富博的子書，實在有著不容忽視的力量。所以葛洪在本篇中，花費甚多篇幅、思考，強調諸子百家之書的可觀性，以使學者能夠達到真正的「博學」境界。

篇中引用聖賢事蹟與自然現象的載錄，說明自己「以文章為博學基礎」之理論的可行性，如「上天之所以垂象，唐、虞之所以為稱，……昌、旦定聖謚於一字，仲尼從周之郁，莫非文也」。可見「文」是自然產生而且甚符人類之需求。諸子書當然也是許多「文」中的一種，其特色則是「變化不繫滯於規矩之方圓，旁通不凝閡於一塗之逼促」。非議古事的人多拘於己見，以其有限的思想及經歷，當然不能盡悟子書之精粹。

但是葛洪並非一味的偏執好古，而是經過一番精心擇選，對於時人盲目的崇拜古人、古籍，他也提出了不以為然的呼籲，認為「世俗率神貴古昔，而黷賤同時。……雖有超群之人，猶謂之不及竹帛之所載也；雖有益世之書，猶謂之不及前代之遺文也」。這種心態影響之下，想要「尚博」，當然是緣木求魚，無法達成的事。

抱朴子曰：「正經㈠為道義之淵海，子書為增深㈡之川流㈢。仰而比之㈣，則景星㈤之佐三辰㈥也㈦；俯而方㈧之，則林薄㈨之裨㈩嵩嶽⑪也⑫。雖津塗殊闢，而進德同歸⑬；雖難⑭於舉趾⑮，而合於興化⑯。故通人⑰總原本⑱以括⑲流末⑳，操綱領㉑而得一致㉒焉。古人歎息於才難，故謂百世為隨踵㉓。不以璞㉔非崑山㉕，而棄耀夜之寶㉖㉗；不以書不出聖，而廢助教之言㉘。是以閭陌㉙之拙詩㉚，軍旅㉛之鞫誓㉜，或詞鄙喻陋，簡㉝不盈十㉞，猶見撰錄㉟，亞次典誥㊱。百家之言，與善一揆㊲。譬操㊳水者，器㊴雖異而救火㊵同焉㊶；猶針灸者，術雖殊而攻㊷疾均㊸焉㊹。」

【今註】㈠正經：謂「孔子手定的經籍」，一般所謂「一本正經」的「正經」，也就是這個意思。㈡增深：「增加」思想的「深度」、或「增廣」思想的「層面」。深，有「大」、「長」和「盛」……的意思。㈢以上三句，除「抱朴子曰」四字外，其餘的文字均重見於〈百家篇〉。㈣仰而比之：謂「抬起頭來把它和所看到的東西相比」。「之」字，指「子書」和「抬起頭所看到的東西」。㈤景星：大星。《白虎通・封禪》：「景星者，大星也。」㈥三辰：謂「太陽、月亮、和星星」。《左傳》桓公二年：「三辰旂旗（畫有「三辰」的旂旗），昭其明也（為的是表示明亮）。」杜預《注》：「三辰，日月星也。」㈦以上二句，除後句末尾有「也」字外，其餘都重見於〈百家篇〉。㈧方：「比」的意思。㈨林薄：謂「草木叢雜的處所」。《楚辭・九章・涉江》：「露申

（帶有香氣的「瑞香」花）辛夷（又名木筆花）死林薄兮。」王逸《注》：「叢木曰『林』，草木交錯曰『薄』。」 ⑩禆：有「增益」、「輔助」的意思。 ⑪嵩嶽：和「嵩山」相同，是五嶽中的中嶽，在河南登封縣北。 ⑫以上二句，除後句末尾有「也」字外，其餘都重見於〈百家篇〉。 ⑬「津塗」「進德」二句：謂「通過不同的道路，都可以到達增進品德的特定目標」。二句實在是「殊塗同歸」（或作「殊塗同致」、「殊塗同會」）成語的引用。津塗，謂「道路」。《三國志》卷三十八〈蜀書・許靖傳〉：「津塗四塞（四方阻塞）。」進德，謂「增進品德」。《易經・乾卦》：「君子進德脩業。」 ⑭難：原作「離」，依《百子》本改。 ⑮舉趾：猶「舉足」，謂「動足」。在這裏有考慮後「加以選擇」的意思。 ⑯興化：謂「昌盛教化」。《後漢書》卷二十六〈蔡茂傳〉：「臣聞：興化致教（獲致教化的目的），必由進善（進善言、或進善人）。」 ⑰通人：謂「博覽多識的人」。《論衡・超奇篇》：「博覽古今者為通人。」《抱朴子・逸文》：「余嘗問嵇生曰：左太沖、張茂先，可謂通人乎？君道答曰：通人者，聖人之次也，其間無所復容。」（見《意林》卷四） ⑱總原本：和下句的「操綱領」相應。總，謂「總管」，這裏有「掌握」的意思。《尚書・商書・伊訓》：「百官總己（總攝己職——掌管自己所主管的職務），以聽（聽命於）冢宰（宰相）。」原本，謂「本源」、或「源頭」。 ⑲括：謂「概括」。 ⑳流末：即「末流」，謂「河水的下游」。 ㉑操綱領：和上句的「總原本」相應。操，謂「控制」。 ㉒一致：謂「相同」。在這裏指「相同的結果」。《易經・繫辭・下》：「天下同歸而殊塗，一致而百慮。」《注》：「慮雖百，其致不二。」 ㉓「古人」「百世」二句：〈百家篇〉有「先民歎息於才難，故百世為隨踵」兩句，文字雖稍有不同，但含意卻完全相似。古人，謂「上古的人君」。隨踵，謂「跟隨在腳跟後面走」，比喻「隨後跟著來的人」。《韓非子・難勢篇》：「且夫堯、舜、桀、紂千世而一出，是比肩隨踵而生也，世之治者不絕於中。」 ㉔璞：謂未經琢磨的「玉石」。在這裏用來比喻「正經」中所含的「道理」。 ㉕崑山：崑崙山的簡稱，此指「崑山之玉」。《呂氏春秋・重己篇》：「人不愛崑山之玉，江、漢之珠，而愛己之一蒼璧（青色璧玉）小璣（不圓的珠），有之（為了擁有）利（有利於己）故也。」高誘《注》：「崑山之玉，燔（燒）以爐炭，三日三夜，色澤不變，玉之美者也。」 ㉖耀夜之寶：猶「夜光之璧」，謂「黑夜發光的貴重璧玉」。在這裏比喻「道義」之外有價值的事物。《戰國策》卷十四〈楚策・一〉：「張儀為秦破從連橫，說楚王……（楚王）乃遣使車百乘，獻雞駭（雞嚇得驚慌逃走）之犀、夜光之璧於秦王。」 ㉗此句，〈百家篇〉加以變化，改成：「不以璞不生板桐之嶺，而捐曜夜之寶」兩句，除將「崑山」改作「板桐」之外，其餘文義也約略相同。 ㉘此句，〈百家篇〉加以變化，改成：「不以書不出周、孔之門，而廢助教之言」兩句。 ㉙闠陌：謂「闠里阡陌」，此指「鄰里鄉村之間」。 ㉚拙詩：謂「粗劣的歌謠」。 ㉛軍旅：和「軍隊」相似。 ㉜鞫誓：謂「粗陋簡短的文書」。鞫，即鞠，音ㄐㄩˊ，指「勘驗刑案所用的文辭」。誓，文體的一種，為古代誓師時所用。 ㉝簡：竹簡，猶木牒，都是用來書寫文字的。這裏當「篇章」、「篇幅」解。 ㉞十：和「什」通，作「篇什」解，後來用以泛指「詩篇」或「文卷」。唐柳宗元《柳河東先生集》卷九〈唐故兵部郎中楊君墓碣〉：「君之文若干什，皆可以傳於世。」 ㉟撰錄：謂「收集抄錄」。《文選》卷五十六潘岳〈楊仲武誄〉：「撰錄先訓（祖父舊作文章），俾無損墜（失落）。」 ㊱典誥：謂古代「典與誥」兩種詔命文書。如《書經》有〈堯典〉、〈舜典〉；〈湯誥〉、〈大誥〉。 ㊲揆：音ㄎㄨㄟˊ，謂「尺度」、「準則」。在這裏當「道理」解。 ㊳操：有「持」、「接」的意思，如同「操火」的「操」作「持」或「接」講一樣。《淮南子・說山篇》：「今人放燒，或操火往益之，或接水往救之。」 ㊴器：謂「工具」、「器皿」。這裏用來譬喻「子書」的「功效」。 ㊵救火：喻「救世」。 ㊶以上二句，〈百家篇〉作：「猶彼操水者，器雖異而救火同焉」，字面雖不相同，含義卻很相似。 ㊷攻：當「治療」、「醫治」講。《廣雅・釋詁・三》：「攻，治也。」 ㊸均：作「看成一樣」解。 ㊹以上二句，〈百家篇〉作「譬若鍼灸者，術雖殊而攻疾均焉」，字面雖然不同，含義卻完全相似。

【今譯】 抱朴子說：「聖賢的經典是儲積道義的淵海，哲人的子書是擴展思想領域的川流。抬起頭來觀看，子書就好像天上的一顆大星，襯托著太陽、月亮和星星，經常發射出璀璨的光芒。低下頭來凝視，把所看到的東西拿來相比，子書又像是山麓間叢雜的草木，可以讓高大的嵩嶽添加上一件美麗的外衣。正經為我們開闢的道路雖然有很多條，但通過其中任何一條，都可以獲得相同的效果，達到增進品德的目標。在眾多的道路之中，雖然難於加以選擇，但不管走那一條，卻都合於昌盛教化的功效。所以博覽多識的人，只要掌握住河流的本源，就可以概括地瞭解河水下游的狀況；控制了事物的綱領，就能夠得到和控制全部事物相同的效果。古人常有『才傑之士難得一見』的歎息，儘管如此，在百代之間如此傑出的哲人仍然不斷地一個一個接著來到人世。（不因某一子書不含有傳統的『道理』就不去研究，而放棄書中所蘊含的其他寶物，）正如不因為崑崙山不出產璞玉就不加重視，而放棄所蘊藏的夜光璧玉。不因某一子書不出於聖人的手筆，就放棄書中所蘊含、有益於教誨的言論。由於這個緣故，鄰里鄉村之間粗劣的歌謠，軍隊中通行的淺陋簡短的文書，可能詞句粗鄙，含意又非常淺陋，篇幅常常短得不成篇什。雖然如此，卻仍然有人加以收集抄錄。從作品的等級上看，雖然比古代的典誥要差上許多。但是百家所發表的言論，可以助人為善的道理，卻完全一模一樣的。（子書所發揮的道理各不相同，但是它們具備有益於世的效用卻完全一樣。）好比那些接水的人，接用的器物雖然不同，可是救火的功效卻是完全一樣的。也如同從事鍼灸的醫生，所用的方法雖然各自有別，可是治病的功效卻完全相同啊！」

「漢、魏以來，群言彌㊀繁㊁。雖義㊂深於玄淵㊃，辭㊄贍㊅於波濤；施之可以臻㊆徵祥㊇於天上，發嘉瑞㊈於后土㊉；召環、雉⑪於大荒⑫之外，安圜堵⑬於函夏⑭之內。近弭⑮禍亂之階⑯，遠垂⑰長世之祉⑱；然時無聖人，目⑲其品藻⑳，故不得騁㉑驊、騄㉒之迹於千里之塗，編近世之道於《三墳》㉓之末也。拘繫㉔之徒，桎梏㉕淺隘㉖之中，挈瓶㉗訓詁㉘之間，輕奇㉙賤異㉚，謂為不急。或云小道㉛不足觀，或云廣博亂人思。而不識合錙銖㉜可以齊重於山陵，聚百十可以致數於億兆㉝；群色會而袞藻㉞麗，眾音雜而《韶》、《濩》㉟和也。或貴愛詩賦淺近之細文㊱，忽薄深美富博㊲之子書㊳，以磋切㊴之至言㊵為騃拙㊶，以虛華㊷之小辯㊸為妍巧㊹。真偽顛倒，玉石㊺混淆㊻，同廣樂㊼於桑間㊽，鈞㊾龍章㊿於卉服(51)，悠悠(52)皆然，可歎可慨者也(53)。」

【今註】　㊀彌：當「愈」、「益（更加）」講。　㊁繁：當「多」講，是「簡」的相反辭。　㊂義：和下面「辭贍」句的「辭」字相應，當「立意」講，指文章的內容而言。參見〈辭義篇〉「義」字注。　㊃玄淵：謂「深遠之處」。《文選》卷二十顏延之〈皇太子釋奠會作詩〉：「澡身（沐浴）

玄淵，宅心（居心）道秘。」劉良《注》：「玄淵、道秘，皆道德深遠之處。」玄，謂「深隱」。㊄辭：和上面「義深」句的「義」字相應，指「口說的『言辭』」、或「手寫的『文辭』」。㊅瞻：當「富」（豐富）講。㊆臻：音ㄓㄣ，當「至」（到達）講。㊇徵祥：謂「吉祥的預兆」。漢劉向《說苑・善說篇》：「天瑞（天上顯現吉祥之兆）並至，徵祥畢見（全都顯現出來）。」㊈嘉瑞：和「嘉祥」含義相同，謂「祥瑞」。《漢書》卷八〈宣帝紀〉：「元康元年……三月……獲蒙嘉瑞，賜茲祉福。」⑩后土：古代稱「地神」或「土神」為「后土」。⑪環雉：城牆高一丈叫堵，長三丈（也就是「三堵」）叫雉。環雉，謂「環繞的城牆」。這裏用來比喻捍衛國土的勇士。⑫大荒：泛稱「遼闊的原野」或「邊遠的地區」。《抱朴子・外篇・博喻篇》：「逸麟（散失的大牡鹿）逍遙大荒之表（外），故無機穽（捉獸的機關和陷穽）之禍；靈鶬（一種九頭九尾的鳥）振翅玄圃（崑崙山上仙人所居之地），以違（遠離）罩羅（捕鳥的籠罩和羅網）之患。」⑬圜堵：猶「環堵」，謂「包圍著的土牆」。《莊子・讓王篇》：「原憲（孔子弟子）居魯，環堵之室，茨（用草蓋房子）以生草；蓬户（蓬草蓋成的門户）不完（完整）。」唐成玄英《疏》：「周環各一堵，謂之『環堵』，猶方丈之室也。」在這裏用來比喻防衛堅強的堡壘。⑭函夏：謂「華夏」或「中國」。《晉書》卷三十一〈左貴嬪傳〉：「群黎（眾多老百姓）欣戴（歡欣擁戴），函夏同慶。」在這裏泛指「畿輔」或「重要地區」。⑮弭：音ㄇㄧˇ，謂「停止」。⑯階：謂「階梯」，引申有「憑藉」的意思。⑰垂：謂「傳布於後」。⑱祉：音ㄓˇ，謂「福（福祉）」。⑲目：謂「注視」、「品評」。⑳品藻：謂「鑒定著作的品級和等級」。《漢書》卷八十七下〈揚雄傳・下〉：「爰及名將尊卑之條，稱述品藻。」唐顏師古《注》：「品藻者，定其差品（品類差等）及文質（文字和質地）。」㉑騁：謂「直馳」。

㉒騂、騄：音 ㄏㄨㄚ ㄌㄨˋ，謂良馬「騂騮」和「騄耳」，相傳各為周穆王八駿馬之一。《穆天子傳》：「天子之駿：赤驥、盜驪、白義、踰輪、山子、渠黃、華騮、綠耳。」《史記》卷五〈秦本紀〉：「造父以善御幸於周繆王，得驥、温驪、驊騮、騄耳之駟。」 ㉓《三墳》：傳說中我國最早的書籍。《左傳》昭公十二年：「是能讀《三墳》、《五典》、《八索》、《九丘》。」杜《注》：「皆古書名。」 ㉔拘繫：有「拘束」、「鎖閉」的意思，本指囚徒被拘束鎖閉在牢獄中。《尚書・蔡仲之命》「囚蔡叔」《疏》：「主拘繫當刑殺者。」在這裏，指的是其人在思想上堅守某派學說而受其牢固束縛不知變化。 ㉕桎梏：音 ㄓˋ ㄍㄨˋ，舊刑具名，就是用來拘繫罪犯的「腳鐐」和「手銬」。《易經・蒙卦》：「用說（「用它來脫去」的意思。「說」，同「脫」字）桎梏。」孔《疏》：「在足曰桎，在手曰梏。」這裏，指其人信奉某派學說而在言行方面謹慎小心、不敢踏出範圍一步。 ㉖淺隘：猶「淺陋」，指見聞「膚淺狹隘」。 ㉗挈瓶：謂「提取井水的『汲水器』」。在這裏，用來比喻「知識淺薄」。挈，音 ㄑㄧㄝˋ，當「懸吊」或「提起」講；瓶，指「從井中取水的器具」。《左傳》昭公七年：「雖有挈餅（應作「挈餅」）之知，守（保住汲水器）不假器（不借給別人使用），禮也（這就是所謂禮）。」 ㉘訓詁：亦作「訓故」，謂「文義的注釋」。 ㉙輕奇：和下面的「賤異」相似，謂「看輕奇特的現象」。 ㉚賤異：和上面的「輕奇」相似，謂「賤視怪異的現象」。 ㉛小道：謂「異端」，喻「諸子百家的著作」。《論語・子張篇》：「子夏曰：雖小道，必有可觀者焉；致遠（學得太深遠）恐泥（恐怕弄不通），是以君子不為也。」何晏《集解》：「小道謂異端。」鄭《注》：「小道，如今諸子書也。」 ㉜錙銖：音 ㄗ ㄓㄨ，都是很少的數目，在這裏比喻細微。《禮記・儒行篇》：「雖分國（把國家分給他）如錙銖（在他看來只是十分微小的事），不臣（他不做別人

的臣子）不仕（也不在別人屬下做官），其規為（儒者的規矩行為）有如此者。」《抱朴子・內篇・極言篇》：「況無錙銖之來，而有千百之往乎？」 ㉝「而不識」「聚百十」二句：除了「而不識」三字外，其餘的文字，均重見於〈百家篇〉。 ㉞袞藻：謂「古代天子袞衣禮服上所繡的龍形文采圖案」。袞，音ㄍㄨㄣˇ，古代天子的禮服。藻，謂「文采」。 ㉟《韶》、《濩》：音ㄕㄠˊ ㄏㄨㄛˋ，殷湯王所作的樂章。《左傳》襄公二十九年：「見舞《韶》、《濩》者。」杜《注》：「（《韶》、《濩》）殷湯樂。」一說這是虞舜和殷湯王的樂章。《文選》卷八司馬相如〈上林賦〉：「《韶》、《濩》、《武》、《象》之樂，陰淫案衍（陰淫和案衍相似，都作「卑下」講）之音。」李善《注》：「《韶》，舜樂也；《濩》，湯樂也；《大武》，武王樂也；……《象》，周公樂也。」 ㊱細文：謂「精緻」、「瑣屑」的篇章，和〈百家篇〉「詩賦」中的「瑣碎之文」相似。 ㊲富博：謂識見「豐富廣博」。《南史》卷五十九〈王僧孺傳〉：「少篤志精力，於書無所不覩，其文麗逸，多用新事，人所未見者，時重其富博。」 ㊳「貴愛」「忽薄」二句：〈百家篇〉作「惑詩賦瑣碎之文，而忽子論深美之言」。 ㊴磋切：和「切磋」相似，作「商討」、「研究」講。古時稱骨材的加工叫切，稱象牙的加工叫磋（音ㄘㄨㄛ），稱玉材的加工叫琢，稱石材的加工叫磨。《詩經・衛風・淇奧》：「如切如磋，如琢如磨。」 ㊵至言：謂「合乎真理」、「達於至極」的言論。《莊子・知北遊篇》：「至言『去言』（無須言語說明）。」唐成玄英《疏》：「至理之言，無言可言，故去言也。」 ㊶騃拙：謂「癡呆迂拙」。騃，音ㄞˊ，「癡呆」的意思。 ㊷虛華：和「虛文」相似，謂儀禮的「不切實際」。 ㊸小辯：謂「小型的辯說」。《荀子・非相篇》：「小辯不如『見端』（發現事件的端倪）。」 ㊹妍巧：謂「妍麗巧妙」。妍，「美」的意思。 ㊺玉石：比喻「精華」、「糟粕」。 ㊻「真偽」

「玉石」二句：重見於〈百家篇〉，僅「淆」字改作「殽」字罷了。㊼廣樂：謂「盛大的仙樂」。《史記》卷四十三〈趙世家〉：「居二日半，簡子寤（醒）。語大夫曰：我之（往）帝所（天帝居所）甚樂，與百神游於『鈞天』（天帝所居，是「九天」的「中天」），廣樂九奏萬舞，不類三代之樂，其聲動人心。」㊽桑間：指「流行於鄭、衛兩地的淫靡音樂」。《呂氏春秋・音初篇》：「鄭、衛之聲，桑間之音，此亂國（動亂的國家）之所好（喜好），衰德（敗壞的道德）之所說（悅）。」㊾鈞：「均」的意思，作「看成一樣」解。㊿龍章：指「天子的服飾」，或「服飾上的龍形圖案」。《後漢書》卷十六〈鄧禹傳〉：「褫（奪去）龍章於『終朝』（一個上午）。」唐李賢《注》：「龍章，『袞龍』（本「天子的禮服」，在這裏代替「天子」）之服也。」(51)卉服：和「草服」相似，謂「用草編織的衣服」。《尚書・禹貢》：「島夷卉服。」孔《傳》：「南海島夷，草服葛越（古代南方用草纖維編織的布）。」(52)悠悠：謂「眾多」。《後漢書》卷五十二〈崔駰傳〉：「悠悠罔極（無窮），亦各有得。」唐李賢《注》：「悠悠，眾多也。」(53)以上四句，〈百家篇〉作「同廣樂於桑間，均龍章於素質，可悲可慨，豈一條哉」，文義相似。

【今譯】　「從漢、魏時代開始，社會上流傳的各家學說，更加繁多。這些言論，立意的深遠，常常可以達於玄海；文辭變化的豐富，幾乎可以和波濤相比擬。照這些言論去實施，可以讓天上獲致吉祥的徵兆；可以地上興發各種祥瑞的徵象。（一個國家有了這些傑出的人才，）在遼遠的地方，彷彿召來許多捍衛邊疆的勇士；在畿輔地區，有如設置了若干堅攻不破的堡壘。如此，從眼前來說，利用這些言論，可以作為止息災禍的憑藉；從遠處來看，利用它們，也可以為後世留下永遠的福祉。然而由於當時缺乏明聖的君王，對於傑出的人才無法加以品評，鑒定他們品類和等級之後再予以網羅，因而在千里的途程之中，不能發現『驊、騄』馳騁的蹤影；在《三墳》的古籍之後，從無編著近世的治道。堅守某一學派的人，彷彿拘禁在牢獄中的囚徒，在精神上受了重重的桎梏，因而在見聞方面，表現得既膚淺又狹隘，好像『挈瓶』的人，知識非常淺薄，平日只知從事文義注釋的訓詁工作，對於那些奇異的見解，特殊的創見，卻認為對自己都是不急之務，不知加以吸收。有人說：諸子百家的學說算是小道，不值得我們觀看；有人說學問研究得太廣博了，也會徒然擾亂人的思想。可是一般人卻不曉得：合併許許多多的錙銖，可以讓物體變得和山陵一般沉重；一個又一個的『百』和『千』集聚起來，也可以變成億兆的巨大數目。各種采色會聚在一起，就會讓古天子的袞衣禮服變得十分華麗；許多聲響混雜在一起，虞舜和湯王的樂章就會變得十分和諧。有人看重愛好詩賦中的瑣屑篇章，卻忽視看輕深邃華美而又豐富廣博的子書，竟然把尚待商討、仍須研究的所謂『至理名言』，當成癡呆迂拙的言論；把不切實際徒具虛文的辯說，認作細密巧妙的研究。上面所說的這些事，可說是真實和虛假相互顛倒，精華和糟粕兩相混淆，怎麼可以把鈞天的仙樂，看成桑間濮上的靡靡之音？把天子所穿配上龍形圖案的服飾和百姓所著用草類編織的衣物看得完全沒有分別？悠悠眾口，說法卻幾乎全都一樣；實在是可悲可歎的啊！」

或曰：「著述雖繁，適可以騁辭(一)耀藻(二)，無補救於得失，未若德行(三)不言之訓(四)。故顏、閔(五)為上，而游、夏(六)乃次。四科(七)之格(八)，學本而行末，然則綴文(九)固為餘事(十)。而吾子不褒崇(十一)其源(十二)，而獨貴其流(十三)，可乎？」抱朴子答曰：「德行為有事(十四)，優劣易見；文章微妙，其體(十五)難識。夫易見者，粗也；難識者，精也。夫唯粗也，故銓衡(十六)有定焉；夫唯精也，故品藻難一焉。吾故捨易見之粗，而論難識之精，不亦可乎？」

【今註】㈠騁辭：謂「在言辭方面作施展」。《文選》卷三十七孔融〈薦禰衡表〉：「飛辯（雄辯）騁辭。」㈡耀藻：謂「在文采（文辭）方面作炫耀」。㈢德行：謂「道德、品行」。㈣不言之訓：和「不言之教」相似，謂「不用言語所作的訓示」，有如「身教」。老子《道德經．第二章》：「是以聖人處無為之事（以無為的態度來處事），行（實行）不言之教（教誨）。」第四十三章：「吾是以（因此）知無為之有益。不言之教，無為之益，天下希（「少」的意思）及之（做得到）。」第五十六章：「知（智）者不言，言者不知（智）。」㈤顏、閔：指顏淵和閔子騫。在孔子門中，以德行著稱。㈥游、夏：指子游和子夏。在孔子門中，以文學著稱。㈦四科：謂「孔門教學課程中的四個科目」，指的就是德行、言語、政事和文學。《論語．先進篇》曾列舉了四科各有特殊成就的學生姓名。《後漢書》卷三十五〈鄭玄傳〉：「仲尼之門，考以四科。」㈧格：謂「法則」，在這裏指考核的「標準」。㈨綴文：謂「著述」或「連綴字句以成文辭」。《漢書》卷三十六〈楚元王傳．贊〉：「自孔子後，綴文之士眾矣。」㈩餘事：和「末事」（不是主要工作）相似。⑪褒崇：謂「褒獎」和「推崇」。⑫源：比喻「根本」，指「行為表現」。⑬流：比喻「變化」，指「文辭成就」。⑭有事：指「有具體事實的行為」。⑮體：謂「文章的形質」（包括「體性」和「體式」）。⑯銓衡：和「品評」相似。

【今譯】有人這麼說：「世間流行的著述雖然繁雜而眾多，但是它們所說的往往只能表示各自在言辭上所施展的工夫非常深，在辭藻安排上的本領非常強；可是在人事得失，以及風俗改正方面，常常一無補益，實在比不上那些在德行方面有所表現的人，對世道人心所作的『無言的訓示』來得那般重要。所以認為顏淵和閔子騫比較重要，至於子游和子夏，卻要居於次等的地位。孔門教學課程中分四個科目，用來做考核標準的，是以學業為根本，行為表現為第二步，至於連綴文字的工夫，本來就只能算是不甚重要的事項。可是先生你，不從事情的源頭——行為的表現——去加以褒獎或推崇；怎麼可以僅僅苛責它後來的變化——重視文辭上的安排呢！」抱朴子答道：「德行是有具體事實的行為，優劣可以立刻加以判別；可是有關文章的事卻非常微妙。文章的體性或體式，實在難於識別，不易捉摸。一般說來，容易讓人看到的必定是粗重顯著的部分；讓人難於辨識、不易認清的，必定是精細微妙的部分。我們唯有透過粗重顯著的部分，才能對事物加以適當的品評；我們不透過精細微妙的部分，對事物等級的鑒定，很難獲得一致的品評標準。可是我們要曉得：有時存心捨棄易見的粗顯部分，卻去專門討論難識的精微部分，不也是很有意義的事嗎？」

或曰：「德行者本也，文章者末也。故四科之序㈠，文不居上㈡。然則著紙㈢者，糟粕㈣之餘事；可傳者，祭畢之芻狗㈤㈥。卑㈦高㈧之格，是可識矣㈨。文之體略㈩，可得聞乎？」

【今註】 ㈠序：謂「次序」。 ㈡以上文字，都重見於〈文行篇〉。 ㈢著紙：猶言「著筆」，謂「落筆撰述」。 ㈣糟粕：本指「酒滓」，用來比喻「廢棄的物品或惡食」，常和「精華」對稱。《晉書》卷五十五〈潘尼傳〉：「名位為糟粕，勢利為埃塵。」 ㈤芻狗：古時編結草類做成狗的形狀，供祭祀時應用，用完以後，就隨手丢棄。一般常用「芻狗」來比喻廢棄的物品。老子《道德經・第五章》：「天地不仁，以萬物為芻狗；聖人不仁，以百姓為芻狗。」 ㈥以上文字，都重見於〈文行篇〉。 ㈦卑：指「文章」的「卑下」，和前句「文章者末也」的「末」字，以及「文不居上」、「糟粕之餘事」、「祭畢之芻狗」等句相應。 ㈧高：指「德行」之「高」，和前句之「本」相應。 ㈨以上三句，重見於〈文行篇〉。 ㈩體略：謂「體裁大要」。

【今譯】 有人說：「在我們全部的生活中，德行的表現是根本，至於文章，比較起來實在是不怎麼重要的事。因為這個緣故，孔門四科的次序，文學並不放在前面，居於重要的地位。如此說來，下筆撰述的著作，常常只是糟粕之類、不甚重要的事物；我們不妨說：得以傳流下來的作品，也只不過是祭祀完畢以後就該隨手拋棄的芻狗罷了。如此判別卑下、高超的標準，大致的情形，我們是足夠加以辨識的了。至於文章的體裁大要，先生能說一些讓我們聽聽嗎？」

抱朴子答曰：「筌㈠可以棄，而魚未獲則不得無筌；文可以廢，而道未行則不得無文㈡。若夫㈢翰迹㈣韻略㈤之宏促㈥，屬辭㈦比事㈧之疏密㈨，源流㈩至到(一一)之脩短，蘊藉(一二)汲引(一三)之深淺(一四)。其懸絶(一五)也，雖天外(一六)毫內(一七)，不足以喻其遼邈(一八)(一九)。其相傾(二〇)也，雖三光(二一)熠燿(二二)，不足以方其巨細。龍淵(二三)鉛鋌(二四)，未足譬其銳鈍；鴻羽(二五)積金(二六)，未足比其輕重(二七)。清濁(二八)參差(二九)，所稟有主。朗昧(三〇)不同科(三一)，強弱各殊氣。而俗士唯見能染毫(三二)畫紙者，便概之一例(三三)。斯伯牙(三四)所以永思鍾子(三五)，郢人(三六)所以格斤不運(三七)也(三八)。蓋刻削㊴者比肩㊵，而班、狄㊶擅㊷絶手㊸之稱㊹；援琴㊺者至眾，而夔㊻、襄㊼專㊽知音㊾之難㊿；廄馬(51)千駟(52)，而騏驥(53)有逸群(54)之價(55)；美人萬計，而威(56)、施(57)有超世之容。蓋有遠過眾者也(58)。且文章之與德行(59)，猶十尺之與一丈(60)，謂之餘事，未之前聞(61)。」

【今註】 ㈠筌：音ㄑㄩㄢˊ，或作「荃」，竹製的捕魚器具，一種瓠形的篾罟，可以讓魚自由游進去，但卻無法游出來。《莊子・外物篇》：「荃者所以在魚（在於捕得魚類），得魚而忘荃。」 ㈡以上四句，〈文行篇〉作「筌可棄而魚未獲，則不得無筌；文可廢而道未行，則不得無文」，文義相似。 ㈢若夫：轉語詞，有「至於」、「譬如」的意思。 ㈣翰迹：謂「筆墨留下的痕跡」，在這裏指一般「文章」。 ㈤韻略：謂「韻律的法則」，在這裏指合乎韻律的「詞賦」。韻，與「韵」字相同；略，「法」的意思。 ㈥宏促：「廣大」或「狹小」。在這裏指「文章」「辭賦」的「體製」和「氣局」而言，有的「體製」、「氣局」很廣大；有的「體製」、「氣局」卻很狹小。 ㈦屬辭：謂「綴會文辭」（連綴會集文章所用的辭語）來撰寫文稿。《禮記・經解篇》：「屬辭比事（排比史事），《春秋》教（所包含的「訓誨」作用）也。」孫希旦《集解》：「屬辭者，連屬其辭，以月繫年，以日繫月，以事繫日也。」 ㈧比事：謂「比次事類」，本指「排列史事」，一般用來泛指「記事」。《禮記・經解篇》：「屬辭比事，《春秋》教也。」孫希旦《集解》：「比事者，比次列國之事而書之也。」 ㈨疏密：指「應用『故實』」或「組合『辭詞』」等的疏散或緊密。 ㈩源流：比喻「思想的根源」、或「內涵的源流」。 (十一)至到：「到達」的意思，在這裏比喻「思想的引伸」或「內涵的發揮」。 (十二)蘊藉：一作「醞藉」或「溫藉」，謂「含蓄有餘」（和「顯露無遺」相反）。

《史記》卷一百二十二〈酷吏・義縱列傳〉：「治（治理政事）敢行（敢作敢當），少蘊藉。」⑬汲引：謂「汲取引用」。⑭以上四句，〈文行篇〉作「若夫翰迹韻略之廣逼，屬辭比義之妍媸，源流至到之修短，韞藉汲引之深淺」，文義相似。⑮懸絕：謂相差「懸殊（遠甚）」。《論衡・知實篇》：「聖賢之實同（實質相同）而名號（姓名稱號）殊，未必才（才華）相懸絕，智（智慧）相兼倍（兩倍）也。」懸，「遠」的意思；絕，「極」、「盡」的意思。⑯天外：謂「天邊之外」，比喻「極遠的地方」。《文選》卷十五張衡〈思玄賦〉：「廓（空）盪盪（空的樣子）其無涯兮，乃今窺乎天外。」⑰毫內：和「筆下」相似，也有「眼前」的意思。毫，謂「筆」；內，猶「下」字。⑱遼邈：謂「遼遠」。遼，「遠」的意思。⑲以上文字，都重見於〈文行篇〉。⑳相傾：和上面「懸絕」三句相應。傾，謂「高」或「下」。「相傾」，就是因高下相差而「傾倚」（傾斜倚靠）的意思。老子《道德經・第二章》：「故有無相生（相對待而生長），難易相成（相對待而完成），長短相形（相對待而顯形），高下相傾。」《淮南子・齊俗篇》：「故高下之相傾也，短修之相形也。」㉑三光：稱「日、月、星」三種星球所發出來的光。《莊子・說劍篇》：「上法（效法）圓天（渾圓的天象），以順（順應……秩序）三光。」㉒熠耀：即「熠燿」，謂發放燐光的「螢火」。《詩經・豳風・東山》：「熠燿宵行。」毛《傳》：「熠燿，燐也；燐，螢火也。」㉓龍淵：楚國寶劍的名稱，相傳為歐冶子所鑄造。《文選》卷四十二曹植〈與楊德祖書〉：「有龍淵之利（鋒利），乃可以議（議論）於斷割。」呂向《注》：「龍淵，寶劍也。」㉔鉛鋌：謂「鉛片」。鋌，音ㄉㄧㄥˋ或ㄊㄧㄥˇ，鍛鍊成條的金屬。㉕鴻羽：和「鴻翼」相似，謂「鴻鳥的羽毛」。㉖積金：謂「聚積金銀財物」。《新唐書》卷八十九〈尉遲敬德傳〉：「公之心如山岳然，雖積金至斗，豈能移之？」㉗以上七句，〈文行篇〉作「其相傾也：雖三光熠燿，不足以方其巨細；龍淵鉛鋋，未足譬其鋭鈍；鴻羽積金，未足以方其輕重」，文義相似。㉘清濁：謂「氣質」與「氣性」的「澄澈」和「潔淨」或「混濁」和「污穢」。㉙參差：謂「不齊的樣子」。㉚朗昧：謂「明朗」或「暗昧」。㉛末尾兩句，〈文行篇〉作「而俗士唯見能染毫畫紙，便概以一例」，文義相似。㉜科：謂「品類」。㉝染毫：猶「染筆」，謂「書畫著色落墨」。㉞伯牙：春秋時代楚國人。傳説中因為精於琴藝而享有盛名。依照《呂氏春秋・本味篇》記載，伯牙善於鼓琴，可是最後他發現：只有知友鍾子期完全理解琴曲的寓意。等到子期死後，伯牙終身就不再鼓琴。㉟鍾子：即春秋時代楚國人鍾子期。伯牙鼓琴，意在高山，或在流水，子期一一俱能心領神會。子期死後，伯牙以為世間不再有知音，從此再不鼓琴。㊱郢人：照文義推測，「郢人」當指揮釜的「匠石」。郢，音ㄧㄥˇ，春秋戰國時代楚國的都城，在今湖北江陵縣北。㊲格斤不運：當由「運斤成風」變化而來。原成語是説：揮動斧頭去削擊郢人鼻尖上的「堊慢」（塗在鼻上的『薄薄一層石灰』。堊，音ㄜˋ，白土；慢，亦作『漫』，塗）。揮斧的動作乾淨俐落，毫釐不差，卻像没有揮動斧頭一樣的迅速。用在這裏，是説：神乎其技的匠石既已不在世間，因而郢人不會去找普通工匠為他削去鼻上的「堊慢」。這個成語源出《莊子・徐无鬼篇》：「郢人堊慢其鼻端若蠅翼（薄如蠅翼），使匠石（石工）斲（音ㄓㄨㄛˊ，砍削）之。匠石運斤（斧）成風（風一般地迅速），聽而斲之，盡堊而鼻不傷，郢人立不失容（不變臉色）。」格，作「擊（削擊）」解；斤，「斧頭」；格斤，作「找人去『運用斧頭』削擊鼻上的堊慢」講；不運，因為神乎其技的匠石已不在人世，所以再也「不去找人運用釜斤」的意思。運，謂「旋轉」，作「揮動」講。㊳以上兩句，除「伯牙」作「伯氏」外，都重見於〈文行篇〉。㊴刻削：謂「雕刻」。《韓非子・説林下》：

「刻削之道（方法、或技巧），鼻莫如大，目莫如小。鼻大可小，小不可大也；目小可大，大不可小也。」㊵比肩：謂「肩相近」（肩膀挨著肩膀），比喻「接連而來」，有「眾多」的意思。比，音ㄅㄧˋ。㊶班、狄：指魯國的巧匠魯班和齊國的名廚狄牙。魯班，春秋魯哀公時代的巧匠。狄牙，是齊桓公時代能辨味的名廚師。㊷擅：謂「據而有之（擁有）」。㊸絕手：謂「具有絕等技藝的高手」。《抱朴子．外篇．譏惑篇》：「吳之善書者，則有皇象、劉纂、岑伯然、朱季平，皆一代之絕手。」㊹以上兩句，〈文行篇〉作「夫斲削者比肩，而班、狄擅絕手之名」，文義相似。㊺援琴：謂「引琴」。援，謂「引」（「牽引」琴絃）。《北史》卷六十四〈韋敻傳〉：「死生命也，去來常事，亦何足悲！援琴撫之如舊。」㊻夔：唐堯時代的音樂家。《尚書．舜典》：「帝曰：夔，命汝典（掌管）樂，教胄子（帝王的「長子」）。」㊼襄：就是師襄，也叫做「師襄子」，春秋時代魯國的樂官。孔子曾跟他學習鼓琴。《韓詩外傳．卷五》：「孔子學鼓琴於師襄子。」《淮南子．主術篇》、《史記．孔子世家》、《孔子家語．辨樂篇》都有類似的記載。㊽專：「專擅」（「獨享」、「專長」）的意思。㊾知音：謂「精通音律」，後世引伸為「知己」。《呂氏春秋．本味篇》記伯牙善鼓琴，鍾子期善聽琴，鍾子期死，伯牙破琴絕絃，終身不復鼓琴。㊿以上兩句，〈文行篇〉作「援琴者至多，而夔、襄專清聲之稱」，文義相近。(51)廄馬：謂「馬廄裏飼養的馬匹」。(52)駟：音ㄙˋ，本指「一車四馬」，這裏泛指「馬匹」。《禮記．三年問篇》：「若駟之過隙。」《釋文》：「駟，馬也。」(53)騏驥：謂「駿馬」。《大戴禮記．勸學篇》：「騏驥一躒（音ㄌㄧˋ，謂「動」，「跳躍」的意思），不能千里。」(54)逸群：謂「凌駕（超越）群倫（同群朋輩）」。逸，「遠」（「遠遠」超越）的意思。(55)以上兩句，〈文行篇〉作「廄馬千駟，而騏騮有逸群之價」，文義相似。（五六）威：指晉文公的美姬南之威（省稱「南威」）。《戰國策・魏策・二》：「晉文公得南之威，三日不聽朝，遂推南之威而遠之，曰『後世必有以色亡其國者。』」（五七）施：指吳王夫差的美姬西施。《吳越春秋》卷九〈句踐陰謀外傳〉：「（越王）乃使相者（相士在……品選）國中，得苧蘿山鬻（音ㄩˋ，出賣）薪之女，曰西施、鄭旦，飾以羅縠（穿上羅布和縐紗衣裳），教以容步（儀容和步履），習於土城（模擬城市），臨於都巷（都市中的巷道之間），三年學服（穿著衣裝），而獻於吳。」（五八）以上三句，〈文行篇〉作「美人萬計，而威、施有超世之色者，蓋遠過眾也」，文義相似。（五九）文章之與德行：文章謂「文辭」，德行謂「道德品行」，作者在本文前段，曾有「德行者本也，文章者末也」問題的提出。（六〇）猶十尺之與一丈：意思說兩相比較，不分高下，完全相等，真所謂半斤與八兩。（六一）以上四句，除末句句尾無「也」字外，其餘都重見於〈文行篇〉。

【今譯】 抱朴子答道：「文章彷彿捕魚的『魚筌』——瓠形的篾罟，在沒有捕得魚兒之前，我們可不能沒有這種捕魚的工具；文章製作的事可以廢除，在大道未得充分推行之前，可不能沒有這種製作文章的工具。至於普通的文章和有韻律的詩賦，有的篇幅非常長，有的篇幅卻又十分短；寫作的時候，連綴文辭，比次事類，所用的詞語有時十分疏落，有時又極為細密；所引用的故實，發揮的層次、長短有無，也不完全一樣；文字有無含蓄，汲引故實的深淺多少，每每也不相同。其間的差別是十分相差甚遠的，所想像的事物，雖然遠在天外，可是表現出來的文辭，卻又近在筆下；儘管可以用天外眼前作比喻，可也無法說明它們相距的邈遠啊！篇章高下的懸殊，雖有日月星三種發光體和燐火螢光那般巨細的分別；可也不能比喻它們差距的遠大。龍淵寶劍的銳利和鉛質條片的鈍敝，兩者之間的差別，也無法加以形容；鴻鳥的羽毛和累積的金銀，兩相比較，也很難形容它們輕重的不同。上天給人的秉賦，各有其專長，有的氣質清澈，有的氣質混濁。性格上爽朗、愚暗，也各有差別；品類互不相同；氣性的強勁或柔弱，也各自相殊。可是一般世俗人士只要看到在畫紙上能夠點畫塗抹的人，就把他們一例看成畫人或藝匠。由於人與人間差別很大，真正的判別一件事更不容易，伯牙是精於琴藝的高手，因為重視鍾子期這樣的知音難求，為了永遠思念鍾氏，決意終身不再彈琴；郢人鼻端生有堊慢的病症，因為神乎其技的匠石難於尋求，從此也就不敢找人為他運斧削割。一般說來，雕刻人像的藝匠比肩皆是；可是只有巧匠魯班和名廚狄牙才擁有『頂尖高手』的稱號。精於彈奏琴絃的人非常眾多，可是像堯帝時代音樂家夔、和春秋時代魯國樂官師襄子那樣可以獨享知音稱號的，卻很難發現。馬廄中所飼養的馬匹雖有上千，可是只有騏驥駿馬才有超越群倫的高貴身價。天下的美女可以用萬來計數，可是像晉文公的美姬南威、以及吳王夫差的愛妾西施那般有超凡脫俗容貌的女子，實在也是遠遠超越眾人的啊！而且文章和德行兩相比較，彷彿十尺和一丈，長度完全相等，如果認為文章是德行的餘事，我可從來沒聽說過啊！」

「夫上天之所以垂象㈠，唐、虞之所以為稱㈡，大人虎炳㈢，君子豹蔚㈣，昌、旦定聖謚於一字㈤，仲尼從周之郁㈥，莫非文㈦也。八卦㈧生鷹隼㈨之所被㈩，六甲⑪出靈龜⑫之所負⑬。文之所在，雖賤猶貴⑭⑮，犬羊之鞟⑯，未得比焉。且夫本⑰不必皆珍⑱，末⑲不必悉薄⑳㉑。譬若錦繡㉒之因㉓素地㉔，珠玉之居蚌、石㉕㉖，雲雨㉗生於膚寸㉘，江河㉙始於咫尺㉚㉛。爾㉜則㉝文章雖為德行之弟，未可呼為餘事也。」或曰：「今世所為，多不及古；文章著述，又亦如之。豈氣運㉞衰殺㉟，自然之理乎？」

【今註】 ㈠垂象：謂「垂示天象」。《易經・繫辭傳・上》：「天垂（由上而下叫「垂」，這裏作「展示」解）象（占兆），見（表現）吉凶，聖人象之（對「形態象貌」加以解釋）。」 ㈡唐、虞之所以為稱：謂「唐、虞兩代的所以被人讚美」。唐、虞，指「古唐國的堯帝」和「古虞國的舜帝」。《論語》中讚美唐、虞的文字甚多，舉之如下：〈泰伯篇〉：「子曰：大哉！堯之為君也！巍巍乎！唯天（只有天）為大（是最高大的），唯堯則之（可以和天相齊）。（他對人民的恩惠真是）蕩蕩乎（廣博啊），民無能名（稱讚）焉。巍巍乎（非常崇高啊）其（在事業上）有成功也！煥乎（非常光明啊）其有文章（指「禮樂典章」的「設施」）！」〈泰伯篇〉：「子曰：巍巍乎！舜、禹之有天下也而不與（可是沒有參與）焉！」〈泰伯篇〉：「舜有臣五人而天下治。武王（亦）曰：『予有亂臣（治臣）十人。』孔子（因此）曰：『（常言說得好）才難（人才難得），不其然乎（不是真的嗎）？唐、虞之際（一直到周武王時代），於斯（在人才方面）為盛（最為興盛）。』」 ㈢大人虎炳：大人，稱「在位者」。《左傳》昭公十八年：「而後及其大人。」杜《注》：「大人，在位者。」虎炳，比喻「威武鮮明」。《易經・革卦》九五〈象辭〉：「大人虎變（虎一般地由完全靜止變而為動），其（事理的明著，彷彿虎皮上的）文（理那般）炳（煥曜、鮮明）也。」 ㈣君子豹蔚：君子，稱「在位者」（多指「推行政治的人」）。豹蔚，謂「豹皮紋采深盛」。蔚，音ㄨㄟˋ，謂「紋采深盛」。《易經・革卦・上六・象傳》：「君子豹變（豹一般地變換身段、動作敏捷），其（事理的明著，彷彿豹皮上的）文（理那般）蔚（深切、明顯、神采奕奕）也。」 ㈤昌、旦定聖謚於一字：昌，指周文王姬昌；

旦，指周公姬旦。從以下兩段記載來看，「昌」字當是「尚」字的錯寫。尚誤為昌，是「聲誤」。尚，指太公望姜尚。這項錯誤，有兩點可以證明：一、《逸周書・謚法解》：「維三月既生魄（「既生魄」，指月上弦到月望間的一段時間），周公旦、大師望相嗣王發（做嗣王發的相），既賦憲（天子布治天下的大法），……乃制作謚。」（王應麟《困學記聞》卷二引）二、唐張守節《史記正義・謚法解》：「惟周公旦、太公望開嗣王業，建功于牧野，終將葬，乃制謚，遂敘謚法。」聖謚，謂「君王死後的謚號」。按謚法始於周代，到了秦代一度廢止，漢朝恢復舊制，以後歷代採用，到清代一直都沒有廢除。《容齋續筆・謚法》說：「周王謚以一字。至（周）威烈、周（貞定）益以兩。而衛武公曰叡聖武公，見于《楚語》；孔文子曰，貞惠文子，見于〈檀弓〉；各三字。……唐……由高祖至明皇，皆七字。其後多少不齊，代宗以四字，肅（宗）、順（宗）、憲（宗）以九字，餘以五字，唯宣宗獨十八字。……」㊅仲尼從周之郁：謂「孔子監於周代的禮儀制度是根據夏、商兩代變出來的，認為十分光彩，所以主張實行周代的制度。」《論語・八佾篇》：「子曰：周監於二代，郁郁乎文哉！吾從周。」（孔子說：「周代的禮儀制度是視察了夏、商二代然後制定出來的，既豐富又美好！在禮儀制度方面我主張周朝的。」）《論語集解》：「孔曰：監，視也，言周文章（指禮儀制度）備於二代（比夏、商二代完備），當從之。」郁，音ㄩˋ，借為「戫」，謂典章制度的「明著（光彩）」。㊆文：謂「文章」。一般包括「紋理」、「文辭」、「文化」、「典章制度」。和本文前面所說的「文」，以及「細文」、「綴文」、「文章」等的「文」，指狹義的「文」（「文章」或「文辭」）不同。參看本段「譯文」。㊇八卦：指《周易》中的八種符號，相傳為伏羲氏所作。㊈鷹隼：謂「鷹」和「隼」（音ㄓㄨㄣˇ，就是「鷙鳥」，鷹類的猛禽）。㊉被：同「披」，當「披覆」解。⑪六甲：謂「隱遁自身的一種方術」。晉葛洪《神仙傳》：「左慈，……乃學道，尤明六甲，能役使鬼神。」 ⑫靈龜：謂「神龜」。《爾雅・釋魚》：「一曰神龜，二曰靈龜。」晉郭璞《注》：「涪陵郡出大龜，甲可以卜，緣中（沿甲片的中線）文似瑇瑁（玳瑁），俗呼為靈龜。」 ⑬以上兩句，〈文行篇〉作「八卦生乎鷹隼之飛，六甲出於靈龜之負」，文義相似。 ⑭文之所在，雖賤猶貴：文，包括「文章」、「紋理」、「文辭」、「文化」與「典章制度」。「所在」，指「所作的表現」或「所形成的效果」。賤，是說「和『德行』（文章所要談論或表現的「主題」）比較起來，雖然不怎麼重要」。貴，是說「寫作的成功與否，『文』常佔有極重要的地位」。 ⑮以上兩句，〈文行篇〉作「文之所在，雖賤且貴」，文義相似。 ⑯犬羊之鞟：謂「犬羊的皮毛」。鞟，音ㄍㄨㄛˊ，指「完完整整剝下來晾乾的帶毛的皮革」。《論語・顏淵篇》：「虎豹之鞟，猶犬羊之鞟。」（虎豹的皮毛如果沒有斑紋，那就和犬羊的皮毛完全一樣）。 ⑰本：指「德行」（前文有「德行者本也」句）。 ⑱珍：謂「珍視（看重）」。 ⑲末：指「文章」（前文有「文章者末也」句）。 ⑳薄：謂「賤視（看輕）」。 ㉑以上兩句，〈文行篇〉作「本不必便疏，末不必皆薄」，文義相似。 ㉒錦繡：謂「織錦」和「刺繡」，都是精緻華麗的服飾材料。 ㉓因：謂「依」、「賴」。 ㉔素地：謂「素色的底絲或底線」。 ㉕蜯、石：蜯，音ㄅㄤˋ，與「蚌」同。《集韻》上聲三〈講〉韻：「蚌，或作蜯。」蜯、石，即「蚌、石」，謂「珠所寄生的蚌殼，玉所生存的岩石」。 ㉖以上兩句，〈文行篇〉作「譬錦繡之因素地，珠玉之託蜯、石」，文義相似。 ㉗雲雨：和下句的「江河」相似，在這裏用來比喻「創作的文章」。 ㉘膚寸：指「有限的長度」，在這裏比喻文章的每一句、每一個辭藻。古以一指寬為「寸」，四指寬為「膚」。 ㉙江河：和上句的「雲雨」相似，在這裏用來比喻「創作的文章」。 ㉚

咫尺：謂「距離很近」，在這裏比喻文章中每一句、每一個辭藻。《左傳》僖公九年：「天威（天上的威嚴）不違顏咫尺（不離開咫尺之間顏面上所作的表現）。」杜《注》：「八寸曰咫。」　㉛以上兩句，都重見於〈文行篇〉。㉜爾：和「如此」相似。㉝則：和「故」（所以）相似。㉞氣運：謂「隨自然推移的氣數和命運」。㉟衰殺：謂「老病」。《莊子．知北遊篇》：「彼（指「道」）為（雖然寄託在）衰殺（之中，但它並）非（就是）衰殺。」唐成玄英《疏》：「老病為衰殺。」

【今譯】「上天為了表現吉凶，常常向人世間垂示種種『天象』，作為一種『占兆』；要知道，這種占兆所根據的『天象』，實在就是自然界所洩露的『文理』。唐、虞兩代所以被人稱美，是因為他們兩位聖君在『禮樂典章』上的設施非常成功，都有很高的成就；要知道，所謂『禮樂典章』，屬於『文化』範圍，所謂『文化』，也就是一般所說的『文章』。在位者的威儀，十分英挺神武，讓人看起來彷彿虎皮的彩色紋理一般鮮明；執行政治的人，十分精靈敏捷，所表現出來的丰采，有如豹紋那般深切明顯。這裏所謂『大人』的『虎炳』，所謂『君子』的『豹蔚』，指的都是皮毛所顯現出來的『文理』。姜尚和姬旦兩位賢臣，開始選擇一個字去褒揚崩殂的天子，給先君加上謚號，這實在是運用文字對死者所作的最崇高的表揚、或最恰切的讚美與同情。孔子鑒於周代的禮儀制度是根據夏、商兩代的制度所改變出來的，認為十分豐富光彩。所以『仲尼從周之郁』，就是：主張實行周代的典章制度。要知道，『典章制度』，屬於『文化』的範圍，也可以稱它叫『文章』。上面所說的這許多事，或者許多種類的人，沒一件、沒一位不和『文章』、或『文化』的『文』有關啊！八卦形象的創制，產生於鷹和隼所披覆的羽毛上的紋理；隱身遁形的六甲方術，出生於神龜所背負的甲片上的花紋。在立言的過程中，文辭的表現和所要表現的『德行』兩相比較起來，雖然不算怎麼重要，但一般來說，仍然值得我們加以重視，那些缺少紋理的犬羊皮毛，是難得和一般所謂的『文』相提並論的。說到『德行』，它雖然是文章的根本，但每篇文章所談論到的不必字字全加珍視；『文辭』在創作的過程中，雖然是不怎麼重要的部分，但也不能完全輕視，不加斟酌。彷彿錦繡必須依賴素色的底絲底線，才能發揮它的精緻華麗來；珍珠寶玉不寄生在平常的蚌殼或崖石中，不能表現它的珍貴一樣；雲和雨的大小、久暫、或濃淡，決定於發生雲雨的每一寸山林或每一處巖穴；江河水流的長短、寬狹、和急徐，常常決定於各處河源的許許多多咫尺之間。文章篇幅的長短、情感的濃淡等等，也決定所用的每一個文句、每一個辭藻。如此說來，由於這許多事實，文辭雖然只是『德行』的附屬品，但我們卻不能說它完全不重要。」或者有人說：「現代人的成就，往往比不上古人那麼多；文章著述，情形也是如此。難道說：這是氣數和命運的安排，天地間果真有逐步走上衰殺的必然天理嗎？」

抱朴子答曰：「百家之言，雖有步起㈠，皆出碩儒㈡之思，成才士之手，方之古人，不必悉減也。或有汪濊㈢玄曠㈣，合契㈤作者；內闢㈥不測㈦之深源，外播㈧不匱㈨之遠流。其所祖宗㈩也高，其所紬繹⑪也妙。變化不繫滯⑫於規矩之方圓⑬，旁通⑭不凝閡⑮於一塗之逼促⑯。是以偏嗜酸鹹者，莫能知其味；用思有限者，不能得其神也。」

【今註】 ㈠步起：和「起步」相似，喻「思想的發源」；又有「步趨」的意思，作「追隨的目標」講。　㈡碩儒：謂「偉大的學問家、或思想家」。　㈢汪濊：謂「寬廣深邃」。《漢書》卷五十七下〈司馬相如傳・下〉：「湛思（謂「深大的恩惠」）汪濊。」唐顏師古《注》：「汪濊，深廣。」㊃玄曠：謂「深邃而又廣闊」。曠，當「大」講。《文選》卷二十四陸機〈贈馮文羆遷斥丘令詩〉：「邁心（謂「所行心事」）玄曠，矯志（謂「立志」）崇邈（謂「高遠」）。」㊄合契：和「契合」相似，謂「相互契合」。《後漢書》卷五十九〈張衡列傳〉：「驗之以事，合契若神。」㊅內闢：謂「運用思想，向內心深處盡量開發」。闢，當「開發」講。㊆不測：謂「不可測度」。《易經・繫辭傳・上》：「陰陽不測之謂神。」㊇外播：謂「利用語言文字，充分向外擴散」。播，當「擴散」講。㊈不匱：謂「不竭」。《禮記・祭義篇》：「大孝不匱。」㊉祖宗：謂「效法、尊敬」。本謂「源始」、「尊敬」，這裏當「仿效」、「尊敬」講。⑪紬繹：音ㄔㄡ 一ˋ，謂「理出頭緒來」，這裏當「發揮」講。《二程全書》卷四十二〈伊川先生語錄・卷十〉：「吾四十歲以前讀誦，五十以前研究其義，六十以前反覆紬繹，六十以後著書。」⑫繫滯：謂「拴縛、拘泥」。⑬規矩之方圓：「很難用規和矩來範圍它的方和圓」。⑭旁通：謂「觸類旁通」。⑮凝閡：謂「凝結、滯留」。⑯一塗之逼促：謂「強迫人走同一途徑」。一塗，和「一途」相同，謂「唯一的方法」；逼促，謂「強迫」。

【今譯】抱朴子回答道：「諸子百家的言論，雖然各有它的活水源頭，或追隨的目標，但一般說來，都出於偉大學人的手筆，都是思想家的心血，因而所寫成的著作，和古人比較起來，不一定完全都比不上！在這許多百家的言辭中，有些是內容既寬廣又深邃，和作者本身的思想，完全相契合。他們一方面運用思想，向內心深處不斷地運思，盡量地開發；一方面利用語文，像水流一樣，充分地向外傳播，向遠擴散。他們所崇尚的目標、所效法的對象，都非常崇高；他們所推演的理論、發揮的見解，都十分美妙。文辭富於變化，難於捉摸，不能使用任何規矩來範圍它的方圓；內涵觸類旁通，不能強迫他人行走於同一途徑，也就難於獲得一致的結論。因為這個緣故，在文辭方面有特別偏好的人，不能懂得百家學說中的真正滋味；在內涵方面，不能長考深思的人，也難於發現諸子中所蘊含的神妙思想。」

「夫應龍㊀徐舉㊁，顧眄㊂凌雲㊃；汗血㊄緩步，呼吸㊅千里㊆。而螻螘㊇怪其無階而高致㊈，駑蹇㊉患其過己之不漸⑪也⑫。」

【今註】 ㊀應龍：一種「有翼的龍」。《楚辭‧天問》：「應龍何畫（如何用尾巴畫地），河海（河川海洋，流域廣闊）何歷（如何「經歷」其間）。」王逸《注》：「有鱗曰蛟龍，有翼曰應龍。」㊁徐舉：謂「徐徐舉起頭來在天空中遊行」。舉，當「揚」講。㊂顧眄：「顧」，本作「還視」解；「眄」，本作「斜視」解；在這裏有「驚視」的意思。《文選》卷十一王延壽〈魯靈光殿賦〉：「俯仰顧眄，東西周章。」李周翰《注》：「顧眄、周章，言『驚視』也。」㊃凌雲：和「凌霄」相同，謂「乘駕雲朵」。㊄汗血：西漢時代西域大宛國所產的「駿馬」名。《漢書》卷六〈武帝紀〉：「（太初）四年春，貳師將軍（李）廣利斬大宛王首，獲汗血馬來，作〈西極天馬之歌〉。」㊅呼吸：本指「波潮的進退」，在這裏用來比喻「時間的短促」。《文選》卷十二郭璞〈江賦〉：「（江瀆）呼吸萬里，吐納靈潮。」呂向《注》：「呼吸、吐納，謂『作潮波而納群流，須臾萬里，自然往復』。」㊆以上四句，〈文行篇〉作「又曰：應龍徐舉，顧眄而凌雲；汗血緩步，呼吸而千里」，文義相似。㊇螻螘：音ㄌㄡˊ ㄧˇ，俗作「螻蟻」，謂「螻蛄和蚍蜉」。螻蛄（音ㄍㄨ），俗稱

「土狗」，是一種直翅類的昆蟲，有足三對，適宜於掘土，常常棲息於泥土之中，到了夜晚就出來活動，喜歡撲向燈火。蚍蜉，是大螞蟻的一種。㈨高致：謂「最高的極致」——（飛到）極高處。致，當「極」講。㈩駑蹇：比喻「庸劣」。駑，音ㄋㄨˊ，謂「劣等的馬」。蹇，音ㄐㄧㄢˇ，謂「跛足」。《漢書》卷一百上〈敘傳・上〉「是故駑蹇之乘（馬匹），不騁（不能馳騁）千里之塗（途）。」㈠漸：謂「行進徐緩」。㈡以上兩句，〈文行篇〉作「故螻螘怪其無階而高致，駑蹇驚過己之不漸也」，文義相似。

【今譯】「要知道有翼的應龍慢慢抬起頭來，就可以騰雲駕霧，左顧右盼，在天空中到處遊行；西域的汗血名馬展開緩緩的步伐，一呼一吸之間，就能夠馳騁千里。可是螻蛄和蚍蜉，卻不免要怨恨沒有階梯的設備，讓它能夠像應龍一樣，登上天空的極高處，然後可以遨遊四方；跛腳的劣馬，煩惱的只是血汗名駒，天賦超過自己，跑起路來不像它們那般行動遲緩。」

「若夫馳驟㈠於《詩》、《論》㈡之中，周旋㈢於傳記㈣之間，而以常情㈤覽㈥巨異㈦，以褊量㈧測㈨無涯㈩，以至粗求至精，以甚淺揣㈠甚深，雖始自髫齔㈡，訖于振素㈢，猶不得也㈣。」

【今註】㈠馳驟：和下句的「周旋」相應，意思也相仿。謂「乘馬疾馳」，比喻「研究」《詩》《論》。《後漢書》卷七十三〈公孫瓚傳〉：「汝當碎首於張燕（當時黑山賊帥），馳驟以告急。」驟，音ㄗㄡˋ，謂「馬急步」。㈡《詩》、《論》：音ㄕ ㄌㄨㄣˊ，和下句的「傳記」相應。謂

「《詩》（詩經）」和「《論》（論語）」。用《詩》、《論》兩經來代替當時通行的《七經》（依《後漢書》卷三十五〈張純傳〉「《七經》」）李賢《注》：「《七經》謂《詩》、《書》、《禮》、《樂》、《易》、《春秋》及《論語》也。」或依清人皮錫瑞《經學歷史》：《樂經》亡佚，於《六經》減《樂經》，增《論語》《孝經》，合稱《七經》）。㊂周旋：謂「運轉」、「追逐」、「交往」、「應酬」、「打交道」。和上句的「馳驟」相應，意思也相仿。㊃傳記：指「《詩》《論》」以外所有賢人的著述。《論衡・量知篇》：「大者為經，小者為傳記。」㊄常情：謂「通常的人情」、或「人情的通常現象」。《莊子・人間世篇》：「傳其常情，無傳其溢言（溢美之言）。」㊅覽：當「觀看」講，這裏有「觀測」的意思。㊆巨異：指「巨大」或「奇特」的問題。㊇褊量：謂「狹小的氣量」。褊，音ㄅㄧㄢˇ，「狹小」的意思。㊈測：謂「測量」、或「測度」。㊉無涯：謂「無邊際」。⑪揣：謂「忖度」、「探求」。⑫髫齔：音ㄊㄧㄠˊ ㄔㄣˋ，謂「幼童」。《後漢書》卷八十下〈文苑列傳・邊讓傳〉：「髫齔夙（早）孤。」唐李賢《注》：「髫，翦髮為鬌（音ㄉㄨㄛˇ，三月為嬰兒剪髮，留下不剪的叫做鬌）也。齔，毀齒（毀洗乳齒，換生新齒）也。」⑬振素：謂「生化白髮」，有「老年」或「白頭」的意思。振，當「開」、「發」講。素，謂「白色生絹」，這裏也指「白髮」。⑭以上九句，〈文行篇〉作「若夫馳驟《詩》、《論》之中，周旋一經之內，以常情覽巨異，以褊量測無涯，始自髫齔，詣于振素，不能得也。」：兩相比較，雖少「以至粗求至精，以甚淺揣甚深」兩句，文義仍甚相似。

【今譯】 「至於在諸多經書之中追逐推究，往來鑽研；或者對經書以外賢人所著述的傳記反覆周旋（專攻），酬對交接；如果不具備獨立的眼光和客觀的標準，卻只用一種世俗的常情去觀測許多巨大奇特的問題；用非常粗疏的態度去處理十分精細的疑點；用非常膚淺的方法去瞭解深邃的情況；即使從幼童時代一直研求到垂暮之年，也難發現事實的真相。」

「夫賞其快㈠者，必譽之以好；而不得曉者，必毀㈡之以惡，自然之理也。於是以其所不解者為虛誕㈢，慺誠㈣以為爾㈤，未必違情以㈥傷物㈦也。又世俗率㈧神貴㈨古昔而黷賤㈩同時；雖有追風⑪之駿，猶謂之不及造父⑫之所御也⑬；雖有連城之珍⑭，猶謂之不及楚人之所泣⑮也⑯；雖有擬斷⑰之劍，猶謂之不及歐冶⑱之所鑄⑲也⑳；雖有起死㉑之藥，猶謂之不及和㉒、鵲㉓之所合㉔也㉕；雖有超群㉖之人，猶謂之不及竹帛㉗之所載也㉘；雖有益世之書，猶謂之不及前代之遺文㉙也。是以仲尼不見重於當時㉚，《大玄》見蚩薄於比肩㉛也。俗士多云：今山不及古山之高，今海不及古海之廣，今日不及古日之熱，今月不及古月之朗㉜。何肯㉝許㉞今之才士，不減古之枯骨㉟？重所聞，輕所見，非一世之所患㊱矣。昔之破琴剿弦㊲者，諒㊳有以㊴而然乎？」

【今註】 ㈠快：謂「稱心」、「滿意」。　㈡毀：「毀謗」的意思。　㈢虛誕：謂「虛偽妄誕」。王羲之〈蘭亭集序〉：「固知一死生（把死生看成一樣）為虛誕，齊（看得完全相等）彭（彭祖，古代長壽的人）殤（未成年而夭折）為妄作（胡言亂語）。」　㈣慺誠：謂「謹慎恭敬的樣子」。慺，音ㄌㄡˊ，明魯藩刊本原注：「敬也。」誠，亦有「敬」的意思。　㈤爾：和「也」相似。　㈥以：和「而」字相似。　㈦物：謂「事物」，在這裏指「作品」。　㈧率：有「皆」、或「大都」的意思。⑨神貴：謂「認為神奇」、「加以重視」。⑩黷賤：謂「看輕」或「賤視」。⑪追風：良馬名。《古今注》：「秦始皇有名馬，曰追風。」《抱朴子．外篇．君道篇》：「市（買進）馬骨（千里馬的頭骨）以招追風之駿（像『追風一般的名馬』）。」（燕昭王「市馬骨」的故事，參見《戰國策．燕策．一》。）⑫造父：人名，善御，很得周穆王的寵幸。穆王使造父御車，西向巡狩，樂而忘歸。時徐偃王謀反，王於是乘坐了千里馬的兵車，趕去攻擊徐偃王，打敗之後，把趙城賞賜給造父，從此造父改稱趙氏。因而造父就成為趙國的先祖。事蹟詳見《史記》卷四十三〈趙世家〉。⑬以上四句，〈文行篇〉作「又世俗率貴古昔而賤當今，敬所聞而黷所見：同時雖有追風絕景之駿，猶謂不及伯樂之所御也」，文義相似。⑭連城之珍：和「十數座城市價值相當」的珍寶。指的是秦昭王想用十五座城池向趙惠文王交換楚國和氏璧玉。《史記》卷八十一〈廉頗藺相如列傳〉：「趙惠文王時，得楚和氏璧。秦昭王聞之，使人遺趙王書（給趙王寫信），願以十五城請易（交換）璧。」連城，謂「並列十數座城市」。⑮楚人之所泣：指楚人卞和所呈獻的玉璞（因為楚王認定那塊玉璞只是普通的石塊，在楚山下大哭不止）。《韓非子．和氏篇》：「楚人和氏得玉璞楚山中，奉而獻之厲王。厲王使玉人相之，玉人曰：『石也。』王以和為誑，而刖（音ㄩㄝˋ，斷也）其左足。及厲王薨，武王即位，和又奉其璞而獻之武王，武王使玉人相之，又曰：『石也』，王又以和為誑，而刖其右足。武王薨，文王即位，和乃抱其璞而哭於楚山之下，三日三夜，泣盡而繼之以血。王聞之，使人問其故，曰：『天下之刖者多矣，子奚哭之悲也？』和曰：『吾非悲刖也，悲夫寶玉而題之以石，貞士而名之以誑，此吾所以悲也。』王乃使玉人理其璞而得寶焉，遂命曰：『和氏之璧』。」⑯以上兩句，〈文行篇〉作「雖有宵朗兼城之璞，猶謂不及楚和之所泣也」，文義相似。⑰擬斷：謂「所向皆斷」。

擬，音ㄋㄧˇ，有「向」的意思。 ⑱歐冶：又作「區（音ㄡ）冶」。春秋時代有名的冶工。曾接受越王的聘請，鑄造了湛盧、巨闕、勝邪、魚腸、純鉤五支劍；後來又和干將替楚王鑄造了龍淵、泰阿、工布三支劍。事蹟詳見《吳越春秋・闔閭內傳》、《越絕書》卷十一〈記寶劍〉、及《韓非子・顯學篇》。 ⑲鑄：音ㄓㄨˋ，謂「鑄造」。 ⑳以上兩句，〈文行篇〉作「雖有斷馬指雕之劍，猶謂不及歐冶之所鑄也」，文義相似。 ㉑起死：謂「令死者復起為生人」，也就是俗云「起死回生」，在這裏比喻「醫術的高妙」。 ㉒和：指春秋時代秦國的良醫醫和。相傳晉平公生了病，到秦國去求醫，秦景公使醫和前往診視，說道：「疾不可為也，是為近女室，疾如蠱。」趙孟說：「何為蠱？」答道：「淫溺（過分陷溺）惑亂（迷惑不正的生活）之所生也。」趙孟說：「良醫也。」厚禮而歸之。事蹟詳見《左傳》昭公元年。 ㉓鵲：指戰國時代鄭國的名醫扁鵲。姓秦，名越人，得到長桑君傳授的秘術，治病時，以診脈為名，事實上卻能把病人的五臟內的癥結看得一清二楚。因為精於醫術而享名天下。家居於盧（今山東長清縣），一般都稱他叫盧醫或盧扁。後來，秦國的太醫令李醯由於嫉妒殺害了他。事蹟詳見《史記》卷一百零五〈扁鵲列傳〉。 ㉔合：音ㄍㄜˋ，謂「集合」，有「合（音ㄍㄜˋ）製」（照藥方調製）的意思。 ㉕以上兩句，〈文行篇〉作「雖有生枯起朽之藥，猶謂不及和、鵲之所合也」，文義相似。 ㉖超群：猶言「出眾」。《淮南子・繆稱篇》：「同師而超群者，必其（彼）樂之（喜愛）者也。」 ㉗竹帛：謂古代用來記載文字的「簡冊和縑素」，引申為「史籍」的代稱。《史記》卷十〈孝文本紀〉：「然后（後）祖宗之功德，著（ㄓㄨˋ，記載）於竹帛，施（散布）于萬世。」 ㉘以上兩句，〈文行篇〉作「雖有冠群獨行之士，猶謂不及於古人也」，文義相似。 ㉙遺文：謂「遺留下來的文章」。 ㉚仲尼不見重於當時：謂「孔子奔走四方而不為諸侯所看重」。

《論衡・自紀篇》：「材鴻莫過孔子，孔子才不容（不容於社會）、斥逐（受排斥而遭放逐）、伐樹（《史記》卷四十七〈孔子世家〉：孔子去曹適宋，與弟子習禮大樹下。宋司馬桓魋欲殺孔子，拔其樹。孔子去。）、滰淅（音ㄐㄧㄤˇ ㄒㄧˋ，等不及把米淘清、漉乾就走的意思。滰，作漉乾講。淅，淘米。指《孟子・萬章篇・下》「孔子之去齊，接（滰）淅而行」的事）、見圍（被包圍的意思，或指孔子在匡被圍困，遭囚禁的事，事見《論語・先進篇》）、削迹（猶「匿跡」，謂「隱藏起來，讓人尋不著蹤跡」的意思。事見於《莊子・漁父篇》：「孔子愀然（憂愁貌）而歎，再拜而起曰：丘再逐於魯，削迹於衛。」）、困餓陳蔡、門徒菜色（最後兩件，見於《史記》卷四十七〈孔子世家〉，記述孔子在陳、蔡間絕糧，門徒一個個都面帶菜色——飢餓的面容。另外，在《論語・先進篇》和〈衛靈公篇〉中，孔子也都曾提到了這段經歷）。今吾材不逮孔子，不偶之厄（奇特的遭逢），未與之等，偏可輕乎？」

㉛《大玄》見蚩薄於比肩：謂「漢儒揚雄著《太玄經》，雖然那是匹敵聖賢的著述，可是當代的張伯松卻以為不值一顧，不屑和他並肩同行」；劉歆復又譏諷道：這部書只可「用來覆蓋醬罐」。羞於並肩而行的事，見於《論衡・齊世篇》：「揚子雲（揚雄）作《太玄》，造《法言》，張伯松不肯壹觀，與之並肩，故賤其言。」時人對《太玄》《法言》兩書蚩薄的情形，見於《漢書》卷八十七下〈揚雄傳・下〉：「鉅鹿侯芭常從雄居，受其《太玄》、《法言》焉。劉歆亦嘗觀之，謂雄曰：『空（徒然）自苦！今學者有祿利（有升官發財的念頭），然尚不能明《易》（明白《易經》的道理），又如《玄》何（又怎能了解《太玄經》呢）？吾恐後人用覆醬瓿（音ㄆㄡˇ，小口瓦罐）也。』」「大」讀為「太」。蚩，音ㄔ，謂「嘲笑」。薄，有「看輕」、「瞧不起」的意思。比肩，謂「並肩而行」。㉜朗：謂「明」。㉝何肯：作「怎願意」講。㉞許：「讚美」、「稱揚」。㉟枯骨：謂「久死者的骨

骼」。《漢書》卷九十〈酷吏・尹賞傳〉：「生時諒（信，果真）不謹（小心仔細），枯骨後何葬？」《後漢書》卷十六〈寇恂傳〉：「昔文王葬枯骨。」㊱患：謂「病痛」、「禍害」。㊲破琴剿弦者：指鍾子期死後，伯牙因善於聽琴者不可復得，知音者難於再求，於是破琴絶弦，終身不復鼓琴。《呂氏春秋・本味篇》：「鍾子期死，伯牙破琴絶弦，終身不復鼓琴，以為世無足復為鼓琴者。」破琴，謂「毀琴」。剿，音ㄐㄧㄠˇ，「絶」（斷）的意思。㊳諒：揣度的詞，有「想必」、「料可」的意思。㊴有以：謂「有原因」、「有理由」。李白〈春夜宴桃李園序〉：「古人秉燭（手持燭火）夜遊，良有以也（實在是有道理的）。」

【今譯】　「如果這些著作，能夠深獲我心，自覺稱心滿意，必定加以讚美，以為那是極為美好的篇章；如果遇上不能瞭解的，必定對它們加以毀謗，認為那是醜惡的作品；這種現象，可說是自然的道理。於是把自己所不瞭解的作品，都看得十分虛偽妄誕。要曉得：只要我們能謹慎恭敬地去對著作加以判別，未必就會違背事物的真情，事理的實象，而對作品的本身有所傷害。還有世人大都貴重往古而賤視今世。因為這個緣故，我們雖然發現了追風一般的名駒，可是一般世人卻還要說牠不如周代善御者造父所驅策的駿馬；雖然獲得了價值連城的寶物，卻仍然認為它趕不上卞和所獻、因楚王不相信而一再哭泣的稀世珍寶；雖然有所向皆斷的寶劍，卻仍然說它趕不上越國良匠歐冶所鑄造的劍；雖然發現了起死回生的靈丹，卻仍然說它趕不上秦國的名醫醫和、鄭國的名醫扁鵲所合製的藥劑那般靈驗有效；雖然出現了不世出的人才，卻仍然說它趕不上古代史書上所記載那些人物；雖然出現了救人救世的著作，卻仍然說它趕不上往昔遺留下來的文書。眾見所趨既然如此，因而聖德如仲尼這樣的人，也不免要棲棲遑遑、奔走西方，結果卻不為諸侯所重視。漢儒揚雄著《太玄經》，雖然是匹敵聖賢的著作，然而當時的張伯松卻以為不值得一顧，竟然不屑和他併肩同行；劉歆看到他的《太玄》《法言》這兩部著作，又譏諷它：一無用處，只可用來覆蓋醬罐。當世的俗見大都說：今世的山岳不如往昔的山岳那般高大；今世的海洋不及古代的海洋那般廣闊；今世的太陽不比上古的太陽那般燠熱；今世的月色也難以匹敵上古的月亮那般明朗。執此成見的人，怎願意對當今的才士加以衷心讚許，進而稱揚他們的才情並不輸於往古的枯骨呢？如此重視兩耳所聆聽到的傳聞，把往古的人和事看得比什麼都美好，卻輕視兩眼所親見，把當時所呈現景象看得一文不值；這種趨向難道不算是人世間的一項禍害嗎？古春秋時代精通琴藝的伯牙，因為重視真正能夠欣賞琴藝的人實在難以尋求，等到擅長聽琴的鍾子期一死，他也只好毀琴斷弦，從此不再彈奏。從這件事，我們不難了解：促使他如此做，實在不是沒有充足的緣由啊！」

漢過篇第三十三

【篇旨】　本篇論述東漢末年政治上的過失，揭露了各種社會弊病。作者指出：「歷覽前載，逮乎近代，道微俗弊，莫劇漢末也。當塗端右，閹官之徒，操弄神器，秉國之鈞，廢正興邪，殘仁害義，蹲踏背憎，即聾從昧，同惡成群，汲引姦黨，呑財多藏，不知紀極。……進官，則非多財者不達也；獄訟，則非厚貨者不直也。官高勢重，力足拔才，而不能發毫釐之片言，進益時之翹俊也。」如此等等，不一而足。究其原因，在於「失人故也」。

抱朴子曰：「歷覽前載㊀，逮㊁乎近代，道微俗弊，莫劇漢末㊂也。當塗㊃端右，閹官之徒，操弄神器㊄，秉國之鈞㊅，廢正興邪，殘仁害義，蹲踏背憎，即聾從昧，同惡成群，汲引姦黨，呑財多藏，不知紀極。而不能散錙銖㊆之薄物，施振清廉之窮儉焉。進官，則非多財者不達也；獄訟，則非厚貨者不直也。官高勢重，力足拔才，而不能發毫釐之片言，進益時之翹俊㊇也。其所用也，不越於妻妾之戚屬；其惠澤也，不出乎近習之庸瑣。」

【今註】 ㊀前載：以往的史籍記載。 ㊁逮：及。 ㊂漢末：指東漢末年。 ㊃當塗：猶言當道、當權。《韓非子・人主篇》：「其當途之臣，得勢擅事，以環其私。」又〈孤憤篇〉：「當塗之人擅事要，則內外為之用矣。」閹官，宦官。 ㊄神器：指帝位、政權。老子《道德經・第二十九章》：「將欲取天下而為之，吾見其不得已。天下神器，不可為也。」《文選》卷三張衡〈東京賦〉：「巨猾閒舋，竊弄神器。」 ㊅國之鈞：指國家大權。 ㊆錙銖：喻極細小。古代幣制六銖為一錙，四錙為一兩。 ㊇翹俊：出類拔萃的人。

【今譯】 抱朴子說：「歷觀以往的史籍記載，直到近代，道德衰微和風俗凋弊的情形，沒有比東漢末年更嚴重的。當權的大官及宦官之類，操縱國家朝政，掌握國家大權，廢棄正義，助長邪惡，殘害仁義，躑踏背憎，盲目跟從，成群同惡，勾結奸黨，貪藏財富，不知道極限，而不肯分散一點財物給別人，不肯救濟清廉窮儉之士。進封官爵，如果不是家財多的人，就不可能得到；審理獄訟，如果不是進行厚禮賄賂的人，就不可能得到伸張。他們官高勢重，足以選拔人才，而不能發出絲毫的建言，提拔有益於時的傑出人才。他們所用的，不超過妻妾的親戚；他們恩惠所澤，不出親近的庸劣小人。」

「莫戒臧文竊位之譏㊀，靡追解狐忘私之義㊁。分祿㊂以擬王林，致事以由方回㊃。故列子比屋，而門無鄭陽之恤㊄；高概成群，而不遭暴生之薦㊅。抑挫獨立，推進附己。此樊姬所以掩口㊆，馮唐所以永慨㊇也。于時㊈率皆素飡㊉偷容，掩德蔽賢，忌有功而危之，疾清白而排之，諱忠讜而陷之，惡特立而擯㊀之。柔媚者受崇飾之祐，方稜㊂者蒙訕

㊂棄之患。養豺狼而殲騶虞㊃，殖枳棘而翦椒桂。」

【今註】　㊀臧文竊位之譏：臧文，即臧文仲，春秋時魯國執政，歷仕魯莊公、閔公、僖公、文公四君。，其執政時未能舉薦賢者柳下惠，遭到孔子批評道：「臧文仲其竊位者與？知柳下惠之賢，而不與立也。」見《論語・衛靈公篇》　㊁解狐忘私之義：解狐，春秋時代人。傳說他曾薦舉自己的仇人為相，事見《韓非子・外儲說左上》、《韓詩外傳・九》，兩書所言不同，蓋傳聞之異。　㊂祿：俸祿。　㊃致事以由方回：楊明照《抱朴子外篇校箋・下》：「事」，《藏》本、魯藩本、舊寫本作「士」。按此文上下皆言薦賢事，作「士」是也。〈詰鮑篇〉「方回扣頭以致士」，尤為切證。　㊄列子比屋，而門無鄭陽之恤：列子，即列禦寇。鄭陽，即鄭相子陽。據載列子窮困，容貌有飢色，鄭相子陽聽說以後，即遣人送去糧食。見《莊子・讓王篇》。　㊅高概成群，而不遭暴生之薦：高概，指氣概高尚的人。暴生，指暴勝之，西漢大臣。字公子，河東（今山西省夏縣東北）人。《漢書》卷七十一〈雋疏于薛平彭傳〉：「雋不疑字曼倩，勃海人也。治《春秋》，為郡文學，進退必以禮，名聞州郡。武帝末，郡國盜賊羣起，暴勝之為直指使者，衣繡衣，持斧，逐捕盜賊，督課郡國，東至海，以軍與誅不從命者，威振州郡。勝之素聞不疑賢，至勃海，遣吏請與相見。…勝之遂表薦不疑，徵詣公車，拜為青州刺史。」故勝之有知人之譽。　㊆樊姬所以掩口：樊姬，春秋楚莊王夫人。楚莊王聽朝罷宴，樊姬下堂而迎之，問王何以無飢倦之容。王答以與賢者虞丘子語，姬掩口而笑。王問之，姬對曰：「虞丘子相楚十餘年，未聞進賢退不肖，是蔽君而塞賢路。於是虞丘子乃迎孫叔敖而進之，王以為令尹，三年而霸。見《列女傳・楚莊樊姬》。　㊇馮唐所以永慨：馮唐，西漢安陵（今陝西咸陽東北）

人。文帝時，為中郎署長，年已老。曾在文帝面前為雲中守魏尚辯解，指出用人賞罰之失。㊈于時：求合於當時。㊉素飡：無功而食祿，不勞而坐食。⑪擯：除。⑫方稜：正直。⑬訕：毀謗的話。⑭驎虞：驎，騏驎，良馬名。虞，駿馬名。

【今譯】「没有人以臧文仲所受竊位的譏諷為戒，也没有人追隨解狐忘卻私仇、薦舉人才的道義。像王林那樣分發厚祿，像方回那樣叩頭薦舉賢士。所以列禦寇那樣的高士比比皆是，卻没有鄭相子陽那樣的人入門慰問救濟。高尚氣概的人成群，卻没有遇到暴勝之那樣的人來推薦。抑挫獨立不阿的人士，推進依附和自己的小人，這是樊姬所以掩口不言的情況，也就是馮唐所永遠感慨的事。求合於當時的人，大抵都是不勞而食祿，苟且容納，掩蔽賢德之士，妒嫉有功的人並且危害他，憎恨清白之人並且排斥他，忌諱忠烈正直的人並且陷害他，厭惡傑出不凡的人並且打擊他。柔媚拍馬的人得到崇飾之祐，正直不屈的人反而蒙受訕謗之禍患。豢養豺狼而殲滅良馬，種植枳棘而剪除椒桂。」

「於是傲兀不檢，丸轉萍流者，謂之弘偉大量；苛碎峭嶮㊀，懷螌㊁挾毒者，謂之公方正直；令色㊂警慧，有貌無心者，謂之機神朗徹㊃；利口小辯，希指巧言者，謂之標領清妍㊄；猝突萍鷙㊅，驕矜輕侻者，謂之巍峩瑰傑；嗜酒好色，闒茸㊆無疑者，謂之率任不矯；求取不廉、好奪無足者，謂之淹曠遠節；蓬髮褻服、遊集非類者，謂之通美汎愛；反經詭聖、順非而博者，謂之莊、老之客；嘲弄嗤妍㊇、淩尚侮慢者，謂之蕭豁雅韻；毀方投圓、面從響應者，謂之絕倫㊈之秀；憑倚權豪，推貨履徑者，謂之知變之奇；嬾看文書、望空下名者，謂之業大志高；仰賴強親、位過其才者，謂之四豪之匹；輸貨勢門、以市名爵者，謂之輕財貴義；結黨合譽、行與口違者，謂之以文會友；左道邪術、假託鬼怪者，謂之通靈神人；卜占小數、誑飾禍福者，謂之知來之妙；盤馬弄矟⑩、一夫之勇者，謂之上將之元；合離道聽、偶俗而言者，謂之英才碩儒。」

【今註】 ㈠苛碎峭嶮：苛刻尖薄。㈡螫：指蝎子。㈢令色：偽裝和善臉色。㈣朗徹：清明。㈤姸：美好。㈥鷽：鳥名，體形似雀而羽色不同。㈦闒茸：地位卑微或品格卑鄙的人。㈧嘲弄嗤姸：「嗤」，文溯本、《崇文》本作「媸」。按「媸」字是。此處之「嘲弄媸姸」，猶〈疾謬篇〉之「評論美醜也」。㈨絕倫：超越群倫。⑩矟：長矛。

【今譯】 「於是，傲兀不檢、丸轉萍流的人，被說成是弘偉大量。苛刻尖薄、心懷毒計的人，被說成是公方正直。偽裝和善警慧、有貌無心的人，被說成是心機神明。利口小辯、希旨巧言的人，被說成是美好傑出。像萍上小鳥、驕矜輕狂的人，被說成是巍峨碩傑。嗜酒好色、卑賤拙劣的人，被說成是任性不矯。求取不廉、貪奪無厭的人，被說成是淹曠遠節。蓬頭散髮、衣服不正、交遊非類的人，被說成是通美泛愛。違背經典與聖人之教、順從非而博的人，被說成是老子、莊子的門徒。評論美醜、欺凌侮慢的人，被說成是瀟灑風雅。投機取巧、奉承阿諛的人，被說成是絕倫之秀。投靠權門豪右、專門搞貨賄的人，被說成是知變的奇才。懶於讀書、名望空下的人，被說成是業大志高。依賴強權的親戚，才能不勝官職的人，被說成是與四方豪傑相匹敵。輸貨權勢，買爵位之名的人，被說成是輕財貴義。結黨成奸、互相吹捧、言行不一的人，被說成是以文會友。熱中於左道邪術、假託鬼怪的人，被說成是通靈神人。搞占卜小數、誑飾禍福的人，被説成是有知來之妙。盤馬弄矟、僅有一夫之勇的人，被説成是上將之首。道聽塗説、偶俗而言的人，被説成是英才碩儒。」

「若夫體亮行高㈠，神清量遠，不諂笑以取悅，不曲言以負心㈡，含霜履雪，義不苟合，據道推方㈢，嶷然不群㈣，風雖疾而枝不撓㈤，身雖困而操不改。進則切辭正論，攻過箴闕，退則端誠杜私，知無不為者，謂之闇騃㈥徒苦：夙興夜寐，退食自公，憂勞損益，畢力為政者，謂之小器俗吏。」

【今註】㈠體亮行高：光明正大、行為高尚。㈡曲言以負心：曲，不正。負心，違背良心。㈢據道推方：據道，根據治道。推方，推出方法。㈣不群：不同流俗。㈤風雖疾而枝不撓：疾，快。枝，樹枝。撓，屈撓。㈥闇騃：闇，暗，昏暗，愚昧。騃，呆。

【今譯】「至於有些人光明正大，行為高尚，神思清澄，考慮深遠，不用諂笑討好別人，不說違昧良心的話，在經歷霜雪的時候，義不苟合，依據治道推出辦法，嶷然獨立不群。風雖疾快而樹枝不屈撓，雖然身陷困境而節操毫不改變，進則言論正確，攻過箴闕，退則正誠絕私，知無不為的人，反而被稱為暗愚癡呆，徒勞辛苦。夙興夜寐，退食自公，憂勞損益，全力做好政事的人，反而被稱為小器俗吏。」

「於是明哲色斯而幽遁㈠，高俊括囊而佯愚㈡，疏賤者奮飛以擇木㈢，縶制者曲從而朝隱㈣。知者不肯吐其秘算，勇者不為致其果毅。忠謇㈤離退，姦凶得志。邪流溢而不可遏㈥也，偽塗闢而不可杜㈦也。」

【今註】㈠色斯而幽遁：色斯，《論語・鄉黨篇》：「色斯舉矣，翔而後集。」何晏《集解》引馬融曰：「見顏色不善則去之。」後因以「色斯」指遠遁以避世。幽遁，隱居。㈡括囊而佯愚：括囊，封閉袋口，比喻不輕易說話。佯，假裝。㈢擇木：比喻擇主而事。㈣縶制者曲從而朝隱：縶，用繩索絆住馬足，亦指絆馬之索。朝隱，身在朝廷任職，清高不問政事，與隱居無異，故稱朝隱。㈤謇：正直，誠實。㈥遏：遏止。㈦杜：杜絕。

【今譯】「於是，明哲保身的人遠遁避世而隱居去了，高俊之士不敢輕易說話，而裝出愚蠢的樣子。而疏賤之徒像飛鳥擇木般選擇新的主人，被牽制的人雖然曲從任職，但實際卻不過問政事如同隱居一樣。有真知的人不肯說出自己的計謀，勇敢的人也不願發揮果毅的作用。忠誠正真的人離退了，姦惡凶暴的人卻得志了。邪流橫溢而不可遏止，偽途廣闢而不能杜絕。」

「以臻乎凌上替下㈠，盜賊多有。宦者奪人主之威㈡，三九㈢死庸豎㈣之手。忠賢望士，謂之黨人，囚捕誅鋤，天下嗟嗷。無罪無辜，閉門遇禍。」

【今註】㈠凌上替下：尊卑顛倒，上下失序。㈡宦者奪人主之威：宦者，指宦官。人主，指國君。㈢三九：三公九卿。㈣庸豎：小子，對人的一種蔑稱。

【今譯】「結果造成了尊卑顛倒，上下失序，到處出現盜賊，宦官竊奪皇帝的權威，三公九卿死在庸人之手。忠誠有名望的賢士，被稱為黨人，而加以囚捕殺戮，使天下人莫不嗟歎。無罪無辜的人，雖然閉上房門，仍然遭遇横禍。」

「微煙起於蕭牆㊀，而飆焚遍於宇宙；淺隙發於膚寸㊁，而波濤漂乎四極㊂。金城屠於庶寇㊃，湯池航於一葦㊄。勁銳望塵而冰泮㊅，征人㊆倒戈而奔北。飛鋒薦於宸闥㊇，左衽掠於禁省㊈。禾黍生於廟堂，榛莠㊉秀乎玉階。雲觀⑪變為狐兔之藪，象魏⑫化為虎豹之蹊。東序⑬煙燼於委灰，生民燋淪於淵火。凶家害國，得罪竹帛。良史無褒言，金石⑭無德音。夫何哉？失人故也。」

【今註】 ㊀蕭牆：指宮牆之內。㊁膚寸：古代長度單位，一指為寸，一膚等於四寸。比喻極小的空間。㊂四極：四方極遠的地方。屈原〈離騷〉：「覽相觀于四極兮，周流乎天余乃下。」㊃金城屠於庶寇：金城，堅固的城牆。庶寇，盜賊。㊄湯池航於一葦：湯池，防守嚴密的城池。一葦，《詩經・衛風・河廣》：「誰謂河廣？一葦航之。」孔穎達〈疏〉：「言一葦者，謂一束也；可以浮之水上而渡，若桴筏然，非一根葦也。」後用為小船的代稱。㊅泮：融解。《詩經・邶風・匏有苦葉》：「迨冰未泮。」㊆征人：征戰的士卒。㊇宸闥：宸，《爾雅・釋宮》：「牖户之間謂之宸。」郭璞注：「窗東户西也。」因以指帝王宮殿上設在户牖之間的屏風。闥，宮中小門，一曰「門屏」。㊈左衽掠於禁省：左衽，衣襟向左交領。北方民族被髮左衽，中原華夏族束髮右衽。這裏指異族入侵。禁省，皇室。㊉榛莠：榛，一種落葉灌木，這裏指樹叢。莠，泛指惡草。⑪雲觀：宮門前高聳的雙闕。㊂象魏：古代天子、諸侯宮門外的一對高建築，也叫闕或觀。因其魏然而高，謂之魏闕；因其懸示教令之所，謂之象魏。見孫詒讓《周禮正義》卷四。㊂東序：古代的學校，傳說起源於夏代。《禮記・王制篇》：「夏后氏養國老于東序，養庶老于西序。」㊃金石：《呂氏春秋・求人篇》：「故功績銘於金石。」高誘《注》：「金，鐘鼎也；石，豐碑也。」

【今譯】「微煙起於官牆之內，而因暴風的猛颷，火燒遍於宇宙。淺小的隙縫發於膚寸之間，而波濤漂於四方極遠之地。堅固的城牆被寇盜摧毀，護城池上航馳著小船。勁銳的部隊望塵而瓦解，融同冰塊融解，士卒倒戈而奔北。飛矢射中宮殿上的門屏，異族虜掠於皇宮。廟堂裡長著禾黍，宮殿玉階上生長灌木叢草。雲觀變成狐兔出沒的地方，象魏化為虎豹的蹊徑。學校被大火燒成灰燼，百姓陷於水深火熱之中。家與國都遭受了凶害，竹簡帛書也遭殃了。對此，良史不可能有褒揚之辭，金石上也不可能有功德的記載。這一切為什麼會發生的呢？原因在於用人不當的緣故。」

吳失篇第三十四

【篇旨】　本篇論述三國吳末年政治上的過失。作者說自己生於晉末，未曾親見其事，而從老師鄭君那裏聽到了當時社會弊病的種種情況：「吳之晚世，尤劇之病：賢者不用，滓穢充序，紀綱弛紊，吞舟多漏。貢舉以厚貨者在前，官人以黨強者為右。匪富匪勢，窮年無冀。」造成這種局面的原因，在於「用者不賢，賢者不用」。文末，葛洪強調要以吳失為戒，「若苟諱國惡，纖芥不貶，則董狐無貴於直筆，賈誼將受譏於〈過秦〉乎！」

抱朴子曰：「吳之杪季㊀，殊代同疾。知前失之於彼，不能改弦於此。鑒亂亡之未遠，而躡㊁傾車之前軌。覩枳首㊂之爭莓㊃，而忘同身之禍。笑蟣蝨之宴安㊄，不覺事異而患等。見競濟㊅之舟沈，而不知殊塗而溺均也。」

【今註】　㊀杪季：末世。　㊁躡：踏。　㊂枳首：兩頭蛇。　㊃莓：同「莓」。　㊄蟣蝨之宴安：蟣，蝨子的卵。宴，安樂。　㊅濟：渡。

【今譯】　抱朴子說：「三國吳末期，雖與前代不同，但都有相同的弊病，知道前期（東漢）政治上過失的地方，而不能由此易弦更張。雖有東漢亂亡並不遥遠的借鏡，而仍踏上前車傾覆的道路。見到兩頭蛇爭食莓，忘記了會有相同的禍根。譏笑蟣蝨的安樂狀態，而不懂得事異而患同。看到競渡的舟船沉没，而不知道雖然殊途卻一樣的溺斃。」

「余生於晉世所不見，余師鄭君㊀具所親悉，每誨之云：『吳之晚世，尤劇之病：賢者不用，滓穢充序㊁，紀綱弛紊，吞舟多漏㊂。貢舉㊃以厚貨者在前，官人以黨強者為右㊄。匪富匪勢，窮㊅年無冀。德清行高者，懷英逸而抑淪；有才有力者，躡雲物以官躋㊆。』

【今註】㊀鄭君：鄭隱，字思遠，少為書生，善律曆候緯，晚師事葛玄。參見《洞仙傳》。㊁滓穢充序：滓穢，污穢。序，古代學校的名稱。㊂吞舟多漏：吞舟，《莊子・庚桑楚篇》：「吞舟之魚，碭而失水，則蟻能苦之。」後因用作大魚的代稱。《晉書》卷八十三〈顧和傳〉：「明公作輔，寧使網漏吞舟。」吞舟多漏，比喻法網疏漏。㊃貢舉：古時官吏向君主薦舉人員。㊄右：古時尚右，故即以指較高的地位。㊅窮：盡。㊆有才有力者，躡雲物以官躋：楊明照《抱朴子外篇校箋・下》：「『才』，《藏》本、魯藩本、吉藩本、舊寫本作「財」。按「財」字是。〈審舉篇〉「退履道而進多財」，又「其財少者其職卑」，〈譏惑篇〉「於是凡瑣小人之有財力者」，〈漢過篇〉「進官則非多財者不達也」，並其證。又按「官」疑「高」之誤。〈知止篇〉「咸蹈雲物以高鶩」，語意與此同；「高躋」、「高鶩」誼亦相近。《抱朴子・內篇・微旨篇》「凌大遐以高躋」，又《抱朴子・內篇・極言篇》「遂昇龍以高躋」，並以「高躋」連文，亦可證。

【今譯】　「我生於晉朝，未曾目覩吳朝末年的情況，而我的老師鄭君曾親自看見一切，他每每教誨說：『吳朝的晚世，弊病尤其劇烈。賢能之士不得任用，污穢之徒充斥學校，綱紀鬆弛混亂，法網疏漏。推薦士人以有厚貨的人在前，封官任職以黨勢強大的人為上等。沒有財富沒有勢力的人，終年沒有作官的希望。德行清廉高尚的人，雖然懷有英逸之才，而被抑制沉淪了；有財富有勢力的人，則踏著青雲而步步高升。』」

『主昏㊀於上，臣欺於下。不黨不得，不競不進。背公之俗彌劇，正直之道遂壞。於是斥鷃㊁因驚風以凌霄，朽舟託迅波而電邁，鴛鳳卷六翮於叢棘㊂，鷁首滯潢汙而不擢矣㊃。』

【今註】　㊀昬：同「昏」字。　㊁鷃：一種麥收時出現的候鳥。　㊂鴛鳳卷六翮於叢棘：鴛，不是指鴛鴦，而是一種巢居的鵷鳥。鳳，鳳凰。翮，翅膀。　㊃鷁首滯潢汙而不擢矣：楊明照《抱朴子外篇校箋・下》：按「擢」當作「櫂」。鷁，一種水鳥，能高飛。潢汙，停聚不流的水。《左傳》隱公三年：「橫汙行潦之水。」杜預《注》：「橫汙，停水。」櫂，棹，划船的用具，這裏指划、游。

【今譯】　『君主昏暗於上，臣僚對下欺壓。無黨派勢力的人不得任用，不進行爭奪就無法上進。違背公道的習俗越劇烈，正直的原則也就毀壞了。於是，斥鷃憑著驚風而凌雲飛翔，腐朽的舟船依托迅疾的波浪而如電似的行馳，鵷鳥與鳳凰則捲起翅膀呆立在叢棘之中，鷁停留在不流動的污水裏，划也不划。』

『秉維之佐㈠，牧民㈡之吏，非母后之親，則阿諂之人也。進無補過拾遺之忠，退無聽訟之幹。虛談則口吐冰霜，行己則濁於泥潦㈢。莫媿㈣尸祿㈤之刺，莫畏致戎之禍。以毀譽為蠶織，以威福代稼穡。車服則光可以鑒，豐屋則群烏㈥爰止。叱吒疾於雷霆，禍福速於鬼神，』

【今註】　㈠秉維之佐：維，綱維，《管子・牧民篇》：「國有四維。」佐，輔佐之臣。㈡牧民：治理民眾。㈢泥潦：污泥水。㈣媿：愧。㈤尸祿：受祿而不盡職。㈥烏：烏鴉。

【今譯】　『掌握綱維的輔佐大臣，治理人民的官吏，不是皇太后的親戚，就是阿諂奉承的小人。這些人進無補過拾遺的忠誠，退無聽訟斷案的才幹。他們空談政事時，口吐冰霜，毫無內容，他們自己的行為比泥潦還混濁。他們不愧受祿而不盡職的諷刺，不怕導致戎敵入侵的禍害。用毀譽當作蠶織，以威福代替農耕。車服華麗，油光可鑒，屋堂豐豔，群鳥棲止。叱吒疾於雷霆，禍福速於鬼神，』

『勢利傾於邦君，儲積富乎公室。出飾翟黃之衛從㈠，入遊玉根之藻棁㈡。僮僕成軍，閉門為市。牛羊掩原隰㈢，田池布千里。有魚滄、濯裘之儉，以竊趙宣、平仲之名㈣。內崇陶侃、文信之訾㈤，實有安昌、董、鄧之汙㈥。』

【今註】　㈠翟黃之衛從：翟黃，戰國時魏之大臣。《說苑・臣術篇》云：「翟黃乘軒車，載華蓋，黃金之勒，約鎮簟席。如此者，其騶八十乘。」則其場面盛大，侍從之多，裝飾之華麗可知。㈡

入遊玉根之藻棁：楊明照《抱朴子外篇校箋・下》：按「玉」當作「王」。《漢書》卷九十八〈元后傳〉：「曲陽侯（王）根驕奢僭上，赤墀青瑣。」即此文之所指也。藻棁，梁上有彩畫的短柱。㊂隰：低下的濕地。㊃有魚滄、濯裘之儉，以竊趙宣、平仲之名：楊明照《抱朴子外篇校箋・下》：繼（昌）曰：「魚滄之滄，盧本作餐。」王校「湌」。按此文所隸故實，「濯裘」為晏平仲事（見《禮記・禮器篇》）則「魚滄」為趙宣孟事矣。「滄」字之誤，不難判斷。《公羊傳》宣公六年，「（晉）靈公望見趙盾，愬而再拜。趙盾逡巡北面再拜稽首，趨而出。靈公心怍焉，欲殺之。於是使勇士某者往殺之。……上其堂，則無人焉；俯而窺其戶，方食魚飧。」（《鹽鐵論・貧富篇》「趙宣孟之魚食」，亦出此。）此蓋稚川所指，則本應作「魚飧」。《說文・食部》「餐」之重文作「湌」，而「湌」又與「飧」通。以〈逸民篇〉「菜肴糲湌」，〈安貧篇〉「藜湌屢空」證之，此必原作「湌」，因誤為「滄」也。趙宣，趙宣子，即趙盾，趙衰之子。春秋時晉國執政。平仲，晏平仲，即晏嬰，春秋時齊國大夫。㊄內崇陶侃、文信之訾：楊明照《抱朴子外篇校箋・下》：按此文信及陶侃，殊為可疑。考《晉書》卷六十六〈陶侃傳〉，侃卒於晉成帝咸和七年（公元三三二年），享年七十六歲。由咸和七年上推七十五年，則侃生於魏高貴鄉公甘露二年（公元二五五年）。洪生卒之年，《晉書》本傳雖無明文，然尚載其卒年為八十一歲。據《抱朴子》佚文，晉惠帝太安（原誤作太康）二年（公元三〇三），宋道衡召洪為將兵都尉，時洪年二十一歲（見《御覽》三二八引）由太安二年上推二十年，則洪生於晉武帝太康四年（公元二八三年）。再由太康四年下推八十年，則洪卒於晉哀帝興寧元年（公元三六三年）。二人年齡相較，洪比侃小二十六歲。其卒，則洪晚於侃三十一年。又據《抱朴子・外篇・自敘》，是書最初寫定於晉元帝建武元年（公元三一七年），嗣後續有訂補，歷時約一一二年之久

（由〈鈞世篇〉言及郭璞〈南郊賦〉﹝此賦奏於元帝太興元年即公元三一八年，見《書鈔》五七、《初學篇》十二引《晉中興書》﹞〈審舉篇〉謂吳士初附﹝吳亡於晉武帝太康元年，即公元二八〇年﹞至今已近四十年﹝約當元帝太興二、三年，即公元三一九至三二〇年﹞兩文可以推知。）由此上溯其生年，則洪成書時，行年約三十五、六歲（此數與〈自敘篇〉「先生以始立之盛」及「今齒近不惑」二語合），復由侃之卒年減去洪成書之年，則侃未卒前十二、三年，《抱朴子・外篇》已裁成矣。是時侃年方六十三、四歲，勳業尚未甚隆，稚川作書，固勿庸稱引及之。且本篇所論為吳失，又何必涉及晉人耶？疑原作「陶朱」（〈疾謬篇〉、〈喻蔽篇〉、《內篇》之〈微旨〉、〈極言〉、〈祛惑〉三篇，並有「陶朱」之文。）今本乃寫者妄改耳。訾，巨富。㈥安昌、董、鄧之汙：安昌，即張禹，西漢大臣、經學家。其家以田為業，及富貴，買田至四百頃，皆極膏腴之地，財物無數。見《漢書》卷八十一〈匡張孔馬傳〉。董，疑為董賢，為西漢哀帝時的佞幸寵臣；鄧，疑指鄧通，為西漢文帝時的佞幸，富於天下。上兩人均見《漢書》卷九十三〈佞幸傳〉。《抱朴子》書中屢引此傳資料。汙，污濁。

【今譯】『勢利傾於邦國之君，財富比諸侯公室還多。他們外出時，有如瞿黃的衛從的裝飾，入內遊宴時，有如王根的屋堂一般華麗。僮僕成軍，閉門為市，牛羊掩沒於草原濕地，田地廣布千里。他們似乎有魚飧、濯裘之類的節儉，以竊取趙盾、晏嬰那樣的名氣。他們內心崇尚陶朱公、文信侯的巨富，實際上只有安昌、董賢、鄧通之流的污濁。』

『雖造賓㈠不沐嘉旨之俟，飢士不蒙升合之救，而金玉滿堂，妓妾溢房，商販千艘，腐穀萬庾㈡，園囿擬上林㈢，館第僭太極㈣，粱肉㈤餘於犬馬，積珍陷於帑藏㈥。其接士也，無葭莩㊆之薄；其自奉也，有盡理之厚。』

【今註】 ㊀造賓：指學業有成就的人。 ㊁庾：倉廩。 ㊂上林：上林苑。 ㊃太極：太極宮。 ㊄粱肉：精美的膳食。 ㊅帑藏：國庫。 ㊆葭莩：蘆葦裏的薄膜，比喻疏遠的親戚。

【今譯】 『雖然學業有成就的人得不到嘉旨的賞賜，飢寒之士得不到升合的救濟。而他們卻是金玉滿堂，妓妾盈房，商販千艘，腐穀萬倉，園囿可比上林苑，住家宅第超越太極宮。多餘的粱肉飼養犬馬，積累珍寶比擬國庫。接待士人，沒有遠親的鄙薄；對待俸祿，則有盡理的豐厚。』

『或有不開律令之篇卷，而竊大理㊀之位；不識几案㊁之所置，而處機要之職；不知《五經》㊂之名目，而饗儒官之祿；不閑㊃尺紙之寒暑，而坐著作㊄之地；筆不狂簡，而受駮㊅議之榮；低眉垂翼，而充奏劾之選；不辨人物之精粗，而委以品藻㊆之政；不知三才㊇之軍勢，而軒昂節蓋之下㊈；屢為奔北㊉之辱將，而不失前鋒之顯號；不別菽⑪麥之同異，而忝叨⑫顧問之近任。』

【今註】 ㊀大理：官名，本秦漢之廷尉。 ㊁几案：几，小的桌子；案，狹長的桌子。 ㊂《五經》：指《易》、《書》、《詩》、《禮》、《春秋》。 ㊃閑：熟習。 ㊄著作：著作郎。 ㊅駮：駁。 ㊆品藻：品評人物，定其等第。 ㊇三才：亦作三材，指天、地、人三者。《易經・繫辭・下》：「有天道焉，有人道焉，有地道焉，兼三材而兩之。」 ㊈軒昂節蓋之下：軒昂，高揚貌。

節，符節。蓋，指車蓋。⑽奔北：敗北。⑾菽：豆類。⑿忝叨：謙詞，辱承的意思。

【今譯】『有的人從不翻閱律令篇卷，而卻竊取了大理的職位。有的人不懂得几案的設置，而卻處於機要的職位。有的人不知道《五經》的名目，而卻享受儒官的俸祿。有的人不熟尺紙的寒暑，而卻坐上了著作郎的位置。有的人筆不狂簡，而卻受駁議之容；低眉垂肩，而卻充當奏劾的人選。有的人不會辨別人物的好壞優劣，而卻掌管品評人物的政事。有的人不懂天、地、人三才的軍事形勢，而卻委以軍職，在符節車蓋之下高昂非凡。有的人是經常敗北的辱將，而卻有前鋒的顯赫稱號。有的人不會識別菽麥的異同，而卻不愧於顧問的近任。』

『夫魚質龍文，似是而非，遭水而喜，見獺即悲。雖臨之以斧鉞之威，誘之以傾城之寶，猶不能奮鉛鋒於犀兕㈠，騁駑蹇以追風㈡。非不忌重誅也，非不悅美賞也，體不可力，無自奈何！』

【今註】㈠奮鉛鋒於犀兕：鉛鋒，指鈍器。兕，雌性犀牛。㈡騁駑蹇以追風：駑，劣馬。蹇，跛。追風，駿馬名。

【今譯】『原是魚，卻有龍的文飾，似是而非，遭逢水則歡喜，碰到水獺立即傷悲了。雖然面臨斧鉞的威力，誘惑以傾城的寶貝，他們尚不能奮鉛鋒於犀牛，騁劣馬以追風。這並非不忌重誅，並非不喜悅美賞，而實在是自身的力量不夠，無可奈何！』

『而欲與之輯熙百揆㈠，弘濟大務，猶託萬鈞㈡於尺舟之上，求千鍾於升合之中，紲芻狗而責盧鵲之效㈢，縛雞鶩㈣而崇鷹揚之功。其不可用，亦較然矣。吳主不此之思，不加夕惕㈤，佞諂凡庸，委以重任。危機急於彍弩㈥，亡徵著於日月，而自謂安於峙嶽，唐、虞可仰也。』

【今註】 ㈠而欲與之輯熙百揆：楊明照《抱朴子外篇校箋・下》：按「輯」當作「緝」（「緝熙」連文，《詩》中屢見，《傳》《箋》皆釋為光明）。慎本、盧本、柏筠堂本、文溯本、《叢書》本、《崇文》本作「緝」，未誤。當據改。百揆，古官名，猶冢宰。《尚書・堯典》：「納于百揆，百揆時敘。」孔《傳》：「揆，度也，度百事，揔百官，納舜于此官。」或說百揆堯初別置，於周更名冢宰。 ㈡萬鈞：鈞，重量單位。萬鈞，極言其重。 ㈢紲芻狗而責盧鵲之效：紲，縛。芻狗，祭祀時用草紮的狗。盧鵲，獵狗。 ㈣縛雞鶩：縛，縛。鶩，鴨。 ㈤夕惕：形容一天到晚勤勉謹慎，不敢懈怠。《易經・乾卦》：「君子終日乾乾，夕惕若，厲，無咎。」 ㈥彍弩：彍，亦作「彉」。彍弩，張滿弩弓，勢在必發。《孫子・兵勢篇》：「勢如彉弩。」

【今譯】 『而想要讓這種人任職冢宰，掌管百官的事務，弘濟大務，就好像托萬鈞之重於尺舟之上，求千鍾於升合之中一般。縛住祭祀用草紮的狗，而責以獵犬捕鵲的功能；縛住雞鴨而要發揮鷹飛翔的功能，此事不可能做到，也是十分明顯的。吳朝末年的君主，不懂得這個道理，不能一天到晚勤勉謹慎，而對佞諂凡庸之徒委以重任。這樣危機之勢急於張滿弩弓，滅亡的跡象比日月還要明顯。可是，吳主還自稱安穩如同聳立的山嶽，像堯、舜似的可以仰賴。』

『目力疲於綺粲，而不以覽庶事之得失；耳聰盡於淫音，而不以證獻言㊀之邪正；穀帛靡㊁於不急，而不以賑戰士之凍餒；心神悅於愛媚㊂，而不以念存亡之弘理。蓋輕乎崇替之源，而忽乎宗廟之重者也。』

【今註】㊀獻言：進言。㊁靡：奢靡。㊂愛媚：指寵妃。

【今譯】『目力既然疲於綺粲，就不去聽覽政事的得失；耳聰既然盡於淫聲，而就不能分辨判斷進言的邪正。穀帛浪費於不急之務，而就不會賑恤凍餒的戰士。心神悅於愛媚寵妃，而也就不會思念國家存亡的大道理。大概輕視興替存亡的源本，而忽略宗廟的重要地位。』

「鄭君又稱其師左先生㊀，隱居天柱，出不營祿利㊁，不友諸侯，然心願太平，竊憂桑梓㊂。乃慨然永歎於蓬屋之下，告其門生曰：『漢必寢耀㊃，黃精㊄載起，纘樞紐於太微㊅，迴紫蓋㊆於鶉首㊇。聯天理物㊈，光宅㊉東夏。惠風⑪被於區外，玄澤⑫洽乎宇內。重譯接武⑬，貢楛⑭盈庭。蕩蕩巍巍，格于上下。承平守文⑮，因循甚易。』

【今註】㊀左先生：即左慈，東漢末方士。字元放，廬江（今屬安徽）人。事見《後漢書》卷八十二下〈方術列傳下〉。㊁出不營祿利：楊明照《抱朴子外篇校箋・下》：按「出」字誤（非屬下句讀），當依各本改作「山」（此平津本寫刻之誤）。㊂桑梓：古代家宅旁邊常種的兩種樹木，見之容易引起對父母的懷念，故後用作故鄉的代稱。㊃漢必寢耀：楊明照《抱朴子外篇校箋・

下》：「必」，吉藩本、文溯本、《崇文》本作「火」。按〈安貧篇〉亦有「昔漢火寢耀」語，「火」字是。《漢書》卷二十五下〈郊祀志・下・贊〉：「自神農、黃帝下歷唐、虞、三代，而漢得火焉。」陰陽五行家言漢為火德，「漢火寢耀」，意思是漢朝運盡了。㊄黃精：意指土德，土色黃，以土代火。㊅纘樞紐於太微：纘，繼承。太微，指天。㊆紫蓋：紫色的車蓋。㊇鶉首：星次之名，朱雀七宿中的井、鬼兩宿。㊈聯天理物：楊明照《抱朴子外篇校箋・下》：「聯」，《藏》本、魯藩本、吉藩本、慎本、盧本、舊寫本作「聮」，柏筠堂本、文溯本、《叢書》本、《崇文》本作「聯」。按「聮」為「聯」之俗體，與「聮」字誼別。此應作「聯」，「聯」，猶合也（《周禮・大司徒》鄭注）。㊉光宅：《尚書・堯典序》：「昔在帝堯，聰明文思，光宅天下。」光，廣；宅，安。猶言普遍安定。⑪惠風：和風。⑫澤：雨露。⑬重譯接武：重譯，轉輾翻譯。接武，《禮記篇・曲禮篇・上》：「堂上接武。」武，足跡。前後足跡相連接。⑭貢楛：貢，獻。楛，木名。⑮守：孫星衍校云：《藏》本誤「作」字，從舊寫本改。

【今譯】「鄭君又說到他的老師左慈先生，左先生曾經隱居在天柱山，不營求利祿，不投靠諸侯，但他內心裏希望天下太平，憂愁故土，於是在蓬草屋之下慨然地歎息，並告訴門生弟子說：『火德的漢朝已滅亡，以土代火，黃色（土）的新王朝又興起了，繼承樞紐於太空，紫色的車蓋迴行於鶉首。合天理物，中原普遍安定。惠風吹及邊遠之地，幽隱的雨露使宇內滋潤。異族接連不斷地入朝，貢獻的東西堆滿朝廷。蕩蕩巍巍，達於上下。繼承平靜謹守文禮，遵循甚為容易。』」

『而五弦㊀謐響，《南風》不詠。上下獲恭己之逸，下不聞康哉之歌。飛龍翔而不集，淵虯蟠㊁而不躍。騶虞翳於冥昧㊂，朱華牙而未秀。陰陽相沴㊃，寒燠繆節㊄。七政㊅告凶，陵谷易所。殷雷輷磕於龍潛之月㊆，凝霜肅殺乎朱明之運。玉燭不照，沈醴不涌，郊埸多壘，嘉生不遂。夫豈㊇他哉？誠由四凶㊈不去，元凱㊉不舉，用者不賢，賢者不用也。』

【今註】　㊀五弦：撥弦樂器。　㊁虯蟠：虯，傳說中的一種龍。《離騷》：「駟玉虯以乘鷖兮，溘埃風余上征。」王逸《注》：「有角曰龍，無角曰虯。」一說龍子有角者，見《說文・蟲部》。蟠，屈曲，環繞。　㊂騶虞翳於冥昧：騶虞，《詩經・召南》篇名，毛《傳》說是獸名，白虎黑文，不食生物。翳，遮蔽，蔭翳。　㊃沴：傷害。　㊄寒燠繆節：燠，暖。《禮記・內則篇》：「問衣燠寒。」繆，通「謬」錯誤。　㊅七政：指日、月及金、木、水、火、土五星。見《史記》卷一〈五帝本紀〉裴駰《集解》引鄭玄說。　㊆殷雷輷磕於龍潛之月：，輷，音轟，車聲。磕，石聲。輷磕，大聲。龍潛之月，指寒冬。　㊇夫豈：孫星衍校云：《藏》本作「其豈」，今從舊寫本。　㊈四凶：堯時四凶族。《左傳》文公十八年：堯流四凶族，渾敦、窮奇、檮杌、饕餮，投諸四夷。　㊉元凱：元，善也，有八元。凱與「愷」通，和也，有八凱。《左傳》文公十八年：昔高陽氏有才子八人，蒼舒、隤敳、檮戭、大臨、尨降、庭堅、叔達，謂之八愷。高辛氏有才子八人，伯奮、仲堪、叔獻、季仲、伯虎、仲熊、叔豹、季貍，謂之八元。

【今譯】　『然而，後來昇平的歌樂停止了，南風不詠。君上不再有恭己的安逸，宇內不復聽到太平的讚歌。飛龍翔而不集，淵龍蟠而不躍。神獸掩蔽於昏暗之中，紅花發芽而不秀。陰陽互相差錯，寒暖節氣謬誤。日、月及金、木、水、火、土五星運行出現凶象，山陵河谷變生了劇烈變化。寒冬之月殷雷轟鳴，花開之時卻凝霜肅殺。玉燭不亮，醇酒不涌，郊外多是堡壘，嘉禾普遍遭殃。這原因難道有別的嗎？確實是由於四凶之類壞人没有除掉，八元八凱等有才能的人没有推舉出來，用者不賢，賢者不用。』

『然高概遠量，被褐懷玉，守靜潔志，無欲於物，藏器淵洿，得意遺世，非禮不動，非時不見。困而無悶，窮而不悔，樂天任命，混一榮辱，進無悅色，退無戚容者，固有伏死乎甕牖㈠，安肯衒㈡沽以進趨，揭其不貲之寶，以競燕石㈢之售哉？』

【今註】 ㈠甕牖：以破甕口為窗，指家境貧苦。 ㈡衒：自誇、自炫。 ㈢燕石：《山海經・北山經》：「北百二十里曰燕山，多嬰石。」郭璞《注》：「言石似玉有符彩嬰帶，所謂燕石者。」後用以比喻不足珍貴的東西。

【今譯】 『然而，有些人氣概高尚，度量廣大，被褐懷玉，守靜潔志，無欲於物，藏隱於淵洿，即使得意也將世事遺忘，平時總是非禮不動，非時不見，身處困境而不煩悶，即使貧窮也不悔恨，樂天任命，將榮辱等同視之，進無悅色，退無戚容，這種人固有伏死於甕牖，哪裡肯沽衒以進趨，揭其價值無法估量的品行，去換取不足珍貴的燕石呢？』

『孔、墨之道，昔曾不行。孟軻、揚雄，亦居困否。有德無時，有自來耳。世無離朱㈠，皁㈡白混焉；時乏管青，騏蹇㈢糅焉。磧礫積於金匱㈣，瑾瑤委乎溝洫㈤，匠石緬而遐淪，梓豫㈥忽而莫識。已矣，悲夫！我生不辰，弗先弗後，將見吳士之化為晉域，南民之變成北隸也。言猶在耳，而孫氏輿櫬㈦。』」

【今註】㈠離朱：古代傳說中明目者。《愼子》：「離朱之明，察秋毫之末於百步之外。」㈡皁：黑色。㈢騏蹇：騏，駿馬。蹇，跛馬。㈣磧礫積於金匱：磧，沙石。礫，瓦礫。金匱，國家藏書之處。《史記》卷一百三十〈太史公自序〉：「遷為太史令，紬石室、金匱之書。」㈤瑾瑤委乎溝洫：瑾、瑤，皆指美玉。溝洫，田間通水道，用以防旱除澇。㈥梓豫：梓，一種落葉喬木；豫，枕木，都是建築材料。㈦孫氏輿櫬：孫氏，吳主姓孫。櫬，棺材。

【今譯】『孔子、墨子之道，從前也不曾實行；孟子、揚雄，在世時也處境困難。有德行的人卻沒有被任用的時機，這種情況是向來就有的。世間沒有明視秋毫的離朱，黑白也就混同了。當今缺乏管青，駿馬與劣馬也就和合不清了。沙石瓦礫堆積於金匱，瑾瑤美玉被丟棄於田間水道。匠石緬而遐淪，梓豫被忽略而無人知曉。可悲啊！我生不逢時，不先不後，恰巧見了吳國被晉朝所滅亡，南國之民變成了北國的隸屬。言猶在耳邊，但吳主孫氏已經滅亡了。』」

抱朴子聞之曰：「二君之言，可為來戒，故錄于篇，欲後代知有吳失國，匪降自天也。若苟諱國惡，纖芥不貶，則董狐㈠無貴於直筆，賈誼㈡將受譏於〈過秦〉乎！」

【今註】㈠董狐：春秋時晉國史官，以直書不隱著稱，舊時譽為「良史」。㈡賈誼：西漢政論家。撰有〈過秦論〉，揭露秦朝的殘暴及其滅亡的教訓。

【今譯】抱朴子聽了之後說：「鄭君與左先生的話，可以作為將來的借鏡。所以錄於此篇，要使後代知道吳朝的過失，國家的存亡不是來自天意。如果只是迴避國家政治上的錯誤，一點點的也不評論，則良史董狐也就不以直筆為貴重了，賈誼也將受到自己寫的〈過秦論〉那樣的譏刺了！」

守塉篇第三十五

【篇旨】本篇宣揚安於貧瘠的地位，銳精藝文，意忽學稼。作者假設潛居先生對別人質難的回答，強調：「處塉則勞，勞則不學清而清至矣。居沃則逸，逸則不學奢而奢來矣。清者，福之所集也；奢者，禍之所赴也。福集則雖微可著，雖衰可興焉。禍赴則雖強可弱，雖存可亡焉。……。故道德之功建，而侈靡之門閉矣。」作者還指出：「立不朽之言者，不以產業汩和，追下帷之績者，不以窺園涓目。」

抱朴子曰：「余友人有潛居先生㈠者，慕寢丘㈡之莫爭，簡塉土以葺宇㈢，銳精藝文，意忽學稼。屢失有年㈣，飢色在顏㈤。」

【今註】㈠潛居先生：非真有其人，是假設者的名字。㈡寢丘：古邑名。春秋時楚地，以山得名，在今河南沈丘縣東南。楚莊王封孫叔敖子於此。㈢簡塉土以葺宇：簡，擇。葺，修造。宇，指房屋。㈣年：年成、年景。㈤顏：臉。

【今譯】抱朴子說：「我有一位友人潛居先生，他羨慕古代不爭奪封邑的事跡，撰擇貧脊的土地修造房屋，專心致力於藝文典籍，不在意於學習農耕。後來多年收成不好，臉上顯出飢餓的神色。」

「或人難曰：『夫知禮在於廩㈠實，施博由乎貨豐，高出於有餘㈡，儉生乎不足。故十千美於詩人，食貨首乎八政㈢。躬㈣稼基克配㈤之業，耦耕㈥有不改之樂。奇士之居也㈦，進則侶鴻鸞以振翮㈧，退則參陶、白之理生㈧，仕必霸王，居必千金。』

【今註】㈠廩：糧倉。《管子》曰：「倉廩實而知禮節。」㈡高出於有餘：楊明照《抱朴子外篇校箋・下》：按「高」字於此不愜，疑為「亯」或「富」之形誤。《說苑・雜言篇》：「孔子曰：中人之情，有餘則後，不足則儉。」（《家語・六本篇》同）文意與此同，可證。㈢八政：舊謂人主施政教於民有八事：一曰食，二曰貨，三曰祀，四曰司空，五曰司徒，六曰司寇，七曰賓，八曰師。見《尚書・洪範》。「食」謂農殖嘉穀可食之物；「貨」謂布帛可衣及金刀龜貝，所以分財布利通有無者也。二者，生民之本。參見《漢書》卷二十四上〈食貨志・上〉。㈣躬：親身。㈤克配：完婚，指成家立業。㈥耦耕：兩人用耜並耕。㈦奇士之居也：楊明照《抱朴子外篇校箋・下》：按以下文「而先生之宅此也」例之，「居」下疑脫一字。《莊子》佚文：「故君子之居也，得時則蟻行，失時則鵲起。」（《御覽》九二二引）此豈脫「世」字歟？㈧翮：翅膀。㈨陶、白之理生：陶，陶朱公，即春秋時范蠡。范蠡既雪會稽之恥。乃乘扁舟浮於江湖，之陶，治產積居，三致千金。後年衰老而聽子孫，子孫修業而息之，遂至巨萬。白，白圭，周人。善觀時變，人棄我取，人取我與。天下言治生祖白圭。陶、白之事跡，均見於《史記》卷一百二十九〈貨殖列傳〉。理生，楊明照《抱朴子外篇校箋·下》：「生」，《藏》本、魯藩本、吉藩本、慎本、舊寫本作「治」。按以〈博喻篇〉「是以淮陰善戰守，而拙理治之策」證之，此亦以作「治」為是。又及，楊明照先生之說未必妥當。「理」與「治」意思相同，重疊欠妥。《漢書》卷二十四上〈食貨志·上〉作「治産」、「治生」。可見「理生」連文亦可。

【今譯】「有人責問他說：『糧倉豐實，才會講究禮節；貨物富足，才能廣博地施捨。奢侈是由於財貨過多的原因，儉樸是由於財貨不足的緣故。所以成千上萬的富足的情況為詩人所讚美，食與貨被列為八政之首。親自農耕才能成家立業，耦耕就有無窮的樂趣。奇士居於世間，進而得勢時，就像鴻鳥和鸞鳳那樣振翅飛翔；退而隱微時，就參照陶朱公、白圭的辦法治生致富；入仕必有霸王事業，隱居必要有千金之富。』

『是以昔人必科㊀膏壤以分利，勤四體㊁以稼穡，播原菽之與與㊂，茂嘉蔬之翼翼㊃，收穧秬㊄之千倉，積我庾㊅之惟億。出連騎以遊畋㊆，入侯服而玉食。而先生之宅此也，亢陽㊇則出谷飈塵，重陰㊈則滔天淩丘；陸無含秀之苗，水無吐穗之株；稗糲曠於囷廩㊉，薪爨廢於庖廚⑪。怡爾執待免之志⑫，坦然無去就之謨⑬。吾恐首陽之事⑭，必見於今；丹山之困⑮，可立而須。人為子寒心，子何宴然而弗憂也⑯？』

【今註】㊀必科：楊明照《抱朴子外篇校箋·下》：按「科」疑當作「料」（本書屢用「料」）字。料，量也（《說文·斗部》），度也（《文選》卷五左思〈吳都賦〉劉《注》）。㊁

四體：四肢。㊂菽之與與：菽，豆類的總稱。與與，茂盛。《詩經・小雅・楚茨》：「我黍與與。」㊃翼翼：繁盛貌。《詩經・小雅・楚茨》：「我稷翼翼。」㊄辨秬：辨，大麥。秬，黑黍。㊅庚：糧倉。㊆遊畋：遊獵。㊇亢陽：久晴不雨，陽光熾盛。㊈重陰：陰雨。成公綏〈嘯賦〉：「濟洪災於炎旱，反亢陽與重陰。」㊉稗糲曠於囷廩：稗，稗子。糲，粗糙的米。囷，盛穀的圓囤。⑪庖廚：廚房。⑫怡爾執待免之志：楊明照《抱朴子外篇校箋・下》：「免」，吉藩本作「兔」。按「兔」字是。「待兔」，見《韓非子・五蠹篇》。⑬謨：謀略，計畫。⑭首陽之事：周武王滅周後，伯夷與叔齊躲避到首陽山（在今山西省永濟縣南）不食周粟而死。事見《史記》卷六十一〈伯夷列傳〉。⑮丹山之困：《呂氏春秋・仲春紀・貴生篇》：「越人三世殺其君，王子搜患之，逃乎丹穴。」。⑯子何宴然而弗憂也：楊明照《抱朴子外篇校箋・下》：按「宴」當依《藏》本、魯藩本、吉藩本、舊寫本改作「晏」。

【今譯】『因此，從前的人們總是思量肥沃田地以便獲利，親身勤勞地農耕；在原野上播種茂盛的豆類，種栽著繁盛的名菜；收穫大麥與黑黍達千倉之多。穀倉中堆積著上億糧食；外出時連騎遊獵，入內則穿著貴族的衣服並享用珍饈美食。然而，你潛居先生住在這種貧瘠的地方，久晴不雨時出谷揚塵，陰雨綿綿時滔天淩丘；田地上没有含秀之禾苗，水田裡没有吐穗之稻株；圓囤倉庫裏連稗子與粗米都没有，廚房裏已經薪火廢除；而先生卻怡然地堅持守株待兔之志，坦然自處，没有去就的計謀。我擔心首陽山餓死之事，必重現於今日；王子搜出逃困於丹穴的事，也會立即發生。人們為你寒心，而你為什麼仍平靜無事似的，没有憂愁呢？』

『夫覩機而不作，不可以言明；安土而不移，眾庶之常事。豈翫鮑者忘蘭，而大迷者易性乎㈠？何先生未寤之久也！鄙人惑焉，不識所謂。夫袞冕非禦鋒鏑之服㈡，典誥㈢非救飢寒之具也。胡不眎沃衍於四郊㈣，躬田畯㈤之良業，捨六蓺㈥之迂闊，收萬箱以賑乏㈦乎？』」

【今註】㈠而大迷者易性乎：楊明照《抱朴子外篇校箋．下》：按以〈崇教篇〉「翫鮑者忘茝蕙，迷大者不能反」例之，「大迷」二字當乙轉。㈡袞冕非禦鋒鏑之服：袞冕，袞衣與冕，為古代皇帝及上公的禮服。鋒，刀口；鏑，箭頭。鋒鏑，猶言刀箭，泛指兵器。㈢典誥：指重要的書籍。㈣眎沃衍於四郊：眎，視。沃衍，土地平坦肥美。四郊，都城外四面的郊區，泛指郊外。㈤田畯：周代的農官，掌管田土及農業生產。㈥六蓺：六經經籍。㈦乏：貧窮。

【今譯】『見機而不作，這不可以說是明察；安於本土而不遷移，是百姓的尋常事。難道是玩鮑魚者忘卻了蘭花的香氣，迷惑深的人變易了情性嗎？為什麼先生這樣長久地不醒悟呢？鄙人對此實在迷惑不解，不知所謂。帝王上公的禮服不是抵禦兵器的東西，典誥書籍不是救濟飢寒的工具。為什麼不審視郊外平坦肥美的田地，親操農官之良業，捨棄迂闊的六藝經籍，收穫萬箱之糧食以賑濟貧困呢？』」

「潛居先生曰：『夫聵者㈠不可督之以分雅、鄭㈡，瞽者㈢不可責之以別丹漆㈣，井鼃㈤不可語以滄海，庸俗不中說以經術。吾子苟知老農之小功，未喻面牆之巨拙㈥，何異捨瑣沙而捐隋、和㈦，向炯燭而背白日也？夫好尚不可以一概杚㈧，趨舍㈨不可以彼我易也。』

【今註】 ㈠聵者：耳聾的人。 ㈡雅、鄭：雅，指雅樂，宮廷音樂。古代儒家以雅樂為「正聲」。鄭，指鄭聲，鄭地音樂。儒家以為鄭聲是「淫邪之音」。 ㈢瞽者：瞎子。 ㈣丹漆：朱紅色塗漆。 ㈤鼃：蛙。 ㈥面牆之巨拙：面牆，比喻不學。不學的人如面對著牆，一無所見。拙，笨拙。 ㈦隋、和：隋，指隋侯之珠。《莊子‧讓王篇》：「隋侯之珠。」《淮南子‧覽冥篇》高誘《注》：「隋侯，漢東之國，姬姓諸侯也。隋侯見大蛇傷斷，以藥傅之。後蛇於江中銜大珠以報之，因曰隋侯之珠，蓋明月珠也。」和，指和氏之璧。詳見《韓非子‧和氏篇》。《史記》卷八十一〈廉頗藺相如列傳〉：「和氏璧，天下所共傳寶也。」 ㈧忔：喜貌。 ㈨趨舍：同「趣舍」，趨向或捨棄，進取或退止。

【今譯】「潛居先生說：『對於耳聾的人不可督責他們分清雅樂正聲與淫邪之音，對於瞎子不可以督責他們區別朱紅色塗漆，對於井底之蛙不可以跟它們說茫茫大海，對於庸俗之人不可以跟他們談儒家經學的道理。你苟且知道老農夫的小小本領，而不了解面牆不學所帶來巨大的笨拙，這跟拾取細沙而捐棄隋侯之珠與和氏之璧有什麼不同呢？崇尚好的不可以統統都喜歡，進取或者退止不可以連自己與別人的位置都調換。』

「夫欲隮閬風、陟嵩、華者㈠，必不留行於丘垤㈡；意在乎游南溟㈢、汎滄海者，豈暇逍遙於潢洿㈣？是以注清聽於《九韶》㈤者，《巴人》㈥之聲不能悅其耳；烹大牢㈦饗方丈㊇者，荼蓼㊈之味不能甘其口。鵾鵬戾㊉赤霄以高翔，鶺鴒[十一]傲蓬林以鼓翼，洿隆殊途，亦飛之極。晦朔[十二]甚促，朝菌[十三]不識。蜉蝣[十四]忽忽於寸陰，野馬六月而後息。鯈鮒[十五]汎濫以暴鱗，蠹虯[十六]勿用乎不測。行業乖舛[十七]，意何可得？』

【今註】 ㊀隮閶風、陟嵩、華者：隮，升，登。閶風，山名。《楚辭・離騷》：「朝吾將濟於白水兮，登閶風而緤馬。」王逸《注》：「閶風，山名，在崑侖之上。」嵩，嵩山，在今河南。華，華山，在今陝西。㊁丘垤：小土山。㊂南溟：亦作「南冥」，南方的大海。《莊子・逍遙遊篇》：「是鳥（鵬）也，海運則將徙於南冥。南冥者，天池也。」成玄英《疏》：「大海洪川，原夫造化，非人所作，故曰天池也。」㊃潢洿：同「潢污」，停聚不流的水。㊄《九韶》：傳說中的虞舜樂名，共九章，故名。見《尚書・益稷》及《列子・周穆王篇》。《史記》卷一〈五帝本紀〉作「九招之樂」。㊅《巴人》：古代楚國民間歌曲，當時認為是流俗的音樂。見《文選》卷四十五宋玉〈對楚王問〉。㊆大牢：指牛、羊、豬三牲。㊇方丈：一丈見方。《孟子・盡心篇・下》：「食前方丈」。謂菜肴羅列之多。㊈荼蓼：荼，苦菜。蓼，草木植物，味辛。㊉鵾鵬戾：鵾，傳說中的一種像鶴的鳥，黃白色。鵬，傳說中的一種大鳥。戾，到達。[十一]鶺鴒：亦「脊令」，鳥綱，分布於我國東部和中部。[十二]晦朔：晦，夏曆每月的最後一天。朔，夏曆每月的最初一天。[十三]朝菌：一種生長期很短的菌類植物，朝生暮死，故名。《莊子・逍遙遊篇》：「朝菌不知晦朔。」[十四]蜉蝣：蟲名。《詩經・曹風・蜉蝣》毛《傳》：「蜉蝣，渠略也，朝生夕死。」[十五]鯈鮒：鯈，魚名。《莊子・秋水篇》：「鯈魚出游從容。」鮒，即鯽魚。[十六]虯：傳說中一種帶角的龍。[十七]乖舛：乖，背離。

舛，違背。

【今譯】「要想登閬風之山或者嵩山、華山，必定不能停留在小丘上，要想遠遊南方的大海或泛舟滄海之上，難道有空逍遙於停滯不流的淺水中嗎？因此對於注意傾聽虞舜《九韶》之樂的人來說，流俗的《巴人》之聲是不能使他們感到悅耳的。對於烹煮牛、羊、豬三牲以及其他眾多菜肴的人來說，苦菜之類是不能使他們感到甘甜味道的。鵾鵬大鳥在雲霄高處飛翔，鷦鴒卻以在叢林蓬草中亂飛而驕傲，高低殊途，亦是它們各自所能飛到的極限之境界。每月最初一天與最後一天之間相差極為短促，而朝生夕死的菌類則不知道晦朔之期。蜉蝣生存期短，只有一寸光陰，而野馬奔馳六個月之後才歇息。鯈魚與鯽魚泛濫以暴鱗，靈龍勿用於不測。各種行業如此背離差錯，其意念又如何可得呢？」

「余雖藜湌㊀之不充，而足於鼎食㊁矣。故列子不以其乏，而貪鄭陽之祿㊂；曾參不以其貧，而易晉、楚之富㊃。夫收微言於將墜者，周、孔之遐武也；情孳孳以為利者，孟叟之罪人㊄也。造㊅遠者莫能兼通於歧路，有為者莫能並舉於耕學。體瘁而神豫㊆，亦何病於居約？」

【今註】㊀藜湌：野菜。㊁鼎食：列鼎而食，指豪侈生活。㊂列子不以其乏，而貪鄭陽之祿：據載列子窮困，容貌有飢色，鄭相子陽聽說後，即遣人送去糧食，唯為列子所辭謝。見《莊子，讓王篇》。㊃曾參不以其貧，而易晉、楚之富：《孟子．公孫丑篇．下》：「曾子曰：『晉、楚之富，不可及也。彼以其富，我以吾仁；彼以其爵，我以吾義。吾何慊乎哉！』」《鹽鐵論．地廣篇》：

「故曾參、閔子不以其仁易晉、楚之富。」　㊄情孳孳以為利者，孟叟之罪人：孳孳，同「孜孜」，努力不懈。貌孟叟，即孟子。《孟子・盡心篇・上》：「雞鳴而起，孳孳為善者，舜之徒也。雞鳴而起，孳孳為利者，蹠之徒也。」　㊅造：往，到。　㊆豫：高興，安適。

【今譯】『我雖然連野菜都吃不飽，但足以勝過貴家的列鼎而食。所以列子不因自己的困乏，而去就食鄭陽的俸祿。曾參不因為自己的貧窮，而到晉國或楚國去謀取巨富。收集將要滅絕的微言大義，這是周公與孔子的遐武。致力於謀己私利的，這是孟子所譴責的罪人。遠行的人不能兼走於歧路，有所作為的人不能並舉於農耕與學問。體力勞瘁而精神高興，又何病於居處簡約呢？』

『且又處塉則勞，勞則不學清而清至矣；居沃則逸，逸則不學奢而奢來矣。清者，福之所集也；奢者，禍之所赴也。福集，則雖微可著，雖衰可興焉；禍赴，則雖強可弱，雖存可亡焉。此不期而必會，不招而自來者也。故君子欲正其末，必端其本；欲輟其流，則遏其源。故道德之功建，而奓靡之門閉矣。姜望㊀至德而佃不復種，重華㊁大聖而漁不償網；然後玉璜㊂表營丘㊃之祚，大功有二十之高㊄。何必譏之以惰嬾，而察才以相士乎？』

【今註】　㊀姜望：姜太公呂尚，姓姜氏，封於呂，號太公望。　㊁重華：即虞舜。　㊂璜：古半圓形玉器名。用作禮器。　㊃營丘，在山東臨淄北。周武王封呂尚於齊，建都於此。　㊄大功有二十之高：《藝文類聚》卷十一引《帝王世紀》云：「堯於是見舜於貳宮，設饗禮，迭為賓主，南面而問政。堯乃試以五典。遂舉八凱，使佐后土，以揆百事；舉八元，使布五教于四方。舜於是有大功二十。」

【今譯】『而且處於貧瘠就會勤勞，勤勞則不學清廉，而清廉自然會來。居處肥沃就會安逸，安逸則不學奢侈，而奢侈自然會來。清廉就會帶來幸福，奢侈就會造成災禍。福運聚集，則雖然微賤也可以顯著，雖然衰亡也可以興盛起來。災禍到來，則雖然強大也可以變弱，雖然存在也可以滅亡。這是不期而必會，不招而自來的。所以君子要想正其末流，必先端正本源；要想停止其流，則要阻遏其源。所以道德的功業建立了，而侈靡之門就會關閉。姜太公有至高的德行而佃不復種，大聖虞舜而漁不償網。然後玉璜表彰營丘之祚，大功有二十之高。何必譏之以惰懶，而察才以相士呢？』

『夫二人分財，取少為廉。余今讓天下之豐沃，處茲邦之褊埆㈠，舍安昌之膏腴㈡，取北郭之無欲㈢。誠萬物之可細，亦何往而不足哉？北辰㈣以不改，為眾星之尊；五嶽㈤以不遷，為群望之宗。蟋蟀屢移而不貴，禽魚屢深則逢患㈥。方將墾九典之蕪薉㈦，播六德㈧之嘉穀。厥田邈於上土之科，其收盈乎天地之閒，何必耕耘為務哉㈨？昔被衣以弃財止盜，庚氏以推璧厲貪㈩，疏廣散金以除子孫之禍(十一)，叔敖取墝以弭可欲之憂(十二)，牛缺以載珍致寇(十三)，陶谷以多藏召殃(十四)。得失較然，可無鑒乎？』」

【今註】 ㈠褊埆：褊，窄小，狹隘。埆，土地不肥沃。　㈡安昌之膏腴：安昌，指西漢安昌侯張禹。傳見《漢書》卷八十一〈匡張孔馬傳〉。史稱：「禹為人謹厚，內殖貨財，家以田為業。及富貴，多買田至四百頃，皆涇、渭灌溉，極膏腴上賈。」　㈢北郭之無欲：北郭，北郭先生。《韓詩外傳・卷九》：「楚莊王使使齎金百斤，聘北郭先生。先生曰：『臣有箕箒之使，願入計之。』即謂婦人曰：『楚欲以我為相，今日相，即結駟列騎，食方丈於前，如何？』婦人曰：『夫子以織屨為食，食粥毚履，無怵惕之憂者，何哉？與物無治也。今如結駟列騎，所安不遇容膝；食方丈於前，所甘不過一肉。以容膝之安，一味之肉，而殉楚國之憂，其可乎？』於是遂不應聘，與婦去之。」㈣北辰：指北極星。《論語・為政篇》：「為政以德，譬如北辰，居其所，而眾星拱之。」㈤五嶽：即泰山、衡山、華山、恆山、嵩山。㈥禽魚饜深則逢患：楊明照《抱朴子外篇校箋・下》：按「饜」當作「厭」，始合文意。《莊子・庚桑楚篇》：「魚鼈不厭深。」《韓詩外傳・卷十》：「臣聞之：魚鼈厭淵而就乾淺，故得於釣網；禽獸厭深山而下於都澤，故得於田獵。」並其證。㈦薉：荒蕪。㈧六德，指知、仁、聖、義、忠、和。見《周禮・地官・司徒》。㈨何必耕耘為務哉：楊明照《抱朴子外篇校箋・下》：「耘」，《藏》本、魯藩本、吉藩本、慎本、盧本、舊寫本作「也」。按「也」字是。〈安貧篇〉：「耕也可以免飢。」亦作「耕也」連文（「耕也」連文見《論語・衛靈公篇》）。㈩庚氏以推璧厲貪：楊明照《抱朴子外篇校箋・下》：按《莊子》佚文：「庚市子肩之毀玉也。」（《文選》卷三十五）張協〈七命〉李《注》引《淮南子・莊子后解》：「庚氏子，聖人無慾者也。人有爭財相鬭者，庚市子毀玉於其間，而鬭者止。」（同上）。嵇康《聖賢高士傳》：「康市子，聖人之無欲者也。見人爭財而訟，推千金之璧於其旁，而訟者息。」（《御覽》五百九引）據此，則「庚」為「庚」或「康」之誤矣（「庚」「康」二字必有一誤，惜它無可考）。(十一)疏廣散金以除子孫之禍：疏廣，西漢東海蘭陵（今山東棗莊東南）人。字仲翁，善春秋。宣帝時，任太子太傅。年老歸鄉里，趣賣所賜之金，共具設酒食，與族人賓客相娛樂。廣曰：「且夫富者，眾人之怨也；吾既亡以教化子孫，不欲益其過而生怨。又此金者，聖主所以惠養老臣也，故樂與鄉黨宗族共饗其賜，以盡吾餘日，不亦可乎！」事見《漢書》卷七十一〈雋疏于薛平彭傳〉。㊂叔敖取墝以弭可欲之憂：叔敖，孫叔敖，春秋時楚國期思（今河南淮濱東南）人。其臨死之際，告誡其子曰：「楚越之間有寢之丘者，此其地不利，而名甚惡。可長有者，甚唯此也。」墝，瘠薄的土地。㊂牛缺以載珍致寇：據載，牛缺為上地的大儒，在前往邯鄲的路上遇到強盜，不僅車馬、衣服都被搶走，最後還被強盜所殺。見《呂氏春秋・必己篇》。㊃陶谷以多藏召殃：楊明照《抱朴子外篇校箋・下》：「谷」，慎本、盧本、柏筠堂本、文溯本、《叢書》本、《崇文》本作「穀」。按「谷」、「穀」皆誤。當作「荅」。《列女傳・賢明・陶荅子妻傳》：「荅子治陶三年，名譽不興，家富三倍。其妻數諫不用。居五年，從車百乘歸休，宗人擊牛而賀之。其妻獨抱兒而泣。姑怒曰：『何其不祥也！』婦曰：『夫子能薄而官大，是謂嬰害；無功而家昌，是謂積殃。……今夫子治陶，家富國貧，君不敬，民不戴，敗亡之徵見矣。……』處期年，荅子之家，果以盜誅。」稚川隸事，即出於此。

【今譯】『二個人分割財產，取少者為清廉。今天我謙讓天下豐沃之地，甘願處於此邦窄小不肥沃之地；捨棄安昌侯的膏腴田地，採取北郭先生淡泊名利的態度；如果能將萬物視為渺小細微，不足縈懷，又有什麼地方不能滿足呢？北極星以其不改動位置，而為眾星之尊；五岳以其不遷移，而為群山之宗。然而，蟋蟀經常遷移而不尊貴，禽獸與魚類厭惡深藏而遭逢禍患。正將開墾九典中荒蕪之處，傳播知、仁、聖、義、忠、和等六種美德。這事業遠遠超過上等的田地，其收穫充盈於天地之間，何必要耕田為務呢？從前被衣以棄財止盜，康市子推璧於人以厲禁貪財，疏廣用散金的辦法以防止子孫的災禍，孫叔敖寧取貧脊之地以消除可欲之憂，牛缺用載金寶招致了寇盜，陶荅子因為積藏大量財富而遭到災禍。上述得失的情況如此明顯，可以不值得借鑒嗎？』」

「於是問者抑然良久，口張而不能嗑㊀，首俛而不能仰。慨而嗟乎，始悟立不朽之言者，不以產業汩㊁和；追下帷之績者，不以窺園涓目㊂。子以臭雛之甘呼鵷鳳㊃，掛蟹之計要㊄猛虎，豈不陋乎？鄙哉，子之不夙知也。」

【今註】㊀嗑：上下門牙咬閉。㊁汩：亂。㊂追下帷之績者，不以窺園涓耳：下帷之績，指講誦專學。《漢書》卷五十六〈董仲舒傳〉：「下帷講誦，弟子傳以久次相授業，或莫見其面。蓋三年不窺園，其精如此。」不以窺園涓目，楊明照《抱朴子外篇校箋・下》：按「涓目」與上文「汩没」不倫類，疑「涓」為「滑」之誤。〈廣譬篇〉：「窮通不足以滑和。」其用「滑」字誼與此同（《小爾雅・廣言》：「滑，亂也；汩，亂也」）。〈崇教篇〉：「羅袂揮而亂目。」「亂目」與「滑目」一實，亦可證。㊃鵷鳳：鵷，指鵷鶵，見《莊子・秋水篇》。鳳，鳳凰。㊄要：約，阻留。

【今譯】「於是質問的人抑然很久，嘴巴張著而合不攏，低頭而仰不起來。感慨歎息，開始明白以立不朽之言為宗旨的人，不會用產業財富來混亂；追求下帷讀書之業績的人，不會去窺視田園而亂目。你以臭雛之甘味呼喚鵷鶵與鳳凰，用掛蟹的辦法邀猛虎，難道不是鄙陋的舉動嗎？多麼鄙陋啊！你如此不早明白。」

安貧篇第三十六

【篇旨】 本篇宣揚安貧樂道的思想。作者假設樂天先生對偶俗公子詰難的回答，強調：「六藝備研，《八索》必該，斯則富矣。振翰摛藻，德音無窮，斯則貴矣。求仁仁至，舍旃焉如。夫棲重淵以頤靈，外萬物而自得，遺紛埃於險塗，澄精神於玄默。……曷肯憂貧而與賈豎爭利，戚窮而與凡瑣競達哉？」

抱朴子曰：「昔漢火寢耀㊀，龍戰虎爭，九有幅裂㊁，三家鼎據㊂。有樂天先生者，避地蓬轉㊃，播流岷、益㊄，始處昵於文休，末見知於孔明㊅。而言高行方，獨立不群，時人憚焉，莫之或與。」

【今註】 ㊀漢火寢耀：漢火，按照「五德之傳」，漢朝為火德。漢火寢耀，意謂漢朝滅亡了。㊁九有幅裂：九有，指「九州」。《詩經・商頌・玄鳥》：「奄有九有。」毛《傳》：「九有，九州也。」幅，幅員，疆土。㊂三家：指三國時代的魏、蜀、吳。㊃蓬轉：蓬草隨風飛轉，比喻行蹤轉徙無常。㊄播流岷、益：播流，流亡。岷，岷山，在今四川北部。益，益州，今四川，治所在成都。㈥孔明：即諸葛亮。

【今譯】抱朴子說：「從前漢朝滅亡了，軍閥戰爭如龍爭虎鬥，九州疆土割裂，魏、蜀、吳三國鼎立割據。這時，有一位樂天先生，逃難避地，轉徙無常，逃亡到岷山、益州一帶，才開始生活於安定的處境，仍未被諸葛亮所明解。而他的言論高遠，行為端正，獨立不群，世人都怕他，沒有給予他什麼。」

「時二公之力，不能違眾，遂令斯生沈抑衡蓽㈠。齒漸桑榆㈡，而韋布㈢不改。而時主思賢，不聞不知。當途之士㈣，莫舉莫貢。潛側武㈤之陋巷，竄繩樞㈥之蓬屋，進廢經世之務，退忘治生之事，藜湌屢空，朝不謀夕。」

【今註】㈠衡蓽：指簡陋的屋舍。㈡桑榆：比喻人的垂老之年。㈢韋布：韋帶布衣，指未任或者隱居在野者的粗陋之服。㈣當途之士：當官掌權的人士。㈤武：足跡。㈥繩樞：用繩子繫户樞，形容貧窮的人家。

【今譯】「當時二公之力也不能違背眾人的意向，就使樂天先生埋沒簡陋的屋舍中，年紀逐漸地衰老了，而他那韋帶布衣的地位仍無改變，而時主思渴賢能之士，但沒有聽到也就不了解，當官掌權的人也沒有推舉他。他默默地側足於隘陋的地方，蓬屋而居，十分貧窮，進廢經世的事務，退忘治生的事業，連吃的野菜都經常缺乏，生活真是朝不保夕。」

「於是偶俗公子造而詰㈠之曰：『蓋聞有伊、呂㈡之才者，不久滯㈢於窮賤，懷猗頓㈣之術者，不長處於飢寒。達者貴其知變，智士驗乎不匱。』

【今註】 ㈠詰：問。 ㈡伊、呂：伊，指伊尹，名伊，尹是官名，一說名摯。傳說奴隸出身，商湯用為「小臣」，後來任以國政，佐湯滅夏。呂，呂尚，即姜太公，曾佐周滅商。 ㈢滯：停滯。 ㈣猗頓：春秋時魯人，經營畜牧及鹽業而成富豪。《史記》卷一百二十九〈貨殖列傳〉作「倚頓」，以盬鹽起家。

【今譯】 「於是，有一位偶俗公子前往拜訪他，並追問說：『聽說凡是像伊尹、呂尚的才能的人，不會久滯於貧窮卑賤的境況；凡是懷著猗頓那樣經商本領的人，不會長期處於飢寒的地位。明達的人，可貴在知曉時勢的變化，智術之士，在不貧乏的情況中得到驗證。』

『故范生㈠出則滅吳霸越，為命世之佐，入則貨殖營生，累萬金之貲。夫貧在六極㈡，富在五福㈢。《詩》美胥矣㈣，《易》貴聚人㈤。垂餌香則鱣鮪㈥來，懸賞厚則果毅奮。長卿所以解犢鼻而擁朱旄㈦，曲逆所以下席扉而享茅土㈧，不韋所以食十萬之邑㈨，絳侯所以拔囹圄之困㈩也。故下鄉儉而獲悔吝之辱㈡，漂嫗豐而蒙千金之報㈢。』

【今註】 ㈠范生：范蠡。春秋末政治家。字少伯，楚國宛（今河南南陽縣）人。曾助越王句踐刻苦圖強，滅亡吳國。後棄政從商，成為巨富。改名陶朱公。 ㈡六極：六種極不幸的事。《尚書・

洪範》：「六極：一曰凶短折，二曰疾，三曰憂，四曰貧，五曰惡，六曰弱。」一說「極」通「殛」，謂天給予人的六種懲罰。見孫星衍《尚書今古文注疏》。 ㊂五福：《尚書・洪範篇》：「五福：一曰壽，二曰富，三曰康甯，四曰攸好德（謂所好者德），五曰考終命（謂善終不橫夭）。」 ㊃《詩》美哿矣：哿，表稱許之詞，嘉。《詩經・小雅・正月》：「哿矣富人，哀此惸獨。」 ㊄《易》貴聚人：《易經》認為財富可以使人聚集在一塊。《易經・繫辭下》：「何以聚人？曰財。」。 ㊅鱣鮪：鱣，魚名，即鰉。鮪，鱘鰉的古稱。 ㊆長卿所以解犢鼻而擁朱旄：長卿，即司馬相如，西漢文學家。字長卿，蜀郡成都（今屬四川）人。《史記》卷一百一十七〈司馬相如列傳〉：相如與卓文君至臨邛，盡「買一酒舍酤酒，而令文君當鑪。相如身著犢鼻褌，與保庸雜作，滌器於市中。」犢鼻，指犢鼻褌，三尺布作形如犢鼻。後歸成都，「買田宅，為富人。」朱旄，指裝飾華麗的衣服。 ㊇曲逆所以下席扉而享茅土：曲逆，指曲逆侯陳平。少時家貧，以席為門，後投靠劉邦，以功封侯，為漢初名將。傳見《史記》卷五十六〈陳丞相世家〉。享茅土，指封侯。古代皇帝社祭的壇用五色土建成：東色青，南方赤，西方白，北方黑，中央黃。分封諸侯時，把一種顏色的泥土用茅草包好後授給受封的人。 ㊈不韋所以食十萬之邑：不韋，呂不韋。戰國末年衛國濮陽（今河南濮陽西南）人。原為秦國陽翟（今河南禹縣）大商人。秦莊襄王時，被任為相國。秦王政年幼繼位，繼任相國，稱為「仲父」。食邑有藍田（今陝西藍田西南）十二縣，河南洛陽十萬户。見《史記》卷八十五〈呂不韋列傳〉。 ㊉絳侯所以拔囹圄之困：絳侯，即周勃，沛人。從劉邦起兵，漢初官將軍，封絳侯。後與陳平合謀，盡誅諸呂，迎立文帝，官右丞相。其後免相就國，有人上書告勃欲反，逮捕治之。勃以千金與獄吏，故獄吏教以引為證。於是文帝使使持節赦勃，復爵邑。事見《漢書》卷四十〈張陳王周傳〉。

㊂下鄉儉而獲悔吝之辱：楊明照《抱朴子外篇校箋・下》：繼（昌）曰：「（下鄉）盧本作『下卿』，當從之。」按吉藩本、柏筠堂本、《叢書》本、《崇文》本亦並作「下卿」，皆非也。《史記》卷九十二〈淮陰侯列傳〉：「淮陰侯韓信者，淮陰人也。始為布衣時，貧無行，不得推擇為吏；又不能治生商賈。常從人寄食飲，人多厭之者。常數從其下鄉（《集解》引張晏曰：「下鄉縣屬淮陰也。」）南昌亭長寄食，數月，亭長妻患之，乃晨炊蓐食。食時，信往，不為具食。信亦知其意，怒，竟絕去。」（《漢書》卷三十四〈韓彭英盧吳傳〉略同）是此文之「下鄉」指韓信也。繼說非。㊂漂媼豐而蒙千金之報：事見《史記》卷九十二〈淮陰侯列傳〉：「信釣於城下，諸母漂，有一母見信飢，飯信，竟漂數十日。信喜，謂漂母曰：『吾必有以重報母。』母怒曰：『大丈夫不能自食，吾哀王孫而進食，豈望報乎？』」

【今譯】『所以范蠡出仕則能滅亡吳國，使越國得以稱霸，成為命世之佐才，而一旦退隱則能經營商業，積累萬金的資財。上天使人貧窮在於六種極不幸的事，上天使人富裕在於五種福氣運道。《詩經》讚美富人，《周易》以聚人為貴。垂餌味香就會使鱣鮪上鉤，懸賞豐厚就會使人果敢奮擊。所以，司馬相如脫掉犢鼻褌而擁有華貴的服飾，曲逆侯陳平擺脫以席為門的困境而被封侯，呂不韋獲得封邑十萬户，絳侯周勃從囹圄之困中解脫出來。所以，韓信行儉而終有悔吝之時，漂母供食韓信而獲得千金之報。』

『先生無少伯㊀之奇略，專銳思乎六經㊁，忽絕粻㊂之實禍，慕不朽之虛名；恥詭遇以干祿㊃，羞衒沽以要榮；冀西伯之方畋㊄，俟黃河之將清；』

【今註】㊀少伯：即前段之范生（蠡）。㊁六經：指《易》、《書》、《詩》、《禮》、《樂》、《春秋》。㊂粻：糧食。㊃干祿：求祿位。㊄西伯之方畋：西伯，即周文王。畋，打獵。《史記》卷三十二〈齊太公世家〉：呂尚蓋嘗窮困，年老矣，以漁釣奸周西伯。西伯將出獵，卜之，曰「所獲非龍非彲，非虎非熊；所獲霸王之輔。」於是周西伯獵，果遇太公於渭之陽，與語大悅，載與俱歸，立為師。

【今譯】『但是先生（指樂天先生）沒有少伯那樣的奇謀才略，專門研習六經，忽略了沒有飯吃的實禍，只羨慕所謂不朽的虛名。恥於找機遇以求祿位，羞於宣揚名聲以求榮耀。寄希望於周文王打獵發現呂尚的那種情況，要等到黃河水清的時候；』

『甘列子之菜色㊀，遜全神而遺形。何異圖畫騏驥㊁，以代徒行之勞；遙指海水，以解口焦之渴；張魚網於峻極之巔，施釣緡㊂於修㊃木之末？雖自以為得所，猶未免乎迂闊也。』

【今註】㊀列子之菜色：列子，即列禦寇，相傳戰國時道家，鄭人。菜色，指飢餓的臉色。㊁騏驥：駿馬。㊂緡：釣魚線。㊃修：長。

【今譯】『甘願像列子那樣貧窮挨餓，遜全神而遺留下形骸。這就無異於圖畫良馬，以代替走路的辛勞；遠指著海水，以解口乾之渴；在極高峻的山頂張開魚網，在高樹的末端施放釣魚線，雖然自己以為得當，還是不免不切實際。』

『事無身後之功，物無違時之盛。今海內瓜分，英雄力競，象恭滔天㊀，猾夏放命㊁。駑蹇星馳以兼路㊂，豺狼奮口而交爭。當途㊃投袂以訟屈，素士㊄蒙塵以履徑。純儒釋皇道㊅而治五霸㊆之術，碩生弃四科而恤月旦之評㊇。』

【今註】 ㊀象恭滔天：語出《尚書．堯典》：「帝曰：『吁！詩言庸違，象恭滔天。』」意謂表面恭敬，實則狂妄傲慢。㊁放命：違命。㊂駑蹇星馳以兼路：駑蹇，指劣馬。星馳，如流星奔馳。一說星夜奔馳。兼路，以加倍的速度趕路。㊃當途：指當官掌權之人。㊄素士：指無爵位的人。㊅皇道：三皇五帝之道。㊆五霸：即春秋五霸。指齊桓公、晉文公、宋襄公、秦穆公、楚莊王。㊇弃四科而恤月旦之評：四科，指德行、言語、政事、文學。月旦之評，品評人物。《後漢書》卷六十八〈郭符許列傳〉：「初，劭與靖（劭從兄）俱有高名，好共核論鄉黨人物，每月輒更其品題，故汝南俗有月旦評焉。」

【今譯】 『做事沒有獲得身後的功勞，作物沒有違背時令的茂盛。如今天下分立割據，各種英雄奮力競爭，象恭滔天，猾夏違命。劣馬星夜兼程趕路，豺狼張口而彼此鬥爭。當官掌權的人投袂以訟屈，無爵位的人蒙塵以履徑，純儒放棄三皇五帝之道，而研習五霸之術，碩生放棄德行、言語、政事、文學等四科，而轉向月旦之評，專門品評人物。』

『筐篚實者，進於草萊；乏資地者，退於朝廷㊀。握黃白㊁者，排金門而陟玉堂；誦方策㊂者，結世讎而委泥濘。贄幣濃者，瓦石成珪璋㊃；請託薄者，龍駿弃林坰㊄。黨援多者，偕驚飆以淩雲㈥；交結狹者，侶跛鱉以沈泳。夫丸泥已不能遏彭蠡㈦之沸騰，獨賢亦焉能反流遁之失正？』

【今註】㈠筐篚實者，進於草菜；乏資地者，退於朝廷：楊明照《抱朴子外篇校箋・下》：按「菜」字誤，當據魯藩本、舊寫本、文溯本、《崇文》本改作「萊」。又「乏資地」與「筐篚實」詞性不倫，「乏」字疑當乙在「地」字下。㈡黃白：黃金和白銀。㈢方策：書籍。㈣贄幣濃者，瓦石成珪璋：贄幣，送禮錢財。珪，玉器。璋，玉器。㈤請託薄者，龍駿弃林坰：請託，以私事相託；走門路，通關節。坰，郊野。㈥黨援多者，偕驚飆以淩雲：楊明照《抱朴子外篇校箋・下》：按「偕」疑「階」之誤。〈逸民篇〉「或階黨援以鳳起」，〈尚博篇〉「而螻螘怪其無階而高致」，〈廣譬篇〉「棲鴻階勁風以淩虛」，並其證。㈦彭蠡：古澤名。舊釋即今鄱陽湖。一說應在長江北岸，約當今鄂東皖西一帶濱江諸湖，自西漢以後，彭蠡逐漸南移並擴展成今鄱陽湖。

【今譯】『採集筐實的人走進草萊之間，沒有資望地位的人退出朝廷。握有巨富的人排在金殿之門而登上玉堂，誦讀典籍的人卻跟別人結下世代仇恨而被抛棄於泥濘。送重禮的人使瓦石變成玉器，請託少的人即使是龍駿也被委棄於林野。黨援多的人能踏著驚飆而淩雲高升，交結狹窄的人像跛鱉一樣沉泳。一點點泥丸也不能遏止沸騰洶湧的古澤彭蠡，單獨的賢人又怎麼能挽回流失正常的潮流呢？』

『今先生入無儋石之儲，出無束脩㈠之調，徒含章如龍鳳，被文如虎豹，吐之如波濤，陳之如錦繡，而凍餓於環堵㈡，何計疏之可弔㈢？奚不汎輕舟以託迅，御飛帆以遠之，交瑰貨於朔南㈣，收金碧於九疑㈤；迪崔烈之遐武㈥，縻㈦好爵於清時？徒疲勞於述作，豈蟬蛻之有期也？獨苦身以為名，乃黃、老之所蚩也㈧。』

【今註】 ㈠束脩：古代諸侯大夫相饋贈的禮物。脩，乾肉。十條乾肉為束脩。 ㈡環堵：四周環著每面方丈的土牆，形容居室的隘陋。 ㈢疏之可弔：疏，疏導。弔，安撫。 ㈣朔南：朔，北方。《尚書・禹貢》：「東漸于海，西被于流沙，朔、南暨聲教。」。 ㈤九疑：九疑山，在湖南寧遠縣南。 ㈥崔烈之遐武：東漢大臣。靈帝時開鴻都門榜賣官爵，烈入錢五百萬，得為司徒，於是聲名衰減。問其子鈞曰：「吾居三公，於議者何如？」鈞答曰：「論者嫌其銅臭。」見《後漢書》卷五十二〈崔駰列傳〉。武，足跡。 ㈦縻：牽制。 ㈧乃黃、老之所蚩也：楊明照《抱朴子外篇校箋・下》：按「蚩」當作「嗤」。已詳〈刺驕篇〉「因而蚩之」條。

【今譯】 『如今，先生家裏沒有擔石的儲糧，外出又沒有送禮的東西，只是含章如龍鳳，被文如虎豹，談吐如波濤，陳述似錦繡。而先生在四壁蕭然的屋舍裏挨凍受餓，有什麼辦法加以疏導與安撫呢？為什麼不泛舟以託迅，駕御飛帆以遠之，交瑰貨於朔南，收金碧於九疑山，啟迪前人崔烈遠去的足跡，求取在太平盛世把握高官厚爵的機會呢？你只是疲勞於述作，難道擺脫困境有日期可待嗎？獨苦自身以為就有名聲，這是黃帝、老子所譏議的。』

「樂天先生答曰：『六藝㈠備研，《八索》㈡必該，斯則富矣；振翰摛藻㈢，德音無窮，斯則貴矣。求仁仁至，舍旃焉如？夫棲重淵以頤靈，外萬物而自得；遺紛埃於險塗，澄精神於玄默，不窺牖以遐覽，判微言而靡惑。雖復設之以台鼎，猶確爾而弗革也。曷肯憂貧而與賈豎爭利，戚窮而與凡瑣競達哉？』

【今註】 ㈠六藝：即「六經」。《史記》卷一百二十六〈滑稽列傳〉：「孔子曰：六藝于治一也，《禮》以節人，《樂》以發和，《書》以道事，《詩》以達意，《易》以神化，《春秋》以道義。」㈡《八索》：相傳為古書名。《左傳》昭公十二年：「是能讀《三墳》、《五典》、《八索》、《九丘》。」孔穎達《疏》引孔安國《尚書序》：「八卦之說，謂之《八索》。索，求其義也。」㈢振翰摛藻：翰，毛筆。摛，傳播。藻，文采。

【今譯】 「樂天先生回答說：『六經都研習，《八索》必求完備，這就是富裕的了。揮筆寫文章，德音傳至無窮，這就是尊貴的了。探求仁義，仁義就會來，捨棄它也是如此。棲止深淵以養頤神靈，外於萬物而自然求得，遺忘險途上紛紜的塵埃，在幽深靜寂之中澄清精神，不窺視窗户之外的遥遠地方，辨別細微之言而不受迷惑。雖然設以三公或宰相的位置，還是堅決不改變自己的信念。為什麼肯憂愁清貧而去跟商人爭利，擔心窮苦而去跟凡庸小人競爭呢？』

『吾子苟知商販可以崇寶，耕也可以免飢，不識逐麋者不顧兔，道遠者其到遲也。且夫尚父㈠之鼓刀，素首㈡乃吐奇也。萬鈞之為重，衝飆不能移；《簫韶》未九成㈢，靈鳥不紆儀也。』

【今註】 ㈠尚父：即呂尚。武王號之為「師尚父」。劉向《別錄》曰：「師之，尚之，父之，故曰師尚父。父亦男子之美號也。」　㈡素首：年老白頭。《說苑》云呂尚年七十釣於渭渚，後遇周文王。　㈢《簫韶》末九成：《簫韶》，相傳為舜時之樂舞，由九段組成，即所謂「《簫韶》九成」。周代用以祭祀四望。孔子稱它為盡善盡美的樂舞。

【今譯】『你只知道商販可以崇尚珍寶，耕種可以免除飢餓，而不懂得獵取麋的人不會顧及兔子，道路遙遠的到達時也就遲了。而且呂尚揮刀征戰時，已經是年老白頭才獻出奇謀。萬鈞之為重，衝擊而來的暴風不能移動它；《簫韶》舞樂九段未演成，靈鳥不會圍著飛翔。』

『是以俟扶搖㈠而登蒼霄者，不充詘於蓬蒿之杪㈡；騁蘭筋㈢以陟六萬者，不爭途乎蹇驢之群。大孝必畏辱親之險，故子春戰悸於下堂㈣。上智不貴難得之財，故唐、虞捐金而抵璧。明哲消禍於未來，知士聞利則慮害。』

【今註】㈠扶搖：急劇盤旋而上的暴風。　㈡杪：末梢。　㈢蘭筋：指駿馬。　㈣子春戰悸於下堂：子春，即樂正子春。曾子弟子。子春下堂時，不慎扭傷腳，他認為傷害了得自父母的身體，是不孝的行為，因此在傷癒後仍面有憂色。見《大戴禮記・曾子大孝》。

【今譯】『因此，等待大風到來時直上雲霄的大鵬鳥，不會在蓬蒿的草梢上得意忘形，弛騁六萬里遠程的駿馬，不會跟劣馬跛驢去爭路。大孝的人必定怕侮辱雙親的險惡行為，所以子春在下堂時扭傷腳後，總是戰悸不安。上智的人並不看重難覓的財寶，所以唐堯、虞舜捨棄黃金和玉璧。明哲之人能夠消除未來的災禍，有識之士聽到財利就考慮會帶來什麼危害。』

『而吾子訊僕以汎舟，孳孳於潤屋㈠，勸隋珠之彈雀㈡，探虎口以奪肉；輕遺體於不測，觸重險以遠至；忘髮膚之明戒，尋乾没㈢於難冀。若乃焚輪傾巖，木拔石飛，陽侯㈣山峙，洪濤嶵巍㈤，輕艘塵漂，力與心違。徒嗟泣而罔逮，乃悟達者之見微也。』

【今註】　㈠潤屋：《禮記・大學篇》：「富潤屋，德潤身。」謂富足以潤澤其家。　㈡隋珠之彈雀：《莊子・讓王篇》云：「以隋侯之珠，彈千仞之雀，世必笑之。是何也？則以其所用者重，所要者輕也。」　㈢乾没：囤積謀利。　㈣陽侯：波濤之神。《楚辭・九章・哀郢》：「凌陽侯之氾濫兮，忽翱翔之焉薄。」洪興祖《補注》引應劭説云：「陽侯，古之諸侯，有罪，自投江，其神為大波。」又，《淮南子・覽冥篇》：「武王伐紂，渡于孟津，陽侯之波，逆流而擊。」高誘《注》：「陽侯，陵陽國侯也。其國近水，溺水而死。其神能為大波，有所傷害，因謂之陽侯之波。」　㈤嶵巍：即「崔巍」，高峻貌。

【今譯】　『而你勸我冒險泛舟，努力追求財富；勸我用隋侯之珠去打鳥雀，在虎口中奪肉；輕視自己的軀體去冒不可測的風險，冒重大的危險而長途跋涉；忘記了髮膚得之父母的明戒，為了追求難得之物而僥倖冒險。一旦遇到狂風大作，吹倒山崖，樹木被拔起，沙石四處亂飛，大浪如山，波濤翻滾。輕舟就如同塵埃一樣在水中漂流，縱使有心也無力免除災禍，只能歎息哭泣而無能為力，方才覺悟到通達者見微知著的卓越遠見。』

『昔回、憲㈠以清苦稱高，陳平以無金免危㈡，廣漢㈢以好利喪身，牛缺以載寶灰糜。匹夫枉死於懷璧，豐狐召災於美皮。今吾子督余以誨盜之業，敦余以召賊之策，進酖酒以獻酬，非養壽之忠益。』

【今註】 ㊀回、憲：回，顏回，字子淵，魯人。孔子的弟子，居住在陋巷，簞食瓢飲，人不堪其憂，回也不改其樂。憲，原憲，字子思。孔子卒，原憲遂亡入草澤，過著貧苦的生活。均見《史記》卷六十七〈仲尼弟子列傳〉。 ㊁陳平以無金免危：陳平，少時家貧，好讀書。項羽曾拜平為都尉，賜金二十溢。後陳平懼誅，乃封其金與印，使使歸項王，而平身閒行杖劍亡。渡河，船人見其美丈夫獨行，疑其亡將，腰中當有金玉寶器，目之，欲殺平，平恐，乃解衣裸而佐刺船。船人知其無有，乃止。事見《史記》卷五十六〈陳丞相世家〉。 ㊂廣漢：依《西京雜記》卷三所記，當為茂陵富人袁廣漢。

【今譯】 『從前顏回、原憲清苦才被認為德行高尚，陳平身無金寶才免除了被害的危險，而袁廣漢卻因好利而喪身，牛缺因載寶而灰糜。匹夫枉死於懷璧，豐狐因美麗的皮毛而招來災禍。如今，你督促我去做誨盜的事情，敦促我去行使召賊的計策，進毒酒以獻酬，並非養頤年壽的忠益。』

『夫士以《三墳》㊀為金玉，《五典》㊁為琴箏，講肆為鍾鼓，百家為笙簧，使味道者以辭飽，酣德者以義醒。超流俗以高蹈，軼億代而揚聲。方長驅以獨往，何貨賄之穢情？夫藏多者亡厚，好謙者忌盈，含夜光㊂者速剖，循覆車者必傾，過載者沈其舟，欲勝者殺其生。蓋下士所用心，上德所未嘗也。』

【今註】㊀《三墳》：相傳為三皇之書。㊁《五典》：相傳為五帝之書。偽孔安國《尚書序》：「伏犧、神農、黃帝之書，謂之《三墳》，言大道也。少昊、顓頊、高辛、唐（堯）、虞（舜）之書，謂之《五典》，言常道也。」㊂夜光：寶玉名。《戰國策・楚策》：「楚王獻夜光之璧於秦王」。

【今譯】『士人以《三墳》為金玉，《五典》為琴箏，講肆為鍾鼓，諸子百家為笙簧，使嘗味的人能夠辭退鮑魚，沉醉於德行的人能夠以仁義得到清醒。超越流俗以高蹈，勝過億代而揚名。正要長驅以獨往，為什麼還要貨賄這種污穢的情念呢？積藏多的人遺忘也多，愛好謙虛的人切忌盈滿，含有夜光寶玉的石頭容易剖開，遵循覆車的人必然傾墮，載重過多的船會沉没，慾望過度的人會損害自己的生命。大概下士所用心考慮的事，上德之人是不會做的。』

「於是問者茫然自失，請備門生之末編，永寶㊀長生之良方焉。」

【今註】㊀寶：保。

【今譯】「於是，偶俗公子茫然若有所失，請求列入樂天先生門生的末編，永遠保有長生的良方。」

仁明篇第三十七

【篇旨】　本篇論述「仁」與「明」的先後問題。葛洪強調「明」比「仁」更重要，指出：「明者才也，仁者行也。殺身成仁之行可力為，而至鑒玄測幽之明難妄假，精粗之分，居然殊矣。夫體不忍之仁，無臧否之明，則心惑偽真，神亂朱紫。思算不分，邪正不識，不逮安危，則一身之不保，何暇立（人）以濟物乎？」

抱朴子曰：「門人共論仁明之先後，各據所見，乃以諮余。余告之曰：『三光垂象者，乾也㈠；厚載無窮者，坤也。乾有仁而兼明㈡，坤有仁而無明。卑高之數，不以邈乎？』

【今註】　㈠三光垂象者，乾也：三光，指日、月、星三者。乾，指天。　㈡乾有仁而兼明：楊明照《抱朴子外篇校箋．下》：《藏》本、魯藩本、吉藩本、舊寫本作「乾有明而兼仁」。按日月麗天，乾道本明，非兼明也。諸本是。當據正。

【今譯】　抱朴子說：「門人子弟共同討論仁與明哪一個重要的問題，各有各的意見，就來詢問我。我告訴他們說：『日、月、星垂象的地方就是天空，厚載無窮的就是大地。天本來是光明而同時兼有仁愛，大地雖然仁厚但卻沒有光明。這高卑之分，不是相差遙遠嗎？」

『夫唯聖人與天合德，故唐堯以欽明冠典㊀，仲尼以明義首篇㊁。明明在上㊂，元首之尊稱也。明哲保身㊃，《大雅》之絕蹤㊄也。』

【今註】㊀唐堯以欽明冠典：《尚書．堯典》：「曰若稽古帝堯，曰放勳，欽明文思安定。」意指唐堯以欽、明、文、思四德安定天下。㊁仲尼以明義首篇：應指《孝經》，相傳為孔子所述作，其首篇名為〈開宗明義〉。㊂明明在上：《詩經．大雅．大明》：「明明在下，赫赫在上。」明明，用來歌頌明智聰察的帝王或神靈。㊃明哲保身：語本《詩經．大雅．烝民》：「既明且哲，以保其身。」意謂深明事理的人能保全自身。㊄絕蹤：卓絕的行為。

【今譯】「只有聖人與天合德，所以唐堯欽明，以〈堯典〉為《尚書》第一篇，孔子也以明義為首篇。明明在上，用來尊敬地稱頌明智聰察的帝王。深明事理的人能保全自身，這是《詩經．大雅》中所歌頌的卓絕行為。」

『蜎飛蠕動㊀，亦能有仁，故其意愛弘於長育，哀傷著於啁噍㊁。然赴阬穽而無猜，入罻羅而不覺，有仁無明，故並趨禍而攸失。』

【今註】㊀蜎飛蠕動：蟲豸之屬飛翔或蠕蠕而行。㊁啁噍：嚼也。

【今譯】「蟲豸之屬飛翔或蠕蠕而行，它們也有仁愛之心，所以它們有意愛弘於長育，遇到哀傷會表現出啁噍的樣子。然而它們落進坑穽而不知道，落入罻羅而不發覺。它們只有仁愛而無明察，所以它們都自趨災禍而有所喪失。』

『熾潛景以易咀生㊀，結棟宇以免巢穴，選禾稼以代毒烈，制衣裳以改裸飾，後舟楫以濟不通㊁，服牛馬以息負步，序等威以鎮禍亂，造器械以戒不虞，創書契㊂以治百官，制禮律以肅風教，皆大明之所為，非偏人之所能辯也。』

【今註】 ㊀咀生：孫星衍校曰：各本如此，盧本作「組圭」。 ㊁後舟楫以濟不通：楊明照《抱朴子外篇校箋・下》：陳澧曰：「『後』字疑誤。」按《藏》本、魯藩本、吉藩本、慎本、盧本、柏筠堂本、文溯本、《叢書》本、《崇文》本作「役」，是也（舊寫本作「仗」）。〈備闕篇〉「而不能役舟楫以凌陽侯」，亦可證。 ㊂書契：指文字。

【今譯】 『至於用火潛景來改變生食，造樓房以避免巢穴之居，學會種植以代替吃毒烈之物，縫製衣裳以改變裸身的情況，使用舟楫來渡過無法通行的江河，役用牛馬以代替步行，用序等級威嚴來防止禍亂的發生，製造兵器械具以備不虞之用，創造文字以供百官治理政事之用，制訂禮律以肅靜風俗教化，上述這些都大明所做的事，並非偏見之人所能辯的。』

『夫心不違仁而明不經國，危亡之禍，無以杜遏，亦可知矣。夫料盛衰於未兆，探機事於無形，指倚伏㊀於理外，距浸潤於根生者，明之功也。垂惻隱於昆蟲，雖見犯而不校，覩觳觫㊁而改牲，避行葦㊂而不蹈者，仁之事也。』

【今註】㊀倚伏：老子《道德經．第五十八章》：「禍兮福之所倚，福兮禍之所伏。」意謂禍、福可以互相轉化。㊁觳觫：形容牛的恐懼狀。㊂行葦：謂葦生路旁。《詩經．大雅》有〈行葦〉。

【今譯】『心不違背仁愛，而不用明察來治理國家，危亡之災禍還是無法杜絕與遏止，這也是可以預料的。預先了解盛衰的變化，從沒有跡象之中測出重要事情的發生，於道理之外指明禍福的互相轉化，不用雨露浸潤而根能生長，這些都是明智聰察的功能。對昆蟲之類也有惻隱之心，雖然被侵犯而不計較，看見牛惶懼的樣子就改用其他牲畜，避開路旁葦草而不敢踐踏，這些都是仁愛的事。』

『爾則明者才也，仁者行也。殺身成仁之行可力為，而至鑒玄測幽之明難妄假。精粗之分，居然殊矣。夫體不忍之仁，無臧否之明，則心惑偽真，神亂朱紫㊀，思算不分，邪正不識，不逮安危，則一身之不保，何暇立以濟物乎㊁？』

【今註】㊀朱紫：比喻以邪亂正或者真偽混淆。㊁則一身之不保，何暇立以濟物乎：楊明照《抱朴子外篇校箋．下》：按此二句文意不屬，似有脫漏。《論語．雍也篇》：「夫仁者，己欲立而立人。」是「立」下合有一「人」字。

【今譯】『那麼樣，明智是才能的表現，仁愛是行動的準則。殺身成仁的行為人們可以努力地做到，但是觀察深遠與探測幽微的明智之才卻難以妄假，這精粗之分，居然是很不同的。只體現不忍的仁愛之心，而沒有評論好壞的明察，則心會受到真假的迷惑，結果真偽混亂，以邪亂正。如果思算不分，邪正不知，不顧及安危，則連自己的身命也保不住，又如何立人以救濟眾物呢？』

『昔姬公非無友于之愛，而涕泣以滅親㈠；石碏非無天性之慈，而割私以奉公㈡。蓋明見事體，不溺近情，遂為純臣。以義斷恩，舍仁用明，以計抑仁。仁可時廢，而明不可無也。湯、武㈢逆取順守，誠不仁也；應天革命，以其明也。徐偃㈣修仁以朝同班，外墜城池之險，內無戈甲之備，亡國破家，不明之禍也。』」

【今註】 ㈠姬公非無友于之愛，而涕泣以滅親：姬公，周公。曾誅管叔、放蔡叔。㈡石碏非無天性之慈，而割私以奉公：石碏，春秋時衛國大夫。衛桓公十六年，公子州吁襲殺桓公，自立為衛君。石碏之子石厚參與其謀，他把州吁及石厚誘至陳國，請陳人捉住並殺死。㈢湯、武：湯，滅夏桀，建立商朝。武，周武王，滅殷紂王，建立西周王朝。㈣徐偃：徐偃王，西周或春秋時徐戎的首領，統轄今淮、泗一帶，因恭行仁義，向他朝貢的有三十六國，因不設武備，而後為楚所敗。

【今譯】 『從前周公並非對兄弟沒有友愛，但是兄弟叛亂，而只能涕泣以滅親。石碏並非沒有天性的慈愛，但兒子參與叛亂，終於割私而奉公。大概明智聰察於事體，不沉溺於近親私情，就成為純正之臣，以義斷恩，捨仁用明，以計抑仁，仁愛有時可以廢棄，而明智之才不可以缺乏。商湯、周武王逆取順守，確實是不仁慈的，然而應天革命，是由於他們明智聰察的結果。徐偃王專修仁愛，以朝同班，結果外墜城池之險，內無戈甲之備，終致亡國破家，這是不明智所造成的禍害。』」

門人曰：「仲尼歎仁為『任重而道遠』㈠。又云：『人而不仁，如禮何？』㈡『若聖與仁，則吾豈敢？』」㊂孟子曰：『仁，宅也；義，路也。』㊃『人無惻隱之心，非仁也。』㊄『三代得天下以仁，失天下以不仁。』㊅此皆聖賢之格言，竹素㊆之顯證也。而先生貴明，未明典據。小子蔽闇，竊所惑焉。」

【今註】 ㊀任重而道遠：語見《論語・泰伯篇》：「士不可以不弘毅，任重而道遠：仁以為己任，不亦重乎？死而後已，不亦遠乎？」此為曾子之言，葛洪誤記。 ㊁人而不仁，如禮何：語見《論語・八佾篇》：「子曰：『人而不仁，如禮何？人而不仁，如樂何？』」 ㊂若聖與仁，則吾豈敢：語見《論語・述而篇》：「子曰：『若聖與仁，則吾豈敢？抑為之不厭，誨人不倦，則可謂云爾已矣。』」 ㊃仁，宅也；義，路也：《孟子・離婁篇・上》：「仁，人之安宅也；義，人之正路也。」又《孟子・萬章篇・下》：「夫義，路也。」 ㊄人無惻隱之心，非仁也：語出《孟子・公孫丑篇・上》：「夫仁，天之尊爵也，人之安宅也。」又「惻隱之心，人之端也。」 ㊅三代得天下以仁，失天下以不仁：語出《孟子・離婁篇・上》：「孟子曰：『三代之得天下也以仁，其失天下也以不仁。』」 ㊆竹素：竹簡帛書，泛指書籍。

【今譯】 門人說：「孔子讚歎以仁為己任，那就是任重而道遠。孔子說：『人如果不仁，如何行禮呢？』『若聖與仁，則我豈敢違背？』孟子也說：『仁是人的安宅，義則通道。』『人若没有惻隱之心，也就没有仁了。』『夏、商、周三代以仁而得天下，其末朝君王以不仁而喪失天下。』這些都是聖賢的格言，在典籍上也有明顯的證據。而先生以明為貴，卻不見於典籍上的根據。小子蔽闇無知，私下裏對先生的意見迷惑不解。」

抱朴子答曰：「古人云：『好仁不好學，其蔽也愚。』子近之矣。曩六國相吞㊀，豺虎力競，高權詐而下道德，尚殺伐而廢退讓。孟生㊁方欲抑頓貪殘，褒隆仁義，安得不勤勤諄諄，獨稱仁邪？」

【今註】㊀曩六國相吞：曩，從前。六國，指戰國時代東方六國，即齊、楚、韓、趙、魏、燕。㊁孟生：即孟子。

【今譯】抱朴子回答說：「古人說過，好仁不好學，他的弊病是愚笨。你卻與這種情形相近了。從前戰國時代，六國相爭，如豺狼老虎爭鬥一樣，注重權術詐騙而看不起道德說教，崇尚殺伐而廢棄退讓。孟子正想要抑止貧殘的局面，褒揚與提倡仁義學說，哪兒能不勤勤諄諄地單獨地稱頌仁呢？」

「然未有片言，云仁勝明也。譬猶疫癘之時，醫巫為貴，異口同辭，唯論藥石。豈可便謂鍼艾之伎，過於長生久視之道㊀乎？且吾以為仁明之事，布於方策㊁，直欲切理，示大較精神，舉一隅耳。而子猶日用而不知，云明事之無據乎？」

【今註】㊀長生久視之道：耳目不衰，不老。語出老子《道德經．第五十九章》：「長生久視之道。」㊁方策：指書籍。

【今譯】「然而，孟子沒有隻字片言，只說仁勝過明。這就如同疫病發生的時候，醫巫之人受到重視一般，人們異口同聲只談論藥石治療，難道可以便說針灸方法勝過長生不老之道嗎？而且我以為仁與明的道理，寫在書籍上，只要切合道理，示於眾人，大概精神，舉其一方面罷了！而你實際上天天在使用而卻不知道，還說關於明的道理是沒有根據呢？」

「〈乾〉稱『大明終始，六位時成』㊀，是立天以明，無不包也。〈坤〉云『至哉，萬物資生』㊁，是地德仁，承順而已。先後之理，不亦炳然！」

【今註】㊀〈乾〉稱『大明終始，六位時成』：《易經・乾卦・彖辭》：「大哉乾元，萬物資始，乃統天。雲行雨施，品物流形。大明終始，六位時成。」孔穎達《疏》云：「大明曉乎萬物終始之道，始則潛伏，終則飛躍。可潛則潛，可飛則飛。是明達乎始終之道。」六位時成，六爻之位依時而成。㊁〈坤〉云『至德哉，萬物資生』：《周易・坤卦・彖辭》云：「至哉坤元，萬物資生，乃順承天。坤厚載物，德合無疆。」意謂地之德化，萬物賴以獲得生命的基礎。

【今譯】「《易經・乾卦》說『太陽西降東升，上下四方因此被確定下來』，這就是以明來確立天，說明它無所不包。《易經・坤卦》說大地多麼大啊！萬物賴以獲得生命的基礎，這就是大地以仁為德，承順天道罷了。可見，仁與明，一先一後，其道理不亦是炳然明白嗎！」

「《詩》云：『明明上天，照臨下土。』㊀『明明天子，令聞不已。』㊁《易》曰：『王明，並受其福』㊂，『幽贊神明』㊃，『神而明之』㊄。此則明之與神合體，誠非純仁所能企擬也。」

【今註】 ㊀明明上天，照臨下土：語見《詩經・小雅・小明》。 ㊁明明天子，令聞不已：語見《詩經・大雅・江漢》。令聞，美譽。 ㊂王明，並受其福：語見《易經・井卦》。意指君王賢明，能夠拔擢、任用人才，上下並受其福。 ㊃幽贊神明：語見《易經・說卦》：「昔者聖人之作《易》也，幽贊於神明而生蓍。」意指冥冥中受到神明的佐助。 ㊄神而明之：語見《易經・繫辭上》。

【今譯】 「《詩經》說：『偉大光明的上天，普照大地的一切。』『聖明的天子，美好的名聲無窮無盡。』《易經》說：『君主英明任賢，上下同受其福。』『神明暗中幫助君主』『神化彰顯《易》理』。這就是明與神合為一體的道理，確實不是純仁所能企及與比擬的。」

「孔子曰：『聰明神武』㊀，不云聰仁。又曰：『昔者明王之治天下』㊁，不曰仁王。《春秋傳》曰：『明德惟馨』㊂，不云仁德。《書》云：『元首明哉』㊃，不曰仁哉。老子歎上士㊄，則曰：『明白四達』㊅；其說衰薄，則曰：『失道而後德，失德而後仁』。《易》曰：『王者南面向明』㊆，不云向仁也。『我欲仁，斯仁至矣』㊇，又曰：『為仁由己』，斯則人人可為之也。」

【今註】 ㊀聰明神武：語見《易經・繫辭・上》：「古之聰明叡知，神武而不殺者夫？」 ㊁昔者明王之治天下：語出《孝經・孝治》：「子曰：『昔者明王之治天下也，不敢遺小國之臣。』」 ㊂明德惟馨：馨，散布很遠的香氣。明德惟馨，語見《左傳》僖公十五年：「《周書》曰：『皇天無親，惟德是輔。』又曰：『黍稷非馨，明德惟馨。』」㊃元首明哉：《尚書・益稷》：「元首明哉，股肱良哉，庶事康哉！」元首，頭，比喻君主。㊄上士：高尚道德之士。老子《道德經・第四十一章》：「上士聞道，勤而行之。」㊅明白四達：語見老子《道德經・第十章》：「明白四達，能無為乎？」㊆王者南面向明：《易經・說卦》：「聖人南面而聽天下，向明而治。」指帝王之位南向為尊，向陽。㊇我欲仁，斯仁至矣：楊明照《抱朴子外篇校箋・下》：按「我欲仁」上當有「孔子曰」（見《論語・述而篇》：「子曰：『仁遠乎哉，我欲仁，斯仁至矣。』」）三字，否則「又曰」句（見《論語・顏淵篇》）突如其來矣。

【今譯】「孔子說：『聰明神武』，而不說聰仁。孔子又說：『昔者明王之治天下』，而不說仁王。《春秋傳》說『聖明的德性如芳香四溢』，而不說仁德。《尚書》說：『君主聖明』，而不說仁哉。老子讚賞高尚的士人，則說『明白而觸類旁通』；他說及世風衰薄，則說：『失道而後德，失德而後仁』。《易經》說：『王者朝南面向光明』，而不說向仁。孔子說：『我想要行仁，仁就可以作到』，又說『為仁在於自己』，這就是說，仁是人人可以做到的。」

「至於聰明，何可督哉？故孟子云：『凡見赤子將入井，莫不趨而救之。』㊀以此觀之，則莫不有仁心，但厚薄之間，而聰明之分，時而有耳。昔崔杼不殺晏嬰㊁，晏嬰謂杼為大不仁而有小仁。然則姦臣賊子，猶能有仁矣。」

【今註】㊀凡見赤子將入井，莫不趨而救之：語出《孟子・公孫丑篇・上》：「孟子曰：『所以謂人皆有不忍人之心者，今人乍見孺子將入於井，皆有怵惕惻隱之心。』」㈡崔杼不殺晏嬰：事見《史記》卷三十二〈齊太公世家〉及卷六十二〈管晏列傳〉。

【今譯】「至於聰明，如何可以督促做到的呢？所以孟子說：『凡是看到小孩子掉入井裏，人們無不跑去救他。』由此看來，人們沒有不具有仁愛之心的，只是或多或少罷了，而聰明對於人們來說就有分別的了。從前齊國大夫不殺晏嬰，晏嬰說崔杼為大人不仁而有小仁。既然如此，那麼姦臣賤子是尚有仁愛之心的了。」

門人又曰：「《易》稱『立人之道，曰仁與義』㈠。然則人莫大於仁也。」

【今註】㈠立人之道，曰仁與義：語出《易經・說卦》。

【今譯】門人又說：「《易經》上稱立人之道，包括有仁與義。既然如此，那麼立人之道莫大於仁了。」

抱朴子答曰：「所以云爾者，以為仁在於行，行可力為，而明入於神，必須天授之才，非所以訓故也。」

【今譯】抱朴子回答說：「所以說是那麼樣的，就是以為仁在於行。行可以用力氣做到，而聰明來自神。必須天授之才，才具有明，並非所以解釋古書上的意義的。」

博喻篇第三十八

【篇旨】〈博喻〉意思即借用廣泛的譬喻來闡說事理。有論君臣政治的，有喻一代廢興的，有寓敦品學養的，有言處事接物的，有評攝生存養的，有探討社會哲理的，甚至有進行文學批評的，不一而足。如說物重萬鈞，係由一斤一兩積多而成；巨樹參天，剛出土時也只有分寸之高；卻都必須由小到大積累以成。

〈博喻〉和〈廣譬〉兩篇，均採用連珠文體形式寫成。不指說事情，衹以華麗的文旨，假借譬喻，委婉表達，篇章短小，如同明珠。本篇共輯有連珠九十七章。

抱朴子曰：「盈乎萬鈞㊀，必起於錙銖；竦秀凌霄，必始於分毫㊁。是以行潦㊂集，而南溟㊃就無涯之曠；尋常積，而玄圃㊄致極天之高。」

【今註】㊀盈乎萬鈞：「鈞」為三十斤，一斤為十六兩，一兩為二十四銖。㊁必始於分毫：分為一尺的百分之一。《禮記・月令篇》「鈞衡石」，孔《疏》：「黑秬一黍為一分，十分為一寸，十寸為一尺。」毫為細毛，都是用來比喻微小的事物。㊂行潦：潦，是指雨後的大水，而「行潦」是指溝中的行水。㈣南溟：指南海。㈤玄圃：指中國的西北方，傳說中為天帝的下都，在崑崙山上。

【今譯】抱朴子說：「如果要累積到萬鈞的重量，必須從錙銖這樣細微的數目開始；累積的高度要達到雲霄，就必須從一分一毫的度量為始。所以說匯集溝中的行水，就可以成就南海這樣沒有端涯寬廣的水量；在日用尋常之間累積善德，就能有玄圃這般的高度而到達天際。」

抱朴子曰：「騁逸策迅者，雖遺景而不勞；因風淩波者，雖濟危而不傾。是以元凱分職㈠，而則天之勳就；伊、呂既任㈡，而革命㈢之功成。」

【今註】㈠是以元凱分職：《左傳》文公十八年：「昔高陽氏有才子八人，蒼舒、隤敳、檮戭、大臨、尨降、庭堅、仲容、叔達，齊、聖、廣、淵、明、允、篤、誠，天下之民謂之八愷。高辛氏有才子八人，伯奮、仲堪、叔獻、季仲、伯虎、仲熊、叔豹、季貍，忠、肅、共（恭）、懿、宣、慈、惠、和，天下之民謂之八元。此十六族也，世濟其美，不隕其名。以至於堯，堯不能舉。舜臣堯，舉八愷，使主后土，以揆百事，莫不時序，地平天成。舉八元，使布五教于四方，……父義、母慈、兄友、弟共（恭）、子孝、內平外成。」元愷，指八元八愷。㈡伊、呂既任：伊，指伊尹，為商湯時候的佐臣。呂，指呂尚，又稱姜太公，為周武王時候的佐臣。㈢革命：《易經・革卦・彖傳》說：「天地革而四時成，湯武革命，順乎天而應乎人。」

【今譯】抱朴子說：「鞭策著快馬，馳騁著逸氣，雖然在路途中欣賞風景，也不會覺得勞累。在大風之中凌駕著波浪，雖然是過渡著危險的一海，也不會因此而傾危。所以八元八凱的分職掌理百事，能夠成就極高的功勳。伊尹和呂尚擔當重責大任，能夠讓成湯周武王的革命成功。」

抱朴子曰：「瓊艘瑤楫，無涉川之用；金弧玉弦，無激矢之能。是以介潔而無政事者，非撥亂之器；儒雅而乏治略者，非翼亮之才。」

【今譯】抱朴子說：「用美玉所裝飾的船隻和楫槳，並沒有渡河的用途。用黃金作的弧和玉作的弦，並不能具備激發箭矢發射的功能。所以說耿介而具有高尚潔操的人，如果沒有具備政務的經驗，便不能擔任撥亂反正的重責大任。一位儒雅之士，如果缺乏治國的雄才大略，那麼也不會是很好的輔佐之材。」

抱朴子曰：「閬風㊀、玄圃，不借高於丘垤；懸黎、結綠㊁，不假觀於瓊、珉。是以英偉不群，而幽蕙之芬駭；峻概獨立，而眾禽之響振㊂。」

【今註】㊀閬風：山峰的名字，為崑崙山上的閬風，傳說為神仙所居之處。《廣韻・去聲・四十二宕韻》：「閬，閬風，崑崙峰名也。」唐李白〈魯郡葉和尚讚〉：「邈彼崑閬，誰云可攀！」㊁懸黎、結綠：懸黎，指梁國的美玉。結綠，指宋國的美玉。《文選》卷三十四曹植〈七啟〉：「應侯謂秦王曰，梁有懸黎，宋有結綠，而為天下名器也。」　㊂眾禽之響振：眾禽，用來比喻一般的百姓。響振，呼應的意思。

【今譯】抱朴子說：「閬風、玄圃這樣的仙山，本在崑崙山這樣的高地，根本不需要假借小山丘小土堆的高度。看過了梁國的美玉『懸黎』和宋國的美玉『結綠』，就不需要再觀看其他的玉器了。所以說英偉不凡的大才，能夠卓然不群的突顯在眾人之中，而幽香的蘭花，它的芳香可以使人聞之而讚歎驚駭，它們都是能夠挺然獨立的人或事物，而成為眾人眾物所響應的領導者。」

抱朴子曰：「冰炭不衒能於冷熱，瑾瑜㊀不證珍而體著。是以君子恭己，不恤乎莫與㊁；至人尸居㊂，心遺乎毀譽。」

【今註】㊀瑾瑜：指玉的美名，《左傳》宣公十五年說：「瑾瑜匿瑕，國君含垢。」㊁是以君子恭己，不恤乎莫與：恭己，指君子作到自身的恭敬。恤，憂慮的意思。莫與，《易經・繫辭・下》：「莫之與，則傷之者至矣。」《淮南子・繆稱篇》：「其謝之也，猶未之莫與。」高誘《注》說：「莫，勉之也。」㊂至人尸居：尸居，《莊子・在宥篇》：「君子苟能無解其五藏，無擢其聰明；尸居而龍見，淵默而雷聲，神動而天隨，從容無為而萬物炊累焉。」《莊子・天運篇》又說：「子貢曰：『然則人固有尸居而龍見，雷聲而淵默，發動如天地者乎？賜亦可得而觀乎？』遂以孔子聲見老聃。」

【今譯】抱朴子說：「冰炭這類的物質，不會自我炫耀它們的冷熱性質，美玉不必證明它們的尊貴而自然能使它們珍貴的體性昭著。所以一位仁德君子，只要作到自身的恭敬，就不需要在意外在所加諸的毀譽與得失，一位修養極高的至人，只要尸居，從容無為，就能使心中遺忘了外在的毀謗與讚譽。」

抱朴子曰：「衝飆㈠傾山，而不能效力㈡於拔毫；火鑠金石㈢，而不能耀烈㈣以起溼㈤。是以淮陰㈥善戰守㈦，而拙理治㈧之策，絳侯㈨安社稷，而乏承對㈩之給㈡㈢。」

【今註】㈠衝飆：作「疾風」講。《文選》卷三十五張協〈七命〉說：「衝飈發而迴日（使日光「迂迴難行」，也就是「不能正常照射」的意思），飛礫起而麗天（附著於天）。」飆，音ㄅㄧㄠ，暴風。㈡效力：作「顯現功效」講。㈢火鑠金石：是說「金石工匠用吹管所造成可以熔化金石的強烈火焰」。鑠，「熔銷」的意思。㈣耀烈：「光」和「熱」。耀，作「照亮」講；這裏指「鑠火」所發出的「光」。烈，兇猛的火勢，這裏指「鑠火」所產生的「熱」。㈤起溼：使潮溼的環境有所改良。起，有「改進」、「治愈」的意思。《後漢書》卷三十五〈鄭玄傳〉：「起廢疾。」㈥淮陰：西漢時高祖名將韓信封號「淮陰侯」的省稱。韓信原來封為楚王，有人說他謀反，漢高祖就採用了陳平的計謀，偽裝遊歷雲夢，一下子捉拿了韓信。因而把他降封為淮陰侯。事見《史記》卷九十二〈淮陰侯列傳〉。㈦戰守：作「攻守」（攻擊和守禦）講。《宋史》卷二百五十八〈曹瑋傳〉：「華夷山川城郭，險固（險阻和鞏固）出入，戰守之要，舉（全）在是矣。」㈧理治：一作「治理」。「理」「治」含義相同，都是「治理」的意思。㈨絳侯：西漢時高祖名將周勃的封號。見《史記》卷五十七〈絳侯周勃世家〉。㈩承對：有「承答」和「應對」的意思。㈡給：也可以寫作「口給」、「豐足」的意思。指「言語敏捷」、或「言辭滔滔不絕」。《論語・公冶長篇》：「子曰：焉用佞（能言善道）？禦人以口給（用無盡的言辭和人辯駁），屢憎於人（常常會受別人的厭惡）。」、㈢「絳侯安社稷，而乏承對之給」兩句：《史記》卷五十七〈絳侯周勃世家〉：「文帝既立，以勃為右丞相，……居月餘，人或說勃曰：『君（指勃）既誅諸呂，立代王（擁立代王桓為文帝），威震天下，而君（指勃）受厚賞，處尊位，以寵，久之即禍及身矣。』……乃免相就國（到絳去作列侯）。歲餘，每河東（郡）守尉（守和尉）行縣（巡行各縣）至絳，絳侯勃自畏恐誅，常被（披）甲，令家人持兵（武器）以見之。其後人有上書告勃欲反，下（交給……處理）廷尉（掌刑辟的官員審訊）。廷尉下其事長安（交由長安縣處理），逮捕勃治之。勃恐，不知置辭。」所謂「乏承對之給」，當指此一「不知置辭」事件。

【今譯】抱朴子說：「強烈的暴風可以使山陵傾頹，卻拔不起一根細微如毫毛的小草；金石工匠所吹發出來的強烈火焰可以熔化金石，但它的光和熱卻不能讓周圍的潮溼有所改變。因為這個緣故，淮陰侯韓信在戰場上雖然擅長進防作戰，可是平常時候，治理一般政事，卻顯得笨拙無比，似乎一點計謀也沒有；絳侯周勃有穩定漢朝政權於不墜的力量，可是審訊應對，申辯時候，卻缺乏應有的敏捷口才。」

抱朴子曰：「徇名者不以授命為難㈠；重身者不以近欲累情㈡。是以紀信甘灰糜而不恨㈢，楊朱同一毛於連城㈣。」

【今註】㈠徇名者不以授命為難：捨身為名的人，不因獻出生命感到困難。徇名者，捨身為名者。徇，通「殉」。㈡重身者不以近欲累情：指重視養生（身）的人，不會讓自己放縱在情欲上。《百子》本又作「重身者，以不近欲累情。」㈢紀信甘灰糜而不恨：紀信，為漢高祖的忠臣。㈣

楊朱同一毛於連城：楊朱是戰國時期的一位思想家，重視個人的養生之道，主張不拔一毛以利天下，為孟子所批評。

【今譯】抱朴子說：「重視名譽的人，不會因為獻出生命而感覺到困難，重視養生的人，不會縱情逞欲而為俗情所累。所以像紀信這樣的節臣，儘管是成為灰燼也甘之如飴，不會有所悔恨，楊朱這樣重視養生的人，對他來說，拔一毛以利天下，就好像是丟棄連城的損失一樣。」

抱朴子曰：「小鮮㊀不解靈虯之遠視㊁，鳧鷖不知鴻鵠之非匹㊂。是以耦耕者笑陳勝之投耒㊃，淺識者嗤孔明之抱膝㊄。」

【今註】㊀小鮮：老子《道德經・第六十章》說：「治大國，若烹小鮮。」㊁不解靈虯之遠視：虯，傳說是有角的龍。《說文・虫部》說：「虯，龍子有角者。」《文選》李善《注》：引《廣雅》曰：「無角曰螭龍，有角曰虯龍」。一說「虯」為無角龍，《玉篇・虫部》說：「虯，無角龍。」㊂鳧鷖不知鴻鵠之非匹：《詩經・大雅・鳧鷖》毛《傳》說：「鳧水鳥也，鷖鳧屬，大平則萬物眾多。」鴻鵠，都是大鳥的名稱。㊃耦耕者笑陳勝之投耒：《史記》卷四十八〈陳涉世家〉：「陳涉少時，嘗與人傭耕，輟耕之壟上，悵恨久之，曰：『嗟乎！燕雀安知鴻鵠之志哉！』」此句意謂一般耕田的人看見陳涉投耒而歎，口出大言，而頗覺不以為然。㊄淺識者嗤孔明之抱膝：《三國志》卷三十五〈諸葛亮傳〉《注》所引《魏略》說：「亮在荆州，以建安初，與穎川石廣元、徐元直、汝南孟公威等俱游學，三人務於精熟，而亮獨觀其大略。每晨夜從容，常抱膝長嘯，而謂三人曰：『卿三人仕進可至刺史郡守也。』三人問其所至，亮但笑而不言。後公威思鄉里，欲北歸，亮謂之曰：『中國饒士大夫，遨遊何必故鄉邪？』」孔明，指諸葛孔明，孔明抱膝，即指這段典故。

【今譯】 抱朴子說：「一般的小魚小蝦，是不能理解靈明的龍獸的高瞻遠視，一般的水鳥是不知道不能與鴻鵠這樣的大鳥相與匹配的。所以和陳勝一起耕田的人，會嘲笑陳勝投耒自歎的志向，一般淺識的人會嗤笑諸葛孔明抱膝所談的言論。」

抱朴子曰：「淳鈞之鋒㈠，驗於犀兕；宣慈之良㈡，效於明試㈢。是以同否則元凱㈣與斗筲㈤無殊，並任則騄騏㈥與駑駘不異。」

【今註】 ㈠淳鈞之鋒：淳鈞，相傳為越人歐冶所鑄造的名劍。㈡宣慈之良：謂宣傳教化的良臣。㈢效於明試：《尚書・舜典》說：「敷奏以言，明試以功。」孔安國《傳》說：「敷，陳。奏，進也。諸侯四朝，各使陳進治禮之言。明試其言，以要其功，功成則賜車服，以表顯其能用。」㈣同否則元凱：指高陽氏、高辛氏時期的八元八凱。㈤斗筲：斗為一斗，筲為一斗二斤，用來比喻小人的器量。《論語・子路篇》說：「子曰：噫！斗筲之人，何足算也。」㈥騄騏：良馬的名稱。

【今譯】 抱朴子說：「像淳鈞這樣名劍的鋒利，可以在堅硬的犀牛角上得到驗證，能夠推廣教化的良臣，可以通過種種試驗明白顯示出來的。如果沒有通過試驗，那麼八元八凱這等的大才和一般的斗筲之材，並沒有什麼分別，良馬和劣馬也沒有什麼差異。」

抱朴子曰：「器非瑚、簋㈠，必進鋭而退速；量擬伊、呂㈡，雖發晚而到早。是以鷦鷯倦翮㈢，猶不越乎蓬杪；鵷雛徐起㈣，顧眄㈤而戾蒼昊。」

【今註】㈠瑚、簋：盛用黍稷的器具，為宗廟祭祀所用的容器。《論語・公治長篇》：「子貢問曰：賜也何如？子曰：女，器也。曰：何器也？曰：瑚璉也。」又何晏《論語集解》說：「包曰：瑚璉，黍稷之器，夏曰瑚，殷曰璉，周曰簠簋，宗廟之器貴者。」㈡伊、呂：指伊尹和呂尚，伊尹是殷商時代的賢臣，呂尚為周武王時代的開國功臣，世稱為姜太公。㈢鷦鷯倦翮：鷦鷯，小鳥的名稱。《莊子・逍遥遊篇》：「鷦鷯巢於深林，不過一枝。」《釋文》：「李（頤）云，鷦鷯，小鳥也。郭璞云，鷦鷯，桃雀。」㈣鵷雛徐起：《莊子・秋水篇》説：「南方有鳥，其名為鵷雛，……夫鵷雛，發於南海而飛於北海，非梧桐不止，非練實不食，非醴泉不飲。」這裏所謂的「鵷雛」，大概是莊子所説的「鵷雛」。㈤顧眄：顧，回首回視的意思。眄，斜視或「視」的意思。

【今譯】抱朴子説：「如果不是像瑚、簋這樣的大器，必定在處世上會有前進快速而退身快速的態度。器量像伊尹、呂尚的人，雖然發跡較晚，但是時機到了以後卻發展得比任何人都來得快速。所以鷦鷯等小鳥會懶於飛翔，而它們遊走的距離不過是斗蓬樹梢而已，鵷雛這樣的南方大鳥，只要稍微振翅起飛，就能回視整片蒼茫的天際。」

抱朴子曰：「否終則承之以泰㈠，晦極則清輝晨耀。是以垂耳吳阪者㈡，騁千里之逸軌；縈鱗九淵者，淩虹霓以高蹈。」

【今註】 ㈠否終則承之以泰：《易經・序卦》說：「泰者，通也，物不可以終通，故受之以否。」這句話是根據《易經》所說的「否極泰來」的意思所說的。 ㈡垂耳吳阪者：形容在吳阪垂耳拉鹽車的駿馬。曹植〈上疏陳審舉之義〉說：「昔騏驥之於吳阪，可謂困矣，及其伯樂相之，孫、郵御之，形體不勞而坐取千里。蓋伯樂善御馬，明君善御臣；伯樂馳千里，明君致太平；誠任賢使能之明效也。」（見《三國志》卷十九〈魏書・陳思王植傳〉所引）

【今譯】 抱朴子說：「否卦到了極處，緊接著泰卦就來臨了，黑夜到了盡頭，清晨清暉的光亮就來臨了。伯樂在吳阪之地發現了千里馬，千里神駒就能馳騁千里而突破一般的常軌；神龍知藏於深淵之處，就能凌駕虹霓，在高天之處飛翔。」

抱朴子曰：「九斷四屬者，蘊藻所以表靈；摧柯碎葉者，苣蕙所以增芬。是以夷吾桎檻，而建匡合之績㈠；應侯困辱，而著入秦之勳。」

【今註】 ㈠夷吾桎檻，而建匡合之績：請參《抱朴子・外篇・君道篇》注。

【今譯】 抱朴子說：「九斷四屬等事物，能夠蘊藏文藻而表彰靈氣。已遭摧毀的枝條和破碎的葉子，卻可以增加苣蕙的芳香。所以管仲在桎檻的經歷之後，可以建立匡合的政績。范睢經過困辱之後，而能在秦國發展顯著的功勳。」

抱朴子曰：「所競者細，則利同而讎結；善否殊塗，則事異而結生。是以嫫母、宿瘤㈠，惡見西施㈡之艷容；商臣、小白㈢，憎聞延州之退耕㈣。」

【今註】㈠嫫母、宿瘤：《呂氏春秋・孝行覽・遇合篇》說：「嫫母執乎黃帝。黃帝曰：厲女德而弗忘，與女正而弗衰，雖惡奚傷！」嫫母是黃帝的妃子，長得很醜，但卻能有正行，是個令人敬佩的女子。宿瘤，《列女傳》卷六〈辯通・齊宿瘤女〉：「宿瘤女者，齊東郭採桑之女，（齊）閔王之后也。項有大瘤，故號曰宿瘤。……宿瘤駭宮中，諸夫人皆掩口而笑，左右失貌，不能自止。王大慚。曰：『且無笑，不飾耳。夫飾與不飾，固相去十百也。』」《三國志》卷二十七〈魏書・徐邈傳〉說：「宿瘤以醜見傳，而臣以醉見識。」宿瘤也是一位醜女子。㈡西施：戰國時期越國的美女，嫁給吳王夫差，而助越王復國。㈢商臣、小白：商臣，是楚穆王，殺父而自立為王。小白，指齊桓公，殺兄而自立為王。㈣憎聞延州之退耕：指吳國季札，父親欲將帝位傳授於他，為了躲避帝位的傳承，後來逃到延州，從事農耕。

【今譯】抱朴子說：「一般人會因為一些細小的事物而產生競爭的情形，都是因為利益而結合，對於利益有所影響而結仇。善之與惡，是完全不同的途徑，會因為事情的不同而有所改變。所以嫫母、宿瘤這樣的醜女，並不喜歡看到西施的美麗容貌。楚穆王和齊桓公這樣的政治人物，不會想聽季札為了逃避帝位而避耕於延州的事跡。」

抱朴子曰：「精鈍舛迹，則淩遲者愧恨；壯弱異科，則扛鼎者見忌。是以淮陰顯擢㈠，而庸隸悒懊以疾其超；武安功高，而范雎飾談以破其事㈡。」

【今註】 ㈠淮陰顯擢：淮陰，指淮陰侯韓信。《史記》卷九十二〈淮陰侯列傳〉說：「王曰：『吾為公以為將。』何曰：『雖為將，信必不留。』王曰：『以為大將。』何曰：『幸甚。』於是王欲召信拜之。何曰：『王素慢無禮，今拜大將如呼小兒耳。此乃信所以去也。王必欲拜之，擇良日，齋戒，設壇場，具禮，乃可耳。』王許之。諸將皆喜，人人各自以為得大將。至拜，大將乃韓信也，一軍皆驚。」顯擢，則指韓信為劉邦拜為大將的史實。 ㈡武安功高，而范雎飾談以破其事：武安，指武安君白起，白起於秦昭王四十七年長平之戰，大破趙君。趙國請蘇代重禮賄賂范雎，破壞了白起破趙的計劃。詳見《史記》卷七十三〈白起王翦列傳〉。

【今譯】 抱朴子說：「因為人的天分有精明和鈍劣的差別，所以思路遲鈍的人常常會抱恨自己的天資為什麼會這樣。人身體的健壯和羸弱有所不同，所以一般人看見能夠扛鼎的異人就會見忌。所以在淮陰侯被漢高祖握拔為大將的時候，那些平凡的庸夫就會懊恨而對韓信的超世之才有所不快。武安侯白起功業相當彪炳，但只要范雎作一些巧飾的言論，就可以破壞他攻佔趙國的大事。」

抱朴子曰：「必死之病，不下苦口之藥㈠；朽爛之材，不受雕鏤之飾㈡。是以比干匪躬，而剖心於精㈢忠；田豐見微，而夷戮於言直㈣。」

【今註】 ㈠苦口之藥：《韓非子・外儲說左上篇》說：「夫良藥苦於口，而智者勸而飲之，知其入而已已疾也。忠言拂於耳，而明主聽之，知其可以致功也。」 ㈡朽爛之材，不受雕鏤之飾：《論語・公治長篇》：「宰予晝寢。子曰：『朽木不可彫也，糞土之牆不可杇也；於予與何誅？』」朽爛之材，即指「朽木」。不受雕鏤之飾，指朽木即使經過雕飾也不能成為精緻的藝術品，只是徒勞其功而已。㊂精：《藏》本作「情」。㊃田豐見微，而夷戳於言直：《後漢書》卷七十四上〈袁紹列傳〉：「田豐說紹曰：『與公爭天下者，曹操也。操今東擊劉備，兵連未可卒解，今舉軍而襲其後，可一往而定。兵以幾動，斯其時也。』紹辭以子疾，未得行。豐舉杖擊地曰：『嗟乎，事去矣！夫遭難遇之幾，而以嬰兒病失其會，惜哉！』紹聞而怒之，從此遂疏焉。曹操畏紹過河，乃急擊備，遂破之。備奔紹，紹於是進軍攻許。田豐以既失前幾，不宜便行，諫紹曰：『曹操既破劉備，則許下非復空虛。且操善用兵，變化無方，眾雖少，未可輕也。今不如久持之。……』紹不從。豐強諫忤紹，紹以為沮眾，遂械繫之。……紹，外寬雅有局度，憂喜不形於色，而性矜愎自高，短於從善，故至於敗。及軍還，或謂田豐曰：『君必見重。』豐曰：『公貌寬而內忌，不亮吾忠，而吾數以至言迕之。若勝而喜，必能赦我，戰敗而怨，內忌將發。若軍出有利，當蒙全耳，今既敗矣，吾不望生。』紹還，曰：『吾不用田豐言，果為所笑。』遂殺之。」這段典故，指田豐不被袁紹重視之後，因為直言勸諫而被殺。

【今譯】　抱朴子說：「罹患了必死的病症，就算吃了苦口的藥物，也無法治療。朽爛的材料，儘管有人將它雕飾也毫無益處。所以說比干躬己忠君不止，而能夠剖開自己的心作到盡忠之事。田豐因為不受袁紹的重視，再因為他的直言而被殺。」

抱朴子曰：「嶧陽孤桐㊀，不能無絃而激哀響；大夏孤竹㊁，不能莫吹而吐清聲。是以官卑者，稷、禼㊂不能康庶績㊃；權薄者，伊、周㊄不能臻升㊅平。」

【今註】 ㈠嶧陽孤桐：嶧，指嶧山。即今江蘇省邳縣。陽，指山的南面。孤桐，指特生桐。江聲《尚書集注音疏》說：「特生，謂本幹挺拔，若枚乘七發所謂龍門之桐，高百尺而無枝也。」㈡大夏孤竹：《呂氏春秋・仲夏季・古樂篇》說：「昔黃帝令伶倫作為律，伶倫自大夏之西，乃之阮隃之陰，取竹於嶰谿之谷，以生空竅厚鈞者，斷兩節間，其長三寸九分而吹之，以為黃鐘之宮。」《周禮・春官・宗伯下・大司樂》說：「……孤竹之管，雲和之琴瑟，雲門之舞，冬日至，於地上之圜丘奏之。」鄭玄《注》：「孤竹，竹特生者。」大夏，漢西域有大夏國，地當今阿富汗北部。㈢稷、卨：稷，指周朝的始祖棄，穀物之神。卨，指殷始祖。《尚書・堯典》：「帝曰：『俞咨！禹，汝平水土，惟時懋哉！』禹拜稽首，讓于稷、契，暨皋陶。帝曰：『俞，汝往哉！』帝曰：『棄，黎民阻飢。汝后稷，播時百穀。』帝曰：『契，百姓不親，五品不遜。汝作司徒，敬敷五教，在寬。』」㈣不能康庶績：《尚書・堯典》說：「庶績咸熙。」《尚書・皋陶謨》說：「庶績其凝。」《尚書・益稷》說：「股肱良哉，庶事康哉。」㈤伊、周：伊，指尹伊。周，指周公。㈥升：《百子》本作「昇」。

【今譯】 抱朴子說：「嶧山上南面的特生植物——孤桐木作的琴，並不能在無絃的情況下而激發出悲哀的聲調。大夏國的獨生竹打造的笙管，不能沒有人吹奏就發出清越的聲音。所以說官位卑微的人，就是稷、卨這樣的人才，也不能安定各種功績；權位微弱的人，就算是伊尹和周公，也不能讓天下太平。」

抱朴子曰：「登峻者，戒在於窮高；濟深者，禍生於舟重。是以西秦有思上蔡之李斯㊀；東越有悔盈亢之文種㊁。」

【今註】㊀西秦有思上蔡之李斯：李斯是秦始皇時的宰相。上蔡，戰國時代楚國的上蔡縣，在今河南省上蔡縣治，是李斯的故鄉。李斯因為秦二世受到趙高的離間而被腰斬。《史記》卷八十七〈李斯列傳〉：「二世二年七月，具斯五刑，論腰斬咸陽市。斯出獄，與其中子俱執，顧謂其中子曰：『吾欲與若復牽黃犬，俱出上蔡東門逐狡兔，豈可得乎！』遂父子相哭，而夷三族。」㊁東越有悔盈亢之文種：悔盈亢，當指《易經・乾卦・上九》「亢龍有悔。」文種，是越王句踐復國時的輔臣。越王句踐復國成功之後，范蠡知道句踐這個人可以共患難而不能共富貴，所以功成身退，而文種因戀於功位，乃導致被句踐所殺。

【今譯】抱朴子說：「攀登高山的人最忌諱達到了山的頂端，渡濟深水的人，往往會因為船身太重而發生災禍。所以西秦會有在被腰斬時而想到故鄉上蔡的李斯，東方的越國有因為亢盈而悔恨的文種。」

抱朴子曰：「剛柔有不易之質，貞橈有天然之性㊀。是以百鍊而南金不虧其真㊁，危困而烈士不失其正。」

【今註】㊀剛柔有不易之質，貞橈有天然之性：「橈」，《百子》本作「撓」。貞，指橈或撓之「正」意。㊁百鍊而南金不虧其真：指荆州、揚州所生產的良質金屬。

【今譯】抱朴子說：「凡是存在的事物，都有剛柔不易的特質，而橈木有貞正的自然天性。所以良質的金子也不會因為百經燒鍊而改變它的真性。一個真正的烈士，也不會因為處於危困的境遇而失去他的正行。」

抱朴子曰：「不以其道，則富貴不足居；違仁舍義㈠，雖期頤不足吝㈡。是以卞隨負石以投淵㈢，仲由甘心以赴刃㈣。」

【今註】 ㈠違仁舍義：舍，《藏》本、魯藩本作「捨」。 ㈡雖期頤不足吝：期，要求的意思。頤，養的意思。期頤，指百歲之壽的人。《禮記・曲禮篇・上》說：「五十曰艾，服官政，六十曰耆，指使，七十曰老，而傳，八十九十曰耄，七年曰悼，悼與耄，雖有罪，不加刑焉，百年曰期頤。」鄭玄《注》說：「期，猶要也，頤，養也。不知衣服食味，孝子要盡養道而已。」孔穎達《疏》說：「百年曰期頤者。期，要也。頤，養也。人年百歲，不復知衣服飲食寒暖氣味，故人子用心要求親之意，而盡養道也。」 ㈢卞隨負石以投淵：請參《抱朴子・外篇・逸民篇》注。 ㈣仲由甘心以赴刃：子路心甘情願地被人殺死。仲由，指孔子弟子子路。孔悝作亂，子路聞之而馳往，曰：「食其食者不避其難。」遂被殺。詳見《史記》卷六十七〈仲尼弟子列傳〉。

【今譯】 抱朴子說：「如果不是用正道處世，雖然是富貴之位，也不足讓人居處任何違仁捨義的事情，雖然是百歲的老人也不足以吝惜捨棄。所以卞隨就負石投淵自沉於水，所以子路也就甘心於犧牲生命了。」

抱朴子曰：「卑高不可以一概齊，餐廩㈠不可以勸沮化。是以惠施患從車之苦少㈡，莊周憂得魚之方多。」

【今註】㈠餐廩：餐蓋「飧」之誤。廩與「稟」同。㈡惠施患從車之苦少：惠施，是莊子的朋友。從車，指隨從的車子。苦少，指惠施覺得當時所享有的榮華富貴還不夠。

【今譯】抱朴子說：「卑高是兩種不同的情況，不可以等同視之。如果是人的飲食等現實問題，並不能因為勸沮而使他改變。所以惠施憂患跟從的車乘太少而以為苦。莊周會因為得魚太多而憂愁。」

抱朴子曰：「出處有冰炭之殊㈠，躁靜有飛沈之異。是以墨翟以重繭怡顏㈡，箕叟以遺世得意㈢。」

【今註】㈠出處有冰炭之殊：冰炭是兩種性質相異之物，用來形容出處際遇的不同。㈡墨翟以重繭怡顏：《戰國策・宋策》說：「公輸般為楚設機，將以攻宋，墨子聞之，百舍重繭，往見公輸般。」㈢箕叟以遺世得意：箕叟，即指許由。堯欲讓位於許由，許由為了逃避帝位，而到箕山隱居。

【今譯】抱朴子說：「人的出處有冰炭般的不同，人的躁靜的特質如同上飛下沉不同的特質。所以墨翟因為重繭解決國際間的苦難而覺得愉快，隱居在箕山之上的許由，會以遺世獨立而自得其意。

抱朴子曰：「適心者，交淺而愛深；忤神者，接久而彌乖。是以聲同則傾蓋而居昵㈠，道異則白首而無愛。」

【今註】 ㊀聲同則傾蓋而居昵：因此如果心聲相同，那麼初次交往也會相處親昵。傾蓋，謂初次相遇。昵，親近的意思。《史記》卷八十三〈魯仲連鄒陽列傳〉：「（獄中上書）諺曰：『有白頭如新，傾蓋如故。』何則？知與不知也。」司馬貞《索隱》引《志林》曰：「傾蓋者，道行相遇，軿車對語，兩蓋相切，小欹之，故曰『傾』也。」

【今譯】 抱朴子說：「只要是合乎心意的人，雖然是淺交，然而卻能產生很大的好感。如果是心意相乖的人，即使是接觸很久了，反而會產生更不愉快的關係。所以說只要是聲氣相投，即使初次交往也會相處得很親昵。價值觀的不同，即使夫妻相處白頭偕老，也不能產生相愛的真情。」

抱朴子曰：「艅艎、鷁首㊀，涉川之良器也；櫂之以北狄，則沈漂於波流焉。蒲梢㊁、汗血，迅趨之駿足也；御非造父㊂，則傾僨於嶮塗焉。青萍、豪曹㊃，剡鋒之精絕也；操者非羽、越㊄，則有自傷之患焉。勁兵銳卒，撥亂之神物也㊅；用者非明哲，則速自焚之禍焉。」

【今註】 ㊀艅艎、鷁首：艅艎，春秋時期吳王所乘用的舟名。鷁首，鷁為水鳥，喜高飛。鷁首則用來形容船頭。《左傳》昭公十七年說：「楚師……大敗吳師，獲其乘舟餘皇……………吳公子光請於其眾，曰：『喪先王之乘舟，豈唯光之罪，眾亦有焉。請藉取之以救死。』眾許之。」杜《注》：「餘皇，舟名。」《文選》卷五左思〈吳都賦〉說：「比鷁首而有裕，邁餘皇於往初。」 ㊁蒲梢：《史記》卷二十四〈樂書〉說：「（武帝）後伐大宛得千里馬，馬名蒲梢。」蒲梢，則指此千里馬。 ㊂

造父：周穆王的御者，為戰國時代的御馬始祖。 ㈣青萍、豪曹：均為寶劍名。《文選》卷四十陳琳〈答陳阿王牋〉：「君侯體高世之才，秉青萍、干將之器。」唐呂延濟《注》：「青棄、干將，皆劍名。」《越絕書》卷十一〈外傳記寶劍〉：「王使取豪曹。薛燭對曰：『豪曹非寶劍也。』」《吳越春秋》卷四〈闔閭內傳〉說：「風湖子曰：『臣聞吳王得越所獻寶劍三枚：一曰魚腸，二曰磐郢，三曰湛盧。魚腸之劍，已用殺吳王僚也；磐郢以送其死女；今湛盧入楚也，昭王曰：『湛盧所以去者何也？』風湖子曰：『臣聞越王元常，使歐冶子造劍五枚，以示薛燭，燭對曰：……一名盤郢，亦曰豪曹，不法之物，無益於人，故以送死。』」 ㈤羽、越：羽、越，指關羽、彭越，前者為三國時代蜀國的名將，後者為楚、漢時期劉邦麾下的名將。 ㈥勁兵銳卒，撥亂之神物也：撥亂，指治理亂世。《公羊傳》哀公十四年說：「君子曷為為春秋？撥亂世，反諸正，莫近諸春秋。」何休《注》說：「撥，猶治也。」

【今譯】 抱朴子說：「春秋吳王所乘的船舟，在船頭上類似鳥形，是跋涉川河的好器物。但如果把它划到北狄之處，那麼就會沉漂於波流之中。蒲梢、汗血這等的千里馬，具有高大的腳而能行走快速，但是如果沒有像造父這樣的識馬之人，那麼就會在險途中傾覆。青萍、豪曹這樣的名劍，它們具備精絕的鋒芒。但如果不是關羽、彭越此等的武將，那麼這種鋒利的特質反而容易傷害到自己。強勁的部隊和精銳的卒兵，是撥亂的神物。但如果使用的人不是明哲之士，那麼就會很快的嚐到自我毀滅的災禍。」

抱朴子曰：「天秩有不遷之常尊㈠，無禮犯遄死之重刺㈡。是以玄洲㈢之禽獸，惟能言而不得廁貴牲；蛩蛩之負蹶㈣，雖寄命而不得為仁義。」

【今註】 ㈠天秩有不遷之常尊：《尚書・皋陶謨》說：「天秩有禮，自我五禮有庸哉。」所謂的天秩，則指上天自然形成的秩序。五禮則指天子、諸侯、卿大夫、士、庶民等五種階級的秩序。㈡無禮犯遄死之重刺：遄，疾速的意思。㈢玄洲：一個神秘的島地。㈣蛩蛩之負蹶：《呂氏春秋・慎大覽・不廣篇》說：「北方有獸，名曰蹶，鼠前而兔後，趨則跲，走則顛，常為蛩蛩、距虛取甘草以與之。蹶有患害也。蛩蛩、距虛必負而走。此以其所能託其所不能。」

【今譯】 抱朴子說：「天體的運行有一定的秩序，所以違反了禮節，就會觸犯速死的重罪。所以玄洲的禽獸，雖然能說話，但不能側置在人的行列裏。蛩蛩獸背負著蹶鼠，雖然相依為命，但卻不是為了仁義而去做那事。」

抱朴子曰：「謗讟不可以巧言弭，實恨不可以虛事釋。釋之非其道，弭之不由理，猶懷冰以遣冷，重鑪以卻暑。逐光以逃影，穿舟以止漏矣。」

【今譯】 抱朴子說：「遇到毀謗的言論，並不能用巧妙的言說來弭飾，因為實際上的怨恨是不能用離開事實的言論來使人釋懷的。如果想使人釋懷而不能說之以一定的正確方法，想要彌補過失而不能說明事理，就好像體內懷著冰而想使身上的寒冷卻除，周遭圍著爐火而想除卻暑熱，跟隨著光線，而想逃避影子，打穿船身而讓船上的漏水現象停止一樣的愚昧。」

抱朴子曰：「明主官人，不令出其器㈠；忠臣居位，不敢過其量。非其才而妄授，非所堪而虛任，猶冰碗之盛沸湯，葭莩之包烈火，綴萬鈞於腐索，加倍載㈡於扁舟。」

【今註】㈠明主官人，不令出其器：指明主君或居上位的長官，都不希望自己的部屬有超越自己的才華。㈡加倍載：指所積載的數量為原來的兩倍。

【今譯】抱朴子說：「一般英明的君主和居上位的官長，通常是不希望他的用人超過應有的本分。而忠臣的作為，往往是素其位而行，而不敢超過他分內所作的事。如果不是這樣的人才而妄加授予任務，不是臣下所能堪當的重責大任而加以委任，就如同用冰塊作的碗用來裝盛滾沸的湯，用葭莩這樣的植物來承包烈火，以腐爛的繩子來承載萬斤之重的重物，在小船裝上超過該船所能負載的兩倍重量等等情況一樣的危險。」

抱朴子曰：「豹狐之裘，不為負薪施㈠；九成六變㈡，不為聾夫設；高唱遠和㈢，不為庸愚吐；忘身致果㈣，不為薄德作。」

【今註】㈠豹狐之裘，不為負薪施：《三國志》卷六十一〈吳書・陸凱傳〉：「躬行誠信，聽諫納賢，惠及負薪。」豹狐之裘，則指富貴人家。負薪，則指貧窮而毫無身分地位的人家。㈡九成六變：《周禮・春官・大司樂》說：「凡樂：圜鍾為宮，黃鍾為角，大蔟為徵，姑洗為羽，靁鼓靁鼗。孤竹之管，雲和之琴瑟，雲門之舞，冬日至，於地上之圜丘奏之。若樂六變則天神皆降，可得而禮矣。……凡樂：黃鍾為宮，大呂為角，大蔟為徵，應鍾為羽，路鼓路鼗，陰竹之管，龍門之琴瑟，九德之歌，九磬之舞，於宗廟之中奏之，若樂九變則人鬼可得而禮矣。」成，指音樂的節奏在一曲之中完成終了。變，指音樂節奏中一曲到另一曲的轉變。㊂高唱遠和：和，魯藩本、《藏》本作「謀」字。㊃忘身致果：指為達到某種目的而讓自己犧牲。

【今譯】抱朴子說：「一般的富貴人家，是不會為貧窮人家關心付出的。九成六變的音樂也不會是為聾子而加以設立的。高妙的歌曲和深遠的謀慮也不會向平庸愚昧之輩吐訴。為了某種任務而忘掉自身的安危，也不會為了一個品德薄倖的人而做。」

抱朴子曰：「民財匱夫㊀，而求不已；下力竭矣，而役不休，欲怨歎之不生，規㊁其寧之惟永，猶斷根以續枝，割背以裨腹㊂，刻目以廣明，剜耳以開聰也。」

【今註】㊀民財匱夫：魯藩本、《藏》本、《百子》本作「民則匱矣。」㊁規：《百子》本作「親」。㊂割背以裨腹：「復」，《百子》本作「股」。

【今譯】抱朴子說：「人民的財力已經匱乏不堪，主政者還要對他們索求不已，下民已經精疲力竭了，主政者還要給他們永無休止的勞役，人民已經埋怨歎息政道苛薄而難以生存了，而主政者還想規畫他自己永恆的政治生涯，就如同是對自己的根部砍斷而想接續樹枝，割掉自己的背部來增益於腹部，在眼睛上加以刻劃，使之受傷，而想用這樣的方法來增加視力，挖掉耳朵而想讓自己的聽力變好，都是同樣愚昧的事情。」

抱朴子曰：「法無一定，而慕權宜之隨時；功不倍前，而好屢變以偶俗。猶剸高馬以適卑車，削附踝以就褊履。斷長劍以赴短鞞，割㊀尺璧以納促匣也。」

【今註】㊀割：一作「剖」。

【今譯】抱朴子說：「事理上並沒有一定的方法，而必須要看待時機的變化來採取措施。不多下雙倍的心力而想要對世俗上所發生的變化處置得當，就如同截斷高峻的大馬用來適應短小的車子，削掉身體上的腳踝用來適用扁平的鞋子一樣，切斷長劍用來裝套在短小的劍套，割掉盈尺的璧玉只為了將它裝在小箱子裏，是一樣愚昧的。」

抱朴子曰：「止波之修鱗㊀，不出窮谷㊁之隘㊂；鸞㊃棲之峻木，不秀㊄培塿㊅之卑；〈九疇〉㊆之格言㊇，不吐庸㊈猥㊉之口；金版⑪之高算⑫，不出恆民⑬之懷。覩百抱之枝⑭，則足以知其本之不細；覩汪濊⑮之文，則足以覺其人之淵邃⑯。」

【今註】㊀鱗：有鱗動物的總名，這裏當指「蛟龍」。　㊁窮谷：是說「幽深的山谷」。《左傳》昭公四年：「深山窮谷，固陰（使寒氣凝固）沍寒（和「固陰」意思相似，「寒氣凝聚不散」的意思。沍，音ㄏㄨˋ，作「凝」講）。」　㊂隘：音ㄞˋ，是說「狹窄的地方」。　㊃鸞：音ㄌㄨㄢˊ，鳳凰之類的神鳥。　㊄秀：作「成長」講。《後漢書》卷五十五〈章帝八王傳‧贊〉：「或秀或苗。」唐李賢《注》：「秀，謂成長也。」　㊅培塿：音ㄆㄡˇ ㄌㄡˇ，是謂「小土丘」，常用來比喻卑小。　㊆〈九疇〉：傳說禹治理天下的「九類」大法。疇，「品類」的意思。《尚書‧洪範》：「天乃錫（賜）禹

〈洪範〉〈大法〉〈九疇〉。」⑧格言：含有教育意義、可以規範政治和社會的言語。⑨庸：有「日常」的意思，引申為「平凡」，在這裏作「庸人」、或「庸夫」講。⑩猥：音ㄨㄟ，有「雜濫」、「煩瑣」、「苟且」、「卑賤」等意思，在這裏作「猥人」講。⑪金版：謂「供國家刻載大事的『金』屬器物的平正如『版』的地方」，一般都收藏在「密櫝」中，因而也叫做「金匱之書」。《文選》卷五十五劉峻〈廣絶交書〉：「聖賢以此鏤金版而鐫盤盂。」呂向《注》：「金版，金匱之書。盤盂，器也。」⑫高算：謂「精確的計算。」《宋書》卷六十八〈南郡王義宣傳〉：「遠憑高算，共濟艱難。」⑬恆民：和「恆士」相似。是說「平常的人」。《莊子・盜跖篇》：「皆愚陋恆民之謂耳。」⑭覩百抱之枝：覩，同「睹」，觀看的意思。百抱之枝，是說「可供百人拱抱的大樹枝」。⑮汪濊：是說「寬廣而又深邃」。《漢書》卷五十七下〈司馬相如傳・下〉：「湛恩（深而又大的恩惠）汪濊。」唐顏師古《注》：「汪濊，深廣。」⑯淵邃：作「深邃」講，有「如淵一般深」的意思。邃，音ㄙㄨㄟ，作「深」講。章承慶〈靈臺賦〉：「其深也，如海之渟（水流不動），如淵之邃。」

【今譯】抱朴子說：「有力量止息波濤的修長蛟龍，需要相當大的活動空間，因而牠絶不輕易跑出幽深山谷的隘口；鳳凰神鳥一般都棲息在高大樹木的枝頭，在卑下的山丘上牠絶對無法生長。大禹王治理天下，〈九疇〉大法中的格言，絶不會從凡夫俗子口中說出來；值得秘藏在金匱中的精確算計，也不可能孕育於齊頭百姓的心中。看到可供百人拱抱的粗枝，就不難推想這棵巨樹的本根必不太細小；見到寬廣深邃的文章，就能發現作者的思路必定和淵海一般幽深。」

抱朴子曰：「桑林鬱藹㈠，無裨柏木之淒冽，膏壤帶郭㈡，無解黔敖之蒙袂㈢。然藺纊綈紈，此之自出；千倉萬箱㈣，於是乎生。故識遠者貴本，見近者務末。」

【今註】㈠桑林鬱藹：鬱藹，茂盛的樣子。㈡膏壤帶郭：膏壤，指肥沃的土地。帶郭，指都市的農村地帶。㈢黔敖之蒙袂：黔敖，春秋時代齊國人。《禮記・檀弓篇・下》云：「齊大饑。黔敖為食於路，以待饑者而食之。有餓者蒙袂（以袖蒙面）輯屨，貿貿然來。黔敖左奉食，右執飲，曰：『嗟！來食！』揚其目而視之曰：『予唯不食嗟來之食，以至於斯也！』從而謝焉。終不食而死。」㈣千倉萬箱：請參《抱朴子・外篇・守脊篇》注。

【今譯】抱朴子說：「茂盛的桑林並沒有辦法對淒涼的柏木有所增補。即使在郊外的農村地帶擁有肥沃的土地，也不能解決齊國黔敖施捨、飢饑的人卻不食「嗟來之食」問題，然而高貴的棉絮布料、白色細絹、粗厚的絲織品，都是從這裏出產的，千倉萬箱的產物，於是可以產生而出。所以一個見識遠大的人，就應該珍貴事務的根本，而見識淺近的人，總是以事體的旁枝末節，作為他所追求的目標。」

抱朴子曰：「體粗者繫形，知精者得神。原始見終者，有可推之緒。得之未眹者㈠，無假物之因。是以晝見天地，未足稱明；夜察分毫，乃為絕倫。」

【今註】㈠得之未眹者：眹，形跡、預兆的意思。《莊子・應帝王篇》說：「體盡無窮，而遊無眹。」成玄英《疏》：「眹，迹也。雖遨遊天下，接濟蒼生，而晦迹韜光，故無眹也。」陸德明《釋文》：「眹，崔云：兆也。」

【今譯】抱朴子說：「一般只能看見事物粗略體貌的人，往往只見到事物的形貌，而只有能洞察事物精髓的人才能得其神髓。能看見事情發展全體大貌的人，必然可以推出所有的端緒，從中得到未發之事的預兆，而無須假借事物發生的原因才得知。所以白天看見天地間的現象，並不能堪稱是洞明之人，只有在夜間明察於毫末的細物，才能說是無與倫比的人才。」

抱朴子曰：「芳藻春耀，不能離柯以久鮮；吞舟之魚㈠，不能舍水而攝生。是以名美而實不副者，必無沒世之風㈡；位高而器不稱者㈢，不免致寇之敗㈣。」

【今註】 ㈠吞舟之魚：《韓詩外傳》說：「夫吞舟之魚大矣，蕩而我水，則為螻蟻所制，失其輔矣。」《呂氏春秋・審分覽・慎勢篇》說：「吞舟之魚，陸處則不勝螻蟻。」吞舟之魚，則指大魚，用吞舟比喻魚的大，足以把船隻吞沒。 ㈡沒世之風：《論語・衛靈公篇》說：「子曰：君子疾沒世而名不稱焉。」沒世之風，則指人死後能留名的遺風。 ㈢位高而器不稱者：《易經・繫辭・下》說：「子曰：德薄而位尊，……力小而任重，鮮不及矣。」 ㈣致寇之敗：《易經・繫辭・上》說：「負且乘，致寇至，盜之招也。」

【今譯】 抱朴子說：「芳香的藻類在春天裏展露出鮮耀的氣息，但是並不能離開樹枝而獨自鮮麗。能夠吞舟的大魚，並不能離開水中而生存。所以有美好的聲望而在實力上不符合的人，死後必定無法留下美名。居於高位而器量不符稱，就難免會有招來敵人的禍患而失敗。」

抱朴子曰：「忍痛苦之藥石者，所以除伐命之疾；嬰甲冑之重冷者，所以扞鋒鏑之集，潔操履之拘苦者，所以全拔萃之業。納拂心之至言者，所以無易方之惑也㊀。」

【今註】㊀所以無易方之惑也：《易經・恆卦・象傳》說：「雷風恆，君子以立不易方。」孔穎達《正義》說：「方，猶道也。」

【今譯】抱朴子說：「忍耐地吃下苦味的藥石，才可以除去傷伐性命的疾病。穿戴著重冷的甲冑，才可以抵擋鋒鏑的攻擊。能夠保持高潔的情操而又能吃苦履行的人，是成就功業的條件。能夠接受逆耳的至理之言，才不會有失策的疑惑。」

抱朴子曰：「鸞鳳競粒於庭場，則受褻於雞鶩㊀；龍麟雜廁於芻豢㊁，則見黷於六牲㊂。是以商老棲峻，以播逸世之操㊃；卞隨赴深，以全遺物之聲㊄。」

【今註】㊀則受褻於雞鶩：《太平御覽》卷九一五引《抱朴子》作：「則授辱於雞鶩也。」鶩，鴨。㊁芻豢：芻，為牛羊等草食的畜類。豢，則指穀食的犬豕之類。㊂六牲：指六種犧牲用的動物，即馬、牛、羊、豕、犬、雞等。《周禮・天官・膳夫》說：「凡王之饋，食用六穀，膳用六牲。」鄭玄《注》：「六牲，馬、牛、羊、豕、犬、雞也。」㊃商老棲峻，以播逸世之操：「逸」，魯藩本作「遯」。商老，則指商山四皓，為張良獻計請惠帝（當時是太子）迎請四皓，以鞏固太子之位。此四人當秦之世，避而入商雒深山，漢高祖劉邦建國，請人前往迎請，結果沒有達到目的。㊄卞隨赴深，以全遺物之聲：請參《抱朴子・外篇・逸民篇》注。

【今譯】抱朴子說：「鸞鳳在庭場中爭食著米粒，就會受雞鶩的欺侮，龍麟如果與一般的牲畜雜處，就會被六牲所排斥。所以商山四皓棲息在深山而能得到傳播遠世的情操美名，卞隨前赴深山之中而能保全遺形忘物的聲名。」

抱朴子曰：「浚井不渫，則泥㊀濘滋積。嘉穀不耘㊁，則荑莠彌蔓。學而不思，則疑閡實繁㊂。講而㊃不精，則長惑喪功。」

【今註】 ㊀浚井不渫，則泥：浚，古水名，今在河南省開封縣。或指深水，《詩經・小雅・小弁》說：「莫高匪山，莫浚匪泉。」毛《傳》說：「浚，深也。」泥，魯藩本作「混」。㊁嘉穀不耘：耘，魯藩本、《藏》本作「芸」。㊂學而不思，則疑閡實繁：《論語・為政篇》說：「子曰：學而不思則罔，思而不學則殆。」」㊃講而：魯藩本、《藏》本「而」作「肆」。

【今譯】 抱朴子說：「如果對於浚井不加以清理，經過長久的期間仍然會累積泥濘，如果能生產好的穀物的地方不加以耕耘，那麼就會雜草叢生。如果只顧學習而不加以思考，學問就會充滿疑惑而顯得繁瑣，講學的時候如果不能做到精要，那麼就會增加聽者的疑惑而失去應有的功效。」

抱朴子曰：「積萬金於篋匱㊀，雖㊁儉乏㊂而不用，則未知其有異於貧窶㊃。懷逸藻㊄於胸心㊅，不寄意㊆於翰素㊇，則未知其有別於庸猥㊈。」

【今註】 ㊀篋匱：音ㄑㄧㄝˋ ㄎㄨㄟˋ，稱「盛裝物品的『小箱』和『廚櫃』」。《韓詩外傳・卷十》：「商賈藏於篋匱。」匱，俗作「櫃」。㊁雖：和「若」、或「若或」相似。《論語・雍也篇》說：

「仁者，雖告之曰：『井有仁（仁人）焉。』」㊂儉乏：有「儉省和廢置」的意思。乏，作「廢」講。《戰國策・燕策・三》：「（田）光不敢以乏國事也。」㊃貧窶：作「貧窮簡陋」講。《管子・五輔篇》：「食饑渴，匡（救）貧窶。」窶，音ㄐㄩˋ，「又貧又陋」的意思。㊄逸藻：是說「超逸的辭藻或文思」。晉潘尼〈戴侍中銘〉說：「雅論（風雅的言論）弘博，逸藻波騰（奔騰）。」㊅胸心：如「心胸」相似，這裏作「胸懷中」講。㊆寄意：謂「寄託自己的心意」。唐李商隱《李義山詩集》卷四〈哭遂州蕭侍郎二十四韻〉：「青雲寧寄意，白骨始霑恩。」㊇翰素：謂「文札和書信」。素，本白色生絹，這裏猶「素書」（古人寫在白絹上的信）。〈飲馬長城窟行〉：「呼兒烹鯉魚，中有尺素書。」㊈庸猥：謂「庸人」和「猥人」，同指平庸凡夫之輩，詳見本篇前注。

【今譯】抱朴子說：「積聚了萬兩黃金，卻把它們收藏在箱子櫃子裏，如果因為儉省，閒置著不加運用，那和貧窮狹陋的人又有什麼分別。心胸中雖懷有超逸的文思和辭意，如果不用文字把它表達出來，那就很難讓人知曉，這和一個凡夫俗子又有什麼分別。」

抱朴子曰：「南威㊀、青琴㊁，姣冶㊂之極，而必俟盛飾㊃以增麗。回、賜、游、夏㊄，雖天才㊅雋朗㊆，而實須《墳》、《誥》㊇以廣智。」

【今註】㊀南威：是晉文公美姬南之威的省稱。《戰國策・魏策・二》：「晉文公得南之威，三日不聽朝（上朝聽政），遂推南之威而遠之，曰：『後世必有以色亡其國者。』」㊁青琴：古代的神女。《史記》卷一百一十七〈司馬相如列傳〉引〈上林賦〉：「若夫青琴、宓妃（傳說中洛水的女神）之徒（同類），絕殊（極度特出）離俗（遠離世俗標準）。」《索隱》引伏儼曰：「青琴，古神女也。」　㊂姣冶：「豔麗」的意思。　㊃盛飾：作「盛裝」（濃裝或麗抹）講。《左傳》昭公元年：「子晳（公孫黑）盛飾入。」　㊄回、賜、游、夏：顏回、子貢、子游、子夏都是孔子門徒中的俊才。依照《論語・先進篇》的記載，顏回以德行著稱；子夏以言語著稱；子游、子夏以文學著稱。　㊅天才：謂「天賦的才能」，這裏指「資質」。　㊆雋朗：謂才智「俊逸聰慧」。雋，音ㄐㄩㄣˋ，和「俊」或「儁」通，「才智出眾」的意思。　㊇《墳》、《誥》：指《三墳》（相傳是古書的名稱）和《尚書》裏的「告誡文字」（如〈仲虺之誥〉、〈康誥〉、〈酒誥〉等篇），後來轉作「古書」的通稱。

【今譯】抱朴子說：「晉文公美姬南威和古代的神女青琴，她們都艷麗非常，可是仍然需要經過一番盛裝濃抹，才能增加她們的美麗；顏回、子貢、子游、子夏，都是孔子傑出的門徒，他們實在仍須研讀古書《三墳》和《尚書》中的告誡文字。」

抱朴子曰：「丹幃接網㊀，組帳重蔭，則醜姿翳矣；朱漆致飾，錯塗炫燿，則枯木隱矣。是以六藝備則卑鄙化為君子，眾譽集則孤陋邈乎貴遊。」

【今註】　㊀丹幃接網：丹，紅色的意思。幃，指帳子，幔幕的意思。《晏子春秋・內篇練上》說：「合疏縷之幃，以成幃幕。」網，泛指網狀物。《楚辭・招魂》說：「網戶朱綴，刻方連些。」王逸《注》：「網戶，綺文鏤也。」五臣云：「織網於戶上，以朱色綴之。」

【今譯】抱朴子說：「在帳幕上綴上紅色的網，組合這些帳幕形成種種的隱蔽效果，就可以使不雅的姿態隱藏起來。用紅色的漆裝飾，並且錯綜的塗飾，則可以使已經枯槁的樹木隱蔽枯色而發出炫爛的光彩。所以聖人用六藝的教育來教導卑鄙的人使之成為君子。如果眾人的聲譽集中在一個人身上，那麼就算這個人孤陋也會成為高貴而受敬重的人。」

抱朴子曰：「繁林翳薈，則羽族雲萃；玄淵浩汗，則鱗群兢赴。德盛業廣㈠，則宅心者眾；舍瑕錄用，則遠懷近集。」

【今註】㈠德盛業廣：《百子》本無「盛」字。《易經・乾卦九三・文言傳》說：「君子進德脩業，忠信所以進德也。脩辭立其誠，所以居業也。」〈繫辭・上〉又說：「富有之謂大業，日新之謂盛德。」

【今譯】抱朴子說：「只要山林茂盛，那麼鳥類就會雲集於此處。只要水能深廣，那麼魚類就競相奔赴。如果一個人的德業廣盛，那麼敬重他的人就會多了。如果能不拘於小節的錄用於人，那麼就會使遠處的人懷念，近處的人加以追隨於他。」

抱朴子曰：「尋飛㈠絕景㈡之足，而不能騁逸放於呂梁㈢；淩波㈣泳淵㈤之屬，而不能陟峻而攀危。故離朱㈥剖秋毫㈦於百步，而不能辯八音㈧之雅俗；子野合㈨通靈㈩之絕響⑪，而不能指白黑⑫於咫尺⑬。」

【今註】 ㈠尋飛：有為了探幽訪勝、雖無固定目標卻要「東遊西訪」的意思。飛，作「無根而至」講。如《漢書》卷五十二〈灌夫傳〉：「乃有飛語為惡言聞上。」臣瓚曰：「（飛語）無根而至也。」又「飛短流長」的「飛」字和「流」字，也可如此講。㈡絕景：謂「極佳的風景」。《齊東野語》：「三高亭，天下絕景也。」和《抱朴子・外篇・文行篇》「雖有追風『絕景』之駿」句中的「絕景」作「奔走迅速」解，不同。㈢呂梁：是「山」和「大水」的名稱，在今山西省西部，黃河和汾河之間，東北西南走向。北接恆山，南到禹門口。《莊子・達生篇》：「孔子觀於呂梁，縣水（瀑布。縣，同「懸」）三十仞，流沫（帶有泡沫的水流）四十里，黿鼉魚鼈之所不能游也。」後魏酈道元《水經注》卷三〈河水〉：「河水左合，一水出善無縣故城西南八十里，其水西流，歷于呂梁之山而為呂梁洪。其山巖層岫衍（山穴寬廣），澗曲崖深，巨石崇竦（令人「尊崇肅敬」），壁立千仞，河流激盪，濤湧波襄，雷渀電洩，震天動地。昔呂梁未闢，河出孟門之上，蓋大禹所闢以通河也。司馬彪曰：呂梁在離石縣西，今于縣西歷山尋河，並無過阻，至是乃為河之巨險，即呂梁矣。」㈣淩波：一作「陵波」，是說「起伏的波濤」，這裏作「起伏於波浪之中」講。《文選》卷十二晉郭璞〈江賦〉：「撫淩波而鳧（音ㄈㄨˊ，水鴨）躍，吸翠霞而夭矯（飛騰的樣子）。」淩，同「凌」，有「升高」「渡越」的意思。㈤泳淵：作「浮沈於深淵之中」講。㈥離朱：或者就是莊子所說的「離朱」、孟子所說的「離婁」。據《孟子》趙岐《注》，離婁是黃帝時代能看百步之外「秋毫之末」的人。《莊子・駢拇篇》：「是故駢（有「贅生旁出」的意思。在這裡作「多餘」、或「濫用」講）於明者（視覺靈敏的人），亂五色（常常為青、黃、赤、白、黑五色所迷亂），淫（溺愛）文章（花紋采色），青黃黼黻（古禮服所刺繡、裝飾的各種文彩）之煌煌（「眼花撩亂」的樣子）非乎（不就是「為視覺所迷亂」嗎，或不就是「駢於明」嗎）？而（如）離朱是已（就是代表啊）。」《孟子・離婁篇上》：「離婁之明，公輸子（公輸般，魯巧匠）之巧，不以規矩，不能成方員（圓）。」㈦秋毫：秋天鳥獸新生的毛，末端又細又銳，叫做秋毫。毫，細長而尖銳的毛。㈧八音：金（鐘）、石（磬）、絲（絃）、竹（管）、匏（笙）、土（壎）、革（鼓）、木（柷敔，音ㄓㄨˋㄩˇ，形狀像方斗）八種樂器。《史記》卷一〈五帝本紀〉：「八音能諧（相互和諧），毋相奪倫（失掉了條理次序）。」《正義》：「八音：金、石、絲、竹、匏、土、革、木也。」㈨合：有「比擬」的意思。漢桓寬《鹽鐵論・論菑》：「夫道古者稽（考核）之今，言遠者合之近。」㈩通靈：有「神異」或「和神靈相通」的意思。《太平御覽》卷七四一引《續搜神記》：「李子豫少善醫方，當代稱其通靈。」㈡絕響：作「中斷」或「已散失的樂調」講，也泛稱「不可再見的流韻餘風」。《抱朴子・外篇・廣譬篇》：「聽者，料（推斷）興亡於遺音之絕響；明者，覿（音ㄉㄧˊ，「見」的意思）機理（政治變化）於玄微（神秘微妙）之末形。」㈢子野合通靈之絕響：作「師曠演奏『清徵』和『清角』兩支樂曲，能產生和神靈交通的效果」講。子野，春秋時代晉國樂師師曠的字。他生下來兩眼就看不見，但擅長分辨聲樂。事跡散見於《逸周書・太子晉》、《左傳》襄公十四年、《國語・晉語・八》、《孟子・離婁篇・上》、《呂氏春秋・長見篇》、和《韓非子・十過篇》。有一天，晉平公對師曠說：寡人所喜好的是音樂，很想聽聽你的演奏。師曠看看推託不過，就取過琴來演奏了一曲〈清徵〉。演奏第一闋的時候，只見十六隻活了兩千年羽毛變成黑色的鶴，從南方飛了過來，棲息在宮殿門廊的正樑上。彈奏第二闋的時候，這些鶴就一隻隻整整齊齊地排列起來。演奏第三闋，這些仙鳥就一面伸長頸項，一面張開翅膀舞動起來。……由於平公的要求，師曠又彈奏了一曲〈清角〉。第一闋才奏完，就發現一片黑色的雲從西北方湧現出來；演奏到第二闋，就颳起了大風，接著下起大雨來，把殿中懸掛著的帷幕都撕破，祭臺上俎豆祭器也一齊吹倒落地打碎，廊簷上的瓦片也一片片掀下來，……甚至引發晉國遭受了一場嚴重的旱災，接連三年，遍地寸草不生，連累平公自己也生了一場腰曲背隆、泌尿不通的病。㊂白黑：指對比分明的「白」「黑」兩色，和「緇素」（俗人和僧家）相似。僧徒一般穿黑色袈裟，故稱「緇徒」或「緇流」（緇，音ㄗ，黑色）。素，白色：俗眾可以穿白色衣服，因而用它來代替「俗人」。南朝梁慧皎《高僧傳》卷六〈晉釋智林與周顒書〉：「貧道捉（握）麈尾（僧道所執駝或鹿尾的長毛製成的拂塵。麈，音ㄓㄨˇ，鹿類）以來，四十餘年，東西講說，謬重（錯誤地看重）一時。其餘義統（徒眾以外所統屬的善男信女），頗見宗錄（仰慕採信），唯有此途，白黑無一人得（有如此成就）者。」㊃咫尺：八寸叫「咫」，八寸和一尺，比喻「距離很近」。《左傳》僖公九年：「天威（帝王的威嚴）不違（背離）顏（眉眼間的表情）咫尺，……敢不下拜！」

【今譯】抱朴子說：「一時還沒有固定的目標，為了探幽訪勝，整日裏東遊西訪，有能耐尋找絕佳風景去處的人；一旦走到呂梁山中，面對著『澗曲巖深，壁立千仞，河流激盪，濤湧波襄』的美景，常常不能展放閒適不羈的胸懷，加以盡情享受；在凶惡的波濤中能夠隨意起伏、在萬丈深淵中可以自由浮沉棲息生長的族類，往往不能攀登危巖絕壁、跋涉於高山峻嶺之中。由於這個道理，黃帝時代有神奇目力的離朱，能在百步以外把秋毫末端那般微細的物品看得清清楚楚，卻不能把鐘、磬、絃、管、笙、壎、鼓和柷敔八種樂器發出來的聲音分辨出雅俗來；春秋時代晉國的樂師師曠，能彈奏出失傳已久、幾可通神的樂調，卻無法指出近在眼前的人誰是僧徒、誰是俗眾？」

抱朴子曰：「四聰廣闢㈠，則羲和納景；萬仞虛己，則行潦交赴。故博采之道弘，則異聞畢集；庭燎之耀輝㈡，則奇士叩角㈢；誹謗之木設㈣，則有過必知；敢諫之鼓懸，則直言必獻。」

【今註】㈠四聰廣闢：《尚書・舜典》：「明四目，達四聰。」《偽孔傳》：「廣視聽於四方，使天下無壅塞。」《正義》曰：「既云明四目，不云聰四耳者，目視苦其不明，耳聽貴其及遠。明謂所見博，達謂聽至遠，二者互以相見。故傳總申其意，廣視聽於四方，使天下無壅塞，天子之聞見，在下必由近臣四岳親近之官，故與謀此事也。」㈡庭燎之耀輝：《說苑・尊賢篇》說：「齊桓公設庭燎，為士之欲造見者。期年而士不至。於是東野鄙人有以九九之術見者，桓公曰：『九九何足以見乎？』鄙人對曰：『臣非以九九為足以見也，臣聞主君設庭燎以待士，期年而士不至；夫士之所以不至者，以君天下賢君也，四方之士，皆自以論而不及君，故不至也。夫九九薄能耳，而君猶禮之，況賢於九九者乎？……』桓公曰：『善。』乃因禮之。期月，四方之士相攜而並至矣。」㈢奇士叩角：《呂氏春秋・離俗覽・舉難篇》說：「甯戚欲干齊桓公，窮困無以自進，於是為商旅，將任車以至齊，暮宿於郭門之外，桓公郊迎客，夜開門，辟任車，爝火甚盛，從者甚眾，甯戚飯牛居車下，望桓公而悲，擊牛角疾歌。桓公聞之，撫其僕之手，曰：『異哉，之歌者非常人也。』命後車載之。」㈣誹謗之木設：《呂氏春秋・不苟論・自知篇》說：「堯有欲諫之鼓，舜有誹謗之木。」

【今譯】抱朴子說：「能夠將四面的窗户打開，那麼太陽就會帶來一片光芒影像。能夠無限的虛懷若谷，就能使河水奔赴而來。所以能廣博的採納眾議便能弘揚，使一些難以聽聞的意見全部都蒐集起來。能夠設置求才的庭燎，那麼就會有奇異之士擊牛角而高歌以求干進。如果設置供人誹謗的設施，那麼只要誰犯有過錯就能知道，懸掛著敢諫的鼓，那麼就會有直言進獻的情況。」

抱朴子曰：「能言㊀莫不褒堯，而堯政不必皆得也；舉世莫不貶桀，而桀事不必盡失也㊁。故一條㊂之枯，不損繁林㊃之蓊藹㊄；蒿麥㊅冬生，無解畢發㊆之肅殺㊇。西施㊈有所惡，而不能滅其美者，美多也；嫫母㊉有所善，而不能救其醜者，醜篤⑪也⑫。」

【今註】 ㊀能言：作「能夠講說」、「善於言辭」講。《文選》卷十七陸機〈文賦〉：「蓋（大概）所（所有）能言者（能夠講說得出的），具於此（都已寫在這裏）云爾（如此而已）。」 ㊁以上四句，或因王充在《論衡．齊世篇》中的說辭而有所感發。王氏說：「孔子曰：『紂之不善，不若是之甚也。是以君子惡居下流，天下之惡皆歸焉。』世常以桀、紂與堯、舜相反，稱美則說堯、舜，言惡則舉桀、紂。孔子曰：『紂之不善，不若是之甚也。』則知堯、舜之德，不若是其盛也。堯、舜之禪、湯、武之誅，皆有天命，非優劣所能為，人事所能成也。」 ㊂條：是說「細長的樹枝」。《詩經．周南．汝墳》：「遵彼汝（汝水）墳（水邊），伐其條枚。」毛《傳》：「枝曰條，幹曰枚。」 ㊃繁林：是說「繁盛的樹林」。 ㊄蓊藹：音ㄨㄥˇ ㄞˇ，是說「茂密多蔭的樣子」。《晉書》卷五十五〈潘岳傳〉引〈閑居賦〉：「竹木蓊藹，靈果（極美的果實）參差。」 ㊅蒿麥：「蒿」，或為「蕎」的誤寫。蕎麥，植物名，蓼科。草本，莖赤色，葉三角形，有長柄。春夏間開小花，白色。子實成三稜形，磨製成粉，北方人多食用。 ㊆畢發：《承訓》本及《百子》本都作「觱（音ㄅㄧˋ，吹號角）

發」，有「風吹寒冷」的意思。《詩經・豳風・七月》：「一之日（指十月以後第一個月分那些日子，即十一月）觱發，二之日（十二月）栗烈（凜冽）。」毛《傳》：「觱發，風寒也。」 ㈧肅殺：有「酷烈摧敗」的意思。《文選》卷二張衡〈西京賦〉：「寒風肅殺。」 ㈨西施：指吳王夫差的美姬西施。《吳越春秋》卷九〈句踐陰謀外傳〉：「（越王）乃使相者（相士在……品選）國中，得苧蘿山鬻（音ㄩˋ，出賣）薪之女，曰西施、鄭旦，飾以羅縠（穿上羅布和縐紗衣裳），教以容步（儀容和步履），習於土城（模擬城市），臨於都巷（都市中的巷道之間），三年學服（穿著衣裝），而獻於吳。」 ⑩嫫母：或作「㑄母」，相傳是黃帝的醜妃，最為賢德。嫫，音ㄇㄛˊ。《荀子・賦篇》：「嫫母、力父（醜男子），是之喜也（這卻是讓人喜悅的）。」唐楊倞《注》：「嫫母，醜女，黃帝時人。」《漢書》卷二十〈古今人表〉第八：「㑄母，黃帝妃，生倉林。」《列女傳》：「黃帝妃嫫母於四妃之班居下，貌甚醜而最賢，心每自退（自我謙虛退讓）。」 ⑪篤：「厚」的意思。 ⑫以上四句：或出於《淮南子・說林篇》：「嫫母有所美，西施有所醜。」

【今譯】 抱朴子說：「能夠把心中的話完全說出來的人，沒一個不稱讚古代堯帝，可是要曉得堯這個人所做的每件事，未必沒有可以受人批評的地方；全世界的人沒一個不看輕、或貶低夏桀的為人，可是桀王所做的事，也未必全無是處。由於這個理由，偶然發現一棵大樹上有一條枯枝，並不影響那是一座茂密多蔭的樹林；冬天雖然有蕎麥在生長，可是仍然無法解除、減低北風寒冷所構成的一片肅殺之氣。吳王夫差的美姬西施，可能也有長得不十分端正勻稱的部位，可不會因此減低她的娟麗，理由是就全體而言，長得美好的部分究竟佔絕大部分；黃帝的醜妃嫫母，雖然具有種種的賢德，也難於改變她醜陋的形象，原因是大體說來，醜陋的成分比較厚重得多。」

抱朴子曰：「身與名難兩濟，功與神尠並全。支離其德者㈠，苦而必安；用以適世者，樂而多危。故鷙禽以奮擊拘縶㈡，言鳥以智慧見籠㈢，瓊瑤以符采剖判㈣，三金㈤以琦玩冶鑠，蘭茝以芬馨剪刈，文梓以含音受伐㈥。是以翠虯覩化益而登玄雲，靈鳳值孟戲而反丹穴㈦。子永歎天倫之偉㈧，漆園悲被繡之犧㈨。」

【今註】 ㈠支離其德者：支離，本指形體上的不完全，這裏用來指隱者的用心。㈡鷙禽以奮擊拘縶：鷙禽，指鷹鸇之類的飛禽。拘縶，指被人捕捉飼養。㈢言鳥以智慧見籠：言鳥，指會說話的鳥如鸚鵡之類的鳥。見籠，指會說話的鳥，往往因為它的智慧高於其他鳥類，而被人所飼養。㈣瓊瑤以符采剖判：瓊瑤，美玉的意思。剖判，指美玉之石為人所剖解，用以析出玉來。㈤三金：指金、銀、銅等三種金屬物質。㈥文梓以含音受伐：《楚辭・招魂》說：「鏗鍾搖簴，揳梓瑟些。」《淮南子・脩務篇》說：「山桐之琴，澗梓之腹。」高誘《注》說：「伐山桐以為琴，谿澗之梓以為腹。」㈦翠虯覩化益而登玄雲，靈鳳值孟戲而反丹穴：「糾」，魯藩本、《藏》本、《百子》本作「虬」。「化益」，為「伯益」之轉音。伯益，是大禹治水時的輔佐之臣。《淮南子・本經篇》說：「伯益作井，而龍登玄雲，神棲昆侖。」高誘《注》說：「伯益佐舜，初作井，鑿地而求水。龍知將決川谷漉陂池，恐見害，故登雲而去，棲其神於昆侖之山。」《太平御覽》卷九二九所引淮南子《注》說：「伯益，夏禹之佐也。初鑿井，泄地氣，以後必漉池而漁，故龍登玄雲，神棲崑崙。」孟戲，《史記》卷五〈秦本紀〉說：「大廉玄孫曰孟戲、中衍，鳥身人言。帝大戊聞而卜之使御。」丹穴，指鳳凰所棲山名。《太平御覽》卷九一五引《括地圖》：「孟戲，人首鳥身，其先為虞氏馴百禽。夏后之末世，民始食卵。孟戲去之，鳳凰隨焉止于此。山多竹，長千仞。鳳凰食竹實，孟戲食木實，去九疑萬八千里。」《山海經・南山經》說：「丹穴之山，……有鳥焉，其狀如雞，五采而文，名曰鳳皇。」㊇子永歎天倫之偉：子永，疑即《莊子・大宗師篇》裡的「子祀」。他五十四歲時得了傴僂病，彎腰駝背，肩膀高過頭頂，面頰隱在肚臍下，曾在友人面前感歎造物主的偉大，表現了順應自然的思想。㊈漆園悲被繡之犧：《莊子・列禦寇篇》說：「或聘於莊子。莊子應其使，曰：『子見夫犧牛乎？衣以文繡，食以芻菽，及其牽而入於大廟，雖欲為孤犢，其可得乎！』」

【今譯】抱朴子說：「養生和名譽是不能兩全的，而外在的事功和精神的保全是不能並存的。如果將他的德性保持在混沌的狀態，還是可以安定的。如果一定要配合時代的所趨，雖然可以得到暫時的安樂，但是卻也會產生許多的危險。所以鷙鳥因為它能夠用力的以翅膀拍擊，所以可以逃避拘禁。能夠說話的鳥類，即是因為它的智慧而被關在鳥籠之中。美玉因為它的華采而被人剖開，金銀銅三種金屬因為能滿足某一類玩樂的需要而被冶煉製造。芬芳的蘭草因為它的馨香而被割剪，能夠製成樂器的木柴因為具有音樂上的使用價值而被砍伐。所以龍見伯益挖井而恐怕見害，因此登雲而去，鳳凰看見人首鳥身的孟戲而返回丹穴之山。所以子永讚美感歎上天安排的秩序的偉大，莊子為披上錦繡作為祭品的犧牛感到悲傷。」

抱朴子曰：「萬麋傾角，猛虎為之含牙；千禽鱗萃，鷙鳥為之握爪。是以四國流言，公旦不能遏㊀；謗者盈路，而子產無以塞㊁。」

【今註】㈠四國流言，公旦不能遏：四國，指管叔之國、蔡叔之國，以及商、奄之國，共為四國。《詩經・豳風・破斧・小序》說：「破斧，美周公也，周大夫以惡四國焉。」毛《傳》：「惡四國者，惡其流言，毀周公也。」《詩經》又說：「既破我斧，又飲我斨。周公東征，四國是皇。」毛《傳》說：「四國，管、蔡、商、奄也。皇，匡也。」《尚書・金縢篇》說：「武王既喪，管叔及其群弟，乃流言於國，曰：『公將不利於孺子。』周公乃告二公曰：『我之弗辟，我無以告我先王。』周公居東二年，則罪人斯得。」㈡謗者盈路，而子產無以塞：《左傳》襄公三十年：「子產使都鄙有章，上下有服，田有封洫，廬井有伍。大人之忠儉者，從而與之；泰侈者因而斃之。……從政一年，輿人誦之，曰：『取我衣冠而褚之，取我田疇而伍之。孰殺子產，吾其與之。』及三年，又誦之曰：『我有子弟，子產誨之；我有田疇，子產殖之。子產而死，誰其嗣之？』」

【今譯】抱朴子說：「萬匹麋鹿相傾其角伸向前方，猛虎也會因此而收起獠牙；千隻鳥禽魚鱗般聚集在一起，猛禽也將為此縮握起利爪。所以說管、蔡、商、奄四國的流言，周公並無法阻止；滿街的批評毀謗，子產也同樣無法堵塞眾人的言論。」

抱朴子曰：「威、施之豔㈠，粉黛無以加；二至之氣㈡，吹噓㈢不能增。是以懷英逸之量者，不務風格以示異；體邈俗之器者，不恤小譽以徇通。」

【今註】㈠威、施之豔：威，指南威。施，指西施。兩人同為傾國傾城的美女。㈡二至之氣：二至，指冬至和夏至兩種節氣。㈢吹噓：魯藩本作「吹呼」。噓，與「吹」的意思相同。

【今譯】抱朴子說：「南威、西施艷麗容貌，是粉黛所無以復加的。而冬至夏至的節氣，是人的吹氣所不能增益的。所以懷有英逸的器量之士，並不圖務與眾不同的個人風格。異於俗人的氣器之士，並不會因為某些小小的毀譽而媚俗的。」

抱朴子曰：「鱗止鳳儀㊀，所患在少；狐鳴梟呼，世忌其多。是以俊乂盈朝，而求賢者未倦；讒佞作威，而忠貞者切齒。」

【今註】㊀鱗止鳳儀：「鱗止」，《百子》本作「麟趾」。鳳儀，是《尚書・益稷》所說的「鳳皇來儀」，是一種祥瑞的徵兆。《尚書・益稷》說：「簫韶九成，鳳皇來儀。」孔《傳》「雄曰鳳、雌曰皇」，並將「儀」作「有容儀」解。

【今譯】抱朴子說：「鱗止和鳳鳥的儀容，世人都認為出現得太少。而狐狸的鳴叫與梟鳥的呼聲，世人都認為忌諱太多。所以俊傑之士雖然已經盈滿在朝，而君王求賢的心仍未停止。讒佞之言狐假虎威，是忠貞之士所咬牙切齒的作為。」

抱朴子曰：「多力何必孟賁、烏獲㊀，逸容豈唯鄭旦、毛嬙㊁。飆迅非徒騂騮、驌騻㊂。立斷未獨沈閭、干將㊃。是以能立素王之業者㊄，不必東魯之丘㊅。能洽掩枯之仁者㊆，不必西鄰之昌㊇。」

【今註】㊀孟賁、烏獲：孟賁，指戰國時代的衛國勇士。《孟子・公孫丑篇・上》說：「若是，則夫子過孟賁遠矣。」《史記》卷七十九〈范睢蔡澤列傳〉：「成荊、孟賁、王慶忌、夏育之勇焉而死。」裴駰《集解》引許慎說：「孟賁，衛人。」《史記》卷五〈秦本紀〉說：「武王有力好戲，力士任鄙、烏獲、孟說，皆至大官。」瀧川龜太郎《史記會注考證》：「烏獲見《商君書》《孟子》，先於秦武，蓋稱力士為烏獲，猶稱相馬者為伯樂，稱治疾者為扁鵲，秦武力士，必別有姓名。」 ㊁鄭旦、毛嬙：鄭旦和毛嬙同是美女。 ㊂騏騮、驌驦：騏騮，周穆王八駿之一。驌驦，參見《抱朴子・外篇・官理篇》注。 ㊃沈閭、干將：沈閭、干將，都是寶劍的名字。《越絕書》卷十一〈越絕外傳記寶劍〉說：「吳王闔廬之時，得其勝邪、魚腸、湛盧……湛盧之劍，去之如水，行秦過楚，楚王臥而寤，得吳王湛盧之劍，將首魁漂而存焉，秦王聞而求不得，興師擊楚，曰與我湛盧之劍，還師去汝，楚王不與。」《荀子・性惡篇》說：「闔閭之干將、莫邪、鉅闕、辟閭，此皆古之良劍也。」《吳越春秋》卷四〈闔閭內傳第四〉說：「闔閭……請干將鑄作名劍二枚，干將者吳人也，與歐冶子同師，俱能為劍，……一曰干將，二曰莫耶。莫耶，干將之妻也。干將作劍，采五山之鐵，精六合之金英，候天伺地，陰陽同光，百神臨觀，天氣下降，而金鐵之精，不銷淪流，……於是干將妻乃斷髮剪爪，投於爐中，使童女童男三百人，鼓橐裝炭，金鐵乃濡，遂以成劍。」 ㊄能立素王之業者：素王，指孔子，雖無王爵之名，然而他的思想卻能影響後世，而成為主導的地位，所以稱作是素王。 ㊅東魯之丘：東魯，是孔子的出生地。丘，指的是孔子。 ㊆能洽掩枯之仁者：《呂氏春秋・孟冬紀・異用篇》說：「周文王使人抇池，得死人之骸，吏以聞於文王。文王曰：『更葬之。』吏曰：『此無主矣。』文王曰：『有天下者天下之主也，有一國者一國之主也，今我非其主也。』遂令吏以衣棺更葬之。天下聞之，曰：『文王賢矣，澤及髊骨，又況於人乎！』」《後漢書》卷六〈孝質帝紀〉說：「昔文王葬枯骨，人賴其德。」㈧西鄰之昌：指周文王。

【今譯】抱朴子說：「力氣大的人，何必一定要是孟賁、烏獲這樣的力士，飄逸的容貌難道一定要是鄭旦、毛嬙之類的人才稱得上嗎？行走快速的，也不一定要是驊騮、驌騻這樣的快馬。能夠立刻切斷金屬的也不一定要是沈閭、干將這樣的寶劍。所以能夠立下孔子素王貢獻的人，不必是東魯孔丘。能夠埋葬枯骨的仁德作為，也不一定要文王姬昌才能作到。」

抱朴子曰：「靈鳳振響於朝陽㈠，未有惠物之益，而莫不澄聽於下風焉；鴟梟宵集於垣宇㈡，未有分釐㈢之損，而莫不掩耳而注鏑焉。故善言之往㈣，無遠不悅；惡辭之來，靡近不忤。猶日月㈤無謝於貞明，枉矢㈥見忘於暫出。」

【今註】㈠靈鳳振響於朝陽：朝陽，指山的東側。《爾雅・釋山》說：「山西曰夕陽，山東曰朝陽。」《詩經・大雅・卷阿》：「鳳皇鳴矣，于彼高岡；梧桐生矣，于彼朝陽。」鄭玄《箋》云：「鳳皇鳴于山脊之上者，居高視下，觀可集止，喻賢者待禮乃行，翔而後集。梧桐生者，猶明君出也。生於朝陽者，被溫仁之氣，亦君德也。鳳皇之性，非梧桐不棲，非竹實不食。」㈡鴟梟宵集於垣宇：鴟梟，是一種惡鳥的名稱。《詩經・大雅・瞻卬》說：「懿厥哲婦，為梟為鴟。」鄭玄《箋》：「梟鴟，惡聲之鳥。」《顏氏家訓・勉學篇》說：「人疾之如讎敵，惡之如鴟梟。」㈢釐：釐，《藏》本作「厘」。㈣故善言之往：《易經・繫辭・上》說：「子曰：君子居其室，出其言善，則千里之外應之，況其邇者乎？居其室，出其言不善，則千里之外違之，況其邇者乎？」㈤日月：

《易經·繫辭·下》說：「日月之道，貞明者也。」　㈥枉矢：是用一種大箭的名稱來稱謂的星座之名，只要看它下流於地，人間就會有凶劫，發生如災荒或刀兵戰亂的劫難。《春秋元命苞》：「黃之亡也，民流亡。」《春秋潛潭巴》：「枉矢黑，軍士不勇，疾流尰。」

【今譯】抱朴子說：「鳳凰在早晨的日出之時鳴叫，雖然並沒有對萬物產生明顯的助益，但是萬物沒有不甘居於下風的。鴟梟群集停在屋宇，雖然對人毫無損傷，但是看見的人，沒有不趕快摀住耳朵避免聽到它的叫聲，並且想用箭把它們射擊下來的。所以說，人們對於善言，雖然是在遙遠之處，也無不喜悅的接受，對於惡言，雖然是在周遭的人，也無不感到不快。就如同日月不會停止常明的特性，而弓箭在發射的當時，並沒有辦法用時間來計量。」

抱朴子曰：「影無違形之狀，名無離實之文。故背㈠源之水，必不能揚長流以東漸；非時之華，必不能稽輝藻於冰霜。」

【今註】　㈠背：《百子》本無「背」字。

【今譯】　抱朴子說：「影子的形狀不會違背形體而成立，聲名也不能離開實質的內涵。所以說離開源頭的水，必定沒有辦法源遠流長。在不恰當時期所開的花，必定不能在冰霜之中發放光輝。」

抱朴子曰：「鋸牙之獸，雖低伏而見憚；揮斧之蟲㈠，雖跧形而不威㈡。故君子被褐，窮而不可輕㈢；小人軒冕㈣，達而不足重。」

【今註】㊀揮斧之蟲：指螳螂。《莊子・人間世篇》說：「蘧伯玉曰：……汝不知夫螳蜋乎？怒其臂以當車轍，不知其不能勝任也。」㊁雖跧形而不威：跧，伏地行走的意思。㊂故君子被褐，窮而不可輕：被褐，指粗布的衣服。老子《道德經・第七十章》：「知我者希，則我者貴。是以聖人被褐懷玉。」㊃小人軒冕：軒，指大夫乘坐的車子。冕，指大夫以上的頭冠。

【今譯】抱朴子說：「被鋸掉牙齒的獸類，雖然低伏在地，但是見者仍然會產生恐怖的心理。能夠具備揮動利斧的蟲類，即使形體完整也不會讓人察覺出它的威風。所以君子在穿著粗布的貧窮之時，我們不能對他加以輕視，而小人正當居有高位的時候，卻不值得今人加以重視。」

抱朴子曰：「逸麟逍㊀遥大荒之表，故無機穽之禍；靈鶬㊁振翅玄圃㊂之峰，以違罩羅之患。何必曲穴而永懷怵惕㊃？何必銜蘆而慘慘畏容㊄？故充乎宰割之用者，必愛乎芻豢者也；給乎煎熬之膳者㊅，必安乎庭立者也。」

【今註】㊀逍：魯藩本作「道」。㊁靈鶬：鶬，是一種畦色的雁鳥。郝懿行《爾雅義疏・下之五・釋鳥第十七》說：「《列子・湯問篇》云：『蒲且子連雙鶬於青雲之際。』」《史記・司馬相如傳・正義》引司馬彪云：『鶬似雁而黑，亦呼為鶬括。』顏師古《漢書・注》：『鶬鴰，今關西呼為鴰鹿，山東通謂之鶬，鄙俗名為錯落，又謂鴰捋。鴰捋，鴰鹿，皆象其鳴聲也。』按捋鹿聲相轉，今萊陽人謂之老鶬，南方人謂之鶬雞。雞、鴰聲亦相轉。」㊂玄圃：玄圃，為傳說中天帝的下都，在今崑崙山的西北方。㊃曲穴而永懷怵惕：《淮南子・脩務篇》說：「螘知為垤，貛貉為曲穴。」《抱朴子・外篇・詰鮑篇》說：「貛曲其穴，以備徑至之鋒；水牛結陣，以卻虎豹之暴。」㊄銜蘆而慘慘畏容：「慘慘」，指傷心的狀態。「容」，《百子》本作「咎」。《尸子》說：「鴈銜蘆而捍網，牛結陣以卻虎。」《文選》卷四晉左思〈蜀都賦〉說：「晨鳧旦至，候鴈銜蘆。」李善《注》：「鴈，候時南北，故曰候鴈。銜蘆以禦繒繳，令不得截其翼也。淮南子曰：鴈銜蘆而翔，以備繒繳。」㊅煎熬之膳者：指經過烹煮、美味的食物。

【今譯】抱朴子說：「有逸氣的麒麟身居在荒漠廣大之地，所以沒有人類設置機關捕捉的危機。靈鶬在崑崙之峰頂展翅而飛，可以避免天羅地網的危險。所以人何以因為暫時的委曲而懷著悲傷的心情，何必在貧窮的時候而透露出慘慘的哀容。所以被當作是宰割烹飪用途的，一定會喜歡吃被人飼養的豬，供人煎熬的膳食中，一定會有在庭中站立為人飼養的鳥禽。」

抱朴子曰：「聽者貴於理遺音於千載之外㊀，而得興亡之跡；明者珍於鑒逸群於寒瘁之中，而抽匡世之器。若夫聆繁會之響，而顧問於庸工，非延州之清聽也；枉英遠之才，而諮之於常人，非獨見之奇識㊁也。故與不賞物者而論用凌儕之器，是使瞽者指五色也；與妬勝己者而謀舉疾惡之賢，是與狐議治裘㊂也。」

【今註】㊀聽者貴於理遺音於千載之外：指季札善於洞察音樂，從音樂的特質作為判斷某國域或地區的興振與衰亡，並可預言其將來之命運。《左傳》襄公二十九年：「吳公子札來聘，……請觀於周樂。使工為之歌〈周南〉、〈召南〉，曰：『美哉！始基之矣，猶未也，然勤而不怨矣。』……為之歌〈豳〉，曰：『美哉！蕩乎！樂而不淫，其周公之東乎！』為之樂〈秦〉，曰：『此謂之夏聲。夫能夏則大，大之至也，其周之舊乎！』為之歌〈魏〉，曰：『美哉，渢渢乎！大而婉，險而易行，以德輔此，則明主也。』為之歌〈唐〉，曰：『思深哉！其有陶唐氏之遺民乎！不然，何其憂之遠也？非令德之後，誰能若是？』為之歌〈陳〉，曰：『國無主，其能久乎！』……為之歌〈小雅〉，曰：『美哉！思而不貳，怨而不言，其周德之衰乎？猶有先王之遺民焉。』為之歌〈大雅〉，曰：『廣哉！熙熙乎！曲而有直體，其文王之德乎！』」 ㈡獨見之奇識：指獨到的見解和奇妙的見識。 ㈢與狐議治裘：《潛夫論．述赦篇》第十六說：「然則是皆接私計以論公政也。與狐議裘，無時焉可！」蓋相傳有是言。《太平御覽》卷二百八引《符子》云：「魯侯欲以孔子為司徒，將召三桓而議之。……左丘明曰：『周人有愛裘而好珍羞，欲為千金之裘，而與狐謀其皮；欲具少牢之珍，而與羊謀其羞。言未卒，狐相率逃於重丘之下，羊相呼藏於深林之中。……周人之謀失之矣。今君欲以孔丘為司徒，召三桓而議之，亦以狐謀裘，與羊謀羞哉！』」

【今譯】 抱朴子說：「一個耳力特好的人，就可貴在他能聽見千年以外的聲音，對於國家的興亡之跡，能有所預知。一個眼力好的人，就可貴在他能在寒瘁的群眾之中，洞察出稀世的逸才，而揀取出治世的人才。如果只是聽到一些雜亂無章的聲音，而反問於庸俗的工匠，這絕不是一個善聽之人。錯過了英遠的人才，而諮詢於一般常人，可見得這個人絕對不是具有獨特見識的人。所以和不會賞識器物的人高談貴重的器皿，因為這樣的行逕，無異於是對一個盲人手指五色與他說明。和嫉忌自己才能的人謀害所共同嫉惡的賢才，這類的行為和周人以少牢的珍品與狐狸商量交換它身上的皮，是一樣愚昧的。」

抱朴子曰：「驫駮㈠危苦於嶮峻之端，不樂咈守㈡之役；吉光㈢飢渴於冰霜之野，不願犧牲之飽。孤竹㈣不以絕粒，易鹿臺之富；子廉不以困匱㈤，質銅山之豐。」

【今註】 ㈠驫駮：魯藩本作「驫駿」。驫，野馬的意思。駮，指白身黑尾的馬匹。《山海經》卷二〈西山經〉說：「中曲之山，……有獸焉，其狀如馬，而白身黑尾，一角，虎牙爪，音如鼓音，其名曰駮。」 ㈡不樂咈守：「咈守」，魯藩本作「咈呼」。咈守，違逆、乖戾的意思。《尚書・微子》說：「咈其耇長，舊有位人。」孔《傳》說：「違戾耇老之長。」 ㈢吉光：神馬的名稱。《山海經》卷十二〈海內北經〉：「名曰吉量。」郭璞《注》：「《周書》曰：『犬戎文馬赤鬣白身，目若黃金，名曰吉黃之乘。』」《符瑞圖》說：「車馬有節，則見騰黃，騰黃者神馬也。其色黃，一名乘黃，亦曰飛黃，或曰吉黃，或曰翠黃，一名紫黃，其狀如狐，背上有兩角，出白氏之國，乘之壽三千歲。」 ㈣孤竹：指伯夷、叔齊。伯夷、叔齊為孤竹君二子。 ㈤子廉不以困匱：《漢書》卷七十七〈何並傳〉說：「何並，字子廉，……性清廉，妻子不至官舍。……疾病，召丞掾作先令書曰：『告子恢，吾生素餐日久，死雖當得法賻，勿受。葬為小槨，亶容下棺。』恢如父言。」子廉是西漢何並的字。何並為官清廉，平常不讓妻子到官舍來，在病篤的時候，交待他的兒子予以薄葬。

【今譯】 抱朴子說：「野馬寧可在險峻山峰的上頭身受勞苦，也不願身受違逆的苦役。吉光這樣的神馬，寧可在冰霜之地忍受飢渴，也不願貪圖犧牲的供養。伯夷、叔齊並不會以絕食的志節，而想要換得紂王的財寶，子廉也不因為困乏而仍在臨死之前交待他的兒子予以薄葬。」

抱朴子曰：「志合者不以山海為遠，道乖者不以咫尺為近。故有跋涉而游集，亦或密邇而不接。」

【今譯】抱朴子說：「志同道合的人，不會因為山海之隔而覺得相隔遥遠。背離真理的人，不會因為咫尺的距離互覺相契。所以有跋涉千里的交遊，也有雖然外表狀似親密而實際上是互不了解的。」

抱朴子曰：「華袞㈠粲爛，非隻色之功；嵩、岱㈡之峻，非一簣之積。故九子任而康凝之績熙㈢，四七授而佐命勳著㈣。」

【今註】㈠華袞：指王侯之服。㈡嵩、岱：指嵩山和泰山。㈢九子任而康凝之績熙：九子，指堯臣下的禹、皋陶、稷、契、伯夷、箠、益、夔、龍九人。《淮南子・道應篇》說：「昔堯之佐九人，舜之佐七人，武王之佐五人，堯、舜、武王，於九七五者，不能不事焉，然而垂拱受成功焉，善乘人之資也。」《尚書・益稷》說：「股肱良哉，庶事康哉。」〈皋陶謨〉說：「庶績其凝。」王引之說：「家大人曰：喜也，起也，熙也，皆興也，……〈堯典〉庶績咸熙，《史記》作眾功皆興，……是喜與熙，皆有興起之義。」康凝之庶績，指國家的中興政事尚未完成，名位大臣要積極的為國家政事積極努力的意思。㈣四七授而佐命勳著：此句是指後漢明帝時，光武帝有佐臣二十八人再度中興漢朝的故事。《後漢書》卷二十二〈朱、景、王、杜、馬、劉、傅、堅、馬列傳〉論曰：「中興二十八將，前世以為上應二十八宿，未之詳也。然咸能感會風雲，奮其智勇，稱為佐命，亦各志能之士也。……永平中，顯宗追感前世功臣，乃圖畫二十八將於南宮雲臺，其外又有王常、李通、竇融、卓茂，合三十二人。」四七，是二十八將的意思，指鄧禹、馬成、吳漢、王梁、賈復、陳俊、耿弇、杜茂、寇恂、傅俊、岑彭、堅鐔、馮異、王霸、朱祐、任光、祭遵、李忠、景丹、萬脩、蓋延、邳彤、銚期、劉植、耿純、臧宮、馬武、劉隆等二十八人。《文選》卷三張衡〈東京賦〉說：「授鉞四七，共工是除。」李善《注》：「授，與也。鉞，斧鉞也。四七，二十八將也。共工，霸天下者，以喻王莽也。」

【今譯】 抱朴子說：「美麗的衣服雖然光彩奪人，但是這絕非某一種單樣顏色的功勞。嵩山和泰山的高峻，也絕不是某一簣土堆所能形成的。所以堯帝時代的賢臣九人可以擔任政治上的中興大任，漢光武帝有佐命之臣二十八人，可以創立炳著的功業。」

抱朴子曰：「翠虯無翅而天飛，螣蛇無足而電鶩㈠，鼈無耳而善聞㈡，蚓無口而揚聲㈢。故皋繇喑而與辯者同功，晉野瞽而與離朱齊明㈣。」

【今註】 ㈠螣蛇無足而電鶩：螣蛇，又作「騰蛇」，是龍類的一種。《荀子．勸學篇》說：「螣蛇無足而飛，梧鼠五技而窮。」 ㈡鼈無耳而善聞：《淮南子．說林篇》說：「鼈無耳而目不可以瞥，精于明也。」 ㈢蚓無口而揚聲：崔豹《古今注》說：「蚯蚓一名蜿蟺，一名曲蟺，善長吟於地中，江東謂為歌女，或謂鳴砌。」 ㈣「故皋繇喑而與辯者同功」二句：皋陶，是嬴姓族的祖先，主掌刑罰的司神。《淮南子．主術篇》說：「皋陶瘖而為大理，天下無虐刑，有貴於言者也。師曠瞽而為太宰，晉無亂政，有貴於見者也。」高誘《注》曰：「雖瘖，平獄理訟，能得人之情，故貴於多言者也。雖盲而大治晉國，使無有亂政，故貴於有所見。」

【今譯】抱朴子說：「翠虯雖然沒有翅膀而卻能在天上飛行，螣蛇雖然沒有腳足，但是卻也能如電般的飛馳。𪓟雖然沒有耳朵的感官卻能善盡聽聞之能事，蚯蚓雖然沒有嘴巴卻能發出聲音來。所以皋陶不必說話而就和善辯的人達到同等的功效。晉國子野雖然眼睛不見，卻和離朱這樣具有極好視力的有相同的眼力。」

抱朴子曰：「官達者，才未必當其位；譽美者，實未必副其名。故鋸齒不能咀嚼，箕舌不能別味，壺耳不能理音，㞗鼻不能識氣，釜目不能攎望舒㊀之景，牀足不能有尋常之逝。」

【今註】㊀望舒：請參〈廣譬篇〉注。

【今譯】抱朴子說：「官位顯達的人，未必能稱職。榮譽加諸於身的人，未必能夠名符於實。所以鋸掉牙齒的人不能夠再行咀嚼食物，舌大如箕的人，也不能辨別食物的味道。茶壺的耳朵並不能了解音樂的性質，蹻鼻的人不能識別氣味。眼睛有障礙的人，不能看見舒闊的景物，而牀腳不能有尋常事物消逝的情況。」

抱朴子曰：「路人不能挽勁命中，而識養由之射㊀；顏子不能控轡振策，而知東野之敗㊁。故有不能下棊，而經目識勝負；不能徽絃，而過耳解鄭雅者㊂。」

【今註】㊀路人不能挽勁命中，而識養由之射：《戰國策・西周》說：「楚有養由基者，善射：去柳葉者百步而射之，百發百中。左右皆曰：善。有一人過曰善射，可教射也矣。養由基曰：人皆曰善，子乃曰可教射，子何不代我射之也。客曰：我不能教子支左屈右。夫射柳葉者，百發百中，而不已善息，少焉氣力倦，弓撥矢拘，一發不中，前功盡矣。」養由，為春秋時代楚國的名射手。路人，指旅遊過客。㈡顏子不能控轡振策，而知東野之敗：顏子，指孔子的弟子顏回。《荀子・哀公篇》說：「定公問於顏淵曰：『子亦聞東野畢之善馭乎？』顏淵對曰：『善則善矣！雖然，其馬將失。』定公不悅，入謂左右曰：『君子固讒人乎！』三日而校來謁，曰：『東野畢之馬失。兩驂列，兩服入廄。』定公曰：『……不識吾子何以知之？』顏淵對曰：『臣以政知之。昔舜巧於使民，而造父巧於使馬；舜不窮其民，造父不窮其馬；是以舜無失民，造父無失馬也。今東野畢之馭，上車執轡銜，體正矣；步驟馳騁，朝禮畢矣；歷險致遠，馬力盡矣。然猶求馬不已，是以知之也。』」這個典故，在《莊子・達生篇》也有記載。㈢不能徽絃，而過耳解鄭雅者：鄭聲即古人所理解的淫靡之音。《論語・陽貨篇》說：「惡鄭聲之亂雅樂也。」

【今譯】 抱朴子說：「路邊的人雖然不能挽勁命中但卻能知道養由射箭的技術，顏回雖然不能操控馬轡，但卻預知東野失敗的結果。所以也有不會下棋的人，只要用眼睛判斷，就可以知道兩方的勝負，不會撥絃的人只要聽到音樂就知道什麼是鄭雅之音。」

抱朴子曰：「垂陰萬畝者，必出峻極之嶺；滔天襄陵者㈠，必發板桐㈡之源。逸世之勳，必由㈢絕倫之器；定傾之算，必吐冠俗之懷。是以蟭螟之巢，無乘風之羽㈣；溝澮之中，無宵朗之琦。」

【今註】㊀滔天襄陵者：《尚書・堯典》說：「湯湯洪水方割，蕩蕩懷山襄陵，浩浩滔天。」《偽孔傳》說：「襄，上也。包山上陵，浩浩盛大若漫天。」《尚書・益稷》說：「洪水滔天，浩浩懷山襄陵，下民昏墊。」㊁板桐：《淮南子・地形篇》說：「縣圃、涼風、樊桐，在昆侖閶闔之中，是其疏圃。疏圃之池，浸之黃水。黃水三周復其原，是謂丹水，飲之不死。河水出昆侖東北陬，貫渤海，入禹所導積石山。」高誘《注》：「縣圃、涼風、樊桐，皆昆侖之山名也。樊讀如麥飯之飯。」板桐，則指崑崙山，板桐，為崑崙之轉音。㊂由：《百子》本作「有」字。㊃蟭螟之巢，無乘風之羽：蟭螟，指極小的蚊蟲。乘風，指大鵬鳥扶搖而飛。《抱朴子・外篇・刺驕篇》說：「蟭螟屯蚊眉之中，而笑彌天之大鵬。」《晏子春秋・外篇・八》說：「景公問晏子曰：『天下有極大乎？』晏子對曰：『有。（鵬）足游浮雲，背淩蒼天，尾偃天間，躍啄北海，頸尾咳于天地乎？然而漻漻不知六翮之所在。』公曰：『天下有極細乎？』晏子對曰：『有。東海有蟲，巢於蟁（俗作「蚊」）睫，再乳再飛，而蟁不為驚。臣嬰不知其名，而東海漁者命曰焦冥。』」《列子・湯問篇》說：「終北之北有溟海者，天池也，……有鳥焉，其名為鵬，翼若垂天之雲，其體稱焉。……江浦之間生麼蟲，其名曰焦螟，群飛而集于蚊睫，弗相觸也。栖宿去來，蚊弗覺也。離朱、子羽方晝拭眥揚眉而望之，弗見其形，觚俞、師曠方夜擿耳俛首而聽之，弗聞其聲。唯黃帝與容成子居空峒之上，同齋三月，心死形廢；徐以神視，塊然見之，若嵩山之阿；徐以氣聽，砰然聞之，若雷霆之聲。」《莊子・逍遙遊篇》說：「風之積也不厚，則其負大翼也無力。故九萬里，則風斯在下矣，而後乃今培風背，負青天而莫之夭閼者。」

【今譯】抱朴子說：「在萬畝的田地中有著豐茂高垂的植物，就知道是出自於崇迴的峻嶺。水劫浩大的水流，必定是從板桐之地所發源而來的。所以能夠創下久遠流長的功業之人，必定是具有一般常人無以倫匹的器識之人。能夠在思維之間判定政事無誤的決斷之人，必定是那種擁有冠世胸襟的人。所以蟭螟只能在它的巢穴生活，並不能有乘風的羽翅。在田裡的水溝中，根本就不可能會有夜明的美玉。」

抱朴子曰：「衝飆焚輪㈠，原火所以增熾也，而螢燭值之而反滅；甘雨膏澤，嘉生所以繁榮也，而枯木得之以速朽。朱輪華轂，俊民之大寶㈡也，而負乘㈢竊之而召禍。鼎食㈣萬鍾，宣力㈤之弘報也，而近才受之以覆餗㈥。」

【今註】㈠焚輪：指暴風。㈡俊民之大寶：俊民，指傑出的人才。大寶，則指官位。《易經・繫辭・下》說：「聖人之大寶曰位。」㈢負乘：請參〈名實篇〉注。㈣鼎食：指富貴人家的食物。㈤宣力：請參〈審舉篇〉注。㈥近才受之以覆餗：《易經・鼎卦・九四・爻辭》說：「鼎折足，覆公餗，其形渥，凶。」王弼《注》：「處上體之下，而又應初，既承且施，非已所堪，故曰：鼎折足也。初已出否，至四所盛，則已潔矣，故曰：覆公餗也。渥，沾濡之貌也。既覆公餗，體為渥沾，知小謀大，不堪其任，受其至辱，災及其身，故曰其形渥凶也。」指為政者知小而謀大，不堪其任，受其至辱的意思。

【今譯】抱朴子說：「狂暴的大風，是燎原之中所以增加火勢的原因，而如果只是遇見螢燭般的小火，那就反而會使火勢熄滅。所以甘雨膏澤是植物所以繁茂生長的養分，而已經枯萎的樹碰到了它，反而會加速的枯槁。官祿職位，是賢明之士實現抱負的法寶，然而小人佔據了它只能招來禍殃；鐘鳴鼎食、俸祿萬鍾，是賢者效力後所得的報償，而淺近之士享用它就會出現危難的局面。」

抱朴子曰：「屠犀為甲，給乎專征之服；裂翠為華，集乎后妃之首。雖出幽谷，遷于喬木㊀，然為二物㊁之計，未若棲竄於林薄，攝生乎榛藪也。故靈龜寧曳尾於塗中㊂，而不願巾笥之寶；澤雉樂十步之啄㊃，以違雞鶩之禍㊄。」

【今註】㊀雖出幽谷，遷于喬木：《詩經・小雅・伐木》說：「伐木丁丁，鳥鳴嚶嚶；出自幽谷，遷于喬木。」㊁二物：指屠犀為甲、裂翠為華二物。㊂靈龜寧曳尾於塗中：《莊子・秋水篇》說：「莊子釣於濮水，楚王使大夫二往先焉，曰：『願以境內累矣！』莊子持竿不顧，曰：『吾聞楚有神龜，死已三千歲矣，王巾笥而藏之廟堂之上，此龜者，寧其死為留骨而貴乎？寧其生而曳尾於塗中乎？』二大夫曰：『寧生而曳尾塗中。』莊子曰：『往矣！吾將曳尾於塗中。』」此句意謂寧可逍遥如烏龜曳尾於塗中，也不願當隻受富貴所困綁不得自在的死龜。㊃澤雉樂十步之啄：《莊子・養生主篇》說：「澤雉十步一啄，百步一飲，不蘄畜乎樊中。」郭象《注》：「蘄，求也。樊，所以籠雉也。夫俯仰乎天地之間，逍遥乎自得之場，固養生之妙處也。又何求於入籠而服養哉！」指河邊的小雉，可以自由自在尋找食物，不需要被困在籠子之中。㊄以違雞鶩之禍：指飲食無憂而被困於鳥籠的雞鴨。

【今譯】抱朴子說：「屠殺犀牛而作為盔甲，用來供給兵士作戰使用，割裂翠玉為美麗的首飾，而集中為后妃穿戴的頭飾。雖然這兩樣事物都是出自於幽深的山谷之中，從喬木上擷取而來，但是這樣物品的受人計量使用，還不如棲息在山林之間，使自己還能在繁茂的山林中繼續生長。所以靈龜寧可在泥塗之中曳搖著尾巴，也不願成為供人祭祀的寶物。寧可當作水邊的雉鳥而喜於十步之啄，才可以避免受人飼養的雞鴨遭人殺害的災禍。」

抱朴子曰：「偏才不足以經㊀周㊁用，隻長不足以濟眾短。是以雞知將旦，不能究陰陽之歷數；鵠識夜半㊂，不能極晷景之道度。山鳩知晴雨於將來㊃，不能明天文；蛇螘知潛泉㊄之所居，不能達地理。」

【今註】 ㊀經：有「常」和「分畫」的意思。《尚書・大禹謨》：「寧失不經。」孔《傳》：「經，常。」《周禮・天官・序言》：「體國經野。」在這裏，作「適應」、「處理」講。㊁周：「偏」的意思。《詩經・大雅・崧高》：「周邦咸喜。」鄭玄《箋》：「周，偏也。」㊂鵠識夜半：鵠，是「鶴」的假借字。《莊子・桑庚楚篇》說：「越雞不能伏鵠卵。」《淮南子・說山篇》說：「雞知將旦，鶴知夜半，而不免於鼎俎。」高誘《注》云：「鶴夜半而鳴也。」《春秋緯・考異郵》說：「鶴知夜半。」宋均《注》：「鶴水鳥，夜半水位，感其氣則益鳴也。」《論衡・變動篇》說：「夜及半而鶴唳，晨將旦而雞鳴。」㊃山鳩知晴雨於將來：山鳩，指的是鵻鷽。《說文》「鷽」字：「鵻鷽，山鵲，知來事鳥也。」《西京雜記》說：「山中人諺言朝鶻叫晴，暮鶻叫雨。」㊄蛇螘知潛泉：泉，《百子》本作「水」字。螘，螞蟻。

【今譯】 抱朴子說：「只在某方面小有才華的人，常常不足以適應多方面的需要。只有個人的才華，並沒有辦法救濟眾人的短處。所以雞知道天將要亮了，但是它並不能窮究陰陽歷數之理。鵠鳥能懂得夜半的時分，但是卻不通曉時間的度量，山鳩可以預先知道晴天或雨天的氣候，而不能明瞭天文之理。蛇和螞蟻知道潛泉的所居之地，但是卻不能通曉地理。」

抱朴子曰：「禁令不明，而嚴刑以靜亂；廟筭不精㊀，而窮兵以侵鄰。猶釤禾以討蝗蟲，伐木以殺蠹蝎㊁，食毒以中蚤蝨，徹舍以逐雀鼠也。」

【今註】㊀廟筭不精：「筭」字，《藏》本、《百子》本作「算」。《孫子・計篇》說：「夫未戰而廟算勝者，得算多也；未戰而廟算不勝者，得算少也。多算勝，少算不勝，而況於無算乎！」廟算，指朝廷的作戰計劃。㊁伐木以殺蠹蝎：砍伐樹木來殺死有害樹木生長的蟲類，用來比喻愚昧的行為。

【今譯】抱朴子說：「法律禁令不能明白的公布，而嚴刑因靜而亂。用兵推算不精，就會使以不足的兵力侵襲鄰國。這就好像是割除稻草，為了消除蝗蟲，砍伐樹木來殺滅蠹蟲。為了消滅蚤蝨而服毒，為了趕走雀鼠而將房屋毀壞一樣的不智。」

抱朴子曰：「銳鋒產乎鈍石，明火熾乎闇木，貴珠出乎賤蚌㊀，美玉出乎醜璞。是以不可以父母限重華㊁，不可以祖禰量衛、霍也㊂。」

【今註】㊀貴珠出乎賤蚌：指名貴的珍珠，是從卑賤的蚌類所產生的。《文選》卷四十五班固

〈答賓戲〉說：「賓又不聞和氏之璧，韞於荊石，隋侯之珠，藏於蚌蛤乎？」 ㈡是以不可以父母限重華：重華，指舜，傳說中舜有雙重眼瞳子。《孟子・告子篇・上》說：「以堯為君而有象，以瞽瞍為父而有舜。」《論衡・自紀篇》說：「鳥無世鳳皇，獸無種麒麟，人無祖聖賢，……不牓奇人，鯀惡禹聖，叟頑舜神。伯牛寢疾，仲弓潔全。」 ㈢不可以祖禰量衛、霍也：祖，指先祖之廟。禰為父之廟。衛，指漢武帝時代的大將衛青。霍，指霍去病。

【今譯】 抱朴子說：「尖銳的刀鋒是由鈍石之中生產出來的，而明亮的熾火是從闇木中燒出來的。珍貴的珠玉是從賤蚌產出的，而美玉是從醜陋的璞石產生的。所以不可以父母親的品德來衡量舜帝的前途，不可以因為父祖輩的出身來衡度衛青和霍去病。」

抱朴子曰：「志得則顏怡，意失則容戚，本朽則末枯，源淺則流促㈠。有諸中者必形乎表，發乎邇者必著乎遠。」

【今註】 ㈠源淺則流促：「促」，《百子》本作「謅」。

【今譯】 抱朴子說：「能夠得志就會發出怡悅的容貌，失意的人就會表現出憂傷的容貌。根本已經腐朽了，那麼枝末就會乾枯。源流淺近的話，水流的速度就會短促。有內涵存於胸中，就會形諸於外表，在近處受到肯定，也一定會在遠方遠播聲名。」

抱朴子曰：「妍姿媚貌，形色不齊，而悅情可均；絲竹金石，五聲詭韻，而快耳不異。繳飛鈎沈，罾舉罝抑㊀，而有獲同功；樹勳㊁立言，出處㊂殊塗㊃，而所貴一致。」

【今註】 ㊀罾舉罝抑：罾，漁網；罝，羅網，補鳥兔用。 ㊁樹勳：是說「建立功勳」。杜甫〈王兵馬使二角鷹詩〉：「將軍樹勳起（始）安西（唐置安西都護府，屬隴右道，置府於龜茲，統龜茲、焉耆、于闐、疏勒四鎮及西域月氏等府州），崑崙虞泉（亦作「虞淵」，相傳是日落的地方）入馬踪（在戰馬踪跡的範圍之內）。」 ㊂出處：猶「去就」、「進退」。出，「離去」的意思。處，音ㄔㄨˇ，指居處環境或位置的「選擇」。《三國志》卷二十七〈魏書・王昶傳〉：「雖出處不同，然各有所取。」 ㊃塗：和「途」字同。

【今譯】 抱朴子說：「美麗的姿貌，儘管是外表的形色不一，但是受到他人喜歡的結果是一樣的。絲竹金石所製作的樂器，能夠發出五種聲音和清脆的韻律，同樣可以產生悅耳的效果。繳鈎雖然不同，一舉一仰，但是卻能獲致相同的功效。為國家建立功勳，為社會發表言論，為自身工作的去就位置作選擇，人生努力的方式既然各不相同，途徑也不完全一樣，但受到人們的尊敬，卻是毫無分別的。」

抱朴子曰：「利豐者害厚㊀，質美者召災。是以南禽殲於藻羽㊁，穴豹死於文皮㊂。鱣㊃鯉積而玄淵涸，麇㊄鹿聚而繁林焚，金玉崇而寇盜至㊅，名位高而憂責㊆集。」

【今註】 ㊀厚：《藏》本作「後」。 ㊁是以南禽殲於藻羽：南禽，指南方生產的鳥。 ㊂穴豹死於文皮：穴豹會被獵殺，是因為它天生所長有的美麗紋皮所致。《淮南子・繆稱篇》說：「虎豹之文來射，猨狖之捷來措。」《淮南子・說林篇》說：「虎豹之文來射，蝯狖之捷來乍。」 ㊃鱣：鯉魚的一種。《說文》說：「鱣，鯉也。」段《注》說：「蓋鯉與鱣同類而別異。」㊄麋：鹿的種類之一。㊅金玉崇而寇盜至：老子《道德經・第九章》：「金玉滿堂，莫之能守。」㊆責：《百子》本作「債」。

【今譯】抱朴子說：「利益豐厚則其潛藏的禍害也嚴重，本質優美則容易招致禍患。所以南方的翠鳥因為美麗的羽毛而被殺，南山的玄豹因為斑斕的皮毛而喪命。鱣魚鯉魚生長多了，有人就會漉乾深淵的水來撈魚，麋鹿聚集多了，有人就要焚燒林木來捕捉它們。黃金美玉收藏多了，那麼強盜就會到來，官職地位高了，憂患責任就會隨之而至了。」

抱朴子曰：「商風宵肅則絺扇廢㊀；登危陟峻則輕舟棄。干戈雲擾則文儒退；喪亂既平則武夫黜。」

【今註】㊀商風宵肅則絺扇廢：「宵」字，《百子》本作「霄」。在中國傳統的五行觀念中，商聲是秋天的音樂。所以說商風就有一種秋風的意味。絺扇，指用精細纖維葛布所作的扇子。

【今譯】抱朴子說：「秋風蕭瑟時，扇子就沒有用了；攀登險峻的山峰時，輕舟就用不上了。天下戰事不休，干戈紛擾不斷，文人儒士就遭到斥退；動亂平定，天下太平，武夫就要被貶黜了。」

抱朴子曰：「價直萬金者㊀，不待見其物而好惡可別矣。條枝連抱者，不俟㊁圍其木而巨細可論矣。故望洪濤之滔天㊂，則知其不起乎潢汙之中矣。觀翰草之汪濊，則知其不出乎章句之徒㊃矣。」

【今註】㊀價直萬金者：《百子》本「價直」作「值價」。「價直」與「條枝」對應，為「價值」之意。㊁俟：《百子》本作「候」。㊂望洪濤之滔天：《尚書・堯典》說：「湯湯洪水方割，蕩蕩懷山襄陵，浩浩滔天。」《偽孔傳》說：「襄，上也，包山上陵，浩浩盛大若漫天。」《尚書・益稷》說：「洪水滔天，浩浩懷山襄陵，下民昏墊。」㊃章句之徒：指創作力豐富的人。

【今譯】抱朴子說：「一樣價值萬金的東西，不必等到看到這樣東西就可分別出它的好壞了。粗壯到需要人用手連抱的樹木，不必等到真的圍抱樹木就可以看出的巨大和細小的情況了。所以看到滔天的洪濤，就知道不是從汙泥之中產生的。觀看到創作力極豐而傑出的佳作，就知道不是出自於只懂得在章句之間作學問的人所寫的。」

抱朴子曰：「丹華綠草，不拘於曲瘁之株；紫芝芳秀，不限於斥鹵之壤㊀。是以受玄珪以告成者㊁，生於四罪之門㊂；承歷數於文祖者㊃，出於頑嚚之家㊄。」

【今註】㊀紫芝芳秀，不限於斥鹵之壤：紫芝，是一種可以延長年壽的藥草，也可以使關節快適，精氣增益，筋骨堅居的藥草。芳秀，和紫芝都生長在鹽分多的荒地。斥鹵，則指鹽分多的土地。㊁受玄珪以告成者：玄珪，指玉圭。《尚書・禹貢》說：「東漸于海，西被于流沙，朔南暨，聲教訖于四海，禹錫玄圭，告厥成功。」《史記》卷五〈秦本紀〉說：「大費與禹平水土，已成，帝錫玄圭。禹受曰：『非予能成，亦大費為輔。』帝舜曰：『咨！爾費，贊禹功，其賜爾皁游。』」㊂生於四罪之門：四罪，又稱四凶，指共工、驩兜、三苗、鯀等。《尚書・舜典》說：「流共工于幽州，放驩兜于崇山，竄三苗于三危，殛鯀于羽山，四罪而天下咸服。」 ㊃承歷數於文祖者：歷數，指曆法中的計算法。文祖，指堯的大祖之廟。後漢徐幹《中論・曆數》第十三說：「昔者聖王之造曆數也，察紀律之行，觀運機之動，原星辰之迭中，寤晷景之長短，於是營儀以准之，立表以測之，下漏以考之，布算以追之，然後元首齊乎上，中朔正乎下，寒暑順序，四時不忒。夫曆數者，先王以憲殺生之期，而詔作事之節也，使萬國之民，不失其業者也。」 ㊄出於頑嚚之家：指舜出生的家庭。《尚書・堯典》說：「岳曰：瞽子，父頑，母嚚，象傲。」《左傳》文公十八年說：「告之則頑，舍之則嚚。」杜預《注》：「德義不入心。」

【今譯】 抱朴子說：「紅色的花和綠色的草，不會拘限於曲瘠的株葉而仍然可以生長。紫芝和芳秀這兩種植物，並不會受限於鹽分重的土壤，而仍然可以從中生長。所以接受王命而完成重大使命的大禹，卻是四罪之一的鯀的兒子。承接堯帝歷朔王位的舜，卻是出身在父頑母嚚的家庭。」

抱朴子曰：「善言居室㊀，則靡遠不應；枉直不中，則無近不離。是以宋野有退舍之熒惑㊁，殷朝有外奔之昵屬㊂。四環至自少廣之表㊃，鹿馬變於蕭牆之裏㊄。」

【今註】 ㊀善言居室：《易經・繫辭・上》說：「子曰：君子居其室，出其言善，則千里之外應之，況其邇者乎？居其室，出其言不善，則千里之外違之，況其邇者乎？」 ㊁宋野有退舍之熒惑：戰國時代占星術之中，以二十八星宿來配鄭、宋、燕、衛、吳、越、齊、魯、趙、秦、周、楚等各諸侯國。例如角、亢、氐等三宿為鄭之分野。房、心二宿為宋之分野。尾、箕等二宿為燕之分野，而星宿的異變，則代表分野國將會有事發生。「熒惑」為火星，有一次火星在宋國出現，產生了一段典故。《呂氏春秋・季夏紀・制樂篇》說：「宋景公之時，熒惑在心。公懼，召子韋而問焉。曰：『熒惑在心，何也？』子韋曰：『熒惑者，天罰也。心者，宋之分野也。禍當於君，雖然，可移於宰相。』公曰：『宰相所與治國家也，而移死焉，不祥。』子韋曰：『可移於民。』公曰：『民死，寡人將誰為君乎？寧獨死。』子韋曰：『可移於歲。』公曰：『歲害則民饑，民饑必死，為人君而殺其民以自活也。其誰以我為君乎？是寡人之命固盡已，子無復言矣。』子韋還走，北面載拜曰：『臣敢賀君，天之處高而聽卑，君有至德之言三，天必三賞君，今夕熒惑其徙三舍，君延年二十一歲。』公曰：『子何以知之？』對曰：『有三善言，必有三賞，熒惑必三徙舍，舍行七里。星一徙當七年，三七二十一，臣故知君延年二十一歲矣。……是夕熒惑果徙三舍。』這段典故在《淮南子・道應篇》、《新序・雜事篇》、《論衡・變虛篇》都有所記載。

㊂殷朝有外奔之昵屬：《尚書・微子》說：「（父師若曰：）商今其有災，我興受其敗。商其淪喪，……詔王子出迪，我舊云刻子，王子弗出，我乃顛隮。（微子曰：）自靖，人自獻于先王，我不顧行遯。」《論語・微子篇》記微子數諫，不聽，遂「去之，箕子為之奴」。《史記》卷三〈殷本紀〉：「紂愈淫亂不止。微子數諫不聽，乃與大師、少師謀，遂去。」微子為紂王的同母庶兄，這段典故用來說明殷商紂王不聽勸諫的經過。

㊃四環至自少廣之表：「四環」為「白環」之誤。《莊子・大宗師篇》說：「禺強得之，立乎北極；西王母得之，坐乎少廣。」《釋文》說少廣「司馬云：穴名。崔云：山名。或云：西方空界之名。」

㊄鹿馬變於蕭牆之裏：見於〈君道篇〉注。

【今譯】　抱朴子說：「如果能夠說出好的言論，雖然是居於家室之中，而就算遠方的人，也無不被他的言論所感應。如果說出不當的言論，那麼就算是近在身旁的人，也沒有不背離於他的。所以宋景公的國度出現熒星，因為宋景公的悲天憫人，所以能夠轉禍為福。而紂王無道，弄得眾叛親離，兄弟都奔於王畿之外了。所以西王母仰慕舜的德性，而從西方極遠之地來到中國。」

抱朴子曰：「荊卿㊀、朱亥㊁，不示勇於怯弱之閒。孟賁㊂、馮婦㊃，不奮戈戟於俚㊄俠之群。英儒碩生，不飾細辯於淺近之徒。達人偉士，不變皎察於流俗之中。」

【今註】　㊀荊卿：指戰國時代的俠客荊軻，後來因感於燕太子的知遇而前赴秦國刺殺秦始皇。事見《史記》卷八十六〈刺客列傳〉。　㊁朱亥：指魏國信陵君門下的勇士。事見《史記》卷七十七〈魏公子列傳〉。　㊂孟賁：古代的勇士。　㊃馮婦：春秋時代晉國的勇士。《孟子．盡心篇．下》說：「晉人有馮婦者，善搏虎，卒為善士。則之野，有眾逐虎。虎負嵎，莫之敢攖。望見馮婦，趨而迎之。馮婦攘臂下車。眾皆悅之，其為士者笑之。」　㊄俚：《百子》本作「埋」。

【今譯】　抱朴子說：「朱亥、荊軻這樣的勇士，不會在怯弱的小輩之間爭強鬥狠的。而孟賁、馮婦這樣的大力士，不會在俚俗的俠輩之中拿著武器與他們爭勝的。英偉的儒生和博學的讀書人，不會和淺近之徒一般，執著在細小的言論中大行辯論。而通達的人和器量雄偉之士，也不會在流俗之中喪失他們的洞察力。」

抱朴子曰：「盤旋揖讓㈠，非禦寇之容；擐甲纓冑，非廟堂之飾。垂紳振佩，不可以揮刃爭鋒㈡；規行矩步，不可以救火拯溺。」

【今註】㈠盤旋揖讓：見〈審舉篇〉注。㈡鋒：《百子》本作「兵」。

【今譯】抱朴子說：「盤旋揖讓的禮文，不是抵禦外寇的容貌。而身著的冑甲，更不是在廟堂之中的服飾。身著紳佩，並不適合揮弄刀刃，與敵爭鋒。規規矩矩的行走，並不能拯救火災或溺水的人。」

抱朴子曰：「乾坤陶育㈠而庶物不識其惠者，由乎其益無方㈡也。大人神化㈢而群細不覺其施者，由乎治之於未有也㈣。故可知者小也，易料者少也。」

【今註】㈠乾坤陶育：見〈任命篇〉注。㈡由乎其益無方：《易經．益卦．彖傳》說：「天施地生，其益無方。」「無方」，則指天地利益萬物而無一定方向的限定。㈢大人神化：《呂氏春秋．離俗覽．適威篇》說：「古之君民者，仁義以治之，愛利以安之，……此五帝三王之所以無敵也。身已終矣，而後世化之如神。」大人，則指在政業道德有成的人。神化，則指大人在身後揚名，後世之人以其德業視若神明。㈣由乎治之於未有也：此句意謂高明的政治處理，必須要在事情還未發生的時候，就能洞察而出，防範於未然。

【今譯】抱朴子說：「天地陶育萬物，而萬物並不知道天地的恩惠，那是因為天地利益萬物並無一定的方法所致。聖人神妙的教化萬民，而萬民卻不能察覺聖人的施予，那是因為聖人的教化旨於杜漸防微。所以說知道微小的事物之人，很少被人注意到。」

抱朴子曰：「娥、英、任、姒㈠，不以蠶織為首稱㈡；湯、武、漢高㈢，不以細行招近譽。故澄視於三辰者，不遑紆鑒於井谷；清聽於《韶》《濩》㈣者，豈暇垂耳於桑間㈤。」

【今註】㈠娥、英、任、姒：娥，是娥皇。英，指女英。二人都是堯的女兒，舜的妻子。任，是周文王的母親。姒，即大姒，是文王的妃子。《山海經・大荒南經》說：「有人三身，帝俊妻娥皇生此三身之國，姚姓。」《史記》卷一〈五帝本紀〉：「於是堯妻之二女。」《正義》云：「二女，娥皇、女英也。」《列女傳》卷一說：「有虞二妃者，帝堯之二女也，長娥皇，次女英。」《詩經・大雅・思齊》說：「思齊大任，文王之母，思媚周姜，京室之婦，大姒嗣徽音，則百斯男。」鄭《箋》：「京，周地名也，常思莊敬者，大任也，乃為文王之母，又常思愛大姜之配大王之禮，故能為京室之婦。」毛《傳》說：「大姒，文王之妃也。大姒十子，眾妾則宜百子也。」㈡不以蠶織為首稱：蠶織，指養蠶而絲成絹織。《詩經・大雅・瞻卬》說：「婦無公事，休其蠶織。」毛《傳》說：「休，息也。婦人無與外政，雖王后，猶以蠶織為事。」㈢湯、武、漢高：湯、武，則指成湯和周武王。漢高，顯然是指漢高祖，這三人都是開國的君主。㈣清聽於《韶》《濩》：是殷商湯王的音樂。《左傳》襄公二十九年：「見舞《韶》《濩》者，曰：『聖人之弘也，而猶有慚德，聖人之難也。』」杜預《注》說：「殷湯樂也。」㈤桑間：指一種淫靡的低級音樂。

【今譯】抱朴子說：「娥皇、女英、大任、大姒這些偉大的女子，並不會以蠶織這類的小事而著稱於世。商湯、武王和漢高祖，並不是因為小小的言行，而就為了招致一些淺近的名譽。所以能夠看清楚日月星三辰的人，不會只去看察井谷。而學習於聽賞《韶》《濩》雅樂的人，怎麼會有時間去聽一些像桑間這樣的淫靡之樂呢？」

抱朴子曰：「膚表或不可以論中，望貌或不可以核能。仲尼似喪家之狗㈠，公旦類朴斲之材㈡，咎繇面如蒙倛㈢，伊尹形若槁骸㈣，及龍陽、宋朝㈤，猶土偶之冠夜光；藉孺㈥、董、鄧㈦，猶錦紈之裹塵埃也。」

【今註】 ㈠仲尼似喪家之狗：喪家，《史記》卷四十七〈孔子世家〉：「孔子適鄭，與弟子相失，孔子獨立郭東門。鄭人或謂子貢曰：『東門有人，其顙似堯，其項類皋陶，其肩類子產，然自要以下不及禹三寸，纍纍若喪家之狗。』子貢以實告孔子。孔子欣然笑曰：『形狀，末也，而謂似喪家之狗，然哉！然哉！』」《集解》引《孔子家語》王肅說：「喪家之狗，主人哀荒，不見飲食，故纍然而不得意。孔子生於亂世，道不得行，故纍然不得志之貌也。」 ㈡公旦類朴斲之材：公旦，指周公。《荀子・非相篇》說：「周公之狀，身如斷菑。」揚倞《注》說：「《爾雅》云：木立死曰椔，椔與菑同。」類朴斲之材，則是形容周公站姿的形態而言。 ㈢咎繇面如蒙倛：咎繇，指皋陶之書，為□氏族的祖先，傳說中為刑罰之神。蒙倛：指咎陶的神容。《荀子・非相篇》說：「仲尼之狀，面如蒙倛。」《淮南子・脩務篇》說：「皋陶馬喙。」 ㈣伊尹形若槁骸：《荀子・非相篇》說：「伊尹之狀，面無須麋。」此句則指伊尹的神容，當然這裏是指經過神化之後的伊尹。 ㈤龍陽、宋朝：龍陽，是戰國時代魏王的美姬。宋朝，指宋公子美男子的典型。《論語・雍也篇》說：「子曰：不有祝鮀之佞，而有宋朝之美，難乎免於今之世矣。」㈥藉孺：指漢高祖時被高祖所寵信的幸臣。《史記》卷一百二十五〈佞幸列傳〉：「昔以色幸者多矣。至漢興，高祖至暴抗也，然籍孺以佞幸；孝惠時有閎孺。此兩人非有材能，徒以婉佞貴幸，與上卧起，公卿皆因關說。」《論衡・逢遇篇》說：「或無補益，為上所好，籍孺、鄧通是也。籍孺幸於孝惠，鄧通愛於孝文，無細簡之才，微薄之能，偶以形佳骨嫺，皮媚色稱。」㈦董、鄧：董，指前漢哀帝幸臣董賢。鄧，則指文帝幸臣鄧通。

【今譯】抱朴子說：「有時外表不能反應本質，容貌也不可以核察能力，孔子像喪家之犬，周公如樸實之材，皋陶面容像驅逐瘟疫的神怪，伊尹的形象是乾瘦的骨架。而龍陽、宋朝就像泥做的玩偶頭頂夜光寶玉；藉孺、董賢、鄧通，就像裹在錦繡裡的塵埃一樣。」

抱朴子曰：「勛、華不能化下愚㈠，故教不行於子弟。辛、癸不能改上智㈡，故惡不染於三仁㈢。」

【今註】㈠勛、華不能化下愚：「勛」則指放勳，為堯帝的號。「華」，則指重華，為舜的號。《論衡・本性篇》說：「丹朱生於唐宮，商均生於虞室。唐、虞之時，可比屋而封，所與接者，必多善矣。二帝之旁，必多賢也。然而丹朱傲，商均虐，並失帝統，歷世為戒。……故孔子曰：『惟上智與下愚不移。』性有善不善，聖化賢教，不能復移易也。」《論衡》這段文獻乃引自於《論語・陽貨篇》。㈡辛、癸不能改上智：「辛」則指帝辛（商朝的紂王）。「癸」則指履癸（夏朝的桀）。㈢

三仁：指微子、箕子、比干等三人。

【今譯】抱朴子說：「唐堯、虞舜也不能改變下愚之輩，所以教化不能施行於他們的子弟，夏桀、商紂也不能改變上智之人，所以三仁沒有沾染當代的惡習。」

抱朴子曰：「至大有所不能變，極細有所不能奪。故冰霜肅殺，不能凋菽麥㈠之茂；熾暑鬱陰㈡，不能消雪山之凍。飆風蕩海，不能使潛泉揚波；春澤榮物，不能使枯卉發華。」

【今註】㈠菽麥：指耐霜寒的穀物。《春秋》定公元年《疏》云：「菽者，大豆之苗，又是耐霜之穀。」　㈡熾暑鬱陰：《百子》本作「暑鬱陰隆」。《藏》本「鬱陰」作「鬱隆」。

【今譯】抱朴子說：「即使極大之物，也有它不能改變的事，即使極細微之物，也有不能被剝奪的事。所以冬天冰霜嚴酷蕭索，卻不能使生長茂盛的大豆小麥凋零；盛夏酷暑熱氣鬱積，卻不能使雪山化凍。暴風能激盪起大海的波濤，卻不能使地下的泉水揚起波浪；春天的雨能滋潤萬物，卻不能使枯萎的花朵重新開放。」

抱朴子曰：「泣血之寶㈠，仰礛礑以擿景；沈閭、孟勞㈡，須楚砥以斂鋒。騶駬待王、孫而致遠，今質俟隱括而成德㈢。」

【今註】㈠泣血之寶：指和氏璧。　㈡沈閭、孟勞：沈閭，寶劍的名字。孟勞，指魯國的寶刀。《穀梁傳》僖公元年：「孟勞者，魯之寶刀也。」　㊂令質俟隱括而成德：「質」，《百子》本作「箕」。隱括，則指矯木為弓的工具。

【今譯】抱朴子說：「美玉仰賴治玉的磨石才能煥發光彩，寶刀需要砥石的磨礪才能鋒芒畢現，駿馬需要貴胄子弟的訓練才能馳騁千里，良好的素質需要加以修飾鍛鍊，才能成就美德。」

抱朴子曰：「棲鸞戢鷟㊀，雖飢渴而不願籠委於庖人之室；乘黃、天鹿㊁，雖幽飢而不樂蒭秣於濯龍之廄㊂。是以掇蜩之叟㊃，忘萬物於芳林；垂綸之生，忽執珪於南楚㊄。」

【今註】㊀棲鸞戢鷟：「鷟」同鸑，指靈鳥的意思，傳說中是國運興隆之際的象徵。《說文解字》說：「鷟，鸑鷟，鳳屬，神鳥也。从鳥獄聲。《春秋》《國語》曰：周之興也，鸑鷟鳴於岐山。」　㊁乘黃、天鹿：乘黃，神馬名。《墨子・非攻下篇》說：「赤鳥銜珪，降周之岐社，曰：『天命周文王伐殷有國。』泰顛來賓，河出《綠圖》，地出乘黃。」孫詒讓《注》說：「《周書・王會篇》云：『白民乘黃。乘黃者似狐，其背有兩角』，《山海經・海外西經》同。《宋書・符瑞志》云『帝舜即位，地出乘黃之馬』。劉賡《稽瑞》引《孫氏瑞應圖》云『王者德御四方，輿服有度，秣馬不過所乘，則地出乘黃』。《淮南子》云：『黃帝治天下，飛黃服皁』，高《注》云：『飛黃，乘黃』。」天鹿，似鹿而長尾的獸類。《漢書》卷九十六上〈西域傳・上〉：「烏弋山離國」上說：「金珠之屬，皆與罽賓同，而有桃拔、師子、犀牛。」顏師古《注》引孟康曰：「桃拔一名符拔，似鹿，長尾，一角者或為天鹿，兩角者，或為辟邪。」　㊂濯龍之廄：濯龍，指漢代宮城內的馬廄名。《文選》卷三張衡〈東京賦〉說：「濯龍芳林，九谷八溪。」唐劉良《注》：「濯龍，廄名。芳林，園名。」㈣掇蜩之叟：《莊子・達生篇》說：「仲尼適楚，出於林中，見痀僂者承蜩，猶掇之也。仲尼曰：『子巧乎！有道邪！』曰：『我有道也。……吾處身也，若厥株拘；吾執臂也，若槁木之枝；雖天地之大，萬物之多，而唯蜩翼之知。吾不反不側，不以萬物易蜩之翼，何為而不得！』」掇蜩，掇是捕捉的意思，蜩是蟬的意思。叟，則指莊子所指的捕蟬老人。〈達生篇〉這段寓言是用來說明「技近於道」的道理。㈤忽執珪於南楚：執珪，指南方楚國所賜予功臣的爵位。《淮南子・道應篇》說：「子發攻蔡，踰之，（楚）宣王郊迎，列田百頃，而封之執圭。」高誘《注》：「楚爵功臣，賜以圭，謂之執圭，比附庸之君。」

【今譯】抱朴子說：「斂翅隱棲的鳳凰，即使忍受饑渴也不願意被關進廚房的籠子裡，乘黃、天鹿之神獸，即使幽隱挨餓，也不願意在濯龍廄中被飼養。所以捕蟬的老人，在清香的樹林中忘記了世間的一切；垂釣的書生，不願意到朝廷中擔任高官。」

抱朴子曰：「方圓舛狀，逝止異歸。故渾象尊於行健㈠，坤后貴於安貞㈡。七政四氣㈢，以周流成功；五嶽六柱㈣，以峙靜作鎮。是以宋墨、楚申㈤，以載馳㈥存國；干木㈦、胡明㈧，以無為折衝㈨。」

【今註】㈠渾象尊於行健：《易經・乾卦・象傳》說：「天行健，君子以自彊不息。」㈡坤后貴於安貞：《易經・坤卦》說：「安貞吉。」㈢七政四氣：七政，指日月和金木水火土五星共為七政。四氣，則指春夏秋冬四時之氣。 ㊃六柱：六柱為「八柱」之誤。《淮南子・地形篇》說：「天地之間，九州八極。」王念孫《讀書雜志・淮南子內篇第四》說：「八極當為八柱，柱與極，草書相近，故柱誤為極，……《太平御覽・州郡部・三》引作『天地之間，九州八柱』。」所謂的「八柱」，則指方土之山、東極之山、波母之山、南極之山、編駒之山、西極之山、不周之山、北極之山。

㊄宋墨、楚申：宋墨，指宋國的墨翟。楚申，指楚國的申包胥。《左傳》定公四年：「及昭王在隨，申包胥如秦乞師，曰：『吳為封豕、長蛇，以荐食上國，虐始於楚。……若楚之遂亡，君之土也。若以君靈撫之，世以事君。』秦伯使辭焉，曰：『寡人聞命矣。子姑就館，將圖而告。』對曰：『寡君越在草莽，未獲所伏，下臣何敢即安？』立，依於庭牆而哭，日夜不絕聲，勺飲不入口，七日。秦哀公為之賦〈無衣〉。九頓首而坐。秦師乃出。」杜預《注》說：「《詩》，《秦風》。取其王于興師，修我戈矛，與子同仇。與子偕作，與子偕行。」 ㊅載馳：《詩經・鄘風》有〈載馳〉一篇，記載著：「載馳載驅，歸唁衛侯。」 ㊆干木：指段干木，請參〈嘉遁篇〉注。 ㊇胡明：指三國名士胡昭，字孔明。嘗隱居陸渾山中，躬耕樂道，以經籍自娛。百姓興兵反叛朝廷，自相約誓，曰：「胡居士賢者也，一不得犯其部落。」一川賴昭，咸無怵惕。見《三國志》卷十一〈魏書・管寧傳・胡昭傳〉。 ㊈折衝：退敵。

【今譯】 抱朴子說：「或方或圓，形狀不同；或行或止，旨趣各異。所以天象貴於運行剛健有力，大地拖載貴於安泰穩定。天上的日月星辰和四季的氣候冷暖，因為變化流動、周而復始地交替完成其功績；地上的五嶽名山，撐天的八根柱子，因為平靜聳峙而鎮定乾坤。所以墨子與申包胥，奔波勞累保住了自己的國家，段干木與胡孔明因為隱逸無為而使住地不受侵犯。」

抱朴子曰：「得意於丘園者㊀，身否而神泰㊁；役己以恤物者，形逸而心勞。故抱甕灌園者㊂，歡於台宰；嘔餐茹薇者㊃，美乎鼎食；仗策去豳者㊄，形如腒腊㊅；夜以待旦者㊆，勤憂損命。」

【今註】㊀得意於丘園者：丘園，指隱士隱居之地。此句意謂隱士退則獨修其身，逍遥自在之意。㊁身否而神泰：指身體雖然並不舒適，但是在精神上卻是非常的快樂。㊂抱甕灌園者：指抱水甕澆灌菜園的老者。《莊子・天地篇》說：「子貢南遊於楚，反於晉，過漢陰，見一丈人方將為圃畦，鑿隧而入井，抱甕而出灌，搰搰然用力甚多而見功寡。子貢曰：『有械於此，一日浸百畦，用力甚寡而見功多，夫子不欲乎？』為圃者仰而視之曰：『奈何？』曰：『鑿木為機，……其名為槔。』為圃者忿然作色而笑曰：『吾聞之吾師，有機械者必有機事，有機事者必有機心。機心存於胸中，則純白不備；純白不備，則神生不定；神生不定者，道之所不載也。』」㊃嘔餐茹薇者：指伯夷、叔齊恥於周武王奪取政權，所以堅持不吃周朝的穀物，在首陽山一帶隱居，以野菜為食，後來終於餓死在首陽山。《史記》卷六十一〈伯夷列傳〉說：「武王已平殷亂，天下宗周，而伯夷、叔齊恥之，義不食周粟，隱於首陽山，采薇而食之。……遂餓死於首陽山。」㊄仗策去豳者：指古公亶父。㊅形如腒腊：《說文》說：「腒，北方謂鳥腊腒，……傳曰：『堯如腊，舜如腒。』」《論衡・語增篇》說：「傳語曰：聖人憂世，深思事勤，悉擾精神，感動形體，故稱堯若腊，舜若腒，桀、紂之君，垂腴尺餘。」腒腊，是乾肉的意思，用來比喻堯、舜等聖王憂事之深。㊆夜以待旦者：指周公面對三代之王和禹、湯、文、武的行事，和自己的行為有所不同的，常常徹夜不睡的思考。《孟子・離婁篇・下》

說：「周公思兼三王，以施四事；其有不合者，仰而思之，夜以繼日；幸而得之，坐以待旦。」趙歧《注》：「三王，三代之王也。四事，禹、湯、文、武所行之事也。不合，己行有不合也。仰而思之，參諸天也。坐以待旦，言欲急施之也。」

【今譯】抱朴子說：「隱逸田園、自得其樂的人，雖然身遭窮困，卻能精神安泰，有志用世、勞己救物的人，雖然形體享樂卻心神勞苦。所以抱甕汲水灌園的老人，比身居高官的人精神來得閒適歡欣；以米糁野菜為食的人，比列鼎而食的人還要得意。揮鞭趕馬、率眾遷移的人，因為操勞憂苦使身體又乾又瘦；勤於政務、坐以待旦的人，因為勞心費神而損害性命。」

抱朴子曰：「仁忍有天淵之絕，善否猶有無之覺。騶虞㊀側足以蹈虛，豺狼掩群以害生㊁。虞卿損相印以濟窮㊂，華公讓三事以推賢㊃。李斯疾勝己而殺韓非㊄，龐涓患不如而刑孫臏㊅。」

【今註】㊀騶虞：指尾巴很長，而形似老虎的五色珍獸。《山海經・海內北經》說：「林氏國有珍獸，大若虎，五采畢具，尾長於身，名曰騶吾，乘之日行千里。」郭璞《注》：「《六韜》云：紂囚文王閎夭之徒，詣林氏國，求得此獸獻之，紂大說（悅）乃釋之。」㊁豺狼掩群以害生：《禮記・曲禮篇・下》說：「國君春田不圍澤，大夫不掩群，士不取麛卵。」《淮南子・主術篇》說：「畋不掩群。」高誘《注》：「掩，盡也。」㊂虞卿損相印以濟窮：《史記》卷七十九〈范睢蔡澤列傳〉：「魏齊夜亡出，見趙相虞卿。虞卿度趙王終不可說，乃解其相印，與魏齊亡，閒行，念諸侯莫可以急抵者，乃復走大梁，欲因信陵君以走楚。信陵君聞之，畏秦，猶豫未肯見，曰：『虞卿何如人也？』時侯嬴在旁，曰：『人固未易知，知人亦未易也。……當此之時，天下爭知之。夫魏齊窮困過虞卿，虞卿不敢重爵祿之尊，解相印，捐萬戶侯而閒行。』」又《史記》卷七十六〈平原君虞卿列傳〉說：「虞卿既以魏齊之故，不重萬戶侯卿相之印，與魏齊閒行，卒去趙，困於梁。魏齊已死，不得意，乃著書。」㈣華公讓三事以推賢：華公，指三國魏的華歆。魏明帝時，華歆位大尉，後來讓位給管寧。《晉書》卷二十四〈職官志〉：「太尉、司徒、司空，並古官也。自漢歷魏，置以為三公。及晉受命，迄江左，其官相承不替。」《詩經．小雅．雨無正》：「三事大夫，莫肯夙夜。」鄭玄《箋》：「王流在外，三公及諸侯隨王而行者，皆無君臣之禮，不肯晨夜朝暮省王也。」《三國志》卷十三〈華歆傳〉：「明帝即位，……（太尉華歆）轉拜大尉。歆稱病乞退，讓位於寧。」㈤李斯疾勝己而殺韓非：指李斯因為嫉忌韓非的才華勝過自己而殺了韓非。㈥龐涓患不如而刑孫臏：龐涓是魏惠王時的大將軍。此句意謂龐涓因為在兵法上的才能不如孫臏，而用臏刑將孫臏的腳跟砍掉。

【今譯】 抱朴子說：「仁慈和殘忍的差距有如天壤之別；善良和兇惡相隔有如生死之異。騶虞側著頭不願意踐踏生草；豺狼整群出來殺害生靈。虞卿捐棄相印救濟有困難的朋友，華歆推辭三公之高位以薦舉賢者。李斯嫉妒勝過自己的韓非而殺了他；龐涓擔心自己不如孫臏而對他用刑。」

抱朴子曰：「用得其長，則才無或棄；偏詰其短，則觸物㈠無可㈡。故輕羅霧縠，冶服之麗也，而不可以禦流鏑；沈閭、巨闕㈢，斷斬之良也，而不可以挑腳刺。」

【今註】 ㈠物：作「事」講。《詩經・大雅・烝民》：「天生烝（眾）民，有物（有各種各樣的事情）有則（有各種各樣的法則）。」毛《傳》：「物，事。」 ㈡可：有「善」、「宜」的意思。 ㈢沈闓、巨闕：都是指寶劍。《越絶書・外傳記寶劍第十三》說：「歐冶乃因天之精神，悉其伎巧，造為大刑三，小刑二，一曰湛盧，二曰純鈞，三曰勝邪，四曰魚腸，五曰巨闕。……湛盧之劍，去之如水，行秦過楚，楚王卧而寤，得吳王湛盧之劍，將首魁漂而存焉，秦王聞而求不得，興師擊楚，曰與我湛盧之劍，還師去汝，楚王不與。」巨闕，是指越王句踐的寶劍名。《越絶書・外傳記寶劍第十三》說：「王曰：然巨闕初成之時，吾坐於露壇之上，宮人有四駕白鹿而過者，車奔馬驚，吾引劍而指之，四駕上飛揚，不知其絶也。穿銅釜、絶鐵鑩，胥中決如粢米，故曰巨闕。」

【今譯】 抱朴子說：「一個人如果能夠充分發揮他的特長，他所具備的任何一點聰明才智就不會遭到浪費、遭到廢棄；反過來說，如果偏偏要從他的短缺處去詰問，不管接觸何種問題、任何事件，總會覺得他一無是處。所以輕柔的綾羅、霧一般的輕紗，如此美麗的服裝，卻不可以抵禦飛劍；沈闓、巨闕之寶劍，是砍截斬伐的良器，卻不可以用來挑腳刺。」

抱朴子曰：「小疵不足以損大器，短疢不足以累長才。日月挾蟲鳥之瑕㈠，不妨麗天之景㈡；黄河合泥滓之濁，不害淩山之流㈢。樹塞不可以棄夷吾㈣，奪田不可以薄蕭何，竊妻不可以廢相如㈤，受金不可以斥陳平㈥。」

【今註】 ㈠日月挾蟲鳥之瑕：「鳥」字依楊明照所考，當作「烏」。《百子》本「瑕」作

「食」。《淮南子・說林篇》說：「烏力勝日，而服於鵻禮。」高誘《注》說：「烏在日中而見，故曰勝日。服猶畏也。」《春秋元命苞》說：「陽成於三，故日中有三足烏者，陽精也。」《淮南子・精神篇》說：「日中有踆烏，而月中有蟾蜍。」高誘《注》說：「踆猶蹲也。謂三足烏。」「蟾蜍，蝦蟆。」㈡麗天之景：《易經・離卦・彖辭》說：「離，麗也。日月麗乎天，百穀草木麗乎土。」㈢淩山之流：言洪水浩蕩，漫上山坡。㈣樹塞不可以棄夷吾：夷吾，是管仲的字。《論語・八佾篇》說：「然則管仲知禮乎？曰：邦君樹塞門，管氏亦樹塞門。……管氏而知禮，孰不知禮？」《禮記・雜記篇・下》說：「孔子曰：管仲鏤簋而朱紘，旅樹而反坫，山節而藻棁，賢大夫也，而難為上也。」㈤奪田不可以薄蕭何，竊妻不可以廢相如：蕭何，是漢朝創業的文官，對漢代的政治制度影響甚深。《史記》卷五十三〈蕭相國世家〉：「客有說相國曰：『君滅族不久矣。夫君位為相國，功第一，可復加哉？然君初入關中，得百姓心，十餘年矣，皆附君，常復孳孳得民和。上所為數問君者，畏君傾動關中。今君胡不多買田地，賤貰貸以自汙？上心乃安。』於是相國從其計，上乃大說。上罷布軍歸，民道遮行上書，言相國賤彊買民田宅數千萬。上至，相國謁。上笑曰：『夫相國乃利民！』」司馬相如是卓文君的丈夫，為漢代著名的賦家。㈥受金不可以斥陳平：陳平，是漢高祖時善於智謀的名將。《史記》卷五十六〈陳丞相世家〉：「絳侯、灌嬰等咸讒陳平曰：『……臣聞平受諸將金，金多者得善處，金少者得惡處。』」又說：「（陳平）曰：『平乃去楚。聞漢王之能用人，故歸大王。臣躶身來，不受金，無以為資。誠臣計畫有可采者，願大王用之；使無可用者，金具在，請封輸官，得請骸骨。』」

【今譯】 抱朴子說：「小缺點不足以損害有宏大氣量的人，小毛病不足以牽累傑出的人才。日月中也有著小蟲小鳥般的陰影，但是不妨礙它們高懸天空、光芒普照；黃河夾雜著污濁的泥沙，但是不妨礙它洪流浩蕩、漫山遍野。不能因為奢侈僭越而棄置管仲，不能因為強奪百姓田宅而輕視蕭何，不能因為挑動卓文君私奔而不用司馬相如，不能因為接受金錢而排斥陳平。」

抱朴子曰：「虎豹不能搏噬於漆濤之中，螣蛇㊀不能登凌於不霧之日，摯雉兔則鸞鳳不及鷹鶚，引耕犁則龍麟不逮㊁雙峙。故武夫勇士，無用乎晏如之世；碩生逸才，不貴乎力競之運。」

【今註】 ㊀螣蛇：盧本作「騰蛇」，《藏》本、魯藩本、《百子》本同。《淮南子．說林篇》說：「騰蛇游霧，而殆於蝍蛆。」 ㊁不逮：《百子》本「不逮」作「還建」。

【今譯】 抱朴子說：「虎豹不能在波濤之中搏鬥咬噬；騰蛇不能在沒有雲霧的日子凌空飛升。若論捕擊雉雞野兔，則鳳凰不如雄鷹輕鶚；若論拉犁耕地，則神龍、麒麟還不如並駕的黃牛。所以武將勇士在太平祥和之世是派不上用場的；博學傑出的人才在以武力相爭的社會中是無法受到重視的。」

抱朴子曰：「兩絆㊀而項領，而騏騄與蹇驢同矣。失林而居檻，則猨狖與玃貉等矣。韜鋒而不擊，則龍泉㊁與鉛刀均矣。才遠而任近，則英俊與庸瑣比矣。若乃求千里之迹於縶維之駿㊂，責匠世之勳於劇碎之賢㊃，謂之不惑，吾不信也。」

【今註】 ㊀兩絆：套住馬的雙足。 ㊁龍泉：寶劍的名字，亦即龍淵。漢王充《論衡．率性篇》：「棠谿、魚腸之屬，龍泉、太阿之輩，其本鋌，山中之恒鐵也。」 ㊂若乃求千里之迹於縶維之駿：《詩經・小雅・白駒》說：「縶之維之，以永今朝。」毛《傳》說：「縶，絆。維，繫也。」

㈣責匠世之勳於劇碎之賢：「劇」，《藏》本作「處」。刻碎之賢，則指賢者擔當政治事務。

【今譯】　抱朴子說：「如果絆住雙足而閒置不用，那麼駿馬和瘸驢就沒有分別；如果離開樹林而關進牢籠，那麼善於攀援的猿猴和生活在洞穴中的貛貉沒有兩樣；如果藏起鋒芒而不出擊，那麼龍泉寶劍和遲鈍的鉛刀是一樣的；如果才能傑出而擔任卑下的職務，那麼超群卓越的人才與平庸凡瑣之輩就並肩而立了。若是要求被套住雙足的駿馬有一日馳騁千里的成績，讓忙於繁重細務的賢者建立匡時濟世的功績，以此為不惑，我是不相信的。」

抱朴子曰：「捐茶㈠茹蒿者，必無識甘之口。棄瓊拾礫者，必無甄珍之明。薄九成而悅北鄙㈡者，吾知其不能格靈祇而儀翔鳳矣㈢。舍英秀而杖常民者，吾知其不能敘彝倫而臻升平矣㈣。」

【今註】　㈠捐茶：陸璣《毛詩草木鳥獸蟲魚疏》說：「茶，苦菜，生山田及澤中，得霜甜脆而美，所謂堇茶如飴，《內則》云，濡豚包，用苦菜，是也。」　㈡北鄙：指紂王所喜好的中國北方邊鄙的地方音樂。《淮南子・原道篇》說：「耳聽朝歌北鄙靡靡之樂。」　㈢吾知其不能格靈祇而儀翔鳳矣：靈祇，神祇的意思。《尚書・益稷》說：「簫韶九成，鳳皇來儀。」　㈣吾知其不能敘彝倫而臻升平矣：彝倫，指人的常理秩序。《尚書・洪範》說：「我聞在昔，鯀陻洪水，汩陳其五行，帝乃震怒，不畀洪範九疇，彝倫攸斁。鯀則殛死，禹乃嗣興，天乃錫禹洪範九疇，彝倫攸敘。」鄭玄《注》

說：「帝，天也。天以鯀如是，乃震動其威怒，不與天道大法九類，言王所問所由敗也。」

【今譯】　抱朴子說：「丟棄葵菜而食用青蒿的人，必然沒有辨別美食的口味；拋棄美玉而撿起石塊的人，必然沒有識別珍寶的眼力。輕視虞舜的簫韶之樂而欣賞王國的北鄙之音的人，我知道他不能通於神靈而引得鳳凰來翔；捨棄卓越傑出的人才不用而任用普通人，我知道他不能推廣教化而使國家臻於太平的。」

抱朴子曰：「達乎通塞之至理者，不悁悒於窮否；審乎自然之有命者，不逸豫於道行。故縈抑淵洿，則遺愠悶之心㈠；振耀宸扆㈡，而無得意之色。三仕三已㈢，則其人也。」

【今註】　㈠縈抑淵洿，則遺愠悶之心：《論語・學而篇》說：「人不知而不愠，不亦君子乎！」《易經・乾卦》說：「遯世無悶，不見是而無悶，……確乎其不可拔，潛龍也。」　㈡振耀宸扆：指天子的御座，轉為宮廷之意。　㈢三仕三已：《論語・公冶長篇》說：「子張問曰：『令尹子文三仕為令尹，無喜色；三已之，無愠色。舊令尹之政，必以告新令尹。何如？』子曰：『忠矣。』」

【今譯】　抱朴子說：「懂得仕途窮達之至理的人，在閉塞不遇時不會憂鬱不快；明瞭順乎自然之命的人，不會沉醉享樂、鬆懈修養道德。所以沉淪下位的時候，就不會有煩悶憂傷情緒；若是仕途暢達、擔任高官，也不會有驕傲得意的神色。像三仕三黜的柳下惠，就是這樣的人。」

抱朴子曰：「否泰繫乎運，窮達不足以論士；得失在乎適偶㊀，營辱不可以才量㊁。時命不可以力求，遭遇不可以智達。故尚父㊂者，老婦之棄夫㊃；韓信者，乞食之餓子；蕭公者，斗筲之吏；黥布者，刑黜之亡隸㊄。當其行龍姿於虺蜥之中，卷鳳翅乎斥鷃㊅之群，則彼龍后，謂為其倫㊆。」

【今註】㊀得失在乎適偶：適偶，孫星衍說：「舊寫本無『偶』字。」此指偶然性。此句意謂得失是偶然的。㊁營辱不可以才量：「營」當為「榮」字之形誤。「才量」，孫星衍曰：「當作『量才』。」㊂尚父：指姜太公，為齊國的始祖太公望呂尚。㊃老婦之棄夫：指呂尚的妻子，在太公望還未有所成就的時候，不但瞧不起姜太公，而且後來還遺棄了他。㊄黥布者，刑黜之亡隸：《史記》卷九十一〈黥布列傳〉：「布已論輸麗山，麗山之徒數十萬人，布皆與其徒長豪桀交通，迺率其曹偶，亡之江中為群盜。」黥布在秦朝犯了罪，而遭受了黥刑，後來逃到江中為盜賊首領。㊅斥鷃：指澤邊的一種小雀。「鷃」，即「鴳」。《莊子・逍遥遊篇》說：「斥鴳笑之曰：彼且奚適也？」成玄英《疏》說：「斥，小澤也；鴳，雀也。」㊆則彼龍后，謂為其倫：「龍后」，指周文王、漢高祖、呂尚、韓信、黥布、蕭何等人，這些才能出眾的人。

【今譯】抱朴子說：「運氣的好壞在於時運，貴賤窮達不足以評論士人；得失在於能否適應時世，榮辱不足以衡量人的才能。時世機運不是人力所能謀求的；遭遇不是靠智慧所能迴避的。所以呂尚是最初被老婦所拋棄的丈夫；韓信是向人乞食挨餓的人；蕭何是一個職務卑微的小官；英布是刑餘在逃的奴隸。然而當他們凡蟲中展現龍的姿態，在小鳥群中舒展鳳凰的翅膀時，他們就成為龍鳳之類的人物了。」

抱朴子說：「四靈翳逸㈠，而為隆平之符；幽人嘉遁㈡，而為有國之寶㈢。何必司晨而銜鑣，羈紲於憂責哉㈣？有用，人之用也㈤；無用，我之用也。徇身者不以名汩和㈥；修生者不以物累己㈦。」

【今註】 ㈠四靈翳逸：四靈，是指麟、鳳、龜、龍等四種靈物。《禮記・禮運篇》說：「何謂四靈？麟鳳龜龍，謂之四靈。」㈡幽人嘉遁：指節義之士隱遁於山林的行為。《易經・遯卦》：「嘉遯貞吉，以正志也。」㈢有國之寶：有，為語助辭。有國，則指有虞氏之氏族。㈣何必司晨而銜鑣，羈紲於憂責哉：晨司，指雞。銜鑣，指馬為人所飼養。此句意謂，士人在朝為官，為君主使役事實之比喻。㈤有用，人之用也：《莊子・人間世篇》說：「人皆知有用之用，而莫知無用之用也。」所謂的「有用之用」是指具有才華的人，為君主或時勢所用的人。「無用」者，則指養生保全的人。㈥徇身者不以名汩和：《莊子・駢拇篇》說：「小人則以身殉利，士則以身殉名，大夫則以身殉家，聖人則以身殉天下。」汩，干擾的意思。徇身者，是指重視養生的人，而不會因為世間名譽而干擾他的自處之道。㈦修生者不以物累己：修身者，是指重視養生和欲使生命延長的人，不會因為外物的引誘而牽累自己。

【今譯】 抱朴子說：「麒麟、鳳凰、靈龜、神龍隱逸逍遙於野，而成為天下興隆太平的標誌；隱逸之士逍遙於山林，而成為國家的珍寶。何必像雞之啼鳴報曉、像馬之銜轡拉車，為具體的事務束縛擔當重任呢？有用之用，是別人的用途；無用之用，是我的用途。惜身者不以世俗之名影響內心的平和；修養生命者不使身外之物成為自己的負累。」

抱朴子曰：「量才而授者，不求功於器外；揆能而受者，不負責於力盡。故滅熒燭者不煩滄海㈠；扛斤兩者不事烏獲㈡。運薪輦鹽㈢，不宜枉騏驥之腳；碎職瑣任，安足屈獨行之俊矣。」

【今註】㈠滅熒燭者不煩滄海：《韓非子．說林上》：「失火而取水於海，海水雖多，火必不滅矣。」熒燭，是指小火的意思。此句意謂，為了熄滅小火而卻想用海水加以撲滅，簡直就是多此一舉，而且弄巧成拙。㈡扛斤兩者不事烏獲：以古代的計量單位來說，一兩為二十四銖，一斤為十六兩。事，勞煩的意思。烏獲，是秦武王時代的大力士。㈢運薪輦鹽：薪，木柴的意思。輦，用車子運送的意思。

【今譯】抱朴子說：「朝廷量才而授職，不要求官員建立超越其能力的功績；官員評估自己的能力而接受職務，不負責超過自己能力的事務。所以熄滅微小的火燭，不必用到滄海之水；扛起輕微的物品，不必要用到烏獲。運柴運鹽，不必用騏驥去拉車；瑣碎細小的職事，不必讓卓異的才俊之士去承當。」

抱朴子曰：「畎澮之流㈠，不能運大白㈡之艘；升合之器，不能容千鍾㈢之物。熠燿不能並表微之景㈣，常才不能別逸倫之器。蓋造化所假，聰明有本根也。」

【今註】 ㈠甽澮之流：《百子》本「甽」作「溝」，指田中所用的水路。澮，指田間的水道。 ㈡大白：船名。慧琳《一切經音義》卷八十九引《莊子》：「以木為舟，則稱衛舟、大白。」又引司馬彪《注》：「大白，亦船名也。」 ㈢千鍾：一鍾為六斛四斗，千鍾則用來比喻很多的數量。 ㈣熠燿不能並表微之景：熠燿，指極小的光亮。表微之景，則指太陽的明光。

【今譯】 抱朴子說：「田中溝渠之水，不能運行大白之船；一升一合之小器物，不能裝下千鍾之物。螢火的微光不能與太陽同時照出地上微小的物影相比；平凡之人不能識別超群的人才。這些都是自然所稟賦，聰明智慧的高下是有本源的。」

抱朴子曰：「郢㈠人美〈下里〉㈡之淫聾㈢，而薄㈣〈六莖〉㈤之和音㈥㈦；庸夫好悅耳之華譽㈧，而惡利行㈨之良規㈩；故宋玉⑪舍其延靈⑫之精聲⑬⑭，智士招⑮其獨見之遠謀。」

【今註】 ㈠郢：音ㄧㄥˇ，春秋、戰國時代楚國的都城，在今湖北江陵北境。 ㈡〈下里〉：作「鄉曲里閭」解。在這裏，用它來代替宋玉所說的〈下里巴人〉。意思是說「民間流行的俚俗、色情歌曲」。《文選》卷四十五戰國楚宋玉〈對楚王問〉：「客有歌於郢中者，其始曰（起先的歌曲叫做）〈下里巴人〉，國中屬而和者（附和那些歌聲的）數千人。」 ㈢淫聾：是說「不合正統樂律的俚俗曲調」。《漢書》卷一百上〈敘傳・上〉引〈答賓戲〉：「夫啾發（眾聲唱作）投曲（配合歌曲），感耳（悦耳）之聲，合之律度（和協五聲陰陽的規律、和發聲音量的大小），淫鼃而不可聽者，非〈韶〉〈舜樂〉〈夏〉（禹樂）之樂也。」唐顏師古《注》：「淫鼃，非正之聲也。」淫，「邪」、「不正」的意思。鼃，或作「黽」，和「蛙」字同，外形像蝦蟆，可是腳比較長，可以食用，俗稱「田雞」；也指「違背正統樂律的曲調」。㊃薄：音ㄅㄛˊ，「輕視」、「鄙薄」的意思。《史記》卷六十五〈吳起列傳〉：「其母死，起終不歸。曾子薄之，而與起絕。」㊄〈六莖〉：古樂名。《漢書》卷二十二〈禮樂志〉：「顓頊（音ㄓㄨㄢ ㄒㄩ，五帝中的一個）作〈六莖〉。」㊅和音：當是「和諧的曲調」，今為音樂的專門名詞。㊆「郢人」以下兩句：是說「楚都郢邑的居民，稱美〈下里巴人〉俚俗色情的歌曲，卻看輕古帝顓頊〈六莖〉樂章的齊唱」。㊇華譽：和「令譽」相似，「美好聲譽」的意思。㊈利行：「有利於行為」的意思。㊉良規：良善的規模。《文選》卷三十六任昉〈天監三年策秀才文〉：「應有良規。」⑪宋玉：戰國時代楚國鄢（今河南鄢陵縣）人，或說是屈原的弟子，曾經做過楚頃襄王的大夫。《漢書・藝文志》著錄宋玉賦十六篇。《隋書・經籍志》著錄〈宋玉集〉三卷，今已散失。宋玉的作品流傳到今天的有〈九辯〉、〈招魂〉和選入《文選》的〈高唐〉、〈神女〉、〈風〉、〈登徒子好色〉等賦六篇。⑫延靈：是「迎接神靈」意思。宋玉的〈招魂〉，寫的就是：上帝告知巫陽，要他到下界去，把一位好人已經離散了的魂魄還給原主，巫陽為了怕時間拖延太久，到了下界，不經卜筮，就舉行招魂儀式的一篇招魂文字。⑬精聲：美好的音樂或歌謠。精，「美」、「好」的意思。《後漢書》卷五十九〈張衡傳〉：「朋精粹而為徒。」唐李賢《注》：「精，美也。」《廣韻》下平聲十四〈清〉韻：「精，善也，好也。」聲，「音樂」、「歌謠」的意思。《論語・陽貨篇》：「惡紫之奪朱也，惡鄭聲（流行於鄭國的音樂或歌謠）之亂雅樂（正統音樂）也。」　㊃宋玉舍其延靈之精聲：宋玉的著作中有〈招魂〉一篇，是他招請亡魂的詩篇。在有關的記載裏，沒有他捨棄〈招魂〉這篇文字的記載，因而全句應該反過來講，作為「世人捨棄（也就是「不重視」）他〈招魂〉的這篇文字」講。　㊄招：音ㄑㄧㄠˊ，「揭示」的意思。《國語．周語．下》：「立於淫亂之國，而好盡言，以招人過，怨之本也。」吳章昭《注》：「招，舉也。」

【今譯】　抱朴子說：「楚國郢都的人，都稱美流行於民間俚俗色情的〈下里巴人〉歌曲，卻看不起古帝顓頊所製作和諧的〈六莖〉曲調；一般庸人俗士都喜歡聽到對聲譽的讚美詞句，卻一個個厭惡有補於行為改進的規勸言辭；因為這個緣故，世人不該捨棄楚人宋玉他〈招魂〉一篇美好的歌辭；可是一般才人智士，也不可忘記向人揭示自身所獨具的遠大謀略。」

抱朴子曰：「瓊㊀珉㊁山積，不能無挾瑕㊂之器；鄧林㊃千里，不能無偏枯之木。論㊄珍則不可以細疵棄其㊅美，語大㊆則不可以少累㊇廢其多㊈。故叛主者良、平也，而吐六奇以安上㊉；群盜者彭越也，而建弘勳於佐命⑪。」

【今註】　㊀瓊：音ㄑㄩㄥˊ，美玉。　㊁珉：音ㄇㄧㄥˊ，和玉極相似的美石。　㊂挾瑕：謂「挑剔瑕疵」。挾，音ㄒㄧㄝˊ，「夾取」、「指向」的意思。　㊃鄧林：神話中的樹林。《山海經．海外北經第八》：「夸父（古神話人物）與日逐走，入日，渴欲得飲。飲于河（黃河）渭（渭水），河渭不足，北飲大澤，未至，道渴而死，棄其杖，化為鄧林。」有關的記載，又見於《列子．湯問篇》。　㊄論：音ㄌㄨㄣˊ，通「掄」，有「選擇」的意思。《國語．齊語》：「權（計算；衡量）節（在大小、輕重上作調節）其用，論（選擇）比（從善、惡方面作比較）協材（在性質剛柔上作「調協」）。」吳韋昭《注》：「論，擇也。」⑥其：本作「巨」字，依《百子》本改正。⑦語大：是謂「就大處來說」、「從大處評論」。《禮記・中庸篇》：「故君子語（說；談論）大（指「君子之道」之「大」），上至於天，下至於地），天下莫能載（裝載）焉；語小（一般夫婦可能了解的「道的初步」），天下莫能破（剖分；解析）焉。」⑧累：音ㄌㄟˋ，「過失」的意思。《鄧析子・無厚篇》：「君有三累，臣有四責。」⑨多：「稱美」的意思。《漢書》卷四十九〈爰盎傳〉：「諸公聞之，皆多盎。」唐顏師古《注》：「多猶重。」⑩叛主者良、平也，而吐六奇以安上：良、平，指張良和陳平，同為漢高祖的謀士。六奇，指陳平六度出奇計，而攻破了陳豨和黥布的軍隊。《史記》卷五十六〈陳丞相世家〉：「其後常以護軍中尉，從攻陳豨及黥布。凡六出奇計，輒益邑，凡六益封。奇計或頗秘，世莫能聞也。」⑪群盜者彭越也，而建弘勳於佐命：《史記》卷九十〈魏豹彭越列傳〉：「彭越者，昌邑人也，字仲。常漁鉅野澤中，為群盜。」弘勳，指彭越雖為盜匪出身，而後來為漢高祖屢建功勳。佐命，指輔助漢高祖建國。

【今譯】抱朴子說：「美玉、美石的素材山一般地堆積著，拿來做成的器物，可仍然挑不出一件絕無瑕疵的精品；神話中樹木森森的鄧林，雖然綿延千里，可也不能絕對保證其中沒有任何枯萎的枝柯。要從許多同類的物品中選擇佳品，不能因為每件物品具有某項細微的缺點卻拋棄它整體的美；從大處去討論問題，切不能因為發現一點小小的過失就忘記給予適當的讚揚。曾經背叛主上的陳平卻屢出奇計安定了局勢；彭越雖為盜匪出身，然而最後卻輔佐君主建立了巨大的功勳。」

抱朴子曰：「五嶽㈠巍峩，不以藏疾傷其極天之高；滄海滉瀁，不以含垢累其無涯之廣㈡。故有九德尚寬以得眾㈢，宣尼汎愛而與進㈣。」

【今註】㈠五嶽：稱「嵩山（中嶽）、泰山（東嶽）、華山（西嶽）、衡山（南嶽）、恆山（北嶽）」五座高峻的大山。㈡滄海滉瀁，不以含垢累其無涯之廣：滉瀁，指水之深廣貌。含垢，指滄海接受污物。《左傳》宣公十五年：「瑾瑜匿瑕，國君含垢，天之道也。」杜預《注》說：「忍垢恥。」㈢九德尚寬以得眾：《左傳》昭公二十八年：「心能制義曰度，德正應和曰莫，照臨四方曰明，勤施無私曰類，教誨不倦曰長，賞慶刑威曰君，慈和偏服曰順，擇善而從之曰比，經緯天地曰文，九德不愆，作事無悔。」所謂的「九德」則指「心能制義曰度，德正應和曰莫，照臨四方曰明，勤施無私曰類，教誨不倦曰長，賞慶刑威曰君，慈和偏服曰順，擇善而從之曰比，經緯天地曰文」。㈣宣尼汎愛而與進：宣尼，則指孔子的追謚。《漢書》卷十二〈平帝紀〉：「封周公後公孫相如為褒魯侯，孔子後孔均為褒成侯，奉其祀。追謚孔子曰褒成宣尼公。」《論語・學而篇》說：「汎愛眾而親仁。」《論語・述而篇》說：「互鄉難與言，童子見，門人惑。子曰：『與其進也，不與其退也。』」

【今譯】抱朴子說：「五嶽巍峨雄壯，不因為包藏毒蟲害獸而傷害其聳入雲天的高峻；滄海波濤浩瀚，不因為容納污穢而影響其無邊無際的廣大。所以九德以寬容為首，因而得到眾人的歸心；孔子主張以廣泛的愛心，鼓勵學者的進步。」

廣譬篇第三十九

【篇旨】本篇的內容與《抱朴子・外篇・博喻》相似，也是藉外在事物來說明人生社會的道理。作者以不同的角度表現了自己對社會人生的關注，寓意雋永，頗能發人深省。

抱朴子曰：「立德踐言㊀，行全操清，斯則富矣，何必玉帛之崇㊁乎？高尚其志㊂，不降不辱㊃，斯則貴矣，何必青紫之兼拕㊄也？俗民不能識其度量，庸夫不得揣其銓衡，是則高矣，何必凌雲而蹈霓㊅乎？問者莫或測其淵流，求者未有覺其短乏，是則深矣，何必洞河而淪海乎？四海苟備，雖室有懸磬之窶㊆，可以無羨乎鑄山而煮海㊇矣。身處鳥獸之群，可以不渴乎朱輪而華轂㊈矣。」

【今註】㊀踐言：履行諾言。　㊁玉帛之崇：朝廷派使者攜玉帛徵辟士人出仕。楊明照按：「崇」上疑脫「並」字。　㊂高尚其志：堅持隱逸的志向。《易經・蠱卦》：「上九，不事王侯，高尚其事。《象》曰：『不事王侯，志可則也。』」　㊃不降不辱：不降志亦不使自身受辱。《論語・微子篇》：「子曰：『不降其志，不辱其身，伯夷、叔齊與？』」《集解》引鄭玄曰：「言其直己之心，不入庸君之朝。」㈤青紫之兼拕：擔任高官，享有爵位，佩戴青紫之印綬。拕，同「拖」。㈥凌雲而蹈霓：意謂地位崇高，若在雲霓之上。凌雲、蹈霓，皆喻其高。㈦懸磬之窶：形容家境清貧，一無所有。《國語．魯語．上》：「室如縣磬。」韋《注》：「縣磬，言魯府藏空虛，但有榱梁，如縣磬也。」㈧鑄山而煮海：開鑿大山以鑄錢、煮沸海水以獲鹽而致富的意思。《史記》卷一百六〈吳王濞列傳〉：「吳有豫章郡銅山，濞則招致天下亡命者益（當依《漢書》卷三十五〈荊燕吳傳〉作「盜」）鑄錢，煮海水為鹽，以故無賦，國用富饒。」㈨朱輪而華轂：詳見《抱朴子．外篇．博喻篇》。

【今譯】 抱朴子說：「樹立道德，實踐諾言，行為完美，情操高潔，這就是富有了。何必一定要有尊崇的禮儀徵聘出仕呢？堅持自己高潔的志向隱逸不仕，不降志，不辱身，這就是高貴了。何必一定要擁有高官厚爵呢？世俗之人無法辨識你的度量，平庸的百姓也不能權衡其輕重，這就是清高了。何必一定要登上高位，如在雲霓之端呢？詢問者沒人能揣測你的思想源流，求教的人沒有覺得你的才能有什麼短缺，這就是深厚了。何必一定要深入河底淪於大海呢？倘若四海之內的知識富足了，就算我家中窮到一無所有，也不羨慕鑄山煮海得來的巨富。即使身處鳥獸之群，也不渴望追求高官厚祿、朱輪華轂的富貴了。」

抱朴子曰：「潛靈㈠俟慶雲㈡以騰竦㈢，棲鴻階勁風以凌虛，素鱗㈣須姬發㈤而躍，白雉待公旦而來㈥，姜老值西伯而投磻溪之綸㈦，韓、英㈧遭漢高乃騁撥亂㈨之才。」

【今註】 ㈠潛靈：指潛伏的神龍。 ㈡慶雲：一曰景雲。《淮南子・天文篇》：「龍舉而景雲屬。」高《注》：「龍，水物也。雲生於水，故龍舉而景雲屬。屬，會也。」 ㈢騰竦：騰空上飛。 ㈣素鱗：白魚。《尚書・大傳》：「太子發上祭于畢，下至于盟津之上。……太子發升于舟，中流，白魚入于舟……。」 ㈤姬發：即周武王。 ㈥白雉待公旦而來：公旦，即周公。周公攝政六年，越裳氏來獻白雉。見《韓詩外傳・卷五》。 ㈦姜老值西伯而投磻溪之綸：姜老，呂尚，姓姜氏。西伯，即周文王。史稱呂尚嘗窮困，且年老，以漁釣為生。有一次，周西伯（文王）打獵，遇太公於渭之陽，與語大悅，故號之曰「太公望」，載與俱歸，立為師。事見《史記》卷三十二〈齊太公世家〉。 ㈧韓、英：指韓信、布英，均為漢高祖劉邦手下的大將。 ㈨撥亂：平定動亂，始之歸於正常。

【今譯】 抱朴子說：「潛伏水底的龍等待慶雲以騰空飛升，棲止的鴻雁憑藉勁風而後凌雲翱翔。素魚等待周武王出現才跳躍，白雉等待周公攝政才到來，呂尚遇到周文王才收起磻溪的釣竿，韓信、布英遇到漢高祖才施展出平定戰亂的才能。」

抱朴子曰：「澄精神於玄一㈠者，則形器㈡可忘；邈高節以外物者，則富貴可遺。故支離甕盎㈢，偉造化而怡顏；北人㈣、箕叟㈤，棲嵩岫而得意焉。」

【今註】 ㈠玄一：道家語，即道之本源。 ㈡形器：形體。 ㈢支離甕盎：孫星衍校：「支離」下，舊寫本空白一字。 ㈣北人：傳說中的隱士。舜欲讓天下予北人，不受，自投於淵。 ㈤箕叟：指許由，隱於箕山之下，古代著名隱士。

【今譯】抱朴子說：「能澄清精神以達到道的本源的人，則可以忘記外在的形體，節操高邈而輕視外在事物的人，則可以遺棄人間的富貴。所以殘寂的支離口中，會讚美大自然的偉大，並且面露喜悅之色，北人無擇、許由隱逸於高山，卻仍得意洋洋。」

抱朴子曰：「粗理不可浹全㈠，能事不可畢兼。故懸象㈡明而可蔽，山川滯而或移㈢，金玉剛而可柔，堅冰密而可離。公旦不能與伯氏跟絓於馮雲之峻㈣，仲尼不能與呂梁較伎於百仞之溪㈤。」

【今註】㈠浹全：周全的意思。㈡懸象：指日月星辰。《易經・繫辭・上》：「縣象著明，莫大乎日月。」㈢山川滯而或移：山川本是穩固不動的，可是有時亦有天崩、地震等自然現象。《莊子・大宗師篇》：「夫藏舟於壑，藏山於澤，謂之固矣；然而夜半有力者負之而走，昧者不知也。」《淮南子・俶真篇》：「夫藏舟於壑，藏山於澤，人謂之固矣；雖然，夜半有力者負而趨，寐者不知。」高《注》：「趨，走。夜半有力者負舟與山走，故寐者不知也。」㈣馮雲之峻：凌雲的山岩，形容山之高聳，如入雲端之中。㈤與呂梁較伎於百仞之溪：傳說呂梁有瀑布激流，魚鼈難游，可是有人卻披髮高歌，游於深淵之下。

【今譯】抱朴子說：「粗淺的道理不可能周全，再精幹的人也不能兼備所有的才能。因此，日月星辰的光明，也有被烏雲遮住的時候，山川是穩定的，但也會有移動的時候，金石堅硬，也可以變得柔軟，堅硬的冰雖然嚴密，但可以使其融化。所以周公不能與伯氏比賽登上高入雲霄的峻峰，孔子也不能和呂梁人在百仞的激流中展示泳技。」

抱朴子曰：「震雷不能細其音以協金石之和㈠，日月不能私其耀以就曲照之惠㈡，大川不能促其涯以適速濟之情，五岳不能削其峻以副陟者之欲。故廣車不能脅其轍㈢以苟通於狹路，高士不能撙其節㈣以同塵於隘俗。」

【今註】㈠以協金石之和：以與金石的樂聲相和諧。㈡日月不能私其耀以就曲照之惠：指日月不能偏私，只照耀某些地方。《禮記・孔子閒居篇》：「日月無私照。」《周書・周祝》：「日之出也無私照。」《呂氏春秋・去私篇》：「日月無私燭也。」㈢脅其轍：縮小車輪的寬幅，來減小所需道路的寬度。㈣撙其節：意謂降低自己的節操。撙，約束；節制。

【今譯】抱朴子說：「震耳的雷聲不能減小聲音使之與金石樂聲相和諧，日月不能使光芒偏私，只照耀某些地方，江河不能使兩岸靠攏些，以滿足欲快速渡河者的心情，五岳不能削減高度，變得平緩些，以滿足登山者的要求。所以大車不能縮短車輻以求可以通過狹小的道路，高尚的人不能降低自己的節操以求苟同於庸鄙的世俗。」

抱朴子曰：「陰陽以廣陶㈠濟物，三光㈡以普照著明，嵩、華以藏疾為曠㈢，北溟以含垢稱大㈣，碩儒以與進㈤弘道，遠數以博愛容眾㈥。」

【今註】㈠廣陶：廣泛的陶冶。㈡三光：指日月星辰。《淮南子・原道篇》：「紘宇宙之章三光。」高《注》：「章，明也。三光，指日、月、星。」 ㊂嵩、華以藏疾為曠：嵩山、華山因能無所不包而成其高大。 ㊃北溟以含垢稱大：北海因為能夠容納汙垢、無所不包而造就其遼闊。 ㊄與進：允許後進來學。已見《抱朴子・外篇・嘉遯篇》。 ㊅遠數以博愛容眾：指以廣博的愛心容納眾多事物。

【今譯】 抱朴子說：「陰陽二氣以廣泛陶冶的方式救助蒼生，日月星辰以光明的照耀為世界帶來光明。嵩山、華山因能無所不包而成其高大，北海因為能夠容納汙垢、無所不包而造就其遼闊。儒家大師提攜後進來學，弘揚大道，謀略深遠者以廣博的愛心去容納眾多的事物。」

抱朴子曰：「靈龜之甲，不必為戰施㊀；麟角鳳爪，不必為鬬設。故雋生不釋劍於平世㊁，擊柝㊂不輟備於思危。」

【今註】 ㊀靈龜之甲，不必為戰施：「戰」字疑為「占」字之誤。意謂靈龜的甲殼，並非為了要讓人占卜而生的。 ㊁雋生不釋劍於平世：雋生，雋不疑，字曼倩，渤海人也。治《春秋》，為郡文學，進退必以禮，名聞州郡。詳見《漢書》卷七十一〈雋疏于薛平彭傳〉。 ㊂擊柝：夜間巡察，以敲擊木梆的方式，作為警戒。

【今譯】 抱朴子說：「靈龜的甲殼，不是一定為了占卜才生長的；麒麟的角和鳳凰的爪，不是必定為爭鬥而存在。所以雋不疑平時也不解下佩劍，敲擊木梆巡察，是為了防備危險而出現。」

抱朴子曰：「南金㊀不為處幽而自輕，瑾瑤㊁不以居深而止潔。志道者不以否滯而改圖，守正者不以莫賞而苟合。」

【今註】㊀南金：金屬名。詳見〈博喻篇〉注。 ㊁瑾瑤：美玉名。《說文・玉部》：「瑾，瑾瑜，美玉也。」

【今譯】抱朴子說：「貴重的南金不會因為身處幽僻之地就自我輕視，潔白的美玉不會因為處在深處而改變它原本的純潔。有志於道德者，不會因為有阻礙就改變原來的志向，操守正直者，不會因無人賞識就苟且合於世俗。」

抱朴子曰：「登玄圃㊀者，悟丘阜之卑；浮溟海者，識池沼之褊。披九典乃覺牆面㊁之篤蔽，聞至道乃知拘俗之多迷。」

【今註】㊀玄圃：傳說中的仙山。已見〈博喻篇〉。 ㊁牆面：楊明照《抱朴子外篇校箋・下》校：按「牆面」當作「面牆」，始能與下句「拘俗」相儷。「面牆」一詞多次見於《抱朴子》中。

【今譯】抱朴子說：「登上了崑崙仙山，就知道小山丘的低矮了；漂浮在大海上，就知道池沼的狹小了。翻閱過眾多的經典，就知道不學習所遭受的蒙蔽；聽聞至道，才能知道拘泥於世俗是多麼迷誤。」

抱朴子曰：「渾沌之原，無皎澄之流；毫釐之根，無連抱之枝；分寸之燼，無炎遠之熱；隙穴之中，無炳蔚之群㊀；鉤曲之形，無繩直之影；參差之上，無整齊之下。」

【今註】 ㊀炳蔚之群：謂成群的虎豹。炳蔚，虎豹也。見〈安貧篇〉「被文如虎豹」句箋。

【今譯】 抱朴子說：「塵土飛揚、渾濁不清的原野，是不會有清澄潔白的流水的；毫釐般的細根，不會生長出合抱粗的樹枝；短小的灰燼，不會有可以灼烤遠處的熱量；狹窄的縫穴中，不會有成群的虎豹；彎曲的形體，不會有筆直的影子，上面長短參差混亂，下邊就不會整齊劃一。」

抱朴子曰：「不覩瓊琨之熠爍，則不覺瓦礫之可賤；不覿虎豹之彧蔚，則不知犬羊之質漫。聆《白雪》㊀之九成，然後悟《巴人》之極鄙㊁；識儒雅之汪濊㊂，爾乃悲不學之固陋。」

【今註】 ㊀《白雪》：《陽春白雪》，古代楚國歌曲名，當時認為是較高級的音樂。 ㊁《巴人》之極鄙：意思是說《下里巴人》的樂曲極為鄙陋。 ㊂汪濊：謂「寬廣深邃」。見〈鈞世篇〉注。

【今譯】 抱朴子說：「沒有見過光彩熠熠的美玉，就不覺得瓦礫的卑賤；沒有看過虎豹斑斕美麗的花紋，就不覺得犬羊之皮的素淡無文；聆聽過《陽春白雪》，然後才醒悟到《下里巴人》的鄙陋；認識了學問淵博的儒生，才知道不學無術的閉塞有多可悲。」

抱朴子曰：「無當之玉盌㊀，不如全用之埏埴㊁；寸裂之錦黻㊂，未若堅完之韋布。故夏姬㊃之無禮，不如孤逐之皎潔；富貴之多罪，不如貧賤之履道。」

【今註】㈠盌：通「碗」。㈡埏埴：音ㄕㄢ ㄓˊ，和泥作的陶器。老子《道德經・第十一章》：「埏埴以為器。」河上公《注》：「埏，和也。埴，土也。和土以為飲食之器。」㈢錦黻：繡有花紋的圖案的錦衣。㈣夏姬：春秋時陳大夫御叔之妻，夏徵舒之母，曾與陳靈公、孔寧、儀行父私通。

【今譯】抱朴子說：「貴重而不合實用的玉碗，不如多用途的陶器；腐損開裂的錦繡禮服，不如結實完整的章帶布衣；因此，無禮淫亂的夏姬，不如孤逐女堅持守節那樣的貞節；富有顯貴但犯下多項罪過，倒不如處於貧窮、履行正道。」

抱朴子曰：「猛獸不奮搏於度外，鷹鷂不揮翮以妄擊。若廟筭㈠既內不揆德，進取又外不量力，猶輕羽之沒洪鑪，飛雪之委沸鑊，朝菌㈡之試干將㈢，羔犢之犯虓㈣虎也。」

【今註】㈠廟筭：指朝廷用兵的謀略。詳見〈博喻篇〉。㈡朝菌：一種菌類植物，朝生而暮死。已見〈嘉遯篇〉。㈢干將：古代寶劍名。詳見〈博喻篇〉。㈣虓：凶暴之意。

【今譯】抱朴子說：「猛獸不會奮然搏殺於度外，鷹鷂也不會隨便煽動翅膀以出擊。如果在朝廷上不估量人的品德，在戰場上不計算兵力強弱以量力而為便隨意興師，那就像輕飄的羽毛落入洪爐之中，飛舞的雪花掉落滾沸的水中一樣，又像朝菌去試干將的鋒利，羊羔牛犢去冒犯猛虎。」

抱朴子曰：「三辰㈠蔽於天，則清景暗於地；根荄蹷於此，則柯條瘁於彼。道失於近，則禍及於遠；政繆㊁於上，而民困於下。」

【今註】 ㊀三辰：指日月星辰。 ㊁繆：同「謬」，失誤。

【今譯】 抱朴子說：「天上的日月星辰被遮住，地上的影子就變得黯淡了；樹根竭盡於此，則枝葉便凋枯於彼。策略失誤於近，便會帶來長遠的禍患，政治施政謬誤於上，則百姓便困頓於下。」

抱朴子曰：「務於遠者，或失於近㊀；治於外者，或患生乎內。覆頭者，不必能令足不濡；蔽腹者，不必能令背不傷。故秦始築城遏胡，而禍發帷幄㊁；漢武懸旌萬里，而變起蕭牆㊂。」

【今註】 ㊀務於遠者，或失於近：楊明照校：以下文「或患生乎內」句例之，「於」上疑脫一字。 ㊁故秦如築城遏胡，而禍發帷幄：指趙高從內部篡權之事。詳見《史記》卷六〈秦始皇本紀〉。 ㊂漢武懸旌萬里，而變起蕭牆：宮廷之內發生變故，漢武帝時，有淮南王劉安、衡山王劉賜謀反之事，又有巫蠱之禍。詳見《漢書》卷六〈武帝紀〉。

【今譯】 抱朴子說：「致力於遠大的事業，其失誤可能近在眼前，治理外表的人，其禍患可能發生在內部。蒙蓋住頭部的人不能讓腳不沾溼，保護好腹部的人不一定可以讓脊背不受傷。所以秦始皇修築萬里長城以抵禦胡人入侵，而禍患就發生在身旁的帳幕之中；漢武帝出軍萬里之外，而變亂就萌生在他的宮廷之中。」

抱朴子曰：「人才無定珍，器用無常道。進趨者以適世為奇，役御者以合時為妙。故玄冰結則五明㊀捐，隆暑熾則裘、鑪退，高鳥聚則良弓發，狡兔多則盧、鵲走，干戈興則武夫奮，《韶》、《夏》㊁作則文儒起。」

【今註】㊀五明：扇名。漢晉有五明扇。㊁《韶》、《夏》：韶樂，相傳為舜時樂曲；大夏，傳說是禹時樂曲。

【今譯】抱朴子說：「珍貴的人才在不同時代沒有固定的標準，器物的功用也沒有一定的不變的模式。追求進取者以適應社會需求為奇偉，為世所用的人以合乎時代為妙才。因此，隆冬結冰時，扇子就被丟棄了；盛暑熾熱時，皮裘和火爐就被收起來了。高鳥聚集，則良弓就被拿出來用，狡兔多了，獵狗就要去追逐。興起戰事，武夫就會奮發而被重用，太平之世，文臣就會興起。」

抱朴子曰：「激脩流、揚朝宗者，不可以背五城㊀而跨積石㊁；舒翠葉、吐丹葩者，不可以舍洪荄而去繁柯。敗源失本，尠不枯汔㊂；叛聖違經，理不弘濟。」

【今註】㊀五城：指崑崙山，相傳崑崙有五城十二樓，河水出焉。㊁積石：山名。㊂枯汔：意謂乾涸、枯死。《淮南子．說林篇》：「塞其源者竭，背其本者枯。」《說文．水部》：「汽，水涸也。」《玉篇．水部》「汽」作「汔」，與此同。

【今譯】抱朴子說：「激起萬里波濤的江河，不能馱負崑崙山而超過積石，舒展青翠樹葉、開著燦爛紅花的大樹，不能去除粗根與繁枝。背離了本源，喪失了根本，很少不枯萎乾涸的，反對聖賢，背離經典，其理不能廣泛地救助天下。」

抱朴子曰：「四瀆㊀辯源，五河分流，赴卑注海，殊塗同歸。色不均而皆豔，音不同而咸悲，香非一而並芳，味不等而悉美。」

【今註】㊀四瀆：指長江、黃河、淮河、濟水有著不同的源頭。古人稱江、淮、河、濟為四瀆。

【今譯】抱朴子說：「長江、黃河、淮河、濟水這四條大河的源頭不同，淮河的五條支流也是分開流行的，但他們都流向下游低窪處，然後注入大海，路途雖不同，但最後的歸屬是一樣的。顏色有所不同，卻都豔麗；聲音有所不同，卻都甜美。」

抱朴子曰：「物貴濟事，而飾為其末；化俗以德，而言非其本。故緜布可以禦寒，不必貂、狐；淳素可以匠物㊀，不在文辯㊁。」

【今註】㊀匠物：楊明照校：按「匠」疑「匡」之誤。匡物，謂匡正事物。㊁文辯：文飾之意，繪以花紋圖案。辯，疑「辨」字之訛。

【今譯】抱朴子說：「製作器物貴於可以利用，裝飾只是它的細微末節，教化世俗要以德行為本，但人們卻追逐言辭之末。所以絲綿麻布可以用來抵禦風寒，不一定要用貂皮狐裘才可以，樸素的材料可以製作器物，不一定要雕鏤文飾它的外表才可以。」

抱朴子曰：「衝飆謐氣，則轉蓬山峙；脩綱既舒，則萬目齊理。故未有上好謙而下慢，主賤寶而俗貧。」

【今譯】抱朴子說：「暴風平息了，隨風飄轉的蓬草也就靜止不動，綱繩一伸展，則所以的細目就都會很有條理，因此，不會有在上位者喜好謙虛而下位者傲慢無禮的事，不會有君主不愛財物而百姓卻遭受貧窮的事。」

抱朴子曰：「事有緣微而成著㈠，物有治近而致遠。故修步武之池，而引沈鱗於江海；豐朝陽之林，而延靈禽於丹穴㈡。設象於槃盂，而翠虯降於玄霄㈢；委灰於尺水，而望舒變於太極。是以晉文回輪於勇蟲，而壯士雲赴；句踐曲躬於怒鼃㈣，而戎卒輕死。九九顯，而扣角㈤之俊至；枯骨掩，而參分之仁洽㈥。」

【今註】㈠著：顯著；巨大。㈡延靈禽於丹穴：引來山中洞穴裡的鳳凰。《詩經・大雅・卷阿》：「鳳凰鳴矣，于彼高岡；梧桐生矣，于彼朝陽。」㈢翠虯降於玄霄：神龍由天而降。虯，一種無角的龍。玄霄，雲天。㈣句踐曲躬於怒鼃：傳說越王句踐看到青蛙鳴叫之聲富有氣勢，曾經曲躬表示禮敬，於是百姓為他赴湯蹈火在所不辭。詳見《抱朴子・外篇・君道篇》。㈤扣角：已見〈嘉遯篇〉及〈擢才篇〉所注。㈥枯骨掩，而參分之仁洽：傳說周文王修建靈臺、掘池的時候，挖出死人骨骸，周文王令安葬之。詳見《新序・雜事》。參分，即「三分天下有其二」的略語。

【今譯】 抱朴子說：「事情有時可因小而成大，治理事物有時可從近處發展到遠處。所以修建一個小池塘，可以引來江海中的蛟龍；使朝陽之林茂盛，就可以招來丹穴中的鳳凰。在盤盂當中畫上龍，真的翠龍就會從天而降；把灰抛到一尺大的池水當中，就可以使月亮改變其形象。因此晉文公回車避開勇猛的螳螂，壯士便像雲彩紛紛趨附前來；句踐伏軾向怒鳴的青蛙表示敬意，士兵們便都捨生忘死。極為賢明的君主出現了，扣角求仕的傑出人才就會到來；掩埋了無主的枯骨，三分天下有其二的仁德就會周遍。」

抱朴子曰：「膏壤在荄㈠，而枯葉含榮；率俗以身，則不言而化。故有唐以鹿裘㈡臻太平，齊桓以捐紫止奢競，章華㈢構而豐屋之過成，露臺㈣輟而玄默之風行。」

【今註】 ㈠荄：指草根。 ㈡有唐以鹿裘：已見〈君道篇〉。 ㈢章華：疑為章臺，秦渭南離宮的臺名。詳見〈君道篇〉。 ㈣露臺：詳見〈君道篇〉。

【今譯】 抱朴子說：「如果根部有肥沃的土壤，那麼即使是枯黃的葉子也會茂盛起來；君王率領世俗以身作則，那麼不用說話也可以教化人民；所以唐堯身穿鹿裘而使天下太平，齊桓公不穿紫衣而制止了國中競相奢侈的風氣；章華臺建成而導致奢靡的風氣，不建露臺又形成玄默清淨無為的風氣。」

抱朴子曰：「聰者料興亡於遺音之絕響㈠，明者覿機理於玄微之未形。故越人㈡見齊桓不振之徵於未覺之疾；箕子識殷人鹿臺之禍㈢於象箸之初。」

【今註】 ㊀料興亡於遺音之絕響：從遺音絕響之中推測社會興亡的消息。見〈清鑒篇〉「延州審清濁於千載之外」及〈博喻篇〉「聰者貴於理遺音於千載之外，而得興亡之跡」。 ㊁越人：指扁鵲，勃海郡鄭人，姓秦，名越人。為古代名醫。曾以鍼石使已死的虢太子復蘇。 ㊂鹿臺之禍：周武王伐紂，商紂王入登鹿臺，焚火而死。見《史記》卷三十八〈宋微子世家〉。

【今譯】 抱朴子說：「聽力聰敏的人能從前代遺音之中推測時代興亡的消息，明察事理的人可以從微妙的先兆尚未形成之前就看到事物變化的玄機。所以扁鵲能從齊桓公尚未發覺病徵的時候，察見他身體不適的狀況，箕子能從商紂王使用象牙筷子的時候就預料到殷商將有滅亡之禍。」

抱朴子曰：「二儀㊀不能廢春秋以成歲，明主不能舍刑德以致治。故誅貴所以立威，賞賤所以勸善。罰上達則姦萌破，而非懦弱所能用也；惠下逮則遠人懷，而非儉吝所能辦也。」

【今註】 ㊀二儀：即兩儀。《正義》：「不言天地而言兩儀者，指其物體；下與四象相對，故曰兩儀，謂兩體容儀也。」

【今譯】 抱朴子說：「天地不能廢棄春秋二季而成就一年，賢明的君主不能不用刑罰與賞賜而使國家達到安定，所以誅殺犯錯的貴顯者可以樹立權威，賞賜立功的百姓可以勸人行善。刑罰能夠上及貴族，那麼為非作歹的事才剛要發生就被遏止了，但這不是懦弱的人可以辦到的。恩惠能夠下達於百姓，那麼邊遠地區的人民就會歸順朝廷，但這不是吝嗇的人可以做到的。」

抱朴子曰：「浮滄海者，必精占於風氣，故保利涉之福。善莅政者，必戰戰於得失，故享惟永之慶。故闇君之所輕，蓋明主之所重也。亡國之所棄，則治世之所行也。」

【今譯】抱朴子說：「漂浮於滄海的人，必定能準確地預測風向氣候，所以才能保證自己可以順利地航行。善於執政的人，必定對得失小心謹慎、戰戰兢兢，所以才能享有長久平安的福氣。因此昏庸的國君所輕視的，正好是聖明的君主所重視的。敗亡之國所廢棄的，正是太平之世所推行的。」

抱朴子曰：「毫釐蹉㊀於機，則尋常違於的；與奪失於此，則善否亂於彼。邪正混侔，則彝倫㊁攸斁；功過不料，則庶績以崩。故明君賞猶春雨，而無霖淫之失；罰擬秋霜，而無詭時之嚴㊂。」

【今註】㊀蹉：差誤。《古文苑》揚雄〈并州牧箴〉：「宗周罔職，日用爽蹉。」章《注》：「蹉，跌也。」楊倞《荀子王霸》：「此夫過舉蹞步而覺跌千里者夫。」《注》：「跌，差也。」㊁彝倫：指倫常道德。㊂無詭時之嚴：比喻罰無不妄加。詭時之嚴，指違背時序，嚴厲無當。

【今譯】抱朴子說：「射箭時弩機上釐差的失誤，到了箭靶就會相差很大的距離。朝廷的賞罰有所失誤，社會上就會造成善惡的混亂。邪惡與正直相混淆，倫理教化就會敗壞、違反常規，功過的判斷不公正，各項事務就會因此而崩毀，所以明君的賞賜就像春雨一般，潤澤萬物而又不會久雨成災，明君的賞罰如同秋霜之嚴厲，卻又不會違反節度。」

抱朴子曰：「明銓衡者，所重不可得誣也；仗法度者，所愛不可得私也。故得人者，先得之於己者也；失人者，先失之於己者也。未有得己而失人，失己而得人者也。」

【今譯】抱朴子說：「懂得權衡得失輕重的人，對自己所看重的也不誇張不實，依據法度行事的人，對於自己喜歡的也不會有所偏私。所以得到人才，先要從自身端正的態度做起，失去人才的人，也是由於自己的緣故，沒有因為自己態度端正而失去人才的，也沒有因為自己懷有私心而得到人才的。」

抱朴子曰：「明主躬操威恩，不假人以利器；暗主倒執干戈，雖名尊而勢去。故制慶賞而得眾者，田常所以奪齊也；擅威福而專朝者，王莽所以篡漢㈠也。」

【今註】㈠王莽所以篡漢：詳見〈逸民篇〉。

【今譯】抱朴子說：「聖明的君主要親自掌握刑罰與恩賞的權力，而不能假手他人，昏庸的國君倒拿武器，將權柄授之於人、大權旁落，雖然名位尊貴，然而勢力已經喪失了。這就是田常奪取齊國的方法，在朝廷上作威作福、專斷朝政，這正是王莽奪取漢朝社稷的方法。」

抱朴子曰：「常制不可以待變化，一塗不可以應無方，刻船不可以索遺劒㈠，膠柱不可以諧清音㈡。故翠蓋不設於晴朗，朱輪㈢不施於涉川。味淡則加之以鹽，沸溢則增水而滅火。」

【今註】㊀刻船不可以索遺劍：《呂氏春秋・察今篇》：「楚人有涉江者，其劍自舟中墜於水，遽契其舟，曰『是吾劍之所從墜。』舟止，從其所契者入水求之。舟已行矣，而劍不行；求劍若此，不亦惑乎？」用來比喻拘泥舊法，不知變通。　㊁膠柱不可以諧清音：將絃用膠黏合固定住，就不能轉動絃柱，調節樂聲，因此不能彈奏出清美的音樂。　㊂朱輪：猶朱軒，古代王侯貴族所乘的紅色車子。

【今譯】抱朴子說：「固定不變的制度，不能適應局勢的變化，單一的途徑不足以適應多方面的要求，在行進中的船上作記號，是無法找到落水的佩劍的，把絃黏住就彈奏不出和諧清越的聲音。所以翠羽的傘蓋不在雨天張起，朱輪之車不能用來渡過江河。味道清淡就加些鹽，沸湯溢出就加水滅火。」

抱朴子曰：「丹書鐵卷㊀，刺牲歃血㊁，不能救違約之弊，則難以結繩㊂檢矣。五刑九伐㊃，赤族之威㊄，不足以止覬覦之姦㊅，則不可以舞干㊆化矣。是以《書》有世重之文㊇，《易》有隨時之宜㊈。」

【今註】㊀丹書鐵卷：古帝王頒發給功臣的契約，使其世代享受免罪的權利，用丹書寫在鐵板之上，故名曰丹書鐵卷。《漢書》卷一下〈高帝紀・下〉：「又與功臣剖符作誓，丹書鐵契，金匱石室，藏之宗廟。」《楚漢春秋》：「高祖初，封侯者皆賜丹書鐵卷，曰：『使黃河如帶，太山如礪，漢有宗廟，爾無絕世。』」　㊁刺牲歃血：刺取牲畜之血，塗在口邊，以結盟誓。歃，音ㄕㄚ，口含血也。《爾雅・釋詁》：「刺，殺也。」　㊂結繩：上古之時，有事便在繩上打結，事大則大繩，事小則小繩，結之多少，亦隨物眾寡而定。《易經・繫辭・下》：「上古結繩而治，後世聖人易之以書契。」《正義》：「結繩者，鄭康成注云：『事大大結其繩，事小小結其繩。』事或然也。」㊃五刑九伐：五刑指五種輕重不等的刑法。《尚書・舜典》以劓、剕、刵、宮、大辟為五刑。九伐指朝廷對於行為不端之諸侯的九種討伐辦法，包括削地、撤職、誅滅等。㊄赤族之威：指誅滅全族的重刑。㊅覬覦之姦：指篡奪帝位的野心與奸謀。《左傳》桓公二年：「是以民服事其上，而下無覬覦。」杜《注》：「下不冀望上位。」《釋文》：「覬，音冀。覦，羊朱反。《說文》（見部）云：『欲也。』」㊆舞干：舞干戚，指執盾與斧而舞。傳說舜時，有苗不服，於是舜便修政偃兵，執干戚而舞之。行德三年後，有苗歸服。見《淮南子・齊俗篇》。㊇是以《書》有世重之文：《尚書・呂刑》：「刑罰世輕世重，惟齊非齊，有倫有要。」意謂刑罰之輕重要隨世情而定，因時制宜。㊈《易》有隨時之宜：《周易・隨卦》：「天下隨時，隨時之義大矣。」

【今譯】抱朴子說：「丹書鐵卷，刺牲歃血，不能挽救違背盟約的弊病。那麼也難以用結繩之治來約束了。五種刑罰、九種討伐的辦法，誅滅全族的威勢，尚且不足以制止篡奪帝位的陰謀，那麼也就不能以干戚舞來教化了。所以《尚書》有『世輕世重』之說，《易經》上有『隨時所宜』之論。」

抱朴子曰：「人有識真之明者，不可欺之偽也；有揣深之智者，不可誑以淺也。不然，以虺、蛇為應龍，狐、鴟為麟、鳳矣。」

【今譯】抱朴子說：「一個人可以識別真偽，就不能用假的東西來欺哄他，一個人有深入推測的智慧，就不能以浮淺的事物去誑騙他。倘若不然，就會把毒蛇當作神龍，把狐狸鷂鷹當作麒麟、鳳凰了。」

抱朴子曰：「世有雷同之譽，而未必賢也；俗有讙譁之毀，而未必惡也。是以迎而許之者，未若鑒其事而試其用；逆而距之者，未若聽其言而課其實。則佞媚不以虛談進，良能不以孤弱退。駑蹇輟望於大輅，戎虯揚鑣而電騁，則功胡大而不可建，道胡遠而不可到。」

【今譯】 抱朴子說：「得到世俗眾口一致的讚譽，這樣的人不一定賢德；受到眾人共同的詆毀，也不一定就惡劣。因此遇到逢迎順從的人，不如在應用中考察其真實情況；遇到不順從而有獨立意見的人，不如聽一聽他的說法，在考核他的真實才能。這樣一來，諂媚之人就不能憑藉空談而受到進用，善良賢能的人也不會因為孤立無援而遭到貶退，劣馬不會被套上華美的大車，駿馬就會駕著馬車風馳電掣了。如果這樣的話，那麼什麼樣的大功無法建立？什麼遠大的目標無法到達呢？」

抱朴子曰：「潛朽之木，不能當傾山之風；含隙之崖，難以值滔天之濤。故七百之祚，三十之世，非徒牧野之功㊀；倒戈之敗㊁，鹿臺之禍㊂，不始甲子之朝㊃。其殭久矣㊄，其亡尚矣㊅。」

【今註】 ㊀牧野之功：指周武王伐紂，戰於牧野。 ㊁倒戈之敗：倒轉武器，攻打自己這方的軍隊。《史記》卷四〈周本紀〉：「紂師雖眾，皆無戰之心。心欲武王亟入，紂師皆倒兵以戰，以開武王。」㊂鹿臺之禍：周武王伐紂，紂王登於鹿臺之上，自焚而死。㊃甲子之朝：周武王於甲子日清晨，誓師牧野，戰勝紂師。㊄其彊久矣：指周代的強盛，非一日之功，乃由來久遠矣。㊅其亡尚矣：指商紂之亡，並非一戰之敗，乃是日積月累而造成的。

【今譯】　抱朴子說：「內部腐壞的樹木，不能抵擋可以颩倒山崖的狂風，已經出現裂縫的山崖，難以經受滔天巨浪的沖擊，所以七百年的福祚，三十代的社稷，不只是因為牧野一戰的功績，被倒戈相向的軍隊推翻，造成商紂王在鹿臺引火自焚的，也不是始於甲子決戰的這天。周代的強盛由來已久，商紂的敗亡絕非一日之事。」

抱朴子曰：「貴遠而賤近者，常人之用情也；信耳而疑目者，古今之所患也。是以秦王歎息於韓非之書㊀，而想其為人；漢武慷慨於相如之文，而恨不同世。乃既得之，終不能拔。或納讒而誅之，或放之乎冗散。此蓋葉公之好偽形㊁，見真龍而失色也。」

【今註】　㊀秦王歎息於韓非之書：據說秦始皇初見韓非《孤憤》、《五蠹》等作，曾經感歎地說：「嗟乎，寡人得見此人與之游，死不恨矣！」見《史記》卷六十三〈老子韓非列傳〉。㊁葉公之好偽形：傳說葉公子高好龍，家中用物以刻龍，壁牆楹柱以畫龍。天上真龍聞而下之，葉公被嚇得六神無主。詳見《新序・雜事篇》。

【今譯】　抱朴子說：「尊崇古人而鄙視近人，是一般人的感情，相信耳朵所聞而懷疑眼睛所見，是古今共同的弊病。因此秦始皇讚歎韓非的著作，而希望見到他本人，漢武帝感慨於司馬相如的文章，而恨不能與之同時。但等到得到他們之後，卻不能重用，或者聽信讒言而置之死地，或者放置於閒散侍從之官中，這就像葉公喜歡假的龍形之物，等到真龍出現卻大驚失色了。」

抱朴子曰：「摩尼㊀不宵朗，則無別於磧礫㊁。化鯤㊂不凌霄，則靡殊於桃蟲。綿駒吞聲，則與喑人為群。逸才沈抑，則與凡庸為伍。故䱇鰍㊃褻絳虯於淵洿，駑蹇黷駿騄於坰野㊄者，不識彼物靜與之同，動與之異。」

【今註】㊀摩尼：梵語明珠、寶珠之音。㊁磧礪：音ㄑㄧˋ ㄌㄧˋ，謂「河灘上的小石子」。㊂鯤：大魚名。《莊子・逍遙遊篇》：「北冥有魚，其名為鯤。鯤之大，不知其幾千里也。」㊃䱇鰍：黃鱔、泥鰍。《玉篇・魚部》：「䱇，市演切。魚，似蛇。」今通作「鱔」，俗稱鱔魚。㊄坰野：郊野，原野之意。

【今譯】抱朴子說：「明珠若不能在夜裡發光閃耀，就和碎石瓦片沒有差別。鯤鵬若不能展翅翱翔雲霄之間，那就和普通的小鳥沒有顯著的差別。善於歌唱的綿駒如果不發聲，就和啞巴沒有差別，才能出眾的人如果懷才不遇，就只能和平庸之輩為伍。所以在池塘裡的黃鱔、泥鰍可以在淺水中欺侮赤龍，跛腳的劣馬可以在郊野褻瀆駿馬，因為不知道那些神龍駿馬在靜止時和他們一樣，一旦動起來就與凡物完全不同了。」

抱朴子曰：「棄金璧於塗路，則行人止足。委錦紈於泥濘，則見者驚咄。若夫放高世之士於庸鹵之伍，捐經國之器於困滯之地，而談者不訟其屈，達者不拯其窮；或貴其文而忽其身，或用其策而忘其功。斯之為病，由來久矣。」

【今譯】抱朴子說：「如果把黃金璧玉棄置在路上，行人就會停下腳步，如果把錦繡紈綺抛入泥濘中，看見的人就會感到吃驚，如果讓高世之士與平庸愚昧之人為伍，讓經國的人才沉淪到艱難困頓的境地中，而有權談論的人不去申訴他們的委屈，顯貴的人不救濟他們的困頓，有的欣賞他們的文章而忽略了他們本人的遭遇，有的用他們的權謀而忘掉了他們的功勞。這種輕視人才的毛病，實在是由來已久了。」

抱朴子曰：「開源不億仞，則無懷山之流；崇峻不淩霄，則無彌天之雲㈠。財不豐，則其惠也不博；才不遠，則其辭也不贍㈡。故覩盈丈之牙，則知其不出徑寸之口；見百尋之枝，則知其不附毫末之木。」

【今註】㈠彌天之雲：雲氣瀰漫，布滿整個天際。古人認為雲生於高山，故云。　㈡辭也不贍：文辭不能豐富宏美。贍，富足。

【今譯】抱朴子說：「如果不是發源於萬仞高山，就不能有足以淹没山丘的浩蕩洪流，如果不是聳立雲霄的崇山峻嶺，就不能有足以瀰漫天際的雲彩。如果財產不夠富足，他所施予的恩惠就不能廣泛，如果才學不夠深遠，他的言辭也就不會豐富。所以，如果看到長達數丈的象牙，就知道它不是出自於一寸見方的小嘴，看見百尋長的樹枝，就知道它不是生長在細如毫毛的小樹上。」

抱朴子曰：「靈鳳所以晨起丹穴，夕萃軒丘，日未移晷，周章九陔，凌風蹈雲，不蹳㊀不閡者，以其六翮㊁之輕勁也。夫良才大智，亦有國之六翮也。」

【今註】㊀蹳：音ㄓㄨㄛˊ，小跳。㊁六翮：鴻鵠的六根健羽。

【今譯】抱朴子說：「鳳凰之所以能在清晨從丹穴起飛，傍晚止息於軒丘，太陽的影子尚未移動，就已經周遊九重天之上，凌著勁風，駕著浮雲，不會跳躍，也沒有阻礙，因為它有六根強勁的健羽。才智超凡的人，就是君主治理國家的健羽。」

抱朴子曰：「淇衛、忘歸㊀，不能無絃而遠激；振塵之音，不能無器而興哀。超俗拔萃之德，不能立功於未至之時。」

【今註】㊀淇衛、忘歸：淇衛之竹，可以製箭。忘歸，箭矢之名。

【今譯】抱朴子說：「銳利的箭射出去就不會回來，但不能沒以弓弦就射到遠方，高亢之音不能沒有樂器而響起悲壯的旋律，有超越世俗、品德高潔的人，不能在時機未到的時候建立功績。」

抱朴子曰：「朱綠之藻，不秀於枯柯；傾山之流，不發乎涸源。熠燿㊀之宵燄，不能使萬品呈形；志盡勢利，不能使芳風邈世。」

【今註】㊀熠燿：謂發放燐光的「螢火」。

【今譯】抱朴子說：「紅花綠葉，不會從乾枯的樹枝上生長出來，能沖倒大山的浩蕩水流，不會從乾涸的源頭中流出。黑夜中螢火小小的光明，不能照亮所有的萬物，把精神放在追逐勢利的人，不能在世間留下長遠的美名。」

抱朴子曰：「重淵不洞地㈠，則不能含螭龍㈡，吐吞舟。峻山不極天，則不能韜琳琅，播雲雨。立德不絕俗，則不能收美聲，著厚實。執志不絕群，則不能臻成功，銘弘勳。而凡夫朝為蜩翼㈢之善，夕望丘陵之益，猶立植黍稷，坐索於豐收也。」

【今註】㈠洞地：極言其深。㈡螭龍：神龍之類。螭，傳說中無角之龍。㈢蜩翼：《莊子・齊物篇》：「吾待蛇蚹蜩翼邪」成《疏》：「蜩翼者，是蜩翅也。」

【今譯】抱朴子說：「深淵如果不能不夠深厚，就不能存有神靈的蛟龍及可以吞舟的大魚，山峰如果不能聳入雲天，就不能蘊藏美玉、布雲下雨。樹立德化如果不能超脫世俗，就不能得到美好的名聲，得到敦厚富足的利益，實現志向如果缺乏超越眾人的毅力，就不能達到成功，不能將巨大的功勳銘刻於金石，流傳後世。而世俗之人早晨做了件輕如蟬翼的好事，晚上就想得到丘陵一般大的利益。這就好像是種植黍稷，希望馬上就獲得豐收一樣。」

抱朴子曰：「行無邈俗之標，而索高世之稱；體無道藝之本，而營朋黨之末。欲以收清貴於當世，播德音於將來，猶褰裳以越滄海，企佇而躍九玄。」

【今譯】抱朴子說：「行為不能沒有超越世俗的品德，而希望得到高於世人的名譽，在人格上沒有道德學問作為根本，卻去經營朋黨這些末節的事。然而卻希望在當代得到清高可貴的美名，並使高尚品德傳誦於未來，這就好像撩起衣襟要越過大海，墊起腳尖便想越上九天一樣。」

抱朴子曰：「泥龍雖藻繪炳蔚，而不堪慶雲之招。撩禽㊀雖琱琢玄黃，而不任凌風之舉。芻狗㊁雖飾以金翠，而不能躡景㊂以頓逸。近才雖豐其寵祿，而不能令天清而地平。」

【今註】㊀撩禽：「撩」謂招引，故「撩禽」乃指招引飛禽的假鳥。㊁芻狗：古時編結草類作成狗的形狀，供祭祀時應用，用完以後，就隨手丟棄。一般常用「芻狗」來比喻廢棄的物品。㊂躡景：追逐光影。形容奔跑之速。景，影也。

【今譯】抱朴子說：「泥塑的龍即使文采鮮豔華麗，也不能接受祥雲的召喚；招引飛禽所用的假鳥，即使雕刻精緻色彩鮮豔，也不能乘風飛上九霄。祭祀用的草狗雖然用黃金翠玉裝飾起來，也不能縱身飛奔；淺近的人才即使享受寵信與豐厚的俸祿，也不能使政治清明，讓天下實現太平。」

抱朴子曰：「毒粥既陳，則旁有爛腸之鼠。明燎宵舉，則下有聚死之蟲。芻豢㊀之豐，則鼎俎承之。才小任大，則泣血漣如。桑、霍㊁為戒厚矣，范、疏㊂之鑒明矣。」

【今註】㊀芻豢：指牛羊犬豕之類的家畜。㊁桑、霍：指霍光、桑弘羊。霍光，西漢政治家，字子平，河東平陽（今山西省臨汾縣西南）人，為驃騎將軍。乃霍去病異母弟。武帝時，任奉車都尉，與桑弘羊同受遺詔，立昭帝為嗣，以大司馬大將軍輔政，封博陸侯。昭帝死，迎立昌邑王劉賀，因其淫亂，不久廢，改迎立宣帝。桑弘羊，因與霍光爭權，失敗後被殺。霍光前後執政二十餘年，死後家族被誅滅。㊂范、疏：指范蠡、疏廣。范蠡，輔佐越王句踐滅吳後，泛舟五湖而去。疏廣，西漢東海蘭陵（今山東棗莊東南）人。字仲翁，善《春秋》。事見《漢書》卷七十一〈雋疏于薛平彭傳〉。

【今譯】抱朴子說：「摻有毒藥的米粥已經陳列，旁邊就會有腸肚腐爛的老鼠屍體，黑夜中舉起火燭，那麼下面就會有被燒死的蟲蛾。牛羊等家畜平時養肥了，就是為了在宰殺烹煮後置之於鼎俎。才能低下而擔任要職，就會經常淚流滿面。霍光、桑弘羊的教訓是深刻的，范蠡、疏廣的鑒識是多麼高明的啊！」

抱朴子曰：「滄海揚萬里之濤，不能斂山峰之塵；驚風摧千仞之木，不能拔弱草之荄。貙㊀虎虓㊁闞㊂，不能威蚊虻；冠世之才，不能合流俗。」

【今註】㊀貙：一種猛獸，比虎略小。㊁虓：謂兇暴。㊂闞：虎發怒之貌。

【今譯】抱朴子說：「大海能揚起萬里的波濤，卻不能聚集山峰上的灰塵；狂風能摧折高大的樹木，卻不能拔除小草的根。貙虎兇暴，卻不能威脅到蚊子虻蟲；超世傑出的人才，不能和俗流相合。」

抱朴子曰：「堅志者，功名之主也。不惰者，眾善之師也。登山不以艱險而止，則必臻乎峻嶺矣；積善不以窮否而怨，則必永其令問矣。」

【今譯】抱朴子說：「堅定不移的志向，是建立功勳美名的主宰。不懈怠的努力，是眾類善行的師長。登山不因為艱險就停止，就一定可以達到峻嶺之顛；行善不因為境遇窮困而有所埋怨，就一定可以享有長久美好的名聲。」

抱朴子曰：「和、鵲㊀雖不長生，而針石不可謂非濟命之器也。儒者雖多貧賤，而《墳》、《典》㊁不可謂非進德之具也。播種有不收者矣，而稼穡不可廢。仁義有遇禍者矣，而行業不可惰。」

【今註】㊀和、鵲：醫和、扁鵲，均為古代名醫。㊁《墳》、《典》：《三墳》、《五典》，泛指古籍。

【今譯】抱朴子說：「醫和、扁鵲雖然並沒有長生不死，但不能說醫療不是救濟生命的手段，儒者雖然多數貧窮低賤，但不能說古籍不是增進道德的工具。播種的莊稼有時候沒有收成，但農事仍然不可以荒廢，躬行仁義有時候也會遇到禍患，但節操的修持不可以鬆懈。」

抱朴子曰：「重載不止，所以沈我舟也。昧進忘退，所以危我身也。聚蝎㊀攻本雖權安，然必傾之徵也。」

【今註】㊀蝎：木中之蠹蟲。

【今譯】抱朴子說：「不斷地附加負載的重量，這是我的船沉没的原因；貪於進取而忘記退卻，就是危及自身的作法。蠹蟲聚集起來，嚙食樹根，雖然暫時安然無恙，然而卻是大樹必然傾倒的徵兆。」

抱朴子曰：「玄雲為龍興㊀，非虺蜓所能招也；飆風為虎發㊁，非狐狢之能致也。是以大人受命，則逸倫之士集；玉帛幽求，則丘園之俊起。」

【今註】㊀玄雲為龍興：古人認為龍為水中之物，而雲生水，故龍飛必有雲相伴也。《易經・乾卦》：「（文言）雲從龍。」㊁飆風為虎發：古人以為虎的行動一定有風相隨。飆風，暴風；大風。《易經・乾卦》：「（文言）風從虎。」《淮南子・天文篇》：「虎嘯而谷風至。」

【今譯】抱朴子說：「烏雲是龍興起的，不是蛇和蚯蚓可以招致的；狂風是因虎而起，不是狐狢可以造成的。所以聖人承受天命，那麼超群卓異的人就會聚集在他身邊；用美玉布帛尋訪賢者，那麼隱居的賢者就會應聘而出。」

抱朴子曰：「金以剛折，水以柔全，山以高陊㊀，谷以卑安。是以執雌節㊁者，無爭雄之禍；多尚人者，有召怨之患。」

【今註】㊀陊：塌；落。㊁雌節：退守謙藏之道。

【今譯】抱朴子說：「金屬物品因為剛硬而被折斷，水性因為柔軟而得以保全，崇山因為高峻而塌落，山谷因為卑下而平安。所以執守謙退自守之道的人，沒有爭強好勝的禍患，經常超越別人的人，有招致怨恨的憂慮。」

抱朴子曰：「淮陰㊀隱勇於跨下，不損其龍躍而虎視也；應侯㊁韜㊂奇於溺簀㊃，不妨其鸞翔而鳳起也。或南面稱孤㊄，或宰總臺鼎㊅。故一抑一揚者，輕鴻所以凌虛也；乍屈乍伸者，良才所以俟時也。」

【今註】 ㊀淮陰：指韓信，淮陰（今屬江蘇）人。初屬項羽，後因蕭何薦為大將，屢建戰功。後迫劉邦封其為齊王。漢立，改封楚王。叛亂降為淮陰侯，後為呂后所殺。參見《史記》卷九十二〈淮陰侯列傳〉。㊁應侯：指范睢。戰國魏人，字叔，為秦昭王相，封於應，號應侯。范睢發跡前，家貧，曾被人用便器污辱。參見《史記》卷七十九〈范睢蔡澤列傳〉。㊂韜：隱蔽，藏。㊃溺簀：指范睢裝死之事。溺簀，將尿灑在葦荻蓆子上。《抱朴子・外篇・任命篇》：「范生來辱於溺簀」可證。㊄南面稱孤：指韓信，曾封齊王、楚王，故云。㊅宰總臺鼎：指范睢。曾任秦相，決斷朝政，故云。詳見《史記》卷七十九〈范睢蔡澤列傳〉。

【今譯】 抱朴子說：「韓信隱藏壓抑自己的勇猛，忍受胯下之辱，這並不損於他日後的龍虎之姿；范睢裝死隱藏其才，遭受溺席的恥辱，並不妨礙他日後發揮才能如鸞鳳一般展翅高飛。有的南面自立為王，有的位登宰輔，總理朝政。所以，只有一抑一揚，輕捷的鴻鳥才能高飛於雲霄之上，能屈能伸的人，賢士才能等待時機，乘時而起。」

抱朴子曰：「焦螟㊀之卑棲，不肯為銜鼠之唳天㊁；玄蟬之潔飢，不願為蜣螂㊂之穢飽。是以禦寇㊃不納鄭陽㊄之惠，曾參不美晉、楚之寶。」

【今註】㊀焦螟：古代傳說中一種極小的蟲。㊁銜鼠之唳天：猶言貪惡之鴟高飛至天耳。㊂蜣螂：音ㄑㄧㄤ ㄌㄤˊ，一種黑甲的昆蟲，噉糞土，故云。㊃禦寇：即列子。㊄鄭陽：即鄭相子陽。據載列子窮困，面有飢色，子陽聽說後，遣人送食物予列子，列子沒有接受。見《列子・說符篇》。

【今譯】抱朴子說：「微小的焦螟雖然棲息在卑下的地方，但也不肯像鴟鷹一般銜著腐鼠在空中飛鳴，寒蟬肯餐風飲露，忍受飢餓，也不像蜣螂那般吃污穢的糞土來填飽肚子，所以列子不肯接受鄭子陽的恩惠，曾參不羨慕晉楚的財寶。」

抱朴子曰：「微飆不能揚大海之波，毫芒不能動萬鈞之鍾。是以漆園思惠，有捐斤之歎。伯氏哀期，有剿絃之憤。短唱不足以致弘麗之和，勢利不足以移淡泊之心。」

【今譯】抱朴子說：「微風不能掀起大海的波濤，毫毛芒刺不能敲響萬鈞重的大鐘。所以莊子懷念友人惠施，有再也不能揮斧成風的歎息，伯牙悼念鍾子期，破琴絕絃的感慨。短歌不足以招致宏大華美的和聲，世俗勢利不足以改變君子的淡泊心志。」

抱朴子曰：「熊羆不校捷於狐狸，金鶚不競擊於小鷂。是以張耳掩壯於抱關㊀，朱亥竄勇於鼓刀㊁。」

【今註】 ㊀張耳掩壯於抱關：張耳，秦、漢時人，魏之名士。秦滅趙後，張耳隱姓埋名到陳為監門以謀生。見《史記》卷八十九〈張耳陳餘列傳〉。 ㊁朱亥竄勇於鼓刀：朱亥，戰國魏人，以屠宰為業。秦圍邯鄲，信陵君竊符救趙，朱亥隨行，以鐵錐擊殺晉鄙。遂破秦師，解邯鄲之危。見《史記》卷七十七〈魏公子列傳〉。

【今譯】 抱朴子說：「熊羆不與狐狸較量行動的撟捷，金鶚不和小鷂比試攻擊的成功，所以張耳掩藏自己不凡的器識，充當守門人，朱亥不顯露自己勇武超群的才幹，而充當屠夫。」

抱朴子曰：「懸魚惑於芳餌，檻虎死於籠狐。不可以釣緡致者，必虯螭也。不可以機穽誘者，必麟、虞㊀也。」

【今註】 ㊀麟、虞：指麒麟和騶虞。相傳兩個都是仁獸。封建迷信認為有感帝王仁德，因而麒麟、騶虞等祥瑞之獸都出現了。

【今譯】 抱朴子說：「上鉤的魚是因為受到芳香誘餌的迷惑，或入陷阱中的老虎是因為籠中狐狸的引誘而喪失性命。不因為芳香的誘餌而上當的，一定是水中的神龍，不能用誘惑陷阱來捕捉的，一定是地上的麒麟和騶虞。」

抱朴子曰：「夫雲翔者，不知泥居之洿；處貴者，尟恕群下之勞。然根朽者，尋木不能保其千日之茂也；民怨者，堯、舜不能恃其長世之慶也。」

【今譯】抱朴子說：「在雲中飛翔的高鳥，不知道身處泥濘中的污穢；身處高位的人，少有能夠體諒眾多臣下辛勞的。然而根部已經腐朽了，尋尺高的樹木便不能保住長久的茂盛；百姓怨聲載道，即使是堯、舜也不能自恃天下長久的吉慶與太平。」

抱朴子曰：「凡木結根於靈山，而匠石為之寢㈠斤斧；小鮮㈡寓身於龍池，而漁父為之息網罟。蚊集鷹首，則鳶鵦不敢啄；鼠住虎側，則狸犬不敢睨。」

【今註】㈠寢：息，停止。　㈡鮮：魚。老子《道德經・第六十章》：「治大國若烹小鮮。」河上公《注》：「鮮，魚。」

【今譯】抱朴子說：「平凡的樹木如果植根在仙山之上，工匠就為它們收起斧頭；小魚如果生長在龍池之中，漁父就為它們收起魚網。蚊子如果聚集在老鷹的頭上，小鳥也就不敢去啄了；田鼠如果待在老虎的身邊，狸貓和狗就不敢斜看它了。」

抱朴子曰：「靈蔡默然，而吉凶昭晢㈠於無形；春鼃長譁，而醜音見患於聒耳。故聲希者，響必巨；辭寡者，信必著。」

【今註】㈠昭晢：明白。

【今譯】抱朴子說：「靈龜無語，但無形之中卻能清楚地預言吉凶；春天的青蛙長期吵鬧，卻因為喧鬧而使人們厭惡。所以很少發出聲音的，一旦發聲必然巨大；言辭不多的人一旦承諾，必然信譽卓著。」

抱朴子曰：「箕踞㊀之俗，惡盤旋之容；被髮之域㊁，憎章甫㊂之飾。故忠正者見排於讒勝之世，雅人不容乎惡直之俗。」

【今註】㊀箕踞：坐時兩腳伸直岔開，形似簸箕。一說屈膝張足而坐。表示輕慢的態度。㊁被髮之域：古代吳、越一帶風俗，散髮不作髻。㊂章甫：古代的一種帽子。見《莊子・逍遙遊篇》。

【今譯】抱朴子說：「習慣伸開兩足而坐的地方，厭惡迴旋進退的禮儀；在披散頭髮成俗的地方，人們憎惡帽子的裝飾。所以忠誠之士，在讒言盛行的時代受到排擠；高雅的人在憎惡正直的地區，是世俗所不能容忍的。」

抱朴子曰：「升水不能救八藪之熘熱㊀，撮壤不能遏砥柱之沸騰，寸刃不能刊長洲㊁之林，獨是不能止朋黨之非。」

【今註】㊀八藪之熘熱：指範圍廣大的大火。八藪，古代八個大湖澤，借指廣闊的區域。熘熱，燃燒之意。㊁長洲：又名青邱，地名。

【今譯】抱朴子說：「一升水不能撲滅範圍廣大的大火，一撮土不能阻止砥柱山四周沸騰的波濤，一寸之刃不能砍盡長洲的大樹，一個人的正確意見，不能擋住結黨營私的錯誤行為。」

抱朴子曰：「千羊不能扞㊀獨虎，萬雀不能抵一鷹。庭燎㊁攢舉，不及羲和㊂之末景；百鼓並伐，未若震霆之餘聲。是以庸夫盈朝，不能使彝倫㊃攸敘；英俊孤任，足以令庶事康哉㊄。」

【今註】㊀扞：《太平御覽》九二三引作「捍」。楊明照按：《玉篇・手部》：「扞，何旦切。……捍，同上。」㊁庭燎：庭中照明的火炬。㊂羲和：謂「日御」（神話中為太陽駕車的仙人），這裏用來稱「太陽」。㊃彝倫：猶言倫常。㊄康哉：本作「根長」，據《百子全書》本改。康，成功。語見《尚書・益稷》。

【今譯】抱朴子說：「千頭羊不能抵禦住一隻猛虎，一萬隻麻雀也不能抵抗一隻鷹。舉起無數的火把，以比不上太陽將落之前的光芒，百面鼓一起敲擊，不如雷霆的餘響。所以平庸之輩充滿朝廷，不能使社會的教化普及推廣，只要任用一個出眾的人才，就足以讓各種事務獲得成功。」

抱朴子曰：「非分之達，猶林卉之冬華也；守道之窮，猶竹柏之履霜也。故識否泰於獨見者，雖劫以鋒鋭，猶不失正而改塗焉，安肯諂笑以偶俗㊀乎？體方貞以居直者，雖誘以封國，猶不違情以趨時焉，安肯蹴徑以取容乎？」

【今註】㊀偶俗：合於時俗。

【今譯】抱朴子說：「非分的顯達，就像林間的花草茂盛於冬天，堅守道義卻貧困不遇，就像翠竹松柏接受寒霜的考驗。所以能夠對於窮達榮辱有獨到見解的人，即使以鋒利的刀劍威逼他，也不會違背道義改變路途，又怎麼會以諂媚的笑臉來迎合時俗呢？堅持節操端方、忠貞正直的人，即使以封地來誘惑他，也不會違背本意趨附時風，怎麼肯走不正當的途徑以取悅於世人呢？」

抱朴子曰：「震雷輷輵㊀，而不能致音乎聾聵之耳；重光麗天㊁，而不能曲景於幽岫之中；凝冰慘慄，而不能凋款冬之華；朱飆鑠石，而不能靡蕭丘之木。故至德有所不能移也。」

【今註】㊀震雷輷輵：輷，巨雷轟鳴。輷輵，行車聲。㊁重光麗天：指日月高懸於天，光明普照天下。

【今譯】抱朴子說：「巨雷轟隆，卻不能傳到耳聾者的耳朵中；高懸天空的日月，卻不能將光芒曲折地照進幽深的山洞裡；寒冬凜冽，大地冰封，卻不能讓款冬的花朵凋落；大火可以融化金石，卻不能燒化蕭丘島上的樹木。所以最高的品德也不能改變某些人的本性。」

抱朴子曰：「彍㊀弩危機，嚴鏃㊁銜弦，至可忌也，而勇雉觸之而不猜。闇政亂邦，惡直妬能，甚難測也，而貪人競之而不避。故飛鋒暴集而不覺，禍敗奄及而不振。是以愚夫之所悅，乃達者之所悲也；凡才之所趨，乃大智之所去也。」

【今註】㊀彍：張弩，把弓拉滿。㊁鏃：箭頭。

【今譯】抱朴子說：「弓已拉滿，箭頭搭在弦上，這是很危急的時刻，但是勇猛的山雞卻毫不懼畏地撞上去。昏暗的政治，壞亂的國政，厭惡正直的人，忌妒賢能的人，這是禍福隱藏難以預測的局面，可是貪婪的人卻互相競爭而不知退避。所以飛箭迅速射來還不覺察，禍殃驟降而不可挽回，所以愚蠢的人所歡悅的，正是通達的人感到可悲的；平庸的人所趨赴的，正是聰智的人想要離棄的。」

抱朴子曰：「風不輟則扇不用，日不入則燭不明，華不墮則實不結，岸不虧則谷不盈。九有乂安，則韓、白㈠之功不著；長君繼軌，則伊、霍㈡之勳不成。故病困乃重良醫，世亂而貴忠貞。」

【今註】㈠韓、白：韓，韓信，淮陰人，與張良、蕭何並稱漢興三傑。封為淮陰侯。白，白起。兩者皆古代著名武將。　㈡伊、霍：伊，伊尹，成湯的輔佐之臣。霍，霍光，西漢政治家，字子平，河東平陽（今山西省臨汾縣西南）人，為驃騎將軍。

【今譯】抱朴子說：「風不停下來，那麼扇子就沒有作用；太陽不落山，那麼燈燭就不會被點燃。花朵不凋落，果實就不會結出來，崖岸不崩塌，山谷就不會盈滿。九州太平無事，那麼韓信、白起的功績就不會建立；年長的國君即位，那麼伊尹、霍光的功勳也就無法樹立。所以病情嚴重才重視良醫的可貴，世道動亂才重視忠貞的臣子。」

抱朴子曰：「好榮，故樂譽之欲多；畏辱，則憎毀之情急。若夫通精元一㈠，合契造化，混盈虛以同條，齊得失於一指者。愛惡未始有所繫，窮通不足以滑和。」

【今註】㊀元一：元氣；萬物之本源。

【今譯】抱朴子說：「喜好虛榮，因此希望獲得讚譽的欲望就多；厭惡羞辱，因而憎惡別人詆毀的情感就急切。若是能夠透徹地了解萬物的本源，達到與自然造化同體，能夠把盈滿與虛空當作是相通的東西，把得到和失去當成沒有任何區別。那麼喜愛與憎惡都不能讓他有所牽繫，窮困或通達都不足以擾亂其內心的平和。」

抱朴子曰：「與奪不汩㊀其神者，至粹者也；利害不染其和者，極醇者也。浩浩乎非瓢觶所挍㊁矣，茫茫乎非跬步所尋矣。聲希所以為大音，和寡所以崇我貴。玄黃㊂遼邈，而不與□其曠㊃，死生大矣，而不以改其守。常分細碎，將胡恤焉？」

【今註】㊀汩：擾亂。㊁挍：通「較」。㊂玄黃：指天地。㊃不與□其曠：「與」字下，據舊寫本空白一字。曠，開闊；曠遠。

【今譯】抱朴子說：「不因為榮辱的給予與奪取而擾亂其精神的，是最為純粹的人；不因為世俗的利益與損害而污染其中和之道的，是最為淳樸的人。浩蕩無邊的大海，不是一瓢一杯可以測量其深厚的；茫茫無際的大地，不是一步一步可以測量其長短的。聲響稀疏，所以是最大的樂音，曲高和寡所以更顯出其尊崇高貴。天地之遼闊，不足以形容其曠遠，死生是重大的事情，但不足以改變其操守。平常瑣碎的細務，又有什麼值得憂慮的呢？」

抱朴子曰：「林繁則匠入矣，珠美則蚌㊀裂矣。石含金者焚鑠，草任藥者剪掘。刃利則先缺，絃哀則速絕。用以適己，真人之寶也；才合世求，有伎之災也。」

【今註】㊀蚌：蚌，音ㄅㄤˋ，與「蚌」同。

【今譯】抱朴子說：「樹林生長繁茂，木匠就會進去砍伐；珍珠優美，珠蚌就要被剖開了。石中含有金礦，就要被融化冶煉；草木可以供作藥用，就會被剪斷或挖掘了。刀刃鋒利則先出現缺口，弦音激越的則斷得快。以精神適意為自己做人的原則，這是真人最為寶貴的；才能符合世俗的需求，這是有技藝的人招致災禍的原因。」

抱朴子曰：「準的陳，則流鏑㊀赴焉；美名起，則謗讟攻焉。瑰貨多藏，則不招怨而怨至矣；器盈志驕，則不召禍而禍來矣。」

【今註】㊀鏑：箭頭。

【今譯】抱朴子說：「箭靶陳列出來，流箭就會不斷地射向它；美名傳開了，誹謗攻擊的話語就會出現。收藏的珍貴寶物太多，那麼不招怨而怨言自然會到來；氣量狹小、得意驕傲，則不惹禍禍患也會及身。」

抱朴子曰：「連城之寶㊀，非貧寒所能市也；高世之器㊁，非淺俗所能識也。然盈尺之珍，不以莫知而暗其質；逸倫之士㊂，不以否塞而薄其節。樂天任命，何怨何尤。」

【今註】㈠連城之寶：價值極其貴昂的寶玉。㈡高世之器：超世之人才。㈢逸倫之士：超過同輩的人。

【今譯】抱朴子說：「價值連城的寶物，不是貧窮的人所能購得的，超世絕俗的士人。不是淺近的人所能識別的。然而直徑盈尺的璧玉，不因為沒有人知道就使其本質黯淡無光；卓異超群之士，不會因為窮困就降低其節操。順應天命，樂其自然，還有什麼可以憂愁與埋怨的呢？」

抱朴子曰：「大鵬無戒旦㈠之用，巨象無馳逐之才。故蔣琬敗績於百里，而為三臺之標；陳平困瘁於治家，而懷六奇之略。」

【今註】㈠戒旦：雞鳴報曉。

【今譯】抱朴子說：「大鵬沒有啼明報曉的功用，大象沒有馳騁追逐的才能，所以蔣琬當治理百里時的功績很糟，可是後來卻列於三公之位，陳平不善於持家，因而窮困不堪，可是卻胸懷許多出奇制勝的謀略。」

抱朴子曰：「明闇㈠者，才也，自然而不可飾焉；窮達者，時也，有會而不可力焉。呂尚非早蔽而晚智，然振素而僅遇；韓信非初怯而末勇，然危困而後達。」

【今註】㈠明闇：聰明與愚昧。

【今譯】抱朴子說：「聰明與愚昧乃是人的才能，出於自然天成而不可掩飾；困窮或顯達需要仰賴時運，而不是人力所能強求的。呂尚並不是年輕時庸塞愚昧而到晚年始有智慧，然而他滿頭白髮才遇到文王；韓信並不是初時膽怯後來才勇敢，然而他經過許多危困才得以顯達。」

抱朴子曰：「奔驥不能及既往之失，千金不能救斯言之玷。故博其施者，未若防其微；勤其求者，不如寡其辭。」

【今譯】抱朴子說：「奔馳的駿馬不能追上以往的失誤，千金之財不能解救言語的疏失，所以欲博施濟眾，不如從微小之處做起，勤奮追求不如多做少說。」

抱朴子曰：「烈士之愛國也如家，奉君也如親，則不忠之事，不為其罪矣；仁人之視人也如己，待疏也猶密，則不恕之怨，不為其責矣。」

【今譯】抱朴子說：「忠貞壯烈之士熱愛祖國如同愛家一般，侍奉君主就像侍奉雙親一樣，因此不忠的罪行，不能加在他們身上；仁德的人看待別人就像看待自己一樣，對待關係疏遠的人也像對待自己的親人，那麼，不寬容的怨言，也就不能加在他們身上了。」

抱朴子曰：「玄冰㈠未結，白雪不積，則青松之茂不顯。俗化不弊，風教積，則皎潔之操不別。在危國而沈賤，故莊、萊㈡抗遺榮之高；居亂邦而飢寒，故曾、列㈢播忘富之稱。」

【今註】㊀玄冰：厚冰。㊁莊、萊：指莊子、老萊子。㊂曾、列：曾參、列子。

【今譯】抱朴子說：「寒冰未結、白雪未積，則顯示不出輕鬆的茂盛，風俗不凋弊，教化不頹敗，則顯示不出皎潔的操守。在國家危難的時候而安於卑賤，所以莊子、老萊子有了遺棄世俗榮華的高名，身在政治混亂的邦國而受凍挨餓，因此曾參、列子有了安貧望富的美譽。」

抱朴子曰：「天居高而鑒卑，故其網雖踈而不漏；神聰明而正直，故其道賞真而罰偽。是以惠和暢於九區㊀，則七耀㊁得於玄昊；殘害著於品物，則二氣㊂謬於四、八㊃。」

【今註】㊀九區：九州。㊁七耀：日月及五星。㊂二氣：指陰陽之氣。㊃四、八：四時八節。四，四時，即春、夏、秋、冬四季，八，八節，即立春、立夏、立秋、立冬、春分、夏至、秋分、冬至八個節氣。

【今譯】抱朴子說：「上天雖然處在高處，可是卻能鑒察人間的善惡，所以說天網恢恢、疏而不漏，神靈聰明而正直，所以神道獎賞真善而懲罰虛偽。因此當仁愛和順遍行九州，天上的日月星辰就會運行有常，而當萬物遭受殘害，那麼陰陽兩氣就會表現在節令的乖謬失常。」

抱朴子曰：「天秩㊀有罔極之尊，人爵無違德之貴。故仲尼雖匹夫，而饗祀於百代，辛、癸㊁為帝王，而僕豎不願以見比。商老㊂身愈賤而名愈貴，幽、厲㊃位彌重而罪彌著。故齊王之生，不及柳惠之墓，秦王之宮，未若康成之閭。」

【今註】㊀天秩：即天爵。相對於人間的爵位而言，自然尊貴也。《孟子・告子篇・上》：「仁、義、忠、信，樂善不倦，此天爵也。公、卿、大夫，此人爵也。」㊁辛、癸：殷紂和夏桀。指暴君。㊂商老：指東園公、綺里季、夏黃公、甪里先生四人，皆秦時人，義不為漢臣，逃匿商山中。四人皆八十有餘，鬚眉皓白，故人稱為四皓。㊃幽、厲：周幽王、周厲王。

【今譯】抱朴子說：「天爵具有至高無上的尊貴，而人爵也不能違背道德而尊貴。所以孔子雖然是平民百姓，卻能夠享受後世百代的祭祀，商紂、夏桀雖然是帝王，而即使奴役之人也不願意與之相比。商山四皓地位越卑賤而名譽越高貴；幽王、厲王地位越是崇高，越顯得罪名昭彰。所以齊王活著，還不如柳下惠死後墳墓受到保護；秦王的宮殿，不如鄭康成的里門不受侵犯。」

抱朴子曰：「影響不能無形聲以著，餘慶㊀不可以無德而招。故唐堯為政，七十餘載，然後景星擒耀；羊公積行，黃髮不倦，而乃墜金雨集。塗遠者其至必遲，施後者其報常晚。」

【今註】㊀餘慶：澤及後人的餘福。

【今譯】抱朴子說：「沒有形體與聲音，便不能出現影子和回聲；沒有行善積德，便不能招來餘慶。所以唐堯治理天下七十餘年，然後才出現景星散發光芒；羊公累積善行，到老也不停止，然後才得到上天墜金如雨的報酬。路途遙遠的人到達目標一定比較遲，獎賞豐厚的報答總是比較晚。」

抱朴子曰：「理盡者不可責有餘，一至者不可求兼濟。故洪濤之末，不能蕩浮萍；衝風之後，不能颺輕塵；勁弩之餘力，不能洞霧縠；西穨之落暉，不能照山東。」

【今譯】抱朴子說：「沒有理由的人，不能有多餘的要求，只能實現一個目的的，不能要求他同時達到兩個目的。所以巨大波浪的末尾不能漂起浮萍，烈風過後的餘氣，不能吹起灰塵，強勁弓弩射出的箭，最後的力量連霧一般輕薄的紗也不能穿透，西方落日的餘暉，不能照射到山的東側。」

抱朴子曰：「懸象㊀雖薄蝕，不可以比螢燭之貞耀；黃河雖混渾，不可以方沼沚之清澄。山雖崩，猶峻於丘垤；虎雖瘠，猶猛於豺狼。」

【今註】㊀懸象：指天上的日月。

【今譯】抱朴子說：「天上即使有日蝕和月蝕，但是其光華不可以與螢燭之光相比，黃河雖然混濁，也不可以和清澈的池塘相比。山丘即使崩塌了，還是比丘陵土堆高峻；老虎即使瘦弱，還是比豺狼兇猛。」

抱朴子曰：「神農不九疾，則四經之道不垂㊀；大禹不胼胝，則玄珪之慶不集㊁。故久憂為厚樂之本，暫勞為永逸之始。」

【今註】㊀神農不九疾，則四經之道不垂：九，虛數，極言其多。指神農嚐百草，曾多次中毒之事。四經，指《本草》四卷。《帝王本紀》：「炎帝神農氏……嘗味草木，宜藥療疾，救夭傷之命，百姓日用而不知，著《本草》四卷。」㈡大禹不胼胝，則玄珪之慶不集：胼胝，指手腳都長繭。玄珪，黑色之玉。傳說大禹治水成功，舜賜以玄珪，以告成功。

【今譯】抱朴子說：「神農氏不遍嘗百草，經過多次中毒之苦，那麼四經的藥學就不能流傳到後世。夏禹如果不是手足生繭，治水這極大的功績，就不能得到玄珪之吉慶。所以長期的憂慮是得到安樂的基礎，暫時的辛勞是長期安逸的開端。」

抱朴子曰：「金鉤桂餌雖珍，而不能制九淵之沈鱗㈠；顯寵豐祿雖貴，而不能致無欲之幽人。故呂梁有鵠立之夫㈡，河湄㈢繁伐檀之民，玉帛徒集於子陵之巷㈣，蒲輪虛反於徐生㈤之門。」

【今註】㈠九淵之沈鱗：指深淵下的神龍。㈡呂梁有鵠立之夫：孔子觀於呂梁，見一丈夫游於急湍瀑布之下。孔子請問蹈水之道，丈夫曰：「吾始乎故，長乎性，成乎命。……從水之道而不為私焉，此吾所以蹈之也。」鵠立，引領而望貌。㈢河湄：河岸邊。㈣玉帛徒集於子陵之巷：子陵，嚴光，字子陵，會稽餘姚人。少時曾與劉秀一同遊學。劉秀稱帝後，他改姓名隱居。後被徵召，不受官職。見《後漢書》卷八十三〈逸民列傳〉。㈤徐生：指徐穉，字孺子，豫章南昌人。五舉孝廉賢良皆不就。朝廷派遣使者以安車玄纁，備禮徵之，不就，以壽終。見《後漢書》卷五十三〈周黃徐姜申屠列傳〉。

【今譯】抱朴子說：「以金為魚鉤，肉桂為釣餌，雖然很珍貴，但仍然無法釣起深淵中的神龍，顯赫的爵位和豐厚的俸祿，雖然很尊貴，還是不能招致沒有欲望的隱士。所以呂梁山上有引領而望的人，河邊有砍伐檀樹的隱士，美玉布帛徒然聚集在嚴子陵的巷子裡，迎接賢人的蒲輪白白地從徐孺子的家門前空返而歸。」

抱朴子曰：「觀聽殊好，愛憎難同。飛鳥覩西施而驚逝，魚鼈聞《九韶》㊀而深沈。故衮藻㊁之粲煥，不能悅裸鄉之目；《采菱》㊂之清音，不能快楚隸之耳；古公㊃之仁，不能喻欲地之狄；端木之辯，不能釋繫馬之庸。」

【今註】 ㊀《九韶》：傳說中的虞舜樂名，共九章，故名。見《尚書・益稷》及《列子・周穆王篇》。㊁衮藻：謂「古代天子衮衣禮服上所繡的龍形文采圖案」。衮，音ㄍㄨㄣˇ，古代天子的禮服。藻，謂「文采」。㊂《采菱》：楚地歌曲名。㊃古公：古公亶父，即周太王。因狄、戎的威逼，乃與私屬棄豳（今陝西彬縣東北），遷至岐下（今陝西岐山北）。

【今譯】 抱朴子說：「人們耳目的愛好不同，感情的愛憎難以相同。飛鳥看見西施就會吃驚逃走，魚鼈聽到《九韶》音樂就會潛入深水中。所以衮服藻飾的光彩奪目，不能使裸體之鄉的人們悅目，清美的《采菱》之歌，不能使楚地的奴隸聽得入耳；古公亶父的仁義，不能說服有奪地欲望的狄人；子貢的雄辯也不能使農人歸還扣留的馬匹。」

抱朴子曰：「般旋之儀，見憎於裸踞之鄉㊀；繩墨之匠，獲忌於曲木之肆。貪婪饕饕㈡者，疾素絲之皎潔；比周㈢實繁者，讎高操之孤立。猶賈豎㈣之惡同利，醜女之害國色。」

【今註】 ㈠裸踞之鄉：亦作「裸國」，傳說中是古代西方的國家，那裏的人不穿衣物。㈡饕餮：傳說中的貪食之獸，喻貪婪凶殘之人。㈢比周：結為幫派以營私利。㈣賈豎：指商人。

【今譯】 抱朴子說：「周旋揖讓的禮儀，被裸體之鄉的人所憎惡；按準繩工作的木匠，被出售彎木的店舖所忌恨。貪婪凶殘的人，忌妒立身清白者的節操，結黨營私頻繁的人，仇視有高尚操守的獨立之士。這就好像商人憎惡同利相爭的同行，醜陋的女人嫉妒有傾城之貌的美女一樣。」

抱朴子曰：「君子之升騰也，則推賢而散祿；庸人之得志也，則矜貴而忽士。施惠隆於佞幸，用才㈠出乎小惠。不與智者共其安，而望有危而見救；不與奇士同其歡，而欲有戚之見恤。猶災火張天，方請雨於名山；洪水凌空，而伐舟於東閩，不亦晚乎？」

【今註】 ㈠才：孫星衍校：當作「財」。

【今譯】 抱朴子說：「君子登上高位、出任高官時，就會推舉賢者、任用有才能的人，而庸人得志時，就會自矜高貴、忽視士人，只將恩惠施予佞幸的小人，將錢財用作小恩小惠，不與有智慧的人共享平安，但期望在危急時能得到他們的救助；不與有奇才的人共享歡樂，但想要在憂患時獲得他們的效力。這就像是烈火漫天，才到名山去祈求降雨；洪水滔滔，然後才到東閩去伐木造船一樣，這不是太遲了嗎？」

辭義篇第四十

【篇旨】討論文章的形式叫作「辭」，討論文章的內容叫作「義」。這是葛洪著作中一篇很重要的「文學理論」。

葛洪用「問答體」式，展開了他的文學理論，全篇共分五段敘述：

第一段，以乾坤方圓和日、月、星辰的光芒，以及春花的鮮豔亮麗，均一一出諸自然，從未經過人工的雕琢；但他卻認為辭章立意，務必罕見才算新奇；用語推敲，定須特出才算美妙。

第二段，說明文章有主有賓，主要的部分必須詳加發揮，陪襯的部分則應視情況予以删節。所以著作的珍貴與否，完全繫於判斷事實、分析事理，是不是十分精細微妙。

第三段，人的才華有「清」、「濁」，但人的思緒也有「長」、「短」，兩個雖然從事同樣題材的創作，卻常會產生極大的差異，作品也有工巧、拙陋之別。

第四段，文章的格式和形質，尤其難於詳加析賞和評價。如果全以「入於己耳」、「適乎我心」，作為品評的標準，勢將無法達到最高的欣賞境界，完全體會辭賦中的流風餘韻。

第五段，一般執筆作文章的人，也時常出現以下這兩種缺點：一、譬喻用得太繁瑣、文辭用得太冗雜，雖應加删汰卻不忍割愛，以致造成拖沓累贅的結果。二、徒然具有文辭活潑的光澤外貌，卻缺乏充實堅強的內容。

或曰：「乾坤方圓，非規矩之功㈠；三辰㈡摛㈢景，非瑩磨㈣之力；春華㈤粲煥㈥，非漸染㈦之采；茝㈧蕙芬馥㈨，非容氣所假。知夫㈩至真，貴乎(十一)天然也。義(十二)以罕覿(十三)為異，辭(十四)以不常為美，而歷觀古今屬文之家，尠(十五)能挺(十六)逸麗(十七)於毫端(十八)，多斟酌於前言(十九)，何也？」

【今註】 ㈠「乾坤」以下二句：與〈百家篇〉「規矩之方圓」用語相似。乾坤方圓，即「天圓地方」的意思。㈡三辰：謂太陽、月亮和天空所有的景星。見〈百家篇〉注。㈢摛：音ㄔ，「發布」、「散發」的意思。㈣瑩磨：謂「精心琢磨」。瑩，音ㄧㄥ，「磨治」的意思。《說文》「瑩」字下段《注》「引伸為磨瑩」，如是「瑩」、「磨」兩字，是同義聯綿詞。《隋書》卷四十一〈高熲傳〉：「獨孤公猶鏡也，每被磨瑩，皎然益明。」《高僧傳》：「剡（縣名，故城在今浙江嵊縣西南）石城山隱岳寺，鐫造十丈石佛，身相剋成，瑩磨將畢，夜中忽當卍字處，色赤而隆起，今像胸猶不施，金赤色存焉。」㈤華：同「花」。㈥粲煥：謂「鮮明光耀」。㈦漸染：謂「緩緩地習染」、或「徐徐地變化」。漸，音ㄐㄧㄢ，有「緩慢」、「徐徐」的意思。《後漢書》卷七十八〈宦者列傳・論〉：「加漸染朝事，頗識典物。」《抱朴子・外篇・崇教篇》：「選明師以象成之，擇良友以漸染之。」㈧茝：和「芷」字通，是一種叫「白芷」的「香草」。㈨芬馥：謂「香氣濃厚」。《文選》卷五左思〈吳都賦〉：「光色炫晃，芬馥肸蠁。」劉良《注》：「光色炫晃，謂花卉。」呂向

《注》：「芬馥，香也。肸蠁，蚊類也；言香氣積來如肸蠁之群飛。」⑩知夫：和「知道吧」很相似。「夫」猶「乎」，是歎詞。《禮記・檀弓篇・下》：「仁夫！公子重耳！」⑪貴乎：高貴啊！「乎」，感歎助詞。《論語・顏淵篇》：「富哉言乎！」⑫義：和下句的「辭以不常為美」的「辭」字相應。義，「理」的意思（《荀子・大略篇》：「義，理也。」），又當「意旨」講（《詩經・大序》：「《詩》有六義焉。」）。因而綜合起來該作「立意」解，用現代話來說，就是文章的內容。⑬覿：音ㄉㄧˊ或ㄉㄨˊ，「見」的意思。⑭辭：和上句的「義」字相應，當「文辭」講，和《文心雕龍・情采篇》所謂的「采」相似。⑮尠：音ㄒㄧㄢˇ。「尟」字的俗寫，「少」的意思。⑯挺：當「挺拔」、「特出」、「矗立」講。⑰逸麗：謂「閒雅清麗」。⑱毫端：當「筆下」講。⑲前言：指「前人的語句」。

【今譯】 有人說：「圓天方地並不是用規和矩作軌範所製作成功的，太陽、月亮、星星發射出來的景象光輝，也並未經過人力的精心琢磨；春天的花朵非常鮮豔亮麗，可是並非用彩色緩緩的習染、徐徐的變化所製造出來的色彩；白芷、蕙蘭噴噴香馥，可是並不容許它們假借別種物件的氣味。知道吧！上面所說的圓天方地不假規矩，日、月、星辰的美麗光景並非琢磨之功，諸如此類的話，都真真實實、不含絲毫虛假；它們所以貴重，那是由於所涉及的物件全部出自天然，從未經過人工的雕琢的緣故！辭章立意務必罕見才算新奇，用語推敲定須特出才算美妙。依此原則觀看，發現古今來的辭章家，很少能在筆下塑造閒雅和清麗的意象來，儘管如此，他們卻一般都能在引用前人的語句上再三斟酌，小心從事，那又是為了什麼？」

抱朴子曰：「清音㊀貴於雅韻㊁克諧㊂，著作珍乎判微析理。故八音㊃形器㊄異而鍾律㊅同㊆，黼黻㊇文物㊈殊而五色㊉均⑪。徒⑫閑⑬澀⑭有主賓，妍媸⑮有步驟⑯。是則總章⑰無常曲，大庖⑱無定味。夫梓豫⑲山積，非班、匠⑳不能成機巧㉑；眾書無限，非英才不能收膏腴㉒。何必尋木千里，乃構大廈；鬼神之言，乃著篇章乎？」

【今註】㊀清音：謂「清越的音律」。《文選》卷二十二左思〈招隱詩〉：「非必絲與竹，山水有清音。」㊁雅韻：當「正聲」講，也就是「最恰當的聲韻」。李商隱〈高松詩〉：「有風傳雅韻，無雪試幽姿。」㊂克諧：作「才能和諧」解。㊃八音：金（鐘）、石（磬）、絲（絃）、竹（管）、匏（笙）、土（壎）、革（鼓）、木（柷敔，音ㄓㄨˋ ㄩˇ，形如方斗的木製樂器）八種樂器。《史記》卷一〈五帝本紀〉：「八音能諧，毋相奪倫，神人以和。」張守節《正義》：「八音：金、石、絲、竹、匏、土、革、木也。」㊄形器：謂「有形相的器具」。《文選》卷四十七袁宏〈三國名臣序贊〉：「形器不存，方寸海納。」㊅鍾律：與「鐘律」同，指「樂鐘所發出的音律」，這裏指的是一般的音律。《漢書》卷七十五〈京房傳〉：「好鍾律，知音聲。」㊆八音形器異而鍾律同：這句和前句的「清音貴於雅韻克諧」，同出於《尚書・舜典》「八音克諧，無相奪倫。」㊇黼黻：指古代禮服上所刺繡裝飾的各種文彩。㊈文物：謂「社會中所實行的禮樂制度」。《文選》卷三十謝朓〈和伏武昌登孫權故城詩〉：「文物共葳蕤，聲明且蔥蒨。」㊉五色：謂青、黃、赤、白、黑五種[illegible]彩。⑪均：和「韻」字相同，謂「聲音相和」。⑫徒：和「乃」字相似，有[illegible]《經傳釋詞》：「徒，猶乃也。」⑬閑：和「閒」字相通，謂「閒暇無事」。這裏作「不必著力經營」解，也就是「簡省」的意思。《左傳》昭公五年：「間而以師討焉。」晉杜預《注》：「間，暇也。」⑭澀：「滯」（滯留）的意思。在這裏作「必須多事發揮」解。張籍〈謝裴司空寄馬詩〉：「乍離華廄移蹄澀。」⑮妍媸：和「妍蚩」相同，就是「美」和「醜」的意思。《抱朴子・外篇・文行篇》：「屬辭比義之妍媸」。⑯步驟：謂「事情的進行程序」。這裏有「考慮輕重、緩急」的意思。⑰總章：樂官名。《後漢書》卷九〈獻帝紀〉：「八年冬十月己巳，公卿初迎冬於北郊，總章始復備八佾舞。」唐李賢《注》：「總章，樂官名。」⑱大庖：謂「善於烹調的人」。《淮南子・說林篇》：「大庖不豆。」⑲梓豫：都是「良好的木材」。見〈鈞世篇〉注。⑳班、匠：班，指公輸班，亦作「公輸般」、「魯班」、或「魯般」，是春秋時代魯國享有盛名的巧匠。匠，指匠石。《莊子・人間世篇》：「匠石之齊，……見櫟社樹，……匠伯不顧。」司馬彪曰：「匠石，字伯。」㉑機巧：本謂「裝置的靈巧」，此指「靈巧的裝置」。《後漢書》卷五十九〈張衡傳〉：「衡善機巧，尤致思於天文、陰陽、曆算。」㉒膏腴：作「肥沃」解，這裏比喻「精華」。《後漢書》卷十三〈公孫述傳〉：「蜀地沃野千里，土壤膏腴。」

【今譯】 抱朴子回答道：「把最恰當的聲韻作和諧的配合，才能創製出清越的音律；著作的珍貴與否，完全繫於判斷事實、分析事理，是不是十分精細微妙。正如發出八音的樂器，形體雖然各不一樣，可是吹奏出來的音律卻都完全相同；古代禮服上的繡飾，以及社會上流行的禮樂制度，雖然各自懸殊，可是在色彩花紋等的配合上，卻又顯得非常調和。於是文章有主有賓，主要的部分必須詳加發揮，陪襯的部分不得不予以減略；文章的美妙或醜陋，也各有它造成的因素，對美醜的形成關係重要的，必須先予考慮；關係不太重要的，不能不在最後才予以考慮。因為這個道理，古代的總章樂官絕不會盡唱著一成不變的曲調，偉大的廚師也沒有固定不移的調味方法。好似上好的木材，山丘一般地堆積在那裏，可是不經過公輸般或匠石的妙手處理，不能製成各種靈巧的裝置。世間的書籍多得不可計數，不是英才之士不可能收取其中的精華。何必一定要到千里之外去尋找木材，再著手建造大廈？一定要援引古代聖賢的精言嘉語，再開始著作篇章？」

抱朴子曰：「夫才有清濁，思㈠有修短，雖並屬文，參差萬品㈡。或浩瀁㈢而不淵潭㈣，或得事情㈤而辭鈍，違物理㈥而文工。蓋偏長之㈦一致㈧，非兼通之才也。闇㈨於自料㈩，強欲兼之，違才易務，故不免嗤也。」

【今註】㈠思：謂「意緒」。在這裏指「情思」或「文思」。㈡萬品：猶言「萬種」、「萬類」。在這裏作「各種品類」、「各樣等級」解。《文選》卷十三張華〈鷦鷯賦〉：「陰陽陶烝，萬品一區。」㈢浩瀁：亦作「浩洋」或「浩漾」，謂「水廣大的樣子」。謝靈運〈山居賦〉：「吐泉流之浩瀁。」㈣淵潭：作「淵沈深邃」解。潭，作「深」解。㈤事情：指「事的情」，也就是「事物的真實情況」。㈥物理：指「物的理」，也就是「物體的實際狀態」。㈦之：猶「於」字。《禮記．大學篇》：「所謂齊其家，在修其身者，人之其所親愛而辟焉。」朱《注》：「之，猶於也。」㈧一致：當「某一事件發展到極致」解。致，「極致」的意思。《禮記．禮器篇》：「禮也者，物之致也。」鄭《注》：「致之言至也、極也。」這和《抱朴子．外篇．嘉遯篇》「恥今聖主不與堯、舜『一致』，愍此黎民不可比屋而封」句中「一致」，作「視之如一」解，不同。㈨闇：音

ㄢˋ，有「不明」、「迷蔽」的意思。㈩自料：謂「自己考量自己」。料，有「量」、「査」的意思。

【今譯】抱朴子說：「說起人的才華，有的清澈，有的混濁；人的思緒，有的深遠，有的短淺；兩個人同樣從事寫作，常常會產生極大的差別，各自寫出品類有異、等級不同、各種各樣的文章。有的人才情浩大，卻並不淵沉深邃，有的人將事物的真情實況把握得清清楚楚，但用辭遣字卻又笨拙不堪；有的人弄不清事物的實際狀態，但文章寫得工整非凡、頭頭是道：一般說來，像上面這些才華偏頗而有傑出表現的人，算不上兼通的才士。不明白自己才能在那裏，不考量天賦的高低，卻希望在多方面有所表現，如此違背先天的秉賦，隨時更換努力的目標，到頭來不免惹人嗤笑。」

抱朴子曰：「五味㈠舛㈡而並甘㈢，眾色乖㈣而皆麗。近人之情㈤，愛同憎異，貴乎合己，賤於殊途。夫文章之體㈥，尤難詳賞。苟以入耳為佳，適心為快，尟知忘味之九成㈦，雅頌㈧之風流㈨也。所謂考鹽梅之鹹酸，不知大羹之不致㈩，明飄飄⑪之細巧，蔽於沈深之弘邃⑫也。其⑬英異⑭宏逸⑮者，則網羅乎玄黃⑯之表；其拘束⑰齷齪⑱者，則羈紲⑲於籠罩⑳之內。振翅有利鈍㉑，則翔集㉒有高卑㉓；騁迹㉔有遲迅，則進趨有遠近。駑銳不可膠柱調也㉕。」

【今註】㈠五味：五種滋味。《禮記・禮運篇》：「五味六和。」鄭《注》：「五味：酸、苦、辛、鹹、甘也。」㈡舛：音ㄔㄨㄢˇ，有「相背」、「錯亂」的意思。㈢甘：美味。㈣乖：有「戾」、

「背」的意思。㊄近人之情：謂「合乎各人的嗜好」。情，作「私意」解，有「嗜好」的意思。㊅體：「形質」的意思，指文章的「形式」和「內容」兩方面而言。這和〈鈞世篇〉中「俱體國色」的「體」，詞性雖不一樣，意思卻也相近。參見〈鈞世篇〉「俱體」字注。㊆九成：和「九變」相似。演奏音樂曲調告一段落，叫一成；九次，叫「九成」。這裏，比喻音樂的最高境界。《尚書·益稷》：「簫韶（舜樂名）九成，鳳凰來儀。」蔡沈《傳》：「九成者，樂之九成也。功以九敘，故樂以九成。九成猶《周禮》所謂九變也。」㊇雅頌：《詩》「六義」中的兩「義」。通常用「雅」「頌」兩字來代表《詩經》中的詩。在這裏，卻泛指一般的「辭賦」作品。雅，正的意思，在這類詩篇中說的都是王政的廢弛或興盛。頌，在這類詩篇中都是在神前對「人」和「事」的讚美。㊈風流：謂「風化流行」。㊉大羹之不致：大羹，謂「肉汁」。在這裏比喻「上好的佳肴」。致，當「置」講；不致，是「不添加調味品」的意思。《左傳》桓公二年：「大羹不致。」鄭《注》：「大羹，肉汁，不致五味。」⑪飄飆：和「飄搖」相同，當「風飄動的樣子」講。《文選》卷九班彪〈北征賦〉：「風猋發以飄飆兮，谷水灌以揚波。」劉良《注》：「飄飆，風馳皃。」⑫弘邃：謂「弘大深遠」。⑬其：指現於作家眼前、或存於作家心中、「緊繫不去」的觀念或意象。⑭英異：謂「英偉特異」。《南齊書》卷一〈高帝紀〉：「姿表英異。」⑮宏逸：謂「遠大高超」。《宣和畫譜·一·梁張僧繇》：「骨氣奇偉，規模宏逸。」⑯玄黃：謂「黑」和「黃」兩色，比喻「天」和「地」。《文選》卷十七陸機〈文賦〉：「謬玄黃之秩敘，故淟涊（污濁）而不鮮。」⑰拘束：這裏是說「觀念」或「意象」的「緊繫不去」。⑱齷齪：本作「齒相近」解，這裏有「觀念」或「意象」「緊迫相近」的意思。⑲羈紲：猶「羈絏」、「羈絆」，有「束縛」的意思。⑳籠罩：

「籠」和「罩」指捕捉或養畜蟲鳥的器具，這裏比喻「心胸」。㉑利鈍：本指刀劍的「銛利」和「拙鈍」，或比喻事物的「順利」和「蹇滯」。㉒翔集：謂「棲息」。《文選》卷五左思〈吳都賦〉：「翔集遐宇。」㉓高卑：謂「高下」。㉔騁迹：謂「馬匹行經的地方」。在這裏比喻馬匹「奔跑的速度」。迹，謂「行經的地方」。㉕駑銳不可膠柱調也：孫星衍在「駑銳不可」下校注說：「疑此下有脫文。」認為此處有闕漏，當可信。但缺漏不在「不可」之下，或在「不可」之上，所缺者或為「有不同」、或「有軒輊」等三數字。果如此，似與前文文義不相悖。膠柱，謂「以『膠』將絃固定在繫絃的『絃柱』上」。在這裏比喻「拘泥不知通變」。《史記》卷八十一〈廉頗藺相如列傳〉：「王以名使括，若膠柱而鼓瑟耳。」調，謂「調弄」，也就是「鼓」的意思。

【今譯】 抱朴子說：「酸、甜、苦、辣、鹹雖然各有滋味，互不相同，卻都美好非常；各種顏色互不一樣，可是都美麗無比。一切事物由於合乎自己的喜好與否，會產生愛好和憎惡的差異，只要合乎自己的愛好，就認為十分貴重；違背自己的愛好，就看得不值一文。至於文章的格式和形質，尤其難於詳加析賞。如果全以『入於己耳』、『適乎我心』作為品評的標準，勢將無法達到最高的欣賞境界，完全體會辭賦中的流風餘韻。正所謂：考究鹽粒和梅子『鹹』、『酸』味道的人，根本不懂得上好的佳肴是用不著放置各種調味料的；我們可以輕易明瞭風飄動的樣子如何細巧，卻常會受到文義深沉弘遠的蒙蔽，無法作正確的理會。那些『英偉特異』、『遠大高超』的觀念，可以從天地外招惹、引致到頭腦之中；那些『緊拘不去』、『緊迫相接』的意象，也會補捉、養畜在作家的胸臆之間。鳥類振翅高飛，有快有慢，因此牠們所可以棲息的地方或者十分高峻，或者十分低下；馬匹馳騁的速度有遲有速，因此牠們可以達致的途程有遠有近。事物的駑鈍或銳利、順利或蹇滯，各有不同，秉賦也多有差別，豈可膠柱鼓瑟，拘泥不變呢？」

「文貴豐贍㈠，何必稱善如一口乎？不能拯風俗之流遯㈡，世塗㈢之凌夷㈣，通疑者之路，賑貧者之乏。何異春華不為肴糧之用，茝蕙不救冰寒之急？古詩刺過失，故有益而貴；今詩純虛譽，故有損而賤也。」

【今註】㈠豐贍：謂「富饒」。《三國志》卷八〈魏書・陶謙傳〉：「是時，徐州百姓殷盛，穀米豐贍，流民多歸之。」　㈡流遯：「遯」和「遁」同。流遯，謂「隨俗逐流、耽樂放恣」。《抱朴子・外篇・嘉遯篇》：「方寸之心，制之在我，不可放之於流遁也。」　㈢世塗：或作「世途」，和「世路」相同，指人世間一切的活動和經歷而言。　㈣凌夷：謂「殺伐欺凌」，在這裏用以比喻殺伐欺凌的「世風」。

【今譯】「寫作文章，以辭彙豐贍、內容富饒的為好，何必跟隨世俗，隨口稱道而不加仔細分辨？作家雕章琢句，如果只求字句華美，卻不能挽救時風，拯救世俗，對於世道人心又有什麼補益？像這樣的文章，實在難於解答世人的疑難，賑濟窮人的困乏？這和春日的花朵難做菜肴米糧之用、香草茝蕙無益於冰凍寒冷的需要，又有什麼分別？從功用的觀點來看，古代的詩篇有讚美施政、諷刺過失的功效，這些詩篇對於世事既有補益，自然應該受人尊重；現代的詩作純屬虛言妄譽，對人常常有損，自然也就不免遭人輕視。」

抱朴子曰：「屬筆之家，亦各有病：其深者，則患乎譬煩㊀言冗㊁，申誡㊂廣喻㊃，欲棄而惜，不覺成煩也；其淺者，則患乎妍而無據，證援㊄不給㊅，皮膚㊆鮮澤，而骨鯁㊇迴弱㊈也。繁華暐曄㊉，則並七曜(十一)以高麗(十二)；沉微(十三)淪妙(十四)，則儕(十五)玄淵(十六)之無測(十七)。人事(十八)靡(十九)細而不浹(二十)，王道(二十一)無微而不備(二十二)，故能身賤(二十三)而言貴，千載彌彰(二十四)焉。」

【今註】㊀譬煩：謂「煩瑣的譬諭。」㊁言冗：謂「言辭冗雜」。㊂申誡：長者對後輩、或主管對僚屬所作的申飭或警誡。㊃廣喻：謂「廣泛的比喻」。㊄證援：謂「例證的援引」。㊅不給：和「不足」相似，謂「不滿足」。《孟子．告子篇．下》：「春省耕而補不足，秋省斂而助不給。」㊆皮膚：比喻「文章的外表」。㊇骨鯁：比喻「文章的內含」。㊈迴弱：比喻「彎曲而不強勁」。㊉暐曄：音ㄨㄟˇ ㄧㄝˋ，謂「光線強烈的樣子」。《文選》卷五左思〈吳都賦〉：「崇臨海（殿名）之崔嵬，飾赤烏（殿名）之暐曄。」呂向《注》：「暐曄，光盛貌。」(十一)七曜：指日（太陽）、月（太陰）、火（熒惑）、水（辰星）、木（歲星）、金（太白）、土（填星或鎮星）等七個星球。晉范甯《春秋穀梁傳．序》：「七曜為之盈縮。」唐楊士勛《疏》：「謂之七曜者，日月五星皆照天下，故謂之七曜。」(十二)高麗：謂「高妙美麗」。《南史》卷十九〈謝惠連傳〉：「又為〈雪賦〉，以高麗見奇。」(十三)沉微：比喻道理的「深沉微細」。(十四)淪妙：謂事物的「凹陷精巧」。淪，作「陷」、「入」解。(十五)儕：「等輩」、「相偶」的意思。(十六)玄淵：謂「深遠的地方」。

《文選》卷二十顏延之〈皇太子釋奠會作詩〉：「澡身玄淵，宅心道秘。」劉良《注》：「玄淵、道秘，皆道德深遠之處。」㊄「繁華」「沉微」兩句，意思是說：作家寫作文章，所要描繪的常常是繁華閃耀的事物，所要表達的多半為微妙深遠的思想，如果選辭組句的時候，竟然衝不出陳腔濫調的範圍，而習於套用舊辭俗語，結果如何，不言可知，實在可悲！㊅人事：指「人的作為」。㊆靡：「細」的意思。㊇王道：和「霸道」相對，在這裏泛指「平治天下的道理」。㊈備：「具有」的意思。㊉浹：音ㄗㄚ，「周」的意思，和「匝」字相通。有「周而復始」和「重複」的意思。㊀身賤：和下面的「言貴」兩字相應，有「賤視身軀」、「多事力行」、「實際體驗」的意思。㊁彰：有「明」、「顯著」的意思。

【今譯】　抱朴子說：「一般執筆作文章的人，實際上也常各有缺點：毛病沉重的人，一般出在譬諭用得太繁瑣，言辭用得太冗雜；不管怎麼說，他們都喜歡多作言辭上的申誡和告語，所設的比喻十分廣博，有時雖然想加以刪減剪裁，可是又覺得不忍割愛，拋棄了有些可惜，於是不免造成拖沓累贅的缺點。毛病輕淺的人，患處在造詞雖然妍美，但用意卻一無依據，例證又貧乏，徒然具有文辭活潑的光澤外貌，缺乏充實堅強的內容。說到繁華光耀的事物，就要牽扯到七種發光的星體，說它們怎麼高遠，怎麼光耀；說到『深沉微細』的道理，『深刻精巧』的思想，就會把它們和那些『深遠難測』的事件拉在一起，認為他們彼此之間竟然毫無差別。人們的作為精細微妙而又變化多端，很難發現完全相同的情況；平治天下的道理千頭萬緒，真可以說是無微而莫不具備；因為這個緣故，一位作家果然能夠不避勞苦，多方體驗，必定可以作出高貴的文章來，讓千載傳誦，受世人尊重。」

循本篇第四十一

【篇旨】 萬事萬物都有其根本，比如峰巒巖穴是山嶽的根本，德行文學是君子的根本，陰陽兩儀是《易經》的根本，所以修道之人也有他的根本，那就是無為虛靜的生活。〈循本篇〉強調修道者不但要遵循人類精神生活那種無為虛靜的根本，還要加大、加強它的基礎，才能得到真正的成果。本篇中，抱朴子藉君子、小人，聖人、陋士作一對比，小人胸襟狹小，在修道的過程中，只能像魚蝦龜鼈一樣，隨著波濤飛騰，陋士則像長久居處鹹魚店中的人一樣，再怎麼也分別不出真正的味道。而聖人修道，以遁世的精神，加上平等看待萬物的觀念，在山林巖穴中與真正的隱者相處，最後也終於可以成為「循本」的修道人。

抱朴子曰：「玄寂㈠虛靜㈡者，神明㈢之本也；陰陽㈣柔剛㈤者，二儀㈥之本也；巍峩㈦巖岫㈧者，山嶽之本也；德行㈨文學㈩者，君子之本也。莫或無本而能立焉。是以欲致其高，必豐其基；欲茂其末，必深其根。鄉黨(一一)之友不洽(一二)，而勤(一三)遠方之求；涖官(一四)之稱(一五)不著(一六)，而索(一七)不次之顯(一八)。是以雖佻(一九)虛譽，猶狂華(二〇)千霜(二一)以吐曜(二二)，不崇朝㊂而零瘁㊃矣。」

【今註】 ㊀玄寂：道家用語，是道家一種「凝神養氣」的修鍊功夫，也可以做修鍊目標——「自然無為」講。三國魏嵇康《嵇中散集》卷一〈知慧用詩〉：「大人玄寂無聲，鎮（安）之以靜自正。」《世說新語・棲逸篇》：「蘇門山中，忽有真人（據《晉書・阮籍傳》為孫登）……（阮）籍登嶺就之，箕踞（伸足而坐）相對。籍商略（商討）終古（往古），上陳黃（黃帝）、農（神農氏）玄寂之道，下考三代盛德（大德，指「政治成績」）之美，以問之；仡然（勇壯的樣子。仡，音ㄧˋ或ㄍㄜ）不應。」玄，老子《道德經・第一章》：「此兩者（指『無』和『有』）同出而異名，同謂之『玄』。」是說：「無」和「有」同樣都叫做「玄」。按著又說：「玄之又玄，眾妙之門。」可知「玄」就是所謂「道」。《道德經》第十章、第五十一章，又認為：普通人所具有的「生而不有、為而不恃、長（音ㄓㄤˇ）而不宰」的修養，以及第六十五章，認為：當政者能夠分辨「以智治國，國之賊；不以智治國，國之福」兩項法則的，就算是具有「玄德」的人。這個「玄德」的「玄」，又具有「深奧」和「微妙」的意思。葛洪在《抱朴子・內篇》首章〈暢玄篇〉中，認為：「玄」是「萬物的大宗（始祖）」，是超乎自然，先於經驗的精神性本體。寂，當「安靜」講，道家常用它來形容「道」的狀態。 ㊁虛靜：道家用語，有「虛靜自然」的意思，道家中人常用它來狀述修道人的修持生活，或修持的目標。老子《道德經・第十六章》：「致虛極，守靜篤。」意思就是要人消除心智的作用，做到非常徹底的程度，好讓自己的一顆心變得空虛；要人驅逐所有慾念引來的煩惱，做到極為深沉的地步，好讓自己的心境變得既安穩又寧靜。《莊子・天道篇》：「夫虛靜、恬淡、寂寞、无為者，天地之平而道德之至，故帝王聖人休焉。」是說：虛靜、恬淡、寂寞、無為四者，名稱雖然不同，但所指的卻又毫無分別。它們都是萬物的根本。如果能夠做到「無為」的美妙境界，天地自然會達到平整的標準，道德就會達到至高無上的境界。如果人人如此，帝王聖人都會無所事事，進入休止的狀態。這裏所謂的「虛靜」，和「無為」、「恬淡」、「寂寞」等一樣，都指道家修持所要達到的境界。㊂神明：和「精神」一辭相似，指人的「心思」或「心神」。《莊子・齊物論篇》：「勞（「勞心費神」的「勞」），有「煩勞」、「勤苦」的意思）神明為一（求「道」的「一貫」），而不知其同也（卻不知「道」本來是相同的）。」《世說新語・言語篇》：「何平叔（晏）云：『服五石散（「寒食散」的別稱。服食後身體發熱，宜用冷食，因而有「寒食」的名稱），非唯治病，亦覺神明開朗。』」㊃陰陽：古代用「陰陽」來解釋萬物的生存和變化，所有天地、日月、晝夜、男女、腑臟、氣血等相對的名稱，都分別隸屬於「陰」或「陽」。㊄柔剛：「柔」和「剛」相對，作「軟弱」和「堅強」講。《易經・雜卦》：「乾（音ㄑㄧㄢˊ，八卦的首卦，代表純陽。是天、君、父、剛強等的形象，和「坤」同是宇宙兩大原始本質或屬性）剛，坤（八卦中的第二卦，代表純陰。是地、后、母、柔弱等的形象。和「乾」同是宇宙兩大原始本質或屬性）柔。」《易經・說卦》：「立地之道，曰柔與剛。」㊅二儀：指「陰陽」（或「天地」等）兩種「本根」（本質）或「本性」（屬性）。晉范甯《春秋穀梁傳・序》：「該（兼容、包括）二儀之化育（變化生育），贊（佐助、引導）人道（人所以為人的道理）之幽變（微妙變化）。」㊆巍峩：「高大」的樣子。《文選》卷二漢張衡〈西京賦〉：「疏（清除、整理）龍首（山名）以抗（承受、托起）殿，狀（描繪）巍峩（代「高山」）以（之、的）岌嶪（音ㄐㄧˊ ㄧㄝˋ，山「高壯」的樣子）。」㊇巖岫：指「山巖和山谷」。三國魏嵇康《嵇中散集》卷一〈幽憤詩〉：

「采（採）薇（隱花植物，和「蕨」都是窮人或隱士的食物）山阿（山的彎曲處），散髮巖岫。」岫，音ㄒㄧㄡˋ，「山洞」或「山谷」的意思。 ⑨德行：指「道德和品行」。 ⑩文學：指「文章博學」，是孔門四科中的一科；也指「文獻經典」。《論語・先進篇》：「文學：子游、子夏。」《漢書》卷六〈武帝紀〉元朔元年十一月詔：「選豪俊，講文學。」 ⑪鄉黨：和「鄉里」一詞相似。《禮記・曲禮篇・上》：「故州閭鄉黨稱其孝也。」鄭《注》：「《周禮》：二十五家為閭，四閭為族，五族為黨，五黨為州，五州為鄉。」 ⑫洽：音ㄑㄧㄚˋ，當「合」、「協調」講。 ⑬勤：「勞苦」、「費神」的意思。 ⑭涖官：作「服官任職」講。涖，音ㄌㄧˋ，「臨」（到）的意思。《禮記・曲禮篇・上》：「班朝（排定朝覲禮儀的位次）、治軍、涖官（服官職）、行法，非禮（如果不遵行禮法），威嚴不行。」 ⑮稱：音ㄔㄥ，有「名號」、「聲譽」的意思。 ⑯著：「表明」、「顯露」的意思。 ⑰索：作「尋求」、「選擇」講。 ⑱不次之顯：作「不拘常次」講，有「破格擢拔」的意思。不次，就是「不按尋常次序」。《漢書》卷六十五〈東方朔傳〉：「待以不次之位。」顏師古《注》：「不拘常次，言超擢也。」 ⑲佻：音ㄊㄠˊ，「竊取」的意思。 ⑳狂華：當「盛開的花朵」、或「不按常理去催花」講。華，和「花」相同。《晉書》卷二十七〈五行志・上〉：「干寶以為狂華生枯木，又在鈴閣（亦作「鈴閣」，指將帥居所）之間，言威儀之富，榮華之盛，皆如狂華之發，不可久也。」 ㉑千霜：比喻經歷的「千辛萬苦」。霜，有「風霜」的意思。 ㉒吐曜：作「綻放耀現」講。 ㉓崇朝：作「終朝」講，比喻「時間短促」。《詩經・衛風・河廣》：「誰謂宋遠，曾不（不曾）崇朝。」鄭玄《箋》：「崇，終也。行不終朝，亦喻近。」 ㉔零瘁：作「凋零枯瘁」講。瘁，音ㄘㄨㄟˋ，「毀壞」的意思。

【今譯】抱朴子說：「修道人所追求的無為虛靜，是人類精神生活的根本；陰陽、柔剛兩相對立，是《易經》解說兩儀所代表的兩項主要事物或屬性；峰巒巍峩，巖穴深邃，是綿綿山嶽的基本面貌。講求『道德品行』，研究『文獻經典』，是所有具備才德君子的基本修養。世間任何事物，不先穩固它的根源，絕難維持它的正常生存和發展。因此，想要把建築做得高峻，必須加大加強它的基礎；要想樹木的枝葉長得茂盛，必先讓它的根部伸展得既深又廣。和同鄉同里的人交往，如果不能和諧相處，卻捨近求遠，妄想在遠方爭得友誼，必然一無結果；服官任職的人，如果得不到世人的讚揚和肯定，卻去本逐末，妄想為人破格擢拔，美夢也絕難成真。這和僥倖浪得虛名，受人短期讚美，又有什麼分別？此等作為，彷彿經過千辛萬苦一再催生然後盛開的花朵，雖可綻放豔麗於一時，但轉眼之間，必然凋零枯萎。」

「雖竊大寶㊀於不料㊁，冒㊂惟塵㊃以負乘㊄，猶鱗介㊅附騰波㊆以高凌，顧眄㊇已枯株㊈於危陸㊉矣。聖賢孜孜[十一]，勉之若彼；淺近蹻蹻[十二]，忽之如此。積習[十三]則忘鮑肆[十四]之臭，裸鄉[十五]不覺呈形[十六]之醜。自非[十七]遁世而無悶[十八]，齊物[十九]於通塞[二十]者，安能棄近易而尋迂闊[二十一]哉！將[二十二]救斯弊，其術無他，徒擢[二十三]民於巖岫，任才[二十四]而不計也。」

【今註】㊀大寶：本作「最寶貴的事物」講，後世一般指「帝位」。《易經．繫辭．下》：「聖人之大寶曰位。」《宋史》卷三百六十五〈岳飛傳〉：「康王即位，飛上書數千言，大略謂陛下已登大寶，社稷有主。」　㊁不料：「沒料想得到」的意思。　㊂冒：「不審慎」（輕率）、「冒失」

的意思。㈣惟塵：「進舉小人」的意思。惟，作「謀」、「陳」講；塵，比喻「小人」。《文選》卷二十三嵇康〈幽憤詩〉：「子玉（楚大夫）之敗，屢增惟塵。」李周翰《注》：「惟塵，謂詩人（嵇康）刺『進舉小人』也。」㈤負乘：比喻「居處在君子的位置」。《文選》卷二十四晉張華〈答何劭詩〉之二「負乘為我戒」，李善《注》：「《周易》曰『負且乘（背負物品又坐在車輛上），致寇至（招致盜寇前來）』（以上兩句，是〈解卦〉六三爻辭），『負（「背負」物品）也者，小人之事也；乘（供人乘坐的車輛）也者，君子之器（工具）也。小人而乘君子之器，盜思（起念頭）奪之（奪取負荷的物品）矣』（以上見〈繫辭・上〉）。」《漢書》卷五十六〈董仲舒傳〉釋「負且乘，致寇至」說：「此言居君子之位，而為庶人之行（行為）者，其患禍必至。」㈥鱗介：本作「鮮介」，依承訓本、《藏》本改。泛指「有鱗」和「帶甲」的兩類水生動物。㈦騰波：作「騰躍於波浪間」講。㈧顧眄：作「轉眼」講，這裏比喻「極短時間」。《漢書》卷一百上〈敘傳・上〉班固〈答賓戲〉：「虞卿（虞慶，戰國時人，是趙孝成王的上卿，故稱）以（因）顧眄而捐（捨棄）相印（魏相魏齊，事迫走趙，虞慶和他有舊交，同情他的窮困，於是解去相印，共同結伴投奔魏公子無忌）。」㈨枯株：枯槁的根株。這裏用來比喻「枯死的鱗類和甲類水生動物」。韓愈〈晝月詩〉：「桂樹枯株女（指嫦娥）閉户。」㈩危陸：指「懸崖」。⑪孜孜：亦作「孶孶」，音ㄗ ㄗ，「勤勉不懈」的意思。《三國志》卷四十一〈蜀書・向朗傳〉：「乃更潛心典籍，孜孜不倦。」⑫蹻蹻：音ㄐㄧㄠˇ ㄐㄧㄠˇ，驕縱的樣子。《詩經・大雅・板》：「老夫（詩人自稱）灌灌（和「款款」相似，懇切的樣子），小子（年輕人）蹻蹻。」⑬積習：謂「積久所養成的習慣」。漢董仲舒《春秋繁露・天道施篇》：「積習漸靡（損害；靡爛），物之微者也。」⑭鮑肆：指「出售鹹魚的商店」，常用來形容

「濃重的腥臭氣味」，比喻「為不良環境所習染」。《楚辭》漢東方朔〈七諫・沈江〉：「聯蕙芷以為佩（佩帶的飾品）兮，過鮑肆而失香。」《抱朴子・外篇・良規篇》：「俗儒（指「只會講解或背誦文句卻不會做事的讀書人」）沈淪（沉没、隱没）鮑肆，困於詭辯（譎詐的辯辭）。」 ⑮裸鄉：亦作「裸國」，傳説中是古代西方的國家，那裏的人不穿衣物。《呂氏春秋・貴因篇》：「禹之（往）裸國，裸入（光著身子進去）衣出，因（依循、順從）也。」 ⑯呈形：作「顯露形體」講。 ⑰自非：作「若非」講。《左傳》成公十六年：「惟聖人能外內無患。自非聖人，外寧必有內憂。」 ⑱遁世而無悶：因避離世事而没有煩悶。《易經・乾卦》：「遯世無悶（是説「人能逃離世事，雖逢君主無道，心中也不會有所煩悶」），不見是而無悶（是説「即使全世界的人都錯誤，雖然看不見任何善良的行為，心中可也不會煩悶」）。」遁世，作「避世」、「遯世」講。 ⑲齊物：是説「用一種『平等』的觀點、去觀看宇宙萬物」，意思説：「萬物的形貌和性質雖然各不相同，但用『平等』的觀點去察看，它們卻是『齊一』的」。《文選》卷二十五劉琨〈答盧諶詩〉：「遠慕老、莊之齊物，近嘉阮生（阮籍）之放曠（放達、無拘束）。」齊，「相等」、「相同」的意思。 ⑳通塞：指「境遇的順利或滯澀」。 ㉑迂闊：作「迂迴曲折、海闊天空」講，有「不落實事」、「不著邊際」的意思。《漢書》卷七十二〈王吉傳〉：「上以其言迂闊，不甚寵異（寵愛優待，異於常人）也。」迂，「曲折」、「路遠」的意思。 ㉒將：「欲」的意思。 ㉓擢：音ㄓㄨㄛˊ，作「選拔」講。 ㉔任才：謂「唯才是任」的意思。

【今譯】「利用時機，趁人不備，雖然可以竊得政權，登上帝王的寶座；由於有人輕率地加以推舉，小人雖然也能佔住上君子的位置；但偶然的機遇，正像魚蝦龜鱉隨著波濤飛騰，或許可以達到高峻的處所，但轉眼之間，必定像枯枝一樣，乾死在懸崖之上。聖人賢士那般勤苦奮勉，自朝至暮，卻從不懈怠；淺人陋士，如此驕縱傲慢，為人處事，竟全憑性情。在鹹魚店中，經過長期習染，魚腥臭味再怎麼濃重，也會一點聞不出來；裸鄉中的人赤身露體是正常現象，自然也不會認為『全空』是一種醜陋行為。一個人如果不是：因為具有遁世觀念才全無煩悶，或者能以平等觀點察看世間萬物，怎肯隨手拋棄近在眼前、伸手可得的標的，卻要緊緊追尋遠在天邊、不著邊際的幻夢？如欲補救諸多缺失，別無途徑可循，唯有依能選拔、唯才是任，從山林巖岫穴間去尋訪隱逸的人，其他無庸計較。」

應嘲篇第四十二

【篇旨】 客人嘲笑和指責抱朴子的思想觀點龐雜且矛盾。為此，寫了〈應嘲〉加以回答，指出：「君臣之大，次於天地。思樂有道，出處一情。隱顯任時，言亦何繫？大人君子，與事變通。老子無為者也，鬼谷終隱者也，而著其書，咸論世務。何必身居其位，然後乃言其事乎？……余才短德薄，幹不適治，出處同歸，行止一致，豈必達官乃可議政事君，否則不可論治亂乎？」

抱朴子曰：「客嘲余云：『先生載營抱一㈠，韜景靈淵㈡，背俗獨往，邈爾蕭然㈢。計決而猶豫㈣不棲於心術㈤，分定而世累無繫於胸間㈥。』

【今註】 ㈠載營抱一：語見老子《道德經・第十章》：「載營魄抱一，能無離乎？」載，乘。營，指血脈。《素問・調精論》「取血于營」，注：「營主血，陰氣也。」《靈樞・營衛生會篇》：「穀氣入於藏府，清者為營，濁者為衛。營在脈中，衛在脈外。營周不休，五十而後大會。」一，指元氣。載營抱一，意謂懷著血氣來容納元氣。又及，《楚辭・遠遊》「載營魄而登遐兮」。王逸《注》：「抱我靈魄而上升也。」亦可參考。㈡韜景靈淵：韜，隱蔽，藏。景，身影。靈淵，謂「水」，亦謂「深淵」。㊂邈爾蕭然：邈爾，猶「邈然」，曠遠貌。邈，音ㄇㄠˇ，久遠的意思。蕭然，謂冷落、淒清。㊃猶豫：謂「遲疑不決」。《楚辭》屈原〈離騷〉：「心猶豫而狐疑兮，欲自適而不可。」㊄心術：謂思想和心計。㊅分定而世累無繫於胸間：楊明照《抱朴子外篇校箋・下》：「繫」，《藏》本、魯藩本、吉藩本作「餘」；愼本、盧本、舊寫本、柏筠堂本、文溯本、《叢書》本、《崇文》本作「係」。按「繫」「餘」二字於此並通。然由愼本等作「係」推之，此必原是「繫」字。

【今譯】

抱朴子說：「有位客人嘲笑我，說：『儀生懷著血氣來容納元氣，把自己的身影隱藏在幽靈的深淵中，背離世俗而獨來獨往，那超越塵世的高遠樣子令人蕭然。計策既定而猶豫不留在心術之間，名分定了而世俗累贅不再繫於胸中。』」

『伯陽以《道德》為首㊀，莊周以〈逍遙〉冠篇㊁，用能標峻格於九霄㊂，宣芳瀀於罔極㊃也。』

【今註】 ㊀伯陽以《道德》為首：伯陽，即老子。《史記》卷六十三〈老子列傳〉張守節《正義》：引《朱韜玉札》及《神仙傳》云：「老子，楚國苦縣瀨鄉曲仁里人。姓李，名耳，字伯陽，一名重耳，外字聃。」又司馬貞《索引》：「故名耳，字聃。有本字伯陽，非正也。然老子號伯陽父，此傳不稱也。」《道德》，《道德經》，第一章論述「道」。 ㊁莊周以〈逍遙〉冠篇：莊周，即莊子，名周， 時代傑出的思想家。〈逍遙〉，《莊子》全書三十三篇，第一篇就是〈逍遙遊篇〉。 ㊂

標峻格於九霄：標，謂「顯出」、「表明」、「提出」。峻，高、大的意思。格，謂風格、度量、法式、標準。九宵，謂九天雲霄，天空極高之處。《抱朴子・內篇・暢玄篇》：「其高則冠蓋乎九霄，其曠則籠罩乎八隅。」《文選》卷二十二梁沈約〈遊沈道士館詩〉：「銳意三山上，託慕九霄中。」㈣宣芳烈於罔極：芳烈，指美好的事跡。罔極，謂無窮盡。《詩經・小雅・蓼莪》：「欲報之德，昊天罔極。」後常稱父母之恩為罔極之意。

【今譯】『老子以《道德經》為首，莊子以〈逍遙遊篇〉為先，用懸於天空極高標準的才能，宣揚芳烈於無邊之處。』

『今先生高尚㈠勿用，身不服事㈡，而著〈君道〉、〈臣節〉之書㈢；不交於世，而作譏俗、救生之論㈣；甚愛骭毛㈤，而綴用兵戰守之法㈥；不營進趨㈦，而有〈審舉〉、〈窮達〉之篇㈧。蒙竊惑焉。』

【今註】㈠高尚：謂不卑屈。《易經・蠱卦》：「不事王侯，高尚其事。」㈡服事：謂「臣服聽命」。《左傳》襄公二十五年：「服事我先王。」㈢〈君道〉、〈臣節〉之書：〈君道〉，謂「人君所行之道」。《抱朴子・外篇》第五篇，即為〈君道篇〉。〈臣節〉，謂「人臣的操守」。《抱朴子・外篇》第六篇即〈臣節篇〉。㈣譏俗、救生之論：譏俗，謂「譏諷世俗」。《抱朴子・外篇》第二十七篇〈譏惑篇〉，或即屬葛氏譏俗的篇章。救生，謂拯救蒼生。《抱朴子・外篇》第二十四篇〈酒戒篇〉和第二十五篇〈疾謬篇〉，或即屬葛氏救生的篇章。㈤骭毛：骭，小腿。《淮南子・

俶真篇》：「雖以天下之大，易骭之一毛，無所概於志也。」高誘注》：「骭，自膝以下，脛以上也。」㊅綴用兵戰守之法：綴，和上文的「著」、「作」相同，是「綴文」的意思，就是「著述」、「寫作」。用兵戰守之法，清繼昌《抱朴子外篇佚文》認為《抱朴子外篇》或有「〈軍術〉」一篇。清孫志祖《讀書脞錄》卷四〈抱朴子逸文〉云：「〈軍術〉」篇名，見《北堂書鈔》一百二十、《藝文類聚》九十、《文選》卷三十九江淹〈詣建平不書注〉、《御覽》七十四、三百四十、九百十四，案〈應嘲〉云：甚愛骭毛而綴用兵戰守之法，謂此篇也。戰守，謂「攻守」（攻擊和守禦）。《宋史》卷二百五十八〈曹瑋傳〉：「筆夷山川城郭，險固（險阻鞏固的地方）出入，戰守之要，舉（全）在是也。」㊆進趨：謀求官祿。㊇〈審舉〉、〈窮達〉之篇：〈審舉〉，見本書第十五卷。〈窮達〉，係本書卷四十九內容。

【今譯】『而今，先生品德高尚而不被任用，不服事奉職，卻著述關於君道臣節內容的書；先生不與世俗交往，卻作譏諷世俗救助生民的議論。先生很愛惜自己小腿上的汗毛，而卻在點綴用兵打仗的戰術；先生不謀圖官祿，卻撰寫了〈審舉〉、〈窮達〉之類文章。對此，我實在感到迷惑不解。』」

抱朴子曰：「君臣之大㊀，次於天地。思樂㊁有道，出處㊂一情，隱顯㊃任時，言亦何繫？大人君子，與事變通㊄。」

【今註】㊀君臣之大，次於天地：老子《道德經・第二十五章》：「故道大，天大，地大，王亦大。域中有四大，而王居其一焉。」㊁思樂：此謂人生在世遭遇困難時的憂思或得意時的快樂。

這和下文「出」（出仕）「處」（隱退）、「隱」（窮困）「顯」（顯達）相同。思，「悲」的意思。《文選》卷十九晉張華〈勵志詩〉：「吉士思秋，實感均化。」李善《注》：「思，悲也。」 ㊂出處：猶言「去就進退」。《易經．繫辭．上》：「君子之道，或出或處。」《三國志》卷二十七〈魏書．王昶傳〉：「雖出處不同，然各有所取。」。 ㊃隱顯：謂隱世與顯名，猶「顯晦」。 ㊄變通：謂「事物因變化而通達」，也指「不拘恆常，隨宜變更。」唐吳兢《貞觀政要》卷一〈政體〉：「以天下之廣，四海之眾，千頭萬緒，須合變通，皆委百司商量，宰相籌畫。」

【今譯】 抱朴子說：「君臣的重大，僅次於天地。思慕歡樂有一定的途徑，無論出任官職或是隱處而居，其情況是一樣的。任憑時世的變化或者隱居或者顯達，言論又有什麼關係呢？對大人君子來說，做事要講究變通的。」

「老子，無為者也㊀；鬼谷，終隱者也㊁。而著其書，咸論世務㊂。何必身居其位，然後乃言其事乎？」

【今註】 ㊀老子，無為者也：老子，姓李，名耳；一說姓老，名聃；是古代傑出的思想家，著有《道德經》八十一章。無為，道家指順應自然，不求有所作為。老子《道德經．第二章》：「是以聖人處無為之事，行不言之教，……使夫知者不敢為也，為無為，則無不治。」 ㊁鬼谷，終隱者也：鬼谷，即鬼谷子，相傳戰國時楚人。姓名傳說不一。因隱於鬼谷，故以此自號。長於養性持身及縱橫捭闔之術。傳說為蘇秦、張儀的老師。《史記》卷六十九〈蘇秦列傳〉及卷七十〈張儀列傳〉云兩人「俱事鬼谷先生學術。」今《鬼谷子》三卷，實係後人偽托。終隱者，謂「自始至終一貫隱居不仕的人」。㊂世務：謂「時務」（當時之務）。漢桓寬《鹽鐵論・論儒篇》：「孟軻守舊術，不知世務。」

【今譯】「老子是提倡無為的，鬼谷子是終身隱居之士，但他們的著作，都是談論時世事務。為什麼一定要身居其位，然後才能談論呢？」

「夫器非瓊瑤㊀，楚和不泣㊁；質非潛虯㊂，風雲不集。」

【今註】㊀器非瓊瑤：器，器物。瓊瑤，美玉。《詩經・衛風・木瓜》：「投我以木桃，報之以瓊瑤。」毛《傳》：「瓊瑤，美玉。」㊁楚和不泣：楚和，卞和，春秋時楚國人。相傳卞和覓得玉璞，兩次獻給楚王，都被楚王認為那塊玉璞只是普通的石塊，先後被砍去雙腳。楚文王即位，他抱璞哭於荊山之下，王使人雕琢其璞，果得寶玉，稱為「和氏之璧」。詳見《韓非子・和氏篇》。㊂潛虯：虯，傳說中的一種龍。

【今譯】「器物如果不是美玉瓊瑤，楚人卞和不會為獻寶無路而哭泣了；本身不是潛藏之龍，靈風就不會聚集起來。」

「余才短德薄㊀，幹不適治㊁，出處同歸㊂，行止㊃一致。豈必達官，乃可議政㊄事君，否則不可論治亂乎？」

【今註】㊀余才短德薄：余，指抱朴子本人。才短，謂才能不足。德薄，德行淺薄，自謙之辭。㊁幹不適治：謂沒有優良的政績。是「幹治」（有優良政績）的相反。幹，即才幹、才能、器量。適，適合。㊂出處同歸：謂「去就進退同返（回）」。同歸，謂「同返」、「同回」。㊃行止：謂動靜、進退，指行為舉動。㊄議政：謂「論議（評論）政事」。

【今譯】「我的才能淺短、德行微薄，才幹不適合治世，不論出仕或隱居，行走或棲止都是一樣的，難道必要達官顯貴才可論議政事並事奉君王，否則就不可以談論治亂嗎？」

「常恨莊生言行自伐㊀，桎梏世業㊁。身居漆園㊂，而多誕談㊃。好畫鬼魅，憎圖狗馬㊄。狹㊅細忠貞，貶毀仁義。可謂彫虎畫龍，難以徵風雲；空板億萬，不能救無錢；孺子之竹馬，不免於腳剝；土柈㊆之盈案，無益於腹虛也。」

【今註】㊀莊生言行自伐：莊生，即莊子。自伐，自相矛盾。老子《道德經・第二十四章》：「自伐者無功，自矜者不長。」㊁桎梏世業：桎梏，音ㄓˋ ㄍㄨˋ，謂刑具，即「腳鐐手銬」。《易經・蒙卦》：「利用刑人，用說桎梏。」《疏》：「在足曰桎，在手曰梏。」引伸為束縛人的事物。世業，謂「世代相承的事業」，或暗指「俗世的利祿產業。」㊂漆園：地名。其城古屬蒙縣（今河南商丘縣東北）。《史記》卷六十三〈老子韓非列傳〉：「莊子者，蒙人也。……周嘗為蒙漆園吏。」《正義》引《括地志》說：「漆園故城在曹州冤句縣北十七里。」冤句，今山東曹縣地。㊃誕談：猶「誕言」、「誕語」，謂誇大其言、虛妄言談。㊄好畫鬼魅，憎圖狗馬：謂喜歡畫妖魔鬼怪，不喜歡圖畫犬狗馬匹。鬼魅，人死為鬼，物精為魅。《韓非子・外儲說左上》：「客有為齊王畫者，齊王問曰：

『畫孰最難?』曰:『犬馬最難。』『孰最易者?』曰:『鬼魅最易。夫犬馬,人所知也,旦暮罄見於前,故易之也。』」《淮南子・氾論篇》:「今夫圖工好畫鬼魅,而憎圖狗馬者何也?鬼魅不世出,而狗馬可日見也。」　㈥狹:狹當動詞用,「隘陋」的意思。　㈦柈:通「盤」字。

【今譯】「我常常怨恨莊子的言行自相矛盾,為世業所牢籠,他身居漆園之吏,而大發荒誕的言論,愛畫鬼魅,憎惡圖狗馬,看不起忠貞,貶低或毀壞仁義。這可以說是彫的虎及畫的龍,難以召集靈風;空板億萬,卻不能救助無錢之苦;小孩子的竹馬,不免於腳剝;土盤充滿於几案,無益於空腹飢餓。」

或人又曰:「然吾子所著,彈斷㈠風俗,言苦辭直。吾恐適足取憎在位,招擯㈡於時,非所以揚聲發譽,見貴之道也。」

【今註】㈠彈斷:彈,彈劾。斷,戒除,禁絕。　㈡擯:摒棄。

【今譯】又有人說:「然而君子所著的書,彈劾或戒除不良的風俗,言辭痛切剛直。我恐怕這樣恰恰是在位的人所採取或憎恨的,於時世所歡迎或者摒棄,並非用來發揚聲譽,作為被貴重的途徑。」

抱朴子曰:「夫制器者,珍於周急㈠,而不以采飾外形為善;立言者,貴於助教,而不以偶俗集譽為高。若徒阿順諂諛,虛美隱惡,豈所匡失弼違㈡,醒迷補過者乎?慮寡和而廢〈白雪〉之音㈢,嫌難售而賤連城之價,余無取焉。非不能屬華艷以取悅,非不知抗直言之多吝。然不忍違情曲筆㈣,錯濫真偽。欲令心口相契,顧不愧景,冀知音之在後也。否泰有命，通塞聽天，何必書行言用，榮及當年乎？」

【今註】 ㊀周急：周，濟。製器貴在濟急。 ㊁匡失弼違：匡，糾正。弼違，糾正過失。《尚書．益稷》：「予違，汝弼。」孔《傳》：「我違道，汝當以義輔正我。」 ㊂〈白雪〉之音：〈陽春白雪〉，古代楚國歌曲名，當時認為是較高級的音樂。《文選》卷四十五宋玉〈對楚王問〉：「客有歌於郢中者，……其〈陽春白雪〉，國中屬而和者不過數十人。」 ㊃曲筆：謂有所顧忌，不敢據事直書的一種筆法。

【今譯】 抱朴子回答說：「製造器物的人貴在於濟急，而不以裝飾外形為善；著書立說的人貴重於教化，而不以通俗一致的稱讚為高。如果只是阿順諂媚，虛美隱惡，難道是糾正失誤，醒迷補過的嗎？慮怕和唱者少而廢棄〈陽春白雪〉這種高雅的音樂，嫌難以出售而降低連城之價，這樣做法我是不會採取的。我並非不能寫出華美的文章來取悅於世，並非不知道堅持直言之多吝。然而我不忍違背心願，曲筆抒寫，錯濫真偽，我想使心口相契一致，回顧時不愧對身影，還希望後面有知音者。敗壞與安泰是命定的，通達與阻塞亦聽天由命，何必書行言用要使當年獲得榮耀呢？」

「夫君子之開口動筆，必戒悟蔽，式整雷同之傾邪，磋礱㊀流遁之闇穢。而著書者徒飾弄華藻，張磔㊁迂闊，屬難驗無益之辭，治靡麗虛言之美，有似堅白厲修之書，公孫刑名之論㊂。雖曠籠天地之外，微入無閒之內，立解連環，離同合異㊃，鳥影不動㊄，雞卵有足㊅，犬可為羊㊆，大龜長蛇㊇之言，適足示巧表奇以誑俗。何異乎畫敖倉㊈以救飢，仰天漢⑩以解渴！說崑山⑪之多玉，不能賑原憲⑫之貧；觀藥藏之簿領⑬，不能治危急之疾。墨子刻木雞以厲天⑭，不如三寸之車鎋⑮；管青鑄騏驥於金象，不如駑馬之周用。言高秋天而不可施者，丘不與易也。」

【今註】　㊀磋礱：蹉，磨；礱，磨。　㊁磔：漢字書寫的捺筆。　㊂有似堅白厲修之書，公孫刑名之論：楊明照《抱朴子外篇校箋．下》：按「厲」當作「廣」，字之誤也。《公孫龍子．堅白論篇》：「曰：石之白，石之堅，見與不見，二與三，若廣修而相盈也。」謝《注》：「修，長也。白雖有自實，然是石之白也；堅雖自有實，然是石之堅也。二物與石為三，見與不見共為體，其堅白廣修皆與石均而滿。」即其誼也。本書〈窮達篇〉：「論廣修堅白無用之說。」是此原作「廣修」無疑。《墨子．經下篇》「廣與脩」（原誤作「循」，孫氏《閒詁》依俞樾校改。下同。）又《經說下篇》：「廣修堅白」。並其旁證。　㊃立解連環，離同合異：均為戰國時名家惠施提出的命題。　㊄鳥影不動：先秦辯者的論題之一。《莊子．天下篇》：「飛鳥之景未嘗動也。」意謂鳥飛時，其影時時改換，後影不是前影，前影一現即滅，實未嘗動。　㊅雞卵有足：楊明照《抱朴子外篇校箋．下》：按此文疑有脫誤。《公孫龍子．通變論篇》：「雞三足。」《莊子．天下篇》：「卵有毛，雞三足。」《荀子．不苟篇》：「卵有毛，是說之難持者也，而惠施、鄧析能之。」（《韓詩外傳．卷三》同）並其證。卵有毛，司馬彪云：「毛氣成毛，羽氣成羽，雖胎卵未生，而毛羽之性已著矣。」謂卵中含有羽毛的可能性。雞三足，謂雞已有二足，加上雞足的概念，共三個。　㊆犬可為羊：《莊子．天下篇》：「犬可以為羊。」司馬彪云：「名以名物而非物也。犬亦可以名羊。故形在於物，名在於人。」也就是說，犬羊的名稱是可以改變的。⑧大龜長蛇：《莊子・天下篇》：「龜長于蛇。」成玄英云：「夫長短相形，則無長無短，謂蛇長龜短，乃是物之滯情，今欲遣此昏迷，故曰：龜長於蛇也。」俞樾云：「此即莫大於秋毫之末，而泰山為小之意。」⑨敖倉：秦代在敖山上所置穀倉，故址在今河南鄭州市西北邙山上。漢魏均於此設倉。⑩天漢：即銀河。《詩經・小雅・大東》：「維天有漢，監亦有光。」

⑪崑山：崑崙山。⑫原憲：字子思，孔子的弟子。孔子卒，原憲遂亡在草澤中，過著貧困的生活。⑬簿領：本子。⑭墨子刻木雞以厲天：楊明照《抱朴子外篇校箋・下》：按《韓非子・外儲說左上》：「墨子為木鳶，三年而成，蜚一日而敗。」《淮南子・齊俗篇》：「魯般、墨子以木為鳶，而飛三日不集。」《論衡・儒增篇》：「魯般、墨子之巧，刻木為鳶，飛之三日而不集。」（《列子・湯問篇》：「墨翟之飛鳶。」《墨子・魯問篇》：「公輸子削竹木以為鵲，成而飛之，三日不下。」）此獨作「木雞」，豈傳聞有異邪？又按「厲」當作「戾」。已詳〈廣譬篇〉「不肯為銜鼠之唳天」條。

⑮鍇：轄，車軸頭上的小銅鍵或鐵鍵，用以防止車輪脫落者。

【今譯】「君子開口說話，動筆寫書，必戒聰悟受到蒙蔽，式整雷同之傾邪，磋礱流遁的闇穢。而如果寫書的人只飾弄華美的辭藻，張磔迂闊，寫出難以驗證的無益言辭，研習靡麗虛言之美，就好像宣揚『堅白廣修』之類書，像公孫龍刑名學派的議論。那些議論雖然涵蓋天地之外，微入無間之內，諸如立解連環、離同合異、鳥影不動、卵有毛、雞三足、犬可以為羊、龜長於蛇等等言談，恰恰足以顯示奇巧以欺騙世俗之人。何異於畫座敖倉以救飢荒，仰看天上銀河以解渴？話說崑崙山上有很多寶玉，這不能救濟原憲這些貧窮之人；只看小冊子中的藏藥，這不能救治危急之病。墨子刻木鳶以戾天，不如三寸車轄之實用；用管青鑄成騏驥的金像，不如劣馬的急用。把秋天說得高爽而不可以做到，山丘也不會與之更易。」

喻蔽篇第四十三

【篇旨】「喻蔽」是明曉他人的蔽塞之所在。如《荀子・解蔽篇》之意，對於他人滯於一隅，不能通明的觀念，加以曉喻。本篇是以葛洪回答同門魯君的話為旨。因為葛洪很佩服著作的文儒，所以特別欣賞著作宏富的王充，認為王充「作《論衡》八十餘篇，為冠倫大才」。但是魯君卻認為著述只要內容精美，實在無須太大的篇幅。比如伏羲畫卦，只用了八個，就統括了天地間一切事象；老子著述才五千餘言，卻將所有關於「道德」的義理概括無遺。

葛洪卻提出了不同的見解，以為一本著作如果所用的文字太短促，所要發揮的理論就很難說得完備；同理，著作中的文辭，如果用得太簡短，所要說明的事實就很難說得通暢；因此，著作由於實際上的需要，就必須「篇累卷積」，然後再從綱領上去加以把握。幾千萬字的著作，其中偶然摻雜少許不夠優美的辭語，可是因為他們所敘述的事實非常詳盡，所發揮的義理非常高遠，足以掩蓋些微的瑕疵。就像長江、黃河、淮水、濟水等四條大河，水流儘管混濁，但它們究竟都是偉大的河川；而陶甕中的水儘管清澈，總計也只有一陶甕，怎能拿來與大河相比呢？由此看來，短促的篇章、零碎的文辭，怎麼能和萬言巨作、長篇高論相提並論呢？

抱朴子曰：「余雅㈠謂王仲任㈡作《論衡》八十餘篇，為冠倫㈢大才㈣。」有同門㈤魯生難余曰：「夫瓊瑤㈥以寡為奇，磧礫㈦以多為賤，故庖犧㈧卦不盈十，而彌綸㈨二儀㈩；老氏⑪言不滿萬，而道德⑫備舉。王充著書，兼箱累袠⑬，而乍出乍入⑭，或儒或墨。屬詞⑮比義⑯，又不盡美。所謂陂原⑰之蒿莠⑱，未若步武⑲之黍稷⑳也。」

【今註】 ㈠雅：「素」（平素、日常）的意思。 ㈡王仲任：王充，字仲任，東漢時代會稽郡上虞人。生於漢光武建武三年（西元二七年），約卒於和帝永元年間，享年七十餘歲。父親早死，曾從富文才、好著述、作《漢書》未完成的班彪讀書。由於家境貧寒，無力購置書籍，常前往洛陽市間，翻閱所賣售的書。他記性很好，看了一遍就能記住，於是利用這種方式，讀通了百家的學說。刺史董勤徵召他做了從事，又轉任揚州治中，後來自請免職，返歸鄉里，從事教學和著述工作。著有《論衡》八十五篇，共二十餘萬字，流傳於世。晚年，又曾寫過《養性書》十六篇，可惜今已亡佚。他的身世全都見於《論衡・自紀篇》；《後漢書》卷四十九也有他的傳。 ㈢冠倫：謂「超越群輩」。倫，當「輩」（同類）講，指「著書立說的那些人」。 ㈣大才：和「高才」相似，謂可供「大用」的「才士」。《後漢書》卷二十四〈馬援列傳〉：「汝大才，當晚成。」 ㈤同門：猶「同窗」，謂「受業於同一師長的同學」。門，指老師課徒處所的「門」內或「窗」下。《漢書》卷八十八〈儒林傳・孟喜傳〉：「同門梁丘賀疏通證明之。」唐顏師古《注》：「同門，同師學者也。」 ㈥瓊瑤：謂「美玉」或「美石」。《詩經・衛風・木瓜》：「投（贈送）我以木桃，報（回報）之以瓊瑤。」毛《傳》：「瓊瑤，美玉。」 ㈦磧礫：音ㄑㄧˋ ㄌㄧˋ，謂「河灘上的小石子」。《文選》卷二漢張衡〈西京賦〉：「僵禽斃獸，爛若磧礫。」 (八)庖犧：即伏羲，傳說中古代部落的酋長。名太昊，風姓。相傳由他開始畫八卦，教導人民捕魚畜牧，來充實民食，增加菜肴的品類。 (九)彌綸：謂「包羅」、「統括」。《易經・繫辭・上》：「《易》與天地準（倣、則），故能彌綸天地之道。」彌，音ㄇㄧˊ，「補合」的意思。綸，作「理絲」講。 (一〇)二儀：或作「兩儀」，謂「天地」。《易經・繫辭・上》：「是故《易》有太極，是生兩儀。」晉范甯《春秋穀梁傳・序》：「該（包括）二儀之化育（指萬物的「生成」和「長育」），贊（贊助、輔襄）人道（人類社會的道德規範）之幽變（微妙的變化）。」 (一一)老氏：就是老子。一說姓李，名耳；一說姓老，名聃；是古代傑出的思想家。著書八十一章，共五千二百餘字，分上下兩篇，全部討論有關道德的義理。 (一二)道德：指老子所說有關「道」與「德」的義理。有人說：老氏著作分上下二篇（上篇三十七章，下篇四十四章），由於上篇第一章第一句「道可道，非常道」，第一字是「道」字；下篇第三十八章的第一句「上德不德」，第二字是「德」字；因此才取名叫《道德經》。 (一三)袠：或作「袟」，和「帙」相同，音ㄓˋ，謂「書衣」或「書囊」。 (一四)乍出乍入：謂「忽出忽入」。指王充著作所涉及的內容有時超出古代「經籍」的範圍，有時卻又專在「經籍」的範圍內打轉。 (一五)屬詞：謂「綴會文辭」（連綴會集文章所用的辭語）來撰寫文稿。《禮記・經解篇》：「屬辭比事（排比史事），《春秋》教（所包含的「訓誨」作用）也。」孫希旦《集解》：「屬辭者，連屬其辭，以月繫年，以日繫月，以事繫日也。」 (一六)比義：謂「排比文辭的含義」。 (一七)陂原：謂「山麓下的原野」。陂，音ㄆㄛ，謂「山旁」。 (一八)蒿莠：皆草名，在這裏比喻王充的作品。蒿，音ㄏㄠ，艾類，有青蒿、白蒿等數種。莠，音ㄧㄡˇ，也叫做狗尾草，它的莖、葉、穗，很像稷（高粱），可是不結實。 (一九)步武：古代以六尺為步，半步為武，這裏比喻

「相距甚近」（指呈現在眼前的那些古人作品）。《國語・周語・下》：「夫目之察度也，不過步武尺寸之間。」 ㊂黍稷：謂「黍」和「稷」，在這裏比喻古人的作品，言下之意，經過時間的考驗，大多具有實際價值。黍，音ㄕㄨˇ，葉和莖的形狀和稷很相像，但比較矮小，現今的北方人也稱它做黃米（小米）。稷，音ㄐㄧˋ，禾本科一年生草，是江、淮以北地區的主要作物，莖稈高大，有紅白兩種，一般又叫紅粱或高粱。

【今譯】 抱朴子說：「我平素一直說王仲任著作《論衡》八十多篇，可說是超越群倫、最堪大用的才士。」有位魯姓同門師兄弟提出問題來詰問我，他說：「說到美好的玉石，因為世間少見，才被人認為珍奇，河灘上的小石子，因為數量很多，才遭人賤視；由於這個緣故，庖犧氏所創始畫出來的卦，數目總共不滿十個，可是它們卻有統括天地間一切事象的功效；老子的著述雖然不滿一萬個字，卻能把全部有關道德的義理概括無遺；足見著述如果內容精美，實在無須太大的篇幅。可是王充著作的書籍，多得可以裝滿許多函，堆滿許多箱，這些作品的內容並不純一，一會兒在古代『經籍』的範圍之內，一會兒又超出了『聖賢書』的藩籬；立言的立場，有時屬於儒家，有時又可歸入墨家學派。行文的時候，連綴會集的辭語，排比文辭所採的史例，常常又不能盡善盡美。如此說來，真所謂：山麓原野中所生長的青蒿和莠草，實在不能和呈現在眼前、大家公認有益於世的小米和高粱相比呢！」

抱朴子答曰：「且夫㊀作者㊁之謂聖，述者㊂之謂賢㊃，徒見述作之品，未聞多少之限也㊄。吾子所謂竄㊅巢穴㊆之沈昧㊇，不知八紘㊈之無外㊉；守燈燭之宵曜⑪，不識三光⑫之晃朗⑬；遊潢洿⑭之淺狹⑮，未覺南溟⑯之浩汗⑰；滯丘垤⑱之位埤⑲，不寤⑳

嵩、岱㉑之峻極㉒也。兩儀所以稱大者，以其函括㉓八荒㉔，緬邈㉕無表㉖也。山海所以為富者，以其包籠㉗曠闊㉘，含受雜錯㉙也。若如㉚雅論㉛，貴少賤多，則穹隆㉜無取乎宏燾㉝，而旁泊㉞不貴於厚載㉟也。」

【今註】 ㊀且夫：和「今夫」用法相同，是指示的詞，相當於說話中的「這個」、或「那個」。一說：「且」和「夫」字用法相同，連在一起可以作「說到」、或「至於」講。 ㊁作者：在思想上「創始、立說的人」，《禮記・樂記篇》：「作者之謂聖（聖人），述者之謂明（智者）。」（參見後面「述者」的注）。 ㊂述者：謂「傳述（別家言論）的人」（參見前面「作者」的注）。 ㊃以上兩句，出於《禮記・樂記篇》「知禮樂之情者，能作；識禮樂之文者，能述；作者之謂聖，述者之謂明；明聖者，述作之謂也」這段話。話中「禮樂之情」，指「禮樂的情狀」；「禮樂之文」，指「禮樂的制度」。「作者之謂聖」，據孔《疏》的解釋是：「聖者，通達物理（洞明事物的常理），故作者之謂聖，則堯、舜、禹、湯是也。」對「述者之謂明」的解釋是：「明者，辨說是非，故脩（整治、研究）述（傳述）者之謂明，則子游、子夏之屬是也。」 ㊄以上一段，也是有關「述」「作」的討論，進一步說明如下：《論語・述而篇》對「述」和「作」也曾說到：「子曰：述而不作，信而好古。」朱熹《集注》：「述，傳舊（傳述別人的舊說）而已；作，則創始（有獨立創見的人）也。」似乎說得更為清楚。王充的《論衡》中，也有兩處提到「述」和「作」，〈正說篇〉中說：「聖人作經，賢者作書。」所謂「作書」，就是「述作者之意」。〈書解篇〉中說：「聖人作其經，賢者造其傳。述作者之意，採聖人之志（原意；本心），故經須傳也。」 ㊅竄：音ㄘㄨㄢˋ，「藏匿」、「逃竄」的意思。㊆巢穴：謂鳥獸棲身的「窩巢」和「洞穴」。《文選》卷二十七顏延之〈北使洛詩〉：「官陛（官階，喻「官場」）多巢穴，城闕（城樓）生雲煙。」㊇沈昧：謂「深沉昏暗」。㊈八紘：和「八極」（八面極遠的地方）「四荒」（四方荒遠的地方）很相似，謂「大地的極限」。《史記》卷一百一十七〈司馬相如列傳〉引〈大人賦〉：「徧覽八紘而觀四荒兮。」㊉無外：謂「範圍極大」，意思說：「一切都包括在內」。《管子・版法解篇》：「天覆（所覆蓋）而無外也，其德（本性）無所不在。」《公羊傳》僖公二十四年：「天王（指「天子」）出居于鄭，王者（指「天子」的權力）無外。」⑪宵曜：謂「夜晚照耀」。⑫三光：稱「日、月、星」三種星球所發出來的光。《莊子・説劍篇》：「上法（效法）圓天（渾圓的天象），以順（順應……秩序）三光。」⑬晃朗：謂「晃耀明亮的樣子」。《文選》卷十三潘岳〈秋興賦〉：「天晃朗以彌高（愈加高峻）兮，日悠陽（太陽下落的樣子）而浸微（逐漸微弱）。」⑭潢洿：音ㄏㄨㄤˊ ㄨ，謂「停留在低窪地方的小片積水」。「洿」，又作「汙」。《左傳》隱公三年：「苟有明信（明顯的誠意），……潢汙行潦（雨天積聚奔流於路旁）之水，可薦（進獻）於鬼神。」《正義》引服虔曰：「畜小水謂之潢，水不流謂之汙（低窪處的積水）。」⑮淺狹：謂「短淺」、「狹窄」。《管子・八觀篇》：「夫國城大（城市地區廣闊）而田野淺狹者，其野不足以養其民。」⑯南溟：「南海」的意思。「溟」，又作「冥」。《莊子・逍遥遊篇》：「是鳥也，海運（海風起動）則將徙於南冥。」《宋書》卷二十三〈天文志・一〉：「北溟（北海）之魚，化而為鳥，將徙於南溟。」⑰浩汗：謂「廣大遼闊的樣子」。《晉書》卷五十六〈孫楚傳〉：「將軍石苞令楚（孫楚）作書遺（給）孫皓曰：『吳之先祖，起自荆、楚，……三江五湖，浩汗無涯。』」⑱丘垤：和「小丘」相似。垤，音ㄉㄧㄝˊ，蟻塚，在這裏指一般「小土堆」。《孟子・公孫丑篇・上》：「太山（泰山）之於丘垤，河海之於行潦（因雨而積聚奔流於道旁的水），類也。」 ⑲位埤：又作「位卑」，謂「地位卑下」。 ⑳寤：音ㄨˋ，有「覺」、「曉」、「悟」的意思。 ㉑嵩、岱：謂「嵩山」和「泰山」。嵩山，是五嶽中的中嶽，在河南登封縣北。泰山，是五嶽中的東嶽，在山東省中部，也叫岱宗、岱山、岱嶽、泰岱，主峰玉皇頂在泰安縣北，古代帝王常在那裏舉行封禪的典禮。 ㉒峻極：謂「高極到頂的樣子」。《文選》卷十一孫綽〈遊天臺山賦〉：「夫其峻極之狀。」 ㉓函括：「包括」的意思。函，作「包」、「容」解。括，「包容」的意思。 ㉔八荒：謂「八方荒遠的處所」，和「四荒」（四方荒遠的處所）也很相似。《史記》卷六〈秦始皇本紀・贊〉引賈誼〈過秦論・上〉：「秦孝公……有席卷（亦作蓆捲，和下面的「包舉」、「囊括」、「并吞」，都是「統一」、「征服」的意思）天下，包舉宇內，囊括四海之意，并吞八荒之心。」 ㉕緬邈：謂「遙遠的樣子」。《文選》卷三十陸機〈擬古詩・擬行行重行行〉：「音徽（消息、音信）日夜離，緬邈若飛沈（好像鳥的高「飛」和魚的下「沈」，喻高下懸隔）。」李周翰《注》：「緬邈，遠也。」 ㉖無表：和「無外」相似，指「極大的範圍」。表，「外」的意思。 ㉗包籠：猶「包括」和「籠罩」。 ㉘曠闊：謂「空曠開闊」。孔平仲〈曹亭獨登詩〉：「江湖水方漲，曠闊吾所愛。」 ㉙雜錯：和「錯雜」、「雜糅」相似，謂「交錯混雜」。《三國志》卷五十三〈吳書・張紘傳〉：「賢愚雜錯，長幼失敘（次序）。」 ㉚若如：和「如同」的意思相仿。《韓非子・內儲說上》：「若如臣者，猶獸鹿也。」王先慎《集解》：「若、如同義，如字，涉上文而衍（因上文「若」字的牽引而衍生出來）。」 ㉛雅論：謂「正論」，或「合乎風雅要求的言論」。《顏氏家訓・勉學篇》：「清談雅論。」 ㉜穹隆：也可以寫作「穹窿」。音ㄑㄩㄥ ㄌㄨㄥˊ，物件的形體，如果中間高聳而四周低垂的都叫做「穹隆」。穹，謂「高大」，或「天空」。隆，「隆起」的意思。㉓宏燾：當「覆蓋廣大」講。燾，音ㄉㄠˋ，「覆蓋」的意思。㉔旁泊：當把船「停靠在隄岸旁邊」。靠邊緣的叫旁，有「側」的意思。泊，謂「停船靠岸」。㉕厚載：本謂土地「由於深厚才能裝載（承擔）」萬物，在這裏作「重（音ㄓㄨㄥˋ）載」講。

【今譯】 抱朴子答道：「說到那些在思想方面能夠創始立說的人，一般就叫他們做聖——聖人；能夠傳述別家言論的人就叫他們做明——智者，也就是所謂『賢者』；這些聖人或賢者所寫下來的作品，卻從來沒聽說過在篇幅的長短、字數的多少上有什麼限制。先生你說的那些人，和成天藏匿在巢穴中的鳥獸一樣，他們從來不知道天地怎麼廣闊！『八紘』怎麼大到無所不包啊！整夜守著燈光燭火、接受它們照耀的人，是絕對認不清日、月、星辰三種星球發出來的光照如何耀眼明亮的啊！經常在低窪積水的狹窄地區走動的人，是很難體會南海怎麼廣大、怎麼遼闊的啊！一個長期停留在卑下地方，天天面對一群小山丘或小土堆的人，是無法瞭解中嶽嵩山和東嶽泰山那般高大險峻到極頂的形態啊！同樣的道理，一個才情不足、見識狹小的人，是不可能有開闊的胸襟、深入的見解的啊！要曉得：天地它們所以被人稱為宏大的物體，是因為它們能夠包容八方荒遠的地區，看上去不管怎麼遙遠，卻都不能不涵蓋在它範圍之內啊！山和海兩者所以成為包容宏富的物體，是因為它們所籠括佔據的地區，非常空曠開闊；所包含保有的內容，非常交錯混雜啊！例如那些合乎風雅要求的『正論』，一般都以為用辭少的才可貴，文辭繁複的就加以輕視；同樣的理由，穹隆的物體並不一定要覆蓋廣大的才好；江河旁邊停泊的船隻也無須裝載很多貨物的啊！」

「夫迹水㈠之中，無吞舟之鱗㈡；寸枝㈢之上，無垂天之翼㈣；蟻垤㈤之顛，無扶桑㈥之林；潢潦㈦之源，無襄陵㈧之流。巨鰲㈨首冠瀛洲㈩，飛波(十一)淩乎方丈(十二)，洪桃(十三)盤於度陵(十四)，建木(十五)竦(十六)於都廣(十七)，沈鯤(十八)橫(十九)於天池(二十)，雲鵬(二一)戾(二二)乎玄象(二三)。」

【今註】 ㈠迹水：謂「可以徒步涉過的水」，比喻「水流很淺」。迹，有「行」和「行蹤」的意思。在這裏指「腳踏而過」。　㈡吞舟之鱗：謂「吞得下舟楫那麼大的魚」。黃庭堅〈別友賦送李次翁詩〉：「或登吞舟之鱗，或下（降）垂天之翼。」《列子・楊朱篇》：「吞舟之魚，不游枝（支）流。」鱗，謂「魚」。　㈢寸枝：謂「短小纖細的枝幹」。宋之問〈題老松樹詩〉：「百尺（百尺的大松）無寸枝，一生自孤（獨特）直（正直）。」　㈣垂天之翼：形容「鳥翼之大，彷彿可以布滿天空一樣」，後人常用來比喻「志向、或前程的遠大」。《莊子・逍遙遊篇》：「其（指「鵬」）……翼若垂天之雲。」垂，「布」的意思。　㈤蟻垤：謂「螞蟻窩外的小土堆」。垤，音ㄉㄧㄝˊ，「小土堆」。　㈥扶桑：是一種「神木」，相傳生長在太陽的出處。　㈦潢潦：謂「天雨積聚奔流於路旁」。韓愈〈符讀書城南詩〉：「潢潦無根源，朝（音ㄓㄠ，早晨）滿夕已除。」潢，謂「深或廣的積水」。潦，謂「奔流的雨水」。　㈧襄陵：謂「水流漫上了丘陵」。《尚書・堯典》：「蕩蕩（音ㄉㄤˋ ㄉㄤˋ，水勢強大的樣子）懷山（抱著山峰）襄陵，浩浩（音ㄏㄠˋ ㄏㄠˋ，水盛大的樣子）滔天。」孔《傳》：「襄，上（超越）也，包山（包圍著山丘）上陵（漫上了丘陵）。」　㈨鰲：謂「大魚」。　㈩瀛洲：是傳說中仙人所居的神山。《史記》卷六〈秦始皇本紀〉：「二十八年，……齊人徐市（音ㄈㄨˊ）等上書，言海中有三神山，名曰蓬萊、方丈、瀛洲，僊（仙）人居之。」　(十一)飛波：謂「洶湧飛躍的波濤」。

⑫方丈：是傳說中仙山的名稱。⑬洪桃：謂「巨大的桃樹。」《文選》卷五左思〈吳都賦〉：「洪桃屈盤（屈曲盤旋），丹桂灌叢（灌木叢生）」。李周翰《注》：「洪，大也。大桃樹盤屈三千里。」⑭度陵：指「度朔山」。《論衡・訂鬼篇》：「《山海經》又曰：滄海之中，有度朔之山，上有大桃木，其屈蟠（樹幹「繞曲」）三千里，其枝間東北（東北方有空隙）曰鬼門，萬鬼所出入也。上有二神人，一曰神荼，一曰鬱壘，主（掌管）閱（省視、檢閱）領（統領、治理）萬鬼。惡害之鬼，執（拘捕）以葦索（蒹葭製成降鬼的繩索），而以食虎（餵虎食）。於是黃帝乃作禮（表示敬意的儀文），以時（按時）驅之。立大桃人，門户畫神荼、鬱壘與虎，懸葦索以禦。」⑮建木：「木」字本作「水」，依孫星衍校本改。建木，神話中供眾帝攀援上下「都廣山」的「高木」（參見「都廣」注）。《後漢書》卷六十上〈馬融傳〉引〈廣成頌〉：「珍林嘉樹，建木叢生。」唐李賢《注》：「建木，長木也。」⑯竦：音ㄙㄨㄥˇ，「樹立」的意思。⑰都廣：南方的山名。《淮南子・墬（地）形篇》：「建木在都廣，眾帝所自上下（從巨木上下都廣山），日中無景（影），呼而無響，蓋（一般說）天地之中也。」高誘《注》：「都廣，南方山名也。」⑱鯤：大魚名。⑲橫：「橫列」（平展地躺著）的意思。漢武帝〈秋風辭〉：「橫中流兮揚素波（白色的波濤）。」⑳天池：寓言中在南方的大海。《莊子・逍遙遊篇》：「南冥者，天池也。」㉑雲鵬：又叫「鳳鳥」，謂「飛翔於雲端的大鵬」。㉒戾：「轉」（迴轉）的意思。㉓玄象：謂「天象」（日月星所顯示的現象）。《資治通鑑》卷一百七十三〈陳紀・七〉宣帝太建十一年：「玄象垂誡（垂示人們的訓誡）。」胡三省《注》：「玄象，天象也。日月星辰，在天成象。」

【今譯】 「一般說來：可以徒步涉過的淺水之中，不可能生長吞得下舟楫那麼巨大的魚類；短小纖細的樹幹上，絕對無法棲息具有垂天之翼那般碩大的鵬鳥；螞蟻窩外小土堆頂上，絕對長不出扶桑神木的樹林來；積聚寬廣、奔流四方這般淺促的水源，是絕不可能漫上高大丘陵的啊！從上面所舉的這四個譬喻，我們不難瞭解：作品的體制如果太侷促，篇章文辭如果太短小，實在容納不下作家宏大的思維啊！巨大的鰲魚在整個瀛洲神山之中，稱得上首屈一指，當它翻動的時候，所激發起來的洶湧飛躍波濤，才能浸漫得上方丈神山。巨大桃樹的枝幹，只有在度朔山中才能盤旋屈曲；供眾帝攀援上下的建木，只有在南方的都廣山中，才有發現的可能。潛沉水底的鯤魚偶然冒出水面，只有在南方廣闊的海洋——天池之中，才可能平展地躺著；飛行於雲端的鵬鳥，一定要天象所作的顯示，才知道迴轉翺翔。從上面三句所引用這六個譬喻，不難發現：作品非有長篇巨製，非有和他思想、才情、豪氣相當的那許多文字，不能供作者充分的施展、充分的發揮。」

「且夫雷霆㊀之駭㊁，不能細其響；黃河之激㊂，不能局其流；騏騄㊃追風㊄，不能近其迹；鴻鵠㊅奮翅㊆，不能卑其飛。雲厚者雨必猛，弓勁者箭必遠。王生學博才大，又安省乎？」

【今註】㊀雷霆：謂「疾雷」。《左傳》襄公十四年：「畏之如雷霆。」㊁駭：「驚」（驚駭）的意思。㊂激：謂水勢的「奮激奔放」，比喻思潮和情緒的「變幻莫測」。㊃騏騄：騏，音ㄑㄧˊ；騄，音ㄌㄨˋ，都是「駿馬」的名稱。㊄追風：良馬名。《古今注》：「秦始皇有名馬，曰追風。」《抱朴子．外篇．君道篇》：「市（買進）馬骨（千里馬的頭骨）以招追風之駿（像『追風』一般的名馬』）。」（燕昭王「市馬骨」的故事，參見《戰國策・燕策・一》）　㈥鴻鵠：一種候鳥，羽毛光澤純白，長頸，和鶴的形狀相似可是比鶴大得多。《孟子・告子篇・上》：「一心以為有鴻鵠將至。」《史記》卷五十五〈留侯世家〉：「鴻鵠高飛，一舉千里。」《管子・戒篇》：「今夫鴻鵠，春北而秋南，而不失其時。」《詩經・豳風・九罭》「鴻飛遵渚」陸璣《疏》：「鴻鵠羽毛光澤純白，似鶴而大，長頸，肉美如雁。」　㈦奮翅：謂「撲動翅膀」飛行。

【今譯】「至於說一個作家如果才氣縱橫，情致洋溢，實在不是任何外力所能控制得住的；這情形正如同疾雷傳來，對人們所造成的驚駭，讓人造成困擾，可是誰也沒辦法壓低它的聲響。人們思潮、情緒的變化，彷佛黃河中的水流，變幻莫測，堤防做得怎麼高大，水壩做得怎麼堅固，都不能完全控制它的流速，改變它的流程；騏騄和追風都是名馬，不管牠們跑得怎麼迅速，也都追趕不上作家們奔放才思的行蹤。也正如同候鳥鴻鵠撲動著翅膀，在雲端飛行的時候，誰都沒辦法讓牠降低飛行的高度。同樣的道理，作家的才華是上天所賦予的，知識是辛苦求來的，既然有了，誰也無法、更無權不讓他不表現出來。天上的雲層，如果深厚，所落下來的雨水必然十分猛烈；如果弓背的彈性強勁，箭頭必定射發得非常遠。同樣的道理，作家如果思路廣闊，才情洋溢，所寫出來的文章必定長篇累牘，洋洋灑灑。歸結一句話：王充先生學識廣博，才情深厚，又怎麼可以要求他把著作的篇幅一定要加以減省呢？」

吾子云：「玉以少貴，石以多賤。」「夫玄圃㈠之下，荊、華㈡之顛，九員㈢之澤，折方㈣之淵㈤，琳琅㈥積而成山，夜光㈦煥㈧而灼㈨天，顧㈩不善也。」

【今註】　㊀玄圃：相傳是天帝居住的地方，在崑崙山上。《水經・河水注・卷一》：「崑崙之山三級：下曰樊桐，一名板桐；二曰玄圃，一名閬風；上曰層城，一名天庭；是為太帝（天帝）之居。」㊁荆、華：指荆山和華山，都是出產玉璞的地方。荆山，在今安徽懷遠縣西南；華山，在今陝西華陰縣西南，是五嶽中的西嶽。《晉書》卷二〈景帝紀〉：「荆山之璞雖美，不琢不成其寶。」《爾雅・釋地》：「西南之美者，有華山之金石焉。」㊂九員：謂「形狀屈曲而多變化」。在這裏因為和下句的「折方」相對，似乎可以作「多變化的弧形曲線」解。九，謂「形狀屈曲多變化」。《說文》：「九，陽之變也，象其屈曲究盡（達到極頂）之形。」員，和「圓」字通。《孟子・離婁篇・上》：「規矩，方員之至（最高頂點）也。」㊃折方：謂形狀的「折線構成的方形」。㊄淵：作「潭」或「池」解。㊅琳琅：玉石的名稱。《宋書》卷十四〈禮志・一〉：晉尚書謝石上書：「雕琢琳琅，和寶（和氏玉）必至。」㊆夜光：一種「珠玉」的名稱，如「夜光珠」、「夜光璧」之類。《史記》卷八十七〈李斯列傳〉：「則是夜光之璧，不飾朝廷。」㊇煥：音ㄏㄨㄢˋ，謂「光亮」、「鮮明」。㊈灼：音ㄓㄨㄛˊ，「明」的意思，這裏作「照亮」解。㊉顧：「反」的意思。《漢書》卷四十八〈賈誼傳〉：「足反居上，首顧居下。」唐顏師古《注》：「顧亦反也，言如人反顧然。」

【今譯】　先生你說：「玉石由於出產得少，才被人看得貴重；石材由於出產得多，才常常遭人賤視。」「在崑崙山上天帝居住的玄圃中，和出產玉璞的荆山和出產金石的華山頂上，彎曲多變的水澤和屈折方正的水池裡，所儲存的玉石堆積如山，所收藏的夜光明珠煥放出來的光芒可以把天空照得閃閃發亮，難道說有了這些寶藏反而不好嗎？同樣的道理，長篇的著作，包含許多高論讜言、金科玉律，總比短促的文辭、平淡無奇、全不精彩要強得多。」

「又引庖犧氏著作不多[1]，若夫周公既繇《大易》，加之以禮樂[2]；仲尼作《春秋》，而重之以十篇[3]。過於庖犧，多於老氏，皆當貶也？言少則至理[4]不備，辭寡即庶事[5]不暢。是以必須篇累卷積，而綱領[6]舉也。羲和[7]昇光以啟旦，望舒[8]曜景[9]以灼夜。五材[10]並[11]生而異用，百藥雜秀[12]而殊治。四時[13]會[14]而歲功[15]成，五色[16]聚而錦繡[17]麗。八音[18]諧而《簫韶》[19]美，群言[20]合[21]而道藪[22]辨。積猗頓[23]之財，而用之甚少，是何異於原憲[24]也；懷無銓[25]之量[26]，而著述約陋，亦何別於瑣碌[27]也？音為知者珍，書[28]為識者傳。瞽曠[29]之調鍾[30]，未必求解於同世；格言[31]高文[32]，豈患莫賞而滅之哉！且夫江海之穢物不可勝計，而不損其深也；五嶽[33]之曲木[34]不可訾[35]量，而無虧其峻也。夏君之璜[36]，雖有分毫之瑕[37]，暉曜[38]符彩[39]，足相補也。數千萬言，雖有不豔[40]之辭，事義高遠，足相掩也。故曰：四瀆[41]之濁，不方[42]瓮[43]水之清；巨象[44]之瘦，不同羔羊[45]之肥矣。」

【今註】[1]庖犧氏著作不多：相傳庖犧氏作八卦，並把「八卦」加以重複，變成六十四卦，除此以外，並無「著作」，所以說「著作不多」。[2]周公既繇《大易》，加之以禮樂：意思說「《大易》既然出之於周公，另外還制作了禮樂」。周公，姓姬，名旦，是周武王的弟弟，周成王的叔父。他輔助武王推翻了殷商的政權以後，被封為魯公。可是他沒有去封地，卻一直留在朝中輔佐武王。武王死後，成王年幼，就由周公攝政。此時，管、蔡、霍三叔對實際掌握朝政的周公十分猜忌，於是挾持了殷朝的後裔武庚謀反。成王命令周公到東方去征討，殺死了武庚，誅貶了三叔，滅亡了五十個國家，替周朝開拓了東南一帶地方。回朝之後，開始改定官制，創制禮法。如此，周朝的文物制度，才趨於完備。繇，當「自」講，和「由」字相同。《大易》，指《易經・繫辭》而言，分「卦辭」和「爻辭」兩個部分，它們的作者一般有兩種說法：一種以為「卦辭」和「爻辭」都是文王所作；一種以為「卦辭」是文王所作，而「爻辭」卻出之於周公的手筆。孔穎達在《周易正義・序》中，舉了〈升卦〉六四、〈明夷卦〉六五、〈既濟卦〉九五等爻辭文句來推斷，認為「爻辭」並不出於文王，而確確實實是周公所作。《抱朴子》在這裏說周公作《大易》，好像「卦辭」的作者不是文王也是周公，話說得似乎不周延。㊂重之以十篇：謂「又在『《易》卦』之外加上了『〈十翼〉』（〈上象〉、〈下象〉、〈上象〉、〈下象〉、〈上繫〉、〈下繫〉、〈文言〉、〈說卦〉、〈序卦〉、〈雜卦〉）等篇」。孔穎達《周易正義》第六〈論夫子十翼〉：「其〈彖〉〈象〉等〈十翼〉之辭，以為孔子所作，先儒更无（無）異論。」《漢書》卷三十〈藝文志〉：「孔氏為之〈彖〉、〈象〉、〈繫辭〉、〈文言〉、〈序卦〉之屬十篇。」 ㊃至理：謂「至極之道」，也就是「真理」。晉范甯《春秋穀梁傳・序》：「斯蓋非通方（通達道術）之至理。」 ㊄庶事：謂「眾多事務」。《漢書》卷十八〈外戚恩澤侯表〉：「庶事草創（初創而無所參考），目不暇給。」 ㊅綱領：謂「『大綱』和『要領』」。《抱朴子・外篇・君道篇》：「操綱領以整毛目（繁瑣的條目），握道數（道術）以御眾才。」 ㊆羲和：謂「日御」（神話中為太陽駕車的仙人），這裏用來稱「太陽」。《廣雅・釋天》：「日御謂之羲和，月御謂之望舒。」《楚辭》屈原〈離騷〉：「吾令羲和弭節（駐車。弭，作「止」解；節，指「行車進退的節奏」）兮。」王逸《注》：「羲和，日御也。」 ㊇望舒：謂「月御」（傳說中為月亮駕車的仙人），這裏是「月亮」的代稱。《廣雅・釋天》：「日御謂之羲和，月御謂之望舒。」《楚辭》屈原〈離騷〉：「前望舒使（被派充任）先驅兮。」王逸《注》：「望舒，月御也。」(九)曜景：謂「曜現的景色」。(十)五材：指「金、木、水、火、土」等五種性質的原料。《左傳》襄公二十七年：「天生五材，民並用之。」晉杜預《注》：「五材，金木水火土也。」(十一)並：「併」的意思。(十二)秀：謂「成長」。(十三)四時：謂「春、夏、秋、冬」四季。(十四)會：作「會合」解，就是「經過四時全部的變化」的意思。(十五)歲功：謂「整整一歲的時序」，或謂「萬物的化育」。(十六)五色：謂「青、黃、赤、白、黑」五種基本色彩。老子《道德經・第十二章》：「五色令人目盲。」(十七)錦繡：謂「織錦」和「刺繡」，都是精緻華麗的服飾材料。(十八)八音：金（鐘）、石（磬）、絲（絃）、竹（管）、匏（笙）、土（壎）、革（鼓）、木（柷敔，音ㄓㄨˋ ㄩˇ，形如方斗的木製樂器）八種樂器。《史記》卷一〈五帝本紀〉：「八音能諧（互相和諧），毋相奪倫（失其倫次），神人以和。」張守節《正義》：「八音，金、石、絲、竹、匏、土、革、木也。」(十九)《簫韶》：舜樂名。《史記》卷三〈夏本紀〉：「《簫韶》九成（音樂演奏的九個段落），鳳皇（凰）來儀（前來展示高貴的儀態）。」裴駰《集解》引孔安國曰：「《蕭韶》，舜樂名。備樂（盡善盡美的音樂）九奏，而致（招致）鳳皇也。」(二十)群言：謂「各人的言論」。(二一)合：作「聚會」解，這裏有「各人都能發表」的意思。(二二)道藝：謂「道德與學藝」。《後漢書》卷三〈章帝紀〉：「此皆所以扶進（輔助增進）微學（衰微的學術），尊廣（敬重廣大）道藝也。」(二三)猗頓：春秋時代魯國人，經營畜牧和鹽業，在十年間，成為豪富。因為在猗氏（縣名）發跡，所以叫做猗頓。事跡見《史記》卷一百二十九〈貨殖列傳〉和《孔叢子・陳士義篇》。(二四)原憲：春秋時代魯國人（一說宋國人），字子思，又叫原思，孔子弟子。傳說他生活蓬户之中，穿著褐衣，吃著蔬食，可是並不減低他的樂趣。事跡見《莊子・讓王篇》、《史記》卷六十七〈仲尼弟子列傳〉和劉向《新序・節士篇》。後代的詩文中，多用他來泛指貧士。唐杜甫《杜工部草堂詩箋》卷十九〈寄李十二白二十韻〉：「處士（不做官的士人）禰衡俊，諸生（儒生）原憲貧。」㉕銓：「銓」同「詮」，謂「說明解釋」。《晉書》卷四十五〈武陔傳〉：「文帝甚親重之，數與詮論時人。」㉖量：作「想念」講，在這裏就是「觀念」或「想法」的意思。元稹詩：「閒坐思量小來事。」㉗瑣碌：謂「繁細而平庸」。碌，依「疊字為訓」例，猶「碌碌」，謂「平庸無能」。㉘書：謂「文字」或「書籍」。《易經・繫辭・下》：「上古結繩而治，後世聖人易之以書契。」《論語・先進篇》：「何必讀書，然後為學。」㉙瞽曠：春秋時代晉國的樂師「師曠」，字子野，生而目盲，長於分辨聲樂。他的事跡散見於《逸周書・太子晉》、《左傳》襄公十四年、《國語・晉語・八》、《孟子・離婁篇・上》和《呂氏春秋・長見篇》。瞽，音ㄍㄨˇ，「目盲」的意思。古代樂官多半由瞽者充任，因此一般就用「瞽官」來代稱「樂官」。《呂氏春秋・長見篇》：「晉平公鑄為大鐘，使工聽之，皆以為調（調和）矣。師曠曰：『不調，請更鑄之。』平公曰：『工皆以為調矣。』師曠曰：『後世有知音者，將知鐘之不調也。臣竊為君恥之。』」㉚調鍾：謂「調弄」、或「演奏」樂「鐘」。㉛格言：謂「含有教育意義可作規範人類行為的言語」。㉜高文：謂「高妙優美的文章」。㉝五嶽：稱「嵩山（中嶽）、泰山（東嶽）、華山（西嶽）、衡山（南嶽）、恒山（北嶽）」五座高峻的大山。㉞曲木：謂「彎曲不直的樹木」。《漢書》卷五十八〈公孫弘傳〉：「揉（矯正）曲木者不累日（多日），銷（熔化）金石者不累月。」㉟呰：音ㄗˇ，通「貲」，「計量」的意思。㊱夏君之璜：謂「夏代君主佩戴的美玉」。禹受舜禪，建立了夏王朝，一般也稱夏后氏、夏后、或夏氏。璜，音ㄏㄨㄤˊ，是「佩玉」。《左傳》定公四年：「昔武王克商，成王定之，……分魯公（伯禽的封號）以大路（也叫「大輅」，是天子賞賜給臣下的一種車輛）、大旂（懸掛在「大輅」上，畫上龍形圖案的旗幟）、夏后氏之璜。」㊲瑕：音ㄒㄧㄚˊ，玉上的斑點，一般也泛指「疵病」、「過失」或「缺點」。㊳暉曜：音ㄏㄨㄟ ㄧㄠˋ，和「輝耀」兩字相通。㊴符彩：也作「符采」，謂「玉上的紋理和光澤」。㊵豔：稱文辭的「美好」。㊶四瀆：謂「長江、黃河、淮水、濟水」等四條大河流。《史記》卷二十八〈封禪書〉：「四瀆者，江、河、淮、濟也。」瀆，音ㄉㄨˊ，「溝渠」的意思。㊷方：「比擬」的意思。㊸瓮：同「甕」，音ㄨㄥˋ，陶製小口大肚的盛器。㊹巨象「大象」。㊺羔羊：謂「小羊」。《說文》：「羔，羊子也。」

【今譯】「此外，還要引據庖犧氏來加以說明。庖犧一生只給我們留下《易》卦的著作，和周公比較起來就差多了。後者不但著作了解釋《易》卦的〈繫辭〉，並且還為周朝製訂了禮樂制度。至於孔子，不但刪定了《春秋》，並且為《易》卦增加了十篇解說文字。從著作多寡方面來說，周公和孔子無疑的都超過了庖犧氏，也比老子的《道德經》多得多，難道說：因為周公、孔子的著作分量比庖犧氏多，就應該遭受後人的貶抑嗎？要曉得：一本著作如果所用的文字太短促，所要發揮的理論很難說得完備；著作中的文辭，如果用得太簡陋，所要說明的事實很難說得通暢；由於這個緣故，著作必須篇章很多，卷帙繁複，然後再從綱領上去加以把握，如此才好。太陽昇起燦爛的光輝，才能揭開美好的早晨；月亮閃現出玲瓏的景象，才能營造出晶瑩的夜晚。同樣的道理，作家的氣質不同，秉賦不一，發展和貢獻也互有差異。宇宙間同時出產金、木、水、火、土五種性質的原料，它們的功用各不相同；雜亂生長的各種藥草，對人畜的病症也各有醫療的功效。正如同人間才士，各有擅長，豈可一般看待？同等要求？經過春夏秋冬四季的全部變化，一年的時序才能完成；把青、黄、紅、白、黑五種色彩聚集在一起，才可織成華麗的錦緞和刺繡。要想人類社會顯得多采多姿，充實完美，必須讓各個組成分子得到充分的發揮，完美的配合。金、石、絲、竹、匏、土、革、木等八類樂器所發出來的聲音如果配合和諧，舜樂《簫韶》的演奏，就會顯得非常美妙；各人的言論如果都能充分發表，道德學藝上的爭執，就會讓人分辨得清清楚楚。意思是説人的資質有高低，嗜好有差異，各人的立場也互不相同，必須各自得到充分的發揮，互相調劑，互相配合，達到完美合理的境界。如果一個人蓄積了春秋時代豪富猗頓那樣多的財物，不加運用，那和住蓬户、穿褐衣、吃蔬食的原憲又有什麼分別？正如同一個富才華、有精力的作家，不知加以充分運用，讓他得不到充分的發展，那和一個愚鈍庸碌的普通人又有什麼兩樣？對世間事物懷有無須加以詮釋觀念，不願透露内心意見這種想法的那些人，如果他們有著述發表，一定篇幅用得很節省，辭語用得簡單粗陋。一本著作果然如此，那和非常繁瑣、非常平庸的作品又有什麼分別？美妙的音樂，常常被那些懂得欣賞的人喜愛和珍惜；同樣的情形，文字或書籍，一定要得到行家的認識和欣賞，才能流傳長遠。春秋時代的樂師師曠，調弄編鐘的時候，未必一定要求同時代的人對他的表演有所瞭解。對作家來説，寫作的時候，也不一定會希求世人的欣賞。如果著作中包含了若干『格言』和『嘉話』，雖然只不過一鱗半爪是大大有益於世道人心，那又何必擔心没有人賞識？因為没人欣賞而貶低它本身的價值？一般説來：江海中漂浮的垃圾和雜物，雖然多到不可計算，但是並不虧損江海的實際深度。嵩山、泰山、華山、衡山、恆山等五座高峻的大山上，所生長的許多彎曲不直的樹木，雖然多到不可計量，可是它們所造成的景觀，對五嶽的高峻，並無任何減損。上面這兩個譬喻意思説：文字辭章各有價值標準，各有成其偉大的道理在，不會因為可能含有若干瑕疵、些許缺失，就影響到它本身的價值。要曉得夏后氏的佩玉，雖然稍稍有些兒瑕疵，但它所顯現的紋理，耀射出的光澤，美麗非凡，實在足以相補而有餘。幾千萬字的著作，其中偶然摻雜少許不怎麼美好的辭語，可是因為它們所敘述的事實非常詳盡，所發揮的義理非常高遠，實在足以完全掩蓋。所以說：長江、黃河、淮水、濟水等四條大河，水流儘管混濁，但它們究竟都是偉大的河川，陶製水甕中所盛放的水儘管清澈，總計只有一陶甕，怎好拿來互相比較。大象不管怎麼瘦，總是一頭大象，羔羊不管怎麼肥大，仍然是一隻羔羊，體積的大小，總不能拿來相比。同樣的道理，巨萬著作，長篇高論，也不能和短促的篇章、零碎的文辭相提並論啊！」

子又譏云：「乍入乍出㊀，或儒或墨。」「夫發口為言，著紙㊁為書㊂。書者所以代言，言者所以書事。若用筆㊃不宜雜載，是論議㊄當常守一物。昔諸侯訪政㊅，弟子問仁，仲尼答之，人人異辭。蓋因事㊆託規㊇，隨時所急㊈。譬猶治病之方千百，而針灸之處無常；卻寒以溫，除熱以冷，期於救死存身而已。豈可詣者㊉逐⑪一道如⑫齊、楚，而不改路乎？」

【今註】 ㊀乍入乍出：即前文「乍出乍入」，參見前注。 ㊁著紙：猶言「著筆」，謂「落筆撰述」。 ㊂書：「文辭」，或「書籍」。 ㊃用筆：謂「使用筆墨」。意指：如何「遣詞」、「造句」、「安排篇章」。 ㊄論議：即「議論」。 ㊅訪政：謂「問政」（詢問政事）。訪，有「問」的意思。為了避免和下句「問仁」的「問」字重複而改作「訪」。 ㊆因事：謂「基於事實的需要」。《史記》卷四十三〈趙世家〉：「聖人觀鄉（觀察地方的情形）而順宜（順應風俗所宜），因事而制禮（制訂禮法）。」 ㈧託規：謂「託附於某項法則」。託，「依託」、「託附」的意思。 ㈨隨時所急：謂「隨時間變換，解決所要急於解決的問題」。 ㈩詣者：謂「出外旅行的人」。詣，「往」的意思。 ⑪逐：「走」的意思。《廣韻》入聲一〈屋〉韻：「逐，走也。」 ⑫如：「往」、「去」的意思。

【今譯】 先生你又譏諷王充說：「他的著作內容並不純一，所涉及的問題，一會兒在『經籍』的範圍之內；一會兒又超出了『聖賢書』的藩籬；他論說的立場，有時屬於儒家，有時卻又可以歸入墨家學派。」「要曉得開口說出來的叫『言語』，寫在紙上的叫『文辭』。所謂『文辭』，就是用來代替語言用的；所謂『語言』，那是敘述事項用的；兩者，都是發表思想、抒洩情緒的工具。作家著作時如果運用筆墨作遣詞、造句，或安排篇章的活動，不宜發生目標不一、對象雜亂的情形；因而我們發表議論，也應當維持一個固定的主題、選定一個單純的目標。要曉得古代諸侯向孔子徵詢如何處理政事；孔門弟子向夫子請問『仁』的意義；夫子回答的話，常常因對象不同而有不一樣的答案。一般說來，寫作和做事並沒有什麼太大的分別，原則上它們都是基於事實的需要，然後託附於某項法則，因應時間的變化，去解決當前所要急需解決的問題。正像醫生診病開出來的藥方千變萬化，針灸所下的穴道也沒有不變的規定；主要的原則是：要驅趕寒氣不能不下暖性的藥，要減低熱度非得選用涼性的藥材，所有這一切的處置，目的只不過在拯救死亡、保存生命罷了。出外旅行的人，由於道路的情況隨時有變化，自身的需要也各不一樣，前往東方的齊國或南方的楚國，怎麼可以認定一條路線而不加變換呢？」

「陶朱㈠、白圭㈡之財不一物㈢者，豐也。雲夢㈣、孟諸㈤所生萬殊者，曠㈥也。故

《淮南鴻烈》㊆，始於〈原道〉㊇、〈俶真〉㊈，而亦有〈兵略〉㊉、〈主術〉(十一)；莊周(十二)之書，以死生為一(十三)，亦有畏犧(十四)、慕龜(十五)、請粟救飢(十六)。若以所言不純，而棄其文，是治珠(十七)翳(十八)而剜(十九)眼，療溼(二十)痹(二一)而刖(二二)足，患荑(二三)莠(二四)而刈(二五)穀，憎枯枝而伐樹(二六)也。」

【今註】 ㊀陶朱：一稱「朱公」、「陶朱公」，就是春秋時代輔佐越王句踐的范蠡。越王滅掉了吳國以後，范氏認為越王的為人不可以共安樂，於是改名換姓，棄官逃亡到了齊國。先經營耕種和畜牧事業，後來又做了齊國的相，最後才定居於陶（今山東定陶縣），改稱「朱公」。在離去的十九年間，他三次獲致千金；又由於經營繁息，終於成為巨萬的富翁，後世因以「陶朱公」稱富有的人。事跡見於《史記》卷一百二十九〈貨殖列傳〉。㊁白圭：戰國魏文侯時代，周王都的人，善於經商，世人都稱他是長於治生產的人。《史記》卷一百二十九〈貨殖列傳〉：「當魏文侯時，李克（應作「李悝」）務盡地方（盡力為地方服務），而白圭樂觀（喜歡觀察）時變（當時的變化），故人棄我取，人取我與。……故曰『吾治生產，猶伊尹、呂尚之謀，孫吳用兵，商鞅行法是也』。……天下言治生祖（以……為先祖）白圭。」㊂不一物：謂「不限於某一種類」。物，「種類」的意思。㊃雲夢：古代的大澤名。本為二澤，分跨今湖北省境長江兩岸。江南稱做夢，江北稱做雲，面積廣大，共有八、九百方里。今湖北京山以南，枝江以東，蘄春以西，和湖南北境華容以北，都在它的範圍之內。後世由於泥沙淤積變成了陸地，於是併稱為雲夢，一般也稱為「大夢」。現今的曹、洪、梁子、斧頭等數十個湖泊，都是他們的遺蹟。㊄孟諸：古代的大澤名。《尚書．禹貢》作「孟豬」，《周禮．夏官．

職方氏》作「望諸」，《漢書・地理志》作「盟諸」。故址在今河南商丘東北，一直連接虞城的邊界。從宋朝以來，屢次遭受黃河的水患，它的涯岸已經很難認識出來。㈥曠：「遼闊」、「寬大」的意思。㈦《淮南鴻烈》：也叫《鴻烈》、《淮南》、《淮南子》、或《劉安子》，是漢代淮南王劉安和他的門客等所撰。《漢書・藝文志》把這部書歸入了雜家。全書分兩部分：內篇二十一，討論的有關「道」的問題；外篇三十三，全部是雜說。現今僅存內篇。從內容方面看，這部書大體上可以歸屬道家的自然天道觀，實際上也糅合了先秦各家的學說。書名原叫《鴻烈》，自從劉向對它加以校訂後，稱它叫《淮南》；從《隋書・經籍志》開始，才稱它作《淮南子》。《西京雜記・卷三》：「淮南王安著《鴻烈》二十一篇。鴻，大也。烈，明也。言大（光大）明（使顯明）禮教。號為《淮南子》，一曰《劉安子》。」㈧〈原道〉：今本《淮南子》，〈原道篇〉列在第一篇，它的內容是推究「道之根源」。㈨〈俶真〉：今本《淮南子》，〈俶真篇〉列在第二篇，它的內容是追求「萬事萬物之實質變化」。㈩〈兵略〉：今本《淮南子》，〈兵略篇〉列在第十五篇，它的內容是討論「戰勝和攻取的方法」。⑪〈主術〉：今本《淮南子》，〈主術篇〉列在第九篇，它的內容是討論「君主的法術」問題。⑫莊周：莊子，名周，戰國時代傑出的思想家。一般說他無所不學，是道家哲學的宗師。著有《莊子》一書，傳世的有三十三篇。⑬以死生為一：和王羲之〈蘭亭集序〉所謂「一死生」相似。意思說：把死生一般看待，認為兩者並無分別。《莊子・齊物論篇》：「予惡乎知說（悅）生之非惑邪（耶）？予惡乎知死之非弱喪（幼失故居）而不知歸者邪？」這段話以為「悅生」是一種「迷惑」；以為「惡死」不過彷彿「弱喪而不知歸」。認為莊子有「以死生為一」的主張，另外還有三處依據：一、《莊子・大宗師篇》：「子祀、子輿、子犁、子來四人相與語曰：『孰能以无（虛無）為首（頭顱），以生（生存）為脊（脊梁），以死（死亡）為尻（音ㄎㄠ，尾閭），孰知死生存亡之一體者，吾與之友矣。』」二、《莊子．天地篇》：「萬物一府（一體），死生同狀。」三、《莊子．田子方篇》：「夫天下也者，萬物之所一（被統一；所，助詞，表被動）也，得其所一而同焉，則四支百體將為塵垢，而死生終始將為晝夜而莫之能滑（亂），而況得喪禍福之所介（介意）乎！」全段的大意是：說到「天下」這個辭，那是用來統一萬物的，有了這個統一萬物的名稱，那麼四肢百體也就會變成塵垢值不得重視；死亡和生存，終結和開始，也只不過彷彿日夜交替一樣，難以混亂一樣，沒有什麼值得大驚小怪！更何況「獲得」和「喪失」，「禍害」和「幸福」，怎值得我們去介意呢？ ㈣畏犧：謂「害怕成為宗廟祭祀用的犧牲」。《莊子．列禦寇篇》：「或聘（以幣帛「徵召」隱逸賢者做官）於莊子。莊子應（回答）其使曰：『子見夫犧牛乎？衣（披上）以文繡（文彩錦繡），食以芻（草料）叔（同「菽」字，豆類），及其牽而入於大廟，雖欲為孤犢（孤單的小牛），其可得乎？』」晉郭象《注》：「樂生者（喜好延續生命的人）畏犧而辭聘（辭謝徵召）。」 ㈤慕龜：謂「羨慕」在泥巴中搖尾打滾的「烏龜」。《莊子．秋水篇》：「莊子釣於濮水，楚王使大夫二人往先焉（先往相見說明心意），曰：『願以境內（境內之事）累（當「縛結」——勞累——講；當「憂愁」——讓你添憂——講）矣！』莊子持竿不顧，曰：『吾聞楚有神龜，死已三千歲矣。王巾（絲巾）笥（竹箱）而藏之廟堂之上。此龜者，寧其死為留骨而貴乎？寧其生而曳尾於塗（途）中乎？』二大夫曰：『寧生而曳尾塗中。』莊子曰：『往矣！吾將曳尾於塗中。』」 ㈥請粟救飢：謂「請求給與糧食救飢」。這個成語可能有兩項根據：一、《論語．雍也篇》：「子華使於齊，冉子為其母請粟。」二、莊子家貧向監河侯貸粟：《莊子．外物篇》：「莊周家貧，故往貸粟於監河侯（一說是魏文侯；一說是管理河川的官員）。監河侯曰：『諾。我將得邑金（從城邑收取來的稅金），將貸子三百金，可乎？』莊周忿然作色（變臉色）曰：『周昨來，有中道（途中）而呼者（呼叫的聲音）。周顧視車轍中，有鮒魚（鯽魚）焉。周問之曰：「鮒魚來！子何為者邪（你幹什麼來著）？」對曰：「我，東海之波臣（水族）也。君豈（其）有斗升之水而活我哉？」周曰：「諾。我且（將）南遊吳、越之王（與吳、越的國王交往），激（鼓動）西江之水而迎子（你），可乎？」鮒魚忿然作色曰：「吾失我常與（常相與，指「水」），我无（無）所處。吾得斗升之水然（猶「則」）活耳，君乃言此，曾（音ㄗㄥ，作「則」——可是——解）不如早索（尋求）我於枯魚（乾魚）之肆（店鋪）！」』」 ⑰珠：謂「眼珠」。 ⑱翳：音ㄧˋ，指「瞳孔上膜狀的障蔽」，《宋史》卷四百四十四〈文苑傳・六〉、〈劉恕傳〉：「目為之翳。」 ⑲剜：「削取」、「挖去」的意思。 ⑳溼：音ㄕ，俗作「濕」，指「溼氣」。 ㉑痹：音ㄅㄧˋ，俗作「痺」，通常指風、寒、溼等侵犯肌體所引起肌肉或關節腫大、麻木和疼痛的病。 ㉒刖：一作「跀」，音ㄩㄝˋ。「砍斷」的意思；古代斷腳的酷刑也叫「刖」。《韓非子・和氏篇》：「王以和為誑，而刖其左足。」 ㉓荑：就是「稊」，音ㄊㄧˊ。很像稻穀的雜草，結實細小，可以作飼料。 ㉔莠：音ㄧㄡˇ，草名，俗稱「狗尾草」，它的莖、葉和穗，長得很像稷（高粱），可是不結實。 ㉕刈：音ㄧˋ，「割取」的意思，引伸為「剷除」。 ㉖憎枯枝而伐樹：謂「因憎惡枯枝卻砍去了全棵大樹」。這個詞語，可能以《論衡・自紀篇》「豐草多華英，茂林多枯枝。為文欲顯白（顯露說明）其為（指所要達成的目標），安能令文而無譴（譴責）毀（毀謗）」為依據。

【今譯】「陶朱和白圭是我國古代兩位極富有的人，由於他們獲取財富不限於一種方式，因此才能構成他們財富上的『豐盛』。雲夢和孟諸是我國古代兩個大澤，因為它們的水域非常廣闊，裏面所生長的水產，才會千奇百怪、變化多端。因為如此，《淮南子》這部書，從推究『道之根源』的〈原道篇〉、和追求『萬事萬物之實質變化』的〈俶真篇〉開始；為了顯示包容之大、學識之富，書中也包含了討論『戰勝攻取方法』的〈兵略篇〉、和『君主法術』的〈主術篇〉啊！《莊子》書中，一逕認為死亡和生存完全相同。話雖這麼說，可是他在書中卻仍有害怕做一個宗廟中祭祀用的犧牲，這頭牛生前吃用雖然很好，終究不免被人牽入大廟，挨上一刀，因此非常羨慕活在泥塘中搖尾打滾的烏龜，以為『好死不如癩活』，這樣的記載。向有關方面請求撥發糧食救濟人民的飢餓，如果因為文件的用語不怎麼純淨，竟然拋棄他的文字內容於不顧，這和醫治眼珠上的翳膜，卻剜掉了整個一隻眼；療治濕氣和麻痺的病，卻砍斷一隻腳；憂慮田中所長的莠，卻割掉全部的穀物；憎恨部分的枯枝，卻砍去整棵的大樹；有什麼不同？」

百家篇第四十四

【篇旨】此篇敘說諸子百家的言論，雖然不全都是筆墨清麗、文辭精細，但可說都是內容十分弘大華麗、寬廣深邃。諸子百家之書是擴張思想領域的水流，他們的工夫下得既精微又深沉，一方面統合了難於測度的思想源流，一方面又一無遺漏地激起了流動的思潮。所以不要因為某一部子書不出於周公、孔子的手筆，就放棄書中所蘊含、有益於教誨的言論。

諸子百家之書，全都是才智之士集中精力，用來寄託心志，經過再三思慮才完成的著作，書中包含了當代社會思潮的精髓，我們絕不可以把他視同普通的粗俗文章。

抱朴子曰：「百家之言，雖不皆清翰㈠鋭藻㈡，弘麗㈢汪濊㈣，然悉才士所寄心㈤，一夫澄思㈥也。正經㈦為道義之淵海，子書為增深㈧之川流㈨。仰而比之㈩，則景星⑪之佐三辰⑫⑬；俯而方⑭之，則林薄⑮之裨⑯嵩岳⑰⑱。而學者專守⑲一業⑳，游井忽海㉑，遂蹳躓㉒於泥濘之中，而沈滯㉓乎不移之困。」

【今註】㈠清翰：謂「清麗的筆墨」。翰，「筆」、「詞翰」的意思。　㈡鋭藻：謂「精細的文辭」。藻，作「辭藻」解。⑶弘麗：「弘大華麗」的意思。《漢書》卷八十七上〈揚雄傳·上〉：「先是時，蜀有司馬相如，作賦甚弘麗温雅（温文儒雅），雄心壯之（壯，「大」的意思。「壯之」，「認為了不起」），每作賦，常擬（摹擬）之以為式（法式、模範）。」⑷汪濊：謂「寬廣深邃」。見〈鈞世篇〉注。⑸寄心：猶「寄意」，「寄託心意」、或「寄託心志」的意思。⑹澄思：謂「集中精神加以思索」。⑺正經：謂「孔子親手所定的經籍」，一般所謂「一本正經」的「正經」，也就是這個意思。⑻增深：「增加」思想的「深度」、或「增廣」思想的「層面」。深，有「大」、「長」和「盛」的意思。⑼以上兩句，都重見於〈尚博篇〉。⑽仰而比之：謂「抬起頭來把它和所看到的物件相比」。「之」字，指「子書」和「抬頭所看到的物件」。⑾景星：大星。《白虎通·封禪》：「景星者，大星也。」⑿三辰：謂「太陽、月亮，和星星」。《左傳》桓公二年：「三辰旂旗（畫有「三辰」的旌旗），昭其明也（為的是表示明亮）。」杜預《注》：「三辰，日月星也。」⒀以上三句，除後句句末無「也」字以外，其餘都重見於〈尚博篇〉。⒁方：「比」的意思。⒂林薄：謂「草木叢雜的處所」。《楚辭·九章·涉江》：「露申（帶有香氣的「瑞香」花）辛夷（又名「木筆花」），死林薄兮。」王逸《注》：「叢木曰『林』，草木交錯曰『薄』。」⒃裨：「增加」、「輔助」的意思。⒄嵩岳：和「嵩山」相同，是五嶽中的中嶽，在河南登封縣北。⒅以上三句，除後句末尾無「也」字以外，其餘都重見於〈尚博篇〉。⒆守：當「主」講，「主修」的意思。⒇一業：謂「一門學問」。業，當「事」講。(21)游井忽海：游井，指井蛙在井中游動。忽海，謂井蛙不可和它談論大海的快樂。《莊子·秋水篇》：「井鼃（蛙）不可以語於海者，拘於虛也；夏蟲不可以語於冰者，篤於時也；曲士不可以語於道者，束於教也。」《荀子·

正論篇》：「坎井之鼃，不可與語東海之樂。」《淮南子・原道篇》：「夫井魚不可與語大，拘於隘也；夏蟲不可與語寒，篤於時也；曲士不可與語至道，拘於俗、束於教也。」 ㉒蹶躓：音ㄓㄨㄛˊ ㄓˋ，謂「因跳躍而顛仆」。蹶，小跳；躓，顛仆。 ㉓沈滯：謂「不流暢」。這裏說「事情的無進展」、「無結果」。《後漢書》卷四十五〈袁安傳〉：「久議沈滯，各有所志。」

【今譯】 抱朴子說道：「諸子百家的言論，雖然不全都是清麗的筆墨，精細的文辭，但他們可都是十分弘大華麗、寬廣深邃，不管怎麼說，全都是才智之士集中精力，用來寄託心志，經過再三思慮才完成的成品啊！聖賢的經典是儲積道義的淵海；哲人的子書是擴張思想領域的水流。抬起頭來觀看，子書就好像天上的一顆大星，襯托著太陽、月亮和星星，經常發射出璀璨的光芒。低下頭來凝視，把所看到的東西拿來相比，子書又像是山麓間叢雜的草木，可以讓高大的嵩岳添加一件美麗的外衣。可是一般學者主修一門學問，專守一種主張，就好比青蛙在井底游來游去，根本不知道去海洋遨遊有什麼樂趣，偶然在泥濘中因跳躍而跌倒，自身陷在不可改易的困境之中，那是可想而知的事。」

「子書披引㊀玄曠㊁，眇邈泓窈㊂，總㊃不測之源，揚無遺之流。變化不繫㊄於規矩之方圓㊅，旁通不淪㊆於違正之邪徑。風格高嚴㊇，重仞㊈難盡。是偏嗜酸甜者㊉，莫能賞其味也；用思有限者，不得辯其神也。先民⑪歎息於才難，故百世為隨踵⑫⑬。不以璞⑭不生板桐之嶺⑮，而捐⑯曜夜之寶⑰⑱；不以書不出周、孔之門，而廢助教之言⑲。猶彼操⑳水者，器㉑雖異而救火㉒同焉㉓；譬若鍼灸者，術雖殊而攻㉔疾均㉕焉㉖。」

【今註】 ㊀披引：「析分」、「導引」的意思。披，作「析」解。 ㊁玄曠：謂「深邃而又廣闊」。《文選》卷二十四陸機〈贈馮文羆遷斥丘令詩〉：「邁心（邁，「行」（擴展）的意思。邁心，「高尚其心性」的意思）玄曠，矯志（矯揉其志趣。矯，「舉」（推舉）的意思）崇邈（高遠）。」 ㊂眇邈泓窈：謂「精微而又深沉」。眇，音ㄇㄧㄠˇ，精微；邈，音ㄇㄧㄠˇ，遠；泓，音ㄏㄨㄥ，深；窈，音ㄧㄠˇ，幽深。 ㊃總：當「聚」、「合」講。 ㊄繫：有「系」、「統屬」、「聯綴」的意思。 ㊅規矩之方圓：〈辭義篇〉中有「乾坤方圓，非規矩之功」兩句，用義雖不同，但用辭頗有相似之處。 ㊆淪：作「陷溺」解。 ㊇高嚴：謂「地位高、有威嚴」。 ㊈重仞：比喻「高峻」。重，有「再」、「疊」的意思。仞，八尺。 ㊉偏嗜酸甜者：比喻「學術上有特殊癖好、在思想上有乖僻主張的人」。 (十一)先民：謂「上古的君主」。《禮記・坊記篇》：「先民有言。」鄭《注》：「先民，謂上古之君也。」《詩經・大雅・板》：「先民有言。」《箋》：「古之賢者有言。」 (十二)隨踵：謂「跟隨在腳跟後走」，比喻「隨後跟著來的人」。《韓非子・難勢篇》：「且夫堯、舜、桀、紂千世而一出，是比肩隨踵而生也，世之治者不絕於中。」 (十三)以上二句，〈尚博篇〉作「古人歎息於才難，故謂百世為隨踵」，文義相似。 (十四)璞：謂未經琢磨的「玉石」，在這裏用來比喻「正經」中所含的「道理」。 (十五)板桐之嶺：板桐，又作「樊桐」或「板松」，山名，是仙人所住的地方。在這裏比喻某一種子書。《楚辭》嚴忌〈哀時命〉：「望閬風（山名。閬，音ㄌㄤˋ）之（與）板桐。」王逸《注》：「板桐，山名也。」 (十六)捐：「拋棄」的意思。 (十七)曜夜之寶：和「夜光之璧」相似，謂「黑夜發光的貴重璧玉」。在這裏比喻「道義、道理」之外有價值的事物。《戰國策・楚策・一》：「張儀為秦破從（縱）連橫，說楚王……（楚王）乃遣使車百乘，獻雞駭（讓雞驚嚇得慌亂逃走）之犀、夜光之璧於秦王。」　㉘以上二句，〈尚博篇〉作「不以璞非崑山，而棄耀夜之寶」，文義相似。　㉙以上二句，〈尚博篇〉作「不以書不出聖，而廢助教之言」，文義相似。　㉚操：有「持」、「接」的意思，如同「操火」的「操」作「持」或「接」講一樣。《淮南子・說山篇》：「今人放燒（放火燒山），或操火往益之（增加火勢），或接水往救之。」　㉛器：謂「工具」、「器皿」。這裏用來譬喻「子書」的「文句」（包括「用辭」、「用語」）。　㉜救火：喻救世的「功效」。　㉝以上二句，〈尚博篇〉作「譬操水者，器雖異而救火同焉」，文義相似。　㉞攻：當「治療」、「醫治」講。《廣雅・釋詁・三》：「攻，治也。」　㉟均：作「相同」、「平等」解。　㊱以上兩句，〈尚博篇〉作「猶針灸者，術雖殊而攻疾均焉」，文義相似。

【今譯】　「子書把哲人的思想分析導引得十分深遠而又廣闊，它們的功夫下得既精微又深沉，一方面統合了難於測度的思想的源流，一方面又一無遺漏地激起了流動的思潮。子書變化莫測，很難用規和矩來規範它的形象；它所涉及、討論到的問題，常常讓人觸類旁通，多所發明，多所理會，說什麼也不會讓人陷溺於有違正統的旁門左道。子書的風格實在既崇高而又威嚴，我們即使用量器去一份一份地測量，也很難把它量完；由於這個緣故，那些癖好特殊、主張乖僻的人，絕難真實欣賞其中的真味；那些思慮膚淺、不能深入思考的人，也很難申述其中所蘊藏的神奇和奧妙啊！古代的賢人常有『才傑之士難得一見』的歎息，儘管如此，在百代之間傑出的哲人仍然不斷一個接著一個來到人間。不因某一部子書不含有傳統的『道理』就不去加以研究，而放棄了書中所蘊含的其他理念——寶物——；正如不因為板桐嶺上不出產璞玉就不去重視，而放棄了所蘊藏的夜光璧玉。不因某一部子書不出於周公、孔子的手筆，就放棄書中所蘊含、有益於教誨的言論。子書所發揮的道理各不相同，但是它們具備有益於世的效用卻完全一樣；好比接水的人用來接水的器具雖然不同，可是救火的功效卻完全一樣。也如同醫生替人鍼灸，所用的方法雖然和普通醫生完全有別，但治病的功效可能完全相同呢！」

「狹見之徒，區區㊀執一㊁，去㊂博亂㊃精，思而不識。合錙銖㊄可以齊重於山陵，聚百千可以致數於億兆㊅。惑㊆詩賦瑣碎之文，而忽子論深美之言㊇。真偽顛倒，玉石㊈混殽⑩。同廣樂⑪於桑間⑫，均龍章⑬於素質⑭，可悲可慨，豈一條哉⑮！」

【今註】 ㊀區區：音ㄑㄩ ㄑㄩ，謂「洋洋得意的樣子」。《呂氏春秋・務大篇》：「區區焉相樂也，自以為安矣。」高誘《注》：「區區，得志貌也。」 ㊁執一：謂「偏執不變（掌握其中的一點，卻放棄了其他所有的部分）」。《孟子・盡心篇・上》：「執中（掌握中道）無權（懂不得變通的辦法。權，當「變」講），猶執一也。」 ㊂去：當「離去」、「違背」講。 ㊃亂：當「違背」講，和「去博」的「去」字相應，意義也相近。 ㊄錙銖：音ㄗ ㄓㄨ，都是很少的數量，在這裏比喻細微。《禮記・儒行篇》：「雖分國（把國家分給他人）如錙銖（十分微小的事），不臣（他不臣屬於別人）不仕（不在別人屬下做官），其規為（儒者的規距行為）有如此者。」《抱朴子・內篇・極言篇》：「況無錙銖之來，而有千百之往乎？」 ㊅以上兩句，都重見於〈尚博篇〉，且在「合錙銖」句上添「而不識」三個字。 ㊆惑：原本作「或」，因為它和下文的「忽」字相應，所以依據孫星衍的校本改為「惑」字。 ㊇以上兩句，〈尚博篇〉作「或貴愛詩賦淺近之細文，忽薄深美富博之子書」，文義相似。 ㊈玉石：比喻「精華」和「糟粕」。 ⑩以上兩句，都重見於〈尚博篇〉，僅

「殺」字寫作「淆」不同。㈡廣樂：謂「盛大的仙樂」。《史記》卷四十三〈趙世家〉：「居二日半，簡子寤（醒）。語大夫曰：我之（往）帝所（天帝居所）甚樂，與百神游於『鈞天』（天帝所居，「九天」中的「中天」），廣樂九奏萬舞，不類三代之樂，其聲動人心。」㈢桑間：指「流行於鄭、衛兩地的淫靡音樂」。《呂氏春秋．音初篇》：「鄭、衛之聲，桑間之音（流行於桑林之間的歌聲。桑林是年輕婦女工作的場所，常發生男女相悅的事件），此亂國（擾亂——影響——國家）之所好（喜好），衰德（敗壞道德）之所說（悅）。」㈢龍章：指「天子的服飾」，或「服飾上的龍形圖案」。《後漢書》卷十六〈鄧禹傳〉：「褫（奪去）龍章於『終朝』（一個上午）。」唐李賢《注》：「龍章，『袞龍』（本「天子之禮服」，在這裏代替「天子」）之服也。」㈣素質：「『樸素質地』的綢緞」，這裏當是「樸素質地」的省詞。㈤以上四句，〈尚博篇〉作「同廣樂於桑間，鈞龍章於卉服，悠悠皆然，可歎可慨者也」，文義相似。

【今譯】「見識狹窄的人，常常偏執一端，堅持不變，卻自命不凡，洋洋得意；如此作風，和『研究學問』『了解問題』要『博』要『精』兩項原則，完全相背；這種人不管怎麼用心思考，對任何事情都很難認識清楚。累積許多錙銖一般少量的物品，可以讓它們變得和山陵一般沉重；無數的『百』和無數的『千』聚合起來，也可以變成億兆龐大的數目。受了詩賦作品瑣碎零星的佳句所迷惑，卻不忽略了子書中為了討論主題，或發揮論點所應用既深奧又美妙的言辭。上面所說的這些事，可說是真實和虛假的相互顛倒，精華和糟粕的兩相混淆。怎麼可以把鈞天的仙樂，看成是桑間、濮上（濮水旁邊）的靡靡之音？把天子所穿配上龍形圖案的服飾和平民所著樸素質地的服裝看得完全沒有分別？諸如此類不分清混皂白的事，實在可悲可歎！諸子百家的精深著作，我們怎麼可以把它們和普通的粗俗文章一例看待。」

文行篇第四十五

【篇旨】 此篇說的是「文章」和「德行」兩者之間的關係，立意出諸「孔門四科」的觀念。抱朴子藉著反駁當時對文章較為輕視的態度，來凸顯他對文章的重視。篇首他先用時人的話，來說明當時的觀念，時人認為：「在我們全部生活中，德行的表現是根本，至於文章，比較起來實在並不怎麼重要。所以孔門教學四科的次序，德行首居在前，文學則殿乎其後。」抱朴子卻認為：「文章和德行兩相比較，彷彿是十尺和一丈，長度完全相等；如果有人認為文章是德行的餘事，我可從來沒聽說過。」

只是在「孔門四科」中，「文學科」以學術為主，涵意與後世的文學並不全然相同。到了曹丕《典論．論文》以後，文學的觀念逐漸釐清，才將「學術」與「文章」分別開來，葛洪可能是根據曹氏的說法而來。

或曰：「德行[一]者，本也；文章者，末也。故四科[二]之序[三]，文不居上[四]。然則著紙[五]者，糟粕[六]之餘事[七]；可傳者，祭畢之芻狗[八][九]。卑[十]高[十一]之格[十二]，是可識[十三]矣[十四]。」

【今註】 ㊀德行：謂「道德、品行」。 ㊁四科：謂「孔門教學課程中的四個科目」，指的就是德行、言語、政事，和文學。《論語・先進篇》曾列舉了四科各有特殊成就的學生姓名。《後漢書》卷三十五〈鄭玄傳〉：「仲尼之門，考以四科。」 ㊂序：謂「次序」。 ㊃以上文字，都重見於〈尚博篇〉。 ㊄著紙：猶言「著筆」，謂「落筆撰述」。 ㊅糟粕：本指「酒滓」，用來比喻「廢棄的物品或惡食」，常和「精華」對稱。《晉書》卷五十五〈潘尼傳〉：「名位為糟粕，勢利為埃塵。」 ㊆餘事：和「末物」（不甚重要的事物）相似。 ㊇芻狗：古時編結草類做成狗的形狀，供祭祀時應用，用完以後，就隨手丟棄。一般常用「芻狗」來比喻廢棄的物品。老子《道德經・第五章》：「天地不仁，以萬物為芻狗；聖人不仁，以百姓為芻狗。」 ㊈以上文字，都重見於〈尚博篇〉。 ㊉卑：指「文章」的「卑下」，和前句「文章者末也」的「末」字，以及「文不居上」、「糟粕之餘事」、「祭畢之芻狗」等句相應。 ⑪高：指「德行」之「高」，和前句之「本」相應。 ⑫格：謂「法則」，在這裡指考核的「標準」。 ⑬譏：謂「譏諷」、「譴責」。 ⑭以上二句，重見於〈尚博篇〉。

【今譯】 有人說：「在我們全部生活中，德行的表現是根本；至於文章，比較起來實在是不怎麼重要的事。因為這個緣故，孔門四科的次序，文學並不放在前面，居於重要的地位。如此說來，下筆撰述的著作，常常只是糟粕之類、不甚重要的事物；我們不妨說：得以流傳下來的作品，也只不過是祭祀完畢以後就該隨手拋棄的芻狗罷了。如此判別卑下、高超的標準，實在是該受到譏諷的。」

抱朴子答曰：「荃㊀可棄，而魚未獲，則不得無荃；文可廢，而道未行，則不得無文[2]。若夫[3]翰迹[4]韻略[5]之廣逼[6]，屬辭[7]比義[8]之妍媸[9]，源流[10]至到[11]之修短，韞藉[12]汲引[13]之深淺[14]。其懸絶[15]也，雖天外[16]、毫内[17]，不足以喻其遼邈[18][19]；其相傾[20]也，雖三光[21]、熠燿[22]，不足以方其巨細；龍淵[23]、鉛鋌[24]，未足以譬其鋭鈍；鴻羽[25]、積金[26]，未足以方其輕重[27]。而俗士唯見能染毫[28]畫紙，便概以一例[29]。斯伯氏[30]所以永思鍾子[31]，郢人[32]所以格斤不運[33]也[34]。夫斲削[35]者比肩[36]，而班、狄[37]擅[38]絶手[39]之名[40]；援琴[41]者至多，而夔[42]、襄[43]專[44]清聲[45]之稱[46]；廏馬[47]千駟[48]，而騏、騮[49]有邈群[50]之價[51]；美人萬計，而威[52]、施[53]有超世之色者，蓋遠過衆也[54]。且文章之與德行[55]，猶十尺之與一丈[56]。謂之餘事，未之前聞也[57]。八卦[58]生乎鷹隼[59]之飛，六甲[60]出於靈龜[61]之負[62]。文之所在，雖（賤）且貴[63][64]。本[65]不必便疏[66]，末[67]不必皆薄[68][69]。譬錦繡[70]之因[71]素地[72]，珠玉之託蚌[73]、石[74]，雲雨[75]生於膚寸[76]，江河[77]始於咫尺[78][79]。理誠若兹，則雅論[80]病矣！」

【今註】 [1]荃：音ㄑㄩㄢˊ，竹製的捕魚器具，一種瓠形的篾罟，可以讓魚自由游進去，但卻無法游出來。《莊子・外物篇》：「荃者所以在魚（在於捕得魚類），得魚而忘荃。」 [2]以上四句，〈尚博篇〉作「荃可以棄，而魚未獲則不得無荃；文可以廢，而道未行則不得無文」，文義相似。 [3]若夫：轉語詞，有「至於」、「譬如」的意思。 [4]翰迹：謂「筆墨留下的痕迹」，在這裏指一般「文章」。 [5]韻略：謂「韻律的法則」，在這裏指合乎韻律的「詞賦」。韻，與「韵」字相同；略，

「法」的意思。⑯廣逼：「廣大」或「仄逼」。在這裏指「文章」「辭賦」的「體製」和「氣局」而言，有的「體製」、「氣局」很廣大；有的「體製」、「氣局」卻很仄逼。⑰屬辭：謂「綴會文辭」（連綴會集文章所用的辭語）來撰寫文稿。《禮記・經解篇》：「屬辭比事（排比史事），《春秋》教（所包含的「訓誨」作用）也。」孫希旦《集解》：「屬辭者，連屬其辭，以月繫年，以日繫月，以事繫日也。」⑱比義：謂「比較文辭的含義」。⑲妍媸：音ㄧㄢˊ ㄔ，和「妍蚩」相同，就是「美」和「醜」的意思。⑳源流：比喻「思想的根源」、或「內涵的源流」。㉑至到：「到達」的意思，在這裏比喻「思想的引伸」或「內涵的發揮」。㉒韞藉：一作「蘊藉」、「醞藉」或「溫藉」，謂「含蓄有餘」（和「顯露無遺」相反）。㉓汲引：謂「汲取引用」。㉔以上四句，〈尚博篇〉作「若夫翰迹韻略之宏促，屬辭比事之疏密，源流至到之脩短，蘊藉汲引之深淺」，文義相似。㉕懸絕：謂相差「懸殊（遠甚）」。《論衡・知實篇》：「聖賢之實同（實質相同）而名號（姓名稱號）殊，未必才（才華）相懸絕，智（智慧）相兼倍（兩倍）也。」懸，「遠」的意思；絕，「極」、「盡」的意思。㉖天外：謂「天邊之外」，比喻「極遠的地方」。《文選》卷十五張衡〈思玄賦〉：「廓（空）盪盪（空的樣子）其無涯兮，乃今窺乎天外。」㉗毫內：和「筆下」相似，也有「眼前」的意思。毫，謂「筆」；內，猶「下」字。㉘遼邈：謂「邈遠」。遼，「遠」的意思。㉙以上文字，都重見於〈尚博篇〉。㉚相傾：和上面「懸絕」三句相應。傾，謂「高」或「下」。「相傾」，就是因為高下相差而「傾倚」（傾斜倚靠）的意思。老子《道德經・第二章》：「故有無相生（相對待而生長），難易相成（相對待而完成），長短相形（相對待而顯形），高下相傾。」《淮南子・齊俗篇》：「故高下之相傾也，短修之相形也。」㉛三光：稱「日、月、星」三種星球所發出來的光。《莊子．説劍篇》：「上法（效法）圓天（渾圓的天象），以順（順應……秩序）三光。」 ㉒熠燿：謂發放燐光的「螢火」。《詩經．豳風．東山》：「熠燿宵行。」毛《傳》：「熠燿，燐也；燐，螢火也。」 ㉓龍淵：楚國寶劍的名稱，相傳為歐冶子所鑄造。《文選》卷四十二曹植〈與楊德祖書〉：「有龍淵之利（鋒利），乃可以議（議論）於斷割。」呂向《注》：「龍淵，寶劍也。」 ㉔鉛鋌：謂「鉛片」。鋌，音ㄉㄧㄥˋ或ㄊㄧㄥˇ，鍛煉成條的金屬。 ㉕鴻羽：和「鴻翼」相似，謂「鴻鳥的羽毛」。 ㉖積金：謂「聚積金銀財物」。《新唐書》卷八十九〈尉遲敬德傳〉：「公之心如山岳然，雖積金至斗，豈能移之？」 ㉗以上七句，〈尚博篇〉作「其相傾也：雖三光熠耀，不足以方其巨細；龍淵鉛鋌，未足譬其鋭鈍；鴻羽積金，未足比其輕重」，文義相似。 ㉘染毫：猶「染筆」，謂「書畫著色落墨」。 ㉙以上兩句，〈尚博篇〉作「而俗士唯見能染毫畫紙者，便概之一例」，文義相似。 ㉚伯氏：指春秋時代楚國人伯牙。傳說中因為精於琴藝而享有盛名。依照《呂氏春秋．本味篇》記載，伯牙善於鼓琴，可是最後他發現：只有知友鍾子期完全理解琴曲的寓意。等到子期死後，伯牙終身就不再鼓琴。 ㉛鍾子：即春秋時代楚國人鍾子期。伯牙鼓琴，意在高山，或在流水，子期一一俱能心領神會。子期死後，伯牙以為世間不再有知音，從此不再鼓琴。 ㉜郢人：照文義推測，「郢人」當指揮斧的「匠石」。郢，音ㄧㄥˇ，春秋、戰國時代楚國的都城，在今湖北江陵縣北。 ㉝格斤不運：當由「運斤成風」變化而來。原成語是説：揮動斧頭去削擊郢人鼻尖上的「堊慢」（塗在鼻上的『薄薄一層石灰』）。揮斧的動作乾淨俐落，毫釐不差，卻像没有揮動斧頭一樣的迅速。用在這裏，是説：神乎其技的匠石既已不在世間，因而郢人不會去找普通工匠為他削去鼻上的「堊慢」。這個成語源出《莊子．徐无鬼篇》：「郢人堊慢其鼻端若蠅翼（薄如蠅翼），使匠石（石工）斲（音ㄓㄨㄛˊ，砍削）之。匠石運斤成風（風一般地迅速），聽而斲之，盡堊而鼻不傷，郢人立不失容（不變臉色）。」格，作「擊（削擊）」解；斤，「斧頭」；格斤，作「找人去『運用斧頭』削擊鼻上的堊慢」講；不運，因為神乎其技的匠石已不在人世，所以再也「不去找人運用斧斤」的意思。運，謂「旋轉」，作「揮動」講。㉞以上兩句，除「伯氏」作「伯牙」外，都重見於〈尚博篇〉。㉟斲削：謂對菜肴材料的「砍削」。㊱比肩：謂「肩相近」（肩膀挨著肩膀），比喻「接連而來」，有「眾多」的意思。比，音ㄅㄧˋ。㊲班、狄：指魯國的巧匠魯班和齊國的名廚狄牙。魯班，春秋魯哀公時代的巧匠。狄牙，是齊桓公時代能辨味的名廚師。㊳擅：謂「據而有之（擁有）」。㊴絕手：謂「具有絕等技藝的高手」。《抱朴子．外篇．譏惑篇》：「吳之善書者，則有皇象、劉纂、岑伯然、朱季平，皆一代之絕手。」㊵以上兩句，〈尚博篇〉作「蓋刻削者比肩，而班、狄擅絕手之稱」，文義相似。㊶援琴：謂「引琴」。援，謂「引（「牽引」琴絃）」。《北史》卷六十四〈韋敻傳〉：「死生命也，去來常事，亦何足悲！援琴撫之如舊。」㊷夔：唐堯時代的音樂家。《尚書．舜典》：「帝曰：夔，命汝典（掌管）樂，教胄子（帝王的「長子」）。」㊸襄：就是師襄，也叫做「師襄子」，春秋時代魯國的樂官。孔子曾跟他學習鼓琴。《韓詩外傳．卷五》：「孔子學鼓琴於師襄子。」《淮南子．主術篇》、《史記．孔子世家》、《孔子家語．辨樂篇》都有類似的記載。㊹專：「專擅」（「獨享」、「專長」）的意思。㊺清聲：謂「清妙的歌聲」。揚雄〈太玄賦〉：「聽素女（古神女）之清聲兮，觀宓妃（相傳是伏羲氏的女兒，溺死於洛水後成為水神）之妙曲。」陸雲〈答兄平原書詩〉：「詠彼清聲，被（音ㄆㄧ，同「披」，當「翻弄」、「分解」講）之瑟琴。」㊻以上兩句，〈尚博篇〉作「援琴者至眾，而夔、襄專知音之難」，文義相似。（四七）廄馬：謂「馬廄裏飼養的馬匹」。（四八）駟：音ㄙˋ，本指「一車四馬」，這裏泛指「馬匹」。《禮記・三年問篇》：「若駟之過隙。」《釋文》：「駟，馬也。」（四九）騏、騮：皆謂「駿馬」。（五〇）逸群：謂「凌駕（超越）群倫（同群朋輩）」。逸，「遠」（「遠遠」超越）的意思。（五一）以上兩句，〈尚博篇〉作「廄馬千駟，而騏驥有逸群之價」，文義相似。（五二）威：指晉文公的美姬南之威（省稱「南威」）。《戰國策・魏策・二》：「晉文公得南之威，三日不聽朝，遂推南之威而遠之，曰『後世必有以色亡其國者。』」（五三）施：指吳王夫差的美姬西施。《吳越春秋》卷九〈句踐陰謀外傳〉：「（越王）乃使相者（相士）國中，得苧蘿山鬻薪之女，曰西施、鄭旦，飾以羅縠（羅布和縐紗），教以容步（儀容和步履），習於土城（模擬城市），臨於都巷（都市中的巷道之間）；三年學服（穿著衣裝），而獻於吳。」（五四）以上三句，〈尚博篇〉作「美人萬計，而威、施有超世之容，蓋有遠過眾者也」，文義相似。（五五）文章之與德行：文章謂「文辭」，德行謂「道德品行」，作者在本文開始，曾有「德行者本也，文章者末也」問題的提出。（五六）猶十尺之與一丈：意思說兩相比較，不分高下，完全相等，真所謂半斤與八兩。（五七）以上四句，除末句句尾有「也」字外，其餘都重見於〈尚博篇〉。（五八）八卦：指《周易》中的八種符號，相傳為伏羲氏所作。（五九）鷹隼：謂「鷹」和「隼」（音ㄓㄨㄣˇ，就是「鷙鳥」，鷹類的猛禽）。（六〇）六甲：謂「隱遁自身的一種方術」。晉葛洪《神仙傳》：「左慈，……乃學道，尤明六甲，能役使鬼神。」（六一）靈龜：謂「神龜」。《爾雅・釋魚》：「一曰神龜，二曰靈龜。」晉郭璞《注》：「涪陵郡出大龜，甲可以卜，緣中（沿甲片的中線）文似瑇瑁（玳瑁），俗呼為靈龜。」（六二）以上兩句，〈尚博篇〉作「八卦生鷹隼之所被，六甲出靈龜之所負」，文義相似。（六三）文之所在，雖賤且貴：原文「雖」字下有脫漏，依〈尚博篇〉增補一

「賤」字。文，包括「文章」、「紋理」、「文辭」、「文化」與「典章制度」。「所在」，指「文章」……等「所作的表現」、或「所形成的效果」。賤，是說「和『德行』（文章所要談論或表現的「主題」）比較起來，雖然不怎麼重要」；貴，是說「寫作的成功與否，『文』常佔有極重要的地位」。（六四）以上兩句，〈尚博篇〉作「文之所在，雖賤猶貴」，文義相似。（六五）本：指「德行」（篇首有「德行者本也」句）。（六六）便疏：便於疏理。（六七）末：指「文章」（篇首有「文章者末也」句）。（六八）薄：謂「賤視（看輕）」。（六九）以上兩句，〈尚博篇〉作「且夫本不必皆珍，末不必悉薄」，文義相似。（七〇）錦繡：謂「織錦」和「刺繡」，都是精緻華麗的服飾材料。（七一）因：謂「依」、「賴」。（七二）素地：謂「素色的底絲或底線」。（七三）蜯、石：蜯，音ㄅㄤˋ，與「蚌」同。《集韻》上聲三〈講〉韻：「蚌，或作蜯。」蜯、石，即「蚌、石」，謂「珠所寄生的蚌殼，玉所生存的岩石」。（七四）以上兩句，〈尚博篇〉作「譬若錦繡之因素地，珠玉之居蜯、石」，文義相似。（七五）雲雨：和下句的「江河」相似，在這裏用來比喻「創作的文章」。（七六）膚寸：指「有限度的長度」，在這裏比喻文章的每一句、每一個辭藻。古以一指寬為「寸」，四指寬為「膚」。（七七）江河：和上句的「雲雨」相似，在這裏用來比喻「創作的文章」。（七八）咫尺：謂「距離很近」，在這裏比喻文章中每一句、每一個辭藻。《左傳》僖公九年：「天威（天子的威嚴），不違顏咫尺（不離開咫尺之間顏面上所作的表現）。」杜《注》：「八寸曰咫。」（七九）以上二句，都重見於〈尚博篇〉。（八〇）雅論：謂「風雅的評論」。在這裏指「一般流俗『德本文末』的論點」。

【今譯】 抱朴子答道：「文章彷彿捕魚的『魚筌』——瓠形的篾罟，在沒有捕得魚兒之前，我們可不能沒有這種捕魚的工具；文章製作的事可以廢除，在大道未得充分推行之前，可不能沒有這種製作文章的工具。至於普通的文章和有韻律的詩賦，有的篇幅非常寬廣，有的篇幅卻又十分仄逼；寫作的時候，連綴文辭，比較含義，所用的詞語有時十分美妙，有時又極為醜惡；所引用的故實，發揮的層次、長短有無，也不完全一樣；文字有無含蓄，汲引故實的深淺多少，每每也不相同。其間的差別是十分相差甚遠的：所想像的事物，雖然遠在天外，可是表現出來的文辭，卻又近在筆下；儘管可以用天外眼前作比喻，可也無法說明它們相距的邈遠啊！篇章高下的懸殊，雖有日月星三種發光體和燐火螢光那般巨細的分別；可也不能比喻它們差距的遠大；龍淵寶劍的銳利和鉛質條片的鈍敝，兩者之間的差別，也無法加以形容；鴻鳥的羽毛和累積的金銀，兩相比較，也很難形容它們輕重的不同。可是一般世俗人士只要看到在畫紙上能夠點點畫畫塗塗抹抹的人，就把他們一例看成畫人或藝匠。由於人與人間差別很大，真正的判別一件事更不容易，伯牙是精於琴藝的高手，因為重視鍾子期這樣的知音難求，為了永遠思念鍾氏，決意終身不再彈琴；郢人鼻端生有堊慢的病症，因為神乎其技的匠石難於尋求，從此也就不敢找人為他運斧削割。一般說來，能夠操刀弄斧從事砍削的人比肩皆是；可是只有巧匠魯班和名廚狄牙才擁有『頂尖高手』的名號。精於彈奏琴絃的人非常眾多，可是像堯帝時代音樂家夔、和春秋時代魯國樂官師襄子那樣可以專擅『清妙歌聲能手』這種稱號的，卻並不多見。馬廄中所飼養的馬匹雖然上千，可是只有騏驑駿馬才有超越群倫的高貴身價。天下的美女可以用萬來計數，可是像晉文公的美姬南威、以及吳王夫差的愛妾西施那般有超凡絕世的美色的女子，實在也是遠遠超越眾人的啊！而且文章和德行兩相比較，彷彿十尺和一丈，長度完全相等，如果認為文章是德行的餘事，我可從來沒聽說過啊！八卦形象的創制，產生於鷹和隼飛翔時羽毛上的紋理；隱身遁形的六甲方術，出生於神龜所背負的甲片上的花紋。在立言的過程中，文辭的表現和所要表現的『德行』兩相比較起來，雖然不算怎麼重要，但一般來說，仍然值得我們加以重視。說到『德行』，它雖然是文章的根本，但每篇文章所談論到的不必字字便於疏理；『文辭』在創作的過程中，雖然是不怎麼重要的部分，但也不能完全輕視，不加斟酌。彷彿錦繡必須依賴素色的底絲底線，才能發揮出它的精緻華麗來；珍珠寶玉不寄託生長在平常的蚌殼或崖石中，就不能表現它的珍貴一樣。雲和雨的大小、久暫、或濃淡，決定於發生雲雨的每一寸山林或每一處巖穴；江河水流的長短、寬狹，和急徐，常常決定於各處河源的許許多多咫尺之間；文章篇幅的長短、情感的濃淡等等，也決定所用的每一個文句、每一個辭藻。理論上果真如此，那麼一般流俗『德本文末』的論點，實在是值得詬病的啊！」

又曰：「應龍㈠徐舉㈡，顧眄㈢而凌雲㈣；汗血㈤緩步，呼吸㈥而千里㈦。故螻螘㈧怪其無階而高致㈨，駑蹇㈩驚過己之不漸⑪也⑫。」

【今註】 ㈠應龍：一種「有翼的龍」。《楚辭．天問》：「應龍何畫（如何用尾巴畫地），河海（河川海洋，流域廣闊）何歷（如何「經歷」其間）。」王逸《注》：「有鱗曰蛟龍，有翼曰應龍。」 ㈡徐舉：謂「徐徐舉起頭來在天空中遊行」。舉，當「揚」講。 ㈢顧眄：「顧」，本作「還視」解；「眄」，本作「斜視」解，在這裏有「驚視」的意思。《文選》卷十一王延壽〈魯靈光殿賦〉：「俯仰顧眄，東西周章。」李周翰《注》：「顧眄、周章，言『驚視』也。」 ㈣凌雲：和「凌霄」相同，謂「乘駕雲朵」。 ㈤汗血：西漢時代西域大宛國所產的「駿馬」名。《漢書》卷六〈武帝紀〉：「（太初）四年春，貳師將軍（李）廣利斬大宛王首，獲汗血馬來，作〈西極天馬之歌〉。」

㊅呼吸：本指「波潮的進退」，在這裏用來比喻「時間」的「短促」。《文選》卷十二郭璞〈江賦〉：「（川瀆）呼吸萬里，吐納靈潮。」呂向《注》：「呼吸、吐納，謂『作潮波而納群流，須臾萬里，自然往復』。」㊆以上四句，〈尚博篇〉作「夫應龍徐舉，顧眄凌雲；汗血緩步，呼吸千里」，文義相似。㊇螻螘：音ㄌㄡˊ ㄧˇ，俗作「螻蟻」，謂「螻蛄和蚍蜉」。螻蛄（音ㄍㄨ），俗稱「土狗」，是一種直翅類的昆蟲，有足三對，適宜於掘土，常常棲息於泥土之中，到了夜晚就出來活動，喜歡撲向燈火。蚍蜉，是大螞蟻的一種。㊈高致：謂「最高的極致」——（飛到）極高處。致，當「極」講。㊉駑蹇：比喻「庸劣」。駑，音ㄋㄨˊ，謂「劣等的馬」。蹇，音ㄐㄧㄢˇ，謂「跛足」。《漢書》卷一百上〈敘傳・上〉「是故駑蹇之乘（馬匹），不騁（不能馳騁）千里之塗（途）。」⑪漸：謂「行進徐緩」。⑫以上兩句，〈尚博篇〉作「而螻螘怪其無階而高致，駑蹇患其過已之不漸也」，文義相似。

【今譯】 抱朴子又說：「要知道有翼的應龍慢慢抬起頭來，就可以騰雲駕霧，左顧右盼，在天空中到處遊行；西域的汗血名馬展開緩緩的步伐，一呼一吸之間，就能夠馳騁千里。因此螻蛄和蚍蜉，不免要怨恨沒有階梯的設備，讓牠能夠像應龍一樣，登上天空的極高處，然後可以遨遊四方；跛腳的劣馬，驚駭的是血汗名駒，天賦超過自己，跑起路來不像牠們那般行動遲緩。」

「若夫馳驟㊀《詩》、《論》㊁之中，周旋㊂一經之內，以常情㊃覽㊄巨異㊅，以編量㊆測㊇無涯㊈，始自髫齔㊉，詣⑪于振素⑫，不能得也⑬。」

【今註】 ㈠馳驟：和下句的「周旋」相應，意思也相仿。謂「乘馬疾馳」，比喻「研究」《詩》《論》。《後漢書》卷七十三〈公孫瓚傳〉：「汝當碎首於張燕（當時黑山賊帥），馳驟以告急。」驟，音ㄗㄡˋ，謂「馬急步」。㈡《詩》、《論》：音ㄕ ㄌㄨㄣˊ，和下句的「一經」相應。謂「《詩》（《詩經》）」和「《論》（《論語》）」。用《詩》、《論》兩經來代替當時通行的《七經》（依《後漢書》卷三十五〈張純傳〉「《七經》」李賢《注》：「《七經》謂《詩》、《書》、《禮》、《樂》、《易》、《春秋》及《論語》也。」或依清人皮錫瑞《經學歷史》：《樂經》亡佚，於《六經》減《樂經》，增《論語》《孝經》，合稱《七經》）。㈢周旋：謂「運轉」、「追逐」、「交往」、「應酬」、「打交道」，和上句的「馳驟」相應，意思也相仿。㈣常情：謂「通常的人情」，或「人情的通常現象」。《莊子·人間世篇》：「傳其常情，無傳其溢言（溢美之言）。」㈤覽：當「觀看」講，這裏有「觀測」的意思。㈥巨異：指「巨大」或「奇特」的問題。㈦褊量：謂「狹小的氣量」。褊，音ㄅㄧㄢˇ，「狹小」的意思。㈧測：謂「測量」，或「測度」。㈨無涯：謂「無邊際」。㈩髫齔：音ㄊㄧㄠˊ ㄔㄣˋ，謂「幼童」。《後漢書》卷八十下〈文苑列傳·邊讓傳〉：「髫齔夙（早）孤。」唐李賢《注》：「髫，翦髮為鬌（音ㄉㄨㄛˇ，三月為嬰兒剪髮，留下不剪的叫做鬌）也。齔，毀齒（毀洗乳齒，換生新齒）也。」⑪詣：「至」的意思。⑫振素：謂「生化白髮」，有「老年」或「白髮」的意思。振，當「開」、「發」講。素，謂「白色生絹」，這裏也指「白髮」。⑬以上七句，《尚博篇》作「若夫馳驟於《詩》、《論》之中，周旋於傳記之間，而以常情覽巨異，以褊量測無涯，以至粗求至精，以甚淺揣甚深，雖始自髫齔，詣于振素，猶不得也」，兩相比較，雖多出「以至粗求至精，以甚淺揣甚深」兩句，文義仍甚相似。

【今譯】「至於在諸多經書之中追逐推究，往來鑽研；或者對某一部經典反覆專攻，酬對交接；如果不具備獨立的眼光和客觀的標準，卻止用一種世俗的常情去觀測許多巨大奇特的問題，即使從幼童時代一直研求到垂暮之年，也難發現事實的真相。」

「又世俗率㊀貴㊁古昔而賤㊂當今，敬㊃所聞而黷㊄所見。同時雖有追風㊅、絕景㊆之駿，猶謂不及伯樂㊇之所御也㊈；雖有宵朗㊉、兼城之璞(十一)，猶謂不及楚和之所泣(十二)也(十三)；雖有斷馬、指雕(十四)之劍，猶謂不及歐冶(十五)之所鑄(十六)也(十七)；雖有生枯、起朽(十八)之藥，猶謂不及和(十九)、鵲(二十)之所合(二一)也(二二)；雖有冠群(二三)、獨行(二四)之士，猶謂不及於古人也(二五)。」

【今註】㊀率：有「皆」、或「大都」的意思。㊁貴：謂「神奇」或「重視」。㊂賤：謂「看輕」或「賤視」。㊃敬：有「尊敬」的意思。㊄黷：音ㄉㄨˊ，有「怠慢」，或「瞧不起」的意思。㊅追風：良馬名。《古今注》：「秦始皇有名馬，曰追風。」《抱朴子．外篇．君道篇》：「市（買進）馬骨（千里馬的頭骨）以招追風之駿（像『追風』一般的名馬）。」（燕昭王「市馬骨」的故事，參見《戰國策．燕策．一》）㊆絕景：亦良馬名。景，同「影」。絕影，謂奔行之速，不見其影。㊇伯樂：春秋秦穆公時代善於相馬的人，姓孫名陽。《呂氏春秋．分職篇》：「夫馬者伯樂相之，造父御之，賢主乘之，一日千里。」㊈以上四句，〈尚博篇〉作「又世俗率神貴古昔，而黷賤同時；雖有追風之駿，猶謂之不及造父之所御也」，文義相似。㊉宵朗：謂「夜空明朗」。(十一)兼城之璞：謂「和兩座城市等價的璞玉」，這和〈尚博篇〉中的「連城之珠」意思相近。(十二)楚和之所泣：指楚人卞和所呈獻的玉璞（因為楚王認定那塊玉璞只是普通的石塊，而在楚山下大哭不止）。《韓非子・和氏篇》：「楚人和氏得玉璞楚山中，奉而獻之厲王。厲王使玉人相之，玉人曰：『石也。』王以和為誑，則刖（音ㄩㄝ、，斷也）其左足。及厲王薨，武王即位，和又奉其璞而獻之武王，武王使玉人相之，又曰：『石也』，王又以和為誑，而刖其右足。武王薨，文王即位，和乃抱其璞而哭於楚山之下，三日三夜，泣盡而繼之以血。王聞之，使人問其故，曰：『天下之刖者多矣，子奚哭之悲也？』和曰：『吾非悲刖也，悲夫寶玉而題之以石，貞士而名之以誑，此吾所以悲也。』王乃使玉人理其璞而得寶焉，遂命曰：『和氏之璧』。」（一三）以上兩句，〈尚博篇〉作「雖有連城之珍，猶謂之不及楚人之所泣也」，文義相似。（一四）斷馬、指雕：斷馬，謂有「截斷馬索」、或者「阻斷馬匹奔馳」；指雕，謂「指著天上的飛鵰，就能使牠墜落下來」；在這裏都比喻「劍的鋒利和神奇」。雕，和「鵰」字相同。（一五）歐冶：又作「區（音ㄡ）冶」。春秋時代有名的冶工。曾接受越王的聘請，鑄造了湛盧、巨闕、勝邪、魚腸、純鉤五支劍；後來又和干將替楚王鑄造了龍淵、泰阿、工布三支劍。事蹟詳見《吳越春秋・闔閭內傳》、《越絕書》卷十一〈記寶劍〉、及《韓非子・顯學篇》。（一六）鑄：音ㄓㄨ、，謂「鑄造」。（一七）以上兩句，〈尚博篇〉作「雖有擬斷之劍，猶謂之不及歐冶之所鑄也」，文義相似。（一八）生枯、起朽：謂「使枯者再生，朽者復蘇」。（一九）和：指春秋時代秦國的良醫醫和。相傳晉平公生了病，到秦國去求醫，秦景公使醫和前往診視，說道：「疾不可為也，是為近女室，疾如蠱。」趙孟說：「何為蠱？」答道：「淫溺（過分陷溺）惑亂（迷惑不正的生活）之所生也。」趙孟說：「良醫也。」厚禮而歸之。事蹟詳見《左傳》昭公元年。（二〇）鵲：指戰國時代鄭國的名醫扁鵲。姓秦，名越人，得到長桑君傳授的秘術，治病時，以診脈為名，事實上卻能把病人的五臟內的癥結看得一清二楚。因為精於醫術而享名天下。家居於盧（今山東長青縣），一般都稱他叫盧醫或盧扁。後來，秦國的太醫令李醯由於嫉妒殺害了他。事蹟詳見《史記》卷一百零五〈扁鵲列傳〉。㊂合：音ㄍㄜˊ，謂「集合」，有「合（音ㄍㄜˊ）製」（照藥方調製）的意思。㊂以上兩句，〈尚博篇〉作「雖有起死之藥，猶謂之不及和、鵲之所合也」，文義相似。㊂冠群：猶言「冠絕群倫（群輩）」。㊃獨行：謂「志節高尚不隨俗浮沉」的意思。《禮記・儒行篇》：「其特立獨行，有如此者。」㊄以上兩句，〈尚博篇〉作「雖有超群之人，猶謂之不及竹帛之所載也」，文義相似。

【今譯】「還有世人大都看重往古而賤視當今，並且對於『親耳聆聽』來的表示肅然起敬，對於『親眼觀察』來的從來就瞧不起：因為這個緣故，我們雖然發現了奔跑迅速的追風和絕景這些駿馬，但世俗的一般人卻還要說牠們不如秦穆公時代善相馬者伯樂所驅策的名駒；雖然擁有能在夜晚發出明朗光彩的價值連城的璞玉，卻仍然認為趕不上卞和所獻、因楚王不相信而一再哭泣的稀世珍寶；雖然擁有截斷絡馬韁繩、阻止馬匹奔跑，和指著飛鵰就能使牠墜落下來的神奇寶劍，卻仍然說它趕不上越國良匠歐冶所鑄造的劍；雖然擁有讓枯萎的樹木再生，讓腐朽物類復蘇的萬有靈藥，卻仍然說它趕不上秦國的名醫醫和、鄭國的名醫扁鵲所合製的藥劑那樣靈驗有效；雖然社會上出現了冠絕群輩、志節高超的獨立人士，卻仍然說他趕不上古代歷史上所記載的那些人物。」

正郭篇第四十六

【篇旨】本篇說的是如何正確地評價郭林宗，故題名「正郭」。郭林宗是東漢末年太學生領袖，名聲甚宏。有人以為他是「亞聖之器」，「志在乎匡斷行道，與仲尼相似。」而抱朴子則有不同的評論，認為「林宗才非常應期，器不絕倫。出不能安上治民，移風易俗；入不能揮毫屬筆，祖述六藝。行自衒耀，亦既過差，收名赫赫，受饒頗多。然卒進無補於治亂，退無跡於竹帛。」尖銳地提出：「亞聖之器，其安在乎？」篇末，借「問者」的感歎道：「斯人乃避亂之徒，非全隱之高矣。」

抱朴子曰：「嵇生㊀以為『太原郭林宗竟不恭三公之命㊁，學無不涉，名重於往代。加之以知人，知人則哲，蓋亞聖之器也。及在衰世，棲棲惶惶，席不暇温，志在乎匡亂行道，與仲尼相似。』」

【今註】㊀嵇生：即嵇含，為葛洪的友人，曾任廣州刺史。㊁太原郭林宗竟不恭三公之命：郭林宗，即郭泰，字林宗，太原介休（今屬山西）人。東漢時為太學生領袖，不就官府徵召，後歸鄉里。黨錮之禍起，遂閉門教授，生徒數千人。見《後漢書》卷六十八〈郭符許列傳〉。三公，東漢時以太尉、司徒、司空合稱三公，為共同負責軍政的最高長官。

【今譯】抱朴子說：「有位嵇生以為：『太原郭林宗竟不恭順三公之命，不當官，他的學問無所不涉，名聲為往代所推重。加上他會知人，知人者則明哲，他大概是具有亞聖的才器。他生在東漢衰敗的時代，棲棲惶惶，席不暇暖，到處奔走，其志在於匡救時世並行其主張，可謂與孔子相似。』」

余答曰：「夫智與不智，存於一言。樞機㈠之玷，亂乎白圭㈡。愚謂亞聖之評，未易以輕有許也。夫所謂亞聖者，必具體而微，命世絕倫，與彼周、孔其閒無所復容之謂也。若人者，亦何足登斯格哉？」

【今註】㈠樞機：指君子的關鍵言行。《易經．繫辭．上》：「言行，君子之樞機。」㈡白圭：戰國時周人，主張採用「人棄我取，人取我與」的辦法經商，認為經商必須掌握時機，運用智謀。猶如孫、吳用兵，商鞅行法。事見《史記》卷一百二十九〈貨殖列傳〉。

【今譯】我回答說：「明智與不明智，區別存在於一言。君子言行受到玷污，是由於白圭之類擾亂的結果。我以為亞聖的評價，不可以輕易地讚許。所謂亞聖，必須具體而細微，命世絕倫，跟周公、孔子一樣無所復容。至於一般人，又如何夠得上亞聖呢？」

「林宗拔萃翹特㈠，鑒識朗徹，方㈡之常人，所議固多，引之上及㈢，實復未足也。此人有機辯風姿，又巧自抗遇而善用。且好事者為之羽翼，延其聲譽於四方。故能挾之見准㈣慕於亂世，而為過聽不覈實者所推策。」

【今註】㈠翹特：特別突出。㈡方：比較。㈢引之上及：楊明照《抱朴子外篇校箋・下》：「及」，魯藩本作「聖」。按「上及」二字費解。上文云「與仲尼相似」，則此以作「聖」為是。〈清鑒篇〉：「郭泰所論，皆為此人過上聖乎？」亦其證。㈣准：孫星衍校云：各本作「推」。

【今譯】「郭林宗拔萃突出，鑒識明徹，比較常人所議說的，固多稱之為上聖，那實在是不夠資格的。郭林宗有機辯的風姿，又巧自抗遇而善用。而且一些好事者為他鼓吹，使他的聲譽傳播及四方。所以能在亂世之中推慕他，並為道聽途說而不經核實的人所推崇。」

「及其片言所褒，則重於千金；遊涉所經㈠，則賢愚波蕩㈡。謂龍鳳之集，奇瑞之出也。吐聲則餘音見法㈢，移足則遺跡見擬㈣。可謂善擊建鼓㈤而當揭㈥日月者耳，非真隱㈦也。」

【今註】㈠遊涉所經：楊明照《抱朴子外篇校箋・下》：「涉」，《藏》本、魯藩本、吉藩本、慎本作「步」。按〈疾謬篇〉：「遊步不去勢利酒客之門。」疑此亦以作「步」為是。㈡賢愚波蕩：指賢人愚人皆興奮激動。㈢吐聲則餘音見法：吐聲，指說話。見法，被效法。㈣見擬：被模擬。㈤建鼓：豎立的鼓。㈥揭：孫星衍校云：舊寫本作「揚」。㈦真隱：真正的隱士。

【今譯】「他褒獎士人的隻言片語，則重於千金；他遊歷所經之處，則賢人愚人都興奮激動起來。真是所謂龍鳳之聚集，奇瑞之出現。他說話吐聲則餘音被人效法，他舉足移步則遺跡被人擬作。這真是所謂善擊鼙鼓而當揚日月，並非真正的隱居之士。」

「蓋欲立朝㈠則世已大亂，欲潛伏則悶而不堪。或躍則畏禍害㈡，確爾則非所安。彰偟㈢不定，載肥載臞㈣。而世人逐其華而莫研其實，翫其形而不究㈤其神。故遭雨巾壞，猶復見傚㈥，不覺其短㈦，皆是類也。俗民㈧追聲，一至於是。故其雖有缺隟㈨，莫之敢指也。夫林宗學涉知人，非無分也。然而未能避過實之名，而闇於自料也。」

【今註】㈠立朝：做官。㈡禍害：指黨錮之禍。㈢彰偟：彰，明顯。偟，仿偟。㈣臞：瘦。㈤究：孫星衍校云：《藏》本作「統」，今從舊寫本。㈥遭雨巾壞，猶復見傚：事見《後漢書》卷六十八〈郭符許列傳〉：郭泰「嘗於陳、梁閒行遇雨，巾一角墊，時人乃故折巾一角，以為『林宗巾』。其見慕皆如此。」㈦不覺其短：不覺察他的短處。㈧俗民：庸俗之民。㈨隟：同「隙」。

【今譯】「大概他要想立朝做官而時世已經大亂，要想潛伏隱居而又不堪悶心。他有時要躍進仕途而又怕黨錮之禍害，確然不動而又有所不安。他明顯地惶惶不定，載肥載瘦。而當時人們追慕他的華美而不探究其實，欣賞他的外形風姿而不探究其精神。所以郭林宗遭到落雨時頭巾壞了，還是被人們所效法，人們不覺察到他的短處，都是這類例子。庸俗之民追慕他的聲名，一直到了這種地步。所以他雖然有缺點，没人敢於指責他。郭林宗的學問涉及如何知人，並非無分。然而他没有避躲超過實際情況的名聲，而闇於對自己的估計。」

「或勸之以出仕進㊀者，林宗對曰：『吾晝察人事，夜看乾象，天之所廢，不可支也㊁。方今運在〈明夷〉㊂之爻，值勿用之位，蓋盤桓潛居之時，非在天利見㊃之會也。雖在原陸，猶恐滄海橫流㊄，吾其魚也。況可冒衝風而乘奔波乎？未若巖岫頤神，娛心彭、老㊅。優哉游哉，聊以卒歲㊆。』按林宗之言，其知漢之不可救，非其才之所辦審矣。法當仰隮商、洛㊇，俯泛五湖，追巢父㊈於峻嶺，尋漁父㊉於滄浪。若不能結蹤山客⑪，離群獨往，則當掩景淵洿，韜鱗括囊。」

【今註】　㊀仕進：指做官。㊁「不可支也」以上數句：《後漢書》卷六十八〈郭符許列傳〉云：「司徒黃瓊辟，太常趙典舉有道。或勸林宗仕進者，對曰：『吾夜觀象，晝察人事，天之所廢，不可支也。』遂並不應。」㊂明夷：六十四卦之一，離下坤上。《易經・明夷》：「象曰：明入地中，明夷，君子以莅，用晦而明。」㊃在天利見：《易經・乾卦》：「九五，飛龍在天，利見大人。」㊄橫流：孫星衍校云：《藏》本作「流橫」，今從舊寫本。㊅未若巖岫頤神，娛心彭、老：楊明照《抱朴子外篇校箋・下》：按「巖岫」與「頤神」當互乙，始能與下句相儷。《抱朴子・內篇・暢玄篇》：「頤光山林」。語法與此同，亦可證。彭，彭祖。《列仙傳・上》：「彭祖者，殷大夫也，姓籛名鏗，帝顓頊之孫，陸終氏之中子，歷夏至殷末，八百餘歲。」老，指老子。㊆以上林宗之語：見《後漢紀・靈帝紀》。㊇仰隮商、洛：隮，登，升。商、洛，指商山與洛水。㊈巢父：

傳說中的隱者。晉皇甫謐《高士傳・許由》：「堯贈天下于許由，……不受而逃去。堯又召為九州長，由不欲聞之，洗耳于潁水濱。時其友巢父牽犢欲飲之，見由洗耳，問其故。對曰：『堯欲召我為九州長，惡聞其聲，是故洗耳。』巢父曰：『子若處高岸深谷，人道不通，誰能見子？子故浮游，欲求聞其名譽，污吾犢口！』牽犢上流飲之。」　⑩漁父：漁翁。《楚辭・漁父》：「漁父莞爾而笑，鼓枻而去。」　㊁若不能結蹤山客：楊明照《抱朴子外篇校箋・下》：「客」，吉藩本作「容」。按「谷」字是。《莊子・刻意篇》、《晏子春秋・內篇・問下》、《潛夫論・賢難篇》並有「山谷」之文，皆謂退士所隱居之處也。

【今譯】「當時有人勸說他出來做官，林宗回答說：『我白天觀察人事，夜晚仰看天象，天之所廢棄的，是不可支持得住的。如今時運在明夷之爻，碰到了不被任用的位置。大概盤桓潛居之時，並非在天利見之命。雖然在原野大陸，猶恐滄海橫流，我將成魚類了。何況冒著衝風而乘凌波濤嗎？未若養頤精神於岩穴，從心底裡與彭祖、老子相娛樂。優游地生活，聊以終歲。』根據林宗上述的話，他是知道漢室已經不可挽救，不是他的才能之所辦到的了。應當效法仰登商洛，俯泛五湖，追慕巢父於峻嶺，尋覓漁父於滄浪。如果不能隱退於山谷，離開人群，獨往孤居，則當採自己的身影於淵海，韜鱗括囊。」

「而乃自西徂㊀東，席不暇溫，欲慕孔、墨㊁棲棲之事。聖者憂世，周流四方，猶為退士所見譏彈。林宗才非應期㊂，器不絕倫㊃，出不能安上治民，移風易俗；入不能揮毫屬筆㊄，祖述六藝㊅。行自衒耀，亦既過差；收名赫赫，受饒頗多。」

【今註】　㊀徂：往。㊁孔、墨：指孔子、墨子。㊂才非應期：才，才幹。應期，適合當朝所用。㊃器不絕倫：器，才能。絕倫，超邁群倫。㊄入不能揮毫屬筆：楊明照《抱朴子外篇校箋・下》：繼曰：「《藏》本作『彈毫』，今從舊寫本。」按魯藩本、吉藩本、慎本、盧本、柏筠堂本、文溯本、《叢書》本、《崇文》本亦並作「彈毫」。以〈嘉遯篇〉「殫毫騁藻」證之，「彈」蓋「殫」之誤。若原是「揮」字，不易誤為「彈」矣。㊅六藝：六經。

【今譯】「然而，他自西往東，席不暇暖，慕孔子、墨子棲棲遑遑之事跡。聖者憂世，周遊天下四方；猶為退隱之士，所見譏彈。林宗才非應期，器不絕倫。他出仕不能安定君主，治理民眾，移風易俗；入內不能動筆寫文章，祖述六經。他自行誇耀，亦既過差，收取赫赫的名聲，受饒頗多。」

「然卒進無補於治亂，退無跡於竹帛㊀，觀傾視汨㊁，冰泮㊂草靡，未有異庸人也。無故沈浮於波濤之間，倒屣㊃於埃塵之中，遨集京邑，交關貴游，輪刓筴弊㊄，匪遑啟處㊅，遂使聲譽翕熠㊆，秦、胡㊇景附。巷結朱輪㊈之軌，堂列赤紱㊉之客，軺車㊀盈街，載奏㊁連車。誠為游俠㊂之徒，未合逸隱之科也。有道之世而臻此者，猶不得復廁高潔之條貫㊃，為秘丘㊄之俊民。而修茲在於危亂之運，奚足多哉？」

【今註】　㊀竹帛：竹簡、帛書，泛指書籍。㊁觀傾視汨：觀察治亂的情況。傾，傾覆。汨，治也。㊂泮：融解。㊃倒屣：急忙之中把鞋子穿倒。屣，鞋。㊄輪刓筴弊：刓，磨損。筴，策，趕馬的一種鞭子。㊅匪遑啟處：匪，非。遑，暇。啟處，安居休息。《詩經・小雅・四牡》：

「不違啟處」。毛《傳》：「啟，跪也；處，居也。」 ㊆遂使聲譽翕熠：楊明照《抱朴子外篇校箋・下》：「熠」，《藏》本、魯藩本、吉藩本、慎本、盧本作「習」。按《後漢書》卷六十上〈馬融傳〉：「翕習春風。」又卷六十下〈蔡邕傳〉：「隆貴翕習。」《文選》卷十一王延壽〈魯靈光殿賦〉：「祥風翕習以颯灑」。又《文選》卷十三張華〈鷦鷯賦〉：「翔又翕習。」李《注》並云：「翕習，盛貌。」是此當以作「習」為是。 ㊇秦、胡：秦，指中國人。胡，胡人，指邊遠少數民族。 ㊈朱輪：猶朱軒，古代王侯貴族所乘的紅色車子。 ㊉赤紱：紅色系印的絲帶。 ⑪軺車：一馬駕駛的輕便車。漢代貴輜軿而賤軺車，魏晉貴軺車而賤輜軿。 ⑫奏：「奏」疑當作刺。《郭泰別傳》曰：「泰名顯，士爭歸之，載刺常盈車。」 ⑬游俠：見《史記》卷一百二十四〈游俠列傳〉。 ⑭厠高潔之條貫：厠，列入。條貫，系統。 ⑮秘丘：隱居之處。

【今譯】 「然而他終於進而無補於天下治亂，退而沒有在書籍上留下事跡，觀傾視汨，冰泮草靡，没有跟庸俗之人區別的地方。無故沉浮於波濤之間，倒穿著鞋奔走於塵埃之中，遨遊於京邑，與權貴交結，車輪磨光，鞭子弊壞，未暇安居休息，遂使聲譽繁盛，中外人心影附。街巷朱輪連接，堂屋坐看達官貴人，輕便的馬車滿街都是，收到的名片將車子都裝滿了，這些人確實是游俠之徒，並不屬於隱逸之士。在有道之世，做到這樣行為的人，尚且不得列入高潔逸士的系統，作為隱居的俊民。而在危亂之世，修習上述行為的人，又如何值得讚美呢？」

「孰不謂之闇於天人之否泰，蔽於自量之優劣乎？空背恬默之塗，竟無有為之益，不值禍敗，蓋其幸耳。以此為憂世念國，希擬素王㊀，有似蹇足㊁之尋龍騏，斥鷃㊂之逐鴻鵠，焦冥㊃之方雲鵬，鼷鼬㊄之比巨象也。」

【今註】 ㊀素王：特指孔子，漢代儒者以為孔子有王者之道，而無王者之位，故稱「素王」。㊁蹇足：跛足之劣馬。㊂斥鷃：也叫「老扈」，麥收時的候鳥。㊃焦冥：蟭螟，古代傳説中一種小蟲。本書〈刺驕篇〉：「蟭螟屯蚊眉之中，而笑彌天之大鵬。」㊄鼷鼬：鼷，鼠類最小的一種。鼬，小動物名，屬哺乳綱。

【今譯】 「誰不說他不懂天人之際好壞的變化，對自己的優劣不會作出估量。空白違背恬默之塗，竟没有有所作為的效益，這樣的人不碰到禍敗，大概算是達運的了。以為這樣就是憂世念國，希望比擬為孔子，這就好像跛足之劣馬去追尋飛龍與騏驎，斥鷃去追逐鴻鵠，蟭螟去跟雲鵬比較，鼷鼬跟巨象去比較。」

「然則林宗可謂有耀俗之才，無固守之質。見無不了，庶幾大用。符采外發，精神內虛，不勝煩躁，言行相伐，口稱靜退，心希榮利，未得□玄圃之棲禽㊀，九淵之潛靈也。自衒自媒，士女之醜事也。知其不可而尤傚尤師，亞聖之器，其安在乎？」

【今註】 ㊀未得□玄圃之棲禽：□，孫星衍校云：舊寫本空白一字。玄圃，仙山名。《文選》卷三張衡〈東京賦〉：「右睨玄圃。」李善《注》：「懸圃在崑崙閶闔之中。玄與懸古字通。」

【今譯】 「既然如此，那麼，林宗可說是有耀俗之才，没有固守之質。見無不了，庶幾大用。符采外發，精神空虛，不勝煩躁，言行自相矛盾，口稱靜靜地退隱，心裡卻希望榮貴利祿，這樣就不可能得到玄圃的棲禽以及九淵的潛龍。自我誇耀，自我作媒，這些是士女的醜事。知道這樣做不可以，但還是加以效法，所謂亞聖的才器，又在哪裡呢？」

「雖云知人，知人之明，乃唐、虞㈠之所難，尼父㈡之所病。夫以明並日月，原始見終，且猶有失，不能常中。況於林宗螢燭之明，得失半解，已為不少矣。然則名稱重於當世，美談盛於既沒，故其所得者，則世共傳聞；而所失者，則莫之有識爾。雖頗甄無名之士於草萊，指未剖之璞於丘園，然未能進忠烈於朝廷，立禦侮於壃埸，解亡徵於倒懸㈢，折逆謀㈣之競逐，若鮑子之推管生㈤，平仲之達穰苴㈥。」

【今註】 ㈠唐、虞：唐，唐堯。虞，虞舜。 ㈡尼父：孔子。 ㈢倒懸：比喻處境的痛苦與危急，像人被倒掛著一樣。 ㈣逆謀：造反之圖謀。 ㈤鮑子之推管生：鮑子，鮑叔牙。管生，即管仲。史稱：管仲少時常與鮑叔游，鮑叔知其賢。後鮑叔事齊公子小白，管仲事公子糾。及小白立為桓公，公子糾死，管仲囚焉。鮑叔遂進管仲。管仲既用，任政於齊，桓公以霸。見《史記》卷六十二〈管晏列傳〉。 ㈥平仲之達穰苴：平仲，即晏嬰。穰苴，即司馬穰苴，春秋齊國大夫，田氏，名穰苴，官司馬，深通兵法。齊景公時，晉燕入侵，齊師敗績。景公患之。晏嬰乃薦田穰苴曰：「其人文能附眾，武能威亂，願君試之。」景公大悅，以為將軍。率軍擊退亂軍，收復失地。見《史記》卷六十四〈司馬穰苴列傳〉。

【今譯】 「雖然說及知人，而知人的明察，乃是堯、舜也感到困難的，連孔子也是有缺點的。明察如日月，原始見終，尚且有失誤，不能常常準確。何況林宗只有螢燭之明，對人的得失一知半解，已經算是了解不少的了。既然如此，那麼，林宗名稱重於當世，美談盛於死後，所以他所得到的則是世共傳聞，所失的則沒有人知道。雖然他頗能從草野無名之士中甄別才能之士，指明丘園中璞石內含有寶玉，但是他未能向朝廷進獻過忠烈之士，在戰場上立下禦侮之功，解救苦難的滅亡跡象，折退競逐的謀反企圖，好像鮑叔推薦管仲一樣，好像晏嬰推薦司馬穰苴一樣。」

「林宗名振於朝廷，敬於一時，三、九肉食㈠，莫不欽重。力足以拔才，言足以起滯，而但養疾京輦㈡，招合賓客，無所進致，以匡危蔽。徒能知人，不肯薦舉，何異知沃壤之任良田，識直木之中梁柱，而終不墾之以播嘉穀，伐之以構梁棟！奚解於不粒，何救於露居哉？其距貢舉㈢者，誠高操也；其走不休㈣者，亦其疾也。」

【今註】　㈠三、九肉食：三九，三公九卿。肉食，指達官貴人。　㈡京輦：指京城。　㈢貢舉：官吏向君主薦舉人才。　㈣其走不休：指郭泰不應貢舉之後，周遊郡國。

【今譯】　「林宗名振於朝廷，為當時人所敬仰，三公九卿與達官貴人無不欽重他。他力足以獎拔人才，言論足以起用滯留之士，但他養病於京城，招集賓客，沒有推薦過人才，以匡救危蔽的情況。他只能知人，不肯薦舉，這無異於只知道良田上的沃肥土壤，談論直木適宜於做梁柱，而最終不去耕墾以播種嘉穀，不去伐木以構造棟梁。這又如何解救飢餓與露居的狀況呢？林宗拒絕別人的貢舉，確實是高尚的節操。而他到處遊歷，不得休息，亦是他的毛病。」

嵇生又曰：「林宗存㈠為一世之所式，没㈡則遺芳永播。碩儒俊士，未或指點，而吾生獨評其短，無乃見嗤於將來乎？」

【今註】 ㈠存：活。 ㈡没：通「歿」，死亡。

【今譯】 嵇生又說：「郭林宗生前為當世所學習的模範，死後則遺芳永播。碩儒俊士從未有指點的，而你卻獨自評論他的短處，不怕被將來後生所恥笑嗎？」

抱朴子曰：「曷為其然哉？苟吾言之允者，當付之於後。後之識者，何恤於寡和乎？且前賢多亦譏之㈠，獨皇生㈡褒過耳。故太傅諸葛元遜㈢亦曰：『林宗隱不修遁，出不益時，實欲揚名養譽而已。街談巷議以為辯，訕上謗政以為高。時俗貴之歙然，猶郭解、原涉㈣見趨於曩時也。後進慕聲者，未能考之於聖王之典，論之於先賢之行，徒惑華名，咸競準的㈤，學之者如不及，談之者則盈耳。中人猶不覺，童蒙安能知？』」

【今註】 ㈠且前賢多亦譏之：楊明照《抱朴子外篇校箋・下》：按「多亦」二字當互乙。 ㈡皇生：生，孫星衍校云：《藏》本作「主」，從舊寫本改。 ㈢故太傅諸葛元遜：楊明照《抱朴子外篇校箋・下》：孫曰：「（『葛下』）《藏》本有『公』字，從舊寫本删。」按下文「故零陵太守殷府君伯緒」、「又故中書郎周生恭遠」，除著官銜外，並稱「府君」，稱「生」；則稱諸葛恪為「公」，實無不合。孫删非是。諸葛恪，字元遜，三國琅邪陽都（今山東沂南南）人。吳主孫權死，輔立孫亮，任大將軍，專國政，更拜太傅。傳見《三國志》卷六十四〈吳書・諸葛恪傳〉。㊃郭解、原涉：郭解，西漢河內軹縣（今河南濟源）人，字伯翁，以「任俠」聞名，後漢武帝徙往關中，與當地豪強結交，因門客殺人，被指為叛逆，族誅。原涉，任俠之士。字巨先。傳見《漢書》卷九十二〈游俠傳〉。㊄準的：標準。

【今譯】　抱朴子回答說：「怎麼會這樣呢？如果我的話是對的，將會流傳於後世。未來的有識之士，何愁少人贊同我呢？而且前代賢者也有不少人批評過郭林宗，唯獨皇生對他褒獎過度，故太傅諸葛恪也曾經說過：『郭林宗隱逸卻不遯身於山林，出世又未有益於後世，實在不過想要張揚自己的聲譽而已。他街頭巷尾式的議論被認為是善辯，攻擊朝廷、誹謗時政被認為是高尚，時俗推崇，紛紛依附。這就像過去郭解、原涉受到當時人的尊重與崇敬，是一樣的。那些欽慕郭林宗聲譽的後進之輩，未能認真考察前代聖王的典冊，未能對照先賢的行為進行分析。只是受到虛名的迷惑，便紛紛奉他為榜樣，學習的人唯恐不及，談論的人洋洋滿耳。中智之人尚且不能覺察，童盟之輩又豈能知曉？』」

「故零陵太守殷府君伯緒㊀，高才篤論之士也，亦曰：『林宗入交將相，出游方國㊁，崇私議以動眾，關毀譽於朝廷。其所善，則風騰雨驟，改價易姿；其所惡，則摧頓陸沈㊂，士人不齒。折其名賢，遭亂隱遁，含光匿景，未為遠矣。君子行道，以匡君也，以正俗也。于時君不可匡，俗不可正，林宗周旋清談閭閻㊃，無救於世道之陵遲㊄，無解於天民之憔悴也。』」

【今註】 ㊀殷府君伯緒：疑為三國時代零陵太守殷禮。參見《三國志》卷五十二〈吳書・顧邵傳〉：「烏程吳粲、雲陽殷禮起乎微賤，邵皆拔而友之，為立聲譽。……禮零陵太守，粲太子少傅。」唯裴《注》引禮子殷基所作《通語》，禮字德嗣，與此處「伯緒」不合。 ㊁方國：指郡國。 ㊂陸沈：比喻隱於市朝中，有埋沒之意。 ㊃閭閻：里巷的門，借指里巷。 ㊄陵遲：衰頹。

【今譯】「故零陵太守殷伯緒府君，是一位才學非凡、不苟議論之士，他也曾經說過：『郭林宗入則將與相公卿交往，出則漫遊於各地方國。推崇私議以搖動眾心，對於朝政或毀或譽。得到他的表揚的人，其聲譽之起如同風急雨驟，都時改觀，身價高漲。受到他厭惡的人則困頓不堪，為人所棄，士人恥於與之交往。名聲遭受挫折，好似遇到禍亂，只能韜晦隱藏的日子也就不遠了。君子行道，是為了輔佐君主，匡正世俗。當時的君主不可輔佐，世俗不可匡正。而郭林宗只是周旋其中，清談於民間，對於挽救世道的頹敗無所幫助，對於解除人民的困苦無所補益。』」

「又故中書郎周生恭遠㊀，英偉名儒也。亦曰：『夫遇治而贊之，則謂之樂道；遭亂而救之，則謂之憂道；亂不可救而避之，則謂之守道。虞舜，樂道者也；仲尼，憂道者也；微子㊁，守道者也。漢世將傾，世務交游㊂，林宗法當慨然虛心，要同契君子共矯而正之；而身棲棲為之雄伯㊃，非救世之宜也。于時雖諸黃門㊄，六畜自寓耳。其陳蕃、竇武㊅之徒，雖鼎司牧伯㊆，皆貴重林宗，信其言論臧否，取定於匡危易俗，不亦可冀乎？而林宗既不能薦有為之士，立毫毛之益。而逋逃不仕者㊇，則方之巢、許㊈；廢職待客者，則比之周公；養徒避役者，則擬之仲尼；棄親依豪者，則同之游、夏㊉。是以世眩名實，而大亂滋甚也。若謂林宗不知，則無以稱聰明；若謂知之而不改，則無以言憂道。昔四豪似周公而不能為周公，今林宗似仲尼而不得為仲尼也。』

【今註】㊀周生恭遠：三國時吳官吏。字恭遠，潁川（今河南禹縣）人。與韋曜、薛瑩、華覈共同撰寫〈吳書〉。見《三國志》卷五十二〈吳書・步騭傳〉。㊁微子：名啟，殷紂王的庶兄，封於微（今山東梁山西北）。因見殷代將亡，數諫紂王，王不聽，遂出走。㊂漢世將傾，世務交游：楊明照《抱朴子外篇校箋・下》：《藏》本、魯藩本、吉藩本、舊寫本作「漢室」按作「室」始不重出，當據改。㊃雄伯：伯同「霸」，指傑出的人物。㊄黃門：指宦官。漢代給事內廷有黃門令、中黃門諸官，皆以宦者充任，故稱。㊅陳蕃、竇武：陳蕃，東漢大臣。字仲舉，汝南平與（今屬河南）人。桓帝時，任太尉，與李膺等反對宦官專權，為太學生所敬重。靈帝立，他為太傅，與外戚竇武謀誅宦官，事敗被殺。竇武，字游平，扶風平陵（今陝西咸陽西北）人。女為桓帝后。桓帝死，他迎立靈帝，任大將軍，掌握朝政。後謀誅宦官，兵敗自殺。㊆牧伯：古時州牧與方伯的合稱，指封疆大吏。㊇者：孫星衍校云：《藏》本作「也」，舊寫本作「者」。㊈巢、許：巢，巢父；許，許由。㊉游、夏：游，子游；夏，子夏。

【今譯】「又故中書郎周恭遠先生，是一位英才卓異的名儒。他也曾經說過：『遇上太平之世而輔佐治理，這叫作樂道；遇上動亂之世而去盡力挽救，這叫作憂道；處在動亂之世，無可挽救因而避世潔身，這叫作守道。虞舜，就是樂道之人；孔子，就是憂道之人了；微子，就是守道之人。當漢朝社稷頹壞、大廈將傾之時，世人都以交遊為務。郭林宗理應有感於世俗之弊，虛心邀集志同道合的君子，共同去矯正它；然而他卻奔波不已，作了清談的首領，這不是救世者所應有的行為。當時的那些宦官，不過是帝王所豢養的家奴，而陳蕃、竇武等人，無論是朝廷的三公，還是各地的州牧郡守，都尊重郭林宗，相信他的言論。扶正除邪，安定朝綱，挽救危局，移風易俗，不是可以指望成功嗎？然而郭林宗既不能推薦有為之士，又不能對於國事有絲毫補益。他將在逃的罪人比為巢父、許由，將曠廢職事、接待賓客的人比為周公，將招養門徒、不服勞役的人比為孔子，將捐棄雙親、依附豪門的人比為子游、子夏之徒。使得世人分不清虛名與實際，於是混亂更加嚴重了。如果說郭林宗不知道，那麼不能說他聰明，如果他明知其非而不改，那麼不能說他憂道。因此，從前四豪之輩形跡類似周公卻不能成為周公，如今郭林宗形跡類似孔子卻不能成為孔子。』

於是問者慨而歎曰：『然則斯人乃避亂之徒，非全隱之高矣。』

【今譯】 於是問話的人慨然而歎道：『這麼說來，這人是個避亂之徒，而不是像全然的隱士一般高潔啊。』

彈禰篇第四十七

【篇旨】禰，即禰衡，東漢末建安時代的年輕人，頗有辯才，長於筆札，性剛傲物，最終被殺。當時有人獎頌之，亦有人憎恚之。抱朴子寫了這篇「彌衡」短文，指責禰衡說「雖言行輕人，密願榮顯，是以高游鳳林，不能幽翳蒿萊。然修己駁刺，迷而不覺，故開口見恨，舉足蹈禍。齎如此之伎倆，亦何理容於天下而得其死哉？」認為「衡懵蔽之效」，才士應當引以為戒的。

抱朴子曰：「漢末有禰衡㊀者，年二十有三。孔文舉齒過知命㊁，身居九列㊂，文學冠群，少長稱譽㊃，名位殊絶㊄，而友衡於布衣，又表薦之於漢朝，以為宜起家作臺郎。云：『惟嶽降神，異人並出。目所一見，輒誦於口；耳所嘗㊅聞，不忘於心。性與道合，思若有神。』其歎之如此。」

【今註】㊀禰衡：字正平，平原般（今山東臨邑東北）人。少有才辯，然性傲慢。因事忤曹操，曹操遂將其遣送荊州劉表。後不合，轉送夏口太守黄祖。後觸怒黄祖，終被殺，年僅二十六歲。傳見《後漢書》卷八十下〈文苑傳・下〉。㊁孔文舉齒過知命：孔文舉，即孔融，東漢末文學家，字文舉，魯國（今山東曲阜）人。曾任北海相，時稱孔北海。又任少府，大中大夫等職。齒，年紀。知命，指「五十歲」。《論語．為政篇》：「五十而知天命。」 ㊂九列：指卿大夫之列。 ㊃稱譽：稱讚。 ㊄殊絕：超邁群倫。 ㊅瞥：指「瞬間」，比喻見到的時間極短。

【今譯】抱朴子說：「東漢末年，有一位叫禰衡的，年紀二十三歲。孔融年已過五十歲，身居卿大夫之列，文學冠群，年長的或者年少的都稱讚他，名聲與地位十分卓絕。而且孔融與布衣禰衡結交朋友，並把衡推薦給朝廷，以為應當封衡一個郎官，說：『惟山嶽才會有神靈，同時出現異能之士。禰衡目所一見，就能從口中背誦出來；耳朵一聽，心裡就不會忘記。性情與道合一，思考時彷彿有神。』孔融如此讚歎。」

「衡游㊀許下，自公卿國士以下，衡初不稱其官，皆名之云阿某，或以姓呼之為某兒，呼孔融為大兒，呼楊脩為小兒，荀彧猶強可與語。過此以往，皆木梗泥偶，似人而無人氣，皆酒瓮飯囊耳。百官大會，衡時在坐，忽顰顣㊁悽愴，哀歎忼㊂慨。」

【今註】 ㊀游：遊歷。 ㊁顰顣：皺眉蹙額。 ㊂忼：同「慷」字。

【今譯】「後來，禰衡到京城許昌遊歷，凡是公卿國士以下的人，衡開始不稱呼他的官銜，都叫為阿某，或者以其姓呼之為某兒，叫孔融為大兒，叫楊脩為小兒，只有荀彧才勉強可以和他交談。除此以外的人，都被他看成是木梗泥偶，形體像人而沒有人的氣味，都是些酒甕飯桶。有一次，百官大會聚，禰衡也在座，皺眉蹙額，悽愴神傷，慷慨地哀鳴。」

「或譏之曰：『英豪樂集，非所歎也。』衡顧眄歷視稠眾而答曰：『在此積尸列柩之間，仁人安能不悲乎？』曹公嘗切齒欲殺之，然復無正有人法應死之罪，又惜有殺儒生之名，乃謫作鼓吏。衡了無悔情恥色，乃縛角㈠於柱，口就吹之，乃有異聲。並搖鼗㈡擊鼓，聞者不知其一人也。而論更劇，無所顧忌。」

【今註】　㈠角：一種樂器。擊鼓進軍，吹角收兵。　㈡鼗：《周禮・春官・小師》鄭玄《注》：「鼗如鼓而小。持其柄搖之，旁耳還自擊。」

【今譯】　「有人譏議地說：『這裡是英雄豪傑歡樂的聚會，並非哀鳴的地方。』禰衡回顧了大眾，回答說：『在這積屍停柩的地方，仁人哪裏能不想悲傷哀鳴呢？』後來曹操對他有切齒之恨，想殺死他，但恐怕沒有合法應死之罪的依據，又怕蒙上殺儒生的惡名，就把禰衡貶為鼓吏。禰衡一點也沒有懊悔或恥辱的神色，他把角（樂器）縛在柱上，用口吹起來，竟發出奇異的聲音。他並且一邊搖動鼗一邊擊鼓，聽到這種鼓聲的人以為是幾個人敲出來的，並不知道是禰衡一個人。就這樣，他言論更加劇烈，無所顧忌。」

「尋亡走投荊州牧劉表㈠，表欲作書與孫權，討逆于時已全據江東㈡，帶甲百萬，欲結輔車之援，與共距中國㈢。使諸文士立草，盡思而不得表意，乃示衡。衡省之曰：『但欲使孫左右持㈣刀兒視之者，此可用爾；儻令張子布㈤見此，大辱人也。』即摧壞投地。」

【今註】 ㈠劉表：字景升，山陽高平（今山東魚臺東北）人，東漢王室遠友族人。曾任荊州刺史，據有今湖北、湖南地方。後為荊州牧。對當時軍國混戰，採取觀望態度，所據地區破壞較少，中原人前來避難者甚眾。㈡表欲作書與孫權，討逆于時已全據江東：楊明照《抱朴子外篇校箋・下》：按此上文云「孫權」，下稱「討逆」，殊為可疑。考孫策於建安三年轉拜討逆將軍，越兩年即遇刺身死（見《三國志》卷四十六〈吳書・孫策傳〉）。孫權即位後，被表為討虜將軍（見《三國志》卷四十七〈吳書・吳主權傳〉），非因仍其兄之銜也。時禰衡早已被殺（衡被殺於建安三年），劉表何得與之商討作書？是「權」字定誤。《典略》：「余曩聞劉荊州（即劉表）嘗自作書與孫伯符（策字），以稱正平，正平嗤之，言：如是為欲使張子布見乎？」（《三國志》卷五十二〈吳書・張昭傳〉裴《注》引）與此所敘同為一事，則「權」當作「策」，必矣。㈢距中國：距，抵抗。中國，中原。㈣持：孫星衍校云：《藏》本作「柱」，今從舊寫本改。㈤張子布：即張昭，彭城人。善隸書，好學，博覽群籍。漢末大亂，南渡江避難。孫策創業，命他為長史、掌理軍中郎將，文武之事。傳見《三國志》卷五十二〈吳書・張昭傳〉。

【今譯】 「不久，他亡奔荊州，投靠荊州牧劉表，劉表想給孫策寫封信，當時討逆將軍孫策已經完全占據了江東一帶，擁兵百萬，劉表想與孫策結輔車之援，一起抵抗中原的曹操，於是命令諸文士立即起稿，盡思而不得。後來劉表將稿給禰衡看，衡看了說：『如果只想使孫策左右持刀小兒看的話，大概可以使用。倘若讓張昭看見，就太恥辱了。』立即把稿子撕毀丟在地上。」

「表悵然有怪色，謂衡曰：『為了不中芸鋤乎？惜之也！』衡索紙筆，便更書之。

眾所作有十餘通，衡凡一歷視之而已，暗記書之，畢以還表。表以還主，或有錄所作之本㊀也，以比校㊁之，無一字錯，乃各大驚。表乃請衡更作，衡即作成，手不停輟㊂。表甚以為佳，而施用焉。衡驕傲轉甚，一州人士莫不憎恚㊃。而表亦不復堪㊄，欲殺之。或諫以為曹公名為嚴酷，猶能忍容。衡少有虛名，若一朝殺之，則天下游士，莫復擬足於荊楚者也。表遂遣之。」

【今註】㊀本：原來的底稿。㊁比校：即「比較」。㊂輟：停止。㊃憎恚：憎，恨。恚，憤怒。㊄堪：忍受。

【今譯】「劉表悵然有奇怪的樣子，對禰衡說：『為了不中用嗎？可惜啊！』禰衡索取紙筆，便重新書寫。當時眾人所寫的有十多封，禰衡一一看過而已，就根據默記的書寫出來，寫完還給劉表。劉表再把書信還給原來的人，有的曾錄下原稿的，就和禰衡寫的校對，竟沒有一個錯字，於是大家大為驚奇。劉表就請禰衡重新寫信，衡又立即寫成，手不停筆。劉表以為很好，便加以採用。後來，禰衡也就愈來愈驕傲，荊州士人無不憎惡他。而劉表也感到難以忍受，想殺死他。有人諫阻說：『曹操以嚴酷著名，尚能容忍而不殺。禰衡頗有虛名，若一朝殺之，則天下游士沒有人敢再來荊楚了。』於是，劉表把禰衡遣送出境。」

「衡走到夏口㊀，依將軍黃祖㊁，祖待以上賓。祖大兒黃射，與衡偕行㊂，過人墓下，俱讀碑銘，一過而去。久之，射曰：『前所視碑文大佳，恨不寫也。』衡曰：『卿存其名耳，我一覽尚記之。』即為暗書之，末有一字，石缺乃不分明，衡與半字，曰：『疑此當作某字，恐不審也。』射省可㊃。……」

【今註】㊀夏口：古地名，指夏水（漢水下游的古稱）注入長江處。㊁黃祖：漢末擁兵割據者。㊂偕行：相偕而行，「一起」的意思。㊃孫星衍校云：下缺數行。

【今譯】「衡到了夏口，投靠將軍黃祖。黃祖待他如上賓。黃祖的大兒子名叫黃射，有一次與禰衡一起走過某人墓下，俱讀碑銘文字，一過而去。久之，黃射說：『剛才看到的碑文是佳作，可恨沒有抄下來。』禰衡說：『你只記住名字，我卻一看都能記得。』立刻據默記而書寫出來。末了有一個字，碑石缺了，不甚分明，禰衡衡量半字，說：『疑此當作某字。』黃射看了是這樣的。……

「雖言行輕㊀人，密㊁願榮顯。是以高游鳳林㊂，不能幽翳蒿萊。然修己駁刺，迷㊃而不覺。故開口見憎，舉足蹈禍。齎㊄如此之伎倆，亦何理容於天下而得其死哉？猶梟鳴狐嚾㊅，人皆不喜，音響不改，易處何益？」

【今註】㊀雖言行輕：雖，孫星衍校云：《藏》本作「難」，今從舊寫本。輕，輕慢。㊁密：私自。㊂高游鳳林：指與權貴顯達者交往。㊃迷：執迷。㊄齎：懷。㊅梟鳴狐嚾：梟，鴞。嚾，叫。

【今譯】「禰衡雖然言行輕慢傲人，私下還是想要榮貴顯達的。因此他跟貴戚達官交遊，不能隱沒在蒿萊之中。然而他修己駁刺，執迷而不覺悟，所以一開口就被人憎惡，一舉動就遭逢災禍。一個人懷著如此的技倆，又有什麼理由容於天下而死得其所呢？猶如梟鳴狐叫，人人都不喜歡；禰衡言談不改，換了地方又有什麼益處呢？」

「許下，人物之海也。文舉為之主任，荷之足為至到。於此不安，已可知矣。猶必死之病，俞附、越人㈠所無如何；朽木、鉛鋌㈡，班輸、歐冶㈢所不能匠也。而復走投荊楚間，終陷極害，此乃衡懵蔽之効也。蓋欲之而不能得，非能得而弗用者矣。於戲㈣，才士可勿戒哉！」

【今註】㈠俞附、越人：俞附，附一作跗、柎、拊，傳說為黃帝時的良醫。《史記》卷一百五〈扁鵲倉公列傳〉：「上古之時，醫有俞跗。」《正義》引應劭曰：「（俞跗），黃帝時將也。」又《敦煌變文集》卷八引《搜神記》云：「昔皇（黃）帝時有榆（俞）跗者，善好良醫，能回喪東，起死人。」越人，即扁鵲，姓秦，春秋時名醫，傳見《史記》卷一百五〈扁鵲倉公列傳〉。㈡鉛鋌：未經熔化的鉛。㈢班輸、歐冶：班輸，即公輸班，戰國初魯國人，有巧藝，能造雲梯之械，見《墨子・公輸篇》。歐冶，歐冶子，春秋時越人，以善鑄劍聞名。見《吳越春秋》卷四。㈣於戲：嗚呼。

【今譯】「許昌是傑出人物聚集之地。孔融為他推薦任職，扶助他足算是最周到了。而於此不能安，已經可以知道了。猶如患了必死之病，即使是名醫俞跗與扁鵲，又有如何辦法？朽木與鉛鋌，即使是班輸與歐冶，也不能做成器械、鑄成寶劍。而禰衡又走投荊楚之間，最後被殺死，這是禰衡懵蔽的結果。大概想要而又得不到，非能得到的也就不用了。嗚呼才士，能不以此為戒嗎！」

稽生曰：「吾所惑㈠者，衡之虛名也；子㈡所論者，衡之實病㈢也。敢不寤寐指南㈣，投杖於折中乎？」

【今註】㈠惑：疑惑。㈡子：你。㈢實病：實際上的毛病。㈣寤寐指南：寤寐，覺醒。指南，指導。

【今譯】稽生說：「我所迷惑的，是禰衡的虛名；你所迷惑的，則是禰衡實際上的毛病。我豈敢不從你的指導中覺醒過來，投杖於折中嗎？」

詰鮑篇第四十八

【篇旨】　本篇的宗旨，是問疑和批駁鮑敬言的無君論。鮑敬言「無君論」思想大體內容是：一、君主不是「受命於天」的「天子」，而是靠暴力和欺詐取得權力的暴徒和陰謀家；二、黎民百姓所遭受的一切剝削、壓迫、貧困、飢餓、苦役、罪刑、戰亂……等種種苦難，都是君主造成的；三、君主給社會帶來的災難，主要不是由於君主個人的因素，而是由於君主專制制度；四、君主制度是一切社會弊病、百姓災難的根源，消除這種根源必須消除君主制度，再回復到無君的「曩古之世」。鮑敬言並確認：「古者無君，勝於今世。」

我國儒家自古以來就對「立君」特別重視，咸認為「國君」的設置，是「上天」的「兒子」在「代天牧民」。一部《尚書》幾乎全是國君的領導學，儒家崇尚「仁政」。《論語》、《孟子》對國君的要求，幾乎佔了篇幅的大半。一套二十四史，全是國君政治事務的記錄，而司馬光的《資治通鑑》更是指導「國君」修己治人的專書。至於歷代大臣的奏疏、史官的記述，千方百計、連篇累牘、明諫暗喻，其目的亦不外祈盼當時的皇帝能察納雅言、明辨明非，用賢黜佞，做個好「國君」。因而葛洪以堅定的儒家思想為主，站在「護儒」的觀點，站在反面立場，針對鮑敬言「無君論」的看法，提出了問疑與辯正，好借此引伸自己崇儒的觀點而已。

鮑生敬言㈠好老、莊之書，治劇辯㈡之言，以為「古者無君，勝於今世」。故其著論云：「儒者曰：『天生烝民，而樹之君㈢。』豈其皇天諄諄言㈣，亦將欲之者為辭哉㈤？夫彊者凌弱，則弱者服之矣；智者詐愚，則愚者事之矣。服之，故君臣之道起焉；事之，故力寡之民制㈥焉。然則隸屬役㈦御㈧，由乎爭彊弱而校㈨愚智，彼蒼天果無事也。」

【今註】 ㈠鮑生敬言：即鮑敬言。生，古時候對儒者的尊稱。鮑敬言其生平事迹不詳，其書也失傳。唯其無君論，保存在葛洪《抱朴子・外篇・詰鮑篇》中；但被摘引之材料，多屬消極方面指摘君主罪惡的，後人仍難窺其全貌。葛洪書作於東晉元帝建武年間（西元三一七年左右），則鮑當為同時人。 ㈡劇辯：雄辯，激烈的論辯。 ㈢天生烝民，而樹之君：上天創造了眾多的百姓，並替他們樹立君主來統治他們。《左傳》文公十三年：「邾子（文公）曰：『……天生民而樹之君，以利之也。』」（又見《說苑・君道篇》（「民」上有「烝」字））又《左傳》襄公十四年：「（師曠）對曰：『……天生民而立之君，使司牧之。』」（又見《新序・雜事篇・一》）《漢書》卷四〈文帝紀〉：「（二年詔）朕聞之，天生民，為之置君以養治之。」烝，眾。烝民，眾多的百姓。《詩經・大雅・烝民》「天生烝民」毛《傳》：「烝，眾。」 ㈣皇天諄諄言：上天叮嚀告誡的話。諄諄，殷勤教誨之貌；叮嚀告誡。孫星衍校：「言」，舊寫本作「然」。 ㈤欲之者為辭哉：意謂想當國君的人所編造出這樣的言辭呢？辭，指替君主制辯說的言辭。 ㈥力寡之民制：言智力寡少的弱者受制於人。制，受人控制。 ㈦役：役使。 ㈧御：駕御。 ㈨校：通「較」，較量。

【今譯】鮑先生敬言喜好老子、莊子的書籍，研究激烈論辯的言辭，認為「古時候沒有國君，情況遠遠勝過今世。」所以他著文論說道：「儒家人士說：『上天創造了眾多的百姓，並替他們樹立了國君來統治他們。』難道這是上天親自叮嚀告誡的話（設立國君的言論），抑或只是那些想當國君的人所編造出這樣的言辭呢？強者欺凌弱者，那麼弱者無力抵抗，只好屈服於強者他們了；聰明的人詐騙愚笨的人，那麼愚笨的人只好奉事智者他們了。弱者屈服於強者，所以君臣之道就興起了；愚笨的人奉事聰明的人，所以智力寡少的弱者就受制於人了。如此說來，弱者愚者隸屬於強者智者，強者智者奴役駕御弱者愚者，是由於競爭強弱、較量智愚的結果，那和蒼天果真是完全無關的（意謂並無蒼天替人民樹立國君的事）。」

「夫混茫以無名為貴㈠，群生以得意為歡。故剝桂刻漆㈡，非木之願；拔鷸㈢裂翠㈣，非鳥所欲；促轡銜鑣㈤，非馬之性；荷軏運重㈥，非牛之樂。詐巧之萌，任力違真㈦。伐生之根㈧，以飾無用，捕飛禽以供華玩。穿本完之鼻，絆天放之腳㈨，蓋非萬物並生之意。夫役彼黎烝㈩，養此在官，貴者祿厚，而民亦困矣。」

【今註】㈠混茫以無名為貴：天地之初，萬物處於混沌茫昧有實無名，自由自在，因而可貴。混茫，亦作「混芒」，指原始社會天地混沌茫昧，一切尚未分明之際。無名為貴，語本老子《道德經・第一章》：「無名天地之始。」王弼《注》：「凡有皆始於無，故未形無名之時，則為萬物之始。」

㈡剝桂刻漆：桂皮可食，故剝下桂樹皮，製成肉桂藥材；漆汁可用，割刻漆樹之幹，收取漆汁。《莊子‧人間世篇》：「桂可食，故伐之；漆可用，故割之。」㊂鶡：音ㄏㄜˊ，鳥名，雉屬，比雉大，黃黑色，頭有毛冠，性猛好鬥，至死不卻。拔其毛製武士帽，名「鶡冠」，以示英勇。㊃翠：即翡翠，鳥名。其羽毛美麗，可作裝飾品。㊄促轡銜鑣：促使馬兒套上轡繩，銜著馬嚼子。促，使。轡，馬韁。鑣，音ㄅㄧㄠ，馬勒旁的鐵，俗稱馬嚼子。㊅荷軏運重：給牛脖子架上轅木，使之負重。軏，音ㄩㄝˋ，車轅前端支持橫木的重心，架在牲口的背上。㊆任力違真：憑藉暴力，違背人類自然的天性。㊇伐生之根：戕害生命的根本。孫星衍校：《藏》本作「伐根之生」，今從舊寫本。伐，戕害；根，根本。㊈穿本完之鼻，絆天放之腳：指穿牛鼻，絆馬足，釘馬掌。絆，套馬足的繩索。天放之腳，自然的馬腳。㊉黎烝：黎民；百姓。

【今譯】「當天地之初，混沌茫昧，一切尚未分明之際，萬物有實無名，自由自在，因而可貴，眾生民以能夠稱心如意為歡樂。所以剝下桂樹皮，割取漆汁，都不是樹木本身的心願；拔取鶡毛製成武士帽，撕扯翡翠鳥羽來作裝飾品，並不是鳥類的希望；促使馬兒套上韁繩，口銜著馬嚼子，也不是馬的本性；架上橫木，運輸重物，更不是牛的樂事。狡詐機巧之心開始萌生，憑藉暴力，背離天然的本性。戕害生命的根本，用來裝飾無用的東西，捕捉飛鳥以供奢華的娛樂；穿透原本完整的牛鼻子、絆住天生開放的馬蹄，這些大概都不是各種生物同生在世的本意。奴役那些無數的黎民百姓，供養這些身在官位的人，使得尊貴的人俸祿愈是豐厚，人民卻愈陷於困苦。」

「夫死而得生，欣喜無量，則不如向無死也。讓爵辭祿，以釣虛名，則不如本無讓也。天下逆亂焉，而忠義顯矣；六親不和焉，而孝慈彰矣㊀。」

【今註】㊀天下逆亂焉四句：六親，父子、兄弟、夫婦。這四句本老子《道德經・第十八章》：「六親不和有孝慈，國家昏亂有忠臣。」河上公《注》：「六紀絕，親戚不和，乃有孝慈相牧養也。政令不行，上下相怨，邪僻爭權，乃有忠臣匡正其君也。」王弼《注》：「六親，父子、兄弟、夫婦也。」

【今譯】「人死亡之後得以復生，當然會歡欣喜悅到極點，那還不如一向就有生無死。辭讓爵位俸祿，以釣取虛假的名聲，那還不如本來爵位俸祿就低不用辭讓。天下發生了叛逆與動亂，於是忠義之士就能顯示出來了；六親之間不能和睦相處，於是孝順慈祥之輩就能彰顯出來了。」

「曩古之世，無君無臣，穿井而飲，耕田而食，日出而作，日入而息㊀。汎然不繫㊁，恢爾自得㊂，不競不營，無榮無辱。山無蹊徑，澤無舟梁㊃。川谷不通，則不相并兼；士眾不聚，則不相攻伐。是高巢不探，深淵不漉㊄；鳳鸞棲息於庭宇，龍鱗群遊於園池㊅；飢虎可履，虺蛇可執㊆；涉澤而鷗鳥不飛，入林而狐兔不驚㊇。勢利不萌，禍亂不作。干戈不用，城池不設。萬物玄同㊈，相忘於道。疫癘不流，民獲考終㊉。純白在胸，機心不生㊀。含餔而熙，鼓腹而遊㊁。其言不華，其行不飾。安得聚斂以奪民財，安得嚴刑以為坑穽㊂？」

【今註】㊀穿井而飲四句：《論衡・藝增篇》：「傳曰：有年五十擊壤於路者，觀者曰：大哉堯德乎！擊壤者曰：吾日出而作，日入而息，鑿井而飲，耕田而食，堯何等力？」此或葛洪所本。㊁

汎然不繫：謂舟不繫纜，任其隨波飄浮。比喻上古的人沒有任何約束、控制，自由自在的生活著。《莊子・列禦寇篇》：「巧者勞而知者憂，无能者无所求，飽食而敖遊，汎若不繫之舟，虛而敖遊者也。」成《疏》：「唯聖人汎然無係，泊爾忘心，譬彼虛舟，任運逍遙。」 ㊂恢爾自得：心胸寬廣，怡然自得。恢，廣大的樣子。恢爾，廣闊之貌。 ㊃山無蹊徑二句：意謂上古之民陶然自樂，無須翻山渡水，以相交通。《莊子・馬蹄篇》：「故至德之世，其行填填，其視顛顛。當是時也，山无蹊隧，澤无舟梁。」郭《注》：「（填填、顛顛）此自足於內，無所求及之貌。不求非望之利，故止於一家而足。」成《疏》：「蹊，徑；隧，道也。舟，船也。當是時，即至德之世也。人知守分，物皆淳樸，不伐不奪，徑道所以可遺；莫往莫來，船橋於是乎廢。」 ㊄高巢不探二句：意謂上古之世，人民不傷害生物。把水排盡叫漉，深淵不漉就是說不排盡深淵的水來把魚類捕盡。 ㊅龍鱗群遊於園池：楊明照按：「鱗」當作「麟」，字之誤也。「龍麟群遊於園池」者，謂龍遊於池，麟遊於園也。《禮記・禮運篇》：「鳳皇麒麟皆在郊棷，龜龍在宮沼。」《漢書》卷八十七上〈揚雄傳・上〉：「其十二月（永始三年）羽獵，雄從。以為昔在二帝三王，……鳳皇巢其樹，黃龍游其沼，麒麟臻其囿，神爵棲其林。」 ㊆飢虎可履二句：意謂上古人性和悅，即使踐踏飢虎之尾，虎亦不傷人；即使手執毒蛇，毒蛇也不會咬人。虺，音ㄏㄨㄟˇ，蛇類。 ㊇涉澤而鷗鳥不飛二句：《莊子・馬蹄篇》：「夫至德之世，同與禽獸居，族與萬物並。」《莊子・山木篇》：「人獸不亂群，入鳥不亂行。鳥獸不惡，而況人乎？」郭《注》：「若草木之無心，故為鳥獸所不畏。」 ㊈萬物玄同：玄同，謂玄道混同，默然合為一體，無彼此之分。《文子・道原篇》：「無所樂，無所苦，無所喜，無所怒，萬物玄同，無非無是。」 ㊉考終：壽考而死，盡其天年；善終，老死。《尚書・洪範》：「（五福）五曰考終命。」

孔《傳》：「各成其短長之命以自終，不橫夭。」㊂純白在胸二句：純白，指純淨潔白。機心，機變巧詐的心。《莊子・天地篇》：「有機械者必有機事，有機事者必有機心。機心存於胸中，則純白不備。」㊂含餔而熙二句：是說口中嚼著食物，到處嬉戲；吃飽了拍著肚腹，到處遊逛。含餔，口中嚼著食物。熙，嬉戲。《莊子・馬蹄篇》：「夫赫胥氏之時，民居不知所為，行不知所之，含哺而熙，鼓腹而遊（「熙」、「遊」二字當互乙），民能以此矣。」《淮南子・俶真篇》：「當此之時，萬民猖狂，不知東西，含哺而游，鼓腹而熙。」高《注》：「鼓，擊也。熙，戲也。」許《注》：「哺，口中嚼食也。」（《一切經音義》卷一引）《後漢書》卷十七〈岑彭傳〉：「含哺鼓腹，焉知凶災？」李《注》：「哺，食也。鼓，擊也。」㊂嚴刑以為坑穽：設立嚴刑以懲辦人民，如同設陷阱以捕殺野獸。

【今譯】「從前上古時代，沒有國君也沒有臣下。人民掘井飲水，種地吃飯；太陽出來就去耕作，太陽下山就回去休息。人們就像一隻不被繫絆的船兒，在廣闊的天地間無拘無束、自由自在地飄蕩著，沒有競爭沒有營求，沒有榮耀沒有恥辱。山裏沒有小道路徑，湖澤上沒有舟船和橋梁。河流和山谷之間互不相通，就不會出現相互兼併的現象。士民百姓不能聚首一起，就不會互相攻戰。因此，高樹上的鳥巢不被掏搗，深淵裏的潭水不被排盡；鳳鸞敢棲息在庭院中、屋簷下，龍和麒麟敢成群結隊浮遊盤旋在園子裏、池塘中；即使踩到飢餓老虎的尾巴，也不咬人；將毒蛇捉在手裏，也不會傷人；涉水經過湖澤，鷗鳥不會警惕而高飛；進入山林，狐狸兔子也不會受驚而逃走。權勢利益的概念不曾萌發產生，禍患混亂就不會發生。用不著武器，也用不著設置城牆和護城河。天下的萬物混然一體同生，以致相互忘懷於道德之中。瘟疫疾病不會流行，人民都可以享盡天年高壽善終。胸襟純淨潔白坦蕩，不會萌生機變巧詐的念頭。人們口含著食物到處嬉戲，吃飽了拍著肚子到處遊逛。他們說話質樸無華、不浮誇，他們行為不加掩飾與修飾。怎麼會因聚斂搜刮財富而掠奪百姓的錢財，怎麼會為實施嚴刑峻法作為陷阱用來陷害人民呢？」

「降及杪季㊀，智用巧生，道德既衰，尊卑有序。繁升降損益之禮㊁，飾紱冕玄黃之服㊂。起土木於凌霄㊃，構丹綠於棼橑㊄。傾峻搜寶㊅，泳淵採珠㊆。聚玉如林，不足以極其變；積金成山，不足以贍其費。澶漫於淫荒之域㊇，而叛其大始之本㊈。去宗㊉日遠，背朴⑪彌增。尚賢，則民爭名；貴貨，則盜賊起。見可欲，則真正之心亂⑫；勢利陳，則劫奪之塗開。造剡銳之器⑬，長侵割之患。弩恐不勁，甲恐不堅，鋋⑭恐不利，盾恐不厚。若無凌暴⑮，此皆可棄也。」

【今註】 ㊀杪季：猶言末世。杪，樹木的末端。 ㊁繁升降損益之禮：指上下尊卑繁瑣的禮節。意謂對於具體的禮儀規定，歷代有所增損、改動，很是繁瑣。語本《墨子．非儒篇》：「繁登降之禮以示儀」。 ㊂飾紱冕玄黃之服：意謂有了冠帽服飾的規定，以區別等級尊卑。紱冕，禮服與禮冠。紱，古時祭服。冕，古代王侯及卿大夫的禮冠。玄黃，古代帝王之服色「玄衣黃裳」，用來象徵天地，所以叫「玄黃之服」。《易經．坤卦．文言》：「夫玄黃者，天地之雜也，天玄而地黃。」 ㊃凌霄：高空。 ㊄棼橑：樓閣的棟梁、屋椽。棼，音ㄈㄣˊ，短梁。橑，音ㄌㄠˇ，椽子。 ㊅傾峻搜寶：推倒挖剖高山峻嶺，用來搜尋財寶，亦即《抱朴子．內篇．黃白篇》所謂「披沙剖石，傾山漉淵，……以求珍玩」。傾，傾倒。峻，高山。 ㊆泳淵採珠：潛入深淵採收珍珠。 ㊇澶漫於淫荒之域：放縱於荒淫奢靡之境。澶漫，音ㄉㄢˋ ㄇㄢˋ，放縱，濫逸。《莊子・馬蹄篇》：「澶漫為樂。」《釋文》引李頤云：「澶漫，猶縱逸也。」 ㊈叛其大始之本：完全背叛了造物者初始的本原、根本。大始之本，乃萬物之本原，指玄。《抱朴子・內篇・暢玄篇》：「玄者，自然之始祖，而萬殊之大宗也。」 ㊉宗：本原，主旨。《呂氏春秋・下賢篇》：「以道為宗」。 ㊁朴：樸素。 ㊂「尚賢……則真正之心亂」：語本老子《道德經・第三章》：「不尚賢，使民不爭；不貴難得之貨，使民不為盜；不見可欲，使民心不亂。」見可欲則真正之心亂，言看見了可要的東西就迷亂了原本正直的內心。 ㊂剡銳之器：銳利的兵器。剡，音ㄧㄢˇ，尖銳，銳利。《爾雅・釋詁・下》：「剡，利也。」《說文解字》刀部：「剡，銳利也。」 ㊃鈠：古文「矛」字。 ㊄凌暴：謂強凌弱，眾暴寡。

【今譯】 「降及末世，使用智謀萌生機巧；社會上的道德既已衰落、淪喪，於是人群中出現了尊卑貴賤之分的次序；同時地位升降和制度興革的禮儀日見繁瑣，人們穿戴起禮冠和『玄衣黃裳』的禮服。大興土木地建造起高入雲霄的樓閣，用紅綠色彩塗飾棟梁和楹椽；推倒挖剖高山搜尋財寶，潛入深淵採收珍珠。聚集的玉石像樹林一樣多，也不夠用來窮盡他們的需求變化；積累的黃金像座山那般高，也不夠用來供給他們的奢侈費用。放縱於荒淫奢靡的境地，而叛離了造物者初始的本原。離開宗旨日益遙遠，違背淳樸更加厲害。崇尚賢者，於是百姓就爭奪名位了；貴重財貨，於是盜賊便興起了；看見可要的東西，於是原本正直的內心就被迷亂了；權勢利益擺列眼前，於是爭權奪利的大門就打開了。製造了鋒利的武器，助長了侵略宰割的禍患。弓弩唯恐不強勁，鎧甲唯恐不堅固，槍矛唯恐不銳利，盾牌唯恐不厚實。假使世間沒有『強凌弱、眾暴寡』的事，這些武器全都可以拋棄。」

「故曰：『白玉不毀，孰為珪璋？道德不廢，安取仁義？』㈠使夫桀、紂之徒，得燔人，辜諫者㈡，脯諸侯，葅方伯㈢，剖人心㈣，破人脛㈤，窮驕淫之惡，用炮烙之虐㈥。若令斯人並為匹夫，性雖凶奢，安得施之？使彼肆酷恣欲，屠割天下，由於為君，故得縱意也。」

【今註】㈠「白玉不毀」以下四句：見《莊子・馬蹄篇》。珪、璋，都是玉器名。上尖下方為珪，半珪為璋。㈡得燔人，辜諫者：燔，焚燒。燔人，將人燒死。辜諫者，謂加罪於諫者；辜解作「罪」。商紂無道，在銅柱下燃炭來燒殺生人，叫「炮烙之刑」。比干進諫，紂挖其心。《淮南子・俶真篇》：「逮至夏桀、殷紂，燔生人，辜諫者。」此葛洪所本。㈢脯諸侯，葅方伯：脯諸侯，殺死諸侯，製成肉脯。脯，脯醢，古代一種酷刑，將屍體架起，讓風吹日曬成乾肉。葅方伯，殺死諸侯之長，製成肉醬。葅，葅醢，古代一種酷刑，把人剁成肉醬。方伯，一方諸侯之長。據《史記》卷三〈殷本紀〉的記載：商紂王曾「脯鄂侯」、「醢九侯」。㈣剖人心：商紂淫亂不已，比干強諫，商紂便剖比干，觀其心。見《史記》卷三〈殷本紀〉。㈤破人脛：脛，膝以下至腳跟的部分。據載：商紂見有冬月清晨涉水者，謂其脛耐寒，斬而視之。㈥炮烙之虐：據載：商紂曾以炭燒銅柱，令人爬行柱上，則墮炭上而被燒死，名曰炮格之法。後世易「格」為「烙」。虐，暴虐，此處用作刑罰。

【今譯】「所以莊子說：『如果原來的白玉不毀掉，拿什麼做成珪璋呢？如果道德不廢弛，從那裏去取得仁義？』讓那些夏桀、商紂之輩能夠用火燒人，加罪於忠言進諫之臣，將諸侯殺死做成肉脯，將一方的諸侯之長殺死剁成肉醬，挖剖人心，斬斷人腿，極盡驕奢淫逸的罪惡，甚至採用炮烙那種暴虐的刑罰。假如讓這些人也都只是普通平民，性情即使凶暴驕奢，又怎麼能夠幹這些壞事呢？使他們肆無忌憚地殘酷、恣意為所欲為，屠殺宰割天下人，就是由於他們做了君主，因此得以縱意妄行。」

「君臣既立，眾慝日滋㊀。而欲攘臂㊁乎桎梏㊂之閒㊃，愁勞於塗炭之中㊄；人主憂慄㊅於廟堂之上，百姓煎擾乎困苦之中，閑㊆之以禮度㊇，整之以刑罰；是猶闢滔天之源㊈，激㊉不測之流，塞之以撮壤[十一]，障之以指掌[十二]也！」

【今註】㊀眾慝日滋：各種邪惡之事日甚一日。慝，邪惡。滋，增長。㊁攘臂：振動手臂，或捲起衣袖，伸出手臂。㊂桎梏：刑具，亦即腳鐐手銬，在手曰梏，在腳曰桎。也比喻一切束縛人的東西。㊃閒：同「間」。㊄愁勞於塗炭之中：意謂在極端困苦的生活當中憂愁勞動不已。塗炭，爛泥與炭火，比喻生活極端困苦。㊅憂慄：憂懼。《莊子・在宥篇》：「天下脊脊大亂，罪在攖人心。故賢者伏處大山嵁巖之下，而萬乘之君憂慄乎廟堂之上。」《爾雅・釋詁・下》：「慄，懼也。」㊆閑：限制；防範；約束。㊇禮度：禮節制度。㊈闢滔天之源：打開了滔天之水的源頭。闢，開。滔天，漫天的大水，形容水勢之大。㊉激：阻當。[十一]撮壤：一撮的土，言其微少。[十二]指掌：掌上一指。

【今譯】「君臣的關係既已建立確定，各種邪惡的事情也就日漸滋生。而人們要想在桎梏枷鎖之間振臂呼嚷，在極端困苦的生活當中憂愁勞動不已；國君在朝廷之上憂慮恐懼，百姓在困苦當中受盡煎熬，然後用禮節制度來加以防範，用刑罰來加以整治；這就好像打開了滔天之水的源頭，激起了一個深不可測的波流，才想到用一小撮的土去塞住它，用手掌上的一指去擋住它一樣。」

抱朴子難曰：「蓋聞沖昧㊀既闢，降濁升清㊁，穹隆仰燾㊂，旁泊俯停㊃。乾坤定位㊄，上下以形。遠取諸物，則天尊地卑，以著人倫之體㊅；近取諸身，則元首股肱，以表君臣之序㊆。降殺之軌㊇，有自來矣。」

【今註】 ㊀沖昧：天地原始的混沌狀態。沖，虛而無物。昧，暗而不明。 ㊁降濁升清：即濁氣下降為地，清氣上升為天。 ㊂穹隆仰燾：謂天。穹隆，高大，指天。燾，同「幬」，覆蓋。仰燾就是在上面覆蓋著。 ㊃旁泊俯停：謂地。旁泊，即旁薄，廣大的樣子，這裏指地。停，靜止。俯停，是說大地在下面安靜不動。 ㊄乾坤定位：乾為天，坤為地。乾坤，《易經》中的兩個卦名，指陰陽兩種對立勢力。陽性的勢力叫做乾，乾之象為天；陰性的勢力叫做坤，坤之象為地。引申為天地、日月、男女、父母、世界的代稱。 ㊅天尊地卑二句：依據天尊地卑的形象，確定了人世倫理的體制及原則。《易經・繫辭・上》：「天尊地卑，乾坤定矣；卑高以陳，貴賤位矣；動靜有常，剛柔斷矣。」 ㊆元首股肱二句：用人身體部位來作比喻：由人的頭部和四肢就表明了君臣間的次序——先君後臣。元首，頭部，比喻君主。股，大腿；肱，臂膊，比喻臣子。《尚書・益稷》：「元首明哉，股肱良哉，庶事康哉！」孔《傳》：「先君後臣，眾事乃安，以成其義。」 ㊇降殺之軌：由上而下依次降低的法度。降殺，由上而下地分等級。殺，衰，等差。軌，法度。

【今譯】 抱朴子辯駁說：「似乎聽說天地原始混沌狀態初開以後，濁物下降為地，清氣上升為天，天在上面覆蓋萬物，大地在下面靜止不動。天地定位了，上下的關係也因此而形成。拿遠處事物的道理來取法，那麼天尊處上，地卑處下，這就顯現了人間倫理的體制；拿近處自己身體的部位來取法，那麼人的頭和四肢，就表明了君臣間的秩序。由上而下依次降低等級的法度，是有所由來的。」

「若夫太極混沌，兩儀無質㊀，則未若玄黃剖判㊁，七耀㊂垂象，陰陽陶冶，萬物群分也。由茲以言，亦如鳥聚獸散㊃，巢棲穴竄㊄，毛血是茹㊅，結草斯服。入無六親之尊卑，出無階級之等威㊆。未若庇體廣廈，稉㊇粱嘉旨㊈，黼黻綺紈㊉，御冬當暑，明辟莅物⑪，良宰匠世⑫，設官分職，宇宙穆如⑬也。」

【今註】 ㊀兩儀無質：意謂天地尚未成體以前的混沌狀態。兩儀，指天地。 ㊁玄黃剖判：天地開闢；亦即天地既分的意思。天玄地黃，故以玄黃代指天地。剖判，分開。《易經・坤卦・文言》：「夫玄黃者，天地之雜也，天玄而地黃。」《正義》：「天色玄，地色黃。」 ㊂七耀：即七曜，指日、月及金、木、水、火、土五星。 ㊃如鳥聚獸散：意謂上古之人像鳥獸那樣自由自在地聚合與分散。「如」舊作「知」，繼昌校舊寫本作「如」，今據改。 ㊄巢棲穴竄：如鳥棲於巢中，如獸藏於洞穴內。 ㊅毛血是茹：連毛帶血地生食獵物。茹，食；吃。《禮記・禮運篇》：「未有火化，食草木之實，鳥獸之肉，飲其血，茹其毛。」 ㊆等威：不同等級的威儀。《左傳》宣公十二年：「貴有常尊，賤有等威。」杜預《注》：「威儀有等差。」 ㊇稉：音ㄍㄥ，粳米。 ㊈嘉旨：美味。 ㊉黼黻綺紈：指四時各色衣服。黼黻，古代之禮服；或指古代禮服上所繡飾的文彩。綺，有花紋的絲織品。紈，細白的絹綢。㊁明辟莅物：聖明的君主統治天下。辟，君主。《爾雅・釋詁・上》：「辟，君也。」明辟，明君。莅，臨。物，眾。㊂良宰匠世：賢良的官吏料理世務。孫星衍曰：「匠」舊寫本作「匡」。㊂穆如：和悅，和諧，德化盛美。

【今譯】「至於說原始狀態混沌為一，天與地的實體都還不存在的時候，那就不如玄天黃地分開，日月和五星高懸天際向人們顯示徵兆，陰陽二氣相互陶冶，造就了萬物分門別類的景象。由此來說，上古的人像鳥獸那樣自由自在地聚合與分散，在樹上築巢，或在洞穴中藏身；連毛帶血的生吃獵物，編結草葉當作衣服。在內沒有親屬間的尊卑關係，在外沒有不同等級間的威儀。還不如住在高大的房室之內遮蔽身體，吃著粳稻小米及美味嘉餚，穿著繡飾文彩的綢緞綾絹衣服，既能抗禦冬寒，又能抵擋暑熱；上有聖明的君主統治天下，下有賢良之臣治理世務，設立官府，劃分職司，天下就和諧太平了。」

「貴賤有章，則慕賞畏罰；勢齊力均，則爭奪靡憚㊀。是以有聖人作，受命自天。或結罟以畋漁㊁，或瞻辰而鑽燧㊂，或嘗卉以選粒㊃，或構宇以仰蔽㊄。備物致用㊅，去害興利，百姓欣戴，奉而尊之。君臣之道，於是乎生，安有詐愚凌弱之理？」

【今註】㊀靡憚：謂有恃無恐。㊁結罟以畋漁：傳說伏犧氏開始教民結網捕魚田獵。罟，網罟。畋，打獵。漁，捕魚。㊂瞻辰而鑽燧：傳說燧人氏上觀星辰，發現了鑽木取火的方法。《尸子》：「燧人上觀辰星，下察五木以為火也。」（《藝文類聚》卷八十、《太平御覽》卷八六九引。）

「瞻」本作「贍」，依楊明照校改。辰，星辰。燧，古代取火器。《淮南子‧本經篇》：「鑽燧取火。」　㊃嘗卉以選粒：傳說神農氏嚐百草，教民播種五穀。卉，草。選粒，選種子。　㊄構宇以仰蔽：傳說有巢氏教人構木為巢，以蔽風雨。《韓非子‧五蠹篇》：「上古之世，人民少而禽獸眾，人民不勝禽獸蟲蛇，有聖人作，搆木為巢以避群害，而民悅之，使王天下，號曰有巢氏。」構宇，建造房屋。宇，居處。　㊅備物致用：備萬物加以使用。語見《易經‧繫辭‧上》。

【今譯】「有了顯貴和卑賤的章法，那麼人們就會羨慕賞賜、畏懼責罰；如果彼此勢均力敵，那麼雙方爭奪起來就會有恃無恐、肆無忌憚。因此就有聖人產生，他們受命於天上：有的教人結網打獵捕魚，有的上觀星辰而教人鑽木取火，有的親嚐百草選取種子而教人播種五穀，有的教人構造房屋以便遮蔽風雨。準備好萬物以便使用，消除禍害，興辦福利的事業；因此老百姓高高興興地擁戴他們、尊奉他們。君臣之道，於是就產生了，怎麼會有詐騙愚者、欺凌弱者的道理呢？」

「三、五迭興㊀，道教㊁遂隆，辯章勸沮㊂，德盛刑清。明良之歌㊃作，蕩蕩之化㊄成。太階既平㊅，七政㊆遵度，梧禽激響於朝陽㊇，麟、虞㊈覿⑩靈而來出，龜、龍吐藻於河湄⑪，景、老摛耀於天路⑫，皇風振於九域⑬，凶器戢乎府庫⑭。是以禮制則君安，樂作而刑厝⑮也。」

【今註】　㊀三、五迭興：三皇、五帝相繼興起。三、五，指三皇、五帝。都是傳說中的上古帝王。　㊁道教：道德教化。　㊂辯章勸沮：辨別彰明，勸善懲惡。辯章，同「辨章」，亦即《尚書‧

堯典》中的「平章」，意謂辨別彰明。「辯」，通「辨」。勸沮，勸勉與阻止。沮，同「阻」，勸阻。㊃明良之歌：為舜臣皋陶所作的歌。亦指《尚書・益稷》所載之歌，曰：「元首明哉，股肱良哉，庶事康哉！」明良，指聖明之君、忠良之臣。㊄蕩蕩之化：廣大的教化。孔子讚美堯德的偉大說：「大哉堯之為君也！……蕩蕩乎，民無能名焉！」見《論語・泰伯篇》。㊅太階既平：太階，星名。共六星組成，兩兩並排而斜上如階梯。亦即北斗七星中第一星以下的六星。分上階、中階、下階，各有上下二星。封建迷信認為上階象天子，中階象諸侯、公卿、大夫，下階象士、庶人。星相家認為三階平則陰陽和、風雨時，天下安樂，是謂太平。所以「太階平」，就是象徵天下太平。說詳《漢書》卷六十五〈東方朔傳〉顏《注》引《黃帝泰階六符經》。㊆七政：即七曜，指日月及五星。㊇梧禽激響於朝陽：鳳凰朝陽而鳴。象徵賢者在朝。梧禽，即鳳凰。鳳凰非梧桐不棲，所以叫梧禽，山的東面叫朝陽。《詩經・大雅・卷阿》：「鳳皇鳴矣，于彼高崗；梧桐生矣，于彼朝陽。」㊈麟、虞：指麒麟和騶虞。相傳兩個都是仁獸。封建迷信認為有感帝王仁德，因而麒麟、騶虞等祥瑞之獸都出現了。㊉覿：音ㄉㄧˊ，見，引伸為「出現」。(十一)龜、龍吐藻於河湄：表示吉祥的靈龜、神龍也出現於水邊吐出華麗的紋藻。河湄，河邊；水邊；河岸。湄，水草交聚之處。(十二)景、老摛耀於天路：景星、老人星也在天空放出了光明。古人認為景星、老人星都是瑞星，出現則治平，主人長壽。景，指景星。老，指老人星，即南極星。摛耀，光明四射。摛，散布。(十三)皇風振於九域：帝王的德化遍布天下。皇風，指帝王的德化。九域，猶九州，傳說中的我國中原上古行政區劃，後泛指中國。(十四)凶器戢乎府庫：刀槍入庫。意謂沒有戰事。兇器，指兵器。戢，收藏。(十五)刑厝：刑罰不用。厝，廢；停。

【今譯】「三皇、五帝相繼興起，道德教化因而隆盛。有分辨有表彰，有勸勉有阻止，德化繁盛，刑罰清明。頌揚賢君良臣的『明良之歌』（「元首明哉，股肱良哉」）創作了，於是成就了廣大的教化。天上的太階六星顯示了天下太平，日月五星「七曜」都能遵循律度正常的運行。鳳凰在朝陽之下發出激越的鳴叫，麒麟和騶虞兩種仁獸都出現了。靈龜和神龍在河邊吐出華麗的紋藻，景星和老人星兩顆瑞星在天空中發出明亮的光輝。帝王的德化、恩澤遍布於天下，刀槍兵器都收藏到倉庫裏。因此，禮的制度建立起來，君主的地位就安定了，音樂興起，刑罰就可以廢棄不用了。」

「若夫奢淫狂暴，由乎人已，豈必有君便應爾乎？而鮑生獨舉衰世之罪，不論至治之義，何也？且夫遠古質朴，蓋其未變，民尚童蒙，機心㊀不動。譬夫嬰孩，智慧未萌，非為知而不為，欲而忍之也。若人與人爭草萊㊁之利，家與家訟巢窟㊂之地，上無治枉㊃之官，下有重類之黨㊄，則私鬪過於公戰，木石銳於干戈。交尸布野㊅，流血絳路㊆。久而無君，噍類㊇盡矣。」

【今註】　㊀機心：指機巧、變詐之心。《淮南子．原道篇》：「故機械之心藏於胸中。」高《注》：「機械，巧詐也。」　㊁草萊：雜生的叢草，意謂荒蕪之地。　㊂巢窟：鳥獸居處，借指人們藏身之所。蓋上古無房屋，故稱巢窟。　㊃治枉：治理枉曲，審理枉曲。　㊄重類之黨：偏重、袒護同族或同類利益的人們。黨，指其親屬、鄉黨或同類。　㊅交尸布野：形容殺人眾多。　㊆流血絳路：流血之多，將道路都染紅了。絳，深紅色。　㊇噍類：原謂能飲食的動物，在此特指活著的人。噍，音ㄐㄧㄠˋ，咬，嚼，食。

【今譯】「至於驕奢淫逸、瘋狂暴虐，只是由於各人的稟性所致而已。難道一定是由於有了君主就應該如此呢？而鮑先生唯獨舉出那些衰敗時代的罪責，不論太平治世時的情況，是為什麼呢？況且遠古時代風氣質樸，是因為社會還沒有發生變化，人民還處在童年蒙昧的階段，機巧之心還沒有生成。就像是個嬰孩，智慧還沒萌發，並不是知道而不去做，想要卻又忍住了。倘若人與人之間為一棵雜生叢草般的小利而爭奪，家與家之間為鳥巢獸窟般的藏身之地而打官司，上面沒有治理枉曲的官員，下面卻有偏向、袒護同族或同類利益的同伙，那麼私人的毆鬥遠超過公家的戰爭，木棍石塊的銳利傷害也會勝過干戈兵器。屍體布滿了原野，流血染紅了道路。假使長此以往而無君主，人類將會滅絕殆盡了。」

「至於擾龍馴鳳㈠，《河圖》《洛書》㈡，或麟銜甲負㈢，或黃魚波湧㈣，或丹禽翔授㈤，或回風三集㈥，皆在有君之世，不出無王之時也。夫祥瑞之徵，指發玄極㈦，或以表革命之符㈧，或以彰至治之盛。若令有君不合天意，彼嘉應之來，孰使之哉？子若以混冥㈨為美乎？則乾坤不宜分矣；若以無名㈩為高乎？則八卦(十一)不當畫矣。豈造化(十二)有謬，而太昊(十三)之闇(十四)哉？」

【今註】㈠擾龍馴鳳：馴養龍鳳。擾龍，使龍馴服。相傳帝堯時有董父「實甚好龍，能求其耆欲以飲食之，龍多歸之，乃擾畜龍，以服事帝舜」；號豢龍氏。見《左傳》昭公二十九年。馴鳳，相傳黃帝時鳳凰巢於阿閣，帝堯時鳳凰止於庭。見《尚書中候》。此處均視龍鳳為祥瑞之物。㈡《河圖》《洛書》：《易經．繫辭．上》：「河出圖，洛出書。」相傳伏犧氏王天下，龍馬負圖出於河，伏羲因則其文以畫八卦，故名曰《河圖》。相傳大禹治水，洛龜負書於背，有數至九，禹因而以第之以成九疇，故名曰《洛書》。㊂鱗銜甲負：「鱗」，《藏》本、魯藩本、吉藩本作「鱗」。疑當作「麟」，指龍。《尚書中候》：「堯時，龍馬銜甲，赤文綠色。」即是「鱗銜」，指龍銜圖。甲，指龜。甲負，指龜負書。㊃黃魚波湧：《尚書中候》載曰：「天乙（湯）在亳，東觀乎雒，黃魚雙躍，出躋于壇，化為黑玉。」（《文選》卷三十一江淹〈雜體詩三十首・擬袁淑詩─袁太尉〉李《注》引）黃魚，此處作祥瑞之物。《帝王世紀》稱，湯東觀，沉璧於洛，獲黃魚黑玉之瑞，於是始受命稱王。㊄丹禽翔授：謂赤雀銜丹書授文王。《尚書中候》：「季秋之月甲子，赤雀銜丹書入豐，止於昌（《史記》卷四〈周本紀〉：「公季卒，子昌立，是為西伯。西伯曰文王。」）户，再拜稽首受。」（《詩經・大雅・文王・序》《正義》、《周禮・春官》賈《疏》、《公羊傳》隱公元年徐《疏》引）丹禽，指赤鳥。㊅回風三集：回風，旋風，暴風。依據《六韜》佚文（《通典》卷一六二、《太平御覽》卷三二八引）、《史記》卷三十二〈齊太公世家〉及《淮南子・覽冥篇》，得知：武王伐紂，曾遇汜水、孟津、牧野三地風暴，故曰「回風三集」。㊆指發玄極：意旨出於上天。指，通「旨」。玄極，謂至高之天。㊇表革命之符：表示朝代更替的徵兆。革命，實施變革以順應天命，意謂將建立新的王朝。㊈混冥：亦作「混溟」，同「混茫」，指混沌茫昧的時候。㊉無名：亦指天地開闢前之狀態。老子《道德經・第一章》：「無名，天地之始；有名，萬物之母。」㊁八卦：《易經》中的八種基本圖形。《易傳》作者認為八卦主要象徵天、地、雷、風、水、火、山、澤八種自然現象。㊂造化：指天地。《淮南子・原道篇》：「乘雲陵霄，與造化者俱。」高《注》：「造化，天地。」《淮南子・本經篇》：「與造化者相雌雄。」高《注》：「造化，天地也。」㊃太昊：即伏犧氏。相傳伏犧畫卦。㊃闇：同「暗」，愚昧不明。

【今譯】「至於馴養龍鳳，黃河出圖，洛水出書，或是龍馬銜圖、靈龜負書，或是黃魚從波浪中躍起，或是赤雀銜丹書授予文王，或是武王伐紂時遭遇三次風暴，這些全都出現在有國君的時代，而不出現在沒有帝王的時候。祥瑞的徵兆，意旨出於上天；有的是表明將要改朝換代的符命，有的是用來表彰治理最好的盛世。如果有國君不符合天意的話，那麼這些祥瑞徵兆的到來出現，是誰使之呈現出來的呢？你若認為混沌蒙昧是美好的嗎？那麼天地就不應該分開了；如果認為原始的狀態——無名——是最高尚的，那麼八卦就不應當畫了。難道造化主——天地本有謬誤，而伏犧氏也愚昧不明嗎？」

「雅論㊀所尚㊁，唯貴自然。請問夫識母忘父，群生之性也；拜伏之敬，世之末飾㊂也。然性不可任，必尊父焉；飾不可廢，必有拜焉。任之廢之，子安乎？古者生無棟宇，死無殯葬，川無舟檝㊃之器，陸無車馬之用。吞啖毒烈㊄，以至殞斃。疾無醫術，枉死無限。後世聖人，改而垂㊅之，民到于今，賴其厚惠。機巧之利，未易敗矣。今使子居則反巢穴之陋，死則捐㊆之中野；限水㊇則泳之游之㊈，山行則徒步負戴㊉；棄鼎鉉[十一]而為生臊之食，廢針石[十二]而任自然之病；裸以為飾，不用衣裳；逢女為偶，不假行媒。吾子亦將曰不可也。況於無君乎！」

【今註】㊀雅論：高雅之論，指鮑敬言的觀點。㊁尚：崇尚；推崇。㊂世之末飾：楊明照按：「世之末飾」，疑當乙作「末世之飾」，始合文意。蓋謂拜伏之禮，起於後代，上古無有也。㊃

檝：同「楫」，船槳。㈤吞啖毒烈：意謂誤食有毒之物。啖，吃。㈥垂：流傳。㈦捐：《說文解字》手部：「捐，棄也。」㈧限水：限於水；即被水所阻隔。㈨泳之游之：《詩經・邶風・谷風》：「就其淺矣，泳之游之。」鄭《箋》：「潛行為泳。」朱《注》：「潛行曰泳，浮水曰游。」㈩負戴：背負而首戴。負，謂負於背。戴，謂戴於首。㈡鼎鉉：烹飪所用的器具。鼎，古時烹調食物的器具；鉉，舉鼎的工具。㈢針石：針灸。用針和藥石治病。這裏指醫術。

【今譯】「您高雅言論所崇尚的，只是以自然為可貴。那麼請問：記得母親而忘記父親，這是群生的本性；跪拜俯伏的禮敬，那是後代、末世的修飾。然而不能放任本性、任情而為，必須尊敬父親；禮儀修飾不可荒廢，所以一定得要有跪拜的動作。如果放任本性，荒廢禮儀，你能夠安心嗎？古時候人活著沒有房子住，死了也不停柩下葬；渡越江河沒有舟船槳楫的器具，行於陸地沒有車馬可用。有時吞食了劇毒的東西，以致於死掉。疾病缺乏醫術治療，冤枉而死的人不計其數。後世有了聖人，改變了這種情況並流傳下來，百姓到今天還依賴這巨人的恩惠。所以機巧智慧給人類的福利，是不能輕易廢棄的。假如現在讓您住回古代簡陋的巢穴裡去，死了就將屍體丟棄在荒野；遇到水的阻隔就游泳渡過，逢著山路就背扛頭頂著東西徒步走去。放棄用鼎鑊烹煮而去吃生臊的食物，有病並不用針灸藥石治療而任其自然發展。裸露身體當作裝飾，不穿衣服；遇到女人就結為配偶，不求媒人。您也將會說不行吧！更何況沒有國君呢！」

「若今上世人如木石，玄冰㈠結而不寒，資㈡糧絕而不飢者，可也。衣食之情，苟在其心，則所爭豈必金玉？所競豈必榮位？橡芧㈢可以生鬩訟，藜藿㈣足用致侵奪矣。夫有欲之性，萌於受氣之初㊄；厚己之情，著於成形之日㊅。賊殺并兼，起於自然。必也不亂，其理何居？」

【今註】 ㊀玄冰：很厚的冰。冰厚則色深，故曰玄冰。玄，深。 ㊁資：舊作「肴」，從馬總《意林》引改正。 ㊂橡芧：即橡栗、橡實、櫟實，荒年可以充飢。芧，音ㄒㄩˋ，《藏》本作「茅」，因形近而訛，今從舊寫本。 ㊃藜藿：野菜和豆角的葉子。藜草初生的嫩葉可食。藿，豆角的葉子。 ㊄有欲之性二句：人生之欲望乃與生俱來。 ㊅厚己之情二句：厚待於己之情乃是天然生成的。

【今譯】 「如果讓上古之人要像樹木石頭一樣，凍結了厚冰不覺得寒冷，糧食沒了也不感到飢餓，這才可以做到無君的主張呢！如果心中老是存有想要吃飽穿暖的念頭，那麼所競爭的豈止是金玉？所搶奪的又豈止是名譽地位呢？其實，一棵橡實就可以產生打鬥訴訟，野菜和豆葉夠吃時也會導致侵佔掠奪。人生各種欲望的性情，在人受氣之初就萌生了；自私自利厚待自己的情感，在人的生命剛剛成形之時就已存在了。因此殘殺人命、吞併財產，乃是自然產生的事。一定要讓它不混亂，這是什麼道理呢？」

「夫明王在上，群后㊀盡規，坐以待旦㊁，昧朝旰食㊂。延誹謗以攻過㊃，責昵屬之補察㊄。聽輿謠以屬省㊅，鑒履尾而夕惕㊆。颺清風以埽穢，厲秋威以肅物。制峻網密㊇，有犯無赦。刑戮以懲小罪，九伐以討大憝㊈。猶懼豺狼之當路㊉，感彝倫之不敘⑪。憂作威之凶家⑫，恐姦宄⑬之害國。」

【今註】 ㊀群后：「群后」和「明王」對舉，則群后指王侯公卿。 ㊁坐以待旦：坐等天明。意謂先王為了朝政教化之事，不能安寐。《孟子・離婁篇・下》：「周公思兼三王，以施四事；其有不合者，仰而思之，夜以繼日；幸而得之，坐以待旦。」趙《注》：「坐以待旦，言欲急施之也。」《偽古文尚書・太甲・上》：「伊尹乃言曰：『先王昧爽丕顯，坐以待旦。』」 ㊂昧朝旰食：天未亮就上朝，很遲才吃飯。旰，晚；遲。《小爾雅・廣言》：「旰，晚也。」 ㊃延誹謗以攻過：接納別人批評的意見，以幫助自己改正過錯。傳說堯置諫鼓，舜設謗木。人民可以敲諫鼓謗木來提意見。《淮南子・主術篇》：「故堯置敢諫之鼓也，舜立誹謗之木。」高《注》：「書其善否於表木也。」延，接納。 ㊄責昵屬之補察：責成親近的人補其愆過並觀察朝政之得失。昵屬，親近的人。《玉篇・日部》：「暱，女栗切。親近也。昵，同上。」《左傳》襄公十四年：「自王以下，各有父兄子弟，以補察其政。」杜《注》：「補其愆過，察其得失。」 ㊅聽輿謠以屬省：傾聽輿論民謠來自我省察。周時有采詩之官，太師陳詩以觀民風。聽了這些歌謠，從人民的反映裏就知道政治的得失。輿，輿誦；輿論。謠，歌謠；謠言。屬省，非常認真地思考；反省；省察。 ㊆鑒履尾而夕惕：以踐踩到老虎的尾巴作為借鑒，應該早晚警惕戒懼。履，踐踏。尾，指虎尾。《易經・履卦》：「六三，……履虎尾，咥人，凶。」《正義》：「以此履虎尾，咥齧於人，所以凶也。」夕惕，夜晚十分謹慎小心，形容戒慎恐懼、小心翼翼。 ㊇制峻網密：法制嚴峻和法網嚴密。 ㊈九伐以討大憝：九伐，指朝廷對於行為不端之諸侯的九種討伐辦法，包括削地、撤職、誅滅等。詳見《周禮・夏官・大司馬》。大憝，元凶；首惡；大惡人；大奸惡。 ㊉豺狼之當路：譬喻貪戾的大臣盤踞在朝廷之上。豺狼，比喻貪戾之臣。《漢書》卷七十七〈孫寶傳〉：「（侯）文曰：『豺狼橫道，不宜復問狐狸。』」 (十一)感彝倫之不敘：感慨正常的人倫關係不上軌道。彝倫，正常的人倫。《尚書・洪範》：「天乃錫禹洪範九疇，彝倫攸敘。」　㊂憂作威之凶家：憂慮作威作福的卿大夫擾亂了他的封地。凶，作動詞，解作傷害。家，指卿大夫。《尚書・洪範》：「臣之有作福作威玉食，其害于而家，凶于而國。」　㊂姦宄：歹徒；犯上作亂的人；違法作亂的人；姦邪的人。《國語・晉語・六》：「亂在內為宄，在外為姦。」

【今譯】　「當聖明的君王在上，眾多的王侯公卿群相效法，像周公、文王那樣為國家大事坐待天明，天未亮就上朝，過了時辰才進食。接納別人批評的意見用來糾正過錯，責成親近的人彌補過錯和觀察朝政的得失。傾聽輿論民謠來自我省察，用踐踩虎尾危險狀況作為借鑒，應該早晚保持警惕。像揚起的清風掃除了污穢，像嚴厲的秋威肅清了萬物。法制嚴峻、法網嚴密，對於違犯者絕不寬貸。用刑罰殺戮懲制小罪犯，用九種討伐的辦法來誅滅大惡人。仍然害怕、擔心貪戾的大臣盤踞當道，感慨正常的人倫關係不上軌道。憂慮作威作福的卿大夫擾亂了他的封地，恐怕違法作亂的人禍害國家。」

「故嚴司鷹揚以彈違㊀，虎臣杖鉞於方嶽㊁。而狂狡之變，莫世乏之。而今放之，使無所憚，則盜跖㊂將橫行以掠殺，而良善端拱㊃以待禍。無主所訴，無彊所憑。而冀家為夷、齊㊄，人皆柳惠㊅，何異負豕而欲無臭，憑河㊆而欲不濡㊇，無轡策㊈而御奔馬，棄柂櫓㊉而乘輕舟？未見其可也。」

【今註】　㊀嚴司鷹揚以彈違：嚴厲的官員威武地彈劾違法的官吏。嚴司，嚴厲的官吏。鷹揚，如鷹之飛揚，比喻威武。彈違，彈劾違法的官吏。　㊁虎臣杖鉞於方嶽：威武的武官執掌大斧監督四方諸侯。虎臣，英勇的武官。《詩經・魯頌・泮水》：「矯矯虎臣。」鄭《箋》：「矯矯，武貌。」《正義》：「矯矯然有威武如虎之臣。」杖鉞，執大斧，指執掌征伐之權。方嶽，為一方之長，指四方諸侯。㊂盜跖：一作盜蹠，春秋末期人，相傳率數千之眾，橫行天下。㊃端拱：端身拱手。㊄夷、齊：即伯夷、叔齊。孤竹君之二子，被認為是清高廉潔之士。㊅柳惠：春秋魯大夫展禽，食邑柳下，諡曰惠，不慕榮利，亦為著名清高廉潔之士。㊆憑河：徒步涉水，不用舟船渡水。代指游泳。㊇濡：音ㄖㄨˊ，濕。㊈轡筴：馬繮繩、馬鞭。筴，同「策」，馬鞭。㊉柂櫓：駕船的用具：在船尾定方向的叫柂（船舵），在船身搖駛的叫櫓。

【今譯】「因此嚴厲的官員威武地彈劾違法的官吏，威武的武官手執大斧監督四方諸侯。然而狂妄狡詐之徒所興起的事變，沒有那一個時代沒有。假如放任不管，讓壞人無所忌憚、畏懼，那麼盜跖那樣的強盜將會橫行不法、掠財殺人，而善良的人民只能拱手端立等待災禍的到來。沒有君主可以去投訴，沒有強權可以依靠憑藉。而希望每家都像伯夷、叔齊一樣的廉潔，希望每人都像柳下惠一樣的清高，那和揹著豬玀卻想沒有臭味，下水過河卻不想沾濕身體，沒有繮繩和馬鞭卻想駕御奔馬，拋棄船舵和船槳卻想乘坐小船，有什麼區別呢？看不出這樣作是可行的。」

鮑生又難曰：「夫天地之位，二氣範物㊀。樂陽則雲飛，好陰則川處。承柔剛以率性㊁，隨四、八而化生㊂。各附所安，本無尊卑也。君臣既立，而變化遂滋㊃。夫獺多則魚擾，鷹眾則鳥亂。有司㊄設則百姓困，奉上厚則下民貧。壅崇㊅寶貨，飾玩臺榭㊆。食則方丈㊇，衣則龍章㊈。內㊉聚曠女[十一]，外[十二]多鰥男[十三]。採難得之寶，貴奇怪之物，造無益之器，恣不已之欲。非鬼非神，財力安出哉？」

【今註】 ㊀二氣範物：謂陰陽二氣陶冶鑄造了萬物。二氣，指陰陽之氣。㊁承柔剛以率性：承受或者剛健或者柔順而都各遵循自己自然的稟性去做。率，孫星衍校：《藏》本作「卒」，從舊寫本改。率性，儒家倫理思想，謂遵循稟性。《禮記・中庸篇》：「天命之謂性，率性之謂道。」鄭《注》：「率，循也；循性行之是謂道。」㊂隨四、八而化生：⑴隨著四季八節而化育滋生。四，四時。即春、夏、秋、冬四季。八，八節。即立春、立夏、立秋、立冬、春分、夏至、秋分、冬至八個節氣。⑵隨著四象八卦的運行而化育滋生。四、八，指四象與八卦。四象，即金、木、水、火。八卦，指天、地、水、火、風、雷、山、澤。㊃滋：增益，加多。《孟子・公孫丑篇・上》：「若是，則弟子之惑滋甚。」㊄有司：即官吏。古代設官分職，各有專司，因稱官吏為「有司」。《尚書・周書・立政》：「惟有司之牧夫。」㊅壅崇：堆積，積累；囤積。崇，貴重，珍愛。㊆飾玩臺榭：把臺榭裝飾得極為美麗精緻。臺榭，建在高土臺上的敞屋，一般供眺望或遊觀之用。《偽古文尚書・泰誓篇・上》：「惟宮室臺榭陂池侈服。」孔《傳》：「土高曰臺，有木曰榭。」《禮記・月令篇》：「（仲夏之月）可以處臺榭。」鄭《注》：「闍者謂之臺。有木者謂之榭。」㊇食前方丈：是說吃飯時菜餚極多，食物擺了一丈見方。形容豐富、浪費。㊈衣則龍章：穿衣就穿繡飾了各種龍形圖案花紋的衣服。龍章，指帝王的衣服，上面繡著龍紋。㊉內：指宮庭。[十一]曠女：成年而無夫的女子。[十二]外：指民間。[十三]鰥男：成年而無妻的男子。《釋名・釋親屬》：「無妻曰鰥。」

【今譯】鮑敬言先生又辯駁說：「天地之間，陰陽二氣陶冶鑄造了萬物。偏喜陽氣的就像雲一樣飛上天空，偏好陰氣的就像河水一樣匯聚在低處。承受或者剛健或者柔順的稟性各自遵循著去做，並隨著四季八節而化育滋生（或譯作：並隨著四象八卦的運轉而化育滋生）。各自依附在它安然適舒的地方，本來就沒有地位高低之分的。君臣之道確立之後，變化就增多了。食魚的水獺多了，魚就受到了騷擾；捕鳥的老鷹多了，鳥群就會受到騷亂。設置了官吏，百姓就陷入了困境，對上奉獻豐厚，那下面百姓就會貧窮。囤積珍愛財寶貨物，精心裝飾亭臺樓閣；吃飯就要擺滿一丈見方的食物，穿衣就要繡龍花紋的衣服。宮殿內聚集了很多未嫁的女子，外面民間就有許多無妻的單身漢。採集難得的寶貝，推崇珍愛稀奇特異的物品，製造沒有益處的器物，放縱那沒有盡頭的欲望，如果不是鬼也不是神，財力從那裏來呢？」

「夫穀帛積，則民有飢寒之儉；百官備，則坐靡㊀供奉㊁之費。宿衛㊂有徒食之眾，百姓養游手之人。民乏衣食，自給已劇㊃，況加賦斂，重以苦役。下不堪㊄命，且凍且飢。冒法斯濫㊅，於是乎在。王者憂勞於上，臺鼎顰顣於下㊆，臨深履薄㊇，懼禍之及。恐智勇之不用，故厚爵重祿以誘之；恐姦釁之不虞㊈，故嚴城㊉深池以備之。而不知祿厚則民匱㊀而臣騎㊁，城嚴則役重而攻巧㊂。」

【今註】㊀坐靡：無故的消耗。靡，消耗。　㊁供奉：本指以犧牲祀神祭祖，這裏指人民向政府繳納的賦稅。　㊂宿衛：指在宮中值宿擔任警衛者。　㊃劇：艱難；艱辛；繁重；艱難。　㊄堪：

勝。㊅冒法斯濫：違法亂紀，胡作非為。冒法，犯法。斯濫，放肆為非。《論語・衛靈公篇》：「小人窮斯濫矣。」㊆臺鼎顰顣於下：朝廷三公宰輔緊皺眉頭，心情憂愁。臺鼎，即三臺和鼎足，以比三公，用為宰輔之稱。顰顣，音ㄆㄧㄣˊ ㄘㄨˋ，憂愁貌。顰，皺眉；顣同「蹙」，蹙額。㊇臨深履薄：如臨深淵，如履薄冰。形容戒慎恐懼。《詩經・小雅・小旻》：「戰戰兢兢，如臨深淵，如履薄冰。」㊈恐姦釁之不虞：恐怕發生沒有預料到的禍端。姦釁，奸言與瑕隙，引伸為奸邪不軌之事。不虞，意料外之事。㊉嚴城：即高其城牆。嚴，高峻。⑪匱：貧乏。⑫騎：楊明照校曰：陳澧曰：「『騎』當作『驕』。」陳說是。「騎」乃《平津》本寫刻之誤，各本均作「驕」，當據改。⑬攻巧：攻城的技術巧妙。

【今譯】「糧食、布帛囤積如山，人民還得忍受挨餓受凍的節儉生活；百官齊備了，就白白地消耗了百姓向政府繳納賦稅的經費。在宮中值宿的禁衛，有很多是白吃飯的人，百姓所奉養的，正是這些遊手好閒的人。人民本身還缺吃少穿，自我供給已很艱難，何況還要加倍繳納賦稅，承受繁重的苦役。下面的人民實在受不了，又得受凍、挨餓。於是違法亂紀、胡作非為的現象，也就存在了。君王在上憂愁勞碌，三公宰輔大臣在下皺眉蹙額憂煩不已，好像臨深淵、踩薄冰，害怕禍患降臨到面前。惟恐有智謀、有勇力的人不被朝廷所用，所以用高官厚祿來引誘他們；恐怕奸邪不軌的事意料不及興起禍端，於是加高城牆、加深護城河用來防備。卻不知道俸祿愈豐厚，那麼百姓就愈窮困，而官員卻變得愈驕傲了。城池的防備愈加高厚深邃，勞役就愈加繁重，而攻城的技術也就更加巧妙。」

「故散鹿臺之金，發鉅橋之粟㊀，莫不懽然；況乎本不聚金，而不斂民粟乎？休牛桃林，放馬華山㊁，載戢干戈，載櫜弓矢㊂，猶以為泰㊃。況乎本無軍旅，而不戰不成乎？茅茨土階㊄，棄織拔葵㊅，雜囊為幃㊆，濯裘㊇布被㊈，妾不衣帛，馬不秣粟㊉；儉以率物，以為美談。所謂盜跖分財，取少為讓㊁；陸處之魚，相呴以沫也㊂。」

【今註】 ㊀散鹿臺之金二句：鹿臺是殷紂儲存財貨的地方。鉅橋是殷紂貯存糧食的倉庫，周武王滅商，「散鹿臺之財，發鉅橋之粟，以振貧弱萌隸」。見《史記》卷四〈周本紀〉。 ㊁休牛桃林二句：《史記》卷四〈周本紀〉說武王伐紂，平定天下以後，「縱馬於華山之陽，放牛於桃林之虛，偃干戈，振兵釋旅，示天下不復用也」。桃林即桃林塞，在今陝西省潼關以東一帶。 ㊂載戢干戈二句：把兵器收藏起來，把弓箭也裝入袋子裏面，自此天下太平，不必用兵。《詩經．周頌．時邁》：「載戢干戈，載櫜弓矢。」載，乃；於是。戢，收斂。櫜，裝弓矢的袋子。 ㊃泰：過甚。與「否」相對。 ㊄茅茨土階：以茅草蓋屋，以土為臺階。形容居住簡陋。《韓非子．五蠹篇》：「堯之王天下也，茅茨不翦，采椽不斲。」《史記》卷一百三十〈太史公自序〉引司馬談〈論六家要旨〉：「墨者亦尚堯、舜道，言其德行，曰：堂高三尺，土階三等，茅茨不翦，采椽不刮。」 ㊅棄織拔葵：這是春秋時公儀休的故事，言其不與民爭利。公儀休為魯相。《史記》卷一百一十九〈循吏列傳〉說他：「食茹而美，拔其園葵而棄之。見其家織布好，而疾出其家婦，燔其機，云：『欲令農士工女安所讎（售）其貨乎？』」 ㊆雜囊為幃：這是漢文帝的故事。傳說漢文帝非常儉樸，殿前的帷幕是用各地上書的布套縫製成的。見《漢書》卷六十五〈東方朔傳〉。《風俗通義．正失篇》也說文帝「躬自節儉，集上書囊，以為前殿帷」。 ㊇濯裘：指晏子以儉樸著稱。傳說他一件狐裘穿了三十年。語見

《禮記・檀弓篇・下》。 ㊈布被：這是公孫弘的故事。公孫弘為丞相，而用布被。《史記》卷三十〈平準書〉：「公孫弘以漢相，布被，食不重味，為天下先。」《史記》卷一百一十二〈平津侯列傳〉：「弘為布被，食不重肉。」後世以布被喻大臣儉樸的作風。 ㊉妾不衣帛二句：春秋時魯國的季文子不蓄私財，以公儉著稱。《左傳》成公十六年：「范文子謂欒武子曰：『季孫於魯，相二君矣（杜《注》：「二君，宣、成。」），妾不衣帛，馬不食粟，可不謂忠乎？』」又襄公五年：「季文子卒。……無衣帛之妾，無食粟之馬，無藏金玉，無重器備。君子是以知季文子之忠於公室也，相三君矣（宣、成、襄），而無私積，可不謂忠乎？」《國語・魯語・上》：「季文子相宣、成，無衣帛之妾，無食粟之馬。」《說苑・反質篇》：「季文子相魯，妾不衣帛，馬不食粟。」 ⑪盜跖分財二句：《莊子》寓言記載：盜跖曾論盜亦有道，其中有「分均，仁也」一項，與此意通，所以這裏說：「取少為讓。」《莊子・胠篋篇》：「故跖之徒問於跖曰：『盜亦有道乎？』跖曰：『何適而无有道邪！夫妄意室中之藏，聖也；入先，勇也；出後，義也；知可否，知也；分均，仁也。五者不備而能成大盜者，天下未之有也。』」 ⑫陸處之魚二句：到了陸地上的魚，用口吐泡沫相互哈氣。楊明照曰：「沫」當作「沫」。《莊子・大宗師篇》：「泉涸，魚相與處於陸，相呴以濕，相濡以沫，不如相忘於江湖。」（《莊子・天運篇》同）呴，同「㖗」，音ㄒㄩˇ，嘘氣；哈氣。

【今譯】「因此，如果將諸如商紂王鹿臺所藏的金子和鉅橋儲存的糧食散發出去，百姓沒有不高興、不歡欣的。更何況原本就不聚斂金錢、不收繳、徵調糧食呢？效法周武王將軍用的牛放牧於桃林之野，將戰馬放牧於華山之下，於是收藏起兵器，又把弓箭裝入袋中，人民尚且會以為天下太平了。更何況原本就沒有軍隊，並且不用打戰、不用防守呢？用茅草搭蓋屋舍，用泥土築為臺階；放棄自家織布、拔掉自種葵菜；將臣下上書的布囊，製為殿前的帷幕；穿著翻洗過的皮裘，蓋著麻布被子；妾不以絹帛為衣，馬不用糧食作飼料；提倡儉樸以表率天下，人們把這當做一種美談、一種佳話。這就是所說的盜跖分配贓物，拿得少的就算是謙讓；到了陸地上的魚，利用口吐泡沫相互哈氣來勉強維持生命罷了。」

「夫身無在公㊀之役，家無輸調之費㊁，安土樂業，順天分地，內足衣食之用，外無勢利之爭，操杖㊂攻劫，非人情也。象刑之教㊃，民莫之犯。法令滋彰，盜賊多有㊄。豈彼無利性㊅，而此專貪殘？蓋我清靜則民自正㊆，下疲怨則智巧生也。」

【今註】　㊀在公：服務公事；服役公門。《詩經・召南・采蘩》：「夙夜在公。」鄭《箋》：「公，事也。」朱《傳》：「公，公所也。」　㊁家無輸調之費：家中沒有繳納戶稅的費用。漢末及魏、晉時有戶調，每年繳納絹帛若干。輸調，繳納戶稅；指賦稅。輸，輸送穀糧。調，徵調（去聲）布帛。　㊂杖：泛指棍棒，如拿刀動槍。　㊃象刑之教：傳說上古之世無肉刑，僅以特異的服飾象徵五刑，以示恥辱，而推行教化。《慎子》：「有虞氏之誅，以蒙巾為墨，以草纓當劓，以菲履當刖。」《荀子・正論篇》：「治古無肉刑，而有象刑。」象刑，象徵性的刑罰。　㊄法令滋彰二句：意謂法令是用以防止盜賊的，然而法令愈是顯明，盜賊卻愈加增多。語見老子《道德經・第五十七章》。　㊅利性：指爭利、好利、求利的本性。　㊆我清靜則民自正：我喜歡清靜，那麼百姓自然就純正。老子《道德經・第五十七章》：「我無為而民自化，我好靜而民自正。」清靜，心地潔淨，不受外物干擾。

《戰國策・齊策・四》：「晚食以當肉，安步以當車，無罪以當貴，清靜貞正以自虞。」

【今譯】「如果人人自身都不用負擔公門（官府）的徭役，家家都不必繳納户稅的費用，大家安居樂業，順應天地自然的本分。在家中足夠吃穿的用度，在外面和人沒有權勢利害的爭執，這時要他們拿刀動槍去攻打劫奪，終非人之常情。實施象徵性的刑罰，用來推行教化，人民便都不去違犯它。而後世法令愈是顯明，盜賊就愈是增多。難道是古時候的人沒有好利、爭利的本性，而後世的人較為專注於貪婪殘酷。這是由於在上者自身清正潔淨，那麼百姓自然就正——就正道而行了；如果百姓疲憊怨恨，那麼耍智謀、使巧詐就會產生了。」

「任之自然，猶慮凌暴。勞之不休，奪之無已，田蕪倉虛，杼柚之空㈠，食不充口，衣不周身，欲令勿亂，其可得乎？所以救禍而禍彌深，峻禁而禁不止也。關梁㈡所以禁非，而猾吏因之以為非焉；衡量㈢所以檢偽㈣，而邪人因之以為偽焉。大臣所以扶危，而姦臣恐主之不危。兵革㈤所以靜難㈥，而寇者盜之以為難。此皆有君之所致㈦也。」

【今註】㈠杼柚之空：織布機上空空如也，表示被剝削得精光。《詩經・小雅・大東》：「小東大東，杼柚其空。」杼柚，織布機上的梭與軸。杼，織機上持緯線者。柚，織機上持受經線者。空，盡。㈡關梁：指在關口、津梁處設立的稽查、防守機關與官員。關，關口。梁，津梁。指水陸要道關卡。㈢衡量：衡具與量器。㈣檢偽：檢驗虛假。㈤兵革：泛指軍備。㈥靜難：同「靖難」，謂平定禍亂。靜，通「靖」，安定的意思。難，禍難；災難。《後漢書》卷五十八〈蓋勳傳〉：「勳諫曰：『……今不急靜難之術，遽為非常之事。』」 ㈦致：招致；導致。

【今譯】 「聽任自然，還憂慮發生欺凌暴虐的事。何況百姓勞累不休，掠奪不停，田園荒蕪，倉庫空虛；織布機上空無一物；食物填不飽肚子，衣服遮不住身體，想要讓它不發生動亂，難道可能嗎？這正是用來解救禍患而禍患愈深，嚴刑峻法加以禁止而禁止愈是止不住。水陸要道的關口津梁本來是為了防禁非法勾當，然而刁猾的官吏卻利用它來為非作歹；衡具與量器本來是用來檢驗做假的，然而奸邪的人卻利用它來作偽造假。朝廷大臣本來是匡扶危難的，然而奸臣卻惟恐君主不危難；武器裝備本來是用來平定禍亂的，然而流寇匪徒卻盜劫了它去製造災難。這全都是有了君主之後所導致的。」

「民有所利，則有爭心。富貴之家，所利重矣。且夫細民㈠之爭，不過小小㈡；匹夫㈢校力，亦何所至？無疆土之可貪，無城郭之可利，無金寶之可欲，無權柄之可競。勢不能以合徒眾，威不足以驅異人㈣。孰與王赫斯怒㈤，陳師鞠旅㈥，推無讎之民，攻無罪之國，僵尸則動以萬計，流血則漂櫓丹野㈦？無道之君，無世不有，肆其虐亂，天下無邦㈧，忠良見害於內，黎民暴骨㈨於外。豈徒小小爭奪之患邪？」

【今註】 ㈠細民：小民；平民。 ㈡小小：極小；少許。 ㈢匹夫：庶人；平民。 ㈣異人：指奇才異能之士。 ㈤王赫斯怒：君主勃然震怒。語本《詩經・大雅・皇矣》：「王赫斯怒，爰整其旅。」毛《傳》：「旅，師。」鄭《箋》：「赫，怒意。斯，盡也。五百人為旅。」赫，盛怒的樣子。

赫斯猶赫赫然。㊅陳師鞠旅：是說出征以前陳列軍隊，告誓師旅。語本《詩經・小雅・采芑》：「鉦人伐鼓，陳師鞠旅。」毛《傳》：「鞠，告也。」鄭《箋》：「此言將戰之日，陳列其師旅誓告之也。」鞠，告；誓告。鞠旅，猶言誓師。㊆流血則漂櫓丹野：是說戰爭中殺人之多，流的血使盾牌也漂浮起來，原野也染紅了。櫓，通「櫓」，大盾牌。《史記》卷四十八〈陳涉世家〉：「追亡逐北，伏尸百萬，流血漂櫓。」《漢書》卷三十一〈陳勝傳〉：「追亡逐北，伏尸百萬，流血漂鹵。」㊇邦：國。㊈暴骨：謂屍骨暴露。

【今譯】「人民凡有可獲利的事，就會有相爭之心。富貴的家庭可獲利的事更是貴重。小百姓爭奪的不過是小而又小的東西，一般人較量力氣，又能到那裏呢？沒有疆土可以貪求，沒有城郭可加利用，沒有金銀財寶可以獲得，沒有權柄可供競逐。他們的勢力不能夠用來集合眾人，威風不足以驅使奇才異能之士。這怎麼能和帝王勃然大怒，便擺開軍隊、誓師出征，把原本毫無仇恨的人民推上戰場，攻擊沒有罪過的國家，死屍動輒以萬計算，流血可以漂起盾牌、染紅原野相比呢？無道的君主，沒有那個朝代沒有，他們放肆暴虐、胡作非為，天下連邦國都沒有了。忠臣良將被殺害在朝廷之內，黎民百姓拋露屍骨在荒野之外。怎麼會僅僅是小小的爭奪所造成的禍患呢？」

「至於移父事君㊀，廢孝為忠，中令㊁無君，亦同有之耳。古之為屋，足以蔽風雨，而今則被以朱紫，飾以金玉。古之為衣，足以掩身形，而今則玄黃黼黻㊂，錦綺㊃羅紈㊄。古之為樂，足以定人情，而今則煩乎淫聲㊅，驚魂傷和。古之飲食，足以充飢虛，而今則焚林漉淵㈦，宰割群生。豈可以事之有過，而都絕之乎㈧？」

【今註】 ㈠移父事君：意謂將孝敬父母的心轉移於服事君主。 ㈡申令：申述命令。 ㈢玄黃黼黻：彩色的絲帛，繡上各種美麗的圖案與花紋。黼黻，古代官員禮服上繡飾的花紋。 ㈣錦綺：有花紋的絲織品。 ㈤羅紈：細緻潔白的薄綢。 ㈥煩乎淫聲：王國維「乎」校為「手」。語出《左傳》昭公元年：「（醫和）對曰：『……先王之樂，所以節百事也。故有五節，遲速本末以相及，中聲以降，五降之後，不容彈矣。於是有煩手淫聲，慆堙心耳，乃忘平和，君子弗聽也。』」其中，「煩手淫聲，慆堙心耳，乃忘平和」，即此文所本。煩手，指複雜的演奏技巧。淫聲，古指別於傳統雅樂的鄭、衛之音等俗樂，後泛指浮靡不正派的樂調樂曲。《周禮・春官・大司樂》：「凡建國，禁其淫聲、過聲、凶聲、慢聲。」鄭《注》：「淫聲，若鄭、衛也。」 ㈦焚林漉淵：焚燒樹林，以捕野獸；漉乾積淵，以捕魚蝦。漉，使乾涸。 ㈧豈可以事之有過二句：依孫星衍校：這是抱朴子的駁難之辭，誤錄於此。

【今譯】 「至於將孝敬父親的態度轉移於奉事君主，廢棄孝道去做忠臣；然而再三申述命令無視君主的存在，也同時都存在的。古代所蓋的房屋，只要足夠用來遮蔽風雨就可以了，而現在卻要塗覆上紅色紫色，再用黃金美玉裝飾起來。古代所編製的衣服，只要足夠用來掩蓋身體就可以了，而現在卻必須要是彩飾錦繡，並且都必定是絲綢羅綺才可以。古代所演奏的音樂，只要足夠安定人的情感就可以了，而現在卻用複雜的手法技巧演奏浮靡不正派的樂曲樂調，以致驚人魂魄大傷和諧。古代的飲食，只要足夠用來充飢飽虛就可以了，而現在卻焚燒森林、排盡深淵之水，為著捕捉、宰殺各種的生靈。……

（抱朴子說）怎麼可以因為事情當中的有些過失，就全都加以拒絕禁止呢？」

「若今唐、虞㈠在上，稷、禼贊事㈡，卑宮㈢薄賦，使民以時。崇節儉之清風，肅玉食之明禁㈣。質素簡約者，貴而顯之，亂化侵民者，黜㈤而戮㈥之，則頌聲作而黎庶安矣。何必慮火災而壞屋室，畏風波而填大川乎？」

【今註】 ㈠唐、虞：相傳陶唐氏（堯）與有虞氏（舜），皆以揖讓有天下，古以唐、虞時為太平盛世。《論語・泰伯篇》：「唐、虞之際，於斯為盛。」 ㈡稷、禼贊事：后稷、契為其輔佐，處理事務。稷，傳說中周的始祖，堯、舜時為農官，教民種稷與麥。禼，即契。傳說是商的始祖，舜時為司徒，掌管教化。《文選》卷五十九沈約〈齊故安陸昭王碑文〉：「稷、契身佐唐、虞，有大功於天地。」 ㈢卑宮：卑陋的宮室。《後漢書》卷八十下〈文苑列傳・下・邊讓傳〉：「思夏禹之卑宮，慕有虞之土階。」 ㈣肅玉食之明禁：嚴格執行明確禁止珍饈美味。肅，嚴。玉食，珍美之食物。《尚書・洪範》：「臣無有作福作威玉食。」 ㈤黜：貶斥；廢除。 ㈥戮：殺；懲罰。

【今譯】 「如果讓堯、舜在上當君主，后稷和契來輔佐他，住卑陋的宮室、徵收微薄的賦稅，讓人民能按季節耕作。崇尚節儉的清廉風氣，嚴格執行明確禁止珍饈美味。對於質樸素淡、生活簡易節約的人，就給予顯貴尊重他；對於擾亂教化、侵害百姓的人，就予以罷黜並且殺掉他。那麼頌揚之聲就會振響，黎民百姓就安定了。為什麼一定要顧慮火災而毀壞房屋，害怕風浪就填平大河呢？」

抱朴子曰：「鮑生貴上古無君之論，余既駁之矣。後所答余，文多不能盡載。余稍條㈠其論而牒㈡詰㈢之云。」

【今註】㈠稍條：《藏》本、魯藩本、吉藩本、慎本作「抄條」；舊寫本作「條抄」。楊明照按：舊寫本是。以下六段，皆分條先抄鮑生之論，隨即加以詰難也。㈡牒：小簡。㈢詰：音ㄐㄧㄝˊ，尋求，問疑。《說文解字》言部：「詰，問也。」《廣雅・釋詁》：「何、詰、譏、……考，問也。」《抱朴子・外篇・清鑒篇》：「吾子舉論形之例，詰精神之談。」《抱朴子・外篇・安貧篇》：「於是偶俗公子造而詰之曰。」《抱朴子・外篇・博喻篇》：「偏詰其短，則觸物無可。」

【今譯】抱朴子說：「鮑先生推崇上古時代無君的言論，我已經反駁過了。後面所答覆我的文字，由於文字太多不能全部載錄。我現在分條抄錄他的論點，然後寫在小簡上再加以問疑。」

鮑生曰：「人君採難得之寶，聚奇怪之物，飾無益之用，猒㈠無已之求。」

【今註】㈠猒：音ㄧㄢˋ，通「饜」，滿足。《說文解字》甘部：「猒，飽也，足也。」

【今譯】鮑先生說：「國君搜採難得的寶貨，聚集稀奇怪異的物品，裝飾沒有益處的用具，這樣來滿足沒有盡頭的要求。」

抱朴子詰曰：「請問古今帝王，盡採難得之寶，聚奇怪之物乎？有不爾㈠者也。余聞唐堯之為君也，捐金於山㈡；虞舜之禪也，捐璧於谷㈢。疏食菲服㈣，方之監門㈤。其不汔㈥淵剖珠，傾巖刊玉㈦；鑿石鑠黃白之鑛㈧，越海裂翡翠㈨之羽，網瑇瑁㈩於絕域㈡，掘丹青於崏、漢㈢，亦可知矣。」

【今註】㈠爾：如此，這樣。㈡余聞唐堯之為君也二句：捐，棄。陸賈《新語．術事篇》：「舜棄黃金於嶄嵓之山，禹捐珠玉於五湖之淵，將以杜淫邪之欲，絕琦瑋之情。」此葛洪所本。㈢虞舜之禪也二句：《藝文類聚》卷八四、《太平御覽》卷八百六引：「禪」上並有「承」字；「捐璧」，作「抵璧」。《抱朴子．外篇．安貧篇》：「故唐、虞捐金而抵璧」。按：「禪」上當據補「承」字，始能與上句之「為君」相儷。「捐璧」當為「抵璧」之誤。抵，擲的意思。抵璧，意即擲璧於地而毀之。《後漢書》卷八十下〈文苑列傳．下．禰衡傳〉：「因毀以抵地。」璧，古玉器名。《爾雅．釋器》：「肉倍好謂之璧。」邢昺《疏》：「肉，邊也；好，孔也。邊大倍於孔者名璧。」㈣疏食菲服：吃粗糙的飯食，穿單薄的衣服。謂衣食儉樸。疏食，粗糙的食物。菲服，穿著單薄。《小爾雅．廣言》：「菲，薄也。」㈤方之監門：就像是個守門的人。方，比；比擬；比方。監門，守門的人。《韓非子．五蠹篇》：「堯之王天下也，……糲粢之食，藜藿之羹，冬日麑裘，夏日葛衣，雖監門之服養，不虧於此矣。」《荀子．榮辱篇》：「或監門御旅。」楊《注》：「監門，主門也。」㈥汔：音ㄑㄧˋ，同「汽」，水涸；把水排盡。《說文解字》水部：「汽（《類篇》水部、《集韻》九迄並引作汔），水涸也。」《玉篇》水部：「汔，許訖切，水涸也。」《廣韻》入聲九迄：「汔，水涸盡。」㈦傾巖刊玉：推倒山崖挖掘寶玉。《淮南子．原道篇》：「持盈而不傾。」高《注》：「傾，覆也。」刊，開採。㈧鑠黃白之鑛：從鑛石中熔煉出金銀。鑠，融化。黃白之鑛，謂金銀鑛石。《周禮・地官・序官・丱人》鄭《注》:「丱之言礦也。金玉未成器(《說文解字》石部磺字段《注》:「未成器,謂未成金玉。」)曰礦。」《釋文》:「丱,徐(邈)音礦,虢猛反。」「鑛」、「礦」同。㊈翡翠:翠雀之羽毛美麗,可以製為裝飾品。㊉瑇瑁:亦作「玳瑁」,一種龜類動物,產於南海之中,其甲殼光滑可製為裝飾品。㊀絕域:極遠的地方。㊂掘丹青於嶓、漢:到岷山、漢水去挖掘朱砂和青雘。丹青,指丹砂和青雘,兩種可製顏料的礦石。《管子・小稱》:「丹青在山,民知而取之。」岷、漢,岷山、漢水。岷山,一作汶山,亦名沃焦山,在今四川省松潘縣北。漢水,一稱漢江,為長江最大的支流,源出陝西寧縣北嶓冢山,至武漢市漢陽入長江。

【今譯】抱朴子問疑說:「請問從古至今的帝王,全都搜採難得的寶貨,聚集稀奇怪異的物品嗎?也有不這樣做的。我聽說唐堯做國君的時候,把黃金拋棄在山上;虞舜接受禪讓後,把璧玉扔到山谷裏。他們吃粗糙的飯食,穿單薄的衣服,和守門人相差無幾。他們不會排盡潭水、剖取蚌蛤裡的珍珠,不會推倒山崖挖掘寶玉,不會鑿開石頭熔煉出金銀礦藏,不會渡海去割裂翠鳥的羽毛,不會到極遠的地方去網捕瑇瑁,不會在岷山、漢水間去挖掘朱砂和青雘,由此也就可以知道了——可以想見其儉樸了。」

「夫服章㊀無殊,則威重不著;名位不同,則禮物異數㊁。是以周公辨貴賤上下之異式㊂:宮室居處,則有堵雉之限㊃;冠蓋旌旗,則有文物之飾㊄;車服器用,則有多少之制;庖廚供羞㊅,則有法膳之品㊆。年凶災眚㊇,又減撤之。無已之慾,不在有道㊈。子之所云，可以聲桀、紂之罪，不足以定雅論之證也。」

【今註】 ㊀服章：指服裝的顏色及裝飾。可以顯現官員的品級、身分。《左傳》宣公十二年：「君子小人，物有服章，貴有常尊，賤有等威。」杜《注》：「（服章）尊卑別也。（等威）威儀有等差。」 ㊁禮物異數：指由於名分爵位的不同，所用的禮物器數的多少也不同。《左傳》莊公十八年：「王命諸侯，名位不同，禮亦異數。」《正義》：「周禮：王之三公八命，侯、伯七命，是其名位不同也。其禮各以命數為節，是禮亦異數也。」《漢書》卷三十〈藝文志．諸子略〉：「名家者流，蓋出於禮官。古者名位不同，禮亦異數。」 ㊂周公辨貴賤上下之異式：「異」，《藏》本、魯藩本、吉藩本、慎本、盧本、舊寫本、柏筠堂本、文溯本、《叢書》本、《崇文》本作「典」。楊明照按：「典」字是。周公，姬姓，名旦，周文王第四子。采邑在周（今陝西岐山北），故稱周公。輔助武王滅紂，建立周王朝。成王立，周公攝政。曾依據周制，參酌殷禮，「制禮作樂」，定出了一套比較完備的典章制度，稱「周禮」或「周公之典」。《小爾雅．廣言》：「辨，別也。」 ㊃宮室居處二句：意謂古代諸侯的宮室城牆，都有規定的限制。堵雉，古代的城牆，或稱作「垣」，據《左傳》隱公元年杜預《注》：「方丈曰堵，三堵曰雉。一雉之牆，長三丈，高一丈。」古代一般以一丈為板，五板為堵；長三丈，高一丈為雉。但究竟幾尺為板，幾堵為雉，古今說法不一。 ㊄冠蓋旂旗二句：意謂衣冠、車蓋、旂旗上所繪的花紋圖案，都有所規定。 ㊅羞：所進獻的食品。 ㊆法膳之品：依照常法所規定飲食的品級。法膳，猶言常膳，即依常法供給御膳。 ㊇災眚：災殃；禍患。《易經．復卦》：「上六，迷復，凶，有災眚。」孔《疏》：「『有災眚』者，闇於復道，必无福慶，唯有災眚也。」㊈有道：聖明之君主。

【今譯】「如果冠服的顏色及飾物沒有什麼特殊之處，那麼他的威嚴就不顯著；名分爵位不同，那麼所用的典禮之物數目也有不同。所以周公這樣來區別貴賤尊卑不同的典章制度；宮室城牆居處，就有一定大小規格的限制；帽子、車蓋、旌旗，就有圖紋繪飾不同的規定；車輛、服裝、用具，就有數量上多少的制度；庖廚供應飯食，就有依照常規所規定膳食的品級。遇到災荒的年頭，又有所減少或撤消。所以那些沒有止盡的欲望，不會存在於聖明君主的身上。先生所說的，只可以用來聲討夏桀、商紂的罪行，但不足以做為您的高論的證據。」

鮑生曰：「人君後宮三千㊀，豈皆天意？穀帛積，則民飢寒矣。」抱朴子詰曰：「王者妃妾之數㊁，聖人之所制也。聖人，與天地合其德者也㊂。其德與天地合，豈徒異哉！夫豈徒欲以順情盈慾而已乎？乃所以佐六宮㊃，理陰陽教爾㊄。崇奉祖廟，祇㊅承大祭㊆，供玄紞㊇之服，廣本支之路㊈。且案周典九土之記，及漢氏地理之書，天下女數，多於男焉㊉。王者所宗，豈足以逼當娶者哉！姬公㊂思之，似已審矣。」

【今註】㊀人君後宮三千：據說古代帝王除皇后以外，還有嬪妃百二十人，漢以後，國君奢淫無度，嬪妃增至三千人。《後漢書》卷十上〈皇后紀．序〉：「自武（帝）、元（帝）之後，世增淫費，至乃掖庭三千。」㊁王者妃妾之數：《周禮．天官．內宰》：「以陰禮教六宮。」鄭《注》引鄭司農（眾）云：「王之妃百二十人：后一人，夫人三人，嬪九人，世婦二十七人，女御八十一人。」

㊂聖人，與天地合其德者也：聖人的德行與天地相合。㊃佐六宮：輔佐天子宮內之事。相傳天子有六宮，後來泛稱后妃嬪御居住的地方。㊄理陰陽教爾：「陽」疑為衍文。孫星衍曰：「『陽』字疑衍。」陰教，關於女子的教化。㊅祇：敬也。㊆大祭：重大祭祀，如祭天地。㊇玄紞：古代禮冠前後裝飾的絲帶。《國語・魯語・下》：「王后親織玄紞。」韋昭《注》：「紞，冠之垂前後者。」《抱朴子・外篇・疾謬篇》：「而今俗婦女，休其蠶織之業，廢其玄紞之務。」㊈廣本支之路：意謂使得王室子孫眾多。本支，原指樹木的根幹和枝葉，此處用以比喻嫡系和庶出子孫。《詩經・大雅・文王》：「文王孫子，本支百世。」毛《傳》：「本，本宗也；支，支子也。」鄭《箋》：「其子孫適為天子，庶為諸侯，皆百世。」㊉周典九土之記四句：周典，指《周禮》。九土之記，指《周禮》關於九州的記載。漢氏地理之書，指《漢書・地理志》。案《周禮・夏官・職方氏》載九州人民男女的比例數，總的看來都是女多男少：「東南曰揚州……其民二男五女；……正南曰荊州……其民一男二女；……河南曰豫州……其民二男三女；……正東曰青州……其民二男二女；……河東曰兗州……其民二男三女；……正西曰雍州……其民三男二女；……東北曰幽州……其民一男三女；……河內曰冀州……其民五男三女；……正北曰并州……其民二男三女。」《漢書》卷二十八下〈地理志・下〉述九州男女的比例數，則全本〈職方志〉之文。⑪姬公：即周公，姓姬，故又稱姬公。

【今譯】鮑敬言先生說：「國君的後宮有三千宮女，難道都是天意嗎？糧食、布帛囤積在宮中，那麼百姓就要挨餓受凍了。」抱朴子問疑說：「帝王妃妾的數目，是聖人所制定的。聖人的德行是和天地相合的。他們的德行和天地相合，怎麼會只在這一點上和天意不同呢？這難道只是想要以此來順從帝王的感情、滿足情欲而已嗎？設置妃妾的目的，乃是用來佐助王后治好六宮，管理女子的教化罷了。教導人們追崇恭奉祖廟，誠敬地承辦重大的祭祀，供給帝王禮冠服飾，使得王室宗族子孫眾多昌盛。況且，按照《周禮》有關九州的記載，以及《漢書・地理志》書上的說法，天下女子的數目多於男子。帝王所宗奉的做法，難道足以威脅到天下應當娶妻的男子嗎？周公對此的思考，似乎已經相當審慎周詳了。」

「帝王帥百僚以藉田㈠，后妃將命婦以蠶織㈡。下及黎庶，農課㈢有限，力佃有賞，怠惰有罰。十一而稅㈣，以奉公用。家有備凶之儲，國有九年之積㈤。各得順天分地，不奪其時，調薄役希㈥，民無飢寒。衣食既足，禮讓㈦以興。昔文、景之世㈧，百姓務農，家給戶豐，官倉之米，至腐赤不可勝計㈨。然而士庶㈩猶侯服鼎食⑪，牛馬蓋澤⑫。由於賦斂有節，不足損下也。」

【今註】 ㈠帝王帥百僚以藉田：古代君主在春耕時，率領百官，親自耕作，以奉祀宗廟，且寓勸農之意，謂之藉田，亦作「籍田」。㈡后妃將命婦以蠶織：《周禮・天官・內宰》職曰：「中（仲）春，詔后帥外內命婦，始蠶于北郊。」即言：仲春，皇后率領外內命婦始蠶於北郊。命婦，受有封號的貴族婦女。㈢農課：指農事稅賦。課，賦稅及徭役。㈣十一而稅：十分取其一的稅制。相傳三代稅法都是十分取一，所以叫十一而稅。㈤國有九年之積：國家有九年積蓄儲備。《禮記・王制篇》曰：「國無九年之蓄，曰不足；無六年之蓄，曰急；無三年之蓄，曰國非其國也。三年耕，必有一年之食；九年耕，必有三年之食。」㊅調薄役希：稅賦甚輕，勞役甚稀。魏、晉時按戶徵調絹帛的賦稅，謂之戶調。㊆禮讓：謂禮節民心，讓則不爭。《論語．里仁篇》：「能以禮讓為國乎？何有？不能以禮讓為國，如禮何？」㊇文、景之世：指西漢文帝、景帝統治時期的太平盛世。統治者採取「與民休息」、「輕徭薄賦」的政策，使生產逐漸得到恢復和發展，出現了多年未有的富裕景象。㊈官倉之米二句：《史記》卷三十〈平準書〉：「至今上（武帝）即位數歲，漢興七十餘年之間，國家無事，非遇水旱之災，民則人給家足，都鄙廩庾皆滿，而府庫餘貨財。京師之錢累巨萬，貫朽而不可校。太倉之粟陳陳相因，充溢露積於外，至腐敗不可食。」（《漢書》卷二十四〈食貨志〉同）《漢書》卷六十四下〈賈捐之傳〉：「捐之對曰：『……至孝武皇帝元狩六年，太倉之粟紅腐而不可食，都內之錢貫朽而不可校。』」顏《注》：「粟久腐壞，則色紅赤也。校，謂數計也。」㊉士庶：指士族與庶族。東漢開始，世家大族叫士族，不屬於士族的地主階級叫庶族。到了魏、晉、南北朝時，士庶等級區別更加顯著。㊀侯服鼎食：穿著有如王侯那般華美的服飾，吃著鼎烹盛著的肉食物品，形容生活奢侈富足。㊂蓋澤：滿於山澤。澤，水草叢雜之地。

【今譯】「帝王帶領眾多的僚屬在春天裏親自耕種農田，后妃帶領有封號的婦女們養蠶織布。下至黎民百姓，所徵收的農事賦稅有所限度。努力耕作的人有獎賞，懈怠懶惰的人要懲罰。抽取十分之一的稅賦，以供給公家之用。每家都有防備災荒的儲糧，國家有九年的積蓄儲備。人人都能順應天時區分地質，不會去侵奪他們的農時，徵稅微薄，勞役稀少，百姓不會挨餓受凍。豐衣足食之後，禮讓之風就可以興起了。從前漢代文帝、景帝的時候，百姓一心努力從事農業生產，家家戶戶都很富足，官府倉庫中儲積的米糧，多到腐爛變紅、不能食用的就不計其數。然而當時的士族和庶族，還是穿著有如王侯那般華美的服飾、吃著鼎烹盛著的肉食物品，牛馬遍布水草叢生的地方。這正是由於官府的賦稅有所節制，所以不足以對百姓造成損害。」

「至於季世㊀，官失佃課之制㊁，私務浮末㊂之業，生穀之道不廣，而游食㊃之徒滋多。故上下同之，而犯非者眾。鮑生乃歸咎有君。若夫㊄譏采擇之過限㊅，刺農課之不實，責牛飲之三千㊆，貶履畝與太半㊇，但使後宮依《周禮》㊈，租調不橫加，斯則可矣，必無君乎？夫一日晏起㊉，則事有失所。『即鹿無虞，維入于林中。』⑪安可終已！靡所宗統⑫，則君子失所仰⑬，凶人得其志。網⑭踈猶漏，可都無網乎？」

【今註】㊀季世：末世，衰世。㊁佃課之制：農業稅制。指前面所稱「十一而稅」的制度。佃課，田賦，租稅。㊂浮末：舊指從事工商業活動。古代以農桑為本業，以工商為末業。漢王符《潛夫論・浮侈篇》：「今察洛陽，浮末者什於農夫，虛偽游手者什於浮末。」㊃游食：不務農而食。《商君書・農戰篇》：「夫農者寡而游食者眾，故其國貧危。……故其民農者寡，而游食者眾。眾則農者殆，農者殆則土地荒。學者成俗，則民舍農，從事於談說，高言偽議，舍農游食，而以言相王也。」㊄若夫：孫星衍校：《藏》本作「未若」，從舊寫本改。㊅過限：謂超越規定取稅。㊆責牛飲之三千：傳說夏桀為酒池糟堤，一鼓而牛飲者三千人。《韓詩外傳・卷二》：「昔者桀為酒池糟堤，縱靡靡之樂，（一鼓）而牛飲者三千（人）。」又卷四：「桀為酒池可以運舟，糟丘足以望千里，而牛飲者三千人。」牛飲，俯身就池而飲酒，形狀如牛。後稱豪飲或暴飲為「牛飲」。㊇貶履畝與太半：貶斥按畝數徵稅和稅率超過一半。履畝，就是按畝徵收租稅，廢除了十一稅法。《公羊傳》宣公十五年：「初稅畝，何以書？譏，何譏爾？譏始履畝而稅也。」太半，過半數，就是徵收三分之二的租稅。㈨後宮依《周禮》：《周禮・天官》〈九嬪〉、〈世婦〉、〈女御〉等篇，對於後宮的職事及制度均有詳細的規定。㈩一日晏起：相傳周康王晚起，詩人賦〈關雎〉來諷刺他。《後漢書》卷五十四〈楊賜傳〉：「康王一日晏起，〈關雎〉見幾而作。」三家《詩》意並同。葛洪本此，所以說「則事有失所」。⑪即鹿無虞二句：這是說打獵時，追逐鹿，鹿逃入林中，如果沒有管理山林的虞人作嚮導，就不免迷失在叢林中。比喻國家不能沒有君主。語見《易經・屯卦》：「六三，即鹿無虞，惟入于林中。君子幾不如舍，往吝。」即，就也。虞，謂虞官。⑫宗統：同「嫡統」，宗族的系統。《後漢書》卷一下〈光武帝紀・下〉：「陛下德横天地，興復宗統，褒德賞勳，親睦九族。」⑬仰：依靠。⑭網：指法網。

【今譯】「到了末世，官府違背了往日佃稅的制度，民間私自致力從事工商浮末行業的活動，生產糧食的途徑沒有拓寬，而遊蕩不耕作務農的人越來越多。因此上下都是這樣，而犯法的人多了。鮑先生乃歸咎於有了君主的緣故。如果譏諷選擇超越了規定取稅，諷刺農業的賦稅不符合實際情況，責備過度的縱酒濫飲，貶斥按畝數徵稅和稅率超過一半，只想讓後宮的制度符合《周禮》，田稅戶稅不要無理施加，那就可以了。難道一定要沒有君主嗎？如果君主一天晚起床，事情就會有安排不妥當的地方。『深入林間追鹿，如果沒有虞官的相助，就不免迷失道路。』怎麼能有個終了呢！沒有了所宗族的系統的東西，君子就失去了依靠，凶惡的人就會實現其志願。法網一旦稀疏就等於有漏洞，難道可以完全不要網嗎？」

鮑生曰：「人之生也，衣食已劇㈠，況又加之以斂賦㈡，重之以力役㈢，飢寒並至，下不堪命，冒法犯非㈣，於是乎生。」

【今註】㈠劇：艱難，困苦，緊難，繁重。㈡斂賦：孫星衍校：《藏》本作「收賦」，從舊寫本改。㈢力役：勞役。㈣非：孫星衍校：舊寫本作「罪」。

【今譯】鮑敬言先生說：「人的一生，穿衣吃飯已經很困難了，何況又要繳納賦稅，還要加上承擔繁重的勞役呢！飢餓寒冷一齊到來，百姓不堪忍受，違法犯罪的事情，於是就發生了。」

抱朴子詰曰：「蜘蛛張網，蚤蝨不餒㈠。使人智巧，役用萬物。食口衣身㈡，何足劇乎？但患富者無知止之心，貴者有無限之用耳。豈可以一蹶之故，而終身不行㈢；以桀、紂之虐，思乎無主也？」

【今註】㈠蚤蝨不餒：言蚤蝨能自覓食物而不飢餓。餒，音ㄋㄟˇ，飢；餓。㈡食口衣身：供給口中之食、身上之衣。㈢以一蹶之故，而終身不行：因一次失足跌倒，即終生不敢行走。《說苑・談叢篇》：「一蹶之故，卻足不行。」蹶，孫星衍校：《藏》本作「蹳」，從舊寫本改。蹶，亦作「蹷」，倒，顛仆的意思。

【今譯】抱朴子問疑說：「蜘蛛能張網覓食，跳蚤蝨子從來不會感到飢餓。使用人的智慧機敏，役使利用世上的各種事物。吃一口飯、穿一身衣服，怎麼會有困難呢？只是憂慮富有的人沒有知足的心地、想法，而尊貴的人又有無限的用度揮霍。怎麼能因為偶然失足跌倒一次的緣故，而一輩子都不走路了；因為夏桀、商紂的暴虐，就想到不要君主呢？」

「夫言主㈠事彌張㈡，賦斂之重於往古，民力之疲於末務㈢，飢寒所緣㈣，以譏㈤之可也。而言有役有賦，使國亂者，請問唐、虞㈥升平之世，三代㈦有道之時，為無賦役以相供奉，元首股肱㈧躬耕以自給邪？鮑生乃唯知飢寒並至，莫能固窮㈨，獨不知衣食並足，而民知榮辱乎㈩！」

【今註】 ㈠主：君主。 ㈡彌張：過於誇張。彌，益、更加。 ㈢末務：指從事工商業活動。 ㈣緣：由來；原因。 ㈤譏：進諫；規勸。《楚辭．天問》：「殷有惑婦何所譏？」王逸《注》：「惑婦，謂妲己也。譏，諫也。」 ㈥唐、虞：即陶唐氏和有虞氏，亦即堯、舜。 ㈦三代：即夏、商、周。 ㈧元首股肱：指國君及大臣。元首，比喻國君。股肱，原指大腿和胳膊，常以比喻輔佐君主的大臣。 ㈨固窮：甘於貧窮，保持操守。《論語．衛靈公篇》：「子曰：『君子固窮，小人窮斯濫矣。』」 ㈩衣食並足二句：《管子．牧民篇》：「倉廩實，則知禮節。衣食足，則知榮辱。」葛洪本此。

【今譯】 「人們談論君主的事情，愈來愈誇張其辭。後世的賦稅徵收重於往古，民間百姓的力量拼命去從事工商業活動，這是造成百姓飢寒的緣由，規勸它、諷刺它是可以的。然而說因為有了勞役及賦稅，就使得國家陷於混亂，請問堯、舜天下太平的時代，夏、商、周三代政治清明的時候，難道百姓都沒有繳稅服役，用來供奉朝廷，而是君主和大臣都要親自去耕種來達到『自給自足』的需求嗎？鮑先生只是知道飢寒一起來到，便難以固守窮節，而竟然不知道豐衣足食，百姓才知道榮耀和恥辱啊！」

鮑生曰：「王者臨深履尾㈠，不足喻危。假寐㈡待旦，日昃旰食㈢，將何為懼禍及也。」

抱朴子難㈣曰：「審能如此，乃聖主也。王者所病㈤，在乎驕奢。賢者不用，用者不賢。夏癸指天日以自喻㈥，秦始憂萬世之同謚㈦，故致傾亡，取笑將來。若能懼危夕惕㈧，廣納規諫，詢芻蕘以待聽㈨，養黃髮以乞言㈩，何憂機事⑪之有違，何患百揆⑫之不康⑬？夫戰兢⑭則彝倫敘，怠荒則姦宄作⑮。豈況無君，能無亂乎？」

【今註】 ㈠臨深履尾：如臨深淵，如履虎尾。形容謹慎小心。履尾，踩到老虎尾巴上，借喻處境危險。 ㈡假寐：不解衣而睡；不脫冠帶而眠。寐，入睡；睡著。《詩經・小雅・小弁》：「假寐永歎。」鄭《箋》：「不脫冠衣而寐曰假寐。」《左傳》宣公二年：「（趙盾）盛服將朝，尚早，坐而假寐。」杜《注》：「（假寐）不解衣冠而睡。」 ㈢日昃旰食：本指事務繁忙不能按時用膳，後指勤於政務。日昃，太陽偏西。旰食，晚食。 ㈣難：論難、問難之意。 ㈤病：弊病。 ㈥夏癸指天日以自喻：夏癸，即夏桀。名履癸，故又稱夏癸，為夏朝最後一個君主，暴虐荒淫。《韓詩外傳・卷二》記載：夏桀曾稱「吾有天下，猶天之有日也。日有亡乎？日亡，吾亦亡也」。《尚書大傳》亦記載：夏桀曰：「天之有日，猶吾之有民也，日亡吾亦亡矣。」（《藝文類聚》卷十二、《太平御覽》卷八三、《路史・後紀》卷十四引）得知夏桀均是指天日以自喻。 ㈦秦始憂萬世之同謚：秦始皇憂慮後代帝王同用一個謚號，於是頒布制文，廢除謚法，自稱「始皇帝」，「後世以計數，二世三世至于萬數，傳之無窮」，企圖世世代代永遠承襲帝位統治天下。《史記》卷六〈秦始皇本紀〉：「（二十六年）制曰：『朕聞太古有號毋謚，中古有號，死而以行為謚。如此，則子議父，臣議君也，甚無謂，朕弗取焉。自今已來，除謚法。朕為始皇帝。後世以計數，二世三世至于萬世，傳之無窮。』」⑧夕惕：形容戒慎恐懼，不敢怠慢。《易經・乾卦》：「君子終日乾乾，夕惕若厲，無咎。」⑨詢蒭蕘以待聽：向樵夫請教，聽取他們的意見。蒭蕘，割草砍柴的人。楊明照按：蒭已從艸，不必再加艸頭。當依《崇文》本改作芻。《詩經・大雅・板》：「先民有言，詢于芻蕘。」毛《傳》「芻蕘，薪采者。」孔《疏》：「言『詢于芻蕘』，謂謀於取芻取蕘之人。」⑩養黃髮以乞言：贍養老人用來請求建議。《禮記・文王世子篇》「養老乞言」，就是贍養老人之賢者而聽取他們的意見。黃髮，指老人。老人之髮白，白久則黃，因以黃髮為壽高之象徵。⑪機事：指政務，或指國家大事。⑫百揆：古代總理國政的長官。《尚書・堯典》：「納于百揆，百揆時敘。」蔡沈《集傳》：「百揆者，揆度庶政之官，惟唐、虞有之，猶周之冢宰也。」⑬康：成。⑭戰兢：恐懼戒慎之狀。「戰戰兢兢」的省稱。⑮怠荒則姦宄作：懈怠荒忽那麼違法作亂的事情就會出現了。姦宄，違法作亂的事情。《尚書・舜典》：「蠻夷猾夏，寇賊姦宄。」孔《傳》：「在外曰姦，在內曰宄。」

【今譯】 鮑敬言先生說：「做國君的人面臨深淵、踩上虎尾，也不足以明白他心存危險的處境。平日和衣而睡等待天亮，白天忙於政事，太陽西落、很遲才吃飯。為什麼如此懼怕災禍到來啊！」抱朴子問難說：「果真能夠這樣，那就是聖明的君主了。做帝王的人常犯的弊病，在於驕縱奢侈。有賢德的人不用，而所任用的人並非有賢德的人。夏桀將自己比作天上的太陽，秦始皇憂慮萬代帝王同用一個謚號，因此導致社稷傾覆滅亡，被後世之人取笑。如果君主能夠懼怕危險早晚謹慎警惕，廣泛地採納朝臣的規諫，向樵夫請教並聽取他們的意見，贍養黃髮老人並請求他們的建議，還何必憂慮國家大事有不順利、處理不當的，何必擔心總理國政的長官不能成功呢？只要戰戰競競地小心謹慎行事，就能美化人倫關係次序，如果懈怠荒忽，就會出現違法作亂的事情。更何況沒有君主，天下怎麼能夠不混亂呢？」

鮑生曰：「王者欽想奇瑞㈠，引誘幽荒㈡，欲以崇德㈢邁威㈣，厭耀未服㈤。白雉玉環㈥，何益齊民㈦乎？」

抱朴子詰曰：「夫王者德及天，則有天瑞；德及地，則有地應。若乃景星㈧摛㈨光，以佐望舒㈩之耀；冠日含采⑪，以表羲和之晷⑫。靈禽⑬嚶喈⑭於阿閣⑮，金象⑯焜晃⑰乎清沼⑱。此豈卑辭所致，厚幣所誘哉？王莽⑲姦猾，包藏禍心，文致太平⑳，誑眩㉑朝野，貺遺外域，使送瑞物㉒。豈可以此謂古皆然乎？」

【今註】㈠欽想奇瑞：意謂君王想要出現神奇的祥瑞。欽，舊時對於帝王的敬稱。㈡幽荒：指很遠很遠的外國。《文選》卷三〈東京賦〉：「惠風廣被，澤洎幽荒。」薛《注》：「幽荒，九州外，謂四夷也。」㈢崇德：發揚盛德。㈣邁威：行其威德。邁，行。㈤厭耀未服：炫耀盛德，以壓服那些不順從的人。厭，通「壓」。厭耀，即鎮壓顯耀。㈥白雉玉環：均為遠方外國君民進獻的貢物。傳說舜之時，西王母來獻白玉環；周成王之時，越裳氏來獻白雉。㈦齊民：指普通人民；平民。㈧景星：傳說中的祥瑞之星，常出於有道之國。㈨摛：舒展；發布。㈩望舒：月神，神話傳説中為月亮駕車的仙人。在這裏代指月亮。 ⑪冠日含采：日暈出現於太陽上方，其形如冠。冠日，是説日為雲氣所籠罩。《晉書》卷三〈世祖武帝紀〉言太康元年正月朔「五色氣冠日」。此即指冠日含采之類。 ⑫羲和之晷：太陽之光。羲和，日神，神話中替太陽駕車的仙人。在這裏代指太陽。晷，日影。《説文解字》日部：「晷，日景也。」 ⑬靈禽：指鳳凰。《禮記・禮運篇》：「麟、鳳、龜、龍謂之四靈。」所以叫鳳凰為靈禽。 ⑭嗈喈：形容鳳凰之鳴和諧悦耳。 ⑮阿閣：四面有檐的樓閣，王者所居。 ⑯金象：即金像，金身佛像。 ⑰焜晃：閃耀燦爛的樣子。 ⑱清沼：清澄的池沼。 ⑲王莽：新王朝的建立者。西漢末，以外戚掌握政權。元始元年（公元五年），毒死平帝，自稱假皇帝。初始元年（公元八年）稱帝，改國號為新。更始元年（公元二三年），在綠林軍攻長安時被殺。 ⑳文致太平：《漢書》卷一百上〈敘傳・上〉：「莽秉政，方欲文致太平。」文致，粉飾。 ㉑誑眩：欺騙迷惑。 ㉒貺遺外城二句：據《漢書》卷九十九上〈王莽傳・上〉記載：王莽秉政，乃遣使者多持金幣引誘塞外之民，於是越裳氏獻白雉，黃支貢生犀，東夷王度大海奉國珍。《漢書》卷二十八下〈地理志・下〉亦記：「平帝元始中，王莽輔政，欲燿威德，厚遺黃支王，令遣使獻生犀牛。」貺遺，賜贈。貺，賜。遺，贈予。

【今譯】鮑敬言先生説：「做帝王的總想要發生神奇祥瑞的事，因而誘使幽遠荒僻國度的人們，想要藉此以發揚盛德、傳播德威，向未服的方國施壓炫耀。但是邊遠之國所貢獻的白雉、玉環，對於普通平民有什麼益處呢？」抱朴子問疑説：「做帝王的德化上達於天，那麼上天就有瑞兆；帝王的德化下及於地，那麼地上就有應和。至於説景星發布出陣陣光芒，更增添、輔助了月亮的光耀；太陽之上有光彩如冠，更可以顯示太陽的影像。鳳凰在樓閣上發出和諧悦耳的鳴叫，金身佛像在清澄的池沼中發出閃耀燦爛的光輝。這些難道是謙卑的言辭所能召致，豐厚的財貨所能誘惑的嗎？王莽奸詐狡猾，心懷作惡的想法，粉飾太平，欺騙迷惑朝廷內外的人，用向外邦賜予饋贈的辦法，讓他們來呈送祥瑞的東西。難道可以由此就說古時候都是這樣嗎？」

「夫見盈丈之尾，則知非咫㈠尺之軀；覩尋仞㈡之牙，則知非膚寸㈢之口。故王母之遣使㈣，明其玄化㈤通靈㈥，無遠不懷也。越裳之重譯㈦，足知惠沾殊方，澤被無外也。夫絕域㈧不可以力服，蠻、貊㈨不可以威攝。自非至治，焉能然哉！」

【今註】　㈠咫：八寸為咫。　㈡尋仞：古代長度單位。周制為八尺，漢制為七尺。　㈢膚寸：古代長度單位。一指為寸，一膚等於四寸。在此比喻微小。　㈣王母之遣使：指西王母派遣使者，向舜獻白玉環一事。王母，指西王母，神話人物，亦稱金母、王母或西姥。　㈤玄化：至高無上的德化。　㈥通靈：神異，與神靈相通。　㈦越裳之重譯：越裳氏，古代南海國名。相傳周公輔成王，制禮作樂，越裳氏以三象重譯而獻白雉於周公。見《漢書》卷十二〈平帝紀．元始元年〉、《後漢書》卷八十六〈南蠻傳〉及《韓詩外傳．卷五》。重譯，輾轉翻譯。　㈧絕域：極遠地域。　㈨蠻、貊：古代對東南方各少數民族的泛稱，南方曰蠻，東方曰貊。在此指邊遠未開化的人民。

【今譯】　「看見長達丈餘的尾巴，就知道身軀不只是一尺上下；看見長達七八尺的牙齒，就知道嘴巴不只是一寸大小。因此，西王母派遣使者來，證明舜的聖德教化通於神靈，無論多遠的人都懷想他。越裳氏經過多重翻譯來朝，足以知道周公恩惠廣沾異國，德澤覆蓋概莫能外（廣被天地之間）。極為偏遠地方的人民不能夠用武力去征服，未開化的蠻荒地域的民族不能夠靠威勢來統攝。除非是太平盛世、治理最完美的時候，又怎麼能夠這樣呢！」

「何者？鮑生謂為不用？夫周室非乏玉，而須王母之環以為富也；非儉膳，而渴越裳之雉以充庖也㊀。所以貴之者，誠以斯物為太平，則上無苛虐之政，下無失所之人。蜎飛蠕動㊁，咸得其懽。有國之美，孰多於斯？而云不用，無益於齊民。源遠體大，固未易見。鮑生之言，不亦宜乎！」

【今註】 ㊀夫周室非乏玉四句：楊明照校：此文有錯脱。西王母獻玉環為舜時事，越裳氏獻白雉為周代事。二事時代不同，受者亦異，混而為一，實不倫類。疑「周室」二字原在「非儉膳」上；「非乏玉」上似脱「虞舜」二字（本書屢以「虞舜」為言）。楊說是也，故此四句當作「夫虞舜非乏玉，而須王母之環以為富也；周室非儉膳，而渴越裳之雉以充庖也」。㊁蜎飛蠕動：指能飛行、蠕動的小蟲。蜎，蚊的幼蟲。

【今譯】「為什麼？鮑先生說是沒有用處呢？虞舜並不是缺少白玉而等待西王母的玉環來致富；周王室也不是飯食貧乏而渴望越裳國的野雞充實廚房。所以珍貴它們——玉環白雉，實在是這些東西做為太平的象徵，那麼上面沒有苛刻暴虐的國政，下面沒有流離失所的人民。即使是飛行蠕動的小蟲，也全都得以歡樂。國家的美盛，那能超過這樣呢？而鮑先生卻說是無用，對普通百姓是沒有好處的。這種說法溯源很遠、體系龐大，肯定不容易見到。鮑先生有這樣的言論，不也是很合適、自然的嗎！」

鮑生曰：「人君恐姦釁之不虞㈠，故嚴城以備之也。」

抱朴子詰曰：「侯王設險，大《易》所貴㈡。不審㈢嚴城，何譏焉爾。夫兩儀肇闢㈣，萬物化生，則邪正存焉爾。」

【今註】㈠恐姦釁之不虞：恐怕奸謀禍端難以預料。姦釁，奸謀、禍端；奸言、釁隙。不虞，沒有意料到。㈡侯王設險，大《易》所貴：王公侯爵在險要之地設立關塞以為防守，是偉大的《易經》所重視的。《易經．坎卦》：「彖曰：『……天險，不可升也；地險，山川丘陵也。王公設險以守其國。險之時用大矣哉！』」所以葛洪說「大《易》所貴」。貴，重視。㈢審：詳，明白，清楚。㈣兩儀肇闢：指天地初開。兩儀，指天地。肇，始。

【今譯】鮑敬言先生說：「國君害怕奸謀禍端難以預料，所以用厚實的城牆來防備它啊！」抱朴子問疑道：「王公侯爵設立險阻，是偉大的《易經》所重視的。不清楚堅厚的城牆，有什麼可譏諷的。自從天地初開，萬物剛剛化育產生的時候，邪惡和正直就都存在了。」

「夫聖人知凶醜之自然，下愚之難移㈠，猶春陽之不能榮枯朽，炎景㈡之不能鑠㈢金石。治容慢藏，誨淫召盜㈣。故取法乎〈習坎〉㈤，備豫於未萌㈥。重門有擊柝之警㈦，治戎㈧遏暴客㈨之變。而欲除之，其理何居？」

【今註】㈠下愚之難移：最愚蠢之人，其本性難以改變。《論語．陽貨篇》：「子曰：『唯上知與下愚不移。』」　㊁景：日光。㊂鑠：熔化。㊃治容慢藏，誨淫召盜：妖艷的容貌和疏於保管收藏，會招致淫蕩、引來盜賊。《易經・繫辭・上》：「慢藏誨盜，治容誨淫。」《正義》：「若慢藏財物，守掌不謹，則教誨於盜者使來取此物。女子妖冶其容，身不精慤，是教誨淫者使來淫己也。」冶容，妖艷的打扮。慢藏，收藏不謹。㊄故取法乎〈習坎〉：〈習坎〉，即《易經・坎卦》。上下均為坎，象徵重重險難，故引申出防險備難的思想。㊅備豫於未萌：在太平安樂之時，對於未萌的禍患也應預作準備。《易經》有〈豫卦〉。《左傳》文公六年：「文子曰：『備豫不虞，古之善教也。』」備豫，預備：事先有所準備。㊆重門有擊柝之警：修築多重的城門，並且敲擊木梆，以為警戒。《易經・繫辭・下》：「重門擊柝，以待暴客。蓋取諸（〈豫〉）。」重門，雙重的門。擊柝，即敲木梆巡夜，打更，用作警戒，以防盜賊。㊇治戎：治軍；作戰；整治軍隊。㊈暴客：指盜賊。

【今譯】「聖人知道有些人凶惡和丑陋出於自然天性，極愚蠢的人是難於改變的，就像春天的太陽不能使枯萎腐朽的草木茂盛，炎熱的日光不能熔化金屬石頭。妖艷的容貌會招致淫蕩，財物疏於保藏會引來盜賊。所以要取法於〈坎卦〉，在太平安樂、禍患萌發未生之前就早作準備。設有重重城門並有敲擊木梆的警戒，用整治軍隊的方法來防止盜賊的變亂來犯。而鮑先生卻要除掉這些不用，其中的道理何在呢？」

「兕㊀之角也，鳳之距㊁也，天實假㊂之，何必日用哉！蜂蠆挾毒以衛身㊃，智禽銜蘆以扞網㊄。貛曲其穴㊅，以備徑至之鋒；水牛結陣，以卻虎豹之暴。而鮑生欲棄甲冑㊆

以遏利刃㊇，隍㊈城池以止衝鋒㊉。若令甲冑既捐⑪而利刃不住⑫，城池既壞而衝鋒猶集⑬，公輸、墨翟⑭猶不自全。不審吾生計將安出乎？」

【今註】㊀兕：獸名，即犀牛。㊁距：爪子。㊂假：給予。㊃蜂蠆挾毒以衛身：蜂蝎之類用毒刺來防身。蠆，蝎子。㊄智禽銜蘆以扞網：聰明的鳥口銜蘆葦飛行是為了抵禦羅網。《淮南子・脩務篇》：「夫鴈順風（而飛），以愛氣力；銜蘆而翔，以備矰弋。」高《注》：「未秀曰蘆，已秀曰葦。矰，矢。弋，繳。銜蘆，所以令繳不得截其翼也。」這是傳說大雁飛行時，口銜蘆草以防止被矰矢射中的事。㊅貛曲其穴：貛子為了有利於自己的生存，將其洞穴弄得彎彎曲曲的。《淮南子・修務篇》：「貛貉為曲穴。」貛，即狗貛，俗呼貛子。形似豬而小，穴居山野。㊆甲冑：鎧甲和頭盔。㊇利刃：指有鋒刃的兵器、刀劍之類。㊈隍：通「隳」，毀壞。㊉衝鋒：古代用以衝撞城牆的戰車，稱衝車。以大鐵著於車轅前端，衝於敵城，故云。《詩經・大雅・皇矣》：「與爾臨衝。」毛《傳》：「衝，衝車也。」《淮南子・覽冥篇》：「大衝車。」高《注》：「衝車，大鐵著其轅端，馬被甲，車被兵，所以衝於敵城也。」⑪捐：捨棄。⑫住：停止。⑬集：群鳥棲於樹上。引伸為聚集；會合。⑭公輸、墨翟：公輸善攻，墨翟善守，兩人都是春秋末年的人。這裏比喻能攻能守的良將。公輸，一作公輸班或公輸盘、公輸般，即魯班。春秋時魯國著名的巧匠，曾為楚國製造攻城的雲梯等器械。墨翟，即墨子。春秋、戰國之際魯國人，一說宋國人。墨家創始者。曾從齊國出發，步行十日十夜趕到楚國，與公輸班較量攻守城池之事，制止楚國攻打宋國。見《墨子・公輸篇》。

【今譯】「犀牛的角，鳳凰的爪，是上天給予防敵的，又何必每日使用呢？蜜蜂蝎子挾帶毒刺是用來保衛自身，聰明的鳥飛翔時口銜蘆葦是用來抵禦羅網。狗貛將洞穴修得彎彎曲曲的，是用來防備直來的鋒利東西，水牛聯合結成陣式是用來卻退虎豹的凶暴。而今鮑先生卻想拋棄鎧甲頭盔以防止鋒利的刀劍，毀掉城牆和護城河來遏阻戰車的衝擊。如果讓鎧甲頭盔都拋棄了，而刀劍的攻擊仍未停止；城牆和護城河已經毀壞了，而敵人戰車仍然聚集衝過來，那麼即使是公輸班、墨翟那樣的巧匠也還不能自我保全。不清楚您又將有何計策呢？」

或曰：「苟無可欲之物，雖無城池之固，敵亦不來者也。」

抱朴子答曰：「夫可欲之物，何必金玉？錐刀之末㈠，愚民競焉。越㈡人之大戰，由乎分蚺虵㈢之不鈞。吳、楚之交兵㈣，起乎一株之桑葉㈤。饑荒之世，人人相食。素手裸跣㈥。……」

【今註】 ㈠錐刀之末：錐刀的末端很細微、微小，比喻極小的利益。《左傳》昭公六年：「叔向使詒子產書曰：『……錐刀之末，將盡爭之。』」杜《注》：「錐刀末，喻小事。」《淮南子・覽冥篇》：「而爭於錐刀之末。」高《注》：「錐刀之末，謂小利，言盡爭之也。」錐刀，小刀。㈡越：古國名，亦稱于越。姒姓。相傳為夏少康之後，建都會稽（今浙江紹興）。後為楚所滅。㈢蚺虵：即髯蛇，南方所產一種長達數丈的大蛇，可食。越地之人以髯蛇為美肴，故因分之不均而發生爭鬥。《淮南子・精神篇》：「越人得髯蛇以為上肴，中國得而棄之無用。」虵，「蛇」字的別體。㈣吳、楚之交兵二句：傳說楚邊邑與吳邊邑之女在採桑時發生糾紛，先是兩家相鬥，最後引起兩國的戰爭。《史記》卷三十一〈吳太伯世家〉：「公子光伐楚，拔居巢、鍾離。初，楚邊邑卑梁氏之處女與吳邊邑之女爭桑，二女家怒相滅，兩國邊邑長聞之，怒而相攻，滅吳之邊邑。吳王（僚）怒，故遂伐楚，取兩都而去。」 ㈤起乎一株之桑葉：王廣恕曰：「（『起乎』）下疑脱『爭』字。」楊明照校：有「爭」字始能與上「由乎分蚺蛇之不鈞」句相儷，王說是。 ㈥素手裸跣：猶言空手赤腳。《玉篇》足部：「跣，蘇殄切。跣，赤足也。」裸跣，一作「倮跣」，不著衣履。引申為無衣履之貧民。孫星衍校：（素手裸跣）下有脱文，疑缺一二葉。

【今譯】　有人說：「如果沒有可要的東西，那麼即使沒有堅固的城牆和護城河，敵人也不會到來。」

抱朴子回答說：「能夠引起人們可要的東西，為什麼一定是金玉呢？即使像錐刀的尖鋭那麼小的東西，愚蠢的百姓也會為之競爭不休。越地人的大戰，就是從分配髯蛇肉分得不平均開始。吳、楚兩國互相興兵打仗，起因是為了爭奪一棵樹上的桑葉。饑荒的年頭，人人相食。空著手、光著腳，不著衣服鞋子的貧民。……」

「遠則甫侯㈠、子羔㈡，近則于公㈢、釋之㈣，探情審罰㈤，剖毫析芒㈥，受戮者吞聲而歌德㈦，刖劓者没齒無怨言㈧。此皆非無君之時也。昔有鯀在下而四嶽不蔽㈨，明揚仄陋而元凱畢舉㈩。或投屠刀而排金門⑪，或釋版築而躡玉堂⑫，或委芻豢而登卿相⑬，或自亡命而為上將⑭。伯柳達雠人，解狐薦怨家⑮。方回叩頭以致士⑯，禽息碎首以推賢

⑰。敢問於時有君否邪？」

【今註】㊀甫侯：即呂侯，周穆王時司寇。《尚書》〈呂刑〉篇的編纂者。對於有疑惑的罪，從輕處理。　㊁子羔：高柴，字子羔，孔子之弟子，曾仕為武城宰。《孔子家語》說他「為人篤孝而有法正」。《韓非子・外儲篇・左下》記載：子羔曾為衛國獄吏，刖人之足。後因故，上面派人來逮捕子羔，跀者就引他逃跑，因為感激他的仁德。　㊂于公：于定國，字曼倩，漢東海郯（今山東郯城縣）人。其父曾為郡縣刑官，執法公平，百姓為立生祠，號于公祠。後來于定國亦為刑官，積年為廷尉，執法審慎，哀憐鰥寡，為朝野一致推許。　㊃釋之：張釋之，字季，漢堵陽人。曾任漢文帝時廷尉，也以斷獄公正見稱。《漢書》卷七十一〈于定國傳〉曰：「張釋之為廷尉，天下無冤民；于定國為廷尉，民自以不冤。」　㊄探情審罰：探究實情，審慎處罰。審，慎重。　㊅剖毫析芒：精細得像是剖開毫毛和芒刺一般。《文子・道原篇》：「析毫剖芒，不可為內。」《淮南子・俶真篇》：「析豪剖芒，不可為內。」（「毫」、「豪」古通）　㊆受戮者吞聲而歌德：指子羔所刖守門者。　㊇刖劓者没齒無怨言：被處以刖刑、劓刑的受刑人終身都没有怨言。刖，斷足；劓，割鼻。均為古代的一種刑罰。没齒，猶言終身。「没齒無怨言」，語見《論語・憲問篇》。　㊈有鰥在下而四嶽不蔽：有鰥，指舜。獨居無妻，故名。四嶽，指堯時掌管四嶽之諸侯。四嶽曾向堯舉薦舜。見《尚書・堯典》。　⑩明揚仄陋而元凱畢舉：謂薦舉地位卑微的賢者，使得才能之士都聚集於朝廷。明揚仄陋，語本《尚書・堯典》。就是薦舉隱伏的賢士。明，察。揚，舉。仄，通「側」，伏的意思。仄陋，指不居要職的隱伏者。元凱，八元、八凱，是古代傳說中的才士。　⑪投屠刀而排金門：丟下屠宰牲畜的刀具，推開了皇家宮殿的大門到朝廷任高官。相傳太公望呂尚原來在朝歌是屠牛的，文王卻重用他。《說苑・雜言篇》說呂望：「行年七十屠牛朝歌，行年九十為天子師，則其遇文王也。」金門，即金馬門之省稱。後沿用為宮門、官署的代稱，或指富貴之家。　㊂釋版築而躡玉堂：放下了築牆工作而踏上了宮殿之上。相傳傳說原來是在傳巖築牆的，殷高宗武丁舉以為相。《孟子・告子篇・下》：「傳說舉於版築之間。」版築，築牆時用兩板相夾，以泥置其中，然後用杵舂實。躡，踏。玉堂，指宮殿。　㊂委芻豢而登卿相：放下餵養牲畜之事，便登上了卿相之高位。相傳甯戚至齊，餵牛於車下，扣牛角而歌，齊桓公拜為上卿。詳《呂氏春秋・舉難篇》。芻豢，指牛羊犬豕之類的家畜。《孟子・告子篇・上》：「故理義之悅我心，猶芻豢之悅我口。」朱《注》：「草食曰芻，牛羊是也；穀食曰豢，犬豕是也。」㊃自亡命而為上將：自行逃亡者被拜為上將。此典故計有三說：⑴謂黥布。黥布，姓英氏，秦時為布衣，曾犯法被黥面。亡命江中為盜，初附項羽，後歸於劉邦，封淮南王。⑵謂陳平。《漢書》卷六十七〈梅福傳〉：「（上書）陳平起於亡命而為謀主。」《漢書》卷一百上〈敘傳・上〉：「（班彪〈王命論〉）收陳平於亡命。」《文選》卷五十二班彪〈王命論〉呂延濟《注》：「亡命，謂自楚逃歸於高祖也。」⑶謂韓信。韓信自楚逃亡歸漢，漢王劉邦不能用，軍行至漢中，韓信逃亡，蕭何急追信，還，謂劉邦曰：「必欲爭天下，非信無所與計事者。」漢王乃以最隆重的禮節拜韓信為「大將」。所以這裏說「自亡命而為上將」。詳《史記》卷九十二〈淮陰侯列傳〉。　㊄伯柳達讎人二句：邢伯柳被自己的仇人引進了仕途，而解狐卻能薦舉自己的怨家。伯柳，指邢伯柳。解狐，春秋趙人。相傳解狐與邢伯柳兩家有仇，但解狐以公事舉邢伯柳為上黨守。伯柳往謝之，解狐曰：「舉子公也，怨子私也。」見《韓非子・外儲說左下》。達，引進。　㊅方回叩頭以致士：方回叩頭來薦引士人。方回，古仙人名。相傳為堯時人。詳《淮南子．俶真篇》高《注》。 ㉗禽息碎首以推賢：禽息碰碎頭骨來推薦賢者。禽息，春秋秦大夫。傳說他向秦穆公推薦百里奚，不見納。穆公出，禽息當車叩頭，頭腦破碎而死。穆公感動，乃用百里奚，秦國稱霸。詳見《論衡．儒增篇》。

【今譯】「古代有呂侯、子羔，近世有于定國、張釋之，他們都能探究實情，審慎處罰，精細得像是剖開毫毛和芒刺一般，使得被處死的人，還吞聲忍氣地歌功頌德；被處以斷足割鼻的人更是終身沒有怨言。這全都不是在沒有國君的時候啊！前從虞舜在下民間獨居時，掌管四嶽的諸侯向堯推薦舜；處處薦舉隱伏的賢士，使得才能之士都聚集於朝廷。有的人丟下屠刀推開了皇家宮殿的大門進入了王宮，有的人放下了築牆工作而踏上了宮殿之上，有的人拋棄飼養之事立刻就登上卿相的高位，有的人自行逃亡卻被任命為上將。邢伯柳被自己的仇人引進了仕途，而解孤卻能出以公心舉薦自己的怨家。方回叩頭來薦引士人，禽息撞碎頭骨來推舉賢者。敢問在當時有國君還是沒有國君？」

又云：「田蕪廩虛㊀，皆由有君。」「夫君非塞田之蔓草，臣非秏倉之雀鼠也。其蕪其虛，卒㊁由厄運㊂，水旱疫癘，以臻㊃凶荒。豈在賦稅㊄，令其然乎？至於八政首食㊅，謂之民天㊆。后稷躬稼㊇，有虞親耕㊈。豐年多黍多稌㊉，我庾惟億⑪，民食其陳⑫。白渠開而斥鹵膏壤⑬。邵父起陽陵之陂，而積穀為山⑭。叔敖創期思⑮，而家有腐粟。趙過造三犁之巧⑯，而關右⑰以豐。任延教九真之佃⑱，而黔庶⑲殷飽。此豈無君之時乎⑳？」

【今註】㊀田蕪廩虛：田地荒蕪，糧倉空虛。廩，糧倉。 ㊁卒：楊明照按：「卒」疑「率」

之誤。率，大都。㊂戹運：同厄運，不幸的遭遇；壞的氣運；多指地震、水旱、冰雹之類的自然災害。㊃臻：至。㊄稅：孫星衍校：《藏》本作「求」，從舊寫本改。㊅八政首食：《尚書・洪範》記載：箕子曾向周武王講述八政，而以食為首。八政，指八種主要的國家大事。㊆民天：民以食為天。《史記》卷九十七〈酈生陸賈列傳〉：「王者以民人為天，而民人以食為天。」㊇后稷躬稼：后稷親自耕稼。后稷，周之始祖。傳說堯、舜時為農官，教民耕稼。詳見《史記》卷四〈周本紀〉。㊈有虞親耕：有虞，指舜。傳說舜曾耕田於歷山，陶於河濱，漁於雷澤。詳見《史記》卷一〈五帝本紀〉。㊉豐年多黍多稌：豐收之年，收穫了很多黍米、稻米。《詩經・周頌・豐年》：「豐年多黍多稌。」毛《傳》：「豐，大。稌，稻也。」鄭《箋》：「豐年，大有年也。」⑪我庾惟億：我們露天的穀倉多到億萬。《詩經・小雅・楚茨》：「我黍與與，我稷翼翼，我倉既盈，我庾維億。」毛《傳》：「露積曰庾。」鄭《箋》：「萬物成，則倉庾充滿矣。倉言盈，庾言億，亦互辭，喻多也。」庾，露天糧倉。惟億，言其多。⑫民食其陳：百姓要吃隔年陳糧。《詩經・小雅・甫田》：「我取其陳，食我農人，自古有年。」毛《傳》：「尊者食新，農夫食陳。」陳，指陳米；陳糧。⑬白渠開而斥鹵膏壤：修建了白渠之後，昔日的鹽鹹地便成了良田。漢武帝時，白公穿渠，引涇水注渭水中，長二百里，灌田四千五百多頃，名曰白渠。詳見《漢書》卷二十九〈溝洫志〉。斥鹵，鹽鹹地。膏壤，肥沃土地。⑭邵父起陽陵之陂二句：邵信臣修建起陽陵的水堤，於是糧食堆積如山。邵父，西漢邵信臣之尊稱。曾任南陽太守，興修水利，開通溝渠水門，灌溉農田三萬餘頃，吏民尊之為邵父。詳見《漢書》卷八十九〈循吏傳〉。⑮叔敖創期思：孫叔敖，春秋楚之令尹。曾開鑿芍陂，灌田萬頃。芍陂，又名期思陂，在今安徽境。詳見《淮南子・人間篇》、《論衡・超奇篇》、

《後漢書》卷七十六〈循吏・王景傳〉。㈥趙過造三犁之巧：趙過，漢武帝時對農業生產作過貢獻的官吏，曾創代田法，並創製出三犁等新農具。崔寔《政論》：「武帝以趙過為搜粟都尉，教民耕殖，其法三犁共一牛，一人將之，下種挽耬，皆取備焉，日種一頃，至今三輔猶賴其利。」（《齊民要術・耕田第一》引）三犁與三足耬相似，播種時效率很高。㈦關右：泛指函谷關以西之地。㈧任延教九真之佃：任延教導九直地區（今越南北部）的人民耕作莊稼。《後漢書》卷七十六〈循吏・任延傳〉：「任延字長孫，南陽宛人也。……建武初，延上書願乞骸骨，歸拜王庭。詔徵為九真太守。光武引見，賜馬雜繒，令妻子留洛陽。九真俗以射獵為業，不知牛耕，民常告糴交阯，每致困乏。延乃令鑄作田器，教之墾闢。田疇歲歲開廣，百姓充給。」李《注》：「《東觀漢記》曰：『九真俗燒草種田。』」《後漢書》卷八十六〈南蠻傳〉：「任延守九真，於是教其耕稼。」㈨黔庶：即庶民，平民。㈩此豈無君之時乎：孫星衍曰：「從『遠則甫侯』以下二百七十字，疑當在本篇前半。未敢輒移。」

【今譯】 又說：「田地荒蕪，倉廩空虛，全由於有了國君。」「國君並不是長滿田間的蔓草，臣子也不是消耗糧食的麻雀和老鼠。田地荒蕪和糧倉空虛，大都由於壞運氣，水災旱災瘟疫，以致造成凶歲荒年。難道是由於有了賦稅，而使得造成這樣的結果嗎？至於八政當中，首要的是吃飯，叫做『民以食為天』。后稷曾經親自種植莊稼，虞舜曾經親自耕耘田地。豐收之年收穫了許多黍子及稻穀，我們露天的糧倉多到億萬數量，使得百姓要先行吃掉隔年的陳糧。白渠開鑿後，昔日的鹽鹹土地變成了肥沃的良田。邵信臣修建起陽陵的水堤，使得糧食堆積如山。孫叔敖開挖了期思的水堤，而使得家家戶戶都多到有發霉腐壞的米粟。趙過創造了巧妙的三犁新農具，使關西地區因此豐收。任延教導九真地區的人民耕作莊稼，於是那裡的百姓便殷富溫飽起來。這難道是沒有國君時候的事情嗎？」

知止、窮達、重言篇第四十九

【知止篇　篇旨】「禍莫大於無足，福莫厚乎知止。」這是本篇論述的主旨。抱朴子宣揚隱居丘園的思想，強調：「審機識致，凌儕獨往，不牽常愁，神參造化，心遺萬物。可欲不能蠆介其純粹，近理不能耗滑其清澄。苟無若人之自然，誠難企及乎絕軌也。」

抱朴子曰：「禍莫大於無足，福莫厚乎知止㈠。抱盈居沖㈡者，必全之筭㈢也；宴安盛滿者，難保之危也。若夫善卷、巢、許、管、胡之徒㈣，咸蹈雲物以高騖，依龍鳳以竦跡，覘韜鋒於香餌之中，寤覆車乎來軔㈤之路，違險塗以遐濟，故能免詹何㈥之鈎緡。可謂善料微景於形外，覿堅冰於未霜，徙薪㈦曲突於方熾之火，纚㈧舟弭檝於衝風之前，瞻九犗㈨而深沈，望密蔚而曾逝，不託巢於葦苕㈩之末，不偃寢乎崩山之崖者也。」

【今註】㈠福莫厚乎知止：楊明照《抱朴子外篇校箋・下》：「『福莫』，《藏》本、魯藩本、吉藩本、舊寫本作『福無』。按作『福無』與上句『禍莫』避重出，較勝。㈡沖：謙和，淡泊。㈢筭：通「算」，謀畫。㈣善卷、巢、許、管、胡之徒：善卷，大才也。舜以天下讓之，不受。沉遁放逸，養其浩然。詳見《抱朴子．內篇．釋滯篇》注。巢，巢父；許，許由；詳見〈正郭篇〉注。管，即管寧，字幼安，三國時代魏人。篤志於學，不樂仕宦，朝廷屢徵不就。當時天下大亂，管寧乃乘桴越海，羈旅遼東三十年。因山為廬，講詩書，明禮讓，百姓多來依從他。見《三國志》卷十一〈魏書．管寧傳〉。胡，即胡昭，字孔明，三國時代潁川（今河南禹縣）人。曾經拒絕袁紹的徵召。曹操徵辟，亦不起。躬耕樂道，以經籍自娛，德化感染於一方。見《三國志》卷十一〈魏書．胡昭傳〉。㊄軔：阻止車輪轉動的木頭，引伸為阻止。㊅詹何：戰國時人，繼承楊朱「為我」思想，以為「重生」必然「輕利」，反對縱欲自恣的行為。㊆薪：柴草。㊇纚：維繫。㊈犗：犍牛。㊉苕：葦花。

【今譯】　抱朴子說：「災禍沒有比不知足更大的，幸福沒有比知足而止更豐厚的。抱盈謙沖，是必定保全自己的謀畫；而宴居安樂並驕盛凌人，則會有難以保全的危險。至於善卷、巢父、許由、管、胡等人，他們都踩蹈雲物以高升天空，依照龍鳳以樹立自己的形跡，目覩香餌的誘惑而把自己藏了起來，從受阻路上的覆車悟出了道理，避免險途而遠遠地離去，所以，他們避免詹何鈎緡的情況，可說是善於從形外料察微景，覩堅冰於未霜，把薪草從正燃燒的火堆中搬開，在暴雨來臨之前繫好船藏好檝，看著眾多犍牛而深沉淵底，望著曾經消失的茂盛之草木，不在葦花上面構築巢居，不在崩塌的山崖上躺著睡覺。」

「斯皆器大量弘，審機識致，凌儕獨往，不牽常慾，神參造化㊀，心遺萬物。可欲不能蠱㊁介其純粹，近理不能耗滑其清澄。苟無若人之自然，誠難企及乎絕軌也。徒令知功成者身退，慮勞大者不賞。狡兔訖㊂則知獵犬之不用，高鳥盡則覺良弓之將棄。鑒彭、韓㊃之明鏡，而念抽簪之術；覩越種㊄之闇機，則識金象之貴。若范公㊅汎艘以絕景，薛生遜亂以全潔㊆，二疏㊇投印於方盈，田豫釋紱於漏盡㊈，進脫亢悔[一〇]之咎，退無濡[一一]尾之吝，清風足以揚千載之塵，德音足以怯將來之惑。方之陳、竇[一二]，不亦邈乎？」

【今註】 ㊀造化：創造化育。 ㊁薹：整數。 ㊂訖：孫星衍校云：舊寫本作「死」。 ㊃彭、韓：彭，彭越；韓，韓信，二人皆漢初功臣，先後被殺。 ㊄越種：指越國的文種。曾輔政越王句踐，滅亡吳國。後句踐聽信流言，賜劍命他自殺。 ㊅范公：即范蠡，曾輔助句踐滅吳，後泛舟離去，隱名經商，致富，號陶朱公。 ㊆薛生遜亂以全潔：楊明照《抱朴子外篇校箋・下》：繼曰：「舊寫本作『遜辭』。」按薛生即薛方。《漢書》卷七十二〈王貢兩龔鮑傳〉：「齊則薛方子容，……及（王）莽安車迎方，方因使者辭謝曰：『堯、舜在上，下有巢、由。今明主方隆唐虞之德，小臣欲守箕山之節也。』使者以聞，莽說其言，不強致。」（《聖賢高士傳》略同，見《御覽》卷五百十引）據此，舊寫本作「避辭」。《文選》卷三十八桓溫〈薦譙元彥表〉：「退無薛方詭對之譏。」詭對，即遜辭也。 ㊇二疏：即疏廣及疏受。廣，字仲翁，西漢東海當陵（今山東棗莊東南）人。宣帝時，任太子太傅，其姪疏受亦任少傅。在任五年，皆稱病還少。後世用來作為「功遂身退」的典型。 ㊈田豫釋紱於漏盡：田豫，字國讓，三國魏漁陽雍奴人。仕魏為振威將軍，領并州刺史。屢乞退位，曰：「年過七十而以居位，譬猶鐘鳴漏盡而夜行不休，是罪人也。」見《三國志》卷二十六〈魏書・田豫傳〉。釋紱，退休。 [一〇]亢悔：《易經・乾卦》：「上九，亢龍有悔。」 [一一]濡：沾濕。 [一二]陳、竇：陳，陳蕃；竇，竇武。詳見〈正郭篇〉注。

【今譯】「他們都是器大量弘，審察機遇，識別目標，凌眾獨自前往，不為平常的慾念所牽累，神參造化，心遺萬物。可允許的欲望不能占據整個純粹之身，淺近的道理不能耗損其清澄的心靈。如果没有像他們那樣的自然氣質，確實難以達到卓絕的道路上。一般只知道功成而身退，考慮到功勞大而不索賞。狡兔死了，就知道獵犬不再用了；飛鳥打盡了，就知道良弓可以藏起來了。鑒於彭越、韓信被殺的教訓，而念及抽簪之術；目覩越國文種之闇機，則識金象之貴。從前，范蠡泛舟離開越國，隱居絕世；薛方以遜辭對答王莽，保全了自己的貞潔。疏廣與疏受在貴盛盈滿之時投印棄官，田豫在漏盡之際釋紱辭職，他們進脫亢悔之咎，退無濡尾之吝，清風足以揚掉千年的塵埃，德音足以除掉將來的迷惑。他們的事跡，跟貴盛而被殺的陳蕃、竇武相比較，相差不亦是很遠的嗎？」

「或智小敗於謀大，或轅㊀弱折於載重，或獨是陷於眾非，或盡忠訐㊁於兼會，或倡高筭而受晁錯之禍㊂，或竭心力而遭吳起㊃之害。故有跼高蹐厚，猶不免焉。公旦之放㊄，仲尼之行㊅，賈生逐擯於下土㊆，子長熏胥乎無辜㊇，樂毅平齊㊈，伍員破楚㊉，白起以百勝拓疆⑪，文子以九術霸越⑫，韓信功蓋於天下⑬，黥布滅家以佐命⑭，榮不移晷⑮，辱已及之。不避其禍，豈智者哉？」

【今註】 ㊀轅：車前駕牲口用的長木。㊁訐：攻訐，攻擊別人的短處。㊂倡高筭而受晁錯之禍：晁錯，潁川（今河南禹縣）人。西漢文帝時，任太常掌故，號「智囊」。景帝即位，任為御史大夫，主張削奪諸侯王的封地。不久，吳楚等七國以誅晁錯為名，發動叛亂，他為袁盎所譖，被殺。

㊃竭心力而遭吳起之害：吳起，戰國時政治家。曾輔佐楚悼王實行變法，促進了楚國的富強。楚悼王死，他被貴族殺害。㊄公旦之放：周公旦曾被譖奔楚。《史記》卷三十三〈魯周公世家〉：成王少時，病，周公乃自揃其蚤沈之河，以祝于神，並藏其策于府。成王病有瘳。及成王用事，人或譖周公，周公奔楚。成王發府，見周公禱書，乃泣，迎回周公。㊅仲尼之行：指孔子悽悽惶惶，到處遊走。事見《史記》卷四十七〈孔子世家〉。㊆賈生遜擯於下土：賈生，名誼，洛陽人。西漢文帝時，議以賈生任公卿之位。諸大臣盡害之，乃短賈生「專欲擅權，紛亂諸事」。於是文帝亦疏之，以賈生為長沙王太傅。㊇子長熏胥乎無辜：子長，即司馬遷，曾無故而遭宮刑，憤而撰寫《史記》。㊈樂毅平齊：樂毅，戰國時燕將。中山國靈壽（今河北平山東北）人，樂羊的後代。燕昭王二十八年，率軍擊破齊國，先後攻下七十多城，因功封於昌國（今山東淄博市東南），號昌國君。燕惠王即位，中齊反間計，樂毅出奔趙國而死。㊉伍員破楚：伍員，即伍子胥，春秋時吳國大夫。曾助吳王闔閭奪取王位，整案經武，國勢日盛。不久率軍攻破楚，以功封於申。吳王夫差時，漸被疏遠，後吳王賜劍命他自殺。⑪白起以百勝拓疆：白起，戰國時秦國名將。郿（今陝西眉縣）人。秦昭王時以左庶長官至大良造。屢戰屢勝，奪得韓、越、魏、楚的很多地方，因功封武安君。長平之戰大勝越軍。後為相國范睢所妒忌，被逼自殺。⑫文子以九術霸越：文子，即文種，見前注。九術，一曰尊天事鬼，二曰重財市以遺其君，三曰貴糴粟槀以空其邦，四曰遺之好美以熒其志，五曰遺之巧匠，使起宮室高臺，以盡其財，以疲其力，六曰貴其諛臣，熒之易伐，七曰彊其諫臣，熒之自殺，八曰邦家富而略器利，九曰堅甲利兵以承其弊。見《史記》卷四十一〈越王句踐世家〉《正義》引《越絶》。⑬韓信功蓋於天下：楚漢相爭之際，齊人蒯通當遊說韓信自立，言道：「足下涉西河，虜魏王，禽夏說，引兵下井陘，

誅成安君，徇趙，脅燕，定齊，南摧楚人之兵二十萬，東殺龍且，西鄉以報，此所謂功無二於天下，而略不世出者也。」事見《史記》卷九十二〈淮陰侯列傳〉。 ㈣黥布滅家以佐命：黥布，即英布，六安（今安徽六安東北）人。秦末，曾坐法黥面，輸驪山為刑徒，故稱黥布。後起義，屬項羽，封九江王。在楚漢相爭中，歸漢，而其妻子盡為楚所殺。封淮南王。漢初，繼韓信被殺後，舉兵反，被誅。

㈤晷：日影。

【今譯】「或者智小敗於謀大，或者轅弱折於載重，或者獨是陷於眾非，或者盡忠訐於兼會，或倡導高策而遭受晁錯那樣的災禍，或者竭盡心力而遭到吳起被害那樣的結局。所以有局高小步行走的人，尚不免受禍。周公被譖奔楚，孔子悽惶奔走，賈誼被擯於長沙，司馬遷無辜遭到宮刑。至於樂毅有平齊之功，伍子胥有破楚之勳，白起以百勝開拓秦國的疆土，文種以九術使越國成為霸王，韓信軍功蓋於天下，英布雖遭妻子被戮，而仍佐命於漢王劉邦，上述諸人獲得榮貴地位不久，屈辱已經來臨了。他們不知道避開災禍，難道算是聰明的人嗎？」

「為臣不易，豈將一塗？要而言之，決在擇主。我不足賴，其驗如此。告退避賢，潔而且安，美名厚實，福莫大焉。能修此術，萬未有一。吉凶由人，可勿思乎？逆耳之言，樂之者希。獻納期㈠榮，將速身禍。救誹謗其不暇，何信受之可必哉？夫矰繳㈡紛紜，則鴛雛㈢徊翮；坑穽充蹊㈣，則麟、虞㈤斂跡。情不可極，慾不可滿。達人以道制情，以計遣慾。為謀者猶宜使忠，況自為策而詳不哉㈥？」

【今註】㊀期：孫星衍校云：《藏》本作「斯」，從舊寫本改。㊁矰繳：繒，獵取飛鳥的射具。繳，繫在箭上的絲繩。㊂鴑雛：鴳鶵。㊃坑穽充蹊：穽，陷阱，捕捉野獸用的陷坑。蹊，小路。㊄麟、虞：麟，麒麟。虞，良馬名。㊅為謀者猶宜使忠，況自為策而不詳哉：楊明照《抱朴子外篇校箋・下》：按《論語・學而篇》：「為人謀，而不忠乎？」疑此「謀」上脫一「人」字。

【今譯】「作為臣子不容易，難道只有一條道路可走的嗎？要而言之，決定性的事在於選擇君主，本人是不足以依賴的。事實驗證如此。告退避賢，潔而自安，美名厚實，會有多麼大的福氣。可是，能夠修習這一方術，萬人之中未有一個。吉與凶由於本人，可不思考的嗎？對於逆耳之言，樂於聽取的人是不多的。獻納投靠，以企求榮貴，將會加速自身的災禍。挽救遭誹謗的人已經來不及，又如何會必定受到信用呢？矰繳紛紜眾多，則鴳鶵惶惶不定地飛走；陷阱布滿小路，則麟、虞也不敢來了。性情不可以極端，慾望也不可以全滿。明達的人以道來控制情性，用謀計來遣發慾望。為人謀者尚且要為之忠，何況為自己考慮而不詳盡呢？」

「蓋知足者常足也，不知足者無足也。常足者，福之所赴也；無足者，禍之所鍾也。生生之厚，殺哉生矣。宋氏引苗㊀，郢人張革㊁，誠欲其快，而實速萎裂。知進忘退，斯之以乎？夫筴㊂奔而不止者，尠㊃不傾墜；凌波而無休者，希不沈溺。弄刃不息者，傷刺之由也；斫擊不輟者，缺毀之原也。盈則有損，自然之理。周廟之器，豈欺我哉？故養由㊄之射，行人識以弛弦。東野之御，顏子知其方敗㊅。成功之下，未易久處也。」

【今註】 ㈠宋氏引苗：《孟子・公孫丑篇・上》：「宋人有閔其苗之不長而揠之者，芒芒然歸，謂其人曰：『今日病矣！予助苗長矣！』其子趨而往視之，苗則槁矣。」 ㈡郢人張革：意謂郢地人怕皮革不足而擴張拉長它。 ㈢筴：策，鞭。 ㈣尠：鮮，少。 ㈤養由：即養由基，一作養游基，春秋時楚國大夫，善射，能百步穿楊。楚共王十六年鄢陵之戰，戰前他與潘黨試射，一發穿七層甲葉。 ㈥「東野之御」二句：東野，指東野稷，古代善於御馬者。顏子，指顏闔，魯國賢士。《莊子・達生篇》載：東野稷御馬，進退中繩，左右中規，往返百度。顏闔見之，對魯莊公說：「稷之馬將敗。」莊公問其緣由，顏闔曰：「其馬力竭矣，而猶求焉，故曰敗。」

【今譯】 「大概知足者常常感到滿足，不知足者是沒有什麼會滿足的。常足者，福運就會赴集而來；無足者，災禍就會跟著而來。生長厚盛的，殺之也仍會生長。宋人拔苗助長，郢人張其皮革，確實想要快些，而實際上加速了枯萎與裂壞。知進忘退，就是這樣的嗎？揮鞭奔跑不止的人，鮮不傾墜；凌波而不休息的人，很少不沉溺的。擺弄刀槍不停的人，就會受到傷刺；砍擊不停的人，就會砍缺傷毀。盈則有損，這是自然的道理。周廟的祭器，難道會欺騙我嗎？所以，對於養由基的射箭，行人就看出他的弓弦將要鬆弛了；東野稷御馬駕車，顏闔就知道他的馬將會被累垮。事業成功之後，不容易久久地停留在那裡。」

「夫飲酒者不必盡亂，而亂者多焉。富貴者豈其皆危，而危者有焉。智者料事於倚伏㊀之表，伐木於毫末之初。吐高言不於累棊㊁之際，議治裘不於群狐之中。古人佯狂以為愚，豈所樂哉？時之宜然，不獲已也。亦有深逃而陸遭濤波，幽遁而水被焚燒。若龔勝之絕粒以殞命㊂，李業煎蹙以吞酖㊃，由乎跡之有眹，景之不滅也。若使行如蹈冰，身如居陰，動無遺蹤可尋，靜與無為為一，豈有斯患乎？又況乎揭日月以隱形骸，擊建鼓以徇利器者哉！夫值明時則優於濟四海，遇險世則劣於保一身。為此永慨，非一士也。」

【今註】 ㊀倚伏：指禍福互相轉化，語出老子《道德經・第五十八章》：「禍兮福之所侍，福兮禍之所伏。」　㊁棊：棋。累棋，堆迭棋子，高則易倒。《國策・秦策》：「致至而危，累棋是也。」　㊂龔勝之絕粒以殞命：龔勝，字君賓，西漢名儒。王莽遣使即拜勝為講學祭酒，勝稱疾不應徵。後病，遂不復開口飲食（絕粒），積十四日死，死時七十九歲。傳見《漢書》卷七十二〈王貢兩龔鮑傳〉。　㊃李業煎蹙以吞酖：李業，字巨游，東漢廣漢梓潼人。少有志操，介特，曾舉為郎。王莽秉政時，稱病不仕，隱居山谷間。及公孫述僭號，割據蜀中，欲以為博士，李業固辭不起。數年，述羞不致之，乃派使者持毒藥以劫業曰：「若起，則受公侯之位；不起，賜之以藥。」李業遂飲毒而死。見《後漢書》卷八十一〈獨行列傳〉。

【今譯】 「飲酒的未必都導致亂政，而發生亂政的還是很多的。富貴的人未必都會遭到危險，但出現危險的情況是有的。聰明的人料事於禍福未發生的時候，伐木從毫末之初開始，不在累棋之際談論其高，不在狐群中議論做裘衣。古代的人假裝狂病自以為愚笨，難道願意那樣做嗎？時勢造成那樣的情況，不得已的。也有的人遠遠地逃避但仍遭到波濤入擊，有的人遁入幽途但仍遭到水淹火燒。至若龔勝拒絕出仕，最終絕食而死，李業煎蹙以吞酖，是由於他們跡象明顯，影之不滅的緣故。如果使人行走在冰霜之上，身居於陰暗的地方。動無遺跡可尋，靜與無為合一，難道會有這種禍患嗎？又何況揚日月之光以隱蔽形體，擊建鼓以徇利器呢！遇到聖明之世則優於濟四海，遇到險亂之世則劣於保一身。為此永歎，並非士人應該做的。」

「吾聞無熾不滅，靡溢不損。煥赫有委灰之兆，春草為秋瘁之端。日中則昃㊀，月盈則蝕。四時之序，成功者退。遠取諸物，則構高崇峻之無限，則穨壞惟憂矣。近取諸身，則嘉膳旨酒之不節，則結疾傷性矣。況乎其高概雲霄而積之猶不止，其威震人主而加崇又不息者乎！蚊虻墮山，適足翱翔，兕㊁虎之墜，碎而為韲㊂。此言大物，不可失所也。且夫正色彈違，直道而行，打撲干紀㊃，不慮讎隟㊄，則怨深恨積。若舍法容非，屬託㊅如響，吐剛茹柔㊆，委曲繩墨㊇，則忠□喪敗㊈。居此地者，不亦勞乎？是以身名並全者甚希，而折足覆餗㊉者不乏也。」

【今註】 ㊀昃：太陽西斜。㊁兕：雌的犀牛。㊂韲：酢菜之細切者。㊃干：犯，冒犯。《左傳》襄公二十三年：「干國之紀。」㊄隟：隙。㊅屬託：以私事相託，走門路。㊆吐剛茹柔：吐出硬的，吃下軟的。比喻怕強欺弱。《詩經・大雅・烝民》：「人亦有言：柔則茹之，剛則吐之。維仲山甫，柔亦不茹，剛亦不吐；不侮矜寡，不畏彊禦。」㊇委曲繩墨：委曲，隱微不顯。繩墨，準則或法規。㊈則忠□喪敗：孫星衍校云：「忠」下舊寫本空白一字。㊉折足覆餗：《易經・鼎卦》云：「鼎折定，覆公餗。」餗，鼎中食物。鼎足摧折，其中食物傾覆而出。

【今譯】「我聽說没有一處火焰是不滅的，溢滿没有是不損的。火焰煥赫時已有委灰的兆象，春草茂盛時已經有秋天枯瘁的端倪。太陽正中則向西斜了，月亮盈滿則已漸虧蝕了。按照四季變法的次序，成功了的又漸漸消退。遠取之於物，如果構高崇峻之無效，就會有頹壞的憂患。近取之於身，如果美食美酒不加節制，就會生病傷性。何況高入雲霄而積之猶不止，威震人主而又加崇不息的情況呢？蚊虻從山上掉下，恰好可以飛翔；而兕與虎掉下來，就會碰得粉碎。這是說，大的東西不可喪失自已應該有的地方或者位置。嚴厲地彈劾違反法紀的事，按正直之道而實行，打擊冒犯綱紀的現象，不考慮到結下私仇，就會出現怨深恨積的情況。如果捨棄法紀，容納非法之事，請託如響，欺軟怕硬，隱蔽法則，就會國家喪敗。居於上述地位的人，不亦是勞苦了嗎？因此，身名並全的人甚為稀少，而如鼎足折而覆餗的情況卻不少。」

「然而入則蘭房窈窕㊀，朱帷組帳，文茵兼舒於華第㊁，豔容㊂粲爛於左右，輕體柔聲，清歌妙舞。宋、蔡㊃之巧，〈陽阿〉㊄之妍，口吐〈採菱〉、〈延露〉㊅之曲，足躡〈淥水〉、〈七槃〉㊆之節。知音悅耳，冶姿娛心，密宴繼集，醽、醁㊇不撤。抑登綺閣，俯映清淵，遊果林之舟翠，戲蕙圃之芬馥。文鱗瀺灂㊈，朱羽頡頏㊉，飛繳墮雲鴻，沈綸引魴㊂鯉。遠珍不索而交集，玩弄紛華而自至。」

【今註】㊀蘭房窈窕：蘭房，塗香料的屋室。窈窕，深遠的樣子。㊁華第：華麗的屋宅。㊂豔容：指美女。㊃宋、蔡：宋，宋國。蔡，蔡國。㊄〈陽阿〉：古歌曲名。《文選》卷四十五宋玉〈對楚王問〉：「其為〈陽阿〉，〈薤露〉，國中屬而和者數百人。」㊅〈採菱〉、〈延露〉：歌曲名。㊆〈淥水〉、〈七槃〉：歌舞名。㊇醽、醁：酒名。㊈文鱗瀺灂：文鱗，魚類。瀺灂，魚出沒發出小水聲。㊉朱羽頡頏：朱羽，指鳥類。頡頏，鳥飛上下貌。《詩經・邶風・燕燕》：「燕燕于飛，頡之頏之。」⑪魴：魚名，鯉科。

【今譯】「然而，進入深邈的蘭房，朱帷組帳，文彩展舒於華麗的屋宅，美女耀眼於左右，輕體柔聲，清歌妙舞。陳列著來自宋、蔡等地的巧玩，充盈著美妙的〈陽阿〉之曲，人們口唱〈採菱〉、〈延露〉之曲，腳蹈〈淥水〉、〈七槃〉的節拍。知音悅耳，美姿娛心，密宴繼集，美酒不撤。仰登綺麗的亭閣，俯映清澄的淵池，遊歷於丹翠的果林之中，在芬香的蕙園裡遊戲。魚兒出沒游動，鳥兒上下翻飛，飛繳射蓉雲鵬，沉綸釣出魴鯉。遠方的珍玩不必自己去求索而會彙集而來，滿載著美膳旨酒的車連接不絕。」

「出則朱輪耀路，高蓋接軫。丹旗雲蔚，麾節翕赫㊀。金口嘈囐㊁，戈甲璀錯。得意託於後乘，嘉旨盈乎屬車。窮遊觀之娛，極畋㊂漁之懽。聖明之譽，滿耳而入；諂悅之言，異口同辭。于時眇然，意蔑古人，謂伊、呂、管、晏㊃不足算也。豈覺崇替之相為首尾，哀樂之相為朝暮，肯謝貴盛乞骸骨㊄，背朱門而反丘園㊅哉？若乃聖明在上，大賢讚事，百揆非我則不敘㈦，兆民㈧非我則不濟，高而不以危為憂，滿而不以溢為慮者，所不論也。」

【今註】　㈠翕赫：盛貌。㈡嘈囐：嘈雜。㈢畋：打獵。㈣伊、呂、管、晏：伊，伊尹。呂，呂尚，姜太公。管，管仲。晏，晏嬰。㈤乞骸骨：因年老自請退休。㈥丘園：田園。㈦百揆非我則不敘：百揆，古官名，猶冢宰。《尚書・堯典》：「納于百揆，百揆時敘。」敘，授官職。㈧兆民：百姓。

【今譯】　「他們出門在外時乘坐的朱輪大車映照著道路，高敞的車蓋連接不斷，紅色的旗子像彩雲一樣密集，旌旗和符節十分繁盛，貴人的言語喧鬧嘈雜，戟戈甲冑光澤閃耀。喜愛的女色拖乘於後，精美的食品裝滿了隨同的車子。盡量地遊觀娛樂，備嘗漁獵的歡快。聖明之類讚頌之辭，滿耳而入；諂諛奉承之言，異口同聲。這時飄飄然，意念上蔑視古人，認為伊尹、呂尚、管仲、晏嬰也不算是高明的了。難道會發覺興亡如首尾相連，哀樂如朝暮相接，願意與貴盛告別，自動請求退休，離開朱門，返回田園嗎？至於聖明君主在上，有大賢臣參與輔佐，百揆非我則不敘用，百姓非我則不能救濟，地位雖高而不擔心危險，志滿而不以溢為慮，這種情況當有所別論。」

【窮達篇　篇旨】　「一流之才，而或窮或達，其故何也？」本篇就是對這個問題的回答。抱朴子強調：「審時者何怨於沈潛，知命者何恨於卑瘁乎？」他認為庸俗之人「唯以達者為賢，而不知僥求者之所達也。唯以窮者為劣，而不詳守道者之所窮也。」

或問：「一流之才，而或窮或達，其故何也？俊逸縶㊀滯，其有憾乎？」

抱朴子曰：「夫器業不異，而有抑有揚者，無知己也。故否泰時也，通塞命也。審時者何怨於沈潛，知命者何恨於卑瘁乎？故沈閭、淳鈞㊁，精勁之良也，而不以擊，則朝菌㊂不能斷焉。琲華、黎綠，連城之寶㊃也，委之泥濘，則瓦礫積其上焉。故可珍而不必見珍也，可用而不必見用也。」

【今註】 ㊀縶：用繩索絆住馬足。㊁沈閭、淳鈞：寶劍名。按「鈞」當作「鉤」。《淮南子・覽冥篇》：「區冶生而淳鉤之劍成。」沈閭，一作「湛盧」。越王允常聘歐冶子作名劍五枚，其一曰純鉤，二曰湛盧。參見《吳越春秋》卷四、《越絕書》卷十一。㊂朝菌：朝生暮死的菌類。《莊子・逍遙遊篇》：「朝菌不知晦朔。」㊃琲華、黎綠：美玉名。連城之寶，價值極其貴昂的寶玉。

【今譯】 有人問：「第一流的人才，而有的人窮寒，有的人旺達，其中原因何在呢？俊逸之才被束縛滯留住了，他們有遺憾嗎？」

抱朴子回答說：「才器與功業不是不同的，而有的人受到壓抑，有的人揚揚得意，而他們都不了解自己。所以，衰敗與安泰是時勢造成的，通達或者阻塞是由天命決定的。審視時勢的人為什麼要怨恨沉潛隱沒呢？知道天命的人為什麼要怨恨卑微勞累呢？所以，沈閭、淳鈞是精勁的良劍，但不用來砍擊，就是朝菌也不會斷。琲華、綠黎是價值連城的寶玉，但丟棄在泥濘裡，則瓦礫也堆積在它們之上。所以，可珍貴的東西而未必被珍視，可用的東西也未必被使用。」

「庸俗之夫，闇於別物，不分朱紫㈠，不辯菽麥。唯以達者為賢，而不知僥求者之所達也。唯以窮者為劣，而不詳守道者之所窮也。且夫懸象不麗天，則不能揚大明灼無外；嵩、岱㈡不託地，則不能竦峻極概雲霄。兔足因夷塗㈢以騁迅，龍艘汎激流以效速。離光非燧人不熾㈣，楚金非歐冶不剡㈤。豐華俟發春而表豔，棲鴻待衝飈而輕戾㈥。」

【今註】　㈠朱紫：比喻以邪亂正或真偽混淆。　㈡嵩、岱：嵩，嵩山；岱，泰山。　㈢夷塗：夷，平坦。塗，途。　㈣離光非燧人不熾：燧人，我國遠古傳說的人工取火技術的發明者。《韓非子・五蠹篇》：「有聖人作，鑽燧取火，以化腥臊，而民說之，使王天下，號之曰燧人氏。」　㈤楚金非歐冶不剡：歐冶，即歐冶子，越人，以鑄劍聞名。後楚昭王聞之，召詢風胡子，對曰「歐冶子已死。」金，即銅。剡，削。　㈥棲鴻待衝飈而輕戾：飈，暴風。戾，凶暴。

【今譯】　「庸俗之人不懂得區別事物，分不清真偽邪正，辨不清菽與麥。他們唯以為發達者是賢能之才，而不知道這是僥求者的發達。他們只以為寒素者是庸劣之才，而不了解這是守道者的貧窮。而且日月星辰不附於天際，就不能發揚大明並照耀無邊；嵩山、泰山不依託大地，就不能高高聳立並直達雲霄。兔足依靠平地才騁迅，龍舟泛波激流才效速。離光不靠燧人氏的鑽磨就不會燃燒，楚國銅不經由歐冶子的冶鑄就削不成寶劍。茂盛的花朵待春天才開放且鮮豐，棲鴻靠暴風而輕戾。」

「四嶽不明揚，則有鯀不登庸㈠；叔牙不推賢，則夷吾不式厚㈡。穰苴賴平仲以超踔㈢，淮陰因蕭公以鷹揚㈣。雋生由勝之之談㈤，曲逆緣無知之薦㈥。元直起龍縈之孔明㈦

，公瑾貢虎臥之興霸㈧。故能美名垂於帝籍，弘勳著於當世也。漢之末年，吳之季世，則不然焉。舉士也，必附己者為前；取人也，必多黨者為決。而附己者不必足進之器也，同乎我，故不能遺焉。而多黨者不必逸群之才也，信眾口，故謂其可焉。」

【今註】 ㈠四嶽不明揚，則有鯀不登庸：四嶽，指堯時掌管四嶽的諸侯。有鯀，指舜。獨居無妻，故名。四嶽曾向堯舉薦舜。見《尚書・堯典》。 ㈡叔牙不推賢，則夷吾不式厚：叔牙，鮑叔牙。夷吾，管仲。齊桓公立，公子糾死，管仲囚。後鮑叔牙推薦之，遂用以霸。事見《史記》卷六十二〈管晏列傳〉。 ㈢穰苴賴平仲以超踔：穰苴，司馬穰苴。平仲，即晏嬰。晏嬰曾向齊景公推薦曰：「穰苴雖田氏庶孽，然其人文能附眾，武能威敵，願君試之。」齊景公乃任命穰苴為將軍。見《史記》卷六十四〈司馬穰苴列傳〉。 ㈣淮陰因蕭公以鷹揚：淮陰，即韓信。蕭公，即蕭何。韓信見漢王劉邦未加錄用，離去。蕭何親自追之，並薦之於漢王，拜為大將，一軍皆驚。見《史記》卷九十二〈淮陰侯列傳〉。 ㈤雋生由勝之之談：雋生，即雋不疑，字曼倩，勃海人。治《春秋》，名聞州郡。漢武帝末，直指使者暴勝之，督課郡國，東至海。勝之知不疑非庸人，深接以禮。勝之遂表薦不疑，拜為青州刺史。事見《漢書》卷七十一〈雋疏于薛平彭傳〉。 ㈥曲逆緣無知之薦：曲逆，即曲逆侯陳平。無無知，即魏無知。陳平至修武降漢王劉邦，因魏無知求見漢王，召入。後漢王疑之，召讓魏無知。無知曰：「楚漢相距，臣進奇謀之士，顧莫計誠足以利國家不耳。且盜嫂受金又何足疑乎？」漢王遂拜平為護軍中尉。事見《史記》卷五十六〈陳丞相世家〉。 ㈦元直起龍縈之孔明：元直，即徐庶，本名福，字元直，潁川（今河南禹縣）人。劉備屯新野，徐庶往謂：「諸葛孔明者，臥龍也，將軍豈願見之乎？」劉備曰：「君與俱來。」庶曰：「此人可就見，不可屈致也。將軍宜枉駕顧之。」由是劉備遂詣亮。凡三往，乃見。見《三國志》卷三十五〈蜀書・諸葛亮傳〉。㈧公瑾貢虎卧之興霸：公瑾，即周瑜，字公瑾，廬江舒縣（今安徽舒城）人。興霸，即甘寧。甘寧投奔吳國，周瑜、黃蓋共為薦達，孫權遂加以信用。見《三國志》卷五十五〈吳書・甘寧傳〉。

【今譯】「四嶽不向堯作推崇，有鯀氏就不會被敘用；鮑叔牙不向齊桓公推薦，管仲就不會被重用。司馬穰苴靠晏嬰的推薦而一躍為將帥，韓信因蕭何的追召才得以發揮作用。雋不疑的出仕是由於暴勝之的表薦，陳平的重用是由於魏無知的推薦。徐庶元直向劉備推薦卧龍孔明，周瑜向貢舉卧虎興霸。所以，他們的美名流傳在帝王的史籍上，他們的弘大功勳顯著於當世。可是，到了漢朝末年與孫吳末世，情況就不是這樣的了。推舉士人，必定把依附自己的人排在前面；錄用士人，必定由多黨的人決定。而依附於自己的人未必是有足以進仕的才能，只因為跟自己意見相同，所以不能丟棄他們。而多黨者也未必是逸群之才，只因為相信眾多人的推崇，所以認為可以錄用。」

「或信此之庸猥，而不能遺所念之近情；或識㈠彼之英異，而不能平心於至公。於是釋銓衡㈡，而以疏㈢數為輕重矣；棄度量，而以綸㈣集為多少矣。于時之所謂雅人高韻，秉㈤國之鈞，黜陟決己，褒貶由口者。尠哉免乎斯累也。又況於胸中率㈥有憎獨立，疾非黨，忌勝己，忽寒素者乎？悲夫！邈俗之士，不群之人，所以比肩不遇，不可勝計。或抑頓㈦於藪澤，或立朝而斥退也。蓋修德而道不行，藏器而時不會。或俟河清而齒已沒，或竭忠勤而不見知。遠用不騁於一世，勳澤不加於生民㈧。席上之珍，鬱於泥濘；濟物之才，終於無施。操築而不值武丁㈨，抱竿而不遇西伯㈩。自曩迄今，將有何限，而獨悲之，不亦陋哉？」

【今註】 ㈠識：孫星衍校云：《藏》本作「適」，從舊寫本改。 ㈡銓衡：衡量輕重的器具。 ㈢踈：粗疏。 ㈣綸：官吏繫印用的青絲帶。 ㈤秉：執掌。 ㈥率：孫星衍校云：《藏》本作「卒」，從舊寫本改。 ㈦抑頓：抑，壓抑。頓，止宿。 ㈧生民：百姓。 ㈨操築而不值武丁：武丁，商代國王，後被稱為商宗。盤庚弟小乙之子。《史記》卷三〈殷本紀〉：武丁夜夢得聖人，名曰說。以夢所見視群臣百吏，皆非也。於是乃使百工營求之野，得說於傅險中。是時說為胥靡，築於傅險，見於武丁，武丁曰是也。得而與之語，果聖人，舉以為相，殷國大治。故遂以傅險姓之，號曰傅說。 ㈩抱竿而不遇西伯：西伯，即周文王。《史記》卷三十二〈齊太公世家〉：呂尚蓋嘗窮困，年老矣，以漁釣奸周西伯。西伯將出獵，卜之，曰「所獲非龍非彲，非虎非羆，所獲霸王之輔」。於是周西伯獵，果遇太公於渭之陽，與語大說，載與俱歸，立為師。

【今譯】 「有時相信這些庸猥之人，而不能排除近情的牽念；有時也了解那些英異之人，但不能從最公正的立場上作考慮。於是，放棄了銓衡，以粗疏的數字來決定輕或重；放棄了度量，而綸集來決定多或少。這時，所謂雅人高韻、執掌國政之重臣，降或升由自己決定，褒或貶全出於口。這樣，要避免上迷情況的牽累的可能性是很少的。又何況胸中大抵已有心於憎惡獨立之士，痛恨非黨之人，妒忌勝過自己的人，怠忽寒素之人呢？可悲啊！所以，邈俗之士與不群之人比肩而立，卻沒有錄用的機遇，真是不可勝計。有的人被抑止於藪澤，有的人雖立於朝廷而被斥退。大概他們修德而道不行，雖具有才能而時機沒有來臨。或者要等到黃河水清之時而年紀已老，或者竭盡忠誠與勤勞而不被知道。遠遠地離去，不為當世所用，勳澤沒有比老百姓多一點。宴席上的珍肴，被隱蔽在泥濘之中；濟世救眾的人才，終於無法施展。雖然像傅說那樣操築於傅險，卻沒有遇著西伯周文王。自古迄今，這種情況將有多少，而你獨自感到悲傷，不亦是孤陋寡聞嗎？」

「瞻徑路之遠而恥由之，知大道之否而不改之。齊通塞於一塗，付榮辱於自然者，豈懷悒㈠悶於知希，興永歎於川逝乎㈡？疑其有憾，是未識至人㈢之用心也。小年之不知大年，井蛙之不曉滄海，自有來矣㈣。」

【今註】　㈠悒：憂愁不安。　㈡永歎於川逝：《論語・子罕篇》：「子在川上曰：『逝者如斯夫，不舍晝夜。』」　㈢至人：道德修養達到了最高境界的人。　㈣自有來矣：楊明照《抱朴子外篇校箋・下》：按「自有」當據舊寫本、文溯本乙作「有自」。〈用刑〉、〈名實〉、〈鈞世〉、〈詰鮑〉四篇並有「有自來矣」之文（此語《左傳》中凡六見）。

【今譯】　「看到小路遙遠而恥於行走，知道大路已壞而不改道。這樣將通塞合於一途，付榮辱於自然的人，難道懷著知少而愁悶，面對川逝而永歎嗎？我懷疑這種遺憾是不懂得至人的用心。少年不知大年，井蛙不曉得滄海，是有自然的來歷的。」

【重言篇　篇旨】　本篇反對儒、墨的誇誇其談，強調「智者之不言」，認為「醜言自口，偷薄之變，生乎其間，既玷之謬，不可救磨，未若希聲不全大音，約說以俟識者矣。」

抱朴子曰：「余友人玄泊先生㈠者，齒在志學，固已窮覽《六略》㈡，旁綜《河》、《洛》㈢。晝競羲和之末景㈣，夕照望舒之餘輝㈤。道靡遠而不究，言無微而不測。以儒、墨㈥為城池，以機神為干戈。故談者莫不望塵而銜璧㈦，文士寓目而格筆㈧。俄而寤智者之不言，覺守一㈨之無咎，意得則齊荃㈩蹄之可棄，道乖則覺唱高而和寡。於是奉老氏⑪多敗之戒，思金人三緘之義⑫，括鋒穎而如訥⑬，韜修翰於彤管⑭，含金懷玉，抑謐⑮華辯，終日彌夕，或無一言。」

【今註】　㈠玄泊先生：「泊」字，孫星衍校云：《意林》作「伯」。　㈡《六略》：西漢劉向、歆父子總校群書，編成《七略》。班固據《七略》撰《漢書・藝文志》，去《輯略》而成《六略》。《漢書・六略》即〈六藝略〉、〈諸子略〉、〈詩賦略〉、〈兵書略〉、〈數術略〉、〈方技略〉。　㈢《河》、《洛》：即《河圖》《洛書》。《易經・繫辭・上》：「河出《圖》，洛出《書》，聖人則之。」傳說伏羲氏，有龍馬從黃河出現，背負「《河圖》」；有神龜從洛水出現，背負「《洛書》」。　㈣羲和：傳說中駕日車的神。《楚辭・離騷》：「吾令羲和弭節兮。」洪興祖《補注》云：「日乘車駕以六龍，羲和御之。」　㈤望舒：傳說中為月神駕車的神。〈離騷〉：「前望舒使先驅兮。」王逸《注》：「望舒，月御也。」洪興祖《補注》：「《淮南子》曰：『月御曰望舒。』」㈥墨：孫星衍校云：《藏》本作「道」，從《意林》改。㈦銜璧：孫星衍校云：舊寫本作「衝璧」。㈧寓目而格筆：寓，敬。格，停止。㈨守一：謂專一精思以通神。道家修養之術。㈩荃：香草。㈡老氏：老子。㈢思金人三緘之義：金人，銅人。《孔子家語·觀周篇》：「遂入太祖后稷之廟，廟堂右階之前有金人焉，三緘其口，而銘其背曰：此古之慎言人也。」㈢訥：出言遲鈍。㈣韜修翰於彤管：韜，藏，隱蔽。翰，筆。彤管，赤管筆，指文墨之事。㈤謐：安靜。

【今譯】抱朴子說：「我的友人玄泊先生，志願在於學習，本來已經盡讀了《六略》，又旁及《河圖》、《洛書》。白天追逐羲和的晚景，夜裡照耀著望舒的餘輝。道無論怎麼遠遥也要探究，言論不管如何細微也要窺測。以儒、墨兩家學說為城池，以機智之神為武器。所以其他談者莫不望塵而銜璧，文士教目而停筆。不久，玄泊先生悟到了智者之不言，發覺只有專心守一，才能免除禍殃；得意時就把荃蹄都丟棄，道乖則唱高而和寡。於是信奉了老子多敗的告戒，思念金人三緘其口的慎言道理，括去了言談鋒穎，好像遲鈍隱蔽似的，修翰於彤管，含金懷玉，抑制了巧辯，終日到晚，不說一句話。」

「門人進曰：『先生默然，小子胡述？且與庸夫無殊焉。竊謂號鍾不鳴，則不異於積銅；浮磬㈠息音，則未別乎聚石也㈡。』玄泊先生答曰：『吾特收遠名於萬代，求知己於將來，豈能競見知於今日，標格於一時乎㈢？陶甄㈣以盛酒，雖美不見酣；身卑而言高，雖是不見信。徒卷舌而竭聲，將何救於流遁！古人六十笑五十九，不遠迷復，乃覺有以也。夫玉之堅也，金之剛也，冰之冷也，火之熱也，豈須自言，然後明哉？且八音九奏，不能無長短之病；養由㊄百發不能止，將有一失之蹠。翫憑河者，數溺於水；好劇談者，多漏於口。伯牙㊅謹於操絃，故終無煩手之累；儒者敬其辭令，故終無樞機之辱。』

【今註】 ㊀磬：樂器。 ㊁則未別乎聚石也：楊明照《抱朴子外篇校箋．下》：「聚」，《初學記》、《御覽》五一引作「眾」。按「眾」字是。〈交際篇〉：「蓋由眾石之積。」亦以「眾石」為言。 ㊂豈能競見知於今日，標格於一時乎：楊明照《抱朴子外篇校箋．下》：「標」上，吉藩本有「立」字。按「標格」不能與「競見知」相儷，確有脫字。然吉藩本亦未必是也。〈應嘲篇〉有「標峻格於九霄」語，則「格」上合補一「峻」字，「標」字係動詞，非「標格」連言為名詞也（〈嘉遯篇〉「標退靜以抑躁競之俗」，〈君道篇〉「遣私情以標至公」，皆以「標」字為動詞。 ㊃陶甄：《文選》卷五十六張華〈女史箴〉李善《注》引如淳曰：「陶人作瓦器謂之甄。」 ㊄養由：即養由基，見前注。 ㊅伯牙：《呂氏春秋．本味篇》：「伯牙鼓琴，鍾子期聽之。方鼓琴而志在泰山，鍾子期曰：『善哉乎鼓琴！巍巍乎若泰山。』少選之間，而志在流水，鍾子期又曰：『善哉乎鼓琴！湯湯乎若流水。』鍾子期死，伯牙破琴絕弦，終身不復鼓琴，以為世無足復為鼓琴者。」

【今譯】 「門人弟子進來問道：『先生默然不語，小子胡說一氣，這樣與庸夫俗子沒有區別了。私下認為，號鍾不鳴，就跟一堆銅沒有差異；浮磬停止了音響，就跟眾多石頭沒有區別。』玄泊先生回答說：『我只想獲取萬代以後的遙遠名聲，尋求將來的知己者，哪兒能爭著被今日之人所知道，在當世樹立高峻的標準呢？用陶甄盛酒，雖美不見酣；身分卑賤而言論高遠，雖然是對的但不會被信任。鼓舌而竭盡言談，又將如何挽救於流遁呢！古人到了六十歲，才譏笑自己以往五十九年都做得不對了，不再遠迷，就有所覺悟。寶玉的堅貞，金子的剛硬，冰的寒冷，火的熾熱，難道必須自己陳說然後才明白嗎？而且八音雜奏，不能沒有長短的毛病；善射的養由基連續射一百次，也將有一次的疏忽。玩游泳的人，往往被水溺死；善歡言談的人，大多會說錯話。伯牙謹慎地操琴弦，所以終於沒有煩手的累贅；儒者慎於言談辭令，所以最終不會在關鍵之地受到屈辱。』

『淺近之徒，則不然焉。辯虛無之不急，爭細事以費言。論廣修、堅白無用之說㊀，誦㊁諸子非聖過正之書。損教益惑，謂之深遠。委棄正經，競治邪學。或與闇見者較唇吻之勝負，為不識者吐清商㊂之談。對非敵力之人，旁無賞解之客，何異奏雅樂㊃於木梗之側，陳玄黃㊄於土偶之前哉！徒口枯氣乏，椎杭抵掌㊅，斤斧缺壞而槃節不破，勃然戰色而乘忤愈遠。致令恚㊆容表顏，醜言自口，偷薄㊇之變，生乎其間。既玷之謬，不可救磨。未若希聲以全大音，約說以俟識者矣。』」

【今註】 ㊀論廣修、堅白無用之說：《公孫龍子・堅白論篇》：「石之白，石之堅，見與不見，二與三，若廣修而相盈也。」謝《注》：「修，長也。白雖自有實，然是石之白也；堅雖自有實，然是石之堅也。二物與石為三，見與不見共為體，其堅白廣修皆與石均而滿。」　㊁誦：孫星衍校云：《藏》本作「訟」，從舊寫本改。　㊂商：五音之一。　㊃雅樂：典雅純正之樂舞，多用於宮廷及祭祠。　㊄玄黃：指彩色絲帛。　㊅抵掌：擊掌。　㊆恚：恨，怒。　㊇偷薄：苟且輕薄。

【今譯】『而那些學識淺近的人，就不是這樣的了。他們辯論虛無不急的事，為細事爭吵，徒費口舌。論述「廣修堅白」無用的學說，背誦諸子非難聖人並矯枉過失的書籍。他們把損害教化且增加疑惑的內容，說成是有深遠的意義。他們委棄堂堂正正的經典，爭著去研習邪惡的學說。或者跟闇愚之人爭論，比較言辭上的勝負，或者向沒有學識的人講清雅的言談。對著的不是相匹敵的人說話，旁邊就沒有能欣賞並理解的人了，這跟在木梗之側演奏雅樂有什麼不同呢？又跟在土偶之前陳列絲帛有什麼不同呢？這樣只是口枯氣乏，椎杭擊掌，斧頭破得壞缺了，而盤回的枝節不斷，勃然憤怒，乖忤愈遠。結果怒容滿面，口吐醜言，苟且浮薄的情況就出現於其間了。既然遭受謬誤的玷污，不可救助，不可磨滅，還不如沉默不大聲說話，簡說慎言以待有意之士了。』」

自敘篇第五十

【篇旨】　本篇作者葛洪介紹自己的家世、經歷、著作及性格。首先介紹遠祖讓功遷徙、移居句容情事，以及祖、父之輩居官廉正、德化興盛的功績。其次自述博覽群書的求學經歷，以及思想志趣的轉變過程。由於葛洪從小不喜彈棊、博戲之事，更不喜交結世俗，不愛拜訪長官，以及不計毀譽之性格，故養成其意欲前往山林、養生修煉，歸心於神仙長生久視的人生理想。最後自敘志在隱逸著述，並說明寫作〈自敘〉的目的，是為了藉助著作傳名於未來。

抱朴子者，姓葛，名洪，字稚川，丹陽句容㈠人也。其先葛天氏㈡，蓋古之有天下者也。後降為列國，因以為姓焉。

【今註】　㈠丹陽句容：今江蘇省句容縣。依梁陶弘景〈吳太極左仙公葛公之碑〉所載，葛洪與其從祖葛玄，當為「丹陽句容都鄉吉陽里」人。丹陽原作丹楊，以邑界楊樹生丹，故名；句容縣有句曲山，山形句曲而有所容，故名。　㈡葛天氏：古帝王名號。唐徐堅《初學記》卷九引《帝王世紀》

載：天皇氏迄燧人氏，凡九十一代，八萬二千七百六十年，其後女媧繼之，「及女媧氏没，次有大庭氏、柏皇氏、中央氏、栗陸氏、驪連氏、赫胥氏、尊盧氏、混沌氏、有巢氏、朱襄氏、葛天氏、陰康氏、無懷氏，凡十五世，皆襲庖犧之號。」《路史・禪通紀》：「葛天者，權天也。爰儗施穹作權象，故以葛天為號。其為治也，不言而自信，不化而自行。」

【今譯】　抱朴子這個人，姓葛名洪，字稚川，是江蘇省丹陽郡句容縣人。祖先葛天氏，是古代的帝王，後來没落了，淪為列國諸侯，於是用先前的朝代名號當作姓氏。

洪曩祖㊀為荆州刺史。王莽之簒，君恥事國賊，棄官而歸。與東郡太守翟義㊁共起兵，將以誅莽，為莽所敗。遇赦免禍㊂，遂稱疾自絕於世。莽以君宗強，慮終有變，乃徙君於琅邪㊃。

【今註】　㊀曩祖：葛洪十世祖也，未知其諱。約生於西漢元帝初元年間，卒於淮陽王更始元年之前，享年近七十。曾任荆州刺史，甚具忠節。　㊁翟義：《漢書》卷八十四〈翟方進傳〉載：孺嬰居攝二年（西元七年）九月，翟義起兵討莽，同年十二月敗，遭莽夷滅三族。　㊂遇赦免禍：據《漢書》所載，新莽赦天下凡八次，始自始初元年（西元八年），迄於地皇元年（西元二〇年），先後凡十三年。　㊃琅邪：今山東省諸城縣東南。

【今譯】　葛洪的遠祖曾任荆州刺史。王莽簒位時，遠祖不願侍奉叛國賊，所以抛棄官職回鄉；與東郡太守翟義一同發兵起義，準備消滅王莽，不幸被王莽打敗了。後來遇到大赦而免於刑禍，於是藉口生病而隱居起來，與世隔絕。可是王莽認為遠祖的宗族強大，害怕他日後還會有變亂的情事發生，於是強迫他舉家遷徙到山東琅邪地方。

君之子浦盧㊀，起兵以佐光武，有大功。光武踐祚㊁，以盧為車騎㊂，又遷驃騎大將軍㊃，封下邳僮縣㊄侯，食邑㊅五千户。

【今註】　㊀浦盧：葛洪九世祖，約生於西漢成帝陽朔年間（西元前二十四—前二十一年）。四十五、六歲之時，助光武起義有功。光武即位，分功論爵，遷為驃騎大將軍，封下邳僮縣侯。方起義時，其弟葛文與之出生入死，未得尺寸之報，乃讓爵於弟，南渡而家於句容，躬耕讀書，優遊以終。

㊁踐祚：新君嗣位。古時殿前兩階無中間道，故以阼階為天子之位。天子祭祀升阼階，履主階行事，故云「踐祚」。《墨子・非攻篇・下》：「武王踐阼」。踐，履也。阼，主人所臨之階也。　㊂車騎：車騎將軍，漢文帝始置，為征伐異族者；其或散還，從文官之例，則位次三司。　㊃驃騎大將軍：掌管征伐叛軍的四將軍之一。《後漢書・志》第二十四〈百官・一〉：「將軍，不常置。本注曰：掌征伐背叛。比公者四：第一大將軍，次驃騎將軍，次車騎將軍，次衛將軍。又有前、後、左、右將軍。」蔡質《漢儀》曰：「漢興，置大將軍、驃騎，位次丞相；車騎、衛將軍、左、右、前、後，皆金紫，位次上卿。」按：《後漢書》未見葛浦盧或葛文有任驃騎大將軍之記載。　㊄下邳僮縣：僮縣，在今安徽省泗縣西北七十里處。下邳郡，府治在今江蘇省邳縣東。　㊅食邑：采地也。食其封邑之租税，故曰食邑。《漢書》卷一下〈高帝紀・下〉：「其有功者上致之王，次為列侯，下乃食邑。」

【今譯】 遠祖的長子名浦廬，曾經率兵輔佐光武中興，建有大功。光武帝即位後，以軍功封浦廬為車騎將軍，後來又陞遷為驃騎大將軍，封為下邳郡僮縣侯，食邑五千户。

開國初，侯之弟文㊀隨侯征討，屢有大捷。侯比上書文為㊁訟功㊂，而官以文私從兄行，無軍名，遂不為論。

【今註】 ㊀侯之弟文：葛文乃葛洪之九世從祖，約生於西漢成帝鴻嘉年間（西元前二十—前十七年）。光武興漢，文嘗私從其兄浦廬征討，身冒矢石，創痍周身，且矢傷右眼，屢建大功。及開國論功，官以文不在軍籍，不為比論。浦廬不忍，上書乞轉封於弟。上聽之，文因襲封僮縣侯。文以是感激，為其兄營建博望里宅舍。《正統道藏．洞玄部》「虞」字號〈吳太極左仙公葛公之碑〉稱：「葛玄（洪之從祖）之七代祖葛文，為浦廬之弟，襲封僮縣侯。」以此推之，則文為洪之九世祖也無誤。 ㊁文為：依孫星衍校正，當作「為文」之訛。 ㊂訟功：爭功。爭是非曰訟。

【今譯】 當浦廬率師起義時，他的弟弟葛文，也一同隨軍征戰，打了好幾次勝仗。所以浦廬好幾次上書朝廷，為文爭論戰功，可是朝廷卻認為葛文是私自隨兄從軍，並未列名軍籍，所以不能談論戰功。

侯曰：「弟與我同冒矢石，瘡痍㊀周身，傷失右眼，不得尺寸之報。吾乃重金累紫㊁，何心以安？」乃自表乞轉封於弟，書至上請報㊂。漢朝欲成君高義，故特聽焉。文辭不獲已，受爵即第，為驃騎營立宅舍於博望里㊃。于今基兆石礎存焉。又分割租秩，以供奉吏士，給如二君㊄焉。驃騎殷勤止之而不從。

【今註】 ㊀瘡痍：創傷也。戕體使傷曰創，或作瘡；侈開皮膚曰痍。㊁重金累紫：金印、紫綬，秦、漢時丞相、相國所佩用之信物，以喻地位顯貴之意。㊂請報：請求得到回音。㊃博望里：今安徽省當塗縣西南。㊄給如二君：葛文將所得租稅分為兩份，從兩份中各別提撥出官吏部屬的俸祿，就好像是他們侍奉兩位主管一樣。

【今譯】 浦盧說：「弟弟和我一同冒著飛箭流矢，使得全身布滿傷痕，更傷到右眼以致失明，他得不到丁點兒的報酬。我卻掛金印、帶紫綬、做大官，良心怎能安寧呢？」於是上書朝廷，請求將自己的官祿轉封給弟弟，奏疏上達朝廷，並祈求獲准。朝廷也願意成全他高潔的道義，特別聽從他的不情之請。葛文辭謝爵祿的轉封，可是不獲允許，只好接受爵位，住進官邸，另外又替哥哥在博望里營建寬廣的房舍，請他去住。那些房舍的地基礎石，直到現在還留存著。葛文又分出所得的租稅俸祿，作為官吏部屬的薪水，數額就像是他們侍奉兩位主管一樣多。浦盧幾次勸阻，葛文都不聽從。

驃騎曰：「此更煩役國人㊀，何以為讓？」乃託他行，遂南渡江，而家于句容。子弟㊁躬耕，以典籍自娛。文累使奉迎驃騎，驃騎終不還。又令人守護博望宅舍，以冀驃騎之反，至于累世無居之者。

【今註】 ㊀煩役國人：讓封邑內的百姓勞役更加繁擾。㊁子弟：指葛浦盧的宗族及支系親人。

【今譯】浦盧說：「這樣就讓封邑內的百姓增加更多的雜役，怎能說是讓國之舉呢？」於是託辭要到遠方，就帶著自己這一支系的族人，向南渡過長江，在句容定居了下來。家人子弟親自耕種為生，閒暇則以讀書自娛。葛文屢次派遣使者迎接他回去，他仍不為所動。葛文只好派人守護博望里浦盧的宅第，希望哥哥終有回來定居的一天，以致於那些屋舍空廢下來，好幾代都無人居住。

洪祖父㊀學無不涉，究測精微，文藝之高，一時莫倫，有經國之才。仕吳，歷宰海鹽、臨安、山陰三縣。入為吏部侍郎、御史中丞、廬陵太守、吏部尚書、太子少傅、中書、大鴻臚㊁、侍中、光祿勳㊂、輔吳將軍，封吳壽縣㊃侯。

【今註】㊀洪祖父：葛奚，嘗仕吳，歷官顯宦，偶因酒醉失言，為吳主酖死，時約當吳主孫皓鳳凰元年（西元二七二年）。㊁大鴻臚：秦代官名，漢武帝太初中始改稱為「大鴻臚」，掌管諸侯及歸義番邦。㊂光祿勳：守衛宮殿門戶之御官，漢代始置。㊃吳壽縣：今湖南常德縣東四十里。

【今譯】葛洪的祖父諱奚（《晉書・葛洪傳》作「系」），讀書非常廣泛，而且研究得精深入微，文學才華之高超，在當時幾乎無人可比，有經綸國家的才能。在吳國作官，歷任海鹽、臨安、山陰三縣縣長。其後又入朝廷為吏部侍郎、御史中丞，再出為廬陵太守，又轉為吏部尚書、太子少傅、中書、大鴻臚、侍中、光祿勳、輔吳將軍，並且受封為吳壽縣侯。

洪父㊀以孝友聞，行為士表。方册所載，罔不窮覽。仕吳五官郎、中正㊁，建城㊂、南昌㈣二縣令，中書郎、廷尉平㈤、中護軍㈥，拜會稽太守，未辭，而晉軍順流㈦，西境不守。博簡秉文經武之才，朝野之論，僉然推君，於是轉為五郡赴警。大都督給親兵五千，總統征軍，戍遏疆埸。

【今註】㈠洪父：葛悌，博覽群書，仕吳多年，入晉後，歷任肥鄉令，邵陵太守。任官清廉，秋毫之贈，不入於門，恩洽刑清，野有頌聲。晉元帝元康五年（西元二九五年）卒於官。㈡五官郎、中正：守衛宮廷殿門，出時充為車騎者，聽命於五官中郎將。㈢建城：今江西省瑞州府高安縣。㈣南昌：今江西省南昌縣。㈤廷尉平：廷尉之屬官，掌理獄訟之事。㈥中護軍：吳官制，設中、左、右護軍各一人。中護軍指揮御林軍，統轄諸將，掌理武官之選舉。㈦晉軍順流：晉武帝咸寧五年（二七九年），以二十萬軍由四川東下伐吳。太康元年（二八〇年）三月，王濬以舟師至建業石頭，孫皓大懼，面縛輿櫬，降於軍門。

【今譯】葛洪的父親諱悌，有孝悌友愛的美名，行為足可作為士人的表範。經典書籍，看得非常廣泛。仕吳為五官郎、中正，以及建城、南昌兩縣的縣長，轉為中書郎、廷尉平、中護軍。當朝廷準備任命他為會稽太守、未曾辭官時，晉軍就已順著長江攻入建業，西疆失守。朝廷甄選文武皆備的全才來抒解危局，所有的大臣都一致推許他堪為重任，於是他轉到五郡去禦敵。大都督給他親兵五千人，讓他統帥以保衛疆土。

天之所壞㈠，人不能支。故主欽若，九有同賓㈡。君以故官赴，除郎中，稍遷至大中大夫，歷位大中胣鄉令㈢。縣户二萬，舉州最治，德化尤異。恩洽刑清，野有頌聲，路無姦跡。不佃公田㈣，越界如市㈤。秋毫之贈，不入于門。紙筆之用，皆出私財。刑厝㈥而禁止，不言而化行。以疾去官，發詔見用為吳王郎中令㈦。正色弼違，進可替不。舉善彈枉，軍國肅雍㈧。遷邵陵㈨太守，卒於官。

【今註】㈠天之所壞：《左傳》定公元年：「天之所壞，不可支也；眾之所為，不可奸也。」㈡故主欽若，九有同賓：同賓即「同主」。全句意謂：吳主孫皓歸降，吳國臣民皆賓服於晉。欽若，敬順也，《尚書・堯典》：「欽若昊天。」九有，九州，指吳國。㈢大中胣鄉令：依孫星衍校正，此句當作「大中正、肥鄉令。」大中正，魏陳群創九品中正官制，晉宣帝司馬懿在各州設大中正，負責薦舉人才給尚書省。肥鄉，今河北省肥鄉縣南。㈣不佃公田：公田不許人民租用。佃，租田耕種。㈤越界如市：謂他縣百姓欲遷往肥鄉者甚眾，如人之趨向市集。㈥刑厝：不用刑罰。厝，安放也。㈦吳王郎中令：吳王，指晉武帝子吳敬王司馬晏。郎中令，掌理宮殿門觀、宿衛，並統轄殿中侍衛之官。㈧軍國肅雍：軍國，軍隊與國家。肅雍，謹慎謙恭貌。《詩經・周頌・清廟》：「於穆清廟，肅雍顯相。」㈨邵陵：今湖南省寶慶縣。

【今譯】天命要亡吳國，人力實在無法抗拒。吳主孫皓投降了，全國臣民也歸順晉朝。葛悌以舊有的官銜，改任郎中，不久又陞遷為大中大夫，做過大中正以及肥鄉縣令，管轄二萬户縣民，他當縣長時，是全州裏治安最好的縣分，品德教化更是水準之上。施恩普遍，刑罰輕簡，獲得民間的一致頌揚。路上沒有盜賊姦邪的惡事發生。農民也不致租用公田耕種，其他縣邑的百姓都趨之若鶩的來到肥鄉。即使一點點的餽贈，他都不拿回家中；紙筆等用具，也全是自己購買。刑法置而不用，人民卻不犯法；不用諄諄教誨，風俗卻自然醇厚。後來，他因為疾病，離開縣長之職，隨後又詔令他擔任吳王司馬晏的郎中令。任內，他嚴正的匡正吳王的過失，進用賢才，摒斥奸邪。推舉善人，彈劾枉曲正道的小人，使得全國顯出謹慎謙恭的風貌。後來又陞遷為邵陵太守，而在任內過世。

洪者，君之第三子也。生晚，為二親所嬌饒㊀，不早見督以書史。年十有三，而慈父見背，夙失庭訓㊁。飢寒困瘁，躬執耕穡，承星履草，密勿㊂疇襲㊃。又累遭兵火，先人典籍蕩盡，農隙之暇無所讀，乃負笈徒步行借。又卒於一家，少得全部之書。益破功日，伐薪賣之，以給紙筆。就營田園處，以柴火寫書。坐此之故，不得早涉藝文。常乏紙，每所寫反覆有字，人尠能讀也。

【今註】　㊀嬌饒：嬌寵憐愛也。　㊁庭訓：父親的教誨。《論語・季氏篇》：「他日，又獨立，鯉趨而過庭，曰：『學禮乎？』對曰：『未也。』『不學禮，無以立。』鯉退而學禮。」　㊂密勿：黽勉努力也。《漢書》卷三十六〈楚元王傳〉：「故其《詩》曰：『密勿從事，不敢告勞。』」《注》：「師古曰：密勿猶黽勉從事也。」朱起鳳《辭通》謂：密勿、黽勉、閔勉、茂免、文莫、罔莫、茂明、蠠沒，皆「勉強」之義也。　㊃疇襲：疑乃「疇壟」之訛，謂耕治之田也。《文選》卷二十四曹植〈贈丁儀詩〉：「黍稷委疇隴，農夫安所獲。」

【今譯】　葛洪，是葛悌的第三子。因為是晚年得子，所以很受雙親的寵護憐愛，也因此沒有及早督促研讀經籍史書。十三歲時，父親過世，因此很早就失去了父親的教誨。受到了飢寒窮困的逼迫，只好親自耕種，頂著星光，踏著草叢，勤勉地於田園農事。又遭到好幾次兵災，家中積存的古書經籍，被燒毀奪棄的一無所存，所以農餘休閒的時候，沒有書籍可以閱讀，於是背著書箱，走到別人家去借閱。又倉猝之間在一户人家，很少能夠得到所需的全部的書籍。於是更下功夫努力工作，砍柴售賣，用來購買紙筆。就近在田園裏，用燒黑的柴火抄繕書中文字。就因如此，才無法及早接觸文學藝術。由於常缺紙張，所以抄寫時，正反兩面都寫滿了字，別人也很少能看得懂所抄内容。

年十六，始讀《孝經》、《論語》、《詩》、《易》。貧乏無以遠尋師友，孤陋寡聞，明淺思短㈠，大義多所不通。但貪廣覽，於眾書乃無不暗誦精持㈡。曾所披涉，自正經、諸史、百家之言，下至短雜文章，近萬卷。既性闇善忘㈢，又少文㈣，意志不專，所識者甚薄，亦不免惑。而著述時猶得有所引用，竟不成純儒，不中為傳授之師。

【今註】㈠明淺思短：明白的道理很膚淺，思慮也很平庸。㈡精持：確實地記住。精，善也，最好的意思。㈢性闇善忘：天賦愚昧，記性也差。闇，愚昧也。㈣少文：缺乏文學、辭藻的修養。

【今譯】到了十六歲，才開始讀《孝經》、《論語》、《詩經》、《易經》。因為生活貧困，所以也沒有多餘的錢財，到遠方去遊學，請教良師、結交益友，以致於孤陋寡聞，見識膚淺，思慮平庸，經典書籍裏的微言大義，多半了解不清。祇是貪心的盡量閱讀，最後，也對於所接觸過的許多書籍，記誦得非常深刻。曾經涉獵瀏覽的，從正統經典、各類史書、以及諸子百家的著作，到散見各處的短文雜著，篇幅接近萬卷之多。祇是天賦愚昧，記性又不好，從小就缺乏文學修養，再加上讀書的心志不夠專精，所以領悟得很淺薄，也無法袪除心中的疑惑。可是著述時仍然不能不加以引用，因為學得不夠深切專精，一直不能成為真正的儒者，也不能作為傳授道義的經師。

其河洛圖緯㈠，一視便止，不得留意也。不喜星書㈡及算術、九宮㈢、三棊㈣、太一㈤、飛符㈥之屬，了㈦不從焉，由其苦人而少氣味也。晚學風角㈧、望氣㈨、三元、遁甲㈩、六壬㈡、太一之法，粗知其旨，又不研精。亦計此輩率是為人用之事，同出身情，無急以此自勞役，不如省㈢子書之有益，遂又廢焉。

【今註】　㈠河洛圖緯：有關河圖洛書之類的緯書。《易經・繫辭・上》：「河出圖，洛出書，聖人則之。」《尚書・顧命》：「大玉、夷玉，天球、河圖，在東方。」孔《傳》：「河圖，八卦，伏犧王天下，龍馬出河，遂則其文，以畫八卦，謂之河圖。」《隋書》卷三十二〈經籍志〉：「《河圖》九篇、《洛書》六篇，云自黃帝至周文王所受本文。」　㈡星書：有關天文之書籍，此處可能是指星占之書，即依星宿方位的隱現，來占卜未來之事。《漢書》卷三十〈藝文志〉載有：「傳（傅）周《五星行度》三十九卷」、「《禳祀天文》十八卷」，皆屬星書。　㈢九宮：東漢讖緯家的名詞，涉及陰陽五行、占卜蓍策之事。隋蕭吉《五行大義・論九宮數》：「九宮者，上分於天，下別於地，各以九位。天則二十八宿、北斗九星，地則四方、四維及中央，分配九有。謂之宮者，皆神所遊處，故以名宮也。鄭司農云：『太乙行八卦之宮，每四乃入中央，中央云者，地神之所居，故謂之九宮。』」 ㊃三基：即靈棋，以三級九枚棋子，依據棋局變化，以預測未來的方術。《四庫全書》收有舊題東方朔撰「《靈棋經》二卷」，《隋書》卷三十四〈經籍志〉亦有「《十二靈棊卜經》」，內容大概與《易》筮相為表裡。此處所說的「三基」，或亦此類書籍。 ㊄太一：即道家常用「太乙」，又作「泰一」，乃大道、元氣之意，後借為北辰神之名，此處專指占卜的家派——太一家。《史記》卷一百二十七〈日者列傳〉稱占卜家有七：五行家、堪輿家、建除家、叢辰家、曆家、天人家、太一家。《史記》卷二十七〈天官書〉說：「中宮天極星，其一明者，太一常居也。」司馬貞《索隱》：「《文耀鉤》曰：『中宮大帝，其精北極星。含元出氣，流精生一也。』」又云：「《春秋合誠圖》云：『紫微，大帝室，太一之精也。』」張守節《正義》：「泰一，天帝之別名也。劉伯莊云：『泰一，天神之最尊貴者也。』」 ㊅飛符：道家的符籙秘文也。《抱朴子・內篇・登涉篇》繪有入山符等秘文十八幅，言此事甚詳。 ㊆了：全也，終也。 ㊇風角：古代占候之法。《後漢書》卷三十下〈郎顗傳〉：「父宗，字仲綏，學京氏《易》，善風角、星算。」李《注》：「風角，謂候四方、四隅之風，以占吉凶也。」 ㊈望氣：古代占候之法，觀看雲氣以預測人事的徵兆。《周禮・春官・保章氏》：「掌天星，以志星辰日月之變動，以觀天下之遷，辨其吉凶。……以五雲之物，辨吉凶水旱降豐荒之祲象。」《史記》卷七〈項羽本紀〉范增說項王曰：「吾令人望其氣，皆為龍虎，成五采，此天子氣也。」《史記》卷二十八〈封禪書〉：「趙人新垣平以望氣見上，言：『長安東北有神氣，成五采。』」又云：「入海求蓬萊者，言蓬萊不遠，而不能至者，殆不見其氣。上乃遣望氣佐候其氣云。」 ㊉三元、遁甲：根據特定對象的生日，所做出的九宮干支配置表，藉以判斷該人的運勢、行為、方位、吉凶等事。

葛洪撰有《三元遁甲圖》三卷，並自行抄集其要為《遯甲肘後立成囊中秘》一卷。三元，術數家以六十甲子配九宮，故一百八十年為一周始，第一甲子稱上元，第二甲子稱中元，第三甲子稱下元。遁甲，古代方士預測未來的一種術數。以十個天干的乙丙丁為「三奇」，戊己庚辛壬癸為「六儀」，將三奇、六儀分置九宮之中，而以甲作統御，視甲所加臨的宮位以判斷吉凶，好作事先的預防，故稱「遁甲」；遁者，藏也。又有一說，認為遁甲當作循甲，以六十甲子中的六甲循環推數，故稱「循甲」。㊁六壬：古代占法之一，與太乙、遁甲，通稱占法三式。六壬以干支五行為依據，五行始於水，十干的壬癸屬水，故曰「壬」；天一生水，地六成之，故曰「六」。㊂省：考校。

【今譯】 有關河圖洛書這類的讖緯之學，一看就打住了，並無多大興趣。也不喜歡占星書、算術、九宮、三棊、太乙、飛符之類的占卜符籙之學，一直無法接受它們，主要是因為其內容細碎，缺少人文的生氣，所以讓我不耐煩。到了後來，還是學了一些風角、望氣、三元、遁甲、六壬、太乙等占卜的法術，稍稍知道它們的內容後，又沒有興趣作精深的鑽研了。是因為我覺得這些法術，都是被人創造出來，運用在人事之上的道理，同是出於人的常情，用不著急於為了這些而讓自己勞累煩憂，還比不上從事考校子書的工作來得有益，所以又放棄了它們。

案〈別錄〉、〈藝文志〉，眾有萬三千二百九十九卷㊀。而魏代以來，群文滋長，倍於往者，乃自知所未見之多也。江表書籍，通同不具。昔欲㊁詣京師索奇異，而正值大亂，半道而還，每自㊂嘆恨㊃。今齒近不惑，素志衰頹，但念損之又損，為乎無為㊄，偶耕㈥藪澤，苟存性命㈦耳。博涉之業，於是日沮矣。

【今註】 ㈠〈別錄〉以下二句：劉歆《七略・別錄》載書目，合計六百七十七家，一萬二千九百九十四篇。《漢書》卷三十〈藝文志〉云：「大凡書，六略三十八種，五百九十六家，萬三千二百六十九卷。」與葛洪所言不同。㈡欲：原作「故」，從孫星衍校正所改。㈢自：原作「具」，從孫星衍校正所改。㈣昔欲詣京師四句：葛洪二十一歲時，助吳興太守討伐石冰之亂；明年亂平，洪投戈釋甲，欲詣洛陽，搜尋異書，正遇陳敏據江東作亂，洪遂流離於徐、豫、荊、襄之間。事見《晉書》卷七十二〈葛洪傳〉、《抱朴子・內篇・金丹篇》。㈤損之又損，為乎無為：老子《道德經・第四十八章》：「為學日益，為道日損；損之又損，以至於無為。無為而無不為。」㈥偶耕：耦耕也，二人合併耕作之意。《周禮・考工記・匠人》：「二耜為耦。」賈《疏》：「兩人耕為耦。」㈦苟存性命：《文選》卷三十七諸葛亮〈出師表〉：「臣本布衣，躬耕於南陽，苟全性命於亂世，不求聞達於諸侯。」

【今譯】 稽考劉歆《七略・別錄》，和班固《漢書・藝文志》上所載，經典書籍共有一萬三千二百九十九卷。到了魏代以後，著作更加繁雜，比往昔多了一倍的數量，這才深深的體會到自己未曾涉獵的文章，實在是太多了。而江南的藏書，也都缺乏這些新添的文籍。以前曾經想到京師洛陽去搜求異書，卻遇上了戰亂，祇好半途而廢，現在想起來，還每次都歎息悔恨。如今都快要四十歲了，以前的心意也逐漸衰頹，祇想志向降低又降低，要學學老子的清靜無為之道，在鄉野間耕種隱居，苟且保全性命罷了。廣博涉獵學問的事，因而一天天遠離了。

洪之為人也㈠，……而騃野㈡，性鈍口訥，形貌醜陋，而終不辯㈢自矜飾也。冠履垢弊，衣或襤縷㈣，而或不恥焉。俗之服用，俄而屢改：或忽廣領而大帶，或促身㈤而修袖，或長裾㈥曳地，或短不蔽腳。洪期於守常，不隨世變。言則率實，杜絕嘲戲，不得其人，終日默然。故邦人咸稱之為「抱朴㈦之士」，是以洪著書，因以自號焉。

【今註】 ㈠為人也：依句法排偶之形式，以下當有脫文。 ㈡騃野：愚昧無知而不馴。 ㈢辯：巧言；善談說也。 ㈣襤縷：破敝之衣衫也。亦作襤褸、藍褸。 ㈤促身：原作「身促」，依孫星衍校正所改。 ㈥長裾：衣襟曰裾；衣的前後幅曰長裾、曳裾。 ㈦抱朴：保守本真。抱，保也、持也，守持而弗失之。朴，同樸，誠摯之本然也。

【今譯】 葛洪的為人，癡愚又不受教，才性魯鈍，言詞木訥，外貌又醜陋，卻始終不作自我掩飾。鞋帽都用得破爛污穢了，衣服也襤褸不整，卻一點也不覺得羞愧。社會上一般流行的服飾，常常在短時間就改變了好多次：有時忽然流行大帶、寬領，有時又變成緊身、長袖，一下子又改為襲地的長襟，忽而再改為不遮雙腳的短裳。葛洪都一直守著常態，不隨潮流變換。與人談話多半率直實際，絕不作嘲謔戲鬧的口吻，如果不遇合適的對象，就整天默默無言。所以鄉里的人都稱呼他是「抱朴之士」，因此葛洪寫書時，也在文中用「抱朴」來自稱。

洪稟性尫羸㈠，兼之多疾，貧無車馬，不堪徒行，行亦性所不好。又患弊俗捨本逐末，交游過差㈡，故遂撫筆閑居，守靜蓽門㈢，而無趨從之所㈣。至於權豪之徒，雖在密跡㊄，而莫或相識焉。

【今註】㊀尫羸：身體瘦弱。尫，同尪、尣字，短小之意。㊁過差：失禮度。《文選》卷十九宋玉〈登徒子好色賦〉：「揚詩守禮，終不過差。」㊂蓽門：以荊竹樹枝編成的門，喻為貧者之居所。蓽，荊也。㊃趨從之所：原作「趨所之從」，從孫星衍所改。㊄密跡：距離很近。

【今譯】葛洪天生身體瘦弱，又常生病，加上貧窮，無法自備車馬，所以不能徒步遠行。不過，遠行也是本身不喜歡的，又厭惡世風頹弊，人們都棄道逐利，與這類人交往有失禮度，所以就隱居了起來，執筆為文，靜靜守著自己的陋居，不和世俗名流打交道。至於那些有權勢的豪門，即使相為毗鄰，也都從不與他們認識、往來。

衣不辟寒，室不免漏，食不充虛㊀，名不出戶，不能憂也。貧無僮僕，籬落頓決㊁，荊棘叢於庭宇，蓬莠塞乎階霤㊂，披榛㊃出門，排草入室。論者以為意遠忽近㊄，而不恕㊅其乏役也。不曉謁㊆，以故初不修見官長。

【今註】㊀食不充虛：吃的不足以充飢。虛，腹空肚餓之意。㊁頓決：損壞斷裂之意。頓，損也；壞也。決，斷也；裂也。㊂階霤：臺階與屋簷。《禮記・玉藻篇》：「頤霤垂拱。」孔《疏》：「霤，屋簷。」㊃披榛：撥開矮樹叢。披，分也；開也。榛，叢木也。㊄意遠忽近：謂用心在高遠之事，而忽略眼前之務。㊅不恕：原作「不怒」，依孫星衍校正所改。㊆不曉謁：孫星衍於謁字下注：「有脫文。」疑當在「乏役也」之下脫文。

所以當初没有修禮去拜見地方長官。

【今譯】　衣服單薄得不夠禦寒，居室老舊得不免漏雨，米糧少得不夠充腹，名聲出不了門户，卻都不致讓他煩憂。貧窮得家中没有僮僕，籬笆也損壞殘破，庭院裏長滿了荆棘，臺階和屋簷也長滿了雜草，出門時要一路撥門擋道的矮樹叢，入室時也要分開雜生的亂草。説閒話的人都怪他是荒廢眼前正事，卻費心在高遠而不實際的雜務上，而没有體諒他缺少僕役。又因為不懂人情世故，不去拜謁長官，所以當初没有修禮去拜見地方長官。

至於弔大喪，省困疾，乃心欲自勉強，令無不必至，而居疾少健，恆復不周。每見譏責於論者，洪引咎而不恤也。意苟無餘，而病使心違，顧不媿己而已，亦何理於人之不見亮乎？唯明鑒之士，乃恕其信抱朴，非以養高也。

【今譯】　至於弔唁他人的喪葬，探望别人的困疾，都是自己一直努力去做，並且勉強自己每次必到的，可是身體孱弱，病痛不斷，所以常常無法如願。也因此常被説閒話的人譏諷責備，葛洪把這事當作自己的過錯，也不計較。因為自己的心意如果到了，卻由於疾病而無法實行，祇要是問心無愧就好了，何必管别人諒不諒解呢？唯有識見清明的人，才會相信他是真的持著真樸的心意，並非用這種違悖人情的方式，表示自己的清高。

世人多慕豫親之好㈠，推闇室之密㈡。洪以為知人甚未易，上聖之所難㈢，浮雜之交，口合神疕㈣，無益有損。雖不能如朱公叔㈤一切絶之，且必須清澄詳悉，乃處意焉。

又為此見憎者甚眾，而不改也。

【今註】㈠豫親之好：見面之前，就已有很親切的感覺。豫，早也。㈡闇室之密：與交情特殊的朋友，有著非比尋常的默契。闇室，原作「闇至」，依孫星衍校正所改。㈢知人甚未易，上聖之所難：《尚書．皋陶謨》：「皋陶曰：『都！在知人，在安民。』禹曰：『吁！咸若時，惟帝其難之。』」㈣口合神疕：言詞上敷衍附和，精神上卻感痛苦無比。疕，音ㄆㄧˇ，頭痛之意。「神疕」，原作「神离」，依孫星衍校正所改。㈤朱公叔：《後漢書》卷四十三〈朱穆傳〉：「穆字公叔。……其尊德重道，為當時所服。常感時俗澆薄，慕尚敦篤，乃作〈崇厚論〉。……又欲矯時弊，作〈絕交論〉」，絕存問遺，不與賓客酬遊。

【今譯】一般人都喜歡以見面前的印象，發展成見面後的深交；推許雙方之間，不容第三者介入的特殊交情。葛洪則認為了解一個人是很困難的，連聖明如大禹也深有同感，因此，與一些初識者情淺言深的交遊，常會形成貌合神離，自尋煩惱的結果，非但無益，還有害處。所以葛洪雖然不能像後漢寫〈絕交論〉的朱穆一樣，與世俗人事都斷絕瓜葛，卻也曉得必須神智澄澈的了解對方，才開始進行初步的交往。這種作法，又被很多人嫌厭，葛洪卻一直堅持不改。

馳逐苟達㈠，側立勢門㈡者，又共疾洪之異於己而見疵毀，謂洪為傲㈢物輕俗。而洪之為人，信心而行，毀譽皆置於不聞。至患近人或恃其所長，而輕人所短㈣。洪忝為儒者之末，每與人言，常度其所知而論之，不強引之以造彼所不聞也。

【今註】㈠馳逐苟達：奔馳競逐於權貴豪門之前，苟且求取利祿。㈡側立勢門：很恭敬地站在權貴者的門旁。側立，尊敬謙遜地在一旁站立。㈢慠：「傲」的異體字。㈣恃其所長，而輕人所短：《文選》卷五十二曹丕〈典論・論文〉：「各以所長，相輕所短」。

【今譯】那些很恭敬地守候在權貴之家的門前，希求獲得權貴賞賜利祿的俗人，又都不滿葛洪和他們的行為不同，而盡量詆毀造謠，說葛洪傲氣凌人，輕蔑世俗。而葛洪做人，祇是順著本性去做，世俗的詆毀或讚譽，都從不顧慮。尤其不喜歡近代那種仗恃自己的長處，來批評別人的短處。葛洪很幸運的能列名於儒者之中，每次與人談話時，都會衡量對方知道的事來作話題，不會很勉強的引用自己熟悉而對方不曉的事，造成對方的困擾。

及與學士有所辯識㈠，每舉綱領，若值惜短，難解心義，但粗說意之與向，使足以發寤而已，不致苦理，使彼率不得自還也。彼靜心者，存詳而思之，則多自覺而得之者焉。度不可㈡與言者，雖或有問，常辭以不知，以免辭費之過也。

【今註】㈠辯識：辯論明察。㈡不可：原文無「可」字，依孫星衍校正所增。

【今譯】有時與讀書人要辯明一些疑義的時候，多半是提綱挈領地略作說明，若嫌不夠，無法釋去心中的疑惑，也祇是再作簡單的解釋，希望對方能夠舉一反三的領悟，不致於囿限在太煩瑣的道理中，反而忘了先前的主題了。那些能夠平心靜氣的人，將這些解釋放在心裏，詳細的慢慢思索，多半也會心有所悟而得到解答。若是那些不能夠自我省察的人，即使是有問題前來討教，也多半藉口不清楚，將他推辭掉，以免浪費太多的唇舌卻毫無解決疑問的幫助。

洪性深不好干煩官長，自少及長，曾救知己之抑者㊀數人，不得已㊁有言於在位者。然其人皆不知洪之恤也，不忍見其陷於非理，密自營之耳。其餘雖親至者，在事秉勢㊂，與洪無惜㊃者，終不以片言半字少累之也。

【今註】 ㊀知己之抑者：受到當權者壓抑而不得志的知交好友。㊁不得已：原文作「不得」，依孫星衍校注所改。㊂在事秉勢：主管事務，擁有權勢之意。㊃惜：愛也，憐也。

【今譯】 葛洪的本性很不喜歡向長官去干求說項，不過，從少年時到成長以來，曾經為了援救幾位受到壓抑的至交好友，不得不向當政的官長去求情。可是事成之後，受幫助的那些人卻都不知道葛洪曾經出過力，我也祇是不忍心他們陷入不合理的困境中，而從旁暗中援救罷了。至於其他場合，即使是至親好友，只要當政主事者與洪沒有什麼交情，洪也不會用片語隻言向他請託，以免麻煩到他。

至於糧用窮匱，急合湯藥㊀，則喚求朋類，或見濟，亦不讓也。受人之施，必皆久久漸有以報之，不令覺也。非類則不妄受其饋致㊁焉。洪所食有旬日之儲，則分以濟人之乏；若殊自不足，亦不割己也。不為皎皎㊂之細行，不治察察㊃之小廉。

【今註】 ㊀急合湯藥：意謂急需買藥治病。合，煎煮調和之意。湯藥，以水煎熬而成的藥劑。㊁饋致：贈送也。以物贈人曰饋，通「餽」字。㊂皎皎：潔白明亮，喻貞潔。㊃察察：潔白也。

【今譯】至於自己糧食、費用感到窘困、匱乏的時候，或者急需調製藥劑的時候，就去呼喚尋求朋友們幫忙，有時被朋友接濟，葛洪也不推辭。一旦接受人家的施恩接濟，一定都會慢慢地逐漸報答人家，不讓人有所察覺。如果不是同一類的人——志同道合的人，就不隨便接受他人的贈送。葛洪所擁有的食物如果持有十天的儲積，就分出來接濟那些匱乏食物的人；當然如果自己還很不足，也不會將自己僅有的食物割讓給別人。不會在細小行為上表現清高，也不會在微小廉潔上顯示貞節不污。

村里凡人之謂良守善者，用時或齎酒餚候洪，雖非儔匹，亦不拒也。後有以答之，亦不登時㈠也。洪嘗謂史雲不食於昆弟㈡，華生治潔於昵客㈢，蓋邀名之偽行，非廊廟之遠量也。

【今註】㈠登時：即時，馬上。㈡史雲不食於昆弟：范丹，一名「冉」，字史雲，漢末之名士。結草屋而居，有時絕粒，時人有「甑中生塵范史雲」之說。據傳，范丹之姊病，范丹前往探望，姊設食，范丹因姊夫不德，出門留二百錢。詳見《後漢書》卷八十一〈獨行列傳・范冉傳〉。昆弟，兄弟、親戚友好。此指姊夫。㈢華生治潔於昵客：華生，指華歆，字子魚，漢、魏之名士。《世說新語・德行篇》記載說：華歆在子弟面前衣冠整齊，雖閒室之內，儼若朝典。昵，音ㄋㄧˋ，親也，近也。

【今譯】村里平凡的善良之輩，有時會帶著酒餚前來問候葛洪，雖然不屬於同一階層，也不拒絕。後來會有所回報答謝他們，也不會在當時立即表現出來。葛洪曾經說過，范史雲不肯在親兄弟親戚家中用餐，華生在親昵子弟面前也衣冠整齊，都是沽名釣譽的虛偽行為，而不是能夠擔任朝廷重任的廊廟之才應有的遠大氣量。

洪尤疾無義之人，不勤農桑之本業，而慕非義之姦利。持鄉論㈠者，則賣選舉以取謝；有威勢者，則解符疏以索財；或有㈡罪人之賂，或㈢枉有理之家；或為逋逃㈣之藪，而饗亡命之人；或挾使民丁以妨公役；或強收錢物以求貴價；或占錮㈤市肆，奪百姓之利；或割人田地，劫孤弱之業。惚恫㈥官府之間，以窺掊尅㈦之益。內以誇妻妾，外以釣名位。其如此者，不與交焉。由是俗人憎洪疾己，自然疏絕。故巷無車馬之跡，堂無異志之賓。庭可設雀羅，而几筵積塵焉。

【今註】㈠鄉論：審議鄉里選舉有關事宜。㈡有：孫星衍曰：「『有』字當誤，舊寫本空白。」㈢或：孫星衍曰：「當作而。」㈣逋逃：逃亡之意。㈤占錮：謂強行占有也。㈥惚恫：奔走；鑽營。㈦掊尅：搜刮；聚斂。

【今譯】葛洪尤其痛恨那些無義的人，他們不努力從事農耕桑麻的根本事業，而是羨慕不合道義的財富利益。把持地方輿論的人，就通過推薦士人以謀取謝禮；擁有權威勢力的人，就憑仗特權來索取財物。有的收取罪犯的賄賂，而冤枉了有理的人家。有的窩藏逃犯，而招待那些亡命之徒。有的聚集民丁妨礙官府的差役，有的強收錢財物品以尋索高價的報酬。有的強霸市場的買賣，搶奪百姓的利益；有的侵割別人的土地，強奪孤弱無靠者的產業。有的在官府之中奔走鑽營，用來伺機攫取利益。在家中向妻妾誇耀，在外面沽名釣譽。對於這些人，葛洪不與他們交往。因此庸俗之人惱怒葛洪對他們的痛恨，自然疏遠斷絕了往來。所以他的住家巷前沒有車馬的痕跡，堂上沒有志向不同的賓客，庭院裡幾乎可以架設捕鳥的網，而几案上和座席上都積滿了塵土。

洪自有識以逮將老，口不及人之非，不說人之私，乃自然也。雖僕豎㈠有其所短所羞之事，不以戲之也。未嘗論評人物之優劣，不喜訶譴人交之好惡。或為尊長所逼問，辭不獲已，其論人也，則獨舉彼體中之勝事而已。其論文也，則撮其所得之佳者，而不指摘其病累，故無毀譽之怨。貴人時或問官、吏、民甲乙何如？其清高閑㈡能者，洪指說其快事；其貪暴闇塞㈢者，對以偶不識悉。洪由此頗見譏責，以顧護太多，不能明辯臧否㈣，使皁白區分，而洪終不敢改也。

【今註】㈠僕豎：童僕。㈡閑：通「嫻」，文雅。孫星衍曰：「舊寫本作賢。」㈢闇塞：愚昧無知。㈣臧否：是非；善惡。

【今譯】葛洪自從懂事以來，一直到臨近老年，嘴上從來不談論別人的是非，不說別人的私事，而且是自然而然的本性。即使童僕有什麼短處，或有什麼羞愧的事，他也從不拿來開玩笑。從未議論品評過人物的優劣，也不喜歡指責別人交往的好壞。有時被位尊輩長的人所逼問，不得不回答，當說到別人時，就只列舉出人家的好事而已。談到別人的文章，就只摘取對方的名言佳句，而不指摘他文章的缺點病句。因此沒有因褒貶而引出的怨恨。有時達官貴人問及官員、部吏、百姓中某人某人如何，對於其中清高有能力而不顯露的人，葛洪會指出述說他們令人滿意稱心的事；對於那些貪婪殘暴、昏亂愚昧的人，就回答不熟識、不了解。葛洪因此頗受到人們的譏誚責備，認為他顧慮庇護太多，不能明辨善惡，使是非黑白分明。然而葛洪始終未加以改變。

每見世人有好論人物者，比方倫匹㊀，未必當允，而褒貶與奪，或失準格㊁。見譽者自謂己分，未必信德㊂也。見侵者則恨之入骨，劇於血讎㊃。洪益以為戒，遂不復言及士人矣。雖門宗子弟，其稱兩㊄皆以付邦族，不為輕乎㊅其價數也。或以譏洪，洪答曰：「我身在我者也，法當易知。設令有人問我，使自比古人及同時，令我自求輩，則我實不能自知可與誰為匹也。況非我，安可為取而評定之耶？」漢末俗弊，朋黨分部。許子將㊆之徒，以口舌取戒，爭訟論議，門宗成讎。故汝南人士無復定價，而有月旦之評㊇。魏武帝深亦疾之，欲取其首，爾乃奔波亡走，殆至屠滅。前鑒不遠，可以得師矣。

【今註】㊀比方倫匹：作比較，擬為同類。倫匹，相當。㊁準格：猶今言標準。㊂未必信德：未必確有這份德行。㊃劇於血讎：勝於血海深仇。㊄稱兩：權衡；衡量；品題；評價。㊅乎：孫星衍曰：「（『乎』）當作『平』，舊寫本作『評』。」㊆許子將：許劭，字子將，汝南平輿人。以品評識別人物，當世有盛名。《後漢書》卷六十八〈郭符許列傳〉：「曹操微時，當卑辭厚禮，求為己目。（李《注》：「令品藻為題目。」）劭鄙其人而不肯對，操乃伺隙脅劭，劭不得已，曰：『君清平之姦賊，亂世之英雄。』操大悅而去。」三國吳諸葛恪曾批評說：「自漢末以來，中國士大夫如許子將輩，所以更相謗訕，或至於禍。……惟坐克己不能盡如禮，而責人專以正義。夫己不如禮，則人不服。責人以正義，則人不堪。內不服其行，外不堪其責，則不得不相怨。……」見《三國志》卷六十四〈吳書．諸葛恪傳〉。㈧月旦之評：據載：許劭與許靖好共覈論鄉黨人物，每月輒更其品題，故汝南俗有月旦之評。見《後漢書》卷六十八〈郭符許列傳〉。

【今譯】　葛洪經常見到世上有好批評人物的人，他們將人物互相作比較、擬為同類，卻不一定恰當，而褒貶取捨有時也沒有一個固定的標準。受讚譽的人自認為自己分內所應得的，實際上未必確有這份德行；而被侵害的人則恨之入骨，勝於血海深仇。葛洪對此更加引以為戒，於是不再言及士人了。即使是同門同宗的子弟，對他們的衡量也全都交給地方宗族，不輕易評判他們的聲價高低。有人以此譏刺葛洪，葛洪便回答說：「我的生命是屬於自己的，應當只有自己對自己最為了解。然而如果有人問我，讓我與古人及同時代的人相比較，那麼我實在不知道自己可以與誰相當了。更何況不是我自己，又怎麼可以隨意地為我選取而加以判斷評定呢？」漢末世俗的流弊，人們結為朋黨，界限分明。許子將之類的人，以言辭當作武器相爭，爭辯議論不休，同門宗派間形成仇敵。所以汝南地方的人士不再有一定不變的標準，而有每月初一改變議題的評論。曹操也對許劭深感嫉恨，想要取他的人頭。他於是到處奔脫逃亡，幾乎至於被殺死。從前的借鑑為時未遠，可以從中做為後世的師教了。

且人之未易知也，雖父兄不必盡子弟也。同乎我者遽㈠是乎？異於我者遽非乎？或有始無卒，唐堯、公旦、仲尼、季札，皆有不全得之恨㈡。無以近人信其嘍嘍㈢管見熒燭之明㈣，而輕評人物，是皆賣㈤彼上聖大賢乎？

【今註】 ㊀遽：音ㄐㄩˋ，遂；就。清劉淇《助字辨略》卷四：「遽，遂也。」 ㊁唐堯、公旦、仲尼、季札二句：意謂在鑑別人物上，唐堯、周公、孔子、季札都曾有失誤，也有無法做到完全正確的遺憾。指唐堯未能識別四凶、周公未能識別管叔蔡叔、孔子未能識別澹臺滅明、季札未能識別齊之牧者。㊂嘍嘍：喧噪多言貌。㊃管見熒燭之明：比喻見識狹小，如一管之見、燭光之微。《莊子・秋水篇》：「是直用管闚天，用錐指地也，不亦小乎？」《韓詩外傳・卷十》：「譬如以管窺天，……所窺者大，所見者小。」 ㊄賣：疑為訛字，孫星衍曰：「『賣』字疑，舊寫本空白。」

【今譯】 況且人是很不容易了解的，即使是父兄也不一定完全了解自己的兒子、弟弟，贊同自己的人就對嗎？和自己意見不同的就不正確嗎？有的人開始是正確的，後來卻錯了。唐堯、公旦、仲尼、季札，在鑑別人物上都有未能完全正確的遺憾。不要相信近人喋喋不休的言談，他們以一管之見、熒燭之明，輕率地評論別人，難道他們都超越了古代的上聖大賢了嗎？

昔太安中，石冰㊀作亂，六州之地，柯振葉靡㊁，違正黨逆。義軍大都督㊂邀洪為將兵都尉，累見敦迫。既桑梓恐虜，禍深憂大，古人有急疾之義，又畏軍法，不敢任志。遂募合數百人，與諸軍旅進。曾攻賊之別將，破之日，錢帛山積，珍玩蔽地。諸軍莫不放兵收拾財物，繼轂連擔㊃。洪獨約令所領，不得妄離行陣。士有摭得眾者，洪即斬之以徇㊄，於是無敢委杖㊅。而果有伏賊數百，出傷諸軍。諸軍悉發，無部隊，皆人馬負重，無復戰心。遂致驚亂，死傷狼藉，殆欲不振。獨洪軍整齊轂張㊆，無所損傷，以救諸軍之大崩，洪有力焉。後別戰，斬賊小帥，多獲甲首，而獻捷幕府。

【今註】 ㈠石冰：西晉人，隨張昌起事，率軍攻破揚州、江州，後來被殺。 ㈡柯振葉靡：如同大風所到，枝柯搖動，樹葉都隨風倒伏。 ㈢義軍大都督：指顧秘。《晉書》卷七十二〈葛洪傳〉：「太安中，石冰作亂。吳興太守顧秘為義軍都督。」 ㈣繼轂連擔：言裝運財物之車及人眾多，接連不斷。轂，音ㄍㄨˇ，指車輛。 ㈤斬之以徇：將其斬首，並宣示於眾。徇，向眾人宣示。 ㈥委杖：放下兵器。杖，泛指兵器。 ㈦轂張：以車轂之緊湊和弓弦之拉緊，以喻軍容嚴整。

【今譯】 從前在晉惠帝太安年間，石冰作亂，方圓六州之地，如同狂風搖樹，樹枝振顫，樹葉也隨風倒伏，人們都違背正義而與叛亂者勾結。義軍大都督顧秘邀葛洪為將兵都尉，幾次緊急的催促。一方面家鄉父老害怕這些強盜逆虜到來，災禍深重，而古人有解決緊急危難的道義，一方面又畏懼軍法，不敢任意妄為。於是就募集了數百人，與各路軍隊一起進兵。葛洪曾經攻打過逆賊的一個部將，攻破之時，金錢布帛堆積如山、珠寶珍玩遍地都是。各路軍隊都放任士兵收斂財物，車擔相連不斷地挑運著。唯獨葛洪約束命令所率領的士兵，不得擅自離開隊伍。士兵有收拾財物的，葛洪馬上斬首示眾，因而士兵沒有人敢放下武器。後來果然有幾百名埋伏的逆賊出來，向諸軍發動突然的攻擊。各路軍隊雖然全都發起應擊，但隊伍混亂，人和馬皆背負著財物，無心應戰。因此導致驚慌混亂，死傷遍地，幾乎振作不起來了。唯有葛洪的軍隊整齊地嚴陣以待，沒有什麼損失，並因挽救了其他軍隊的大崩潰，葛洪出了大力、發揮了重要的作用。後來在另一次的戰鬥中，斬殺了一個逆賊的小帥，抓獲了許多俘虜，向都督府報捷。

於是大都督加洪伏波將軍，例給布百匹。諸將多封閉之，或送還家。而洪分賜將士，及施知故之貧者。餘之十四，又徑以市肉酤酒，以饗㊀將吏。于時竊擅一日之美談焉。

【今註】 ㊀饗：犒賞。

【今譯】 於是大都督就加封葛洪為伏波將軍的稱號。照例發給各將領們布帛百匹。其他各位將領多將其收封起來，或者送回家去。而葛洪卻分別賞賜手下的將士，以及施捨給舊識中貧困的友人。剩下的十四，又直接拿去換回酒肉，犒賞將吏們。當時一天之內，私下裡被傳為美談。

事平，洪投戈釋甲，徑詣洛陽，欲廣尋異書，了不論戰功。竊慕魯連不受聊城之金㊀，包胥不納存楚之賞㊁，成功不處之義焉。正遇上國大亂，北道不通，而陳敏㊂又反於江東，歸塗隔塞。會有故人譙國嵇君道㊃，見用為廣州刺史，乃表請洪為參軍。雖非所樂，然利可避地於南，故黽勉㊄就焉。見遣先行催兵，而君道於後遇害，遂停廣州。頻為節將㊅見邀用，皆不就。

【今註】 ㊀魯連不受聊城之金：魯連，魯仲連，戰國齊人。燕將據聊城，齊攻之歲餘而不能下，魯仲連乃為書信，射入城中。燕將見書信，乃自殺，聊城遂下。齊欲封魯仲連，仲連不受，逃隱於海上。詳見《史記》卷八十三〈魯仲連鄒陽列傳〉。 ㊁包胥不納存楚之賞：包胥，申包胥，春秋楚大夫。吳軍攻楚入郢，申包胥求救於秦，哭於秦廷七日夜。秦出兵救楚，昭王得以返國。頒賞時，申包胥逃而不受。見《左傳》定公四年、五年。㊂陳敏：字令通，廬江人。鎮壓張昌之亂，以功為廣陵相。趁中原大亂，割據吳、越之地，自立為楚公，封十郡、加九錫，兵敗被殺。㊃嵇君道：嵇含，字君道，嵇紹之從子。居鞏縣之亳丘，因號亳丘子。永興初投奔劉弘，後為劉弘之部將所殺。㊄黽勉：努力，盡力。《詩經．邶風．谷風》：「黽勉同心。」毛《傳》：「言黽勉者，思與君子同心也。」。㊅節將：持節大將。泛指駐軍將領。

【今譯】　石冰之亂平定之後，葛洪就投戈解甲，直接去了洛陽，想要廣泛地收集奇異的書籍，完全不談論自己立下的戰功。私下仰慕魯仲連不收取因破聊城之役所賜的黃金，申包胥不接受保存楚國而給予的獎賞，學習他們功成身退、不居功的高尚節義。正好遇上中原地區大亂，北向的道路不通，而陳敏又在江東造反，歸途受到阻隔。這時有一位籍貫譙郡名叫嵇君道的友人，被任命為廣州刺史，他於是上表朝廷讓葛洪擔任參軍。雖然參軍之職並非葛洪所樂意接受的，然而因為有可以避難於南方的益處，所以就勉強接受此職。葛洪被派遣先行前往催兵，而嵇君道在此之後被殺害，葛洪因此停留在廣州。雖然頻繁地被當地的駐軍將領邀請去任職，卻全都沒去就任。

永惟富貴可以漸得，而不可頓合㊀。其閒屑屑㊁，亦足以勞人。且榮位勢利，譬如寄客，既非常物，又其去不可得留也。隆隆者絕，赫赫者滅，有若春華，須臾凋落。得之不喜，失之安悲？悔吝百端，憂懼兢戰㊂，不可勝言，不足為也。

【今註】　㊀頓合：立即取得。頓，頓時：立即。。㊁屑屑：勞累不安、辛勤忙碌。㊂憂懼兢戰：憂愁恐懼、戰戰兢兢。《詩經・小雅・小旻》：「戰戰兢兢，如臨深淵，如履薄冰。」毛《傳》：「戰戰，恐也。兢兢，戒也。（如臨深淵）恐隊（墜）也。（如履薄冰）恐陷也。」

【今譯】 葛洪一直認為富貴只可以逐漸得到，而不能馬上得到。期間的辛勤忙碌，也足夠令人勞累。再說榮耀地位、權勢利益，就好像寄宿的客人，既不是時常可以得到的東西，而它的離去也挽留不住。興隆者將會消失，顯赫者也將會滅亡。這就像春天的花朵一樣，一會兒就會凋落。得到它時不必覺得歡喜，失去了又怎麼會感到悲傷呢？百般的悔恨、擔憂、憂愁、恐懼，說也說不完，這樣的事情實在不值得去作。

且自度性篤嬾而才至短，以篤嬾而御短才，雖翕肩㊀屈膝，趨走風塵，猶必不辦大致名位而免患累，況不能乎？未若修松、喬之道㊁，在我而已，不由於人焉。將登名山，服食養性。非有廢也，事不兼濟。自非絕棄世務，則曷緣修習玄靜哉？且知之誠難，亦不得惜㊂問而與人議也。是以車馬之跡，不經貴勢之域㊃；片字之書，不交在位之家。又士林之中，雖不可出，而見造之賓，意不能拒。妨人所作，不得專一。乃嘆曰：「山林之中無道也，而古之修道者必入山林者，誠欲以違遠讙譁，使心不亂也。今將遂本志，委桑梓，適嵩岳，以尋方平、梁公㊄之軌。先所作子書內外篇，幸已用功夫，聊復撰次，以示將來云爾。」

【今註】 ㊀翕肩：縮著肩膀，表示順從。 ㊁松、喬之道：神仙長生之道。松、喬，即赤松子、王子喬，都是有名的得道成仙者。㊂惜：楊明照按：「惜」疑「借」之誤。㊃貴勢之域：《藏》本作「貴世之域」，從舊寫本改。㊄方平、梁公：王遠，字方平，東漢東海人。舉孝廉，除郎中，遷中散大夫。知天下盛衰之期，後棄官入山修道。見《神仙傳・卷三》。梁公，即梁鴻，字伯鸞，東漢扶風平陵人。自幼家貧而尚節介，受業太學，博覽無不通。曾閉戶著書十餘篇，亦求仙學道者。見《後漢書》卷八十三〈逸民列傳〉。

【今譯】而且自我評估性格非常懶散而才能十分短淺，以十分懶散的性格駕馭淺短的才能，即使是縮肩屈膝，趨走在風塵中，尚且不能得到崇高的名位而免除禍患牽累，又何況不能那樣去做呢？還不如去修行赤松子、王子喬的神仙長生之道，一切全在於自己，而不受制於別人。將登上名山，服食丹藥、涵養本性。這並不是廢棄什麼，而是凡事不能兩全。自行不能斷絕世上的俗務，那麼有什麼機緣修煉學習玄靜專一的道行呢？況且認知人是很困難的，也無法靠著借問而去和別人商議。所以葛洪的車馬行跡，不經過權勢者的門前，即使是片紙的書函，也不與居官在位者的人家交往。又士人之中，雖然可以不必主動出入交往，但是有賓客前來拜訪，意想也不能加以拒絕。而這些就妨礙了修練，使人不能專心一意。葛洪因而歎息道：「山林之中雖然沒有道的存在，然而古代的修道者必入山林之中，的確是想遠離世間的嘈雜喧擾，使得心情不被擾亂。如今就將準備實現自己的志向，離開家鄉、登上中嶽嵩山，用來追尋王方平、梁鴻的足跡。以前所寫的子書——《抱朴子・內外篇》，有幸已頗用功夫，聊且再略加編排，以傳示給後來的人看看，如此而已。」

洪年十五、六時，所作詩賦雜文，當時自謂可行於代。至于弱冠，更詳省之，殊多不稱㊀意。天才未必為增也，直所覽差廣㊁，而覺妍媸之別。於是大㊁有所製，棄十不存一。今除所作子書，但雜尚餘百所卷。猶未盡損益之理，而多慘憤㊂，不遑復料護㊃之。他人文成，便呼快意，余才鈍思遲，實不能爾。作文章每一更字，輒自轉勝，但患嬾，又所作多，不能數省之耳。

【今註】 ㊀稱：讀作去聲，合意：適合。㊁直所覽差廣：只是所閱覽過的比較廣闊了。直，只是：僅僅。差，比較：略微。㊂慘憤：楊明照按：「憤」疑「憒」之誤。謂心情煩亂。㊃料護：整理。

【今譯】 葛洪年紀十五六歲的時候，所寫作的詩、賦和雜文，當時自認為可以流行於世。到二十歲時，再認真考察，有很多不滿意的地方。天生的才能未必是增長了，只是所閱讀過的比較廣闊了，因而能夠覺察文章優劣的區別。於是將原來所寫的大量文章，刪棄後保存不到原有的十分之一。現在除了所寫的子書——《抱朴子》，其他雜著還剩有百餘卷。然而還未能做到刪改得十分合理，又由於心情煩亂，沒空再去揀選整理它。別人的文章完成，就感到內心的快意，我自己才能差、文思慢，實在寫不成這樣。所作文章每修改一個字，就覺得比原來強，但是由於性格懶散，寫的東西又多，所以不能多加反覆察看、細審它。

洪年二十餘，乃計㊀作細碎小文，妨棄功日，未若立一家之言，乃草創子書。會遇兵亂，流離播越㊁，有所亡失。連在道路，不復投筆十餘年。至建武㊂中，乃定。凡著

《內篇》二十卷，《外篇》五十卷，碑、頌、詩、賦百卷，軍書、檄移、章表、箋記三十卷，又撰俗所不列者為《神僊傳》十卷，又撰高尚不仕者為《隱逸傳》十卷，又抄五經、七史、百家之言、兵事、方伎、短雜、奇要三百一十卷，別有《目錄》。其《內篇》言神僊、方藥、鬼怪、變化、養生、延年、禳㊃邪、卻禍之事，屬道家；其《外篇》言人閒得失，世事臧否，屬儒家。

【今註】㊀計：思考。㊁播越：播蕩；離散；流亡。㊂建武：晉元帝年號，即西元三一七年（僅一年）。㊃禳：音ㄖㄤˊ，本指消災除邪的祭祀，引申為「卻除」。

【今譯】葛洪二十多歲，才思考到撰寫細碎雜文，浪費精力與時間，不如建立一家學說。於是開始起草子書。恰好遇上兵荒馬亂，離散流亡，有些稿子有所遺失。由於接連奔波路途，有十多年的時間未曾再動筆。到了元帝建武年間才將草稿寫定。總共寫成了《內篇》二十卷，《外篇》五十卷，碑、頌、詩、賦之文百卷，軍書、檄移、章表、箋記之文三十卷，又撰寫世俗所不列入者為《神仙傳》十卷，又撰寫品德高尚隱居不仕的人為《隱逸傳》十卷，又抄寫五經、七史、諸子百家之言，以及兵事、方伎、短雜、奇要文字共三百一十卷，別有《目錄》。其中《內篇》所論述的是神仙、方藥、鬼怪、變化、養生、延年、除邪、避禍的事，屬於道家思想；其中《外篇》所論述的是人間政治得失、世事善惡，屬於儒家思想。

洪見魏文帝《典論・自敘》，末及彈棊擊劍之事㊀，有意於略說所知，而實不數少所便能㈡，不可虛自稱揚。今將具言所不閑㈢焉。

【今註】㈠末及彈棊擊劍之事：曹丕《典論・自敘》曰：「余時年五歲，上以世方擾亂，教余學射，六歲而知射；又教余騎馬，八歲而能騎射矣。」又曰「余又學擊劍，閱師多矣，四方之法各異，唯京師為善。」又曰：「余於他戲弄之事少所喜，唯彈棊略盡其巧。」（見《三國志》卷二〈魏書・文帝紀〉「評曰」下宋裴松之《註》引）。㈡便能：熟悉、靈巧。意謂動作敏捷，技巧嫻熟。㈢閑：音ㄒㄧㄢˊ，通「嫻」，熟習。

【今譯】葛洪看見魏文帝曹丕《典論・自敘》末尾談到下棋、擊劍的事，因而有意略微說一下自己所知道的，然而實在不能算是我年少時就便捷能幹的事例，不可以用來虛偽地自我稱讚表揚。現在我將具體地敘說自己所不熟習的事情。

洪體鈍性駑，寡所玩好。自總髮垂髫㈠，又擲瓦、手搏，不及兒童之群。未曾鬥雞鶩，走狗馬。見人博戲，了不目眄。或強牽引觀之，殊不入神，有若晝睡。是以至今不知棊局上有幾道，樗蒲㈡齒名。亦念此輩末伎，亂意思而妨日月，在位有損政事，儒者則廢講誦，凡民則忘稼穡，商人則失貨財。至於勝負未分，交爭都市，心熱於中，顏愁於外，名之為樂，而實煎悴㈢。喪廉恥之操，興爭競之端，相取重貨，密結怨隙。昔宋閔公㈣、吳太子㈤致碎首之禍，生叛亂之變，覆滅七國㈥，幾傾天朝。作戒百代，其鑒明矣。每觀戲者，慚恚交集㈦，手足相及，醜詈相加，絕交壞友，往往有焉。怨不在大，亦不在小，多召悔吝㈧，不足為也。仲尼雖有晝寢之戒㈨，以洪較之，洪實未許其賢於晝寢。何者？晝寢但無益，而未有怨恨之憂，鬥訟之變。聖者猶韋編三絕㈩，以勤經業；凡才近人，安得兼修？惟諸戲盡，不如示一尺之書。故因本不喜而不為，蓋此俗人所親焉。

【今註】㈠總髮垂髫：指童年時期。總髮，束髮為結，形狀如角。垂髫，不束髮，自然下垂。均為兒童的髮式。此下有脫句。㈡樗蒲：亦作「摴蒱」、「摴蒲」，盛行於漢、魏的一種類似今日以擲骰子決定輸贏的賭博遊戲。博具有子，有馬，有五木等。人執六馬，用五木擲彩，彩有十種，以盧、雉、犢、白為貴彩，餘為雜彩。貴彩得連擲，打馬，過關，雜彩則否。㈢煎悴：心情焦急愁苦。憔，憂傷。㈣宋閔公：據載：宋湣公十一年秋，湣公與宋國卿南宮萬打獵時，因博戲爭道。湣公發怒，怒罵南宮萬。南宮萬對湣公的話非常反感，便用棋盤將湣公打死在蒙澤之地。閔，通「湣」。見《史記》卷三十八〈宋微子世家〉。㈤吳太子：劉駒，漢吳王劉濞之子。漢文帝時，劉駒入長安，得侍皇太子飲酒博戲。劉駒因博戲爭道，態度不恭敬，皇太子便用棋盤扔向劉駒，殺之。見《漢書》卷三十五〈荆燕吳傳〉。㈥七國：漢景帝時，吳王劉濞聯合楚、趙、膠西、濟南、菑川、膠東等，以「清君側」為名義，發動武裝叛亂，後來被掃平，史稱「七國之亂」。㈥慚恚交集：又慚愧又憤怒，情感交織。㈧悔吝：悔恨。吝，「吝」字俗寫，見《廣韻・去聲・二十一震》「吝」字下。㈨仲尼雖有晝寢之戒：晝寢，白天睡懶覺。據載：宰予晝寢，孔子批評說：「朽木不可雕也，糞土之牆不可杇也。」見《論語・公冶長篇》。㈩韋編三絕：比喻讀書至勤。古時無紙，以竹簡寫書，用皮繩編綴，故曰韋編。後作為古代典籍的泛稱。

【今譯】 葛洪身體笨拙天賦低下，對於遊戲之事少有愛好。自從兒童時代起，諸如拋擲瓦片、徒手博打之類，從來都不如成群的孩童。從沒鬥過雞鴨、蹓跑狗馬的遊戲。看見別人對博下棋輸贏，葛洪連斜眼看一眼都不會。有時被人強拉著去觀看，很沒精神地了不入神，就像白天打瞌睡一樣。所以至今還不知道棋盤上有幾條行道，樗蒲上的齒名是什麼。又考慮到這是些末流小技，擾亂心思而且荒廢時間，如果是有職位當官的人就會損害政務，讀書人就會荒廢學業，普通百姓會忘記農耕稼穡，經商者會耽誤生意、失掉很多錢財。至於分不出輸贏時，相爭於街市之中，心中激動不已，外表愁容滿面，名義上是取樂，實際上卻是挨煎愁苦。它使人喪失了清廉、知恥的操守，而興起了爭鬥競逐的端倪，互相贏取了對方大量的錢財，但也暗中結下了深深的怨隙。從前春秋時的宋閔公、西漢時的吳太子都因此招致頭被砸碎的禍患，後者甚至滋生出吳楚之亂，使得七國覆亡，幾乎傾覆了漢室。後世百代都應引以為戒，他的借鑑作用是明顯的。每次見到博戲者愧恨交集，拳腳相加，用醜陋的言辭相罵，斷絕交情破壞友情，這樣的情況經常發生。仇怨不在大，也不在小，凡是多惹了就會招致悔恨，那是不值得去做的。孔子雖然曾經告誡弟子不該在大白天睡懶覺，以葛洪的比較判斷，認為博戲實在並不強於大白天睡懶覺的行為。為什麼呢？大白天睡懶覺只是沒有好處，卻不會有招致怨恨的憂慮，不會發生爭鬥、訟端的變故。孔子這樣的聖人尚且多次讀斷了編綴牢固的簡冊，勤奮於閱讀研究經書典籍的事業；才能普通智力淺近的人，怎麼能使學業、棋藝二者兼修呢？考慮到各種博戲棋藝，倒不如給傳示人們一尺長的書籍看看——讓人們多讀一點書，所以我葛洪因為根本上就不喜歡而不去博戲，總認為那是俗人們所親近的事情。

少嘗學射，但力少不能挽強，若顏高之弓㊀耳。意為射既在六藝㊁，又可以禦寇辟劫，及取鳥獸，是以習之。昔在軍旅，曾手射追騎，應弦而倒，殺二賊一馬，遂以得免死。

【今註】㊀顏高之弓：顏高是春秋時魯人，傳說他的弓重六鈞，即一百八十斤。見《左傳》定公八年。㊁六藝：指禮、樂、射、御、書、數六項藝能。

【今譯】葛洪年小時曾經學習過射箭，但是因為力氣小，拉不開像古人顏高所用那種的強弓罷了。想到射箭既然包括在六藝之中，又可以抵禦敵寇、防備盜劫，以及獵取鳥獸，因此就學習它。從前在軍隊裡，曾經親手射殺追趕的騎兵，使得敵人應弦聲而仆倒，射死兩個強盜一匹馬，於是得以免除一死。

又曾受刀楯及單刀、雙戟，皆有口訣要術，以待取人，乃有秘法，其巧入神。若以此道與不曉者對，便可以當全獨勝，所向無前矣。晚又學七尺杖術，可以入白刃，取大戟。然亦是不急之末學，知之譬如麟角鳳距，何必用之？過此已往，未之或知㊀。

【今註】㊀過此已往，未之或知：超越了這些範圍再往前發展，就不是我所能知道的了。語出《易經．繫辭．下》。過此，指超過某些範圍。往，猶言「發展」。未之或知，即「未有知之」。或，有。

【今譯】 又曾經學習一刀一盾以及單刀、雙戟等兵器，都有口訣和技術要領，等待以此捉拿敵人，還有秘密方法，它的技巧出奇入神。如果用這些兵器來和不懂此道的人相對打，就可以大獲全勝，所向無敵了。晚近又學習了七尺杖（棍）術，可以用它迎戰操持白刃、大戟的人。然而這也是不急於學習的末流本事，懂得它就像麒麟有角、鳳凰有爪，何必一定要用它呢？除此之外，就不知道別的了。

洪少有定志，決不出身㊀。每覽巢、許㊁、子州㊂、北人㊃、石户㊄、二姜㊅、兩袁㊆、法真㊇、子龍㊈之傳，嘗廢書前席，慕其為人。念精治五經，著一部子書，令後世知其為文儒而已。後州郡及車騎大將軍辟，皆不就。薦名琅邪王丞相府㊉。

【今註】 ㊀出身：指當官。 ㊁巢、許：巢，巢父；許，許由。 ㊂子州：子州支父，傳說是堯時的隱士。堯嘗以天下相讓，不受。詳見皇甫謐《高士傳》。 ㊃北人：北人無擇，傳說中的隱士。舜欲讓天下予北人，不受，自投於淵。詳見《莊子・讓王篇》。 ㊄石户：石户之農，舜以天下欲讓之，不受。見《高士傳》。 ㊅二姜：指東漢姜肱、姜岐。俱見《高士傳》。 ㊆兩袁：疑指袁閎、袁弘兄弟。見《後漢書》卷四十五〈袁張韓周列傳〉。 ㊇法真：字高卿，東漢扶風郿人。博通內外圖典，為關西大儒。辟公府，舉賢良，皆不就。會順帝西巡，前後四徵，終不降屈。見《後漢書》卷八十三〈逸民列傳・法真傳〉。 ㊈子龍：申屠蟠，字子龍，東漢陳留外黃人。博通五經，學無常師。家貧，傭為漆工。州郡徵辟，不就。見《後漢書》卷五十三〈周黃徐姜申屠列傳〉。 ㊉琅邪王丞相府：司馬睿，襲封琅邪王，愍帝建興三年二月，為丞相、大都督。西晉滅亡後，即晉王位於建康，繼稱帝，謚曰元帝。

【今譯】　葛洪從小就有個堅定的志向，決意不出仕當官。每次閱讀巢父、許由、子州支父、北人無擇、石户之農、二姜、兩袁、法真、申屠蟠這些人的傳記，曾扔掉書本離席向前，欽敬想望，仰慕他們的為人。我想要精心研治五經，寫作一部子書，使後世知道自己是個文儒（讀書人）就行了。後來州、郡和車騎大將軍徵召辟請，我都没去就職。後來又被人推薦到琅邪王的丞相府。

昔起義兵，賊平之後，了不修名詣府，論功主者，永無賞報之冀。晉王㊀應天順人，撥亂反正，結皇綱㊁於垂絶，修宗廟之廢祀。念先朝之滯賞，並無報以勸來。洪隨例就彼。庚寅詔書，賜爵關中侯，食句容之邑二百户。竊謂討賊以救桑梓，勞不足錄，金紫之命㊂，非其始願。本欲遠慕魯連，近引田疇㊃，上書固辭，以遂微志。適有大例，同不見許。昔仲由讓應受之賜，而沮為善㊄。醜虜未夷，天下多事，國家方欲明賞必罰，以彰憲典㊅。小子豈敢苟潔區區之懦志，而距弘通之大制？故遂息意而恭承詔命焉。

【今註】　㊀晉王：指司馬睿。　㊁皇綱：帝王統治天下之綱紀。　㊂金紫之命：指高官厚爵。金紫，金印紫綬。　㊃田疇：字子泰，右北平無終人。好讀書，善擊劍，有高義。漢末亂中，朝廷三府並辟，皆不就。曹操北征烏丸，以功封亭侯，亦固辭不受。見《三國志》卷十一〈魏書．田疇傳〉。

㊄仲由讓應受之賜，而沮為善：意謂仲由推辭不受應得的賞賜，因而妨礙了後人的善舉。《呂氏春

秋・先識覽・察微篇》：「魯國之法，魯人為人臣妾於諸侯，有能贖之者取其金於府。子貢贖魯人於諸侯來，而讓不取其金。孔子曰：『賜失之矣，自今以往，魯人不贖人矣。取其金，則無損於行。』」基此，「仲田」當係「子貢」之誤。　㈥憲典：法典；法令。

【今譯】　從前興起義兵討伐石冰之亂，直到強盜平息之後，葛洪完全不去都督府，不在主事者面前論說自己的功勞，從來沒有存心希望得到賞賜答報。晉王稟承天命，順應人心，治理亂世，恢復安定，使得將要斷絕的帝統綱紀又得到繼承，把將要廢棄的宗廟祭祀又恢復起來。晉王惦記著前朝有功而未賞賜的臣子，認為若不獎賞功臣便不能勉勵後來的人。葛洪隨例受到獎賞。在庚寅日的詔書中，葛洪被賜爵關中侯，以句容二百户為食邑。葛洪内心認為討伐叛賊，拯救家鄉，雖有功勞，但不值得記錄在册，金印紫綬高官厚爵的任命，也不是葛洪的最初的心願。葛洪原本想遠效援引古代的魯仲連及近代的田子泰為例，上書堅決推辭官爵，以滿足個人小小的志願。恰逢朝廷有統一的規定，辭退官爵通通不被批准。從前子貢辭讓應得的獎賞，因而妨礙了後人繼續行善事。當今兇惡的敵寇尚未掃平，天下戰事很多，國家正要賞罰分明，以便彰明國家的法典。葛洪怎麼敢隨便地為保全自己小小的怯懦的志向，而抗拒朝廷既弘偉又通行於天下的大法制呢？因此就平息了原來的打算，而恭敬地接受了詔書的任命。

洪既著〈自敘〉之篇，或人難曰：「昔王充年在耳順㈠，道窮望絕，懼身名之偕滅，故〈自紀〉終篇。先生以始立㈡之盛，值乎有道之運，方將解申公之束帛㈢，登穆生之蒲輪㈣，耀藻九五㈤，絕聲昆吾㈥，何憾芬芳之不揚，而務老生之彼務㈦？」

【今註】 ㊀耳順：指六十歲。《論語・為政篇》：「六十而耳順。」 ㊁始立：指三十而立未久。《論語・為政篇》：「三十而立。」 ㊂解申公之束帛：像申公之接受徵辟，受到朝廷的重用。申公，名培，漢代魯人。少時從齊人浮丘伯學《詩經》。其後申公獨以《詩經》為訓以教。於是漢武帝時曾派遣使者束帛加璧、安車駟馬以迎申公。事跡詳見《史記》卷一百二十一〈儒林列傳〉。 ㊃登穆生之蒲輪：穆生，漢代魯人，曾與申公同事元王為中大夫。蒲輪，以蒲草裹輪，使車行而不震動，古代徵辟賢士，以此表示尊敬。「穆」，《藏》本作「枚」。 ㊄耀藻九五：意謂輔佐君王，建功立業，展露才華。九，陽爻；五，第五爻，指卦象自下而上第五位。《易經・乾卦》：「九五，飛龍在天，利見大人。」 ㊅絕聲昆吾：意謂將偉大的功勳銘刻在鐘鼎禮器之上。昆吾山出銅，可鑄鐘鼎。蔡邕〈銘論〉：「呂尚作周太師，其功銘於昆吾之鼎。」 ㊆老生之彼務：老生，老書生，指葛洪自己。彼務，言著述之事。

【今譯】 葛洪撰寫〈自敘〉篇之後，有人責難說：「昔日王充年逾六十，窮途末路，不見希望，擔心身死名滅，因而撰寫了〈自紀〉，作為《論衡》的最後一篇。先生在三十剛過的風華盛年，又適逢朝廷清明的時運，正宜效法申公解開皇帝送來束帛聘禮、接受朝廷的徵辟，登上穆生曾坐過的那種蒲輪安車，去輔佐君王，展露才華，建立空前的功業，將勳績功名銘刻在鐘鼎之上，讓他的名聲連遠在昆吾的地方也可聽到，又怎麼會有美好名聲不得傳揚的遺憾，而致力於老書生那般以著作為事呢？」

洪答曰：「夫二儀㊀彌邈，而人居若寓。以朝菌之耀秀，不移晷而殄瘁；類春華之暫榮，未改旬而凋墜。雖飛飈之經霄，激電之乍照，未必速也。夫朞頤㊁猶奔星之騰煙，黃髮㊂如激箭之過隙。況或未萌而殞籜㊃，逆秋而零瘁㊄者哉？故項子有含穗之嘆㊅，揚烏有夙折之哀㊆。

【今註】 ㊀二儀：即兩儀，指天地。 ㊁期頤：百歲之壽。《禮記・曲禮・上》：「百年曰期頤。」 ㊂黃髮：老人髮白，久則轉黃。代指高壽。 ㊃未萌而殞籜：猶如草卉，在萌生前就死亡了。殞，死亡。籜，指草木。 ㊄零瘁：凋零萎謝。 ㊅項子有含穗之嘆：項子，指項託，又作項橐，春秋時人。傳說七歲為孔子之師，未成年而死。含穗，雖已長出穗子，卻未能開花結實，比喻少年早死。 ㊆揚烏有夙折之哀：揚烏，漢代辭賦家揚雄之少子，幼而聰慧，九歲時曾與其父論玄，號稱神童，亦不幸早死。夙折，少年而夭折。

【今譯】 葛洪回答說：「天地是非常久遠的，而個人只是短暫的寄居其間。人生的短暫，如同朝菌一般光彩照人，日影還沒移動，生命卻就已經消失了。就像春花只是一時間的盛開，沒過十天就凋謝了。相比之下，即使是疾風從空中一掠而過，雷電一閃即逝，也不足以形容人生短暫的快速。人活百歲就像流星在天上飛過的餘光，老人高壽也只像飛箭從縫隙當中一閃而過。何況有的花卉沒等到萌發就死掉，有的一到秋天就已凋零萎謝了呢？所以項託有未成年而死的感歎，揚烏有童年夭折的悲哀。」

歷覽遠古逸倫之士，或以文蓺而龍躍，或以武功而虎踞。高勳著於盟府㊀，德音被乎管絃。形器㊁雖沈鑠於淵壤，美談飄飆而日載。故雖千百代，猶穆如㊂也。余以庸陋，沈抑婆娑，用不合時，行舛於世。發音則響與俗乖，抗足則跡與眾迕。內無金、張㊃之援，外乏彈冠之友㊄。循塗雖坦，而足無騏驎㊅；六虛㊆雖曠，而翼非大鵬。上不能鷹揚匡國，下無以顯親垂名。美不寄於良吏，聲不附乎鍾鼎。故因著述之餘，而為〈自敘〉之篇，雖無補於窮達，亦賴將來之有述焉。」

【今註】　㊀盟府：朝廷收藏盟書的府所。㊁形器：指人的身體。㊂穆如：莊重而美好。㊃內無金、張之援：指朝廷內沒有達官貴人代為援引。金、張，漢金日磾、張安世，世代為內侍。以喻世族權貴。㊄外乏彈冠之友：朝廷外缺乏志同道合的友人相為薦舉。漢代有「王陽在位，貢公彈冠」之諺語，言在位者舉薦其朋友。㊅騏驎：古代駿馬名。㊆六虛：上下四方，指天地之間。

【今譯】　歷覽遠古以來超群絕倫的人士，有的以其文藝才能像龍一樣躍出，有的以武功如猛虎一般盤據，威鎮一方。他們的豐功偉業記錄在典册上，保存在官府中，美好的聲名被於管絃。形骸雖然消失在深土中，而令人傳頌的事跡卻一直保留、每日傳頌。所以即使是千秋百代之後，還是保有莊重美好的聲譽。我因為是個平庸淺陋的人，退讓而保守，行為不合於時代，舉止與世相違。一說話就與世俗眾人相乖離、不能和諧，一舉動就與大家相抵觸、合不來。朝內沒有像金日磾、張安世這些權貴世族相援引，朝外也沒有志同道合的友人可以相推薦。所走的路途雖然平坦，卻沒有代步的駿馬；天地之間雖然遼闊，卻沒有大鵬鳥那樣的翅膀。對上不能大展雄才、匡定國難，對下不能顯耀雙親、垂名後世。史書上不能記錄自己的美名，聲譽不能被刻在鐘鼎上。所以趁著著述的剩餘時間，寫了這篇〈自敘〉，雖然對於個人仕途的升沉窮達並無幫助，但也希望藉此期待將來有人會記述它。」

抱扑子外篇今註今譯 ／ 陳飛龍註譯. -- 初版.
-- 臺北市 ： 臺灣商務, 2002[民 91]
面 ； 公分

ISBN 957-05-1740-9(平裝)

1. 抱朴子 - 註譯

123.421 90021258

抱朴子外篇今註今譯

定價新臺幣 820 元

主 編 者 中華文化復興運動總會
國立編譯館中華叢書編審委員會
註 譯 者 陳 飛 龍
責任編輯 江 怡 瑩
校 對 者 劉振維 許素華

出 版 者
印 刷 所 臺灣商務印書館股份有限公司
臺北市 10036 重慶南路 1 段 37 號
電話：(02)23116118 · 23115538
傳眞：(02)23710274 · 23701091
讀者服務專線：0800056196
E-mail：cptw@ms12.hinet.net
郵政劃撥：0000165 — 1 號
出版事業登記證：局版北市業字第 993 號

• 2002 年 1 月初版第一次印刷

版權所有 · 翻印必究

ISBN 957-05-1740-9(平裝) 54128010